बीमा प्रबन्ध एवं प्रशासन

(Insurance Management & Administration)

डॉ. महानारायण मिश्र
प्रोफेसर, वाणिज्य विभाग
बनारस हिन्दू विश्वविद्यालय, वाराणसी

लोकभारती प्रकाशन
पहली मंजिल, दरबारी बिल्डिंग, महात्मा गांधी मार्ग, इलाहाबाद-1

लोकभारती प्रकाशन
पहली मंजिल, दरबारी बिल्डिंग, महात्मा गांधी मार्ग
इलाहाबाद-211 001
वेबसाइट : www.lokbharatiprakashan.com
ई-मेल : info@lokbharatiprakashan.com
शाखाएँ : 1-बी, नेताजी सुभाष मार्ग, दरियागंज
नई दिल्ली-110 002
अशोक राजपथ, साइंस कॉलेज के सामने
पटना-800 006 (बिहार)

प्रथम संस्करण : 1979
तृतीय संस्करण : 1990
पूर्णतया संशोधित पंचम संस्करण : 2010

आवरण : लोकभारती स्टूडियो

इण्डियन प्रेस प्रा.लि.
36, पन्नालाल रोड
इलाहाबाद-211 002 द्वारा मुद्रित

INSURANCE MANAGEMENT &
ADMINISTRATION
by Dr. Mahanarayan Mishra

ISBN : 978-81-8031-565-7

मूल्य : 650.00

हमारे परम प्रिय पुत्र
स्व. बाल गोविन्द मिश्र
को सादर समर्पित

जन्म : 4-12-1970 सुलतानपुर उ.प्र.
मोक्ष : 23-1-1998 वाराणसी उ.प्र.

बीमा प्रबन्ध एवं प्रशासन

पंचम संस्करण का प्राक्कथन

भूमण्डलीकरण वर्तमान समाज की एक आवश्यक प्रक्रिया एवं उपलब्धि है। संवाद वाहन की तीव्रता ने लोगों को एकात्म की तरफ बढ़ा दिया है। व्यापार में तेजी से प्रगति हो रही है। व्यावसायिक संस्थाओं को अपने ज्ञान, विज्ञान और तकनीकी को निरन्तर नवीनतम रखना पड़ रहा है। इस तीव्रतर प्रगति में जटिलताएँ बढ़ती जा रही हैं। आकस्मिक जोखिम का कोई पता नहीं कब हो जाय और कितनी मात्रा में हो जाय। इन अनिश्चितताओं की समस्याओं को दूर करने के लिए इस क्षेत्र के विशेष सामने आये जो बीमा-व्यवसाय प्रारम्भ कर दिये। वर्तमान समय में जोखिम की हानियों को कम करने के लिए सरकारी, गैर सरकारी विदेशी और देशी संस्थाओं ने कार्य प्रारम्भ कर दिया है। यह संस्करण पुनः लिखा गया है जिससे सभी आवश्यक एवं नवीन तथ्य पाठकों तक पहुँच सके।

बीमा विनियामक और विकास प्राधिकरण की स्थापना कर के बीमा संस्थाओं के संचालन, नियंत्रण और मार्गदर्शन का कार्य सौंपा गया है। अब जो व्यक्ति बीमा एजेन्ट के रूप में कार्य करना चाहता है उसे एजेन्ट-परीक्षा पास करके अनुबन्धित होना पड़ता है। इस परीक्षा और विश्वविद्यालय की बीमा-विषय की परीक्षाओं को ध्यान में रखकर इस पुस्तक "बीमा प्रबन्ध एवं प्रशासन" का विधिवत प्रस्तुतीकरण किया जा रहा है। इस पुस्तक में बीमा-व्यवसाय सम्बन्धी सभी विषय-वस्तु का विशद वर्णन है। इस पुस्तक को सात खण्डों में तैयार किया गया है। प्रथम खण्ड बीमा प्रबन्ध एवं प्रशासन में बीमा परिचय, बीमा का विकास एवं संगठन, बीमा प्रसंविदा, प्रबन्ध, प्रशासन एवं संगठन, जीवन बीमा निगम, सामान्य बीमा निगम, जीवन बीमा प्रसंविदा, सामुद्रिक बीमा प्रसंविदा और अग्नि बीमा प्रसंविदा का वर्णन है। द्वितीय खण्ड : कार्यालय संगठन एवं प्रबन्ध : में कार्यालय अभिन्यास एवं कार्य दशाएँ कार्यालय फर्नीचर, उपकरण एवं मशीनें, कार्यालय पद्धति, कार्यालय संगठन और कार्यालय प्रबन्ध का विशद् विवेचन है। तृतीय खण्ड : कार्मिक प्रबन्ध : में कार्यालय-कार्यकर्त्ता प्रबन्ध, विक्रय संगठन एवं प्रबन्ध, अभिकर्त्ता की नियुक्ति अभिकर्त्ता का प्रशिक्षण, पर्यवेक्षण एवं प्रेरणा और अभिकर्त्ता का नियंत्रण शामिल है। चतुर्थ खण्ड : विपणन प्रबन्ध में विक्रय कार्यकर्त्ताओं का संगठन, कार्यक्षेत्रीय कार्यकर्त्ताओं के गुण, बीमा विक्रय विधि, प्रचार एवं तर्क, आक्षेपों का उत्तर, बीमा जब्ती नये व्यापार का अभिगोपन बीमा कराने की विधि एवं चुनाव बीमापत्र की शर्तें और नवकरण विधियों का प्रबन्ध वर्णित किया गया है। पंचम खण्ड : बीमापत्रधारियों की सेवा में बीमापत्रधारियों की सेवा और अध्यर्थन का भुगतान विस्तृत वर्णन है। षष्ठम खण्ड : वित्तीय प्रबन्ध : में प्रव्याजि निर्धारण, कोष का प्रबन्ध, मूल्यांकन, संचय कोष का विनियोग, लागत नियंत्रण, अंकेक्षण एवं परीक्षण शामिल है। सप्तम खण्ड : बीमा अधिनियम एवं प्रसंविदा में बीमा अधिनियम 1938, जीवन बीमा अधिनियम 1956 सामुद्रिक बीमा अधिनियम 1963, सामान्य बीमा व्यवसाय अधिनियम 1972 और बीमा विनियामक और विकास प्राधिकरण 1999 एवं 2000 का विवेचन है। आशा है कि शिक्षार्थियों को इस पुस्तक से विशेष लाभ मिलेगा।

—महानारायण मिश्र

वाराणसी
मकर संक्रान्ति 2066
जनवरी 14, 2010

प्रथम संस्करण का प्राक्कथन

भूमण्डलीकरण वर्तमान समाज की एक आवश्यक प्रक्रिया एवं उपलब्धि है। संवाद वाहन की तीव्रता ने लोगों को एकात्म की तरफ बढ़ा दिया है। व्यापार में तेजी से प्रगति हो रही है। व्यावसायिक संस्थाओं को अपने ज्ञान, विज्ञान और तकनीकी को निरन्तर नवीनतम रखना पड़ रहा है। इस तीव्रतर प्रगति में जटिलताएँ बढ़ती जा रही हैं। आकस्मिक जोखिम का कोई पता नहीं कब हो जाय और कितनी मात्रा में हो जाय। इन अनिश्चितताओं की समस्याओं को दूर करने के लिए इस क्षेत्र के विशेष सामने आये जो बीमा-व्यवसाय प्रारम्भ कर दिये। वर्तमान समय में जोखिम की हानियों को कम करने के लिए सरकारी, गैर सरकारी विदेशी और देशी संस्थाओं ने कार्य प्रारम्भ कर दिया है।

बीमा विनियामक और विकास प्राधिकरण की स्थापना कर के बीमा संस्थाओं के संचालन, नियंत्रण और मार्गदर्शन का कार्य सौंपा गया है। अब जो व्यक्ति बीमा एजेन्ट के रूप में कार्य करना चाहता है उसे एजेन्ट-परीक्षा पास करके अनुबन्धित होना पड़ता है। इस परीक्षा और विश्वविद्यालय की बीमा-विषय की परीक्षाओं को ध्यान में रखकर इस पुस्तक "बीमा प्रबन्ध एवं प्रशासन" का विधिवत प्रस्तुतीकरण किया जा रहा है। इस पुस्तक में बीमा-व्यवसाय सम्बन्धी सभी विषय-वस्तु का विशद वर्णन है। इस पुस्तक को सात खण्डों में तैयार किया गया है। प्रथम खण्ड बीमा प्रबन्ध एवं प्रशासन में बीमा परिचय, बीमा का विकास एवं संगठन, बीमा प्रसंविदा, प्रबन्ध, प्रशासन एवं संगठन, जीवन बीमा निगम, सामान्य बीमा निगम, जीवन बीमा प्रसंविदा, सामुद्रिक बीमा प्रसंविदा और अग्नि बीमा प्रसंविदा का वर्णन है। द्वितीय खण्ड : कार्यालय संगठन एवं प्रबन्ध : में कार्यालय अभिन्यास एवं कार्य दशाएँ कार्यालय फर्नीचर, उपकरण एवं मशीनें, कार्यालय पद्धति, कार्यालय संगठन और कार्यालय प्रबन्ध का विशद् विवेचन है। तृतीय खण्ड : कार्यिक प्रबन्ध : में कार्यालय-कार्यकर्त्ता प्रबन्ध, विक्रय संगठन एवं प्रबन्ध, अभिकर्त्ता की नियुक्ति अभिकर्त्ता का प्रशिक्षण, पर्यवेक्षण एवं प्रेरणा और अभिकर्त्ता का नियंत्रण शामिल है। चतुर्थ खण्ड : विपणन प्रबन्ध में विक्रय कार्यकर्त्ताओं का संगठन, कार्यक्षेत्रीय कार्यकर्त्ताओं के गुण, बीमा विक्रय विधि, प्रचार एवं तर्क, आक्षेपों का उत्तर, बीमा जब्ती नये व्यापार का अभिगोपन बीमा कराने की विधि एवं चुनाव बीमापत्र की शर्तें और नवकरण विधियों का प्रबन्ध वर्णित किया गया है। पंचम खण्ड : बीमापत्रधारियों की सेवा में बीमापत्रधारियों की सेवा और अध्यर्थन का भुगतान विस्तृत वर्णन है। षष्ठम खण्ड : वित्तीय प्रबन्ध : में प्रव्याजि निर्धारण, कोष का प्रबन्ध, मूल्यांकन, संचय कोष का विनियोग, लागत नियंत्रण, अंकेक्षण एवं परीक्षण शामिल है। सप्तम खण्ड : बीमा अधिनियम एवं प्रसंविदा में बीमा अधिनियम 1938, जीवन बीमा अधिनियम 1956 सामुद्रिक बीमा अधिनियम 1963, सामान्य बीमा व्यवसाय अधिनियम 1972 और बीमा विनियामक और विकास प्राधिकरण 2000 का विवेचन है। आशा है कि शिक्षार्थियों को इस पुस्तक से विशेष लाभ मिलेगा।

—महानारायण मिश्र

4 ब्रह्मानन्द विस्तार प्रथम
दुर्गाकुण्ड, वाराणसी-221005
बसंत पंचमी, माघ शुक्ल पंचमी, 2058

फरवरी 17, 2002

अनुक्रमणिका

प्रथम-खण्ड

बीमा परिचय, प्रबन्ध एवं प्रशासन

द्वितीय-खण्ड

कार्यालय संगठन एवं प्रबन्ध

पंचम-खण्ड

बीमापत्रधारियों की सेवा

षष्ठम-खण्ड

वित्तीय-प्रबन्ध

सप्तम-खण्ड

बीमा अधिनियम एवं प्रसंविदा

प्रथम–खण्ड

बीमा परिचय, प्रबन्ध एवं प्रशासन

अध्याय–1

बीमा की परिभाषा एवं स्वभाव

बीमा का विकास आदि सभ्यता से लेकर आज तक होता आया है। इसका मुख्य उद्देश्य व्यक्तियों को जोखिमों से सुरक्षा प्रदान करना है, इसी उद्देश्य की पूर्ति के लिए यह विभिन्न रूपों में संयुक्त परिवार प्रथा से लेकर सरकारी संस्थाओं के रूप में विकसित हुआ और भविष्य में भी सुरक्षा की विभिन्न आवश्यकताओं को पूरा करने के लिए उपयुक्त विकास एवं परिवर्तन होते रहेंगे। बीमा की आवश्यकता केवल जोखिम से सुरक्षा प्रदान करने तक ही सीमित न रहकर विनियोग एवं उत्पादन में वृद्धि करने तक बढ़ती जा रही है जिससे बीमा के कार्यों में विविधता होती जा रही है।

परिभाषा—बीमा को दो प्रकार से परिभाषित किया जाता है : (1) बीमा के कार्यों के अनुसार और (2) बीमा-प्रसंविदा के अनुसार।

1. बीमा के कार्यों के अनुसार बीमा की परिभाषा (Functional Definition)—बीमा को एक सहकारी पद्धति के रूप में परिभाषित करते हैं जिसके अन्तर्गत किसी विशेष जोखिम के कारण होने वाली हानि को कई व्यक्तियों जो इससे सम्बन्धित हैं और जो इस जोखिम के प्रति बीमित होना चाहते हैं, में विभाजित किया जाता है।" इस प्रकार बीमा (1) जोखिम को विभाजित करने का एक तरीका है जिसमें (2) कई व्यक्तियों जो इस पद्धति से बीमित हैं एक विशेष जोखिम से होने वाली हानि से सुरक्षा मिलती है। इस पद्धति में सम्भावना और अधिकांश संख्या के सिद्धान्तों को अपनाकर हानि को विभाजित करने का प्रयास किया जाता है जिससे भविष्य में होने वाली हानि को पूरा करने के लिए वर्तमान में उपयुक्त प्रीमियम (मूल्य) लिया जा सकता है जो हानि का हिस्सा होता है। ध्यान रहे कि बीमा जोखिम को वितरित करने का तरीका नहीं है क्योंकि जोखिम को वितरित नहीं किया जा सकता है। यह जोखिम से होने वाली हानि को वितरित करने का तरीका है। इस सम्बन्ध में जोखिम का अर्थ समझ लेना आवश्यक है।

जोखिम का अर्थ

जोखिम (Risk) का अर्थ वित्तीय हानि की अनिश्चितता से है। इसको संकट (Hazard) से अलग समझना चाहिए क्योंकि संकट हानि बढ़ाने की सम्भावना है, हानि के प्रति संसय नहीं है। जोखिम हानि का अनिश्चितता या संसय है। इसे आपदा (Peril) से भी अलग समझना चाहिए क्योंकि आपदा हानि का कारण है स्वयं हानि की अनिश्चितता नहीं है। अन्त में जोखिम को हानि से भी अलग समझना क्योंकि हानि का आशय मूल्य (Value) में अनैच्छिक कमी (Unintentional Decline) से है जो किसी दी हुई घटना के कारण होती है। इस प्रकार जहाँ भी विषय-वस्तु के हानि के प्रति सम्भावना होगी वहीं पर जोखिम (Risk) होगी जिसका बीमा किया जाता है। जहाँ पर हानि निश्चित है अर्थात् हानि का समय और हानि की मात्रा निश्चित है, जहाँ पर जोखिम नहीं मानी जाती है और वहाँ बीमा नहीं होता है।

बीमा का कार्य जोखिम से होने वाली हानि को उन व्यक्तियों में विभाजित करना है जो इस जोखिम के प्रति बीमित हैं। हानि कभी भी, किसी भी व्यक्ति को अनिश्चित मात्रा में हो सकती है। अत: उससे सुरक्षा पाने के लिए बीमा किया जाता है और जो व्यक्ति हानि सहता है उसे अन्य व्यक्तियों द्वारा हानि पूर्ति की जाती है। चूँकि हानि की पूर्ति प्रसंविदा के बाद हानि के समय ही की जाती है और हानि के वितरण के लिए रकम की प्राप्ति प्रीमियम (प्रव्याजि) के रूप में प्रसंविदा के समय ली जाती है, इसलिए सम्भावना सिद्धान्त अपनाकर उस हानि का पूर्वानुमान करते हैं और तदनुसार प्रव्याजि की गणना करते हैं। जितने ही अधिक बीमित व्यक्ति होंगे उतने ही प्रव्याजि का मूल्यांकन सही होगा क्योंकि हानि को अधिक व्यक्तियों में विभाजित किया जा सकेगा।

इस प्रकार बीमा की एक दूसरी परिभाषा भी दी जा सकती है ''बीमा एक ऐसी सहकारी पद्धति है जिसमें किसी एक व्यक्ति या उसके परिवार को होने वाली हानि को उन तमाम व्यक्तियों में वितरित किया जाता है जो इस हानि में सुरक्षित होने के लिए बीमा कराये हैं।''

इस परिभाषा को विभिन्न विद्वानों ने अलग-अलग परिभाषित किया है।

''बीमा एक ऐसा तरीका है जिसमें कुछ व्यक्तियों की हानियों को कई व्यक्तियों में बाँटा जाता है।'' —*डिन्सडेल*

''बीमा एक ऐसी योजना है जिसमें कई व्यक्ति मिलकर किसी एक व्यक्ति के ऊपर होने वाली हानि को बाँटते हैं।'' —*जे० एच० मैगी*

''बीमा एक प्रक्रिया है जिसमें अनिश्चितता के स्थान पर निश्चितता स्थापित की जाती है।''

2. प्रसंविदा के अनुसार बीमा की परिभाषा (Contractual Definition)—प्रसंविदा के अनुसार दी गयी बीमा की परिभाषा में उन तत्त्वों को शामिल किया जाता है जो प्रसंविदा के अंग हैं। ''बीमा के अन्तर्गत बीमाकर्त्ता द्वारा एक निश्चित घटना के घटित होने पर होने वाली हानि को प्रव्याजि के प्रतिफल में भुगतान करने का वादा करता है।'' ई० डब्लू पैटरसन के अनुसार ''बीमा एक प्रसंविदा है जिसमें एक पक्ष, प्रतिफल जिसे प्रव्याजि कहते हैं के बदले में दूसरे पक्ष या उसके नामांकिकी या विशिष्ट व्यक्ति को एक निर्धारित आकस्मिक घटना के होने पर एक निश्चित रकम भुगतान करने का वादा करता है।'' इस प्रकार बीमा प्रसंविदा में कई अंग हो गये :—(1) बीमाकर्त्ता या बीमादाता (Insurer), (2) बीमादार या बीमित व्यक्ति (Insured) (3) प्रीमियम या प्रव्याजि (Premium), (4) बीमित जोखिम (Insured Risk), (5) भुगतान की रकम (Claim amount), बीमाकर्त्ता वह व्यक्ति है जो प्रतिफल अर्थात् प्रीमियम (प्रव्याजि) के बदले में बीमित जोखिम से होने वाली हानि पर एक निश्चित रकम के भुगतान का वचन देता है। यह व्यक्ति, संस्था या संगठन के रूप में कार्य कर सकता है। बीमित व्यक्ति वह है जो बीमा लेता है लेकिन कभी-कभी प्रस्तावक और बीमित व्यक्ति दो अलग व्यक्ति हो सकते हैं जब बीमा किसी दूसरे के जीवन में लिया जाता है। भुगतान प्राप्तकर्त्ता वही होगा जिसका नाम बीमापत्र में स्पष्ट रूप से उल्लिखित कर दिया जाता है। प्रव्याजि रुपये या रुपये के समान किसी रूप में दी जा सकती है। जीवन बीमा में प्रथम प्रव्याजि ही प्रतिफल है और आगामी प्रव्याजि प्रसंविदा को चालू रखने की शर्त है। बीमित रकम का भुगतान निश्चित होता है। इसके अन्तर्गत बीमित रकम या हानि जो भी कम है उसका भुगतान किया जाता है। गैर जीवन बीमा में हानि न होने पर भुगतान नहीं होता है;

परन्तु जीवन बीमा में भुगतान निश्चित होता है। जो बीमित रकम और बोनस यदि कोई हैं का भुगतान किया जाता है। बीमाकर्त्ता भुगतान तभी करता है जब हानि निर्धारित घटना या जोखिम के कारण हो और जिसके प्रति बीमा किया गया है। इस प्रकार बीमा की एक दूसरी परिभाषा इस प्रकार हो सकती है—

"बीमा दो पक्षों के बीच एक ऐसी प्रसंविदा है जिसमें एक पक्ष जिसे बीमा-कर्त्ता (Insurer) कहते हैं, दूसरे पक्ष जिसे बीमित व्यक्ति (Insured) कहते हैं, को या उसके लाभकारी (Beneficiary) को एक निश्चित प्रतिफल जिसे प्रव्याजि (Premium) कहते हैं के बदले में उल्लिखित आकस्मिक घटना (Given contingency) जिसके प्रति बीमा है के घटित होने पर एक निश्चित रकम (Insured Sum) के भुगतान करने का वचन देता है।"

बीमा का स्वभाव

बीमा के निम्नलिखित लक्षण जीवन बीमा, सामुद्रिक बीमा, अग्नि बीमा और सामान्य बीमा में दिखाई देते हैं।

1. हानि का विभाजन—बीमा वित्तीय हानि को विभाजित करने की पद्धति है जिससे किसी व्यक्ति, परिवार या संस्था को एक निश्चित घटना पर होने वाली क्षति की पूर्ति की जाती है। यह निश्चित घटना जीवन बीमा में जीवन या मृत्यु, सामुद्रिक बीमा में सामुद्रिक जोखिम, अग्नि बीमा में अग्नि, दुर्घटना बीमा में दुर्घटना, फसल बीमा में प्राकृतिक प्रकोप आदि होते हैं जिनके कारण होने वाली हानि की पूर्ति की जाती है। बीमा के माध्यम से सभी बीमित व्यक्तियों से प्रव्याजि के रूप में इस हानि को विभाजित किया जाता है। हानि का पूर्वानुमान करके उसे प्रारम्भ में ही प्रव्याजि के रूप में सभी बीमित व्यक्तियों से ले लिया जाता है। बिना प्रव्याजि दिये बीमा नहीं हो सकता है।

2. उल्लिखित जोखिम—बीमा में उन्हीं हानियों का विभाजन किया जाता है जिनके कारणों या जिन जोखिमों को बीमा के लिए उल्लिखित कर लिया जाता है। हानियों के कई रूप होते हैं उन सभी का बीमा नहीं होता है। कुछ विशेष हानियों और जोखिमों का ही बीमा होता है। बीमाकर्त्ता केवल बीमित जोखिम से होने वाली हानि का ही भुगतान करता है। इस संदर्भ में जोखिम के वर्गीकरण और जोखिम के समाधान के विभिन्न तरीकों को समझ लेना चाहिए।

जोखिमों का वर्गीकरण—जोखिम का मूल वर्गीकरण दो भागों में किया गया है : (1) शुद्ध जोखिम (Pure Risks) और (2) परिकल्पी जोखिम (Speculative Risk)। शुद्ध जोखिम वह है जिसमें हानि ही की सम्भावना रहती है, लाभ की सम्भावना नहीं होती है। परिकल्पी जोखिम में लाभ एवं हानि सभी की सम्भावना रहती है। बीमा केवल शुद्ध जोखिम का ही होता है क्योंकि इसमें हानि की सुरक्षा का उद्देश्य रहता है। लाभ देने का उद्देश्य बीमा का नहीं है, इसलिए परिकल्पी जोखिम का बीमा नहीं होता है। बाजार-भाव से वस्तु के मूल्य में कमी या वृद्धि का बीमा नहीं होता क्योंकि इसमें मूल्य वृद्धि पर लाभ की सम्भावना रहती है। इसलिए लाभ बीमा के अन्तर्गत मूल्य में कमी आ जाने के कारण होने वाली हानि का बीमा नहीं होता है, हाँ लाभ बीमा में सम्पत्ति के जल जाने या नष्ट हो जाने के कारण होने वाली हानि का बीमा होता है।

शुद्ध जोखिम को तीन भागों में बाँटा गया है (1) व्यक्ति सम्बन्धी जोखिम (Personal Risks) (2) सम्पत्ति सम्बन्धी जोखिम (Property Risks) और (3) दायित्व सम्बन्धी जोखिम (Liability Risks)। व्यक्ति सम्बन्धी जोखिम में दुर्घटना, वृद्धावस्था, मृत्यु, रोग

आदि आते हैं जिसके लिए जीवन बीमा, स्वास्थ्य बीमा आदि है। बेरोजगारी सम्बन्धी हानि को पूरा करने के लिए बेरोजगारी बीमा होता है। सम्पत्ति सम्बन्धी जोखिम में सम्पत्ति के नष्ट, क्षति या गायब हो जाने सम्बन्धी जोखिम आती है और उनका बीमा होता है। दायित्व सम्बन्धी जोखिम में एक व्यक्ति का दूसरे व्यक्ति के प्रति दायित्व उत्पन्न होने वाली जोखिम आती है जिसके लिए दायित्व बीमा लिया जाता है। जोखिम का समय और जोखिम से होने वाली हानि का मूल्य पहले से मालूम नहीं रहता है।

जोखिम का समाधान—इन जोखिमों के समाधान के अनेक तरीके हैं, परन्तु बीमा उनमें सर्वश्रेष्ठ है। (1) जोखिम के समाधान का पहला तरीका जोखिम कम करने का उपाय है जिसके अन्तर्गत कुछ ऐसे प्रयास किये जाते हैं जिससे जोखिम कम हो जाय। जैसे जीवन सम्बन्धी जोखिम में स्वास्थ्य सम्बन्धी सुविधायें, आर्थिक प्रगति सम्बन्धी कार्य आदि आते हैं इनसे मृत्यु दर कम होती है और मृत्यु पर होने वाली जोखिम घट जाती है। इसी प्रकार अग्नि सम्बन्धी जोखिम में आग लगने की सम्भावना कम करने का उपाय या आग लगने पर उसे बुझाने का उपाय आदि किये जाते हैं। बीमा कर्त्ता इन सब कार्यों को अप्रत्यक्ष रूप से करता है जो विनियोग सम्बन्धी कार्यों से सम्बन्धित है। इन कार्यों से जोखिम सम्बन्धी हानि का पूर्ण समाधान नहीं होता है। निवारक कार्य जोखिम कम कर सकते हैं परन्तु समस्त हानि का क्षतिपूर्ति नहीं कर सकते हैं, उसके लिए बीमा ही उपयुक्त है। (2) जोखिम के समाधान का दूसरा उपाय स्वयंकृत बीमा (Self Insurance) है। इसके अन्तर्गत व्यक्ति होने वाली हानि के प्रति अलग से संचय करते हैं और हानि होने पर उसका प्रयोग करते हैं परन्तु उसके दो मुख्य दोष हैं। पहला यह संचय हानि के बराबर नहीं किया जा सकता है और किया भी गया तो हानि को स्वयं सहन करने से उसकी आर्थिक स्थिति में कोई सुधार नहीं हुआ। दूसरा दोष यह है कि संचय का प्रयोग अन्यत्र किया जा सकता है परन्तु इसके अन्तर्गत हानि की पूर्ति के लिए किया गया संचय बेकार पड़ा रहता है। (3) जोखिम के समाधान का तीसरा तरीका यह है कि जोखिम का हस्तान्तरण (Transfer of Risks) कर दिया जाय; परन्तु यह तरीका केवल परिकल्पी जोखिम में ही सम्भव है। शुद्ध जोखिम में हानि को हस्तान्तरित नहीं किया जा सकता है। (4) जोखिम के समाधान का चौथा तरीका बीमा (Insurance) है। बीमा के माध्यम से बड़ी से बड़ी जोखिमों के प्रति हानि के भुगतान का आश्वासन हो जाता है। कई व्यक्तियों द्वारा बीमा लेने पर पर्याप्त प्रव्याजि आ जाती है जिसका प्रयोग हानि भुगतान के लिए किया जाता है। इस प्रकार बीमा के माध्यम से हानि का भुगतान सम्भव हो जाता है और व्यक्ति को हानि के पूर्व स्थिति में रखा जा सकता है। बीमा योग्य जोखिम के अन्तर्गत केवल शुद्ध जोखिम, आकलन योग्य जोखिम, वास्तविक जोखिम, महत्त्वपूर्ण जोखिम, उचित लागत की जोखिम और अधिकांश व्यक्तियों की जोखिम को शामिल किया जाता है। इसके अलावा बीमा में अन्य किसी जोखिम का बीमा नहीं होता है।

3. सहकारी पद्धति—बीमा का तीसरा महत्त्वपूर्ण लक्षण सहकारिता के आधार पर हानि को विभाजित करना है। बीमा थोड़े व्यक्तियों के बीच सम्भव नहीं है क्योंकि हानि का प्रति व्यक्ति हिस्सा अधिक होगा और व्यक्ति को मिलने वाली सुरक्षा प्रव्याजि से कम रहेगी। अत: यह आवश्यक है कि बीमा के अन्तर्गत अधिकांश व्यक्ति आयें और सभी व्यक्तियों पर हानि का हिस्सा विभाजित किया जा सके जिससे प्रति व्यक्ति हानि का हिस्सा अर्थात् प्रव्याजि कम हो सके। बीमाकर्त्ता हानि को स्वयं नहीं सहन करता बल्कि वह हानि विभाजन करने का एक तरीका है जिसके अन्तर्गत प्रत्येक बीमित व्यक्ति को प्रव्याजि के रूप में हानि को सहन करना पड़ता है। बीमाकर्त्ता व्यक्तियों से प्रव्याजि प्राप्त करने, बीमा बेचने,

भुगतान करने तथा अन्य सहायक कार्यों के लिए खर्चे भी बीमापत्रधारियों से लेता है जिसमें उसका लाभ भी सन्निहित है। इस प्रकार सभी बीमापत्रधारियों को एक जगह मिलाकर सहकारिता के आधार पर उन्हें हानि का भुगतान करता है जो हानि सभी बीमापत्रधारियों से प्रव्याजि के रूप में प्राप्त करता है। इस सेवा के लिए वह कुछ लाभ भी लेता है जो इस व्यापार में कोष के विनियोग से वह प्राप्त करता है।

4. जोखिम का मूल्यांकन—हानि को विभाजित करने के लिए प्रव्याजि के रूप में रकम प्राप्त की जाती है परन्तु प्रव्याजि की प्राप्ति संविदा के प्रारम्भ में होती है और हानि के भुगतान संविदा होने के बाद घटना घटने पर होता है। इससे यह आवश्यक है कि हानि का पूर्वानुमान किया जा सके जिससे प्रव्याजि प्राप्त करके भविष्य में उसका भुगतान किया जा सके। भुगतान करने के लिए जो प्रव्याजि प्राप्त होती है उसे शुद्ध प्रव्याजि कहते हैं। बीमाकर्त्ता अपने खर्चे पूरा करने के लिए प्रीमियम में कुछ रकम जोड़ देते हैं और उसी प्रव्याजि (प्रीमियम) को बीमापत्र से प्राप्त करते हैं। इसे सकल या वास्तविक प्रव्याजि भी कहते हैं।

जोखिम का मूल्यांकन एक दक्षता का कार्य है जिसके अन्तर्गत (1) सम्भावना सिद्धान्त, (2) महांक सिद्धान्त और (3) वर्तमान मूल्य सिद्धान्त का प्रयोग किया जाता है। सम्भावना सिद्धान्त के अन्तर्गत मृत्यु-दर या जीवन-दर का मूल्यांकन किया जाता है। मृतक तालिका के आधार पर यह सम्भव हो जाता है कि किसी बीमापत्र के मृत्यु दर और जीवन दर का मूल्यांकन किया जाय। इसी प्रकार अग्नि बीमा और सामुद्रिक बीमा में भी पिछले अनुभव के आधार पर यह पता लगाया जाता है कि जोखिम की क्या सम्भावना है। जोखिम की सम्भावना पिछले अनुभव पर वर्तमान स्थिति और भविष्य की सम्भावना को ध्यान में रखकर किया जाता है। महांक सिद्धान्त के अन्तर्गत अधिकांश संख्या का महत्त्व है। जितने अधिक व्यक्ति होंगे, प्रव्याजि उतनी ही कम होगी। इसलिए विस्तृत क्षेत्र में अधिकांश व्यक्तियों को बीमित करने का प्रयास किया जाना चाहिए जिससे प्रति व्यक्ति प्रव्याजि की रकम कम हो सके। प्रव्याजि को प्रसंविदा के समय प्राप्त करते हैं और अग्रिम रूप से प्रतिवर्ष प्राप्त करते जाते हैं। इस प्रकार संचित प्रव्याजि को विनियोजित किया जाता है जिससे बीमा संस्था को आय मिलती है। पिछले अनुभव के आधार पर यह तय हो जाता है कि विनियोग से आय (ब्याज) कितनी होगी, उसी ब्याज दर के आधार पर भविष्य की हानि का वर्तमान मूल्य निकाला जाता है और वही प्रव्याजि होती है।

जोखिम का मूल्यांकन प्रव्याजि निर्धारण के लिए ही आवश्यक है। जितनी जोखिम होगी उतनी ही प्रव्याजि होगी और इसी जोखिम (भविष्य की हानि) का वर्तमान मूल्य शुद्ध प्रव्याजि होती है, जिसमें खर्चे जोड़कर सकल प्रव्याजि निकाली जाती है जिसको बीमापत्रधारियों से प्राप्त किया जाता है।

5. उल्लिखित घटना पर भुगतान—बीमा द्वारा समस्त हानि का भुगतान नहीं किया जाता है, बल्कि उसी हानि का भुगतान होगा जो उल्लिखित घटना के कारण हो। इस उल्लिखित घटना को बीमित जोखिम भी कहते हैं। ये घटनायें अर्थात् बीमित जोखिम वास्तविक है इनका घटित होना सम्भव है; परन्तु इनके घटित होने का समय निश्चित नहीं होता है। इस प्रकार जब बीमित समय के अंदर उल्लिखित घटना घटेगी तो बीमा द्वारा निर्धारित रकम का भुगतन कर दिया जायेगा। जीवन बीमा में मृत्यु या जीवन है जिसके घटित होने पर भुगतान होगा। अग्नि और सामुद्रिक बीमा में उल्लिखित घटनायें घट सकती हैं और घट भी नहीं सकतीं। यदि ये घटनायें नहीं घटती हैं तो भुगतान नहीं होगा। जीवन बीमा में अस्थाई और शुद्ध बन्दोबस्ती बीमा को छोड़कर भुगतान की निश्चितता होती है।

अस्थायी बीमा (Temporary or Term Insurance) में निर्धारित समय के अंदर मृत्यु होने पर ही भुगतान होता है। यदि मृत्यु न हुई तो भुगतान नहीं होगा। इसी प्रकार शुद्ध बन्दोबस्त बीमा में यदि बीमित व्यक्ति निर्धारित अवधि तक जीवित रहा तभी भुगतान होगा अन्यथा भुगतान नहीं होगा। इन दोनों को छोड़कर जीवन बीमा में एक निश्चित रकम का भुगतान अवश्य होता है।

6. भुगतान की रकम—बीमा में एक निर्धारित रकम का ही भुगतान होगा। जीवन बीमा में बीमापत्र में लिखी गयी रकम और उस पर बोनस यदि है तो भुगतान कर दिया जाता है; परन्तु गैर जीवन बीमा में बीमित रकम तक हानि का भुगतान होगा। यदि हानि की रकम बीमित रकम से अधिक है तो केवल बीमित रकम तक ही भुगतान होगा; परन्तु यदि हानि की रकम बीमित रकम से कम है तो केवल हानि का ही भुगतान होगा। यदि हानि नहीं हुई तो कुछ भी भुगतान नहीं होगा। दी गयी प्रव्याजि भी लौटायी नहीं जायेगी। जीवन बीमा में हानि के प्रति कोई प्रावधान नहीं है केवल बीमित रकम का ही भुगतान होता है। ध्यान रहे कि हानि का भुगतान केवल उन्हीं जोखिम के होंगे जो बीमित हैं। गैर-बीमित जोखिम से होने वाली हानि का भुगतान नहीं किया जाता है।

7. अधिकांश व्यक्ति सिद्धान्त—बीमा का यह महत्त्वपूर्ण लक्षण है कि अधिकांश व्यक्ति बीमित होने चाहिए जिससे प्रति व्यक्ति हानि का हिस्सा (बीमा लागत) कम हो सके और बीमा व्यवसाय चल सके। यदि बीमा लागत बीमा-सुरक्षा से अधिक है तो व्यक्ति बीमा नहीं करायेंगे। अत: यह आवश्यक है कि बीमा के अंतर्गत अधिकांश व्यक्ति शामिल किये जायँ जिससे बीमा लागत कम रहे और अधिक से अधिक व्यक्ति बीमित हो सकें। जीवन और गैर-जीवन बीमा सभी में अधिकांश व्यक्तियों का होना आवश्यक है तभी बीमा व्यवसाय चल सकेगा।

8. बीमा जुआ नहीं है—बीमा और जुए को अधिकांश व्यक्ति एक समझते हैं क्योंकि दोनों दशाओं में सामान्य घटनाओं पर ही भुगतान होता है; परन्तु इसका मतलब यह नहीं है कि ये दोनों एक हैं। इन दोनों की समानता और असमानता समझ लेना चाहिए।

समानता—बीमा और जुआ को एक बताने वाले निम्नलिखित समानतायें बताते हैं।

(i) घटना की सम्भावना—बीमा और जुए दोनों में एक निश्चित घटना पर ही भुगतान किया जाता है जिसके घटने या न घटने की अनिश्चितता रहती है। जैसे अग्नि बीमा में यह जरूरी नहीं है कि आग अवश्य लगे उसी प्रकार जुए में भी यह सम्भव नहीं है कि दाँव लगेगी ही।

(ii) घटना पर निश्चित भुगतान—बीमा और जुए दोनों में घटनाओं पर निश्चित भुगतान होता है। भुगतान की अधिकतम रकम तय हो जाती है और उसी के अन्दर ही भुगतान होता है। जुए में भी भुगतान दाँव लगने पर ही होगा।

(iii) भुगतान के प्राप्तकर्त्ता और देयता—जिस प्रकार बीमा में बीमाकर्त्ता भुगतान देता है और दूसरा पक्ष अर्थात् बीमापत्रधारी भुगतान प्राप्त करता है उसी प्रकार जुए में भी एक व्यक्ति जो दाँव हार जाता है भुगतान करता है और जो दाँव जीत जाता है भुगतान प्राप्त करता है।

(iv) एक को हानि दूसरे को लाभ—बीमा में भी प्रव्याजि देने वाले को यदि हानि न हुई तो उसे भुगतान नहीं मिलता है। दी गयी प्रव्याजि जब्त हो जाती है। इसी प्रकार जुए में भी जो दाँव हार जाता है उसका दाँव लगाना व्यर्थ हो जाता है।

अन्तर—उपरोक्त समानताओं के बावजूद भी बीमा और जुए में विपरीत का सम्बन्ध है जो निम्नलिखित तथ्यों से स्पष्ट है।

(i) बीमा योग्य हित—बीमा संविदा में बीमायोग्य हित होना आवश्यक है यदि बीमायोग्य हित नहीं होगा तो बीमा नहीं होगा। जिस सीमा तक बीमायोग्य हित होगा उस सीमा तक बीमा होगा उससे अधिक का बीमा नहीं होगा और न भुगतान होगा। बीमायोग्य हित एक आर्थिक सम्बन्ध से जिसमें बीमित विषय वस्तु के रहने पर बीमित व्यक्ति को आर्थिक लाभ और बीमित विषय वस्तु के न रहने पर आर्थिक हानि होती है। जुए में ऐसे हित और सम्बन्ध का होना जरूरी नहीं है बल्कि जुए वही होते हैं जहाँ पर हित नहीं रहता। इस प्रकार बीमायोग्य हित बीमा का आवश्यक अंग है जबकि यह हित जुए से बिल्कुल अलग है।

(ii) क्षतिपूर्ति सिद्धान्त—बीमा के अन्तर्गत लाभोपार्जन की सम्भावना बिल्कुल नहीं रहती है जबकि जुए का उद्देश्य मनोरंजन और लाभोपार्जन है। बीमा में वास्तविक क्षति तक ही रकम प्राप्त की जा सकती है उससे अधिक भुगतान नहीं मिल सकता है। यदि भुगतान मिला भी तो वह बीमाकर्त्ता द्वारा अप्रत्याशित कर लिया जायगा। लेकिन जुए में क्षति कुछ भी नहीं है और भुगतान अधिक मिलता है। लाभोपार्जन के लिए एक व्यक्ति क्षति उठाता है और दूसरा उसे प्राप्त करता है। बीमा में बीमाकर्त्ता क्षति न उठाकर भी क्षति की पूर्ति बीमापत्रधारी को कर देता है।

(iii) जोखिम—बीमा में जिन जोखिमों का बीमा कराया जाता है वे पहले से मौजूद रहती हैं जैसे मृत्यु, वृद्धावस्था, अग्नि, चोरी, दुर्घटना सामुद्रिक जोखिम आदि। बीमा हो या न हो ये जोखिम हो सकती हैं। जोखिम होने पर व्यक्ति को हानि होगी, लेकिन जुए में जोखिम रहती नहीं है बल्कि पैदा की जाती है। यदि जुआ न हुआ तो दाँव हारने वाले को कोई भी हानि नहीं होगी। जुआ खेल कर एक व्यक्ति जोखिम उठाता है और दूसरा लाभ। बीमा में कोई भी जोखिम या लाभ नही उठाते। बीमा में लोग भाग्य अजमाते हैं और बीमा न रहने पर अभागे हो जाते हैं क्योंकि उन्हें हानि होती है। जबकि जुए में लोग दुर्भाग्य बुलाते हैं और जुआ न रहने पर भाग्यशाली बने रहते हैं।

(iv) सुरक्षा—बीमा में बीमापत्र और बीमाकर्त्ता दोनों सुरक्षित रहते हैं क्योंकि सहकारिता के आधार पर हानि का विभाजन सभी बीमित व्यक्तियों में कर दिया जाता है जबकि जुए में दोनों पक्ष हानि पर रहते हैं। यदि कोई पक्ष कुछ समय तक दाँव जीता तो दूसरे समय वह सब हार जाता है। इस प्रकार देखा गया है कि करोड़पति भी जुए से भिखमंगे हो गये जबकि बीमा से गरीब भी सम्पत्तिशाली बने रहे। जो व्यक्ति बीमा नहीं खरीदते वे अपनी सम्पत्ति से जुआ खेलते हैं। बीमा न रहने पर जुआ होगा।

(v) वैधानिकता—बीमा वैधानिक है। इसको न्यायालय की मान्यता प्राप्त है जबकि जुआ व्यर्थ (Void) है। न्यायालय में इसकी कोई मान्यता नहीं है। इंग्लैण्ड में जुआ अवैधानिक है और दण्डनीय है। भारत में जुआ अमान्य और व्यर्थ (Void) है।

(9) बीमा दान नहीं है—दान वह भुगतान है जिसके प्रतिफल नहीं होता है लेकिन बीमा बिना प्रतिफल के सम्भव नहीं है। प्रतिफल के बदले में बीमित व्यक्ति और उसके परिवार को सुरक्षा मिलती है। दान में दानकर्त्ता को कुछ भी नहीं मिलता। बीमा एक व्यवसाय हो गया है क्योंकि बीमाकर्त्ता अपनी सेवाओं के लिए उचित लाभ लेते हैं। जबकि दान केवल सहायता है व्यवसाय नहीं है।

बीमा के कार्य

बीमा के कार्यों को दो भागों—(अ) प्राथमिक (Primary) और (ब) गौण (Secondary) कार्यों में बाँटा गया है।

(अ) प्राथमिक कार्य (Primary Function)

(1) निश्चितता प्रदान करना—बीमा हानि की अनिश्चितता के प्रति हानि की पूर्ति की निश्चितता प्रदान करता है। व्यक्ति हानि के प्रति कुशल नियोजन करके निश्चिंत हो सकता है; परन्तु इसमें अनेक कठिनाइयाँ हैं जबकि बीमा व्यक्तियों की इन कठिनाइयों से दूर करके हानि के प्रति निश्चितता प्रदान करता है। स्वत: बीमा में कठिनाइयों के अलावा खर्चे भी अधिक होते हैं जिससे बीमा का स्थान कोई स्वत: बीमा से नहीं ले सकता है। जोखिम हानि की अनिश्चितता है जिसमें हानि कब होगी कैसे और कितनी होगी का कुछ पता नहीं रहता है। यदि जोखिम हो गयी तो व्यक्ति को हानि होगी और उसके पहले वह हानि के प्रति हमेशा चिन्तित रहता है; परन्तु बीमा से इस प्रकार की चिन्ता समाप्त हो जाती है और हानि की पूर्ति के लिए व्यक्ति निश्चिन्त हो जाता है। इसके लिए व्यक्ति को बहुत थोड़ी प्रव्याजि देनी होती है जो हानि का बहुत छोटा अंग होता है।

(2) सुरक्षा प्रदान करना—बीमा का मुख्य कार्य सम्भाव्य हानि से सुरक्षा प्रदान करना है। हानि का समय और रकम अनिश्चित होता है। यदि बीमा नहीं है तो जब भी हानि होगी व्यक्ति को कष्ट होगा और उसे अनेक आपत्तियों का सामना करना पड़ सकता है परन्तु बीमा हानि के भुगतान का वादा करता है और इस प्रकार व्यक्तियों को कठिनाइयों से सुरक्षित करता है। बीमा जोखिम को रोक नहीं सकता है परन्तु जोखिम से होने वाली हानि का भुगतान अवश्य करता है। इस प्रकार बीमा हानि से सुरक्षा प्रदान करता है।

(3) हानि-विभाजन—बीमा का तीसरा प्रमुख कार्य जोखिम से होने वाली हानि का विभाजन है। आपदा या जोखिम को बाँटा नहीं जा सकता है; परन्तु उनसे होने वाली हानियों को उन व्यक्तियों में बाँटा जा सकता है जो इन हानियों से सुरक्षित होना चाहते हैं। आदि काल में हानि का विभाजन जोखिम के समय किया जाता था; परन्तु अब बीमा प्रसंविदा के अन्तर्गत उन हानियों का भुगतान बाद में किया जाता है जिसके लिए बीमित व्यक्तियों से उनके हानि का अंश प्रव्याजि के रूप में पहले से लिया जाता है। प्रव्याजि की गणना हानि की सम्भावना के अनुसार की जाती है।

(ब) गौण कार्य (Secondary Function)

उपरोक्त प्रमुख कार्यों के अलावा बीमा निम्नलिखित गौण कार्य भी करता है—

(1) हानि की रोक—बीमा हानि को स्वयं नहीं रोकता (Prevent) है; बल्कि उन व्यक्तियों और संस्थाओं का साथ देता है जो हानि को रोकने के लिए कार्य कर रहे हैं। यदि हानि में कमी हो जायेगी या हानि रुक जायेगी, तो बीमाकर्त्ता कम भुगतान करेगा और इस प्रकार उसे अधिक हानि नहीं सहनी पड़ेगी। हानि की कमी से प्रव्याजि दर में भी कमी की जा सकती है और इस प्रकार बीमा विकास में सहायता मिल सकती है। अधिक व्यापार से प्रति व्यक्ति लागत कम होगी और प्रव्याजि में पुन: कटौती की जा सकती है जिससे सस्ती प्रव्याजि होने के कारण व्यापार में और विकास होगा तथा समाज के अधिकांश व्यक्ति बीमा के लाभ उठा सकेंगे। बीमा संस्थायें इसीलिए अग्निरोधक संस्थाओं, अस्पताल, शिक्षा-संस्थाओं, नगर-पालिकाओं तथा अन्य संस्थाओं को वित्तीय सहायता देकर हानि को रोकने का प्रयास करते हैं।

(2) पूँजी की पूर्ति—बीमा समाज को पूँजी की पूर्ति करता है। बीमा के पास पर्याप्त रकम प्रव्याजि के रूप में आती रहती है जिसको विनियोजित करके उत्पादन में वृद्धि की जाती है। समाज में पूँजी की कमी को पूरा किया जाता है। भारत जैसे देश में जहाँ पूँजी की अपर्याप्तता है बीमा के इस कार्य का विशेष महत्त्व है। बीमा द्वारा पूँजी की गतिशीलता दो

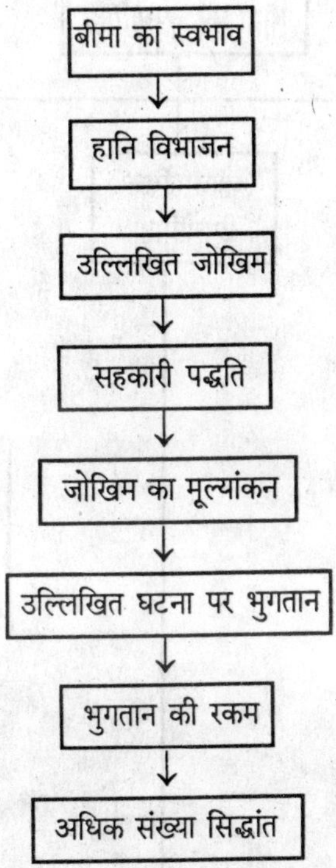

आकृति 1.1 बीमा का सिद्धान्त

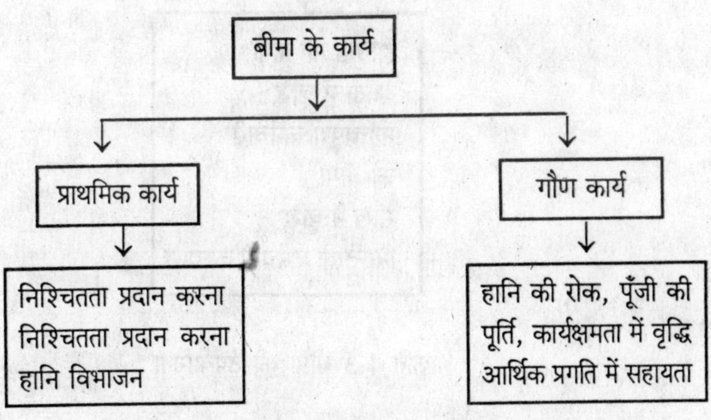

आकृति 1.2 बीमा के कार्य

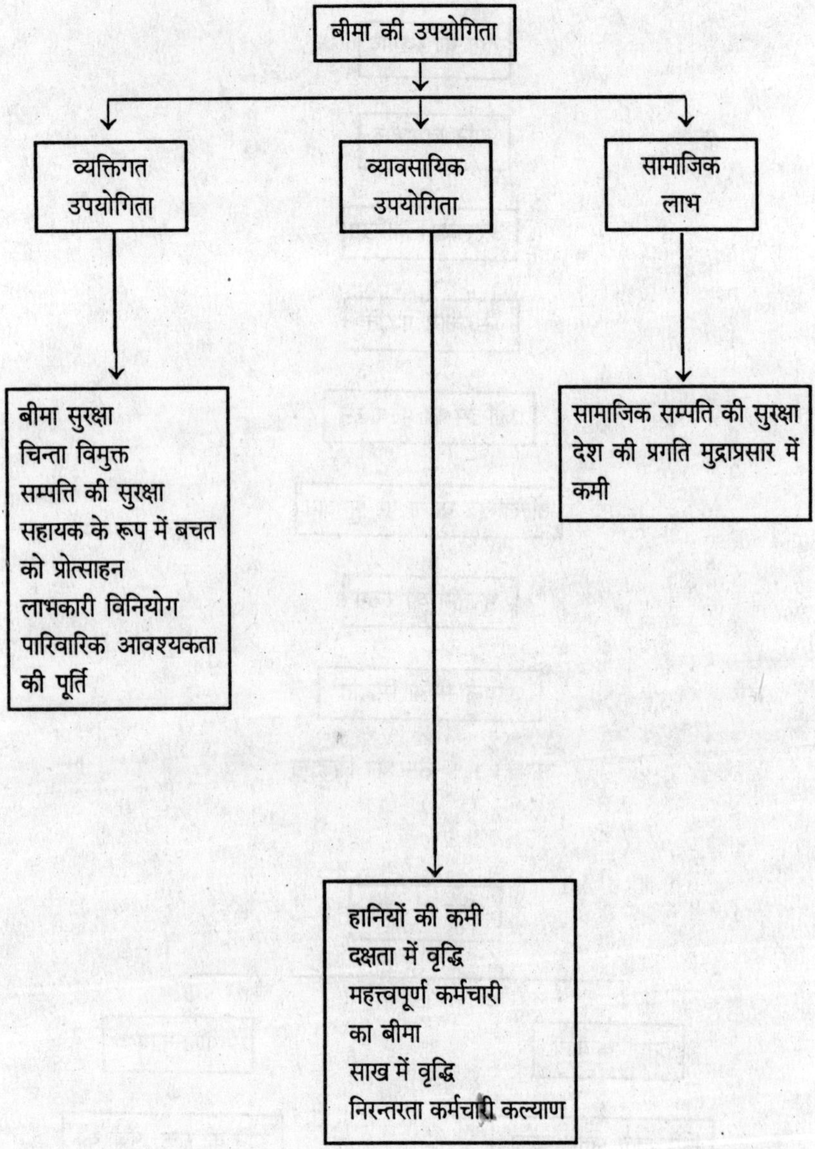

आकृति 1.3 बीमा की उपयोगिता

प्रकार से सुलभ होती है, प्रथम बीमा के अभाव में प्रत्येक व्यक्ति व्यवसायी या संस्था सम्भावी हानियों को पूरा करने के लिए कुछ संचय रखते हैं जिसका कोई उपयोग नहीं हो पाता है परन्तु बीमा रहने से उस संचित रकम का प्रयोग उत्पादन कार्यों में किया जा सकता है क्योंकि हानि की पूर्ति का वचन बीमा करता है। इस प्रकार सम्भाव्य-संचय रखने की आवश्यकता न रहने पर उसका उत्पादन में पूँजी के रूप में प्रयोग होता है। दूसरी तरफ बीमा द्वारा प्रव्याजि के रूप में एकत्रित राशि उत्पादन कार्यों में पूँजी, ऋण या अन्य रूपों में प्रयोग की जाती है। इस प्रकार बीमा पूँजी के रूप में सहायता देता है।

(3) कार्यक्षमता में वृद्धि—व्यवसाय में अनेक जोखिमें होती हैं जिसकी सुरक्षा के लिए बीमा कराया जाता है। पर्याप्त सुरक्षा रहने पर व्यवसाय के कार्य सुचारु रूप से चलते हैं इस प्रकार कार्यक्षमता में वृद्धि होती है। बीमा रहने पर व्यक्ति भविष्य के प्रति निश्चिन्त हो जाता है और अपने कार्यों को एकाग्रता से करता है जिससे उसकी कार्यक्षमता बढ़ती है और उसे अधिक लाभ मिलता है जिसको पाने के लिए उसे अधिक निरन्तर प्रेरणा मिलती रहती है। प्रत्येक की कार्यक्षमता में वृद्धि होने पर सम्पूर्ण समाज की कार्यक्षमता बढ़ती है और राष्ट्रीय विकास में योगदान मिलता है।

आर्थिक प्रगति में सहायता—बीमा से समाज की अनेक हानियों के प्रति सुरक्षा मिलती है। समाज की सम्पत्ति और व्यक्ति आदि के न रहने पर विशेष अभाव नहीं महसूस होता है। क्षति और मृत्यु से होने वाली जोखिम पर हानि की पूर्ति होने पर व्यक्ति निश्चिन्त कार्य करता है। इस प्रकार बीमा समाज की विभिन्न सम्पत्तियों की सुरक्षा करता है। व्यक्तियों को निश्चिन्त रखकर उनकी क्षमता में वृद्धि करता है तथा पूँजी के अभाव को दूर करके पूँजी की मात्रा में वृद्धि करता है इस प्रकार बीमा समाज के सर्वोन्मुखी विकास में सहायता देकर देश की प्रगति में हाथ बँटाता है।

बीमा की उपयोगिता

बीमा की उपयोगिता का अध्ययन तीन भागों—व्यक्तिगत, व्यावसायिक और सामाजिक लाभों में करेंगे।

व्यक्तिगत उपयोगिता

(1) बीमा सुरक्षा प्रदान करता है—बीमा निर्धारित जोखिम से होने वाली हानि के प्रति सुरक्षा प्रदान करता है। जीवन बीमा में मृत्यु या जीवन या दोनों जैसा भी हो, घटित होने पर बीमित रकम का भुगतान कर दिया जाता है। यदि व्यक्ति कम दिन जीवित रहा तो बीमा से उसके परिवार को सुरक्षा मिलती है और यदि अधिक जीवित रहा तो स्वयं उसे भुगतान होता है। जीवन की अनेक आवश्यकताओं के लिए अलग-अलग प्रकार के बीमापत्र खरीदे जाते हैं। इसी प्रकार सम्पत्ति बीमा में सम्पत्ति की सुरक्षा निर्धारित जोखिम से होती है। बीमित जोखिम के घटित होने पर भुगतान कर दिया जाता है। सम्पत्ति के नष्ट होने, क्षति होने या गायब हो जाने पर होने वाली हानि का भुगतान बीमा के द्वारा किया जाता है। दायित्व सम्बन्धी हानि का भी भुगतान सामान्य बीमा द्वारा किया जाता है। इस प्रकार बीमा के द्वारा प्राय: सभी क्षेत्रों में शुद्ध जोखिम से होने वाली हानि का भुगतान किया जाता है जिससे हानि से सुरक्षा मिलती है।

(2) बीमा व्यक्ति को चिन्ता विमुक्त करता है—सुरक्षा मनुष्य का मुख्य प्रेरक है। यदि व्यक्ति भविष्य की जोखिमों से असुरक्षित है तो उसे हमेशा चिन्ता लगी रहती है और कार्य में मन नहीं लगता है; परन्तु हानि के प्रति सुरक्षा रहने पर व्यक्ति उस हानि से चिन्ता विमुक्त हो जाता है क्योंकि वह समझता है कि जोखिम से उसके परिवार को कोई नुकसा

नहीं होगा कारण कि हानि का भुगतान बीमा द्वारा कर दिया जाता है। यह हानि जीवन, सम्पत्ति और दायित्व के सम्बन्ध में हो सकती है जिसके लिए बीमा अलग-अलग रूपों में मौजूद है। इस प्रकार बीमा अनिश्चित जोखिम को निश्चित भुगतान के रूप में बदल कर व्यक्ति को चिन्ता विमुक्त कर देता है। जोखिम को रोका नहीं जा सकता है परन्तु जोखिम से होने वाली हानि को पूरा किया जा सकता है। जोखिम से सुरक्षा न रहने पर मनुष्य को चिन्ता, हतोत्साह, मानसिक कमजोरी आदि रहती है। परन्तु बीमा इन सब कमजोरियों को दूर करके मनुष्य को उत्साही बना देता है।

(3) बीमा बन्धक-सम्पत्ति को सुरक्षित करता है—व्यक्ति की मृत्यु से बंधक पर रखी गयी सम्पत्ति ऋणदाता की हो जाती है और परिवार को कष्ट होता है। दूसरी तरफ ऋणदाता ऋण देने के पहले सम्पत्ति को बीमित करने के लिए जोर डालता है क्योंकि सम्पत्ति के नष्ट हो जाने, आग लग जाने, चोरी हो जाने आदि के कारण बंधक-ऋण का भुगतान प्राप्त करना सम्भव नहीं रहता है और ऋणदाता को हानि होती है। लेकिन यदि इस सम्पत्तियों का बीमा होता है तो क्षतिग्रस्त, चोरी आदि हो जाने पर ऋण का भुगतान ऋणदाता को कर दिया जाता है। इस प्रकार बीमा-बंधक सम्पत्ति को सुरक्षित करने का प्रयास करता रहा है।

(4) बीमा सहायक के रूप में कार्य करता है—परिवार के मुखिया की मृत्यु पर परिवार के अन्य सदस्यों को अकथनीय हानि होती है। इस प्रकार सम्पत्ति की हानि पर परिवार को अत्यन्त कठिनाई होती है। परिवार को इन सब आपदाओं से अधिक कष्ट होता है। आर्थिक स्थिति कमजोर हो जाती है। सम्पत्ति के नष्ट हो जाने पर जीविकोपार्जन का साधन नष्ट हो जाता है। परिवार में पत्नी और बच्चे दूसरे के आश्रित हो जाते हैं। उन्हें अपने पति और पिता के अलावा अन्य व्यक्ति अधिक उपकारी प्रतीत होते हैं। बीमा इन सभी कठिनाइयों से छुटकारा देकर एक सहायक के रूप में कार्य करता है। मृत्यु पर स्त्री और बच्चे को कुछ रकम प्रदान करके उनकी सहायता करता है। सम्पत्ति के नष्ट हो जाने, दुर्घटना होने, व्यापार बन्द हो जाने आदि अनेक जोखिम के होने पर बीमा उन्हें रकम देता है जिससे परिवार को कोई आर्थिक कठिनाई नहीं होती है।

(5) बीमा बचत को प्रोत्साहित करता है—जीवन बीमा में बचत एवं सुरक्षा दोनों मिलती है जबकि गैर जीवन बीमा में केवल सुरक्षा तत्त्व ही सन्निहित है। जीवन बीमा में बचत एवं विनियोग का लाभ मिलता है। बचत करके व्यक्ति वृद्धावस्था की कठिनाइयों से सुरक्षित हो जाते हैं और यदि मृत्यु असामयिक हो गयी तो उसमें भी सहायता मिलती है क्योंकि उस दशा में भी एक निश्चित रकम का भुगतान कर दिया जाता है। इसके अलावा बीमा से बचत के कुछ अतिरिक्त लाभ भी हैं। (1) क्रमिक बचत सम्भव हो जाती है क्योंकि प्रव्याजि का निरन्तर भुगतान करना आवश्यक है। इसके विपरीत बैंक में बचत ऐच्छिक है जब तक बचत करना चाहें तब तक बचत किया अन्यथा बचायी रकम को निकाल कर खर्च कर दिया। इस सुविधा के कारण बैंक की बचत में वृद्धि नहीं हो पाती है। लेकिन बीमा में बचत करके प्रीमियम देना अनिवार्य है जिससे पर्याप्त बचत हो जाती है। (2) बीमा में बचायी गयी रकम को निकालना आसान नहीं है क्योंकि बीमित रकम का भुगतान केवल एक निश्चित समय या घटना पर ही किया जायेगा। इस घटना के पूर्व समर्पित मूल्य प्राप्त करना आसान नहीं है और लाभकारी भी नहीं है जिससे बीमापत्रधारी अपनी रकम निर्धारित अवधि के पहले वापस प्राप्त नहीं करते हैं। इसके विपरीत बैंक को बचत को निकाल कर कभी भी समाप्त किया जा सकता है। (3) मृत्यु के समय बीमा में बीमित रकम का भुगतान कर दिया जाता है चाहे उतनी रकम बचायी गयी हो या नहीं।

बैंक से केवल बचायी गयी रकम का ही भुगतान मिलेगा। (4) आवश्यक बचत से प्रीमियम का भुगतान किया जाता है। प्रथम वर्षों में इस प्रकार की बचत करने में कुछ कठिनाई होती है, परन्तु बाद में यह भी एक खर्च का रूप धारण कर लेती है और बचत करने में कष्ट नहीं महसूस होता है।

(6) बीमा लाभकारी विनियोग है—जीवन बीमा में भुगतान अवश्य मिलता है। बीमित रकम के साथ-साथ बोनस का भी भुगतान होता है। बीमाकारी अपने एकत्रित कोष को विनियोजित करता रहता है और प्राप्त हुई आय से खर्चे और संचय निकालकर शेष रकम बीमापत्रधारी (लाभ सहित) को दे देता है। बीमाकर्त्ता जितना ही लाभ प्राप्त करेगा बीमापात्र को उतना ही बोनस मिलेगा। इस प्रकार का लाभ बीमापत्रधारी स्वयं नहीं कर सकता है, कारण कि उसकी विनियोग क्षमता क्षीण होती है। इसके अलावा किसी प्रकार के बीमा में दी गयी प्रव्याजि पर आयकर, सम्पदा कर, धन कर, दान कर से छूट मिलती है और वह भी एक बचत का साधन बन जाता है। बीमा सुरक्षा के साथ-साथ लाभकारी विनियोग भी बन गया है।

(7) पारिवारिक आवश्यकताओं की पूर्ति—बीमा से पारिवारिक आवश्यकताएँ जैसे मृत्यु पर सहायता, वृद्धावस्था में बचत, पुनर्समन्वन आवश्यकता, विशेष आवश्यकता, अन्तिम आवश्यकता, सम्पत्ति की सुरक्षा आदि अनेक आवश्यकताओं की पूर्ति होती है। इनका विस्तृत वर्णन सम्बन्धित अध्यायों में किया गया है।

व्यावसायिक उपयोगिता

(1) व्यावसायिक हानियों की अनिश्चितता कम हो जाती है—बीमा अनेक जोखिमों से होने वाली हानि को पूरा करता है जिनके लिए अलग-अलग बीमा की सुविधाएँ दी जाती हैं। व्यावसायिक जगत में अत्यधिक मानवीय और भौतिक सम्पत्ति का उपयोग किया जाता है। थोड़ी सी लापरवाही से एकदम नष्ट-भ्रष्ट हो सकती है और अरबों की सम्पत्ति जन-शक्ति क्षणों में समाप्त हो सकती है। इन जोखिमों के अलावा तीसरे पक्ष को भी जोखिम हो सकती है जिसका भुगतान करना व्यवसाय की जिम्मेदारी हो जाती है। यदि हानि की इन अनिश्चितताओं को देखा जाय तो कोई भी व्यक्ति व्यवसाय में जोखिम उठाना नहीं चाहेगा। न तो व्यक्ति व्यापार प्रारम्भ करेंगे और न अधिक दिन तक चालू ही रख सकेंगे। इन सभी हानियों अर्थात् कर्मचारियों को शारीरिक चोट, मृत्यु, सम्पत्ति ही हानि, वस्तुओं के आवागमन में होने वाली हानि आदि के लिए कई प्रकार के बीमा प्रचलित हैं जैसे जीवन बीमा, सामुद्रिक बीमा, अग्नि बीमा, दुर्घटना बीमा, दायित्व बीमा आदि। प्रत्येक प्रकार के बीमा में कई अन्य तरह की सुविधाएँ उपलब्ध हैं। इन हानियों को पूरा करने के लिए अलग से संचय करना पर्याप्त और संभव नहीं होगा अत: बीमा से ही इन हानियों को पूरा किया जाता है तथा अनिश्चितताओं को समाप्त करके भुगतान की निश्चितता दी जाती है जिससे व्यापार वृद्धि में सहायता मिलती रहती है।

(2) बीमा से व्यावसायिक दक्षता बढ़ जाती है—व्यवसाय की हानियों के प्रति निश्चिन्त होने पर व्यवसायी मन लगाकर कार्य करता है और उसे अन्य हानि बचाने वाले कार्यों को भी नहीं करना पड़ता है जिससे उसे कार्य के प्रति अधिक समय मिल जाता है। व्यवसाय में संलग्न व्यक्ति, सम्पत्ति आदि के बीमा रहने पर व्यवसाय समाप्त भी नहीं होता क्योंकि हानि होने पर बीमा द्वारा पूर्ण क्षति पूर्ति कर दी जाती है। व्यवसाय बन्द हो जाने की सम्भावना समाप्त हो जाती है। इस प्रकार व्यवसाय में निरन्तर कार्य होते रहते हैं और व्यवसायी को हानि होने पर बीमा से उसकी पूर्ति हो जाती है जिससे व्यवसायी को निश्चिन्तता हो जाती है।

(3) महत्त्वपूर्ण कर्मचारी का बीमा—महत्त्वपूर्ण कर्मचारी वह है जिसके जीवित रहने पर व्यापार को लाभ और मृत्यु पर व्यापार को हानि हो और उस हानि को तुरन्त पूरा न किया जा सके। व्यावसायिक सम्पत्ति की तरह महत्त्वपूर्ण कर्मचारी भी आवश्यक है अत: सम्पत्ति चाहे भौतिक हो या मानवीय दोनों के सुरक्षित रहने पर व्यवसाय चलता रहता है। महत्त्वपूर्ण कर्मचारी का बीमा करा लेने पर उसकी मृत्यु पर व्यवसाय बन्द होने या हानि होने की सम्भावना समाप्त हो जाती है।

इसी प्रकार व्यवसाय में लगे अन्य कर्मचारियों का भी बीमा होता है जिनकी मृत्यु पर उन्हें देय रकम बीमाकर्त्ता से मिल जाती है और व्यवसाय को अलग से भुगतान की आवश्यकता नहीं पड़ती है।

(4) साख में वृद्धि होती है—बीमा रहने पर साख में वृद्धि हो जाती है क्योंकि ऋणदाता यह समझते हैं कि ऋणी की मृत्यु या बन्धक पर रखी गयी सम्पत्ति नष्ट हो जाने पर भी उन्हें भुगतान बीमा के माध्यम से हो सकता है। अत: ऋणदाता कभी भी ऋण देने में संकोच नहीं करता है। ऋण प्राप्त करने की क्षमता में वृद्धि हो जाने पर व्यवसाय बढ़ाया जा सकता है और बीमा की मात्रा में तथा विविधता में वृद्धि करके साख में और अधिक वृद्धि हो सकती है।

(5) व्यवसाय चलता रहता है—बीमा से व्यापार चालू रहने की सम्भावना बढ़ जाती है क्योंकि सम्पत्ति चाहे वह भौतिक हो या मानवीय के नष्ट होने पर हानि का भुगतान मिल जाता है जिससे व्यवसायी अपनी पूर्ववत स्थिति में रहता है। जीवन बीमा और सम्पत्ति बीमा का इस क्षेत्र में विशेष महत्त्व है। जन शक्ति की हानि जीवन बीमा और भौतिक सम्पत्ति की हानि सम्पत्ति बीमा से पूरी हो जाती है इस प्रकार हानि की सम्भावना न रहने पर व्यापार चलता रहता है।

(6) कर्मचारी कल्याण की सुविधा है—कर्मचारी की मृत्यु पर उनके परिवार को कुछ रकम देनी पड़ती है जिसके लिए बीमा खरीदकर उन्हें भुगतान किया जा सकता है। कर्मचारियों के निवास स्थान आदि के प्रबन्ध के लिए बीमा से ऋण भी मिल जाता है। कर्मचारियों की अयोग्यता वृद्धावस्था और मृत्यु पर बीमा से भुगतान किया जा सकता है।

सामाजिक उपयोगिता

(1) समाज की सम्पत्ति की सुरक्षा रहती है—समाज की मानवीय एवं भौतिक सम्पत्ति की सुरक्षा जीवन बीमा और सम्पत्ति बीमा से होती है। यदि मानवीय सम्पत्ति शिक्षित निश्चिंत और स्वस्थ है तो वह उत्पादन कार्य में अधिक सहयोग दे सकता है। जीवन बीमा द्वारा यह सम्भव है कि समाज का प्रत्येक व्यक्ति अपने भविष्य की जोखिम के प्रति निश्चिन्त हो जाय। शिक्षा बीमा ले लेने से बच्चों को शिक्षा दी जा सकती है। स्वास्थ्य संस्थाओं में बीमा द्वारा विनियोग करके मानवीय सम्पत्ति की कार्यक्षमता में वृद्धि की जा सकती है। इस प्रकार पूरे समाज को लाभ मिलता है। मानवीय सम्पत्ति के साथ-साथ भौतिक सम्पत्ति का बीमा होने पर सम्पत्ति की सुरक्षा, जैसे मकान, मशीन, फर्नीचर, फसल, पशु आदि की सुरक्षा रहती है क्योंकि इसके नष्ट होने पर हानि का पूर्ण भुगतान हो जाता है। यदि समाज की मानवीय सम्पत्ति, वृद्धावस्था, मृत्यु, अपंगता आदि के प्रति बीमित है और भौतिक सम्पत्ति नष्ट होने, क्षति होने और गायब होने के प्रति बीमित है तो उस समाज में हानि नहीं होगी और विकास कार्य कभी भी विपरीत दिशा में प्रगति नहीं करेंगे। समाज की कृषि, उद्योग, व्यापार एवं यातायात में प्रगति होने पर समाज की प्रगति होती रहती है।

समाज के वर्तमान तथा भविष्य की मानवीय और भौतिक सम्पत्ति सुरक्षित रहने पर समाज का विकास होता है।

(2) देश की प्रगति में सहायता मिलती है—देश के विकास के लिए जनशक्ति और भौतिक संसाधन पर्याप्त और प्रभावशाली होने चाहिए। यदि जनसंख्या प्रशिक्षित स्वस्थ्य और कुशल है तथा भौतिक संसाधन की क्षति नहीं होती उनका दोहन प्रभावशाली है तब देश की प्रगति में सहायता मिलती है। इस साधनों के सुरक्षित और कुशल रहने पर कृषि, उद्योग, व्यापार, यातायात एवं वित्तीय सुविधाओं का सुचारु रूप से विकास होता है जो विकास कार्यों के लिए अत्यन्त आवश्यक होता है। सामान्य विकास के साथ-साथ सन्तुलित विकास भी बीमा के माध्यम से सम्भव है क्योंकि प्रत्येक पिछड़े क्षेत्र में बीमा की सुविधाएँ देकर उन्हें विकसित किया जा सकता है। कर्मचारियों के कल्याण में वृद्धि करके देश का विकास किया जा सकता है क्योंकि कर्मचारियों की कार्यक्षमता में वृद्धि हो जाती है और वे मन लगाकर देश की प्रगति में हाथ बँटा सकते हैं। बीमा के माध्यम से देश की सम्पत्ति सुरक्षित रहती है। विनियोग के लिए पर्याप्त रकम मिल जाती है जिससे प्रगति में सहायता मिलती है।

(3) मुद्रा प्रसार में कमी—बीमा मुद्रा प्रसार में दो प्रकार से कमी करता है (i) प्रीमियम की रकम एकत्रित करके मुद्रा-पूर्ति में कमी करता है। समाज में मुद्रा की मात्रा कम हो जाने से मुद्रा प्रसार में कमी आ जाती है। (ii) दूसरी तरफ एकत्रित प्रीमियम (प्रव्याजि) को विनियोजित करके उत्पादन में वृद्धि की जा सकती है। दोनों कार्यों के परिणामस्वरूप मुद्रा-प्रसार अवकाश (Inflationary Gap) में कमी आती है और मुद्रा-प्रसार में कमी होती है।

बीमा के सिद्धान्त

बीमा दो प्रमुख सिद्धान्तों—(1) सहकारिता सिद्धान्त (Principle of Cooperation) और (2) सम्भाविता सिद्धान्त (Theory of Probability) पर आधारित है।

(1) सहकारिता सिद्धान्त—बीमा एक सहकारी पद्धति है जिसमें हानि कई बीमित व्यक्तियों में विभाजित किया जाता है। यदि कोई व्यक्ति अकेले अपनी हानि को सहन करता है तो वह बीमा नहीं होगा। बीमा में कई व्यक्ति मिलकर हानि को विभाजित करते हैं। जब से बीमा प्रारम्भ हुआ तब से लेकर आज तक व्यक्ति सहकारिता सिद्धान्त अपनाते रहे। प्रारम्भ में व्यक्ति मिलकर हानि होने पर उसको विभाजित कर लेते थे और आज भी बीमापत्रधारी प्रव्याजि देकर हानि को वितरित करते हैं। अन्तर केवल इतना है कि पहले हानि होने पर उसका विभाजन किया जाता था, परन्तु आज हानि का पूर्वानुमान करके उसका विभाजन होता है। स्युच्युल इंसुरेन्स सोसाइटी भी अपने सदस्यों में हानि को विभाजित करके अर्थात् हानि की रकम सभी सदस्यों को लेकर उस व्यक्ति को सौंप देते हैं जो हानि सहन करता है। धीरे-धीरे बाद में चलकर हानि का अनुमान लगाया जाने लगा और व्यक्तियों को तभी शामिल किया जाता था जब वे अपनी हानि का हिस्सा प्रारम्भ में दे दें। यदि वे हानि का हिस्सा (प्रव्याजि) नहीं देते हैं तो उन्हें बीमित सदस्यों के साथ शामिल नहीं किया जायेगा। आगे चलकर प्रव्याजि प्राप्त करना और हानि का भुगतान करना एक व्यवसाय हो गया और जो व्यक्ति इस कार्य को करने लगे वे बीमाकर्त्ता कहे जाने लगे। बीमा व्यवसाय का संचालन इस प्रकार आजकल भी सहकारिता सिद्धान्त पर आधारित है जिसमें हानि का निर्धारण पहले कर लिया जाता है और प्रत्येक से उसकी हानि का हिस्सा प्रव्याजि के रूप में लिया जाता है। इस प्रकार प्रव्याजि को हानि का सहकारी हिस्सा भी कहते हैं।

(2) सम्भाविता सिद्धान्त—हानि का सहकारी वितरण प्रव्याजि के रूप में किया जाता है। हानि बाद में होती है और प्रव्याजि का भुगतान पहले किया जाता है। इस प्रकार प्रव्याजि निर्धारण करना आवश्यक है जिसमें सम्भाविता सिद्धान्त अपनाते हैं। इसके द्वारा यह निश्चय किया जाता है कि पिछले वर्ष का अनुभव आगे वर्षों में भी लागू होगा। सम्भाविता सिद्धान्त गणित का एक महत्त्वपूर्ण सिद्धान्त है जिसमें घटना के होने के या न होने की सम्भावना का मूल्यांकन किया जाता है जैसे यदि 1000 व्यक्ति जो 30 वर्ष के हैं उनके मृत्यु की संभावना मालूम करनी है तो घटना को कुल संख्या से भाग देकर मालूम कर लेते हैं। उदाहरणार्थ यदि 30 वर्ष के 5 व्यक्ति एक वर्ष में मर जाते हैं तो 1000 में सम्भाविता $\frac{5}{1000}$ अर्थात् मृत्यु दर 0.005 होगी और जीवन दर (1- 0.005) = 0.995 होगी। इस प्रकार की गणना जोखिम सूचनाओं को प्राप्त करने के बाद की जाती है। जोखिम को प्रभावित करने वाले जितने तत्त्व हैं उन सभी का मूल्यांकन करके यह पता लगा लिया जाता है कि जोखिम कुल कितनी होगी। समस्त जोखिम में से कितनी जोखिम एक तरह की है, उसकी सम्भाविता क्या है, उसे विशेष जोखिम की समस्त जोखिम से भाग देने पर पता लगता है। और उसी आधार पर प्रव्याजि की गणना की जाती है। जोखिम की अनिश्चितता का मूल्यांकन करके उसे निश्चितता में बदला जाता है जिससे पता लगता है कि कुल कितनी जोखिम हुई है और इसी प्रकार भविष्य में भी जोखिम होने की सम्भावना होगी। बीमाकर्त्ता को उतनी ही प्रव्याजि लेनी चाहिए जितनी कि हानि भुगतान के लिए आवश्यक है। उससे कम लेने पर बीमाकर्त्ता को हानि उससे अधिक लेने पर बीमापात्र को हानि होगी। अत: बीमा न लाभ और न हानि सिद्धान्त पर चलता है और जोखिम का सही-सही मूल्यांकन करना आवश्यक है।

जोखिम का सही मूल्यांकन महांक जड़ता सिद्धान्त (Inertia of Large Number) पर आधारित है जो सम्भाविता सिद्धान्त का सहायक सिद्धान्त है। अत: यह आवश्यक है कि सम्भाविता सिद्धान्त अपनाते समय महांक जड़ता सिद्धान्त अपनाया जाय। यह सिद्धान्त यह बताता है कि यदि किसी घटना को बड़ी संख्या में मूल्यांकित किया जाय, तो उसका परिणाम सत्य के समीप होगा। जितनी अधिक संख्या ली जायेगी उतनी अधिक सत्यता होगी। बीमा व्यवसाय में प्रव्याजि गणना के लिए यह आवश्यक है कि विस्तृत क्षेत्र का मूल्यांकन किया जाय जिससे अधिक संख्या का मूल्यांकन करके परिणाम सत्यता के समीप रखा जा सके।

इस प्रकार सम्भाविता सिद्धान्त को बड़े पैमाने पर अपनाकर हानि को सहकारिता के आधार पर प्रव्याजि के रूप में वितरित किया जाता है। प्रव्याजि उतनी ही ली जाती है जितना हानि भुगतान के लिए कुल मिलाकर पर्याप्त हो। न अधिक और न कम प्रीमियम ली जाती है। इस प्रकार सहकारिता सिद्धान्त और सम्भाविता सिद्धान्त बीमा के दो प्रमुख सिद्धान्त हैं।

अध्याय 2

बीमा का विकास एवं संगठन

बीमा की उत्पत्ति सभ्यता से जुड़ी हुई है। प्राचीन काल से सामुद्रिक व्यापार में ऋण या प्रसंविदा के साथ बीमा का तत्त्व जुड़ा हुआ है। पुराने साहित्यों से पता चलता है कि बीमा भारत और बेबीलोनिया में सर्वप्रथम प्रचलित था। ऋग्वेद का 'योगक्षेम' शब्द आज भी प्रयोग किया जाता है जिसका अर्थ है कि सुरक्षा और कल्याण का आश्वासन दिया गया है। 'हम्मुराबी' और 'मनुस्मृति' में भी भविष्य की हानियों के प्रति सुरक्षा का प्रावधान किया गया है। विभिन्न प्रकार के बीमा का विकास अलग-अलग समयों में हुआ है।

1. सामुद्रिक बीमा—बीमा का प्राचीनतम रूप सामुद्रिक बीमा है। बॉटमरी बॉण्ड के अन्तर्गत ऋण और हित का विशेष विकास हुआ है जिसमें हानि से सुरक्षा के तरीके स्पष्ट रूप से बताये गये हैं। प्रारम्भ में सामुद्रिक यातायात के साथ बीमा को अनिवार्य बना दिया गया था जिससे उधार दिये गये ऋण और ब्याज सामुद्रिक क्षति होने पर भी मिल सकें अन्यथा जहाज डूबने या नष्ट होने पर ऋणदाता को ऋण और ब्याज की हानि होगी। इस कारण प्रारम्भ में सामुद्रिक यात्रा में तभी ऋण दिया जाता था जबकि उसका बीमा होता था। बीमा को सामुद्रिक यात्रा का एक अंग बना दिया गया था। मनु ने स्पष्ट रूप से बता दिया था कि सामुद्रिक बीमा में भारतीय लोग 'औसत' एवं 'अंशदान' में विश्वास करते थे और उसके अनुसार बीमा व्यवसाय करते थे। बीमा की प्रव्याजि भाड़े में शामिल रहती थी जो मौसम और यात्रा के अनुसार बदलते रहते थे। उस समय यात्रा की सफलता मौसम पर अत्यधिक आधारित थी। सामुद्रिक और स्थलीय यात्राएँ जोखिम पूर्ण रहती थीं। सामुद्रिक डकैती और राहजनी अत्यन्त प्रचलित थी। कभी-कभी दुश्मनों द्वारा जहाजों का अपहरण कर लिया जाता था, गहरे समुद्र में डूब जाते थे तथा अनेक प्रकार के अन्य जोखिम होते थे जिनको एक व्यक्ति अकेले सहन नहीं कर सकता था। कई व्यक्ति मिलकर उसकी हानि को पूरा करते थे। सामूहिक सद्भावना प्रचलित थी। सहकारी पद्धति का विकास किया गया और लोग मिलकर एक दूसरे की सहायता करने लगे और होने वाली हानि को अपने-अपने हित के अनुसार सहन करने लगे।

आधुनिक सामुद्रिक बीमा का प्रथम बीमापत्र चौदहवीं शती के प्रारम्भ में बर्जियन द्वारा निर्गमित किया गया। बर्जियन के अनुरोध पर फ्लेण्डर के काउन्ट ने 1310 में बीमा के चार्टर की स्थापना की जिसके द्वारा सामुद्रिक व्यापारी अपने मालों का सामुद्रिक जोखिम से बीमा करा लेते थे। बीमा का विकास चौदहवीं शती तक लोम्बार्ड और हन्सा तक सीमित न रहकर स्पेन, पुर्तगाल, फ्रान्स, हालैण्ड और इंग्लैण्ड तक फैल गया। लोम्बार्ड व्यापार बीमा क्षेत्र में काफी सफल रहे और वे लन्दन में बस गये। वे वहीं पर रहने लगे और लोम्बार्ड स्ट्रीट के नाम से उस स्थान को प्रसिद्ध कर दिया और व्यापार में वृद्धि करते थे। इसी क्षेत्र में लुम्बार्ड आकर लायड के कॉफी-हाउस में एकत्र होते थे और अपने अनुभव की चर्चा करते थे जिससे एडवर्ड लायड काफी अनुभवी हुए और आगे चलकर सामुद्रिक बीमा जगत में

उन्होंने एक संघ तैयार कर दिया जिससे बीमा सम्बन्धी अनुभव एकत्र किये जाते थे और लोगों को उचित सलाह दी जाती थी। आज भी यह संघ लायड़ एसोसियेसन के नाम से प्रसिद्ध है।

2. अग्नि बीमा—सामुद्रिक बीमा के बाद अग्नि बीमा वर्तमान रूप में विकसित हुआ। इसका सर्वप्रथम विकास एंग्लो सेक्सन गिल्ड रूप से तैयार हुआ जिसमें अग्नि से पीड़ित व्यक्तियों को व्यक्तिगत सहायता दी गयी। सोलहवीं शताब्दी के प्रारम्भ में यह जर्मनी में विकसित हुआ। 1666 के प्रकाण्ड अग्निकाण्ड के बाद अग्नि बीमा का विकास हुआ। लगभग 85 प्रतिशत घर जलकर राख हो गये और 10 करोड़ की सम्पत्ति पूर्णतया नष्ट हो गयी थी। इन सबके परिणामस्वरूप 1681 में इंग्लैण्ड में अग्नि बीमा कार्यालय की स्थापना की गयी। साम्राज्यवाद के विकास के साथ-साथ अग्नि बीमा का प्रचार अन्य देशों में भी हुआ। उस समय सन फायर आफिस (Sun Fire offia) एक सफल संस्था थी।

भारत में 1850 में कलकत्ता में ट्रिटोन इन्सोरेन्स (Triton Insurance) की स्थापना हुई। 1861 में 'नार्थ ब्रिटिश' (North British) और 'मरकेन्टाइल' (Mercantile) द्वारा सामान्य बीमा की आवश्यकतायें पूरी की जाने लगीं। भारत में सामान्य बीमा की प्रगति बहुत अधिक नहीं हो पायी इसका मुख्य कारण भारत में बड़े पैमाने के उद्योगों और व्यापारों की कमी थी।

3. जीवन बीमा—जीवन बीमा का आधुनिक रूप सोलहवीं शताब्दी में इंगलैण्ड में विकसित हुआ। पहला व्यक्ति जिसके जीवन में बीमा हुआ था वे थे श्री विलियम गिब्बोन्स (William Gybbons) जिन्होंने 18 जून 1653 में बीमा लिया था। इसके पहले इंग्लैण्ड में एन्युटी का प्रचलन बहुत था और उसके तीन हजार वर्ष पहले सामुद्रिक बीमा का विकास हुआ था। प्रारम्भ में जीवन बीमा इक्सचैन्ज एली (Exchange Alley) में विकसित हुआ। इंग्लैण्ड में प्रथम अनुबन्धित बीमा कार्यालय 'हैण्ड इन हैण्ड सोसाइटी' (Hand in Hand Society) 1696 में स्थापित हुई। 1706 से प्रसिद्ध एमीकेविल सोसाइटी निरन्तर बीमा कार्यालय के रूप में विकसित हुआ। 18वीं शताब्दी में बीमा का विकास अधिक नहीं हो पाया क्योंकि मृत्यु दर में अत्यन्त उच्चावचन थे। 1800 के बाद इंग्लैण्ड में सम प्रव्याजि योजना (Level Premium Plan) के कारण जीवन बीमा का विकास तेजी से हुआ। भारत में भी कुछ यूरोपियन के द्वारा जीवन बीमा का विकास किया गया। 1818 में ओरियन्ट जीवन बीमा कम्पनी की स्थापना कलकत्ता में की गयी। 1870 के बाद भारत में जीवन बीमा की निरन्तर वृद्धि होने लगी। 1817 में बाम्बे म्युच्युल जीवन बीमा समिति (Bombay Mutual Life Assurance Society) की स्थापना हुई। दूसरा महत्त्वपूर्ण कार्यालय ओरियन्टल सरकारी सुरक्षा जीवन बीमा कम्पनी (Oriental Government Security Life Assurance Co. Ltd.) था जो 1874 से कार्य करना शुरू किया। 1900 के बाद भारत में जीवन बीमा व्यवसाय बढ़ता रहा।

4. विविध बीमा—इंग्लैण्ड में औद्योगिक क्रान्ति के साथ विविध बीमा का विकास 19वीं शती के दूसरे भाग से प्रारम्भ हुआ। दुर्घटना बीमा, निष्ठा बीमा, दायित्व बीमा और चोरी बीमा आदि महत्त्वपूर्ण बीमा विकसित हुए। लायड संघ महत्त्वपूर्ण बीमा संस्था थी। धीरे-धीरे पशु बीमा, फसल बीमा, लाभ बीमा आदि का विकास होता रहा। समाज के विकास के साथ विविध बीमा का विकास होता रहा।

बीमा के प्रकार

बीमा का वर्गीकरण दो दृष्टिकोणों—(1) व्यावसायिक दृष्टिकोण और (2) जोखिम दृष्टिकोण से किया गया है।

व्यावसायिक दृष्टिकोण से बीमा का वर्गीकरण

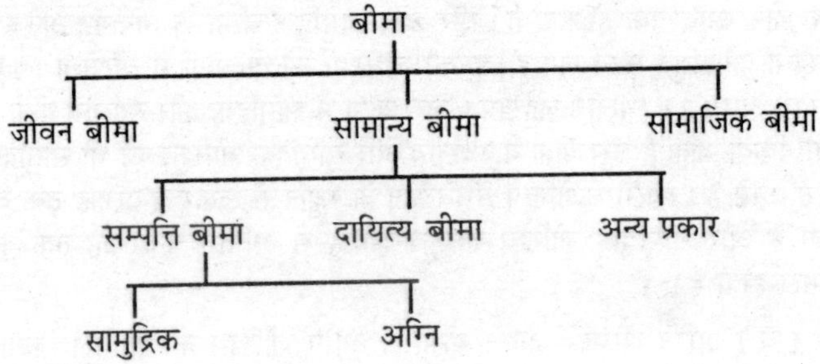

(अ) व्यावसायिक दृष्टिकोण

व्यावसायिक दृष्टिकोण से बीमा को तीन भागों में बाँटा गया है: (1) जीवन बीमा, (2) सामान्य बीमा और (3) सामाजिक बीमा।

1. जीवन बीमा—जीवन बीमा में बीमित विषय वस्तु व्यक्ति का जीवन है। बीमाकर्त्ता बीमित व्यक्ति की मृत्यु पर एक निश्चित रकम का भुगतान करता है। जीवन बीमा व्यक्ति अधिक दिन जीवित रहने पर भुगतान करता है। जीवन बीमा की विविधता बढ़ती जा रही है क्योंकि बीमा जीवन की आवश्यकताओं से संबंधित हो गया है। समाज के विकास के साथ प्रत्येक व्यक्ति को जीवन बीमा की आवश्यकता महसूस होने लगी है। जीवन बीमा आकस्मिक मृत्यु पर पर्याप्त रकम देता है। इसी प्रकार अधिक दिन जीवित पर वृद्धावस्था में सहायता मिलती है। दुर्घटना के समय भी भुगतान करने का प्रावधान है। जीवन बीमा केवल सुरक्षा ही नहीं है बल्कि एक लाभकारी विनियोग भी हो गया है। समय-समय पर अनेक प्रकार के बीमापत्र निर्गमित किये जाने लगे हैं। वर्तमान समय में भारत में जीवन बीमा निगम ने इस दिशा में काफी प्रगति की है।

2. सामान्य बीमा—सामान्य बीमा के अन्तर्गत सम्पत्ति बीमा, दायित्व बीमा और अन्य प्रकार के बीमा आते हैं। अग्नि और सामुद्रिक बीमा को स्पष्ट रूप से सम्पत्ति बीमा कहते हैं। मोटर, चोरी, निष्ठा, मशीन आदि बीमा में कुछ अंश तक सम्पत्ति बीमा और कुछ अंश तक दायित्व बीमा शामिल है। दायित्व बीमा में स्पष्ट रूप से निष्ठा बीमा आता है जिसमें तीसरे पक्ष के दायित्व को भुगतान के लिए बीमा कराया जाता है। सामान्य बीमा के तीन मुख्य प्रकारों का वर्णन नीचे किया जा रहा है।

(i) सम्पत्ति बीमा—सम्पत्ति बीमा में व्यक्ति की सम्पत्ति किसी जोखिम के प्रति बीमित रहती है। जोखिम सामुद्रिक जोखिम, अग्नि, चोरी, सम्पत्ति की क्षति आदि हो सकती है जिनका अलग-अलग बीमा होता है।

(अ) सामुद्रिक बीमा—सामुद्रिक बीमा में सामुद्रिक जोखिम के प्रति बीमा कराया जाता है। सामुद्रिक जोखिम में जहाज का टकराना, शत्रुओं द्वारा हमला, अग्नि, डाकुओं द्वारा हमला, जहाज का डूबना आदि आता है। इन जोखिमों से सम्पत्ति की क्षति, नष्ट और गायब होने की सम्भावना रहती है, जहाज, माल, किराया आदि के सम्बन्ध में पूर्णतया या आंशिक हानि हो सकती है, दूसरे पक्ष के दायित्व की भी जोखिम उत्पन्न हो सकती है जिसके लिए बीमा होना आवश्यक हो गया है। धीरे-धीरे सामुद्रिक बीमा के अन्तर्गत अनेक प्रकार की जोखिमों को संवृत करने लगे हैं। इनकी जोखिमों को दो भागों में बाँटते हैं (1) सामुद्रिक जोखिम और (2) स्थलीय जोखिम। जिस यात्रा में सामुद्रिक और स्थलीय दोनों साधनों का प्रयोग किया जाता है उस यात्रा में स्थलीय और सामुद्रिक जोखिम को भी सामुद्रिक बीमा में संवृत्त करते हैं। स्थलीय जोखिम में विक्रेता के स्थान से लेकर बन्दरगाह तक की जोखिम आती है और सामुद्रिक जोखिम एक बन्दरगाह से अन्तिम बन्दरगाह तक की जोखिम शामिल होती है।

(ब) अग्नि बीमा—अग्नि बीमा में अग्नि जोखिम को शामिल किया जाता है। अग्नि बीमा के अभाव में अग्नि में नष्ट होने वाली सम्पत्तियाँ बढ़ती जायेंगी जिससे समाज और व्यक्ति दोनों को हानि होगी। अग्नि बीमा की सहायता अग्नि जनित हानियों को पूरा कर दिया जाता है जिससे व्यक्ति और समाज अपने पूर्व स्थिति में रहता है। हानि की सम्पूर्ण रकम का भुगतान होने के कारण उसे जोखिम से सुरक्षा मिलती है। इस प्रकार समाज में सम्पत्ति की कमी नहीं होने पाती है। इस बीमा में सम्पत्ति के साथ-साथ सम्पत्ति के नष्ट होने पर होने वाली हानि का भी भुगतान किया जाता है। दंगे, युद्ध आदि जोखिमों को भी इसके अन्दर बीमित किया जाता है।

(स) विविध बीमा—विविध बीमा में अनेक प्रकार के बीमा जैसे चोरी, पशु, फसल, मोटर-मशीन आदि आते हैं जिसमें वस्तुओं की क्षति, नष्ट और गायब होने पर हानि का भुगतान किया जाता है। इनमें सम्पत्ति बीमा के साथ दायित्व बीमा और व्यक्तिगत बीमा भी आते हैं।

(ii) दायित्व बीमा—सामान्य बीमा के अन्तर्गत दायित्व बीमा भी आते हैं जिसमें व्यक्ति तीसरे पक्ष को भुगतान के लिए होने वाले दायित्व की रकम बीमा से प्राप्त कर लेता है। निष्ठा बीमा, मोटर बीमा, मशीन बीमा आदि में इस प्रकार का बीमा होता है।

(iii) अन्य बीमा—सामान्य बीमा के अन्तर्गत सम्पत्ति बीमा और दायित्व बीमा के अतिरिक्त अन्य प्रकार के भी बीमा आते हैं। इसमें निर्यात-साख बीमा प्रमुख हैं। राज्य कर्मचारी बीमा भी इसमें आता है। इस प्रकार का बीमा अब धीरे-धीरे विकसित हो रहा है।

3. सामाजिक बीमा—सामाजिक बीमा के अन्तर्गत पिछड़े हुए वर्ग को बीमा की सुविधा दी गयी है, ये व्यक्ति अधिक प्रव्याजि देने में असमर्थ रहते हैं। इनके लिए अलग से बीमा की सुविधाएँ दी जाती हैं। पेन्शन योजना, अयोग्यता लाभ, बेरोजगारी, बीमारी, औद्योगिक बीमा आदि आते हैं। सामाजिक विचारधाराओं के विकास के साथ-साथ इस प्रकार के बीमा का विकास होता जा रहा है। सामाजिक बीमा प्रदान करने की जिम्मेदारी सरकार की होती है।

जोखिम के दृष्टिकोण से बीमा का वर्गीकरण

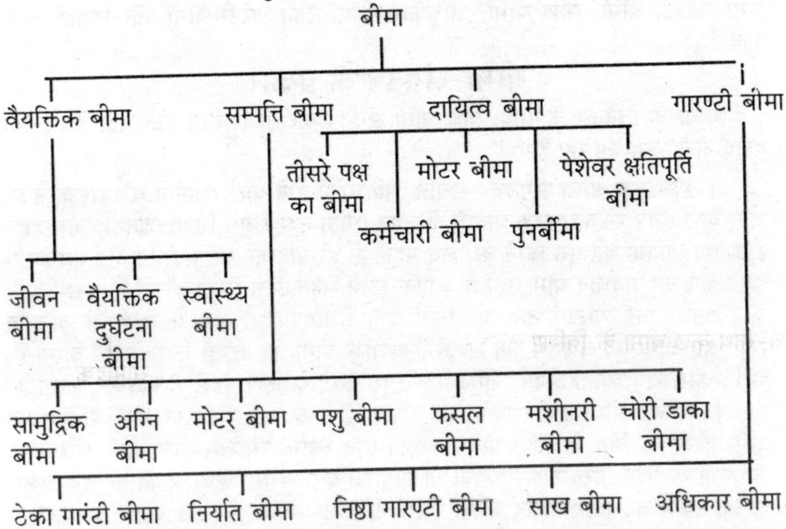

(1) वैयक्तिक बीमा—इस बीमा में मानवीय जीवन सम्बन्धी बीमा होता है जिसमें मृत्यु, दुर्घटना, बीमारी, और वृद्धवस्था के प्रति बीमा होता है और इन घटनाओं पर एक निर्धारित रकम का भुगतान कर दिया जाता है। वैयक्तिक बीमा के तीन भेद हैं—जीवन बीमा, वैयक्तिक दुर्घटना बीमा और स्वास्थ्य बीमा। जीवन बीमा का विकास हो चुका था, परन्तु अब वैयक्तिक दुर्घटना और स्वास्थ्य बीमा का विकास धीरे-धीरे होता जा रहा है।

(2) सम्पत्ति बीमा—सम्पत्ति बीमा में सम्पत्ति का बीमा होता है जिससे अग्नि, सामुद्रिक जोखिम, प्राकृतिक प्रकोप, मशीन के टूटने और नष्ट होने तथा सम्पत्ति की चोरी और गायब होने का बीमा होता है। इन जोखिमों से समाज और व्यक्ति दोनों को हानियाँ होती हैं। इसके अन्तर्गत सामुद्रिक बीमा, अग्नि बीमा, मोटर बीमा, पशु बीमा, फसल बीमा, मशीनरी बीमा और चोरी बीमा आते हैं। सामुद्रिक बीमा और अग्नि बीमा का विकास काफी सन्तोषपूर्ण है। बाकी बीमा का विकास क्रमशः होता जा रहा है।

(3) दायित्व बीमा—दायित्व बीमा के अन्तर्गत तीसरे पक्ष के प्रति उत्पन्न दायित्व का बीमा होता है। कर्मचारियों की क्षतिपूर्ति, किसी व्यक्ति को चोट, शारीरिक क्षति या मृत्यु के कारण बनने पर होने वाले दायित्व का भुगतान इसके अन्दर बीमित है। दायित्व बीमा के अन्तर्गत तीसरे पक्ष का दायित्व बीमा, कर्मचारी दायित्व बीमा, मोटर बीमा, पुनर्बीमा, और ठेकेदार के दायित्व बीमा शामिल होते हैं। इनका विकास औद्योगिक विकास से सम्बन्धित है। जैसे-जैसे उद्योगों का विकास हो रहा है ये बीमा भी विकसित होते जा रहे हैं।

(4) गारण्टी बीमा—गारण्टी बीमा के अन्तर्गत कर्मचारी या किसी पक्ष द्वारा की गयी बेईमानी गायब होना और अकृतज्ञता आदि के कारण होने वाली हानि का बीमा होता है, किसी पक्ष द्वारा की गयी हानि तभी बीमित होगी जब वह बीमित व्यक्ति से प्रसंविदा के अन्तर्गत सम्बन्धित हो। ऐसे पक्षों के कारण व्यक्ति को हानि होती है और तीसरा पक्ष उसे पूरा करा रहा है। उदाहरण के लिए निर्यात व्यापार में निर्यातक को आयातक से आय का

भुगतान न मिलने पर बीमा कम्पनी द्वारा उसका भुगतान कर दिया जाता है। इसके अन्तर्गत निष्ठा गारण्टी बीमा, साख बीमा, अधिकार बीमा, ठेका गारंटी बीमा और निर्यात बीमा आते हैं।

बीमा-संगठन के प्रकार

बीमा के विकास के साथ-साथ बीमा संगठन का भी विकास होता रहा है। इनका वर्णन नीचे किया जा रहा है।

1. स्वयंकृत बीमा संगठन—व्यक्ति भविष्य में होने वाली हानियों को पूरा करने के लिए कुछ कोष संचित करते जाते हैं जिनका प्रयोग उस समय किया जाता है जब हानि होती है। हानियों को पूरा करने के लिए पहले से ही प्रावधान करना पड़ता है। वास्तव में इस प्रकार का प्रावधान बीमा नहीं है क्योंकि इसमें सहकारिता सिद्धान्त नहीं है। इसमें हानि का विभाजन कई व्यक्तियों द्वारा नहीं किया जाता है तथापि इसे बीमा के उद्देश्य के अन्तर्गत रखते हुए बीमा की श्रेणी में रख सकते हैं क्योंकि बीमा का उद्देश्य सुरक्षा प्रदान करना है, इसी प्रकार स्वयं व्यक्ति अपनी जोखिमों को पूरा करने के लिए पहले से प्रावधान करता है। इस प्रकार का बीमा तभी सफल हो सकता है जब कई व्यक्तियों जैसे-परिवार या कर्मचारियों के हित के लिए प्रावधान हो। प्रति व्यक्ति जोखिम कम होगी और सभी व्यक्तियों के लिए परिवार के मुखिया या नियोक्ता द्वारा संचय किया जाय। वह इस प्रकार संचित रकम को विनियोजित करके आय भी कमा सकता है। इस प्रकार के बीमा में कमीशन और अन्य कई प्रकार के खर्चों में बचत हो जाती है। इसमें विनियोग से आय भी अधिक मिलेगी और खर्चे भी कम हो जायेंगे।

स्वयंकृत बीमा वहीं सफल होगा जहाँ (1) कई व्यक्ति और बहुत सम्पत्ति है, (2) सम्पत्ति और व्यक्ति कई स्थानों पर वितरित हैं, (3) ये कई जोखिमों से सम्बन्धित हैं और (4) जोखिम एक जगह कम है और दूसरी जगह अधिक है। इस प्रकार एक जहाजी कम्पनी जिसके पास बहुत जहाजी-बेड़े हैं। कई कर्मचारी कार्य कर रहे हैं और अनेक स्थानों पर कार्य कर रहे हैं; स्वयंकृत बीमा अपना सकते हैं। इसी प्रकार बड़ी औद्योगिक इकाइयाँ जो अपनी जोखिम का मूल्यांकन कर सकती हैं, स्वयंकृत बीमा से लाभान्वित हो सकते हैं। जहाँ पर हानि की सम्भावना का मूल्यांकन नहीं किया जा सकता है वहाँ पर स्वयंकृत बीमा का प्रयोग नहीं किया जा सकता है। प्रावधान किये गये संचय हानि को पूरा करने में अनुपयुक्त होंगे।

2. एकल बीमा संगठन—अन्य व्यवसाय की तरह बीमा व्यवसाय को एक व्यापारी चला सकता है परन्तु यह अत्यधिक जोखिम-पूर्ण होगा और उसे हानि हो सकती है। इसलिए वर्तमान समय में एकल बीमा कर्ता का कोई स्थान नहीं हैं।

3. साझेदारी बीमा संगठन—साझेदारी संगठन भी बीमा का व्यवसाय कर सकता है। साझेदारी संगठन भी बीमा व्यवसाय में सफल नहीं हो सकता है क्योंकि साझेदारों के दायित्व असीमित होते हैं। हानि होने पर उन्हें अपने पास से हानि पूर्ति करनी होती है जिसके कारण साझेदारी कभी भी सफल नहीं हो सकती है। संयुक्त स्कन्ध प्रमण्डलों के विकास के पहले साझेदारी संस्था का विकास हुआ था और वे अनुबन्धित रहकर बीमा व्यवसाय करते थे लेकिन उनके दायित्व सीमित रहते थे। साझेदारी में बीमापत्रधारियों को भी भाग लेने का मौका मिलता था। इस प्रकार साझेदार और बीमापत्रधारी दोनों मिलकर बीमा व्यवसाय करने लगे थे। इस प्रकार के बीमा संगठन संयुक्त प्रमण्डल के विकास के साथ समाप्त हो गये।

4. संयुक्त स्कन्ध प्रमण्डल—संयुक्त स्कन्ध प्रमण्डल अंशधारियों द्वारा निर्मित किये जाते हैं और उनकी दायित्व सीमा अंश की रकम तक ही होती है। अंशधारी कम्पनी के वास्तविक स्वामी हैं और उनके द्वारा संचालक मण्डल का चुनाव होता है जो बीमा व्यवसाय का प्रबन्ध करते हैं। संयुक्त स्कन्ध प्रमण्डल व्यवसाय करते हैं और बीमापत्रधारियों को इनके प्रबन्ध और संगठन से कोई मतलब नहीं रहता है। हाँ, जीवन बीमा में ये लाभ का कुछ हिस्सा बोनस के रूप में प्राप्त करते हैं। बीमापत्रधारियों को अधिकार है कि वे अपने प्रतिनिधि चुनकर संचालक मण्डल में भेंजे। बीमा अधिनियम 1938 के प्रावधान के फलस्वरूप अब बीमापत्रधारियों को अपने प्रतिनिधि को भेजकर प्रबन्ध में हिस्सा लेने का अधिकार सौंप दिया गया है। प्रमण्डल को अपने पार्षद सीमा नियम और पार्षद अन्तर्नियम के अन्तर्गत ही कार्य करना होता है। अंशधारियों में लाभ का अधिक से अधिक 5 प्रतिशत हिस्सा दिया जाता है और बीमा-पत्रधारियों में बाकी रकम बोनस के रूप में बाँट दी जाती है।

5. पारस्परिक कम्पनियाँ—पारस्परिक कम्पनियाँ (Mutual Companies) कुछ व्यक्तियों द्वारा आपस में मिलकर बनायी जाती हैं। इसमें बीमापत्रधारी ही अंशधारी हो सकता है अर्थात् अंशधारी ही बीमा खरीद सकता है। अंशधारी ही बीमाकर्त्ता और बीमित व्यक्ति दोनों होता है। उन्हें लाभ लेने और प्रबन्ध में भाग लेने का पूरा अधिकार है। यदि खर्चे आय से कम हैं तो प्रव्याजि में कटौती कर दी जाती है और यदि खर्चे आय से अधिक हैं तो प्रव्याजि में वृद्धि कर दी जाती है। इस प्रकार बीमा व्यवसाय में प्रव्याजि में परिवर्तन होते रहते हैं। इस प्रकार के बीमा संगठन अधिक सफल नहीं हो सके। ये भारतीय कम्पनी अधिनियम के अर्न्गत अनुबन्धित होती थीं। राष्ट्रीयकरण के बाद ये समाप्त हो गयीं।

6. सहकारी बीमा संगठन—सहकारिता के आधार पर बीमा संगठन तैयार किये गये थे। भारत में सहकारी बीमा संगठन वे हैं जो भारतीय सहकारी समिति अधिनियम 1912 के अन्तर्गत अनुबन्धित हैं। सहकारी बीमा संगठन अपने-अपने सदस्यों की बीमा करते हैं और सस्ते से सस्ते बीमा बेचने के लिए तैयार होते हैं जिससे बीमा की लागत कम हो सके। भारतीय बीमा अधिनियम 1938 में सहकारी बीमा संगठन को संचालित करने का प्रावधान था, परन्तु राष्ट्रीयकरण के बाद वे समाप्त हो गये।

7. लायड्स संघ—लायड्स संघ (Lloyd's Association) विश्व का सबसे बड़ा बीमा संघ है। उसका विकास एडवर्ड लायड के कॉफी हाउस से हुआ जहाँ बीमा कर्त्ता आकर एकत्र होते और अपने-अपने अनुभव को बताते थे। एडवर्ड लायड ने एक संघ 1688 में स्थापित किया जिसमें सामुद्रिक बीमा सम्बन्धी अनुभवों का आदान-प्रदान होता था। उन्होंने 1676 से लायड्स न्यूज प्रकाशित करना शुरू किया था जिसमें सामुद्रिक बीमा सम्बन्धी अनेक समाचार रहते थे। लायड का कॉफी हाउस धीरे-धीरे बीमाकर्त्ताओं का कार्यालय बन गया। 1734 से लायड्स लिस्ट का प्रकाशन हुआ। 1769 में बीमाकर्ताओं ने पूर्व संस्था को लायड्स कारपोरेशन के नाम से संगठित किया। 1774 में इसका टावर स्ट्रीट से बदलकर रायल एक्सचेंज कर दिया गया। 1871 में लायड्स अधिनियम पास किया गया जिसके फलस्वरूप यह एक समामेलित संस्था के रूप में स्थापित हो गयी जिसका सतत उत्तराधिकार और सार्वमुद्रा है। इस प्रकार इस संस्था का व्यवसाय सामुद्रिक बीमा से बढ़कर अन्य बीमा और गारण्टी बीमा तक बढ़ गया है। लायड्स संघ के अन्तर्गत व्यक्तिगत बीमा संस्थाओं को सदस्य बनाया गया जिन्हें अभिगोपक नाम से पुकारते हैं।

लायड्स संघ की विशेषताएँ—लायड्स एसोसिएशन की निम्नलिखित विशेषताएँ हैं—

(1) लायड्स एसोसिएशन बीमा इकाइयों का एक संघ है जिनमें बीमा इकाइयाँ कुछ शुल्क देकर सदस्य बन जाती हैं, इन बीमा इकाइयों को सिन्डीकेट या नाम या अभिगोपक की संज्ञा से पुकारा जाता है। बीमा का व्यवसाय स्वयं लायड्स संघ नहीं करता बल्कि बीमा इकाइयाँ कार्य करती हैं। यह संघ अपने सदस्यों को अनेक सुविधाएँ देता है जैसे (i) सदस्यों की आर्थिक स्थिति का परीक्षण करना, (ii) समुद्री व्यापार और बीमा सम्बन्धी सूचनाएँ प्रकाशित करना, (iii) बीमा सदस्यों को सुझाव देना आदि हैं।

(2) लायड्स के सदस्य अपनी निजी हैसियत से बीमा व्यवसाय करते हैं। वे अपने-अपने व्यवसाय के लिए अलग-अलग जिम्मेदार होते हैं। लायड्स संघ इसके लिए जिम्मेदार नहीं हैं।

(3) लायड्स के सदस्यों की साख उच्चकोटि की होती है क्योंकि उनकी सदस्यता के नियम बड़े कठोर हैं। प्रत्येक सदस्य से जमानत के तौर पर 15 हजार पौण्ड जमा कराया जाता है। इसके अलावा ट्रस्ट फण्ड में भी कुछ जमा करना होता है जिसकी रकम कुछ विशेष कार्यों के लिए ही निकाली जा सकती है विभिन्न तरीके अपनाकर लायड्स अपने सदस्यों को शोधक्षम बनाये रखने का प्रयास करता है।

(4) सदस्यों को लायड्स संघ के नियमों के अनुसार ही कार्य करना होता है। सदस्यों को नियंत्रित करने के लिए उन्हें गुट (Syndicate) में बाँट देते हैं। गुट के सदस्य स्वयं कार्य न करके दलाल के मार्फत कार्य करते हैं। दलाल इस प्रकार के संगठन में महत्त्वपूर्ण स्थान रखता है। वही व्यापार की स्वीकृति और भुगतान में हाथ बटाता है। लायड्स संघ सम्पूर्ण विश्व में कार्य कर रहा है और प्रत्येक देश के अपने अलग-अलग कार्य संचालन होते हैं।

8. राजकीय बीमा संगठन—राजकीय बीमा संगठन का प्रचलन अब बढ़ता जा रहा है जिसके अन्तर्गत सरकार बीमा संस्थाओं की स्वामी होती है। बीमा का संचालन जनहित में किया जाता है जिससे कम से कम लागत पर अधिक से अधिक लाभ बीमापत्रधारियों को दिया जा सके। फ्रान्स में 1946 में अधिकांश बीमा इकाइयों का राष्ट्रीयकरण कर दिया गया। ब्राजील, जापान, मेक्सिकों में भी राष्ट्रीयकृत बीमा संस्थायें हैं। पहले केवल उन्हीं संस्थाओं का राष्ट्रीयकरण किया गया जो जनहित में अत्यन्त आवश्यक थीं। बाद में अन्य बीमा संस्थाओं का राष्ट्रीयकरण किया गया। सामाजिक सुरक्षा, बेरोजगारी, फसल बीमा, युद्ध जोखिम, निर्यात हवाई जहाज बीमा संस्थायें राज्य के अधीन हो गयीं। भारत में जीवन बीमा संस्था का राष्ट्रीयकरण 1956 और सामान्य बीमा का राष्ट्रीयकरण 1972 में किया गया। आजकल भारत में जीवन बीमा और सामान्य बीमा केन्द्रीय सरकार के अधीन हैं। यद्यपि कि कुछ संस्थाओं को इन बीमा व्यवसायों को संचालित करने की अनुमति दी गयी है।

भारत में बीमा-संगठन

1. विभागीय संगठन—भारत में केन्द्रीय सरकार एवं राज्य सरकार के विभिन्न विभागों में विभागीय बीमा संगठन प्रचलित हैं। जैसे पोस्ट आफिस में अपने कर्मचारियों को बीमित करने का अलग-तरीका अपनाया गया है। इसके अलावा पोस्ट आफिस ने वस्तुओं के भेजने में भी बीमा की सुविधा दी है। राज्य सरकारों ने भी अपने कर्मचारियों को अलग से बीमा की सुविधाएँ दी हैं जिसमें मृत्यु, वृद्धावस्था, बीमारी, मातृत्व, अपंगता, चिकित्सा, पेन्शन आदि पर कुछ रकम का भुगतान किया जाता है।

2. निगम—भारत में निगम स्वायत्त संस्था के रूप में बीमा व्यवसाय कर रहे हैं। ये निम्न हैं—

(i) जीवन बीमा निगम—जीवन बीमा व्यवसाय का राष्ट्रीयकरण करके 1956 में जीवन बीमा निगम (Life Insurance Corporation of India) की स्थापना की गयी जिसका मुख्य कार्य जीवन बीमा, वृत्ति बीमा, पूँजी संशोधन बीमा और सामान्य बीमा व्यवसाय करना था। 1972 से सामान्य बीमा व्यवसाय के राष्ट्रीयकरण पर सामान्य बीमा का कार्य जीवन बीमा निगम ने बन्द कर दिया। इसके द्वारा विदेशों में भी बीमा व्यवसाय किया जा रहा है।

(ii) सामान्य बीमा निगम---सामान्य बीमा निगम (General Insurance Corporation of India) की स्थापना 1972 में की गयी। यह निगम एक प्रधान कम्पनी के रूप में कार्य कर रहा है और इसकी सहायक कम्पनियाँ (1) नेशनल बीमा कम्पनी (National Insurance Companies Ltd.)(2) ओरियन्टल अग्नि और सामान्य बीमा कम्पनी (Oriental Fire and General Insurance Companies Ltd.) (3) न्यू इण्डिया इन्सुरेन्स कम्पनी (New India Insurance Companies Ltd.) और (4) युनाइटेड इण्डिया अग्नि और सामान्य बीमा कम्पनी (United India Fire and General Insurance Companies Ltd.); सामान्य बीमा के कार्य कर रही हैं। इन कम्पनियों का अपना अलग अस्तित्व है लेकिन वे सामान्य बीमा निगम से नियंत्रित होती हैं। इनके अपने लाभ और हानियाँ होंगी। प्रतिस्पर्धात्मक रूप से व्यापार करने के लिए इन्हें अलग-अलग अस्तित्व दिया गया है। सामान्य बीमा निगम का इन पर पूरा अधिकार और नियंत्रण है लेकिन निगम इनकी हानियों आदि के प्रति जिम्मेदार नहीं है।

(iii) राज्यकर्मचारी बीमा निगम—राज्यकर्मचारी बीमा निगम (State Employees Insurance Corporation) की स्थापना 1948 में की गयी जो प्रत्येक राज्य में फैक्टरी कर्मचारियों को बीमारी, मातृत्व, अयोग्यता, चिकित्सा आदि पर भुगतान करता है। यह 400 रुपये से कम वेतन पाने वाले कारखाना कर्मचारियों को सुविधा देता है।

(iv) निक्षेप बीमा निगम—निक्षेप बीमा निगम (Deposit Insurance Corporation)—की स्थापना 1962 में की गयी। इस निगम द्वारा बैंक के जमा कर्त्ताओं को भुगतान की गारण्टी दी जाती है। यदि बैंक फेल हो जायँ तो प्रत्येक जमाकर्ता को 10000 रुपये या जमा की रकम जो भी कम हो तब भुगतान कर दिया जाता है।

3. सरकारी कम्पनी—भारतीय कम्पनी अधिनियम के अन्तर्गत सरकारी कम्पनियों की स्थापना करके बीमा व्यवसाय करने का अधिकार दिया गया। निर्यात एवं साख गारण्टी निगम (Export and Credit Guarantee Corporation of India) की स्थापना इसी के अंदर की गयी है जो 1964 से निर्यात व्यापार में बीमा का कार्य कर रहा है।

इस प्रकार वर्तमान समय में सम्पूर्ण बीमा संस्थायें सरकाराधीन हैं और व्यक्तिगत संस्थाओं का अन्त हो गया। सरकार बीमा विकास में सक्रिय कार्य कर रही है।

अध्याय 3

बीमा-प्रसंविदा

बीमा दो पक्षों के बीच प्रसंविदा है जिसमें एक पक्ष जिसे बीमाकर्ता कहते हैं एक निश्चित प्रतिफल जिसे प्रव्याजि कहते हैं के बदले में, दूसरे पक्ष जिसे बीमित व्यक्ति कहते हैं को एक निर्धारित घटना के घटित होने पर एक निश्चित रकम भुगतान करने का वादा करता है। चूँकि बीमा एक प्रसंविदा है इसलिए इसमें भारतीय प्रसंविदा अधिनियम की कुछ धारायें लागू होती हैं। इस अधिनियम की धारा 10 के अनुसार सभी समझौते प्रसंविदा होते हैं यदि उनमें दोनों पक्षों की स्वतंत्र सहमति हो, वे प्रसंविदा के योग्य हों और वैधानिक प्रतिफल तथा वैधानिक उद्देश्य हो और जो यहाँ पर विवर्जित (Void) न किया गया हो। बीमा प्रसंविदा में साधारण प्रसंविदा के तत्त्व के साथ-साथ कुछ बीमा के विशिष्ट तत्त्व भी शामिल होते हैं इनका वर्णन नीचे किया जा रहा है।

बीमा प्रसंविदा के आवश्यक तत्त्व

(1) साधारण प्रसंविदा के तत्त्व (Features of General Contract)

(2) बीमा योग्य हित (Insurable Interest)

(3) परम सद्विश्वास (Utmost Good Faith)

(4) क्षतिपूर्ति-सिद्धान्त (Doctrine of Indemnity)

(5) प्रत्यासन-सिद्धान्त (Doctrine of Subrogation)

(6) समाश्वासन (Warranties)

(7) सन्निकट कारण (Proximate Cause)

(8) अभिहस्तांकन और हस्तांतरण (Assignment and Transfer)

(9) प्रव्याजि की वापसी (Return of Premium)

1. साधारण प्रसंविदा के तत्त्व

किसी भी मान्य प्रसंविदा के लिए यह आवश्यक है कि उसमें भारतीय प्रसंविदा अधिनियम 1872 की धारा 10 के सभी तत्त्व मौजूद हों जो निम्न प्रकार हैं—

(1) समझौता (प्रस्ताव और स्वीकृति) (Agreement offer and acceptance)

(2) वैधानिक प्रतिफल (Legal Consideration)

(3) पक्षों की प्रसंविदा योग्य क्षमता (Competent to make contract)

(4) पक्षों की स्वतंत्र सहमति (Free Consent of Parties)

(5) वैधानिक उद्देश्य (Legal Object)

(1) समझौता—समझौता के लिए यह आवश्यक है कि उसमें प्रस्ताव और स्वीकृत हो। सामान्य एक पक्ष प्रस्ताव करता है और दूसरा पक्ष स्वीकृति देता है, लेकिन यह जरूरी नहीं है कि ऐसा ही हो। कभी-कभी प्रस्तावक ही स्वीकारक हो जाता है। बीमा में प्रस्ताव बीमापात्र द्वारा सामान्य किया जाता है और बीमाकर्त्ता द्वारा उसकी स्वीकृति दी जाती है। लेकिन कभी-कभी प्रस्ताव बीमाकर्ता करता है। और स्वीकृति बीमापात्र करता

है। इसका वर्णन जीवन बीमा में अच्छी तरह किया गया है। प्रसंविदा होने के लिए यह आवश्यक है कि प्रस्ताव की स्वीकृति अवश्य हो। स्वीकृति के पहले जो भी कार्य होगा उसे प्रस्ताव या प्रति प्रस्ताव कहते हैं और जो कार्य प्रस्ताव या प्रति के पहले आती है उसे प्रस्ताव का आमन्त्रण कहते हैं। बीमा में प्रविवरण (Prospectus) का प्रकाशन, बीमा एजेन्ट द्वारा बीमा कराने का सुझाव प्रस्ताव का आमंत्रण है। जब बीमापात्र बीमा खरीदने की इच्छा व्यक्त करता है तो उसे प्रस्ताव कहते हैं यदि उस प्रस्ताव में कोई परिवर्तन होता है तो उसे प्रतिप्रस्ताघ कहते हैं। यदि इस प्रति प्रस्ताव की स्वीकृति प्रस्तावक द्वारा कर ली जाती है तो उसे स्वीकृति कहेंगे। प्रति प्रस्ताव के अभाव में प्रस्ताव की स्वीकृति बीमाकर्ता द्वारा की जाती है। जिस समय स्वीकृति पत्र दिया जाता है उस समय से प्रस्ताव की स्वीकृति हो जाती है और बीमाकर्ता को इन वादों को निभाना पड़ता है।

(2) वैधानिक प्रतिफल—बीमाकर्ता एक निर्धारित घटना के घटित होने पर निश्चित रकम का भुगतान करता है। परन्तु इसके लिए वह कुछ प्रतिफल चाहता है। बिना प्रतिफल के प्रसंविदा मान्य नहीं होगा। प्रतिफल का वैधानिक होना आवश्यक है। इसमें यह जरूरी नहीं है कि प्रतिफल मुद्रा में ही हो। यह किसी भी रूप में हो सकता है परन्तु उसे मूल्य युक्त होना चाहिए। प्रथम प्रव्याजि प्रतिफल है, बिना उसके प्रसंविदा चालू नहीं होगा। प्रसंविदा प्रारम्भ हो जाने के बाद दी जाने वाली प्रव्याजि प्रसंविदा की शर्त होती है वह प्रतिफल नहीं होते हैं।

(3) दोनों पक्षों की क्षमता—प्रसंविदा को दोनों पक्षों को प्रसंविदा करने के योग्य होना चाहिए। प्रत्येक व्यक्ति प्रसंविदा के योग्य होता है। जो (1) वयस्क हो (2) स्वस्थ मस्तिष्क हो और (3) जो किसी अधिनियम के अन्तर्गत अयोग्य सिद्ध न किया गया हो। एक अवयस्क प्रसंविदा के योग्य नहीं है। अवयस्क केवल अपनी आवश्यकताओं के लिए ही बीमा करा सकता है। एक अवयस्क प्रसंविदा के लिए हस्ताक्षर नहीं कर सकता है। जिस समय व्यक्ति प्रसंविदा में शामिल हो रहा है उस समय उसे स्वस्थ दिमाग का होना चाहिए बाकी समयों में उसे स्वस्थ दिमाग के होने की कोई आवश्यकता नहीं होती है। जो व्यक्ति अक्सर अस्वस्थ दिमाग का होता है और कभी-कभी स्वस्थ दिमाग का हो जाता है उसे उस समय प्रसंविदा करना चाहिए जब वह स्वस्थ दिमाग का हो और अपने हित के विषय में विवेकपूर्ण ढंग से सोच सके। एक विदेशी दुश्मन, अदत्त दिवालिया और अपराधी. प्रसंविदा में सम्मिलित नहीं हो सकते हैं। अयोग्य व्यक्तियों द्वारा किया गया प्रसंविदा विवर्जित होता है।

(4) पक्षों की स्वतंत्र सहमति—जो पक्ष प्रसंविदा में शामिल हो रहे हैं उनकी स्वतंत्र सहमति होनी चाहिए। कोई भी सहमति स्वतंत्र समझी जायेगी जब उसमें निम्न बातें न हो—(1) उत्पीड़न (Coercion), (2) अनुचित प्रभाव (Undue-Influence), (3) कपट (Fraud) (4) भ्रान्तवर्णन और (5) गलती। यदि इनमें से एक भी तत्त्व मौजूद रहा तो प्रसंविदा मान्य नहीं होगा। कपट की दशा में प्रसंविदा विवर्जित (void) होता और अन्य दशाओं में विवर्जनीय होता है यदि दूसरा पक्ष जिसे इनके कारण हानि हुई चाहे तो प्रसंविदा चल सकता है। कपट की दशा में दोनों पक्षों के चाहने पर भी प्रसंविदा चल नहीं सकता। स्वतंत्र सहमति के लिए दोनों पक्षों द्वारा लिखित प्रमाण देना चाहिए।

(5) वैधानिक उद्देश्य—प्रसंविदा को मान्य होने के लिए यह आवश्यक है कि उसका उद्देश्य वैधानिक हो। उद्देश्य कानून द्वारा अमान्य न हो, अनैतिक न हो, जन नीति के विरुद्ध न हो और किसी विधान के प्रावधानों को अमान्य न ठहराता हो। प्रस्ताव प्रपत्र में उद्देश्य पूछे जाते हैं, उसे स्पष्ट रूप से लिखा जाता है और उसी के अनुसार यह तय होता है

कि प्रसंविदा वैधानिक है या नहीं। यदि बीमा प्रसंविदा का उद्देश्य गैर कानूनी हुआ तो वह विवर्जित समझा जायगा।

2. बीमायोग्य हित

1. किसी भी बीमा संविदा को वैध होने के लिए यह आवश्यक है कि बीमित वस्तु में बीमादार (बीमा खरीदने वाले) का बीमायोग्य हित (Insurable-Interest) हो। बिना बीमायोग्य हित के बीमा प्रसंविदा जुए का प्रसंविदा होगा। बीमायोग्य हित से तात्पर्य एक ऐसे हित से है जिसमें बीमित वस्तु की सुरक्षा से बीमापात्र को आर्थिक लाभ रहे और उस वस्तु के कष्ट हो जाने पर आर्थिक हानि हो। बीमायोग्य हित आर्थिक हित है जिससे बीमापात्र बीमित वस्तु के मौजूद रहने पर आर्थिक लाभ प्राप्त करता है और जिसके नष्ट होने या मृत्यु पर आर्थिक हानि होती है। यह न्यायोचित हित है अर्थात् यह सम्बन्ध वैधानिक है। भारतीय सामुद्रिक बीमा अधिनियम 1963 की धारा 7 (2) में बीमायोग्य हित की परिभाषा इस प्रकार है ''समुद्री उपक्रम में किसी व्यक्ति का बीमायोग्य हित तब रहता है जब उस उपक्रम या बीमायोग्य सम्पत्ति से उसका वैधानिक या न्यायोचित सम्बन्ध हो कि उसकी सुरक्षा से या उसके समय से आ जाने से वह लाभान्वित होता हो अथवा उसकी हानि, क्षति या रुकावट से उस पर प्रतिकूल प्रभाव पड़े अथवा उस पर दायित्व आये।''

बीमायोग्य हित की निम्न आवश्यकताएँ होती हैं—

(i) बीमा के लिए बीमित वस्तु या विषय वस्तु होना चाहिए। जैसे जीवन बीमा में जीवन, सम्पत्ति बीमा में सम्पत्ति आदि।

(ii) बीमापत्रधारी विषय वस्तु (Subject Matter) से मौद्रिक सम्बन्ध रखे। प्रेम स्नेह सम्बन्धी हित से बीमा योग्य हित नहीं होता है।

(iii) बीमापत्रधारी और विषय वस्तु का सम्बन्ध कानून द्वारा मान्य हो। दूसरे शब्दों में बीमापत्रधारी और विषय-वस्तु में अवैधानिक सम्बन्ध नहीं होना चाहिए।

(iv) जिस घटना के लिए बीमा कराया गया है उसके घटित होने पर आर्थिक हानि और मौजूद या जीवन रहने पर आर्थिक लाभ हो।

(v) बीमापत्रधारी और विषय-वस्तु में इस प्रकार का सम्बन्ध हो जिससे बीमापत्रधारी को विषय-वस्तु नष्ट हो जाने पर आर्थिक हानि और विषय-वस्तु के मौजूद या जीवन रहने पर आर्थिक लाभ हो।

बीमायोग्य हित केवल विषय-वस्तु से सम्बन्धित है यदि विषय-वस्तु न रहा तो बीमायोग्य हित नहीं रहेगा। बीमायोग्य हित आवश्यक रूप से आर्थिक हित होता है अर्थात् बीमित वस्तु के नष्ट होने पर आर्थिक हानि और मौजूद रहने पर आर्थिक लाभ होते हैं। भावनात्मक, पारिवारिक हित या सम्बन्ध से ही बीमायोग्य हित नहीं रहता है। चिन्ता, दुख आदि से बीमा हित नहीं माना जाता है। घटना निर्धारित रहती है कि उसके घटने पर आर्थिक हानि हो और उस घटना के न होने पर आर्थिक लाभ होता रहे। लाभ या हानि की सम्भावना मात्र से ही बीमायोग्य हित नहीं होता है।

बीमा हित का उपस्थित रहना दो उद्देश्यों से आवश्यक है (1) बीमित वस्तु में बीमा योग्य हित न रहने पर लोग उसे नष्ट करके लाभ लिया करेंगे जिससे सामाजिक बुराइयाँ बढ़ती जायेंगी और बीमा समाज में सुरक्षा देने के बजाय सम्पत्ति और जीवन नष्ट करने के लिए प्रोत्साहन करता रहेगा। (2) बीमा योग्य हित न रहने पर बीमित वस्तु एक जुए की विषय-वस्तु बन जायेगी जो जनहित के प्रतिकूल है। यदि बीमित वस्तु में उसका इस प्रकार का हित नहीं है कि बीमित वस्तु के मौजूद रहने पर आर्थिक लाभ और बीमित वस्तु

के नष्ट हो जाने पर आर्थिक हानि हो तो कोई भी व्यक्ति उस सम्पत्ति को सुरक्षित रखने का प्रयास नहीं करेगा। उसे नष्ट करके लाभ ही प्राप्त करना चाहेगा। इस प्रकार बीमा का कोई महत्त्व नहीं रहेगा। अत: बीमायोग्य हित बीमा प्रसंविदा में रहना अत्यन्त आवश्यक है।

जीवन बीमा में बीमायोग्य हित बीमा कराने के समय जरूरी है। उसके बाद इसमें परिवर्तन हो सकते हैं। सामुद्रिक बीमा में बीमायोग्य हित हानि के समय होना चाहिए बीमा कराते समय कोई आवश्यक नहीं है। अग्नि बीमा में बीमा योग्य हित दोनों समय अर्थात् बीमा कराते समय और हानि के समय होना आवश्यक है जिससे नैतिक जोखिम को बढ़ावा न मिल सके।

3. परम सद्विश्वास सिद्धान्त

परम सद्विश्वास सिद्धान्त के अन्तर्गत महत्त्वपूर्ण तथ्यों का वर्णन होना सन्निहित है। यह सिद्धान्त हर एक बीमा में लागू होता है। प्रसंविदा के समय दोनों पक्ष एक ही विभाग के होने चाहिए अर्थात् जिस भाव और उद्देश्य से बात कही जा रही है उसी भाव और उद्देश्य से उसे सुना भी जा रहा है। इस सिद्धान्त के अंतर्गत भ्रांत वर्णन, अप्रकटीकरण और कपट नहीं होना चाहिए। बीमा के अन्तर्गत ''विक्रेता सावधान (Caveat Emptor) लागू नहीं होता। इसके अन्तर्गत बीमा खरीदने वाले अर्थात् बीमापात्र की यह जिम्मेदारी है कि वह बीमित वस्तु से सम्बन्धी सभी महत्त्वपूर्ण बातों का वर्णन करे। बीमा विक्रेता अर्थात् बीमाकर्ता की भी जिम्मेदारी है कि विषय-वस्तु एवं प्रसंविदा सम्बन्धी सभी बातों का स्पष्ट एवं पूर्ण वर्णन करें। इस प्रकार बीमा में विक्रेता को सभी आवश्यक बातें बतानी होती हैं जबकि अन्य विक्रय प्रसंविदा में विक्रेता को विषय-वस्तु के बारे में पूरी जानकारी देना आवश्यक नहीं है। इस प्रकार बीमा प्रसंविदा में क्रेता सावधान (Caveat Emptor) नियम लागू न होकर परम सद्विश्वास सिद्धान्त लागू होता है जिसमें महत्त्वपूर्ण तथ्यों का पूर्ण एवं स्पष्ट वर्णन करना आवश्यक है। इस प्रकार परम सद्विश्वास सिद्धान्त महत्त्वपूर्ण तथ्यों का पूर्ण एवं सही वर्णन है।

महत्त्वपूर्ण तथ्य—महत्त्वपूर्ण तथ्यों का वर्णन दोनों पक्षों के लिए आवश्यक है। नियम यह है कि चाहे वह बीमित वस्तु की जोखिम को जानता हो या नहीं उसे सभी महत्त्वपूर्ण तथ्यों का वर्णन करना चाहिए। महत्त्वपूर्ण तथ्य से आशय ऐसे तथ्यों से है जो दोनों पक्षों को प्रसंविदा में प्रवेश करने में प्रभावित करते हों। महत्त्वपूर्ण तथ्य वे हैं जो प्रसंविदा के निर्णय को प्रभावित करें। अर्थात् प्रसंविदा चालू हो या न हो या चालू हो तो किन शर्तों पर आदि बातों के निर्णय को प्रभावित करने वाले तथ्य महत्त्वपूर्ण तथ्य कहलाते हैं। ये बीमित विषय-वस्तु की जोखिम को प्रत्यक्ष रूप से प्रभावित करते हैं। जोखिम को प्रभावित करने वाले सभी तत्त्व महत्त्वपूर्ण तथ्य में आते हैं, जैसे जीवन बीमा में उम्र, निवास, पेशा, स्वास्थ्य, आय आदि। सम्पत्ति बीमा में सम्पत्ति की बनावट, प्रयोग, स्वामित्व आदि आते हैं। इन सभी तथ्यों का पूर्ण और सत्य वर्णन आवश्यक है।

पूर्ण एवं सत्य वर्णन—परम सद्विश्वास के अन्तर्गत महत्त्वपूर्ण तथ्यों का पूर्ण एवं सत्य वर्णन अति आवश्यक है। तथ्य जिस रूप में हों उसी रूप में स्पष्ट वर्णन करना चाहिए। पूर्ण एवं सत्य वर्णन तभी होगा जब वर्णन में अप्रकटीकरण, दुराव, छिपाव, भ्रान्तवर्णन,गलती और कपट आदि न हो। उसमें किसी प्रकार का गलत वर्णन नहीं होना चाहिए। किसी प्रकार की अर्द्धसत्यता या चुप रहना नहीं होना चाहिए। अनजाने या असावधानी के कारण भी यदि महत्त्वपूर्ण तथ्यों का पूर्ण एवं सत्य वर्णन नहीं किया जाता है तो प्रसंविदा विवर्जनीय समझी जायेगी। इसलिए यह कहा है कि बीमापत्र और बीमाकर्ता

दोनों को चाहिए कि वे महत्त्वपूर्ण तथ्यों का वर्णन प्रसंविदा के समय अवश्य कर दें चाहे वे महत्त्वपूर्ण तथ्यों को जानते हों या न जानते हों।

दोनों पक्षों की जिम्मेदारी—महत्त्वपूर्ण तथ्यों का वर्णन करना दोनों के लिए अति आवश्यक है; लेकिन बीमा प्रसंविदा मुख्य रूप से बीमित-वस्तु की जोखिम पर आधारित है, अत: महत्त्वपूर्ण तथ्य के प्रकटीकरण की जिम्मेदारी बीमापात्र पर अधिक होती है। बीमाकर्ता के निरीक्षण और परीक्षण के बावजूद भी बीमित वस्तु की कुछ महत्त्वपूर्ण बातें स्पष्ट नहीं हो पाती हैं जिससे महत्त्वपूर्ण तथ्यों का पूर्ण एवं सत्य वर्णन स्पष्ट नहीं हो पाता है। इसी प्रकार बीमाकर्ता के लिए भी यह आवश्यक है कि वह बीमापात्र को बीमा सम्बन्धी सुविधाओं, शर्तों और नियमों का पूर्ण, स्पष्ट एवं सत्य वर्णन करे। दोनों पक्षों की जिम्मेदारी है कि वे एक दूसरे से सम्बन्धित महत्त्वपूर्ण बातों का सही-सही और पूर्ण वर्णन करें।

वे तथ्य जिनको प्रकट करना आवश्यक नहीं है

निम्न तथ्यों को प्रकट करना बीमापात्र के लिए आवश्यक नहीं है—

(1) वे तथ्य जो जोखिम को कम करते हों।

(2) वे तथ्य जो जन-साधारण जान सकता है।

(3) वे तथ्य जो दी गयी सूचनाओं से मालूम किये जाते हैं।

(4) वे तथ्य जिनके विषय में बीमाकर्ता ने सूचना नहीं माँगी है।

(5) वे तथ्य जो बीमाकर्ता की शर्तों में आते हैं।

4. क्षतिपूर्ति-सिद्धान्त

क्षतिपूर्ति सिद्धान्त (Doctrine of Indemnity) से तात्पर्य ऐसे सिद्धान्त से है जिसके अन्तर्गत बीमाकर्ता केवल क्षति की ही पूर्ति करता है; हानि से अधिक की पूर्ति नहीं की जा सकती है। भारतीय प्रसंविदा अधिनियम की धारा 124 के अनुसार क्षतिपूर्ति प्रसंविदा उसे कहते हैं जिसके अन्तर्गत एक पक्ष दूसरे पक्ष को हानि की पूर्ति करने का वचन देता है। बीमा का मुख्य उद्देश्य बीमापात्र को हानि से बचाना है अर्थात् बीमित जोखिम के कारण यदि उसे बीमित अवधि में हानि हो तो बीमाकर्ता उस हानि की रकम तक भुगतान कर देगा यदि उतनी रकम तक बीमा लिया गया है। इसके अन्तर्गत बीमाकर्ता बीमादार को हानि होने पर उसे उसी स्थिति में रखता है जिस स्थिति में वह हानि होने के पहले था। वास्तविक अर्थों में केवल हानि का भुगतान ही क्षतिपूर्ति का सिद्धान्त है। हानि से अधिक का भुगतान नहीं किया जाता है और उससे कम का भी भुगतान नहीं होता है। लेकिन आजकल हानि के साथ-साथ कुछ लाभ के भुगतान का भी प्रावधान है।

क्षतिपूर्ति सिद्धान्त की आवश्यकता

(1) क्षतिपूर्ति सिद्धान्त बीमा का एक महत्त्वपूर्ण सिद्धान्त है। इसमें क्षति की पूर्ति का ही प्रावधान है। क्षति से अधिक की पूर्ति नहीं की जाती। यदि यह सिद्धान्त न होता तो बीमा एक जुआ हो जाता और व्यक्ति अपनी सम्पत्ति के मूल्य से अधिक का बीमा करा लेते और उसे नष्ट करके लाभ उठाते। इस सिद्धान्त में केवल क्षति तक ही भुगतान होता है यदि उतनी रकम तक बीमा किया गया है। यदि हानि बीमित रकम से कम है तो केवल हानि का भुगतान होता है और यदि हानि बीमित रकम से अधिक है तो केवल बीमित रकम का भुगतान होता है। इस प्रकार अधो-बीमा (Under-insurance) तथा अधिबीमा (Over-insurance) दोनों का समावेश नहीं होता है।

(2) बीमा से सामाजिक विरुद्ध कार्यों को प्रोत्साहन नहीं मिलना चाहिए; परन्तु यदि क्षतिपूर्ति सिद्धान्त न अपनाया जाता तो सामाजिक दुर्गुण उत्पन्न होते रहते और समाज में सुरक्षा के बजाय असुरक्षा और पतन के कार्य होते रहते। क्षतिपूर्ति सिद्धान्त से बीमित व्यक्ति को केवल हानि की रकम यदि उतने तक बीमा है, का भुगतान किया जाता है। यदि इससे अधिक का भुगतान होता तो व्यक्ति अपनी सम्पत्ति का बीमा कराके उसे नष्ट करते और अधिक लाभ कमाते। इस प्रकार सभी व्यक्ति अपनी सम्पत्ति का बीमा उसके मूल्य से अधिक कराके सम्पत्ति नष्ट करके ज्यादा लाभ कमाते। इस प्रकार की पद्धति प्रचलित रहने पर समाज में अन्याय और अत्याचार ही फैलते। कोई विशेष सुधार और सुरक्षा न होती। इसलिए क्षतिपूर्ति सिद्धान्त अपनाया गया कि बीमाकर्ता केवल हानि या बीमित रकम जो भी कम हो उसी का भुगतान करेगा उससे अधिक नहीं। अत: बीमा अपने मुख्य उद्देश्य अर्थात् हानि से सुरक्षा में सफल होता रहता है।

(3) क्षतिपूर्ति सिद्धान्त के कारण यह सम्भव है कि प्रव्याजि की रकम कम से कम हो जाय। क्षति की रकम से अधिक रकम भुगतान करने पर लोग अनावश्यक रूप से बीमा लेते हानि होती रहती जिससे प्रव्याजि की रकम में भी वृद्धि होती और जितनी वृद्धि होती उतनी ही अधिक रकम के लिए लोग बीमा कराते और लाभ लेते जिससे प्रव्याजि में निरन्तर वृद्धि होती और अन्त में बीमा व्यवसाय ठप हो जाता। इस कारण यह नियम बीमा व्यवसाय को चलते रहने देता है और प्रव्याजि की रकम कम करके व्यापार-वृद्धि का कार्य करता रहता। क्षतिपूर्ति सिद्धान्त से केवल क्षति या हानि का ही भुगतान होगा उससे ज्यादा कभी भी भुगतान नहीं होगा जिससे लोग अपनी सम्पत्ति को सुरक्षित करने का प्रयास करते कारण कि हानि होने पर उन्हें किसी प्रकार का लाभ नहीं होता है। अत: हानि को कम करने का प्रयास बीमाकर्त्ता और बीमापात्र दोनों करते हैं जिसके फलस्वरूप प्रव्याजि कम हो जाती है। प्रव्याजि कम रहने पर लोग बीमा अधिक लेंगे, जितने अधिक व्यक्ति बीमा लेंगे प्रव्याजि उतनी ही कम होगी। इस प्रकार बीमा व्यवसाय बढ़ता रहता है।

क्षतिपूर्ति सिद्धान्त की शर्तें—क्षतिपूर्ति सिद्धान्त लागू करने के लिए निम्नलिखित शर्तों का होना आवश्यक है—

(1) बीमापात्र को यह सिद्ध करना पड़ता है कि उसे बीमित घटना के घटित होने पर वास्तविक और मौद्रिक हानि होगी।

(2) क्षतिपूर्ति की रकम बीमित होनी चाहिए अर्थात् बीमित रकम से अधिक का भुगतान नहीं होगा।

(3) यदि बीमित व्यक्ति क्षति से अधिक भुगतान पाता है तो अतिरिक्त रकम बीमाकर्ता द्वारा ले ली जायेगी।

(4) यदि बीमापात्र क्षति भुगतान के बाद तीसरे पक्ष से रकम प्राप्त करता है तो वह रकम बीमाकर्ता की हो जायगी बशर्ते कि तीसरे पक्ष से क्षतिपूर्ति प्राप्त करने का अधिकार बीमापात्र को हो।

(5) क्षतिपूर्ति सिद्धान्त वैयक्तिक बीमा (Personal Insurance) में लागू नहीं होता है क्योंकि हानि का मूल्यांकन करना सम्भव नहीं है। इसी कारण जीवन बीमा में केवल बीमित रकम का भुगतान होता है।

5. प्रत्यासन सिद्धान्त

प्रत्यासन सिद्धान्त क्षतिपूर्ति सिद्धान्त का सहायक सिद्धान्त है जिसके अंतर्गत तीसरे पक्ष द्वारा क्षति के सम्बन्ध में प्राप्त रकम बीमाकर्ता की हो जाती है। तीसरा पक्ष वह है जो

बीमित वस्तु को क्षति पहुँचाता है या किसी अन्य प्रसंविदा द्वारा उसे प्रभावित करता है। प्रत्यासन सिद्धान्त यह बताता है कि क्षति या हानि से अधिक रकम बीमाकर्ता या तीसरे पक्ष से प्राप्त होने पर हानि से अधिक रकम बीमाकर्ता द्वारा ले ली जाती है। क्षतिपूर्ति सिद्धान्त इस सिद्धान्त के कारण ही सफलतापूर्वक लागू होता है।

विशेषता

(1) प्रत्यासन सिद्धान्त की महत्त्वपूर्ण विशेषता यह है कि यह क्षतिपूर्ति सिद्धान्त का सहायक सिद्धान्त है। यदि क्षतिपूर्ति करने के बाद बीमापात्र के पास कोई बीमित रकम बच जाती है या किसी दूसरे बीमाकर्ता से या तीसरे पक्ष से अतिरिक्त रकम प्राप्त होती है तो वह अतिरिक्त रकम भुगतान करने वाले बीमाकर्ता की हो जायेगी। यदि ऐसा न किया जाता तो बीमापात्र को बची हुई सम्पत्ति तीसरे पक्ष या अन्य बीमाकर्ता से प्राप्त होने वाली रकम तक लाभ होता है जो क्षतिपूर्ति सिद्धान्त के प्रतिकूल है। अतः क्षतिपूर्ति सिद्धान्त को पूर्णतया लागू होने के लिए यह भी सिद्धान्त बनाया जाय कि जो रकम क्षति से अधिक प्राप्त हो वह क्षतिपूरक को वापस हो जानी चाहिए तभी बीमित व्यक्ति को क्षति तक ही पूर्ति होगी इसलिए प्रत्यासन सिद्धान्त का लागू होना आवश्यक हो गया।

(2) प्रत्यासन सिद्धान्त प्रतिस्थापन है—भुगतान करने के बाद बीमाकर्ता बीमित वस्तु के विषय में पूर्ण अधिकार प्राप्त कर लेता है यदि सम्पत्ति का पूरी रकम तक बीमा है। यदि बीमाकर्ता ने उस सम्पत्ति के विषय में पूरी हानि का भुगतान कर दिया है, तो वह बची हुई बीमित वस्तु पर अपना अधिकार जमा लेता है। इसी प्रकार तीसरे पक्ष द्वारा प्राप्त होने वाली रकम पर भी बीमाकर्ता का अधिकार हो जाता है क्योंकि बीमाकर्ता ने समस्त हानि का भुगतान पहले ही कर दिया है।

(3) भुगतान की रकम तक ही प्रत्यासन—बीमाकर्ता भुगतान करने के बाद बीमित वस्तु के अधिकार, अध्यर्थन (claims), उपचार, प्रतिभूति आदि पर अधिकार कर लेता है परन्तु वह केवल भुगतान की गयी रकम तक ही प्रत्यासित कर सकता है। भुगतान से अधिक रकम बीमाकर्ता प्राप्त नहीं कर सकता। भुगतान प्राप्त करने में यदि बीमाकर्ता ने कोई खर्च किया है तो वह बीमापात्र से प्राप्त कर सकता है यदि भुगतान से अधिक रकम प्राप्त हुई है। भुगतान की रकम तक किये गये खर्चे बीमाकर्ता को स्वयं सहन करने पड़ते हैं, क्योंकि उस रकम तक बीमापात्र हानि पूर्ति करने का अधिकार रखता है।

(4) भुगतान के पहले प्रत्यासन—हानि भुगतान करने के पहले भी प्रत्यासन सिद्धान्त अपनाया जा सकता है।

(5) वैयक्तिक बीमा—क्षतिपूर्ति सिद्धान्त वैयक्तिक बीमा का अंग नहीं है इसलिए प्रत्यासन सिद्धान्त भी वैयक्तिक बीमा में लागू नहीं होता है।

6. समाश्वासन

बीमा प्रसंविदा में कुछ ऐसी शर्तें होती हैं जिन्हें समाश्वासन कहा जाता है। समाश्वासन बीमापत्रधारी द्वारा की गयी प्रतिज्ञाएँ होती हैं जिनके अनुसार किसी बात को करने या न करने या किसी शर्त को पूरा करने का वचन होता है। सामुद्रिक बीमा अधिनियम में समाश्वासन की परिभाषा दी गयी है। "समाश्वासन वह है जिसमें बीमित व्यक्ति कुछ विशेष कार्य के करने या न करने या किसी विशेष शर्त को पूरा करने या किसी विशेष तथ्य के मौजूद रहने या न रहने का वर्णन करता है।" समाश्वासन दो प्रकार के होते हैं (1) लिखित समाश्वासन (Express Warranties) (2) उपलक्षित समाश्वासन (Implied Warranties)। लिखित समाश्वासन वे हैं जो बीमापत्र में स्पष्ट रूप से वर्णित

होते हैं और उपलक्षित समाश्वासन वे हैं जो बीमापत्र में लिखे हुए नहीं रहते हैं, परन्तु लिखे हुए समझे जाते हैं। बीमा के प्रसंविदा में समाश्वासन का विशेष महत्त्व है। प्रतिज्ञा के दृष्टिकोण से समाश्वासन के दो भाग किये जाते हैं (1) स्वीकारात्मक (Affirmative) और (2) प्रतिज्ञात्मक (Promisory)। स्वीकारात्मक समाश्वासन वे हैं जो कुछ प्रश्नों के उत्तर होते हैं और प्रतिज्ञात्मक समाश्वासन वे हैं जो प्रतिज्ञा अर्थात् वचन देते हैं कि किसी कार्य को किया जायेगा या नहीं या किसी शर्त को पूरा किया जायेगा या नहीं।

बीमा में समाश्वासन का पालन करना बहुत आवश्यक है। बिना उसके पालन किए हुए संविदा विवर्जित होगा। समाश्वासन के पालन न होने पर बीमाकर्त्ता अपने दायित्व से मुक्त हो जाता है। इसलिए यह बहुत आवश्यक है कि बीमापात्र समाश्वासनों का पूर्णतया पालन करे चाहे वे जोखिम के सम्बन्ध में महत्त्वपूर्ण हों या न हों। प्रसंविदा तभी चालू रहेगा जब समाश्वासन पूरे किये जायँ। यदि समाश्वासन का पालन नहीं किया गया, तो प्रसंविदा दूसरे पक्ष द्वारा रद्द कर दिया जायेगा चाहे जोखिम समाश्वासन के रद्द होने के कारण हुई हो या नहीं। बीमा प्रसंविदा में समाश्वासन का अक्षरश: पालन करना आवश्यक है अन्यथा प्रसंविदा दूसरे पक्ष द्वारा रद्द कर दिया जायेगा। हाँ, जहाँ समाश्वासन अवैध घोषित हुआ हो वहाँ पर समाश्वासन के पालन होने पर प्रसंविदा भंग नहीं होता है।

7. आसन्न कारण

बीमा प्रसंविदा के अन्तर्गत हानि के आसन्न कारण (Proximate Cause) को देखा जाता है, दूर के कारण (Remote Cause) को नहीं देखा जाता है। यदि आसन्न कारण बीमित है तो बीमाकर्त्ता द्वारा भुगतान किया जायेगा अन्यथा नहीं। आसन्न कारण हानि का वास्तविक कारण है। ''सन्निकट कारण देखिए दूर के कारण नहीं (Sed Cause Proxima nan-remote spectature)'' कहावत बीमा में पूर्णतया चरितार्थ होती है। आसन्न कारण का तात्पर्य यह नहीं है कि बीमाकर्ता वास्तविक कारण को ध्यान में ही न रखे। आसन्न कारण वह है जो घटनाओं का कारण है जिसके कारण हानि होती है। हानि के समय की परिस्थितियों को ध्यान में कर आसन्न कारण का निर्धारण किया जाता है। हानि के समय एक कारण हो सकता है या कई कारण हो सकते हैं उनके अनुसार ही सन्निकट कारण का निर्धारण किया जाता है। एक कारण दूसरे कारण को प्रभावित भी कर सकते हैं इस दशा में उन्हें श्रृंखलाबद्ध कारण कहते हैं। कुछ कारण कई कारणों के बीच में अबीमित हो सकते हैं इस प्रकार आसन्न कारण का सही-सही निर्धारण बहुत आवश्यक है। सन्निकट कारण निकटतम कारण को नहीं कहते हैं बल्कि हानि के वास्तविक कारण को कहते हैं।

सिद्धान्त—सन्निकट कारण में निम्नलिखित विशेषताएँ आती हैं—

(1) यदि हानि का एक ही कारण है तो वह सन्निकट कारण होगा। यदि उसका बीमा किया गया है तो बीमाकर्ता द्वारा भुगतान कर दिया जायेगा अन्यथा नहीं।

(2) यदि कुछ संगामी कारण हैं तो बीमित कारण और अबीमित कारण को अलग करना पड़ता है। संगामी कारण (Concurrent Causes) दो प्रकार के हो सकते हैं (1) विच्छिन्न (Separable) और (2) अविच्छिन्न (Non-Separable)। विच्छिन्न कारण वे हैं जो एक दूसरे से अलग किये जा सकते हैं और अविच्छिन्न कारण को एक दूसरे से अलग नहीं कर सकते हैं। विच्छिन्न कारणों से सम्बन्धित जोखिम को जाना जा सकता है और अविच्छिन्न कारणों को जोखिम से होने वाली हानि को अलग नहीं कर सकते। विच्छिन्न कारणों में हर प्रकार के कारणों से होने वाली हानि का निर्धारण कर सकते हैं। केवल उसी हानि का भुगतान किया जायेगा जो बीमित है। यदि हानि अबीमित है तो उसके द्वारा होने वाली हानि का भुगतान नहीं किया जायेगा। यदि परिस्थितियाँ ऐसी हैं कि अविच्छिन्न

कारण ऐसे हैं कि उनसे सम्बन्धित हानियों को अलग नहीं किया जा सकता है तो बीमाकर्ता भुगतान नहीं देगा।

(3) शृंखला-बद्ध कारणों में एक कारण दूसरे कारण को प्रभावित करते हैं। ये भी दो प्रकार के हो सकते हैं (i) जिस दशा में शृंखला तोड़ी जा सके (ii) जिस दशा में शृंखला तोड़ी न जा सके। यदि शृंखला टूटने वाले कारण हैं तो उनकी हानियों को अलग-अलग समझा जा सकता है और बीमित होने पर भुगतान भी किया जा सकता है। यदि शृंखला तोड़ी न जा सके और कारण एक दूसरे से सम्बन्धित हैं तो उस दशा में हानि के तुरन्त पहले वाला कारण यदि बीमित है तो भुगतान होगा लेकिन यदि हानि के पहले वाला कारण बीमित नहीं हो तो भुगतान नहीं होगा।

संक्षेप में सन्निकट कारण के अन्तर्गत हानि के वास्तविक कारण को जाना जाता है यदि वास्तविक कारण बीमित है, तो बीमाकर्ता द्वारा भुगतान होगा।

8. अभिहस्तांकन एवं हस्तांतरण

अभिहस्तांकन और हस्तांतरण के अन्तर्गत (1) बीमित वस्तु के हस्तांतरण, (2) बीमापत्र के हस्तांतरण और (3) बीमित रकम के हस्तांतरण नियमों को समझना आवश्यक है।

सामुद्रिक और जीवन बीमापत्रों का निर्बाध रूप से हस्तांतरण किया जा सकता है। लेकिन अग्नि बीमा और दुर्घटना बीमा में बीमाकर्ता की पूर्व अनुमति के बिना हस्तांतरण सम्भव नहीं है। केवल वसीयत (Will) या विधान के परिणामस्वरूप ये मान्य हैं। इसके साथ यह आवश्यक है कि बीमित व्यक्ति के हित में परिवर्तन होने के पहले बीमापत्र का हस्तांतरण कर दिया जाय। यदि उसने अपना बीमायोग्य हित समाप्त कर दिया तो उसका प्रसंविदा रद्द समझा जायेगा क्योंकि अग्निबीमा और दुर्घटना बीमा में बीमायोग्य हित शुरू से अन्त तक होना आवश्यक है। बीमायोग्य हित जैसे ही समाप्त होता है अग्निबीमा प्रसंविदा रद्द हो जाता है।

जीवन बीमापत्र को स्वतन्त्रतापूर्वक हस्तांतरित किया जा सकता है क्योंकि उसमें बीमायोग्य हित केवल शुरू में रहना आवश्यक है, प्रसंविदा प्रारम्भ होने के बाद बीमा योग्य हित की आवश्यकता नहीं रहती है। जीवन बीमापत्र अक्सर अभिहस्तांकित और हस्तांतरित किया जाता है। जीवन बीमापत्र एक मूल्यांकन प्रतिभूति भी है जिसके जमानत पर ऋण लिया जा सकता है। इसी प्रकार सामुद्रिक बीमापत्र को भी स्वतंत्रता पूर्वक अभिहस्तांकित या हस्तांतरित किया जा सकता है, यदि इसे स्पष्ट रूप से मना नहीं किया गया है। इसे हानि के पहले या बाद में भी हस्तांतरित कर सकते हैं। सामुद्रिक बीमापत्र का हस्तांतरण अभिलेखन (Endorsement) या अन्य परिपाटी ढंग से किया जाता है। इसे अर्द्धबेचान लेख (Quasi negotiable instrument) कहते हैं इससे सामुद्रिक बीमा में वस्तुओं के आदान-प्रदान में बहुत सुविधा मिलती है।

अग्नि बीमा में बीमापत्र का हस्तांतरण बिना पूर्व अनुमति के नहीं हो सकता है। अग्नि बीमापत्र में हित का परिवर्तन नहीं हो सकता है। अभिहस्तांकन या हस्तांतरण अग्नि बीमा में बिल्कुल सम्भव नहीं है, यदि ऐसा करना ही है तो नया प्रसंविदा किया जाता है।

9. प्रव्याजि की वापसी

साधारणत: प्रव्याजि के एक बार भुगतान हो जाने पर पुन: उसकी वापसी नहीं होती है लेकिन निम्न दशाओं में प्रव्याजि को वापस प्राप्त किया जा सकता है।

1. बीमापत्र में समझौता के अनुसार—बीमापात्र और बीमाकर्ता आपस में समझौता कर सकते हैं कि यदि किसी निश्चित घटना के घटने या न घटने पर आंशिक या पूर्ण प्रव्याजि लौटा दी जायेगी। जैसे विशिष्ट पैकिंग से जोखिम कम हो जाती है।

2. न्याय के दृष्टिकोण से—

(i) जोखिम प्रारम्भ न होने पर—यदि बीमित वस्तु के सम्बन्ध में आंशिक या पूर्ण रूपेण जोखिम शामिल न हुई तो प्रव्याजि को आंशिक या पूर्ण रूप से लौटाया जा सकता है जैसे यदि एक निश्चित अवधि में मृत्यु न होने पर अस्थायी बीमापत्र जिसमें प्रव्याजि लौटाने का प्रावधान हो।

(ii) एक खुले बीमापत्र की अघोषित रकम—यदि बीमापत्र में कोई हित न हो तो उससे सम्बन्धित प्रव्याजि लौटा दी जाती है।

(iii) प्रव्याजि भुगतान के आधार पर—यदि बीमा के सम्बन्ध में कुछ रकम तक हित नहीं है तो जिस रकम तक बीमापात्र का हित न होगा उस रकम तक वह प्रव्याजि लौटाने का अधिकारी होता है। जैसे सामुद्रिक यात्रा में विभिन्न स्तरों का अलग-अलग बीमा लिया गया है तो जिस स्तर तक यात्रा नहीं होती है उस स्तर से सम्बन्धित प्रव्याजि लौटा दी जायेगी।

(iv) बीमा योग्य हित के अभाव में—जहाँ पर बीमा योग्य हित नहीं है वहाँ पर प्रव्याजि को लौटा दिया जाता है बशर्ते यह जुए का कार्य न रहा हो। जैसे यदि सामुद्रिक बीमा में विक्रेता ने बीमा लेकर क्रेता को सौंप दिया परन्तु क्रेता को उस माल के अधिकार न मिलने के कारण वे बीमा योग्य हित नहीं मिला और वह, यदि प्रव्याजि दी है, तो उसे वापस पाने का अधिकारी है।

(v) यात्रा में विलम्ब—यदि यात्रा प्रारम्भ होने में अनुचित विलम्ब होता है तो उसे प्रव्याजि लौटाने का पूरा अधिकार है। प्रव्याजि को वापस लेकर प्रसंविदा रद्द कर सकता है।

(vi) जहाँ पर बीमित व्यक्ति अमूल्यांकित बीमापत्र में अधि-बीमित है वहाँ पर अनुपातन प्रव्याजि वापस प्राप्त करने का अधिकार बीमापत्रधारी को है।

3. दोहरा बीमा के कारण अधिबीमा—

यदि दोहरे बीमा के कारण अधिबीमा है तो आनुपातिक रूप से प्रव्याजि पाने का अधिकार बीमापात्र को है। लेकिन यदि जानबूझ कर दोहरा बीमा लिया गया है तो कोई प्रव्याजि वापस नहीं की जायेगी।

साधारण प्रसंविदा और बीमा प्रसंविदा में अन्तर

(1) साधारण संविदा में बीमायोग्य हित की कोई आवश्यकता नहीं है परन्तु बीमा प्रसंविदा में बीमा योग्य हित अति आवश्यक है। बिना बीमा योग्य हित के प्रसंविदा नहीं होता है।

(2) साधारण प्रसंविदा में क्रेता सावधान का नियम लागू होता है परन्तु बीमा प्रसंविदा में परम सद्विश्वास सिद्धान्त लागू होता है जिसमें दोनों पक्षों को महत्त्वपूर्ण तथ्यों का सही और पूर्ण वर्णन करना आवश्यक है।

(3) साधारण प्रसंविदा लाभ के लिए अधिकतर होते हैं परन्तु बीमा प्रसंविदा क्षतिपूर्ति के लिए है लाभ प्राप्त करना इसका उद्देश्य कभी नहीं होता। लाभ प्राप्त करना बीमा प्रसंविदा के विपरीत है।

(4) साधारण प्रसंविदा में प्रन्यासन सिद्धान्त नहीं लागू होते जबकि बीमा प्रसंविदा में प्रत्यासन सिद्धान्त अवश्य लागू होता है।

(5) साधारण प्रसंविदा में समाश्वासन भंग होने पर प्रसंविदा भंग नहीं होता है लेकिन बीमा प्रसंविदा में समाश्वासन सिद्धान्त भंग होने पर प्रसंविदा भी भंग हो जाता है।

जीवन बीमा प्रसंविदा और क्षतिपूर्ति प्रसंविदा में अन्तर

बीमा प्रसंविदा को दो भागों में बाँटा गया है (1) जीवन बीमा प्रसंविदा या वैयक्तिक प्रसंविदा और (2) क्षतिपूर्ति प्रसंविदा। क्षतिपूर्ति प्रसंविदा के अन्तर्गत सामुद्रिक बीमा, अग्नि बीमा तथा विविध बीमा आते हैं। ये संविदायें क्षतिपूर्ति के उद्देश्य से ही होती हैं। इनके अन्तर्गत यह नियम होता है कि केवल हानि का ही भुगतान करना है उससे अधिक का भुगतान नहीं करना है। हानि की पूर्ति के लिए ही भुगतान प्रसंविदा किये जाते हैं। यदि हानि नहीं हो तो भुगतान का प्रश्न नहीं उठता और प्रव्याजि भी वापस नहीं की जाती है।

(2) वैयक्तिक बीमा प्रसंविदा (Personal Insurance Contract)—इसके अन्तर्गत व्यक्ति के जीवन या मृत्यु सम्बन्धी बीमा होते हैं इसमें जीवन बीमा और वैयक्तिक दुर्घटना बीमा आते हैं। इनमें क्षतिपूर्ति का प्रश्न नहीं उठता। केवल बीमित रकम का भुगतान किया जाता है। इसके अन्तर्गत हानि का मूल्यांकन न होने के कारण हानि की पूर्ति का प्रावधान नहीं होता है। इसी कारण वैयक्तिक बीमा में हानि पूर्ति के लिए नहीं बल्कि एक निश्चित रकम के लिए बीमा कराया जाता है।

अन्तर
वैयक्तिक (जीवन) बीमा प्रसंविदा में अन्तर

(1) जोखिम—जीवन बीमा में भुगतान होना निश्चित होता है क्योंकि मृत्यु निश्चित है तो जब मृत्यु होगी भुगतान भी किया जायेगा। यदि मृत्यु न होकर जीवन है तो एक निश्चित अवधि व्यतीत हो जाने पर भुगतान होगा।

क्षतिपूर्ति प्रसंविदा के अन्तर्गत हानि हो भी सकती है और नहीं भी हो सकती है। यदि हानि होगी तो भुगतान किया जायेगा अथवा नहीं, हानि की सीमा, यदि उतनी रकम तक बीमा है, तक भुगतान किया जाता है।

(2) बीमित रकम—जीवन बीमा में एक व्यक्ति अपने या अपनी पत्नी के जीवन में असीमित रकम तक बीमा करा सकता है क्योंकि इन दशाओं में बीमा योग्य हित की सीमा नहीं है। जीवन बीमा में भी अन्य दशाओं में बीमायोग्य हित की सीमा होती है और उसी सीमा तक बीमा कराया जा सकता है। बीमित रकम का ही भुगतान जीवन बीमा में किया जाता है। जीवन बीमा में क्षतिपूर्ति सिद्धान्त लागू नहीं होता है।

क्षतिपूर्ति बीमा प्रसंविदा में बीमित रकम हानि की अधिकतम सीमा निश्चित करती है उससे अधिक का भुगतान नहीं किया जा सकता है। बीमित रकम के अन्दर हानि की रकम तक ही भुगतान किया जा सकता है, क्षतिपूर्ति बीमा प्रसंविदा में क्षतिपूर्ति सिद्धान्त और प्रत्यासन सिद्धान्त लागू होते हैं।

(3) जोखिम का मूल्यांकन—वैयक्तिक बीमा में जोखिम का मूल्यांकन करना आसान है लेकिन क्षतिपूर्ति बीमा प्रसंविदा में जोखिम का मूल्यांकन करना आसान नहीं है।

(4) बीमायोग्य हित का समय—वैयक्तिक बीमा में केवल बीमा प्रसंविदा के समय ही बीमायोग्य हित का होना आवश्यक है उसके बाद बीमायोग्य हित की आवश्यकता नहीं होती है।

क्षतिपूर्ति संविदा में बीमायोग्य हित का अलग-अलग समय होता है—जैसे अग्नि बीमा में बीमायोग्य हित दोनों समय आवश्यक है, सामुद्रिक बीमायोग्य हित हानि के समय जरूरी है। संक्षेप में क्षतिपूर्ति बीमा प्रसंविदा में बीमायोग्य हित क्षति के समय अति आवश्यक है। यदि उस समय बीमायोग्य हित न रहा तो बीमाकर्ता क्षति की पूर्ति नहीं करेगा।

(5) बीमा का समय—वैयक्तिक बीमा प्रसंविदा दीर्घकालीन हुआ करता है जबकि क्षतिपूर्ति बीमा प्रसंविदा थोड़े वर्ष के होते हैं और जिन्हें पुन: नवीकृत कर सकते हैं।

(6) सुरक्षा एवं विनियोग—वैयक्तिक बीमा विशेष करके जीवन बीमा में सुरक्षा और विनियोग तत्त्व शामिल होता है क्योंकि बीमित रकम का भुगतान अवश्य किया जाता है। यदि असामयिक मृत्यु हुई तो उस समय बीमित रकम का भुगतान कर देते हैं। क्षतिपूर्ति बीमा प्रसंविदा केवल सुरक्षा की प्रसंविदा है इनमें विनियोग तत्त्व नहीं रहता है। यदि हानि होगी तभी भुगतान किया जायेगा और यदि हानि न हुई तो भुगतान नहीं किया जायेगा।

(7) प्रव्याजि—जीवन बीमा में प्रव्याजि में अधिक अन्तर नहीं होता है जबकि क्षतिपूर्ति बीमा प्रसंविदा में प्रव्याजि अलग बीमापात्रों से अलग-अलग ली जा सकती है। जीवन बीमा में कई किस्तों में प्रव्याजि का भुगतान हो सकता है और क्षतिपूर्ति प्रसंविदा में एक किस्त में भी भुगतान होता है।

(8) विषय-वस्तु—जीवन बीमा में विषय-वस्तु जीवन है जिसके नष्ट होने की सम्भावना समय के साथ बढ़ती जाती है जबकि क्षतिपूर्ति प्रसंविदा की विषय-वस्तु को मरम्मत और नवीनीकरण आदि जोखिम में कमी की जा सकती है।

(9) नैतिक जोखिम—जीवन बीमा में नैतिक जोखिम की सम्भावना कम होती है जबकि क्षतिपूर्ति बीमा प्रसंविदा में नैतिक जोखिम की सम्भावना अधिक होती है।

दोहरा बीमा, अधिबीमा और अल्पबीमा

दोहरा बीमा (Double Insurance)—जब बीमापात्र अपनी बीमित वस्तु का एक से अधिक बीमाकर्ताओं से बीमा कराता है तो उसे दोहरा बीमा कहते हैं। एक बीमाकर्ता से उस बीमित वस्तु के सम्बन्ध में एक से अधिक बीमापत्र लेने को भी दोहरा बीमा कहते हैं। जीवन में कुल बीमित रकम तक भुगतान प्राप्त किया जा सकता है, परन्तु क्षतिपूर्ति बीमा में सभी बीमाकर्ताओं से प्राप्त होने वाली रकम हानि की रकम से अधिक नहीं होना चाहिए।

लक्षण

(1) एक ही बीमित वस्तु के लिए एक से अधिक बीमापत्र लिए जाते हैं।

(2) बीमित वस्तु में कई बीमापत्र एक ही जोखिम और एक ही समय में होने चाहिए। यदि जोखिम या समय में अन्तर हुआ, तो दोहरा बीमा नहीं होगा।

(3) बीमापत्र केवल एक हित (Same interest) से ही सम्बन्धित होना चाहिए। यदि बीमाहित अलग-अलग हैं तो वह दोहरा बीमा नहीं होगा।

(4) दोहरे बीमा के अन्तर्गत सभी बीमापत्र एक ही जोखिम एक ही समय और एक ही बीमा वस्तु से सम्बन्धित हों। यदि किसी बीमापत्र की जोखिम प्रारम्भ नहीं हुई तो उस बीमापत्र को दोहरा बीमा नहीं कहेंगे।

अधिबीमा—बीमित सम्पत्ति से अधिक बीमा होने पर अधिबीमा होता है। अधिबीमा एकल बीमा और दोहरे बीमा दोनों में हो सकते हैं। अधिबीमा उस दशा में होता

है जब बीमायोग्य हित से अधिक बीमा हो जाय। इस प्रकार की सम्भावना दोहरे बीमा में अधिक होती है क्योंकि एकल बीमा में बीमायोग्य हित से अधिक का बीमा नहीं हो सकता है। लेकिन यह आवश्यक नहीं है कि दोहरे बीमे के कारण ही अधिबीमा हो। एकल बीमा में भी अधिबीमा हो सकता है। सामुद्रिक बीमा में मूल्यांकित बीमापत्र की दशा में मूल्य घट जाने पर अधिबीमा हो जाता है।

अल्पबीमा—अल्पबीमा उस दशा में होता है जब बीमित रकम बीमायोग्य हित अर्थात् सम्पत्ति के मूल्य से कम होती है। जीवन बीमा में अधिबीमा और अल्पबीमा का प्रश्न नहीं उठता क्योंकि बीमायोग्य हित की सीमा निश्चित करना सम्भव नहीं है। जीवन बीमा में जितनी रकम चाहे वह अधिबीमा या अल्पबीमा का बीमा होता है उतनी रकम का भुगतान किया जाता है।

क्षतिपूर्ति प्रसंविदा में अल्प बीमा रहने पर हानि का आनुपातिक भुगतान हो पाता है। हानि के पूरे भुगतान के लिए यह आवश्यक है कि सम्पत्ति के पूरे मूल्य तक बीमा कराया जाय अल्प बीमा में बीमापत्र धारी बीमित रकम और सम्पत्ति की कुल रकम के अनुपात में हानि का भुगतान प्राप्त करता है। बाकी हानि वह स्वयं सहन करता है इसलिए इसे सह बीमा भी कहते हैं।

अध्याय-4

प्रबन्ध, प्रशासन एवं संगठन
(Management, Administration and Organisation)

प्रबन्ध
(Management)

प्रबन्ध का विकास—प्रबन्ध सिद्धान्त का विकास धीरे-धीरे सभ्यता के विकास के साथ हुआ। 1300 बी० सी० के समय मिस्र में लोक प्रशासन का उदाहरण मिलता है। चीन और यूनान में प्रबन्ध का रूप विकसित अवस्था में कुछ समय बाद आया। भारत के पौराणिक ग्रन्थों से पता चलता है कि भारत में प्राचीन समय में प्रबन्ध एवं प्रशासन का सुधरा हुआ रूप था। प्रारम्भ में जब व्यापार एक गाँव से दूसरे गाँव तक फैलने लगा, उस समय उसके संचालन के लिए प्रबन्ध की आवश्यकता हुई। प्रबन्ध की शिक्षा उस समय के विद्वान् या ईश्वर के प्रतिनिधि (जैसा कि वे अपने को बताते थे) द्वारा दी जाती थी। धर्मगुरुओं द्वारा प्रबन्ध के सिद्धान्त बनाये जाते थे। फौजी प्रशासन की कला का विकास धीरे-धीरे हुआ; परन्तु इससे व्यापारिक जगत् को अधिक लाभ नहीं मिल पाया। लोक प्रकाशकों ने प्रबन्ध एवं प्रशासन के सिद्धान्तों को विकसित किया। कार्यालय प्रबन्ध, कार्यकर्ता की नियुक्ति, प्रशिक्षण एवं प्रोत्साहन तथा वित्तीय साधनों का समुचित प्रबन्ध आदि को व्यावहारिक बनाने का श्रेय इन्हीं प्रकाशकों को है। इसी आधार पर आगे चलकर व्यापार-प्रशासन विकसित हुआ।

टेलर का सिद्धान्त—फ्रेडरिक डब्लू० टेलर (Frederick W. Taylor) ने 1900 में एक स्टील कारखाने में काम करते हुए यह अनुभव किया कि प्रबन्ध को क्रमिक और वैज्ञानिक बनाया जा सकता है। उन्होंने उस समय यह देखा कि श्रमिकों को बोनस, प्रीमियम और अन्य आर्थिक प्रोत्साहन देकर कार्य के लिए प्रेरित किया जाता था। कर्मचारियों की योग्यता पर उतना ध्यान नहीं दिया जाता था जितना कि प्रबन्धक की योग्यता ध्यान देते थे। टेलर ने यह सुझाव दिया कि कार्य को कुशलतापूर्वक कराने के लिए योजना बनाकर तथा सहयोग प्राप्त करके नियंत्रण करना चाहिए। प्रत्येक कर्मचारी से कितना कार्य लेना है; इसकी पूरी योजना बनानी चाहिए। केवल कार्य के विभाजन और योजना बनाने से ही कार्य कुशलतापूर्वक नहीं होगा, बल्कि उनके पूर्ण सहयोग को प्राप्त करना भी बहुत आवश्यक है। सहयोग प्राप्त करने के लिए उनके शिक्षण, प्रशिक्षण, प्रोत्साहन, मानसिक विकास आदि का ध्यान रखना पड़ता है। नियंत्रण तत्त्व इसलिए आवश्यक है जिससे यह पता लग सके कि कार्य योजना के अनुसार हुआ है या नहीं और उसको पूरा करने में क्या कमियाँ रह गयी हैं। प्रबन्धक में इतनी योग्यता होनी आवश्यक है जिससे कि वह अपने कर्मचारियों का सहयोग प्राप्त कर सके; साथ-ही-साथ उनके ऊपर पर्यवेक्षण (Supervision) की निम्न मात्रा के बावजूद भी परिणाम में कमी न आ सके। इन तत्त्वों का गहन अध्ययन, प्रबन्धक प्रबन्ध एवं प्रशासन आदि की विस्तृत व्याख्या टेलर ने नहीं की तथापि उनके आधारभूत विचारों से प्रबन्ध की नींव पड़ गयी और आगे चलकर प्रबन्ध एक विशिष्ट विषय बन गया।

फॉयल का सिद्धान्त (Fayol's Theory)—आधुनिक प्रबन्ध के जन्मदाता फ्रांस के उद्योगपति हेनरी फॉयल (Henri Fayol) कहे जाते हैं जिन्होंने 1916 में फ्रांसीसी भाषा में उद्योग के सामान्य प्रशासन (Administration Industrielle et Generale) नामक पुस्तिका प्रकाशित की जो कि 1929 में अंग्रेजी भाषा में अनूदित हुई। यह पुस्तक प्रबंध की अंतर्राष्ट्रीय संस्था, जेनेवा (International Institute of Management at Geneva) से भी प्रकाशित हुई। अमेरिका में इस पुस्तक का प्रचार 1949 के बाद हुआ। यह पुस्तक आधुनिक व्यापार प्रबन्ध की आधारभूत समस्याओं का गहन अध्ययन है। फॉयल ने अपने प्रबन्ध अनुभव के आधार पर इस पुस्तक को लिखा था। उन्होंने व्यापारिक कार्यों को निम्न 6 भागों में विभाजित किया—

1. प्रावैधिक क्रियायें जैसे—उत्पादन, निर्माण आदि।
2. व्यापारिक क्रियायें जैसे—क्रय, विक्रय, विनिमय आदि।
3. वित्तीय क्रियायें जैसे—पूँजी की खोज एवं उसका आदर्श प्रयोग आदि।
4. सुरक्षा क्रियायें जैसे—सम्पत्ति और उत्पादन की सुरक्षा आदि।
5. बहीखाता क्रियायें जैसे—लागत और उत्पादन की सुरक्षा आदि।
6. प्रबन्ध क्रियायें जैसे—योजना, संगठन, सहयोग और नियंत्रण किसी भी व्यापारिक संस्था में इन्हीं 6 क्रियाओं को आधार बनाया जाता है। यदि किसी भी क्रिया पर विशेष ध्यान नहीं दिया गया तो व्यापार का कार्य पूर्ण नहीं हो पायेगा। फॉयल ने प्रबन्ध में योजना, संगठन, प्रत्यादेश (Command) सहयोग नियंत्रण आदि को शामिल किया।

प्रबन्ध का अर्थ (Meaning of Management)—फॉयल ने प्रबन्ध को प्रावैधिक, वित्तीय, सुरक्षा और बहीखाते की क्रियाओं में योजना, संगठन, प्रत्यादेश (Command) सहयोग (Coordination) से सम्बन्धित रखा है। (That management is the planning organising, command, coordination and control of technical, financial security and accounting activities)[1] प्रबन्धक को कार्य पूरा कराना रहता है इसलिए वह अपने कर्मचारियों को निदेशन, आदेश तथा प्रेरणा देता है प्रबन्ध का अभिप्राय कार्य को कुशलतापूर्वक पूर्ण कराने से है। यह मानवीय सम्बन्ध रखता है और उसी आधार पर यह देखता है कि कार्य कुशलतापूर्वक किया जाय।

कून्ज एवं डोनल (Koontz and Donnell)—ने प्रबन्ध को पद्धति बताया है यह एक प्रबन्ध पद्धति है जिसमें व्यक्तियों के मिश्रित सम्बन्ध को क्रम से संगठित किया जाता है। यह भौतिक और प्राणिमात्र पद्धतियों से सम्बन्धित है।

"The systems approach to management, then, simply recognizes that a management system-a formal systematically organised complex of relationship between people—has a a system, characteristics similar to physical and biological systems."[2]

---

1. Lois a. Allen, Management and Organisation P.14
2. Harold Koontz and Cyril O Donnell-Principles of Management p.45.

न्यूमैन और समर (Newman and Summer) ने यह बताया कि "प्रबन्धक वह व्यक्ति है जो कि व्यक्तियों और साधनों को कार्यरत करके एक विशेष उद्देश्य की प्राप्ति करता है। वह कार्य को स्वयं करने के अलावा अन्य व्यक्तियों से कार्य को पूरा करता है।"

"A manager is a man who gets things done by working with people and other resources in order; to reach an objective, he coordinates the activities of other rather than performs operations himself."[1]

प्रबन्ध को मानव तथा समाज से सम्बन्धित कार्य करने की पद्धति से सम्बन्धित किया गया है। क्रियाओं को कुशलतापूर्वक और आर्थिकता के साथ पूरा करना प्रबन्ध का उद्देश्य है। संक्षेप में **यह कहा जा सकता है कि प्रबन्ध किसी भी कार्य को कुशलतापूर्वक और आर्थिकता के साथ करने के लिए योजना, संगठन, प्रेरणा और नियंत्रण से सम्बन्धित हैं।**

उद्देश्य—प्रबन्ध के उद्देश्यों को संक्षेप में नीचे बताया जा रहा है।

(1) कार्य और उद्देश्य की प्राप्ति (Achievements of Aims)—प्रबन्ध का मुख्य ध्येय कि एक विशेष उद्देश्य की प्राप्ति के लिए प्रयास करना है। उदाहरण के लिए यदि जीवन बीमा निगम का उद्देश्य बीमापत्रधारियों को समुचित सेवा प्रदान करना है तो इसके लिए जीवन बीमा निगम को योजना बनाना उसके अनुरूप कार्य कराने के लिए संगठन तैयार करना, उन्हें प्रेरित करना तथा कार्य पर नियंत्रण रखना आवश्यक होगा जिससे अमुक उद्देश्य की पूर्ति की जा सके। प्रबन्ध मूलभूत तत्त्वों को अपनाये बिना कार्य को अच्छी तरह पूरा नहीं किया जा सकता है। निगम का मुख्य उद्देश्य विकास करना है।

(2) कार्य को सुचारू रूप से पूरा करना (Effective Completion of work)—प्रबन्ध कार्य को पूरा कराने, या उद्देश्य की प्राप्ति तक ही सीमित नहीं है बल्कि इसका यह भी कार्य है कि कार्य सुचारूरूप, प्रभावपूर्ण और आर्थिकता के साथ पूरा किया जाय। सुचारूरूप से कार्य कराने के लिए व्यक्तियों के सहयोग की बहुत आवश्यकता है। मानव मात्र से कार्य किये जाने हैं अतः मानवीय तत्त्वों को इस प्रकार लगाना चाहिए जिससे कि उन्हें कोई असन्तोष न हो। उनकी योग्यता के अनुसार कार्य का विभाजन, कार्य के लिए प्रोत्साहन, उचित उपकरण और यन्त्रों की सुविधा तथा कार्य के लिए उचित वातावरण आदि किसी कार्य को सुचारुरूप से पूरा कराने के लिए आवश्यक है। प्रभावपूर्ण ढंग से कार्य तभी हो सकता है जब कि प्रबन्धक को प्रावैधिक ज्ञान हो, उसे योजना संगठन प्रेरणा और नियंत्रण की विशिष्ट पद्धतियों का क्रियात्मक अनुभव हो। प्रबन्ध एक सामाजिक पद्धति है अतः मानवीय इच्छाओं सीमाओं और चेष्टाओं का भी उसे पूर्ण ज्ञान होना चाहिए। कार्यकत्ताओं को संगठित करके उन्हें जिम्मेदारी सौंपना एक आवश्यक कार्य हो जाता है। आर्थिकता पूर्ण कार्य का सम्पादन बहुत आवश्यक है। प्रत्येक साधनों को इस प्रकार प्रयोग करना चाहिए जिससे कि अपव्ययता को दूर किया जा सके। हानि और फिजूलखर्ची को कम किया जा सके। समय, धन, साधन श्रम का समुचित प्रयोग होना बहुत आवश्यक है। प्रबन्धक इसके लिए योजना, संगठन, प्रेरणा और नियंत्रण को अपनाता है।

(3) लाभ वृद्धि (Increase in Profit)—व्यापारिक संस्थाओं का अन्तिम उद्देश्य लाभ वृद्धि करना है। अतः प्रबन्धक को कार्य के प्रत्येक अंगों को इस प्रकार संगठित करके, प्रेरणा देकर और उनको नियंत्रित करके कार्य करना पड़ता है जिससे कि लाभ की प्रति इकाई

1. Newman and Summer the Process of Management, p. 9

मात्रा तथा सम्पूर्ण लाभ की वृद्धि हो सके। व्यापारिक क्रियाओं से व्यक्तियों को कई रूपों में लाभ मिलता है अतः उसके बदले वह उनसे कुछ रकम प्राप्त करता है। व्यक्तियों को जितना अधिक लाभ दिया जा सके। व्यापार के निजी लाभ में उतनी अधिक वृद्धि होगी। दूसरी तरफ व्यापारिक क्रियाओं को सम्पन्न कराने के लिए अनेक साधनों को जुटाना पड़ता है। ये साधन जितने सस्ते और अच्छे होंगे उतना ही खर्च कम होगा। इस प्रकार आय में वृद्धि और खर्चों में कमी करके व्यापारिक लाभ को बढाया जा सकता है। व्यापारिक स्वामियों को इससे अधिक से अधिक लाभ मिलेगा।

(4) सामाजिक जिम्मेदारी (Social Responsibilities)—व्यापार को अपने लाभ बढ़ाने तक ही कार्य नहीं करना पड़ता बल्कि समाज के प्रति उसकी बहुत बड़ी जिम्मेदारी है। श्रम के साधनों का उपयोग शोषण करके लाभ बढ़ाने तक सीमित नहीं है बल्कि श्रमिकों को सन्तुष्ट रखकर उनके कल्याण की वृद्धि करके संस्था का लाभ बढ़ाया जा सकता है। आधुनिक प्रबन्ध श्रमिकों या साधनों का पूर्ण शोषण का उद्देश्य नहीं रखता बल्कि उनकी कार्यक्षमता बढ़ाकर दीर्घ समय में उनसे अधिक कार्य ले लेने का उद्देश्य है। लाभ में हिस्सा देकर उन्हें कार्य के लिए प्रेरित किया जा सकता है। दूसरी तरफ उत्पत्ति को इस प्रकार बनाना है जिससे कि समाज को इससे लाभ हो सके। समाज की अधिक से अधिक सेवा की जा सके। व्यापार समाज का एक अंग है अतः समाज के प्रति इसकी विशेष जिम्मेदारी है। वित्तीय जिम्मेदारी के साथ-साथ जिम्मेदारी प्रबन्ध का अंग बन चुका है। व्यावसायिक संस्थायें समाज की सुविधाये जैसे हवा, पानी संसाधन उपयोग करती है अतः उन्हें समान को शुद्ध स्वस्थ और गतिशील रखने की जिम्मेदारी है।

प्रबन्ध के तत्व (Elements of Management)—प्रबन्ध के चार आवश्यक तत्त्व हैं। इनका वर्णन नीचे किया जा रहा हैं—

1. नियोजन (Planning)—इस तत्व के अन्तर्गत मुख्य रूप से नीति निर्धारण का कार्य आता है। नियोजन में भविष्य का अनुमान, उद्देश्य का निर्धारण नीतियों का निर्माण कार्यक्रम तथा अनुसूचिका का निर्धारण पद्धति एवं बजट की तैयारी आदि कई कार्य आते हैं। नियोजन कार्यक्रमों का पूर्व अनुमान है। फॉयल (Fayol) के शब्दों में "कार्य का नियोजन किसी एक समय में उद्देश्य की पूर्ति के लिए विभिन्न पद्धतियों के प्रयोग का अनुमान कार्य का नियोजन कहा जा सकता है, The Plan of action is, at one and the same time the result envisaged the line of action be followed the stage to go though and methods to use." नियोजन एक सैद्धान्तिक कार्य है जो कि कार्य करने के पहले सोचने की क्रिया है कि विभिन्न साधनों को किसी प्रकार संगठित किया जाय जिससे उद्देश्य की पूर्ति हो सके। किसी व्यापार की सफलता उसकी योजना पर आधारित है।

नियोजन का आधारभूत सिद्धान्त उद्देश्य को समझकर उसके अनुसार कार्य की दिशा निश्चित करना है, सामान्य उद्देश्य के निर्धारण के साथ-साथ प्रत्येक अंग और इकाई के उद्देश्य का निर्धारण करना जरूरी होता है। वर्तमान परिस्थितियों के अनुरूप ही कार्य की रूपरेखा में परिवर्तन किया जाता है। नियोजन में दो आवश्यक पद्धतियों को देखना आवश्यक है। प्रथम सामान्य नीतियों का निर्धारण करना और द्वितीय सम्पूर्ण संस्था के प्रति व्यक्ति की जिम्मेदारी को निश्चित करना। कार्य के स्तर का निर्धारण भी इसी के अन्तर्गत

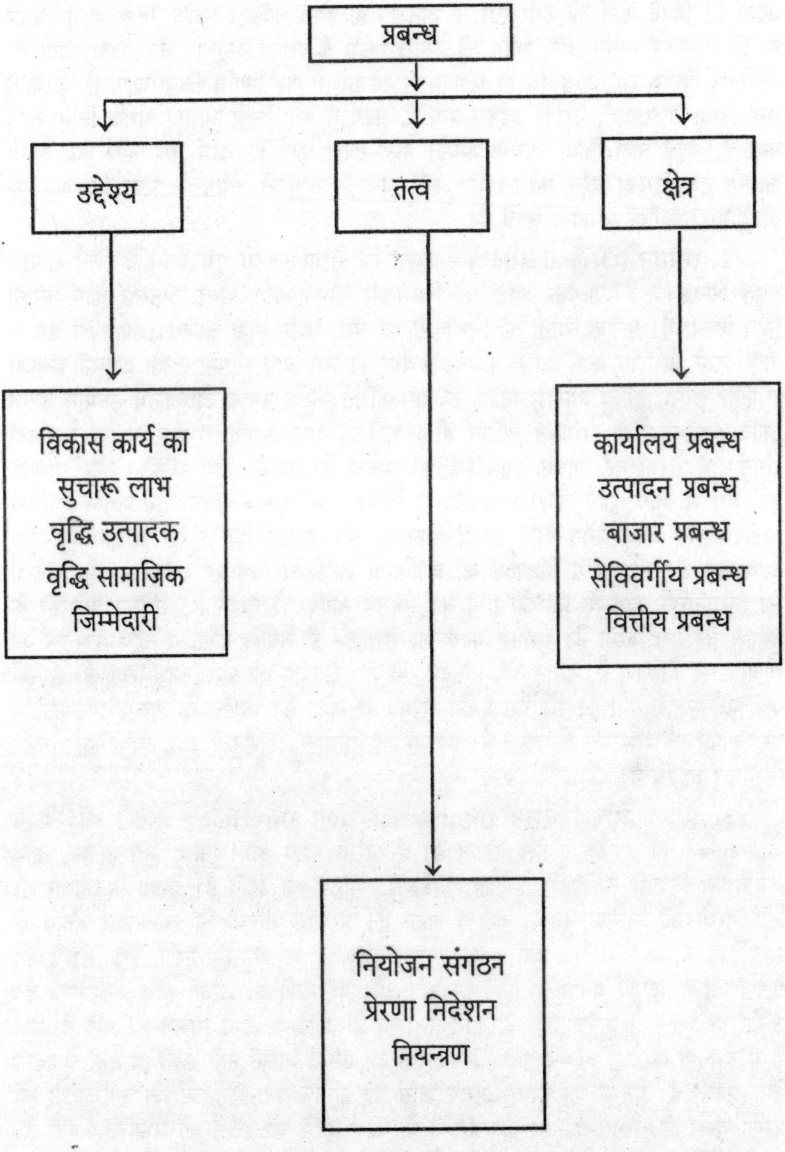

आकृति 4.1 प्रबन्ध के उद्देश्य, तत्व एवं क्षेत्र

आता है। किसी कार्य को उसी स्तर के अनुरूप ही होना चाहिए। प्रत्येक क्रियाओं को करने के लिए कितने साधन और शक्ति की आवश्यकता है इसका अनुमान कर लिया जाता है। नियोजन वित्तीय या गैर-वृत्तीय हो सकता है। योजना में यह निर्णय किया जाता है कि कार्य क्यों किया जा रहा है, उसका उद्देश्य क्या है, कार्य में क्या किया जायेगा अर्थात् विषय-वस्तु क्या है, कार्य कहाँ किया जायेगा अर्थात् कार्य-स्थल कहाँ है; कार्य कब और कैसे किया जायेगा तथा उसको कौन करेगा। धन और जन के समुचित प्रयोग के लिए नियोजन की आधुनिक तकनीक अपनायी जाती है।

2. संगठन (Organisation)—प्रबन्ध को सुचारुरूप से पूरा करने के लिए संगठन बहुत आवश्यक है। प्रत्येक व्यक्ति को जिम्मेदारी सौंपना और उसके अनुसार कार्य कराना बहुत जरूरी है। प्रत्येक व्यक्ति को जिम्मेदारी का स्पष्ट वर्णन होना चाहिए। प्रभावपूर्ण ढंग से कार्य करने के लिए कार्य का विभाजन, प्रत्येक को जिम्मेदारी सौंपना उनके आपसी सम्बन्ध स्थापित करना, समय और क्रियाओं को समायोजित करके उनका अधिकतम उपयोग करना आदि आवश्यक है। संगठन चलित होना चाहिए। एक स्थायी संगठन से या रूढ़वादी संगठन से संस्था का अधिक लाभ नहीं हो सकता है। प्रत्येक कार्य संगठित और सहयोग पूर्ण ढंग से किये जाना चाहिए। संगठन में विभिन्नता की एकता जरूरी है। प्रत्येक अंग का अलग-अलग कार्यान्वयन और उनका सहयोग और एकता एक अच्छे संगठन के लिए आवश्यक है। संगठन में क्रियाओं का वर्गीकरण कार्य का विभाजन अधिकार और कर्त्तव्य का हस्तान्तरण कार्य के विभिन्न अंगों का संगठन आदि को देखते हैं, संगठन प्रशासन के उद्देश्य को पूरा करता है। संगठन कार्य का संचालन है जबकि प्रशासन कार्य-संचालन की योजना एवं नियंत्रण है। संगठन से विकास एवं विभेदीकरण को प्रोत्साहन मिलता है। मानवी एवं प्रावैधिक साधनों का समुचित प्रयोग सम्भव हो जाता है। संगठन के प्रारूप और नीतियों पर व्यापार की सफलता आधारित है। व्यापार की सुगमता आर्थिकता और उपयोगिता संगठन के मुख्य उद्देश्य हैं।

3. प्रेरणा और निदेशन (Motivation and Direction)—प्रेरणा का उद्देश्य कार्यकर्त्ताओं को अधिक कुशल बनाना है। प्रेरणा के मुख्य अंग चुनाव, संवादवाहन, कार्य पद्धति का विकास, प्रशिक्षण, सलाह, निदेशन, पारितोषिक आदि है। प्रेरणा के आधार पर कर्मचारियों को अधिक कुशल बनाया जाता है। प्रेरणा व्यक्तियों के व्यक्तिगत संतोष से सम्बन्धित है, अतः प्रत्येक व्यक्ति को उसकी इच्छाओं के अनुसार प्रेरणा देना जरूरी है। प्रेरणा को प्रभावपूर्ण बनाने के लिए निदेशन और पर्यवेक्षण का उचित होना आवश्यक है। उचित पर्यवेक्षण से कर्मचारियों को कार्य के लिए प्रेरित किया जाना सम्भव है। यदि वे कार्य में कोई कमी करते हैं और अपनी जिम्मेदारियों का उचित पालन नहीं करते तो उन्हें चेतावनी देना जरूरी है। प्रबन्ध का मुख्य उद्देश्य कार्य को सम्पन्न कराना है जो कि कर्मचारियों को प्रेरणा देकर ही सम्भव है। प्रेरणा व्यक्तियों के कार्य करने की इच्छा को प्रभावित करती है। कार्य के लिए उत्साह प्रेरणा है। प्रेरणा के लिए यह समझना आवश्यक है कि किन-किन बातों से कर्मचारियों के उत्साह को बढ़ाया जा सकता है। प्रत्येक कर्मचारी के उत्साहवर्द्धन के तरीके अलग-अलग हैं उन तरीकों का पता लगाना बहुत आवश्यक है। कुछ व्यक्ति आर्थिक प्रगति से अधिक उत्साहित होते हैं, कुछ व्यक्ति सामाजिक प्रतिष्ठा को ज्यादा महत्त्व देते हैं तथा कुछ व्यक्तियों का व्यक्तिगत सम्मान उन्हें प्रेरणा देता है। प्रेरणा के लिए अतः यह

आवश्यक है कि कर्मचारियों की आन्तरिक इच्छाओं और मनोभावों को समझा जाय और उसी के अनुसार उन्हें प्रेरित किया जाय। प्रेरणा और निदेशन के तमाम कार्य हो सकते हैं जो अन्यथा सम्भव नहीं हैं। बीमा व्यापार एक ऐसा व्यापार है जिसमें व्यक्ति को सेवा प्रदान की जाती है परन्तु उस सेवा को प्रदान करना भी हमेशा सम्भव नहीं है। कभी-कभी व्यक्ति बीमा के प्रति अत्यन्त उदासीन हो जाते हैं जिससे कि बीमा अभिकर्त्ताओं को अत्यन्त हतोत्साह होता है। ऐसी स्थिति में प्रेरणा के अभाव में बीमा का विकास सम्भव नहीं हो सकता है अतः प्रबन्ध में प्रेरणा का होना बहुत आवश्यक है।

4. नियंत्रण (Control)—नियंत्रण का तात्पर्य यह देखना है कि प्रत्येक कार्य योजना के अनुरूप किया गया है या नहीं। एक निश्चित स्तर के अनुसार कार्य करना जरूरी है। गल्तियों का सुधार तभी हो सकता है जबकि उसका पता लगे। उद्देश्य से कार्य-परिणाम की तुलना करके गल्तियों को मालूम कर सकते हैं। नियंत्रण प्रबन्ध का एक महत्वपूर्ण अंग है। यही कारण है कि इसे प्रशासन का अंग माना गया है। नियंत्रण का लगातार होना आवश्यक हैं जिससे कि गल्तियों को दूर किया जा सके। कौन-सा कार्य किया जा रहा है और किस प्रकार किया जा रहा है, इसका पता लगाना अत्यन्त आवश्यक है। नियुक्ति प्रशिक्षण, प्रेरणा को उपयोगी बनाने के लिए यह अत्यन्त आवश्यक है कि प्रबन्ध के विभिन्न अंगों पर पूरा नियंत्रण रखा जाय, कार्य की समाप्ति पर भी नियंत्रण किया जाता है। इससे यह पता लगता है कि गल्तियाँ कहाँ पर हैं और उसके क्या कारण हैं, परन्तु नियन्त्रण से गल्तियों की सम्भावनाओं को कम किया जा सकता है। नियंत्रण के लिए यह जरूरी होगा कि एक स्तर तैयार किया जाय और कार्यों को उसी स्तर के अनुसार तुलना करके देखा जाय कि कितना पूरा हुआ है और कितना नहीं। कार्य के पूरा न होने के क्या कारण हैं। नियंत्रण के लिए अधिकार, ज्ञान, निदेशन, पथ-प्रदर्शन प्रतिबन्ध तथा प्रतिरोध आवश्यक है। बीमा संस्थाओं में वित्तीय नियंत्रण अत्यन्त महत्वपूर्ण है। इसका अध्ययन एक खण्ड में किया जायेगा।

प्रशासन
(Administration)

प्रशासन का तात्पर्य उच्चस्तरीय प्रबन्ध से लगाया जाता है। प्रशासन कुछ ऐसे व्यक्तियों से सम्बन्धित है जो कि कार्यालय या कार्यकर्त्ता के नियंत्रण सम्बन्धी क्रियाओं को देखते हैं। प्रशासन में नियोजन तथा नियंत्रण को विशेष स्थान दिया गया है। दूसरे शब्दों में प्रशासन नियोजन एवं नियंत्रण की पद्धतियों से सम्बन्धित है। ब्रेक (Brech) ने अपनी पुस्तकमें प्रशासन को नियोजन तथा नियंत्रण की पद्धतियों तक केन्द्रित रखा है। Administration wherever it is used, centres on the procedures which form the tools of management i.e. the techniques or routines of planning and control"[1] इस प्रकार प्रशासन आधारभूत नीतियों का निर्धारण करता है तथा कार्यों पर अन्तिम रूप से नियंत्रण रखता है।

प्रशासन एवं प्रबन्ध में अन्तर (Distinction between administration and Management)—प्रशासन, प्रबन्ध और संगठन में कुछ विद्वानों ने अन्तर बताये हैं। कुछ

---

1. E.F.L. Brech—"Management in Principle P.23

विद्वानों ने इनको समान अर्थों में प्रयोग किया है, इन शब्दों के प्रयोग और अर्थों में लगातार मतभेद बना रहा है। अतः यहाँ पर उनके अर्थों के अन्तर को स्पष्ट किया जा रहा है जो कि दो विचारधाराओं की मान्यताओं पर आधारित है।

एक विचारधारा के अनुसार प्रबन्ध एक विस्तृत अर्थ से सम्बन्धित है जो कि नियोजन नीति निर्धारण संगठन प्रेरणा तथा नियंत्रण के व्यापक क्षेत्रों को शामिल करता है। प्रशासन को केवल नियोजन और नियंत्रण से सम्बन्धित रखा गया है। इस प्रकार प्रशासन प्रबन्ध का एक अंग है। यदि प्रबन्ध को दो भागों अर्थात् प्रशासनिक प्रबन्ध (Administrative Management) और संचालन प्रबन्ध (Operative Management) में बाँटा जाय तो कोई विवाद युक्त नहीं होगा।

प्रशासनिक प्रबन्ध कार्यों का संचालन करने के लिए नीतियों का निर्धारण होता है तथा कार्यों के परीक्षण एवं नियंत्रण के लिए उचित स्तर को तैयार करके उनका नियंत्रण करना है कि कार्य योजनाओं के अनसार हुआ है या नहीं। दूसरी तरफ संचालन प्रबन्ध इन्हीं नीतियों और नियोजन के अनुसार व्यक्ति, साधन उपकरण का प्रयोग करके कार्य को पूरा करता है। इस प्रकार प्रशासन नीतियों के निर्धारण और कार्यों के नियंत्रण से सम्बन्धित है तथा संचालन प्रबन्ध नीतियों के अनुसार कार्य का सम्पादन करना है।

एक दूसरी विचारधारा के अनुसार प्रशासन एक उच्चस्तरीय कार्य है जो कि उद्देश्यों तथा नीतियों के निर्धारण से सम्बन्धित है जबकि प्रबन्ध एक निम्न स्तरीय क्रियाओं में सम्बन्ध रखता है प्रशासन कार्यों को करने की नीतियों को सोचता है जबकि प्रबन्ध कार्यों को करता है।

प्रशासन एक आधार शक्ति है जो कि उद्देश्यों को विशेष करके संगठन प्रबन्ध के उद्देश्यों को निश्चित करता है और विस्तृत नीतियों का निर्धारण करता है जिसके अन्तर्गत ये क्रियायें (संगठन और प्रबन्ध) संचालित हो सकें। प्रबन्ध एक ऐसी शक्ति है जो कि उद्देश्यों को प्राप्त करने के लिए संगठन को निदेशित एवं पथ-प्रदर्शित करती है। संगठन व्यक्तियों के विभिन्न कार्यों का एकीकरण है, व्यक्ति, साधन, उपकरण पद्धति आदि का समुचित वितरण और कार्य संचालन संगठन के अन्दर आता है।

प्रबन्ध के विभिन्न क्षेत्र (Different Sectors of Management)—प्रबन्ध का क्षेत्र बहुत विस्तृत होते हुए भी उसे पाँच भागों में बाँटा जा सकता है। प्रत्येक क्षेत्र का प्रबन्ध एवं प्रशासन अपने स्तर पर किया जाता हैं। यद्यपि कि उनके आधारभूत सिद्धान्त एवं तत्त्व वही हैं। इन क्षेत्रों में भी नियोजन, संगठन और नियंत्रण की आवश्यकता होती है। इन क्षेत्रों का संक्षिप्त परिचय नीचे दिया जा रहा है—

(1) कार्यालय प्रबन्ध (Office Management)—किसी भी व्यापार या उद्योग को चलाने के लिए कार्यालय का होना आवश्यक है। यह एक हृदय तंत्र की भाँति है। जहाँ से सम्पूर्ण क्रियाओं का नियोजन, संचालन और नियंत्रण किया जाता है। आने वाले बहुत से पत्र, उनका उत्तर, संवाद वाहन आदि कार्यालय के माध्यम से किया जाता है। कार्यालय की दशा, कार्यालय प्रतिष्ठान, कार्यालय पद्धति, कार्यालय संगठन एवं कार्यालय प्रबन्ध को इस क्षेत्र में रखा गया है। एक उचित प्रतिष्ठान से कार्यालय के कार्यों में सुलभता एवं आर्थिकता आती है। कार्यालय पद्धति ऐसी होनी चाहिए जिससे काम सुचारू रूप से हो और गल्तियों

का निराकरण अपने आप हो। कार्यालय में प्रयुक्त होने वाली मशीनें, फर्नीचर, भवन आदि का संयोजन तथा उनके कार्य-योग्य रखना इस क्षेत्र के अध्ययन का विषय है। आने वाले पत्रों और उनका उचित समय में उत्तर पत्रों की न्यस्ति इसी भाग में पढ़ते हैं। कार्यालय में कार्यकर्त्ताओं के कार्य का विभाजन, उनमें आपसी सामंजस्य, संगठन में सुधार तथा संगठन की उपयोगिता को इसके अन्तर्गत शामिल करते हैं। कार्यालय प्रबन्धन में कर्मचारियों की नियुक्ति, प्रशिक्षण एवं प्रेरणा तथा उन पर नियंत्रण विशेष रूप से अध्ययन किया जाता है। उद्देश्यों, की प्राप्ति के लिए कार्यालय के विभिन्न अंगों को संगठित एवं नियंत्रित करना इस क्षेत्र का विषय है।

(2) उत्पादन प्रबन्ध (Production Management)—उत्पादन प्रबन्ध में उत्पादन की योजना, उत्पादन के विभिन्न अंगों का संगठन, पर्यवेक्षण एवं नियंत्रण आता है। बाजार की क्षमता को देखते हुए संस्था के साधनों की सीमा के अन्दर उत्पादन की योजना बनायी जाती है। मशीनों की उपलब्धि, उस पर कार्य करने योग्य व्यक्तियों की नियुक्ति, उनका प्रशिक्षण, पर्यवेक्षण एवं प्रेरणा को उद्देश्यों के अनुकूल संगठित किया जाता है। उत्पादन को पूरा करने के लिए कार्यक्रम की तैयारी मशीनों का प्रबन्ध, उपकरण एवं कच्चे माल की सुविधा वित्त का प्रबन्ध आदि अनेक कार्य इस क्षेत्र के अन्तर्गत आते हैं। योजना के अनुसार उत्पादन हुआ है या नहीं इसकी जाँच एवं नियंत्रण करना इस प्रबन्ध का विषय है। उद्देश्यों को प्राप्त करने में जो कठिनाई रह गयी है उनका पता लगाना इसके अन्दर आता है। उत्पादन की योजना, उत्पादन के लिए आवश्यक व्यक्ति, मशीन एवं साधन उपलब्ध कराना तथा उत्पादन की मात्रा और गुण का नियंत्रण इस क्षेत्र के अध्ययन का विषय है। उत्पादन की योजना में उत्पादन की मात्रा और किस्म का विचार विशेष रूप से किया जाता है। इसके लिए कौन-कौन सी पद्धतियाँ अपनायी जाती है उसका पूर्व निर्धारण करना आवश्यक हो जाता है। उत्पादन योजना में उत्पादन बजट, मशीन एवं उपकरण का पूर्वानुमान उत्पादन पद्धति एवं तरीके यंत्र प्रतिष्ठान समय श्रम और वित्त की योजना उपकरण एवं व्यक्तियों की आवश्यकता, उत्पादन-पद्धति का विचार आदि आते है। उत्पादन नियंत्रण में किस्म एवं मात्रा का नियंत्रण, प्रत्येक दिन के उत्पादन की आवश्यकता, उत्पादन के विभिन्न क्रमों (Process) का परीक्षण आदि शामिल होता है। बीमा प्रबन्ध के अन्तर्गत बीमापत्रधारियों की सेवा को उत्पादन प्रबन्ध का रूप दिया जा सकता है। बीमा एक सेवा-संस्था है। जिस प्रकार विस्तृत संस्था में विद्युत सेवा के उत्पादन, प्रावैधिक परामर्श संस्था में परामर्श को उत्पादन मानते हैं उसी प्रकार बीमा संस्था में बीमापत्रधारियों की सेवा को उत्पादन प्रबन्ध में शामिल किया जाता है।

(3) बाजार प्रबन्ध (Marketing Management)—बाजार प्रबन्ध में बाजार की सम्भावना, बाजार में विक्रय योग्य वस्तुओं की मात्रा एवं किस्म आदि का पूर्वानुमान किया जाता है। विक्रय पूर्वानुमान और बजट का निर्धारण बाजार प्रबन्ध के महत्वपूर्ण विषय हैं। विक्रय की तैयारी, विक्रय पद्धति का निर्धारण, विक्रय क्षेत्र तथा वित्तीय आवश्यकता को विक्रय प्रबन्ध में शामिल करते हैं। विक्रय-प्रबन्ध के उद्देश्य बाजार में वस्तुओं का विक्रय करके लाभ कमाना ही नहीं बल्कि यह भी देखना आवश्यकता है कि उपभोक्ताओं को जब उन्हें इसकी आवश्यकता पड़े वस्तु उपलब्ध हो सके। विक्रय योजना, विक्रय संगठन एवं नियंत्रण इस प्रबन्ध के मुख्य अंग हैं। विक्रय योजना में विक्रय की सम्भावना उसके लिए

पर्याप्त वस्तुओं की आवश्यकता एवं उचित मूल्य पर वस्तुओं की उपलब्धि शामिल की जाती है। बाजार शोध आजकल का मुख्य विषय बन गया है। इससे यह आभास किया जा सकता है कि बाजार में किस वस्तु की कितनी माँग है और उसे किस तरह पूरा किया जा सकता है। बीमा में बाजार की खोज, बीमा योग्य व्यक्तियों को बीमा के लिए प्रोत्साहित करना, बीमा-विक्रय कार्यकर्त्ताओं की नियुक्ति उनका प्रशिक्षण और उन्हें बीमा बेचने के लिए प्रेरित करना इस क्षेत्र का विषय है। मानवी, आवश्यकताओं का अध्ययन उसके अनुसार उन्हें बीमा खरीदने के लिए प्रेरित करना, बीमा बेचने की पद्धतियों का पूर्ण ज्ञान, उद्देश्यों की पूर्ति का इस क्षेत्र में अध्ययन किया जाता है। बीमा बेचने के बाद उसकी कमियों का निराकरण एवं बीमा जब्ती को कम करने का प्रयास इस क्षेत्र के अन्तर्गत आता है। बीमा विक्रय की योजना बीमा विक्रय का संगठन एवं नियंत्रण इस क्षेत्र के मुख्य विषय हैं। विज्ञापन, व्यक्तिगत, पुरस्कार एवं बीमा का प्रोत्साहन इसके अन्तर्गत आते हैं।

(4) सेविवर्गीय प्रबन्ध (Personnel Administration)—सेविवर्गीय प्रबन्ध में कार्यकत्ताओं की संख्या एवं विशेष प्रकार के कार्यकर्त्ताओं की आवश्यकता का अनुमान लगाया जाता हैं उद्देश्य का निर्धारण उसके अनुसार प्रशिक्षण कार्य के घंटों, का बँटवारा, कार्य का उचित वातावरण इस क्षेत्र का विषय है। उद्देश्यों की पूर्ति के लिए नीतियों का निर्धारण और कर्मचारियों की नियुक्ति का नियोजन इस प्रबन्ध का प्रथम कार्यक्रम है। उसके बाद कर्मचारियों की नियुक्ति तथा उनका प्रशिक्षण दूसरा कार्यक्रम है। कर्मचारियों को प्रोत्साहित करना, उचित कार्य का विभाजन, उनकी योग्यता वृद्धि के लिए प्रयास तथा नैतिक विकास अगला कार्य है। कर्मचारियों का संगठन एक विशिष्ट विषय है जिसमें उनके कार्यों का विश्लेषण योग्यता का परीक्षण योग्यता के अनुसार कार्य विभाजन एवं विभिन्न कार्यों का सामंजस्य स्थापित किया जाता है। कर्मचारियों को प्रेरणा देकर अधिक से अधिक कार्य कराना और उनकी कार्यक्षमता में स्थायी वृद्धि करना इस क्षेत्र का विषय है। यदि प्रेरणाओं और प्रोत्साहन के बावजूद भी कोई कर्मचारी अपनी योग्यता बढ़ाने में असमर्थ है तो उसे उसकी योग्यता के अनुसार दूसरा कार्य सौंपना चाहिए। जो कार्यकर्त्ता अधिक कुशल हो उसकी पदोन्नति करके उसे और कार्य के लिए प्रेरित करना आवश्यक है। कार्यकर्त्ताओं के कार्यों पर नियंत्रण रखकर उनकी क्षमता को बढ़ाया जा सकता है। बीमा-व्यापार में कार्यालय-कर्मचारियों और क्षेत्रीय (Field) कार्यकर्त्ता की नियुक्ति, प्रशिक्षण प्रेरणा तथा नियंत्रण के लिए अलग-अलग प्रयास करना पड़ता है। यह एक विशिष्ट विषय है जिसका अध्ययन सम्बन्धित अध्यायों में पूर्ण रूप से किया गया है।

(5) वित्तीय प्रबन्ध (Financial Management)—वित्तीय प्रबन्ध में मुख्य रूप से नियोजन एवं नियंत्रण शामिल होता है। वित्तीय साधनों की खोज उन्हें बढ़ाने के तरीके तथा व्यय को कम करने के उपाय के सम्बन्ध में योजना बनायी जाती है और उस योजना के आधार पर य.ु देखा जाता है कि कोष का आगमन-निगमन उचित ढंग से हुआ है या नहीं। कभी-कभी यह देखा जाता है कि लाभ के स्थान पर समाज के हित का अधिक ध्यान रखना पड़ता है। इस दशा में कोष के निगमन पर पूर्ण नियंत्रण व्यक्तियों की सुविधा एवं सेवा वृद्धि को ध्यान में रखकर किया जाना चाहिए। प्रबन्ध के अन्य अंगों से वित्तीय प्रबन्ध का गहरा सम्बन्ध है। उत्पादन विक्रय, कार्यालय एवं सेविवर्गीय प्रबन्धों के उद्देश्यों को ध्यान में रखकर वित्तीय प्रबन्ध किया जाता है। वित्तीय प्रबन्ध सभी अंगों की वित्तीय

आवश्यकताओं को ध्यान में रखकर सम्पूर्ण संस्था और उसके प्रत्येक अंगों के लिए वित्तीय आयोजन करता है। लाभ और सामाजिक जिम्मेदारी को ध्यान में रखकर इन क्षेत्रों के वित्तीय आयोजन किये जाते हैं। वित्तीय नियंत्रण बहुत ही आवश्यक है अन्यथा सम्पूर्ण व्यापारिक संस्थान नष्ट हो सकता है। वित्तीय नियंत्रण के लिए अनेक महत्वपूर्ण सिद्धान्तों जैसे बजेटरी नियंत्रण, लागत नियंत्रण, प्रबन्ध नियंत्रण वित्तीय खातों का नियंत्रण आदि का प्रयोग किया जाना आवश्यक है। चूँकि बीमा संस्था को वित्तीय संस्था में शामिल करते हैं अतः वित्तीय प्रबन्ध पद्धतियों को ध्यान में रखना तथा उनका समुचित प्रयोग आवश्यक है। अंकेक्षण नियंत्रण कोष का विनियोग, दायित्व का मूल्यांकन आदि बीमा संस्था के वित्तीय प्रबन्ध के मुख्य अंग है।

अध्याय-5

जीवन बीमा निगम-संगठन का रूप

(Life Insurance Corporation of India—Organisational Structure)

जीवन बीमा निगम का संगठन जीवन बीमा निगम अधिनियम 1956 के अनुसार किया गया है। इसके शाखा कार्यालय द्वारा व्यापार प्राप्त किया जाता है और मण्डलीय कार्यालय द्वारा जीवन बीमापत्र निर्गमन से लेकर दावे के भुगतान तक सभी कार्य पूरे किये जाते हैं। क्षेत्रीय कार्यालय (Zonal Offices) के माध्यम से सामान्य पर्यवेक्षण सहयोग तथा समन्वय के कार्य होते हैं। केन्द्रीय कार्यालय द्वारा बड़े पैमाने पर नीतियों एवं पद्धतियों का निर्माण होता है। जीवन बीमा कोष की रक्षा और विनियोग की जिम्मेदारी इसी कार्यालय पर है।

केन्द्रीय कार्यालय में 15 सदस्य निगम के कार्य देखते हैं। निगम का मुख्य अधिकारी अध्यक्ष (Chairman) होता है जो निगम की समस्त नीतियों को बनाने और उसके कार्यान्वयन के लिए जिम्मेदार है। निगम के समस्त कार्य विभिन्न समितियों द्वारा किया जाता है। इन समितियों में से कार्यकारिणी समिति (Executive Committee), विनियोग समिति (Investment Committee), सेवा एवं बजट समिति (Services and Budget Committee) आदि प्रमुख हैं। प्रत्येक क्षेत्र (Zone) में परामर्श परिषद (Advisory Boards) और कर्मचारी एवं अभिकर्ता सम्बन्ध समिति (Employees' and Agents' Relations Committee) का निर्माण किया गया है जो समय-समय पर परामर्श देने का कार्य करती हैं। बीमापत्रधारियों की परिषद् (Policyholders Councils) का निर्माण प्रत्येक मण्डलीय कार्यालय में किया गया है। केन्द्रीय कार्यालय में प्रबन्ध संचालक (Managing Directors), कार्यकर्ता संचालक एवं प्रत्येक विभागों के अलग-अलग संचालक होते हैं। क्षेत्रीय कार्यालय में क्षेत्रीय प्रबन्धक और सहायक क्षेत्रीय प्रबन्धक होते हैं। मण्डलीय कार्यालय में मण्डलीय प्रबन्धक और सहायक मण्डलीय प्रबन्धक होते हैं। शाखा कार्यालय में शाखा प्रबन्धक और सहायक शाखा प्रबन्धक होते हैं। इन अधिकारियों के अलावा अन्य सहायक अधिकारी होते हैं जो अपने-अपने कार्यों को पूरा करने के लिए जिम्मेदार हैं।

राष्ट्रीयकरण के समय—1 सितम्बर 1956 को जीवन बीमा निगम ने अपना कार्य प्रारम्भ कर दिया, उस समय जीवन बीमा व्यापार करने वाली 243 इकाइयों पर नियंत्रण प्राप्त करके कार्यों में समन्वय करना एक बहुत बड़ी जिम्मेदारी हो गयी। कार्यों को सुचारु रूप से चलाना बहुत बड़ा कार्य हो गया। कार्यों में किसी प्रकार की रुकावट न होने पावे इसका ध्यान रखा गया। राष्ट्रीयकरण के समय बीमापत्रधारियों की सेवा में किसी प्रकार की कमी नहीं होने पायी। राष्ट्रीयकरण के पूर्व की सभी इकाइयों के प्रधान कार्यालय को समिति (Integrated) करने का प्रयास किया गया। प्रधान कार्यालयों के कार्यों और पद्धतियों को यथावत् ही रखा गया। उनमें किसी प्रकार का परिवर्तन नहीं किया गया जिससे कि वे बीमापत्रधारियों की समुचित सेवा कर सकें। एक ही क्षेत्रीय कार्यालय में आने वाले सभी प्रधान कार्यालयों को अलग-अलग एक प्रशासनिक इकाइयों के रूप में रखा गया। ये इकाइयाँ

अर्थात् कार्यालय अपने-अपने व्यापार के लिए जिम्मेदार थीं जिनके सम्बन्ध में बीमापत्र पहले से निर्गमित किये जा चुके थे। उदाहरण के लिए बम्बई शहर में ही लगभग 50 प्रधान कार्यालय भारतीय बीमाकर्त्ताओं के, 9 प्रधान कार्यालय विदेशी बीमाकर्त्ताओं के और 15 प्रधान कार्यालय प्राविधिक समितियों (Provident Societies) के थे। भारतीय और विदेशी बीमाकर्ताओं के प्रधान कार्यालयों को मिलाकर 9 समग्रित प्रधान कार्यालयों (Integrated Head Offices) का एक समूह बनाया गया जो बीमापत्रधारियों की सेवा का विशेष ध्यान रखता है। एक दूसरा समूह समग्रित शाखा कार्यालय (Integrated Branch Office) का बना जिसके द्वारा 15 प्राविधिक (Provident) समितियाँ और एक पेन्शन कोष का संचालन हुआ। इन्हीं दोनों कार्यालयों द्वारा उन बीमापत्रधारियों के सेवा-सम्बन्धी कार्य किये जाते थे जिनको राष्ट्रीयकरण के पहले बीमापत्र निर्गमित किया गया था। इन कार्यालयों को क्षेत्रीय कार्यालय की सीमा में अलग-अलग प्रशासनिक इकाइयों का रूप दिया गया। जहाँ पर क्षेत्रीय कार्यालय नहीं हैं वहाँ पर इन कार्यालयों को एकत्रित करके मण्डलीय कार्यालय का अंग बना दिया गया और मण्डलीय कार्यालय के माध्यम से इन कार्यालयों का कार्य संचालन किया जाने लगा।

इन कार्यालयों द्वारा बीमापत्रधारियों की सेवा उसी प्रकार की जाती थी जिस प्रकार राष्ट्रीयकरण के पहले ये कार्यालय प्रधान कार्यालय या शाखा कार्यालय के रूप में करते थे। समग्रित प्रधान कार्यालय (I. H. O.) और समग्रित शाखा कार्यालय (Integrated Branch Office) द्वारा किये जाने वाले कार्यों में एकरूपता लाने का प्रयास किया गया। प्रशासनिक कार्यों में सुविधा के अनुसार एकरूपता लाने का कार्य किया गया। बहीखाता और रोकड़ विभाग में कार्य का एकरूप रखा गया। कार्य को शीघ्र निपटाने और बीमापत्रों की कुशलतापूर्वक सेवा के लिए इनके कार्यों में एकरूपता का होना आवश्यक है। पुराने बीमापत्रधारियों की पुरानी शर्तों के अनुसार सेवा की जाती थी परन्तु उन्हें जीवन बीमा निगम की उदारपूर्ण नीतियों और शर्तों की भी सुविधा दी गयी।

पुराने बीमापत्रधारियों की सेवा के लिए इन कार्यालयों को महत्त्वपूर्ण बनाया गया परन्तु बाद में चलकर इन कार्यालयों को सम्बन्धित मण्डलीय कार्यालयों के साथ मिला दिया गया। समग्रित शाखा कार्यालय और समग्रित प्रधान कार्यालय के समस्त लेखों और बीमापत्रों को सम्बन्धित मण्डलीय कार्यालय को हस्तान्तरित कर दिये गये। हस्तान्तरण को सुविधाजनक बनाने के लिए केन्द्रीय कार्यालय में एक समग्रणन या साकल्यता (Integration) विभाग खोला गया। हस्तान्तरण के समय यदि कोई शिकायत होती थी तो उसे इसी विभाग द्वारा सुलझाया जाता था। यह विभाग समग्रित कार्यालयों और शाखा कार्यालयों से सम्बन्ध रखता है। राष्ट्रीयकरण के पहले के बीमापत्रों की सेवा निगम के विभिन्न कार्यालयों द्वारा की जाने लगी। शाखा कार्यालय एवं मण्डलीय कार्यालय अपने-अपने क्षेत्र के बीमापत्रधारियों की सेवाओं के लिए जिम्मेदार हो गये और उनके भुगतान की जिम्मेदारी तत्सम्बन्धी कार्यालयों की हो गयी।

राष्ट्रीयकरण (Nationalisation)—सितम्बर 1, 1956 से जीवन बीमा निगम ने कार्य प्रारम्भ किया। यह निगम एक पंजीकृत संस्था है जिसका निरन्तर उत्तराधिकार और एक सामान्य मुहर है। यह निगम अधिनियम के अन्तर्गत किसी सम्पत्ति को प्राप्त करने, रखने और विक्रय करने का अधिकार रखता है और इसे अपने नाम में दावा करने का अधिकार है तथा इस पर दावा किया जा सकता है। निगम 15 व्यक्तियों की एक संस्था है। इन व्यक्तियों का निगम में कोई ऐसा आर्थिक हित नहीं होना चाहिए जिससे कि उनके कार्यों में पक्षपात की सम्भावना हो।

कार्य (Functions)—जीवन बीमा निगम के कार्यों का वर्णन जीवन बीमा निगम अधिनियम 1956 की धारा 6 में किया गया है—

(1) केन्द्रीय सरकार के नियमों के अनुकूल इस निगम का सामान्य कार्य जीवन बीमा व्यापार, चाहे भारत में या भारत के बाहर, चलाना है। इस अधिनियम के अन्तर्गत निमग उन तमाम कार्यों को करेगा जिससे जीवन बीमा व्यापार विकसित हो सके और समाज को अधिक से अधिक लाभ मिल सके।

(2) जीवन बीमा निगम अधिनियम में उल्लिखित नियमों एवं सीमाओं को ध्यान में रखते हुए निगम को जीवन बीमा व्यापार चलाने या अन्य निर्धारित कार्यों को पूरा करने के लिए निम्न कार्यों को करने का अधिकार है—

(i) पूँजी शोधन व्यवसाय, निश्चित वार्षिकी व्यवसाय तथा जीवन बीमा सम्बन्धी पुनर्बीमा व्यवसाय के कार्य,

(ii) निगम के कोषों का विनियोग उस प्रकार से करने जिस प्रकार निगम उचित समझे, विनियोग की सुरक्षा और वसूली के लिए किये जाने वाले प्रयास, विनियोग के लिए जमानत के रूप में सम्पति पर अधिकार और उसके प्रशासन के कार्य, सम्पत्ति के विक्रय के कार्य, इनके लिए केन्द्रीय सरकार द्वारा प्रतिपादित नियमों का पालन करना आवश्यक है।

(iii) अपने व्यवसाय के लिए सम्पत्ति प्राप्त करने, रखने और बेचने के कार्य;

(iv) भारत के बाहर किये जाने वाले जीवन बीमा व्यवसाय को आंशिक या पूर्ण रूप से किसी व्यक्ति को हस्तान्तरित करना यदि ऐसा करना सरल एवं निगम के हित में हों;

(v) चल या अचल सम्पत्ति या अन्य किसी जमानत पर रुपये को अग्रिम या उधार देना;

(vi) निगम जिस प्रकार उचित समझे रुपये को उधार प्राप्त करना;

(vii) स्वयं अपने द्वारा या अन्य किसी सहायक संस्था द्वारा अन्य कोई कार्य करना जो नियंत्रित बीमा कार्यालय के सहायक संस्था द्वारा किये जाते थे।

(viii) अन्य कोई कार्य करना जो निगम द्वारा सरलतापूर्वक किये जा सकते हों और जिससे अप्रत्यक्ष रूप से निगम को लाभ हो।

(ix) उन सभी कार्यों को करना जो निगम के अधिकारों द्वारा उचित ढंग से पूरा किये जाने योग्य हैं या जो उनसे सम्बन्धित हों।

जीवन बीमा निगम अपने कार्यों को पूरा करने के लिए व्यावसायिक सिद्धान्तों का पालन करेगा और उन निदेशों और नियमों का भी पालन किया जायेगा जो केन्द्रीय सरकार द्वारा समय-समय पर प्रतिपादित किये जायेंगे।

केन्द्रीय कार्यालय (Central Office)—केन्द्रीय कार्यालय जो बम्बई में है जीवन बीमा निगम का सर्वोच्च कार्यालय है। इसके द्वारा उच्च स्तरीय संगठन, प्रबन्ध एवं व्यवसाय सम्बन्धी नीतियों का निर्धारण किया जाता है। निगम 15 व्यक्तियों की एक संस्था है जिसमें से एक व्यक्ति सभापति या अध्यक्ष होता है। यह संस्था केन्द्रीय कार्यालय में ही रहती है। सभी सदस्यों की नियुक्ति केन्द्रीय सरकार द्वारा की जाती है। निगम की कुल पूँजी पाँच करोड़ रुपये है। निगम के अन्तर्गत विभिन्न समितियों का गठन किया गया है। जीवन बीमा निगम अधिनियम 1956 की धारा 19 के अनुसार निगम में कार्यकारिणी समिति, विनियोग समिति और परामर्श समितियों का निर्माण किया गया है। इन समितियों के अलावा अन्य दूसरी समितियों का गठन किया जा सकता है जिन्हें निगम के कार्यों को पूरा

करने के लिए उपयुक्त समझा जा सके।

(i) **कार्यकारिणी समिति (Executive Committee)**—निगम अपने कार्यों एवं व्यवसाय का सामान्य पर्यवेक्षण और निदेशन कार्यकारिणी समिति को सौंप सकता है जिसे जीवन बीमा निगम के वे तमाम अधिकार एवं कर्त्तव्य प्राप्त होंगे जो निगम द्वारा इस समिति को सौंपा जायेगा। इस समिति में अधिक से अधिक पाँच सदस्य होंगे जिनमें से एक अध्यक्ष, दो प्रबन्ध निदेशक और निगम द्वारा नामांकित दो सदस्य होंगे।

(ii) विनियोग समिति (Investment Committee)—जीवन बीमा निगम कोष के विनियोग के सम्बन्ध में सलाह देने के लिए विनियोग समिति का निर्माण किया गया है। इस समिति में सात सदस्यों से अधिक सदस्य नहीं होंगे जिनमें से तीन सदस्य निगम के सदस्य होंगे और अन्य सदस्य वित्तीय विषय में विशेष ज्ञान रखने वाले होंगे। कोष के विनियोग के अनुभव वाले व्यक्ति को इस समिति में वरीयता के साथ स्थान दिया जायगा।

(iii) परामर्श समितियाँ (Advisory Committees)—निगम के कार्यों को सुचारु-रूप से करने के लिए अनेक परामर्श समितियों का गठन किया गया है। कार्यिक या सेविवर्गीय (Personnel) परामर्श समिति, भवन परामर्श समिति, विकास परामर्श समिति, विधि परामर्श समिति तथा बजट परामर्श समिति का गठन सम्बन्धित कार्यों को पूरा करने के लिए किया गया है।

केन्द्रीय कार्यालय में बीमापत्रधारी सेवा परामर्श समिति का गठन किया गया है जिसमें निगम के कई सदस्य हैं तथा बीमा व्यवसाय में एवं बीमापत्रधारियों की सेवा में रुचि रखने वाले अन्य कई व्यक्ति सदस्य हैं।

केन्द्रीय कार्यालय नीति निर्धारण और निगम के कार्यों के संगठन का उत्तरदायित्व रखता है। यह कार्यालय निगम के सीमित कार्यों के लिए जिम्मेदार है। प्रत्येक क्षेत्रीय कार्यालय के कार्यों को संगठित करने का कार्य इस केन्द्रीय कार्यालय द्वारा किया जाता है। अन्तर्क्षेत्रीय विषयों पर नीति निर्धारण एवं निदेशन इस कार्यालय द्वारा होता है। विनियोग नीतियों का निर्धारण एवं विनियोग के कार्य इस कार्यालय द्वारा किया जाता है। बीमापत्र बेचने के सम्बन्ध में नीतियों का निर्धारण एवं लम्बी रकम के बीमा के प्रस्ताव की स्वीकृति और अपर साधारण जीवन का बीमा कराने का कार्य इस कार्यालय के माध्यम से होता है। वार्षिकी रिपोर्ट तैयार करना, खाते बनाना और अन्य वैधानिक कार्यविधियों को पूरा करने का अधिकार एवं जिम्मेदारी इस कार्यालय की है। प्रपत्र और कार्यपद्धतियों का समानीकरण, प्रविवरण (Prospectus) को तैयार करना; प्रव्याजि दर, बीमापत्र की शर्तें, पुनर्बीमा के कार्य आदि इसी कार्यालय द्वारा किये जाते हैं। राष्ट्रीय स्तर पर प्रचार का कार्य इसी कार्यालय की जिम्मेदारी है। शाखा, मण्डलीय एवं क्षेत्रीय कार्यालय के कार्यों का निरीक्षण तथा अंकेक्षण इसी कार्यालय द्वारा किया जाता है। शोध एवं सांख्यिकी के कार्य को पूरा करने के लिए एक अलग विभाग इसी कार्यालय में है।

अधिकारी एवं उनके कार्य (Officers and Functions)—जीवन बीमा निगम में अध्यक्ष के अलावा अन्य कई अधिकारी होते हैं जो कि जीवन बीमा निगम के कार्यों का संचालन करते हैं। उनमें से दो प्रबन्ध संचालक, कार्यकारी संचालक, मुख्य जीवनांकिक (Actuary), विनियोग विभाग का मुख्य अधिकारी, मुख्य लेखाकार (Chief Accountant), भवन और बन्धक का मुख्य अधिकारी, विधि विभाग का मुख्य अधिकारी और मुख्य आन्तरिक अंकेक्षक प्रमुख हैं।

1. प्रबन्ध संचालक (Managing Director)—दो प्रबन्ध संचालक जीवन बीमा निगम में कार्य करते हैं। पहला प्रबन्ध संचालक जीवनांकिकी, बहीखाता और विधि-विभाग के कार्यों को देखता है। दूसरे संचालक को संगठन एवं पद्धति, सम्रगण और शिकायतें, आन्तरिक अंकेक्षण, भवन एवं बन्धक विभाग सौंपा गया है। इस संचालक को सामान्य बीमा विभाग के कार्यों को देखने की भी जिम्मेदारी थी परन्तु 1972 से सामान्य बीमा निगम की स्थापना के बाद इस विभाग का सम्पूर्ण कार्य उसे सौंप दिया गया।

2. कार्यकारी संचालक (Executive Director)—जीवन बीमा निगम में तीन कार्यकारी संचालक होते हैं जो निगम के सम्पूर्ण कार्यों को चलाने के लिए जिम्मेदार होते हैं। कार्यकारी संचालक (विकास) [Executive Director (Development)] को विकास, विदेशी व्यापार, विकास कार्यकर्ता के प्रशिक्षण एवं प्रचार का कार्य सौंपा गया है। इस संचालक की सहायता के लिए विकास सचिव [Secretary-Development], विदेशी व्यापार सचिव (Secretary-Foreign Business) और लोक सम्बन्ध अधिकारी (Public Relations Officer) होते हैं। विकास विभाग नया व्यापार वृद्धि की योजनाएँ, नये कार्यालय के कार्य और विकास अधिकारियों एवं अभिकर्ताओं की नियुक्ति, प्रशिक्षण आदि सम्बन्धी योजनाओं को बनाने तथा कार्यान्वयन करने के कार्य को देखता है। विकास अधिकारियों और अभिकर्ताओं के प्रशिक्षण की योजना एवं कार्यक्रम का कार्य एक अलग वर्ग (Section) द्वारा किया जाता है। विदेशी व्यापार के विकास, नियंत्रण एवं संचालन का कार्य एक अलग विभाग जिसे विदेशी विभाग कहते हैं द्वारा किया जाता है। विदेशी व्यापार-सचिव इन समस्त कार्यों को देखता है। विदेशी शाखाओं का विस्तार, उनमें आवश्यक कार्यकर्त्ता और उपकरण आदि की उपलब्ध का कार्य इसी विभाग द्वारा किया जाता है। लोक सम्बन्ध और प्रचार विभाग का कार्य लोक सम्बन्ध अधिकारी द्वारा किया जाता है जो निगम के प्रचार सम्बन्धी समस्त कार्यों को देखता है। इस विभाग द्वारा विक्रय-वृद्धि के समस्त कार्य किये जाते हैं। लोक-प्रचार के लिए योजनाओं का निर्माण और उनका कार्यान्वन इसी विभाग द्वारा किया जाता है। ये समस्त कार्य कार्यकारी संचालक की देख-रेख में किये जाते हैं।

कार्यकारी संचालक (कार्यिक) [Executive Director (Personnel)] के अन्तर्गत सचिवालय (Secretarial), कार्यिक (Personnel), प्रशासकीय कार्यकर्ताओं का प्रशिक्षण, संगठन निरीक्षण समग्रणन एवं शिकायत विभाग हैं। कार्यिक विभाग द्वारा अधिकारियों और कार्यकर्ताओं की नियुक्ति, प्रशिक्षण आदि के सम्बन्ध में नीतियों का निर्धारण होता है। कभी-कभी व्यक्तिगत कर्मचारी की समस्याओं और शिकायतों का समाधान इसी विभाग द्वारा किया जाता है। इस विभाग के एक वर्ग द्वारा केन्द्रीय कार्यालय के कार्यकर्ताओं के प्रतिष्ठान का कार्य किया जाता है। कार्यालय के विभिन्न उपकरणों एवं सामानों की पूर्ति की जिम्मेदारी इसी विभाग की है। इसी विभाग द्वारा जिन मशीनों, स्टेशनरी और वस्तुओं को कार्यालय हेतु एकत्रित रूप से खरीदा जा सकता है; उन्हें खरीदकर विभिन्न कार्यालयों की आवश्यकताओं को पूरा किया जाता है। कार्यकर्ताओं के सम्बन्ध में अन्य जो भी आवश्यक नीतियों का पालन करना आवश्यक है उन नीतियों का पालन इस विभाग द्वारा किया जाता है। कार्यिक विवादों का निपटारा भी इसी विभाग के माध्यम से होता है। विभिन्न समितियों और परिषदों का कार्य इसी विभाग द्वारा किया जाता है।

इस विभाग द्वारा प्रशासनिक कार्यकर्ताओं को प्रशिक्षित करने के लिए एक अलग वर्ग का निर्माण किया गया है जिसके द्वारा निगम के विभिन्न कार्यालयों के प्रशासनिक कार्यकर्ताओं को प्रशिक्षित किया जाता है। यह विभाग अधिकारी प्रशिक्षण कालेज

(Officers Training College) की देख-रेख करता है। प्रथम वर्ग के अधिकारियों की नियुक्ति इसी विभाग द्वारा की जाती है। अधिकारियों की नियुक्ति और उनका प्रशिक्षण इस विभाग का मुख्य कार्य है। इसके अतिरिक्त यह विभाग सम्रगणन और शिकायतों (Integration and Complaints) पर भी विचार करता है। समग्रणन के अन्तर्गत कार्यों की एकरूपता और उनमें सुचारुपूर्णता पर विशेष बल दिया जाता है। प्रत्येक इकाइयों की कार्य-पद्धति में एकरूपता की जिम्मेदारी इसी विभाग की है। बीमापत्रधारियों से प्राप्त होने वाली शिकायतों पर यह विभाग विचार करता है। इसी विभाग में निरीक्षण वर्ग (Inspection Wing) भी है जो विभिन्न कार्यालयों के कार्यों का निरीक्षण करता है। निगम के निर्धारित सिद्धान्तों के अनुसार कार्यों का होना आवश्यक है। यदि उसमें कुछ अन्तर पाया गया तो उसको दूर करने का प्रयास इसी विभाग द्वारा किया जाता है।

(3) विनियोग विभाग का प्रमुख अधिकारी (Chief of the Investment Department)—यह विभाग विनियोग के दिन प्रतिदिन कार्यवाहियों को देखता है। विनियोग के सिद्धान्तों के अनुसार कोष का विनियोग होना जरूरी है। इस विभाग से सम्बन्धित एक शोध वर्ग या उपविभाग (Wing) है जो विनियोग सम्बन्धी शोध कार्य करता है। इसी विभाग के अन्तर्गत विनियोग समिति का निर्माण किया गया है जो विनियोग सम्बन्धी नीतियों को निर्धारित करने में सुझाव देती है। विनियोग-अधिकारी की सहायता के लिए विनियोग सचिव और विनियोग-शोध सचिव होते हैं जो कोष के विनियोग में सहायता देते हैं। बन्धक कार्यों की देख-रेख भी इसी विभाग द्वारा की जाती है। बन्धक पर ऋण देने का कार्य इसी विभाग का है।

(4) जीवनांकिक (Actuary)—जीवनांकिक विभाग (Acturial Department) की देख-रेख जीवनांकिक की होती है, जिसकी सहायता के लिये अनेक जीवनांकिक होते हैं। जीवनांकिक प्रत्येक क्षेत्रीय कार्यालय के बीमा अभिगोपन की कार्यविधियों पर नियंत्रण रखता है। बड़ी रकमों का बीमा और अधोप्रमाणित जीवन (Substandard lives) का बीमा इसी विभाग द्वारा किया जाता है। यह विभाग प्रव्याजि की दर को निश्चित करता है। अध्यर्थन (Claims) के भुगतान सम्बन्धी विवादों का निपटारा इसी विभाग द्वारा किया जाता है। संगठन और पद्धति विभाग द्वारा प्रशासनिक पद्धतियों में विशेष सुधार किया जाता है। कार्य का विभाजन, कार्यों में आर्थिकता, कर्मचारियों की आवश्यकताओं आदि के सम्बन्ध में परामर्श देना इस विभाग का काम है। प्रशासनिक एवं प्रबन्धीय समस्याओं पर विचार-विमर्श करके निर्णय लिए जाते हैं।

(5) मुख्य लेखाकार (Chief Accountant)—मुख्य लेखाकार लेखा-विभाग (Accounts-Department) के कार्यों की देख-रेख करता है। इस विभाग द्वारा निगम के विभिन्न कार्यालयों के खाता-बही एवं लेखों को समन्वित किया जाता है। वित्तीय विषयों पर लेखाकार निगम को परामर्श देता रहता है। लेखा पद्धतियों में सुधार के लिए यह विभाग प्रयास करता है।

(6) मुख्य आन्तरिक अंकेक्षक (Chief Internal Auditor)— मुख्य आन्तरिक अंकेक्षक के अन्तर्गत आन्तरिक अंकेक्षण विभाग होता है; जो निगम के सम्पूर्ण कार्यालयों के आन्तरिक अंकेक्षण का कार्य करता है। यह विभाग यह देखता है कि निगम के विभिन्न कार्यालयों द्वारा किया जाने वाला कार्य निगम की नीतियों, प्रामाणिक स्तर, पद्धतियों और निदेशन के अनुसार हो रहे हैं या नहीं।

(7) मुख्य विधि अधिकारी (Chief Law Officer)—कानून या विधि

विभाग (Legal Department) के कार्यों की देख-रेख मुख्य विधि अधिकरी करता है। यह विभाग बीमा के अन्य विभागों की कानून सम्बन्धी परामर्श देता है। न्यायालय में मुकदमों का संचालन इसी विभाग द्वारा किया जाता है। विधि सम्बन्धी निर्णयों को लेने का अधिकार इस विभाग को है। कानून के दृष्टिकोण से सम्भावित प्रश्नों का उत्तर इसी विभाग द्वारा दिया जाता है।

(8) भवन एवं बन्धक विभाग का अधिकारी (Chief of Housing and Mortgage Department)—इस अधिकारी के अन्दर भवन एवं बन्धक विभाग होता है जो निगम के कर्मचारियों के निवास सम्बन्धी समस्याओं पर विचार करके उनकी मदद करता है। सामान्य जनता की आवास समस्याओं पर विचार इसी विभाग द्वारा किया जाता है। इस विभाग के अधिकारी की मदद के लिए एक सचिव होता है। गृह-निर्माण कार्य के लिए यह विभाग सलाह एवं वित्तीय सहायता देता है।

क्षेत्रीय कार्यालय
(Zonal Office)

जीवन बीमा निगम के कार्यक्षेत्र को सात भागों में बाँटा गया है। दिल्ली, कानपुर, भोपाल कलकत्ता, हैदराबाद, मद्रास और बम्बई क्रमशः उत्तरी मध्य, पूर्वी दक्षिणी, और पश्चिमी क्षेत्र के कार्यालय हैं। प्रत्येक क्षेत्र का प्रधान अधिकारी क्षेत्रीय प्रबन्धक (Zonal Manager) कहलाता है जो कि अपने क्षेत्र के बीमा व्यवसाय का अधीक्षण एवं निर्देशन करता है। एक क्षेत्र में कई मण्डलीय कार्यालय होते हैं। उनके कार्यो को समग्रित एवं समन्वित करना क्षेत्रीय कार्यालय का कर्त्तव्य है। मण्डलीय कार्यालय के खातों का सामूहिक विवरण इसी कार्यालय द्वारा तैयार किया जाता है।यह कार्यालय मण्डलीय कार्यालयों को सलाह देता है और संदिग्ध विषयों का समाधान करता है।

जीवन बीमा निगम किसी भी व्यक्ति को चाहे वह निगम का सदस्य हो या न हो क्षेत्रीय कार्यालय को सम्भालने के लिए नियुक्त कर सकता है। इस व्यक्ति को क्षेत्रीय प्रबन्धक के नाम से पुकारा जाता है। क्षेत्रीय प्रबन्धक उन सभी कार्यो को करेगा जिन्हें निगम द्वारा सौंपा गया है। जीवन बीमा निगम क्षेत्रीय प्रबन्धक की सहायता और सलाह के लिए परिषद् जिसका नाम क्षेत्रीय परामर्श परिषद् है प्रत्येक क्षेत्र में नियुक्त करता है जो निगम के प्रत्येक कार्यों को सलाह देता है। निगम प्रत्येक क्षेत्र में कर्मचारियों और अभिकर्त्ताओं के विषय में सलाह देने के लिए एक कर्मचारी एवं अभिकर्ता सम्बन्ध समिति (Employees and Agents Relatios Committee) का निर्माण करता है। प्रत्येक समिति में निगम के प्रतिनिधि और कर्मचारी एवं अभिकर्ता के प्रतिनिधि होते हैं। जिनकी संख्या का निर्धारण निगम करता है।यह समिति क्षेत्रीय प्रबन्धक को कर्मचारी एवं अभिकर्ता के हित के लिए तथा आपसी उचित सम्बन्ध की अभिवृद्धि के लिए देती है।

क्षेत्रीय कार्यालय की सर्वप्रथम जिम्मेदारी विभिन्न कार्यालयों के कार्यो में एकरूपता लाना है तथा कार्यालय की कार्यकुशलता में वृद्धि करना है। क्षेत्रीय कार्यालय में

निम्नलिखित पाँच विभाग हैं जिनकी जिम्मेदारियाँ भिन्न-भिन्न हैं।

(i) जीवनांकिकी विभाग (Actuarial Department)—अभिगोपन (Underwriting) तथा पुनर्चालन (Revival) के विषय में मण्डलीय कार्यालय को निर्देशन देना तथा जो अभिगोपन एवं पुनर्चालन मण्डलीय कार्यालय की परिधि के बाहर है उनका अभिगोपन एवं पुनर्चालन करना इस विभाग का कार्य है। चिकित्सा परीक्षक (Medical Examiners) की नियुक्ति पर अधीक्षण एवं नियंत्रण रखना, चिकित्सा परीक्षण के लिए नियम बनाना और चिकित्सा परीक्षक का निर्देशन इस विभाग द्वारा दिया जाता है। इस विभाग की यह भी जिम्मेदारी है कि स्वास्थ्य अभिवृद्धि के प्रचार में तथा स्वास्थ्य सेवा कार्यालय में भाग ले। मृत्यु अध्यर्थन (death claims) के सांख्यिकी विश्लेषण इसी विभाग द्वारा किये जाते हैं। मण्डलीय कार्यालय की प्रव्याजि की दर निश्चित करके, किसी एक बीमापत्र पर समर्पित मूल्य और ऋण की मात्रा को निश्चित करके बताया जाता है। बीमापत्रधारियों की सेवा पद्धति और समस्याओं पर सुलझी हुई सलाह दी जाती है। संक्षेप में, यह विभाग बीमा अभिगोपन सम्बन्धी सभी प्राविधिक कार्यों पर सलाह देता है तथा अपने क्षेत्र के दायित्व और कोष का मूल्यांकन करता है।

(ii) बहीखाता विभाग (Accounts Department)—इस विभाग द्वारा क्षेत्र के सभी कार्यालयों का सम्मिलित बहीखाता तैयार किया जाता है और उनका अंकेक्षण किया जाता है। यह विभाग सारे क्षेत्र के खातों को तैयार करने के लिए कार्यपद्धति बनाता है। क्षेत्रीय कार्यालय रोकड़ बही और क्षेत्रीय कार्यालय बैंक खाता इसी विभाग द्वारा तैयार किया जाता है। मण्डलीय कार्यालयों को बहीखाता सम्बन्धी समस्याओं पर प्रावैधिक सुझाव और निर्देशन इस विभाग द्वारा दिये जाते हैं, वित्तीय अधिकारों के अन्तर्गत मण्डलीय एवं शाखा अधिकारियों को कार्य सौंपना और समस्त कार्यालयों के प्राविडेन्ट खाते रखना इस विभाग का काम है। यह विभाग मण्डलीय एवं शाखा कार्यालयों के ऊपर बजेटरी नियंत्रण, मशीन विभाग का अधीक्षण तथा मशीनीकरण की योजना तैयार करता है।

(iii) विकास विभाग (Development Department)—इस विभाग द्वारा पूरे क्षेत्र के विकास कार्यों के लिए योजना बनाई जाती है और उनका कार्यान्वयन किया जाता है। व्यापारिक प्रगति का सामयिक मूल्यांकन किया जाता है। विकास अधिकारियों और शाखा कार्यालयों पर संगठन सम्बन्धी लागत नियंत्रण किया जाता है। सम्पूर्ण क्षेत्र के बाहरी कार्यकर्ताओं के (Field workers) लिए वेतन का लेखा इसी विभाग द्वारा किया जाता है। ग्रामीण बीमा विकास के लिए योजना तैयार की जाती है। प्रशिक्षण कालेजों का अधीक्षण किया जाता है। क्षेत्र के अन्दर प्रचार के समस्त कार्यों को किया जाता है। फील्ड कर्मचारियों (Field workers) को प्रोत्साहित करने के लिए घरेलू पत्रिका (House Magazine) का प्रकाशन इस विभाग द्वारा होता है।

(iv) सचिवालय एवं कार्यिक विभाग (Secretarial and Personnel Department)—इस विभाग को तीन वर्गों में बाँट दिया गया है। प्रथम वर्ग कार्यिक सम्बन्धों से है, दूसरा वर्ग प्रतिष्ठान एवं भवन से सम्बन्धित है तथा तीसरा वर्ग विधि एवं बन्धक से सम्बन्धित है। फील्ड कर्मचारियों को छोड़कर समस्त कार्यकर्ताओं के लिए सेवा लेख तैयार करना और उनकी सेवाओं के लिए वेतन भत्ते आदि का भुगतान इसी विभाग द्वारा किया जाता है। क्षेत्र के अन्दर के सभी कार्यालयों के लिए सेवानियम बनाना और उनका कार्यान्वयन करना, कार्यिक समस्याओं के समाधान के लिए मण्डलीय कार्यालयों को परामर्श एवं निदेशन देना तथा क्षेत्रीय कार्यालय के कर्मचारियों की समस्याओं को सुलझाना इस विभाग का काम है। सम्पूर्ण क्षेत्र के लिए प्रशासनिक कार्यकर्ता की नियुक्ति करना,

लिपिक कार्यकर्ताओं के प्रशिक्षण का प्रबन्ध करना तथा पदोन्नति के लिए विभागीय परीक्षाओं का संचालन करना इस विभाग की जिम्मेदारी है।

प्रतिष्ठान और भवन उपविभाग में वास्तविक सम्पत्ति में विनियोग तथा सम्पत्ति की मरम्मत (Maintenance) करना, किराया वसूल करना, कर का भुगतान करना और सम्बन्धित खातों को तैयार करना, क्षेत्र के अन्तर्गत सम्पूर्ण भवन एवं सम्पत्ति का पर्यवेक्षण करना तथा वास्तविक सम्पत्ति में विधि एवं दावे के कार्य किये जाते हैं। इस विभाग द्वारा सभी कार्यालयों को स्टेशनरी एवं लेखन सामग्री की पूर्ति की जाती है तथा उनके क्रय के लिए मण्डलीय एवं शाखा कार्यालय को निर्देशन दिये जाते हैं। क्षेत्र के सभी कार्यालयों के लिए आवश्यक फार्म और साहित्य का प्रकाशन करना, उनको रखना तथा उनकी पूर्ति करना इस विभाग की जिम्मेदारी है। कार्यालय फर्नीचर को सभी कार्यालय के लिए प्रबन्ध करना, उनकी मरम्मत करना और नये फर्नीचर इसी विभाग द्वारा खरीदे जाते हैं। कार्यालय के सभी उपकरण जैसे टाइप-मशीन, गणक-मशीन, पता लिखने की मशीन, बहुप्रतिलिपिकरण-मशीन, तालिका निर्माण मशीन आदि का प्रबन्ध इसी उपविभाग द्वारा किया जाता है। इन मशीनों की देखभाल और उनकी मरम्मत आदि की जिम्मेदारी इसी विभाग की है। स्टोर के नियमों को इसी विभाग द्वारा बनाया जाता है। क्षेत्रीय कार्यालय के लिए आगमन और बहिर्गमनपत्रों का लेखन तथा उनकी न्यस्ति (File) इसी विभाग द्वारा की जाती है।

विधि एवं बन्धक उपविभाग द्वारा बन्धक सम्बन्धी अभिलेख तैयार किये और रखे जाते हैं। बन्धक के प्रस्तावों की छानबीन और उनको केन्द्रीय कार्यालय भेजने की जिम्मेदारी इसी उपविभाग की है। संदेहात्मक अध्यर्थन के सम्बन्ध में राय देना, तथा अध्यर्थन का विमोचन (Repudiation) इसके द्वारा किया जाता है। क्षेत्र के अन्तर्गत सभी कार्यों के लिए वैधानिक सलाह और सुझाव इसी उपविभाग द्वारा किया जाता है।

(v) समग्रणन विभाग (Integration Department)—समग्रणन सम्बन्धी समस्त क्रियाओं के लिए योजना बनाना तथा अभिलेखों के एकत्रीकरण, हस्तांतरण और प्राप्ति के लिए योजना बनाना इस विभाग की जिम्मेदारी है। वर्तमान बीमापत्रों का पर्यवेक्षण एवं सेवा सम्बन्धी कार्य इसी विभाग द्वारा किये जाते हैं। समग्रित प्रधान एवं शाखा कार्यालयों के कार्यों में सुविधा पहुँचाना इसी विभाग की जिम्मेदारी है। व्यापारिक इकाइयों के सम्बन्ध में बहीखाता की पद्धति तैयार करना और विकेन्द्रीकरण के लिए कार्य करना इस विभाग का कर्त्तव्य है।

मण्डलीय कार्यालय
(Divisional Office)

जीवन बीमा निगम का वास्तविक कार्य मण्डलीय कार्यालयों द्वारा ही किया जाता है। बीमापत्रों का अभिगोपन एवं अध्यर्थन का भुगतान इसी कार्यालय द्वारा होता है। यथार्थ में यह कार्यालय जीवन बीमा व्यापार का संचालन करता है। अपने कार्यालय, शाखा एवं उपशाखा कार्यालयों का प्रशासन करता है। इसे कार्यकारी कार्यालय कहा जाय तो गलत नहीं होगा, कारण कि जो कार्य राष्ट्रीयकरण के पहले प्रधान कार्यालय द्वारा किये जाते थे वही कार्य अब इस कार्यालय द्वारा किया जाता है। इस कार्यालय का प्रधान अधिकारी मण्डलीय प्रबन्धक होता है। उसकी सहायता के लिए कई सहायक प्रबन्धक होते हैं। नये व्यापार की खोज, बीमापत्रधारियों की सेवा, लेखा कार्य, विकास कार्य तथा प्रतिष्ठान सम्बन्धी कार्य इसी कार्यालय द्वारा किये जाते हैं। इन विभागों का संक्षिप्त वर्णन नीचे किया जा रहा है—

(i) विपणन विभाग (Marketing Department)—बीमा प्रस्तावों की स्वीकृति इसी विभाग द्वारा की जाती है। बड़ी रकम के प्रस्ताव और अधो-प्रमाणित जीवन का बीमा-प्रस्ताव केन्द्रीय कार्यालय द्वारा स्वीकार किया जाता है। प्रस्तावित प्रस्तावों अर्थात् संदिग्ध प्रस्तावों को पूरा करना तथा बीमा-प्रस्तावों के सम्बन्ध में पत्र-व्यवहार करना इसी विभाग की जिम्मेदारी है। चिकित्सा परीक्षकों की नियुक्ति, चिकित्सा परीक्षण के अभिलेख सुरक्षित रखना प्रत्येक चिकित्सा परीक्षक के कार्यो में समानता लाने का कार्य इसके द्वारा होते हैं। उम्र की स्वीकृति, बीमापत्र की छपाई और उनका निर्गमन आदि कार्य इस विभाग द्वारा किये जाते हैं। प्रस्ताव अनुसूचिका पत्र, अस्वीकृति अनुसूचिका पत्र चिकित्सा परीक्षक अनुसूचिका पत्र को सुरक्षित रखना इस विभाग का कर्त्तव्य है।

(ii) बीमापत्रधारियों का सेवा विभाग (Policyholders' Servicing Department)—इस विभाग द्वारा बीमापत्र निर्गमन से लेकर उसके भुगतान तक के सभी कार्य किये जाते हैं। प्रव्याजि सूचना (Premium Notices) भेजना, बीमापत्र सूचिका तैयार करना, नामांकन एवं अभिहस्तांकन का पंजीकरण करना, जब्ती एवं पुनर्चालन के कार्य करना, प्रदत्त-बीमापत्रों (Paid-up Policies) के परिवर्तन एवं भुगतान का कार्य करना, ऋण एवं समर्पण के कार्य करना, स्वतः अनापहरण की सूचना एवं उससे सम्बन्धी लेख रखना दावों के भुगतान के लिए आवश्यक प्रपत्र प्राप्त करना तथा दावों अर्थात् अध्यर्थन (Claims) का भुगतान करना इसी विभाग की जिम्मेदारी है।

(iii) रोकड़ एवं बहीखाता विभाग (Cash and Accounts Department)—इस विभाग द्वारा शाखा रोकड़ के आगमन और निर्गमन के कार्य तथा उन पर निरीक्षण सम्बन्धी कार्य किये जाते हैं। पेशगी (Imprest) भुगतान का कार्य इस विभाग द्वारा किया जाता है। पुनर्चालन बोनस कमीशन तथा अभिकर्ता खातों को तैयार करना, उचंत खातों पर नियंत्रण रखना, बैंक खातों का समामेलन करना मण्डलीय कार्यालय रोकड़-बही को रखना और मण्डलीय कार्यालय बैंक बहीख़ाते का संचालन करना, प्रथम प्रव्याजि की प्राप्ति पर नियंत्रण और पुनर्धारण (Renewal) प्रव्याजि की प्राप्ति पर रसीद देना इसी विभाग का कार्य है। संक्षेप में इस विभाग द्वारा बहीखाता सम्बन्धी सभी कार्य, प्रव्याजि की प्राप्ति एवं वापसी के कार्य, सूचना एवं रसीद निर्गमन के कार्य किये जाते हैं।

(iv) विकास विभाग (Development Department)—सम्पूर्ण क्षेत्र के लिए विकास कार्यक्रम का संचालन इसी विभाग द्वारा किया जाता है। शाखा कार्यालयों का अधीक्षण एवं नियंत्रण, अभिकर्ता सम्बन्धी लेख की सुरक्षा, विकास अधिकारी एवं शाखा कार्यालय के लेखों की न्यस्ति तथा उनसे सम्बन्धित अभिलेखों का एकीकरण इसी विभाग द्वारा होता है। विकास अधिकारियों की नियुक्ति, उनके कार्यो की जाँच शाखा प्रगति का मूल्यांकन, शाखा प्रबन्धक एवं उपप्रबन्धक की यात्राओं का नियोजन एवं नियंत्रण, लागत नियंत्रण, शाखा कार्यालयों को प्रशासन एवं संगठन सम्बन्धी सलाह देना, शाखा संगठन पर बजेटरी नियंत्रण और लोक-शिकायतों (public-complaints) का निपटारा करना इसी विभाग के कार्य हैं। ब्राह्य संगठन (Field organisation) और नियंत्रण के कार्य की जिम्मेदारी इसी विभाग की है।

(v) मानव संसाधन विभाग (Human Resourse Department)—मण्डल के अन्तर्गत सभी कार्यालयों के कर्मचारियों के सेवा लेख रखने की जिम्मेदारी इसी विभाग की है। केन्द्रीय एवं क्षेत्रीय कार्यालय के निर्देशन में कर्मचारियों की समस्याओं का समाधान

करना, शाखा एवं मण्डलीय कार्यालय को स्टेशनरी तथा फार्म की पूर्ति करना, कार्यालय उपकरण एवं फर्नीचर की पूर्ति इन कार्यालयों को की जाती है। आने वाले और जाने वाले पत्रों का लेखन एवं न्यस्ति करना, किराये एकत्र करना, कर का भुगतान करना, सम्पत्ति की मरम्मत एवं सुरक्षा तथा अन्य वे सभी कार्य करना जो कि क्षेत्रीय कार्यालय द्वारा सौंपे जायें।

शाखा कार्यालय
(Branch Offices)

शाखा कार्यालय व्यापार वृद्धि पर अधिक ध्यान देता है। नये प्रस्तावों को प्राप्त करना प्रस्तावों का निरीक्षण करना, एजेन्ट या अभिकर्त्ता से उसके विषय में सूचना प्राप्त करना, प्रस्तावों को स्वीकार करने के लिए मण्डलीय कार्यालय भेजना, बीमापत्रधारियों की मदद करना और अध्यर्थन का भुगतान प्राप्त करने में सहायता देने का कार्य शाखा कार्यालय करता है। विकास कार्यों के लिए विकास अधिकारी एवं अभिकर्त्ता को प्रेरित करना इस कार्यालय का काम है। शाखा प्रबन्धक समस्त कार्यों की देख-देख करता है। शाखा कार्यालय में निम्नलिखित विभाग होते है।

(i) विपणन विभाग (Marketing Department)–इस विभाग द्वारा नये प्रस्ताव की जाँच और उसकी स्वीकृति के लिए मण्डलीय कार्यालय को भेजने का कार्य किया जाता है। अपूर्ण प्रस्तावों को पूर्ण कराया जाता है। प्रथम प्रव्याजि की रसीद निर्गमित की जाती है। चिकित्सा परीक्षक के लेखे रखना, उनके शुल्क का भुगतान करना, विभिन्न चिकित्सकों में समान रूप से कार्य का वितरण करना इस विभाग का कार्य है। यह विभाग प्रस्ताव प्राप्त करने से लेकर उसे मण्डलीय कार्यालय तक भेजने का समस्त कार्य करता है।

(ii) बीमापत्र सेवा विभाग (Policy holder's Servicing Department)–बीमापत्रधारियों की सेवा के सभी कार्य इस विभाग द्वारा मण्डलीय कार्यालय को अनुमोदित किये जाते हैं। बीमापत्र रजिस्टर रखने और उसकी सूचिका तैयार करने प्रव्याजि के भुगतान न होने पर सूचना देने का कार्य किया जाता है। जमा में रखी गयी रकम का सदुपयोग बीमापत्रधारियों के प्रव्याजि दर आदि के विषय में पूछे गये प्रश्नों का उत्तर देना मण्डलीय कार्यालय द्वारा अधिकृत रकम का भुगतान करना, उम्र की स्वीकृति नामांकन और अभिहस्तांकन तथा जब्ती बीमापत्र के पुनर्चालन में सहायता देने का कार्य इस विभाग का है। इनके निर्णय और स्वीकृति अधिकार मण्डलीय कार्यालय को है।

(iii) बहीखाता विभाग (Accounts Departement)–प्रत्येक दिन की रोकड़ आय बही और रोकड़ व्यय बही को पूर्ण रूप से तैयार रखने, पेशगी (Imprest) रोकड़ बही के समामेलन करने, आय प्राप्त बहीखाते को रखने और उसके समामेलन के लिए कार्य करने तथा अभिकर्त्ता के कमीशन के भुगतान करने की जिम्मेदारी इसी विभाग की है।

(iv) विकास विभाग (Developrient Department)–इस विभाग द्वारा अभिकर्त्ता एवं विकास अधिकारी के कार्यों का लेखा तैयार किया जाता है। शाखा कार्यालय एक समय के अन्दर हुए व्यापार का सम्पूर्ण लेखा मण्डलीय कार्यालय को भेजा जाता है। अभिकर्त्ता की नियुक्त करना और उनके लिए अनुज्ञापन (Licence) प्राप्त करना, अभिकर्त्ताओं

का लेखा तैयार करना तथा विकास अधिकारी की कार्य प्रगति का विवरण रखना इस विभाग का कार्य है।

(v) प्रतिष्ठान विभाग (Establishment Department)–प्रशासनिक कार्यकत्ताओं के कार्यों का लेखा तैयार करना, आने वाले और जाने वाले पत्रों का लेखा तथा उनकी न्यस्ति (Filing) स्टेशनरी और फार्म को रखना, कार्यालय उपकरण और फर्नीचर की उपलब्धि कर्मचारियों को छुट्टी प्रदान करना और उनके छुट्टी आदि का लेखा रखना इस विभाग का कार्य है।

उप-कार्यालय
(Sub Offices)

उप-कार्यालय प्रायः वहीं खोले जाते हैं जहाँ पर व्यापार की मात्रा बहुत अधिक नहीं है। लेकिन कम-से-कम 75 लाख रुपये का व्यापार प्रति वर्ष होना आवश्यक है। इस कार्यालय का मुख्य कार्य व्यापार प्राप्त करना है; प्रशासनिक कार्यों में इस कार्यालय का कोई विशेष योगदान नहीं है। कुछ स्थानों पर ये कार्यालय शाखा कार्यालय सदृश्य कार्य करते हैं।

विकास केन्द्र
(Development Centers)

व्यापार वृद्धि के लिए अनेक स्थानों में विकास केन्द्र खोले गये हैं। इनका कार्य प्रस्ताव प्राप्त करने तक ही सीमित है। विकास अधिकारी इस कार्यालय का मुख्य अधिकारी होता है जो समय-समय पर अपने कार्यों की सूचना शाखा कार्यालय को देता रहता है।

अध्याय-6

सामान्य बीमा निगम

(General Insurance Corporation)

सामान्य बीमा का राष्ट्रीयकरण 13 मई 1971 को एक अध्यादेश जारी करके किया गया। उसी दिन से समस्त बीमा संस्थाओं का स्वामित्व एवं नियंत्रण सरकार के हाथ में आ गया। अध्यादेश को स्थायी करने के लिए जून 1971 में सामान्य बीमा (आकस्मिक प्रावधान) अधिनियम 1971 [General Insurance (Emergency Provisions) Act 1971] एक अधिनियम पारित किया गया। राष्ट्रीयकरण के कारण सभी बीमा संस्थायें सरकार के स्वामित्व में आ गयीं। पुराना संचालक मण्डल भंग करके नये परिरक्षक (custodian) नियुक्त किये गये जिन्हें राष्ट्रीयकृत बीमा संस्थाओं को चलाने का पूरा अधिकार दिया गया। कर्मचारियों और पूर्णकालिक अधिकारियों की सेवायें पूर्ववत् बनी रहीं। राष्ट्रीयकृत बीमा संस्थाओं को मुआवजा देने का प्रश्न हल कर दिया गया। मुआवजा की रकम 33 करोड़ रुपये आँकी गयी जो कुल 112 संस्थाओं जिनमें से 67 भारतीय और 45 विदेशी संस्थाओं को दिये जाने थे। इन बीमा संस्थाओं में से 87 संस्थाएँ अग्नि, सामुद्रिक और विविध बीमा में, 5 संस्थाएँ अग्नि एवं विविध बीमा में, 3 केवल अग्नि बीमा में, 10 केवल समुद्री बीमा में तथा 7 केवल विविध बीमा में कार्य कर रही थीं।

सामान्य बीमा व्यवसाय (राष्ट्रीयकरण) अधिनियम 1972
(General Insurance Business (Nationalisation) Act 1972)

इस अधिनियम को 20 सितम्बर 1972 से लागू किया गया। इस अधिनियम के अधीन भारतीय बीमा प्रमण्डल और अन्य बीमा संस्थाओं के अंश सरकार को हस्तांतरित कर दिये गये और सरकार ने उन अंशों पर अपना स्वामित्व ग्रंहण कर लिया। स्वामित्व को प्राप्त करने का उद्देश्य सामान्य बीमा व्यवसाय को विकसित करके समाज के हित को बढ़ाने के लिए सामान्य बीमा व्यवसाव को विकसित करना, धन के केन्द्रीयकरण को रोकना तथा इस व्यवसाय एवं इस व्यवसाय से सम्बन्धित अन्य क्रियाओं को संचालित एवं नियंत्रित करना है।

सामान्य बीमा निगम
(General Insurance Corporation)

राष्ट्रीयकृत सामान्य बीमा व्यवसाय को अधीक्षित, संचालित एवं नियंत्रित करने के लिए सामान्य बीमा व्यवसाय (राष्ट्रीयकरण) अधिनियम 1972 की धारा 9 के अन्तर्गत एक पृथक् कम्पनी की स्थापना की गयी जिसका नाम सामान्य बीमा निगम (General Insurance Corporation) रखा गया। इस निगम की पूँजी 75 करोड़ रुपये है, जिनको 75 लाख अंशों प्रत्येक 100-100 रुपये के पूर्ण प्रदत्त में विभाजित किया जायेगा। उनमें से 5 करोड़ रुपये प्रारम्भिक प्रार्थित पूँजी होगी। यह निगम कम्पनी अधिनियम 1956 के अन्तर्गत सरकारी लिमिटेड कम्पनी के रूप में स्थापित किया गया है, लेकिन इसके नाम के पीछे लिमिटेड (Limited) शब्द नहीं लिखा जायेगा। यह निगम 22 सितम्बर 1972 को स्थापित हुआ।

इस निगम की स्थापना के समय राष्ट्रीयकृत बीमा संस्थाओं के अंश जो सरकार को हस्तान्तरित हो गये हैं वे इस निगम को अपने आप हस्तान्तरित हो गये। राष्ट्रीयकृत बीमा संस्थाओं के अंशों को प्राप्त करने के लिए 33 करोड़ रुपये का मुआवजा (Compensation) सरकार ने राष्ट्रीयकृत बीमा संस्थाओं को दिया है। अत: यह 33 करोड़ रुपये की रकम निगम की अतिरिक्त प्रार्थित पूँजी मानी गयी जिससे कुल मिलाकर अब निगम की प्रार्थित पूँजी 38 करोड़ रुपये की हो गयी। इस प्रकार 38 करोड़ रुपये की कुल अंश पूँजी सरकार द्वारा प्रार्थित की गयी है। मुआवजे की रकम बीमा संस्थाओं के माध्यम से उनके सम्बन्धित अंशधारियों को उनके अधिकार एवं हित के अनुसार दिये गये और इस विषय पर विवाद उत्पन्न होने पर केन्द्रीय सरकार द्वारा निपटाये जायेंगे।

क्षतिपूर्ति देने का तरीका (Mode of payment)—जहाँ पर क्षतिपूर्ति (मुआवजे) की रकम 25 हजार रुपये से अधिक नहीं है वहाँ पर इसे पूर्ण रूप से भुगतान कर दिया जायेगा; लेकिन जहाँ पर इसकी रकम 25 हजार रुपये से अधिक है, वहाँ पर इसका भुगतान 25 हजार रुपये पूर्ण रूप से और बाकी रकम 5 बराबर किस्तों में भुगतान की जायेगी। पहली रकम का भुगतान नियुक्ति तिथि को किया जायेगा। इसी प्रकार से पुराने अंशधारियों को भी भुगतान किया जायेगा। विदेशी बीमाकर्ताओं को नियुक्ति तिथि के बाद 3 महीने के अन्दर ही भुगतान कर दिया जायेगा। जीवन बीमा निगम को तीन बराबर किस्तों में भुगतान किया जायेगा और पहली किस्त का भुगतान नियुक्ति तिथि पर किया जायेगा। सहकारी समितियों को उनके विघटन के समय भुगतान किया जायगा।

सामान्य बीमा व्यवसाय के पुनर्संगठन की योजना (Scheme for Reorganisation of General Insurance Business)—यदि केन्द्रीय सरकार यह सोचती है कि बीमा व्यवसाय को अधिक क्षमता के साथ करने के लिए पुनर्संगठन की आवश्यकता है तो पुनर्संगठन की योजना अपना सकती है। धारा 16 के अनुसार छोटी-छोटी बीमा संस्थाओं को समामेलित करके बड़ी कम्पनी में परिवर्तित किया जा सकता है। अत: सामान्य बीमा निगम ने विभिन्न संस्थाओं को समामेलित करके चार विशाल कम्पनियों का गठन कर दिया और इन्हीं चार आश्रित कम्पनियों के माध्यम से समस्त बीमा व्यवसाय का अधीक्षण, संचालन और नियंत्रण किया जाता है। चारों बीमा संस्थाओं को स्वतंत्र रूप से कार्य करने को अवसर प्रदान किया गया। एकाधिकार प्रवृत्ति को रोकने के लिए इनको चार संस्थाओं में संगठित किया गया है। इससे उनमें प्रतिस्पर्धा बढ़ेगी और व्यापार में कमी नहीं होने पायेगी। आजकल ये चारों आश्रित कम्पनियाँ निम्न प्रकार हैं—

1. नेशनल इन्स्योरेन्स कम्पनी लि०
   (National Insurance Co. Ltd.)
2. ओरियन्टल फायर एण्ड जनरल इन्स्योरेन्स कम्पनी लि०
   (Oriental Fire and General Insurance Co. Ltd.)
3. न्यू इण्डिया इन्श्योरेन्स कम्पनी लि०
   (New India Insurance Co. Ltd.)
4. यूनाइटेड इण्डिया फायर एण्ड जनरल इन्श्योरेन्स कम्पनी लि०
   (United India Fire and General Insurance Co. Ltd.)

ये चारों कम्पनियाँ बीमा व्यवसाय का व्यापार अलग-अलग करती हैं। ये कम्पनियाँ सामान्य बीमा निगम की सहायक कम्पनियाँ और उनके आश्रित हैं। इनको संचालन, नियंत्रण और अधीक्षक का कार्य निगम ही करता है। इनके बनाने का उद्देश्य स्वस्थ

प्रतिस्पर्धा का मौका देकर व्यक्तियों को शीघ्र और अच्छी सेवा प्रदान करना है। परन्तु यह देखा गया है कि इससे उनके कार्यों में खर्च अधिक पड़ जाते हैं। विज्ञापन एवं आमन्त्रण के खर्चे एक ही व्यक्ति के लिए चार-चार कम्पनियाँ करती हैं जो कि केवल एक संस्था से पूरा हो सकता था। जीवन बीमा निगम की तरह सामान्य बीमा निगम का भी होना आवश्यक है।

सामान्य बीमा निगम के कार्य
(Functions of General Insurance Corporation)

सामान्य बीमा निगम की स्थापना के बाद सामान्य बीमा व्यवसाय व्यक्तिगत स्वामित्व से बदलकर सरकारी स्वामित्व में आ गया, पहले स्वामित्व सरकार के हाथ में था; परन्तु निगम बन जाने से अब इसके हाथ में सामान्य बीमा व्यवसाय आ गया है। सामान्य बीमा व्यवसाय (राष्ट्रीयकरण) निगम 1972 की धारा 18 के अनुसार निगम के निम्नलिखित कार्य होंगे—

(अ) सामान्य बीमा व्यवसाय स्वयं करना यदि ऐसा आवश्यक समझे;

(ब) सामान्य बीमा व्यवसाय के कार्यों को करने और आचार-स्तर स्थापित करने और बीमापत्रधारियों को कुशल सेवा प्रदान करने के लिए सहायक कम्पनियों की मदद, सहायता और सलाह देना;

(स) सहायक कम्पनियों के खर्चे अर्थात् कमीशन और अन्य खर्चे को नियंत्रित करने के लिए सलाह देना;

(द) सहायक कम्पनियों को उनके विनियोग के सम्बन्ध में सलाह देना;

(य) सहायक कम्पनियों को सामान्य बीमा व्यवसाय को करने के लिए निर्देशन निर्गमित करना।

निगम सहायक कम्पनियों को निर्देशित करते समय यह ध्यान रखता है कि प्रतिस्पर्धा को प्रोत्साहित किया जिससे वे और कुशलता से कार्य कर सकें।

सहायक कम्पनियों के कार्य—सहायक कम्पनियों का कार्य बीमा व्यवसाय करना है। इसके लिए केन्द्रीय सरकार जो नियम बनायेगी उनका पालन पार्षद् सीमा नियम और पार्षद् अन्तर्नियम के अन्दर करना होगा। सहायक कम्पनियों को बीमा व्यवसाय सम्बन्धी वे सभी कार्य करने होंगे जो समाज के अधिकतम हित विकसित होने में चाहिए। व्यापार को चलाने के लिए व्यापारिक सिद्धान्तों का पालन और जहाँ पर निगम के निर्देश निर्गमित किये गये हैं वहाँ पर उनका पालन आवश्यक है। अपने हितों की रक्षा के लिए केन्द्रीय सरकार द्वारा बनाये गये नियमों के अन्तर्गत पुनर्बीमा प्रसंविदा कर सकती हैं। जब तक नये संचालक मण्डलों की नियुक्ति नहीं होती है तब तक इन कम्पनियों का संचालन एवं प्रबन्ध परिरक्षकों (custodians) के हाथ में है।

अध्याय-7
जीवन बीमा प्रसंविदा

जीवन बीमा प्रसंविदा एक ऐसी प्रसंविदा है जिसमें दोनों पक्षों में से एक पक्ष एक विशेष घटना जो मानव जीवन पर आश्रित है, के घटित होने पर तुरन्त दी गयी रकम या किश्तों में भुगतान की जाने वाली सामयिक रकम के बदले में एक निश्चित रकम का भुगतान दूसरे पक्ष को किया जाता है। इस प्रकार बीमा प्रसंविदा बीमा कर्त्ता और बीमादार के बीच की प्रसंविदा है। इस प्रसंविदा को मान्य होने के लिए यह आवश्यक है कि इसमें प्रसंविदा सन्नियम के सारे तत्त्व उपस्थित हों। भारतीय प्रसंविदा अधिनियम 1872 की धारा 10 के अनुसार एक मानवीय प्रसंविदा में निम्न तत्त्व होने चाहिए—

1. प्रस्ताव तथा स्वीकृति
2. पक्षों की स्वतंत्र सहमति
3. पक्षों की प्रसंविदा करने की क्षमता
4. वैध प्रतिफल
5. वैध उद्देश्य

1. प्रस्ताव तथा स्वीकृति

प्रस्ताव—प्रस्ताव एक प्रज्ञापन (Intimation) है जिसे एक व्यक्ति दूसरे व्यक्ति को किसी काम को करने या मना करने के अभिप्राय से दूसरे व्यक्ति के करने या मना करने की राय लेने के लिए प्रकट करता है। जीवन बीमा में यह प्रस्ताव बीमापात्र या बीमा कम्पनी द्वारा किया जा सकता है। प्रस्ताव एक व्यक्ति विशेष के सामने रखा जाता है या सारे विश्व के सामने। प्रायः प्रस्ताव बीमापत्र द्वारा किया जाता है और उसकी स्वीकृति बीमाकर्त्ता करता है। लेकिन स्वीकृति के पहले किये गये कार्य प्रस्ताव या प्रति-प्रस्ताव होते हैं और प्रस्ताव के पहले किये गये **कार्य प्रस्ताव के आमत्रण होते हैं**। बीमाकर्त्ता प्रस्ताव फार्म को इस प्रकार बनाता है जिससे सारी सूचनाएँ उसे मिल जायें। जीवन बीमा में प्रस्ताव फार्म चार रूपों में मिलता है।

(1) बीमा का प्रस्ताव (2) डाक्टरी सूचना जिसमें दो भाग होते हैं, (3) अभिकर्त्ता या एजेन्ट की सूचना (4) मित्रों की सूचना बीमा प्रस्ताव प्रपत्र और डाक्टरी सूचना बहुत महत्त्वपूर्ण प्रपत्र हैं जिसके आधार पर जीवन बीमा प्रसंविदा आधारित है। बीमापात्र इस प्रपत्र में अपने हस्ताक्षर करके यह घोषणा करता है कि सभी सूचनाएँ पूर्णतया सही हैं, मित्रों की सूचना अन्य सूचनाओं की जाँच के लिए लाभप्रद। अभिकर्त्ता की सूचनाएँ बहुत सही और विश्वस्त नहीं कही जा सकती क्योंकि बीमापत्र के विरुद्ध बातें, लिखने पर योग्य बीमापात्र की कमी पर कमीशन की रकम अधिक नहीं होगी। लेकिन बीमा अभिकर्त्ता पूर्ण और सही सूचना देने के लिए बाध्य है। वह नैतिक जोखिम और बीमापात्र के चरित्र पर उचित प्रकाश डाल सकता है।

प्रस्ताव को एक विशेष कार्य द्वारा प्रेषित किया जाता है। जैसे प्रस्ताव प्रपत्र को भरकर पत्रालय द्वारा भेजने का कार्य। लेकिन व्यवहार में बीमा अभिकर्त्ता प्रस्ताव को भराकर और आवश्यक सूचनाओं के साथ स्वयं बीमा कम्पनी के किसी कार्यालय में भेजता है, जहाँ पर

डाक्टरी सूचना आवश्यक है। डाक्टरी परीक्षण करके प्रस्ताव प्रपत्र को भेज दिया जाता है। प्रस्ताव तब पूर्ण होता है जब यह उस व्यक्ति की जानकारी में आ जाय, जिसे प्रस्ताव किया गया है।

स्वीकृति—स्वीकृति वही व्यक्ति कर सकता है जिसके सामने प्रस्ताव रखा गया हो। स्वीकृति तभी मानी जायेगी जब कि वह व्यक्ति अपनी स्वीकृति की राय दे दे। प्रस्ताव प्रपत्र प्राप्त होने पर बीमा कार्यालय इसकी पूर्णतया जाँच करता है और जब कार्यालय इस प्रस्ताव को उचित और सही रूप में प्राप्त करता है तब वह एक पत्र, जिसे स्वीकृति पत्र कहते हैं, के द्वारा प्रस्ताव को स्वीकार कर लेता है। जीवन बीमा में स्वीकृति एक प्रपत्र द्वारा किया जाता है जिसमें प्रस्ताव की शर्तों को उल्लिखित करते हुए स्वीकृति दी जाती है। कभी-कभी स्वीकृति पत्र में कुछ विशेष शर्तें लिख दी जाती हैं और जब वह शर्तें प्रस्तावक को स्वीकार होती हैं तो प्रसंविदा तय की जाती है। प्रसंविदा होने के लिए प्रव्याजि का भुगतान आवश्यक है। प्रव्याजि प्रस्ताव के साथ या बाद में दी जा सकती है।

प्रस्ताव के साथ प्रव्याजि का भुगतान—प्रस्ताव के साथ प्रव्याजि का भुगतान होने पर स्वीकृति स्वत: नहीं हो जाती। स्वीकृति के पहले बीमाकर्ता बीमापात्र की सूचनाओं की पूर्णतया जाँच करता है और इन सूचनाओं के आधार पर यदि बीमापात्र बीमा योग्य पाया जाता है तो स्वीकृति पत्र निर्गमित कर दिये जाते हैं।

प्रस्ताव के बाद प्रव्याजि का भुगतान—प्रस्ताव की प्राप्ति पर बीमाकर्ता बीमापात्र को सूचना देता है कि एक निश्चित समय के अन्दर प्रव्याजि की एक निश्चित रकम भुगतान कर दे। प्रव्याजि के भुगतान के पहले जोखिम में जो परिवर्तन हो उसकी सूचना बीमाकर्ता को देना आवश्यक है जिससे वह प्रसंविदा की शर्तों को पुन: तय कर सके अथवा बीमाकर्ता बीमा प्रसंविदा से बाध्य नहीं होगा और प्रसंविदा रद्द की जा सकती है। कभी-कभी यह बात स्पष्ट रूप से प्रस्ताव प्रपत्र में लिख दी जाती है कि बीमापात्र की आर्थिक दशा, सामान्य स्वास्थ्य और पारिवारिक दशा में जो कुछ भी परिवर्तन प्रस्ताव तिथि के बाद से लेकर प्रव्याजि के भुगतान की तिथि तक हो उसे बीमाकर्ता को देना आवश्यक है अन्यथा यह प्रसंविदा रद्द समझा जायेगा। एक उदाहरण में यह देखा गया है कि प्रस्ताव की तिथि के बाद और स्वीकृति होने के पहले बीमापात्र की बीमारी को नहीं बताया गया जिससे यह आश्वासन (Warranty) भंग समझा गया और बीमाकर्ता ने कोई जिम्मेदारी नहीं ली।

बीमाकर्ता स्वीकृति पत्र देने के बाद भी तब तक जिम्मेदार नहीं होगा जब तक प्रथम प्रव्याजि का भुगतान न कर दिया जाय। यदि प्रव्याजि का पूर्णतया भुगतान एक निश्चित समय में नहीं किया जाता तो स्वीकृति अनुग्रह दिवस के व्यतीत होने पर स्वास्थ्य की जाँच करने के बाद उचित और ठीक दशा होने पर ही स्वीकृत की जा सकती है बशर्ते इस बढ़ी हुई अवधि में प्रथम प्रव्याजि का भुगतान कर दिया जाय। प्रव्याजि के भुगतान न करने पर संविदा रद्द समझी जायेगी। स्वीकृत की सूचना पत्र देने से हो सकती है। जिस व्यक्ति को सूचना देनी होती है उसके नाम पत्र डाल कर स्वीकृति पूर्ण हो सकती है बशर्ते कि स्वीकृति पत्र स्वीकारक की पहुँच के बाहर हो गया हो। स्वीकारक के लिए, स्वीकृति तभी पूर्ण होती है जब प्रस्तावक को स्वीकृति पत्र मिल जाय।

प्रस्ताव का आमन्त्रण, प्रस्ताव, प्रतिप्रस्ताव और स्वीकृति पत्र—सामान्य अवस्था में जब प्रस्ताव प्रपत्र के साथ उचित प्रथम प्रव्याजि का भुगतान कर दिया जाता है तथा सामान्य शर्तों और परिस्थितियों के आधार पर स्वीकार कर लिया जाता है तो प्रस्ताव प्रपत्र और प्रव्याजि का भुगतान समझा जायेगा और स्वीकृति पत्र स्वीकृत समझी जायेगी। इस दशा

में प्रविवरण और अन्य प्रपत्र जो प्रस्ताव करने के लिए पेश किये जाते हैं, प्रस्ताव का आमन्त्रण समझा जायेगा। परन्तु जब प्रस्ताव के साथ प्रथम प्रव्याजि का भुगतान नहीं किया जाता यह प्रस्ताव केवल प्रस्ताव का आमन्त्रण है। प्रथम प्रव्याजि का निश्चित समय में भुगतान करने के लिए जो पत्र बीमाकर्ता देगा वह प्रस्ताव समझा जायेगा और उस निश्चित समय में प्रव्याजि का भुगतान स्वीकृति समझी जायेगी। जब बीमाकर्ता प्रस्ताव प्राप्त होने पर उसकी स्वीकृति कुछ विशेष शर्तें और दशाओं के पूरा करने पर ही करता है तब इन शर्तों और दशाओं को बताने वाला प्रपत्र प्रस्ताव होगा यदि प्रथम प्रव्याजि का भुगतान नहीं किया गया है और यदि प्रथम प्रव्याजि का भुगतान कर दिया गया है तो यह पत्र प्रतिप्रस्ताव होगा। यदि शर्तों को मान करके उचित प्रथम प्रव्याजि का भुगतान निश्चित समय में कर दिया जायेगा तो यह स्वीकृति होगा 'स्वीकृति पत्र' से सन्देह उत्पन्न होने लगते हैं। स्वीकृति पत्र स्वीकृति के रूप में तभी होता है जब प्रस्ताव के साथ प्रथम प्रव्याजि का भुगतान किया गया हो और सामान्य शर्तों पर प्रस्ताव को स्वीकार किया गया हो।

स्वीकृति के ढंग और समय—स्वीकृति एक उचित और सामान्य तरीके से की जानी चाहिए जब तक कि प्रस्ताव स्वीकृति करने का तरीका निर्धारित न करें। प्रस्ताव की स्वीकृति यदि बताये गये तरीके से नहीं की जाती तो प्रस्तावक एक निश्चित समय में स्वीकार करने के तरीके बताकर उस पर जोर डाल सकता है। प्रस्ताव के प्राप्त होने पर उसे निम्नलिखित तरीके से विभाजित कर सकते हैं—

(1) सामान्य दर पर स्वीकृति।

(2) अतिरिक्त प्रव्याजि पर स्वीकृति या अन्य प्रकार से स्वीकृति।

(3) एक निश्चित समय व्यतीत हो जाने पर बीमापात्र का पुनः परीक्षण।

(4) बीमा अयोग्य जीवन की अस्वीकृति।

उपर्युक्त तत्त्वों में प्रथम और चतुर्थ श्रेणी पर विशेष निर्णय की आवश्यकता नहीं है क्योंकि जो बीमा अयोग्य हैं वे अस्वीकार कर दिये जायेंगे और जो बीमा योग्य हैं उन्हें सामान्य शर्तों पर स्वीकार किया जायेगा। तृतीय श्रेणी में प्रस्ताव की स्वीकृति डाक्टरी जाँच या अन्य जोखिम के अन्य तत्त्वों के परीक्षण के बाद उन्हें स्वीकार किया जा सकता है या अस्वीकार किया जा सकता है या उन्हें द्वितीय श्रेणी में रखा जा सकता है। द्वितीय श्रेणी के अन्तर्गत उन बीमापात्रों को शामिल करते हैं जिन्हें अतिरिक्त प्रव्याजि पर अन्य किसी प्रकार की शर्तों के अनुसार ही बीमापत्र निर्गमित किये जायेंगे। प्रस्ताव प्राप्त होने पर बीमाकर्ता प्रस्तावक को यह सूचना देता है कि एक निश्चित समय में शर्तों के अनुसार प्रव्याजि का भुगतान कर दे जैसे ही प्रव्याजि का भुगतान कर दिया जायेगा वैसे ही प्रस्ताव स्वीकृत हो जायेगा जहाँ समय का निर्धारण नहीं होता वहाँ प्रव्याजि का एक उचित समय में दे देना आवश्यक है। उचित समय परिस्थिति के आधार पर निश्चित किया जाता है।

प्रस्ताव और स्वीकृति का निरसन—भारतीय प्रसंविदा अधिनियम की धारा 6 के अनुसार प्रस्ताव का निम्नलिखित तरीके से निरसन किया जाता है—

(1) प्रस्तावक के द्वारा निरसन की सूचना पत्र द्वारा दूसरे पक्ष को देकर।

(2) प्रस्ताव में स्वीकार करने के लिए निर्धारित समय के व्यतीय हो जाने पर या निर्धारित समय की अनुपस्थिति में उचित समय के व्यतीत हो जाने पर स्वीकृति पत्र न देने पर।

(3) स्वीकर्ता के स्वीकार करने के पहले दी गयी शर्तों को पूरा न करने पर।

(4) प्रस्तावक की मृत्यु और पागल हो जाने पर यदि मृत्यु और पागलपन की सूचना स्वीकर्ता को स्वीकृति के पहले मिल जाती है।

उपर्युक्त अधिनियम की धारा 4 के अनुसार निरसन का पत्र-व्यवहार निम्न दशाओं में पूर्ण हो जाता है—

(1) प्रेषक के लिए पत्र-व्यवहार तब पूर्ण होगा जब प्रेषक के द्वारा पत्र-पत्रालय में डाल दिया जाय और वह पत्र प्रेषक की पहुँच के बाहर हो जाय।

(2) प्रेषी के लिए यह तब पूर्ण होगा जब पत्र उसके ज्ञान में आ जाय।

धारा 5 के द्वारा यह स्पष्ट हो जाता है कि प्रस्ताव स्वीकृत होने के पहले कभी भी निरसित हो सकता है। दूसरे शब्दों में स्वीकर्त्ता द्वारा स्वीकृत्ति पत्र पत्रालय में डालने के पहले, प्रस्ताव का निरसन हो सकता है। लेकिन जब स्वीकृति पत्र स्वीकर्त्ता द्वारा पत्रालय में डाल दिया जाता है तो प्रस्ताव को निरसित नहीं कर सकता है।

स्वीकृति की स्वीकृति का पत्र-व्यवहार पूर्ण होने के पहले कभी भी स्वीकर्ता द्वारा निरसित किया जा सकता है। लेकिन जैसे ही स्वीकृति पत्र प्रस्ताव को मिल जाता है वह उसे निरसित नहीं कर सकता।

जोखिम शुरू होने का समय—1. जिस समय प्रसंविदा शुरू होता है उसी समय जोखिम भी शुरू हो जाती है। प्रसंविदा शुरू होने के विषय में पहले बताया जा चुका है संक्षेप में यहाँ पर इन परिस्थितियों को तीन भागों में बाँटा जा सकता है—

(1) प्रथम प्रव्याजि के बिना आवेदन पत्र—आवेदन पत्र के प्राप्त होने पर बीमाकर्त्ता प्रथम प्रव्याजि की रकम एक निश्चित समय में भुगतान करने के लिए आग्रह करता है। यदि इस समय तक प्रथम प्रव्याजि का भुगतान हो जाता है तो जिस दिन प्रथम प्रव्याजि का भुगतान होगा उसी दिन से जोखिम प्रारम्भ हो जाती है।

(2) आवेदन पत्र के साथ प्रथम प्रव्याजि का भुगतान—यदि आवेदन पत्र प्राप्त होने पर बीमाकर्ता बीमापात्र को बीमा योग्य पाता है तो वह स्वीकृति पत्र जारी करता है। स्वीकृति पत्र के निर्गमन करने की तिथि से जोखिम प्रारम्भ हो जाती है। आवेदन के साथ प्रव्याजि देने पर स्मारक रसीद (Memorandum Receipt) ही निर्गमित किये जाते हैं और यह रसीद जोखिम की तिथि जब तक नहीं दे सकती जब तक कि अन्तिम रसीद न मिल जाय।

(3) प्रव्याजि का पूर्व भुगतान—इस परिस्थिति के अन्तर्गत प्रव्याजि का भुगतान पहले कर दिया है। इसलिए जिस दिन स्वीकृति पत्र निर्गमित किया जायेगा उसी दिन से जोखिम प्रारम्भ होती है।

2. पक्षो की स्वतंत्र सहमति—भारतीय प्रसंविदा अधिनियम की धारा 14 के अनुसार सहमति उस समय स्वतंत्र कही जायेगी जब वह निम्न कारणों से न हुई हो। सहमति दोनों पक्षों के द्वारा स्वतंत्र रूप से दी गयी हो।

(1) बल प्रवर्तन (Coercion)

(2) अनुचित-प्रभाव (Undue influence)

(3) कपट (Fraud)

(4) भ्रान्त वर्णन (Misrepresentation)

(5) गलती (Mistake)

(1) बल प्रवर्तन—किसी ऐसे कार्य के करने या उसके करने की धमकी देने को जो भारतीय दण्ड विधान द्वारा मना है या अवैधानिक रूप से किसी सम्पत्ति के रोकने या रोकने की धमकी देने को जो दूसरे व्यक्ति को संविदा में शामिल करने के इरादे से किये गये हों, बल प्रवर्तन कहते हैं। इसके लिए यह आवश्यक नहीं कि बल प्रवर्तन उन स्थानों में किया जाय जहाँ भारतीय दण्ड विधान लागू हो। बल प्रवर्तन द्वारा प्रोत्साहित प्रसंविदा व्यर्थनीय होता है और उस व्यक्ति द्वारा, जिसके ऊपर बल प्रवर्तन किया गया है, यह प्रसंविदा रद्द किया जा सकता है।

(2) अनुचित प्रभाव—अनुचित प्रभाव का प्रयोग प्रसंविदा में उस समय कहा जाता है जब पक्षों का आपस का सम्बन्ध इस प्रकार हो कि एक पक्ष दूसरे पक्ष की इच्छा को प्रभावित करने की स्थिति में हो और वह पक्ष दूसरे से अनुचित लाभ प्राप्त करने के लिए उस स्थिति का प्रयोग करता हो।

विशेष रूप से, उपरोक्त नियम के प्रतिकूल न होने पर, एक व्यक्ति निम्न स्थितियों में दूसरों की इच्छा को प्रभावित करने की स्थिति में समझा जायेगा—

(1) जब वह दूसरों के ऊपर वास्तविक और प्रत्यक्ष अधिकार रखता हो या जब वह दूसरों से न्यासधारी सम्बन्ध रखता है :

(2) जब वह ऐसे व्यक्तियों से प्रसंविदा करता है जिसकी मानसिक शक्ति स्थायी या अस्थायी रूप से उम्र, बीमारी, मानसिक या शारीरिक आपत्तियों से प्रभावित है।

जहाँ एक व्यक्ति जो दूसरों की इच्छा को प्रभावित करने की स्थिति में है दूसरों से प्रसंविदा करता है और यह प्रसंविदा ऊपर से या प्रमाण से अनुचित लगता है तो इसके विपरीत सिद्ध करने की जिम्मेदारी उस व्यक्ति की है जो दूसरों की इच्छा को प्रभावित करने की स्थिति में है।

अनुचित प्रभाव द्वारा किये गये प्रसंविदे व्यर्थनीय होते हैं।

(3) कपट—कपट से तात्पर्य कोई ऐसा कार्य है जिसमें एक पक्ष या उसके अभिकर्ता का दूसरे पक्ष या उसके अभिकर्ता को धोखा देने के इरादे से मिथ्या वर्णन करता है या प्रसंविदा करने के लिए प्रेरित करता है। इसमें निम्न कार्यों में से कोई भी कार्य हो सकता है—

(1) किसी तथ्य का सुझाव देना जो कि असत्य हो और बताने वाला भी जिसे असत्य समझता है।

(2) किसी तथ्य का वास्तविक छिपाव जिसको इस तथ्य का विश्वास और ज्ञान है।

(3) किसी प्रतिज्ञा को उसको पूरा करने के इरादे के बिना करना।

(4) अन्य कोई कार्य धोखा देने की इच्छा से करना।

(5) कोई ऐसा कार्य और परिलोप जिसे कानून ने कपट बताया है।

(6) मौन रहना उन परिस्थितियों में कपट होता है जब तथ्यों के आधार पर ऐसा साबित हो जाता है। मौन रहना हमेशा कपट नहीं कहलाता।

जीवन बीमा में 'क्रेता सावधान' का नियम लागू नहीं होता क्योंकि इस प्रसंविदा में दोनों पक्षों में से एक पक्ष को वस्तु-विषय का पूर्ण ज्ञान रहता है और दूसरा पक्ष इससे अनभिज्ञ रहता है। प्रस्तावक का यह कर्त्तव्य होता है कि वह महत्त्वपूर्ण तथ्यों का पूर्ण और सही रूप से प्रकटीकरण करे।

कपट से प्रभावित प्रसंविदा व्यर्थ होता है। इसके अन्तर्गत कपट करने वाला लाभ नहीं उठा सकता। उसे दूसरे व्यक्ति को जिसे कपट द्वारा हानि हुई है क्षतिपूर्ति करना पड़ सकता है।

(4) भ्रान्त वर्णन—भ्रान्त वर्णन से तात्पर्य निम्नलिखित तथ्यों से होता है—

(1) जब कोई व्यक्ति ऐसे कार्य या कथन में, जो उसके कहने वाले या करने वाले व्यक्ति की जानकारी से प्रतिपादित नहीं हो, किसी ऐसी बात का निश्चयात्मक कार्य या कथन जो सत्य नहीं हो, किंतु वह उसके सत्य होने का विश्वास करता हो।

(2) बिना कपट के अभिप्राय से, वह कर्त्तव्य भंग जिससे कर्त्तव्य भंग कर्ता को अथवा उसके अधीन अधिकार रखने वाले व्यक्ति को, किसी दूसरे व्यक्ति को अथवा उसके अधीन अधिकार रखने वाले व्यक्ति को हानिप्रद रूप से भूलावा देकर, सुविधा प्राप्त होती हो।

(3) कितनी ही निर्दोषपूर्ण रीति से संविदा से सम्बन्धित किसी पक्ष से ऐसी वस्तु के सारतत्त्व के विषय में जो संविदा का विषय हो, गलती करा देना।

जब संविदा से सम्बन्धित राय भ्रान्त वर्णन के द्वारा दी गयी हो तो प्रसंविदा उस पक्ष द्वारा व्यर्थनीय होगा जिसकी राय भ्रान्त वर्णन से ली गयी हो। भ्रान्त वर्णन और कपट में अन्तर है। भ्रान्त वर्णन में कपटयुक्त वर्णन नहीं किया जाता लेकिन कपट में धोखा देने के इरादे से वर्णन होता है।

(5) गलती—जब दोनों पक्ष संविदा के आवश्यक तथ्यों के लिए गलती में हों तो प्रसंविदा व्यर्थ होता है। गलती में विचार के नकारात्मक होने से प्रसंविदा के निर्माण में रुकावट आती है लेकिन संविदा के विषय-वस्तु की भ्रान्तिमूलक बातें गलती नहीं समझी जातीं। गलतियां कई प्रकार हो सकती हैं जिनसे प्रसंविदा व्यर्थ हो सकता है।

(1) एक पक्ष बिना जाने-बूझे बिना इच्छा के प्रसंविदा कर लेता है।

(2) पक्षों में आपस में प्रसंविदा किसी तथ्य के होने के गलत अनुमान पर हो जाय।

(3) बीमा विषय से सम्बन्धित गलती। इसमें दो गलतियाँ हो सकती हैं (अ) तथ्य की गलती (ब) सन्नियम की गलती।

3. पक्षों की प्रसंविदा करने की क्षमता—प्रसंविदा में प्रायः दो पक्ष होते हैं। प्रसंविदा वैध तभी होगी जब दोनों पक्ष या अधिक प्रसंविदा करने के योग्य हो। जीवन बीमा में हम बीमाकर्ता और बीमादार की प्रसंविदा करने की क्षमता तो देखते हैं—

बीमाकर्ता—बीमाकर्ता बीमा प्रसंविदा करने के योग्य तभी होगा जब कि उसने एक विशेष नियम के अन्तर्गत बीमा-व्यापार करने के लिए अनुज्ञा-पत्र प्राप्त कर लिया हो। भारत में बीमा अधिनियम 1938 के अन्तर्गत अनुज्ञा-पत्र दिया जाता है। इस अधिनियम की धारा

2-स के अनुसार ऐसी संस्था ही किसी प्रकार का बीमा व्यवसाय कर सकती है जो सार्वजनिक कम्पनी हो या रजिस्टर्ड सहकारी समिति हो या किसी विदेशी विधान द्वारा समामेलित संस्था हो किन्तु व्यक्तिगत कम्पनी न हो और इन संस्थाओं ने नियम के अनुकूल निक्षेप की रकम जमा की हो। विदेशी बीमा कर्ताओं के सम्बन्ध में यह बात स्मरण रखनी चाहिए कि ऐसी विदेशी सार्वजनिक कम्पनियों को बीमा व्यवसाय भारत में करने दिया जायेगा जिनके देश में भारतीय बीमा-कर्ताओं को विधान के अनुसार या व्यवहार में बीमा करने दिया जाता है।

बीमादार—सभी व्यक्ति बीमापात्र खरीदने के योग्य हैं और वे बीमाकर्ता से बीमा प्रसंविदा कर सकते हैं बशर्ते कि वे उस स्थान के अनुसार वे अवयस्क न हों, या अस्वस्थ दिमाग के न हों या उनमें राजनैतिक अयोग्यता न हो या किसी कानून जिससे वे सम्बन्धित हो के अनुसार प्रसंविदा के अयोग्य न ठहराये गये हों।

(1) अवयस्कता—वयस्कता तब प्राप्त होती है जब व्यक्ति 18 वर्ष की उम्र पूरी कर ले। लेकिन अवयस्कता की अवधि कुछ दशाओं में बढ़ाकर 21 वर्ष की गयी है जब व्यक्ति के संरक्षक (Guardians) सम्पत्ति न्यायालय द्वारा नियुक्त किये गये हों या प्रतिपालक अधिकरण (Court of words) ने उसके 18 वर्ष प्राप्त होने के पहले उसकी सम्पत्ति को सुरक्षित किया हो। लेकिन यहाँ पर मुकदमें के लिए संरक्षक की नियुक्ति शामिल नहीं है जब व्यक्ति भारत के बाहर अधिवासी है तो अवयस्कता का निर्धारण उस देश के नियमानुसार किया जायेगा।

एक अवयस्क प्रसंविदा के अयोग्य है उसके द्वारा किया गया प्रसंविदा केवल उसकी अवश्यक आवश्यकताओं या उसके रोजगार को छोड़कर व्यर्थ होता है। अवयस्कता के समय किये गये प्रसंविदे, वयस्क होने पर सुधारे नहीं जा सकते। अवयस्क के साथ किये गये प्रसंविदे से उसके विपरीत लाभ नहीं उठाये जा सकते। अवयस्क व्यक्ति व्यस्कता प्राप्त होने के पहले या उसके बाद एक उचित समय के अन्दर प्रसंविदे को किसी भी समय रद्द कर सकता है। यदि एक अवयस्क को जीवन बीमापत्र निर्गमित किया गया है तो बीमाकर्त्ता उस बीमापत्र से तब तक बाध्य होगा जब तक अवयस्क बीमा प्रसंविदा का परित्याग न करे। आवयस्कता के अन्दर किये गये प्रसंविदा का परित्याग करने पर भुगतान की गयी प्रव्याजि या उसमें से कुछ खर्चें की रकम काटकर जैसा उस समय नियम हो उस अवयस्क को लौटाना पड़ता है। प्रत्येक जीवन बीमा कार्यालय आवेदन से उम्र का प्रमाण पत्र माँगते हैं क्योंकि अवयस्क प्रस्ताव पर अपनी हैसियत के अनुसार हस्ताक्षर नहीं कर सकता।

आजकल जीवन बीमा निगम के द्वारा बाल विलम्बित बन्दोबस्ती बीमा (The Children's Deferred Endowment Assurance) निर्गमित किये जाते हैं। इसके द्वारा माता-पिता या संरक्षक को प्रव्याजि की निम्न दर उनके बच्चे के हित के लिए बीमापत्र मिल जाते हैं। लेकिन यहाँ पर बच्चे नहीं बल्कि माता-पिता या संरक्षक प्रस्ताव रखते हैं।

(2) अस्वस्थ मस्तिष्क वाले व्यक्ति—अस्वस्थ मस्तिष्क का व्यक्ति प्रसंविदा करने के अयोग्य है, यद्यपि न्यायालय द्वारा नियुक्त किये गये संरक्षक उनके पक्ष में प्रसंविदा कर

सकते हैं। संरक्षक के अन्दर किये गये प्रसंविदा व्यर्थ होते हैं परन्तु संरक्षकता के बिना किये गये प्रसंविदा अस्वस्थ व्यक्ति की इच्छा पर व्यर्थनीय होते हैं। स्वस्थ मस्तिष्क का व्यक्ति वह है जो प्रसंविदा करने के लिए, प्रसंविदा करने के समय, इसको समझने की योग्यता रखता हो और अपने हित के विवेकपूर्ण निर्णय लेने में समर्थ हो। एक पागल प्रसंविदा करने के समय यदि स्वस्थ दिमाग का है तो प्रसंविदा मान्य होगा। इसी प्रकार यदि प्रसंविदा करते समय दूसरे पक्ष को उनके पागलपन का पता नहीं था तो उनके द्वारा प्रसंविदा व्यर्थनीय होगा। जो व्यक्ति हमेशा स्वस्थ दिमाग का है यदि प्रसंविदा करते समय उसका मस्तिष्क अस्वस्थ है तो वह प्रसंविदा उस समय नहीं कर सकता।

प्रसंविदा करते समय यदि व्यक्ति स्वस्थ दिमाग का है और बाद में अस्वस्थ मस्तिष्क का हो जाता है तो प्रसंविदा इस आधार पर रद्द नहीं किया जा सकता।यदि प्रसंविदा करते समय आवेदक के अस्वस्थ मस्तिष्क का पता बीमाकर्ता को नहीं है तो प्रसंविदा बाद में बीमाकर्ता द्वारा इस तथ्य पर व्यर्थ नहीं किया जा सकता। इस अवस्था में जो अस्वस्थ दिमाग का है उसे यह सिद्ध करना होगा कि प्रसंविदा करते समय वह अस्वस्थ दिमाग का था।

एक पागल ने अपने जीवन के लिए दो वार्षिकी खरीदा। बीमा कम्पनी को उसके पागलपन का ज्ञान नहीं था। वार्षिकी खरीदने वाले की मृत्यु के बाद उसके उत्तराधिकारी से भुगतान की गयी वार्षिकी को बीमाकर्ता वापस नहीं पा सका (Molton Vs. Camroux 1849) इस अभियोग से स्पष्ट हो गया कि बीमा कम्पनी को बीमा प्रसंविदा करते समय आवेदक के मस्तिष्क अयोग्यता पर छूट नहीं दी जा सकती। बीमा कम्पनी ऐसे प्रसंविदा से बाध्य होगी।

(3) अन्य अयोग्यताएँ–(अ) विदेशी—विदेशी व्यक्तियों द्वारा किये गये बीमा प्रसंविदा मान्य हैं परन्तु विदेशी शत्रु द्वारा किये गये बीमा प्रसंविदा व्यर्थ हैं। युद्ध के समय विदेशी व्यक्ति जब शत्रु हो जाते हैं तो उनके प्रसंविदे स्थगित कर दिये जाते हैं या समाप्त कर दिये जाते हैं। न्यायालय के निर्णय इस विषय पर भिन्न है। कुछ अभियोगों में प्रसंविदा जब्त हो गये, स्थगित हो गये या समाप्त हो गये। जब प्रसंविदा समाप्त हो जाता है तो शान्ति स्थापित होने पर बीमादार अपने बीमापत्र पर संचय की रकम प्राप्त करने का अधिकारी हो जाता है। स्थगन में बीमा को शान्ति होने पर पिछली प्रव्याजि ब्याज सहित देकर पुनः जारी किया जा सकता है। 1939 में भारत रक्षा नियम के अन्तर्गत एक विदेशी बीमा कम्पनी को व्यापार स्थगित करना पड़ा और जनता के हित के लिये उसके कोष को एक प्रबन्धक द्वारा नियंत्रित किया गया।

(ब) दिवालिया—एक दिवालिया व्यक्ति प्रसंविदा नहीं कर सकता। दिवालिया घोषित हो जाने पर उसकी सम्पत्ति सरकारी प्राप्तकर्ता या अधिकारी द्वारा ले ली जाती है और ऋण के सम्बन्ध में वही सम्पत्ति का प्रयोग कर सकता है।

(स) कैदी—कैदी कारागार की अवधि में प्रसंविदा नहीं कर सकता। कारागार में जाने के पहले किया गया प्रसंविदा रद्द नहीं हो सकता वह कैदी के विकल्प पर जारी रह सकता है।

(द) नशे की अवस्था—यदि प्रसंविदा करते समय आवेदक नशे से इतना पीड़ित है कि वह प्रसंविदा के स्वभाव और विषय-वस्तु को नहीं समझ सकता तो प्रसंविदा उसके विकल्प पर व्यर्थनीय होगा। बीमा प्रसंविदा को व्यर्थ करने के लिए नशा दूर होने के एक उचित समय के अन्दर प्रसंविदा को निरसित करना चाहिए।यदि वह प्रसंविदा को नशे के दूर होने पर उचित समय में रद्द नही करता तो बीमा प्रसंविदा उन शर्तो के अनुकूल चालू समझा जायेगा और बीमादार उसे बाद में रद्द नहीं कर सकता।

(4) वैध प्रतिफल—एक वैधानिक प्रसंविदा के अन्तर्गत वैध प्रतिफल का होना आवश्यक है। वचनदाता जो बीमाकर्ता है वह प्रसंविदा के अन्तर्गत अपने वचन के बदले में कुछ प्रतिफल अवश्य प्राप्त करता है। यह प्रतिफल मुद्रा ही नहीं हो सकती बल्कि कोई मूल्य युक्त वस्तु होना आवश्यक है। यह एक पक्ष का अधिकार, ब्याज, लाभ और अनुलाभ या दूसरे पक्ष का त्याग, कमी, हानि और जिम्मेदारी हो सकती है। यह आवश्यक है कि प्रतिफल होने के लिए वस्तु में मूल्य हो इसके लिए यह आवश्यक नहीं है कि वह प्रतिफल पूर्ण ही हो।

जीवन बीमा में आवेदन पत्र के समय प्रथम प्रव्याजि कहलाता है। लेकिन बाद में दी जाने वाली प्रव्याजि प्रसंविदा को चालू रखने की एक शर्त है इसे प्रतिफल नहीं कहा जाता है। बिना प्रथम प्रव्याजि के प्रसंविदा मान्य नहीं होगा और बाद की प्रव्याजि के बिना प्रसंविदा जारी नहीं रह सकता। प्रतिफल भूत, वर्तमान या भावी हो सकता है साधारणरूप से प्रव्याजि पूर्वदत्त रहता है।

(5) वैध उद्देश्य—बीमा प्रसंविदा जुए के लिए नहीं होता। इसमें कोई वास्तविक जोखिम होना चाहिए। जीवन बीमा में एक व्यक्ति की मृत्यु पर या आर्थिक कठिनाई में परिवार को आर्थिक हानियों से बचा सकने का उद्देश्य होता है। इसके लिए यह आवश्यक है कि जो व्यक्ति बीमापत्र चाह रहा है वह बीमा योग्य या आगोप्य हित (Insurable interest) रखता हो। यदि वह बिना आगोप्य हित के बीमा करना चाहता है तो वह अवैध उद्देश्य होगा और जुए का बीमा होगा। चूँकि जुए का प्रसंविदा जनता के हित के प्रतिकूल है और व्यर्थ है इसलिए बीमा प्रसंविदा बिना आगोप्य हित के व्यर्थ है।

जीवन बीमा प्रसंविदा

जीवन बीमा प्रसंविदा में सामान्य प्रसंविदा की विशेषताओं के अतिरिक्त कुछ और विशेष बातें हैं जिनका उल्लेख नीचे किया जा रहा है। सामान्य प्रसंविदा के आवश्यक तत्त्व पीछे बताये जा चुके हैं। आगे बताई जाने वाली विशेषताओं के बिना प्रसंविदा मान्य नहीं होगा। इन आवश्यक तत्त्वों के अतिरिक्त जीवन बीमा प्रसंविदा की कुछ विलक्षणतायें भी बताई जायेंगी।

(1) बीमा योग्य या आगोप्य हित (Insurable Interest)

(2) पूर्ण सद्भावना या परम सद्विश्वास (Utmost Good Faith)

(3) आश्वासन या समाश्वासन (Warranties)

(4) अन्य विशेषतायें

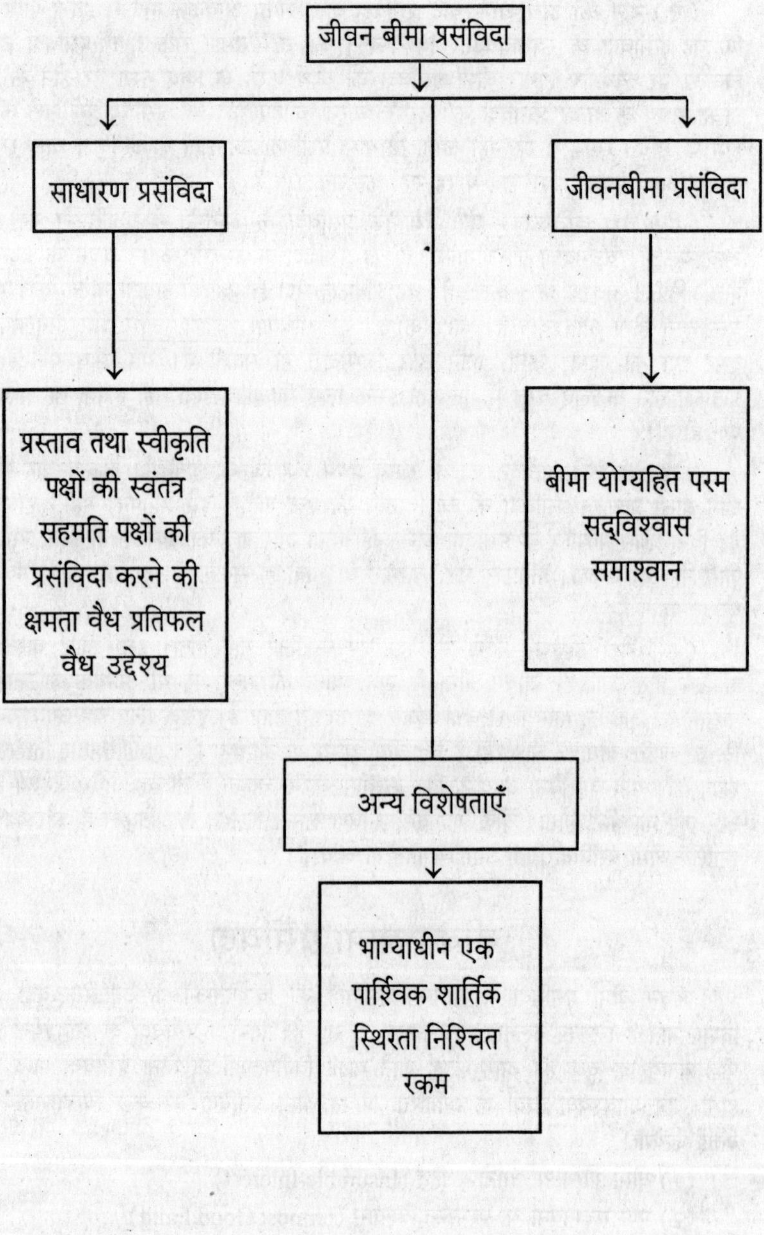
जीवन बीमा प्रसंविदा
साधारण प्रसंविदा
जीवनबीमा प्रसंविदा
प्रस्ताव तथा स्वीकृति पक्षों की स्वंतत्र सहमति पक्षों की प्रसंविदा करने की क्षमता वैध प्रतिफल वैध उद्देश्य
बीमा योग्यहित परम सद्‌विश्वास समाश्वान
अन्य विशेषताएँ
भाग्याधीन एक पार्श्विक शार्तिक स्थिरता निश्चित रकम

1. आगोप्य हित

आगोप्य हित ऐसे आर्थिक हित को कहते हैं जिससे बीमित वस्तु के सुरक्षित रहने पर बीमादार को आर्थिक लाभ मिलता है और उस वस्तु के नष्ट या क्षतिग्रस्त हो जाने पर उसे आर्थिक हानि होती है। यदि बीमित वस्तु के नष्ट होने पर बीमादार को आर्थिक हानि नहीं होती तो यह माना जायेगा कि उसका उस विषय वस्तु में आर्थिक हित नहीं था। अतएव उसका उस वस्तु में आगोप्य हित भी नहीं था। इसी प्रकार बीमित वस्तु के सुरक्षित रहने पर आगोप्य हित होने के लिए उसे आर्थिक लाभ मिलना चाहिए। वस्तुतः आगोप्य हित की कोई सर्वांगीण परिभाषा नहीं दी जा सकती तथापि उपर्युक्त परिभाषा के आधार पर आगोप्य हित के आवश्यक अंगों की व्याख्या करना आवश्यक है।

(1) बीमा का विषय-वस्तु,

(2) बीमित वस्तु में हित,

(3) हित का आर्थिक एवं वैधानिक होना,

(4) एक निश्चित घटना,

(5) बीमादार को आर्थिक हानि या आर्थिक लाभ

इस प्रकार यह कहा जा सकता है कि बीमादार का बीमित विषय-वस्तु में ऐसा आर्थिक एवं वैधानिक हित हो कि एक निश्चित घटना जिसके लिए बीमा कराया गया है के घटित होने पर उसको आर्थिक हानि और न घटित होने पर आर्थिक लाभ प्राप्त हो।

(1) बीमा का विषय-वस्तु—बीमा का विषय-वस्तु जीवन, सम्पत्ति या अधिकार हो सकता है। जीवन बीमा में विषय वस्तु अपना जीवन या दूसरे का जीवन हो सकता है। बिना विषय-वस्तु के बीमा नहीं कराया जा सकता है।

(2) बीमित वस्तु में हित—बीमादार का बीमित वस्तु में हित होना आवश्यक है। बीमादार दूसरे व्यक्ति की वस्तु का बीमा नहीं करा सकता क्योंकि उस वस्तु में उसका कोई हित नहीं रहता। जीवन बीमा में बीमादार उन्हीं व्यक्तियों के जीवन में बीमा खरीद सकता है जिसके जीवन में बीमादार का हित हो।

(3) हित का आर्थिक एवं वैधानिक होना—बीमादार का बीमित विषय में आर्थिक हित होना चाहिए। कोई अनार्थिक हित बीमा का आधार नहीं हो सकता। पारिवारिक या मैत्री सम्बन्ध बीमा के लिए व्यर्थ होता है। केवल प्रेम और स्नेह के बन्धन के द्वारा बीमा नहीं हो सकता। एक व्यक्ति अपने मित्र के जीवन में बीमा नहीं खरीद सकता जब तक कि उसके जीवित रहने पर बीमादार को आर्थिक लाभ न हो और उसकी मृत्यु पर आर्थिक हानि न हो।

वैधानिक हित बीमा योग्य होने के लिए अत्यावश्यक है। अवैधानिक हित से बीमादार का बीमा-वस्तु पर कोई अधिकार नहीं प्राप्त हो सकता चाहे उसे वस्तु के नष्ट हो जाने पर आर्थिक हानि हो, क्यों न हो एक अभियोग (Halford vs. Kymer 1830) में पुत्र की मृत्यु पर पिता ने बीमापत्र की रकम की प्राप्ति के लिए दावा किया परन्तु पिता की बीमित रकम को प्राप्त करने का अधिकार इसलिए नहीं हुआ कि पुत्र न तो उसके खर्चे लौटाने का

जिम्मेदार है और न वर्तमान समय में पिता पूर्ण रूप से पुत्र पर आश्रित है जिससे पुत्र के मरने पर उसे आर्थिक हानि हो।

(4) एक निश्चित घटना—जिस घटना के लिए बीमा कराया गया है उसके घटित होने पर ही बीमा की रकम का भुगतान किया जाता है। बीमादार की यदि आर्थिक हानि किसी दूसरी घटना से हो तो बीमा कम्पनी उसके लिए जिम्मेदार नहीं है। यदि बीमादार ने अपने स्त्री के जीवन पर बीमा कराया है तो बीमादार को उसकी मृत्यु पर ही बीमित रकम का भुगतान होगा।स्त्री की बीमारी पर जो आर्थिक हानि होगी बीमा कम्पनी उसके लिए जिम्मेदार नहीं होगी।

(5) बीमादार को आर्थिक हानि या आर्थिक लाभ—एक निश्चित घटना के घटित होने पर बीमा-वस्तु यदि नष्ट होती है तथा बीमादार को आर्थिक हानि होती है तो कम्पनी उसके लिए जिम्मेदार होगी। यदि बीमादार को आर्थिक हानि न हो तब बीमा कम्पनी जिम्मेदार नहीं होगी।

उपरोक्त व्याख्या से स्पष्ट है कि बीमा योग्य हित होने के लिए सभी अंगों का होना आवश्यक है।

आगोप्य हित का सामान्य सिद्धान्त

आगोप्य हित के निम्नलिखित मुख्य सिद्धान्त हैं—

(1) वह निश्चित होना चाहिए—भविष्य में लाभ प्राप्ति की आशा आगोप्यहित नहीं होता। जिस समय प्रसंविदा हो रहा है उस समय बीमा-वस्तु में बीमादार का निश्चित रूप से आगोप्य हित होना चाहिए। Halford vs. Kymer के निणर्य से यह स्पष्ट हो गया कि पिता अपने पुत्र के जीवन में भविष्य में लाभ की आशा के कारण आगोप्य हित नहीं रखता। बिल्कुल इसी प्रकार Hebdon vs. West में देनदार ने बैंक के एक प्रबन्धक साझेदार के जीवन पर जीवन पर बीमा खरीदा। वह साझेदार देनदार को 600 पौण्ड प्रति माह वेतन पर सात वर्ष तक नौकरी देने को राजी हुआ था। साझेदार के जीवित रहने तक देनदार ऋण का भुगतान नहीं करेगा। इस अभियोग में साझेदार जीवन की आशा में प्राप्त होने वाला अधिक लाभ के कारण बीमा योग्य हित नहीं है क्योंकि वह अनिश्चित है।

(2) वह मूल्यांकन योग्य होना चाहिए—आगोप्य हित में मूल्यांकन की योग्यता होनी चाहिए। यह मूल्यांकन निश्चित मूल्य बता सकने की क्षमता रखता हो। Simcock vs. Scottish Imperial (1902) में एक नियोक्ता ने अपने फोरमैन के जीवन में प्राविडेन्ट लाइफ से 250 पौण्ड और स्काटिश इम्पीरियल से भी बाद में 250 पौण्ड का और बीमा खरीदा। फोरमैन की मृत्यु पर प्राविडेन्ट लाइफ से 250 पौण्ड मिल गया परन्तु स्काटिश इम्पीरियल ने भुगतान यह कह कर नहीं किया कि आगोप्य हित का अभाव है। न्यायालय ने यह निर्णय दिया कि फोरमैन की सेवा मूल्यवान और आर्थिक हित रखने के कारण आगोप्य हित उपस्थित है लेकिन उसकी सीमा एक सप्ताह की सेवा के मूल्य के बराबर है। परन्तु आजकल ऐसी दशाओं में आगोप्य हित की सीमा निर्धारण में कोई एकरूपता नहीं है।

(3) प्रसंविदा इस प्रकार का होना चाहिए जिससे कानून इसको वैध और मान्य समझे—(Hobdon v. West) में वैधानिक महत्त्व और मान्यता के अभाव में

प्रसंविदा आगोप्य हित नहीं रख सका।

यदि एक भाई अपनी विधवा बहिन का पालन-पोषण करता है और उसकी बहिन भाई पर अपने जीवन निर्वाह के लिए एक मात्र आश्रित है तो बहिन अपने भाई के जीवन में आगोप्य हित रखती है और उसके जीवन में बीमा करा सकती है। Opitz vs. Karel 1903 में बिना वैधानिक रूप से विवाह किये हुए पति और पत्नी एक साथ रहते थे। पति के ऊपर पत्नी पूर्ण रूप से आश्रित है अत: व्यावहारिक रूप से पति-पत्नी वास्तविक सम्बन्ध रखते हैं जिससे पत्नी अपने इस पति के ऊपर आगोप्य हित रखती है।

(4) वैधानिक अधिकार होना चाहिए—Hebdon vs. West में चूँकि संविदा अवैध था इसलिए साझेदार की मृत्यु पर देनदार के किसी कानूनी अधिकार का अन्त नहीं हो सका। दूसरे शब्दों में जब कानूनी अधिकार ही नहीं है तो उसके अन्त का प्रश्न ही नहीं उठता।

(5) वैधानिक जिम्मेदारी होनी चाहिए—वैधानिक जिम्मेदारी के कारण आगोप्य हित उत्पन्न होता है। यदि एक व्यक्ति दूसरे व्यक्ति के लिए वैधानिक रूप से व्यय करने का जिम्मेदार है तो वह व्यक्ति दूसरे के जीवन पर अपने खर्चे की रकम तक वैधानिक रूप से आगोप्य हित रखता है। लेकिन जहाँ पर जिम्मेदारी केवल नैतिक है आगोप्य हित नहीं होगा। Harse vs. Pearl 1903 में अपनी माता के जीवन में अन्तिम संस्कार के खर्चे के लिए कोई आगोप्य हित नहीं रखता क्योंकि पुत्र नैतिक रूप से खर्चे करने के लिए जिम्मेदार है। इसी प्रकार Halford vs. Kymer में पिता अपने पुत्र के जीवन में आगोप्य हित इसलिए नहीं रखता कि पिता ने पुत्र की शिक्षा और पालन-पोषण के लिए व्यय किया, ऐसे खर्चे नैतिक रूप से किये जाते हैं यद्यपि कि यदि पिता निराश्रित होकर अपने पुत्र के ऊपर आश्रित है। पुत्र ही एक मात्र पालक है तो पिता अपने पुत्र के ऊपर आगोप्य हित रखता है।

उपरोक्त नियमों के आधार पर कुछ उदाहरण नीचे दिये जा रहे हैं—

(1) गृह कार्य करने के लिए कोई आगोप्य हित नहीं होता—Harse vs. Pearl में माता के जीवन में बीमा इसलिए नहीं लिया जा सकता कि माता ने घरेलू कार्य किया।

(2) केवल सम्बन्ध होने से आगोप्य हित नहीं होता—पति और पत्नी के सम्बन्ध को छोड़कर किसी भी पारिवारिक सम्बन्ध के कारण आगोप्य हित नहीं समझा जाता। पति और पत्नी का सम्बन्ध ऐसा है कि आगोप्य हित अपने आप मौजूद रहता है। इस प्रकार एक पिता अपने पुत्र या पुत्र अपने पिता के जीवन में आगोप्य हित तब तक नहीं रखता जब तक कि कोई आर्थिक हित न हो। Shilling vs. Accidental Death 1858 में एक पुत्र अपने पिता के जीवन में कोई आगोप्य हित नहीं रखता क्योंकि पिता स्वयं पुत्र के द्वारा पोषित होता था पिता एक भिखारी था। Harse vs. Pearl 1903 में एक पुत्र ने अपनी माता के जीवन पर बीमा खरीदा जबकि पुत्र माता का पालन-पोषण करता था। अत: पुत्र माता के जीवन में कोई आगोप्य हित नहीं रखता क्योंकि माता के मरने के उपरान्त उसे कोई आर्थिक हानि नहीं होगी।

(3) अन्तिम संस्कार के खर्चे देने मात्र से आगोप्य हित नहीं होता—एक व्यक्ति अपनी स्त्री और बच्चों के अन्तिम संस्कार के लिए वैधानिक रूप से जिम्मेदार है। अत: इन सम्बन्धियों के अन्तिम संस्कार के खर्चे तक एक व्यक्ति इन व्यक्तियों के जीवन में आगोप्य हित रखता है। इसके अतिरिक्त अन्य सम्बन्धियों के लिए अन्तिम संस्कार की जिम्मेदारी केवल नैतिक होती है। Harse vs. Pearl के अभियोग से यह बात स्पष्ट हो गयी है कि

माता के अन्तिम संस्कार के खर्चे के लिए पुत्र बीमा नहीं करा सकता।

(4) बच्चों के जीवन पर बीमा—बच्चों के जीवन में माता-पिता आर्थिक हित के अभाव में आगोप्य हित नहीं रखते। अत: बच्चों के जीवन पर वैधानिक रूप से बीमा नहीं कराया जा सकता। परन्तु आजकल बच्चों के जीवन में एक विशेष नियम द्वारा बीमा दिया जाता है।

(5) शिक्षा या पालन-पोषण के खर्चे से आगोप्य हित नहीं होता—माता पिता अन्य ऐसे व्यक्तियों द्वारा बच्चों के पालन-पोषण तथा शिक्षा के खर्चे करने मात्र से आगोप्य हित नहीं होता यद्यपि कि इन खर्चों का भविष्य में भुगतान की अत्यधिक आशा है। लेकिन जहाँ पर वह व्यक्ति वैधानिक रूप से शिक्षा और पालन-पोषण के खर्चे करता है वह व्यक्ति बच्चों के जीवन में आगोप्य हित रखता है क्योंकि इन खर्चों को वापस पाने का वैधानिक रूप से इसे अधिकार है।

यहाँ पर जो व्यक्ति पालन-पोषण करता है उसके जीवन में वह व्यक्ति आगोप्य हित रखता है जिसका पालन-पोषण हो रहा है, इन दशाओं में आगोप्य हित की सीमा पालन-पोषण और शिक्षा के खर्चों तक सीमित है। Barnes vs. London Edinburgh & Glasgow 1912 में एक अपरिचित व्यक्ति एक लड़के का पालन-पोषण उनकी माता के आग्रह पर किया। वह व्यक्ति पालन-पोषण की रकम तक आगोप्य हित रखता था।

(6) विवाहित स्त्री—एक विवाहित स्त्री अपने पुत्र के जीवन में आगोप्य हित रखती है। विवाहित स्त्री अधिनियम के अन्तर्गत एक व्यक्ति अपने जीवन में अपने स्त्री या बच्चों या दोनों के हित के लिए बीमा-पत्र खरीद सकता है और यह बीमापत्र स्त्री या और बच्चों की सम्पत्ति होगी। इस प्रकार स्त्री अपने पति के जीवन में बीमा खरीद सकती है।

आगोप्य हित का समय

जीवन बीमा में आगोप्य हित प्रसंविदा करते समय होना चाहिए। बीमापत्र के परिपक्व होने के समय आगोप्य हित होने की आवश्यकता नहीं। जीवन बीमा प्रसंविदा क्षतिपूर्ति का प्रसंविदा नहीं है अत: बीमापत्र की अवधि या मृत्यु के समय क्षति की रकम जानने की आवश्यकता नहीं होती। उस समय यह जानना आवश्यक नहीं होता कि बीमादार को कितनी आर्थिक हानि हुई है। Dalby vs. The India and London Life (1854) ने यह सिद्ध कर दिया कि जीवन बीमा क्षतिपूर्ति का बीमा नहीं है। बीमा कम्पनी ने भुगतान देने को मना किया क्योंकि भुगतान के समय आगोप्य हित मौजूद नहीं था। लेकिन न्यायालय ने यह निर्णय दिया कि (1) आगोप्य हित की कोई आवश्यकता नहीं है। (2) आगोप्य हित प्रसंविदा के समय होना आवश्यक है (3) प्रसंविदा आगोप्य हित दर्शाने की आवश्यकता नहीं है। Law vs. London Indisputable में बीमादार को शर्तों के आधार पर बीमापत्र का भुगतान किया गया क्योंकि यहाँ पर पुत्र के जीवन में पिता का निश्चित आर्थिक हित था और प्रसंविदा के समय आगोप्य हित था।

आगोप्य हित का अनुमान

बीमा-विषय में हमेशा आगोप्य हित माना जाता है जब तक इसके विपरीत न दिया गया हो। आगोप्य हित परिस्थिति के आधार पर निर्णय किया जाता है।

जब बीमापत्र दूसरे के जीवन में खरीदा जाता है तो उस व्यक्ति की राय लेना आवश्यक है। इस नियम का अपवाद कुछ दशाओं में देखा जाता है पति का पत्नी के जीवन में, पिता का अवयस्क बच्चे के जीवन में, नियोक्ता का कर्मचारी के जीवन में।

आगोप्य हित के रूप

आगोप्य हित को विभिन्न रूपों में पाया जाता है। उनको हम दो भागों में विभाजित कर सकते हैं—(1) स्वत: जीवन में (2) दूसरे जीवन में।

(1) स्वत: जीवन में—एक व्यक्ति अपने जीवन में आगोप्य हित रखता है। सिद्ध करने की कोई आवश्यकता नहीं। *Wainwright* vs. *Bland*, 1835 में यह सिद्ध कर दिया कि एक व्यक्ति अपने जीवन में आगोप्य हित रखता है। इस अभियोग में एक प्रतिनिधि ने बीमा की रकम बीमादार की मृत्यु पर प्राप्त करने का दावा किया। बीमाकर्त्ता ने यह तर्क रखा कि वास्तव में बीमापत्र प्रतिनिधि का ही था बीमादार का नहीं और उसी ने प्रव्याजि की रकम का भुगतान किया। यह प्रतिनिधि बीमा प्रसंविदा में कोई आगोप्य हित नहीं रखता। दूसरा तर्क यह है कि यदि यह मान लिया जाये कि बीमादार ही ने बीमा खरीदा तो यह बात सत्य है कि बीमादार का अपने जीवन में कोई आगोप्य हित नहीं था क्योंकि उसकी कोई सम्पत्ति नहीं थी केवल 10 पौण्ड वार्षिक पेन्शन उसके पास थी। न्यायालय ने यह निर्णय दिया कि वास्तव में बीमापत्र किसका है इसका पहले निर्णय हो। यदि विचार किया जाये तो बीमापत्र बीमादार का था क्योंकि उसने अपने जीवन में अपने हित के लिए बीमा खरीदा यह असंगत है कि उसके प्रतिनिधि ने प्रव्याजि की रकम दी। प्रव्याजि की रकम कोई भी दे सकता था लेकिन यदि बीमादार का केवल नामकरण करके बीमापत्र प्रतिनिधि द्वारा खरीदा गया तो यह कपटपूर्ण प्रसंविदा हुआ लेकिन ऐसा नहीं था। इस अभियान में न्यायाधीश लार्ड एबिन्जर (Lord Abinger) ने कहा था कि चूँकि बीमापत्र केवल एक सीमित समय के लिए था अत: यहाँ पर अपने आप सिद्ध है कि उस बीमादार का बीमा में कुछ हित था। साथ ही साथ यदि एक व्यक्ति अपने सम्पूर्ण जीवन में कोई आर्थिक हित रखता है तो वह सम्पूर्ण जीवन तक आगोप्य हित रख सकता है। इस विषय पर बनयान (Bunyon) ने कहा कि प्रत्येक व्यक्ति अपने जीवन में आगोप्य हित रखता है ऐसा मान लिया गया है क्योंकि जीवन को बीमित करने से वह अपनी सम्पत्ति की रक्षा कर सकता है जिससे असामयिक मृत्यु के कारण भविष्य में प्राप्त होने वाले लाभ और बचत की हानि हो सकती है, साथ ही साथ चूँकि इसकी कोई सीमा नहीं है अत: आगोप्य हित की भी कोई सीमा नहीं है।

स्वत: जीवन में आगोप्य हित की कोई सीमा नहीं है परन्तु बीमा कम्पनी कुछ दशाओं में काफी सतर्क रहती है और असीमित रकम तक बीमा निर्गमित नहीं किया जा सकता। जहाँ पर उसकी आय और बीमा की रकम में पर्याप्त अन्तर पाया जाता है वहाँ पर बीमा कम्पनी पर्याप्त जाँच-पड़ताल करती है। स्वास्थ्य, उद्देश्य और सम्पत्ति आदि को देखते हुए बीमापत्र निर्गमित किये जाते हैं। बीमापत्र की रकम तथा अवधि इन बातों पर आधारित है। जीवन बीमा में प्रव्याजि की रकम कोई भी दे सकता है।

(2) दूसरे जीवन में—दूसरे के जीवन में आगोप्य हित दो प्रकार से होता है—(1) वह दशा जिसमें यह मान लिया जाता है कि आगोप्य हित मौजूद है, (2) वह दशा जिसमें आगोप्य हित के प्रमाण देने की आवश्यकता है।

वे दशायें जिनमें आगोप्य हित साबित करने की आवश्यकता नहीं है

वे दशायें जिसमें आगोप्य हित साबित करने की आवश्यकता नहीं है निम्न प्रकार की हैं—

(1) स्त्री का अपने पति के जीवन में—स्त्री का अपने पति के जीवन में बीमा योग्य हित माना जाता है। कारण कि पति स्त्री के पालन-पोषण के लिए वैधानिक रूप से जिम्मेदार है उसके जीवन के साथ उसका सम्बन्ध है तथा सम्पत्ति में समान अधिकार है मैरीड विमेन्स प्रापर्टी एक्ट के अनुसार कोई भी विवाहित स्त्री अपनी ओर से अपने पति के जीवन का बीमा करा सकती है और बीमापत्र पर अपना पूर्ण अधिकार रख सकती है, यहाँ पर आगोप्य हित की कोई सीमा नहीं है क्योंकि स्त्री के अपने पति के जीवन में आर्थिक हित की कोई सीमा नहीं है। *Reed* vs. *Royal Exchange* के अभियोग में यह निर्णय हो गया कि स्त्री को पति के जीवन में आगोप्य हित सिद्ध करने की आवश्यकता नहीं है।

(2) पति का अपनी स्त्री के जीवन में—पति का अपनी पत्नी के जीवन में आगोप्य हित रहता है क्योंकि वह उसकी जीवनसंगिनी है उसको सम्पत्ति देखने का वैधानिक अधिकार और जिम्मेदारी प्राप्त है। पत्नी की मृत्यु के बाद पति की सम्पत्ति और घरेलू वस्तुओं को क्षति पहुँचेगी और आर्थिक हानि होगी। इसमें आगोप्य हित की कोई सीमा नहीं है क्योंकि एक दूसरे की उपस्थिति रुपयों में नहीं आँकी जा सकती। *Griffiths* vs. *Fleming* में पति और पत्नी का 500 पौंड का बीमा कराया गया और प्रथम मृत्यु पर बीमा की रकम देय थी। पत्नी की मृत्यु पर बीमाकर्त्ता ने आगोप्य हित का अभाव बताकर बीमा की रकम देने को मना कर दिया। पति ने तर्क दिया कि वह पत्नी द्वारा की गई सेवाओं से वंचित हो गया और आर्थिक हित की हानि हुई। इस अभियोग में यह साबित हुआ कि एक पति अपनी पत्नी के ऊपर बिना किसी प्रमाण के आगोप्य हित रखता है।

दूसरे के जीवन में जब आगोप्य हित सिद्ध करने की आवश्यकता होती है

इस श्रेणी में दो प्रकार के आगोप्य हित हो सकते हैं—(1) व्यावसायिक सम्बन्ध और (2) पारिवारिक सम्बन्ध।

व्यावसायिक सम्बन्ध—इस श्रेणी में वे आगोप्य हित शामिल किये जाते हैं जो प्रसंविदायिक सम्बन्धों के कारण उत्पन्न होते हैं। इसमें आगोप्य हित आर्थिक मूल्यों तक सीमित है, इस प्रकार के आगोप्य हित के कुछ रूप नीचे दिये जाते हैं—

(1) एक लेनदार और अपने देनदार के जीवन में—लेनदार अपने देनदार के जीवन में आगोप्य हित रखता है। बीमा ऋण की रकम, उस पर ब्याज और बीमा की प्रव्याजि तक कराया जा सकता है। देनदार की मृत्यु पर लेनदार को आर्थिक हानि होगी। अत: देनदार के जीवन में लेनदार का आगोप्य हित है। लेनदार का आगोप्य हित देनदार की सम्पत्ति में नहीं है। यदि लेनदार के अनेक कर्जदार हैं तो वह उनमें से किसी के जीवन पर सम्पूर्ण-ऋण के लिए बीमा करा सकता है।

ऋण की दशा में देनदार की ईमानदारी और सच्चाई ही जमानत होती है और सभी चीजें केवल गौण हैं। ऋण की जमानत प्राय: आंशिक ही होती है यदि जमानत पूर्ण होती है तो वैधानिक कठिनाइयों का सामना करना पड़ता है।

इन सबके अतिरिक्त ऋणी की मृत्यु की दशा में उसे आर्थिक हानि उठानी पड़ती है। इस प्रकार ऋणी के जीवन में ऋणदाता को आर्थिक लाभ होता है। अत: ऋणदाता ऋणी के जीवन में आर्थिक हित और आगोप्य हित रखता है। उसे अपने ऋण को साबित करना पड़ता है। ऋण की रकम के आधार पर आगोप्य हित का निर्धारण होता है।

आगोप्य हित की सीमा निम्न प्रकार से मालूम करते हैं—

(i) ऋण की रकम जो देय है,

(ii) एक निश्चित दर पर ब्याज-बीमापत्र खरीदने के दिन से लेकर ऋणी की सम्भाव्य आयु तक की अवधि के लिए निश्चित दर पर ब्याज,

(iii) बीमापत्र खरीदने की प्रव्याजि।

इन तीनों रकम के योग तक आगोप्य हित की सीमा है। बीमा कराते समय आगोप्य हित की रकम और ऋण की रकम में विशेष अन्तर नहीं होना चाहिए।

इस दशा में अध्यर्थन के भुगतान में बीमा करायी गयी पूरी रकम का भुगतान करना पड़ता है क्योंकि यह क्षतिपूर्ति का प्रसंविदा नहीं है यह जीवन बीमा है। इसमें सम्पूर्ण बीमा की रकम का भुगतान किया जाता है चाहे ऋण की पूरी रकम और ब्याज बीमापत्र के परिपक्व होने के पहले ऋणदाता को वापस दे दी गयी हो। लेनदार के इस बीमा से बीमा सिद्धान्त की आलोचना हो सकती है क्योंकि लेनदार बीमा की रकम और ऋण दोनों रकम पाकर लाभ में रहेगा। परन्तु जीवन बीमा सिद्धान्त के पालन में ऐसा हो सकता है। कनाडा में इस बात को रोकने के लिए बीमा कम्पनी से उतनी ही रकम का भुगतान होता है जितनी रकम ऋणी से वापस नहीं मिल पायी है। लेकिन जीवन बीमा एक निश्चित रकम का बीमा है इसमें परिवर्तन नहीं होते।

इस आपत्ति के लिए एक सुझाव यह दिया गया है कि देनदार अपने जीवन में बीमापत्र खरीदकर उसे लेनदार के नाम में हस्तांतरित कर दे और लेनदार का ऋण सुरक्षित हो जायेगा।

Anderson v. *Edie* में यह सिद्ध हो गया है कि बीमा प्रसंविदा करते समय ऋण, ब्याज और प्रव्याजि की रकम तक आगोप्य हित की सीमा होती है।

(2) एक जमानतदार का अपने जमानती के जीवन में—जमानतदार वह व्यक्ति है जो कि जमानती के ऋण और ब्याज देने को जिम्मेदार होता है यदि ऋणी ऋण और ब्याज को रकम के भुगतान करने में असमर्थ है या भुगतान नहीं करता है। इस सम्बन्ध में यदि जमानती (ऋणी) की मृत्यु हो जाती है तो जमानतदार को भुगतान न की गयी रकम और ब्याज का भुगतान करना पड़ेगा। दूसरे शब्दों में जमानतदार को ऋण और ब्याज की रकम तक आर्थिक हानि होती है। इसीलिए जमानतदार का जमानती के जीवन में आगोप्य हित होता है। आगोप्य हित की सीमा प्रसंविदा करते समय भुगतान न की गयी ऋण की रकम और ब्याज तक सीमित है। (*Lea* vs. *Hinton*, 1856) के अभियोग में यह निश्चित हो गया कि जमानतदार का जमानती के जीवन में जमानत की रकम तक आगोप्य हित होता है।

(3) एक साझेदारी में प्रत्येक साझेदार के जीवन में—साझेदारी व्यापार में किसी साझेदार की मृत्यु पर व्यापार बन्द हो सकता है और इस प्रकार जीवित साझेदारों को भविष्य में मिलने वाले लाभ से वंचित रहना पड़ सकता है। दूसरी बात यह है कि किसी साझेदार की मृत्यु पर अन्य साझेदारों को मृतक साझेदार की पूँजी, ख्याति का हिस्सा, संचय और संचित लाभ का हिस्सा उसके उत्तराधिकारी को वापस देना पड़ता है। इस प्रकार व्यापार से पर्याप्त रकम चली जायेगी और व्यापार को आर्थिक हानि हुई। अतएव साझेदार का अपने साझेदारों के जीवन में आगोप्य हित रहता है। इसी तर्क के आधार पर प्रत्येक साझेदार अपने सहसाझेदार के जीवन में आगोप्य हित रखता है। आगोप्य हित की सीमा प्रत्येक साझेदार

द्वारा दी गयी पूँजी तथा ख्याति के हिस्से और यदि प्रसंविदा के समय संचय या संचित लाभ है तो उसके हिस्से के बराबर है।

(4) एक नियोक्ता का अपने विशिष्ट कर्मचारियों के जीवन में—विशिष्ट कर्मचारियों के विशेष ज्ञान और कुशलता के कारण नियोक्ता को उनकी मृत्यु पर आर्थिक हानि का सामना करना पड़ता है तथा उनके जीवित रहने पर आर्थिक लाभ होता है। उनकी मृत्यु पर नियोक्ता को उनकी सेवाओं से वंचित होने के साथ दूसरे ऐसे कर्मचारियों की पुनर्स्थापना में आर्थिक कठिनाइयाँ होती हैं। जैसे थियेटर के किसी मैनेजर ने किसी अच्छे अभिनेता को नियुक्त किया तो उसकी मृत्यु पर ऐसे कुशल अभिनेता को प्राप्त करने, उसे प्रशिक्षित करने तथा पुराने अभिनेता के उत्तराधिकारी को भुगतान आदि तक आर्थिक हानि होती है। *Simcock* vs. *Scottish Imperial* (1902) में एक नियोक्ता का उसके विशिष्ट कर्मचारी के जीवन में आगोप्य हित होता है। इस अभियोग में आगोप्य हित की सीमा फोरमैन की एक हफ्ते की सेवा के मूल्य के बराबर है। परन्तु यह कोई निश्चित सीमा नहीं है। इस दशा में आगोप्य हित की सीमा बताने का प्रयास निम्न प्रकार से किया गया है—

(1) कर्मचारी की मृत्यु पर उसके उत्तराधिकारी को भुगतान;

(2) नये कर्मचारी आने तक का सम्भाव्य हानि और

(3) नये कर्मचारी की नियुक्ति, प्रशिक्षण तथा उसे पुराने कर्मचारियों के तुल्य बनाने के लिए किये गये खर्चे तक।

(5) न्यासी का ऐसे व्यक्ति के जीवन में—आगोप्य हित होता है जिसने उसके न्यासित व्यक्तियों को वार्षिकी देने को वचन दिया हो।

(6) बीमाकर्त्ता का बीमादारों के जीवन में—एक बीमाकर्त्ता का अपने बीमादारों में आगोप्य हित होता है। बीमादार की मृत्यु पर बीमाकर्त्ता को अध्यर्थन का भुगतान करना पड़ता है अतएव बीमाकर्त्ता को आर्थिक हानि उठाने के कारण उनके जीवन में आगोप्य हित रहता है। इसी कारण से बीमाकर्त्ता अपने बीमादारों के जीवन में पुनः बीमा खरीद सकता है।

पारिवारिक सम्बन्ध के आधार पर आगोप्य हित

पारिवारिक सम्बन्ध के आधार पर आगोप्य हित मौजूद रह सकता है परन्तु इसके लिये बीमा कराने वाले को यह प्रमाणित करना होगा कि जिस सम्बन्ध का बीमा कराया जा रहा है उसके जीवन में उसका आर्थिक हित है और उस आर्थिक हित की सीमा तक ही बीमा कराया जा सकता है। कुछ लोगों का विचार है कि चूँकि प्रेम और स्नेह का मूल्यांकन रुपयों में नहीं किया जा सकता है इसलिये आगोप्य हित ऐसी दशाओं में असीमित हो सकता है। दूसरी बात प्रेम और स्नेह जहाँ पर है वहाँ पर आगोप्य हित का होना अपने आप सिद्ध है क्योंकि प्रेम और स्नेह आर्थिक हित को लेकर होता है। परन्तु इन दोनों बातों का विवेकपूर्ण अध्ययन करने से मालूम हो जाता है कि परिवार में हमेशा प्रेम और स्नेह आर्थिक कारणों से नहीं होता साथ ही साथ प्रेम और स्नेह मात्र से आगोप्द हित नहीं होता। इसके लिये आर्थिक हित का मौजूद होना आवश्यक है। केवल आशा मात्र से आगोप्य हित नहीं हो जाता। जिस सीमा तक आर्थिक हित विद्यमान होगा उस सीमा तक आगोप्य हित होगा। *Grisby* vs. *Russell*, U.S. 109 (1911) में यह निर्णय हुआ कि जीवन बीमा एक पक्षीय प्रसंविदा होने के कारण आगोप्य हित का मुख्य उद्देश्य जुएबाजी के सौदे को रोकना है। प्रेम और स्नेह के आधार पर विश्व को दूसरों के जीवन पर जुए खेलने का मौका नहीं होना चाहिए।

न्यायालयों के निर्णय से यह निश्चित हो गया कि केवल रक्त का संबंध अथवा प्रेम या स्नेह होने से ही आगोप्य हित का मौजूद रहना नहीं मान लिया जाता। साधारणत: सम्बन्धियों का जीवन-बीमा कराते समय यदि यह प्रमाणित किया जा सके कि बीमा कराने वाले का उस व्यक्ति से ऐसा सम्बन्ध है कि वह उस पर आश्रित है और अपने भरण-पोषण के लिए उसके ऊपर वैधानिक रूप से बाध्य है तब आगोप्य हित के मौजूद रहने की बात मानी जा सकती है। पारिवारिक सम्बन्ध के आधार पर आगोप्य हित के कुछ उदाहरण नीचे दिये जा रहे हैं—

(1) पिता का अपने पुत्र के जीवन में यदि पिता पुत्र पर पूर्णतया आश्रित है—एक पिता अपने जीवन निर्वाह के लिए जब अपने पुत्र या इसी प्रकार के सम्बन्धी पर आश्रित है तो पिता पुत्र के जीवन में आगोप्य हित रखता है क्योंकि पुत्र की मृत्यु पर पिता को आर्थिक हानि होगी। *Halford* vs. *Kymer*, 1830 में एक पिता अपने वयस्क पुत्र पर आगोप्य हित नहीं रखता क्योंकि पिता पुत्र पर आश्रित नहीं था।

(2) पुत्र का पिता के जीवन में यदि पुत्र पिता पर आश्रित है—पिता की मृत्यु पर पुत्र को आर्थिक हानि होगी। उसके भरण-पोषण का सहारा नहीं रहेगा। पिता के जीवित रहने पर पुत्र को लाभ होता रहेगा। *Shilling* vs. *Accidental Death*, (1858) में पुत्र ने पिता के जीवन में बीमा खरीदा जबकि पिता एक भिखारी था और पुत्र पर आश्रित था। अत: यहाँ पर आगोप्य हित का अभाव था। एक दत्तक पुत्र अपने दत्तक पिता पर आगोप्य हित रखता है क्योंकि पुत्र पिता पर आश्रित है। एक अवैधानिक पुत्र अपने पिता पर आश्रित है इसलिए वह पिता पर आगोप्य हित रखता है।

(3) एक अवैधानिक रूप में विवाहित स्त्री अपने पति के जीवन में—चूँकि वह स्त्री पति पर पूर्ण आश्रित है अत: वह स्त्री पति पर आगोप्य हित रखती है।

(4) पुत्र अपनी माता के जीवन में यदि पुत्र अपनी माता पर आश्रित है—पुत्र अपनी माता पर आश्रित है। माता की मृत्यु पर पुत्र को आर्थिक हानि होगी। अत: माता के जीवन में पुत्र आगोप्य हित रखता है। *Harse* vs. *Pearl*, 1903 के अभियोग में पुत्र अपनी माता पर आश्रित नहीं था अत: पुत्र माता के जीवन में आगोप्य हित नहीं रखता।

आगोप्य हित की आवश्यकता

बीमा प्रसंविदा में आगोप्य हित की आवश्यकता 18वीं शताब्दी के दूसरे चरण में महसूस हुई। उसके पहले कोई व्यक्ति किसी भी व्यक्ति के जीवन में बीमा करा सकता था। सट्टेबाज राजा के परिवार के व्यक्तियों के जीवन पर अधिकारियों और डाकुओं आदि के जीवन पर अल्प समय के लिए बीमापत्र बिना किसी आगोप्य हित के खरीद लिया करते थे और उनकी मृत्यु पर बीमाकर्त्ता से बीमित रकम पाकर लाभ उठाते थे। उस समय सट्टे और जुए अवैधानिक नहीं समझे जाते थे बशर्ते कि शान्ति भंग प्रोत्साहित न हो या अनैतिक कार्य न हो व सामान्य सिद्धान्त के प्रतिकूल न हो। ईसीलिए बीमा आगोप्य हित के बिना व्यर्थ नहीं समझा जाता था। इससे बीमा प्रसंविदे का दुरुपयोग होने लगा था। समाज में अन्याय और बुराइयाँ फैलने लगीं। आत्महत्या,कत्ल का जोर हो गया था। बीमाकर्त्ता दिवालिया होने लगे थे।

अत: इंग्लैंड में सन् 1745 में सामुद्रिक बीमा अधिनियम पारित किया गया जिससे जहाज तथा उसके ऊपर लदी हुई वस्तुओं के बीमे के लिए आगोप्य हित होना आवश्यक हो गया। इस अधिनियम ने सामुद्रिक बीमा को क्षतिपूर्ति का बीमा बताया। 1774 में जीवन बीमा अधिनियम पारित हुआ जिसे जुए का अधिनियम (Gambling Act) भी कहते हैं क्योंकि इसके द्वारा किसी भी जीवन का बीमा तब तक नहीं होगा जब तक कि "आगोप्य

हित नहीं हो।'' जीवन बीमा से सम्बन्धित यह महत्वपूर्ण अधिनियम है—

(1) कोई भी जीवन बीमा बिना आगोप्य हित के नहीं हो सकता।

(2) जहाँ पर आगोपित के हित का मूल्य निश्चित किया जा सके वहाँ पर बीमाकर्त्ता से उससे अधिक राशि न प्राप्त हो सकेगी।

1778 में प्रत्येक बीमापत्र में आगोप्य हित रखने वाले का नाम भी लिखा जाने लगा।

अब बिना आगोप्य हित के बीमा नहीं खरीदा या बेचा जा सकता क्योंकि यह जुए और सट्टे का प्रसंविदा होगा जो अमान्य है।

बीमा प्रसंविदा और जुआ में अन्तर

बीमा सिद्धान्त को न समझने वाले व्यक्ति बीमा प्रसंविदा और जुआ में निम्न कारणों से अन्तर नहीं समझते—

(1) बीमा और जुआ दोनों में ही हानि, अनिश्चितता और सम्भावना होती है।

(2) दोनों में घटना के घटित होने की अनिश्चितता है। बीमादार यह नहीं कह सकता है कि जिस घटना के लिये बीमा कराया गया है वह अवश्य घटित होगी या उसके घटित होने का समय निश्चित होगा। बिल्कुल इसी प्रकार एक जुआ खेलने वाला यह नहीं कह सकता है कि जिस बात पर उसने दाँव लगाया है वह अवश्य घटित होगी।

(3) दोनों में अमुक घटना घटने पर लाभ होगा क्योंकि जुआरी और बीमादार दोनों को उस घटना के घटने पर सफलता मिलेगी और यदि वह घटना घटित नहीं हुई तो दोनों असफल रहे तथा हानि हुई क्योंकि दाँव और प्रव्याजि लगाना व्यर्थ रहा।

इन समानताओं को सही नहीं कहा जा सकता क्योंकि जुआ और बीमा प्रसंविदा में अन्तर है—

(1) घटना का घटित होना—बीमा जिन जोखिमों के लिए कराया गया है उन जोखिमों के घटित होने पर भुगतान किया जायेगा। घटना के घटित होने के कारण ही भुगतान नहीं होता बल्कि घटना के घटित होने से बीमादार को हानि होती है। परन्तु जुआ में घटना के केवल घटित होने पर ही भुगतान किया जाता है। इस घटना से जुआरी को कोई हानि नहीं होती।

(2) आगोप्य हित—बीमा प्रसंविदा में जिसके लिए बीमा कराया गया है उसके कारण बीमादार को आर्थिक हानि होती है। इसी को आगोप्य हित की मौजूदगी कहते हैं। परन्तु जुआ में आगोप्य हित विद्यमान नहीं रहता क्योंकि जुआरी को हानि नहीं होती घटना का चाहे जो परिणाम हो।

(3) जोखिम की मौजूदगी—बीमा प्रसंविदा में जोखिम पहले से विद्यमान रहती है चाहे उसका बीमा कराया गया हो या नहीं। यदि बीमा नहीं कराया गया है तो जोखिम के दुष्परिणामों को व्यक्ति स्वयं सहेंगे। जुआ के अन्तर्गत जोखिम पहले से मौजूद नहीं रहती है परन्तु जुआ में जोखिम बनाई जाती है।

(4) बीमा प्रसंविदा में प्रव्याजि का भुगतान करने पर ही प्रसंविदा चलता रहता है परन्तु जुआ में प्रतिफल की कोई आवश्यकता नहीं है।

(5) क्षतिपूर्ति सिद्धान्त—बीमा का उद्देश्य हानि को पूरा करना है यद्यपि कि जीवन बीमा में हानि की पूरी रकम का भुगतान नहीं किया जाता क्योंकि हानि का सही मूल्यांकन नहीं हो सकता परन्तु जुआ में लाभ कमाना मुख्य उद्देश्य है।

(6) सुरक्षा—बीमा प्रसंविदा में बीमाकर्ता और बीमादार दोनों ही सुरक्षित रहते हैं। बीमादार प्रव्याजि देकर भविष्य की अनिश्चितता से मुक्त हो जाता है। बीमाकर्ता भी इन्हीं प्रव्याजि आदि के कोषों में से अपना खर्च चलाकर लाभ कमाता है किन्तु बीमा प्रसंविदा में से एक को हानि और दूसरे को लाभ होता है।

(7) वैधानिकता—बीमा प्रसंविदा में वैधानिकता रहती है परन्तु जुएबाजी अवैध है। जुए के सम्बन्ध में न्यायालय में कोई अभियोग नहीं चलाया जा सकता है।

परम् सद्‌विश्वास
(Utmost Goodfaith)

सामान्य प्रसंविदा में यह नियम है कि प्रसंविदा के पक्ष एक ही विचार के हों। जीवन बीमा में दोनों पक्ष, बीमाकर्ता और आवेदक, मस्तिष्क में वही जीवन रखते हों जिनका कि बीमा करना है और वही बीमा के प्रकार समझते हों जिसके अन्तर्गत बीमा प्रसंविदा होगा। बीमा प्रसंविदा परम सद्‌विश्वास का प्रसंविदा है। क्रय-विक्रय के संविदा में 'क्रेता-सावधान' का नियम लागू होता है। क्रेता को क्रय करते समय वस्तुओं की जाँच पड़ताल करना आवश्यक है। परन्तु बीमा प्रसंविदा दोनों पक्षों को संविदा के विषय में समस्त आवश्यक तथ्यों को पूर्णरूपेण प्रकट करना पड़ता है। यह बात भारतीय सामुद्रिक बीमा अधिनियम, 1963 के आधार पर और अधिक स्पष्ट हो जाती है "सामुद्रिक बीमा संविदा परम सद्‌विश्वास पर आधारित संविदा है और यदि किसी भी पक्ष द्वारा सद्‌विश्वासपूर्ण आचरण न हो तब संविदा दूसरे पक्ष द्वारा व्यर्थनीय होगा।" यह नियम सभी प्रकार के बीमा प्रसंविदा में लागू होता है। दोनों पक्ष समस्त आवश्यक तथ्यों को एक-दूसरे को स्पष्ट प्रकट करें। आवश्यक तथ्यों से तात्पर्य ऐसे तथ्यों से है जो बीमा प्रसंविदा को प्रभावित करें। बीमा प्रसंविदा बीमापत्र के स्वभाव, स्वास्थ्य, आय और उम्र तथा बीमाकर्ता की शर्तो और दशाओं आदि से प्रभावित होता है।

दोनों पक्षों का कर्तव्य

दोनों पक्षों का यह कर्तव्य है कि वह परम सद्‌विश्वास के सिद्धान्त का पालन करें और आवश्यक तथ्यों का स्पष्टीकरण करें, किसी बात को छिपाये नहीं। (Anstey vs. British Natural Premium Life Association, 1908) के अभियोग ने इसे सिद्ध किया कि बीमाकर्ता को परम सद्‌विश्वास का पालन करना उतना ही आवयक है जितना कि बीमादार को। बीमाकर्ता को अपने द्वारा निर्गमित बीमापत्र की शर्तो और दशाओं को पूर्ण रूप से प्रकाशित करके रखना चाहिए। इस अभियोग में बीमाकर्ता ने प्रविवरण में यह प्रकाशित किया था कि यदि कोई बीमापत्र बिना खण्डन के दो वर्ष तक चालू रहा तो कपट के अतिरिक्त अन्य किसी आधार पर बीमापत्र निर्विवाद हो जायेगा। बीमादार की दो वर्ष बाद मृत्यु हो गयी। बीमाकर्ता ने इस आधार पर बीमित रकम देने से इन्कार किया कि दो बातें गलत रूप से दी गयी थीं। न्यायाधीश ने बीमादार के पक्ष में निर्णय दिया और बीमाकर्ता को भुगतान करना पड़ा। निर्णय यह था प्रविवरण में दी गयी शर्तो का पालन हुआ था। बीमाकर्ता का तर्क आधारहीन था।

बीमादार का प्रकटीकरण करने का महत्वपूर्ण स्थान है क्योंकि बीमा विषय का ज्ञान उसे अधिक होता है। बीमा विषय सम्बन्धी बातें बीमादार बताने के लिए वैधानिक रूप से जिम्मेदारी है चाहे वह इसे आवश्यक या महत्वपूर्ण समझता हो या नहीं। Wheeltor vs Hardisty, 1817 में यह निर्णय दिया गया है कि बीमित व्यक्ति केवल इन्हीं प्रश्नों का सही

उत्तर नहीं देगा जो उसके सामने रखा गया है या पूछा गया है बल्कि स्वयं वह उन तमाम तथ्यों को प्रकट करेगा जिन्हें वह जानता है और जो बीमाकर्त्ता के लिए आवश्यक है।

बीमा प्रसंविदा एक साथ (Pari passue) का प्रसंविदा कहलाता है जिसमें परिस्थितियों के ज्ञान के साथ-साथ दोनों पक्षों में वृद्धि होती है। यदि कोई पक्ष अपने कर्त्तव्य से च्युत होगा तो प्रसंविदा व्यर्थ होता है। यद्यपि कि यह दोनों पक्षों का कर्त्तव्य है कि आवश्यक तथ्यों का प्रकटीकरण करें और इन दोनों में से जो तथ्य को न प्रकट करे वह दोषी ठहराया जा सकता है तथापि व्यवहार में बीमादार (Insured) का विशेष रूप से यह कर्त्तव्य है कि वह सभी महत्वपूर्ण और आवश्यक तथ्यों को जो जानता है या उसके जानने की आशा की जाती हो, प्रकट करे जो कि डाक्टरी जाँच या परीक्षण आदि से बीमाकर्त्ता नहीं जान सकता है।

पूर्ण और सत्य कथन

पूर्ण सद्विश्वास में यह आवश्यक है कि महत्वपूर्ण तथ्यों का अप्रकटीकरण (Non Disclosure) छिपाव (Concealment) भ्रान्त मिथ्या कथन (Misstatement) न हो। दूसरे शब्दों में प्रस्तावक सभी महत्वपूर्ण तथ्यों को पूर्णतया और सही-सही स्पष्ट या प्रकट करे। किसी प्रकार की गलत प्रस्तुति या अर्द्धवर्णन या महत्वपूर्ण तथ्यों पर मौन धारण नहीं करना चाहिए। संक्षिप्त रूप से महत्वपूर्ण तथ्य चाहे ज्ञात हो या न ज्ञात हो, या चाहे महत्वपूर्ण समझता हो या न समझता हो, सभी प्रकार के तथ्य प्रकट किये जाने चाहिए।

यदि कोई भी तथ्य पूर्णरूपेण प्रकट नहीं है तो बीमादाता की जोखिम प्रभावित हो सकती है। दूसरे शब्दों में दोनों पक्षों का दिमाग एक ही प्रकार की जोखिम समझने में भेद न रखे। लेकिन प्रकटीकरण के इस कठिन कर्त्तव्य से बीमादार को कठिनाई हो सकती है। एक बीमापात्र जिसे बीमा विषय पर कुछ भी ज्ञान नहीं है उससे यह आशा करना बेकार है कि सभी महत्वपूर्ण तथ्यों को प्रकट करेगा।

प्रकटीकरण करने की सीमा

बीमाकर्त्ता का यह कर्त्तव्य है कि वह या उसके प्रतिनिधि जो कुछ बातें बीमापात्र को बतायें वह सही-सही और स्पष्ट रूप से बतायें। धोखा देने या अनजाने में अतिशयोक्ति, मिथ्यावर्णन या गोपन न करें। यदि प्रसंविदा करते समय कोई नयी सूचना एजेन्ट या अभिकर्त्ता को मिलती है तो उसे बीमादार को बता देनी चाहिए क्योंकि बीमादार इसे नहीं जानता। यदि कोई बात प्रसंविदा करने के अयोग्य करने के अयोग्य बीमाकर्त्ता को मिलती है तो बीमादार को बता दिया जाय जिससे बीमादार अनायास प्रसंविदा न करे अन्यथा बीमादार प्रव्याजि पाने का अधिकारी होगा।

बीमाकर्त्ता जितनी सूचनायें चाहता है उसे प्रस्ताव-पत्र में छपा देना चाहिए क्योंकि बीमापात्र उन्हीं सूचनाओं का ही उत्तर देगा। स्वतः उसकी ओर से कितनी सूचनायें मिलेगी इसकी कोई आशा नहीं की जा सकती। इस प्रस्ताव पत्र में बीमापात्र का पूर्ण विवरण, आय, स्वास्थ्य, उम्र, पारिवारिक इतिहास, उद्देश्य आदि लिखे रहते हैं। इस प्रस्ताव पत्र के प्रत्येक प्रश्न का उत्तर स्पष्ट पूर्ण, सत्य ईमानदारी के साथ देना चाहिए किसी प्रकार का गोपन, मिथ्या-प्रदर्शन आदि नहीं होना चाहिए अन्यथा प्रसंविदा होगा। यदि बीमापात्र या आवेदक ने इन प्रश्नों का उत्तर दिया है तो उसने अपने कर्तव्य का पालन किया बशर्तें कि उसे और महत्वपूर्ण तथ्य मालूम न हों जिसे स्पष्ट करना आवश्यक था अतः बीमापात्र का प्रस्ताव-पत्र के प्रश्नों के सही और पूर्ण उत्तर देने तक उसके कर्त्तव्य की सीमा है बशर्तें कि उसे आवश्यक तथ्य मालूम न हो।

ऐसे तथ्यों के सम्बन्ध में जिसे बीमाकर्त्ता ने न पूछा हो तो यह मान लिया जाता है कि या तो बीमाकर्त्ता उसे आवश्यक नहीं समझता है या अन्य सूचनाओं को हटाना चाहता है। उदाहरण के लिए जब पिता किसी बीमारी से पीड़ित है तो बीमाकर्ता भाई या बहन की बीमारी के विषय में पूछना अनावश्यक समझता है। अस्पष्टीकरण की दशा में प्रस्तावक यह नहीं कह सकता कि उससे लापरवाही के कारण या गलती से या भूलकर आवश्यक तथ्यों का निर्णय नहीं किया।

समय

प्रस्ताव-पत्र में लिखे गये प्रश्नों का उत्तर पूर्ण और सत्य दे देने से ही स्पष्टीकरण का कर्तव्य नहीं समाप्त होता है। यह उस समय तक चलता रहता है जब तक प्रसंविदा तय न हो जाये। प्रसंविदा पहली प्रव्याजि के भुगतान के समय या प्रस्ताव को स्वीकृति के समय यदि पहली प्रव्याजि का भुगतान किया गया है पूर्ण होता है। यदि प्रस्ताव और स्वीकृति के बीच कोई परिवर्तन होता है तो उसे बताना आवश्यक होता है। उदाहरण के लिये स्वीकृति के पहले और प्रस्ताव के बाद में किसी व्यक्ति को यदि कोई घातक बीमारी या चोट लग जाये तो इसे बताना आवश्यक है। *Looker and Another* vs. *Law Union & Rook Insurance Co.*, 1928 में प्रस्ताव 10 जुलाई, 1926 को किया गया और 15 जुलाई को स्वीकार हुआ। 21 जुलाई को बीमादार बीमार हो गया। 24 जुलाई को प्रथम प्रव्याजि का भुगतान चेक द्वारा किया गया जो 22 जुलाई को लिखा गया था। चेक 26 जुलाई को प्राप्त हुआ और स्वीकार किया गया। बीमादार को 23 तारीख को न्युमोनिया हो गया तथा 27 जुलाई को मृत्यु हो गयी। 26 जुलाई के पहले स्वीकृति का प्रश्न ही नहीं था क्योंकि प्रथम प्रव्याजि का भुगतान नहीं किया गया था। इस अभियोग में यह स्पष्ट हो गया कि स्वीकृति के पहले आवश्यक तथ्यों के परिवर्तन को नहीं बताया गया जिससे बीमादार के प्रतिनिधि को भुगतान नहीं किया गया।

स्पष्टीकरण का कर्तव्य प्रसंविदा के निर्णय हो जाने पर समाप्त हो जाता है और प्रसंविदा के निर्णय के बाद आवश्यक तथ्यों को बताने की आवश्यकता नहीं होती। यदि ऐसा न होता तो बीमापात्र की परेशानी होती और बीमाकर्त्ता कभी भी बीमा इस आधार पर रद्द कर सकता था। जीवन बीमा प्रसंविदा दीर्घकालीन होने के कारण ऐसी कठिनाई होने से हमेशा के लिये व्यर्थ हो जाया करता।

ऐसे तथ्य जिन्हें स्पष्ट करना आवश्यक नहीं है

कुछ आवश्यक तथ्य जिन्हें प्रस्तावक को स्पष्ट करना आवश्यक नहीं है वे निम्न प्रकार से हैं—

(1) ऐसी परिस्थितियाँ जो जोखिम को कम करती हैं।

(2) ऐसे तथ्य जो कि बीमा कम्पनी को मालूम हैं या उन्हें मालूम होने चाहिए।

(3) ऐसे तथ्य जो कि व्यापार की अवधि में मालूम रहनी चाहिए।

(4) ऐसे तथ्य जिन्हें बीमाकर्त्ता को दी गयी विस्तृत सूचना के आधार पर मालूम करना चाहिए।

(5) ऐसे तथ्य जिसके विषय में बीमादार सूचना नहीं चाहता।

(6) ऐसे तथ्य जिसका स्पष्टीकरण किसी समाश्वासन के कारण प्रकट करना अनावश्यक है।

परम सद्विश्वास के पालन न होने पर वैधानिक परिणाम

परम सद्विश्वास का भंग या तो जानबूझकर या अनजाने में किया जायेगा। जब जानबूझकर परम सद्विश्वास का पालन नहीं होगा तब प्रसंविदा प्रारम्भ से रद्द हो जायेगा क्योंकि यह कपटपूर्ण प्रसंविदा है। जब अनजाने में परम सद्विश्वास का पालन नहीं होता तब यह प्रसंविदा दूसरे पक्ष द्वारा व्यर्थनीय होगा। दूसरे पक्ष को जब यह मालूम हो कि परम सद्विश्वास का पालन नहीं हुआ तो वह इसे व्यर्थ कर सकता है परन्तु यदि उसने ऐसे प्रसंविदे को एक बार मान्यता दे दी है तो बाद में वह व्यर्थ नहीं कर सकता *Hemmings* vs. *Sceptre Life*, 1905 में बीमाकर्त्ता ने दो प्रव्याजि स्वीकार किया। लेकिन बाद में बीमाकर्त्ता को बीमादार की उम्र की गलती मालूम हुई। बीमाकर्त्ता ने इस गलती पर विवाद किया परन्तु प्रसंविदा व्यर्थ नहीं किया गया क्योंकि बीमाकर्त्ता ने जब एक बार स्वीकार कर लिया तो उसे बाद में रद्द नहीं किया जा सकता।

आवश्यक तथ्यों का प्रकटीकरण वहीं पर होता है जहाँ पर अप्रकटीकरण (Disclosure), छिपाव (Concealment), भ्रान्त वर्णन (Misrepresentation), कपटपूर्ण वर्णन (Frandulent-Misrepresentation) नहीं होता। इन सबका प्रभाव नीचे दिया गया है।

कपटपूर्ण वर्णन (Frandulent-Misrepresentation)—जब किसी आवश्यक तत्व को कपट रूप में वर्णन किया जाता है तब प्रसंविदा व्यर्थ होगा और जिस पक्ष को हानि हुई है वह व्यक्ति दूसरे पक्ष से दी गई रकम (प्रव्याजि) वापस पाने का अधिकारी होगा। कपटपूर्ण वर्णन के आधार पर प्रसंविदा को कभी भी रद्द किया जा सकता है। बीमापत्र की अवधि कुछ भी हो सकती है इससे कोई मतलब नहीं है।

अप्रकटीकरण (Disclosure), छिपाव (Concealment), और भ्रान्त वर्णन (Misrepresentation)—इन दशाओं में आवश्यक तथ्यों का वर्णन बिना जाने हुए किया जा रहा है। यदि परम सद्विश्वास का पालन जानबूझकर नहीं किया जाता तो वह कपटपूर्ण वर्णन होगा जैसे पहले बताया गया है। अप्रकटीकरण, छिपाव और भ्रान्तवर्णन में जब अनजाने में कार्य होता है तो इस आधार पर प्रसंविदा को रद्द करने के लिए केवल दो वर्ष के अन्दर ही विवाद उठाया जा सकता है।

भारतीय बीमा अधिनियम, 1938 की धारा 45 के आधार पर बीमादार के हित को सुरक्षित रखा गया है और बीमापत्र के दो वर्ष व्यतीत हो जाने के बाद कपट के अतिरिक्त अन्य किसी आधार पर विवाद नहीं किया जा सकता।

समाश्वासन (Warranties)

समाश्वासन बीमा प्रसंविदा का एक अंग है जिसका पालन करना अत्यावश्यक है चाहे वह आवश्यक तथ्य हो या नहीं। यह एक प्रकार की शर्त या प्रतिज्ञा है जिसका पालन करना दोनों पक्षों के लिए आवश्यक है। उदाहरण के लिये बीमादार को प्रव्याजि का भुगतान निश्चित अवधि में करना आवश्यक है जिससे प्रसंविदा चलता रहे। प्रस्ताव पत्र में दिये गये प्रश्नों के उत्तर वैधानिक दृष्टि से अभ्यावेदन (Representation) हो सकते हैं या समाश्वासन (Warranty)। अभ्यावेदन प्रस्ताव या डाक्टरी परीक्षण के सम्बन्ध में प्रस्ताव द्वारा लिखित या मौखिक वर्णन है। यह स्पष्टीकरण बीमापत्र में लिखना आवश्यक नहीं है। समाश्वासन वह विवरण है जिसके अनुसार बीमादार किसी विशेष कार्य करने या न करने अथवा किसी शर्त के पूरा करने या किसी तथ्य के होने या न होने का वचन देता है। इस परिभाषा से स्पष्ट है कि प्रस्ताव पत्र के उत्तर ही समाश्वासन नहीं होते बल्कि किसी

कार्य के करने या न करने या किसी शर्त को पूरा करने का वचन भी इसमें सम्मिलित हैं। इसको पूरा करना उसका कर्तव्य है। समाश्वासन और अभ्यावेदन में अन्तर निम्नलिखित है—

अभ्यावेदन	समाश्वासन
1	2
(1) अभ्यावेदन सारभूत (Substantially) रूप से सत्य होना चाहिए।	समाश्वासन कठोरता से और अक्षरशः सत्य होना चाहिए।
(2) यह प्रसंविदा का अंग नहीं होता।	यह लिखित प्रसंविदा का एक अंग है।
1	2
(3) जोखिम के सम्बन्ध में इसे महत्वपूर्ण होना चाहिए।	इसे जोखिम के सम्बन्ध में महत्वपूर्ण होने की आवश्यकता नहीं है।
(4) प्रसंविदा के लिये यह एक प्रोत्साहन के रूप में है।	समाश्वासन प्रसंविदा के तय होने पर ही आता है उसके पहले नहीं।
(5) मिथ्यावर्णन पर विश्वास रखकर प्रसंविदा को रद्द किया जा सकता है।	समाश्वासन के भंग होने पर बीमाकर्त्ता अपने दायित्व से मुक्त हो जाता है और बीमादार प्रव्याजि वापस पाने का अधिकारी नहीं है।
(6) अभ्यावेदन के पालन न होने पर प्रसंविदा तभी रद्द होगा जबकि महत्वपूर्ण तथ्य का छिपाव या भ्रान्त वर्णन हुआ है।	समाश्वासन में तथ्य के मिथ्या कथन से ही प्रसंविदा रद्द हो जाता है चाहे वह तथ्य महत्वपूर्ण हो या नहीं।
(7) अभ्यावेदन को बीमापत्र में लिखना आवश्यक है।	समाश्वासन का बीमापत्र में रहना आवश्यक है चाहे लिखित या प्रसंग द्वारा।

समाश्वासन के दो भेद हैं—

(1) स्वीकृति सूचक (Affirmative)

(2) प्रतिज्ञा युक्त (Promissory)

स्वीकृत सूचक समाश्वासन वह है जिन्हें बीमा कराते समय होने या न होने की सूचना आवेदक, बीमाकर्त्ता को देता है बीमाकर्त्ता उस वर्णन को स्वीकार करता है। प्रतिज्ञायुक्त आश्वासन वह है जिसके अन्तर्गत बीमापत्र में आवेदक कुछ शर्तों को पूरा करने या न करने की प्रतिज्ञा करता है। बीमादार एक इस बात का विश्वास दिलाता है कि बीमापत्र की अवधि के अन्तर्गत जो स्थितियाँ उपस्थित होंगी उन्हें या अन्य शर्तों को पूरा करेगा।

दूसरे प्रकार के समाश्वासन के दो भेद पुनः किये जा सकते हैं।

(1) प्रत्यक्ष (Express)

(2) उपलक्षित (Implied)

प्रत्यक्ष आश्वासन वे हैं जो बीमापत्र में स्पष्ट रूप से लिख दिये जाते हैं। उपलक्षित आश्वासन वे हैं जो प्रसंग द्वारा समझे जाते हैं बीमापत्र में लिखे नहीं रहते। वे ध्वनित कहलाते हैं। बीमादार द्वारा उसके पालन किये जाने की आशा की जाती है।

Asian Assurance Co. Ltd. vs. *Asa Ram* में बीमाकर्त्ता अपने दायित्व से मुक्त हो गया क्योंकि समाश्वासन का पालन नहीं किया। बीमित व्यक्ति ने अपनी बीमारी के विषय में कुछ बातें नहीं बताया। दूसरी बात बीमित व्यक्ति ने केवल एक बहन बताया जबकि उसके तीन बहनें थीं। सत्य वर्णन की प्रतिज्ञा और आश्वासन था परन्तु असत्य वर्णन करने के लिए प्रसंविदा रद्द हो गया। यद्यपि कि कपट का कोई स्थान नहीं था।

समाश्वासन बनाने का तरीका

बीमादार द्वारा प्रस्ताव पत्र के प्रश्नों का उत्तर देकर हस्ताक्षर किया जाता है और यह घोषणा करता है कि दिये गये उत्तर प्रसंविदा के आधार हैं तथा बीमापत्र को स्वीकार करेगा। बीमापत्र में प्रस्ताव पत्र के उत्तर तथा घोषणा पत्र को शामिल किया जाता हैं। अभ्यावेदन या उत्तरी को समाश्वासन बनाने के लिए तथा प्रसंविदा के अंग होने के लिए इसका बीमापत्र में या किसी अन्य पत्र में जो बीमापत्र के साथ नत्थी किये जायेंगे में लिख दिया जाता है। यदि समाश्वासन को मौलिक प्रसंविदा या बीमापत्र में शामिल नहीं किया जाता था तो बाद में बीमापत्र संशोधित किया जाता है।

जब तक संशोधन नहीं होता तब तक बीमाकर्त्ता इस पर विश्वास नहीं कर सकता, यद्यपि कि इसे अभ्यावेदन के रूप में मान सकता है। कोई ऐशी दशायें भी हो सकती हैं जिनमें प्रस्तावक प्रस्ताव पत्र में हस्ताक्षर नहीं करता तथा यह कथन और घोषणा बीमापत्र में शामिल किया गया तो हस्ताक्षर न होने पर भी यह मान्य रहेगा क्योंकि बीमापत्र में लिखा गया है और बीमापत्र को बीमादार ने स्वीकार किया है। समाश्वासन बीमापत्र के मुख पर या हाशिये पर या पीछे या अन्य किसी प्रपत्र पर लिख दिया जाता है। जब बीमापत्र के पीछे समाश्वासन लिख दिया जाता है तो बीमापत्र के मुख पर इसका संकेत कर देना चाहिए। समाश्वासन के लिए किसी प्रावैधिक शब्द की आवश्यकता नहीं है न तो समाश्वासन शब्द लिखने की आवश्यकता है।

समाश्वासन की विशेषताएँ—समाश्वासन की निम्न विशेषताएँ—

(i) आवश्यक तथ्य की आवश्यकता नहीं—समाश्वासन को आवश्यक तथ्य के रूप में होने की आवश्यकता नहीं है। कथन को समाश्वासन का रूप देकर तथ्य को आवश्यक सिद्ध करने की आवश्यकता नहीं रह गयी। इसमें केवल यह जानने की आवश्यकता है कि तथ्य सही या गलत है। ज्ञान की कमी या भूल आदि की कोई क्षम्यता नहीं है।

(ii) समाश्वासन का कठोरता से पालन होना चाहिए—समाश्वासन का कठोरता से पालन करना चाहिए। इसके लिए यह आवश्यक नहीं है कि जोखिम को प्रभावित करे। यह शाब्दिक रूप से अपनाया जाना चाहिए।

(iii) समाश्वासन भंग होने से बीमाकर्त्ता अपने दायित्व से मुक्त हो जाता है चाहे भंग के कारण हानि हुई हो या नहीं—जैसे पहले कहा जा चुका है कि समाश्वासन शाब्दिक रूप से अपनाया जाय। यदि शाब्दिक रूप से नहीं अपनाया जाता तो बीमाकर्त्ता अपने दायित्व से मुक्त हो जाता है चाहे आश्वासन भंग से बीमादार को हानि हुई हो या नहीं।

(iv) एक बार समाश्वासन भंग हो जाने पर पुनः उसके पालन से प्रसंविदा चालू नहीं होता—बीमाकर्त्ता अपने दायित्व से उसी दिन मुक्त हो जाता है जिस दिन आश्वासन भंग हुआ है। उसके बाद यदि आश्वासन का पालन हो तब भी बीमाकर्त्ता अपने दायित्व से मुक्त रहता है। लेकिन प्रसंविदा तय होने के पहले यदि आश्वासन भंग हो जाता

है तो बाद में आश्वासन का पालन होने पर प्रसंविदा चल सकता है। कुछ दशाओं में आश्वासन भंग पर नया प्रसंविदा नये आश्वासन और शर्तों के आधार पर किया जा सकता है। जीवन बीमा ऐसा प्रसंविदा है जो आजीवन चलता रहता है। यदि बीमाकर्त्ता द्वारा किसी समाश्वासन के भंग होने पर भी प्रव्याजि स्वीकार की जाती है तो यह भंग का उपाय नहीं समझा जायेगा क्योंकि हो सकता है कि भंग का कोई ज्ञान बीमाकर्त्ता को न हो।

समाश्वासन भंग का परित्याग
(Waiver of Breach of Warranty)

समाश्वासन के भंग होने पर प्रसंविदा हमेशा रद्द या व्यर्थ नहीं होता। बीमाकर्त्ता इस भंग का परित्याग कर सकता है या अनजाने में छोड़ सकता है। समाश्वासन भंग का परित्याग लिखित रूप से या प्रसंग से किया जा सकता है।

परित्याग के लिये निम्नलिखित दशायें भी होती हैं—

(1) परित्याग के लिए लिखित या उपलक्षित कार्य, परिलोप (Omision) या व्यवहार होना चाहिए।

(2) समाश्वासन भंग के कारण कोई अधिकार उत्पन्न होना चाहिए।

(3) उस अधिकार को त्याग करने के लिए लिखित या उपलक्षित राय होनी चाहिए।

(4) जहाँ पर बीमाकर्त्ता आश्वासन भंग से परिचित नहीं है।

अन्य विशेषताएँ

(अ) जीवन बीमा-प्रसंविदा भाग्याधीन (Aleatory), एक पार्श्विक (Unilateral), शार्तिक (Conditional), स्थिरता (Adhesion) और निश्चित रकम (Stated Sum) का प्रसंविदा है।

(अ) भाग्याधीन (Aleatory)—जीवन बीमा में प्रसंविदा भाग्याधीन (Aleatory) प्रसंविदा है विषर्यय (Commutative) का प्रसंविदा नहीं है। विपर्यय प्रसंविदा में प्रत्येक पक्ष दूसरे पक्ष से लगभग उतनी ही रकम प्राप्त करने की आशा करता है जितना कि वह देता है। इस प्रकार एक सम्पत्ति क्रेता लगभग उतनी ही रकम की सम्पत्ति प्राप्त करने की आशा करता है जितना कि वह रकम देता है और सम्पत्ति विक्रेता लगभग उतनी ही रकम प्राप्त करना चाहता है जितना कि उसकी सम्पत्ति है। दूसरे शब्दों में दोनों पक्ष लगभग एक ही मूल्य के बराबर सौदा करते हैं।

भाग्याधीन संविदा में एक पक्ष भाग्य के आधार पर पर्याप्त रकम प्राप्त कर सकता है। भाग्याधीन संविदा में भाग्य, मौका और अनिश्चितता का तत्व शामिल रहता है, भाग्याधीन संविदा का प्रमुख उदाहरण जुआ का प्रसंविदा है परन्तु जुआ और बीमा प्रसंविदा में अन्तर है जैसा पहले बताया जा चुका है। जुआ और बीमा में समानता केवल इसी तत्व के कारण है। जीवन बीमा में भुगतान कभी भी किया जा सकता है जब अवधि या मृत्यु का अवसर आ जाय। मृत्यु अवधि के पहले हो सकती है और प्रव्याजि का पूर्ण भुगतान नहीं किया जा सकता है। इस दशा में थोड़े से प्रव्याजि के बदले अधिक बीमित रकम प्राप्त करेगा। परन्तु एकल प्रव्याजि में भविष्य में भुगतान की जाने वाली रकम का वर्तमान मूल्य प्राप्त कर लिया जाता है।

चूँकि जीवन बीमा प्रसंविदा में भाग्याधीन और अधिक रकम का भुगतान होता है, इसलिये इस प्रसंविदा में कपट और अवैध कार्य की सम्भावना अधिक रहती है। इन दुष्परिणामों को रोकने के लिए आगोप्य हित, परम सद्विश्वास और समाश्वासन सिद्धान्तों को अपनाया गया है। यह कहना अतिशयोक्ति नहीं होगा कि भाग्याधीनता के दुष्परिणामों को बचाने लिये इस सिद्धान्तों को जीवन बीमा में अपनाया गया है।

(ब) एकपार्श्विक—व्यापार में प्राय: प्रसंविदा द्विपक्षीय होता है। इसका तात्पर्य यह है कि दोनों पक्ष एक दूसरे पक्ष को वैधानिक वचन देते हैं क्योंकि इन प्रसंविदाओं में आपसी वचनों का लेन-देन होता है। उदाहरण के लिये थोक और फुटकर क्रेता तथा विक्रेता लगभग बराबर रकम का आदान-प्रदान करता है।

एकपार्श्विक प्रसंविदा वह है जहाँ एक ही पक्ष वचन देता है तथा दूसरा पक्ष प्रसंविदा को जारी करने के लिए कुछ शर्त का पालन करता है। जीवन बीमा प्रसंविदा एक पार्श्विक प्रसंविदा है क्योंकि बीमाकर्त्ता भविष्य में भुगतान करने का वचन देता है। बीमित व्यक्ति प्रव्याजि देने के लिए प्रसंविदा चलने के लिए राजी होता है परन्तु यदि प्रव्याजि का भुगतान न कर सके तो कोई वैधानिक जिम्मेदारी नहीं होगी। यह हो सकता है कि बीमाकर्त्ता अपने वचन को पूरा न करे परन्तु वह दी गयी प्रव्याजि को जब्त नहीं कर सकता। जीवन बीमा में यदि सभी प्रव्याजि का भुगतान पहले कर दिया जाय तब बीमापत्र सौंपा जाये तो यह द्विपक्षीय संविदा होगा।

(स) शार्तिक—जीवन बीमा प्रसंविदा शार्तिक प्रसंविदा है। कुछ शर्तों के पूरा करने पर ही जीवन बीमाकर्ता अपने वायदे को पूरा करता है। इसका यह अर्थ नहीं है कि यह प्रसंविदा द्विपक्षीय है। वचनदाता के लिए शर्त लाभदायक है और वचनगृहीता के लिए अलाभकारी होता है। शर्तयुक्त प्रसंविदा द्विपक्षीय में ही हो सकता है बशर्ते कि दोनों पक्षों को मान्य हो। शर्तें प्रसंविदा के कर्तव्य या वचन के पहले या बाद में भी हो सकती हैं। शर्त और वचन में अन्तर है। शर्त के पालन न करने पर उससे होने वाला लाभ नहीं मिल सकता परन्तु वचन के पालन न करने पर वैधानिक जिम्मेदारी उत्पन्न हो जाती है।

बीमाकर्त्ता अपने वचन को पूरा करने के लिए बाध्य है यदि शर्तों का पालन किया गया है।

(4) स्थिरता (Adhesion)—जीवन बीमापत्र स्थिरता का प्रसंविदा है। आपसी शर्तों और सौदे के आधार पर प्रसंविदा साधारण दशाओं में होता है। परन्तु जीवन बीमा में शर्तें नियम आदि पहले से तय रहते हैं तथा प्रविवरण में सब बातें लिखी रहती हैं यदि आवेदक को यह शर्तें और नियम स्वीकार होंगी तो प्रसंविदा तय हो जायेगा अथवा नहीं सौदेबाजी आदि की कोई आवश्यकता नहीं है। दी गयी शर्तें उसे मान्य हैं तो प्रसंविदा होगा अथवा नहीं।

जीवन बीमा की स्थिरता की प्रकृति बहुत ही महत्वपूर्ण है। यही कारण है जब बीमापत्र में कोई अस्पष्टता है तब उसकी व्याख्या बीमादार के हित को देखते हुए की जाती है।

(5) निश्चित रकम—गैर जीवन बीमा प्रसंविदा क्षतिपूर्ति का प्रसंविदा है। इसमें केवल हानि की वास्तविक रकम ही प्राप्त की जा सकती है चाहे बीमापत्र की कोई रकम ही क्यों न हो बशर्ते कि हानि की रकम बीमापत्र की रकम से आधी हो।

परन्तु जीवन बीमा प्रसंविदा क्षतिपूर्ति का प्रसंविदा नहीं है। इसके अन्तर्गत बीमापत्र की वास्तविक रकम का भुगतान किया जाता है, यह रकम पहले से निश्चित रहती है इसमें कमी या वृद्धि नहीं की जा सकती। यह इसलिए है कि मृत्यु में हानि की कोई सीमा नहीं है। यह बीमा असीमित रकम का नहीं हो सकता। अत: बीमित रकम का भुगतान किया जाता है जो प्रसंविदा के समय निश्चित की गई है।

अध्याय 8

सामुद्रिक बीमा की प्रसंविदा

परिचय—सामुद्रिक बीमा सबसे प्राचीन बीमा का रूप है। व्यापारिक जगत् में लोग सामुद्रिक हानि को आपस में बाँट लिया करते थे और उसके आधार पर धीरे-धीरे सामुद्रिक बीमा का वर्तमान रूप सामने आया। सामुद्रिक यातायात को प्रारम्भिक अवस्था में जब संवादवाहन के साधन उपलब्ध नहीं थे, सामुद्रिक व्यापार में जोखिम की मात्रा बहुत अधिक थी। कभी-कभी तो जब जहाज एक देश के किनारे को छोड़ने के बाद बहुत दिनों तक दिखाई नहीं पड़ता था तब उसे गायब या नष्ट हुआ समझ लेते थे। इसलिये अन्तर्राष्ट्रीय व्यापारियों ने आपसी समझौते के अनुसार सामुद्रिक बीमा को जन्म दिया। यह बीमा भी व्यापार की प्रगति के साथ विकसित हो रहा है।

इतिहास—यह बीमा सात सौ वर्ष पुराना समझा जाता है। इंग्लैंड में लोम्बार्ड्स (Lombards) द्वारा सर्वप्रथम सामुद्रिक बीमा का प्रयोग तेरहवीं शताब्दी में किया गया। यह एक जाति थी जो कि यूरोप के विभिन्न देशों में घूमती रही और अन्त में इंग्लैण्ड में बस गयी। आज भी वहाँ लोम्बार्ड स्ट्रीट (Lombard Street) है। यह स्ट्रीट (गली) सामुद्रिक बीमा के लिए प्रसिद्ध थी। व्यापारिक जागृति के बाद सोलहवीं शताब्दी में इस जाति का पतन हुआ और उसके हाथों से बीमा व्यवसाय जाता रहा।

लायड्स का जन्म—सन् 1666 के पूर्व सामुद्रिक बीमा व्यक्तिगत आधार यानी एकल व्यापारी (Individual) द्वारा किया जाता था, लेकिन इंग्लैंड में कहवा (Coffee) के प्रयोग के साथ सामुद्रिक बीमा का विशेष विकास हुआ। इन काफी हाउसों में लोग आकर आराम करते और अपने व्यापार के सम्बन्ध में विचार-विमर्श करते। इन काफी हाउसों (Coffee Houses) में एक हाउस मिस्ट० एडवर्ड लायड (Mr. Edward Lloyd) एक था जो कि व्यापारिक और सामुद्रिक हितों के विषय में एक पत्रिका 'लायड्स समाचार' (Lloyds News) प्रकाशित करते थे। यह पत्रिका सामुद्रिक व्यापारियों के लिये बहुत उपयोगी हुई। बाद में इन्होंने लायड्स सूची (Lloyd's List) प्रकाशित करना शुरू कर दिया जिसमें जहाजों के विषय में लिखा रहता था, उनकी जोखिमों का वर्णन रहता था। इसके पश्चात् लायड्स के काफी हाउस में बहुत से सामुद्रिक व्यापारी आते और सामुद्रिक बीमा का अभिगोपन (Underwriting) करके चले जाते। अन्त में यह सामुद्रिक बीमा का केन्द्र हुआ और सामुद्रिक बीमा निर्गमित किये जाने लगे। सन् 1774 में लायड्स के सदस्यों ने सदस्यता पद्धति को जन्म दिया और सामुद्रिक बीमा व्यापारी इसके सदस्य होते गये और अनुभव का आदान-प्रदान करने लगे। आज भी अधिकांश सामुद्रिक बीमा के व्यापारी लायड्स संघ (Lloyd's Association) के सदस्य हैं।

सामुद्रिक बीमा का विषय

सामुद्रिक बीमा में होने वाली क्षतियों को चार भागों में बाँटा गया है—माल, जहाज, किराया और दायित्व।

माल बीमा (Cargo Insurance)—जहाज से भेजे जाने वाले माल को कारगो (Cargo) या माल की संज्ञा दी गयी है। इन मालों (Cargo) को बहुत सी आपत्तियों का

सामना करना पड़ता है। सामुद्रिक हानियों का वर्णन आगे किया जायेगा। माल की जोखिम, उसके परिणाम, उपयोगिता और मूल्य के आधार पर अलग-अलग होती है। माल की सामुद्रिक जोखिम जहाज पर लादने से लेकर उसके उतारने के समय तक हो सकती है। प्रव्याजि (Premium) की दरें भी इन्हीं आधारों पर भिन्न-भिन्न होती हैं। माल के पूर्णत: या अंशत: नष्ट हो जाने पर क्षतिपूर्ति की जाती है। माल बीमा को एक विशेष बीमापत्र (Special policy) या खुले बीमापत्र (Open policy) के अन्तर्गत शामिल कर सकते हैं। खुले बीमापत्र के अन्तर्गत उन व्यापारियों को लाभ होता है जो कि किसी एक वस्तु का विस्तृत व्यापार करते हैं।

जहाज बीमा (Hull Insurance)—समुद्र पार करते समय जहाज को बहुत-सी आपत्तियों को झेलना पड़ता है। इसमें से अधिकांश आपत्तियाँ वही हैं जो माल के सम्बन्ध में हैं। ईश्वर का कार्य, नरेश या शत्रुओं द्वारा आक्रमण, झंझावात, जहाज में छेद हो जाना, जहाजों का लड़ जाना, नाविकों द्वारा चोरी आदि आपत्तियाँ मुख्य हैं। सामुद्रिक बीमा अधिनियम के अनुसार 'जहाज' शब्द का विशेष अर्थ लिया गया है। जहाज से तात्पर्य खाली जहाज, उसकी सामग्रियाँ, बनावट, जहाज अधिकारियों के लिये खाद्य-सामग्री, मशीनरी, बायलर, कोयला, स्टोर, इंजन आदि आते हैं। यदि जहाज किसी विशेष कार्य में संलग्न है तो उससे सम्बन्धित वस्तुएँ भी जहाज की श्रेणी में आती हैं। जहाज बीमा एक निश्चित समय के लिए हो सकता है या विशेष यात्रा के लिये। एक से अधिक जहाजों (Fleet) का बीमा कराना अधिक प्रचलित होता जा रहा है क्योंकि जहाज कम्पनियों के अन्तर्गत कई जहाज होते हैं। उनका इकट्ठे बीमा बेड़े का बीमा (Fleet Insurance) के नाम से हो जाने पर बीमा की लागत कम पड़ती है।

किराया बीमा (Freight Insurance)—किराये की रक्षा के लिये भी बीमा कराया जाता है। किराये का भुगतान या तो पेशगी दिया जा चुकता है या गन्तव्य स्थान पर पहुँच जाने पर। लेकिन यदि जहाज बीच में ही नष्ट हो जाये तो अग्रिम किराये की हानि माल के मालिक की होगी अत: बीमा कराते समय माल के मूल्य में किराया जोड़ दिया जाता है। यदि किराया गन्तव्य बन्दरगाह पर पहुँचने पर दिया जाना है तो जहाज के मालिक को किराये की हानि होगी क्योंकि गन्तव्य स्टेशन पर न पहुँच सकने के कारण किराये का भुगतान नहीं किया जायेगा। इन हानियों से रक्षा के लिए किराये का बीमा करा लिया जाता है।

सामुद्रिक बीमा प्राप्त करने की विधि

जब कोई व्यक्ति सामुद्रिक बीमा कराना चाहता है तो वह किसी बीमाकर्त्ता (Insurer) या उसके अभिकर्त्ता (Broker) के पास पहुँचता है। बीमाकर्त्ता अपनी सुविधा के लिए दलालों की नियुक्ति करते हैं लेकिन जब बीमा लायड्स अभिगोपकों द्वारा किया जाता है तो दलालों की नियुक्ति आवश्यक है क्योंकि बीमा प्राप्तकर्त्ता को सीधे बीमाकर्त्ता से मिलने या प्रसंविदा की अनुमति नहीं दी गयी है।

प्रस्ताव प्रपत्र प्राप्त हो जाने पर दलाल उससे सम्बन्धित एक सूची तैयार करता है जिसमें प्रस्तावित जोखिम का पूर्ण वर्णन किया जाता है। इस सूची को लेकर वह बीमाकर्त्ताओं के पास पहुँचता है। बीमाकर्त्ता इन जोखिमों के आधार पर बीमा-प्रस्ताव को स्वीकार करते हैं तथा उसकी शर्त आदि बताते हैं। जिस दिन से बीमापत्र निर्गमित किया जायेगा उसी दिन से जोखिम प्रारम्भ होगी। समय बीमापत्र एक निश्चित तिथि से लागू होता है जबकि यात्रा बीमापत्र यात्रा प्रारम्भ होने से लागू होता है। बीमाकर्त्ता इन सूचनाओं के अतिरिक्त और सूचनाएँ प्राप्त करता है और उनके आधार पर बीमापत्र निर्गमित करता है।

दलाल की सूची (Original slip) से लेकर जब तक अन्तिम सूची (Glosing slip) के उत्तर बीमाकर्त्ता को नहीं मिल जाते जोखिम को बीमित नहीं करते और वह खाली (Ope.i) जोखिम कहलाती है। जैसे ही अन्तिम सूची तैयार हो जाती है और सूचना अनुकूल रहती है, बीमापत्र निर्गमित कर देते हैं। बीमापत्र जब तक निर्गमित नहीं किया जाता, बीमाकर्त्ता जोखिम के प्रति उत्तरदायी नहीं होता। लेकिन व्यावहारिक जीवन में एक बार स्वीकृति दे देने पर बीमाकर्त्ता उसे अस्वीकार नहीं करता चाहे बीमापत्र निर्गमित न किया गया हो।

सामुद्रिक बीमा प्रसंविदा

सामुद्रिक बीमा के लिए हमारे देश में एक अलग अधिनियम है जिसे सामुद्रिक बीमा अधिनियम, 1963 (Marine Insurance Act, 1963) कहते हैं। इसी अधिनियम द्वारा इस बीमा प्रसंविदा को तय किया जाता है। सामुद्रिक बीमा प्रसंविदा के निम्न तत्व हैं—

(1) साधारण संविदा,

(2) बीमा योग्य हित,

(3) परम सद्विश्वास,

(4) क्षतिपूर्ति,

(5) प्रत्यासन,

(6) समाश्वासन,

(7) सन्निकट कारण,

(8) अन्य।

(1) साधारण संविदा

साधारण संविदा के आवश्यक अंग नीचे दिये जा रहे हैं—

साधारण संविदा के अंग—(1) प्रस्ताव (Offer), (2) स्वीकृति, (3) वैध उद्देश्य, (4) वैध प्रतिफल और (5) प्रसंविदा करने की क्षमता।

(1) प्रस्ताव—सामुद्रिक बीमा का प्रस्ताव लिखित या मौखिक हो सकता है, इसके लिए कोई विशेष प्रपत्र नहीं होते। लेकिन कभी-कभी पूर्ण सूचना प्राप्त करने के लिए एक निर्धारित प्रपत्र को तैयार कर लेते हैं। इस प्रपत्र में बीमा वस्तु की जोखिम सम्बन्धित सभी सूचनाएँ प्राप्त की जाती हैं। ये सूचनाएँ एक सादे कागज पर भी लिखी जा सकती हैं। इन सूचनाओं में जहाज, माल या किराया के मूल्य, माल का स्वभाव, वचन, परिमाण, स्वामित्व आदि प्रमुख सूचनाएँ हैं।

(2) स्वीकृति—इन सूचनाओं को प्रायः दलाल एक 'स्लिप' में लिखकर बीमाकर्त्ताओं के पास भेजता है। बीमाकर्त्ता इन सूचनाओं के आधार पर आंशिक या पूर्णरूपेण स्वीकृति करता है। बीमापात्र के पास स्वीकृति प्रीमियम और शर्तों के साथ भेज दी जाती है। स्वीकृति हो जाने का यह मतलब नहीं होता कि बीमाकर्त्ता जोखिम को वहन करने के लिए तैयार हो गया है। बीमा प्रसंविदा वैधानिक रूप से तब तक जारी नहीं समझी जाती जब तक बीमापत्र निर्गमित न किया जाये। यह प्रलेख (Document) महत्वपूर्ण है। इसके आधार पर न्यायालय की मान्यता समझी जा सकती है। व्यवहार में 'स्लिप' पर स्वीकृति की तिथि से ही बीमाकर्त्ता का दायित्व प्रारम्भ हो जाता है तथापि इस 'स्लिप' के आधार पर न्यायालय में बीमाकर्त्ता को क्षतिपूर्ति के लिए बाध्य नहीं किया जा सकता क्योंकि बीमापत्र के समान इसे मान्यता प्राप्त नहीं है। 'स्लिप' की उपयोगिता केवल बीमा संविदा प्रारम्भ

होने की बात को जानने के लिए ही है।

(3) वैध उद्देश्य—बीमा खरीदने का उद्देश्य ऐसा होना चाहिए जो वैधानिक दृष्टि से मान्य हो। लाभ कमाने या धोखा देने के उद्देश्य से खरीदे गये बीमा अवैध होंगे और उन पर बीमाकर्त्ता का कोई दायित्व नहीं होगा। यह प्रसंविदा विवर्जित (Void) होता है। सामुद्रिक बीमा केवल क्षतिपूर्ति की प्रसंविदा है, अत: भुगतान वहीं होगा जहाँ पर बीमापात्र को आर्थिक हानि हो। यदि बीमापात्र को कोई हानि नहीं होती तो क्षति का भुगतान नहीं किया जायेगा। जुए की संविदा पूर्णतया विवर्जित होगी।

(4) वैध प्रतिफल—मान्य प्रसंविदा के लिए यह आवश्यक है कि प्रतिफल वैध होने चाहिए। बीमाकर्त्ता को अपने वचन के बदले में कुछ 'मूल्यवान' (Valuable) प्रतिफल प्राप्त करना जरूरी है। यह केवल मुद्रा ही नहीं, बल्कि कोई भी अधिकार, हित, लाभ या अनुलाभ हो सकता है। प्रतिफल के लिए केवल इतना ही जरूरी है कि जिसके लिए कानून कुछ मूल्य निश्चित कर सके। सामुद्रिक बीमा में यह प्रतिफल प्रव्याजि (Premium) के रूप में होता है।

(5) प्रसंविदा करने की क्षमता—दोनों पक्ष (बीमाकर्त्ता और बीमापात्र) प्रसंविदा करने के योग्य होने चाहिए। बीमाकर्त्ता ने बीमा व्यापार करने के लिए अनुज्ञापत्र प्राप्त कर लिया हो तथा अपने कार्यक्षेत्र के अन्तर्गत ही व्यापार करता हो। बीमापत्र को प्रसंविदा के योग्य होना चाहिए। वह स्वस्थ दिमाग का हो, विदेशी शत्रु न हो, अवयस्क न हो तथा अन्य किसी अपराध से दण्डित न हो।

सामुद्रिक बीमा प्रसंविदा—सामुद्रिक बीमा प्रसंविदा एक ऐसी प्रसंविदा है जिसके अन्तर्गत बीमाकर्त्ता बीमित व्यक्ति को क्षतिपूर्ति करने का वचन देता है। यह क्षतिपूर्ति निश्चित ढंग से एक निर्धारित सीमा तक सामुद्रिक हानियों के होने पर वैध प्रतिफल के बदले में की जाती है। इस तरह इसमें दो पक्ष होते हैं—एक क्षतिपूर्ति करने वाला जिसे बीमाकर्त्ता कहते हैं और दूसरा क्षतिपूर्ति प्राप्त करने वाला जिसे बीमित व्यक्ति कहते हैं। सामुद्रिक क्षति का यहाँ पर विशेष अर्थ है जो कि सामुद्रिक जोखिम से सम्बन्ध रखती है। कभी-कभी स्थलीय (Inland) जोखिम भी इसमें शामिल की जाती है, जैसे विक्रेता के गोदाम से लेकर क्रेता के गोदाम तक सारी जोखिम संवृत (बीमित) रहती है। सामुद्रिक बीमा अधिनियम की धारा 3 के अनुसार सामुद्रिक बीमा समझौता एक प्रसंविदा है जिसके अनुसार बीमाकर्त्ता पूर्व निर्धारित शर्तों और रीतियों के अनुसार बीमित व्यक्ति की सामुद्रिक क्षति को पूरा करने का वचन देता है।

(2) बीमा योग्य हित

परिभाषा—अन्य बीमा प्रसंविदा की भाँति इस बीमा में भी बीमा योग्य हित का होना आवश्यक है। विधान की धारा 7 के अनुसार सामुद्रिक विषय वस्तु में किसी व्यक्ति का बीमा योग्य हित तब रहता है जब उसका उस विषय वस्तु या संपत्ति से ऐसा सम्बन्ध हो कि उसकी सुरक्षा से उसे आर्थिक लाभ हो और उसकी हानि या क्षति से उसे आर्थिक हानि हो या उसके ऊपर कोई दायित्व आये।

बीमा योग्य हित की आवश्यकता—धारा 6 के अन्तर्गत यह स्पष्ट कर दिया गया है कि सट्टे या जुए का बीमा विवर्जित होगा। बीमित व्यक्ति (Assured) का संपत्ति या माल में आर्थिक हित न होने पर या भविष्य में ऐसा हित प्राप्त न होने की आशा से की गयी प्रसंविदा सट्टे की प्रसंविदा समझी जाती है। अत: बिना बीमा योग्य हित के कोई व्यक्ति सामुद्रिक बीमा विषय वस्तु या उपक्रम (Adventure) का बीमा नहीं करा सकता। बीमा

योग्य हित को ऊपर बताया जा चुका है। उसके अनुसार व्यावहारिक और वैधानिक रूप से उसका उपक्रम में हित होना चाहिए। इस प्रकार सामुद्रिक जोखिम से केवल सम्बन्धित होने पर उसका तब तक बीमा नहीं हो सकता जब तक बीमित व्यक्ति का उस वस्तु में बीमा योग्य हित न हो।

बीमा योग्य हित का समय—विधान के अनुसार बीमा कराते समय बीमा योग्य हित रहने की आवश्यकता नहीं है। लेकिन क्षतिपूर्ति के समय बीमा योग्य हित होना चाहिए। इस प्रकार बीमा कराते समय बीमा योग्य हित की आशा पर्याप्त होगी। हानि के समय बीमा हित मौजूद न रहने पर भुगतान नहीं किया जायेगा। इस विधान की धारा 9 के अनुसार भविष्य में उत्पन्न होने वाले या भविष्य में प्राप्त होने वाले बीमा योग्य हित का बीमा कराया जा सकता है।

बीमा योग्य हित का अपवाद—बीमा योग्य हित के बिना बीमा नहीं कराया जा सकता लेकिन इसके दो अपवाद हैं—(1) खोया या नहीं खोया (Lost or Not Lost) और (2) हित शोध बीमापत्र (Policy Proof of Interest P. P. I. Policy)। पहले अपवाद का विस्तार में वर्णन शर्तों के अन्तर्गत है। यहाँ पर केवल इतना बता देना आवश्यक होगा कि इस दशा में बीमित वस्तु की क्षति यदि बीमा कराने के पूर्व हो चुकी है तो उसका भी भुगतान किया जायेगा बशर्ते कि बीमित व्यक्ति को क्षति की सूचना प्राप्त न हो। परम सद्विश्वास सिद्धान्त का पालन करते हुए यह आवश्यक है कि बीमित वस्तु की पूर्व सूचना बीमित व्यक्ति को न हो। ऐसी दशाओं में बिना बीमा योग्य हित के भी बीमा किया जा सकता है।

हित शोध बीमापत्र (P. P. I. Policy)—इस बीमापत्र के अन्तर्गत हित के अभाव में भी बीमाकर्त्ता भुगतान करने के लिए तैयार हो जाता है, परन्तु इस बीमापत्र को न्यायालय में पेश नहीं कर सकते। इसे बीमित व्यक्ति और बीमाकर्त्ता आपसी सम्बन्ध के आधार पर निर्गमित करते हैं, इसलिये इसे आदरित बीमापत्र (Honour Policy) या हित शोध बीमा (Policy Proof of Interest) कहते हैं।

बीमा योग्य हित का रूप

(1) स्वामित्व के अनुसार—स्वामी अपने माल के पूरे मूल्य तक बीमा योग्य हित रखता है। यदि एक से अधिक स्वामी हैं तो सभी व्यक्ति अपने-अपने हिस्से तक बीमा योग्य हित रखते हैं। सभी व्यक्तियों की तरफ से एक व्यक्ति को बीमा खरीदने के लिए नियुक्त किया जा सकता है। इसके भी कई रूप होते हैं—

(अ) जहाज का स्वामी—जहाज का स्वामी या कोई व्यक्ति जो जहाज को चार्टर पार्टी पर लिये हो, जहाज के पूरे मूल्य तक बीमा योग्य हित रखता है जिससे वह इस मूल्य तक बीमा करा सकता है।

(ब) माल का स्वामी—माल का स्वामी अपने माल के पूरे मूल्य तक बीमा करा सकता है। यदि उसने किराया-भाड़ा पहले दिया है तो वह वस्तु के मूल्य और भाड़े की रकम तक बीमा योग्य हित रखता है।

(स) भाड़े का स्वामी—भाड़ा पाने वाला व्यक्ति माल के सुरक्षित पहुँचने पर ही भाड़ा पा सकता है। अत: वह अपने भाड़े की रकम तक बीमायोग्य हित रखता है।

(2) पुनर्बीमा में बीमा योग्य हित—बीमापत्र निर्गमित करने वाला व्यक्ति निर्गमित बीमापत्र की रकम तक बीमा योग्य हित रखता है क्योंकि उसे क्षति के समय भुगतान करना पड़ेगा। बीमाकर्त्ता अपने द्वारा बीमित जोखिम का कुछ हिस्सा पुनर्बीमा कर्त्ता द्वारा

बीमित करा लेते हैं। यह सामुद्रिक बीमा अधिनियम की धारा 11 में दिया हुआ है।

(3) अन्य व्यक्ति—उपर्युक्त व्यक्तियों के अतिरिक्त अन्य कई व्यक्ति हैं जो बीमा योग्य हित रखते हैं।

(अ) ऋणदाता—जहाज की जमानत (Bottomary Bond) और माल की जमानत (Respondentia Bond) पर दिये गये ऋण की रकम और उस पर ब्याज की रकम तक ऋणदाता बीमा योग्य हित रखता है। यदि ऋण की कुछ रकम पहले दी जा चुकी है तो केवल अदत्त ऋण और ब्याज (Outstanding Loan and Interest) पर ही बीमायोग्य हित रखता है। (धारा 12)

(ब) जहाज के कर्मचारी—धारा 13 के अनुसार जहाज के कप्तान और कर्मचारी अपने वेतन की सीमा तक बीमा-योग्य हित रखते हैं।

(स) बन्धककर्त्ता—धारा 16 के अनुसार बन्धककर्त्ता (Mortgagor) बन्धक के मूल्य तक बीमायोग्य हित रखता है और बन्धकी (Mortgagee) बन्धक से प्राप्य रकम (ऋण की रकम) तक बीमा करा सकता है। पहली दशा में वस्तु नष्ट होने पर बन्धककर्त्ता को वस्तु की हानि होगी और दूसरी दशा में बन्धकी या ऋणदाता को केवल अदत्त ऋण की हानि होगी।

(द) न्यासी (Trustee)—न्यासी अपने न्यास (Trust) में रखी गयी संपत्ति में मूल्य तक बीमा योग्य हित रखता है।

(3) परम सद्विश्वास

सामुद्रिक बीमा अधिनियम की धारा 19 के अनुसार सामुद्रिक बीमा प्रसंविदा परम सद्विश्वास की प्रसंविदा है और यदि किसी पक्ष द्वारा इसका पालन न हुआ तो दूसरा पक्ष इसे विवर्जित (Void) कर सकता है, अत: इस सिद्धान्त के पालन न होने पर प्रसंविदा विवर्जनीय (Voidable) हो सकती है।

महत्व—सामुद्रिक बीमा उन वस्तुओं, जहाजों आदि का होता है जो बीमाकर्त्ता या अभिगोपक (Underwriter) से बहुत दूर रहते हैं। ऐसी दशा में अभिगोपक केवल दी गयी सूचनाओं पर ही अपना निर्णय लेता है। अत: बीमा-प्रस्तावक का यह कर्तव्य हो जाता है कि वह महत्वपूर्ण तथ्यों को पूर्णतया स्पष्ट करे। अन्य बीमा प्रसंविदा में प्रस्ताव पत्र भरे जाते हैं परन्तु सामुद्रिक बीमा में प्रस्ताव पत्र भरने की आवश्यकता नहीं है इसलिये प्रश्नों के अभाव में इस सिद्धान्त का पालन होना और महत्वपूर्ण है।

दोनों पक्षों का कर्तव्य—परम सद्विश्वास का पालन करना दोनों पक्षों के लिए जरूरी है। बीमा-अभिगोपक का भी यह कर्तव्य होता है कि वह उन तमाम महत्वपूर्ण तथ्यों को बीमा-प्रस्तावक को बतावे जिससे उसके बीमा लेने का निर्णय प्रभावित होता हो। इसी प्रकार बीमा-प्रस्तावक (Proposer) का भी यह कर्तव्य होता है कि वह सभी आवश्यक और महत्वपूर्ण सूचनाओं को बतावे। चूँकि बीमावस्तु (Subject-matter of Insurance) के विषय में प्रस्तावक को अधिक ज्ञान रहता है, इसलिये परम सद्विश्वास का पालन करना उसके लिए बहुत जरूरी है।

अर्थ—परम सद्विश्वास का तात्पर्य धारा 20 में स्पष्ट किया गया है। इसके अनुसार समझौता पूर्ण होने के पूर्व प्रत्येक महत्वपूर्ण तथ्य (Material Fact) या परिस्थितियाँ (Circumstances) जो बीमा प्रस्तावक को ज्ञात हो अभिगोपक को बता दे। इस धारा में यह और स्पष्ट कर दिया गया है कि बीमित व्यक्ति से यह आशा की जाती है कि सामान्य रूप से उसे अपने व्यापार या वस्तु सम्बन्धी सभी सूचनाएँ ज्ञात होंगी जो उसे ज्ञात होनी चाहिए।

महत्वपूर्ण तथ्यों से मतलब ऐसे तथ्यों से है जो बीमा प्रसंविदा के निर्णय को प्रभावित करते हैं अर्थात् प्रव्याजि निर्धारण या जोखिम निर्धारण निर्णय को प्रभावित करने वाले तथ्य महत्वपूर्ण तथ्य होते हैं। बीमित व्यक्ति या बीमा-पात्र इस बात से छुटकारा नहीं पा सकता है कि उसे उसके कर्मचारियों ने सूचनायें नहीं दी हैं या वह सूचना नहीं पा सका है। एक निर्णय में यह तय हो चुका है कि चूँकि बीमा अभिगोपक बीमा-पात्र द्वारा दी गयी सूचनाओं पर अपने निर्णय आधारित करता है, अतः यदि कोई सूचना जो इस संविदा से सम्बन्धित न बतायी गयी हो या गलत बतायी गयी हो तो प्रसंविदा विवर्जित (Void) होगी। इसमें यह भी बताया गया है कि बीमा अभिगोपक का यह कर्तव्य है कि वह सम्बन्धित महत्वपूर्ण सूचना को छिपाये नहीं। यदि वह किसी सूचना को छिपाता है या गलत बताता है तो बीमा-पात्र इसे विवर्जित कर सकता है। जैसे यदि बीमाकर्त्ता या अभिगोपक को यह मालूम है कि प्रसंविदा के पूर्व जहाज सुरक्षित आ चुका है लेकिन उसके बावजूद भी यदि वह बीमा करता है तो प्रव्याजि की राशि उसे लौटानी पड़ेगी। दलाल का भी यह कर्तव्य होता है कि वह महत्वपूर्ण तथ्यों की पूर्ण सूचना दे।

परम सद्विश्वास का वैधानिक प्रभाव

सामुद्रिक बीमा प्रसंविदा तभी चल सकती है जबकि परम सद्विश्वास का पालन किया गया हो। परम सद्विश्वास का न पालन निम्न दशाओं में हो सकता है—

(1) अप्रकटीकरण (Non-disclousre)—यदि महत्वपूर्ण तथ्यों को प्रकट नहीं किया गया अर्थात् इसे बताया नहीं गया है तो बीमाकर्त्ता को केवल थोड़ी सूचनायें मिलेंगी जो उसके लिए अपर्याप्त होंगी। यदि अप्रकटीकरण जानबूझ कर नहीं किया गया है बल्कि अनजाने में गलती हो गयी है तो भी प्रसंविदा विवर्जित हो सकती है क्योंकि बीमा अभिगोपक को इस अप्रकटीकरण के कारण हानि हो सकती है। गलती से हुए अप्रकटीकरण को अभिगोपक चाहे तो विवर्जित कर सकता है। इसी प्रकार कोई तथ्य जो महत्वपूर्ण था परन्तु महत्वपूर्ण नहीं समझा गया तो भी इसे विवर्जित कर सकते हैं लेकिन यह अभिगोपक की इच्छा पर विवर्जनीय (Voidable) होगा।

(2) भ्रान्त वर्णन (Misrepresentation)—जब किसी तथ्य का गलत वर्णन कर दिया गया है, यह चाहे गलती से या जान बूझकर हो तब उसे दूसरा पक्ष विवर्जित कर सकता है। भ्रान्त वर्णन के पीछे धोखा देने का कोई इरादा नहीं रहता है।

(3) कपट (Fraud)—धोखा देने के उद्देश्य से महत्वपूर्ण तथ्य को छिपाना या भ्रान्त वर्णन करना कपट कहलाता है। कपट से की गयी प्रसंविदा प्रारम्भ से ही विवर्जित होती है। इसे कोई रोक नहीं सकता है। कपट की दशा में परम सद्विश्वास का पालन न होने पर प्रसंविदा पूर्णतया विवर्जित होता है, अन्य दशाओं में यह केवल विवर्जनीय है।

समय—परम सद्विश्वास का पालन प्रस्ताव से लेकर प्रसंविदा की पूर्ति तक होना आवश्यक है। यदि प्रसंविदा की पूर्ति के पहले कोई महत्वपूर्ण तथ्य सामने आये तो उसको बताना जरूरी है। दूसरा पक्ष जो परम सद्विश्वास के पालन न होने पर पीड़ित होता है, एक निश्चित समय में प्रसंविदा को विवर्जित (Void) करने का अधिकार रखता है। निश्चित या उचित समय का निर्धारण करना परिस्थितियों पर आधारित है।

परम सद्विश्वास का अपवाद

किसी निरीक्षण या प्रसंविदा के अभाव में निम्न परिस्थितियों में परम सद्विश्वास का पालन होना जरूरी नहीं हैं।

(1) वे परिस्थितियाँ जो जोखिम को कम करती हैं।

(2) वे स्थितियाँ या तथ्य जो बीमाकर्त्ता को मालूम हैं या उससे सामान्य व्यापार में मालूम करने की आशा की जाती है।

(3) वे सूचनाएँ जिनको बीमाकर्त्ता ने जान बूझकर छोड़ दिया है।

(4) वे परिस्थितियाँ जो समाश्वासन या शर्तों के अनुसार अपने आप स्पष्ट हो जायेंगी।

(5) सामान्य जनता को नीतियों या कानून के विषय को बताने की आवश्यकता नहीं है।

(4) क्षतिपूर्ति (Indemnity)

महत्त्व—क्षतिपूर्ति का सिद्धान्त बीमा विधान में महत्वपूर्ण स्थान रखता है क्योंकि व्यक्तिगत या जीवन बीमा को छोड़कर अन्य बीमा में वास्तविक हानि, जो एक निश्चित घटना के घटित होने पर होती है, को क्षतिपूर्ति कर दी जाती है। किसी भी दशा में वास्तविक क्षति से अधिक भुगतान नहीं किया जाता है। इस तरह बीमा कराके लाभ प्राप्त करने का अवसर नहीं दिया जाता।

उद्देश्य—बीमा विधान के द्वारा व्यक्तियों को केवल क्षति को पूरा करने का मौका मिलता है जिससे जोखिम पर हानि से छुटकारा मिल सके। यदि हानि के मूल्य से अधिक भुगतान किया जाने लगे तो लाभ प्राप्त करने का मौका मिलता रहेगा जिससे व्यक्तियों को सम्पत्ति नष्ट करने का प्रोत्साहन मिलेगा। परन्तु क्षतिपूर्ति सिद्धान्त इस प्रोत्साहन को कम करता है तथा केवल हानि की ही पूर्ति करता है। इस सिद्धान्त से असामाजिक रूप से जान बूझकर की जाने वाली क्षति को दूर करने का मौका मिलता है क्योंकि हानि के केवल वास्तविक मूल्य को ही भुगतान करने की अनुमति इस सिद्धान्त में है।

जीवन बीमा में इस सिद्धान्त को इसलिए लागू नहीं करते कि हानि का वास्तविक मूल्यांकन नहीं हो पाता है। इसमें केवल एक निर्धारित रकम का ही भुगतान होता है। इसके अतिरिक्त सम्पत्ति बीमा में सम्पत्ति के मूल्य से अधिक का बीमा लेने पर भी केवल वास्तविक हानि की पूर्ति की जाती है। लेकिन जब उसके मूल्य से कम का बीमा लिया जाता है तो हानि की रकम अधिक होने पर केवल बीमित रकम का ही भुगतान करते हैं, शेष हानि की रकम को बीमादार स्वयं सहन करता है।

प्रसंविदा अधिनियम धारा 124—भारतीय प्रसंविदा अधिनियम की धारा 124 के अनुसार क्षतिपूर्ति की प्रसंविदा वह प्रसंविदा है जिसमें एक पक्ष दूसरे पक्ष को किसी एक निश्चित घटना के घटित होने पर होने वाली आर्थिक हानि को पूरा करने का वचन देता है। इस प्रकार यह सिद्धान्त आर्थिक हानि के प्रति सुरक्षा है। यहाँ यह जानना उचित होगा कि यह सिद्धान्त जोखिम के प्रति सुरक्षा नहीं देता क्योंकि जोखिम (Risk) से सुरक्षा प्रदान करना सम्भव नहीं है, किसी जोखिम को होने से रोका नहीं जा सकता है। हाँ, जोखिम से होने वाली हानि को पूरा किया जा सकता है।

शर्तें—क्षतिपूर्ति सिद्धान्त के अन्तर्गत निम्न शर्तों को बताया गया है—

(1) बीमित व्यक्ति को यह सिद्ध करना होता है कि उसे हानि हुई है। यह हानि बीमित वस्तु पर बीमित जोखिम के कारण वास्तविक और मौद्रिक है।

(2) क्षतिपूर्ति की रकम केवल बीमा की रकम तक होगी, उससे अधिक क्षतिपूर्ति की रकम नहीं हो सकती है।

(3) यह बीमित व्यक्ति वास्तविक हानि से अधिक रकम प्राप्त करता है तो इस अतिरिक्त रकम को प्राप्त करने का अधिकार बीमाकर्त्ता को है।

(4) यदि बीमित व्यक्ति इस हानि के सम्बन्ध में किसी तीसरे पक्ष से कोई रकम प्राप्त करता है तो उस रकम को पाने का अधिकार बीमाकर्त्ता को हो जाता है।

सामुद्रिक बीमा—सामुद्रिक बीमा एक क्षतिपूर्ति का बीमा है जिसमें बीमाकर्त्ता बीमित व्यक्ति को एक निर्धारित सामुद्रिक जोखिम के होने पर होने वाली हानि का भुगतान करने के लिये प्रसंविदा करता है।

भुगतान का रूप—क्षतिपूर्ति का कार्य (1) नकद रूप में, (2) प्रतिस्थापन, (3) मरम्मत और (4) पुनर्स्थापना के रूप में किया जा सकता है। परन्तु सामुद्रिक बीमा में केवल नकद भुगतान की प्रथा है क्योंकि बीमाकर्त्ता के लिए प्रतिस्थापना, मरम्मत या पुनर्स्थापना सम्भव नहीं हो पाती है। इसमें हानि के वास्तविक मूल्य का ही भुगतान करते हैं।

भुगतान-मूल्य निर्धारण—हानि के वास्तविक मूल्य का निर्धारण दो प्रकार से होता है—(1) बीमित मूल्य (Insured Value) या मूल्यांकित मूल्य (Valued price) और (2) बीमायोग्य मूल्य (Insurable Value) या मूल्यांकन योग्य मूल्य (Valuable Price)।

(1) बीमित मूल्य—बीमा कराते समय जब विषय वस्तु का मूल्य निर्धारित कर लिया जाता है तो उसे बीमित मूल्य कहते हैं। इसी मूल्य के आधार पर हानि का भुगतान किया जाता है। बीमित मूल्य का वह अनुपात भुगतान के लिए होगा जितने अनुपात की सम्पत्ति नष्ट हुई है। जैसे यदि बीमित मूल्य 20,000 रुपये था और सम्पत्ति का एक-चौथाई हिस्सा नष्ट हुआ है तो हानि की रकम बीस हजार की चौथाई अर्थात् पाँच हजार होगी।

लाभ को जोड़ना—बीमित मूल्य निश्चित करने में माल के वास्तविक मूल्य में उस पर होने वाले लाभ (Anticipated profit) को भी जोड़ देते हैं जिससे माल के नष्ट होने पर उस पर होने वाले लाभ भी प्राप्त किये जा सकें क्योंकि लाभ की हानि होती है।

लाभ—बीमित मूल्य का यह लाभ है कि जब कभी सम्पत्ति की हानि हो उसका मूल्य आसानी से मालूम हो सके। सामुद्रिक बीमा वस्तुएँ या सम्पत्ति देश के विभिन्न क्षेत्रों से गुजरती हैं जिससे विभिन्न समय में उनके बाजार मूल्य बदलते रहते हैं। सम्पत्ति के नष्ट होने पर उसके मूल्यांकन की दूसरी कठिनाई भी होती है। अतः बीमित मूल्य से मूल्यांकन की कठिनाई दूर हो जाती है।

दूसरा लाभ यह है कि बीमित व्यक्ति और बीमाकर्त्ता के बीच मूल्यांकन सम्बन्धी झगड़े उत्पन्न नहीं हो पाते हैं। इस मूल्य के विषय में कोई विरोध उत्पन्न नहीं कर सकता है। हालाँकि कपटपूर्ण ऊँचे मूल्यों के विरोध में विवाद उठाये जा सकते हैं।

तीसरा लाभ यह है कि लाभ को जोड़ने का अवसर मिल जाता है।

हानि—मूल्यांकन बीमापत्र (Valued or Insured Policies) के विरोध में यह कहा गया है कि नैतिक जोखिम की सम्भावना अधिक रहती है। यद्यपि यह बात अग्नि-बीमा में अधिक लागू होती है क्योंकि सम्पत्ति स्थायी तथा बीमित व्यक्ति के पास रहती है। विपरीत परिस्थितियों में सम्पत्ति नष्ट की जा सकती है परन्तु इस बीमा में वह नैतिक जोखिम अधिक नहीं दिखाई पड़ता। मूल्य के घटने पर सम्पत्ति का मूल्य निश्चित रहने पर उसे कोई नष्ट नहीं करना चाहेगा, और सम्पत्ति के मूल्य बढ़ने पर उसके निश्चित मूल्य से कोई

हानि नहीं हो पायेगी क्योंकि बढ़े हुए मूल्य पर सम्पत्ति को बाजार में बेच सकते हैं।

सामुद्रिक बीमा में सम्पत्ति के चलते रहने और जोखिम की दूरी के कारण तथा बीमित मूल्यों के लाभों के लिए बीमित (Valued) बीमापत्र अधिकांश निर्गमित किये जाते हैं।

(2) बीमा योग्य मूल्य (Insurable Value)—जब माल या सम्पत्ति के मूल्य निश्चित नहीं हो पाये हैं परन्तु हानि के समय उनको निश्चित करने के लिए छोड़ दिया गया है तब उसे बीमा योग्य मूल्य या मूल्यांकन योग्य (Valuable Price) कहते हैं। इसके अन्तर्गत बीमापत्र पर भुगतान वही उतना होगा जितना कि क्षति के समय हानि का वास्तविक मूल्य रहता है। इस वास्तविक मूल्य को बाजार मूल्य से निश्चित करते हैं।

लाभ—बीमा योग्य मूल्य का लाभ यह है कि जब बीमित वस्तु का मूल्य बढ़ता जा रहा है तो बीमित व्यक्ति को बढ़े मूल्य पर ही भुगतान होगा, उसे बीमित मूल्य पर होने वाली हानि नहीं हो पायेगी।

हानि—घटते हुए मूल्यों की दशा में बीमा योग्य मूल्य से हानि होगी क्योंकि बीमित मूल्य अधिक हो गया है। ऐसी दशा में बीमाकर्त्ता आनुपातिक प्रव्याजि (Premium) को लौटाता है।

इन कठिनाइयों के कारण सामुद्रिक बीमा में बीमित मूल्य या मूल्यांकन मूल्य को ही प्रसंविदा का आधार मानते हैं।

अपवाद

सामुद्रिक बीमा से क्षतिपूर्ति सिद्धान्त का अक्षरशः पालन नहीं होता है। इसके निम्न दो अपवाद हैं—

(1) बीमित बीमापत्र (Insured Policy)—क्षति के समय हानि के वार्स्तविक मूल्य को न देखकर बल्कि पूर्व निर्धारित मूल्य के आधार पर ही भुगतान होता है। लेकिन क्षतिपूर्ति सिद्धान्त यह कहता है कि क्षति के समय होने वाली हानि के वास्तविक मूल्य का ही भुगतान किया जायेगा जो इस बीमापत्र द्वारा पालन नहीं होता।

(2) लाभ को शामिल करना—क्षतिपूर्ति सिद्धान्त में लाभ को शामिल करने का कोई प्रावधान नहीं रहता है परन्तु सामुद्रिक बीमा में बीमित बीमापत्र के अन्तर्गत लाभ को भी शामिल करने का नियम है। इस प्रकार इसमें लाभ का भी भुगतान होता है।

(5) प्रत्यासन (Doctrine of Subrogation)

प्रत्यासन का सिद्धान्त क्षतिपूर्ति सिद्धान्त का उप-सिद्धान्त है। सम्पत्ति बीमा में बीमित व्यक्ति अपनी सम्पत्ति पर होने वाली हानि को ही पा सकता है उससे अधिक और कम का भुगतान नहीं किया जाता है, बशर्ते कि उतनी रकम का बीमा कराया गया हो।

अर्थ—क्षतिपूर्ति के सिद्धान्त से स्पष्ट है कि केवल हानि का ही भुगतान होता है और यदि भुगतान करने के बाद सम्पत्ति का कुछ मूल्य बच जाता है या खोयी सम्पत्ति का कुछ या पूरा हिस्सा पाया जाता है या बीमित व्यक्ति इस सम्पत्ति के उपलक्ष में तीसरे पक्ष से कुछ अधिकार रखता है तो ये अवशेष सम्पत्ति, या पुनर्प्राप्त सम्पत्ति या तीसरे पक्ष का अधिकार बीमाकर्त्ता का हो जाता है। यदि ऐसा नहीं है तो क्षतिपूर्ति सिद्धान्त का पूर्णतया पालन नहीं होगा और बीमित व्यक्ति को इन कारणों से लाभ हो जायेगा। इसलिये प्रत्यासन सिद्धान्त को इसके साथ जोड़ दिया गया है जिसके अन्तर्गत बीमाकर्त्ता बीमित वस्तु या सम्पत्ति के सभी अधिकार प्राप्त कर लेता है।

परिभाषा—प्रत्यासन सिद्धान्त की परिभाषा एक अमेरिकन विवाद में प्रत्यक्ष रूप से दी जा चुकी है। उसके अनुसार प्रत्यासन किसी एक व्यक्ति का दूसरे व्यक्ति के अधिकार का प्रतिस्थापन (Substitution) है। जिसे प्रतिस्थापन (Substitution) का अधिकार मिलता है वह ऋणदाता या अन्य कोई व्यक्ति हो सकता है, उसे दूसरे पक्ष का अधिकार, निदान (Remedies) या प्रतिभूति (Securities) मिल जाती है।

सीमा—प्रत्यासन सिद्धान्त की सीमा बीमाकर्त्ता द्वारा भुगतान की गयी रकम तक ही होती है। इस तरह बीमाकर्त्ता हानि पूर्ति के बाद बीमित व्यक्ति के सभी अधिकार और निदान प्राप्त कर लेता है लेकिन यह अधिकार और निदान केवल भुगतान की गयी रकम तक ही होगा। यदि बीमित व्यक्ति को तीसरे पक्ष में कोई क्षतिपूर्ति प्राप्त होती है तो इस रकम को वह बीमाकर्त्ता के प्रन्यासी के रूप में करेगा लेकिन केवल उसी समय तक जितने तक बीमाकर्त्ता भुगतान करने के लिए जिम्मेदार है। इसका उदाहरण न्यायालय द्वारा दिया जा चुका है जिसमें यह बताया गया है कि बीमापत्र की रकम का भुगतान करने के बाद बीमाकर्त्ता को तीसरे पक्ष से भुगतान की गयी रकम से अधिक रकम प्राप्त हुई। अत: बीमाकर्त्ता का यह कर्तव्य हुआ कि जितनी अधिक रकम प्राप्त हुई उसे बीमित व्यक्ति को दे दे। हाँ! यह अवश्य है कि वह उस रकम को एकत्र करने का खर्चा घटा ले। अध्यर्थन की रकम का भुगतान कर देने के पश्चात् बीमाकर्त्ता को बीमित व्यक्ति के अधिकार और निदान प्राप्त होते हैं।

सामुद्रिक बीमा—प्रत्यासन सिद्धान्त सम्पत्ति बीमा में ही लागू होता है और वहीं पर जहाँ पर क्षतिपूर्ति का सिद्धान्त लागू होगा। सामुद्रिक बीमा में भी इस सिद्धान्त का पालन होता है। इस बीमा में भी यही उद्देश्य है कि वास्तविक हानि से अधिक रकम का भुगतान न किया जाय। हानि की पूर्ति के बाद बीमाकर्त्ता को तीसरे पक्ष द्वारा क्षतिपूर्ति का अधिकार या अन्य रकम प्राप्त करने का अधिकार प्राप्त हो जाता है।

लक्षण—सामुद्रिक बीमा में प्रत्यासन सिद्धान्त के निम्न लक्षण पाये जाते हैं—

(1) क्षतिपूर्ति करने के बाद बीमाकर्त्ता को बीमित व्यक्ति के सभी निदान, अधिकार और दायित्व प्राप्त हो जाते हैं।

(2) बीमाकर्त्ता को यह अधिकार है कि क्षतिपूर्ति करने के पहले बीमित व्यक्ति को तीसरे पक्ष द्वारा प्राप्त रकम को घटाने के बाद शेष रकम का भुगतान करे। लेकिन सामुद्रिक बीमा में व्यावहारिक रूप से केवल भुगतान के बाद ही यह सिद्धान्त लागू होता है।

(3) क्षतिपूर्ति के बाद बीमाकर्त्ता को बीमित व्यक्ति का तीसरे पक्ष के सभी अधिकार प्राप्त हो जाते हैं परन्तु बीमाकर्त्ता को अपने नाम में मुकदमा करने का अधिकार नहीं है। अत: बीमित व्यक्ति का यह कर्तव्य हो जाता है कि बीमाकर्त्ता को तीसरे पक्ष से रकम प्राप्त करने के लिये मदद करे। यदि बीमित व्यक्ति तीसरे पक्ष से रकम प्राप्त करने में सहायता नहीं देता है तो बीमाकर्त्ता अपने दायित्व से मुक्त हो सकता है और यदि बीमाकर्त्ता को रकम दी जा चुकी है तो उस रकम को वापस प्राप्त करने का अधिकार प्राप्त कर लेगा।

(4) यदि बीमित व्यक्ति तीसरे पक्ष से रकम प्राप्त करने के लिए कुछ खर्च भी करता है तो उस खर्चे का भुगतान बीमाकर्त्ता करेगा।

इस तरह इस सिद्धान्त में बीमाकर्त्ता के माध्यम से वास्तविक हानि से न तो कम और न अधिक भुगतान होता है।

(6) समाश्वासन (Warranties)

अर्थ—सामुद्रिक बीमा अधिनियम की धारा 35 (3)[1] के अन्तर्गत समाश्वासन की परिभाषा दी गई है, "समाश्वासन बीमा पात्र (बीमित पात्र (बीमित व्यक्ति) द्वारा दिया गया ऐसा आश्वासन है कि बीमा प्रसंविदा के सम्बन्ध में कोई विशेष बात की जायेगी अथवा नहीं की जायेगी, या किसी आवश्यक शर्त का पालन किया जायेगा, या जिसके द्वारा किन्हीं विशेष तथ्यों की उपस्थिति अथवा अनुपस्थिति का कथन करना है।"

बीमित व्यक्ति का कर्तव्य—समाश्वासन बीमा पात्र या बीमित व्यक्ति द्वारा दिया जाता है, बीमाकर्त्ता समाश्वासन नहीं देता। बीमित व्यक्ति के लिए ऐसे आश्वासन का पालन करना बहुत आवश्यक है। यदि कोई शर्त या समाश्वासन तोड़ दिया गया तो प्रसंविदा विवर्जित हो जाती है। बीमित व्यक्ति का यह कर्तव्य है कि वह बीमा प्रसंविदा के चलते रहने पर इसका पालन अवश्य करे चाहे वह प्रसंविदा संबंधी महत्वपूर्ण हो या नहीं। प्रसंविदा तभी तक चलेगी जब तक इसका पालन होगा। हालाँकि अवैध घोषित किये गये आश्वासन का पालन करना आवश्यक नहीं है। अवैध आश्वासन के अतिरिक्त अन्य दशाओं में इसके खण्डन की तिथि से बीमाकर्त्ता अपने दायित्व से मुक्त हो जाता है और प्रसंविदा विवर्जित हो जाती है तथा न्यायालय में इसकी मान्यता का लोप हो जाता है।

भेद—समाश्वासन के भेदों को समझने के लिए यह जानना आवश्यक है कि समाश्वासन केवल प्रश्नों का उत्तर नहीं है बल्कि कुछ शर्तों को पूरा करने या न पूरा करने का वचन भी है। यह बीमापत्र में लिखा भी जा सकता है और नहीं भी लिखा जा सकता है। समाश्वासन को त्यागना ही इसका पालन न करना है बल्कि परिणाम चाहे जो हो। समाश्वासन के त्यागने पर परिणाम को ध्यान में नहीं रखते बल्कि उसके कार्य मात्र से ही इसका त्याग हो जाता है। इसी प्रकार त्यागे गये आश्वासन के लिए महत्वपूर्ण होने की कोई विशेष आवश्यकता नहीं है।

समाश्वासन के भेद दो प्रकार से किये जा सकते हैं। पहले प्रकार से (1) वर्णनात्मक (Affirmative) और (2) वचन ग्राह्य (Promissory) तथा दूसरे प्रकार से (1) लिखित और (2) उपलक्षित, ये दो समाश्वासन हैं।

(1) वर्णनात्मक समाश्वासन (Affirmative Warranty)—वर्णनात्मक समाश्वासन से किसी विषय या वस्तु के मौजूद रहने या न रहने की सूचना मिलती है या वह विषय-वस्तु के सम्बन्ध में एक वर्णन या कथन है।

(2) वचन-ग्राह्य समाश्वासन (Promissory Warranty)—इसके द्वारा बीमित व्यक्ति किंसी कार्य के करने या न करने का वचन देता है। वचन-ग्राह्य समाश्वासन के आधार पर शर्तों का पालन किया जाता है।

दूसरे तरीके के अनुसार भेद—

(1) लिखित समाश्वासन (Express Warranty)—लिखित समाश्वासन वह है जो बीमापत्र में स्पष्ट रूप से प्रसंगानुसार लिख दिया जाता है। इन्हें वास्तविक रूप से प्रसंगानुसार बीमापत्र में लिख दिया जाता है।

---

1. Section 35 (3) of Marine Insurance Act, 1963, "a warranty by which the assured undertakes that some particular thing shall or shall not be done, or that some condition shall be fulfilled, or whereby he affirms or negatives the existence of a particular state of facts."

(2) उपलक्षित समाश्वासन (Implied Warranty)—यह समाश्वासन लिखित नहीं होता बल्कि प्रसंविदा कर्त्ताओं द्वारा इसे शामिल हुआ माना जाता है। ये उसी तरह अनिवार्य हैं जिस तरह लिखित आश्वासन और उसी प्रकार प्रसंविदा में लागू भी होते हैं।

समाश्वासन का अक्षरश: पालन होना आवश्यक है, चाहे वह महत्वपूर्ण हो या न हो।

लेकिन निम्न परिस्थितियों में समाश्वासन के पालन होने की विशेष आवश्यकता नहीं है—

(1) परिस्थितियों में परिवर्तन के कारण समाश्वासन लागू न हो सके;

(2) बाद में लागू किये गये नियमों के कारण वह अवैध हो गया हो; और

(3) बीमाकर्त्ता ने समाश्वासन के भंग होने को त्याग (Waive) दिया है।

उपलक्षित समाश्वासन (Implied Warranties)

उपलक्षित समाश्वासन निम्न प्रकार के होते हैं—

(1) सागर योग्यता (Sea-worthiness)—सागर योग्यता से तात्पर्य जहाज यात्रा के प्रारम्भ के समय या विभिन्न क्रमों (Stages) के प्रारम्भ होने के समय सागर में चलने योग्य हो। वह यात्रा को पूरा करने के योग्य हो। वह सागर योग्य या यात्रा योग्य तभी होगा जब वह अच्छी तरह निर्मित हो, उपकरण से सुसज्जित हो, पर्याप्त अधिकारी या कर्मचारी हो, आवश्यक प्रलेखों को रखा हो, आने वाली साधारण कठिनाइयों को दूर करने के योग्य हो और पर्याप्त ईंधन तथा आवश्यक सामान हों। सागर योग्यता एक सापेक्ष (Relative) शब्द और समय, स्थान, माल आदि के अनुसार बदलती रहती है।

निर्धारण का आधार—सागर योग्यता निर्धारण करने के लिये ले जाने वाले माल की प्रकृति, यात्रा का रास्ता आदि देखते हैं। सागर योग्यता में केवल जहाज की स्थिति को ही नहीं देखा जाता बल्कि उपकरण के औचित्य और पर्याप्तता को भी देखा जाता है। अधिकारियों की योग्यता और क्षमता भी देखी जाती है। इन विभिन्न योग्यताओं और क्षमता के कारण कुछ व्यक्तियों ने सागर योग्यता को उपयुक्तता (Fitness) के नाम से पुकारना चाहा है। सागर योग्यता निर्धारण के कुछ आधार नीचे दिये जा रहे हैं—

(अ) जहाज के अनुसार—कुछ जहाज ऐसे होंगे जो केवल तटीय यात्रा के योग्य होंगे परन्तु ये जहाज गहरे समुद्र में चलने के अयोग्य होंगे। इसके विपरीत कुछ जहाज केवल गहरे समुद्र में ही चल सकते हैं। जहाज की बनावट, आकार-प्रकार सुविधाएँ आदि के अनुसार यह निश्चित किया जा सकता है कि कोई जहाज़ किसी एक विशेष यात्रा के योग्य है अथवा नहीं।

(ब) समय के अनुसार—कोई जहाज किसी एक समय या ऋतु में किसी स्थान में जाने योग्य हो सकता है परन्तु दूसरे समय में उसी स्थान से जाने के अयोग्य हो सकता है। इस प्रकार एक जहाज जो बसन्त ऋतु में जाने के योग्य हो सकता है परन्तु जाड़े की ऋतु में वह यात्रा के योग्य नहीं हो सकता है।

(स) समुद्र के अनुसार—समुद्र के अनुसार भी सागर योग्यता बदलती रहती है। कोई एक जहाज समुद्र से जा सकता है परन्तु दूसरे समुद्र से जाने के अयोग्य होगा। इस प्रकार जो जहाज प्रशान्त महासागर को पार कर सकता है वह जहाज तटीय व्यापार के अयोग्य होगा।

(द) माल के अनुसार—माल की प्रकृति के अनुसार सागर योग्यता बदलती रहती है। सागर योग्यता में माल की योग्यता (Cargo-Worthiness) को देखना जरूरी है। जहाज इस योग्य हो कि वह एक विशेष माल ले जाने में समर्थ हो। एक जहाज जो मशीन ले जाने में समर्थ है फल ले जाने में असमर्थ होगा क्योंकि फलों या ऐसी वस्तुओं को ले जाने के लिए वातानुकूल मशीन (Air-conditioner) या शीतक (Refrigerator) का होना जरूरी है।

सागर योग्यता का समय—सागर योग्यता का निर्धारण यात्रा प्रारंभ करने के समय किया जाता है। यदि यात्रा कई भागों में विभक्त है तो प्रत्येक भाग (Part) में इसे सागर योग्य होना चाहिए। यात्रा प्रारम्भ के बाद यदि किसी कारण से जहाज अचानक सागर अयोग्य हो जाय तो उससे प्रसंविदा अवैध नहीं होगी।

जहाज से सम्बन्धित योग्यता लागू होना—सागर योग्यता जहाज से सम्बन्धित है न कि माल (Cargo) से। इसी प्रकार खाली जहाज (Hull) केवल यात्रा से संबंधित है। समय बीमापत्र (Time Policy) में यह लागू नहीं होता है।

वैधानिक प्रभाव—सागर योग्यता के लागू न होने पर प्रसंविदा अभिगोपक (Underwriter) के विकल्प पर विवर्जित की जा सकती है।

माल की सागर योग्यता का लागू न होना—यदि कोई सामान इस प्रकार का है कि किसी जहाज के योग्य नहीं पाया जा रहा है तो प्रसंविदा अभिगोपक के विकल्प पर रद्द की जा सकती है यद्यपि कि सागर अयोग्यता प्रमाणित करने की जिम्मेदारी बीमाकर्त्ता पर है। परन्तु यदि इस सिद्धान्त पर अक्षरश: पालन किया जाये तो माल के स्वामी को बहुत कठिनाई होगी। वह अपने सामान को दूर भेजता है जहाँ पर जहाज की सागर योग्यता का पता नहीं होगा और यदि बाद में हानि होने पर जहाज सागर अयोग्य हो जाय तो माल के स्वामी को कुछ भी भुगतान नहीं होगा और दूसरी तरफ दी गयी प्रव्याजि जब्त हो जायेगी। इसलिए आजकल बीमाकर्त्ता और माल के स्वामी के बीच यह समझौता हो जाता है कि जहाज की सागर अयोग्यता पर अध्यर्थन (Claims) का भुगतान रोका नहीं जायेगा, इसे सागर योग्यता स्वीकृति वाक्यांश (Seaworthiness Admitted Clause) के अन्तर्गत तय किया जाता है।

(2) उपक्रम की वैधता (Legality of Venture)—सामुद्रिक बीमा प्रसंविदा में उपक्रम की वैधता का तात्पर्य यह है कि उपक्रम (Venture) या विषय वस्तु (Subject Matter) वैधानिक हो और ये वैधानिक ढंग से ले जाये जायँ। स्पष्टत: सामुद्रिक बीमापत्र अवैध यात्रा (Illegal Voyages) या अवैध उपक्रम (Illegal Venture) को सुरक्षित करने की प्रसंविदा नहीं हो सकती है।

यदि यात्रा या उपक्रम अवैध रहा तो बीमित व्यक्ति अध्यर्थन का भुगतान नहीं पा सकेगा।

अवैध उपक्रम—अवैध उपक्रम के अन्तर्गत शत्रु देश से व्यापार, शान्ति नियमों का भंग, तस्कर व्यापार, व्यापार बन्दी (Blockade) का तोड़ना या अन्य इसी प्रकार से अवैधानिक उपक्रम आते हैं।

तीसरे पक्ष द्वारा अवैध कार्य को न लेना—अवैध उपक्रम या अवैध यात्रा से तीसरे पक्ष द्वारा किये गये अवैध कार्य शामिल नहीं किए जाते हैं। बैरेट्री (कर्मचारियों की चोरी), चोरी, लूट (Pirates) या डकैती आदि अवैध कार्य तीसरे पक्ष के हैं। अत: इन्हें इस समाश्वासन में शामिल नहीं करते।

वैधानिक उपक्रम या यात्रा का होना बहुत आवश्यक है क्योंकि वैधानिकता के अभाव में यह सामान्य नीतियों के विरुद्ध होगा जिसे प्रसंविदा में शामिल नहीं किया जा सकता है।

समय—वैधानिक उपक्रम का लागू होना शुरू से अन्त तक देखा जाता है। यदि किसी यात्रा के दौरान में किसी भी समय जोखिम के सम्बन्ध में अवैधता सिद्ध हो गई तो सम्पूर्ण बीमापत्र ही विवर्जित हो जायेगा। यात्रा प्रारम्भ होने के समय यदि उपक्रम अवैध था परन्तु उसके बाद बीमा कराते समय वह वैध हो गया तो भी यह प्रसंविदा विवर्जित (Void) होगी। जब प्रारम्भ में उपक्रम वैध हो परन्तु बाद में परिस्थितियाँ उत्पन्न हो जाने पर यह अवैध हो जाय। जैसे, जब एक देश से दूसरे देश को जाता हुआ जहाज युद्ध छिड़ जाने के कारण शत्रु देश में पहुँच जाय और वहाँ व्यापार करने लगे तो यह अवैध कार्य में संलग्न हो गया है।

(3) अन्य उपलक्षित समाश्वासन (Other Implied Warranties)—उपर्युक्त दो उपलक्षित शर्तों (समाश्वासन) के अतिरिक्त निम्न तीन शर्तें और हैं जिनका पालन करना बीमित व्यक्ति के लिए आवश्यक है।

(अ) यात्रा में परिवर्तन न होना—जोखिम प्रारम्भ होने के बाद जब यात्रा के गन्तव्य स्थान (Destination) में परिवर्तन किया जाता है तो इसे यात्रा परिवर्तन कहते हैं। यात्रा परिवर्तन के समय बीमाकर्त्ता अपने दायित्व से मुक्त हो जाता है बशर्ते कि इसके विपरीत कुछ न बताया गया हो।

समय—यात्रा परिवर्तन केवल इच्छा मात्र (Intention) से हो जाता है। यात्रा परिवर्तन की इच्छा के समय बीमाकर्त्ता की जिम्मेदारी समाप्त हो जाती है। हो सकता है बाद में कोई परिवर्तन न हुआ हो परन्तु इच्छा स्पष्ट होने मात्र से ही बीमाकर्ता अपने दायित्व से मुक्त हो जाता है।

(ब) यात्रा प्रारम्भ में विलम्ब नहीं होना चाहिए—यात्रा बीमा में यह आवश्यक है कि यात्रा प्रारम्भ होने में देरी नहीं होनी चाहिए। यात्रा के दौरान में भी कोई सुस्ती या विलम्ब नहीं होना चाहिए। यह उपलक्षित आश्वासन है कि उपक्रम या यात्रा एक निश्चित उचित समय में अवश्य प्रारम्भ हो जाय। यदि यात्रा एक निर्धारित समय में प्रारम्भ नहीं हो जाती तो बीमाकर्त्ता इसकी जोखिम के दायित्व से मुक्त हो सकता है। बीमित उपक्रम को तत्परता के साथ भेजना चाहिए अथवा अन्य विपरीत प्रावधान के अभाव में यह रद्द समझा जायेगा। जब विलम्ब का होना अनिवार्य है तो अपने दायित्व से मुक्त नहीं हो सकता है परन्तु अनुचित विलम्ब की दशा में बीमाकर्त्ता अपने दायित्व से मुक्त हो जाता है।

(स) पथ विचलन (Deviation of Journey) का न होना—सामुद्रिक बीमा के अंतर्गत जहाज को अपने निर्दिष्ट रास्ते से विचलित नहीं होना चाहिए। जब जहाज निर्धारित या उल्लिखित या प्रचलित मार्ग से हट जाता है तब उसे पथ-विचलन की संज्ञा दी जाती है। धारा 48 के अनुसार जब जहाज अपने निर्धारित मार्ग से बिना किसी वैधानिक कारण के विचलित हो जाये तो बीमाकर्त्ता विचलन के समय अपने दायित्व से मुक्त हो जाता है। यहाँ यह कोई माने नहीं रखता कि विचलन के बाद जहाज फिर अपने स्थान पर आ गया है। यदि एक बार पथ विचलित हो गया हो बीमा विवर्जित होने के योग्य हो जाता है। यहाँ पर इच्छा नहीं बल्कि वास्तविक विचलन (Deviation) को देखते हैं।

दशा—विचलन निम्न दो दशाओं में हो सकता है—

(1) जब कि बीमापत्र के यात्रा का रास्ता दिया हुआ है और जहाज उस दिये गये रास्ते से विचलित हो जाय।

(2) जब रास्ता दिया न गया हो परन्तु जहाज एक सामान्य पथ से विचलित हो जाय।

उपलक्षित समाश्वासन का अपवाद

यात्रा विचलन या विलम्ब निम्न दशाओं में क्षम्य है :

(1) बीमापत्र की किसी विशेष शर्त के अनुसार यात्रा विचलन या विलम्ब अधिकृत हो।

(2) जब विचलन या विलम्ब जहाज के कप्तान या कर्मचारियों की शक्ति के परे हो; जैसे—तूफान का आना, बलवा हो जाना, शासकीय निषेध, नौ सेना अधिकारियों के आदेशानुसार यात्रा मार्ग विचलन या सागर की अन्य आपत्तियों के कारण ये समाश्वासन भंग नहीं समझे जाते।

(3) यदि कोई समाश्वासन पूरा करने के लिए विचलन या विलम्ब हो, जैसे सागर-योग्यता को पूरा करने के लिए विलम्ब हो जाय।

(4) जहाज या बीमित विषय की सुरक्षा के लिए विचलन या विलम्ब करना पड़े।

(5) मानव जीवन बचाने के लिए किया गया विचलन या विलम्ब।

(6) जब जहाज पर किसी व्यक्ति की चिकित्सा के लिए विचलन करना पड़े।

(7) यदि विलम्ब या विचलन जहाज के कप्तान या कर्मचारियों की चोरी के कारण हुआ हो बशर्ते कि इस चोरी के लिए बीमा कराया गया हो। बीमित चोरी या बैरेट्री के कारण हुए पथ-विचलन और विलम्ब क्षम्य है।

(7) सन्निकट या आसन्न कारण (Proximate Cause)

अर्थ—सन्निकट कारण एक वास्तविक कारण है जिसके कारण ही हानि होती है। इस कारण को अन्य कार्य या स्रोत प्रभावित नहीं करते हैं, यह स्वतंत्र और स्वचालित होता है।

महत्व—बीमाकर्त्ता बीमित जोखिम से होने वाली हानि के प्रति दायी है अत: यह आवश्यक है कि हानि के वास्तविक कारण (आसन्न कारण) का पता लगाया जाय। यदि वास्तविक कारण का बीमा हुआ है तब बीमाकर्त्ता उसके लिए जिम्मेदार होगा अन्यथा नहीं। संक्षेप में आसन्न कारण या वास्तविक कारण का पता लगाना निम्न कारणों से आवश्यक है—

(1) बीमाकर्त्ता केवल बीमित जोखिम के लिए उत्तरदायी है, यदि जोखिम का वास्तविक कारण बीमित नहीं है तो बीमाकर्त्ता उसका भुगतान नहीं करेगा।

(2) यदि जोखिम का वास्तविक कारण ऐसा है जिसे बीमापत्र ने जानबूझ कर या लापरवाही से पैदा किया है तो बीमाकर्त्ता उसके लिए जिम्मेदार नहीं होगा।

(3) यदि जोखिम का वास्तविक कारण विलम्ब है तो बीमाकर्त्ता उसके लिए जिम्मेदार नहीं होगा भले ही इसका बीमा कराया गया हो।

(4) साधारण घिसाव, टूट-फूट और स्वाभाविक कारणों के लिए बीमाकर्त्ता जिम्मेदार नहीं होता है।

आसन्न कारण के लिये लैटिन भाषा का एक वाक्यांश प्रसिद्ध है : Sed causa proxima non remota spectator अर्थात् सन्निकट कारण को देखो दूरस्थ कारण को मत

देखो। केवल बीमित कारणों के लिये बीमाकर्त्ता जिम्मेदार होगा। आसन्न कारण का निर्धारण एक जटिल कार्य है। जोखिम का एक कारण हो सकता है या कई; कभी-कभी एक से अधिक कार्य एक साथ (संगामी) उत्पन्न होते हैं। प्रभावशाली कारण, वास्तविक कारण, परिणाम प्रेरक कारण आदि के नाम से आसन्न कारण को पुकारते हैं। आसन्न कारण का मतलब यह नहीं होता कि निकटतम या नजदीक के कारण (Nearest in time or place) को आसन्न कारण रहें।

आसन्न कारण का निर्धारण—आसन्न कारण का निर्धारण निम्न प्रकार से किया जाता है—

(1) एक कारण—हानि यदि एक ही कारण से हो तो वह निश्चित रूप से आसन्न कारण है क्योंकि हानि को प्रभावित करने वाला अन्य कोई दूसरा कारण नहीं है। यदि इस कारण का बीमा कराया गया है तो भुगतान होगा।

(2) संगामी कारण (Concurrent Causes)—संगामी कारण वे हैं जो एक साथ उत्पन्न होते हों। यदि इन कारणों (एक से अधिक) का बीमा कराया गया है और उसमें कोई अबीमित जोखिम (Expected Peril) नहीं है तो बीमाकर्त्ता भुगतान कर देगा। लेकिन यदि इन कारणों या जोखिमों में से किसी एक का बीमा नहीं कराया गया है और इस कारण से उत्पन्न हानि को अलग किया जा सकता है तो बीमाकर्त्ता अबीमित जोखिम को अलग करने के बाद बाकी हानि का भुगतान करेगा। यदि इस दशा में अबीमित जोखिम की हानि को अलग नहीं किया जा सकता तो बीमाकर्त्ता उसका भुगतान नहीं करेगा।

(3) अटूट शृंखलाबद्ध कारण (Chain Causes)—शृंखलाबद्ध कारण वे हैं जो क्रम से होते रहें। यदि इन क्रमिक कारणों में से कोई अबीमित जोखिम नहीं है तो बीमाकर्त्ता पूर्ण हानि के लिए जिम्मेदार हो जायेगा। लेकिन यदि बीमित जोखिम के पहले अबीमित जोखिम आती है तो बीमाकर्त्ता अपने दायित्व से मुक्त हो जायेगा क्योंकि अबीमित जोखिम के कारण ही बीमित जोखिम हुई। यदि अबीमित जोखिम न होती तो हानि होने का प्रश्न ही नहीं उठता। क्रमिक कारण एक दूसरे को प्रभावित करते हैं। इसी प्रकार यदि अबीमित जोखिम के पहले बीमित जोखिम हो, तो बीमाकर्त्ता का दायित्व उत्पन्न हो जाता है क्योंकि बीमित जोखिम के कारण ही अबीमित जोखिम उत्पन्न हुई।

(4) विभक्त शृंखलाबद्ध कारण (Broken Chain Causes)—विभक्त शृंखलाबद्ध कारण में कारण (जोखिम) क्रम से अवश्य होते हैं लेकिन वे एक दूसरे से अलग रहते हैं किसी एक को प्रभावित नहीं करते हैं। वे आपस में स्वतंत्र रहते हैं। अत: जब शृंखलाबद्ध कारणों में कोई भी कारण अबीमित हो तो यह देखना पड़ेगा कि हानि किस कारण हुई। यदि हानि अबीमित कारणों से हुई है तो बीमाकर्त्ता उसका भुगतान नहीं करेगा। यदि हानि बीमित कारण से हुई है तो बीमाकर्त्ता उसके लिए जिम्मेदार होगा। चूँकि प्रत्येक कारण एक दूसरे से अलग है तो प्रत्येक कारण से होने वाली हानि का निर्णय करना जरूरी हो जाता है और बीमित जोखिम के कारण ही हानि का भुगतान किया जायेगा।

उदाहरण—एक जहाज के पाइप को चूहों ने काट दिया जिसके परिणाम स्वरूप समुद्र का पानी अन्दर आ गया जिससे माल की क्षति हुई। इसमें दो कारण हुए (1) चूहों का काटना, (2) सामुद्रिक पानी का आना। सामुद्रिक पानी के कारण को बीमित कराया गया था परन्तु चूहों के कारण को बीमित नहीं किया गया था। चूहों के काटने से यह जरूरी नहीं था कि पानी अन्दर आवे इसलिए हानि का मुख्य कारण सामुद्रिक पानी है जिसके लिए बीमाकर्त्ता जिम्मेदार हो गया। इसी प्रकार तस्कर व्यापार में संलग्न जहाज को पकड़ लिया

गया था। बीमाकर्त्ता जिम्मेदार नहीं हुआ क्योंकि बीमा पकड़ जाने के लिए नहीं कराया गया था।

(8) प्रसंविदा के अन्य तत्व

प्रसंविदा के अन्य तत्वों में अभिहस्तांकन और प्रव्याजि की वापसी का वर्णन किया जायेगा।

अभिहस्तांकन (Assignment)—अभिहस्तांकन समझने के लिए यह आवश्यक है कि (1) बीमा विषय वस्तु, (2) बीमापत्र और (3) बीमा की रकम को अलग-अलग समझा जाय।

सामुद्रिक बीमा में बीमापत्र को स्वतन्त्र रूप से हस्तान्तरित किया जा सकता है। इस पर कोई रुकावट नहीं है। यदि हस्तांकन के विरुद्ध इनमें कुछ लिखा गया है तो उसका पालन किया जायेगा। यह हानि के पूर्व या बाद में हस्तान्तरित हो सकता है। बीमित वस्तु को भी इसी प्रकार हस्तान्तरित किया जा सकता है।

हस्तांकन बीमाकर्त्ता की स्वीकृति पर पूरा हो जाता है। इसकी सूचना बीमाकर्त्ता को दी जाती है और बीमा तत्सम्बन्धित संशोधन करके हस्तांकन को अनुबंधित कर देता है।

प्रव्याजि की वापसी (Return of Premium)—प्राय: बीमा की प्रव्याजि भुगतान कर देने के बाद लौटाई नहीं जाती है लेकिन निम्न दशाओं में प्रव्याजि को वापस किया जा सकता है—(1) प्रसंविदा के आधार पर, (2) जोखिम के प्रारम्भ न होने पर, (3) खुले बीमापत्र पर असम्बन्धित जोखिम, (4) आनुपातिक प्रव्याजि विभाजन की दशा में और (4) अत्यधिक बीमा। इन दशाओं में प्रव्याजि जो अधिक हो या जिसका जोखिम से सम्बन्ध न हो, लौटायी जा सकती है।

अध्याय 9

अग्नि बीमा परिचय एवं प्रसंविदा

उत्पत्ति—अग्नि बीमा का इतिहास उतना पुराना नहीं है जितना कि सामुद्रिक बीमा का इतिहास। इसका विकास उस समय हुआ जब व्यापार और उद्योग काफी विस्तृत हो चुके थे। 1609 में वोल्डेनबर्ग (Oldenburg) में एक योजना बनायी गई जिसके अन्तर्गत एक निश्चित प्रतिशत के बदले अग्नि से नष्ट होने वाले घरों की क्षति पूरा कर दी जाती थी। यद्यपि कि यह कोई वैज्ञानिक तरीका नहीं था लेकिन इस आधार पर यह अनुमान लगाया जाता था कि अग्नि बीमा का विकास समुचित रूप से हो सकता है। इस ज्ञान का विस्तार नेदरलैंड्स (Netherlands) पहुँचा और वहाँ के व्यापारियों ने अग्नि बीमा के सामूहिक रूप को अपनाया। हालैंड में अग्नि से बचाव के लिए प्रयास किये जाने लगे। 1666 के लंदन अग्निकांड से अग्नि बीमा का वास्तविक विकास हो गया। यह अग्निकांड करीब चार दिन तक चला और 13 हजार से अधिक घर नष्ट हो गये। इससे लोगों के मन में अग्नि बीमा के प्रति जागृति आयी और उन्होंने बीमा व्यापार को प्रारम्भ करना चाहा। उन दिनों कोई कार्यकर्त्ता पहले से कार्य नहीं कर रहे थे जिससे उनका लाभ उठा सकते, इन व्यक्तियों ने स्वयं अपने कार्य को प्रारम्भ किया और बीमा करते रहे। अब तक वाणिज्य एवं उद्योग का विशेष विकास नहीं हुआ था जिससे अग्नि बीमा को प्रोत्साहन मिलता। इन बीमाकर्त्ताओं में से कुछ बीमाकर्त्ताओं ने अपना कार्य बन्द कर दिया। इनमें से कुछ के कार्य इतने अच्छे रहे कि उनके अनुभव आज भी कार्य कर रहे हैं।

जैसे-जैसे अनुभव बढ़ता गया वैसे-वैसे इनके कार्य वैज्ञानिक होते गये। प्रव्याजि की दर उपयुक्त होने लगी। न्यायालय के निर्णय भी बहुत से कार्यों को प्रमाणित करते गये। अग्नि बीमा में प्रतिस्पर्धा के कारण कार्यों में एकरूपता आती गयी और प्रमाणित अग्नि बीमा का प्रादुर्भाव होता गया। लेकिन यह बीमा आज भी उतना वैज्ञानिक नहीं हो सका जितना कि जीवन बीमा है क्योंकि अग्नि बीमा में बहुत से विरोधी तत्व विद्यमान हैं जिनका सरलीकरण आसान नहीं है।

भारत में अग्नि बीमा लोकप्रिय नहीं हो पाया क्योंकि यहाँ पर अग्नि की जोखिम को संवृत करने की प्रथा आज भी विकसित नहीं है। अभी भी बहुत-सी विदेशी बीमा कम्पनियाँ भारत में बीमा व्यापार कर रही हैं। भारत के बम्बई क्षेत्र में अग्नि बीमा का महत्व बढ़ता जा रहा है। यहाँ पर नये-नये उद्योग, व्यापार और यातायात का विकास होता जा रहा है। यही कारण है कि इस क्षेत्र में बीमा का प्रचलन अधिक है।

अग्नि बीमा का महत्व

(1) अग्नि हानि की कमी (Reduction in fire waste)—अग्नि को नियंत्रित रखने पर जितनी सेवा मिलती है, अनियंत्रित हो जाने पर उतनी ही हानि होती है। आग लगने पर केवल सम्पत्ति ही जलकर राख नहीं होती बल्कि प्राणी भी अपने अस्तित्व खो बैठता है। बीमा की अवस्था में इन हानियों की पूर्ति हो सकती है और इस विकराल क्षति से होने वाली परेशानियों को काफी सीमा तक दूर किया जा सकता है।

(2) अग्नि क्षति की बढ़ती सम्भावनाओं में कमी—व्यापार और उद्योग के बढ़ने के साथ अग्निरोधक यन्त्रों का भी विकास होता जा रहा है। पेट्रोल, विद्युत तथा अन्य शक्ति

साधन अग्नि प्रज्वलित करने और बढ़ाने में सहायक हैं जिससे आग लगने की सम्भावनायें बढ़ती जा रही हैं और परिणामस्वरूप क्षति में भी वृद्धि हो रही है। इस बढ़ती भयंकरता को तभी दूर किया जा सकता है जबकि इसके लिए कोई साधन उपलब्ध हो। पिछले अनुभवों के आधार पर आज अग्नि बीमा को विकसित करके इन कठिनाइयों को दूर करने का प्रयास हो रहा है।

(3) बढ़ते अग्नि-रोधकों का सहायक—अग्नि बीमा आग को लगने से रोक तो नहीं सकता लेकिन आग से होने वाली हानि को पूरा करने का प्रयास अवश्य करता है। अग्नि को रोकने के लिए अग्निशामक दल (Fire Brigade), सरकारी सुविधाएँ, अग्निरोधक वस्तुओं आदि के होने से अनेक लाभ हो रहे हैं जिससे आग लगने की सम्भावनाएँ कम हो सकीं। परन्तु इसके बाद भी आग लगने की सम्भावना बनी रहती है और अग्नि बीमा के अभाव में अत्यन्त कठिनाई का सामना करना पड़ सकता था। अत: अग्नि बीमा को विकसित करके होने वाली इन हानियों को कम किया जा सकता है।

(4) अग्नि की सामाजिक हानि को कम करना—अग्नि से केवल एक व्यक्ति को ही हानि नहीं होती बल्कि पूरे समाज को हानि होती है। कब किस व्यक्ति को आग का सामना करना पड़े यह निश्चित नहीं है। यदि आग लगने पर समाज के किसी व्यक्ति को क्षति होती है तो यह आवश्यक है कि इस अनिश्चितता को दूर करने का प्रयास किया जाय। यह कार्य केवल अग्नि बीमा से हो सकता है। अग्नि के समय क्षति को समाज के उन व्यक्तियों में बाँट दिया जाता है जिन्होंने बीमा कराया है। इस प्रकार एक व्यक्ति की हानि को समाज के अन्य व्यक्ति थोड़ा-थोड़ा करके पूरा करते हैं जिससे किसी भी व्यक्ति को अग्नि से क्षति का भय नहीं रहता है। समाज में प्रत्येक व्यक्ति को इतना विश्वास हो जाता है कि आग की भयानक हानि उसका कुछ कर नहीं पायेगी।

अग्नि बीमा के कार्य (Functions of Fire Insurance)—अग्नि बीमा आग को रोकता नहीं और न किसी व्यक्ति को आग से होने वाली क्षति को पूर्णतया पूरा ही करता है क्योंकि प्रव्याजि के रूप में कुछ रकम अवश्य दी जाती है। अग्नि से हानि समाज को एक ऐसी हानि है जो बीमापात्र और समाज के लिए पूर्ण हानि कही जा सकती है।

(1) व्यक्तिगत क्षति की पूर्ति—अग्नि बीमा से समाज की हुई हानि एकदम से दूर नहीं की जाती बल्कि जिन व्यक्तियों को अग्नि से क्षति पहुँचती है उन व्यक्तियों को समाज के अन्य बीमित व्यक्ति भुगतान कर देते हैं। यह भुगतान इन व्यक्तियों द्वारा प्रव्याजि के रूप में किया जाता है। सभी बीमित व्यक्ति प्रव्याजि देते हैं और इस प्रव्याजि को एकत्र करके एक कोष तैयार करते हैं। बीमित व्यक्तियों में से यदि किसी को बीमित जोखिम से हानि होती है तो इस कोष से बीमापत्र की रकम या क्षति की रकम, जो भी कम हो भुगतान कर दिया जाता है। इस प्रकार समाज की हानि तो हटी नहीं परन्तु उसका सामाजिक वितरण हो गया है।

(2) कुछ व्यक्तियों की क्षति अधिकांश (Large Number) व्यक्तियों में बाँटना—जो व्यक्ति इस अग्नि प्रसंविदा से बँधे रहते हैं वे किसी भी बीमित जोखिम को वहन करते हैं। चूँकि जोखिम किसी भी व्यक्ति के ऊपर आ सकती है अत: सभी व्यक्ति बीमित वस्तु के सम्बन्ध में प्रव्याजि देकर आश्वस्त हो जाते हैं कि जोखिम होने पर उन्हें क्षति की रकम का भुगतान हो जायेगा। कुछ बेईमान तरह के बीमित व्यक्ति अपनी सम्पत्ति जलाकर लाभ उठाने के उद्देश्य में रहते हैं, अत: यह नियम बना दिया गया है कि जितनी क्षति होगी केवल उसी रकम तक भुगतान होगा, उससे ज्यादा भुगतान कभी नहीं होगा। इस

प्रसंविदा में यह मौका ही नहीं दिया जाता कि लोग जान-बूझ कर लाभ उठाते रहें।

(3) अग्नि बीमा में शामिल होने वाली वस्तुओं की जाँच पड़ताल—अग्नि बीमा प्रसंविदा करते समय बीमाकर्त्ता अपने सर्वेक्षक (Surveyor) को भेजकर वस्तु की पूर्णतया जाँच करवाता है, उसकी जोखिम का मूल्यांकन किया जाता है और उसके अनुसार प्रव्याजि दर निश्चित की जाती है। यदि सम्पत्ति में अग्नि बुझाने के यन्त्र भी लगाये गये हैं तो प्रव्याजि की राशि में कुछ छूट भी दी जाती है। कभी-कभी पिछले इतिहास के अनुसार यदि बीमा की गयी सम्पत्ति जोखिम से मुक्त रहती है तो प्रव्याजि में कटौती की जाती है।

(4) बीमाकर्त्ता द्वारा हानि को रोकने के प्रयास—बीमाकर्त्ता केवल क्षति की पूर्ति ही नहीं करता बल्कि क्षति को बचाने के लिए प्रयास भी करता है। यह प्रयास प्रत्यक्ष रूप से कुछ संघों या संस्थाओं जैसे निस्तारण दल (Salvage corps) की स्थापना करके आग बुझाने का कार्य भी किया जाता है। ये संस्थायें बीमापात्र को वह राय देती हैं कि कौन-कौन से उपाय किये जायें जिससे कि अग्नि लगने की संभावना कम हो जाये या होने वाली हानि को बचाया जा सके। विदेशों में बहुत से बोर्ड जैसे, National Board of Under witers इस बात की छानबीन करते रहते हैं कि जानबूझ कर की जाने वाली क्षति को रोका जाये। अग्नि रोधक या शामक यन्त्रों का प्रयोग करके क्षति को कम करने का प्रयास करते हैं। अग्नि बीमा संस्थाएँ व अन्य गैर सरकारी या सरकारी संस्थायें जो अग्नि की क्षति कम करने का कार्य कर रही हैं, धन से, राय से या प्रावैधिक सुविधाओं से मदद करती हैं।

अग्नि बीमा में जोखिम (Hazard)—जैसा ऊपर बताया जा चुका है कि अग्नि बीमा अग्नि की जोखिम को बीमित करता है अत: इन जोखिमों को समझ लेना उचित होगा। अग्नि बीमा की जोखिम दो प्रकार की होती है—(1) भौतिक (Physical) और (2) नैतिक (Moral)। नैतिक जोखिम में यद्यपि कि बीमाकर्त्ता की जिम्मेदारी नहीं होती है लेकिन उसका सत्यापन करना कठिन हो जाता है। सत्यापन के अभाव में बीमाकर्त्ता को इन जोखिमों का भी भुगतान करना पड़ता है।

(1) भौतिक जोखिम (Physical Hazard)

यह जोखिम बीमा विषय वस्तु की आंतरिक जोखिम (Inherent Risk) को बताती है। सम्पत्ति की स्थिति, प्रज्वलन शक्ति के स्वभाव (Inflammable Nature), प्रयोग बनावट, कृत्रिम प्रकाश और ताप, अग्नि बुझाने के यंत्रों का अभाव आदि के कारण यह जोखिम उत्पन्न हुआ करती है। भौतिक जोखिम का सम्बन्ध बीमा के विषय आदि से है, बीमापात्र का इसमें कोई हाथ नहीं रहता है। उपरोक्त तथ्यों की व्याख्या करके भौतिक जोखिम को पूर्णतया बताया जा सकता है।

(अ) सम्पत्ति की स्थिति—सम्पत्ति क्रिस स्थान पर है तथा उसके पड़ोस में क्या-क्या वस्तुएँ स्थित हैं या आग लगने पर अग्नि बुझाने वाले यंत्रों का प्रयोग किया जा सकता है या नहीं, पड़ोस की वस्तुयें यदि दहनशील हैं तो उससे बीमित बस्ती वस्तु को क्षति पहुँच सकती है। पानी के अभाव में क्षति की मात्रा बढ़ जाती है। घनी बस्ती के मकान अग्नि से ज्यादा प्रभावित होते हैं।

(ब) बनावट—सम्पत्ति की बनावट पर अग्नि जोखिम आधारित होती है। यदि मकान या सम्पत्ति में लकड़ी का प्रयोग हुआ है तो जलने की सम्भावना अधिक होगी। पत्थरों के मकान, घास-फूस के मकानों की तुलना में अधिक सुरक्षित रहते हैं। फर्नीचर यदि स्टील के हैं तो उनकी जोखिम कम होगी। आग बुझाने के यंत्रों का यदि प्रयोग किया जाये तो उससे जोखिम कम होने की सम्भावना रहेगी।

(स) प्रयोग (Use)—सम्पत्ति के प्रयोग के कारण जोखिम प्रभावित होगी। यदि सम्पत्ति का प्रयोग पेट्रोल आदि के लिये किया जाता है तो उसकी जोखिम बढ़ जायेगी। सामान्य स्थितियों में जोखिम सामान्य रहेगी। इस तरह प्रयोग के कई रूप हो सकते हैं और उसके अनुसार जोखिम प्रभावित होती है।

(द) कृत्रिम प्रकाश—कृत्रिम प्रकाश के कारण आग लगने की संभावना बढ़ जाती है। हीटर या अन्य ऐसे तरीकों से जोखिम की सम्भावना बढ़ती रहती है।

(य) सम्पत्ति का स्वरूप—सम्पत्ति का लक्षण क्या है? कारखाने में प्रयोग की जाने वाली सम्पत्ति पर की सम्पत्ति से अधिक जोखिम पूर्ण होती है। प्रयोगशालाओं आदि में अग्नि जोखिम अधिक होती है, क्योंकि यहाँ पर दाहक सामग्रियाँ रहती हैं।

(2) अग्नि बुझाने की सुविधा—आग बुझाने की सुविधा पर जोखिम की मात्रा निश्चित होती है। यदि सुविधाएँ उपलब्ध हैं तो उससे जोखिम कम हो जाती है और यदि सुविधायें नहीं हैं तो जोखिम की मात्रा में वृद्धि की जाती है।

इन तत्वों के अतिरिक्त बहुत से अन्य तत्व भौतिक जोखिम को प्रभावित करते हैं। जिस स्थान पर भौतिक जोखिम जितनी अधिक होगी वहाँ पर प्रव्याजि की दर उतनी अधिक ली जाती है और बीमाकर्त्ता सावधानी से बीमा करता है।

(2) नैतिक जोखिम
(Moral Hazard)

अग्नि बीमा में नैतिक जोखिम की सम्भावना बहुत अधिक है। नैतिक जोखिम से तात्पर्य स्वेच्छा से या अन्य व्यक्तियों द्वारा की गयी जोखिम से है। बीमापात्र जानबूझ कर ऐसी जोखिम उत्पन्न करता है। इसके पीछे लाभ कमाने का उद्देश्य छिपा रहता है। वैसे इस जोखिम को यदि प्रमाणित किया जा सके तो बीमाकर्त्ता का दायित्व नहीं होता; लेकिन इसके अभाव में बीमाकर्त्ता क्षतिपूर्ति करता है। ऐसी जोखिम प्रत्यक्ष न होते हुए भी बहुत अधिक होती है। इस जोखिम का निराकरण सुगम नहीं है। इसके भी कई भेद हो सकते हैं—

(अ) बीमापात्र की इच्छा से—जब बीमापात्र की स्वयं की इच्छा से कोई दूसरा व्यक्ति या स्वयं बीमापात्र ही अपनी सम्पत्ति में आग लगा देता है तो वह इस श्रेणी में शामिल किया जाता है। इसी प्रकार आग लग जाने पर जब बीमापात्र उसे बुझाने के लिए दिलचस्पी न ले तो वह भी नैतिक जोखिम में शामिल होगी। उसकी धोखाधड़ी आदि इसी श्रेणी में आते हैं। इन सबको स्व-सम्पत्ति-दाह (Incendiarism) के नाम से पुकारते हैं।

(ब) शत्रुता या ईर्ष्यावश—जब बीमापात्र स्वयं अपनी सम्पत्ति को नहीं जलाता लेकिन दूसरा व्यक्ति किसी कारण से उसकी सम्पत्ति में आग लगा देता है तो वह नैतिक जोखिम में शामिल किया जाता है। इस तरह आग लगाने का उद्देश्य शत्रुता या ईर्ष्या हो सकता है। इसे पर-सम्पत्ति दाह (Arson) के नाम से पुकारते हैं।

(स) लापरवाही एवं तटस्थता—बीमापात्र की लापरवाही के कारण या उसके तटस्थ रहने से बीमा की वस्तु को क्षति पहुँचे तो वह इस श्रेणी में आता है। इसे निष्क्रिय बेईमानी (Passive Dishonesty) कहते हैं। इसका अर्थ यह है कि बीमापात्र आवश्यक सावधानी से काम नहीं करता और आग बुझाने के लिए उचित साधन नहीं रखता और आग लग जाने पर इन साधनों का प्रयोग नहीं करता। अधिक रकम का माँगना और असावधान रहना इस श्रेणी के नैतिक जोखिम हैं।

चूँकि अग्नि बीमा में बीमापात्र का सम्पत्ति से प्रत्यक्ष सम्बन्ध रहता है इसलिये वहाँ पर नैतिक जोखिम की सम्भावना बहुत अधिक रहती है। इसको बचाने के लिए अग्नि

बीमा के सम्बन्ध में बीमा-प्रसंविदा का विशेष रूप से पालन किया जाता है।

अग्नि बीमा का क्षेत्र—अग्नि बीमा में क्षति का भुगतान तभी किया जाता है जबकि बीमा करायी गयी वस्तु की क्षति अग्नि के कारण हो। अग्नि के अतिरिक्त अन्य कारणों से होने वाली क्षति के प्रति बीमाकर्त्ता का दायित्व नहीं होता है। इसलिये यह जानना आवश्यक होगा कि अग्नि का क्षेत्र क्या है? अग्नि किसे कहते हैं? और क्षतिपूर्ति कितनी होगी? इनका निर्धारण अग्नि बीमा क्षेत्र को बतायेगा।

अग्नि का तात्पर्य—अग्नि का तात्पर्य आकस्मिक ज्वाला (Ignition) से है, अर्थात् आग की परिभाषा में निम्न बातें जरूरी हैं।

(अ) वास्तविक आग या ज्वाला (Ignition)—प्रथम शर्त तो यह है कि आग वास्तव में दिखायी पड़े, उसमें से ज्वाला निकले। बीमापत्र में यह शब्द अत्यंत महत्वपूर्ण है "अग्नि से हानि या अग्नि के कारण क्षति" (Loss or Damage by Fire), इसका अर्थ यह है कि सम्पत्ति की हानि या सम्पत्ति के अंश की क्षति आग के कारण हो। एक तो हानि और दूसरा आंशिक रूप से क्षति (Damage) है। इस तरह अग्नि की अत्यधिक गर्मी से होने वाली हानि या क्षति अग्नि से हानि या क्षति (Loss or Damage by Fire) के अन्तर्गत नहीं आ सकती है। केवल यह आवश्यक है कि हानि अग्नि के कारण हो। अग्नि का कारण कोई माने नहीं रखता है। हानि यदि बीमापात्र की लापरवाही और अनिच्छा से हो तो भी वह अग्नि होगी। वास्तव में अग्नि की क्षति या हानि के सम्बन्ध में बीमापात्र द्वारा कपट या जानबूझ कर दुर्व्यवहार (Misconduct) नहीं होना चाहिए। यदि हानि या क्षति का आसन्न कारण (Proximate Cause) अग्नि है तो बीमाकर्त्ता भुगतान करेगा। यदि ज्वाला न हो, परन्तु ज्वाला के समान हो तो वह अग्नि नहीं कहलाती है। इसी प्रकार धुएँ या अग्नि के निकट होने के कारण हानि या क्षति इसमें नहीं आती है। विस्फोट होने से उत्पन्न हानि अग्नि हानि के अन्तर्गत नहीं आती है। रासायनिक गर्मी या आग अग्नि की परिभाषा में नहीं आती क्योंकि इसमें से ज्वाला नहीं निकलती है। इसी प्रकार बिजली गिरने से होने वाली हानि इसमें नहीं आती बशर्ते कि ज्वाला न निकले। लेकिन यदि ज्वाला निकलती है तो वह अग्नि की परिभाषा में आ जायेगी।

(ब) आकस्मिक अग्नि—दूसरी शर्त यह है कि आग आकस्मिक हो, ऐच्छिक नहीं। यदि किसी उद्देश्य से जलाई गयी अग्नि से हानि होती है तो वह अग्नि-हानि नहीं होती क्योंकि आग जलाने का कुछ और उद्देश्य है। लेकिन यदि सम्पत्ति की क्षति अचानक इस अग्नि से हो तो अग्नि से हानि कही जायेगी। वह ऐच्छिक नहीं है और किसी दूसरे उद्देश्य से जलाई गयी थी परन्तु नियंत्रण के बाहर होने के कारण आकस्मिक रूप से संपत्ति जल गयी, परन्तु उसके जलने की न तो आशा थी और न इच्छा ही। यह जानना आवश्यक है कि जहाँ अग्नि अचानक लगेगी या आकस्मिक रूप से उत्पन्न होगी वहाँ पर अग्नि से क्षति नहीं कही जायेगी।

(स) अग्नि-जनित (Subsidiary to Fire) हानियाँ—अग्नि-जनित हानियाँ वे हैं जो आग लगने के सहायक कार्यों से उत्पन्न हों। जैसे किसी आग को बुझाने के लिए प्रयोग किया गया पानी या आग लगने से धुएँ या अन्य सहायक कार्य। पानी से फर्नीचर, कागज आदि नष्ट हो सकते हैं। धुएँ से कुछ वस्तुओं, जैसे किताबों के रूप विकृत हो जायें। पड़ोसियों को आग से हानि हो, दीवाल गिर जाये या छत फट जाये जिसके परिणामस्वरूप अन्य वस्तुयें नष्ट हो जायें। जलते मकान से सामानों को हटाते समय क्षति हो सकती है। आग के कारण बाहर पड़े सामान प्रतिकूल मौसम पानी बरसने के कारण नष्ट हो जायें। इस तरह कई उदाहरण दिये जा सकते हैं जो अग्नि लगने के कारण उत्पन्न हुए हों। इन सबके

द्वारा होने वाली हानि भी अग्नि हानि (Fire Loss) कही जाती है।

क्षति—आग लगने के कारण वस्तु के मूल्य में कमी आती है या वह समाप्त हो जाता है, इसे अग्नि क्षति के नाम से पुकारा जाता है। जितनी रकम की क्षति होती है उतनी रकम का ही भुगतान किया जाता है बशर्ते कि इतनी रकम का बीमा कराया गया हो। इसका विस्तृत वर्णन आगे किया जायेगा।

बीमा में न आने वाली जोखिम

बीमापत्र में निम्न जोखिम साधारणतः शामिल नहीं होती है—

(1) प्रन्यास या कमीशन पर रखे गये माल की जोखिम संवृत नहीं होती है।

(2) आभूषण, सरकारी प्रपत्र, चित्रकारी, नक्शे, पदक, वाद्य यंत्र, दर्शन शास्त्र या गणित के यंत्र, पाण्डुलिपि, शीशे के सामान, बाण्ड, विनिमय बिल, हुण्डी, खाता-बही, बारूद आदि अनोखी वस्तुओं को प्रय: बीमापत्र के अन्दर शामिल नहीं करते।

(3) भूकम्प, बलवा, हलचल, दंगा, विदेशी शत्रु द्वारा विस्फोट या स्वतः जलने वाली वस्तु के कारण क्षति को सामान्यतः अग्नि बीमा के अंतर्गत शामिल नहीं करते हैं।

इन जोखिमों को बीमित करने के लिए अतिरिक्त प्रव्याजि की आवश्यकता होती है और कभी-कभी तो ये अलग बीमा के अन्तर्गत बीमित होते हैं।

विभिन्न बीमाओं में अन्तर

अग्नि बीमा और जीवन बीमा—(1) अग्नि बीमा प्रसंविदा क्षतिपूर्ति की प्रसंविदा है जबकि जीवन बीमा क्षतिपूर्ति की प्रसंविदा नहीं है। जीवन बीमा में जितने का बीमा कराया जाता है सबका भुगतान होता है लेकिन अग्नि बीमा में केवल उतनी ही रकम का भुगतान होगा जितनी की क्षति हुई है। यदि क्षति बिल्कुल नहीं है तो कुछ भी भुगतान नहीं होगा।

(2) अग्नि बीमा में केवल रक्षा तत्व शामिल है किन्तु जीवन बीमा में रक्षा और विनियोग दोनों तत्व शामिल हैं।

(3) अग्नि बीमा दस दिन से लेकर बारह महीने तक के हो सकते हैं परन्तु जीवन बीमा लम्बी अवधि का होता है। अग्नि बीमा की अवधि व्यतीत हो जाने पर उसे पुनर्जीवित कर सकते हैं।

(4) अग्नि बीमा में जोखिम की विभिन्नता पायी जाती है अतः प्रव्याजि की दर में भी काफी अन्तर होता है जबकि जीवन बीमा में यह विभिन्नता नहीं के बराबर, केवल दो प्रकार की होती है (1) प्रमाणित और (2) अधोप्रमाणित। दूसरे प्रकार में अतिरिक्त प्रव्याजि ली जाती है।

(5) अग्नि बीमा में कोई समर्पण मूल्य नहीं होता जबकि जीवन बीमा में दो वर्ष बाद समर्पण मूल्य हो जाता है।

(6) जीवन बीमा में बीमा योग्य हित (Insurable Interest) केवल प्रसंविदा के समय आवश्यक है जबकि अग्नि बीमा में यह प्रसंविदा और हानि दोनों समय होना चाहिए।

(7) अग्नि बीमापत्र का हस्तांकन बीमाकर्त्ता की आज्ञा बिना नहीं होता, इस पर प्रायः रोक रहती है जबकि जीवन बीमा में बीमापत्र का हस्तांकन आसानी से किया जा सकता है।

अग्नि बीमा और सामुद्रिक बीमा—अग्नि बीमा और सामुद्रिक बीमा में काफी समता पायी जाती है। दोनों ही बीमा क्षतिपूर्ति प्रसंविदा हैं। फिर भी अन्तर इनमें निम्न है—

(1) अग्नि बीमा में साधारणत: केवल लागत का भुगतान होता है, लाभ को संवृत नहीं करते जबकि सामुद्रिक बीमा में लाभ को संवृत किया जा सकता है।

(2) अग्नि बीमा में बीमा योग्य हित की प्रसंविदा और हानि दोनों समय होना जरूरी है, जबकि सामुद्रिक बीमा में बीमायोग्य हित केवल हानि के समय जरूरी है।

(3) अग्नि बीमा को साधारणत: हस्तान्तरित नहीं कर सकते हैं परन्तु सामुद्रिक बीमा में बीमापत्र को हस्तान्तरित किया जा सकता है।

अग्नि बीमा प्रसंविदा

अग्नि बीमा एक प्रसंविदा है जिसके अंतर्गत एक पक्ष प्रव्याजि के बदले दूसरे पक्ष के प्रति एक निर्धारित संपत्ति को आग द्वारा पहुँची हुई क्षति या हानि की पूर्ति एक निश्चित रकम की सीमा तक करने का उत्तरदायी होता है। अग्नि बीमा प्रसंविदा का अध्ययन निम्न भागों में किया जा सकता है। दूसरे शब्दों में, अग्नि बीमा प्रसंविदा में निम्न तत्व शामिल हैं—

(1) साधारण प्रसंविदा (General Contract),

(2) बीमा योग्य हित (Insurable Interest),

(3) परम सद्‌विश्वास (Utmost Good Faith),

(4) क्षतिपूर्ति का सिद्धान्त (Doctrine of Indemnity),

(5) प्रत्यासन का सिद्धान्त (Doctrine of Subrogation),

(6) समाश्वासन (Warranties),

(7) आसन्न कारण (Proximate Cause),

(8) बीमापत्र का हस्तान्तरण (Assignment of Policy),

(9) अन्य (Miscellaneous)।

(1) साधारण प्रसंविदा

भारतीय प्रसंविदा अधिनियम में दिये गये तत्व अग्नि बीमा में भी लागू होते हैं। संक्षेप में अग्नि बीमा के अन्तर्गत निम्न तत्व होते हैं--

(अ) प्रस्ताव एवं स्वीकृति,

(ब) स्वतंत्र सहमति,

(स) दोनों पक्षों की प्रसंविदा योग्यता,

(द) वैध प्रतिफल,

(य) वैध उद्देश्य।

(अ) प्रस्ताव एवं स्वीकृति (Offer and Acceptance)—प्रस्ताव एक पक्ष द्वारा किया जाता है और उसकी स्वीकृति दूसरा पक्ष करता है। अग्नि बीमा में प्रस्ताव किसी भी पक्ष (बीमाकर्त्ता या बीमापात्र) द्वारा किया जा सकता है परन्तु साधारणतया बीमापात्र ही इसकी स्वीकृति करता है। प्रस्ताव लिखित या मौखिक हो सकते हैं। प्रस्ताव प्रपत्र (Proposal Form) भर कर प्रस्ताव किये जाते हैं। प्रस्ताव प्रपत्र में बीमा की जाने वाली वस्तु के सम्बन्ध में पूरी सूचना माँगी जाती है। संपत्ति का लक्षण, उपयोग, रकम प्रयोगकर्त्ता

की स्थिति आदि अनेक सूचनाएँ प्रस्ताव-प्रपत्र से प्राप्त की जाती हैं। चूँकि प्रस्ताव-प्रपत्र प्रसंविदा का आधार होता है इसलिये इसके भरने में पूर्ण सद्विश्वास का पालन करना चाहिए। कोई भी महत्वपूर्ण तथ्य गुप्त नहीं रखना चाहिए। संपत्ति के सम्बन्ध में पूर्व बीमा, क्षति, व्यापारिक अनुभव आदि का विवरण दिया जाता है। बीमाकर्त्ता उन सभी सूचनाओं को माँग सकता है जो कि बीमा की जोखिम को प्रभावित करें।

सदाचरण का प्रमाण (Evidence of Respectability)—अग्नि बीमा में देखा जा चुका है कि नैतिक जोखिम की मात्रा अधिक होती है। बीमापात्र स्वयं या उसके मित्र या उसके विरोधी बीमित संपत्ति को जला सकते हैं जिससे बीमाकर्त्ता को हानि उठानी पड़ सकती है। अत: बीमाकर्त्ता इसके लिए बीमापात्र से सच्चरित्रता का एक प्रमाण पत्र (Evidence of Respectability) माँगता है जो कि प्रतिष्ठित व्यक्तियों द्वारा बीमापात्र के विषय में दिये जाते हैं। यदि बीमापात्र पुराना ग्राहक है तो उससे यह प्रमाण पत्र नहीं माँगा जाता है।

संपत्ति का सर्वेक्षण (Survey)—प्रस्ताव पत्र प्राप्त होने पर बीमाकर्त्ता प्रस्तावित संपत्ति की जाँच अपने सर्वेक्षण (Surveyor) के द्वारा करता है। सर्वेक्षण प्राय: जोखिम में किया जाता है। इसके आधार पर संपत्ति की वास्तविक स्थिति, व्यवसाय की दशा, कल कारखाने, अग्नि की सम्भावना आदि की सही-सही जाँच होती है। इसके लिए कुशल सर्वेक्षकों की आवश्यकता होती है। जो बातें सूचना और प्रमाण पत्र से नहीं मिल पातीं वे व्यक्तिगत सर्वेक्षण से ज्ञात हो जाती हैं। अग्नि बीमा में जोखिम की विभिन्नता और नैतिक जोखिम की उपलब्धता सर्वेक्षण करना आवश्यक बना देती है।

स्वीकृति—यदि प्राप्त सूचनाओं के आधार पर बीमाकर्त्ता यह देखता है कि प्रस्ताव की स्वीकृति की जाये तो वह बीमापात्र को इस बात की सूचना देकर प्रव्याजि ज़मा करने के लिए प्रव्याजि की राशि बताता है। कभी-कभी प्रव्याजि की राशि अस्थायी रूप से बतायी जाती है जो बाद में समन्वित हो जाती है। जब तक प्रव्याजि का भुगतान नहीं किया जाता तब तक प्रसंविदा चालू नहीं होती है।

आवरण पत्र (Cover Note)—बीमापात्र द्वारा प्रव्याजि प्राप्त हो जाने पर बीमाकर्त्ता एक आवरण पत्र (Cover Note) निर्गमित करता है। आवरण पत्र इसलिए निर्गमित किया जाता है कि बीमापत्र निर्गमन में कुछ समय लगता है और बीमापत्र के अभाव में यह संपत्ति की रक्षा करता है।

जोखिम का प्रारम्भ—जिस दिन बीमाकर्त्ता बीमा जोखिम को संवृत्त करने की सूचना देता है उसी दिन से जोखिम प्रारम्भ हो जाती है। यह सूचना प्राय: आवरण पत्र (Cover Note) निर्गमित करके दी जाती है। साधारणतया आवरण पत्र प्रव्याजि प्राप्त होने पर ही निर्गमित किया जाता है। लेकिन प्रव्याजि प्राप्त होने के बगैर भी आवरण पत्र जारी किया जा सकता है, उस दशा में भी जोखिम उसी दिन से प्रारम्भ होगी जिस दिन से आवरण पत्र निर्गमित होगा।

अग्नि बीमापत्र (Fire Insurance Policy)—बीमाकर्त्ता और बीमापत्र के बीच प्रसंविदा का लिखित प्रमाण बीमापत्र (Policy) के द्वारा दिया जाता है। इसके लिए कोई नियम नहीं होता है, लेकिन इसके बावजूद भी बीमाकर्त्ता बहुत-सी सूचनाएँ देकर बीमापत्र निर्गमित करता है। इंग्लैंड में प्रामाणिक बीमापत्र (Standard Policy) निर्गमित किया जाता है जिसका प्रयोग आज बहुत-सी संस्थाएँ कर रही हैं। इसमें संचालकों की सूची, कम्पनी का नाम, विषय-वस्तु, बीमित रकम, प्रव्याजि और शर्तों आदि का उल्लेख

रहता है। आजकल बीमापत्र को एक अनुसूची (Schedule) के रूप में तैयार करते हैं। इन अनुसूची में विशेष विवरणों को लिखा जाता है, जैसे बीमापत्र की संख्या, तिथि, जारी करने का स्थान, बीमाकर्त्ता और बीमापात्र का नाम एवं पता, बीमा कराई गयी सम्पत्ति का विवरण, सम्पत्ति का मूल्य, बीमा की रकम, बीमा की अवधि, प्रव्याजि की रकम और नवीनीकरण की शर्तें, बीमित जोखिम आदि का वर्णन रहता है।

स्वतन्त्र सहमति—बीमापात्र और बीमाकर्त्ता में स्वतंत्र सहमति होना ज़रूरी है, प्रस्ताव या स्वीकृति में अनुचित प्रभाव, भ्रान्त वर्णन, कपट, भूल और उत्पीड़न नहीं होना चाहिए। इस विषय में वह सभी नियम लागू होता है जिसका वर्णन सामुद्रिक बीमा में इसी शीर्षक के अन्तर्गत किया गया है।

प्रसंविदा योग्यता—दोनों पक्षों में बीमा प्रसंविदा करने की क्षमता (Competent to Contract) होना जरूरी है। बीमापात्र स्वस्थ दिमाग, वयस्क और किसी अपराध से दण्डित नहीं होना चाहिए। बीमाकर्त्ता को बीमा के लिए बीमा नियन्त्रक से अनुमति प्राप्त कर लेनी चाहिए। इसका भी वर्णन सामुद्रिक बीमा के सन्दर्भ में किया जा चुका है।

वैध प्रतिफल—अग्नि बीमा में भी अन्य बीमा की भाँति वैध प्रतिफल का होना जरूरी है, बिना इसके बीमा प्रसंविदा लागू नहीं हो सकती है। यही कारण है कि बीमापत्र में यह लिखा रहता है कि सम्बन्धित प्रव्याजि राशि का भुगतान प्राप्त किया जा चुका है। प्रतिफल केवल मुद्रा में ही नहीं बल्कि किसी भी मूल्यवान वस्तु, अधिकार और लाभ के रूप में हो सकता है।

वैध उद्देश्य—कोई भी प्रसंविदा अवैधानिक उद्देश्यों के लिए मान्य नहीं होती है। इसी प्रकार अग्नि बीमा में भी केवल अपनी संपत्ति या जिसमें बीमापात्र का हित हो, उसका ही बीमा कराया जा सकता है। दूसरों की संपत्ति में कोई आर्थिक हित न होने के कारण बीमा नहीं कराया जा सकता है। बिना वैध उद्देश्य के बीमा प्रसंविदा जुए की प्रसंविदा होती है।

(2) बीमा योग्य हित (Insurable Interest)

बीमा योग्य हित से तात्पर्य बीमापात्र और बीमित विषय के ऐसे सम्बन्ध से है कि बीमित वस्तु के अस्तित्व (Existance) से बीमापात्र (Insured) को आर्थिक लाभ और उसकी क्षति से उसे आर्थिक हानि हो। बिना बीमा योग्य हित के अग्नि प्रसंविदा जुए की प्रसंविदा होगी और वह विवर्जित होगी। यदि बीमा योग्य हित नहीं है तो बीमापात्र उस वस्तु का बीमा नहीं करा सकता। बीमित व्यक्ति को उस वस्तु के नष्ट होने पर आर्थिक हानि होती हो। आर्थिक हानि वास्तविक हो। भावुकता या मानवता के नाम पर किसी दूसरे व्यक्ति की संपत्ति का बीमा कराना वर्जित होगा। जब तक बीमापात्र बीमा कराई जाने वाली वस्तु में आर्थिक हित नहीं रखता तब तक उससे सम्बन्धित वस्तु का बीमा नहीं हो सकता है।

अग्नि बीमा क्षतिपूर्ति की प्रसंविदा है अतः जब तक क्षति या हानि होने की सम्भावना न हो बीमा नहीं कराया जा सकता। यही कारण है कि अग्नि बीमा में बीमा योग्य हित बीमा कराते समय और क्षति होने पर दोनों समय मौजूद रहना जरूरी है। भविष्य में बीमा योग्य हित प्राप्त करने की आशा से बीमा योग्य हित नहीं रहता है। इसी तरह बीमा करा लेने के बाद यदि सम्पत्ति को हस्तान्तरित कर दिया गया तो वह प्रसंविदा विवर्जित हो जायेगी, क्योंकि बीमा कराने वाले के पास से यह सम्पत्ति हस्तान्तरित हो गयी। यथार्थ बात तो यह है कि अग्नि बीमा प्रसंविदा बीमित व्यक्ति और बीमाकर्त्ता के बीच प्रसंविदा है। इसे

व्यक्तिगत (Personal) प्रसंविदा भी कहते हैं। यदि इस सम्पत्ति पर किसी अन्य व्यक्ति का अधिकार हो जाये तो यह आपसी प्रसंविदा भी कहते हैं।

अग्नि बीमा में बीमा योग्य हित का रूप

(1) स्वामी—बीमित वस्तु का स्वामी अपनी वस्तु में बीमा योग्य हित रखता है जैसे मकान का स्वामी मकान में, व्यापार का स्वामी व्यापार में बीमा योग्य हित रखते हैं।

(2) अभिकर्त्ता—एक अभिकर्त्ता (Agent) अपने मालिक की सम्पत्ति में बीमा योग्य हित रखता है क्योंकि मालिक की सम्पत्ति नष्ट हो जाने पर उसे भी आर्थिक हानि होती है।

(3) बीमाकर्त्ता—बीमाकर्त्ता अपने द्वारा बीमित वस्तु में बीमा योग्य हित इसलिए रखता है कि यदि वस्तुओं की क्षति हुई तो उसे भुगतान करना पड़ेगा।

(4) धरोही (Bailee)—चूँकि धरोही के पास चल संपत्ति धरोहर पर रखी जाती है और उस सम्पत्ति की क्षति होने पर धरोही को भुगतान करना पड़ेगा, अत: धरोही आर्थिक हानि के कारण बीमा योग्य हित रखता है। ये व्यक्ति अपने दायित्व की सीमा तक बीमा योग्य हित रखते हैं।

(5) बंधककर्त्ता (Mortgagor) और बंधकी (Mortgagee)—बंधककर्त्ता अपनी सम्पत्ति के पूर्ण मूल्य तक बीमा योग्य हित रखता है और इसी पर बंधकी बंधक पर रखी हुई वस्तु पर बंधक की रकम (ऋण, ब्याज और प्रव्याजि) तक बीमा योग्य हित रखता है—

(6) प्रन्यासी (Trustee)—प्रन्यास में रखी गयी सम्पत्ति तक प्रन्यासी बीमा करा सकता है क्योंकि वह व्यावहारिक जीवन में उसका स्वामी माना जाता है और उसकी सुरक्षा की जिम्मेदारी उसके ऊपर हुआ करती है। इसलिए उसमें उसका बीमा योग्य हित है।

(7) पट्टादाता (Lessor) और पट्टाधारी (Lessee)—ये व्यक्ति पट्टे पर रखी गयी सम्पत्ति पर बीमा योग्य हित रखते हैं क्योंकि इनके हितों की हानि सम्पत्ति के नष्ट होने पर होती है।

(2) परम सद्विश्वास

महत्त्व—अग्नि बीमा में भी अन्य बीमा की भाँति दी गयी सूचनाओं के आधार पर जोखिम का निर्धारण होता है। इसलिए वास्तविक जोखिम का पता करने के लिए यह आवश्यक है कि सभी सम्बन्धित और महत्व की सूचनाएँ दी जायें। बिना इन सूचनाओं के प्रसंविदा विवर्जनीय हो सकती है कि सभी सूचनायें पूर्णतया नहीं दी गयी हैं।

कर्तव्य—परम सद्विश्वास का पालन करने के लिए यह आवश्यक है कि (1) प्रस्ताव प्रपत्र में दिये गये प्रश्नों का उत्तर पूर्ण और स्पष्ट रूप से दिया जाय और (2) इन प्रश्नों के अतिरिक्त जो भी सूचनाएँ विदित हों और जो प्रसंविदा को प्रभावित करती हों स्पष्ट की जायें। प्रसंविदा के निर्णय को प्रभावित करने वाले तथ्य महत्वपूर्ण तथ्य (Material Facts) कहलाते हैं।

दोनों पक्ष—महत्वपूर्ण तथ्यों को स्पष्ट करने का कर्तव्य बीमापात्र और बीमाकर्त्ता दोनों पर है। चूँकि बीमापात्र बीमित वस्तु के सम्बन्ध में विशेष जानकारी रखता है, अत: बीमापात्र का प्राथमिक उत्तरदायित्व यही है कि वह सभी महत्वपूर्ण तथ्यों का स्पष्ट और पूर्ण रूप से वर्णन करे; चाहे इन तथ्यों को प्रस्ताव पत्र में पूछा गया हो या नहीं।

महत्वपूर्ण तथ्यों के कतिपय उदाहरण हैं : सम्पत्ति का बीमा इतिहास, दूसरे बीमाकर्त्ताओं द्वारा बीमा प्रस्ताव का अस्वीकरण, सम्पत्ति पर अग्नि की घटना, पड़ोस की सम्पत्ति का लक्षण और स्वरूप। जैसा सामुद्रिक बीमा सम्बन्ध में बताया जा चुका है कि परम सद्विश्वास का पालन वहाँ नहीं होगा जहाँ पर कोई बात जानबूझ कर छिपाई जाये, गलती से छूट जाये, स्पष्ट न की जाये, द्विविधापूर्ण शब्दों में बतायी जाये या अन्य इसी प्रकार के अनुचित प्रभाव अपनाये जायें।

वैधानिक परिणाम—परम सद्विश्वास का पालन न होने पर दूसरा पक्ष चाहे तो प्रसंविदा विवर्जित कर सकता है। परन्तु यदि कपटपूर्ण वर्णन है तो वह प्रसंविदा प्रारम्भ से ही व्यर्थ (Null and void) होगा और दण्डित पक्ष को दण्ड की राशि की पूर्ति करनी पड़ेगी। जैसे बीमाकर्त्ता ने अगर धोखा देने के लिए किसी सम्पति का बीमा किया तो बाद में बीमापात्र को प्रव्याजि की रकम लौटायी जायेगी और बीमाकर्त्ता इस राशि को वापस करने के लिए जिम्मेदार होगा। यदि विवर्जनीय (Voidable) प्रसंविदा को एक बार स्वीकार कर लिया गया है तो उसे फिर बाद में रद्द किया जा सकता है। परम सद्विश्वास के पालन न होने का प्रमाण (Onus of proof) बीमाकर्त्ता को देना जरूरी होता है।

सर्वेक्षण—बीमाकर्त्ता की भी यह जिम्मेदारी होती है कि वह आवश्यक और महत्वपूर्ण तथ्यों को बताये और उसकी खोज करे। व्यावहारिक जीवन में जोखिम की पूर्ण जाँच के लिए सर्वेक्षक (Surveyor) की नियुक्ति की जाती है। सर्वेक्षक सम्पत्ति की जाँच बहुत से प्रश्नों को पूछकर करता है। बीमापात्र का यह कर्तव्य है कि वह इन प्रश्नों का सही-सही उत्तर दे और उनमें किसी प्रकार की कमी या दुराव न हो।

समय—परम सद्विश्वास का पालन केवल प्रसंविदा के समय ही करना आवश्यक नहीं है बल्कि प्रसंविदा के समय से लेकर बीमापत्र की अवधि तक होने वाले सभी परिवर्तनों को बताना चाहिए। यही नहीं अध्यर्थन यानी दावे (Claims) का भुगतान करने में भी किसी प्रकार परिवर्तन होता है तो उसकी सूचना देना जरूरी है।

जोखिम बचाने का कार्य—केवल महत्वपूर्ण तथ्यों को ही बताना जरूरी नहीं है बल्कि बीमित व्यक्ति और उसके अभिकर्त्ता का यह दायित्व है कि वे सम्पत्ति को नष्ट होने से बचावें और आग लगने की सम्भावना को कम करें। यदि आग लग जाये तो वे उसको बुझाने का प्रयास करें। इसके लिए वे सभी कार्य करने चाहिये जैसे वह बीमित न रहा हो।

अपवाद—परम सद्विश्वास अर्थात् महत्वपूर्ण तथ्यों का पूर्ण एवं स्पष्ट वर्णन करना निम्न दशाओं में आवश्यक नहीं है।

(1) वे अवस्थायें जो जोखिम को कम करती हों;

(2) वे तथ्य जो बीमाकर्त्ता को मालूम हैं या उचित रूप से मालूम होने चाहिए;

(3) सामान्य ज्ञान जो कि बीमाकर्त्ता को अपने व्यापार के दौरान में विदित रहता है या साधारणत: विदित रहना चाहिए;

(4) जिन सूचनाओं को बीमाकर्त्ता परित्याग करता है।

(5) वे सूचनायें जो समाश्वासन (Warranties) के कारण अपने आप स्पष्ट हो जायेंगी।

(4) क्षतिपूर्ति का सिद्धान्त

अग्नि बीमा की प्रसंविदा क्षतिपूर्ति की प्रसंविदा होती है। क्षतिपूर्ति सिद्धान्त अग्नि बीमा का महत्वपूर्ण सिद्धान्त है।

अर्थ—क्षतिपूर्ति के सिद्धान्त से तात्पर्य ऐसे सिद्धान्ति से है जिसमें बीमापात्र को केवल क्षति की रकम का ही भुगतान होगा, उससे न तो ज्यादा और न कम। बीमाकर्त्ता क्षति के समय बीमित व्यक्ति को क्षति की रकम का या तो नकद भुगतान या प्रतिस्थापन या मरम्मत द्वारा भुगतान किया जाता है। इसका शाब्दिक अर्थ और उद्देश्य यह है कि बीमित व्यक्ति उसी स्थिति में रखा जाता है जिस स्थिति में क्षति के ठीक पहले वह था अर्थात् सम्पत्ति में जितनी क्षति हुई है उसको इस प्रकार पूरा करते हैं कि क्षति के पहले की स्थिति बीमित सम्पत्ति की हो जाये। इस तरह बीमित व्यक्ति न तो उससे अच्छी और न उससे कम की स्थिति में हो जाता है।

वैधानिक परिणाम—प्रसंविदा के इस सिद्धान्त के अनुसार क्षति या हानि की ही पूर्ति की जाती है उससे अधिक नहीं। बीमित व्यक्ति को हर तरह इस सिद्धान्त से लाभ मिलने का मौका नहीं मिलता है। न्यायाधीश ब्रेट ने इस विषय में लिखा है ''.....मेरे विचार से बीमा प्रसंविदा जो कि सामुद्रिक बीमा या अग्नि बीमा से सम्बन्धित है, केवल क्षतिपूर्ति का प्रसंविदा है।'' इससे यह अर्थ निकलता है कि जहाँ पर क्षति नहीं होती है वहाँ पर भी कुछ भी भुगतान नहीं प्राप्त किया जा सकता है और जहाँ हानि हुई वहाँ पर मौद्रिक मूल्य (Monetary Value) ही प्राप्त किया जा सकता है। न्यायाधीश बोवन ने कहा था, ''.....यह सोचना गलत और भ्रामक है कि बीमा में हानि की रकम से अधिक भुगतान बीमित व्यक्ति को दिया जायेगा।''

आवश्यक—क्षतिपूर्ति सिद्धांत की आवश्यकता इसलिए है कि यदि क्षति से अधिक का भुगतान किया जाने लगे तो इसके कई दुष्परिणाम होंगे। उनमें से कुछ का वर्णन नीचे किया जा रहा है—

(1) क्षतिपूर्ति सिद्धांत के अभाव में बीमित व्यक्ति को प्रत्यक्ष या अप्रत्यक्ष रूप से आग लगाने का प्रोत्साहन मिलता क्योंकि लोग क्षति की रकम से अधिक प्राप्त करने के लिए प्रेरित होते। इस लाभ की इच्छा लोगों को अपनी ही सम्पत्ति को नष्ट करने का मौका प्रदान करता।

क्षति से कम रकम प्राप्त होने पर लोगों को बीमा से कोई लाभ न मिल पाता और वे बीमा कराना व्यर्थ समझते।

(2) समाज में अग्नि हानि की वृद्धि हो जाती। जब सभी व्यक्तियों को आग लगाकर लाभ कमाने का मौका मिलता तो समाज में ऐसे अन्याय की कमी न रहती। सभी व्यक्ति केवल सम्पत्ति को नष्ट करना ही उद्देश्य बना लेंगे इसीलिए कोई निर्माण कार्य नहीं करेगा। निर्माण कार्य बंद होते जायेंगे और यदि कहीं होगा भी तो उसे नष्ट करने का प्रोत्साहन मिलेगा।

(3) क्षतिपूर्ति सिद्धान्त का न होना जनता के हित के विरुद्ध होगा। जनता के हितों की तभी रक्षा होगी जबकि उनकी क्षति का भुगतान किया जाये। अधिक रकम भुगतान का अर्थ है कि उन व्यक्तियों का धन जो कि ईमानदार हैं गलत और बेईमान व्यक्तियों को दिया जा रहा है।

(4) अग्नि का विस्तार केवल बीमित व्यक्ति की सम्पत्ति ही नष्ट नहीं करेगी बल्कि पड़ोस के व्यक्तियों की सम्पत्ति की और जनहानि कर सकती है।

(5) प्रव्याजि की दर अधिक होगी। चूँकि अग्नि की क्षति बढ़ती जायेगी इसलिए बीमाकर्त्ता अधिक प्रव्याजि लेना चाहेगा। यदि अधिक प्रव्याजि नहीं लेंगे तो उनका व्यापार दिवालिया हो जायेगा और व्यापार बन्द हो जायेगा। यदि प्रव्याजि की रकम अधिक है तो

सामान्य और निर्दोष व्यक्तियों को आवश्यकता से अधिक प्रव्याजि देनी पड़ेगी। इसके परिणामस्वरूप भी दीर्घ समय में बीमा का उद्देश्य ही पराजित हो जायेगा।

क्षतिपूर्ति का मूल्यांकन

क्षतिपूर्ति की रकम उतने तक ही होगी जितने के सम्बन्ध में प्रव्याजि दी जा चुकी है। बीमित रकम क्षतिपूर्ति नहीं होगी बल्कि बीमित रकम यह बताती है कि कितनी रकम का अधिक से अधिक भुगतान किया जा सकता है। दूसरे शब्दों में बीमित रकम एक उच्चतम सीमा है जिससे अधिक की क्षतिपूर्ति नहीं की जायेगी। क्षतिपूर्ति की रकम हानि के समय और स्थान पर क्षति के बाजार मूल्य से निश्चित की जाती है।

क्षति की रकम और बीमित रकम—क्षति की रकम बीमित रकम से अधिक या कम हो सकती है। यदि क्षति की रकम बीमित रकम से अधिक है तो केवल बीमित रकम तक ही भुगतान होगा क्योंकि उससे अधिक की रकम का बीमा नहीं कराया गया है। इस दशा में इस अतिरिक्त रकम का भुगतान बीमा पात्र स्वयं सहन करेगा। यदि क्षति की रकम बीमित रकम से कम है तो केवल क्षति की रकम का ही भुगतान होता है, क्षति से अधिक का भुगतान कभी नहीं होगा यद्यपि कि इससे अधिक रकम का बीमा है। इस दशा में शेष प्रव्याजि भी वापस नहीं की जायेगी क्योंकि क्षतिपूर्ति संविदा में यदि क्षति नहीं होती तो प्रव्याजि लौटायी नहीं जाती है।

बीमा योग्य मूल्य और बीमित मूल्य—उपरोक्त सिद्धांत बीमा योग्य मूल्य में लागू होता है, बीमित मूल्य में नहीं। बीमा योग्य मूल्य का तात्पर्य उस मूल्य से है जो कि हानि के समय निश्चित की जाती है। बीमित मूल्य बीमा प्रसंविदा के समय ही निश्चित हो जाता है। इसमें हानि के समय मूल्यांकन का कोई तत्व नहीं रहता है। इसमें वास्तविक भुगतान की रकम वास्तविक क्षति से अधिक या कम हो सकती है। उदाहरण के लिए किसी सम्पत्ति का बीमा 10,000 रुपये के लिए कराया गया है और उसका आधा हिस्सा जलकर नष्ट हो जाता है जिसका बाजार मूल्य 8,000 रुपये है तो बीमा योग्य मूल्य के सम्बन्ध में 8,000 रुपये का भुगतान होगा क्योंकि क्षतिग्रस्त सम्पत्ति का क्षति के समय बाजार मूल्य 8,000 रुपये है। परन्तु यदि बीमापत्र बीमित मूल्य पर है तो उस दशा में बीमित मूल्य अर्थात् 10,000 रुपये का आधा ही यानी 5,000 रुपये का भुगतान होगा क्योंकि आधी सम्पत्ति की ही क्षति हुई है।

क्षतिपूर्ति का भुगतान बीमापत्र में वर्णित शर्तों के आधार पर होता है अत: शर्तों के अन्तर्गत इसका विस्तृत वर्णन किया गया है।

क्षतिपूर्ति की सीमा—प्रारम्भ में क्षतिपूर्ति का अर्थ सीमित था और केवल वस्तुगत या दृश्य सम्पत्ति का ही भुगतान किया जाता था अन्य अदृश्य क्षति जैसे—किराया, लाभ, आदि का भुगतान नहीं होता था क्योंकि सोचा जाता था कि इससे नैतिक जोखिम को बढ़ावा मिलेगा। परन्तु ईमानदार और जरूरतमंद लोगों को इससे काफी कठिनाई होने लगी। अत: अब केवल दृश्य हानि (Tangible loss) ही नहीं बल्कि अदृश्य (Intangible) हानि का भी भुगतान होता है। इस दशा में केवल भौतिक हानि ही नहीं बल्कि परिणामस्वरूप हानि (Consequential loss) का भी भुगतान करने लगे। भौतिक हानियाँ जो भवन, मशीन और स्कन्ध के नष्ट होने से होती हैं, के भुगतान के साथ परिणामस्वरूप हानियाँ जो विक्रय के बंद हो जाने, वेतन, कर, किराया और ब्याज आदि के दिये जाने से होती हैं, उनका भी भुगतान किया जाने लगा। आजकल परिणामस्वरूप हानियाँ भी क्षतिपूर्ति सिद्धान्त के अन्तर्गत आती हैं।

संक्षिप्त वर्णन—क्षतिपूर्ति सिद्धान्त का संक्षेप में नीचे वर्णन किया जा सकता है—

(1) बीमित व्यक्ति क्षतिपूर्ति का दावा तभी कर सकता है जबकि उसे वास्तव में क्षति हुई है। यदि क्षति नहीं हुई है तो प्रव्याजि भी नहीं लौटाई जायेगी।

(2) यदि कोई आंशिक क्षति हुई है तो केवल आंशिक हानि को ही बीमित व्यक्ति प्राप्त कर सकता है। क्षतिपूर्ति की शर्तों के अनुसार ही भुगतान होगा। क्षति की रकम से अधिक का भुगतान कभी नहीं हो सकता है।

(3) यदि बीमित व्यक्ति ने सम्पत्ति का वास्तविक भुगतान प्राप्त कर लिया है तो वह सम्पत्ति के सम्बन्ध में अपने अधिकार या अन्य दावे बीमाकर्त्ता को हस्तांतरित कर देगा। इसे प्रत्यासन सिद्धान्त के अन्तर्गत विस्तार से बताया गया है।

(4) यदि बीमित व्यक्ति क्षति से अधिक रकम प्राप्त करता है तो इस अधिक रकम को बीमाकर्त्ता को सौंप देना चाहिए।

(5) यदि एक से अधिक बीमाकर्त्ताओं से बीमा कराया गया है तो सब बीमाकर्त्ताओं से मिलाकर केवल वास्तविक क्षति का ही भुगतान होगा।

(6) क्षति का भुगतान नकद रुपये में दिया जा सकता है, मरम्मत कराके पूरा कर सकते हैं या प्रतिस्थापना या पुनःस्थापना (Reinstatement) द्वारा पूरा कर सकते हैं।

(5) प्रत्यासन का सिद्धान्त (Doctrine of Subrogation)

क्षतिपूर्ति और प्रत्यासन सिद्धान्त—प्रत्यासन-सिद्धान्त क्षतिपूर्ति सिद्धान्त का उप-सिद्धान्त है। क्षतिपूर्ति सिद्धान्त में यह बताया जाता है कि जितनी क्षति हुई है उससे अधिक भुगतान नहीं हो सकता। प्रत्यासन्न सिद्धान्त इससे बढ़कर आगे यह बताता है कि यदि क्षति की रकम से अधिक रकम बीमित व्यक्ति को मिली है तो उस आधिक्य को बीमाकर्त्ता प्राप्त कर लेगा। हाँ, बीमाकर्त्ता केवल संवृत्त की गयी रकम तक ही इस रकम को पा सकता है। दूसरे शब्दों में यह कहना भी उचित होगा कि क्षतिपूर्ति सिद्धान्त के सही-सही पालन के लिए प्रत्यासन सिद्धान्त का लागू होना जरूरी है। जैसे क्षति की रकम वसूल करने के बाद तीसरे पक्ष से भी कुछ रकम वसूल की जाये तो दोनों रकम क्षति की वास्तविक रकम से अधिक हो जायेगी परन्तु प्रत्यासन सिद्धान्त के रहने से क्षति से अधिक रकम बीमाकर्त्ता की हो जायेगी क्योंकि उसने क्षति को पूरा किया है।

अर्थ—प्रत्यासन सिद्धान्त ऐसे सिद्धान्त को कहते हैं जिसके द्वारा क्षति से अधिक क्षतिपूर्ति होने पर अतिरिक्त रकम बीमाकर्त्ता की हो जायेगी। बीमाकर्त्ता को तीसरे पक्ष के वे सभी अधिकार प्राप्त हो जाते हैं जो बीमित व्यक्ति को प्राप्त थे। इस प्रकार क्षतिग्रस्त बीमित विषय के सम्बन्ध में बीमित व्यक्ति को यदि कोई ऐसे अधिकार, उपचार, सुविधाएँ या हित प्राप्त हों जिनसे हानि कम हो जाती है तो वे सभी बीमाकर्त्ता के हो जायेंगे।

विशेषताएँ—प्रत्यासन सिद्धान्त की प्रमुख विशेषताएँ हैं—

(1) क्षतिपूर्ति कर देने के बाद बीमाकर्त्ता को बीमित विषय के सम्बन्ध में वे सभी अधिकार, उपचार और सुविधाएँ मिल जाती हैं जो बीमित व्यक्ति को उस बीमित विषय में थे।

(2) क्षतूिपर्ति करने के पहले बीमाकर्त्ता को यह अधिकार है कि तीसरें पक्ष से प्राप्त हुई रकम को घटा देने के बाद शेष क्षति की रकम का भुगतान करे। इस प्रकार बीमित व्यक्ति को चाहिए कि तीसरे पक्ष से प्राप्त रकम बीमाकर्त्ता को सौंप दे और क्षति की पूरी रकम का भुगतान प्राप्त कर ले।

(3) क्षतिपूर्ति करने के पश्चात् बीमित व्यक्ति को तीसरे पक्ष का प्राप्त अधिकार बीमाकर्त्ता का हो जाता है। परन्तु बीमाकर्त्ता को स्वयं अपने नाम से मुकदमा चलाने का अधिकार नहीं है। वह बीमित व्यक्ति के नाम में ही मुकदमा चला सकता है। इसके लिए वह बीमित व्यक्ति से सहायता प्राप्त कर सकता है। आवश्यक प्रपत्रों को देने की जिम्मेदारी बीमित व्यक्ति की होती है। यदि बीमित व्यक्ति मुकदमा लड़ने में आवश्यक मदद न करे तो बीमाकर्त्ता अपने दायित्व से मुक्त हो सकता है।

(4) तीसरे पक्ष पर दावा करने के समस्त खर्च बीमाकर्त्ता सहन करेगा।

अग्नि बीमापत्र में इसके सम्बन्ध में एक शर्त इस प्रकार दी हुई है—

''अन्य पक्षों के प्रति अपने अधिकार लागू करने के लिए अथवा उनसे क्षतिपूर्ति प्राप्त करने के लिए जिसका अधिकार बीमाकर्त्ता को इस बीमापत्र के अन्तर्गत विनाश या क्षति की पूर्ति करने पर मिला हो या मिल जायेगा, इस बीमापत्र के अंतर्गत प्रत्येक दावेदार बीमाकर्त्ता के निवेदन पर और उसके खर्चे पर ऐसे सब काम और सब बातें करेगा, करने को राजी होगा और करने देगा जो बीमाकर्त्ता की दृष्टि में आवश्यक है या कम्पनी विवेकपूर्ण रीति से उससे करने को कहे, चाहे ऐसे काम और बातें बीमाकर्त्ता द्वारा क्षतिपूर्ति के पूर्व या पश्चात् आवश्यक हो।

इसके अनुसार बीमाकर्त्ता क्षतिपूर्ति कर देने पर बीमित व्यक्ति का स्थान ग्रहण कर लेता है और उसके अधिकार, उपचार एवं हित जो बीमित विषय के सम्बन्ध में है प्राप्त कर लेता है। ''कैस्टेलेन बनाम प्रेस्टन'' में यह तय हो गया कि यदि क्षति हुई सम्पत्ति का भुगतान किसी तीसरे पक्ष द्वारा हो जाता है तो बीमाकर्त्ता का दायित्व समाप्त हो जाता है, दूसरे शब्दों में बीमाकर्त्ता का दायित्व तीसरे पक्ष से प्राप्त रकम तक समाप्त हो जाता है।

(6) समाश्वासन (Warranties)

अर्थ—''समाश्वासन वह विवरण है जिसके अनुसार बीमित व्यक्ति किसी विशेष कार्य करने या न करने अथवा किसी शर्त के पूरा करने या किसी तथ्य के होने या न होने का वचन देता है।''

इस परिभाषा से यह स्पष्ट हो जाता है कि समाश्वासन केवल प्रस्ताव प्रपत्र के प्रश्नों का उत्तर ही नहीं है बल्कि भविष्य में किसी कार्य के करने या न करने का विश्वास भी समाश्वासन है। अत: समाश्वासन को दो भागों (1) स्वीकृति सूचक (Affirmative) और (2) प्रतिज्ञा युक्त (Promissory) में बाँटा जाता है।

(1) स्वीकृति सूचक समाश्वासन—स्वीकृति सूचक समाश्वासन में बीमित व्यक्ति किसी तथ्य के होने या न होने की सूचना देता है। किसी बात को बताना अर्थात् कथन (Statement) या अभ्यावेदन (Representation) जो प्रसंविदा के आधार होंगे, समाश्वासन कहलायेंगे लेकिन वे तमाम सूचनायें जो प्रसंविदा का आधार नहीं होंगी मात्र कथन या अभ्यावेदन (Representation) ही रह जाते हैं। कथन या अभ्यावेदन के कुछ नियम नीचे दिये जा रहे हैं।

(1) अभ्यावेदन केवल वर्तमान तथ्य को ही नहीं बताता बल्कि किसी विश्वास या अनुमान को भी बताता है। विश्वास (Confidence) और उचित अनुमान (Estimation) द्वारा भी किसी तथ्य का वर्णन किया जा सकता है बशर्ते कि यह परम सद्विश्वास किया गया हो।

(2) किसी तथ्य से सम्बन्धित कथन को सही होने पर मान्यता दी जाती है।

(3) यदि सद्भावना के साथ किसी विश्वास या अनुमान का वर्णन सत्य होगा परन्तु असत्य वर्णन व्यर्थ होगा। जो असत्य वर्णन बिना जाने बूझे किया जाये और वह मूल रूपी या महत्वपूर्ण (Material facts) न हो तो उसका प्रसंविदा पर कोई प्रभाव नहीं पड़ेगा। महत्वपूर्ण तथ्यों के असत्य होने पर प्रसंविदा विवर्जित हो जायेगी।

(4) सामाश्वासन का अक्षरश: पालन होना जरूरी है अन्यथा प्रसंविदा को रद्द किया जा सकता है लेकिन अभ्यावेदन के मूल रूपी होने पर ही प्रसंविदा रद्द होगी।

समाश्वासन और अभ्यावेदन में अन्तर

इसमें निम्न अन्तर है—

(1) समाश्वासन प्रसंविदा का मुख्य अंग होता है परन्तु अभ्यावेदन हमेशा मुख्य आधार नहीं होता है।

(2) समाश्वासन हमेशा प्रसंविदा को प्रभावित करता अर्थात् समाश्वासन हमेशा महत्वपूर्ण या मूल रूपी होता है।

(3) समाश्वासन प्रत्यक्ष या अप्रत्यक्ष (संदर्भ रूप) से बीमापत्र में वर्णित किया जाता है जबकि अभ्यावेदन को इसका अंग होना जरूरी नहीं है।

(2) प्रतिज्ञायुक्त समाश्वासन—इस समाश्वासन से बीमित व्यक्ति किसी कार्य को करने या न करने की प्रतिज्ञा करता है। यह बताता है कि बीमित व्यक्ति कुछ शर्तों को पूरा करेगा। जैसे—बीमित व्यक्ति यह आश्वासन देता है कि वह सम्पत्ति को ऐसी जगह नहीं रखेगा जहाँ पर आग लगने की सम्भावना अधिक है। आग लगने पर बुझाने का सामान्य प्रयास करेगा।

बीमापत्र में लिखे जाने के अनुसार समाश्वासन के निम्न भेद किये जा सकते हैं—

(1) उपलक्षित (Implied) समाश्वासन—उपलक्षित समाश्वासन वे हैं जो बीमापत्र में लिखे नहीं गये हैं परन्तु सन्दर्भ से आधार पर उन्हें शामिल किया गया समझा जाता है। अग्नि बीमा में उपलक्षित शर्तें उतनी महत्वपूर्ण नहीं हैं जितना कि सामुद्रिक बीमा है, तथापि अग्नि बीमा में कुछ आवश्यक शर्तें जैसे सम्पत्ति की आग से सुरक्षा, आग लगने पर बुझाने का सामान्य प्रयास, लापरवाही न करना, जोखिम में परिवर्तन होने पर बीमाकर्त्ता को बताना आदि है।

(2) लिखित समाश्वासन (Express warranties)—लिखित समाश्वासन बीमापत्र में लिखे रहते हैं। इसमें यह दिया रहता है कि प्रव्याजि की रकम क्या होगी, उसका भुगतान करना, नवकरण कराने का समय आदि।

अग्नि बीमा में अन्य बीमा प्रसंविदा की भाँति समाश्वासन का अक्षरश: पालन होना जरूरी है, चाहे समाश्वासन से जोखिम बढ़े या नहीं। बीमाकर्त्ता का उत्तरदायित्व उसी समय नष्ट हो जाता है जब समाश्वासन का पालन नहीं होगा। नवीनीकरण की दशा में समाश्वासन का पालन होना नवीनीकरण की तिथि से शुरू होता है इसके पहले यदि पालन नहीं हुआ है तो नवीनीकरण प्रसंविदा पर उसका कुछ प्रभाव नहीं पड़ेगा।

(7) आसन्न कारण (Proximate cause)

अर्थ—आसन्न कारण सिद्धान्त का पूरा वाक्य है Causa proximanon **remota** spectature। यानी सन्निकट कारण को ही बीमा प्रसंविदा में भुगतान के लिए देखा जाता है दूर के कारण को नहीं देखा जाता है। आसन्न कारण राय के आधार पर नहीं बल्कि यथार्थता के आधार पर ही देखा जाता है।

आसन्न कारण वास्तविक कारण होता है अर्थात् हानि को प्रभावित करने वाला कारण आसन्न कारण है। अतः परिस्थितियों के आधार पर यह देखा जाता है कि कौन-सा कारण आसन्न है।

आवश्यकता—(1) हानि पूर्ति के लिए आसन्न कारण का जानना आवश्यक है। हानियों के कई कारणों में से उस कारण को निकालते हैं जो वास्तव में हानियों को प्रभावित करे।

(2) इन हानियों के कारण यदि बीमित जोखिम के अन्तर्गत आते हैं तो बीमाकर्त्ता उसका भुगतान करेगा अन्यथा बीमाकर्त्ता उसका भुगतान नहीं करेगा।

आधार—आसन्न कारण समझने के निम्न आधार हैं—

(1) यदि क्षति का केवल एक कारण है तो वही आसन्न कारण होगा। यदि इसका बीमा कराया गया है तो बीमाकर्त्ता भुगतान करेगा अन्यथा नहीं।

(2) यदि क्षति के कई संगामी (Concurrent) कारण हैं तो यह देखना जरूरी है कि इनको अलग किया जा सकता है या नहीं। यदि कारणों को अलग कर सकते हैं तो देखना चाहिए कि किस कारण से वास्तविक हानि हुई है। हानि का सही कारण ही आसन्न कारण होगा।

यदि कारणों को अलग नहीं कर सकते हैं और उनमें से कोई कारण बीमित नहीं है तो बीमाकर्त्ता का दायित्व उत्पन्न नहीं होता। यदि इनमें से सभी कारण बीमित हैं तो बीमाकर्त्ता हानि के लिए दायी होगा।

(3) जब क्षति एक के बाद एक कारण अर्थात् शृंखलाबद्ध कारणों से होती है तो यह देखना पड़ेगा कि कारणों को अलग किया जा सकता है या नहीं। यदि इन कारणों को अलग कर सकते हैं तो यह देखना पड़ता है कि हानि किस कारण से सम्बद्ध है। यदि क्षति के तुरन्त पहले का कारण बीमित है तो बीमाकर्त्ता भुगतान करेगा; यदि नहीं तो बीमाकर्त्ता भुगतान नहीं करेगा क्योंकि क्षति के पूर्व का कारण ही क्षति के वास्तविक कारण को प्रभावित करती है। अविच्छिन्न कारणों से होने वाली हानि पर यदि सभी कारण बीमित हैं तब बीमाकर्त्ता भुगतान करता है अन्यथा नहीं।

उदाहरण—(1) शत्रुओं ने वायुसेना के जहाज को नष्ट करने के लिए बंब छोड़े जिससे बीमित मकान भी जल गया। यहाँ पर मकान का जलना एक शृंखलाबद्ध कारण से है जिसमें बंब छोड़ने के बाद मकान जलना क्रमिक कारण है। ये दोनों कारण अलग किये जा सकते हैं। यहाँ पर क्षति के पूर्व (मकान जलने के पहले) का तुरन्त कारण शत्रुओं द्वारा बंब छोड़ना है, चूँकि इसका बीमा नहीं कराया गया है, अतः बीमाकर्त्ता इसका भुगतान नहीं करेगा।

(2) एक व्यक्ति अपने घर के सामने पत्तियाँ जलाता है जिससे हवा के कारण उसके पड़ोसी का मकान जल जाता है। यहाँ पर दोनों कारण अलग-अलग हैं। पत्तियाँ जलाने से दूसरे के मकान में आग लगना स्वतन्त्र कारण है। अतः बीमाकर्त्ता इसके लिए जिम्मेदार है क्योंकि आग लगने के कारण हुई क्षति का बीमा कराया गया है। हाँ, यह अवश्य है कि बीमाकर्त्ता इसके लिए पड़ोसी जिसने पत्तियाँ जलायी थीं से दावा तभी कर सकता है जब कि उसका प्रयास जानबूझकर या लापरवाही से आग लगाने का हो। केवल हवा चलने से, आग नियंत्रण के बाहर होने पर उससे कुछ भी क्षतिपूर्ति नहीं प्राप्त की जा सकती है।

(8) अभिहस्तांकन (Assignment)

अभिहस्तांकन का तात्पर्य बीमापत्र के अन्तर्गत उपलब्ध अधिकारों को किसी अन्य व्यक्ति के पक्ष में हस्तांतरित करना है। अग्नि बीमा व्यक्तिगत समझौता होने के कारण सामान्य दशाओं में बीमापत्र को अभिहस्तांकित नहीं कर सकते हैं। बिना बीमाकर्त्ता की स्वीकृति के अभिहस्तांकन अवैधानिक समझा जायेगा।

अपवाद और परिणाम—अभिहस्तांकन की अनुमति वहीं दी जाती है जहाँ कि बीमाकर्त्ता बीमित व्यक्ति के जीवन और ईमानदारी से पूर्णतया परिचित है। जब अभिगोपक (बीमाकर्त्ता) अभिहस्तांकन की अनुमति दे देता है तो उसके सम्बन्ध में भुगतान की जिम्मेदारी अभिहस्तांकिकी (Assignee) की हो जाती है।

अभिहस्तांकन का समय व वस्तु—अग्नि बीमा में अग्नि हानि के पूर्व या पश्चात् कभी भी बीमापत्र का अभिहस्तांकन किया जा सकता है। अभिहस्तांकन के समय बीमापत्र, सम्पत्ति और बीमा योग्य हित दोनों का हस्तान्तरण हो जाता है, कभी-कभी बिना सम्पत्ति के भी हस्तान्तरण होता है।

वैधानिक परिणाम—बीमापत्र में यह लिखा रहता है—''यदि बिना लिखित स्वीकृति के इस बीमापत्र का अभिहस्तांकन किया गया तो बीमापत्र अवैधानिक समझा जायेगा।'' अभिहस्तांतरण के समय बीमित वस्तु या हस्तांकन होने वाली वस्तु, स्वामित्व, बीमापात्र का चरित्र आदि की पुनः पूर्ण रूपेण जाँच होती है।

वैधानिक परिणाम तो यह होता है कि बीमाकर्त्ता की बिना अनुमति के यदि बीमापत्र हस्तांतरित किया गया तो हस्तांतरक (Assignor) की संपत्ति हस्तांतरित हो जाती है और साथ ही उसका बीमा योग्य हित भी। इसी प्रकार हस्तांकिकी (Assignee) को सम्पत्ति का हस्तांतरण हो जाता जिससे उसे बीमा योग्य हित मिल जाते हैं परन्तु उसका तथा बीमाकर्त्ता की कोई प्रसंविदा न होने के कारण बीमाकर्त्ता दोनों दशाओं में अपने दायित्व से मुक्त हो सकता है। दूसरी शर्त यह है कि बीमा योग्य हित प्रसंविदा के प्रारम्भ से लेकर हानि या प्रसंविदा की समाप्ति तक चलता रहना आवश्यक है। यदि इस शर्त का पालन न हो अर्थात् बीमा योग्य हित दोनों में से यदि किसी एक भी समय न रहे तो बीमाकर्त्ता अपने दायित्व से मुक्त हो सकता है क्योंकि यहाँ पर प्रसंविदा विवर्जित हो जायेगी। उपरोक्त उदाहरण में हस्तांतरक के पास प्रारम्भ में और हस्तांकिकी के पास क्षति के समय ही बीमायोग्य हित थे अतः दोनों दशाओं में प्रसंविदा विवर्जित हो सकती है।

जब बीमाकर्त्ता और हस्तांकिकी का नया समझौता हो जाता है तो उस दशा में एक नया समझौता होने के कारण उसे भुगतान किया जा सकेगा। इस नये समझौते में बीमा योग्य हित दोनों समय रहता है।

बन्धक के रूप में—अग्नि बीमापत्र में स्पष्ट रूप से वर्णित न होने के कारण बीमा को बन्धक धरोहर अथवा गिरवी पर रखा जा सकता है। इसलिए बीमापत्र की स्वीकृति इसके लिए लेना अनिवार्य नहीं है। चूँकि इसमें स्वामित्व का हस्तान्तरण नहीं होता, अतः बीमापत्र, सम्पत्ति और बीमायोग्य हित पर कोई विपरीत वैधानिक परिणाम नहीं होता। इसमें हानि होने पर सम्पत्ति स्वामी को ही भुगतान होता है, गिरवी प्राप्त कर्त्ता को नहीं।

हानि के पश्चात् हस्तांकन—बीमित सम्पत्ति के नष्ट होने के बाद बीमापत्र का हस्तान्तरण केवल लिखित स्वीकृति के कारण ही होता है। हानि पूर्ति रकम का पूर्ण या आंशिक रूप से अभिहस्तांकन किया जा सकता है, इसके लिए कोई वैधानिक रुकावट नहीं है।

अभिहस्तांकन की पुष्टि—अभिहस्तांकन की पुष्टि के लिए यह आवश्यक है कि बीमाकर्त्ता बीमापत्र की पीठ पर अभिहस्तांकन स्वीकृति लिखकर अपने हस्ताक्षर कर दे। आंशिक अभिहस्तांकन की स्वीकृति बीमाकर्त्ता प्राय: नहीं देते हैं।

बिना शर्त का अभिहस्तांकन—निम्न दशाओं में बीमाकर्त्ता की बिना अनुमति के हस्तांतरण होता है।

(1) यदि सम्पत्ति का वसीयतनामा (Will) के कारण अभिहस्तांकन हुआ हो;

(2) यदि विधि प्रवर्तन (Operation of law) अर्थात् कानून के अन्तर्गत अभ्यर्पण हुआ हो। जैसे मृत्यु के समय उत्तराधिकार के कारण, ट्रस्टी या रिसीवर को हस्तान्तरण।

(9) अन्य
(Miscellaneous)

अग्नि बीमापत्र की अवधि (Term of Fire Policies)—अग्नि बीमापत्र की अवधि प्राय: एक वर्ष की होती है। इससे कम अवधि का बीमा लघुकालीन बीमापत्र (Short term policies) और इससे अधिक का बीमा दीर्घकालीन बीमापत्र (Long term policies) कहलाते हैं। दीर्घकालीन बीमापत्र में बीमाकर्त्ता प्राय: यह अधिकार रखता है कि वह बीमा सम्बन्धी प्रव्याजि में समय-समय पर संशोधन कर सके। यह बीमापत्र प्राय: स्थायी सम्पत्तियों के लिए लिये जाते हैं। लघुकालीन बीमा में दीर्घकालीन बीमा की तुलना में खर्चों की आनुपातिक रकम अधिक होने के कारण प्रव्याजि की रकम अधिक होती है।

बीमापत्र का नवकरण (Renewal of Policies)—बीमापत्र की अवधि समाप्त हो जाने पर कोई भी पक्ष इसे समाप्त कर सकता है। बीमापत्र का नवकरण करने के लिए अवधि व्यतीत होने के पहले बीमाकर्त्ता एक सूचना पत्र भेजता है जिसके आधार पर बीमापत्र का नवकरण हो सकता है। बीमित व्यक्ति भी अवधि व्यतीत होने के बाद 15 दिन के अन्दर प्रव्याजि की रकम देकर बीमापत्र का नवकरण करा सकता है। इस अवधि को अनुग्रह दिवस (Days of Grace) कहते हैं। इस अनुग्रह दिवस में यदि हानि होती है तो बीमाकर्त्ता उसका भुगतान कर देगा बशर्ते कि यह साबित न हो कि बीमित व्यक्ति अपनी प्रसंविदा को रद्द करना चाहता था। यदि समाप्ति का प्रमाण मिला है तो बीमाकर्त्ता का कोई दायित्व ही नहीं होता, जैसे—बीमित व्यक्ति बीमा कराने के लिए किसी दूसरे बीमाकर्त्ता के पास पहुँचे तब स्पष्टतया वह इस प्रसंविदा को चालू नहीं रखता चाहता है। बीमाकर्त्ता के लिए यह आवश्यक नहीं है कि वह नवकरण की सूचना दे और अनुग्रह दिवस (Days of Grace) प्रदान करे। लघुकालीन बीमापत्रों के लिए कोई अनुग्रह दिवस नहीं है।

नवकरण एक नवीन प्रसंविदा है जो पुराने बीमापत्र की समाप्ति के बाद प्रारंभ होता है। यह बीमापत्र मौलिक या पूर्व प्रसंविदा को जारी नहीं रखता, अत: उसकी प्रारंभिक तिथि भी चालू नहीं रहती। इसलिए बीमापात्र का यह कर्तव्य हो जाता है कि वह इस समय सभी महत्वपूर्ण तथ्यों का वर्णन करे तथा किसी महत्वपूर्ण परिवर्तन को सूचित करे। बीमाकर्त्ता को यह अधिकार है कि वह सम्पत्ति का फिर से निरीक्षण करके प्रव्याजि की रकम में संशोधन करे। विपरीत दशाओं में प्रव्याजि की रकम बढ़ायी जा सकती है और अनुकूल परिस्थिति में इसे घटा सकते हैं।

बीमापत्र का रद्द होना (Cancellation of Policies)—(1) जब अनुग्रह दिवस में प्रव्याजि की रकम नहीं दी जाती है और नवकरण की कोई सूचना नहीं है तो बीमापत्र अपने आप रद्द हुआ समझा जाता है। (2) जब बीमाकर्त्ता बीमित वस्तु का नवकरण नहीं करना चाहता है तो वह इस बात की सूचना बीमित व्यक्ति को दे देता है।

यह सूचना अवधि समाप्त होने के एक सप्ताह पूर्व दी जाती है जिससे बीमापात्र अनुग्रह दिवस के लाभों को न माँग सके तथा उसे अपने बीमा के लिए पर्याप्त समय मिल सके।
(3) बीमापत्र चालू रहने पर न तो बीमाकर्त्ता और न बीमित व्यक्ति ही बीमापत्र को रद्द कर सकता है। यदि विषय वस्तु में कुछ परिवर्तन हुआ है तो उसके अनुसार बीमा प्रसंविदा को रद्द कर किया जा सकता है। ये परिवर्तन जोखिम को बढ़ा देते हैं। जब अधूरे में बीमा प्रसंविदा रद्द होती है तो न बीती हुई अवधि के लिए बीमापत्र को आनुपातिक प्रव्याजि लौटा दी जाती है।

एक से अधिक आग—बीमाकर्त्ता बीमा की अवधि में कई आग पर भुगतान कर सकता है परन्तु सब भुगतान योग्य क्षति की रकम या बीमापत्र की रकम जो भी कम हो, से अधिक नहीं होना चाहिये। यदि बीमित व्यक्ति चाहे तो एक आग के बाद बीमापत्र की रकम बढ़ा सकता है। इसके लिए अतिरिक्त प्रव्याजि देने की आवश्यकता होगी।

एक से अधिक बीमापत्र—एक से अधिक बीमापत्र पर भी कुल बीमित रकम से अधिक रकम का भुगतान नहीं होगा। इसमें कोई एक बीमाकर्त्ता सबकी ओर से या सभी बीमाकर्त्ता अपनी-अपनी बीमित रकम के अनुपात में भुगतान कर सकते हैं। सभी बीमाकर्त्ता द्वारा दी गई यह रकम क्षति से अधिक नहीं होना चाहिए। औसत वाक्यांश में ऐसे भुगतान का विस्तृत वर्णन किया गया है।

अध्याय 10

स्वास्थ्य बीमा

जीवन बीमा निगम की हेल्थ प्लस, इकाई से सम्बद्ध एक स्वास्थ्य बीमा योजना है, जो योजना में शामिल परिवार के सदस्यों को स्वास्थ्य सुरक्षा प्रदान करती है। स्वास्थ्य सुरक्षा का विस्तार, योजना में शामिल परिवार के सदस्यों के लिए चुने गए प्रारम्भिक दैनिक लाभ पर निर्भर करता है। स्वास्थ्य सुरक्षा की निरन्तरता पॉलिसी के अंतर्गत बीमा-किस्त के नियमित भुगतान पर निर्भर करती है। प्रत्येक सदस्य के लिए बीमाकृत बड़ी शल्यक्रिया के लाभ की रकम चुने गए प्रारंभिक दैनिक लाभ से 200 गुना अधिक होती है।

स्वास्थ्य बीमा के लाभ

अस्पताल नकदी लाभ। यह एक सन्निहित निश्चित लाभ है तथा आकस्मिक दुर्घटना की चोट या बीमारी के कारण यदि परिवार के किसी भी बीमाकृत सदस्य को अस्पताल में भर्ती कराया जाता है तो प्रतिदिन के आधार पर इसका भुगतान किया जाता है। पहले 48 घंटों या उसके पश्चात् अस्पताल में रहने के समय, जो 4 घंटे से अधिक हो, के अतिरिक्त 24 घंटे अस्पताल में रहने की प्रत्येक लगातार अवधि को उन दिनों की गणना के प्रयोजन में एक दिन माना जाएगा, जिनके लिए अस्पताल नकदी लाभ देय है।

यह लाभ प्रारंभिक दैनिक लाभ पर साधारण 5 प्रतिशत की दर से तब तक बढ़ता है जब तक यह प्रारंभिक दैनिक लाभ के 1.5 गुना न हो जाए।

यदि अस्पताल में भर्ती रहने की अवधि में गहन चिकित्सा केन्द्र (आई.सी.यू.) में रहना शामिल हो, तो प्रतिदिन मिलने वाले लाभ, लागू, अस्पताल नकदी लाभ से दुगुने देय है।

बड़ी शल्यक्रिया का लाभ—बड़ी शल्यक्रिया का लाभ एक एकमुश्त लाभ है, जो परिवार के बीमाकृत सदस्य द्वारा पॉलिसी के निबन्धनों एवं शर्तों में दिए अनुसार, बड़ी शल्यक्रिया कराने के मामलें में देय है। शल्यक्रिया के प्रकार के आधार पर, बीमाकृत रकम का निश्चित प्रतिशत देय है।

महत्वपूर्ण सूचना

अस्पताल नकदी लाभ तथा बड़ी शल्यक्रिया का लाभ, पॉलिसी के निबन्धनों तथा शर्तों में दिए एक निबन्धनों, शर्तों प्रतीक्षा अवधि तथा अपवर्जन के अधीन हैं। तृतीय पक्ष प्रशासन तथा निगम की संतुष्टि के लिए उचित प्रमाण प्रस्तुत किए जाने चाहिए।

अन्य लाभ

गृह उपचार लाभ—जब न्यूनतम तीन वर्षों की बीमा-किस्त का भुगतान कर दिया जाता है। तो प्रधान बीमाकृत व्यक्ति को, सुरक्षा अवधि के दौरान परिवार के किसी भी

बीमाकृत सदस्य के लिए अस्पताल नकदी/शल्यक्रिया लाभ के अतिरिक्त गृह उपचार खर्चों को पूरा करने के लिए पॉलिसी निधि में से रकम आहरित करने का विकल्प प्राप्त है, यह प्रत्येक भुगतान के लिए निम्नलिखित शर्तों को पूरा किए जाने के अधीन है।

गृह उपचार लाभ का भुगतान करने की शर्तें

(1) दावायोग्य न्यूनतम गृह राशि	रू0 2500
(2) अधिकतग राशि, जिसका दांवा/भुगतान किया जा सकता है।	भुगतान की तिथि को पॉलिसी के 50 प्रतिशत तक
(3) भुगतान करने के बाद पॉलिसी निधि में एक वार्षिक किस्त न्यूनतम शेष रहने के अधीन	
(4) अधिकतम भुगतान, जिनका एक पॉलिसी वर्ष में दावा किया जा सकता है	2

पिछले पॉलिसी वर्ष में उपर्युक्त 2 तथा 3 प्रतिबंध लागू नहीं है तथा यदि पॉलिसी निधि का शेष रू0 2500 से कम हो जाता है, तो सम्पूर्ण भुगतान एकमुश्त करना होगा।

पॉलिसी अवधि की समाप्ति पर देय लाभ। पॉलिसी अवधि की समाप्ति पर पॉलिसी निधि का शेष, यदि कुछ हो, देय है।

मृत्यु होने पर देय लाभ। प्रधान, बीमाकृत (पीआई) व्यक्ति की दुर्भाग्यपूर्ण मृत्यु होने पर देय लाभ पॉलिसी में शामिल व्यक्तियों की संख्या पर निर्भर होंगे।

1.	जहाँ केवल एक व्यक्ति (प्रधान बीमाकृत) पॉलिसी के अधीन बीमाकृत है :
	पॉलिसी निधि में धारित इकाइयों की निधि राशि, प्रधान बीमाकृत व्यक्ति के नामांकित व्यक्ति या कानूनी वारिसों को देय है।
2.	जहां दो या अधिक व्यक्ति पॉलिसी में शामिल है :
	जहां पॉलिसी प्रारंभ होने से 3 वर्षों के अंदर प्रधान बीमाकृत व्यक्ति की मृत्यु हो जाती है : पॉलिसी समाप्त हो जाएगी तथा नामांकित व्यक्ति/ कानूनी वारिस को पॉलिसी निधि की राशि देय होगी। **जहां पॉलिसी प्रारंभ होने से 3 वर्षों के बाद प्रधान बीमाकृत व्यक्ति की मृत्यु हो जाती है :** किस्तों का भुगतान बंद कर दिया जाएगा लेकिन अन्य बीमाकृत व्यक्तियों, यदि कोई हो, के लिए स्वास्थ्य सुरक्षा तब तक जारी रहेगी, जब तक कि प्रभारों की वसूली के लिए निधि पर्याप्त हो या जब तक कि स्वास्थ्य सुरक्षा समाप्त होने की अवधि पूरी न हो जो पहले हो।
3.	**प्रधान बीमाकृत व्यक्ति के अलावा, बीमाकृत सदस्यों की मृत्यु होने पर :**
	पॉलिसी के अधीन बीमाकृत अन्य सदस्यों के लिए किस्त के भुगतान के अतिरिक्त जोखिम की सुरक्षा जारी रहेगी।
4.	**सभी बीमाकृत सदस्यों की मृत्यु होने पर :**
	पॉलिसी निधि में धारित इकाइयों की निधि राशि, प्रधान बीमाकृत के नामांकित व्यक्ति या कानूनी वारिस (वारिसों) को देय है।

5. पॉलिसी प्रारंभ होने से 3 वर्षों के बाद, प्रधान बीमाकृत व्यक्ति तथा पति/पत्नी (पॉलिसी के अधीन बीमाकृत हो या नहीं हो) की मृत्यु होने पर :
बीमाकृत बच्चों, यदि कोई हो, के सम्बन्ध में लाभ जारी रहेंगे तथा पॉलिसी में शामिल स्वास्थ्य सुरक्षा प्राप्त सबसे बड़े वयस्क पुत्र/पुत्री द्वारा लाभ का दावा किया जा सकता है। यदि पॉलिसी में शामिल स्वास्थ्य सुरक्षा के लाभों का दावा कर सकता है।

प्रतीक्षा अवधि

जी हां प्रतीक्षा अवधि का उल्लेख नीचे किया गया है।

अस्पताल नकदी लाभ तथा बड़ी शल्यक्रिया के लाभ के लिए प्रतीक्षा अवधि	बीमाकृत प्रधान व्यक्ति	बीमाकृत पति/पत्नी	बीमाकृत बच्चे
सुरक्षा की तिथि से	180 दिन	180 दिन	180 दिन
सुरक्षा के पुनःप्रचलन/पुनःबहाली की तिथि से	90 दिन	90 दिन	90 दिन

आकस्मिक दुर्घटना में शारीरिक चोट के सम्बन्ध में अस्पताल नकदी लाभ तथा बड़ी शल्यक्रिया के लाभ के लिए कोई प्रतीक्षा अविधि नहीं है।

उच्चतम सीमा

प्रत्येक सदस्य के सम्बन्ध में अधिकतम वार्षिक सीमाएं तथा जीवन-काल की सीमाएं नीचे दिए अनुसार हैं :

अस्पताल नकदी लाभ	अधिकतम वार्षिक लाभ अवधि		अधिकतम जीवन-काल लाभ अवधि
	पहले वर्ष	दूसरे वर्ष तथा उसके बाद	
बीमाकृत प्रधान व्यक्ति	गहन चिकित्सा	चिकित्सा केन्द्र के लिए	365 दिन
बीमाकृत पति/पत्नी	केन्द्र के लिए 9 दिनों	30 दिनों सहित 60 दिन	
बीमाकृत बच्चे*	सहित 18 दिन गहन		

*किसी बीमाकृत बच्चे के लिए अस्पताल नकदी लाभ की अधिकतम अवधि, जब तक वह 5 वर्ष का नहीं हो जाता, 90 दिनों तक सीमित है।

महत्वपूर्ण सूचना : अस्पताल नकदी लाभ 48 घंटो के अतिरिक्त केवल 24 घंटों की लगातार अवधि या उसके भाग के लिए बशर्ते अस्पताल में रहने का यह भाग 4 घंटों से अधिक हो अस्पताल के किसी वार्ड या गहन चिकित्सा केन्द्र में भर्ती रहने के सम्बन्ध में

उपलब्ध है। अस्पताल नकदी लाभ केवल तभी देय है, जब भारत के किसी अस्पताल में रोगी को भर्ती किया जाता है।

शल्य क्रिया लाभ की सीमाएं

प्रत्येक सदस्य के सम्बन्ध में, बड़ी शल्यक्रिया के लाभ की अधिकतम वार्षिक तथा जीवन-काल की सीमाएं नीचे दिए अनुसार हैं।

बड़ी शल्यक्रिया के लाभ	बीमाकृत प्रधान व्यक्ति	बीमाकृत पति/पत्नी	बीमाकृत बच्चे
अधिकतम वार्षिक लाभ	प्रत्येक बीमाकृत सदस्य के लिए लागू बीमाकृत रकम का 100 प्रतिशत		
अधिकतम जीवन-काल लाभ	प्रत्येक बीमाकृत सदस्य के लिए लागू बीमाकृत रकम का 3 गुना		
	बड़ी शल्यक्रिया के लाभ केवल तभी देय है, जब शल्यक्रिया भारत में की जाए।		

किस्त न जमा करने पर

यदि अनुग्रह अवधि में किस्त का भुगतान नहीं किया जाता है तो पॉलिसी समाप्त हो जाती है। बीमाकृत प्रधान व्यक्ति के पास, प्रथम अदत्त किस्त की नियत तिथि से दो वर्षों के अंदर पॉलिसी को पुनः प्रचलित करने का विकल्प होता है। यह निगम की संतुष्टि से स्वास्थ्य के प्रमाण के अधीन होगा।

यदि 3 वर्षों की किस्तों के भुगतान से पहले पॉलिसी समाप्त हो जाती है, तो बीमाकृत सभी व्यक्तियों के लिए स्वास्थ्य सुरक्षा बंद हो जाएगी। इस पॉलिसी को, प्रथम अदत्त किस्त की नियत तिथि से दो वर्षों की अवधि के दौरान किसी भी समय किस्त के सभी बकायों का ब्याज रहित भुगतान करते हुए पुनःप्रचलित किया जा सकता है लेकिन यह सतत बीमायोग्यता के प्रमाण के अधीन होगा।

यदि कम से कम 3 वर्षों की किस्तों के भुगतान के बाद पॉलिसी समाप्त हो जाती है, तो इस पॉलिसी को प्रथम किस्त की तिथि से 2 वर्षों के अंदर पुनः प्रचालित किया जा सकता है। अन्तराल की अवधि के दौरान, अस्पताल नकदी लाभ तथा शल्यक्रिया के लाभ के सुरक्षा प्रभारों की कटौती पॉलिसी निधि से उस समय तक जारी रहेगी जब तक कि निम्नलिखित में से जो भी पहले हो जाए—

1. पॉलिसी निधि, एक वार्षिक किस्त से कम हो जाए या
2. पॉलिसी में शामिल स्वास्थ्य सुरक्षा प्राप्त व्यक्ति लाभ समाप्त होने की आयु तक पहुँच जाए, या
3. अधिकतम जीवन-काल लाभ समाप्त हो जाए या
4. पॉलिसी पुनःप्रचालन अवधि के अंत/पॉलिसी अवधि के अंत तक पहुँच जाए।
5. मृत्यु या किसी अन्य कारण से पॉलिसी समाप्त हो जाए।

महत्वपूर्ण सूचना

यदि पॉलिसी निधि, न्यूनतम अनुबद्ध राशि से कम हो जाती है या यदि पुनःप्रचालन अवधि के अंदर पॉलिसी को पुनः प्रचलित नहीं किया जाता है, तो इसे अनिवार्य रूप से समाप्त कर दिया जाता है तथा पॉलिसी में उपलब्ध, इकाइयों की निधि राशि का भुगतान, पॉलिसी प्रारंभ होने की तिथि से 3 वर्ष पूर्ण हो जाने के बाद किया जाता है।

अनिवार्य रूप से समाप्त किसी पॉलिसी को, प्रथम अदत्त किस्त की नियत तिथि से 2 वर्षों के अंदर, निबन्धनों तथा शर्तों के अधीन पुनःबहाल किया जा सकता है।

किस्त अवकाश—यदि कम से कम 3 वर्षों की किस्तों का भुगतान करने के बाद पॉलिसी समाप्त हो जाती है तो बीमाकृत व्यक्ति के पास, सभी देय किस्तों का पूर्ण भुगतान करने या केवल अंतिम किस्त का बिना किसी ब्याज के भुगतान करते हुए किस्त अवकाश प्राप्त करने का विकल्प होता है। किस्त अवकाश केवल तभी प्राप्त किया जा सकता है, जब यदि पुनःप्रचालन के समय पॉलिसी निधि से कम से कम एक वार्षिक किस्त के बराबर रकम शेष हो।

जीवन बीमा निगम की हेल्थ प्लस योजना के अधीन सेवाओं में निम्नलिखित शामिल नहीं है।

1. आंशिक निकासी—आंशिक निकासी का कोई प्रावधान नहीं है।

2. ऋण—हेल्थ प्लस पॉलिसी पर कोई ऋण नहीं दिया जाता।

3. अभ्यर्पण—जीवन बीमा निगम की हेल्थ प्लस पॉलिसी को अन्यर्पित नहीं किया जा सकता।

तृतीय पक्ष प्रशासक

तृतीय पक्ष प्रशासक बीमा निनियामक और विकास प्राधिकरण (आइआरडीए) के अधीन अनुज्ञप्ति (लाइसेंस) प्राप्त होते हैं। तृतीय पक्ष प्रशासक, जीवन बीमा निगम द्वारा नियुक्त किये जाते हैं तथा जीवन बीमा निगम एवं तृतीय पक्ष प्रशासक के बीच सेवा के स्तर पर किए गए करार में निश्चित की गई पद्धति के अनुसार स्वास्थ्यबीमा दावों का निपटारा करने से हमारी सहायता करते हैं। वे पूछताछ केन्द्र (कॉल सेन्टर) सेवाएं शुल्क मुक्त (टोल फ्री) दूरभाष क्रमांक वेब साइट मार्गदर्शन प्रदान करते है, स्वास्थ्य कार्ड जारी करते हैं तथा दावों के प्रपत्र स्वीकार करते हैं, उनकी छानबीन करते हैं तथा जब दावा स्वीकार कर लिया जाता है तो जीवन बीमा निगम को भुगतान करने की सूचना देते हैं।

तृतीय पक्ष प्रशासक की भूमिका :

1. अस्पताल नकदी लाभ तथा बड़ी शल्यक्रिया के लाभ के सम्बन्ध में सभी प्रकार से विधिवत पूर्ण रूप से भरे गए दावे के प्रपत्र तृतीय पक्ष प्रशासक को प्रस्तुत किए जाते हैं।
2. तृतीय पक्ष प्रशासक कागजातों की छानबीन करेगा तथा निम्नलिखित 4 व्यापक पहलूओं के अधीन अपनी अपनी जांच-पड़ताल करेगा :
   (क) दावेदार की पहचान—पॉलिसी में शामिल स्वास्थ्य सुरक्षा प्राप्त बीमाकृत प्रधान व्यक्ति या उसके परिवार का सदस्य।

(ख) क्या बीमाकृत प्रधान व्यक्ति/परिवार का सदस्य वास्तव में अस्पताल में भर्ती है?

(ग) क्या उपचार की सामान्य प्रक्रिया से पॉलिसी धारक/परिवार के सदस्य द्वारा उल्लेख की गई बीमारी की पुष्टि होती है? तृतीय पक्ष प्रशासक इस बात की भी जांच-पड़ताल करेगा कि क्या उल्लेख की गई बीमारी, स्वास्थ्य सुरक्षा प्रारंभ की तिथि के पहले से तो नहीं है?

(घ) क्या अस्पताल में भर्ती रहने की अवधि से, इस बीमारी के लिए सामान्यतः न्यायसंगत औसत अवधि की पुष्टि होती है?

दावे की स्वीकृति या अस्वीकृति विभिन्न कारकों पर निर्भर करती है, जिनमें शामिल हैं :

- उस व्यक्ति की पहचान, जिसके लिए स्वास्थ्य बीमा दावा किया जा रहा है।
- पॉलिसी की स्थिति—यह प्रचलित है या समाप्त स्थिति में है?
- क्या यह शल्यक्रिया पॉलिसी में समाहित है? इसे बीमा सुरक्षा प्राप्त है?
- क्या पॉलिसी धारक या उसके परिवार का सदस्य जिसके लिए दावा किया गया है, अस्पताल में भर्ती हैं?
- क्या यह बीमारी पॉलिसी प्रारंभ होने के पहले से ही विद्यमान है तथा प्रस्ताव में इस तथ्य को प्रकट किया गया है?
- क्या परिवार का सदस्य या जिसके लिए दावा किया गया है, पॉलिसी में समाहित है तथा उसे बीमा सुरक्षा प्राप्त है?
- क्या पॉलिसी में उल्लिखित अपवर्जन के अधीन, खंडों में से किसी खंड की ओर ध्यान आकर्षित किया गया है?

4. दावे की सत्यता में स्वयं संतुष्ट होने के बाद तृतीय पक्ष प्रशासक, प्राधिकरण बैंक को भुगतान करने के अनुदेश देने हेतु जीवन बीमा निगम को दावे की स्वीकृति अग्रेषित करेगा।
5. नामित बैंक, किसी भी सम्मत पद्धति जैसे आरटीजीएस, एनइएफटी, डिमांड ड्राफ्ट या बैंकर्स चेक द्वारा, दावेदार/पॉलिसी धारक को स्वीकृति दावे की रकम का भुगतान करेंगे या यदि पॉलिसी धारक का खाता उसी बैंक में है तो सीधे उसके खाते में दावे की रकम जमा करेंगे।

दावें की रकम/डिमांड ड्राफ्ट प्राप्त न होना—यदि पॉलिसी धारक को दावे की स्वीकृति की सूचना प्राप्त होने के बाद यथोचित अवधि के अंदर उसके दावे की राशि प्राप्त नहीं होती है, तो वह तृतीय पक्ष प्रशासन या नामित बैंक से सम्पर्क कर सकता है। यदि वह किसी भी कारण से उनकी सेवा से संतुष्ट नहीं होता है, जिसके कारण उसे शिकायत हो जाती है, तो समस्या के समाधान के लिए सेवाप्रदाता जीवन बीमा निगम मंडल स्वास्थ्य इकाई से सम्पर्क करना चाहिए।

याद रखने की महत्वपूर्ण बातें

नामांकन—किसी निकट सम्बन्धी का नामांकन करें। नामांकित व्यक्ति वह होता है जिसे पॉलिसी की अवधि के दौरान, बीमाकृत प्रधान व्यक्ति की दुर्भाग्यपूर्ण मृत्यु होने पर

पॉलिसी के अधीन लाभ की राशि का भुगतान किया जाता है। पॉलिसी की अवधि के दौरान किसी भी समय, बीमाकृत प्रधान व्यक्ति अनुरोध करते हुए, नामांकित व्यक्ति में परिवर्तन करने का विकल्प दिया जा सकता है।

अपनी किस्त का भुगतान समय पर करें—जीवन बीमा निगम के किसी मंडल के अंतर्गत आने वाली किसी भी शाखा में नकद, डिमांड ड्राफ्ट या स्थानीय एमआइसीआर चेक किस्त का भुगतान किया जा सकता है।

अपने सम्पर्क का पता हमें अवश्य ही भेजते रहिए—हम आपके सम्पर्क के पते की सहायता से आपसे सम्पर्क बनाए रखते हैं। आपके पत्र व्यवहार के पते में जैसे ही कोई परिवर्तन होता है तो कृपया अपने नवीनतम पते की सहायता से आपसे सम्पर्क बनाए रखते हैं। आपके पत्र व्यवहार के पते में जैसे ही कोई परिवर्तन होता है तो कृपया अपने नवीनतम पते की सूचना जीवन बीमा निगम को दें। हम आपसे सम्पर्क करने के लिए आपके चालू बैंक खाते का विवरण दूरभाष क्रमांक, मोबाइल तथा ई-मेल पते भी जानना चाहेंगे।

अपना हेल्थ कार्ड सावधानी से सुरक्षित रखिए—अस्पताल में पहचान के लिए उसे प्रस्तुत करें। रूपया देने से सम्बन्धित अनुरोध करते समय सत्यापन के लिए उसे प्रस्तुत करें। जीवन बीमा निगम या तृतीय पक्ष प्रशासक द्वारा जब भी इसकी मांग की जाए, तो इसे प्रस्तुत करें।

अस्पताल नकदी लाभ केवल तभी देय है, जब रोगी को किसी पंजीकृत अस्पताल में भर्ती कराया गया हो तथा पॉलिसी की शर्तों तथा सुविधाओं में उल्लेखित अपेक्षाओं की पूर्ति होती हो।

अन्य प्रावधान

अपनी मंडल स्वास्थ्य इकाई से सम्पर्क करें। जीवन बीमा निगम से अनुरोध करने तथा उसे छायाचित्र तथा कार्ड की कीमत करने पर आपको दूसरा कार्ड जारी किया जाता है।

यदि बीमाकृत प्रधान व्यक्ति का विवाह हो जाता है, तो विवाह/पुनर्विवाह की तिथि से एक वर्ष के अंदर पति/ पत्नी को शामिल किया जा सकता है। जन्म लिए/कानूनी गोद लिए बच्चे को उसकी 3 माह की आयु पूरी होने पर शामिल किया जा सकता है। सभी परिवर्धनों के लिए पॉलिसी की आगामी वर्षगांठ से सुरक्षा प्रारंभ होती है। परिवार के वे सदस्य जिन्हें पॉलिसी प्रारंभ होने के समय शामिल नहीं किया गया है, उपर्युक्त परिस्थितियों को छोड़कर बाद की तिथि में पॉलिसी में शामिल नहीं किए जा सकते।

किसी भी वर्ष में उपयोग न किए गए लाभों का आगामी वर्ष में उपयोग नहीं किया जा सकता।

यदि अस्पताल में भर्ती होने की योजना बनाई गई है, तो भर्ती होने से पूर्व एचआई/दावा सूचना (क्लेम इंटीमेशन) प्रपत्र में तृतीय पक्ष प्रशासक को, दावे की सूचना भेजी जाए। अस्पताल में भर्ती रहने के दौरान तृतीय पक्ष प्रशासक को सूचना बेहतर है। अंतिम सूचना प्रपत्र क एचआई/अंतिम दावा (फाइनल क्लेम) 1 में दी जानी है तथा तृतीय पक्ष प्रशासक को तत्काल प्रस्तुत की जानी चाहिए तथा किसी भी मामले में अस्पताल से विमुक्ति (डिस्चार्ज) की तिथि से 15 दिन के अंदर प्रस्तुत की जानी चाहिए।

निम्नलिखित अपेक्षाओं को, दावे को अविलम्ब तैयार करने में, तृतीय पक्ष प्रशासक की सहायता करने के लिए प्रस्तुत किया जाना है :

(क) प्रपत्र के एचआइ/दावा सूचना (क्लेम इंटीमेशन) में दावा सूचना।

(ख) बीमाकृत प्रधान व्यक्ति द्वारा विधिवत पूर्ण किया हुआ एचआई/अस्पताल दावा/ 1 में अंतिम दावा प्रपत्र।

(ग) प्राप्त उपचार रोग निदान के विस्तृत विवरण सहित विमुक्ति (डिस्चार्ज) कार्ड की मूल प्रतिलिपि।

(घ) शल्यक्रिया सारांश (शल्यक्रिया के मामले में)

(ङ) गहन चिकित्सा केन्द (आई.सी.यू.) के मामले में चिकित्सक से इस आशय का प्रमाण-पत्र कि गहन चिकित्सा केन्द्र में उपचार अनिवार्य हो गया था, इस प्रमाण पत्र में इस उपचार पत्र में इस उपचार के कारण भी दिए जाने चाहिए। गहन चिकित्सा केन्द्र में भर्ती होने तथा केन्द्र से विमुक्ति होने की सही तिथि तथा समय इसके साथ निगम द्वारा नियुक्ति चिकित्सक की पुष्टि भी होनी चाहिए।

(च) अस्पाताल में भर्ती रहने तथा/ या शल्यक्रिया के दौरान किए गए खर्च के प्रमाणपत्र खर्च के विल्स।

(छ) ऐसा कोई अन्य दस्तावेज जिसकी दावे के मूल्यांकन के दौरान मांग की जा सकती है।

महत्वपूर्ण सूचना

अस्पताल में भर्ती होने की योजना बनाए जाने के मामले में, दावे की सूचना, अस्पताल में भर्ती होने से पूर्व प्रस्तुत की जाए तथा यदि योजना नहीं बनाई गई है, तो अस्पताल में भर्ती होने के बाद तत्काल प्रस्तुत की जाए। सभी अपेक्षाओं सहित अंतिम दावा प्रपत्र तत्काल प्रस्तुत किया जाना चाहिए, लेकिन विमुक्ति तिथि से 15 दिन के बाद इसे प्रस्तुत नहीं किया जा सकता।

जब तक कि बीमाकृत प्रधान व्यक्ति पर, कुल प्रारंभिक दैनिक अस्पताल नकदी लाभ, इस पॉलिसी के अधीन अधिकतम सीमा अर्थात रू0 2500 से अधिक नहीं हो जाता। बीमाकृत पति/पत्नी तथा बच्चे के जीवन पर प्रारंभिक दैनिक अस्पताल नकदी लाभ, जीवन बीमा निगम की सभी हेल्थ प्लस पॉलिसियों को एक साथ मिलाकर रू0 1500 की कुल अधिकतम सीमा तक दिया जा सकता है।

अस्पताल में भर्ती रहने/शल्यक्रिया के लाभ, जो अस्पताल में भर्ती रहने की वास्तविक अविधि/ शल्यक्रिया की तिथियों के आधार पर स्वीकृत किए जा सकते हैं, के आधार पर प्रत्येक दावे पर विचार किया जाएगा।

लाभ में इस वृद्धि के कारण अस्पताल नकदी लाभ प्रभारों में वृद्धि नहीं होती। तथापि यह आयु पर निर्भर करता है तथा प्रतिवर्ष पॉलिसी की वर्षगांठ पर इसमें वृद्धि हो सकती है।

बीमाकृत प्रधान व्यक्ति पॉलिसी में शामिल स्वास्थ्य सुरक्षा प्राप्त परिवार के किसी सदस्य के अपवर्जन का अनुरोध कर सकता है। परिवार के सदस्य के सम्बन्ध में, आगामी

माह के बाद आगे स्वास्थ्य समाप्त हो जाती है।

स्वास्थ्य सुरक्षा प्राप्त परिवार के सदस्यों की संख्या के आधार पर न्यूनतम अनुबद्ध राशि के अधीन, किस्त को घटाया जा सकता है। बीमाकृत प्रधान व्यक्ति के लिखित अनुरोध के आधार पर पॉलिसी की आगामी वर्षगांठ से किस्त की कमी प्रभावी होती है। इसी प्रकार अनुरोध के आधार पर किस्त को रु0 500 वार्षिक किस्त के गुणजों में बढ़ाया जा सकता है जो पॉलिसी की आगामी वर्षगांठ से प्रभावी होगा। तथापि किस्त में परिवर्तन के परिणामस्वरूप अस्पताल नकदी लाभ तथा बड़ी शल्यक्रिया के लाभ में कोई परिवर्तन नहीं होगा।

किसी पॉलिसी के अंतर्गत सभी बच्चों का प्रारंभिक दैनिक लाभ समकक्ष होना चाहिए भले ही उन्हें एक साथ शामिल किया गया हो या अलग-अलग अवसरों पर शामिल किया गया हो।

अभ्यर्पण मूल्य आवेदन की तिथि पर इकाइयों का मौद्रिक मूल्य होता है। इसका भुगतान केवल तभी किया जा सकता है, जब पॉलिसी प्रारंभ होने की तिथि से 3 वर्ष का समय पूर्ण हो जाए। लेकिन कृपया यह याद रखिए कि एक बार अभ्यर्पित की गई पॉलिसी को पुनः बहाल नहीं किया जा सकता।

पॉलिसी को जारी रखना बेहतर है। यदि जीवन काल सीमा, बीमाकृत राशि से तीन गुना अधिक है या किसी भी अन्य कारण से स्वास्थ्य सुरक्षा समाप्त होने तक पॉलिसी के अधीन बड़ी शल्यक्रिया के लाभ जारी रहेंगे। बीमाकृत अन्य जीवित व्यक्तियों की स्वास्थ्य सुरक्षा के लिए भी पॉलिसी जारी रहेगी।

दावे का भुगतान बीमाकृत प्रधान व्यक्ति को किया जाता है। पॉलिसी जारी होने के समय तथा दावे का प्रपत्र प्रस्तुत करते समय, आपको एमआइसीआर क्रमांक सहित अपने चालू बैंक खाते का विस्तृत विवरण देना चाहिए।

बीमाकृत प्रधान व्यक्ति को दावे का भुगतान बैंकरों की सेवाओं के माध्यम से किया जाता है। आप बैंक खाता खोलने की तत्काल व्यवस्था करें।

गृह उपचार लाभ का दावा, एक पॉलिसी वर्ष में अधिकतम दो बार किया जा सकता है।

अध्याय 11

संकट बीमा

हमारी भूमि में भारी वर्षा, नदी, घाटियाँ और मैदान खड़ी पहाड़ी चट्टाने तथा पर्वत, प्रचण्ड हवाएं तथा एक भयंकर समुद्रों से घिरा एक लम्बा समुद्रतट भी शामिल है। इनके कारण भूस्खलन बाढ़, तूफान तथा कटाव जैसे अन्य खतरे भी आते रहते हैं।

अधिकतर लोग यह जानना चाहते हैं कि किसी विशेष प्रकार के घर को किसी खास इलाके में खरीदने से क्या प्राकृतिक संकटों के खतरों को कम किया जा सकता है।

आप जब खरीदने के लिए मकान देखना शुरू करते हैं तो सलाह अवश्य लें। सिटी तथा डिस्ट्रिक्ट काउंसिले इसमें सहायता कर सकती है। जैसे कि लैण्ड इन्फोर्मेशन मैमोरेन्डम (लिमा रिपोर्ट) देकर इनसे आपकों जायदाद के बारे में उपयोगी जानकारी मिल सकती है जैसाकि, यह जियोथर्मल जोन में है या नहीं या फिर किसी समय बाद द्वारा इसको कोई हानि. पहुँच चुकी है या नहीं। संभव है आपको जो जानकारी चाहिए वह सारी इन रिपोर्ट में न दी गई हो।

आपका वकील आपको इस बारे में सलाह दे सकता है कि आप जो जायदाद खरीदना चाहते हैं यही खरीदें इसके लिए आपको क्या करना चाहिए? वह आपको इंजीनियर की रिपोर्ट के लिए सलाह दे सकते हैं। इन मुद्दों को बिक्री की शर्त बनाया जा सकता है।

1942 के विलिंगटन और वायरीपा के भूकम्प के सैकडों इमारतों का विनाश या बड़े पैमाने पर नुकसान हुआ था अनेकों इमारतें सालों तक बिना मरम्मत के पड़ी रही थी, ज्यादतर इसका कारण था कि लोगों के पास पर्याप्त बीमा नहीं था। इसलिए सरकार ने एफोर्ड किया जा सकने वाला बीमा प्रदान करने के लिए उस समय भूकम्प और युद्ध क्षति आयोग (अर्थक्वेक एण्ड वार डैमेंज कमीशन) के नाम से प्रचलित संस्था की स्थापना की। बाद में, अंन्य प्राकृतिक संकट सम्मिलित किए गए और युद्ध क्षति कवर को हटा दिया गया।

भूकम्प कवर (EQC) आजकल भूकम्प, भू-स्खलन, ज्वालामुखीय विस्फोट, सुनामी तथा हाइड्रोथर्मल गतिविधि को कवर करता है।

जब मकान-मालिक अपनी जायदाद और समान के लिए साधरण बीमा करवाते हैं तो वे EQC के बीमें के कवर को प्राप्त करने के लिए थोड़ी-सी राशि अनिवार्य लेवी के रूप में

अदा करते हैं। ये लेविया प्राकृतिक संकट फण्ड के रूप में एकत्र हो गई हैं जो कि अब पचास खरब (पाँच विलियन) की राशि से ऊपर पहुँच चुका है।

कुछ कवर जिस जमीन पर मकान बना हुआ है उसके लिए भी प्राप्त है। वर्तमान मकानों की कीमतों को देखतें हुए हो सकता है यह राशि अधिक नहीं दिखाई दे, अधिकतर रूप से मकान को होने वाला नुकसान आंशिक ही होता है तथा मरम्मत की कीमत इन सीमाओं के भीतर ही होती हैं।

इनके प्राइवेट बीमाकर्त्ता EQC की सीमा से अधिक हानि का कवर प्रदान है। इसे टॉपअप कवर के नाम से जाना जाता है तथा यह जरूरी है कि आप इस बात की जाँच कर लें कि यह आपके प्राइवेट बीमाकर्ता द्वारा ऑटोमैटिक रूप से दिया जाता है या आपको इसका प्रबंध करना पड़ता है।

गृह-निवासियों के लिए केवल यह ही जारूरी नहीं है कि वे केवल इस बात की ही चिन्ता करें कि इनके पास प्राकृतिक संकटों के विरुद्ध उचित बीमा कवर है या नहीं। उनके लिए अपने इलाके में प्रस्तुत खतरों के बारे में जानना तथा संकट के लिए तैयार रहना जरूरी है।

तैयारी के लिए निम्नलिखित शामिल है।

आपतकाल उत्तरजीवन पेटी (सरवायकल किट) तथा प्रस्थान के समय साथ ले जाने की पेटी (गेटअवे किट) घर की नीवों तथा बाघों की जाँच करना। पानी के सिलिंडरों ऊँचे फर्नीचरों को पीछे से बांध कर रखें।

चिमनियों तथा निर्भुक्त रूप से खड़े अग्निस्थलों (फायर प्लेसिज) को सुरक्षित करें।

इस बात की जाँच करें कि ढलान स्थल तथा रुकाव करने वाली दीवारें (स्लोप्स एण्ड रिटेनिंग वॉल्स) टिकाऊँ हैं।

(जरूरत पड़ने पर विशेषज्ञ की सलाह और सहायता लें)

ज्यादातर पुराने मकान बहुत अच्छे मापदण्डों के अनुसार बनाए गए थे तथा उनमें से कई मकानों की ओर भी ऊँचे मापदंडों के अनुसार अपग्रेड किया गया है। कुछ में रिमिडियल काम की जरूरत हो सकती है। अगर आपको इस बारे में कोई संदेह हो तो बिल्डिग निरीक्षण सेवाओं से सलाह लें। यह जरूरी है कि निर्माण की नीव तथा इन नीवों से भवन जिस प्रकार से जुड़ा हुआ है वे मजबूत तथा सुरक्षित हैं। पुराने मकानों में इसकी जाँच करा लेना फायदेमन्द होगा।

आपको यह भरोसा होना चाहिए कि बहुत ही गंभीर भूकम्प में भी किसी भी घर के ताश के पत्ती की तरह ढह जाने की संभावना बहुत ही कम होती है, हालाकि कुछ हानि होने की संभावना हो सकती है।

यदि आप टॉवर ब्लॉक या अन्य ऐसी किसी जगह एपार्टमेंट खरीदने जा रहे हैं तो आप उसी प्रक्रिया का पालन करें जो आप स्वतन्त्र रूप से खड़े घरों के लिए करते हैं। यह केवल सावधान रहने और स्वतन्त्र सलाह लेने का सवाल है।

आप यदि समुद्र के नजदीक खरीदने जा रहे हैं, तो यह सुनिश्चित कर लें कि कटाव तथा सूनामी समस्या का कारण नहीं हैं। आप यदि ढलाव के नीचे या ढलाव पर या पहाड़

के किनारे खरीदने जा रहे हैं तो यह सुनिश्चित कर लें कि भू-स्खलन के कारण कोई समस्या नहीं होगी। आप यदि निचले इलाके या सरिता या नदी के पास खरीदने जा रह रहे हैं तो यह सुनिश्चित कर लें कि बाढ़ के कारण कोई समस्या नहीं होगी। ज्वालामुखीय विस्फोट बहुत ही कम होते हैं परन्तु आप इनके बारे में भी पूँछताछ कर सकते हैं। हार्डड्रोथर्मल गतिविधि नार्थ आयलैंड के रोटोरूआ और टॉपों जैसे कुछ ज्वालामुखी इलाकों में आमबात है परन्तु आमतौर पर यह गंभीर नहीं होती।

द्वितीय-खण्ड

कार्यालय संगठन एवं प्रबन्ध

अध्याय 12

कार्यालय अभिन्यास एवं कार्य दशाएँ
(Office Layout and Working Environment)

कार्यालय अभिन्यास से तात्पर्य कार्यालय उपकरण एवं यंत्रों का उपलब्ध स्थान में वितरण करने और रखने से है। अभिन्यास का मुख्य उद्देश्य उत्पादकता बढ़ाना और लागत कम करना है। कार्यालय अभिन्यास कार्यालय सम्बन्धी उपकरणों और मशीनों के रखने से सम्बन्धित है। ये उपकरण इस प्रकार रखे और वितरित किये जायें जिससे कि कार्य संचालन में विलम्ब न हो, स्थान और उपकरणों का समुचित प्रयोग हो सके, कर्मचारियों को अधिक से अधिक आराम मिल सके, ग्राहकों को आकर्षित किया जा सके। जिस कार्य के लिए भवन निर्माण कराया जाता हो उसकी सुविधा, आर्थिकता और उत्पादकता देखते हुए भवन एक विशिष्ट आकार-प्रकार का होना आवश्यक है। भवन सुन्दर एवं स्वस्थप्रद होना चाहिए।

कार्यालय अभिन्यास के लिए यह देखना आवश्यक हो जाता है कि विभागों का संगठन किस प्रकार किया जाये। उनके क्रम और स्थान क्षेत्र किस प्रकार और कितने हों। अधिकतम कार्य के लिए उनका समूहीकरण कैसे किया जाये। एक ही विभाग के अन्तर्गत तथा विभिन्न विभागों के बीच आने-जाने की व्यवस्था किस प्रकार की जाये। उदाहरण के लिये खाता विभाग के पास मशीन विभाग या सेवा विभाग का स्थान व्यक्तियों की पहुँच के अन्दर होना चाहिए। स्टोर्स, लॉकर्स आदि विभाग उनके अधिकतम प्रयोग होने वाले स्थान पर होना चाहिए।

उद्देश्य—कार्यालय अभिन्यास के निम्नलिखित उद्देश्य हैं जिनको ध्यान में रखकर अभिन्यास की योजना बनाना जरूरी है।

(1) प्रभावपूर्ण ढंग से कार्य संचालन (Effective Work Flow)—अभिन्यास इस प्रकार होना चाहिए जिससे कार्यों को प्रभावपूर्ण ढंग से पूरा किया जा सके। कार्य के सम्पन्न होने में कोई विलम्ब नहीं होना चाहिए। स्थान पास-पास रहने से ऐसा किया जा सकता है। कार्य की सम्पन्नता में समय का सदुपयोग आवश्यक है। यदि समय, उपकरण, श्रम और धन का सदुपयोग न हो सके तो वह अभिन्यास प्रभावपूर्ण और उचित नहीं कहा जायेगा।

(2) स्थान का सदुपयोग (Proper Utilisation of Space)—कार्यालय के फर्नीचर, उपकरण, यंत्र आदि को इस प्रकार वितरित करना चाहिए जिससे कि स्थान का उचित प्रयोग किया जा सके। यदि स्थान के वितरण में उचित सावधानी नहीं रखी जायेगी तो कुछ स्थानों पर अनावश्यक रूप से अधिक कार्य का संकेन्द्रण होगा और कुछ अन्य स्थानों का सदुपयोग नहीं हो पायेगा। कुछ स्थल व्यर्थ पड़े रहेंगे। स्थान के सदुपयोग का उद्देश्य वहाँ पर अधिक अर्थ रखता है जहाँ पर स्थान का मूल्य अधिक होता है। स्थान की लागत, उपयोगिता और आवश्यकता आदि को ध्यान में रखकर कार्यालय अभिन्यास का कार्य सम्पन्न किया जाता है।

(3) कर्मचारी के आराम एवं संतोष (Employee's comfort and satisfaction)—कर्मचारियों को आवश्यक आराम और सन्तोष देना कार्यालय

अभिन्यास का एक प्रमुख उद्देश्य है। यदि कार्यालय उपकरण इस प्रकार वितरित किये गये हैं कि कर्मचारियों को एक स्थान से दूसरे स्थान जाने में कष्ट हो रहा है। कार्य की दशायें ऐसी हैं कि कर्मचारियों को आराम और संतोष नहीं मिल रहा है तो उनकी कार्यक्षमता पर इसका बहुत बड़ा प्रभाव पड़ेगा। कार्यक्षमता को बढ़ाने का लक्ष्य रखकर सभी कार्य किये जाने चाहिए।

(4) पर्यवेक्षण की सुविधा (Ease of Supervision)—कार्यालय अभिन्यास का अगला उद्देश्य पर्यवेक्षक को सुविधा देना है जिससे वह अपने कार्य को अच्छी तरह पूरा कर सके। पर्यवेक्षक का स्थान बीच में होना चाहिए जिससे वह सभी कर्मचारियों के कार्यों पर उचित नियंत्रण रख सके। उनके कार्यों के बीच की दूरी कम से कम होनी चाहिए। परन्तु इसका तात्पर्य यह कभी नहीं है कि पर्यवेक्षक अनावश्यक रूप से कर्मचारियों के ऊपर प्रभुत्व जमाये रहे। कार्य के स्वभाव के अनुसार ही पर्यवेक्षण की सुविधा को ध्यान में रखा जा सकता है।

(5) ग्राहकों की सेवा (Service of Policyholders)—ग्राहकों की अधिक से अधिक सेवा करना कार्यालय अभिन्यास का मुख्य उद्देश्य है। बीमापात्र एवं बीमापत्रधारी कार्यालय में आसानी से पहुँच सकें और अपने कार्यों को शीघ्रतिशीघ्र पूरा करा सकें। बीमा संस्था में ग्राहकों की सेवा करना परम कर्तव्य है अत: उनके हितों को ध्यान में रखकर कार्यालय अभिन्यास का ढाँचा बनाना चाहिए। यह देखा गया है कि एक स्वस्थप्रद और सुन्दर अभिन्यास से बीमापत्रधारी अधिक सन्तुष्ट हो जाते हैं।

बीमा संस्था के कार्यालय अभिन्यास के उपरोक्त उद्देश्यों को ध्यान में रखकर कार्यालय-नियोजन करना चाहिए। कार्यालय के निर्माण के पहले निम्नलिखित सिद्धान्तों को भी ध्यान में रखना आवश्यक हो जाता है।

कार्यालय अभिन्यास के सिद्धान्त
(Principles of Office Layout)

(1) कार्यालय अभिन्यास का सर्वप्रथम सिद्धान्त यह है कि कार्य सुचारुरूप से चलते रहें। जिन विभागों और उपविभागों का आपसी सम्बन्ध बहुत अधिक हो उन विभागों को एक साथ रखना आवश्यक हो जाता है। जिन कर्मचारियों का आपसी कार्य अधिक होता है उन कर्मचारियों को यथासम्भव पास-पास रखना अत्यावश्यक है। अभिन्यास के नियोजन के पहले यह देखना जरूरी है कि स्थान, उपकरण, यंत्र आदि इस प्रकार संगठित किये जायें कि उनके कार्य निर्बाध रूप से पूरे किये जा सकें। विलम्ब, प्रतिबन्ध, रुकावट आदि से बचा जा सके।

(2) कार्यालय फर्नीचर और उपकरण समान रूप (Uniform) से होने चाहिए। आवश्यकतानुसार इनके बनावट में भी परिवर्तन होना जरूरी है। पर्यवेक्षण को ध्यान में रखकर भी कार्यालय सम्बन्धी कार्य पूरे किये जाने चाहिए जिससे पर्यवेक्षण प्रभावपूर्ण हो सके और कार्य सुचारुरूप से चलाया जा सके। फर्नीचर उपकरण आदि इस प्रकार होने चाहिए जिससे कार्य आसानी और आराम से किया जा सके।

(3) कार्यालय में प्रकाश का उचित प्रबन्ध आवश्यक है। बड़े-बड़े शहरों में सूर्य के प्रकाश पर ही निर्भर रहना सम्भव नहीं है। इसके लिये अच्छे किस्म के रोशनदान और बल्ब का प्रबन्ध जरूरी है। चमकदार बल्बों या फ्लोरौसेन्ट लाइट (Florescent Tube Light) का प्रबन्ध होना आवश्यक है। प्रकाश के अच्छे प्रबन्ध से कर्मचारियों की कार्यक्षमता बढ़ जाती है और उनके स्वास्थ्य पर विपरीत प्रभाव नहीं पड़ता है।

(4) कार्यालय में शान्तिपूर्ण कार्य करने के लिए विशेष प्रयास करना चाहिए। टाइपमशीन, टेबुलेटर, गणक आदि मशीनों का एक अलग विभाग होना चाहिए जहाँ पर इनके सम्बन्धित कार्यों को आसानी से किया जा सके और अन्य कर्मचारियों के कार्यों में कोई रुकावट न आये। प्रबन्धकों के लिए एक अलग कमरा होना चाहिए जिससे वे अपने कार्यों को पूरा करने के लिए एकाग्रचित होकर निर्णय ले सकें।

(5) जनता से सम्बन्ध रखने वाले कर्मचारियों को ऐसे स्थान पर रखा जाये जहाँ पर लोग आकर उनसे आसानी से मिल सकें। लोक सम्बन्ध खिड़की (Public Relation Counter) कार्यालय के बिल्कुल सामने होनी चाहिए, जिससे लोग आकर आसानी से मिल सकें और अपनी समस्याओं का समाधान करा सकें। इनसे सम्बन्धित अधिकारियों को भी वहीं रहना चाहिए।

अभिन्यास को प्रभावित करने वाले तत्व
(Factors Affective Layout)

कार्यालय-अभिन्यास को प्रभावित करने वाले निम्नलिखित तत्व हैं—

(1) कार्य की मात्रा (Quantity of Work)—कार्य की मात्रा एवं स्वभाव के अनुसार अभिन्यास का रूप प्रभावित होता है। यदि कार्य को बहुत बड़े पैमाने पर किया जा रहा है तो उसके प्रत्येक उपविभाग के लिए एक-एक कार्यालय होना आवश्यक होगा। जैसे प्रतिष्ठान विभाग जीवन बीमा में क्षेत्रीय स्तर पर बहुत बड़े पैमाने पर कार्य करता है तो उसके लिए सम्पूर्ण भवन का एक हिस्सा या मंजिल आवश्यक होगी, विभागीय स्तर पर इसी विभाग के लिए एक बड़े हाल से काम चल जायेगा और शाखा स्तर पर इसके लिए केवल 5-6 व्यक्तियों का एक समूह ही पर्याप्त होगा। सम्बन्धित कार्यों को पास रखना आवश्यक हो जाता है।

(2) कार्य का स्वभाव (Nature of Work)—कार्य के स्वभाव के अनुसार भी कार्यालय अभिन्यास प्रभावित होता है। जहाँ पर केवल कार्यालय मशीनों का अधिक प्रयोग है वहाँ पर उन्हें एक जगह संकेन्द्रित करना चाहिए। उनकी मरम्मत देखभाल आदि का कार्य वहीं पर होना आवश्यक है। पत्रों के भेजने और प्राप्त करने के लिए अलग-अलग वर्ग होने चाहिए जिससे उनके कार्यों में रुकावट न हो सके और कार्य शीघ्र हो जाये। बीमापत्रधारियों की सेवा के लिए एक विभाग अलग होना जरूरी है और वहाँ पर ऐसे व्यक्तियों को नियुक्त किया जाये जो सेवा कार्य में दक्ष हों।

(3) फर्नीचर एवं उपकरण (Furniture and Equipment)—कार्यालय में प्रयोग किये जाने वाले फर्नीचर एवं उपकरणों के आधार पर यह निश्चित किया जाता है कि कार्यालय अभिन्यास का स्वरूप क्या होगा। उनका प्रयोग किस प्रकार किया जाये तथा उनकी मात्रा एवं बनावट किस प्रकार होगी। कार्यालय के स्वभाव के अनुसार फर्नीचर एवं उपकरण को प्राप्त किया जाता है और उसके अनुसार अभिन्यास तय किया जाता है।

(4) क्रियाओं का क्रम (Process of Activities)—कार्यालय अभिन्यास क्रियाओं के क्रम के अनुसार निश्चित होता है। जिन क्रियाओं का क्रमिक सम्बन्ध है उनसे सम्बन्धित विभागों और उपविभागों को उसी क्रम में रखना चाहिए। प्रक्रियाओं के आधार पर यह निश्चित होता है कि कौन-सी मशीनें या उपकरण पहले लगाये जायें और कौन-सी क्रियाओं को पूरा करने में कितने व्यक्तियों की आवश्यकता होगी, अभिन्यास के नियोजन के पहले इन सभी बातों का पूर्णरूपेण विचार करना अत्यावश्यक है।

(5) स्थानीय प्रभाव (Local Effects)—कार्यालय अभिन्यास स्थानीय परिस्थितियों से प्रभावित होता है। जहाँ पर स्थान का अभाव है वहाँ पर भवन का निर्माण कई मंजिलों में किया जाता है। फर्नीचर उपकरण भी आवश्यकतानुसार बहुत बड़े नहीं होने चाहिए। प्रकाश, हवा आदि को ध्यान में रखकर कार्यालय अभिन्यास को पूरा किया जाता है। स्थान के आकार, स्वरूप एवं भौगोलिक स्थिति पर कार्यालय अभिन्यास बहुत अधिक आधारित होता है।

(6) प्रबन्ध नीतियाँ (Management Policies)—कार्यालय अभिन्यास प्रबन्धकीय नीतियों पर बहुत अधिक आधारित है। प्रबन्ध जिस प्रकार चाहेगा उसी प्रकार कार्यालय अभिन्यास तय होगा। कर्मचारियों को दी जाने वाली सुविधाएँ, प्रबंधक के दृष्टिकोण, कर्मचारियों के सहयोग आदि के अनुसार कार्यालय अभिन्यास तय किया जाता है।

(7) अन्य (Others)—कार्यालय अभिन्यास देश की परिस्थितियों एवं राजनीति के दृष्टिकोण को ध्यान में रखकर तय किया जाता है। सामाजिक सेवा की वृद्धि के लिए एक अलग विभाग होना आवश्यक है। व्यापार की प्रकृति, उम्र, अनुभव आदि के अनुसार कार्यालय अभिन्यास निश्चित किया जाता है। यदि एक प्रकार की मशीन कई विभागों में प्रयोग की जाती है तो अच्छे अभिन्यास में इन मशीनों का एक अलग विभाग होता है जो समस्त कार्यालय के कार्यों को बिना क्षति पहुँचाये पूरा कर सकता है।

अच्छे कार्यालय भवन की पद्धतियाँ
(Techniques of Good Office Premises)

बीमा व्यवसाय के लिए एक अच्छे भवन की बहुत आवश्यकता है। भवन की बनावट से कार्यक्षमता, ग्राहकों को आकर्षण करने की शक्ति, व्यापार वृद्धि की सम्भावना आदि बढ़ जाती है। बीमा व्यापार की सफलता मुख्य रूप से भवन की बनावट, वातावरण आदि पर बहुत अधिक आधारित है। कार्यों के उपविभाग एवं विभाग में घनिष्ठ सम्बन्ध होना चाहिए। आधुनिक भवनों के आधार पर व्यापार वृद्धि में बहुत सहायता मिलती है। व्यापार की सफलता और क्षमता बढ़ाने के लिए एक प्रभावपूर्ण भवन की बहुत आवश्यकता है। एक अच्छे भवन के लिए निम्नलिखित पद्धतियों को अपनाना बहुत आवश्यक है।

1. स्थान का चुनाव (Selection of Site)—बीमा भवन के लिए ऐसा स्थान होना चाहिए जहाँ पर बैंकिंग, पत्र, टेलीफोन, यातायात तथा अन्य व्यापारिक सुविधाएँ उपलब्ध हों। व्यापारिक केन्द्र में भवन के रहने से व्यापार वृद्धि की सम्भावना रहती है। गली, कूचे और संकीर्ण स्थानों में बीमा भवन नहीं होना चाहिए। बीमा व्यापार के लिए एक बड़े भवन का होना आवश्यक है क्योंकि भविष्य में व्यापार के बढ़ने की सम्भावना पायी जाती है। जैसे-जैसे शहर एवं नगर की जनसंख्या बढ़ेगी बीमा व्यापार भी बढ़ेगा जिसके लिए एक बड़े भवन की आवश्यकता होती है। एक ही स्थान पर भवन रहने से कार्य विभाजन और बड़े पैमाने की आर्थिकता का लाभ होता है। व्यापार बढ़ने की सम्भावना बढ़ जाती है। स्थान का चुनाव करते समय विस्तार एवं वृद्धि का हमेशा ध्यान रखना चाहिए, हालाँकि इस विषय में बहुत अधिक आशावादी नहीं होना चाहिए, क्योंकि अनावश्यक रूप से अधिक स्थान को केन्द्रित रखना दीर्घ समय के लिए खर्चीला पड़ जाता है।

बीमा भवन ऐसी जगह होना चाहिए जो मुख्य सड़क के पास हो जहाँ पर व्यक्तियों के आने में कोई कठिनाई न हो। बीमा भवन का मुख्य द्वार सड़क की तरफ ही होना चाहिए। भवन या उसके निर्माण के लिए स्थान खरीदते समय यह देखना जरूरी है कि उस पर

अन्य किसी व्यक्ति या संस्था का पूर्ण अधिकार नहीं होना चाहिए। जहाँ तक सम्भव हो पट्टे की जमीन नहीं खरीदनी चाहिए। विवाद-युक्त भवन एवं जमीन से दूर रहना चाहिए। भवन का निर्माण इस प्रकार किया जाये जिससे सम्पूर्ण आवश्यकताओं को पूरा किया जा सके। बीमा संस्था को अपने भवन-निर्माण विभाग से या अन्य किसी विशेष इकाई से भवन निर्माण का कार्य कराना चाहिए। जीवन बीमा निगम की अपनी विशेषताएँ हैं और इसके भवन एक विशेष विभाग जिसे अभियन्ता विभाग (Engineering Department) कहते हैं द्वारा निर्मित किये जाते हैं। यही कारण है कि जीवन बीमा निगम के भवन सर्वोच्च किस्म के हैं।

2. सामान्य आवश्यकताएँ (General Requirements)—कार्यालय की कार्य प्रकृति एवं उद्देश्यों के अनुसार भवन का आकार-प्रकार होना चाहिए। मशीन भवन के लिए एक अलग विशेष प्रकार का भवन होना जरूरी है, जीवन बीमा निगम ने कार्यालय की आवश्यकताओं को ध्यान में रखकर भवन का निर्माण किया है। प्रत्येक विभाग के लिए एक बड़ा हाल और छोटे कमरे बनाये जाते हैं। बड़े हाल में विभाग के सभी कर्मचारी रहते हैं और कमरे में उस विभाग से सम्बन्धित सहायक प्रबन्धक होते हैं, शाखा कार्यालय और विभागीय कार्यालय के लिए अलग-अलग प्रकार के भवन होते हैं। विभागीय कार्यालय में एक विभाग में बहुत से कर्मचारी होते हैं। उनके एक साथ कार्य करने के लिए एक बहुत बड़े हाल की आवश्यकता पड़ती है जबकि शाखा कार्यालय में इतने स्थान की जरूरत नहीं है। विभागीय कार्यालय में प्रत्येक विभागों के लिए एक मंजिल का पूरा स्थान दे देते हैं और कई मंजिल का भवन निर्माण किया जाता है। क्षेत्रीय कार्यालय (Zonal office) के भवन इससे और अधिक विस्तृत और बड़े होते हैं, जबकि शाखा कार्यालय का भवन अपेक्षाकृत बहुत छोटा और संकीर्ण होता है, भवन-निर्माण के समय आवश्यक सावधानियों को बरतना जरूरी है जिससे भवन मजबूत और सुन्दर बन सके। कार्यालय की आवश्यकताओं को ध्यान में रखकर भवन का निर्माण करना चाहिए। कार्यालय के लिए एक छोटे कमरे और संकीर्ण स्थान अनुपयुक्त होते हैं। कोई भी कमरा 9 फिट और 10 फिट से छोटा नहीं होना चाहिए। स्वस्थपूर्ण वातावरण में कार्य करने से कर्मचारियों की क्षमता में वृद्धि होती है। एक अच्छे भवन और उसमें आवश्यक उपकरणों से कार्यालय की क्षमता बढ़ जाती है।

3. कार्य वातावरण (Working Environments)—कार्य-वातावरण में प्रकाश, हवा, रंगों के प्रयोग, आवाज और शोर से रक्षा आदि को ध्यान में रखा जाता है।

(i) प्रकाश (Lighting)—एक अच्छी प्रकाश पद्धति से उत्पादकता एवं क्षमता में वृद्धि हो जाती है। कार्य के गुण में वृद्धि होती है, आँखों पर जोर कम पड़ता है, मानसिक थकान कम हो जाती है और कार्य दशा में सुधार हो जाता है। एक खराब प्रकाश पद्धति से कार्य में कमी आ जाती है और उत्पादकता घट जाती है। कार्य क्षमता में वृद्धि के लिये यह जरूरी है कि प्रकाश एक निश्चित स्तर का हो। अच्छे किस्म के प्रकाश से गलतियों की सम्भावना कम हो जाती है। उचित और प्रामाणिक कार्य के लिये यह आवश्यक है कि प्रकाश का अच्छा प्रबन्ध हो। बड़े शहरों में जहाँ पर सूर्य का प्रकाश कम मिलता है वहाँ पर प्रकाश की उपययोगिता अधिक रहती है। अच्छे और सुन्दर प्रकाश पुंजों से केवल कार्यालय के कर्मचारी को ही नहीं, कार्य में प्रेरणा मिलती है बल्कि अन्य आगन्तुकों और ग्राहकों पर भी उसका प्रभाव पड़ता है। प्रकाश की मात्रा एवं गुण में सुधार होने से कार्य की दशा में सुधार हो जाता है और कर्मचारी को कार्य करने में प्रेरणा मिलती है। एक हाल में क्रम से ट्यूब लाइट के प्रयोग से समान प्रकाश बना रहता है। प्रकाश में अधिकता और कमी कार्य के अयोग्य हो जाता है, जहाँ पर सम्भव हो पर्याप्त खिड़कियाँ और रोशनदान का प्रबन्ध

अवश्य किया जाये। प्राकृतिक प्रकाश में कार्य करने से थकान कम आती है अतः उसके लिये इन खिड़कियों और रोशनदानों का होना बहुत जरूरी है, परन्तु जहाँ पर इन रोशनदानों का प्रबन्ध न किया जा सके या प्राकृतिक प्रकाश प्राप्त होने की सुविधा न हो वहाँ पर अच्छे और पर्याप्त प्रकाश का प्रबन्ध होना जरूरी है। खिड़कियाँ इस प्रकार की हों जिस पर प्रत्यक्ष रूप से सूर्य का प्रतिबिम्ब न पड़ता हो। अधिक प्रकाश से आँखों पर जोर पड़ता है और थकान बढ़ जाती है। कम प्रकाश से अधिक कार्य नहीं किया जा सकता है। मानसिक थकान बढ़ती जाती है और कार्य का स्तर गिरता जाता है। पुराने ढंग के टेबुल लैम्प से अब कार्य नहीं चलता, अब तो कार्य को दशा ऐसी होनी चाहिए, जिससे कर्मचारी कृत्रिम प्रकाश में भी स्वाभाविक प्रकाश का आभास कर सके। ट्यूब लाइट जिसमें चमक कम हो आजकल उपयुक्त समझा जा रहा है।

(ii) हवा एवं ताप (Air and Temperature)—प्रकाश की भाँति पर्याप्त शुद्ध हवा का प्रबन्ध होना एक कार्यालय के लिए बहुत आवश्यक है। बड़े शहरों में जहाँ पर वायु की अशुद्धता बढ़ती जा रही है, शुद्ध हवा की आवश्यकता भी बढ़ती जा रही है। खिड़कियों और हवादानों से पर्याप्त हवा आ सकती है। हवा में अधिक ताप और शीत नहीं होनी चाहिए। आर्द्रता और तेज हवा से भी दूर होना आवश्यक है। एक तेज हवा से कार्य अच्छी तरह नहीं हो सकेगा। अधिक ताप शीत और आर्द्रता (Humidity) से भी कार्य कुशलता पर प्रभाव पड़ता है, इन सबको नियन्त्रित करने में भवन-निर्माण की डिजाइन बहुत योगदान देती है। एक बड़े हाल में इनकी कठिनाइयाँ कम हो जाती हैं। इसी प्रकार हवा एवं ताप को नियंत्रित करने के लिए कृत्रिम यंत्रों का प्रयोग किया जा सकता है, दूषित हवा को निकालने के लिए यंत्रों का प्रयोग किया जा सकता है। दूषित हवा को निकालने के लिए बाह्य पंखों (Exhaust Fans) का प्रयोग कर सकते हैं। कमरे में गर्मी को कम करने के लिए कूलर या साधारण पंखों का प्रयोग हो सकता है। शीत से बचने के लिए तापक (Heater) का प्रयोग कर सकते हैं। भारत में पहाड़ी क्षेत्रों में ऐसा करना अत्यावश्यक हो गया है। कार्यालय में इस प्रकार पंखों को लगाया जाये जिससे लगातार शुद्ध हवा आती रहे और अशुद्ध वायु बाहर जाती रहे। इस प्रकार के प्रबन्ध के लिए भवन-निर्माण की डिजाइन का महत्वपूर्ण स्थान है। हवा उस स्थान से आनी चाहिए जहाँ पर अशुद्धता न हो। शुद्ध हवा को प्राप्त करने के लिए समुचित प्रबन्ध होना चाहिए। हवा एवं ताप का प्रबन्ध कार्यालय के आकार-प्रकार पर आधारित है। जहाँ पर कार्यालय का आकार बड़ा होगा; इन पर पर्याप्त नियंत्रण किया जा सकता है। छोटे कार्यालय में इन पर नियंत्रण करना कभी-कभी अधिक खर्चीला हो जाता है।

ताप नियंत्रण के लिए पुराने भद्दे तरीकों का प्रयोग नहीं करना चाहिए। अँगीठी में कोयला और आग रखकर व्यक्ति को आराम पहुँचाना अब बहुत घातक सिद्ध हो गया है। इससे आग लगने की संभावना बढ़ जाती है। आजकल बड़े कार्यालयों में ताप एवं हवा को नियंत्रित करने के लिए विद्युत यन्त्रों का प्रयोग किया जाता है।

(iii) रंगों का प्रयोग (Use of colours)—उचित रंगों के प्रयोग का महत्व कम नहीं है। प्रकाश ताप और हवा के साथ-साथ कार्यालय में प्रयोग किये जाने वाले रंगों और दीवालों की पुताई आदि से मानसिक क्षमता पर स्वतः प्रभाव पड़ता है। चमकीले-भड़कीले रंगों से पुती दीवारों के अन्दर अधिक अच्छा कार्य नहीं हो सकता है। गंदे और भद्दे रंगों से पुते कार्यालय में कार्य करने की क्षमता घट जाती है। अच्छे रंगों के प्रयोग से कार्यालय के ताप और प्रकाश का उचित लाभ मिल सकता है। हरे और नीले रंगों से कार्यालय की गर्मी कम करने में सहायता मिलती है। सफेद रंगों के प्रयोग से कार्यालय में

प्रकाश की विभिन्नता दूर हो जाती है और प्रकाश में एकरुपता आती है।

(iv) आवाज से बचाव (Sound Conditioning)—शोर एवं आवाज से मानसिक थकान बढ़ जाती है। अत्यधिक आवाज से कार्य में कमी, एकाग्रता में कमी, उत्पादकता में कमी, गलतियों में वृद्धि की सम्भावना और अनेक अवरोध उत्पन्न होते हैं। उत्साह में कमी और थकान में वृद्धि होती है। अत: यह आवश्यक है कि कार्यालय को शोर मचाने वाले स्थान से दूर रखा जाये। ऐसी मशीनों का प्रयोग किया जाये जिसमें आवाज अधिक न हो। आवाज शोधक यन्त्रों का प्रयोग करना आवश्यक हो जाता है। भवन एवं कार्यालय की बनावट ऐसी होनी चाहिए जिससे आवाज को बढ़ावा न मिल सके। आवाज शोधक भवनों का निर्माण करना अब आवश्यक हो गया है। आवाज गूँजने वाले भवन में कार्य की क्षमता घट जाती है, आपसी कार्य-वार्ता में बाधा पड़ती है। अत: यह आवश्यक है कि ऐसे भवनों का निर्माण किया जाये जिसमें आवाज और शोर से बचाव हो सके।

(4) नियोजन (Planning)—भवन निर्माण की योजना बनाते समय भवन में आवश्यक उपकरणों एवं यंत्रों की योजना बनाना जरूरी है। इन योजनाओं में प्रवेश द्वार, सीढ़ियाँ एवं लिफ्ट, बरामदे कार्यालय का स्थान बोर्ड या कमेटी गृह, भण्डारगृह, आरोग्य इकाइयाँ (Sanitary units) और आराम गृह मुख्य हैं। इनका वर्णन नीचे किया जा रहा है।

(i) प्रवेश द्वार (Entrances)—कार्यालय भवन का प्रवेश द्वार मुख्य सड़क की ओर होना चाहिए। शहर की योजनाओं, गलियों, और सड़कों के अनुसार कार्यालय का प्रवेश द्वारा बनाया जाता है। मुख्य द्वार के अलावा अन्य कई सहायक द्वार होने चाहिये जिससे आने-जाने वाले व्यक्तियों और कार्यालय के कर्मचारियों को कोई कठिनाई न हो। प्रवेश द्वारा का आकार-प्रकार कार्यालय की आवश्यकता और भवन की बनावट पर निर्भर करता है। सीढ़ियों और लिफ्ट के पास प्रवेश द्वार होना जरूरी है, प्रवेश द्वार के भीतर एक आगमन कार्यालय (Reception) होना आवश्यक है। जहाँ पर व्यक्तियों की सुविधाओं को प्रदान करने का प्रयास किया जाये, वहाँ पर बैठने का स्थान, कुछ पत्रिकायें और एक बड़ी घड़ी होनी चाहिये। पूछताछ गृह भी वहीं होना चाहिये। अतिथियों और आगन्तुकों के मिलने के लिए एक अधिकारी होना जरूरी है जो उनकी समस्याओं का समाधान कर सके। उनकी आवश्यकता एवं सुविधाओं को ध्यान में रखना बहुत जरूरी है। प्रवेश द्वार ऐसे स्थान पर हो जहाँ लोग आसानी से पहुँच सकें। प्रवेश द्वार के अलावा अन्य कई द्वार होने चाहिए जिससे लोग आसानी से आ जा सकें।

(ii) सीढ़ियाँ एवं लिफ्ट (Stairs and Lifts)—सीढ़ियाँ और लिफ्ट ऐसे स्थान पर हों जहाँ पर लोग आसानी से पहुँच सकें। प्रवेश द्वार के पास इनका होना जरूरी है। भवन में आने जाने वाले व्यक्तियों की संख्या के अनुसार पर्याप्त सीढ़ियाँ एवं लिफ्ट होना चाहिए जिससे किसी एक साधन पर अधिक जोर न पड़े। यदि ऐसे व्यक्तियों की संख्या बहुत अधिक है तो प्रत्येक मंजिल के लिए अलग-अलग लिफ्ट का होना आवश्यक है। दुर्घटना के समय के लिए अलग दरवाजे और सीढ़ियाँ होनी चाहिये।

(iii) बरामदे (Corridor)—बरामदे का आकार कार्यालय में काम करने वाले व्यक्तियों पर निर्भर है। यदि कार्य करने वाले व्यक्तियों की संख्या अधिक है तो बरामदे का आकार भी बड़ा होगा। संकीर्ण बरामदे हमेशा असुविधाजनक होते हैं। आवश्यकतानुसार बरामदे का आकार 6 से 10 फिट तक हो सकता है। बरामदे से आने-जाने वाले व्यक्तियों और कर्मचारियों को सुविधा होती है। बीमा व्यवसाय में व्यक्तियों का आवागमन अधिक होता है। अत: उनकी सुविधाओं पर विशेष ध्यान दिया जाना चाहिए।

(iv) सामान्य कार्यालय (General Office)—सामान्य कार्यालय की योजना बनाते समय यह ध्यान रखना चाहिये कि प्रत्येक कर्मचारी के लिए कम से कम 50 वर्ग फिट का स्थान अवश्य हो। प्रत्येक कर्मचारी के लिए डेस्क, कुर्सी, आगन्तुकों को बैठने का स्थान और फाइल करने की आलमारी आदि अवश्य हो। एक अधिकारी या प्रबन्धक के लिए 250 वर्गफिट से 400 वर्गफिट की जगह अवश्य हो जहाँ पर आने-जाने वाले व्यक्तियों और कर्मचारियों के लिए बैठने का पर्याप्त स्थान हो। इनके कमरे इतने लम्बे-चौड़े होने चाहिये जिनमें छोटी सभाओं और मीटिंग को बुलाया जा सके। अधिकारी के स्तर के अनुसार उसके व्यक्तिगत कार्यालय का आकार होता है। एक शाखा प्रबन्धक का कमरा इतना बड़ा हो जिसमें कम से कम 10 आदमी बैठकर आसानी से बातचीत कर सकें। उसके कमरे में कम से कम दो दरवाजे एक आगन्तुक के लिए और दूसरा कार्यालय के कर्मचारियों के लिए अवश्य होना चाहिए। परन्तु एक विभागीय प्रबन्धक का कमरा 50 आदमियों के बैठने तक हो और उनके व्यक्तिगत सचिव का भी कमरा अलग हो। इसी प्रकार क्षेत्रीय प्रबन्धक का कमरा और बड़ा होना चाहिए। कार्य के स्वभाव के अनुसार भवन का आकार पहले से ही निश्चित करना चाहिए। भवन की योजना बनाकर उस पर विशेष वार्ता करके तथा अनेक समस्याओं को समझ कर योजना को पारित करना चाहिए।

(v) बोर्ड या कमेटी के कमरे (Board Rooms)—यदि किसी कार्यालय में सभाओं को शीघ्र बुलाया जाता है तो वहाँ पर एक अच्छे बोर्ड या कमेटी की आवश्यकता है। कमरा इतना बड़ा होना चाहिये जिससे कि कमेटी या सभाओं के लोग आ सकें और वाद-विवाद हो सके। अधिकारी के निकट ही कमेटी या बोर्ड का कमरा होना चाहिए। फील्ड अधिकारी या विकास अधिकारियों की सभाओं के लिए इतना बड़ा कमरा होना जरूरी है जिससे कि उनमें समस्त विकास अधिकारी आ सकें।

(v) स्टोर (Store)—कार्यालय में एक अलग स्टोर का कमरा होना चाहिए जहाँ पर स्टेशनरी, कागज, अभिलेख आदि रखे जा सकें। स्टोर कमरा आग और चोरी से पूर्ण सुरक्षित होना चाहिए। यह कमरा भवन के एकदम निचले वाले हिस्से में होता है जिससे अनावश्यक रूप से भार बढ़ न सके। जिन अभिलेखों और पत्रों की तुरन्त आवश्यकता नहीं होती है, या जो बहुत पुराने हो जाते हैं, उन्हें कार्यालय से दूर रखते हैं या कभी-कभी कार्यालय के नीचे वाले कमरे (Underground-Room) में संचित करते हैं। स्टोर की सुरक्षा, देखभाल, उससे सम्बन्धी कार्य किसी विशिष्ट अधिकारी को सौंपा जाना चाहिए।

(vi) शौचालय इकाइयाँ (Sanitary Units)—लोगों के स्नान गृहादि के लिए उचित प्रबन्ध होना चाहिए। स्त्री और पुरुषों का शौचालय अलग-अलग होना चाहिए। अधिकारियों और कर्मचारियों के लिए अलग-अलग शौचालय आवश्यक है। कार्यालय की जनसंख्या के अनुरूप शौचालय की इकाइयाँ होनी चाहिये। आगन्तुकों के लिए भी इनका होना जरूरी है। शौचालय की गन्दगी को दूर करने और उनकी सफाई का विशेष ध्यान होना चाहिए।

(vii) आराम गृह (Rest-Room)—कार्यालय में आराम गृह, नाश्ता की सुविधा और स्वतन्त्र विचार प्रकट करने का स्थान होना चाहिए। इन सबके लिए यह जरूरी है कि एक अलग कमरे का निर्माण किया जाये जहाँ पर सभी सुविधायें उपलब्ध हो सकें। कार्यालय का समय नष्ट नहीं होना चाहिए। यदि ये सुविधाएँ नहीं होंगी तो निश्चित रूप से कार्यालय का समय नष्ट होगा। अतः यह जरूरी है कि कर्मचारियों के नाश्ते आदि के लिए पूरा प्रबन्ध हो। कर्मचारी इसके लिए अपनी सहकारी समितियाँ चला सकते हैं और इसमें लाभ होगा।

अध्याय 13

कार्यालय फर्नीचर, उपकरण एवं मशीनें

(Office Furniture, Equipment and Machines)

कार्यालय प्रबन्ध में कार्यालय फर्नीचर एवं उपकरण का विशेष स्थान है। अच्छे फर्नीचर और उपकरण से व्यापार की कार्यक्षमता बढ़ जाती है। यदि उपकरण अच्छे प्रकार के न हुए तो व्यापार-वृद्धि में सहायता नहीं मिलेगी। पहले इस पर विशेष ध्यान नहीं दिया जाता था, परन्तु अब इनका महत्व बढ़ता जा रहा है। इनके औचित्य से जनता एवं कर्मचारियों पर अनुकूल प्रभाव पड़ते हैं। कर्मचारियों का मनोत्साह और प्रेरणा बढ़ जाती है जबकि जनता का उस कार्यालय के प्रति आकर्षण बढ़ता जाता है। आधुनिक फर्नीचर एवं उपकरणों के प्रयोग से व्यापार को लाभ होगा, परन्तु अनावश्यक रूप से अत्यधिक सजावट से कोई लाभ नहीं होता है। कर्मचारियों की क्षमता बढ़ाने के लिए फर्नीचर एवं उपकरणों का अच्छा और आधुनिक होना आवश्यक है। कार्य की सुविधा को देखते हुए फर्नीचर एवं उपकरण जिस प्रकार का आवश्यक हो उस प्रकार के सुन्दर एवं समुचित फर्नीचर एवं उपकरण का प्रबन्ध होना चाहिए।

(1) फर्नीचर (Furniture)—कभी-कभी सस्ते और दिखावटी फर्नीचर कार्य योग्य नहीं होते हैं। सजावट का उद्देश्य जरूरी नहीं है परन्तु फर्नीचर की मजबूती, उपयोगिता, अच्छाई आदि का विशेष ध्यान रखना चाहिए। लागत को ध्यान में रखकर समय के अनुसार परिवर्तन की क्षमता होनी चाहिए। यदि बहुत महँगे फर्नीचर खरीदे गये और कुछ समय बाद वे चलन या प्रथा से बाहर हो गये तो उससे व्यापार को नुकसान होगा। अत: फर्नीचर के चुनाव में विशेष सावधानी रखनी चाहिए। ये फर्नीचर व्यापार में स्वयं बनाये जा सकते हैं या इनको बाहर से क्रय किया जा सकता है।

ऐसे फर्नीचर को खरीदना चाहिए, जिसकी मरम्मत करके फिर से कार्य योग्य बनाया जा सके। एक ही फर्नीचर के विभिन्न डिजाइन एवं आकार होते हैं लेकिन उसी फर्नीचर को खरीदना या बनवाना चाहिए जो कि कार्यालय के उपयुक्त हो। आवश्यकता से बड़े फर्नीचर कीमती होंगे और छोटे फर्नीचर अनुपयुक्त होंगे। प्रमाणित फर्नीचरों का प्रयोग करना ही लाभदायक होता है। अधिकारियों के स्तर के अनुसार फर्नीचर भी अधिक आरामदायक और सुन्दर होने चाहिए। कर्मचारियों की मेज एवं कुर्सियाँ एक दूसरे से अलग होनी चाहिए जिससे वे एकाग्रचित्त होकर अपना कार्य कर सकें। कर्मचारियों के स्थान को एक जगह से दूसरी जगह बदला जा सकता है। जहाँ तक सम्भव हो सभी कर्मचारियों के फर्नीचर एक समान हों। विभाग में केन्द्रीय स्थान पर विभागीय लेखों और कागजों को रखना जरूरी है जहाँ से विभाग के सभी कर्मचारी उन्हें आवश्यकतानुसार प्राप्त कर सकें।

(2) प्रकाश एवं हवा (Light and Ventilation) के उपकरण—भवन में प्रकाश और हवा के पर्याप्त उपकरण होने चाहिए। जहाँ तक सम्भव हो कोई भी मेज प्राकृतिक प्रकाश से 2 या $2^1/_2$ फुट से अधिक दूर नहीं होना चाहिए। यदि प्राकृतिक प्रकाश की सुविधा न हो तो कृत्रिम प्रकाश का होना आवश्यक है। ट्यूब लाइट का प्रयोग अधिक करना चाहिए लेकिन चमक को बचाने का प्रयास भी आवश्यक है। प्राकृतिक प्रकाश को बनाये रखने के लिए हाल की ऊँचाई पर्याप्त होनी चाहिए। हाल या कमरे की ऊँचाई पड़ोसी

भवन की ऊँचाई, स्थान की दशा, जलवायु, भवन की बनावट आदि पर निर्भर है। प्रकाश और हवा के लिए खिड़कियों की ऊँचाई पर्याप्त होनी चाहिए जिससे प्राकृतिक प्रकाश एवं हवा अच्छी तरह प्राप्त हो सके। प्राकृतिक प्रकाश एवं हवा से मानसिक थकान बहुत कम होती है, कार्यक्षमता बढ़ जाती है तथा स्वस्थ-पूर्ण वातावरण बना रहता है। अत: जहाँ तक सम्भव हो सके कृत्रिम उपकरणों पर कम जोर दिया जाये। लेकिन इसका तात्पर्य यह नहीं है कि बिना प्रकाश और हवा के कार्य किया जाये। यदि प्राकृतिक हवा एवं प्रकाश न मिल सके तो प्रकाश एवं हवा के उपकरणों का प्रयोग अवश्य किया जाये। जहाँ तक हो सके कुछ ऐसा प्रबन्ध किया जाये जिससे इनकी कृत्रिमता को कम किया जा सके। खिड़कियों का निर्माण इस प्रकार से हो जो कि सभी मौसम के लिये उपयुक्त हों। ऐसी खिड़कियाँ जिनको बन्द करने से दम घुटने लगे और खोल देने से प्रकाश ताप एवं पानी आने लगे खराब प्रबन्ध की निशानी है। बरसात में पानी का भय नहीं, ठंडक में सर्दी का डर नहीं और धूप का भय नहीं होना चाहिए। खिड़कियों पर सीधे धूप नहीं आनी चाहिए अन्यथा कमरा गरम हो जाता है। चमक के कारण कर्मचारियों की मानसिक चेतना पर विपरीत प्रभाव पड़ता है। चमक की कमी से जहाँ तक सम्भव हो दूर रहा जाये। पर्दों और खिड़कियों का प्रबन्ध इस प्रकार होना चाहिए कि ताप, सर्दी और आर्द्रता को नियन्त्रित किया जा सके। कर्मचारियों के बैठने की सतह पर ही खिड़की के शीशे होने चाहिए, उससे ऊपर या नीचे होने से प्राकृतिक प्रकाश का सदुपयोग नहीं हो सकेगा। हवा की पूर्ण प्राप्ति के लिए दीवालों की आमने-सामने की खिड़कियाँ एक सतह में होनी चाहिए। भारत में आमने-सामने की खिड़कियों (Cross Ventilation) का बहुत अधिक प्रचलन है। इससे कार्य के समय काफी आराम मिलता है। हवा के रुख के अनुसार ही खिड़कियों का होना आवश्यक है, इससे हवा की गति बनी रहती है। जब हवा तेज हो तो इसको बचाने का प्रयास करना चाहिए। खिड़कियाँ मेज की सतह पर होने से हवा का पूरा लाभ देंगी क्योंकि कार्य करने वाले को सीधी हवा लगेगी और उसको कार्य करने में थकान कम लगेगी। धूल, पानी की बौछार आदि से बचने का प्रबन्ध होना चाहिए। शौचालय, कुएँ, रसोईघर, कुहरे आदि से बचने का भी उचित प्रबन्ध होना आवश्यक है। बन्द कमरों में से हवा को निकालने के लिए निष्कासित पंखे (Exhaust Fans) का होना आवश्यक है, इससे हवा को दूषित होने से बचाया जा सकता है और बीमारी आदि से दूर रहकर स्वस्थपूर्ण वातावरण में कार्य किया जा सकता है। खुली हवा के प्रभाव से कार्यक्षमता में वृद्धि होती है। कर्मचारियों के स्वास्थ्य को बढ़ाया जा सकता है। बड़े कार्यालयों में खिड़कियों का समुचित प्रबन्ध किया जा सकता है, परन्तु छोटे कार्यालय में इस सम्बन्ध में कुछ कार्य कर सकते हैं। पंखों के प्रयोग से छोटे कार्यालय में हवा का समुचित प्रबन्ध हो सकता है, खिड़कियों और दरवाजों के खुलने तथा बन्द होने की सुविधा से गर्मी और सर्दी को कुछ सीमा तक नियन्त्रित कर सकते हैं।

ठंडे स्थानों में कमरे को गर्म रखने के लिए अनेक प्रकार के उपकरणों का प्रयोग किया जाता है। कमरे का आकार, व्यापार का स्वभाव, लाभ की मात्रा के अनुसार इन उपकरणों का प्रयोग करते हैं। शाखा कार्यालय में अँगीठी से काम चल जाता है जबकि विभागीय कार्यालय या क्षेत्रीय कार्यालय विद्युत मापक या अन्य परिमार्जित यंत्रों का प्रयोग करते हैं। गैस के माध्यम से ताप को नियन्त्रित करने में सुविधा मिलती है। जब कार्यालय में कार्य चलता रहता है तब इसके माध्यम से ताप को आवश्यकतानुसार कम या अधिक कर सकते हैं और कार्य न होने की दशा में अनावश्यक रूप से गैस का प्रयोग नहीं करते हैं।

(3) न्यस्ति उपकरण (Filing Equipment)—न्यस्ति का कार्य एक निम्न स्तर का कार्य समझा जाता है जिससे इसे उन व्यक्तियों को सौंपा जाता है जिनकी योग्यता

अधिक नहीं है, न्यस्ति का कमरा अपेक्षाकृत गंदा और संकीर्ण होता है, परंतु इन सबके कारण उस कमरे में काम करने वाले व्यक्ति के स्वास्थ्य पर विपरीत प्रभाव पड़ता है। न्यस्ति एक महत्वपूर्ण कार्य है अतः इसे केवल उन व्यक्तियों को सौंपना चाहिए जिन्हें न्यस्ति का अच्छा ज्ञान हो। यदि इसमें तनिक भी लापरवाही हुई तो वह हमेशा चलती रहेगी और इससे कार्यालय को बहुत नुकसान होगा। कार्यालय की कार्यक्षमता घट जायेगी। मान लीजिए न्यस्ति सहायक ने लापरवाही से किसी फाइल को गलत स्थान पर रख दिया तो उस फाइल को प्राप्त करने में बहुत कठिनाई होगी, कार्य में विलम्ब होगा। न्यस्ति की उचित पद्धति का पालन वही कर सकता है जिसे इसका पूर्ण ज्ञान हो। न्यस्ति के उपकरण ऐसे होने चाहिए जिससे व्यापार की संचालन क्षमता घटने न पाये। एक बड़े व्यापार के लिए कार्ड फाइल का प्रयोग लाभदायक होगा। लकड़ी की खुली आलमारियों में इन्हें वर्णमाला और क्षेत्र के अनुसार रखा जा सकता है। यदि व्यापार में वृद्धि हुई, तो इसका विकास क्रमशः किया जा सकता है। न्यस्ति का कमरा अलग होना जरूरी है अन्यथा सामान्य कार्यों में रुकावट होगी। न्यस्ति का कार्य किसी जिम्मेदार व्यक्ति को सौंपना उचित होता है। प्रत्येक कार्यालय के लिए अपनी एक अलग न्यस्ति पद्धति होती है। कुछ कार्यालयों में केवल रजिस्टर या खुली फाइल से काम चल जाता है; कुछ कार्यालयों में लम्बे पैमाने पर कार्ड-बोर्ड की आवश्यकता होती है। फाइल में रखे जाने वाले पत्रों एवं कागजों की संख्या बहुत नहीं बढ़ने देना चाहिए। अनावश्यक पत्रों को फाइल करके फाइल का विस्तार बढ़ाना ठीक नहीं है। फाइल करने का एक निश्चित तरीका अपनाना जरूरी है; उसी के अनुसार फाइल करते रहना चाहिए तथा आवश्यकतानुसार उसमें परिवर्तन करना जरूरी हो जाता है जिससे कि कार्यालय में फाइल का काम बोझिल न हो जाये और कार्यालय का कार्य सुचारु रूप से चलता रहे। अनावश्यक फाइल को समाप्त कर देना चाहिए।

आजकल खड़ी फाइल (Vertical File) का अधिक प्रयोग हो रहा है क्योंकि इससे फाइल करने की पर्याप्त जगह निकल आती है। इसके आधार पर फाइलों को निकालने और रखने में आसानी होती है। फाइल के ऊपर बीमापत्रधारी का नाम और बीमापत्र की संख्या लिखी रहती है जिससे किसी भी फाइल को आसानी से प्राप्त किया जा सकता है। फाइलिंग कमरे को दो भागों में बाँट देना जरूरी है, एक हिस्से में उन फाइलों को रखा जाये जिनका वर्तमान समय में कोई उपयोग न हो और दूसरे हिस्से में उन फाइलों को रखा जाये जिनका वर्तमान समय में उपयोग होता रहे। खुली आलमारियों का प्रयोग बढ़ता जा रहा है। प्रत्येक व्यक्ति से सम्बन्धित पत्रों को एक कागज या मेनिला पेपर की कवर में रखकर उस पर निर्देश अंक लिख देना चाहिए। बीमा में निर्देशांक बीमापत्र की संख्या के अनुसार देते हैं। परन्तु प्रस्ताव की स्वीकृति के पहले उसमें प्रस्ताव की संख्या लिख दी जाती है। निर्देश अंक के साथ फाइल की विषय-वस्तु भी लिख दी जाती है। फाइल रखने की आलमारियाँ खुली या बन्द हो सकती हैं। खुली आलमारियों या रैक से पत्रों को निकालने में सुविधा होती है लेकिन यदि सावधानी न बरती गयी तो पत्र गायब हो सकते हैं। यदि पत्रों को निकालने की आवश्यकता बार-बार न पड़ती हो तो बन्द आलमारियों का प्रयोग किया जा सकता है। फाइल करने के लिए आवश्यक उपकरणों का होना जरूरी है।

फाइलिंग कैबिनेट (Filing cabinetes)—कैबिनेट का आकार-प्रकार आवश्यकतानुसार घट-बढ़ सकता है। आजकल कैबिनेट इस प्रकार की बनाई जाती है जिसमें कई ड्राअर्स (Drawers) हो सकें। इन ड्राअरों में खड़ी फाइलों को एक तार से बाँध देते हैं। फाइल को इस प्रकार तार से फँसा देते हैं जिससे उन्हें आवश्यकता के समय निकाला जा सके। लकड़ी की कैबिनेट के स्थान पर लोहे की कैबिनेट का प्रयोग बढ़ता जा

रहा है इससे अग्नि से सुरक्षा पाई जा सकती है। आजकल अग्निशामक (Fire-proof) कैबिनेट का प्रयोग बढ़ता जा रहा है। कैबिनेट बनाने वाले व्यापारी इस बात का ध्यान रखते हैं कि कैबिनेट कार्यालय की विभिन्न आवश्यकताओं को पूरा करें। यह सत्य है कि एक ही प्रकार की कैबिनेट समस्त आवश्यकताओं को पूरा नहीं कर सकता है अतः यह आवश्यक है कि कार्यालय की आवश्यकताओं को ध्यान में रखते हुए कैबिनेट का निर्माण कराया जाये। कैबिनेट निर्माण करते समय यह ध्यान में रखना चाहिए कि प्रत्येक ड्राअर कम से कम 20 इंच ऊँचा अवश्य हो। उनमें ऐसे तार बाँधे जायें जो कि फाइल करते समय कार्य दे सकें और फाइल-पत्र उसी छेद में फँसाया जा सके। ड्राअर को आगे बढ़ाने-घटाने के लिए कैबिनेट में जगह होनी चाहिए। कैबिनेट में एक ऐसा रोक भी होना चाहिए जिससे ड्राअर निकल कर गिर न पड़े। ड्राअर की फाइल को सुरक्षित रखने के लिए ताले का प्रयोग किया जा सकता है। आवश्यकता के अनुसार ड्राअर को छोटा-बड़ा बनवाना चाहिए। कैबिनेट रखने में यह ध्यान रखना चाहिए कि कैबिनेट जहाँ रखे जायें वहाँ पर इतना स्थान अवश्य हो कि ड्राअर को खोला और आगे घटाया-बढ़ाया जा सके। दीवाल के सहारे कैबिनेट को रखना उचित होगा। धूल और ताप से बचाने का भी प्रयास होना चाहिए। कैबिनेट को पत्रों को फाइल करने के लिए ही प्रयोग करना चाहिए। स्टेशनरी आदि रखने से कोई लाभ नहीं है।

निष्कासित फाइल (Suspended Filing)—खड़ी फाइल चाहे वह ड्राअर में हो या आलमारी में हो खड़ी होने के कारण इनके किनारों पर जोर पड़ता है। खुली फाइल जो साधारण ढंग से रखी जायेगी उसके गिरने का भय बना रहता है, अतः यह आवश्यक है कि फाइल को ड्राअर के साथ इस प्रकार तार से बाँध दिया जाये जिससे कि उसके गिरने और प्रतिस्थापित होने का भय न रहे। निर्देश पत्र को ऐसी जगह लगाना चाहिए जिससे कि आसानी से प्राप्त किया जा सके। फाइल के ऊपरी हिस्से में कम से कम निर्देश पत्रों को लगाना चाहिए और निचले हिस्से में तार में इस प्रकार बाँधना चाहिए जिससे कि उसे अन्य फाइलों को अव्यवस्थित किये बिना निकाला जा सके। फाइल मेनिला कागज की बनी होना चाहिए जिसके निचले हिस्से में स्ट्रिप (Strip) लगा देनी चाहिए। उस स्ट्रिप के छेद को ड्राअर में लगे तार से फँसा दिया जाता है और कुछ आगे करके उस छेद से तार को अलग करके फाइल को निकाल लिया जाता है। इस प्रकार बड़े-बड़े पैकेट को मेनिला कवर के अन्दर रखकर फाइल किया जा सकता है, फाइल को निकालने और रखने की सुविधा को ध्यान में रखना बहुत जरूरी है। कैबिनेट में रखी फाइल की सुरक्षा अधिक रहती है और उसमें किसी प्रकार की गन्दगी नहीं आने पाती है।

फाइल पद्धतियों और कार्यों पर जब तक विशेष ध्यान नहीं दिया जायेगा तब तक कोई भी पद्धति कामयाब नहीं होगी। कोई भी एक पद्धति सभी कार्यालयों के लिए उपयुक्त नहीं होगी। विभिन्न कार्यालयों के लिए अलग-अलग पद्धतियों को अपनाना आवश्यक है। फाइल करने के लिए केन्द्रीय कार्यालय द्वारा उपकरण और यंत्र प्राप्त हो जाते हैं और उन्हीं के अनुसार फाइल करने से कर्मचारियों के हस्तान्तरण पर कोई प्रभाव नहीं पड़ता है। फाइल करने वाले क्लर्क का यह कर्तव्य है कि वह फाइल के कमरे को साफ कराये रखे, आवश्यक सावधानियाँ बरतता रहे और समय-समय पर फाइलों का निरीक्षण करता रहे। गलत फाइल किये गये पत्रों को सही स्थान पर लगाये। व्यापार की आवश्यकता के अनुसार फाइल के उपकरण का प्रयोग करना चाहिए।

साधारण फाइल (Simple Folder)—साधारण फोल्डर सस्ता और सुविधाजनक होता है। इसमें जैसे-जैसे पत्र आते-जाते हैं फाइल किये जाते हैं। स्थायी रूप से

जरूरी पत्रों को एक अलग फोल्डर में और कभी-कभी काम आने वाले पत्र दूसरे फोल्डर में फाइल किये जाते हैं। यह फाइल वहाँ पर उपयुक्त होगी जहाँ व्यापार में आने-जाने वाले पत्रों की संख्या बहुत अधिक नहीं है। पत्रों को सुरक्षित रखने के लिए फोल्डर के अन्दर तार का प्रयोग किया जाता है। फोल्डर बड़े आकार का बनाया जाता है और उसके अन्दर पत्रों को तारीख के अनुसार फाइल करते जाते हैं।

बाक्स फाइल (Box Files)—साधारण फोल्डर में बहुत अधिक पत्रों को फाइल करने की सुविधा नहीं रहती है और पत्र भी सुरक्षित नहीं रहते हैं। बाक्स के अन्दर पत्रों को खड़ी अवस्था में रखते हैं। उनको मेनीला कागज की फाइल में भी रखते हैं। बाक्स के अन्दर तार लगाकर इन फाइलों को सुरक्षित रखते हैं। इन बाक्सों को खुली आलमारी में रख सकते हैं। बाक्स का प्रयोग धीरे-धीरे कम होता जा रहा है। यह पद्धति खर्चीली पड़ती है।

खुली पुस्तिका (Loose leaf books)—खुली पुस्तिका के रूप में फाइल करना सस्ता पड़ता है। बन्द बाक्स के प्रयोग में पत्रों को निकालने और रखने में कठिनाई होती है, परन्तु इस पद्धति में कई पत्र आसानी से रखे जाते हैं। खुली पुस्तिका के कई रूप हो सकते हैं। पत्रों को एकत्रित करके उन्हें स्टील प्लेट से बाँध दिया जाता है। इस पद्धति का प्रयोग बहीखातों या मेनुअल के फाइल करने के लिए किया जाता है। चमड़े की फाइल में पत्रों को रखकर बाँध देते हैं और उन्हें जब आवश्यकता होती है अन्य पत्रों को हटाकर निकाल सकते हैं। यह तरीका भद्दा और अनुपयुक्त है। रिंग बाइन्डर, रिवनपोस्ट बाइन्डर आदि अनेक प्रकार के फाइल उपकरण हैं जो कि खुली पुस्तिका फाइल में प्रयोग किये जाते हैं।

कार्ड (Cards)—कार्ड फाइल का प्रयोग बढ़ता जा रहा है क्योंकि कार्डों को निकालने और रखने में सुविधा होती है। कार्डों को बाक्स, ड्राअर या खुली आलमारी में खड़े रूप में रख सकते हैं। व्यापार की वृद्धि के साथ कार्ड की संख्या में भी वृद्धि की जा सकती है और उसमें कमी आने पर इनमें कमी की जा सकती है। कार्डों को निकालने के लिए दृश्य कार्ड अनुसूचिका का प्रयोग कर सकते हैं। उन कार्डों को निकालकर अलग कर देते हैं जिनका प्रयोग बन्द हो गया हो। आजकल कार्ड फाइल का प्रयोग बढ़ता जा रहा है।

(4) स्टेशनरी (Stationary)—बीमा संस्थाओं में स्टेशनरी पर खर्चों की मात्रा बढ़ती जा रही है। स्टेशनरी को खरीदने और उसके प्रयोग के लिए एक अलग विभाग का होना जरूरी हो गया है। कुछ स्टेशनरी ऐसी हैं जिनको क्षेत्रीय कार्यालय द्वारा खरीदकर सभी कार्यालयों को वितरित किया जाता है। स्टेशनरी को रखने का स्थान स्वच्छ और विस्तृत होना चाहिए। कभी-कभी यह देखा गया है कि स्टेशनरी के स्टोर बहुत गन्दे रहते हैं तथा उनमें रखे गये सामान किसी क्रम से नहीं रहते। परिणामस्वरूप स्टेशनरी के अपव्यय की सम्भावना बढ़ जाती है। उन पर कोई नियंत्रण नहीं रहता है। स्टेशनरी को ऐसे स्थान पर स्टोर करना चाहिए जहाँ पर सुरक्षा की सम्भावना अधिक हो; धूल एवं ताप से दूर होना चाहिए। प्रत्येक वस्तु को रखने के लिए अलग-अलग आलमारियों का होना जरूरी है। कई वस्तुओं के एक साथ मिल जाने से उनके खर्चों पर नियंत्रण करना सम्भव नहीं रहेगा। कुछ वस्तुएँ व्यर्थ होती रहेंगी। जरूरी स्टेशनरी को प्राप्त करना सम्भव नहीं होगा। कभी-कभी कुछ वस्तुओं के समाप्त हो जाने पर काम बंद हो सकता है। अत: यह आवश्यक है कि प्रत्येक स्टेशनरी का खाता तैयार किया जाये और जब कोई स्टेशनरी समाप्त होने को हो तो उसे मँगा लिया जाये जिससे कार्य में बाधा न हो सके। इसके साथ यह भी सम्भव हो सकेगा कि उन वस्तुओं को अनावश्यक रूप से अधिक संचित नहीं करेंगे जिनकी ज्यादा आवश्यकता नहीं है। स्टेशनरी की बरबादी को रोकने का प्रयास किया जाना चाहिए।

(5) टेलीफोन—आधुनिक कार्यालय में टेलीफोन एक महत्वपूर्ण यंत्र बन चुका है। इसकी आवश्यकता बढ़ती जा रही है। प्रत्येक विभाग के लिए एक-एक टेलीफोन जरूरी है। एक बड़े कार्यालय में आन्तरिक टेलीफोन भी होते हैं जिनके माध्यम से अन्तर्कार्यालयीन कार्य आसानी से हो जाते हैं। जो कार्य कई पत्रों से नहीं होता वह कार्य केवल एक बार टेलीफोन करने से हो जाता है। प्रत्यक्ष रूप से बातचीत करने से आपसी विभेद दूर हो जाते हैं। प्रश्नों के उत्तर तुरन्त मिल जाते हैं। पूछ-ताछ करके कार्य जल्दी पूरा हो जाता है। अत: यह आवश्यक है कि टेलीफ़ोन विलासिता न समझकर आवश्यक उपकरण समझा जाये। कार्यालय की आवश्यकतानुसार टेलीफोनों की संख्या पर्याप्त होनी चाहिए। इससे बीमापत्रधारियों की उचित सेवा की जा सकेगी। टेलीफोन केवल अधिकारी की ही सम्पत्ति नहीं होनी चाहिए बल्कि इसका प्रयोग कोई अन्य व्यक्ति भी कर सके जिसे व्यापार के सम्बन्ध में आवश्यकता हो। टेलीफोन बूथ से कार्यालय का अधिक काम नहीं हो जायेगा। इससे कार्य में विलम्ब होता है। अत: यह आवश्यक है कि प्रत्येक विभाग और आवश्यकतानुसार प्रत्येक उपविभाग में एक-एक टेलीफोन हो। शाखा कार्यालय में एक या दो टेलीफोनों से कार्य हो सकता है जबकि विभागीय कार्यालय में 15-20 टेलीफोनों की आवश्यकता हो सकती है। एक ही नम्बर में दो या अधिक टेलीफोन रखे जा सकते हैं जिससे विभाग-प्रबन्धक, विभागाध्यक्ष और अन्य कर्मचारियों को बिना अपनी सीट पर से हटे हुए बातचीत करने का मौका मिल जाता है। जिस व्यक्ति से टेलीफोन सम्बन्धित हो उसे टेलीफोन सौंपा जा सकता है। यदि कोई व्यक्ति अनुपस्थित रहता है तो दूसरा व्यक्ति टेलीफोन उठाकर उनका जवाब दे सकता है। अत: यह आवश्यक है कि कुछ टेलीफोन आपस में सम्बन्धित हों।

बीमा व्यापार में टेलीफोन का होना बहुत आवश्यक है। आजकल लोग बीमा-कार्यालय आने के सिवाय टेलीफोन पर बातचीत करना अधिक पसन्द करते हैं क्योंकि कार्यालय आने-जाने में जितना खर्च पड़ता है उससे कहीं कम खर्च टेलीफोन करने में होता है। लोग पोस्ट आफिस से या अपने घर या अन्य किसी स्थान से टेलीफोन करके कार्य करना अधिक पसन्द करने लगे हैं। बीमा कार्यालय में आन्तरिक टेलीफोन होना आवश्यक है जिससे अभीष्ट कर्मचारी से बातचीत की जा सके। बीमा कार्यालय में एक टेलीफोन एक्सचेंज हो सकता है जो समस्त विभाग, उपविभाग और कर्मचारी वर्ग से सम्बन्ध रख सकता है। कर्मचारियों से सीधा सम्बन्ध रखने के लिए सीधा टेलीफोन यदि रहे तो उससे अधिक लाभ होता है क्योंकि जिस व्यक्ति को जिस कर्मचारी से कार्य हो उसे सीधे टेलीफोन करके कार्य करा सकता है। आन्तरिक एक्सचेंज में हो सकता है कुछ विलम्ब लग जाये क्योंकि पहले एक्सचेंज आपरेटर से अमुक कर्मचारी से टेलीफोन सम्बन्ध प्राप्त करने के लिए कहा जायेगा फिर वह आपरेटर उस कर्मचारी से टेलीफोन सम्बन्ध स्थापित करके बातचीत करायेगा। इस कार्य में हो सकता है काफी देर हो जाये। अत: यह आवश्यक है कि टेलीफोन का सीधा सम्बन्ध हो। टेलीफोन रखने का स्थान ऐसा होना चाहिए जहाँ पर कर्मचारी आसानी से पहुँच सके। कभी-कभी टेलीफोन को एक स्थान से दूसरे स्थान को ले जाते हैं परन्तु उसमें बार-बार ले जाने से परेशानी होती है, साथ ही साथ तारों के टूटने और टेलीफोन के खराब होने की सम्भावना बढ़ जाती है। टेलीफोन के प्रयोग में सावधानी बरतना आवश्यक हो जाता है। बार-बार टेलीफोन करने से उसके शीघ्र खराब होने का भय रहता है। व्यक्तिगत टेलीफोन को हतोत्साहित करना चाहिए।

(6) लोक सम्बन्ध (Public Relation)—बीमा संस्था में बहुत से व्यक्ति सेवा प्राप्त करने के लिए आते रहते हैं। बीमा के प्रस्ताव, प्रव्याजि की जमा, जब्ती के

पुनर्चालन, नामांकन, अभिहस्तांकन, ऋण की प्राप्ति, अध्यर्थन का भुगतान आदि कई कार्य ऐसे हैं जिनके लिए व्यक्ति अक्सर बीमा-कार्यालय आते रहते हैं। बीमा कार्यालय में यदि उन्हें आवश्यक सुविधा न मिली तो वे दुखी और असन्तुष्ट हो जाते हैं। परिणामस्वरूप बीमा-व्यापार की साख कम हो जाती है। बीमा व्यापार की साख बनाये रखने के लिए यह आवश्यक है कि लोक सम्बन्ध मजबूत और प्रभावशाली हो। इसके लिए अलग एक काउन्टर होना चाहिए जहाँ पर अनुभवी और विनम्र अधिकारी का होना आवश्यक है। लोक सम्बन्ध अधिकारी जितना विनम्र और सहानुभूति व्यक्त करने वाला होगा व्यापार की साख उतनी ही बढ़ेगी।

आगन्तुकों की समस्याओं को व्यक्तिगत स्तर पर दूर करने का प्रयास होना चाहिए। जब वह कार्यालय आये हों उनके बैठने और शौचालय की सुविधा पास में ही होनी चाहिए। कभी-कभी आगन्तुकों को अधिक देर तक बैठना पड़ सकता है। इसके लिए उनके बैठने के स्थान पर कुछ मनोरंजक पत्रिकाओं, बीमा सम्बन्धी नियमों और अन्य आकर्षित करने वाले साहित्य पड़े रहना चाहिए। जितनी जल्दी संभव हो उनकी समस्याओं पर विचार करना चाहिए। प्रव्याजि जमा करने और भुगतान प्राप्त करने की खिड़की पास में ही होनी चाहिए। यदि व्यक्ति विशेष विभाग में जाना चाहता है तो उसे वहाँ पहुँचने के लिए कर्मचारियों का होना जरूरी है। विभाग का नाम उसके प्रबन्धक एवं अध्यक्ष के नाम स्पष्ट शब्दों में कार्यालय के बाहर लिखे होना चाहिए। लोक सम्बन्ध कार्यालय अधिकारी को सम्पूर्ण कार्यालय की पूरी जानकारी होनी चाहिए। बीमा व्यापार का उसे पूर्ण ज्ञान होना चाहिए। इस अधिकारी की सहायता के लिए आवश्यकतानुसार और कई सदस्य होने चाहिए जिससे कि आगन्तुकों की समस्याओं को शीघ्र सुलझाया जा सके। नये कर्मचारियों को लोक सम्बन्ध काउन्टर पर रखकर उन्हें अच्छा ज्ञान और अनुभव दिलाया जा सकता है। लोक सम्बन्ध काउन्टर पर रहने वाले व्यक्ति को प्रसन्नचित्त और विवेकी होना आवश्यक है। यदि इस स्थान पर चिड़चिड़े स्वभाव का कोई आदमी रख दिया गया तो कार्यालय की साख कम हो जायेगी।

लोक सम्बन्ध काउन्टर या कार्यालय या पूछताछ गृह मुख्य द्वार पर ही होना चाहिए। एक बड़े कार्यालय में लोक सम्बन्ध कार्यालय की आवश्यकता पड़ती है, जबकि छोटे कार्यालय में लोक सम्बन्ध काउन्टर से ही कार्य चल जाता है। पूछताछ गृह स्वच्छ एवं आकर्षक होना आवश्यक है जिससे लोगों को यह पता लग सके कि किस स्थान पर सूचना प्राप्त की जा सकती है। पूछताछ गृह मुख्य द्वार और सतह वाली मंजिल (Ground Floor) पर होना चाहिए वहाँ से विभिन्न विभागों और मंजिलों को जाने के लिए आवश्यक सीढ़ियाँ और लिफ्ट होनी चाहिए। यदि प्रत्येक विभाग बहुत बड़े हों तो प्रत्येक विभाग के प्रवेश द्वार पर एक छोटा लोक सम्बन्ध काउन्टर बनाया जा सकता है। मुख्य द्वार पर विभिन्न विभागों को जाने के लिए एक नक्शा होना चाहिए जिसे देखकर ही आगन्तुकों को अपने आप पता चल जाये कि उन्हें किस स्थान पर पहुँचना है। प्रत्येक लोक सम्बन्धी-कर्मचारी को ऐसा होना चाहिए कि वह आगन्तुकों की मदद कर सके। आगन्तुकों के नाराज और असन्तुष्ट होने से व्यापार को क्षति पहुँच सकती है। बीमा व्यापार में लोक सम्बन्ध विभाग (Public Relation Department) का विशेष महत्व है।

(7) कार्यालय-पुस्तकालय, खेल की सुविधा आदि (Office Library, Sports facilities etc.)—कार्यालय-पुस्तकालय में बीमा व्यापार सम्बन्धी तथा अन्य साहित्य पुस्तकें होना आवश्यक है जिनको लोग खाली समय में पढ़ सकें। विभागीय परीक्षाओं में उत्तीर्ण होने के लिए कर्मचारियों को जो पुस्तकें जरूरी हों उन्हें पुस्तकालय में

अवश्य रखना चाहिए। कर्मचारियों की ज्ञान वृद्धि के लिये पुस्तकालय पूर्ण रूप से सम्पन्न होना चाहिए। पुस्तकें, पत्रिकाएँ और अन्य आवश्यक ज्ञान-वर्धन की पुस्तकें होना चाहिए। बीमा पर शोध पुस्तकों को भी पुस्तकालय में रखना चाहिए जिससे कि कर्मचारियों को बीमा-विषय पर गहन ज्ञान हो सके। ये पुस्तकें कर्मचारियों को कुछ समय के लिए उपलब्ध होनी चाहिए। वे अपनी पुस्तकों को घर ले जाकर पढ़ सकें और ज्ञानार्जन कर सकें। पुस्तकों को उधार देने में पर्याप्त नियंत्रण रखना चाहिए अन्यथा पुस्तकालय की पुस्तकें गायब हो सकती हैं। बीमा फेडरेशन से सम्बन्धित पुस्तकों का होना आवश्यक है। यदि कुछ कर्मचारी जीवनांकिकी परीक्षा में बैठ रहे हों तो उससे सम्बन्धित पुस्तकों को भी पुस्तकालय में रखना चाहिए। पुस्तकों को प्राप्त करने के लिए कार्ड अनुसूचिका (Card Index) होना जरूरी है जिसके माध्यम से किसी एक विषय में किसी निश्चित लेखक की पुस्तक को प्राप्त किया जा सकता है। कर्मचारियों को पुस्तकालय में बैठकर भी पुस्तकें पढ़ने की सुविधा होनी चाहिए। बीमा विषय के अलावा अन्य साहित्य पर भी पुस्तकें रहना जरूरी है जिससे कर्मचारियों की उदासीनता कम हो सके और अन्य दूसरे साहित्य का भी आनन्द वे ले सकें।

(8) खेल के कमरे (Sports Room)—कर्मचारियों के मनोरंजन के लिए खेल का कमरा होना जरूरी है जिसमें वे दोपहर की छुट्टी और बाद में भी मनोरंजन कर सकें। घरेलू खेलों से उनके दिन भर के कामों की थकान दूर हो सकती है। खेल का कमरा स्वच्छ और खुला होना चाहिए जिसमें शुद्ध हवा प्रवेश पा सके। खेल का कमरा कार्यालय के पास ही होना चाहिए और वहाँ पर नाश्ते आदि की भी सुविधा होनी चाहिए। इन सुविधाओं के रहने से कर्मचारी को कहीं जाना नहीं पड़ेगा और उनकी मानसिक थकान कम हो जायेगी। कार्यक्षमता में कमी नहीं आने पायेगी। खेल के कमरे के अलावा बाहरी खेलकूद (Games) आदि की सुविधा कार्यालय में होनी चाहिए जिससे कर्मचारियों का स्वास्थ्य बना रहे, उनका उत्साह बढ़ता रहे और कार्यक्षमता में वृद्धि होती रहे।

(9) नाश्ते की सुविधा (Canteen)—नाश्ते की सुविधा कार्यालय के अन्दर रहने से कर्मचारियों को बाहर नहीं जाना पड़ेगा और उनकी कार्यक्षमता में कमी नहीं होने पायेगी साथ ही साथ उनका समय व्यर्थ नहीं बीतेगा। आधुनिक समय में कैन्टीन में चाय-नाश्ते के अलावा भोजन की भी सुविधा रहती है। दूर से आने वाले कर्मचारी इसका फायदा ले सकते हैं। कैन्टीन को कर्मचारी सहकारिता के आधार पर चला सकते हैं। इससे कर्मचारियों को नाश्ता एवं भोजन उचित मूल्य पर मिल सकते हैं ! कैन्टीन में टेलीफोन की सुविधा रहने से कर्मचारी अपनी आवश्यकता की वस्तु मँगा सकते हैं। नाश्ते की सुविधा रहने से कर्मचारी थकान में कमी महसूस करता है और आवश्यकतानुसार नाश्ता प्राप्त करके अपनी कार्यक्षमता को पुनः प्राप्त कर लेता है। कई मंजिल वाले भवन में कैन्टीन या कैफटेरिया बीच वाली मंजिल में होना चाहिये जिससे लोगों को आने-जाने में विशेष कष्ट न हो और आसानी से वहाँ पहुँच सकें। कैन्टीन या कैफटेरिया में पर्याप्त स्थान होना चाहिए जिसमें पर्याप्त मात्रा में कुर्सी एवं मेजें होनी चाहिए। हवा एवं प्रकाश का उचित प्रबन्ध होना चाहिए। स्वच्छता पर विशेष ध्यान रखना आवश्यक है। अधिकारियों के लिये अलग नाश्ते एवं भोजन का प्रबन्ध होना चाहिए। नाश्ते की सुविधा न रहने पर कार्य उतनी क्षमता से नहीं हो पायेगा जितनी क्षमता से नाश्ते का प्रबन्ध रहने पर हो जाता है। कर्मचारियों को कुछ देर आराम करने की भी सुविधा होनी चाहिए। पास में शौचालय की भी सुविधा होना जरूरी है। पुरुषों और स्त्रियों के लिए अलग-अलग शौचालय होना आवश्यक है। शौचालय की सफाई बहुत आवश्यक है परन्तु इसे कैन्टीन से कुछ दूर होना चाहिए। कैन्टीन एवं उसके पास पीने वाले

पानी की सुविधा होना जरूरी है।

(10) यातायात वाहनों का स्थान (Car and Bicycle Parking)—कार्यालय में निचली मंजिल में यातायात वाहनों को खड़े करने का स्थान होना जरूरी है। बड़े शहरों में वाहनों को खड़े करने की समस्या बनी रहती है। उसका समाधान करना जरूरी है। निचली मंजिलों के दो हिस्से किये रहते हैं। एक तरफ यातायात वाहनों को खड़े करने का स्थान और दूसरी तरफ वायु-ताप रोधक प्लान्टों को लगाये रहते हैं। विद्युत उपकरण, टेलीफोन एक्सचेंज, इंजीनियर की कर्मशाला, स्टोर-गृह आदि उसी स्थान पर रहते हैं। यातायात वाहनों को खड़ा करने का स्थान मुख्य-द्वार से दूर होना चाहिए। यह स्थान दूसरे दरवाजे पर होना चाहिए। कार एवं साइकिलों को खड़े करने के स्थान अलग-अलग होने चाहिए।

(11) संधारण एवं मरम्मत (Maintenance and Repairs)—भवन की अवधि उसी समय से कम होती जाती है जिस समय वह बनकर तैयार होता है। भवन पर जलवायु, ताप आदि का प्रभाव उसे कमजोर करता जाता है। लिफ्ट, शौचालय, कार्यालय के अन्य उपकरण पुराने पड़ते जाते हैं। भवन, उपकरण, यंत्र आदि की देखभाव न होने से वे खराब होते जाते हैं। भवन की गिरावट एवं खराबी को रोकने के लिए यह आवश्यक है कि उसका निर्माण इस प्रकार किया जाये जिससे प्राकृतिक प्रकोपों का उसके ऊपर कठोर प्रभाव न पड़ सके। संधारण एवं मरम्मत का कार्य चलते रहना चाहिए।

भवन निर्माण के समय यह ध्यान रखना चाहिए कि भवन उन पदार्थों से बना होना चाहिए जिस पर पर जलवायु का विशेष प्रभाव न पड़ता हो। लोहे के छड़ों और गरडरों के प्रयोग से मकान की मजबूती बढ़ जाती है। इसी प्रकार कार्यालय के अन्य उपकरण यदि प्रमाणित धातुओं के बने होंगे तो उसके चलने की अवधि अधिक होगी। भवन एवं उपकरणों की मरम्मत होने से उनके कार्यकाल बढ़ जाते हैं। कुछ उपकरण मोम या वार्निश के प्रयोग से अच्छे हो जाते हैं, कुछ उपकरण साबुन या विम के प्रयोग से स्वच्छ रहते हैं; अतः यह ध्यान रहे कि दोनों प्रकार के उपकरणों को एक स्थान पर पास-पास नहीं रखना चाहिए। कुछ उपकरण ऐसे हैं कि उनकी लागत शुरू में अधिक रहती है; परन्तु संधारण एवं मरम्मत लागत कम पड़ती है। अतः इन उपकरणों को प्राप्त करने का प्रयास होना जरूरी है। जिनकी लागत प्रारम्भ में कम हो और बाद में मरम्मत आदि अधिक पड़े उनको खरीदने के लिए जोर नहीं देना चाहिए। भवन एवं उपकरण के पदार्थ एवं उपयोग के ढंग पर मरम्मत की मात्रा निर्भर रहती है।

उचित संधारण (Proper Maintenance)—संधारण के ऊपर ही यह निर्भर रहता है कि भवन एवं उपकरण कितने दिन तक चलेंगे। भवन एवं उपकरण की घिसावट को रोका नहीं जा सकता है क्योंकि प्रत्येक पदार्थ का अपना जीवन होता है तथापि उचित संधारण से इनके जीवन में वृद्धि की जा सकती है। यदि संधारण उचित एवं पर्याप्त रहा तो भवन एवं उपकरण अधिक दिन तक कार्यशील बने रहते हैं। यदि संधारण कार्य न किया गया तो कुछ दिनों के बाद वे अयोग्य हो जाते हैं और इनका प्रयोग वांछनीय नहीं रहता। यदि कार्यालय किसी किराये के मकान में है तो मकान-मालिक से इसके संधारण के लिए कहना आवश्यक है। किराये की संविदा में यह स्पष्ट लिखा रहना चाहिए कि संधारण की किस सीमा तक किरायेदार की जिम्मेदारी है और किस सीमा तक मकान-स्वामी उसको पूरा करेगा। यदि बीमा संस्था का अपना निजी मकान है तो उसमें किसी भी समय संधारण एवं मरम्मत की जा सकती है। यह सत्य है कि उचित संधारण से भवन एवं उपकरण का जीवन बढ़ जाता है। संधारण का कार्य बीमा संस्था स्वयं कर सकती है या इसके लिए

किसी ठेकेदार को नियुक्त कर सकती है। जहाँ पर कार्यालय-भवनों की संख्या अधिक है अपने कर्मचारी के द्वारा संधारण एवं मरम्मत कार्य कराना सस्ता एवं उचित होगा। संधारण कार्य में भवन एवं उपकरण की सफाई, रंगाई और छोटे मरम्मत के कार्य शामिल हैं।

मरम्मत (Repairs)—मरम्मत के कार्य कई प्रकार के हो सकते हैं जैसे आकस्मिक मरम्मत, नैत्यिक मरम्मत, साधारण मरम्मत, विशेष मरम्मत आदि। आकस्मिक मरम्मत (Emergency Repairs) का पहले से पता नहीं होता है। किसी दुर्घटना या घटना के कारण इस प्रकार की मरम्मत की आवश्यकता पड़ती है। यह मरम्मत तुरन्त करना आवश्यक हो जाता है अन्यथा कार्य संचालन में कठिनाई होगी, लोगों का जीवन खतरे में हो सकता है, उनका स्वास्थ्य गिर सकता है। इस प्रकार की मरम्मत के कतिपय उदाहरण इस प्रकार हैं—पानी का नल से बहते रहना, पानी का नल टूट जाना, फ्लश टूट जाना, पाखाने की नली फट जाना, विद्युत-फ्यूज जल जाना, लिफ्ट का टूटना एवं रुक जाना, दरवाजे का बन्द हो जाना, ताले का न खुल पाना, खिड़कियों का टूट जाना आदि। यदि मकान बीमा संस्था का है तो ये मरम्मत-कार्य तुरन्त किये जा सकते हैं, परन्तु किराये के मकान में इनकी मरम्मत कराने में देरी हो सकती है। अतः कार्यालय प्रबन्धक को चाहिए कि वह इन सबकी मरम्मत के लिए उचित प्रयास करे जिससे कार्य में बाधा न होने पाये।

नैत्यिक मरम्मत (Routine Maintenance) में यंत्रों और उपकरणों को कार्ययोग्य बनाये रखा जाता है। मशीनों में तेल उसकी सफाई, टूट-फूट की मरम्मत आदि के कार्य लगातार किये जाते हैं। लिफ्ट की देखभाल, तापक, शीतक, पंखे आदि यंत्रों की लगातार देखभाल आवश्यक हो जाती है। यह देखा गया है कि जो फर्में इन यंत्रों की पूर्ति करती हैं वे इनकी मरम्मत एवं संधारण के कार्य भी करती हैं। उनसे ठेका (Contracts) कर लेने से इन यंत्रों की मरम्मत उचित ढंग से होती रहेगी। यदि कार्यालय में इनकी संख्या बहुत कम है और निर्माता की कोई मरम्मत कर्मशाला नहीं है तो ऐसा करना सम्भव नहीं हो पायेगा। निर्माताओं से सम्पर्क रखने से आवश्यक पुर्जों को बदलने में सुविधा रहती है और मरम्मत उचित प्रकार से हो जाती है।

साधारण मरम्मत (Petty Repairs) से सुरक्षा और स्वच्छता बनी रहती है। भवन एवं उपकरण कार्य योग्य बने रहते हैं। ये मरम्मत आवश्यक नहीं होते हैं परन्तु कार्य योग्य क्षमता बनाये रखने के लिए इनकी उपयोगिता है। उदाहरण के लिए साधारण फर्श को मुजेक की फर्श बनवाना, किनारों का प्लास्टर कराना, टूटी हुई फर्श और छत की मरम्मत कराना, सीढ़ियों पर सीमेंट का लेपन कराना, जलवायु परिवर्तन के बाद पानी एवं शौचालय के नलों की मरम्मत कराना आदि साधारण मरम्मत के अन्तर्गत आते हैं।

विशेष मरम्मत (Special Repairs) से प्रतिस्थापन (Replacement) के कार्य होते हैं। विद्युत तारों को बदलना, नलों को बदलवाना, लिफ्ट के मोटर बदलवाना आदि कार्य इसके अन्तर्गत जाते हैं। भवन एवं उपकरण में जोड़ाव (Addition)वृहत कार्यों के अन्तर्गत आते हैं। यदि देखा जाये तो भवन एवं उपकरण तभी कार्य योग्य रह सकते हैं जबकि इनकी मरम्मत और संधारण कार्य समय-समय पर किये जाते रहें। मरम्मत एवं संधारण के लिए थोड़ा-थोड़ा कोष संचित किया जा सकता है परन्तु यह कोष ह्रास कोष (Depreciation Fund) से भिन्न है। ह्रास कोष का निर्माण इनकी पुनर्स्थापना, बदली, बहीखाते के उचित लेखन के लिए किया जाता है। जितनी लागत है उतनी रकम को पूरा करना ह्रास कोष का उद्देश्य है; परन्तु मरम्मत कोष (Repair Funds) का प्रयोग मरम्मत के लिए किया जाता है। इस कोष में से कभी-कभी अधिक रकम और कभी-कभी कम रकम खर्च की जा सकती है।

मशीन (Machines)

कार्यालय में मशीन का प्रयोग अनिवार्य हो गया है। मशीन के प्रयोग से कार्यालय के काम सरलता से हो जाते हैं। प्राय: वे काम जो मनुष्य से नहीं हो पाते हैं मशीन द्वारा आसानी से हो जाते हैं। कभी-कभी मशीन से वे काम उतने अच्छे नहीं होते जितना कि व्यक्तियों द्वारा हो सकते हैं। अत: जहाँ पर मशीन का प्रयोग अपेक्षाकृत अधिक उपयोगी हो वहाँ पर मशीन का प्रयोग करना जरूरी है। मशीन के प्रयोग से शारीरिक श्रम में बचत की जा सकती है। इससे श्रम एवं समय की बचत होती है। मशीन से कुछ समय के लिए श्रमिकों में अव्यवस्था हो सकती है, परन्तु दीर्घ समय में रोजगार में कमी आने की आशंका नहीं होती है क्योंकि मशीन के माध्यम से अधिक कार्य किये जा सकते हैं। मशीन सम्बन्धी अन्य दूसरे कार्यों में वृद्धि हो जाती है। मशीन के कारण कार्य-कुशलता में वृद्धि होती जाती है; गलतियाँ कम होती हैं। बीमा संस्थाओं में मशीन का प्रयोग बढ़ता जा रहा है। कार्यालय में पत्र लिखने की मशीनें, प्रतिलिपि एवं छपाई की मशीनें, पते लिखने की मशीनें, चेक लिखने की मशीनें, बहीखाता तैयार करने की मशीनें तथा टिकट लगाने की मशीनें आदि का प्रयोग होता है।

(1) पत्र लिखने की मशीनें (Correspodence-Machines)—पत्र लिखने की मशीनों में टाइपराइटर एवं डिक्टेटिंग मशीन का प्रयोग प्रचलन में अधिक है। हस्तचालित टाइपराइटर का प्रयोग सभी कार्यालयों में हो रहा है। इससे पत्रों को आसानी से लिखा जा सकता है। स्वच्छ और शीघ्र लिखावट के लिए टाइपराइटर का प्रयोग किया जाता है। हस्तलिखित पत्र उतने प्रभावशाली नहीं होते हैं जितने कि टाइपराइटर से लिखे गये पत्र प्रभावशाली होंगे। टाइपराइटर के द्वारा 5 प्रतिलिपियाँ अच्छी तरह टाइप की जा सकती हैं। तालिका का निर्माण भी टाइपराइटर से शीघ्र किया जा सकता है। बिजली द्वारा चलने वाले टाइपराइटरों का प्रयोग बड़े कार्यालयों में किया जाता है। इसके प्रयोग से पत्र लिखने की क्षमता बढ़ जाती है। इसकी टाइप पर बराबर जोर पड़ता है जिससे टाइप के खराब होने का भय नहीं रहता है और छपाई भी उचित प्रकार की हो जाती है।

बहुप्रतिलिपिकरण (Duplicating) के लिये स्टेन्सिल की कटाई भी टाइप-राइटर से अच्छी प्रकार हो जाती है। टाइपराइटर के चेक लिखने में भी सुविधा होती है; परन्तु हस्तलिखित चेक की सुरक्षा अधिक प्रतीत होती है। कुछ टाइपराइटरों में गणना करने की भी कुञ्जियाँ लगी रहती हैं जिनके माध्यम से हिसाब-किताब तैयार करने में सुविधा होती है। रोकड़ बही के लेखे के लिए इन मशीनों की उपयोगिता अधिक है। इनके माध्यम से हिसाब का जोड़ अपने आप होता जाता है।

डिक्टेटिंग मशीन (Dictating Machines)—डिक्टेटिंग मशीन का प्रयोग वहाँ पर करते हैं जहाँ पर प्रबन्धक द्वारा दिये गये वक्तव्य का प्रचार करना रहता है। इस मशीन के द्वारा किसी पत्र को रेकार्ड करने में आसानी होती है। जो कार्य आशुलिपिक के द्वारा होते हैं वे सारे कार्य अधिक सरलता, शीघ्रता और शुद्धता से इस मशीन द्वारा हो जाते हैं। इस मशीन में एक तरफ डिक्टेटिंग यन्त्र लगा रहता है जो बोलने की आवाज एक डिस्क या टेप पर प्राप्त करता है। इस डिस्क या टेप के माध्यम से बोली गयी आवाज को पुन: बुलाया जा सकता है। इस आवाज की गति को नियंत्रित कर सकते हैं जिससे टाइप करने वाला लिपिक आसानी से टाइप कर लेता है। डिस्क या टेप पर रिकार्ड की गयी आवाज को शेविंग यंत्र (Shaving Machines) से दूर करके उसको पुन: टेप करने के काम में ला सकते हैं। डिक्टेटिंग मशीन से टाइप करने में सुविधा एवं सरलता होती है और टाइप की गति भी आशुलिपि लेख की अपेक्षा अधिक होती है। डिक्टेटिंग मशीन में स्वचालित

टाइपराइटर लगाकर अपने आप टाइप भी किया जा सकता है। इस प्रकार डिक्टेटिंग मशीन के प्रयोग से पत्र शीघ्रता से लिखे जाते हैं। डिक्टेटिंग मशीन का प्रयोग अभी अधिक नहीं हो पा रहा है। आशुलिपिक की सेवाओं पर जोर दिया जाता है कारण कि आशुलिपिक हर स्थान पर जाकर सहायता कर सकता है जबकि डिक्टेटिंग मशीन को हर जगह प्रयोग नहीं कर सकते हैं।

(2) बहुलिपिकरण की मशीनें (Duplicating Machines)—बहुलिपिकरण की अनेक मशीनें वर्तमान समय में प्रयोग की जाती हैं जिनमें रोटरी प्रतिलिपिकारक (Rotary Copier), माइक्रोफिल्मिग (Microfilming), हेक्टोग्राफ मशीन (Hectograph Machines), लिथोग्राफ (Lithograph), मल्टीग्राफ (Multigraph), रोटाप्रिन्ट (Rotaprint) मुख्य हैं।

प्रतिलिपिकारक (Rotary Copier)—प्रतिलिपिकारक या रोटरी कापीअर के द्वारा कई कापियां प्राप्त की जा सकती हैं। रोटरी कापीअर के माध्यम से टाइपराइटर की तुलना में अधिक प्रतियाँ निकलती हैं। मौलिक पत्र के साथ उसकी प्रति (Copy) भी कभी-कभी फाइल करना आवश्यक हो जाता है। इस मशीन में दो रोलरों के बीच कागज लगा दिये जाते हैं जिससे होकर कागज मशीन में चला जाता है और वहीं पर पत्रों या अभिलेखों की नकल छपकर दूसरी तरफ निकल जाती है। इसके द्वारा प्रतिलिपियाँ निकालने के कई लाभ हैं। श्रम और समय की बचत होती है। इस मशीन में कार्बन की आवश्यकता नहीं पड़ती है।

जहाँ पर बहुत अधिक प्रतिलिपियों की आवश्यकता पड़ती है वहाँ पर फोटो स्टेट यंत्र का प्रयोग किया जाता है। प्रतियों का विस्तार एवं संकुचन किया जा सकता है। यह पद्धति महँगी है क्योंकि इसमें विशेष प्रकार के कागज की आवश्यकता पड़ती है। इस पद्धति से तैयार की गयी प्रतिलिपियाँ प्रमाण मात्र के लिए हैं। किसी विषय के विवाद को फोटो स्टेट कापी की सहायता से सुलझाया जा सकता है, माइक्रोफिल्मिग के द्वारा पत्रों के दोनों तरफ की प्रतिलिपि की जा सकती है। 6 मि० मी० फिल्म पर पत्रों की छाप उतार लेते हैं जिससे विषय को आवश्यकता के समय समझा जा सकता है। इस प्रकार प्रतिलिपिकरण से पत्रों को फाइल करने के लिए अधिक स्थान की आवश्यकता नहीं पड़ती। इसका प्रयोग महत्वपूर्ण एवं पेचीदे पत्रों की प्रतिलिपि के लिए किया जाता है। इस प्रकार से प्राप्त की गयी प्रतिलिपि की सत्यता शत-प्रतिशत होती है जिलेटिन ट्रे (Gelatine Tray) के माध्यम से प्रतिलिपिकरण करना आसान हो जाता है। जिलेटिन ट्रे पर सादे कागज रखकर रोलर से दबा देते हैं जिससे ट्रे की विषय-वस्तु उस पर आ जाती है। हेक्टोग्राफ मशीन के द्वारा कई प्रतिलिपियाँ निकाली जाती हैं। इसके लिए विशेष प्रकार के कागज और हेक्टोग्राफ कार्बन कागज की आवश्यकता होती है। इस मशीन का व्यावहारिक महत्व बढ़ता जा रहा है। लिथोग्राफी (Lithography) मशीन के प्रयोग से और अधिक संख्या में प्रतिलिपियाँ प्राप्त की जाती हैं। इस मशीन में लिथोग्राफी रिबन या पैड का प्रयोग होता है। स्टेन्सिल के प्रयोग से रोटरी मशीन द्वारा कई कापियाँ निकाली जा सकती हैं। स्टेन्सिल पेपर पर बिना रिबन चलाये हुए टाइप कर देते हैं। इस प्रकार स्टेन्सिल पेपर पर सभी विषय-वस्तु खुद जाते हैं। इस पेपर को रोटरी मशीन में लगाकर सादे कागज पर छपाई कर ली जाती है। रोटरी मशीन से साफ एवं स्वच्छ प्रतिलिपियाँ प्राप्त हो जाती हैं जिससे आजकल इसका प्रयोग बढ़ता जा रहा है।

बीमा संस्था में जहाँ पर बहुत से साहित्य को कई कार्यालयों में भेजना पड़ता है; छपाई की मशीन होना आवश्यक है। रोटरी एवं हेक्टोग्राम से उतनी संख्या में प्रतिलिपियाँ नहीं

प्राप्त हो सकती हैं जितनी की आवश्यकता है। बहुप्रतिलिपिकारक (Multigraph) द्वारा समान, स्वच्छ और अधिक संख्या में प्रतियाँ छापी जा सकती हैं। मल्टीग्राफ से टाइप सेट करने, अक्षर लगाने में कुछ देरी अधिक हो सकती है, परन्तु उसके बाद कई प्रतियाँ छापी जा सकती हैं। इसमें बड़े-छोटे या अन्य किसी प्रकार के टाइप का प्रयोग कर सकते हैं। इस मशीन में टाइप एक सिलेन्डर में लगा देते हैं। सिलेन्डर की सहायता से सादे कागज पर छपाई कर ली जाती है। इसमें सादे कागज अपने आप जाते रहते हैं और छपाई की स्याही भी पहुँचती रहती है। विद्युत चालित मशीन की गति अधिक होती है और एक घण्टे में कई हजार प्रतियाँ प्राप्त की जा सकती हैं। इस मशीन के अलावा रोटाप्रिन्ट (Rotaprint) का प्रयोग भी बहुप्रतिलिपिकरण के लिए प्रयोग किया जाता है। रोटाप्रिन्ट के अन्तर्गत पत्र को लोचदार अल्युम्युनियम की शीट पर टाइप करके हाथ से या फोटोस्टेट से लिख दिया जाता है। जब टाइप या हाथ से लिखा जाता है, तब लीथो रिबन (Litho Ribbon) या पेन्सिल का प्रयोग करते हैं जो कि चिकनी होती है। चिकना होने के कारण इसमें पानी नहीं रुकता है। अल्युम्युनियम सीट को सुखा लेते हैं और जब प्रतिलिपि लेनी होती है तो उसको रोटरी छपाई की मशीन में लगाकर छपाई करते हैं। इस मशीन के द्वारा बीमापत्र के फार्म, प्रविवरण आदि की छपाई कर ली जाती है। इसके द्वारा एक शीट से 15 से 20 हजार तक प्रतिलिपियाँ प्राप्त की जाती हैं। इसका प्रयोग बीमा संस्था में बढ़ता जा रहा है।

(3) पता लिखने वाली मशीनें (Addressing Machines)—बीमा संस्थाओं में पते लिखने की मशीन का प्रयोग अधिक है। पते को डिस्क पर उभरे हुए अक्षरों में लिख देते हैं। पते स्टेन्सिल पर भी लिखे जा सकते हैं, जब पते छापना होता है तब इसे मशीन में लगा देते हैं और मशीन दबाव डालकर पते छाप देती है, बीमापत्रधारियों को प्रीमियम की सूचना, जमा रसीद, प्रीमियम जमा न होने पर जब्ती की सूचना आदि भेजने के लिए उभरे हुए प्लेट (Embossed Plate) का प्रयोग किया जाता है। जिन पत्रों पर पते लिखना होता है केवल उससे सम्बन्धित प्लेट को ही निकाल कर मशीन में लगाते हैं और पते लिख दिये जाते हैं। उदाहरण के लिए जिन-जिन व्यक्तियों के पास किसी एक महीने में प्रव्याजि की सूचना भेजनी है उसके पते एक जगह रख लिये जाते हैं और आवश्यकता के समय सादे कागज पर मशीन के माध्यम से लिख दिये जाते हैं।

(4) हिसाब लगाने वाली मशीनें (Calculating Machines)—हिसाब लगाने वाली मशीनों के माध्यम से जोड़ने, घटाने, गुणा एवं भाग आदि सरलता से किये जाते हैं। इस मशीन के दो रूप हैं—एक हाथ से चलने वाली दूसरी बिजली से चलने वाली मशीन। बिजली से चलने वाली मशीन में हैण्डिल अपने आप घूमता रहता है। जिन-जिन अंकों को जोड़ना रहता है उन-उन अंकों की बटन दबा दी जाती है और अन्त में जोड़ने वाले लीवर को दबा देने से जोड़ अपने आप आ जाता है। इसी प्रकार घटाने के लिए घटाने वाला लीवर दबाते हैं। गुणा के लिए पहले उस रकम को जिसे गुणा करना है बटन दबाकर लिख देते हैं उसके बाद हैण्डिल को उतनी बार घुमाते हैं जितनी बार गुणा करना रहता है। बिजली की मशीन से यह अपने आप गुणा हो जाता है। भाग देने वाली क्रिया भी ऐसे ही करते हैं लेकिन इसमें हैण्डिल उलटा घुमाया जाता है। कुछ मशीनें ऐसी हैं जिनका प्रयोग केवल जोड़ने के लिए ही किया जाता है।

बहीखाता बनाने की मशीन द्वारा अक्षर और अंक दोनों लिखे जा सकते हैं। नाम और बीमापत्र की संख्या लिखने के उपरान्त जैसे नाम (Debit) के खाने में रकम लिखते हैं जमा (Credit) खाने में उतनी रकम अपने आप लिख उठती है। जब रजिस्टर के पन्ने भर जाते

हैं तो योग अपने आप लिख उठता है। बहीखाता बनाने की मशीनों का प्रयोग बढ़ता जा रहा है। चेक लिखने की मशीन द्वारा रकम और नाम विभिन्न रंगों में इस प्रकार लिख दिये जाते हैं कि उन्हें मिटाना आसान नहीं होता है। अधिक रकम छिद्रित मशीन द्वारा छिद्रित कर ली जाती है और हस्ताक्षर मशीन द्वारा हस्ताक्षर लिख दिये जाते हैं।

(5) कार्डों को छिद्रित करने वाली मशीनें (Punched Card Machines)—इस मशीन के द्वारा कार्डों पर छेद किये जाते हैं, छिद्रित कार्डो की छँटाई की जाती है तथा तालिका का निर्माण किया जाता है। कार्डों पर अक्षर एवं अंकों के आधार पर छिद्र बना दिये जाते हैं और छिद्रित कार्डों के आधार पर उनकी छँटाई कर ली जाती है। उदाहरण के लिए 40 से 60 वर्ष की आयु के बीच में भुगतान होने वाले बीमापत्रों को निकालना है। इसके लिए सारे बीमापत्रों को 10-10 वर्ष के वर्गों में बाँट लिया जाता है। 40 से 60 वर्ष के बीमापत्र मशीन द्वारा निकाल लिये जाते हैं। इस मशीन द्वारा कार्डों को छाटने में आसानी होती है। प्रव्याजि भुगतान के अनुसार जन्म तिथि के अनुसार, बीमापत्र की संख्या के अनुसार तथा अन्य आधारों पर तालिका तैयार की जाती है। छिद्र करके छाँटने वाली मशीनों का प्रयोग बढ़ता जा रहा है। बीमा संस्थाओं में इस मशीन की उपयोगिता बहुत बढ़ गयी है।

(6) पत्र विभाग में प्रयोग की जाने वाली मशीनें—पत्र विभाग में टाइप राइटर एवं अन्य प्रतिलिपिकारक मशीनों के अतिरिक्त पत्र खोलने की मशीन, पत्र चिपकाने की मशीन, फ्रैकिंग मशीन (टिकट चिपकाने की मशीन) आदि का प्रयोग किया जाता है। आये हुए पत्रों को एक मशीन में डाल दिया जाता है जिन्हें मशीन एक किनारे पर थोड़ा-सा काट देती है। पत्र के विषय वस्तु यथावत् रहते हैं। भेजे जाने वाले पत्रों को खोल कर मशीन में डाल दिया जाता है। मशीन खुले हिस्से पर गोंद लगा देती है और चिपका कर दबा देती है। फ्रैकिंग मशीन पोस्ट आफिस से ले लेते हैं जिसके माध्यम से पत्रों पर वजन के अनुसार अपने आप टिकट के आकार की मुहर लगा दी जाती है जिसमें टिकट की रकम लिखी रहती है। जितने रक़म की कुल मुहर लगाई जा चुकी है वह सब इस मशीन से तुरन्त मालूम हो जाती है। टिकट चिपकाने की मशीन का भी प्रयोग होता है जिसके द्वारा वजन के अनुसार टिकट चिपका दिये जाते हैं।

(7) विद्युत कम्प्यूटर (Electronic Computers)—इस मशीन में बिजली की शक्ति का प्रयोग होता है। जिन हिसाबों को हाथ से लगाना असम्भव है इसके द्वारा आसानी से हल किये जाते हैं। कम्प्यूटर में अंक लिखने की एक शैली होती है। उसी आधार पर अंक लिख दिये जाते हैं और समस्याओं का समाधान कर लिया जाता है। खर्चे, ऋण, ब्याज, कमीशन, प्रव्याजि आदि की गणना इसके द्वारा आसानी से की जाती है। विद्युत कम्पयूटर का प्रयोग बढ़ता जा रहा है। केन्द्रीय, क्षेत्रीय स्तर पर जीवन बीमा निगम में कम्प्यूटर का प्रयोग हो रहा है।

अध्याय 14

कार्यालय पद्धति
(Office System)

कार्यालय प्रबन्ध का प्रमुख ध्येय कार्यालय को सुचारु रूप से चलाना तथा व्यापार की समस्त आवश्यकताओं को पूरा करना है जिससे व्यापार में वृद्धि हो सके। किसी एक पद्धति से समस्त व्यापार को लाभ नहीं हो सकता; व्यापार की प्रकृति के अनुसार कार्यालय पद्धति में परिवर्तन करना जरूरी हो जाता है। बीमा संस्था को अपने ढंग से कार्यालय पद्धति अपनानी पड़ती है। कार्यालय पद्धति से तात्पर्य कार्यालय में होने वाली समस्त क्रियाओं के ढंग या तरीके से है। यदि कार्यालय पद्धति उचित और व्यापारानुकूल होगी तो इससे व्यापार को लाभ होगा। व्यापार की साख बढ़ेगी तथा कठिनाइयाँ तथा गलतियाँ कम होंगी। बीमा संस्था के समस्त विभागों के लिए अलग-अलग पद्धतियाँ अपनाना जरूरी हो जाता है क्योंकि उसके कार्य की प्रकृति भिन्न-भिन्न रहती है। विभागों के कार्यों की पद्धति में संघर्ष नहीं होना चाहिए, विभिन्न विभागों में कार्यों को समन्वित करना आवश्यक है। किसी एक विभाग में जो कार्य हो रहा है वही दूसरे विभाग में नहीं होना चाहिए। कार्यालय पद्धति ऐसी होनी चाहिए कि वह लोगों द्वारा आसानी से समझी जा सके तथा उसका संचालन किया जा सके। कार्यों में गलती होने की संभावना कम रहे। पद्धति ऐसी हो जो आवश्यकतानुसार परिवर्तित की जा सके। सुरक्षा को ध्यान में रखना कार्यालय पद्धति का मुख्य उद्देश्य होना चाहिए। कार्यालय पद्धति के अन्तर्गत पत्रों के उत्तर देने, आये हुए पत्रों को समझने, बीमापत्रों के सम्बन्ध में आवश्यक सेवा प्रदान करने, पत्रों एवं अभिलेखों को फाइल करने, उनकी असूचिका बनाने, मशीनों के प्रयोग करने आदि को शामिल किया जाता है। कार्यालय पद्धति के सिद्धान्तों और कार्यालय पद्धति की विषय वस्तु के विषय में इस अध्याय में विचार किया जायेगा।

कार्यालय पद्धति के सिद्धान्त (The Principles of Office System)—कार्यालय पद्धति के चार सिद्धान्त—सरलता, सुरक्षा, परिवर्तनशीलता एवं गलतियों की रोक बताये गये हैं।

(1) सरलता (Simplicity)—सरलता से तात्पर्य कार्यालय पद्धति को समझने और चलाने की सुविधा से है। यदि पद्धति सरल होगी तो कोई भी कर्मचारी उसे आसानी से समझ सकता है और कार्यालय के कार्य सुचारु रूप से चला सकता है। अतः यह आवश्यक है कि कार्यालय पद्धति जहाँ तक सम्भव हो सरल होनी चाहिए, परन्तु सरलता का यह मतलब नहीं कि सुरक्षा न रहे। कार्यालय पद्धति की सरलता के कारण कार्यालय के कार्यों में कमी नहीं होनी चाहिए, कार्यालय की गोप्यता समाप्त नहीं होनी चाहिए। कोई अन्य कर्मचारी या व्यक्ति कार्य को क्षति न पहुँचा सके। सरलता की सीमा इतनी नीची नहीं होनी चाहिए कि आवश्यकतानुसार उसमें परिवर्तन ही न किया जा सके। कभी-कभी अधिक सरलता के कारण गलतियों के बढ़ने की सम्भावना रहती है और आकस्मिक रूप से आने वाले कार्यों की पूर्ति नहीं होती है। सरलता का मुख्य उद्देश्य कर्मचारियों को कार्य-पद्धति समझाने से है। यदि कोई कठिन या प्राविधिक कार्य होगा तो उसे समझने में कर्मचारी को

देरी होगी। हो सकता है कि कार्य-पद्धति की पूर्ण जानकारी न होने के कारण गलतियाँ बढ़ जायें जिससे व्यापार को क्षति पहुँच सकती है। यदि कोई पद्धति ऐसी है जो भूलों को अपने आप सामने रख दे और कमियों के कारण को बता दे तो वह पद्धति कुछ कठिन होने पर भी लाभदायक है। दूसरी तरफ, यदि कार्यालय पद्धति इनती सरल है कि भूलें होती रहती हैं तो उससे व्यापार को अमूल्यांकित हानि होगी। पद्धतियों के चुनाव के समय यह देखना आवश्यक है कि इनसे गलतियों की सम्भावना किस सीमा तक है। सुरक्षा सबसे पहले और सरलता उसके बाद एक अच्छी पद्धति के गुण हैं। गलतियों का अनुमान विषय-वस्तु, श्रम, धन आदि के आधार पर तय किया जाना चाहिए। यदि किसी गलती से अधिक धन का खर्च एवं हानि होगी तो उस पद्धति से कोई लाभ नहीं होगा। सरलता को ध्यान में रखकर ही सुरक्षा किया जाता है। परन्तु सुरक्षा के लिए पद्धति को कठोर नहीं बना देना चाहिए। कार्यालय के कर्मचारी इसे आसानी से समझ सकें। उन कार्यविधियों को जिनका कोई महत्व न हो कार्य-पद्धति से हटा देना चाहिए। वे कार्यविधियाँ आवश्यक रूप से पद्धति को कठोर बना देती हैं। पद्धति को इतना विशाल नहीं होना चाहिए कि किसी कार्य को पूरा करने के लिए काफी समय लग सके। पद्धति की सरलता में कार्य की शीघ्रता, स्वत:चालकता एवं गलतियों को रोकने की क्षमता को शामिल किया जाता है।

(2) सुरक्षा (Safety)—कुछ कार्यों के लिये सरलता बहुत महत्वपूर्ण है परन्तु सुरक्षा का साथ में होना बहुत जरूरी है। कार्यपद्धति कपट और बेईमानी से सुरक्षित होनी चाहिए। किसी बेईमान, लापरवाह और अवहेलक कर्मचारी को कार्यपद्धति से ही पकड़ा जा सके पद्धति ऐसी होनी चाहिए। किन्तु कर्मचारियों को इन सब बुराइयों को अपनाने या पनपाने का मौका न मिले यह भी जरूरी है। उदाहरण के लिए रोकड़ काउन्टर पर कार्य करने वाले व्यक्ति को नियंत्रित करने के लिए ऐसी पद्धति जरूरी है जो कि उसे गलत कार्य करने का मौका ही न दे। यदि उसने गलत कार्य किया तो उसका पता आसानी से लगाया जा सके। कार्यपद्धति का ऐसा होना आवश्यक है जो हानि को कम कर सके और स्वतंत्र निरीक्षण कर सके। कार्यपद्धति वह भी सुरक्षित होगी जो कि निरीक्षण और पर्यवेक्षण को भी शामिल करती है। दो या अधिक व्यक्ति मिलकर कार्य की तुलना या निरीक्षण कर सकें। सुरक्षापूर्ण पद्धति गलतियों को कम करने का अवसर प्रदान करती है। गलतियों को न होने देना, पद्धति की सुरक्षा का उत्कृष्ट उदाहरण है। सुरक्षापूर्ण पद्धति आकस्मिक घटनाओं के परिणाम को सहन करने के योग्य रहती है। प्रभावपूर्ण निरीक्षण एवं सुरक्षा कार्यविधियों के प्रत्येक क्रम (Process of Stage) पर आवश्यक है। प्रत्येक वस्तुओं, स्तर और विधि का निरीक्षण होना जरूरी है परन्तु ऐसा करना हमेशा सम्भव नहीं है, अत: पद्धति ऐसी होनी चाहिए जिससे कि गलतियों की आशंका कम रहे और निरीक्षण का भार अधिक बढ़ न सके। निरीक्षण करने का मौका होना भी जरूरी है। पद्धति का इस प्रकार होना आवश्यक है कि निरीक्षण एवं जाँच का मौका मिल सके। गलतियों, बेईमानी एवं अन्य कार्यालय की बुराइयों को समझने और उनके कारण जानने का मौका मिल सके। निरीक्षणकर्त्ता को किसी भी मद (Item) या कार्यविधि की पूरी जाँच करने की सुविधा मिल सके। जाँच किये गये मदों पर उसे हस्ताक्षर करना आवश्यक है। सुरक्षा तत्व को शामिल करने के लिए प्रभावपूर्ण निरीक्षण का होना आवश्यक है। जो कार्यविधियाँ एक दूसरे पर आधारित हैं वहाँ एक अन्तिम कार्यविधि की जाँच करके समस्त कार्यविधियों की शुद्धता का अनुमान लगाया जा सकता है। सुरक्षा के कार्यों की शुद्धता, स्वच्छता एवं परिमार्जितता को भी शामिल किया जा सकता है। अशुद्ध एवं अपठनीय लेखों अथवा गलत कार्यों को कार्यपद्धति से यथासम्भव दूर रखना चाहिए।

(3) परिवर्तनशीलता (Adaptibility)—पद्धति सुरक्षित एवं सरल हो सकती है; परन्तु कार्य के अनुसार परिवर्तनीय एवं पूर्ण नहीं हो सकती। कार्य-पद्धति ऐसी होनी चाहिए जो कि प्रत्येक दशाओं में लागू हो सके और थोड़े संशोधन से ही वह पूर्ण हो सके। व्यापार की वृद्धि या कमी के कारण कार्यालय पद्धति में भी परिवर्तन होने की क्षमता होनी चाहिए। यदि पद्धति में परिवर्तनशीलता का गुण नहीं है तो थोड़ा-सा उतार-चढ़ाव होने पर भी वह कार्य के योग्य नहीं रह जायेगा। यदि एक विस्तृत और पूर्ण पद्धति अपनायी जाये तो उसे परिस्थितियों के अनुसार प्रसारित एवं संकुचित कर सकते हैं। एक पद्धति अपनाने में उतना खर्च नहीं होगा जितना कई पद्धतियों के अपनाने में होगा। एक पद्धति बदलकर दूसरी पद्धति अपनाने में भी खर्च अधिक पड़ता है। विस्तृत एवं पूर्ण पद्धति का होना उपयोगी समझा जाता है; परन्तु यह पद्धति इतनी पेचीदी नहीं होनी चाहिए कि व्यक्ति इसे आसानी से समझ न सकें। व्यावहारिकता की दृष्टि से यह सुबोध एवं सरल होनी चाहिए। सरलता, सुबोधता, सुरक्षा के साथ-साथ पद्धति में लोचकता भी होना चाहिए। ऐसी पद्धति को अपनाना प्राय: कठिन हो जाता है जिसमें ये समस्त गुण एक साथ मौजूद हों। सरलता, सुरक्षा और लोचकता में विपरीत का सम्बन्ध प्राय: देखा जाता है। यह एक अदूरदर्शिता होगी कि किसी जटिल एवं स्थिर पद्धति को अपनाया जाये और जब आवश्यकता पड़े तो उसे त्याग कर दूसरी पद्धति अपनायी जाये। किसी एक विशेष परिधि में कार्य-योग्य पद्धति अपनाने से वह पद्धति उसी परिधि के अन्दर ही उपयोगी होगी। यदि कार्यालय का कार्य बढ़ जाये तो उसी पद्धति से कार्य नहीं चल सकता है। उस पद्धति को कार्य के बढ़ जाने पर भी अपनाने से गलतियों की संभावना बढ़ जायेगी, सुरक्षा कम होगी, व्यक्तियों को इस पद्धति के अपनाने में कष्ट होगा। अत: पद्धति ऐसी होनी चाहिए कि परिस्थितियों में परिवर्तन होने पर भी यथावत् लागू रहे। ध्यान में रखना यह अतिआवश्यक है कि यदि परिस्थितियों में आधारभूत परिवर्तन हो तो अनावश्यकरूप से पुरानी पद्धति पर ही नहीं चलना चाहिए। पद्धतियों के परिवर्तन से यदि अधिक लाभ की सम्भावना है, पुरानी पद्धति से गलतियाँ अधिक हो रही हों, सुरक्षा में भी कमी आ रही हो तो पुरानी पद्धति को त्याग करके नयी पद्धति को अपनाना जरूरी है। पुरानी पद्धतियों को उस समय भी त्याग देना चाहिए जब उसमें परिवर्तन या संशोधन करने से पद्धति का पेचीदापन बढ़ जाता है; कर्मचारियों के लिए उसे समझने में कठिनाई हो रही हो; तथा नवीन आवश्यकताओं को पूरा करने में बहुत कठिनाई हो रही हो।

(4) गलतियों का निरोध (Checking of Mistakes)—पद्धति इस प्रकार की हो जिससे गलतियों की सम्भावना कम हो जाये। यदि गलतियाँ हो भी जाती हैं तो उन्हें कम किया जा सके। प्रव्याजि की सूचना, जमा की रसीद, बीमापत्र का निर्गमन तथा अन्य कार्यों पर निरीक्षण का होना जरूरी है जिससे गलतियों की सम्भावना कम हो जाये। मशीन द्वारा लिखे गये पत्र हमेशा सही नहीं होते अत: यह जरूरी है कि गलतियों को रोकने के लिए उनका निरीक्षण किया जाये। बीमापत्रों की जाँच बार-बार कर लेनी चाहिए जिससे गलतियों के कारण विवाद न उठ सके। निरीक्षण एवं जाँच का कार्य केवल अनुभवी एवं योग्य व्यक्ति को ही सौंपना चाहिए। निरीक्षक को चाहिए कि वह देखते ही गलतियों को जान सके। कार्यों की जाँच उन व्यक्तियों द्वारा करानी चाहिए जिसने कार्य को न किया हो। अपने द्वारा किये गये कार्यों की जाँच उचित और पूर्ण सही नहीं हो सकती है। मशीन द्वारा किये गये कार्यों की जाँच यदि पहले हो गयी तो बाद में गलती होने की संभावना कम हो जाती है। निरीक्षण एक स्वतंत्र और अलग कार्य होना चाहिए। इस पर किसी व्यक्ति का दबाव आवश्यक नहीं है। स्वतंत्र और बुद्धिमानी से किये गये निरीक्षण से गलतियों को

आसानी से पकड़ा जा सकता है केवल ऊपरी जाँच कभी सफल नहीं होती है। पद्धति ऐसी होनी चाहिए जिससे गलतियों का पता अपने आप लग सके और गलतियों की संभावना कम हो जाये।

गलतियों को कम करना
(Minimisation of Mistakes)

पद्धति कितनी ही अच्छी क्यों न हो, शत-प्रतिशत शुद्धता प्राप्त करना कठिन हो जाता है। गलतियाँ होने की संभावना बनी ही रहती है। मनुष्य क्या मशीन से भी गलतियाँ हो सकती हैं। गलतियों की अधिकता को अनुभवी और योग्य कर्मचारी कम कर सकते हैं। निरीक्षण एवं पर्यवेक्षण से गलती की संभावना कम हो जाती है। गलतियों को कम करने के लिए उनके कारण को समझना चाहिए। गलतियों के कई कारण हो सकते हैं, परन्तु उनमें से मुख्य कारण इस प्रकार है—ज्ञान का अभाव, कार्य के ढंग गैर-जानकारी, शुद्धता की कमी, पर्यवेक्षण की कमी, बुद्धि एवं ज्ञान की कमी आदि। इन कारणों को समझना आवश्यक है जिससे गलतियों को ठीक किया जा सके। गलतियों को कम करने के लिए दो मुख्य उपाय हैं—(1) गलतियों की रोकथाम एवं (2) गलतियों को दूर करना।

(1) गलतियों की रोकथाम करना (Prevention of Mistakes)—गलतियों की रोकथाम तभी हो सकती है जबकि उनके कारणों का पता लगाकर उन्हें दूर करने का प्रयास किया जाये। गलतियों के कारणों पर गम्भीरता से विचार करना चाहिए। यदि कारणों की सही-सही जानकारी हो जाती है तो गलतियों को आसानी से दूर किया जा सकता है। गलतियों के कई कारण हो सकते हैं, परन्तु उनमें से आधारभूत कारणों का वर्णन नीचे किया जाता है। गलतियों का मुख्य-कारण व्यक्ति, निरीक्षण एवं पद्धति की कमी हो सकती है जिनका वर्णन नीचे किया जा रहा है—

(i) व्यक्ति (Individuals)—गलतियों को रोकने में व्यक्ति की क्षमता बहुत महत्वपूर्ण योगदान देती है। यदि व्यक्ति अनुभवी होगा और उसे कार्यालय की पद्धतियों का पूर्ण ज्ञान होगा तो उससे गलतियाँ कम होंगी; परन्तु एक नया व्यक्ति जिसने थोड़े दिन से ही कार्य प्रारम्भ किया उससे गलतियाँ होने की संभावना अधिक होगी। गलती चाहे जिससे हो वह हमेशा घातक होती है। व्यक्ति को माफ किया जा सकता है; लेकिन गलतियों को माफ करना सम्भव नहीं है। नये व्यक्ति से गलती तभी होगी जब उसके ऊपर कोई पर्यवेक्षक नहीं होगा और गलतियों को सुधारने का कोई प्रयास नहीं किया गया होगा। गलतियों को कम करने के लिये यह जरूरी है कि कर्मचारियों पर उचित एवं पर्याप्त निरीक्षण हो विशेष रूप से उस समय तक पथ-प्रदर्शन आवश्यक है जब तक नया कर्मचारी विज्ञ और अनुभवी न हो जाये। ये कर्मचारी गलतियों के लिए दोषी नहीं ठहराये जा सकते हैं क्योंकि उनके ऊपर पर्यवेक्षण न होने से गलती कर सकते हैं। जिस दिशा में जिम्मेदारीपूर्ण कार्य नये व्यक्तियों को सौंपे जाते हैं वहाँ पर गलतियाँ होने की संभावना बनी रहती है। गलतियाँ कभी-कभी घातक हो सकती हैं और इससे बीमा संस्था की साख कम हो सकती है।

जहाँ पर गलतियाँ किसी अनुभवी कर्मचारी से हो रही हैं और गलतियाँ बार-बार हो रही हैं; वहाँ पर गलतियों का कारण व्यक्ति नहीं बल्कि व्यवस्था होगी, गलतियों का कारण समझना बहुत जरूरी है। गलतियाँ यदि व्यक्तियों की लापरवाही और अज्ञानता से हो रही हैं तो व्यक्तियों को सही मार्ग दिखाना आवश्यक होगा। उनको प्रशिक्षित करना होगा तथा उनकी कमियों को दूर करना होगा। असावधानी से किये गये कार्यों में गलतियों की संभावना बढ़ जाती है। व्यक्ति को प्रशिक्षित करना बहुत आवश्यक होगा। यदि वही गलती बार-बार कई व्यक्तियों द्वारा होती है तो गलतियों का कारण व्यक्ति न होकर कुछ और

होगा। हो सकता है कि कार्यालय पद्धति इतनी दूषित हो कि उसमें गलती होना अवश्यम्भावी हो गया हो। सभी गलतियाँ व्यक्तियों के कारण नहीं होती हैं कुछ गलतियाँ अन्य कई कारणों से होती हैं। गलतियों के वास्तविक कारण जानने के लिए व्यक्ति के अनुभव, ज्ञान और सतर्कता के विषय में समझना आवश्यक होगा। दूसरी तरफ व्यक्तियों की अकर्मण्यता और लापरवाही पर आँखें बंद करना भी ठीक नहीं होगा क्योंकि गलतियाँ अधिकतर व्यक्तियों की लापरवाही, अज्ञानता और कर्महीनता से होती हैं। गलतियों की रोकथाम तभी हो सकती है जबकि उसके वास्तविक कारण का पता लगाया जायेगा। मनुष्यों के आपसी सहयोग में कमी होने के कारण भी गलतियाँ हो जाती हैं। व्यक्तियों के मानसिक स्तर के पतन के कारण प्रायः गलतियाँ होती हैं।

गलतियाँ जानबूझकर नहीं की जाती हैं। यदि वे जान बूझकर की गयी होंगी तो गलतियाँ नहीं होंगी बल्कि कपट या दुराव-छिपाव होगा। यदि कपट या दुराव-छिपाव किया गया है तो उसके कारणों का पता लगाना आवश्यक है। व्यक्ति अधिक लाभ कमाने या धोखा देने या बदला लेने की भावना से कपट करता है। कपट के आधारभूत कारण को जानकर उसे दूर करने का प्रयास किया जाना चाहिए। व्यक्ति द्वारा गलती होने के कई कारण हैं। उनमें से लापरवाही, बीमारी, चिन्ता, अरुचि, सुस्ती, अनुशासनहीनता, अपर्याप्त एवं अयोग्य प्रशिक्षण, कार्य का अधिक बोझ, अधिक कार्य से भागने का प्रयास, खराब कार्य-दशायें, गलतियों के परिणाम का भय आदि मुख्य हैं। यदि व्यक्ति अनुशासनहीनता के कारण गलती करता है तो उसे अनुशासन के लाभों को बताकर अनुशासन पर जोर दिया जाना चाहिए। इससे गलतियों की संभावना कम हो जाती है। किसी एक पद्धति या तरीके से समस्त कारणों को समाप्त नहीं कर सकते हैं। अतः व्यक्तिगत रूप से यह तय करना आवश्यक है कि गलतियों का सुधार कैसे किया जाये। गलतियाँ करने वाले से अधिक उस व्यक्ति की जिम्मेदारी होती है जो व्यक्तियों पर निरीक्षण रखता है। यदि गलतियाँ हो रही हैं तो इसका तात्पर्य है कि निरीक्षक अपने कर्तव्यों के प्रति लापरवाह है। गलती की सजा उसे भी मिलनी चाहिए। गलतियों को बार-बार नहीं माफ किया जा सकता है। अतः कार्यकर्त्ता की जिम्मेदारी इतनी बड़ी है कि उससे गलती नहीं होनी चाहिए। निरीक्षक, कार्यकर्त्ता तथा अन्य व्यक्ति जो गलती से सम्बन्धित है गलती के प्रतिफल के लिये दायी होते हैं।

(2) निरीक्षण (Checking)—जहाँ पर कार्य सावधानी से किये जाते हैं वहाँ पर जाँच की आवश्यकता नहीं पड़ती है लेकिन कार्य कितनी भी सावधानी से क्यों न किया जाये गलतियाँ किसी न किसी प्रकार अवश्य हो जाती हैं। यदि यही गलतियाँ बिना निरीक्षण या जाँच के रह जाती हैं तो बीमा व्यापार पर घातक प्रभाव पड़ सकता है। जाँच को किसी न किसी रूप में करना जरूरी है अन्यथा कार्य अधिक नहीं हो पायेगा और गलतियाँ होती रहेंगी। जाँच के समय गलतियों को सुधारा जा सकता है, परन्तु कार्यालय के बाहर हो जाने पर गलतियाँ संस्था के लिए विष तुल्य हो जायेंगी। जाँच एवं निरीक्षण की बहुत आवश्यकता है। यदि निरीक्षण का कार्य चल रहा है तो उससे गलतियाँ कम होंगी। निरीक्षक द्वारा यदि कोई गलती रह जाती है तो वह इसके लिए जिम्मेदार होगा। निरीक्षक का यह परम कर्तव्य है कि वह गलतियों की जाँच करे, उन्हें दूर करने का प्रयास करे। यदि गलतियाँ रह जाती हैं तो इससे उसकी उन्नति रुक जाती है। जाँच के बाद गलतियों का रहना निरीक्षक की अकुशलता का द्योतक है। इसके लिये वह पूर्णरूपेण जिम्मेदार होगा जब तक यह सिद्ध न हो जाये कि गलतियों का और दूसरा कारण है। निरीक्षक की लापरवाही और अज्ञानता से यदि गलतियाँ बढ़ती हैं तो इसके लिए वही दण्डनीय है। अतः गलतियों

की रोकथाम के लिए यह जरूरी है कि निरीक्षक अनुभवी, विज्ञ और योग्य हो जिससे होने वाली गलतियों का तुरन्त समाधान हो जाये। योग्य और अनुभवी निरीक्षकों की पदोन्नति करना जरूरी है। इस प्रकार जाँच को सफल बनाया जा सकता है।

(3) पद्धति (System)—बीमा संस्था में गलतियों के होने का प्रमुख कारण अनुपयुक्त और अप्रसंशनीय पद्धति है। पद्धति एवं व्यवस्था ठीक न होने से गलतियाँ बढ़ती जाती हैं। विशेष परिस्थितियों में गलतियाँ होने की सम्भावना बनी रहती है। पद्धति पर यदि विशेष ध्यान रखा जाये तो पता लग सकता है कि पद्धति की किस कमी के कारण गलतियाँ हो रही हैं उसी के अनुसार सुधार किया जा सकता है। जहाँ पर जिस कमी के कारण गलती हो रही हो वहाँ पर उस कमी को दूर करके गलतियों की रोकथाम की जा सकती है। एक ही प्रकार की गलती कई व्यक्तियों से होने का मतलब पद्धति में किसी प्रकार के दोष से है। नयी पद्धति में गलतियों की सम्भावना अधिक रहती है क्योंकि उससे लोग अधिक परिचित नहीं होते हैं। पद्धतियों की कमी और गलती जानकर उनमें सुधार किया जा सकना सम्भव हो सकता है। अत: गलतियों के मूलभूत कारण का पता लगाना बहुत आवश्यक है। उन्हीं कारणों के अनुसार गलतियों की रोकथाम की जाती है।

गलतियों को दबाने या छिपाने का प्रयास नहीं करना चाहिए क्योंकि इससे गलतियाँ बढ़ती हैं। गलतियों को दूर करने का सबसे अच्छा तरीका गलतियों को ऊपर लाना है और गलतियों को समझना है। गलतियों के स्पष्ट होने पर उनमें सुधार करना आसान हो जाता है। गलतियों की जिम्मेदारी व्यक्तियों पर डालकर उन्हें भला-बुरा कहने से रोकथाम नहीं होती है बल्कि इसके लिए प्रबन्ध को ही समझना चाहिए कि गलतियों की उग्रता कितनी है, गलतियों के क्या कारण हैं और उनकी रोकथाम कैसे की जाये। प्रबन्ध पद्धति के लिए जिम्मेदार है अत: प्रबन्ध की ही जिम्मेदारी होगी कि वह पद्धति की कमी को दूर करे। संस्था या विभाग के अध्यक्ष की यह जिम्मेदारी है कि वह पद्धति पर हमेशा ध्यान रखे कि गलतियाँ कहाँ हैं और उनके क्या कारण हैं। पद्धति एवं कार्यविधियों पर ध्यान रखने से यह पता लग सकता है कि उनमें कहाँ कमी है। कार्य क्षमता में वृद्धि करना और श्रम तथा समय में सार्थकता लाना प्रबन्ध एवं पद्धति की जिम्मेदारी है जिसके लिये प्रबन्ध ही जिम्मेदार है। सिद्धान्त एवं व्यवहार दोनों दृष्टिकोणों से गलतियों की सम्भावना कम होनी चाहिए। सिद्धान्त के अनुसार पद्धति उचित एवं न्यायिक होनी चाहिए, तथा पद्धति का व्यावहारिक जीवन में महत्व होना चाहिए।

गलतियों की रोकथाम करने की जिम्मेदारी प्रबन्ध की है। व्यक्तियों की नियुक्ति कार्य विभाजन, निरीक्षण का तरीका एवं निरीक्षक की नियुक्ति, पद्धति की उपयोगिता एवं व्यावहारिकता आदि के विषय में उचित निर्णय लेना प्रबन्ध की जिम्मेदारी है। उचित एवं सही निर्णय से गलतियाँ कम हो जाती हैं।

(2) गलतियों का सुधार (Correction of Mistakes)—रोकथाम के बावजूद भी गलतियों का होना सम्भव है। जब गलतियाँ हो जायें तो उसमें सुधार किस प्रकार किया जाये; यह एक आवश्यक विषय है और इस विषय पर प्रबन्ध को ध्यान देना चाहिए। रोकथाम गलतियों को कम करने के लिए बहुत जरूरी है क्योंकि गलती हो जाने पर बहुत कठिनाई होती है और उसका घातक प्रभाव पड़ता है। जब गलतियाँ हो गयीं तो केवल व्यक्तियों पर दोषारोपण और दण्ड देना ही शेष रहता है। दोषारोपण या दण्ड भविष्य में गलतियों को रोकने के लिए ही किया जाता है, परन्तु यदि इससे गलतियाँ बढ़ने लगें तो यह उपाय भी अपने-आप हानिकारी प्रतीत होता है। गलतियाँ हो जाने पर उसका स्वाभाविक रूप से इलाज करना जरूरी है। यदि गलती करने वाले पर व्यक्तिगत रूप से

आघात किया जाता है तो सम्भव है वह व्यक्ति विद्रोह कर बैठे और भविष्य में गलतियों की संभावना बढ़ जाये। गलती करने वाले के ऊपर नाराज होना, धमकी देना आदि अविश्वास उत्पन्न करता है। प्रबन्ध और कार्यकर्त्ता के आपसी प्रेम और अच्छे सम्बन्ध बिगड़ जाते हैं। अविश्वास से भविष्य में गलतियों की सम्भावना और बढ़ जाती है। रोक के अतिरिक्त रोग के लक्षण का इलाज करने में कभी सफलता नहीं मिलती। अत: आवश्यक है कि जब गलती हो तो उसके कारण का पता लगाया जाये। हो सकता है कि कार्यकर्त्ता कार्यों से इतना बोझिल हो कि वह सही कार्य करने में असमर्थ हो, बीमारी या अन्य मानसिक चिंताओं से पीड़ित, घरेलू वातावरण से परेशान हो, अरुचि बढ़ती जाती हो या अन्य कई ऐसे कारण हो सकते हैं। इन कारणों का पता जहाँ तक हो अप्रत्यक्ष रूप से लगाया जाये। प्रत्यक्ष रूप से कारणों का पता लगाकर उसके साथ सहानुभूति रखकर समझाने-बुझाने से गलतियों में कमी आती है। व्यक्तिगत दोषारोपण के अतिरिक्त व्यक्तिगत सहानुभूति से अधिक काम चलता है। मनोवैज्ञानिक भावों को मूल्य देना जरूरी है। बदला लेने की भावना या दण्ड देने की भावना से कर्मचारियों का कोई सुधार नहीं होता है। इससे तो उन्हें हानि करने के लिए प्रेरणा मिलती है। व्यक्तियों की गलतियों को बता देना ही पर्याप्त होता है। इससे वे समझ पाते हैं कि भविष्य में गलतियों को नहीं करना है। अच्छे कार्यकर्त्ताओं की सराहना अच्छे कार्यों के लिए प्रेरित करती है। कर्मचारियों के प्रति सद्भावना रखने से स्वामिभक्ति और कार्य के प्रति लगन पैदा होती है। प्रेम और आत्मीयता के साथ दण्ड देना भी सफलीभूत होता है। कर्मचारियों को समय-समय पर चेतावनी देना, जिम्मेदारी सौंपना, उनके दोषों को बताकर उन्हें दूर करने के लिये प्रयास करना आदि आधुनिक कार्यालय प्रबन्ध के तत्व हैं। क्रोध एवं गुस्से से किसी व्यक्ति को दण्ड देना, भला-बुरा कहना अव्यावहारिक है और बीमा व्यवसाय की साख कम करना है। अत: कार्यालय पद्धति में इन सबका ध्यान रखना जरूरी है कि गलतियाँ कम हों, कार्यकर्ता आसानी से कार्य करे, सुरक्षापूर्ण एवं परिवर्तनशील पद्धतियों को अपनाया जाये।

कार्यालय व्यवस्था
(Ofice Arrangement)

कार्यालय व्यवस्था इस प्रकार हो जिससे व्यापार वृद्धि हो सके, बीमापत्रों एवं बीमापत्रधारियों की सेवायें सुचारु रूप से की जा सकें, कर्मचारियों को कष्ट न हो और व्यापार की साख बढ़ सके। कार्यालय व्यवस्था में संवाद-वहन सम्बन्धी कार्य, मशीन, फर्नीचर, संधारणा एवं मरम्मत आदि को शामिल किया जाता है।

1. संवाद-वहन का प्रबन्ध (Management of Communications)—संवाद-वहन का मुख्य उद्देश्य सन्देश को पहुँचाना और प्राप्त करना है। सन्देश को जहाँ पर भेजा जा रहा है वहाँ शीघ्रता से पहुँचे। जिस उद्देश्य के लिए संवाद दिये जा रहे हैं उस उद्देश्य की पूर्ति हो। अपर्याप्त, अस्पष्ट और दुरूह संवादों से संस्था को लाभ के बजाय हानि होती है। संवाद-वहन आर्थिक एवं प्रभावपूर्ण होना चाहिए। संवाद वहनों के प्रबन्ध के अन्तर्गत पत्राचार, सूचिका तैयार करना और न्यस्ति को शामिल किया गया है।

(i) पत्राचार (Posting)—पत्राचार को दो भागों में बाँटा गया है (अ) आने वाले पत्र और (ब) जाने वाले पत्र। पत्राचार की पद्धति क्या होगी यह परिस्थितियों के ऊपर निर्भर रहता है।

(अ) आने वाले पत्र (Incoming Post)—आने वाले पत्रों के सम्बन्ध में यह ध्यान रखना चाहिए कि जिन व्यक्तियों को पत्र दिये गये हों उनके पास पत्र शीघ्र पहुँच जाने

चाहिए। पत्र खोलने के कार्य को प्राय: एक अनुभवी व्यक्ति को सौंपा जाता है जो कि विभिन्न प्रकार के पत्रों के महत्व को समझता है। बड़े कार्यालय में पत्र का एक विभाग ही अलग होता है जिसमें पत्र को खोलने और सम्बन्धित व्यक्तियों को भेजने का कार्य एक अधिकारी को सौंप दिया जाता है। यह अधिकारी कार्यालय के समस्त अंगों से पूर्ण परिचित होता है। जो पत्र विभागाध्यक्षों के व्यक्तिगत होते हैं या जिन्हें नाम से पत्र लिखा गया है वे सीधे उन्हें दे दिये जाते हैं। किसी भी पत्र को खोलना नहीं चाहिए। सभी पत्रों का उत्तर जाना आवश्यक होता है। आने वाले पत्रों को एक रजिस्टर में लिख लेना चाहिए जिसमें यह पता लग सके कि कहाँ से पत्र आये हैं। यह कार्य प्राय: प्रत्येक विभाग करता है, आने वाले पत्रों के प्रबन्ध के लिए किसी अनुभवी अधिकारी को नियुक्त करते हैं जो कि उचित निर्णय लेकर संस्था की साख बढ़ाता है।

सुबह आने वाले पत्रों को अन्य कर्मचारियों के आने से पहले खोलकर वितरित कर देना चाहिए जिससे कर्मचारी आते ही अपने कार्यों को प्रारम्भ कर दें। अधिकारी की मदद के लिए पर्याप्त संख्या में सहायक होने चाहिए। पत्र विभिन्न विभागों से सम्बन्धित रहते हैं अत: जिस विभाग से पत्र सम्बन्धित हो उसी विभाग को पत्र भेजना चाहिए। यदि कोई पत्र ऐसा है जो कि कई विभागों से सम्बन्धित है तो उस पत्र को पहले उस विभाग को भेजना चाहिए जिस विभाग से वह पहले सम्बन्धित हो। आने वाले पत्रों के सम्बन्ध की व्यवस्था के लिए कोई विशेष नियम नहीं है, व्यावहारिकता के आधार पर जो उचित समझ पड़ता है उसे ही किया जाता है। कोशिश यह की जानी चाहिए कि पत्रों को उचित स्थान पर पहुँचाया जाये जहाँ से उनका उत्तर शीघ्र दिया जा सके। जहाँ तक सम्भव हो पत्रों का उत्तर उसी दिन देना चाहिए जिस दिन पत्र प्राप्त हो या उसके अगले दिन पत्रों का उत्तर देना जरूरी है। जैसे ही पत्र आये उन्हें पत्र आने वाली पुस्तिका (Incoming Letter Book) में लिख देना चाहिए। पत्र प्राप्त होने की तारीख भी लिख देनी चाहिए। उत्तर दिया गया है या नहीं इसका भी ब्यौरा देना चाहिए। इस पुस्तिका को देखते ही पता लग जायेगा कि किन पत्रों का उत्तर नहीं गया है; उसके क्या कारण हैं और पत्रों के उत्तर देने की संभावना कब तक है, पत्रों के उत्तर देते रहने से पत्र इकट्ठे जमा नहीं होने पायेंगे। पत्रों की व्यवस्था सुचारु रूप से चलती रहेगी। यदि पत्र देने या आये हुए पत्रों को लिखने में लापरवाही की गयी तो पत्रों का क्रम अस्त-व्यस्त हो जायेगा और बीमा संस्था का कार्य भी परिणामत: प्रभावित होगा। यदि कोई पत्र बिना उत्तर दिये हुए रह गया तो इससे साख को धक्का लग सकता है। अत: प्रयास यह करना चाहिए कि कोई भी पत्र बिना उत्तर के न रहे। बिना उत्तर दिये हुए पत्रों को कभी भी फाइल नहीं करना चाहिए। मौलिक पत्रों के साथ उसके उत्तर की कार्बन प्रति लगाकर फाइल करना चाहिए।

जिन पत्रों में चेक या ड्राफ्ट हों या मनीआर्डर आया हो उनको रोकड़िया के पास भेज देना चाहिए जो अपने यहाँ 'रोकड़िया की पत्र पुस्तिका' (Cashier's Letter Book) में लिख लेगा। इस पुस्तिका में रोकड़, चेक आदि भेजने वाले का नाम, पता, जमा करने का कारण, बीमापत्र की संख्या आदि लिख ली जाती है। रजिस्टर्ड पत्रों को भी रोकड़िया के पास भेज दिया जाता है जो कि पत्रों से चेक आदि यदि रहता है, निकालकर खाते में जमा कर देता है और यदि उसमें कोई चेक आदि नहीं है तो उस पत्र को सम्बन्धित विभाग को भेज दिया जाता है। आने वाले पत्रों की व्यवस्था पर व्यापार की पूरी साख निर्भर रहती है।

(ब) जाने वाले पत्र (Outgoing Post)—भेजे जाने वाले पत्रों का कार्य किसी नये क्लर्क को दे दिया जाता है जो कि व्यापार के विषय में पूरा ज्ञान प्राप्त कर लेता है

लेकिन यह कार्य हमेशा नये क्लर्क को नहीं सौंप सकते क्योंकि उनसे गलती होने की संभावना अधिक है। यदि नये क्लर्क (लिपिक) को ही यह कार्य सौंपा जाता रहा तो व्यापार को अनवरत गलतियों का सामना करना पड़ता रहेगा। यह विचार धारणा भी बहुत सही नहीं है कि क्लर्कों को यह काम सौंप कर उन्हें व्यापार का पूरा ज्ञान करा दिया जायेगा। व्यापार का पूरा ज्ञान उन्हें तभी होगा जबकि प्रत्येक विभाग में कुछ दिन कार्य करते रहें। अत: यह आवश्यक है कि भेजे जाने वाले पत्रों का कार्य उन्हें सौंपा जाये तो इस कार्य को कुछ दिन करें। अनुभवी व्यक्ति को ही इसका कार्य सौंपना चाहिए जिससे गलतियों की सम्भावना कम हो जाये। लगातार कार्य करते रहने से उनके अनुभव में वृद्धि होगी तथा गलतियों की मात्रा कम हो जायेगी। उन्हें जिम्मेदारी के कार्य सौंपे जा सकते हैं।

भेजे जाने वाले पत्रों की पूरी जानकारी किसी एक व्यक्ति पर सौंप देनी चाहिए। यद्यपि उसकी सहायता के लिये अन्य कई सहायक हो सकते हैं। उस व्यक्ति की इतनी जिम्मेदारी होगी कि वह भेजे जाने वाले पत्रों को एकत्र करे, उन पर हस्ताक्षर को देखे कि अधिकृत व्यक्ति द्वारा हस्ताक्षर हुए हैं या नहीं, लिफाफे में पत्र को भरना, उसे बन्द करना, उस पर उचित टिकट लगाना, टिकट की रकम और पाने वाले व्यक्ति का पता भेजे जाने वाली पत्र पुस्तिका (Outgoing Letter Book) में लिखना तथा भेजने का कार्य शीघ्र करना उस व्यक्ति की जिम्मेदारी होती है। जाने वाली पत्र पुस्तिका में लिखे गये पत्रों का अंकेक्षण करना प्रबन्ध की जिम्मेदारी है। आजकल फ्रैंकिंग (Franking) मशीन द्वारा पत्रों पर टिकट लगाना आसान हो गया है और उसमें प्रयोग किये गये टिकट की कुल रकम भी आसानी से मालूम हो जाती है। विभागाध्यक्ष द्वारा हस्ताक्षरित पत्रों को देखना जरूरी है। यदि किसी पत्र पर अधिकृत व्यक्ति का हस्ताक्षर नहीं हुआ है तो उस पत्र को तब तक न भेजा जाये जब तक उसके हस्ताक्षर न हो जायें। पत्र भेजते समय यह देखना आवश्यक है कि पत्रों के भेजने में कहीं दुहरापन (Duplication) तो नहीं है। यदि किसी एक व्यक्ति के पास दो या अधिक विभागों से पत्र भेजा जा रहा है तो अलग-अलग लिफाफों में पत्र न भेजकर एक ही लिफाफे में पत्र भेजना चाहिए। इस दुहरेपन का पता तभी लग सकता है जबकि पत्र भेजने वाला एक ही विभाग हो और वह विभाग पत्र भेजते समय अक्षर के अनुसार (Alphabetical order) पाने वाले का नाम लिखे हुए हो। इस कार्य के लिए अनुभवी और जानकार व्यक्ति की आवश्यकता है। वह व्यक्ति अपनी अध्यक्षता में दूसरे व्यक्तियों को प्रशिक्षित कर सकता है। यह जरूरी है कि जो व्यक्ति पत्र भेजने का कार्य करे उसे कुछ दिन तक उस कार्य को करने देना चाहिए।

(ii) अनुसूचिका (The Index)—बीमा संस्थाओं में एक उचित अनुसूचिका का होना आवश्यक है। जहाँ पर बीमापत्रधारियों की संख्या लाखों में होती है वहाँ पर बीमापत्र की संख्या के अनुसार अनुसूचिका तैयार करना चाहिए और यदि किसी एक व्यक्ति के कई बीमापत्र हैं तो उनका प्रसंग एक-दूसरे बीमापत्रों पर डाल देना चाहिए। अनुसूचिका तैयार करने की पुरानी पद्धति बंद किताबों की थी जो कि हजार व्यक्ति की सूची बनाने तक उपयोगी कही जा सकती थी परन्तु उसमें भी नये बीमापत्रों को शामिल करने और पुराने बीमापत्रों को निकालने के समय अनुसूचिका में परिवर्तन करना एक कठिन कार्य हो जाता था। अत: जब पुस्तक अनुसूचिका (Book Index) का प्रचलन लगभग समाप्त सा हो गया है। पुस्तक अनुसूचिका परिस्थितियों के अनुसार परिवर्तनशील नहीं है। यह एक भद्दा तरीका है। बार-बार काट-छाँट से यह तरीका एकदम बेकार हो गया है। किसी बीमापत्र को खोजने में काफी समय लगता है। समय-समय पर नयी पुस्तिका को प्राप्त करने के लिए अतिरिक्त खर्च करने पड़ते हैं। पुस्तक को पुन: लिखने की जरूरत पड़ जाती है। इन्हीं

तमाम बुराइयों के कारण यह तरीका अब बिल्कुल पुराना पड़ गया है। इसके स्थान पर खुली पुस्तिका का प्रयोग अधिक लाभकारी हो गया है जिसमें एक तार में खुले पन्ने फँसाये रहते हैं जिन्हें निकालना आसान रहता है। बिना किसी कागज को अस्त-व्यस्त किये इस पुस्तक में से अनावश्यक या पुराने को आसानी से निकाला जा सकता है और नये पन्ने को आसानी से जोड़ सकते हैं।

कार्ड अनुसूचिका (Card Index)—कार्ड अनुसूचिका में वे सभी गुण विद्यमान हैं जो कि पुस्तक अनुसूचिका में नहीं हैं। प्रत्येक बीमापत्र या बीमापत्रधारी के लिए एक कार्ड बना लेते हैं जिस पर आवश्यक सूचनायें लिख देते हैं। इनके द्वारा बहुत से बीमापत्रों की एक साथ सूची तैयार कर सकते हैं। मान लीजिए विभागीय कार्यालय में बीमापत्रधारियों की सूची तैयार की जा रही है तो वहाँ पर एक-एक शाखा कार्यालय के लिए अलग-अलग ड्राअर (Drawers) रखते हैं और प्रत्येक शाखा कार्यालय में बीमापत्रों की संख्या के अनुसार कार्ड रख देते हैं। बीमापत्रों की संख्या के अनुसार कार्ड की वृद्धि या कमी की जाती है। यदि किसी कार्ड को किसी कार्य के लिए निकाला गया है तो उसके स्थान पर अनुपस्थिति कार्ड रख देते हैं जिससे पता लग जाता है कि अमुक कार्ड कहाँ है। यदि कार्ड पुराना हो गया; बीमापत्र चलन से बाहर हो गया और बीमापत्र का भुगतान कर दिया गया तो उस कार्ड को निकालकर पुराने कार्डों के साथ लगा देते हैं जिससे यह पता चल जाता है कि उस बीमापत्र का भुगतान हो चुका है।

इस अनुसूचिका का सबसे बड़ा लाभ तो यह है कि आवश्यकतानुसार इसमें वृद्धि या कमी की जा सकती है। टाइप किये गये कार्ड का प्रयोग करते हैं जिससे स्वच्छता बनी रहती है। संख्या के अनुसार सूचिका तैयार करते हैं। अत: उन्हें ढूँढ़ने में कोई परेशानी नहीं होती। यदि बीमापत्रधारी ने एक से अधिक बीमा पत्र खरीदें हैं तो उसका भी प्रसंग बीमापत्र सूचिका में कर देते हैं। एक बीमापत्र को देखने से ही पता लग सकता है किसी बीमापत्रधारी के नाम में कितने बीमापत्र हैं। आजकल बीमा संस्थाओं में कार्ड अनुसूचिका प्रयोग बढ़ता जा रहा है।

(iii) पत्रों की न्यस्ति (Letter Filing)—पत्रों की न्यस्ति या फाइल करने के लिए कबूतरखाने वाली पद्धति (Pigeon-hole) का प्रयोग अब नहीं किया जाता है क्योंकि इसमें अधिक पत्रों को फाइल नहीं कर सकते हैं। प्रत्येक अक्षर के कई खाने रखना आवश्यक होगा और इससे किसी एक नाम के पत्र को निकालने के लिए कई खानों को ढूँढ़ना होगा। यह पद्धति परिस्थितियों के अनुसार परिवर्तनशील भी नहीं है। आधुनिक आवश्यकताओं को ध्यान में रखते हुए इस पद्धति को अपनाना सम्भव नहीं है। खाने की चौड़ाई प्राय: कम होती है जिससे पत्रों को फाइल करने के लिए उन्हें मोड़ना जरूरी हो जाता है। एक व्यक्ति से सम्बान्धत समस्त पत्रों को फाइल करना सम्भव नहीं रहता है। इस पद्धति में समय और श्रम दोनों का अपव्यय होता है।

न्यस्ति कैबिनेट (Filing Cabinet)—आधुनिक समय में पत्रों को फाइल करने का सबसे अच्छा तरीका कैबिनेट का है। कैबिनेट लकड़ी या लोहे की बनायी जाती है जिसमें बहुत से सतह (खाने) रहते हैं। ये खाने आलमारियों की रैक के समान होते हैं जिस पर कई व्यक्तियों के पत्रों को खड़े (Vertical) या पड़े (Horizontal) रूप में फाइल कर सकते हैं। खड़े रूप में फाइल करने से अधिक पत्रों को फाइल किया जा सकता है। बीमापत्र या प्रस्ताव पत्र की संख्या के अनुसार पत्रों को लगाते हैं और क्रम संख्या के अनुसार फाइल करते जाते हैं। स्टील की कैबिनेट का प्रयोग आजकल बढ़ता जा रहा है क्योंकि इसमें आग लगने की संभावना कम होती है। साथ ही साथ स्टील के कैबिनेट सस्ते भी

पड़ते हैं। कैबिनेट का प्रयोग फाइल करने के लिए बढ़ता जा रहा है। आवश्यकतानुसार कैबिनेट के आकार-प्रकार में परिवर्तन किया जा सकता है। बीमापत्रों की संख्या के अनुसार फाइल करने में सुविधा होती है। पत्रों को निकालने एवं रखने में कोई कठिनाई नहीं होती है। जब फार्म को फाइल किया जाये तो उसकी संख्या लाल स्याही से लिख देनी चाहिए। जिस तारीख को पत्र या प्रपत्र (Form) फाइल किये जायें उसकी तारीख डाल देनी चाहिए। फाइल करने के लिए उस पर प्राप्त हुआ (Received) स्टैम्प लगा दिया जाता है। जब तक पत्रों के उत्तर की कार्बन प्रति न हो तब तक पत्रों को फाइल नहीं करना चाहिए। जिन फाइलों को निकालने की आवश्यकता पड़ती है उनको निकालने के लिए फाइल में निकालने की तारीख और महीना लिख दिया जाता है।

बीमा संस्थाओं में प्रत्येक कार्यों के सम्बन्ध में अलग-अलग फाइल होती है। बीमापत्रधारियों की सेवा के लिए अलग फाइल, बीमापत्र के लिए अलग फाइल, कोष के विनियोग की अलग फाइल, अध्यर्थन (Claim) के भुगतान की अलग फाइल और प्रत्येक शाखा के लिए अलग-अलग फाइल होती है। विभिन्न प्रकार की फाइलों को उनसे सम्बन्धित विभागों में न्यस्ति करते हैं जिससे आवश्यक सूचनाएँ तुरन्त मिल सकें। जिन पत्रों की स्थायी जरूरत नहीं है उनको थोड़े समय के लिए फाइल करते हैं और बाद में निकाल देते हैं। जिन पत्रों की बाद में जरूरत पड़ सकती है उन्हें सम्बन्धित बीमापत्र संख्या के साथ अवश्य फाइल करते हैं। पत्रों को फाइल करना इसलिए आवश्यक है कि बाद में उत्पन्न किसी विवाद को निबटाने के लिए इनकी जरूरत पड़ सकती है। अत: जिन पत्रों की कोई आवश्यकता नहीं है उन्हें फाइल करना जरूरी नहीं है। अनावश्यक पत्रों को फाइल करने से स्थान और श्रम का दुरुपयोग होता है। फाइल करने की जिम्मेदारी एक व्यक्ति की होनी चाहिए जिससे वह फाइल किये गये पत्रों पर विशेष नियन्त्रण रख सके। इससे सुरक्षा और सुविधा में वृद्धि हो जाती है।

प्रस्ताव न्यस्ति (Proposal Filing)—प्रस्ताव पत्रों को एक अलग कैबिनेट में न्यस्ति करना आवश्यक है। प्रस्ताव-प्रपत्र बीमा संविदा का आधार है अत: इससे सम्बन्धित सभी प्रपत्रों को इसके साथ न्यस्ति करना आवश्यक है। यह जरूरी नहीं है कि प्रस्ताव प्रपत्र के साथ सभी प्रपत्र फाइल किये जायें, परन्तु यह आवश्यक है कि प्रस्ताव सम्बन्धी जितना काम हुआ हो उसका पूरा विवरण प्रस्ताव-प्रपत्र पर देना चाहिए। इन सभी प्रपत्रों को मनीला फोल्डर के अन्दर रख देते हैं। कैबिनेट में इनको वर्णमाला के अनुसार फाइल कर देते हैं। वर्णमाला के अनुसार फाइल करने में पत्रों को किसी भी समय निकाला जा सकता है; लेकिन इसका सबसे बड़ा दोष यह है कि नये प्रस्ताव के आने या प्रस्ताव के रद्द हो जाने के समय बार-बार परिवर्तन होता रहता है। इस परिवर्तन के कारण कुछ प्रपत्रों को ढूँढ़ने में परेशानी होती है। बीमापत्र संख्या के अनुसार फाइल करने में इन कठिनाइयों से बच जाते हैं। बीमापत्रों के बढ़ने से फाइल करने में कोई परेशानी नहीं होती क्योंकि नयी कैबिनेट खरीदकर उसमें फाइल किया जा सकता है। यदि अस्वीकृत प्रस्ताव को बनाये रखना है तो उस दशा में भी इस तरीके से कोई हानि नहीं होगी। जो भी तरीका अपनाया जाये परन्तु अनुसूचिका का उचित होना आवश्यक है। यदि अनुसूची पूर्ण एवं विस्तृत है तो उसके आधार पर फाइल किये गये पत्रों को ढूँढ़ निकालना सम्भव होगा। अनुसूची में वर्णमाला के अनुसार कार्ड रख सकते हैं और उनको देखकर यह पता लग सकता है कि उनसे सम्बन्धित बीमापत्रों या प्रस्तावों की संख्या क्या है और वे कहाँ रखे गये हैं। चूँकि बीमापत्रधारियों की संख्या बहुत अधिक होती है अत: उनके पूरे नाम और पते लिखना चाहिए। एक ही नाम के कई व्यक्ति हो सकते हैं अत: आवश्यक है कि उनके पिताओं के नाम और पते लिखे

जायें। उस कार्ड पर बीमापत्रधारी से सम्बन्धी सभी सूचनाएँ लिख दी जाती हैं कि बीमापत्र कहाँ पर है या प्रस्ताव प्रपत्र कहाँ रखे गये हैं। जब किसी एक व्यक्ति को नये बीमापत्र निर्गमित किये जाते हैं तो उसका भी प्रसंग पुराने बीमापत्रों के साथ देना चाहिए। एक व्यक्ति से सम्बन्धित यदि कई बीमापत्र हैं तो उन सभी का वर्णन एक दूसरे बीमापत्र में होना चाहिए।

जब बीमापत्रों या प्रस्तावपत्रों को रद्द कर देते हैं तो उन्हें चालू बीमापत्रों से अलग रख देते हैं। बीमापत्रों के रद्द होने के कई कारण हो सकते हैं अत: उनको उन्हीं कारणों के अनुसार अलग-अलग कैबिनेट में फाइल करते हैं। इन बीमापत्रों पर लाल स्याही से रद्द होने का कारण, तारीख, महीना, वर्ष आदि लिख देते हैं। जैसे—एल 78 9/5 अर्थात् एल से जब्ती (Lapse) और 78 से वर्ष 1978 एवं 9 से सितम्बर महीना की 5 तारीख। चालू और रद्द बीमापत्रों को अलग-अलग रखने में कई लाभ हैं। फाइल किये गये प्रपत्रों में अनावश्यक रूप से वृद्धि नहीं हो पाती है और जिन प्रपत्रों की जरूरत नहीं होती उन्हें अलग कर देते हैं। फाइल किये गये पत्रों को जीवित (चालू) और रद्द दो भागों में बाँटने में कभी-कभी परेशानी होती है। यदि बीमापत्र सम्बन्धी भुगतान हो चुका है तो उन्हें निकाल कर भुगतान किये गये पत्रों में रखना एक कठिन एवं पेचीदा काम है। फाइल को एक जगह से निकालने और दूसरी जगह को भेजने में काफी सावधानी रखनी पड़ती है। यदि कोई पत्र खो जाता है तो इससे बहुत कठिनाई हो जाती है। इस कठिनाई को बचाने के लिए यह जरूरी है कि जब कभी प्रपत्र निकाले जायें तो उनके स्थान पर अनुपस्थिति कार्ड रख कर निकालने वाले व्यक्ति का नाम, निकालने का कारण आदि लिख दिया जाना चाहिए। इस अनुपस्थिति कार्ड को देखने से ही पता चल सकता है कि कार्ड कहाँ पर रखे गये हैं। जब सम्बन्धित कार्ड वापस आ जायें तो अनुपस्थित कार्ड को निकाल लेना चाहिए। जीवन बीमा संस्थाओं की तरह अग्नि बीमा, सामुद्रिक बीमा आदि में भी प्रस्ताव प्रपत्रों या बीमापत्रों की संख्या के अनुसार फाइल किया जाना चाहिए। दुर्घटना एवं अग्नि बीमा में प्रस्ताव प्रपत्र के समय सम्पत्ति स्वामित्व का प्रमाण, व्यापार चलाने का प्रमाण पत्र, गाड़ी चलाने का अनुज्ञापत्र आदि अनेक प्रपत्रों को प्राप्त किया जाता है जिनकी एक-एक प्रतियाँ प्रस्ताव-प्रपत्र के साथ नत्थी करना जरूरी है जिससे कभी कोई विवाद हो या प्रशासन अधिकारी द्वारा जाँच हो तो उसका प्रमाण दिया जा सके।

(1) सुझाव पत्र (Suggestion Letter)—कार्यालय पद्धति में सुझाव पत्र प्राप्त करने के लिए एक सुझाव पेटिका (Suggestion Box) रखना आवश्यक है जिसमें प्रत्येक कर्मचारी स्वतंत्र रूप से अपने सुझाव दे सके। प्रत्येक सुझाव को मुख्य अधिकारी के पास रखना जरूरी है। सुझावों को स्वीकार करने के लिए एक कमेटी बनाई जानी चाहिए जिसके माध्यम से सुझावों को स्वीकार किया जाये। यह धारणा गलत है कि दूसरों के सुझावों को मानना अयोग्यता की निशानी है। दूसरों के सुझावों को मानना व्यक्तियों का विश्वास प्राप्त करना है जिससे कर्मचारियों एवं अधिकारियों में आपसी सम्बन्ध और मजबूत बनते हैं। सूचना एवं मूल्यांकन विभाग द्वारा कार्यालय पद्धतियों की उपयोगिता का अवलोकन किया जाता है। इसमें जो कठिनाइयाँ होती हैं उन्हें सामने लाया जाता है। इनको दूर करने के लिए उपाय किये जाते हैं। कार्यालय की सूचनाओं और प्रगति को एक पत्रिका के माध्यम से सबके सामने रखा जाता है। इस प्रकार कार्यालय की प्रगति को बढ़ाने का प्रयास किया जाता है।

(2) मशीनीकरण (Mechanisation)—कार्यालय व्यवस्था में मशीनों का विशेष महत्व है। मशीनों के प्रयोग से कार्यक्षमता में वृद्धि होती जा रही है। आजकल

प्रत्येक कार्यालय में किसी न किसी मशीन का प्रयोग अवश्य होता है। मशीन के द्वारा कम लागत, समय और श्रम से अधिक से अधिक कार्य पूरे किये जा सकते हैं। मशीन के द्वारा लम्बे समय में किसी प्रकार बेरोजगारी की वृद्धि नहीं होती है। रोजगार में केवल अस्थाई परिवर्तन होते हैं जो कि दीर्घकाल में अपने आप पूरे समन्वित हो जाते हैं। बीमा संस्थाओं में मशीनों का प्रयोग आवश्यक हो गया है। इनके द्वारा जनता की अधिक से अधिक सेवा की जा सकती है; लागत में कमी आ जाती है, आन्तरिक व्यवस्था अच्छी हो जाती है; गलतियों की सम्भावना कम हो जाती है, कर्मचारी अरुचिपूर्ण कार्यों को पूरा कर लेता है। वर्तमान समय में विद्युत कम्प्यूटर के प्रयोग से जटिल समस्याओं को सुलझाने में बहुत सहायता मिलती है। सांख्यिकी विश्लेषण, प्रव्याजि की गणना, वेतन का निर्धारण, विनियोग का प्रबन्ध, बहीखाते की तैयारी आदि कम्प्यूटर द्वारा आसानी से किये जा सकते हैं। कार्यालयों में प्रयोग की जाने वाली मशीनों का वर्णन पिछले अध्याय में किया जा चुका है।

(3) कार्यालय फर्नीचर एवं फिटिंग (Office Furniture and Fittings)—कार्यालय व्यवस्था को सुदृढ़ एवं सुचारु रूप से चलाने के लिए अच्छे फर्नीचर एवं उपकरणों की आवश्यकता होती है। पुराने और भद्दे फर्नीचर से कार्यकुशलता में वृद्धि नहीं हो पाती है। प्रमाणित मेज, कुर्सियाँ, कैबिनेट, आलमारियाँ आदि के प्रयोग से कार्यालय व्यवस्था अपने आप अच्छी तरह चलती रहती है। सहायकों को कार्य पूरा करने के लिए स्टेशनरी फर्नीचर का उचित एवं पर्याप्त होना जरूरी है। प्रत्येक कार्यों के लिए अलग-अलग प्रकार के फर्नीचर और स्टेशनरी की जरूरत होती है। टाइपिस्ट की मेज छोटी एवं कुछ नीची होनी चाहिए जबकि पर्यवेक्षक की मेज चौड़ी, बड़ी और ड्राअर सहित होनी चाहिए। सहायकों के पास मेज के अलावा रैक या छोटी आलमारी भी होनी चाहिए जिस पर बीमापत्र या अन्य प्रपत्र रख सकें। फर्नीचर के विषय में विशेष अध्ययन पिछले अध्याय में किया जा चुका है।

(4) संधारण एवं मरम्मत (Maintenance and Repairs)—कार्यालय व्यवस्था में ही संधारण एवं मरम्मत को शामिल किया जा सकता है। समय-समय पर भवन, फर्नीचर, मशीनों आदि का संधारण और मरम्मत करना आवश्यक है जिससे वे कार्य योग्य बने रहे। संधारण एवं मरम्मत कई प्रकार के होंगे जिनका वर्णन पिछले अध्ययन में किया जा चुका है। अच्छे भवन, फर्नीचर एवं मशीन संधारण एवं मरम्मत का खर्च कम होगा। संधारण एवं मरम्मत से कार्य धीरे-धीरे चलते रहना चाहिए। बीमा संस्थाओं में इसके लिए अलग विभाग खोले रहते हैं जो कि समस्त कार्यालयों के भवन, फर्नीचर, उपकरण आदि की देखभाल करता रहता है। जीवन बीमा निगम में अभियन्ता विभाग (Engineering Department) सभी क्षेत्रीय, विभागीय, शाखा एवं उपशाखा कार्यालयों की देखभाल करता है। इस प्रकार लागत कम पड़ती है और कार्य भी अच्छी तरह हो जाता है। भवन, फर्नीचर, उपकरण मशीनें आदि कार्य योग्य बनी रहती हैं।

अध्याय 15

कार्यालय संगठन

(Office Organisation)

कार्यालय-संगठन एक महत्वपूर्ण कार्य है क्योंकि इसके आधार पर ही संस्था के समस्त कार्य संचालित होते हैं। इसी के माध्यम से प्रबन्ध कार्य करता है, प्रशासन संगठन का निर्धारण करता है, प्रबन्ध संगठन का उपयोग करता है। प्रशासन द्वारा निर्धारित लक्ष्यों की प्राप्ति संगठन के माध्यम से ही प्रबन्ध प्राप्त करता है। प्रबन्ध स्वयं कार्य नहीं करता है; परन्तु संगठन के माध्यम से अर्थात् संगठन की संरचना निर्धारित करके सभी व्यक्तियों की क्रियाओं में सहयोग स्थापित करके और उन्हें जिम्मेदारी सौंपकर कार्य कराता है। बीमा संस्था में प्रबन्ध संगठन पर विशेष ध्यान देता है।

परिभाषा (Definition)—संगठन की परिभाषा विभिन्न व्यक्तियों ने अलग-अलग दी है।—

1. कूण्ट्ज एवं डोनेल (Harold Koontz and Cyril O. Donnel)—"वर्तमान समय में अनेक घटकों के सहयोग से उत्पादन किया जाता है।.....इन घटकों के बीच प्रभावपूर्ण सामंजस्य स्थापित करना संगठन है।"

2. अर्विक (Urwick)—"किसी कार्य को सम्पादित करने के लिए कौन-कौन सी क्रियाओं को करना है, इसका निर्धारण करना तथा इन क्रियाओं को व्यक्तियों के बीच वितरित करना संगठन है।"

3. मिलवर्ड (G.E. Milward)—"संगठन एक विधि है जिसके अनुसार सम्पूर्ण कार्य को अनेक उपकार्यों एवं कार्यविधियों में बाँटा जाता है। उपकरणों को पदों के रूप में विभाजित किया जाता है, प्रत्येक पद को उचित अधिकार सौंपे जाते हैं तथा कार्य को संयोजित रूप में सम्पन्न करने के लिए योग्य व्यक्तियों की नियुक्ति करके उन्हें जिम्मेदार ठहराया जाता है।"

उपरोक्त परिभाषाओं के आधार पर पता चलता है कि संगठन वह विधि है जहाँ पर क्रियाओं को विभिन्न अंगों में बाँटा जाता है, प्रत्येक अंग को पूरा करने अर्थात् प्रत्येक कार्यविधि के लिए व्यक्तियों को नियुक्त किया जाता है, उन्हें उनकी योग्यतानुसार कार्य सौंपा जाता है तथा उनके कार्यों में सामंजस्य स्थापित किया जाता है। क्रियाओं को पूरा करने के लिये उन्हें अधिकार एवं दायित्व सौंपे जाते हैं। संगठन संस्था के उद्देश्य को प्राप्त करने के लिए प्रयास करता है। संगठन में कार्यकर्ताओं को इस प्रकार पथ पदर्शित करते हैं जिससे कि वे अपने उद्देश्यों को प्राप्त कर सकें। बीमा संस्था में उचित संगठन पर विशेष बल दिया जाता है क्योंकि सेवा-संस्था होने के कारण विशेषज्ञों की आवश्यकता पड़ती है, आर्थिक एवं मनोवैज्ञानिक विचारों का सामंजस्य है। उचित संगठन से कार्यक्षमता के अधिकतम प्रयोग की संभावना बढ़ती है। संगठन का उद्देश्य कम से कम लागत में, श्रम और समय में अधिकतम कार्यक्षमता प्राप्त करना है।

संगठन का महत्व

(Importance of Organisation)

संगठन का महत्व बीमा संस्थाओं के लिए निम्न प्रकार से बताया जा सकता है—

(1) प्रशासन की सुविधा (Facilities in Administration)—उचित संगठन से प्रशासन में सुविधा मिलती है। योजनाओं को बनाने में क्रमबद्ध कार्य हो जाते हैं क्योंकि यह पता रहता है कि किन-किन कार्यों के लिए कौन-कौन से व्यक्तियों की आवश्यकता है और उनकी जिम्मेदारी एवं अधिकार क्या हैं। इसके आधार पर उनके कार्यों पर नियंत्रण किया जा सकता है। उचित प्रकार के संगठन से प्रबन्ध कार्यों में भी सहायता मिलती है। अधिकारों और जिम्मेदारियों को दूसरे व्यक्तियों को सौंपकर कार्य को प्रभावपूर्ण ढंग से कराया जा सकता है। उच्च प्रबन्धक को दैनिक कार्यों को पूरा कराने के लिए पर्याप्त समय नहीं रहता है। उसके नीचे के व्यक्तियों को अधिकार एवं जिम्मेदारी सौंप देने से उसे अच्छी तरह सोचने और निर्णय लेने के लिए पर्याप्त समय मिल जाता है। नियोजित एवं प्रभावपूर्ण संगठन में कार्यों का विभाजन अच्छी तरह हो जाता है और प्रत्येक व्यक्ति को उनके कार्यों के लिये दायी ठहराया जा सकता है। इस प्रकार संगठन प्रशासन कार्य को सरल बना देता है।

(2) व्यापार की प्रगति (Progress of Business)—उचित संगठन में प्रत्येक कर्मचारी अपने-अपने कार्यों के लिए जिम्मेदार होता है। अत: वे मन लगाकर इस प्रकार कार्य करते हैं जिससे उन्हें दोषी न ठहराया जा सके। एक उच्चस्तरीय प्रबन्ध से लेकर, साधारण प्रबन्ध एवं कार्य तक प्रत्येक व्यक्ति अपने-अपने कार्यों के लिए उत्तरदायी होगा। यदि किसी स्तर पर कोई कार्य न किया गया या गलत ढंग से किया गया तो उसका सुधार भी किया जा सकता है। यदि कर्मचारी की गलती से कार्य में कमी रहती है तो उसे प्रशिक्षित एवं प्रोत्साहित करके अधिक अच्छे कार्य कराये जा सकते हैं। कर्मचारी की अज्ञानता और अशिक्षा दूर न होने पर उसे ऐसे कार्य दिये जाते हैं जिनमें वह कुशल हो सके। यदि वह किसी कार्य को अच्छी तरह नहीं कर सकता है तो उसे निकाला जा सकता है। इसी प्रकार अच्छे और अधिक कुशलता से कार्य करने वाले व्यक्ति को प्रोत्साहन और पदोन्नति देकर उससे और अच्छे कार्य कराये जा सकते हैं। इस सबका अन्तिम प्रभाव यह है कि व्यापार की प्रगति होती है।

(3) प्रावैधिक सुधार (Technological Improvement)—विशेष कार्यों को सम्पन्न करने के लिये प्रावैधिक विकास होना आवश्यक है। जिन कार्यों को पुराने ढंग से किया जा रहा है; उनमें सुधार करके, संशोधन और शोध करके अच्छे परिणाम प्राप्त किये जा सकते हैं। वर्तमान समय में इन सुधारों को तभी कर सकते हैं जब यह पता लग सके कि सुधार की आवश्यकता कहाँ है? उचित संगठन से ही ऐसा सम्भव है। नयी-नयी पद्धतियों को अपना कर कार्य-क्षमता बढ़ाई जा सकती है। नये विशेषज्ञों की नियुक्ति की जा सकती है और पुराने कर्मचारियों को कुशल बनाया जा सकता है। यह सब तभी सम्भव है जब प्रत्येक कर्मचारी के कार्य विभाजित किये गये हों, उन पर नियंत्रण हो तथा उनके कार्यों में उचित सामंजस्य हो।

(4) उत्पादकता में वृद्धि (Enhancement of Productivity)—संगठन से कार्य क्षेत्र का स्पष्ट ज्ञान हो जाता है। प्रत्येक कार्य को सुदृढ़ बनाने का रास्ता भी ज्ञात हो जाता है; इनके लिये योग्य कर्मचारियों को ढूँढ़ना भी कठिन नहीं रहता है। पद्धतियों में सुधार, कर्मचारियों की कुशलता में वृद्धि तथा प्रबन्ध का औचित्य उत्पादकता या कार्यक्षमता बढ़ाने में बहुत योगदान देता है। एक उचित संगठन से ही यह सब संभव है। अत: उत्पादकता बढ़ाने के लिए प्रभावपूर्ण संगठन आवश्यक है।

(5) उद्देश्य की प्राप्ति (Achievement of Goal)—एक उचित संगठन उद्देश्य को पूरा करने में सहयता देता है। ढीले संगठन से संस्था में असंतोष और अविश्वास

फैलता है। कुछ व्यक्तियों को बहुत कार्य करने पड़ते हैं, कुछ व्यक्तियों को कार्य से फुरसत रहती है। कार्य करने वाले को उचित पारिश्रमिक नहीं मिल पाता है जबकि अकर्मण्य को बहुत लाभ हो जाता है। संस्था का उद्देश्य चाहे लाभ प्राप्त करना हो या सामाजिक कल्याण में वृद्धि करना हो पूरा नहीं हो पाता है। दूसरी तरफ यदि संगठन प्रभावपूर्ण है तो उससे संस्था को भी लाभ होगा तथा समाज के लाभ में वृद्धि होगी। कर्मचारियों को उचित पारिश्रमिक और प्रतिफल मिल सकेगा। प्रबन्ध का मुख्य कार्य व्यक्तियों को कार्य सौंपना, संगठित करना और प्रोत्साहित करना है जिससे कार्यक्षमता अधिकतम बढ़ सके। इसके लिए एक अच्छे संगठन की आवश्यकता है। संगठन प्रबन्ध की रीढ़ है। यदि संगठन मजबूत होगा तो प्रबन्ध का कार्य सुचारुरूप से होता रहेगा और प्रशासन का उद्देश्य अर्थात् संस्था का उद्देश्य पूरा हो सकेगा। संगठन एक साधन (Means) है साध्य (Ends) नहीं है। इसके द्वारा संस्था की समस्याओं का समाधान करना संभव है। संस्था की सफलता और संचालकता मजबूत संगठन पर निर्भर है।

संगठन के सिद्धान्त (Principles of Organisation)—संगठन के सिद्धान्त का औचित्य उद्देश्य की प्राप्ति पर निर्भर है। यदि संस्था अपने उद्देश्य को प्राप्त करने में सफल रहती है तो यह संगठन के मजबूत होने का सबूत हो सकता है। एक मजबूत संगठन उद्देश्यों को प्राप्त करने में हमेशा उचित योगदान देता है, परन्तु उद्देश्य की प्राप्ति आकस्मिक हो जाने पर संगठन की मजबूती नहीं साबित होगी। संगठन पर ही प्रबन्ध की प्रभावशीलता निर्भर है। संगठन को मजबूत बनाने के लिए यह आवश्यक है कि उसकी रचना कुछ सिद्धान्तों के आधार पर की जाये।

(1) उद्देश्य का निर्धारण (Determination of objectives)—मजबूत संगठन के लिए सबसे पहली आवश्यक बात उद्देश्य के निर्धारण की है। प्रबन्ध को चाहिए वह उद्देश्य को सामान्य रूप से और विशेष रूप से निश्चित करे। प्रत्येक कार्य विधियों के उद्देश्य के साथ संस्था का एक विस्तृत रूप में उद्देश्य होना चाहिए। सामान्य उद्देश्य की प्राप्ति के लिए विशिष्ट और विभागीय उद्देश्यों का सहारा लेना पड़ता है। प्रत्येक कार्य का एक निश्चित और न्यायपूर्ण योगदान होना चाहिए। बीमा संस्था में बीमापत्रधारियों की सेवा करना मुख्य और सामान्य उद्देश्य है। इसकी प्राप्ति के लिए कर्मचारियों को कार्यकुशल और सक्षम होना चाहिए, उनको प्रोत्साहित और प्रशिक्षित करने का कार्य होना जरूरी है। बीमापत्रधारी तभी संतुष्ट होगा जबकि उसे प्रस्ताव पत्र भेजने के समय से लेकर भुगतान होने के समय तक सभी आवश्यक सुविधाओं को प्राप्त करने का अवसर मिलता रहे। यह तभी होगा जबकि बीमा संस्था के विभिन्न विभाग अच्छी तरह संगठित होंगे और उन्हें अपने-अपने विशेष उद्देश्यों का पता होगा। सामान्य एवं विशिष्ट उद्देश्यों का स्पष्ट ज्ञान होना चाहिए।

(2) कार्य एवं कार्यिक में सम्बन्ध (Relationship between functions and personnel)—सामान्य उद्देश्यों की प्राप्ति के लिए जब विशिष्ट उद्देश्य बना लिये गये हों तो उसके बाद कार्य का निर्धारण करना चाहिए। प्रत्येक संस्था में कई विभाग होंगे और प्रत्येक विभाग में कई कार्य एवं उपकार्य होंगे। इन कार्यों एवं उपकार्यों का निश्चित होना जरूरी है। जब कार्यों का निर्धारण हो जायेगा तो यह पता लगाना आसान होगा कि उनको करने के लिए किस-किस योग्यता के व्यक्ति चाहिए। प्रत्येक कार्य को पूरा करने के लिए अलग-अलग योग्यता का होना जरूरी हो जाता है। मानसिक एवं शारीरिक योग्यताओं को अलग-अलग विशेष रूप से तय किया जा सकता है। एक उचित संगठन वही होगा जिसमें विशिष्ट रूप से किये जाने वाले कार्यों का ज्ञान प्रबन्ध को हो। यदि प्रबन्ध

को अपने संस्था के सम्पूर्ण कार्य और विभागों के अलग-अलग कार्य का स्पष्ट ज्ञान नहीं है तो वह प्रबन्ध अच्छे संगठन को नहीं अपना सकता। किन कार्यों को किया जाना है और कैसे किया जाना है इसका पूर्ण ज्ञान प्रबंध को होना चाहिए।

जब कार्यों और उपकार्यों का पूरा ज्ञान हो जाता है तो उनको किन व्यक्तियों से कराया जाये इसका प्रश्न उठता है। कार्य के स्वभाव के अनुसार व्यक्तियों की नियुक्ति की जाये और प्रत्येक व्यक्ति को उसकी योग्यतानुसार कार्य का विभाजन किया जाये। योग्यता का निर्धारण कर्मचारी की बुद्धि, अनुभव, क्षमता, शिक्षा आदि के अनुसार किया जाता है। प्रत्येक कर्मचारी अपने कार्यों को पूरा करने के लिए जिम्मेदार होता है। यदि किसी कार्य को कई व्यक्ति मिलकर पूरा करते हैं तो उसके लिए उनकी संयुक्त जिम्मेदारी होती है। कार्य को पूरा करने के लिए सभी व्यक्तियों को समान रूप से कार्य सौंपने चाहिए। कार्य के न्यायपूर्णता की जाँच के लिए कभी-कभी कार्य-भार (Work-load) का मूल्यांकन करना जरूरी हो जाता है। प्रत्येक कर्मचारी उच्च प्रबन्ध से क्रमशः पथ प्रदर्शित और निर्देशित होना चाहिए। अर्थात् उच्च प्रबन्धक अपने नीचे प्रबन्धक को उसके बाद निरीक्षक को तथा निरीक्षक कर्मचारियों को निर्देशन देता रहे। यदि कर्मचारी कार्य को पूरा नहीं करते हैं तो उनके निरीक्षक की जिम्मेदारी होगी और इसी प्रकार उच्च प्रबन्धक अपने नीचे के प्रबन्धक को इस असफलता के लिये जिम्मेदार ठहरा सकता है। इस प्रकार संगठित करने से नियंत्रण प्रभावपूर्ण होता है।

(3) कार्य विभाजन एवं सामूहीकरण (Dividing and Grouping of Work)—संस्था का सम्पूर्ण कार्य कई भागों एवं उपभागों में विभाजित करना चाहिए। कार्य के विभाजन को संस्था का विभागीयकरण (Departmentation) भी कहते हैं। विशिष्टीकरण एवं सहयोग के लिए विभागीयकरण जरूरी है। विभिन्न विभागों के कार्यों को संगठित करना समन्वय (Co-ordination) कहलाता है। विशिष्टीकरण के आधार पर कार्य कराने में अधिक कार्य होते हैं और उनका गुण भी उत्तम होता है। लोक-सेवा का कार्य, कार्यालय का विशेष कार्य, सम्पूर्ण संस्था का कार्य आदि विशिष्टीकरण का आधार बन सकता है। विशिष्टीकरण में कार्य को अलग-अलग पूरा किया जाता है परन्तु उनके अलग रहने से संस्था का कार्य सम्पन्न नहीं हो जाता है, उनके समन्वय की आवश्यकता पड़ती है। विभिन्न उपकार्यों को समन्वित करके एक कार्य बनाना जरूरी है। चूँकि सम्पूर्ण कार्य एक साथ अच्छी तरह नहीं हो सकते हैं; इसलिये कार्य का विभाजन (विशिष्टीकरण) आवश्यक है। कार्य-विभाजन से कार्यक्षमता में वृद्धि हो जाती है, इससे कार्यकर्ताओं पर अधिक नियंत्रण रखा जा सकता है तथा उनकी जिम्मेदारियों पर जोर दिया जा सकता है जिससे प्रत्येक उपकार्य अच्छे प्रकार से पूरे होते हैं। सभी उपकार्यों को मिलाकर संस्था का एक पूर्ण कार्य हो जाता है। बीमापत्रधारियों की सेवाओं के कई रूप होते हैं जिन्हें अलग-अलग विभाग जैसे अभिहस्तांकन उपविभाग, ऋण विभाग, अध्यर्थन विभाग आदि पूरा किया जाता है। इस प्रकार कार्यों का विभाजन करके उन्हें पूरा करना और समन्वित करना उचित संगठन का महत्वपूर्ण सिद्धान्त है।

(4) प्रभावपूर्ण प्रत्यायुक्ति (Effective Delegation)—संगठन का चौथा सिद्धान्त अधिकार एवं उत्तरदायित्व की प्रत्यायुक्ति है। चूँकि प्रबन्ध सभी कार्य स्वयं नहीं कर सकता है, अतः उसे अपने अधिकार दूसरे व्यक्तियों को प्रत्यायुक्त करने पड़ते हैं। बिना अधिकार (Authority) सौंपे कोई व्यक्ति कार्य करने के योग्य नहीं हो सकता है। प्रबन्ध के प्रति उस व्यक्ति की जिम्मेदारी हो जाती है कि वह सौंपे गये कार्य को अच्छी तरह करे। निर्देशित नियमों और उपनियमों का पालन करे और उसी के अनुसार सौंपे गये कार्य को पूरा करे। अधिकार एवं दायित्व की प्रत्यायुक्ति क्रम से उच्च अधिकारी से लेकर नीचे के

कर्मचारी तक आनी चाहिए। प्रबन्धक या अध्यक्ष को सभी कार्य स्वयं करने की आवश्यकता नहीं है। वे अपने अधिकारों को अपने सहायकों को सौंप कर कार्य पूरा कर सकते हैं। नैत्यिक कार्यों को पूरा करने के लिए कर्मचारियों को निर्णय लेने का अधिकार सीमित मात्रा में होना जरूरी है। कार्यों को पूरा करने का अधिकार एवं दायित्व प्रत्यायुक्त करने से कर्मचारियों में विश्वास और श्रद्धा की भावना जागृति होती है। बिना विश्वास और आपसी सम्बन्ध के कोई कार्य पूरा होना सम्भव नहीं है। कर्मचारी को अपने दायित्व सम्बन्धी एवं कार्य सम्बन्धी स्पष्ट अधिकार होने चाहिए। यदि अधिकार नहीं सौंपा जायेगा तो वे अपने कार्य पूरा नहीं कर सकेंगे। सफल प्रबन्धक वही कहा जाता है जो स्वयं कार्य न करके अपने सहायकों से कार्य पूरा कराता है। संगठन के प्रत्यायुक्त सिद्धान्त से वह ऐसा कर सकता है।

(5) समन्वय एवं संतुलन (Co-ordination and Balance)—विभिन्न व्यक्तियों की क्रियाओं को समन्वित करके संस्था के कार्यों में एकरूपता लाना आवश्यक है। समन्वय स्थापित करने के लिए प्रबन्धक को प्रयास करना चाहिए। सम्बन्धित कार्यों को समन्वित करना, विभेदीय या विपरीत कार्यों को अलग रखना तथा प्रत्येक कर्मचारी का संगठन में योगदान बताना एक अच्छे संगठन का गुण है। समन्वय सिद्धान्त मजबूत संगठन के लिए उतना ही आवश्यक है जितना कि विशिष्टीकरण करके कार्यों को पूरा कराना जरूरी है। समन्वय स्थापित करने के लिए प्रत्येक कर्मचारी को यह बताया जाता है कि उसे अपने कार्य को पूरा करने के बाद क्या करना है; किन व्यक्तियों से पथ-प्रदर्शन प्राप्त करना है, किन व्यक्तियों को क्या कार्य सौंपना है और किन व्यक्तियों से उसे क्या कार्य मिलेगा। कार्यों के आपसी सम्बन्ध टूटने नहीं चाहिए। कर्मचारियों को इसके लिये एक दूसरे के प्रति सहयोगिता की भावना रखनी चाहिए। बिना सहयोग के समन्वय नहीं और बिना समन्वय के संगठन नहीं। अत: उचित और मजबूत संगठन के लिये सहयोगपूर्ण समन्वय का सिद्धान्त अपनाना जरूरी है। संस्था के सामान्य उद्देश्य और प्रत्येक विभागों के विशिष्ट उद्देश्यों को पूरा करने के लिए प्रयास करना जरूरी है।

(6) दृढ़ता, क्षमता एवं लोचकता (Definiteness, Efficiency and Flexilibility)—एक अच्छे संगठन में दृढ़ता, क्षमता एवं लोचकता सिद्धान्त को ध्यान में रखना आवश्यक है। वस्तुत: ये अच्छे संगठन के गुण कहे जा सकते हैं। चूँकि इन गुणों को अपनाना एक अच्छे संगठन के लिए आवश्यक है, इसलिये ये सिद्धान्त के रूप में प्रयुक्त किये जा सकते हैं। उद्देश्यों की प्राप्ति के लिए संगठन को दृढ़ होना चाहिए, उपलब्ध क्षमता का अधिकतम प्रयोग करना चाहिए तथा आवश्यकतानुसार नीतियों एवं विधियों में लोचकता होनी चाहिए। इन सिद्धान्तों को अपनाकर कोई भी संगठन सफल हो सकता है।

संगठन के रूप
(Forms or Types of Organisation)

संगठन के मुख्य चार रूप बताये गये हैं—(1) विभागीय अथवा सैनिक संगठन, (2) रेल एवं कर्मचारी संगठन, (3) क्रियात्मक संगठन, तथा (4) समिति संगठन।

(1) विभागीय अथवा सैनिक संगठन (Departmental or Line or Scalar or Military Organisation)—संगठन का यह सबसे पुराना तरीका है। इसे सैनिक संगठन भी कहते हैं। जिस प्रकार फौज में कई टुकड़ियों को मिलाकर एक प्लाटून बनती है, कई प्लाटून को मिलाकर एक कम्पनी बनती है; कई कम्पनी मिलाकर एक बटालियन बनती है और कई बटालियन मिलाकर एक ब्रिगेड बनती है, इसी प्रकार

ब्रिगेड से डिवीजन और डिवीजन से फौज बनती है। बीमा व्यापार में भी इसी प्रकार का संगठन है। आदेश एवं निर्देशन उच्चतम अधिकारी से चलता है जो उच्च अधिकारी को मिलता है, उच्च अधिकारी इसे सहायक अधिकारी और सहायक अधिकारी इसे पर्यवेक्षक को देता है। पर्यवेक्षक कर्मचारियों से कार्य कराता है। इसमें अधिकारी सीधे एक दूसरे को प्रत्यायुक्त होता है। कार्य कराने की वास्तविक जिम्मेदारी पर्यवेक्षक या निरीक्षक सहायक प्रबन्धक पर होती है जो कर्मचारियों को आदेश देकर कार्य कराता है। प्रबन्ध संचालक क्षेत्रीय प्रबन्धकों को आदेश एवं निर्देशन देते हैं। क्षेत्रीय प्रबन्धक, विभागीय प्रबन्धक को और विभागीय प्रबन्धक शाखा प्रबन्धक को आदेश देते हैं। शाखा प्रबन्धक अपने सहायक प्रबन्धकों की सहायता से कर्मचारियों द्वारा कार्य कराता है। सहायक प्रबन्धक एवं शाखा प्रबन्धक को अपने अधिकारों के अन्दर निर्णय लेने की छूट है। वह बीमापत्रधारियों को सलाह देता है। उनसे प्रथम प्रव्याजि की रकम प्राप्त करके रसीद देता है; परन्तु नवीनीकरण की रसीद देने का उसे अधिकार नहीं है। इसमें एक विभाग का दूसरे विभाग से सम्बन्ध बना रहता है।

इस प्रकार के संगठन में नीतियों का निर्धारण सर्वोच्च स्तर पर किया जाता है। उपनीतियों या कार्य-नीतियों को उससे नीचे के प्रबन्ध निश्चित करते हैं और कार्य आदेशों को उससे और नीचे के अधिकारी द्वारा बनाया जाता है। उच्च प्रबन्ध को अपने नीचे के सहायक प्रबन्धकों पर पूरा अधिकार रहता है।

गुण (Advantages)—इस संगठन का सबसे बड़ा लाभ यह है कि यह सरल संगठन है, इससे कार्य में सुचारुता आ जाती है। यह प्रभावपूर्ण तरीका है। इसमें समस्त अधिकारियों का अधिकार क्षेत्र निश्चित रहता है। विभागीय अध्यक्षों को विभाग की देखभाल करने की पूर्ण स्वतंत्रता होती है। विभाग की कार्यक्षमता विभागीय अध्यक्ष की कुशलता एवं योग्यता पर निर्भर है। इस प्रणाली में दायित्व एवं अधिकारों का कोई झगड़ा नहीं होता है। विभिन्न विभागों के बीच समन्वय स्थापित किया जा सकता है। इसमें कार्य पूरा करने की जिम्मेदारी निश्चित व्यक्तियों पर होती है। यदि वे अपने कार्यों को पूरा नहीं करते तो उसके लिए वे दायी ठहराये जा सकते हैं। अधिकारियों की कार्यक्षमता एवं लगन का मूल्यांकन आसानी से हो जाता है। यदि कार्यक्षमता बढ़ गयी है और व्यक्ति में कार्य के प्रति वास्तविक लगन पैदा हो गयी है तो उस व्यक्ति की पदोन्नति हो सकती है। अयोग्य और लापरवाह व्यक्तियों की अवनति भी इसी आधार पर सम्भव होती है।

दोष (Disadvantages)—निर्णय लेने में देरी होने के कारण व्यापार को क्षति पहुँच सकती है। व्यापार को बढ़ाने के लिए उच्च अधिकारी पर ही निर्भर रहते हैं। यह संगठन जटिल एवं अपरिवर्तनशील है। इसके अन्तर्गत सामन्त प्रथा का प्रयोग हो सकता है। आदेश ही महत्वपूर्ण है। चाहे वह गलत हो या सही। किसी भी अधिकारी या कर्मचारी को उसे काटने या रोकने का अधिकार नहीं है। अधिकारी मनमाने ढंग से कार्य कर सकता है। इसके लिए उसे कोई रोक नहीं है। विशेषज्ञ सलाह के अभाव में अधिकारी अवांछनीय एवं अयोग्य निर्णय लेकर कार्य कर सकता है। योग्य व्यक्तियों के अभाव में यह संगठन अपने आप में घातक है। इसमें सही सूचना मिलने की सम्भावना नहीं रहती है।

यह संगठन वहाँ उपयुक्त होगा जहाँ पर व्यापार स्तर छोटा है। संचालन विधि सीधी एवं सरल है; क्रियाओं को उप विभागों में बाँटना आसान है; कार्य संचालन स्वाभाविक एवं स्वचालित (Automatic) है, मशीनों का प्रयोग सरल है तथा श्रम एवं प्रबन्ध सम्बन्धी समस्याएँ कम हैं। बीमा व्यवसाय में इस पद्धति का प्रयोग होता है।

2. रेखा एवं कर्मचारी संगठन (Line and Staff System)—इस संगठन में सहायक प्रबन्धकों एवं कर्मचारियों का मुख्य कार्य सलाह एवं परामर्श देना है, उन्हें अधिकार नहीं मिलता है। दूसरे शब्दों में सहयोगी प्रबन्धक को सलाह देने का अधिकार है। जो व्यक्ति अपने क्षेत्र में विशेषज्ञ हैं उनसे उसी विशेषता के अनुसार सलाह लेकर प्रबन्ध कार्य किये जाते हैं। इन विशेषज्ञों को निर्णय लेने का अधिकार नहीं है। प्रबन्ध इन व्यक्तियों की सलाहों को मानता है क्योंकि उससे प्रबन्ध को अधिक लाभ है; परन्तु यह आवश्यक नहीं है कि विशेषज्ञ अपनी सलाह मनवाने के लिए प्रबन्ध को बाध्य कर दे। विशेषज्ञ अधिकारी (Staff) और अधिकृत अधिकारी (Line) का उचित समन्वय रहता है, इसीलिए इसे रेखा एवं कर्मचारी संगठन कहते हैं। रेखा (Line) अर्थात् अनुशासन को बनाये रखता है तथा कर्मचारी विशेषज्ञ (Staff) मूल्यवान सलाह देता है। रेखा अधिकारी प्रबन्ध के कार्यों के लिए जिम्मेदार है। उसे योजना, संगठन, प्रेरणा और नियंत्रण के कार्यों को करना पड़ता है। दूसरी तरफ वह इन कार्यों को पूरा करने के लिए विशेषज्ञों से सलाह लेता है। विशेषज्ञ शोध, नियोजन, तालिका बद्ध कार्य, स्तर का निर्माण और कार्यों के मूल्यांकन की विधियों को बताता है। वह कार्यों को स्वयं नहीं करता बल्कि कार्यों को पूरा करने के लिए विशिष्ट परामर्श देता है। यदि रेखा अधिकारी (Line Authority) द्वारा उसे कोई कार्य सौंपा गया है तो वह उस कार्य को करने के लिए जिम्मेदार होता है। कर्मचारी (Staff) सोचने वाला एवं परामर्श देने वाला और अधिकृत अधिकारी (Line) कार्य करने वाला होता है। इस पद्धति का यह उद्देश्य है कि कार्य संचालन में विशेषज्ञों की परामर्श अवश्य ली जाये और उसके आधार पर प्रबन्धक अपने समस्त कार्यों को पूरा करे। परामर्श प्राप्त करने के लिए कभी-कभी समितियों का निर्माण किया जाता है जिसमें सहायक प्रबन्धक एवं विभागाध्यक्ष भी शामिल किये जाते हैं। समितियों की रिपोर्ट उच्च प्रबन्धक के सामने रखी जाती है जिस पर विचार-विमर्श करके नीतियों और प्रतिनीतियों का रूप दिया जाता है जिसका पालन प्रबन्धक के विभिन्न अंग करते हैं। उच्च प्रबन्धक की ही यह प्रमुख जिम्मेदारी है कि वह परामर्श लेकर कार्य संचालन कराये।

गुण (Advantages)—इस संगठन का सबसे बड़ा लाभ यह है कि अधिकार का क्रम बना रहता है और साथ ही साथ विशेषज्ञ अधिकारियों की सेवाओं और परामर्श का भी फायदा उठाया जाता है। विशेषज्ञों को कार्य कराने के लिए आदेश नहीं देना पड़ता है यह कार्य अधिकृत अधिकारी अर्थात् लाइन पदाधिकारी द्वारा होते हैं। विभागीय पद्धति के दोषों से यह प्रणाली मुक्त है। विशेषज्ञ की परामर्श का समावेश किया जाता है जिससे सामन्त-प्रकृति (Dictatorship) को अपनाने का मौका नहीं मिलता है। संगठन में लोचकता रहती है। अधिकृत अधिकारी अपने सामान्य कार्य प्रणाली के सम्बन्ध में सुरक्षित है क्योंकि उससे आवश्यक परामर्श समय-समय पर मिलती रहती है। वह व्यक्ति अपने निर्णय एवं विचारों में दृढ़ता महसूस करता है। काम को सोचना एवं परामर्श देना काम के करने से अलग रहता है जिससे विशेषज्ञों को सोचने और परामर्श देने का मौका मिल जाता है। विशेषज्ञ कर्मचारी विभिन्न विभागों की कार्य प्रणाली की जाँच करते हैं, उन्हें परामर्श देकर सुदृढ़ बनाते हैं तथा विभिन्न विभागों के बीच सम्बन्ध एवं समन्वय स्थापित किया जाता है। परामर्श का कार्य एक प्रशिक्षण कार्य के समान है जिससे सम्पूर्ण संस्था एवं उच्च अधिकारी सतत लाभान्वित होता रहता है।

दोष (Disadvantages)—इस पद्धति में भी कुछ दोष हैं। अधिकृत अधिकारी (Line) और विशेष अधिकारी (Staff) के विचारों में मित्रता हो सकती है; इससे अविश्वास में वृद्धि हो जाती है और कार्य करने में कठिनाई होती है। यदि विशेषज्ञों ने उचित सलाह

नहीं दी तो अधिकृत अधिकारियों को कार्य करने में कठिनाई हो सकती है। असावधानी पूर्ण सलाह कार्य के लिए घातक हो सकती है। अधिकृत अधिकारी और विशेषज्ञ अधिकारी एकांगी हो जाते हैं क्योंकि दोनों को एक दूसरे के कार्य करने का अधिकार नहीं है। अधिकृत अधिकारी सोच नहीं सकता है तथा विशेषज्ञ अधिकारी कार्य नहीं कर सकता है। इन दोनों के आपसी विभेद से संगठन में सफलता नहीं मिल पाती है।

संगठन की यह प्रणाली वहाँ उपयुक्त होती है जहाँ पर कार्यालय का कार्य बड़ा है, विशेषज्ञ कार्यों की आवश्यकता है तथा विशेषज्ञों की परामर्श लेना जरूरी हो जाता है। विशेषज्ञ अधिकारी का अधिकार प्रतिनिधित्व और उत्तरदायित्व परामर्शीय होता है, अधिकृत या रेखा अधिकारी का अधिकार प्रत्यक्ष और उत्तरदायित्व सामान्य रहता है। बीमा संस्थाओं में विभिन्न समितियों का गठन करके इस प्रकार के संगठन को अपनाया जाता है। बीमापत्रधारी सलाह समिति, विनियोग समिति, अभियन्ता समिति आदि अनेक समितियों का निर्माण किया गया है जिनसे परामर्श लेकर सम्बन्धित नीतियों का निर्धारण किया जाता है।

3. क्रियात्मक संगठन (Functional Organisation)—क्रियात्मक संगठन के अन्तर्गत किसी एक व्यक्ति को उतने ही कार्य सौंपे जाने चाहिए जितना कि वह भली प्रकार कर सके। कर्मचारी प्रबन्धक से सीधे आदेश प्राप्त करता है। इस दशा में कर्मचारी के ऊपर कई अधिकारी होते हैं जो उसे समय-समय पर सलाह देते रहते हैं। इस पद्धति में प्रबन्ध कार्य को कई विभागों में बाँट दिया जाता है। प्रत्येक विभाग द्वारा अलग-अलग कार्य किये जाते हैं। एक ही विभाग को एक ही कार्य सौंपना चाहिए। उनमें किसी प्रकार का दुहरापन नहीं होना चाहिए। विशिष्टता को ध्यान में रखकर कर्मचारियों को कार्य सौंपे जाते हैं।

गुण (Advantages)—इस पद्धति का सबसे बड़ा गुण यह है कि कार्य विशेषज्ञों द्वारा किया जाता है। कार्यकुशलता बढ़ाने का उचित मौका मिल जाता है। श्रम विभाजन के लाभ मिल जाते हैं। विशिष्टीकरण के कारण प्रत्येक व्यक्ति की क्षमता का मूल्यांकन करना आसान होता है। बड़े पैमाने पर कार्य-संचालन सम्भव हो जाता है। विशिष्टीकरण का लाभ उस सीमा तक भी उठाया जाता है जहाँ तक मानसिक और शारीरिक कार्यों को अलग करने का अवसर मिलता है।

दोष (Disadvantage)—इस पद्धति में कर्मचारी बहुत से व्यक्तियों से आदेश प्राप्त करता है जिससे उसमें अनुशासन बनाये रखना सम्भव नहीं हो पाता है। विभिन्न विभागों के कार्यों में समन्वय करना कठिन हो जाता है। यदि विभागों की संख्या बढ़ती जा रही है तो समन्वय का कार्य भी जटिल होता जायेगा। विभागों में आपसी विभेद होने की सम्भावना बनी रहती है इसमें उत्तरदायित्व को निश्चित करना आसान नहीं होता है। उत्तरदायित्व के अभाव में किसी व्यक्ति पर नियंत्रण रखना कठिन कार्य होगा।

टेलर (F.W. Taylor) ने इस पद्धति को निम्नस्तरीय कार्यों को संगठित करने के लिए अपनाया था। इस प्रणाली को विभागों के आन्तरिक प्रबन्ध में नहीं अपनाया जा सकता है। बीमा संस्था में मशीन विभाग में इस संगठन को देख सकते हैं जहाँ पर मशीन पर कार्य करने वाले व्यक्ति को अनेकों विभागाध्यक्षों के आदेशों का पालन करना होता है। यह संगठन-पद्धति सम्पूर्ण संस्था के लिये एक साथ नहीं अपनायी जाती है।

4. समिति संगठन (Committee Organisation)—एक वृहत् संगठन में कार्यकारी समिति (Executive Committee) की सहायता के लिए कई समितियाँ बनाई

जाती हैं। समितियों को परामर्श देने का कार्य सौंपा जाता है। इस समिति के वरिष्ठ सदस्य या सभापति नियंत्रण का कार्य कर सकते हैं। बीमा संस्थाओं में केन्द्रीय कार्यालय में विनियोग समिति, व्यापार वृद्धि समिति, बीमापत्र सेवा समिति आदि अनेक समितियों का गठन किया गया है। क्षेत्रीय एवं विभागीय स्तर पर भी इस प्रकार की कई समितियाँ हैं जो व्यापार वृद्धि के लिए परामर्श देती हैं।

इस प्रकार की समितियों के गठन में कुछ सिद्धान्तों का पालन किया जाता है। विभागीय अध्यक्ष के अधिकारों एवं दायित्वों को नहीं छीना जाता है। वे इन समितियों से प्रत्यक्ष रूप से सम्बन्धित भी नहीं होते हैं। समिति में विशेषज्ञ और सम्बन्धित व्यक्तियों को ही शामिल करना चाहिए। कर्तव्यों, अधिकारों एवं उत्तरदायित्वों का स्पष्ट निर्धारण होना आवश्यक है। कर्तव्यों एवं दायित्वों के विभाजन में लोचकता का गुण होना चाहिए। समिति को शुद्ध रूप से परामर्श कार्य ही दिये जाते हैं। उसे संगठन एवं प्रबन्ध क्रियाओं से कोई मतलब नहीं होता है। कार्यकारी समिति को ही निर्णय लेने और नीतियाँ बनाने का अधिकार होता है। परामर्श समितियाँ इन्हें केवल सुझाव देती हैं। परामर्श से कार्यकारी समिति को तकनीकी लाभ मिलता है। असावधानी पूर्ण सलाह देने की सम्भावना कम हो जाती है।

गुण (Advantages)—इस संगठन में विभागों के कार्यों में समन्वय स्थापित करना सम्भव हो जाता है। निर्णय लेने के पूर्व सभी सम्बन्धित पदाधिकारियों से परामर्श लेना जरूरी हो जाता है। इससे निर्णय की व्यावहारिकता और क्रियाशीलता बढ़ जाती है। विवादग्रस्त विषयों का समाधान हो जाता है। विभागों में आपसी समन्वय स्थापित करना सरल हो जाता है।

दोष (Disadvantages)—इस पद्धति का सबसे बड़ा दोष यह है कि समितियों का गठन बहुत विस्तृत होने पर उचित निर्णय और परामर्श प्राप्त करना सम्भव नहीं हो पाता है। समितियों के गठन से खर्च बढ़ जाते हैं। समितियों के बार-बार बुलाने पर समय भी नष्ट होता है। समितियों का संस्था से घनिष्ठ सम्बन्ध न होने के कारण कोई महत्वपूर्ण निर्णय लेना कठिन हो जाता है। बीमा संस्थाओं में केन्द्रीय कार्यकारी समिति तथा अन्य परामर्श समिति का गठन किया जाता है। जीवन बीमा निगम एक समिति ही है जिसमें 15 सदस्य होते हैं। उसकी सहायता के लिये उसकी परामर्श समितियाँ हैं।

संगठन की प्रक्रिया
(Process of Organisation)

संगठन की प्रक्रिया पर व्यापार की सफलता निश्चित रहती है। संगठन करने के लिए विभिन्न कार्यों जैसे उद्देश्य का निर्धारण, कर्मचारियों की नियुक्ति, कार्य का वितरण तथा उनके समन्वय आदि की आवश्यकता पड़ती है। मजबूत संगठन से अधिक व्यापार की सम्भावना बढ़ जाती है। संगठन का उद्देश्य कम से कम लागत, श्रम और समय में अधिकतम क्षमता प्राप्त करना है। व्यापार के उद्देश्यों के साथ सामाजिक हितों में वृद्धि करना जरूरी है। बीमा संस्था में व्यक्तियों को संतुष्टि देना मुख्य उद्देश्य है। बीमा संस्था में संगठन की प्रक्रिया में नियुक्ति, विशिष्टीकरण, कार्य विभाजन, कार्य व्यवस्था, विभागीय पद्धति, समन्वय, प्रत्यायुक्ति तथा कार्य की दशाओं को शामिल किया जाता है।

1. नियुक्ति (Staffing)—नियुक्ति से तात्पर्य कार्य योग्य व्यक्तियों को कुछ निश्चित कार्य पूरा करने के लिए नियुक्त करना है। कार्य योग्य व्यक्तियों की कितनी संख्या में और किन व्यक्तियों की नियुक्ति हो इसे संगठन के अन्दर प्राथमिकता देनी चाहिए।

संगठन और प्रबन्ध के उद्देश्यों को ध्यान में रखकर यह निश्चित किया जाता है कि किन व्यक्तियों को और कितनी संख्या में नियुक्त किया जाये। सामान्य उद्देश्यों को विशिष्ट उद्देश्यों या कार्यविधियों में बाँटना जरूरी हो जाता है क्योंकि उसी आधार पर कार्य करना आसान हो जायेगा। जितने व्यक्तियों की आवश्यकता है उतने ही व्यक्तियों को नियुक्त किया जाये, उससे अधिक या कम व्यक्तियों को नियुक्त करना अनार्थिक होगा। अधिक व्यक्तियों को नियुक्त करने से कार्य उतनी कुशलता से नहीं होगा जितनी की उचित संख्या रहने पर होगा। इसके अतिरिक्त व्यक्तियों को अनावश्यक रूप से वेतन भत्ते आदि देने से खर्चे बढ़ जायेंगे। अधिक व्यक्तियों को खोजना और उनको कार्य से मुक्त करना कठिन होगा। अत: यह आवश्यक है कि जब नियुक्ति की जाये, तब उतने ही व्यक्तियों की नियुक्ति की जाये जितने की आवश्यकता है। इस आवश्यकता का निर्धारण वर्तमान कार्यों की मात्रा और भविष्य में प्रगति होने की सम्भावना पर आधारित है। अधिक व्यक्तियों की नियुक्ति कार्य को अच्छी तरह करने के बजाय कार्य की गति में धीमापन लाती है। सभी व्यक्ति कार्य को धीरे-धीरे करेंगे जिसका पता लगाना संभव नहीं होगा। धीरे-धीरे कार्य करने से उनकी आदत ऐसी बन जायेगी कि जब अधिक कार्य पड़ेगा तो वे उसको कार्यालय-काल (Office-Period) में न करके उसके बाद करेंगे। कार्य के घण्टों के अलावा कार्य करने पर अतिरिक्त वेतन की माँग होगी और खर्चा बढ़ता जायेगा। विभिन्न विभागों के पिछले कार्यों की सीमा के अनुसार यह अनुमान लगाया जा सकता है कि व्यक्ति कार्यों के अनुसार अधिक तो नहीं हैं। व्यक्तिगत मूल्यांकन पर या पर्यवेक्षक द्वारा कार्यालय की यदा-कदा जाँच करने से यह पता लग जाता है कि कार्य की मात्रा अधिक है या कम। यदि कार्य की मात्रा व्यक्तियों की तुलना में कम है तो अतिरिक्त व्यक्तियों को अन्य किसी विभाग में भेज करके कार्य और व्यक्ति में उचित अनुपात बनाया जा सकता है। जहाँ पर व्यक्तियों की संख्या कम है वहाँ पर इन व्यक्तियों को भेज करके संस्था में नियुक्ति को समन्वित कर सकते हैं। अधिक कर्मचारियों की समस्या को कम करने का दूसरा उपाय यह है कि जब नये व्यक्तियों को नियुक्त करना जरूरी है तो उन्हें नियुक्त न करके इन अतिरिक्त व्यक्तियों को वह कार्य सौंपा जा सकता है। नयी पद्धतियों को अपना कर या नये कार्यों को शुरू करके इस समस्या का समाधान कर सकते हैं। अधिक कर्मचारियों को संस्था से बाहर करना सम्भव नहीं है। इससे अविश्वास और संघर्ष शुरू हो जाते हैं।

यदि कर्मचारियों की संख्या आवश्यकता से कम है तो कार्य को पूरा कराने के लिए वर्तमान कर्मचारियों को अधिक भत्ते देने पड़ेंगे। अधिक भत्ते अपेक्षाकृत बढ़े हुए दर पर दिये जाते हैं साथ ही साथ कार्य करते रहने से व्यक्तियों की क्षमता क्षीण हो जाती है। यदि वे केवल 8 घण्टे अच्छी तरह कार्य कर सकते हैं तो 10 घण्टे अच्छी तरह काम करना संभव नहीं होगा। इससे गलतियों की संभावना बढ़ जायेगी। कार्य में रुकावट आयेगी। अकुशलता एवं अयोग्यता का पता लगाना संभव नहीं हो पायेगा। यदि समय के अन्दर सुधार न किया गया तो कठिनाई बढ़ जायेगी और अंत में यह महँगा पड़ेगा। कर्मचारियों की कमी से अन्ततोगत्वा लागत बढ़ जाती है। व्यापार में कमी आ जाती है तथा दीर्घकाल में इसका घातक प्रभाव पड़ता है। नये व्यक्तियों को नियुक्त करके इसका समाधान किया जा सकता है। परन्तु जब नये व्यक्तियों को नियुक्त किया जा रहा है तो यह देखना जरूरी है कि भविष्य की कार्य मात्रा के अनुसार इनकी संख्या अधिक न हो जाये।

कुछ कार्यों को पूरा करने में स्त्रियाँ अपेक्षाकृत अधिक कुशल होती हैं। अत: उनको पूरा करने के लिए यथासम्भव स्त्रियों को नियुक्त किया जा सकता है। टाइपराइटर गणक आदि मशीनों को चलाने में स्त्रियाँ अधिक कुशल होती हैं, इसलिये इन कार्यों को पूरा करने

के लिए स्त्रियों को नियुक्त किया जा सकता है। नैत्यिक कार्यों को पूरा करने में भी स्त्रियाँ अधिक कुशल होती हैं। वे इन कार्यों को अच्छी तरह समझ भी जाती हैं। उनके अन्दर सद्भावना और सहयोगिता की भावना अधिक रहती है। अनुशासन के टूटने का भय बहुत कम हो जाता है। ये कार्य या संगठन के प्रति अविश्वास नहीं रखतीं जबकि पुरुष वर्ग प्रबन्ध से असहयोग करने के लिए तैयार हो सकता है। जहाँ पर अधिक कर्मचारियों की समस्या उत्पन्न हो जाती है स्त्री-कर्मचारियों को सेवा मुक्त किया जा सकता है। व्यापार की कमी होने पर उन्हें कार्य से अलग कराना अधिक समस्या का कारण नहीं होगा। स्त्री कर्मचारियों को गुप्त एवं अविश्वास कार्य सौंप सकते हैं। यदि ये कार्यकुशलता बढ़ाने में रुचि ले रही हैं तो इन्हें भी अन्य कर्मचारियों की भाँति पदोन्नति आदि देकर प्रोत्साहित किया जा सकता है। स्त्री कर्मचारियों को नियुक्त करने से व्यापार में वृद्धि हो सकने की सम्भावना रहती है। पुरुष कर्मचारियों को इनकी नियुक्ति से कभी-कभी असन्तोष हो जाता है। इन्हें छुट्टियों की भी अधिक आवश्यकता पड़ती है। इनके कार्यकाल भी अधिक नहीं हो पाते हैं। इन सभी दोषों के कारण इनकी नियुक्ति हमेशा लाभकारी नहीं होती है।

केवल उन्हीं व्यक्तियों को नियुक्त किया जाये जो कि कार्य की आवश्यकता के अनुसार योग्यता रखते हों। कार्य के स्वभाव को समझकर नियुक्त करना जरूरी है। विशेषज्ञ की नियुक्ति तभी की जाये जबकि उन्हें कार्य का पूरा ज्ञान हो। बुद्धिमान एवं कार्यशील व्यक्तियों की नियुक्ति करने से व्यापार की साख बढ़ती है। बीमापत्रधारियों को अधिक सेवा प्रदान की जा सकती है। अत: नियुक्ति के समय यह ध्यान रखना आवश्यक है कि केवल उतने ही व्यक्तियों को नियुक्त किया जाये जितने व्यक्तियों की आवश्यकता हो।

(2) विशिष्टीकरण (Specialisation)—विशिष्टीकरण सीमित अर्थों में केन्द्रीयकरण है। एक व्यक्ति एक कार्य या एक दिशा में प्रयास करके विशेष दक्षता प्राप्त कर लेता है। जरोस्लॉव तूमा (Jaroslav Tuma) के शब्दों में ''विशिष्टीकरण मानसिक कार्य या शारीरिक प्रयत्नों के विशेष समस्याओं अथवा कार्यों पर केन्द्रित करने को कहते हैं। एक ही कार्य समस्या पर विचार अथवा कार्य के केन्द्रीयकरण से उस कार्य या समस्या से सम्बन्धित जानकारी व अनुभव प्राप्त हो जाता है जिससे पूर्ण ज्ञान एवं दक्षता प्राप्त हो जाती है।'' इस प्रकार विशिष्टीकरण एक ही समस्या पर विचार करता है, कार्यों के विभिन्न उपविभागों और अंगों को अलग-अलग व्यक्ति पूरा करते हैं। इस प्रकार कार्य करने से व्यक्ति को अपने-अपने कार्यों में पूर्ण दक्षता मिल जाती है। विशिष्टीकरण का कार्य आजकल बढ़ता जा रहा है। बड़े पैमाने पर कार्य किये जाने के कारण विशिष्टीकरण को प्रोत्साहन मिल रहा है। आधुनिक प्रबन्ध के गतिशील होने के कारण इसको और बढ़ावा मिल रहा है। विशिष्टीकरण से आत्मनिर्भरता बढ़ती जाती है और परनिर्भरता कम होती जाती है।

विशिष्टीकरण के आधार पर कोई जटिल कार्य शीघ्र एवं उत्तम ढंग से किया जाता है क्योंकि प्रत्येक अंगों एवं उपविभागों को विशेषज्ञ व्यक्ति पूरा करते हैं। विशिष्टीकरण भी अपनाया जा सकता है जबकि संस्था एवं प्रबन्ध का आकार बहुत बड़ा हो तथा कार्यों एवं क्रियाओं का विभाजन वैज्ञानिक ढंग से किया जाता हो। प्रत्येक कार्य विधि अपने में पूर्ण एवं निश्चित हो तथा प्रत्येक व्यक्ति का कार्य क्षेत्र या उत्तरदायित्व निश्चित हो। विशिष्टीकरण में अपनाये गये उपकार्यों एवं विभागों में समन्वय होना चाहिए। विशिष्टीकरण का उद्देश्य तभी पूरा होगा जबकि कार्यों का विभाजन योग्यता और रुचि के अनुसार किया जाये।

विशिष्टीकरण से श्रम विभाजन के सभी लाभ मिलते हैं। इसके अन्तर्गत तकनीकी कार्यों को करने के लिए विशेषज्ञों की सेवाएँ ली जाती हैं जिससे कार्य अच्छे प्रकार से अधिक मात्रा में पूरा हो जाते हैं। इससे कार्यक्षमता में वृद्धि होती है तथा अनुसन्धान को

प्रोत्साहन मिलता है, कार्य करने में जो समस्यायें आती हैं उनका विशेष ज्ञान होता है। इन समस्याओं के निराकरण के लिए प्रयास किया जाता है। इससे आपस में सहयोग की भावना जागृत होती है, प्रशिक्षण की सुविधा में वृद्धि हो जाती है, व्यापारिक साख में भी वृद्धि हो जाती है तथा व्यापार का क्षेत्र बढ़ जाता है। उत्तरदायित्व सौंपकर कर्मचारियों के कार्यों पर नियंत्रण प्रभावपूर्ण ढंग से किया जा सकता है। इसके द्वारा कार्य करने पर यंत्रीकरण और प्रमापीकरण में वृद्धि होती है, श्रम, समय और धन की बचत होती है।

विशिष्टीकरण से कार्य क्षेत्र सीमित हो जाता है; किसी व्यक्ति को कार्य के पूरे अंगों को करने का ज्ञान नहीं हो पाता है। व्यक्तियों का विकास एकांगी हो जाता है। वर्ग या समूह के निर्माण से संघर्ष को बढ़ावा मिल सकता है। प्रशिक्षण की सुविधा न होने पर कार्य अच्छी तरह नहीं हो सकता है। यद्यपि कि श्रम में बचत होती है तथापि अत्यधिक विशिष्टीकरण से अयोग्यता में वृद्धि हो सकती है। प्रभावपूर्ण विशिष्टीकरण से कार्य संचालन की गति बढ़ जाती है, कार्य में शुद्धता आती है तथा हस्तकौशल का विकास होता है। यदि व्यक्तियों को उनकी रुचि के अनुसार कार्य दिया गया, तो उन्हें कार्य से अरुचि नहीं पैदा होगी। कार्यों में समय-समय पर परिवर्तन करके व्यक्तियों की अरुचि और अप्रसन्नता को कम कर सकते हैं। मशीनों के प्रयोग से जटिल एवं अरुचि पूर्ण कार्यों को रुचिकर बनाया जा सकता है जिससे गलतियों की सम्भावना कम होगी। यह भी सत्य है कि मशीन पर कार्य करते-करते व्यक्ति की क्षमता का एकांगी विकास होता है, उसमें अन्य कार्य करने की क्षमता नहीं रह जाती। इसलिए व्यक्तियों के कार्यों में समय-समय पर परिवर्तनशीलता जरूरी है, परन्तु जो व्यक्ति इसका विरोध करते हों उन्हें पूर्व कार्य पर ही लगे रहने देना चाहिए। व्यक्ति के कार्य परिवर्तन के समय उनकी क्षमता और रुचि का ध्यान रखना आवश्यक है जिससे वे अपनी क्षमता को बढ़ा सकें। क्षमता बढ़ाने के दृष्टिकोण से किसी भी व्यक्ति को एक ही कार्य सदैव नहीं करते रहना चाहिए। व्यक्तियों के कार्यों का मूल्यांकन और कार्य वितरण विशिष्टीकरण का एक आवश्यक तत्व बन गया है। किसी भी व्यक्ति को कार्य विभाजन के पहले उसकी विशेषता का पता लगाया जाये जिससे उसे उसकी क्षमता और रुचि के अनुसार कार्य सौंपा जा सके।

(3) कार्य विभाजन (Allocation of work)—संगठन की यह एक महत्वपूर्ण क्रिया है। सही कर्मचारी को सही कार्य का विभाजन आवश्यक है। किसी भी कर्मचारी को उसकी योग्यता एवं इच्छा के अनुसार कार्य का विभाजन करना चाहिए। कार्य कई प्रकार के होते हैं; इसी प्रकार लोगों की अभिरुचि और योग्यता भी विभिन्न प्रकार की होती है। किसी व्यक्ति को वही कार्य सौंपना चाहिए जिसे वह सबसे अच्छी तरह कर सके। संगठन के लिए यह एक कठिन समस्या होती है कि ऐसे व्यक्तियों की खोज कैसे की जाये और उन्हें कौन-सा कार्य सौंपा जाये। कार्य विभाजन के पहले यह आवश्यक है कि व्यक्ति की योग्यता और विशेषता का मूल्यांकन अच्छी तरह किया जाये। उचित व्यक्ति को उचित कार्य सौंपना एक जटिल कार्य है जिसके लिये सतत प्रयास करना चाहिए। यदि कार्य विभाजन के बाद यह पता चले कि उस कार्य को कोई और कर्मचारी और अच्छी तरह से कर सकता है तो उस कार्य को उसी कर्मचारी को सौंपना चाहिए। कार्य विभाजन के बाद व्यक्तियों के कार्यों में परिवर्तन चलता रहना तब तक आवश्यक होगा जब तक कोई उचित व्यक्ति की खोज न हो जाये। जिस कार्य को कोई व्यक्ति अच्छी तरह नहीं कर पाता यदि वह कार्य उसे सौंपा गया तो कार्य भी अच्छी तरह नहीं होगा और उस व्यक्ति की क्षमता भी कम हो जायेगी। योग्यतानुसार कार्य विभाजन नहीं होने से कर्मचारियों की क्षमता का दुरुपयोग होता है और कार्य भी अच्छी तरह पूरा नहीं हो पाता है।

व्यक्तियों की क्षमता का पूर्ण प्रयोग कर्मचारियों और संस्था दोनों के लिए लाभकारी है। योग्यतानुसार कार्य का विभाजन पर्यवेक्षण की आवश्यकता को कम करता है। यदि किसी व्यक्ति को जानबूझकर उसकी अरुचि का कार्य सौंपा गया है तो उससे संस्था को ही हानि होगी। वह व्यक्ति मन लगाकर कार्य नहीं करेगा और इससे उसकी क्षमता का विकास रुक जायेगा। व्यक्तियों की क्षमता के अनुसार कार्य का वितरण जरूरी है। कार्य का विभाजन समान एवं न्यायपूर्ण होना चाहिए। कार्य घण्टे किसी व्यक्ति के कम या अधिक नहीं होने चाहिए। पर्यवेक्षक के व्यक्तिगत अनुभव के आधार पर यह पता लग सकता है कि किस व्यक्ति के ऊपर कार्य का कितना बोझ है। कम भार वाले कर्मचारियों को उनकी क्षमतानुसार कुछ और अधिक कार्य देने चाहिए। किसी भी कर्मचारी के ऊपर कार्य का अत्यधिक दबाव नहीं पड़ना चाहिए। आपसी सहयोग एवं सद्भावना के आधार पर किसी व्यक्ति को उचित मात्रा में कार्य सौंपे जा सकते हैं। कार्य के समान वितरण के लिए कार्यों के लेख होने आवश्यक हैं।

कार्य को कर्मचारी की क्षमता एवं योग्यता के अनुसार विभाजन करने के बाद यह देखना आवश्यक है कि कार्य का समान रूप से वितरण हो। यदि किसी कर्मचारी या व्यक्ति को कम कार्य सौंपा जायेगा तो कार्यों के करने की गति धीमी पड़ जायेगी। जो कार्य 5 घण्टे में होने हैं वे कार्य 6–7 घण्टे में किये जायेंगे। अधिक कार्य आ जाने पर अतिरिक्त घण्टे कार्य करना होगा जिसके लिए अतिरिक्त भत्ते भी दिये जाने आवश्यक होंगे, इससे प्रबन्ध एवं संचालन लागत में वृद्धि हो जायेगी। दूसरी तरफ जो कर्मचारी या विभाग अत्यधिक भार वहन कर रहा है वह अपने कार्यों को अच्छी तरह पूरा नहीं कर पायेगा। अतः कार्य के समान वितरण की आवश्यकता हमेशा बनी रहती है। पर्यवेक्षक या विभागाध्यक्ष कार्यों के भार को अच्छी तरह समझ सकता है। उसे चाहिये कि प्रत्येक व्यक्ति के कार्यों की प्रगति एवं भार का मूल्यांकन करने और परिवर्तन होने के समय प्रबन्ध को सूचित करे। प्रबन्ध कार्य-भार को समान करने के लिए प्रयास करेगा। न्यायपूर्ण और समान वितरण के लिए प्रबन्ध अत्यधिक भार वाले विभाग में नये व्यक्तियों को नियुक्त करेगा या उस विभाग से व्यक्तियों को आने का आदेश देगा जिस विभाग में अधिक कर्मचारी हैं। अधिक व्यक्तियों की संख्या को नियुक्ति की दर कम करके घटाया जा सकता है। कर्मचारियों को एक विभाग से दूसरे विभाग को हस्तान्तरित करके कार्य-भार में समानता लायी जा सकती है।

(4) कर्मचारियों की कार्य व्यवस्था (Disposition of Staff)— कर्मचारियों की कार्य व्यवस्था से तात्पर्य कर्मचारियों के कार्य स्थल से है अर्थात् कर्मचारियों के बैठने के स्थान की व्यवस्था से है। यदि कर्मचारियों के बैठने के स्थान के विषय में गहराई से विचार न किया गया तो पास-पास ऐसे कर्मचारी बैठ सकते हैं जो एक दूसरे के कार्य में विघ्न डाल सकते हैं। अतः यह आवश्यक है कि उन कर्मचारियों को पास-पास रखा जाये जो एक दूसरे के सहायक हों। कार्यस्थल इस प्रकार हो कि वे अनावश्यक रूप से अधिक दौड़-धूप न करें। जहाँ तक सम्भव हो सम्बन्धित कर्मचारियों को पास-पास बैठाया जाये। उदाहरण के लिए विभागाध्यक्ष के समीप कार्यालय का अधीक्षक (Superintendent) बैठे और फिर उसके बाद अन्य व्यक्ति बैठें जो एक दूसरे के कार्यों से सम्बन्धित हों। पत्र भेजने वाला कर्मचारी वहाँ रहे जहाँ पर पत्र लिखकर आ जाते हैं। आपसी सम्बन्ध रखने वाले कर्मचारियों को यदि पास-पास नहीं रखा गया तो वे कार्यों को पूरा कराने में समय व्यर्थ कर देंगे। जहाँ तक सम्भव हो बैठने का प्रबन्ध इस प्रकार हो कि कर्मचारियों को अपने स्थान से उठकर जाने की आवश्यकता न पड़े। लोक सम्बन्ध अधिकारी को वहाँ बैठना चाहिए जहाँ पर लोग आसानी से पहुँच सकें। मुख्य अधिकारियों

का कमरा ऐसे स्थान पर हो जहाँ पर विघ्न उत्पन्न होने की संभावना न हो। आने-जाने में समय बेकार नष्ट नहीं होना चाहिए। मशीन का विभाग ऐसी जगह हो जहाँ पर किसी कर्मचारी के कार्य में विघ्न न पड़ सके। कार्य करने के स्थान की व्यवस्था करना संगठन की एक आवश्यक प्रक्रिया है। समय, श्रम और धन के सदुपयोग के लिए स्थान का वितरण महत्वपूर्ण है।

(5) विभागीय पद्धति (Departmental System)—विभागीय पद्धति विशिष्टीकरण का अलग कदम है; दूसरे शब्दों में विभागीय पद्धति सामूहिक विशिष्टीकरण (Group-Specialisation) है। उन व्यक्तियों को एक विभाग में रखते हैं जिनकी योग्यता समान हो। जो व्यक्ति एक समान कार्य को कर सकते हैं उन्हें एक निश्चित विभाग में कार्य सौंपे जाने चाहिए। कार्यालय के नैत्यिक कार्य करने में भी लोगों की क्षमता एवं योग्यता में भिन्नता होती है; उसी भिन्नता के अनुसार कार्य विभाजन होना चाहिए। विभाग में कर्मचारियों को एक स्थान से दूसरे स्थान भेजकर उनकी योग्यता का पूर्ण प्रयोग किया जा सकता है। कर्मचारियों को एक विभाग से दूसरे विभाग भेजकर उनकी रुचि के अनुसार कार्य सौंपा जा सकता है। विभागीय स्थानान्तरण से कर्मचारियों की क्षमता में वृद्धि होती है और उन्हें उनकी योग्यता एवं रुचि के अनुसार कार्य मिलते हैं। अतः यह आवश्यक है कि कर्मचारियों की योग्यता और रुचि का पूर्वानुमान किया जाये और उसी के अनुसार उन्हें कार्य सौंपा जाये। विभागाध्यक्ष अपने कर्मचारियों की योग्यता एवं रुचि का अनुमान अच्छी तरह कर सकता है। विभागीय या अन्तर्विभागीय स्थानान्तरण के समय कर्मचारी और व्यापार के हित को ध्यान में रखना चाहिए। विभागाध्यक्ष की जिम्मेदारी इस दशा में बढ़ जाती है। वह सहयोग एवं सद्भावना के साथ ही स्थानान्तरण कर सकता है। यदि किसी व्यक्ति को स्थानान्तरण से परेशानी हो रही है तो उसे यथासम्भव समझने का प्रयास किया जाये कि इससे उसका और व्यापार दोनों का फायदा है। यदि वह कर्मचारी अपने हितों को अच्छी प्रकार नहीं समझ पा रहा है तो उसकी रुचि के अनुसार ही कार्य सौंपना पड़ता है क्योंकि अरुचिपूर्ण कार्य सौंपने पर व्यापार का भी नुकसान होगा।

एक कार्यक्षम विभागाध्यक्ष को यह अनुमान हो जाता है कि विभागीय या अन्तर्विभागीय परिवर्तन से उसे तथा व्यापार को कितना लाभ होगा। व्यापार के सामान्य हितों को बढ़ाने के लिये आवश्यक सुधारों और परिवर्तनों को करने के लिये वह तैयार हो सकता है। विभागीय अध्यक्षों को उन आदतों को अपनाना चाहिए जिससे उनमें आपसी सहयोग बढ़ सके। यदि वे आपस में सहयोग और सद्भावना से कार्य करेंगे तो इसका प्रभाव कर्मचारियों पर भी पड़ेगा और वे भी सहयोग के साथ कार्य करते रहेंगे। विभागीय या अन्तर्विभागीय संगठन पद्धति के लिए यह आवश्यक है कि आपसी सहयोग एवं सद्भावना का विकास हो, सामूहिक उत्साह (Team Spirit) से कार्य करने पर व्यापार की वृद्धि सम्भव हो सकती है। सामूहिक उत्साह अध्यक्ष या अधीक्षक के द्वारा ही प्रेरित होता है। यदि वे कार्यों को पूरा करने के लिए कटिबद्ध हैं और आपसी सद्भावना बनाये रखते हैं तो उनके कर्मचारी भी सामूहिक उत्साह को स्थान दे सकेंगे। उदाहरण और कार्य में भिन्नता नहीं होनी चाहिए अन्यथा कार्य अच्छी तरह पूरा नहीं हो पायेगा। व्यापार की प्रगति विभागाध्यक्षों की योग्यता एवं कुशलता पर निर्भर है। प्रबन्ध को चाहिए कि ऐसे विभागाध्यक्षों को नियुक्त करे जो कार्यकुशल, अनुभवी, उत्साही और सहयोगी हों। नेतृत्व करने का गुण बहुत आवश्यक है। अधिकारी बनकर पद-मदान्ध होने से कार्य नहीं चल सकता है, इससे आपसी संघर्ष और बढ़ते हैं। मानवी तत्व एवं कमियों को ध्यान में रखकर विभाग का प्रबन्ध करना जरूरी है। यदि विभागाध्यक्ष मनुष्य को मशीन समझकर कार्य

कराता है तो इससे असन्तोष में वृद्धि होगी। मनुष्यों की आवश्यकताओं को ध्यान में रखकर ही कार्य कराना चाहिए। अमानवीय व्यवहारों से कर्मचारी असन्तुष्ट हो जायेंगे और कार्य-संचालन में अविश्वास बना रहेगा। लोगों को इससे कठिनाई होगी और कार्य करने में लापरवाही करेंगे। व्यापार की सफलता इस पर निर्भर है कि व्यक्तियों के साथ किस प्रकार का बर्ताव किया जा रहा है। व्यापारिक या संगठन पद्धति पर व्यापार की सफलता अधिक निर्भर नहीं होती है। प्रबन्ध के दृष्टिकोण पर कार्यालय का कार्य चलता है। यदि प्रबन्ध कर्मचारियों के प्रति उदासीन है तो कर्मचारी भी कार्य के प्रति लापरवाह होंगे। प्रबन्ध स्तर अच्छे और प्रभावपूर्ण ढंग का होना चाहिए। इसी के अनुरूप विभागीय-अध्यक्षों का दृष्टिकोण बनता है। यदि प्रबन्ध ने पक्षपात और लापरवाही की तो विभागाध्यक्ष भी उसी प्रकार का व्यवहार करेंगे जिसका प्रभाव कर्मचारियों पर पड़ेगा।

(6) समन्वय (Co-ordination)—संगठन का अगला कार्य समन्वय स्थापित करना है। इसके लिए विभिन्न विभागों में आपसी सम्बन्ध बनाये रखना और उनमें परिवर्तनशीलता का समावेश करना जरूरी है।

विभिन्न विभागों में आपसी सम्बन्ध रखना (Liaison) बहुत आवश्यक है। एक ही संस्था के विभिन्न विभागों में आपसी सम्बन्ध रखना समन्वय का सबसे बड़ा कार्य है। विभागों को अपने आप तक सीमित नहीं रहना चाहिए। इससे उनका कार्य और व्यापार का कार्य बहुत अच्छी तरह नहीं हो पायेगा। एक विभाग को अकेले नहीं रहना चाहिए। उसे एक दूसरे के विचारों से अवगत होते रहना चाहिए तथा एक दूसरे को समय-समय पर परामर्श देते रहना चाहिए। विभागों को यह कभी नहीं भूलना चाहिए कि वे एक ही संस्था के कई अंग हैं। उन्हें एक दूसरे के हितों को ध्यान में रखना जरूरी है। उन्हें एक दूसरे के कार्यों एवं सलाहों को भूल नहीं जाना चाहिए। किसी कार्य में जल्दबाजी करने से वह अधूरा रह सकता है; बिना विचार-विमर्श किये हुए कार्य पूरा नहीं कराना चाहिए।

आपसी सम्बन्ध को बनाये रखना उच्च प्रबन्ध का कर्तव्य है। प्रत्येक विभागों में घनिष्ठ सम्बन्ध होना जरूरी है। साथ ही साथ सभी विभाग मिलकर संस्था के सम्पूर्ण हित को बढ़ाने का प्रयास करें। यदि प्रबन्ध ने आपसी सम्बन्ध को बढ़ाने का प्रयास किया तो विभाग और कर्मचारियों में भी आपसी सम्बन्ध बना रहेगा। किसी कार्य को पूरा करने के लिए उससे सम्बन्धित सलाह प्राप्त करना आवश्यक है। कर्मचारियों के विरोध की सूचना प्राप्त करना, उनका समाधान करना और सुझाव देना एक महत्वपूर्ण कार्य है। सुझावों के अनुसार परिमार्जित योजना बनाना एवं कार्य करना आवश्यक होगा।

विभागों में आपसी सम्बन्ध (Liaison) स्थापित करने के लिए विभागाध्यक्षों की समय-समय पर मीटिंग होना जरूरी है जिसमें विचार-विमर्श करके कार्य का रूप निश्चित किया जा सके, योजना बनाई जा सके। आपसी सम्बन्ध स्थापित करने के लिए ऐसी बैठकों का होना बहुत जरूरी है। उच्चस्तरीय सभायें या अनौपचारिक बैठकें इसके लिए लाभकारी सिद्ध हो सकती हैं। औपचारिक बैठकों से उतना कार्य नहीं हो पाता जितना अनौपचारिक और व्यक्तिगत बैठकों से कार्य हो जाता है। आपसी सम्बन्ध कार्यालय पद्धति पर आधारित नहीं है। इसके लिये व्यक्तिगत सम्बन्ध का होना जरूरी है। व्यक्तिगत स्तर पर विचार-विमर्श अधिक लाभदायक सिद्ध होता है। आपसी सम्बन्ध स्थापित करने में विभागीय अध्यक्षों का महत्वपूर्ण स्थान है, वे सम्बन्ध अधिकारी (Liaison Officer) के रूप में कार्य कर सकते हैं।

(7) अन्तर्परिवर्तन (Interchangeability)—समन्वय स्थापित करने के लिए अन्तर्परिवर्तन (Inter-changeability) की बहुत आवश्यकता है। किसी कर्मचारी को

बहुत दिन तक किसी एक कार्य पर नियुक्त किये रहना अव्यावसायिक है। वह व्यक्ति धीरे-धीरे कार्य से उदासीन होता जाता है। इससे कर्मचारियों की क्षमता बढ़ने नहीं पाती है। कर्मचारियों की क्षमता बढ़ाने के लिए यह जरूरी है कि उन्हें समय-समय पर नये-नये कार्य दिये जाते रहें। व्यक्तियों की योग्यता जैसे-जैसे बढ़े उन्हें अधिक महत्वपूर्ण कार्य सौंपा जाना चाहिए। साहसी और बुद्धिमान व्यक्तियों को अधिक कार्य के लिए प्रोत्साहित किया जा सकता है। उनकी पदोन्नति हो सकती है। कभी-कभी कर्मचारी वर्तमान कार्य को इतनी अच्छी तरह करता है कि उसे दूसरे कार्य को करने में भय लगती है। प्रगति या पदोन्नति के स्थान पर पुराने कार्य से ही संतुष्ट रहता है। परिवर्तन हमेशा दुखदाई होता है; परन्तु इन विपरीत कथनों के बावजूद भी अन्तर्परिवर्तन के कई लाभ हैं। लोगों के अनुभव का क्षेत्र बढ़ता है, दृष्टिकोण में परिवर्तन आता है, लोचकता और सामान्य उपयोगिता बढ़ जाती है। प्रत्येक कर्मचारी की क्षमता का मूल्यांकन प्रबन्ध को करना चाहिए। इस मूल्यांकन से प्रबन्ध को अन्तर्परिवर्तन में सहायता मिलती है। अन्तर्परिवर्तन से सहायकों और नये व्यक्तियों को प्रशिक्षित करने में सहायता मिलती है। इससे समस्त कर्मचारियों को कुशलता प्राप्त करने में सहायता मिलती है। अन्तर्परिवर्तन से संगठन मजबूत बनता है। यदि किसी कर्मचारी की मृत्यु होती है या वह अवकाश ग्रहण करता है या अन्य किसी प्रकार से कार्य से विलग होता है तो उसके स्थान पर दूसरे कर्मचारी को नियुक्त किया जा सकता है और वह उस कार्य को आसानी से संभाल सकता है क्योंकि अन्तर्परिवर्तन के कारण उसे उस कार्य की शिक्षा मिल गयी रहती है। रिक्त स्थान की पूर्ति को बाहरी व्यक्तियों की नियुक्ति से संस्था और विभाग में असन्तोष उत्पन्न हो जाता है। व्यक्तियों में उत्साह कम हो जाता है क्योंकि उनकी प्रगति की आशायें पूरी नहीं होती हैं। इससे कार्यक्षमता घट जाती है। अत: रिक्त स्थान की पूर्ति यथासम्भव आन्तरिक कर्मचारियों की पदोन्नति करके की जानी चाहिए।

8. सहायक कार्यकर्ताओं की आवश्यकता (Deputizing)—कार्यालय के कार्यों को सुचारूरूप से चलाने के लिए सहायक कार्यकर्ताओं की आवश्यकता है। सहायक कर्मचारी को प्रबन्ध के सभी कार्यों को समझने की योग्यता होनी चाहिए। प्रबन्ध अध्यक्ष को चाहिए कि वह अपने कार्य को निकटतम सहायक को बताता रहे जिससे सहायक भी अध्यक्ष के कार्यों को भली प्रकार समझ सके और आवश्यकता पड़ने पर उसका कार्य कर सके। सहायक को प्रशिक्षित करने से अध्यक्ष को भी सहायता मिलेगी। अध्यक्ष के कार्यों में वह हाथ बँटा सकेगा। जब कभी अध्यक्ष छुट्टी पर जाये, तब कार्यालय का कार्य रुकने नहीं पायेगा। इसलिए सहायक को प्रशिक्षित करना बहुत जरूरी है।

कुछ अर्द्ध-प्रशिक्षित अध्यक्ष ऐसे भी हैं जिनको सहायकों को कार्य सौंपने और सिखाने में भय रहता है। वे सोचते हैं कि उनकी योग्यता सबसे अधिक है, सहायक को प्रशिक्षित और काम सौंपने से कार्य में अकुशलता बढ़ जायेगी। बढ़ती हुई अकुशलता को रोकने के लिए जो प्रयास किया जायेगा उससे आपसी संघर्ष में वृद्धि होगी। उन्हें अपने पद से गिरने का भय बना रहता है क्योंकि यदि सहायक भी उनके कार्यों को समझ जायेगा तो वह भी अध्यक्ष बनने के लिए दावा करेगा। वे सोचते हैं कि उनकी महत्ता तब तक बनी रहेगी जब तक अपने कार्यों की गोपनीयता अपने हाथों में रखेंगे। यदि उस कार्य की गोपनीयता दूसरे व्यक्ति समझ जायेंगे तो उनका मूल्य घट जायेगा। अत: जब कभी ऐसे व्यक्ति छुट्टी पर जाते हैं तो वे अपने सहायक को बहुत कम कार्य सौंपते हैं। वे अपने हाथ में ही अपना कार्य-भार रखे रहते हैं। छुट्टियों के बाद आने पर सहायक के ऊपर अनावश्यक रूप से क्रोधित हो जाते हैं और सहायक को यह अनुभव कराते हैं कि उसके बिना कार्यालय का कार्य पूरा नहीं हो सकता। सहायक की अयोग्यता की तरफ परोक्ष रूप से इशारा करते हैं। परन्तु, ये

सभी विचार केवल अर्द्धशिक्षा और न्यून दृष्टिकोण के प्रतीक हैं। यदि सहायक अध्यक्ष के कार्यों को सीख जाता है तो वह उसके कार्य में हाथ बँटायेगा। वह उनसे अधिक योग्य नहीं होगा। हाँ यदि सहायक इतना योग्य है कि थोड़े से समय में अध्यक्ष के कार्यों को जानकर अध्यक्ष से अच्छा कार्य कर सकता है तो उसे ही अध्यक्ष होना चाहिए। अपने हाथों में अधिकारों को संकेन्द्रित करने से सहायक उनकी सहायता नहीं कर पायेंगे, आपसी अविश्वास बढ़ेगा और कार्य अच्छे ढंग से नहीं किया जा सकेगा। पद की गोपनीयता अन्य कर्मचारियों को न बताये जाये परन्तु सहायक को यदि कार्य की गुप्तता नहीं पता होगी तो वह कार्य अच्छी तरह नहीं कर पायेगा। अध्यक्ष के छुट्टियों में जाने पर कार्यालय का कार्य अधूरा पड़ा रहेगा। यदि आने पर उलटे सहायक और कर्मचारियों को दोषी ठहराने पर आपसी संघर्ष बढ़ जाते हैं और अध्यक्ष अपने कार्यों को कभी भी अच्छी तरह नहीं कर पायेगा।

सहायक को कार्य सौंपने की समस्या का समाधान अन्तर्परिवर्तन से हो जाता है। जब अध्यक्ष, उसके सहायक और अन्य महत्वपूर्ण कर्मचारी एक स्थान से दूसरे स्थान और एक विभाग से दूसरे विभाग स्थानान्तरित होते रहेंगे तो आपसी विभेद को स्थान नहीं मिल पायेगा। बुद्धिमत्तापूर्ण स्थानान्तरण से सहायक को कई कार्यों का ज्ञान हो जाता है। इसमें पक्षपात आदि को स्थान नहीं मिलना चाहिए। उन अध्यक्षों के लिए यह गौरव की बात होगी जिसके सहायक उनके कार्यों को थोड़ी-सी सूचना से पूरा कर लेते हैं। योग्य अध्यक्ष कभी भी अपने सहायक से भयभीत नहीं रहता है क्योंकि उसके सहायक उसकी सहानुभूति और विश्वास के कारण उसकी हमेशा मदद करेंगे। अध्यक्ष यह समझता है कि यदि सहायक के कारण उसके कार्य में कुछ फुरसत होगी तो उस समय का सदुपयोग करके अध्यक्ष अपने कार्यों को और अच्छी तरह कर सकेगा। नये-नये कार्यों को पूरा करने के लिए उसमें क्षमता बढ़ेगी और अन्ततोगत्वा उसकी प्रगति होगी।

9. कार्य दशायें (Working Conditions)—कार्य की उचित दशाओं से कर्मचारी की क्षमता में वृद्धि होगी और कार्य अच्छी तरह किया जाता रहेगा। कार्य दशाओं में कार्य के घण्टे, छुट्टियाँ, कार्यालय की स्थिति, बढ़ी हुई क्षमता का उचित पारितोषिक आदि आते हैं। कार्य के घण्टे अधिक बढ़ाने से कार्यक्षमता में वृद्धि नहीं होती है। यह देखा गया है कि कार्य के घण्टे कम और काम अधिक रहने से कर्मचारी एकाग्रचित्त होकर अच्छा कार्य कर लेता है। यदि काम के घण्टे अधिक हैं तो वह धीरे-धीरे लापरवाही से कार्य करता रहेगा जिससे क्षमता में अधिक वृद्धि नहीं हो पायेगी। एक सप्ताह में 35 घण्टे का कार्य उचित समझा गया है। कार्य घण्टों में नाश्ते की छुट्टी, सामयिक आराम आदि को शामिल करते हैं। गर्मियों एवं जाड़ों की छुट्टी, रविवार की छुट्टी और अन्य आवश्यक छुट्टियाँ मिलना जरूरी है। छुट्टियों की सुविधा से व्यक्तियों की कार्यक्षमता में वृद्धि हो जाती है। कार्य के घण्टे बहुत अधिक नहीं होने चाहिए, काम का बोझ भी आवश्यकता से ज्यादा न रहे तथा कार्य की अवधि के अनुसार वेतन भी होना चाहिए। यदि कार्य के घण्टे कम हैं तथा वेतन भी कम है तो इससे व्यक्ति को बहुत कठिनाई होगी और उनकी क्षमता कम हो जायेगी। इससे अस्वस्थ, अनार्थिक, अकुशल व्यक्तियों की संख्या बढ़ेगी।

छुट्टियाँ देने का उद्देश्य कर्मचारियों की क्षय हुई क्षमता को पुनः प्राप्त कराना है। छुट्टियों को इतना दिया जाये जिससे उनको लाभ हो सके। कर्मचारियों को इतनी सुविधा देनी चाहिए कि वे आवश्यकता के समय छुट्टियाँ ले सकें। कार्यालय उस समय बंद होना चाहिए जब अधिक गर्मियाँ पड़ रही हों या अधिक सर्दी हो। यह देखा गया है कि लगभग 3 महीने लगातार कार्य करने से व्यक्तियों की क्षमता कम हो जाती है; उसको पुनः प्राप्त

करने के लिए छुट्टियों का होना जरूरी है। 15-20 दिन की छुट्टियों से व्यक्ति पुनः अपनी क्षमता को प्राप्त कर लेता है। कर्मचारियों की क्षमता बढ़ जाने से कार्य और अधिक ढंग से किया जा सकेगा।

एक मजबूत संगठन के लिये यह जरूरी है कि कर्मचारियों की योग्यता का उचित पारितोषिक दिया जाये। पदोन्नति और पारितोषिक से व्यक्तियों को अधिक कार्य करने के लिए प्रोत्साहन मिलता है। यदि व्यक्तियों को अपने कार्यों का उचित प्रतिफल नहीं मिल पायेगा तो उससे उनकी निराशा में वृद्धि होगी। यदि विकास के लिए मौका न दिया गया और क्षमता का उचित प्रतिफल न दिया गया; तो व्यक्तियों में असंतोष की भावना जागृत हो जायेगी। अच्छे और प्रशिक्षित कर्मचारियों की हानि होगी। कार्यालय से अच्छे व्यक्ति दूसरी जगह जाते रहेंगे; संस्था को इससे हानि होगी; नये व्यक्तियों की नियुक्ति करने और उन्हें प्रशिक्षित करने के लिए श्रम, समय और धन की बरबादी होगी। प्रगति एवं पदोन्नति के लिए लोगों को मौका देना जरूरी है।

संगठन एवं पद्धति विभाग
(Organisation and Methods Department)

'संगठन और पद्धति' एक ऐसा विभाग है जो प्रबन्धकीय कार्यों को संगठित करने का कार्य करता है। इस विभाग की सबसे बड़ी विशेषता यह है कि इसमें विशेषज्ञों को शामिल किया जाता है। एक प्रबन्धक के पास इतना समय नहीं रहता है कि वह संगठन-पद्धति पर विशेष ध्यान दे सके। संगठन करना एक विशेषज्ञ का कार्य है जिसमें प्रबन्धक को दक्ष होना हमेशा आवश्यक नहीं है। प्रबन्धक संस्था के सम्पूर्ण कार्यों को संभालता है लेकिन संगठन के प्रत्येक छोटे-बड़े कार्यों की व्यक्तिगत जाँच, उसमें परिवर्तन एवं सुधार उसके लिए एक कठिन कार्य हो जायेगा। प्रबन्धक के कार्य आजकल बहुत विस्तृत एवं विशाल हैं। उसके ऊपर संगठन के छोटे-छोटे कार्य सौंपना अव्यावहारिक है। यह कार्य किसी विशेषज्ञ को सौंपा जाना चाहिए जो कि प्रत्येक कर्मचारियों की योग्यता एवं क्षमता की जाँच करके उनको कार्य सौंपता है, सौंपे गये कार्य का मूल्यांकन करता है तथा उनमें किसी प्रकार की कमी होने पर उसका पुनः सुधार करता है। इस प्रकार संगठन सफल बनाकर प्रबन्ध के उद्देश्यों को पूरा करता है। ऐसे विशेषज्ञों की खोज करना जो इन सब कार्यों को पूरा कर सके बीमा संस्था के लिए बहुत आवश्यक है। लोक उपयोगी एवं व्यवसाय की सेवा प्रकृति के कारण बीमा संस्थाओं के संगठन का मजबूत होना बहुत आवश्यक है। इन सबके लिए एक विभाग खोला जाता है जिसे 'संगठन और पद्धति विभाग' (Organisation and Methods) कहते हैं जिसमें विशेषज्ञ कर्मचारियों की नियुक्त किये रहते हैं। इसके माध्यम से संगठन के उद्देश्यों की पूर्ति होती है और कार्यों को अच्छी तरह और आर्थिकता के साथ पूरा किया जा सकता है 'संगठन एवं पद्धति विभाग' का प्रादुर्भाव औद्योगिक संस्थाओं में सबसे पहले हुआ। कार्यालय में इसका प्रयोग बाद में हुआ। नागरिक सेवा विभागों के कार्यालयों में इसका प्रयोग सर्वप्रथम किया गया और आधुनिक समय में इसका प्रयोग बीमा संस्थाओं में भी किया जाने लगा। इन संस्थाओं में कार्यक्षमता बढ़ाने के लिए इस विभाग को अपनाना आवश्यक हो गया है।

कार्य एवं पद (Functions and Status)

संगठन एवं पद्धति विभाग के कार्यों को समझना बहुत आवश्यक है। संगठन प्रबन्ध का एक महत्वपूर्ण कार्य है। संगठन के अतिरिक्त प्रबन्ध के अन्य कई कार्य होते हैं। जिस प्रकार प्रबन्ध के अन्य कार्य प्रबन्ध से अलग नहीं हो सकते हैं उसी प्रकार संगठन भी

प्रबन्ध से अलग नहीं है। संगठन एक यंत्र है जिसके प्रयोग से प्रबन्ध अपने कर्तव्यों एवं उत्तरदायित्वों को पूरा करता है। प्रबन्ध अपने कार्यों को अच्छी तरह पूरा करने के लिए संगठन को महत्वपूर्ण अधिकार एवं जिम्मेदारी सौंपता है परन्तु इससे प्रबन्ध के अधिकारों और पद (Status) में कमी नहीं आती है। संगठन एक विशेषज्ञ कार्य है। प्रबन्ध के उद्देश्यों को पूरा करने के लिए संगठन विशेष रूप से अभिरुचि लेता है। संगठन प्रबन्ध को सलाह देता है जिससे प्रबन्ध के सम्पूर्ण कार्य अच्छी तरह पूरा हो सकें। संगठनीय-शोधों से न केवल प्रबन्ध को ही लाभ होता है बल्कि इससे सम्पूर्ण कर्मचारियों को विकसित करने का प्रयास किया जाता है। संगठन वास्तविकता पर जोर देता है। इसमें सहयोग प्राप्त करना आवश्यक हो जाता है। संगठन-शोध यदि व्यावहारिक एवं लाभकारी प्रतीत हुआ तो उस पर प्रबन्ध निर्णय ले सकता है। रिपोर्टों एवं सूचनाओं के आधार पर कार्यकारी अधिकार संगठन को सौंपे जा सकते हैं। संगठन एवं पद्धति विभाग शोध कार्यों को पूरा करने के लिए कार्य करता है, सूचनायें तैयार करके प्रबन्ध को सलाह देता है और वर्तमान संगठन पद्धति का निरीक्षण करके उसके दोषों एवं कमियों को बताता है। भविष्य में अपनायी जाने वाली पद्धति का पूर्वानुमान करता है कि उसकी व्यावहारिकता और उपादेयता कितनी है।

इन सब कार्यों को सम्पन्न करने के लिए प्रत्येक स्तर के कर्मचारियों की सलाह एवं सुझाव लिये जाते हैं। अत: यह विभाग एक स्वतंत्र विभाग होना चाहिए जिससे कर्मचारियों के निष्पक्ष विचार प्राप्त किये जा सकें। यह विभाग प्रबन्ध से बिल्कुल अलग होना चाहिए जिससे प्रबन्ध का प्रभाव इस विभाग पर न रहे। इसे अंकेक्षण का भी अंग नहीं समझना चाहिए। अंकेक्षण गलतियों भूल-चूक को स्पष्ट करता है जिससे कर्मचारी इसे सन्देह की दृष्टि से देखते हैं। यह विभाग नियन्त्रण का भी अंग नहीं होना चाहिए, अन्यथा कर्मचारी सही सूचना नहीं दे सकेंगे। यदि उन्हें भय होगा कि इस विभाग द्वारा कर्मचारियों की अयोग्यता प्रकट करके उन्हें दण्ड देना या निकाला जाना है या अधिक कर्मचारियों को वापस कर दिया जायेगा या उन्हें अतिरिक्त कार्य सौंपे जायेंगे तो कर्मचारी इस विभाग को सन्देह की दृष्टि से देखेगा। कर्मचारियों की नियुक्ति, परिवर्तन, प्रशिक्षण, निष्कासन आदि इस विभाग के अधिकार से बाहर होना चाहिए। यह विभाग सहयोग एवं सद्भावना के आधार पर कार्य करता है।

कर्तव्य (Duties)

'संगठन एवं पद्धति विभाग' के कर्तव्यों का वर्णन नीचे किया जा रहा है—

(1) कार्यालय के वर्तमान और भविष्य की कार्य-पद्धति, उपकरण और व्यवहार का अध्ययन करना।

(2) कार्यालय संगठन के प्रत्येक अंगों का परीक्षण करना; पद्धतियों और विभागों के आन्तरिक सम्बन्ध की जाँच करना तथा नियन्त्रण एवं निरीक्षण के सम्भावित पथ-प्रदर्शनों की खोज करना।

(3) विभिन्न कर्मचारियों के वर्तमान एवं भविष्य के कार्य-विभाजन का परीक्षण करना।

(4) प्रबन्ध को कर्मचारियों की क्षमता बढ़ाने के लिए सुझाव देना जिससे प्रबन्ध के उद्देश्य को प्राप्त किया जा सके।

(5) अधिकतम कार्यक्षमता प्राप्त करने के लिए कार्यालय के प्रत्येक कर्मचारी को प्रोत्साहित करना।

(6) क्षमता बढ़ाने के लिए सुझाव प्राप्त करना, उनका विश्लेषण करना, और आवश्यकतानुसार सुझाव देना।

(7) व्यक्तियों की कार्य-कुशलता के मूल्यांकन के लिए सांख्यिकीय और अन्य अभिलेख स्थापित करना।

(8) कार्य-पद्धति में सफलता प्राप्त करने के लिए कर्मचारियों को सुझाव देना, कार्य-दर्शन (Manuals of Procedure) तैयार करना और उनका पर्यवेक्षण करना।

(9) प्रबन्ध द्वारा निश्चित की गयी कार्यविधियों और पद्धतियों को लागू करने के लिए सहायता देना।

(10) संस्था के विभिन्न कार्यालयों एवं कार्यालय की विभिन्न इकाइयों के लिए लोचपूर्ण संगठन की सलाह देना।

कार्यालय का संगठन व्यक्तियों की संख्या, कार्य के स्वभाव, प्रबन्ध के दृष्टिकोण आदि के अनुसार बदलता रहता है। संस्था के कार्यालय सारे देश एवं विदेशों में फैले रहते हैं। उनके संगठन और प्रबन्ध का सुझाव देना इस विभाग का कर्तव्य है। संगठन कभी स्थायी एवं रूढ़ नहीं हो सकता। व्यक्तियों के स्वभाव के अनुसार इसमें परिवर्तन होता है। संगठन एवं पद्धति विभाग हमेशा विकसित होता रहता है। यह केवल प्रयोगात्मक तौर पर नहीं अपनाया जा सकता है। यह एक स्थायी विभाग है जो प्रबन्ध में परिवर्तन एवं सुधार की परामर्श देता है।

संगठन एवं पद्धति की कार्यविधि (Working Procedure of Organisation and Method)—संगठन एवं पद्धति की कार्यविधि समझने के लिये संगठन एवं पद्धति को समझना आवश्यक होगा। संगठन से तात्पर्य बहु क्रियाओं को विभिन्न अंगों (उपकार्यों) में बाँटना, इन उपकार्यों को विभिन्न व्यक्तियों में योग्यतानुसार वितरित करना और उनके उपकार्यों को समन्वित करके कार्य को समग्र रूप देना है। पद्धति से मतलब किसी कार्य को करने के ढंग से है। संगठन यह बताता है कि कोई कार्य कौन (Who) और कब (When) करेगा जबकि पद्धति यह बताती है कि कैसे (How) करेगा। संगठन और पद्धति विभाग इससे आगे बढ़कर यह तय करता है कि क्या (What) करना है और क्यों (Why) यह कार्य करना है। इस प्रकार संगठन और पद्धति विभाग प्रबन्ध के उद्देश्य, कार्य का वर्णन, कर्मचारी की जिम्मेदारी, कार्य का समय तथा कार्य की पद्धति पर विचार करता है। इन सभी तत्वों का पूर्ण विवेचन संगठन एवं पद्धति विभाग की कार्यविधि में शामिल किया जाता है।

कार्यविधियों के स्पष्ट एवं पूर्ण अध्ययन के लिए संगठन एवं पद्धति विभाग के कर्तव्यों का ज्ञान होना आवश्यक है जिसका वर्णन किया जा चुका है। शोध कार्य अर्थात् विचार-विमर्श एवं जाँच करना तथा सुझाव देना इस विभाग का मुख्य कार्य है। इसके लिए नियमित एवं सतत प्रयास की आवश्यकता है। शोधकार्य लगातार किया जाना चाहिए; इसके लिए गहन अध्ययन की आवश्यकता है, प्रदर्शनी लगायी जानी चाहिए, नये उपकरणों एवं पद्धतियों का प्रदर्शन आवश्यक है तथा इन सबकी सूचना रंखना आवश्यक है। वास्तविक जाँच और विश्लेषण की बहुत आवश्यकता है। जिन व्यक्तियों के हित प्रभावित होते हों उनके सुझाव भी प्राप्त करना चाहिए। भविष्य के निर्देशन के लिए इन सबका अभिलेख रखना आवश्यक हो जाता है। इस विभाग द्वारा विभिन्न विभागों एवं कर्मचारियों से सुझाव प्राप्त किये जाते हैं।

यह विभाग संस्था के विभिन्न कार्यालयों की जाँच करता है, उनकी कार्य-पद्धतियों का परीक्षण करता है। प्रत्येक कर्मचारी से उसके द्वारा किये जाने वाले कार्यों की जाँच करता है और उनसे व्यक्तिगत रूप से विचार-विमर्श करता है। कार्यालय की विभिन्न शाखाओं

तथा विभाग के आपसी कार्यविधियों का अध्ययन करता है। यह विभाग उनसे लगातार यह प्रश्न करता है कि कार्य कौन किया जा रहा है और उसके कार्य की विधि वही क्यों है? इन प्रश्नों के माध्यम से यह पता लगता है कि कर्मचारी अपने कार्यों के विषय में क्या जानता है। इससे संगठन एवं पद्धति विभाग यह समझ जाता है कि कार्य क्या है और उसको कैसे किया जा रहा है तथा उसे और अच्छे ढंग से कैसे किया जा सकता है। नयी पद्धतियों को उसी स्थान पर तय करते हैं और उसकी उपयोगिता पर कर्मचारियों से बातचीत की जा सकती है। शाखा के प्रबन्धक या अन्य अधिकारियों से इस पद्धति पर विशेष रूप से वार्ता की जा सकती है। नयी पद्धति को दबाव के रूप में नहीं प्रयोग कर सकते हैं। इस पद्धति के कार्य विभाजन, सामान्य संगठन और उपयोगिता का पूर्वानुमान किया जाता है। पद्धतियों पर विभिन्न दृष्टिकोणों से वार्ता स्वतंत्र रूप से की जानी चाहिए। कर्मचारियों को किसी प्रकार का भय नहीं होना चाहिए, प्रबन्धक अपनी पुरानी प्रथा पर बने रहने के लिये कटिबद्ध न हो, वार्ता में किसी प्रकार का दबाव एवं पक्षपात नहीं होना चाहिए। व्यक्तिगत आलोचनाओं को प्रोत्साहित नहीं करना चाहिए। नयी पद्धतियों एवं सुधारों को अपनाने के लिये दिये गये सुझावों का न्यायपूर्ण ढंग से परीक्षण करना चाहिए। समस्त क्रियाओं एवं उपक्रियाओं का गहन परीक्षण जरूरी होगा जिससे भविष्य में होने वाली कठिनाइयों को दूर किया जा सके। सुझाव प्रभावपूर्ण ढंग से देना आवश्यक है जिससे उसका उपयोग किया जा सके।

संगठन एवं पद्धति विभाग स्थायी होना जरूरी है जिससे कार्य विधियाँ अपनाने के बाद उनका मूल्यांकन किया जा सके और उसके आधार पर सुझाव दिया जा सके। कर्मचारियों और प्रबन्धकों के दृष्टिकोण में परिवर्तन को समझना आवश्यक है। कर्मचारियों से सहयोग प्राप्त करना आवश्यक है जिससे वे संगठन एवं पद्धति विभाग को शंका की दृष्टि से न देख सकें। संगठन एवं पद्धति विभाग में जिन व्यक्तियों को नियुक्त किया जाये उन्हें बीमा व्यवसाय का पूर्ण ज्ञान होना आवश्यक है। कार्यालय की सामान्य पद्धति से भली प्रकार परिचित हों। उनमें व्यक्तित्व, विवेक, सहानुभूति और सद्भावना आदि आवश्यक गुण होने चाहिए। इस विभाग के कर्मचारियों में शोध करने की क्षमता होनी चाहिए। पूछताछ की पद्धति का ज्ञान आवश्यक है। शोध के बाद प्राप्त हुई सूचनाओं के आधार पर सुझाव देने की क्षमता का होना जरूरी है।

जहाँ पर संगठन एवं पद्धति विभाग को स्थायी रूप से अपनाया नहीं जा सकता है, वहाँ पर कुछ ऐसे व्यक्तियों को नियुक्त किया जाता है जो इस विभाग के सभी कार्यों को करने में समर्थ हों। संगठन में परिवर्तन करने के लिए कभी-कभी बाहरी व्यक्तियों को नियुक्त किया जाता है। इसका सबसे बड़ा लाभ यह है कि ये व्यक्ति निष्पक्ष सुझाव दे सकते हैं। इनके ऊपर श्रम या प्रबन्ध का दबाव नहीं पड़ेगा। अस्थायी रूप से इनकी नियुक्ति कर ली जाती है और जब इस विभाग का कार्य पूरा हो जाता है तो इन्हें सेवा मुक्त कर देते हैं। संगठन एवं पद्धति विभाग की तरह यह सभी पद्धतियों की जाँच करता है, उनकी कमियों को स्पष्ट करता है, श्रम और प्रबन्ध की कठिनाइयों को भली प्रकार समझता है और इन सब सूचनाओं को समन्वित करके अपने सुझाव देता है। इस व्यक्ति को भी बीमा व्यवसाय और कार्यालय पद्धति का पूरा ज्ञान होना चाहिए।

अध्याय 16

कार्यालय प्रबन्ध

(Office Management)

बीमा व्यवसाय में कार्यालय (Office) एक महत्वपूर्ण अंग है जिसके माध्यम से बीमा के समस्त कार्य पूरे होते हैं। प्रबन्ध का यह घर है जहाँ से कार्यों को निर्देशित एवं संचालित किया जाता है। बीमापत्रधारियों के सेवा-कार्य से लेकर, वित्तीय प्रबन्ध एवं कार्यिक प्रबन्ध तक सभी कार्य कार्यालय द्वारा किये जाते हैं। यहाँ तक कि कार्यक्षेत्र (Field) का प्रबन्ध इसी के अधीन है। कार्य-क्षेत्रों में कार्य करने के लिए योजना, संगठन और नियंत्रण आदि कार्य कार्यालय से ही होता है। कार्यालय एक ऐसा स्थान है जहाँ से नियंत्रण कार्य पूरा होता है, पत्र-अभिलेख रखे जाते हैं, सूचनायें तैयार होती हैं तथा संचालन कार्य किये जाते हैं, कार्यालय किसी एक ही स्थान से सम्बन्धित नहीं होता। वह सम्पूर्ण कार्य-क्षेत्रों में फैला रहता है, मुख्य कार्यालय में नीतियों का निर्धारण होता है और अन्य कार्यालय में उनका पालन होता है।

अर्थ — कार्यालय प्रबन्ध (Office Management) कार्यालय के कार्यों को कुशलतापूर्वक कराने से सम्बन्धित है, कार्यालय-कार्यों में अभिलेख (Records) तैयार करना, प्रयोग करना एवं सुरक्षित रखना महत्वपूर्ण कार्य है। उसके बाद कार्यालय में व्यक्तियों की नियुक्ति, प्रशिक्षण, प्रोत्साहन एवं नियन्त्रण आदि अन्य कार्य हैं। कार्यालय में कार्य योग्य वातावरण बनाये रखना भी कार्यालय की जिम्मेदारी है। इनके अलावा कार्यालय में अन्य बहुत से कार्यों को शामिल करते हैं जो व्यापार के नियोजन, संगठन, प्रोत्साहन और नियन्त्रण से सम्बन्धित हों, कार्यालय प्रबन्ध को दूसरे ढंग से भी परिभाषित करते हैं। कार्यालय प्रबन्ध कार्यालय क्रियाओं को संगठित, नियोजित एवं नियन्त्रित करने से सम्बन्धित है तथा उद्देश्यों को प्राप्त करने के लिये व्यक्तियों को प्रोत्साहित करता एवं कार्य में लगाता है। कार्यालय प्रबन्ध नीतियों को निर्धारित करता है। **कार्यालय प्रबन्ध** और **कार्यालय संगठन** में अन्तर है। **कार्यालय संगठन** व्यक्तियों को कार्य में लगाता है। यह कार्य की व्यवस्था से सम्बन्धित है जिससे कार्य प्रभावपूर्ण ढंग से, शुद्धता से और सरलता से पूरा किया जा सके तथा कम से कम श्रम, समय और धन में अधिक से अधिक कार्य और प्रमाणित कार्य किये जा सकें। कार्यालय संगठन आर्थिकता से सम्बन्धित है।

कार्यालय प्रबन्ध (Office Management) एक मनोवैज्ञानिक अध्ययन है जो कि व्यक्तियों की योग्यता, आर्थिक नियम, प्रबन्ध पद्धतियों से सम्बन्धित है, यदि प्रबन्ध कार्यों में आर्थिकता बरती गयी और क्षमता में वृद्धि करने का प्रयास किया गया तो इससे संगठन के उद्देश्यों को पूरा किया जा सकेगा अन्यथा उनमें कमी रहेगी। कार्यालय प्रबन्ध में कार्यालय-क्रियाओं पर प्रभावपूर्ण नियन्त्रण रखा जाता है। व्यक्तियों की नियुक्ति, प्रशिक्षण एवं प्रोत्साहन इसी के अन्दर आता है, इसमें ऐसी व्यवस्था की जाती है जिससे व्यक्तियों को कम से कम श्रम लगाकर अधिक से अधिक कार्य प्राप्त करने का अवसर मिल सके। कार्यक्षमता बढ़ाने का प्रयास किया जाता है। उचित व्यक्तियों की नियुक्ति करना, उन्हें प्रशिक्षित करना और प्रोत्साहित करके अधिक से अधिक कार्य लेना है। कार्य के लिए सन्तोषजनक वातावरण तैयार करना और उनके कार्यों पर नियन्त्रण रखना कार्यालय प्रबन्ध के महत्वपूर्ण अंग हैं।

कार्यालय प्रबन्ध के सिद्धान्त
(Principles of Office Management)

1. कार्यालय प्रबन्ध में नियोजन (Planning) संगठन, निर्देशन एवं नियंत्रण को अन्य प्रबन्ध क्रियाओं के अनुसार महत्वपूर्ण स्थान दिया जाता है। कार्यालय प्रबन्धक, उच्च प्रबन्ध के द्वारा निर्धारित नीतियों के अनुसार अपने अधिकार के अन्तर्गत इन सभी सिद्धान्तों का पालन करता है। कार्यालय प्रबन्धक को प्रशिक्षित, प्रदर्शन की क्षमता, कार्य कराने का गुण, आत्मविश्वास, आत्मनिर्णय, मिलनसारिता, प्रसन्नचित्त आदि अनेक गुण होने चाहिए तभी वह अपने इन कार्यों और जिम्मेदारियों को निभा सकता है।

2. कार्यालय कार्यों को नियोजित करना चाहिए। पत्र व्यवहार, अभिलेख, पत्र का आवागमन, उनकी न्यस्ति, कार्यालय का स्थान, उपकरण, मशीन, फर्नीचर आदि की व्यवस्था करना है। कार्यालय के कार्यों को पूरा करने के लिये योग्य व्यक्तियों को नियुक्त करना आवश्यक हो जाता है। कार्यालय पद्धति एवं विधि का लगातार अध्ययन करना चाहिए जिससे कम से कम लागत में अधिक से अधिक कार्य हो सके।

3. कार्यालय के व्यक्तियों को विभिन्न कार्य को सौंपना और उनका समन्वय करना आवश्यक है। कर्मचारियों और कार्यों में सम्बन्ध स्थापित करना आवश्यक है जिससे अधिक से अधिक कार्य पूरा करने में सहायता मिल सके। श्रम, समय एवं धन की बरबादी को कम करने के लिए कार्यालय को सुनियोजित करना आवश्यक है। आवश्यक मशीन एवं उपकरणों का प्रयोग जरूरी हो जाता है।

4. कार्यालय प्रक्रियाओं को पूरा करने के लिए व्यक्तियों को निर्देशित एवं पर्यवेक्षित करना आवश्यक है। व्यक्तियों में आवश्यक नैतिकता बनाये रखना जरूरी हो जाता है; इस कार्य के लिए उन्हें प्रशिक्षित, प्रोत्साहित एवं प्रेरित करना जरूरी है। कर्मचारियों और प्रबन्ध में उचित सम्बन्ध स्थापित करना जिससे कार्य को पूरा करने में सफलता मिल सके।

5. कार्यालय क्रियाओं पर नियंत्रण रखना चाहिए। कार्यालय-पद्धतियों एवं कार्यविधियों को पूरा करने के लिए कर्मचारियों को निर्देशित करना आवश्यक है। कार्यालय के आवश्यक उपकरणों और यंत्रों की पूर्ति करके कार्य को कराना और किये गये कार्यों को नियोजन से तुलना करके देखना कि उद्देश्य को प्राप्त किया गया है या नहीं। कार्यालय के प्रमाणित स्तर के अनुसार कार्य हुआ है या नहीं। उनकी कमियों का पता लगाकर उन्हें दूर करना आवश्यक हो जाता है। लागत नियन्त्रण बजटरी नियन्त्रण को अपनाकर वित्तीय प्रबन्ध को प्रभावपूर्ण बनाया जा सकता है।

कार्यालय प्रबन्ध की प्रक्रिया
(Process of Office Management)

कार्यालय प्रबन्ध कर्मचारियों की नियुक्ति, प्रशिक्षण, प्रेरणा, नियन्त्रण से विशेष रूप से सम्बन्धित है। इनका उद्देश्य कम से कम लागत में अधिकतम कार्यक्षमता प्राप्त करना है। उचित कार्य दशाओं को प्रदान करके इस उद्देश्य की प्राप्ति की जा सकती है। कार्यालय प्रबन्ध तभी प्रभावपूर्ण होगा जबकि योग्य व्यक्तियों की नियुक्ति की जायेगी, उनको अच्छी तरह प्रशिक्षित किया जायेगा, समय-समय पर प्रेरित किया जायेगा, उनके कार्यों पर पर्याप्त नियन्त्रण होगा और उचित कार्य दशायें प्रदान की जायेंगी। इनका अध्ययन यहाँ पर विस्तार से किया जा रहा है।

1. चुनाव
(Selection)

उचित कर्मचारियों का चुनाव प्रबन्ध का सर्वप्रमुख कार्य है। व्यापार की सफलता व्यक्तियों की योग्यता पर निर्भर है, अत: जब व्यक्तियों को नियुक्त किया जाये तो कार्य के स्वभाव के अनुरूप उनकी योग्यता का मूल्यांकन करना आवश्यक हो जाता है। उचित कार्य के लिये उचित व्यक्ति का चुनाव करना जरूरी है। प्रबन्ध के पेचीदा होने के कारण आजकल अधिक बुद्धिमान और प्रशिक्षित व्यक्तियों की आवश्यकता है। यदि व्यक्तियों में उचित योग्यता का अभाव होगा तो उससे प्रबन्धक के उद्देश्य पूरे नहीं हो पायेंगे। चुनाव करने के लिए (1) रिक्त स्थान की सूचना, (2) कार्य का निर्धारण, (3) भर्ती, (4) सूचनाओं का मूल्यांकन, (5) परीक्षण, (6) साक्षात्कार और (7) चुनाव कार्यों को पूरा किया जाता है।

1. रिक्त स्थान की सूचना (Notice of Vacancy)—रिक्त स्थान की सूचना समाचार पत्रों में विज्ञापन देकर की जा सकती है। विद्यालयों या अन्य रोजगार दिलाऊ स्थानों पर सूचना दी जा सकती है। सूचना देते समय कर्मचारियों की संख्या, योग्यता, उम्र, वेतन क्रम आदि का पूर्ण वर्णन होना चाहिए जिससे केवल वही व्यक्ति आवेदन पत्र दें जो इन शर्तों को पूरा करते हों और इस कार्य को निर्धारित वेतन पर करने के लिए तैयार हों। आवेदन पत्र प्राप्त करने की एक निश्चित अवधि होनी चाहिए। इन सूचनाओं के आधार पर इच्छुक व्यक्ति आवेदन दे सकेंगे।

2. कार्य-निर्धारण (Job Specification)—कार्यालय प्रबन्ध का दूसरा कार्य कर्मचारियों द्वारा किये जाने वाले कार्यों का निर्धारण है। कार्यनिर्धारण में कार्य का उद्देश्य, कार्य का स्वभाव, कार्य की प्रकृति और उत्तरदायित्व निश्चित किये जाते हैं। कार्यों को पूरा करने के लिए न्यूनतम योग्यता का निर्धारण करना जरूरी है, न्यूनतम योग्यता का पता सभी कर्मचारियों को होना चाहिए। उसी आधार पर उनसे कार्य पूरा कराने की योजना बनाई जा सकती है। प्रशिक्षण का स्तर भी इसी पर निर्भर होता है। अभ्यर्थियों को इसका पता होना जरूरी है जिससे यदि वे अपने को कार्य के योग्य समझें तो उसके लिए आवेदन दे सकते हैं।

3. भर्ती का तरीका (Recruiting)—भर्ती का तरीका जहाँ तक सम्भव हो विस्तृत होना चाहिए। जहाँ पर अधिक व्यक्तियों को आमन्त्रण करने का मौका मिलता है वहाँ पर चुनाव का क्षेत्र बढ़ जाता है और अधिक योग्य व्यक्तियों को चुना जा सकता है। कार्यालय के व्यक्तियों को प्रगति का मौका देकर रिक्त स्थान की पूर्ति की जा सकती है या बाहरी व्यक्तियों को इसके लिए आमन्त्रित कर सकते हैं। जब आन्तरिक व्यक्तियों को प्रगति का मौका मिलता है तो उनके उत्साह में वृद्धि हो जाती है। वे मन लगाकर कार्य करेंगे, अपनी क्षमता बढ़ाने का निरन्तर प्रयास करेंगे। आन्तरिक कर्मचारियों को कार्यालय का पूरा ज्ञान रहता है जिससे वे कार्य को और अधिक कुशलता से कर सकते हैं। आन्तरिक कर्मचारियों की नियुक्ति हमेशा लाभकारी नहीं होती है। कभी-कभी यह देखा गया है कि बाहरी व्यक्ति बहुत योग्य मिल जाते हैं और उनकी कुशलता आन्तरिक कर्मचारियों से कहीं अधिक है। इस प्रकार की नियुक्ति से कार्यालय को लाभ हो सकता है। आन्तरिक प्रगति वरिष्ठता के आधार पर होने के कारण व्यक्ति प्रशिक्षण और योग्यता को ध्यान में नहीं रखते हैं। नये विचारों और पद्धतियों का समावेश नहीं हो पाता है जिससे कार्यालय की पुरानी प्रथा चलती ही रहती है।

बाहरी व्यक्तियों को नियुक्त करने के लिए रोजगार दफ्तर, व्यक्तियों की संस्तुति और विज्ञापन को माध्यम बनाया जाता है। रोजगार दफ्तर में कार्य की खोज करने वाले व्यक्तियों

का नाम लिखा रहता है। उस दफ्तर में योग्य व्यक्तियों को आमन्त्रित किया जा सकता है। इस दफ्तर में विभिन्न योग्यता वाले व्यक्ति रहते हैं जिनका चुनाव कार्यालय के लिये उपयोगी सिद्ध हो सकता है। कार्य के अनुसार उचित व्यक्तियों की नियुक्ति की जा सकती है। व्यक्तियों को नियुक्त करने का दूसरा माध्यम महत्वपूर्ण व्यक्तियों की संस्तुति है। चूँकि ये व्यक्ति जिम्मेदार पद पर रहते हैं, अत: वे उन व्यक्तियों को रोजगार के लिए संस्तुति देंगे जो कि योग्य एवं अनुभवी होंगे। इस प्रथा का सबसे बड़ा अवगुण यह है कि ये व्यक्ति अपने सम्बन्धियों, मित्रों और परिचितों का नाम देते हैं जो कि बहुत योग्य नहीं हो सकते हैं। इस प्रथा का प्रचलन अब कम हो गया है। समाचार पत्रों, रोजगार सूचनाओं आदि में विज्ञापन देकर योग्य व्यक्तियों की भर्ती की जा सकती है, यह अच्छे व्यक्तियों को खोजने की महत्वपूर्ण पद्धति है, परन्तु इसमें नियोक्ता को बहुत से कार्य करने पड़ते हैं। आवेदन पत्र की छँटनी और योग्य कर्मचारियों को परीक्षण के लिए बुलाना आदि कई कार्य विशिष्ट ज्ञान और अनुभव पर ही सम्भव है। विज्ञापन में बहुत से ऐसे व्यक्ति भी आवेदन देते हैं जो कि अयोग्य या कम योग्य हैं। आजकल इसी पद्धति को अपनाया जाता है क्योंकि इसमें अधिक योग्य व्यक्तियों को प्राप्त करने में सुविधा होती है।

(4) छँटनी (Screening)—आवेदन पत्र होने पर योग्य व्यक्तियों के आवेदन पत्र को अलग छाँटा जाता है। अयोग्य व्यक्तियों के आवेदन अलग रख दिये जाते हैं। योग्य व्यक्तियों को ही लिखित परीक्षण और साक्षात्कार के लिये बुलाते हैं। आवेदन पत्र छाँटने में निम्नलिखित बातों को ध्यान में रखा जाता है।

(i) नाम एवं पता (Name and Address)—नाम और पते से व्यक्तियों को पहचाना जा सकता है। उनके निवास स्थान का पता लगाकर उनके दृष्टिकोण, विचारों और नैतिकता का मूल्यांकन कर लेते हैं।

(ii) पिता का नाम एवं पता (Father's Name and Address)—पिता के नाम और पता से व्यक्ति के पिछले रहन-सहन के स्तर को मालूम किया जा सकता है।

(iii) जन्म तिथि (Date of Birth)—उम्र के आधार पर यह मालूम होता है कि व्यक्ति की क्षमता का स्तर क्या है। छोटी उम्र वाले व्यक्तियों को जिम्मेदारी का कार्य नहीं सौंपा जा सकता है। उम्र से यह भी पता चलता है कि आवेदक का स्वास्थ्य कैसा होगा, उसे किस प्रकार के कार्य सौंपे जा सकते हैं। उम्र यह भी बताती है कि व्यक्ति का शारीरिक और मानसिक विकास कार्य के योग्य है या कम या अधिक है।

विभिन्न कार्यों के लिए अलग-अलग उम्र की अनुकूलता होती है। शिक्षा और उम्र में घनिष्ठ सम्बन्ध है। यदि व्यक्ति बढ़ी हुई उम्र पर शिक्षा लेता है तो उसके समय व्यर्थ जाते हैं उसमें वह योग्यता नहीं आ सकती है जो कि सामान्य उम्र वाले व्यक्तियों में आती है। 18 से 24 वर्ष की उम्र में कार्य प्रारम्भ करने वाले व्यक्तियों को कार्य का ज्ञान आसानी से हो जाता है। इससे कम उम्र के व्यक्ति को कार्यालय सम्बन्धी ज्ञान आसानी से नहीं हो पायेगा और अधिक उम्र हो जाने पर वे अपने ज्ञान में परिमार्जन नहीं कर पायेंगे। जिम्मेदारी पूर्ण कार्य के लिए 21 से 27 वर्ष की उम्र उपयुक्त समझी गयी है? इसी प्रकार विभाग या कार्यालय के नेतृत्व के लिए 30 से 40 वर्ष के व्यक्तियों की आवश्यकता होती है।

(iv) शिक्षण-योग्यता (Academic Qualification)—शिक्षण योग्यता के आधार पर यह निश्चय हो जाता है कि व्यक्ति किस प्रकार का कार्य कर सकता है। आवेदक की योग्यता का निर्धारण स्कूली शिक्षा या प्रशिक्षा से अच्छी तरह हो जाता है। विशिष्ट शिक्षा से कर्मचारी की योग्यता बढ़ जाती है। बीमा संस्थाओं में व्यापारिक शिक्षा या प्रशिक्षा को

वरीयता दी जाती है। यदि आवेदक ने वाणिज्य एवं व्यवसाय प्रशासन में शिक्षा पाई है तो उसे लिखित परीक्षा एवं साक्षात्कार के लिए अवश्य बुलाना चाहिए। शिक्षा प्राप्त करने का स्थान बहुत महत्वपूर्ण है। यदि आवेदक ने किसी प्रकार का पारितोषिक पाया है या उसे कोई विशेष पुरस्कार मिल चुका है तो उसको वरीयता मिलनी चाहिए। शिक्षा अवधि में उसने क्या-क्या किया है इसका ज्ञान होना चाहिए। व्यावसायिक शिक्षा जैसे आशुलिपि, बहीखाता, टंकण, बीमा, जीवनांकिकी विषय लेने वाले व्यक्ति को वरीयता मिलनी चाहिए।

(v) अनुभव (Experience)—अनुभव प्राप्त किये व्यक्तियों को नियुक्त करने में प्रबन्ध को लाभ होगा। किसी विशेष क्षेत्र में अनुभव रहने पर उसे उस क्षेत्र में काम करने पर आसानी होगी। पिछले रोजगार का पूरा वर्णन करना आवश्यक है। पिछले नियोक्ता का नाम, पता, व्यवसाय का स्वभाव, कार्यकाल, वेतन, पिछले कार्य को छोड़ने का कारण आदि पूछना आवश्यक है; इससे आवेदक के पिछले अनुभव का भली प्रकार ज्ञान हो जाता है।

(vi) निर्देश्य (Referees)—निर्देश्य व्यक्तियों से आवेदक के विषय में व्यक्तिगत जाँच की जा सकती है। निर्देश्य द्वारा दी गयी सूचनाओं पर बहुत अधिक विश्वास नहीं किया जा सकता है क्योंकि इसमें पक्षपात और गलत सूचनायें भी हो सकती हैं। यदि यह सूचना किसी जिम्मेदार व्यक्ति द्वारा दी जाती है तो उस पर विश्वास किया जा सकता है।

आवेदन पत्र भरने के ढंग पर यह निश्चित हो जाता है कि व्यक्ति में किसी कार्य को करने में कितनी स्पष्टता (Clarity) है। वह किस प्रकार का है उसमें कार्य करने की क्षमता कितनी हो सकती है। आवेदन पत्रों की छँटनी करने के बाद केवल उन्हीं व्यक्तियों को लिखित परीक्षा एवं साक्षात्कार के लिये बुलाया जाय जो अपेक्षाकृत योग्य हों।

लिखित परीक्षा (Written Examination)—लिखित परीक्षा बहुत आवश्यक है परन्तु उच्च स्तरीय और जिम्मेदार कार्यों जिनके लिए पहले से अनुभवी व्यक्ति को ही नियुक्त किया जायेगा। लिखित परीक्षा जरूरी नहीं है। लिखित परीक्षा से योग्यता, मानसिक दृष्टिकोण, स्वभाव, बुद्धि एवं रुचि आदि के सम्बन्ध में पर्याप्त सूचना मिल जाती है। लिखित परीक्षा के बाद साक्षात्कार का होना जरूरी है। इससे यह पता चलता है कि किस व्यक्ति को नियुक्त किया जाये लेकिन इसका तात्पर्य यह नहीं है कि व्यक्ति को प्रशिक्षण की आवश्यकता नहीं होगी। प्रशिक्षण की आवश्यकता हमेशा बनी रहती है। यदि परीक्षण पर्याप्त नहीं रहा तो योग्य, अनुभवी एवं कुशल व्यक्तियों की नियुक्ति नहीं की जा सकेगी।

परीक्षण एक विशेष स्तर का होना चाहिए। कार्य के स्वभावानुसार यह तय किया जा सकता है कि परीक्षण का स्तर क्या होगा। परीक्षण का स्वभाव कार्य की प्रकृति के अनुसार होना चाहिए जैसे आशुलिपिक को नियुक्त करने के लिये आशुलिपि एवं टंकण में परीक्षा लेना आवश्यक है, परीक्षण विश्वस्त एवं महत्वपूर्ण होने चाहिए। परीक्षण कहीं पर किया जाय उसका परिणाम एक-सा होना चाहिए। आदर्श एवं मान्यता का निर्धारण कार्य-स्वभाव के अनुसार ही किया जाना चाहिये। विशेष कार्यों को पूरा करने के लिए विशेष योग्यता का होना आवश्यक है जैसे न्यस्ति करने वाले कार्यकर्त्ता को न्यस्तिकरण का ज्ञान आवश्यक है। इसी प्रकार टंकण-लिपिक को टंकण का ज्ञान, बहीखाता सहायक को बहीखाता का ज्ञान तथा जीवनांकिक सहायक को जीवनांकिकी का ज्ञान होना जरूरी है; अत: कार्य के स्वभाव के अनुसार उनके परीक्षण का भी स्वभाव होना चाहिये। बुद्धि-परीक्षा में प्रश्नों के कुछ

उत्तर दिये रहते हैं उन्हीं में से सही उत्तर चुनना रहता है।

लिखित परीक्षण के कई रूप हो सकते हैं जैसे वाक्य पूरा करना, तर्क देना, उत्तर देने की शीघ्रता, सत्यता, मनोविज्ञान, बुद्धि और अनुभव का परीक्षण आदि। सामान्य ज्ञान एवं क्षमता का परीक्षण इन्हीं बातों को ध्यान में रखकर प्रश्न पूछने पर किया जा सकता है। किसी भी परीक्षण का महत्वपूर्ण तत्व लिखना पढ़ना और गणित है। लिखित परीक्षण में ऐसे प्रश्न बनाये जायें जिनसे उपरोक्त तत्वों का मूल्यांकन किया जा सके।

(6) साक्षात्कार (Interviewing)—अभ्यर्थी के व्यक्तित्व, विवेक एवं ढंग को मूल्यांकित करने के लिए साक्षात्कार बहुत आवश्यक है। वार्तालाप के समय यह पता लग सकता है कि अभ्यर्थी का चरित्र, व्यक्तित्व, बुद्धि और चैतन्यता कितनी है। साक्षात्कार के समय साक्षात्कारक अभ्यर्थी के इन तमाम गुणों का अवलोकन करता है। इसके लिए उसी प्रकार के प्रश्न पूछने चाहिए जिससे इन गुणों का सही पता लगा सके। साक्षात्कार के समय यह पता लग जाता है कि व्यक्ति में दूसरों को आकर्षित करने के लिए कितनी क्षमता है? रुचि एवं अभिरुचि किस दिशा में है तथा वह कितना वाक्पटु है। नेतृत्व के गुण का भी पता लगता है। साक्षात्कार कार्यों के स्वभाव के अनुसार होना चाहिए। साक्षात्कार कभी भी जल्दीबाजी में नहीं होना चाहिए। साक्षात्कार की पद्धति स्पष्ट, सीधी और समझने योग्य होनी चाहिए। साक्षात्कार के समय प्रत्येक दृष्टिकोण से यह पता लगाना चाहिए कि अभ्यर्थी की वास्तविक क्षमता क्या है। साक्षात्कार के समय अभ्यर्थी के साथ मित्रता, नम्रता और आदरपूर्ण वार्ता जरूरी है जिससे यह पता लग जाता है कि अभ्यर्थी की वास्तविक योग्यता क्या है? यदि अभ्यर्थी को परेशान किया गया तो वह घबड़ा जायेगा और अपने विचारों को सही स्पष्ट नहीं कर पायेगा।

(7) चुनाव—साक्षात्कार के बाद यदि अभ्यर्थी कार्य योग्य पाया गया तो उसका चुनाव उस कार्य के लिए कर लिया जाता है। कार्य सौंपने से पहले उसका स्वास्थ्य-परीक्षण होना जरूरी है जिससे यह पता लग सके कि व्यक्ति कार्य कर पायेगा या नहीं। सबसे पहले उसे कुछ दिन परीक्षण काल (Probation) पर नियुक्त किया जायेगा। इस परीक्षण काल में यह पता लग जाता है कि व्यक्ति कहाँ तक अपने कार्यों को पूरा कर सकेगा और उसे कितनी जिम्मेदारी सौंपी जा सकती है। यदि उसकी योग्यता पर कुछ सन्देह हो तो उसे पुनः और अधिक समय के लिए परीक्षण पर रख सकते हैं। जब यह पता हो जाय कि वास्तव में वह व्यक्ति अपने कार्यों को अच्छी तरह कर पायेगा तभी उसकी नियुक्ति होनी चाहिए।

2. प्रशिक्षण
(Training)

प्रशिक्षण कर्मचारियों को विकसित करने की नियोजित पद्धति है। प्रशिक्षण के बिना उन्हें अपने कार्यों का पूरा व्यावहारिक ज्ञान नहीं हो पाता है। प्रशिक्षण की आवश्यकता आज भी उतनी है जितना कि पहले थी। इसके माध्यम से कर्मचारियों के ज्ञान और क्षमता का क्रमिक एवं प्रभावपूर्ण विकास होता है। उद्देश्यों की प्राप्ति के लिए प्रशिक्षण का नियोजित, लगातार, और क्रमिक होना आवश्यक है। इसकी आवश्यकता प्रत्येक कर्मचारी के लिए पड़ती है जिससे सभी स्तर के कर्मचारी अपने-अपने कार्यों में दक्ष हो सकें।

(1) प्रशिक्षण की प्रक्रिया—प्रशिक्षण का सबसे पहला काम प्रशिक्षण के लिए उचित वातावरण तैयार करना है। प्रशिक्षार्थी एक महत्वपूर्ण व्यक्ति है जिन्हें उचित सम्मान और सद्भावना देकर प्रशिक्षित करना जरूरी है। उन्हें अच्छे और अधिक कार्य के लिए प्रेरित करना चाहिए। उनको केवल कर्मचारी या आधारित सेवक समझना भूल होगी।

(2) प्रशिक्षण की दूसरी प्रक्रिया प्रत्येक व्यक्तियों के लिए प्रशिक्षण प्रोग्राम तैयार करना है। सम्पूर्ण कार्यालय के कार्य को समझने का मौका दिया जाना चाहिए। उन्हें ऐसे स्थान पर नियुक्त किया जाये जहाँ पर थोड़े समय में वे सारे कार्यों की जानकारी प्राप्त कर लें।

(3) प्रशिक्षण की तीसरी प्रक्रिया प्रशिक्षार्थी को पर्यवेक्षित एवं निर्देशित करने की है। किसी अनुभवी पर्यवेक्षक (Supervisor) जिसे कार्यालय का पूरा व्यावहारिक ज्ञान हो, के अधीन कार्य करने का मौका दिया जाये। प्रशिक्षार्थियों को धीरे-धीरे कार्य सौंपे जायें और जब वे कार्य पद्धति को समझ लें तब उन्हें जिम्मेदारी के कार्य सौंपे जायें। नये कर्मचारियों को सबसे पहले किसी अनुभवी कर्मचारी की देखरेख में कार्य सिखाया जाये और उन्हीं की देख-रेख में वे कार्य करें। उनके कार्यों का पर्यवेक्षण एवं नियन्त्रण भी अनुभवी व्यक्तियों द्वारा किया जाये।

(4) प्रशिक्षण में अगला महत्वपूर्ण कार्य प्रशिक्षण की पद्धति और तरीके की है। प्रशिक्षार्थी एवं प्रशिक्षक के बीच आपसी सम्बन्ध होना जरूरी है। प्रशिक्षण की सफलता प्रशिक्षक के धैर्य, विवेक और विशेष अनुभव पर निर्भर है। इस प्रक्रिया में प्रशिक्षण की तैयारी, कार्य का प्रदर्शन, प्रदर्शन का प्रयोग और परीक्षण आते हैं। प्रशिक्षण के तरीके तभी अपनाये जायेंगे जब प्रशिक्षार्थी को प्रशिक्षण के लिए तैयार किया गया है। उन्हें प्रशिक्षण की योजनाएँ, विशेष कार्य और प्रशिक्षण की आदत डालनी पड़ती है। प्रशिक्षार्थियों को कार्य करने के ढंग का प्रदर्शन दिया जाता है। वे कार्य करने के ढंग को देखकर कार्य करते हैं। उन्हें कार्य करने का मौका दिया जाता है और वे किसी पर्यवेक्षक की उपस्थिति में कार्य करते हैं। प्रशिक्षार्थी इस प्रकार कार्य-पद्धति से पूर्ण परिचित हो जाते हैं। जब वे कार्य करते हों तो उनकी जाँच करनी चाहिए कि कहीं वे गलती तो नहीं कर रहे हैं। इस समय पर्यवेक्षक उन्हें बताता रहा है कि कार्य किस प्रकार किये जाने चाहिए। जहाँ पर भूल या गलती देखा तुरन्त सुधार कर प्रशिक्षार्थी से उसी प्रकार कार्य करने को कहता है। कर्मचारी आवश्यकतानुसार कार्य पद्धति को पूछ भी सकता है।

उपरोक्त कथन से यह स्पष्ट हो गया कि प्रशिक्षण कर्मचारियों को व्यावहारिक ज्ञान बताना है कि कार्य क्या है, इसको कैसे किया जाये, आने वाली समस्याएँ और कठिनाइयाँ कौन-सी होंगी, उनका समाधान कैसे किया जाये तथा कार्य को अधिक प्रभावपूर्ण ढंग से किस प्रकार किया जाये। प्रशिक्षार्थी को किसी प्रशिक्षक या पर्यवेक्षक के अधीन कार्य करने का मौका दिया जाता है। प्रशिक्षक उसके कार्यों की देख-रेख करता रहता है और गलतियों को स्पष्ट करता है। उन्हें प्रश्न पूछने के लिए प्रेरित करते हैं। उनके प्रश्नों का उत्तर धैर्य और विवेकपूर्ण ढंग से दिया जाता है। जल्दीबाजी या अधैर्य से दिये गये उत्तर घातक एवं समझ से परे होंगे। पर्यवेक्षक अर्थात् प्रशिक्षक को चाहिए कि प्रशिक्षार्थियों के प्रश्नों पर गहराई से सोच कर उत्तर दें। प्रशिक्षण कार्य प्रशिक्षण कालेजों एवं कार्यालयों में दिये जाते हैं। प्रशिक्षण कार्य समय-समय पर दोहराये जाते हैं जिससे कर्मचारियों को कार्य पद्धति का गहन ज्ञान फिर से हो जाय जो सिद्धान्त एवं व्यवहार भूल गये हैं उन्हें फिर से याद दिलाया जाता है।

प्रशिक्षण के प्रकार (Types of Training)—

प्रशिक्षण दो प्रकार—(1) सैद्धान्तिक (Orientation) और (2) कार्य पर प्रशिक्षण (On the job Training) होते हैं।

(1) सैद्धान्तिक प्रशिक्षण (Orientation Training)—इस प्रशिक्षण के अन्तर्गत नये कर्मचारियों को उचित प्रकार से प्रशिक्षण दिया जाता है। यह प्रशिक्षण कार्य के

स्वभाव और विधि को स्पष्ट करता है। कार्य करने के ढंग को बताया जाता है। प्रशिक्षार्थी को कार्य करने के लिए तब तक नहीं कहा जाता है जब तक कि वह कार्य करने की पद्धति को समझ न ले। कार्य करने के तरीकों को सैद्धान्तिक रूप से बताया जाता है। किसी कार्य को शुरू करने के लिए यह प्रभावपूर्ण प्रशिक्षण है। कार्य को करने के पहले सैद्धान्तिक रूप से कार्य पद्धति को भली प्रकार बता दिया जाता है। कार्य के स्वभाव, कार्य करने के ढंग और कार्य के समय आने वाली कठिनाइयों को सैद्धान्तिक रूप से बताया जाता है। साथ-साथ उसके समाधान के तरीकों पर भी प्रकाश डाला जाता है।

(2) कार्य पर प्रशिक्षण (On-the-job Training)—इस प्रशिक्षण के अन्तर्गत कर्मचारी को कार्य सौंपा जाता है। वे इस कार्य को करके सीखते हैं। यदि कोई कठिनाई उत्पन्न होती है तो उसका समाधान कराया जाता है। पर्यवेक्षक या अनुभवी कर्मचारी के अधीन कार्य को व्यावहारिक रूप से कराया जाता है। उनकी गलतियों को सुधारा जाता है।

पर्यवेक्षण (Supervision)—प्रशिक्षण तभी पूर्ण होगा जबकि प्रशिक्षण के समय पर्यवेक्षण भी हो। पर्यवेक्षण के बिना प्रशिक्षार्थी अपने कार्यों को अच्छी तरह नहीं सीख पायेगा। पर्यवेक्षण का स्वभाव कार्यालय के कार्य की मात्रा एवं गुण पर निर्भर है। यदि प्रशिक्षार्थी आत्मनिर्भर है तो पर्यवेक्षण की मात्रा कम होगी। उनके अनुशासन के स्वभाव पर भी पर्यवेक्षण आधारित है। प्रशिक्षक ही पर्यवेक्षण का काम करता है; परन्तु जहाँ पर पर्यवेक्षण का कार्य दूसरे व्यक्तियों को सौंपा गया है वहाँ पर प्रशिक्षक और पर्यवेक्षक के कार्यों में समन्वय होना आवश्यक है। प्रशिक्षण के समय यह देखना आवश्यक है कि प्रशिक्षार्थियों में विश्वास और आत्मसन्तोष की भावना जागृत हो सके। यदि प्रशिक्षक पर्यवेक्षण का भी काम करता है तो इस प्रकार की भावना उत्पन्न करने में कोई कठिनाई नहीं होगी। यदि किसी दूसरे व्यक्ति को पर्यवेक्षण कार्य सौंपा गया जो कभी प्रशिक्षक नहीं रहा है तो प्रशिक्षार्थी इससे लाभान्वित नहीं हो पायेगा। ऐसे व्यक्ति प्रशिक्षार्थी में केवल गलतियाँ ही ढूँढ़ेंगे उनके कारण का पता नहीं लगायेंगे और गलतियाँ होने पर उन्हें भला बुरा कहेंगे। गलतियों को दूर करने का उपाय नहीं बतायेंगे जिससे गलतियाँ होती रहेंगी और प्रशिक्षण का उद्देश्य नहीं पूरा होगा।

यह देखा गया है कि गलतियों के रह जाने का मुख्य कारण प्रशिक्षक या पर्यवेक्षक की अयोग्यता होती है, कर्मचारी की अयोग्यता उतना महत्व नहीं रखती। कर्मचारियों की अयोग्यता को यदि दूर न किया गया या उन्हें कम करने का तरीका न बताया गया तो कर्मचारी ऐसी गलतियाँ करते रहेंगे। पर्यवेक्षक के काम अधिक नहीं होते, परन्तु उनकी जिम्मेदारियाँ अधिक होती हैं। यदि वे अपने कार्यों को अच्छी तरह पूरा नहीं कर सकते तो कर्मचारी पूर्णरूपेण प्रशिक्षित नहीं हो सकेंगे। कर्मचारियों को आत्म-प्रशिक्षण और आत्म-शिक्षण के लिए प्रेरित करना चाहिए। उन्हें अपनी गलतियों को समझने और उसे दूर करने के लिए पर्याप्त मौका देना चाहिए। प्रशिक्षार्थियों को ज्ञान प्राप्त करने के लिए सभी सुविधायें देना चाहिए। यदि कोई प्रशिक्षार्थी इस विषय पर कहीं शिक्षा पा रहा है तो उसकी फीस का भुगतान बीमा संस्था दे दे। निर्धारित परीक्षाओं में सफलता पाने पर विशेष पुरस्कार और पारितोषिक दिये जाने चाहिए; उदाहरण के लिए यदि किसी ने जीवनांकिकी शिक्षा, या लागत लेखा या अनुबन्धित लेखा (Chartered Accountancy) या बीमा विषय में परीक्षा पास की है तो उसको दो वेतन वृद्धि (Salary increment) अपने आप दे देनी चाहिए। कार्यालय में विशेष परीक्षण के लिए कुछ शिक्षा भी देनी चाहिए। समय-समय पर पढ़ाई होने से कर्मचारियों की योग्यता में वृद्धि हो जायेगी। जो व्यक्ति शिक्षा पा रहे हों उन्हें कुछ

कम कार्य सौंपे जायें। इन सुविधाओं के परिणामस्वरूप कार्यालय कार्य में कुछ वृद्धि होगी और कर्मचारियों की योग्यता एवं कार्यक्षमता में वृद्धि होगी। कर्मचारियों की कार्य क्षमता बढ़ाने के लिए कार्यालय में पुस्तकालय और वाचनालय होना जरूरी है जहाँ पर आवश्यक पुस्तकें रखना चाहिए। कर्मचारियों को पुस्तकें प्राप्त करने की उचित सुविधा मिलनी चाहिए। वे अपने खाली समय में पुस्तकें पढ़ सकें और व्यावसायिक शिक्षा में सफलता प्राप्त कर सकें।

3. प्रेरणा
(Motivation)

प्रेरणा का अर्थ कार्य को बढ़ाने के वातावरण से है। कर्मचारियों की अभिरुचि और मनोबल में वृद्धि करके अधिक और अच्छे कार्य के लिए प्रेरित किया जा सकता है। व्यक्तिगत और सम्मानयुक्त कार्यों से उनके मनोबल को प्रेरणा मिलेगी। जो कर्मचारी शिक्षा पा रहे हैं या व्यक्तिगतरूप से किसी व्यावसायिक परीक्षा में बैठ रहे हैं, तो उन्हें उसके लिए प्रेरित करना चाहिए। कर्मचारियों का चुनाव, प्रशिक्षण और प्रेरणा एक मिश्रित कार्य है। चुनाव या प्रशिक्षण देने के बाद कर्मचारी के विकास पर ध्यान न देना गलत होगा। उनको अपनी योग्यता बढ़ाने के लिए सतत् प्रयास करना चाहिए। प्रेरणा देने के लिए अनुशासन (Discipline) एवं पर्यवेक्षण (Supervision) का होना आवश्यक है।

1. अनुशासन (Discipline)—अनुशासन कार्य व्यवहार का प्रमापीकरण है। अनुशासन किसी के ऊपर लादा नहीं जाता है, यह स्वतः होता है; परन्तु इसके लिए आवश्यक वातावरण तैयार करना प्रबन्ध का कार्य है। अनुशासन बनाये रखने के लिए सबसे पहला कार्य कर्मचारियों के लिए श्रम प्रशंसा करना है यद्यपि कि यह परोक्ष रूप में होना चाहिए। उसके द्वारा लगाये गये श्रम, समय और दिमाग की अवहेलना नहीं करनी चाहिए। अनुशासन बनाये रखने के लिए स्वस्थपूर्ण वातावरण तैयार करना चाहिए और उसी के अन्दर कर्मचारी को विकसित करने और अनुशासित होने का मौका देना चाहिए। प्रेरणा के समय उचित अनुशासन की आवश्यकता पड़ती है। अनुशासन व्यक्तियों की कमजोरियों को दूर करता है। अनुशासन से मनुष्य के कार्यों में क्रमबद्ध कार्य करने की आदत बनती है। परन्तु, कठोर एवं जटिल अनुशासन से व्यक्तियों को परेशानी हो जाती है। इससे कमजोर कर्मचारियों को मजबूत बनने का मौका यदि मिल भी जाये तो दूसरी तरफ कार्यकुशल व्यक्ति में विरोध की भावना उत्पन्न हो जायेगी।

अनुशासन को साध्य न मानकर साधन मानना चाहिए। इसके माध्यम से कार्यक्षमता बढ़ाने में सफलता मिलती है। यदि इसे ही साध्य माना जायेगा तो कार्य क्षमता में वृद्धि नहीं हो सकेगी। व्यक्तियों के आत्मसम्मान को श्रेय देना जरूरी है। इससे कार्य करने में एकरूपता आ जाती है। आजकल अनुशासन के लिए मित्रतापूर्ण और सहानुभूति पूर्ण वातावरण तैयार करना जरूरी है। इससे कार्य क्षमता का विकास होता है; परन्तु इसका तात्पर्य यह नहीं है कि अनुशासन रहने से कार्य क्षमता में अपने आप वृद्धि हो जायेगी। इसका उद्देश्य न्यूनतम संघर्ष से अधिकतम कार्यक्षमता को अपनाना है। अनुशासन दबाव एवं दण्ड से नहीं अपनाया जाता है; इसमें कार्य के प्रति आदर और उत्साह को बढ़ावा दिया जाता है। अनुशासन बनाये रखने के लिए यदि किसी को दण्ड देना पड़े तो वह केवल उदाहरण तौर पर होना चाहिए, उससे अन्य निर्दोष व्यक्तियों को सजा नहीं मिलनी चाहिए। दबाव डालने या दण्ड देने से अच्छे काम में बाधा पड़ती है। अनुशासन एक अच्छा सेवक किन्तु बुरा मालिक है। यदि इसको संतुलित ढंग से प्रयोग करने के बजाय मनमाने ढंग से किया जायेगा तो अच्छा परिणाम मिलने के बजाय संस्था को हानि होगी। यदि प्रबन्ध अनुशासन का सेवक बन

जायेगा तो इससे कार्य में बाधा पड़ेगी। कार्यालय नियम जहाँ तक सम्भव हो कम-से-कम होना चाहिए। गलत नियमों से कार्यालय के कार्य में बाधा पड़ेगी। नियमों के पालन करने और अनुशासन को बनाये रखने वाले व्यक्तियों को निष्पक्ष और न्याय के साथ कार्य करना चाहिए। पक्षपात और अन्यायपूर्ण कार्य के कारण अनुशासन में और वृद्धि होती है। अध्यक्ष को ऐसा होना चाहिए जो कि लोगों पर समान रूप से नियम लागू कर सके। अनुशासन की प्रभावपूर्ण पद्धति यह है कि निष्पक्षता और न्याय को वरीयता दी जाये। प्रत्येक कर्मचारी को कार्यालय के नियमों को एक प्रति देना जरूरी है और उन्हें नियमों के प्रति श्रद्धा बनाये रखने के लिए प्रेरित किया जा सकता है। यदि लोगों के ऊपर लगातार अनावश्यक रूप से प्रतिबन्ध होगा तो इससे उनके विचारों में परिवर्तन हो जायेगा। आदर और श्रद्धा के स्थान पर द्वेष और आशंका उत्पन्न हो जायेगी। उनमें उत्साह की कमी हो जायेगी। अतः अनुशासन इस प्रकार हो कि व्यक्तियों में जिम्मेदारी बढ़े, अच्छे कामों के लिए प्रेरणा मिले और सजीव विचार उत्पन्न हों। जिम्मेदारी केवल नियमों में बाँधने से नहीं आती इसके लिए उन्हें प्रभावपूर्ण ढंग से प्रेरित करना जरूरी है, अनुशासन व्यापार का एक आवश्यक अंग हो जाना चाहिए।

(2) पर्यवेक्षण (Supervision)—प्रेरणा के लिये भी पर्याप्त पर्यवेक्षण होना आवश्यक है। पर्यवेक्षण के लिए कोई सार्वभौमिक संहिता (universal code) नहीं बनायी जा सकती है। कोई एक नियम सभी कार्यालयों, विभागों और व्यक्तियों के लिए लागू नहीं होती है। विभिन्न कार्यालयों, विभागों और व्यक्तियों के लिए अलग-अलग नियम होने चाहिए। कुछ व्यक्तियों को पर्यवेक्षण की लगातार आवश्यकता पड़ती है। उन्हें यदि पथ-प्रदर्शित न किया गया तो वे अच्छा कार्य भी नहीं कर पायेंगे। दूसरी तरफ कुछ ऐसे भी व्यक्ति हैं जिन्हें पर्यवेक्षण से घृणा रहती है। वे सारे काम अपने आप अच्छे ढंग से कर लेते हैं। उनके ऊपर यदि कोई व्यक्ति अनावश्यक रूप से दबाव या पथप्रदर्शन करता है तो उससे संघर्ष उत्पन्न हो जाता है। अतः जिन्हें पर्यवेक्षण की आवश्यकता हो उन्हें ही पथप्रदर्शित करना चाहिए। दूसरे प्रकार के व्यक्तियों पर पर्यवेक्षण कम कर देना चाहिए। पर्यवेक्षण केवल उतना ही होना चाहिए जिससे व्यक्ति गलत रास्ते पर न जा सके। उसे उसके दुर्गुणों को बताकर उससे दूर रखना चाहिए। काम करने वाले कर्मचारियों पर पर्यवेक्षण बहुत कम होना चाहिए। पर्यवेक्षक को चाहिए कि वे इस प्रकार का वातावरण प्रस्तुत करें जिससे कर्मचारी अपने आप कार्य पर लगे रहें। प्रतिशोध की भावना को एकदम दूर रखना चाहिए। पर्यवेक्षक और प्रबन्ध के दृष्टिकोण पर कर्मचारी की क्षमता अधिक निर्भर रहती है। ढीले और कमजोर प्रबन्ध में कर्मचारी भी कार्यहीन और अकर्मण्य रहेंगे। पर्यवेक्षक के गुण पर इसकी सफलता निर्भर है न कि इसकी संख्या पर। एक अनुभवी पर्यवेक्षक एक बार कार्य में पहुँच कर उतना ही पर्यवेक्षण कर सकता है जितना कि गैर अनुभवी व्यक्ति का दस बार का पर्यवेक्षण कर सकता है। निष्पक्ष न्यायपूर्ण सहानुभूति पूर्ण और विवेकपूर्ण पर्यवेक्षण से पर्यवेक्षण कार्य में बहुत अधिक सफलता मिलती है। प्रभावपूर्ण पर्यवेक्षण कुछ सिद्धान्तों के आधार पर निर्धारित एक महत्वपूर्ण कला है जो कि ईमानदार, न्यायिक सहानुभूति, विवेकी और अनुभवी पर्यवेक्षक द्वारा अपनाया जाता है।

प्रभावपूर्ण पर्यवेक्षण के लिए यह आवश्यक है कि वह कर्मचारियों के कार्यों का नियमित लेखा रखे, प्रत्येक कर्मचारी के कार्यों पर ध्यान रखे, तथा उनके विचारों का अध्ययन करे। कार्य लेखा से पता लग जायेगा कि व्यक्ति प्रामाणिक स्तर के नीचे कार्य कर रहा है या उसके ऊपर। निम्न स्तर के कार्यों को बढ़ाने के लिए कर्मचारियों को प्रेरित किया जाये, उच्च स्तरीय कार्यों को पुरस्कृत किया जाये। जिन व्यक्तियों को पर्यवेक्षण का कार्य

सौंपा गया है उनके अन्दर पर्यवेक्षण के आवश्यक गुण होने चाहिए, तभी वह कर्मचारियों की प्रगति का मूल्यांकन बिना विवाद और संघर्ष के कर सकेगा। पर्यवेक्षण की पद्धति भी महत्वपूर्ण हो। प्रत्येक कर्मचारी द्वारा किये गए कार्यों का स्पष्टीकरण स्वत: होना चाहिए। इससे कर्मचारी की क्षमता का मूल्यांकन निष्पक्ष रूप से हो जायेगा और उसी के अनुसार उसे प्रेरित किया जा सकेगा।

4. नियन्त्रण
(Control)

कार्यालय प्रबन्ध की चौथी प्रक्रिया नियन्त्रण की है। नियन्त्रण से तात्पर्य कर्मचारियों को कार्य के लिए उन्मुख करना है, उन्हें जबरदस्ती कार्य पर लगाना नहीं है। सहायता और सहानुभूतिपूर्ण दृष्टिकोण कर्मचारियों को अधिक कार्य के लिए प्रोत्साहित करता है। नियन्त्रण में उनको दण्ड देने की क्रिया तब तक न अपनायी जाये जब तक कि वह इसके लिए प्रबन्ध को बाध्य न कर दे। विवेकपूर्ण ढंग से कार्य करने पर कर्मचारियों में आत्म-नियन्त्रण की भावना अपने आप जागृत होती है। जब अनुशासन और पर्यवेक्षण से कार्य नहीं बनता है तो नियन्त्रण की आवश्यकता पड़ती है। नियन्त्रण के पहले कर्मचारियों को जिम्मेदारी सौंपनी आवश्यक है। कर्तव्यों और जिम्मेदारियों को आधार मानकर नियन्त्रण किया जाना चाहिए। जहाँ पर नियन्त्रण केवल उद्देश्य बन जाता है वहाँ पर नियन्त्रण प्रभावशाली नहीं बन पाता है। नियन्त्रण के लिए यह जरूरी है कि कर्मचारियों के कार्यों का अध्ययन किया जाये। कर्मचारियों का उनकी क्षमता के अनुसार वर्गीकरण करना जरूरी है और जो कर्मचारी कम कुशल हैं उन पर नियन्त्रण की अधिक मात्रा और जो कर्मचारी अधिक कुशल हैं उन पर कम नियन्त्रण जरूरी है, डर और भय दिखाकर नियन्त्रण किया जा सकता है। विवेकपूर्ण ढंग से कार्य करने में व्यक्तियों पर प्रभावपूर्ण नियन्त्रण हो सकता है।

कभी-कभी यह देखा गया है कि उचित और स्वस्थपूर्ण वातावरण में भी अवज्ञा पूर्ण और अनियमित कार्य किये जाते हैं। ऐसी दशाओं में कठोर नियन्त्रण बहुत आवश्यक है परन्तु इसमें उचित न्याय और निष्पक्षता आवश्यक है। जल्दीबाजी में लिये गये निर्णय या कठोर दण्ड हमेशा घातक होते हैं यदि न्यायपूर्ण कार्य न किया गया। अनुशासनहीनता को शुरू में ही समाप्त करने का प्रयास करना चाहिए अन्यथा यह आदत बन जायेगी और फिर बाद में उन्हें दूर करना कठिन हो जायेगा। छोटी-छोटी गलतियों को अध्यक्ष या पर्यवेक्षक को ही दूर करना चाहिए, उच्च प्रबन्ध को इसे कभी नहीं सौंपना चाहिए। जहाँ तक सम्भव हो छोटे-छोटे विवादों को निम्न स्तर पर ही दूर कर दिया जाये अन्यथा उच्च प्रबन्ध का गौरव समाप्त हो जायेगा और अनुशासनहीनता बढ़ जायेगी। यदि कोई गलती कर्मचारी से होती है तो उसे दूर करने का प्रयास विभागाध्यक्ष तुरन्त करे। आपसी विवादों को भी वह निपटा दे, जिससे प्रबन्ध की मर्यादा बनी रहे। यदि अध्यक्ष उन विवादों को स्वयं नहीं निपटा सकता है तो इसे मुख्य अधिकारी से पूछा जा सकता है। उसके उपरान्त भी यदि विवाद का निपटारा नहीं होता है तो उसे मुख्य अधिकारी को ही सौंप देना चाहिए। जहाँ पर स्त्री-कर्मचारियों के विवाद हों, उसे किसी स्त्री अधिकारी से ही दूर कराना चाहिए। यही कारण है कि प्रत्येक विभाग में कोई न कोई वरिष्ठ स्त्री कार्यकर्त्ता अवश्य रहती है। यह देखा गया है कि स्त्री कर्मचारियों के विवाद स्त्री अधिकारियों या स्त्री अध्यक्षों या वरिष्ठ स्त्री कर्मचारियों से दूर हो जाते हैं।

नियन्त्रण को प्रभावपूर्ण बनाने के लिए कर्मचारियों के विश्वास और सद्भावना को प्राप्त करना जरूरी है, विश्वासपात्र व्यक्तियों की नियुक्ति से ही इस प्रकार का वातावरण तैयार हो

सकता है। अकुशल एवं दम्भी व्यक्तियों से विश्वास प्राप्त करने की इच्छा करना संभव नहीं है। कर्मचारियों के विवादों को समझना, उनके आक्षेपों का उत्तर देना और उन्हें समझाना आदि एक अच्छे नियन्त्रण के लिए बहुत आवश्यक है। आपसी सद्‌भावना का वातावरण पैदा करना जरूरी है। आपसी विश्वास एवं शंका को दूर करना आवश्यक है। प्रबन्ध को यह साबित करना होगा कि वह किसी कर्मचारी से वैर नहीं चाहता है और न अमित्रता पूर्ण ढंग से बर्ताव करके किसी को हानि पहुँचाने का उद्देश्य है। आपसी विभेदों को दूर करना आवश्यक है। कर्मचारियों को मिलने वाली सुविधाओं को दिया जाना चाहिए। नियन्त्रण के अन्तर्गत उसे समाप्त नहीं किया जाना चाहिए। मानवी हितों को बढ़ाने के लिए जहाँ तक संभव हो प्रयास करना चाहिए। कष्ट, द्वन्द्व, असन्तोष को दूर करके व्यक्तियों को जितना अधिक प्रोत्साहित करेंगे उतना ही अधिक प्रभावशाली नियन्त्रण होगा। नियन्त्रण के कार्य केवल अधिकृत व्यक्तियों द्वारा ही होना चाहिए।

5. कार्य दशाएँ
(Working Conditions)

कार्य करने की दशा जितनी स्वस्थपूर्ण और प्रभावोत्पादक होगी, कार्यालय प्रबन्ध उतना ही सफल होगा। कार्य दशाओं में कार्य वातावरण, व्यापारिक व्यक्तित्व, विभागीय सूचनायें तथा कर्मचारियों की समितियों को रखा गया है।

(1) व्यापारिक-वातावरण (Business Behaviour)—कार्य दशायें तभी प्रभावशाली होंगी जब व्यापारिक वातावरण स्वस्थप्रद होगा। व्यापारिक वातावरण में बहुत से तत्वों को शामिल किया गया है जिनका वर्णन नीचे किया जा रहा है।

(i) प्रत्येक कर्मचारी से स्वाभाविक ढंग से नम्रतापूर्वक बातचीत करनी चाहिए। अपने छोटे से नम्रहीनता और बड़ों से विनम्रता कर्मचारी की तुच्छता का द्योतक है। नम्रता से कुछ हानि नहीं होती है बल्कि इससे लाभ ही अधिक है। आदर और विनम्रता व्यापारिक गुण है जिसका पालन करना जरूरी है।

(ii) कर्मचारियों की कठिनाइयों को व्यक्तिगत रूप से दूर करने का प्रयास करना चाहिए। उन्हें बढ़ने नहीं देना चाहिए। आपसी विभेद एवं संघर्षों को दूर करने का प्रयास होना आवश्यक है।

(iii) ईमानदारी और नियमितता से कर्मचारियों को अपनी कार्य क्षमता बढ़ाने में प्रोत्साहन मिलता है। किसी व्यक्ति से ईर्ष्या या द्वेष अत्यधिक घातक है। इससे आपसी संघर्ष एवं विरोध बढ़ता है। नियमितता का प्रत्येक कार्य में होना आवश्यक है। केवल समय से आना जाना ही नियमितता नहीं है बल्कि थोड़े समय में अधिक और अच्छा कार्य करना भी एक आवश्यक गुण है।

(iv) समय, धन और श्रम की बरबादी रोकने का प्रयास होना आवश्यक है। अधैर्य और गुस्से में किसी कर्मचारी को भला-बुरा कहना अस्वस्थप्रद है। आत्मशान्ति की अनुभूति बहुत जरूरी है। इससे कर्मचारियों को भी प्रेरणा मिलती है। कुछ कर्मचारियों में जन्मजात अनुशासन का गुण होता है; कुछ इसे प्राप्त कर लेते हैं और कुछ लोगों पर यह जबरदस्ती थोपा जाता है।

(v) अव्यापारिक कार्यों जैसे व्यर्थ बातचीत करना, टेलीफोन करना, पत्र लिखना, घूमना, व्यर्थ समय व्यतीत करना आदि को दूर करने का प्रयास किया जाना चाहिए। बुरे उदाहरणों को कभी भी पनपने नहीं देना चाहिए। अच्छे कार्यों का प्रचार बहुत ही लाभदायक सिद्ध होता है। प्रबन्ध को झूठी प्रसन्नता से दूर रहना चाहिए। इससे तथ्य का

सही ज्ञान नहीं हो पाता है। बुराइयों से भी दूर होने का प्रयास करना चाहिए।

(2) व्यापारिक व्यक्तित्व (Business Personality)—व्यापार में प्रबन्ध के लिए एक अच्छे व्यक्तित्व का होना आवश्यक है। व्यक्तियों को कार्य हेतु प्रेरित करने के लिए व्यक्तित्व का बहुत महत्व है। कभी-कभी प्रबन्ध के व्यक्तित्व से प्रभावित होकर कार्य अपने आप हो जाते हैं। व्यापारिक व्यक्तित्व संस्कार, शिक्षा और सहयोगी-व्यवहार से आते हैं। प्रबन्धक में अच्छी आदतें और अच्छे कार्यों का सम्मिश्रण होना चाहिए। उसे किसी भी व्यक्ति से रोष एवं वैर नहीं लेना चाहिए। तुच्छता, बदला लेने की भावना आदि अनेक बुराइयों से दूर रहना चाहिए। बुराइयों से व्यक्तित्व में गिरावट आती है। सभी व्यक्तियों से समान व्यवहार, निष्पक्ष निर्णय आदि व्यक्तित्व को बढ़ाते हैं। बुरे व्यक्तित्व से व्यापार को धक्का लग सकता है। आपसी विभेद एवं अक्षमता में वृद्धि होती है। प्रबन्धक के व्यक्तित्व पर ही व्यापार की सफलता आधारित रहती है। इससे कर्मचारियों में विश्वास,कार्य के प्रति श्रद्धा, अनुशासन में वृद्धि होती है। अच्छा व्यक्तित्व एक ऐसा गुण है जो कि व्यक्तियों को मनचाहा परिणाम बिना प्रयास और जानकारी के देता रहता है। अत: प्रत्येक प्रबन्धक, अध्यक्ष, पर्यवेक्षक को व्यक्तित्व बढ़ाने का प्रयास करना चाहिए।

(3) विभागीय सूचनायें (Departmental Reports)—कार्यों की प्रगति की सूचना प्राप्त करना प्रबन्ध के लिए अति आवश्यक है। प्रत्येक सप्ताह या महीने भर में प्रत्येक विभाग से किये गये कार्यों की सूचना प्राप्त हो जानी चाहिए जिससे विभागीय नियन्त्रण प्रभावपूर्ण हो सके। प्रत्येक विभाग में क्या कार्य हुआ कितने समय अतिरिक्त कार्य किये गये, प्रत्येक कर्मचारियों की कार्यक्षमता क्या रही आदि की सूचना प्रबन्धक को मिलनी चाहिए। ये सूचनायें अंकों, ग्राफपत्रों, साधारण सूचनाओं आदि के रूप में दी जा सकती हैं। सूचना देने का कुछ निश्चित तरीका होना चाहिए जिससे पिछले कार्यों से तुलना की जा सके। व्यक्तियों की अधिकता, अयोग्यता आदि की सूचना प्राप्त करने में सुविधा मिल सकेगी। प्राप्त हुई सूचनाओं पर वार्तालाप करके प्रबन्ध उन सूचनाओं को अच्छी तरह समझ सकता है। विभाग और कर्मचारियों की समस्याओं को समझा जा सकता है, उनको दूर करने का प्रयास किया जा सकता है। इससे प्रबन्ध और कार्यकर्त्ताओं में सहयोग की भावना जागृत होती है।

(4) कर्मचारी समितियाँ—कर्मचारी समितियों को गठित करके नई उद्देश्यों की प्राप्ति की जा सकती है। एक दूसरे की सहायता के लिए आपसी चन्दे का प्रबन्ध किया जा सकता है सामूहिक और व्यक्तिगत समस्याओं को दूर किया जा सकता है। कैन्टीन एवं कैफेटोरिया का प्रावधान हो सकता है। घरेलू सामानों को खरीदने एवं बेचने का प्रबन्ध किया जा सकता है। प्रबन्ध द्वारा किसी अत्याचार को सुलझाने के लिए सामूहिक निर्णय लिया जा सकता है। उनके कर्मचारियों को संगठित करके प्रबन्ध से उनकी कठिनाइयों को दूर करने के लिए आग्रह किया जा सकता है। आजकल कर्मचारी संघ (Union) का निर्माण करके उनके हितों की रक्षा पर विशेष ध्यान दिया जाता है।

तृतीय-खण्ड

कार्यिक-प्रबन्ध

(Personnal-Management)

अध्याय 17

कार्यालय-कार्यकर्त्ता प्रबन्ध
(Office-Staff Management)

कार्यिक या कार्यकर्ता या सेविवर्गीय प्रबन्ध समूचे प्रबन्ध का एक महत्वपूर्ण अंग है। इसके ऊपर ही प्रबन्ध के अन्य अंगों की सफलता निश्चित है। उत्पादन या व्यापार के संसाधनों का श्रेष्ठतम एवं कुशल उपयोग, श्रमिकों की क्षमता, लगन, निष्ठा व ईमानदारी पर निर्भर है। अन्य संसाधनों की अपेक्षा मानव या श्रम शक्ति का विकास अधिक महत्वपूर्ण है। श्रम अपनी क्षमता में स्वयं वृद्धि कर सकता है परन्तु यह कुशल एवं प्रभावकारी प्रबन्ध के अन्तर्गत ही सम्भव है। कार्यिक प्रबन्ध को विशेष महत्व दिया जाना इसलिये बहुत आवश्यक है। प्रबन्ध से व्यक्तियों का विकास होता है। प्रबन्ध एवं कार्यिक प्रशासन को अभिन्न अंग माना गया है।

परिभाषाएँ (Definitions)—कार्यिक प्रबन्ध की परिभाषाएँ विभिन्न व्यक्तियों ने अलग-अलग दी हैं—

(1) पाइगोर्स और मायर्स (Paul Pigors and Charles A. Myers)—"कार्यिक प्रबन्ध रेखीय जिम्मेदारी और कार्यकर्ता कार्य है। यह प्रबन्ध की आधारभूत जिम्मेदारी है और प्रत्येक स्तर के प्रबन्ध को विकसित करता है।"[1]

(2) मिचायल जे० जूसियस (Michael J. Jucius)—"कार्यिक प्रबन्ध, प्रबन्ध का वह क्षेत्र है जो कि कर्मचारियों के समूह को नियुक्त करने, विकसित करने, स्थायी रखने और प्रयोग करने के सम्बन्ध में योजना संगठन और नियन्त्रण के कार्य करता है जिससे संस्था के उद्देश्यों को आर्थिकता एवं प्रभावपूर्ण ढंग से पूरा किया जा सके; प्रत्येक कार्यिक स्तरों के उद्देश्यों को अच्छी तरह पूरा कर सके तथा समाज के हितों की सुरक्षा तथा वृद्धि हो सके।"[2]

ब्रिटिश कार्यिक प्रबन्ध संस्था (U.K. Institute of Personnel Management)—"कार्यिक प्रबन्ध, प्रबन्ध कार्य का वह अंग है जिसका सम्बन्ध कार्य

---

1. Paul Piogors and Charles A. Myers—"Personnel Administration is a live responsibility and a staff function. It is a basic management responsibility, permeating all level and type of management in all organisation."
2. Professor Michael J. Jucius—"Personnel Management is that field of management which has to do with planning, organising and controlling various operative functions of procuring, developing, maintaining and utilising a labour force, in such a way that (a) objective for which the company is established are attained economically and effectively, (b) objectives of all levels of personnel are served to the highest possible degree; and (c) objectives of the community are duly considered and served."

पर लगे व्यक्तियों और संस्था से है, जिसको प्रभावपूर्ण ढंग से संगठित करके आपस में लाना है जिससे प्रत्येक कर्मचारी को अपना अधिकतम योगदान देने का मौका मिल सके। यह संस्था में ऐसे सम्बन्ध स्थापित करने का प्रयास करता है जिससे प्रभावपूर्ण ढंग से कार्य हो सके और कर्मचारियों को सन्तुष्टि मिल सके।"[1]

उपरोक्त परिभाषाओं से स्पष्ट हो गया कि कार्यिक प्रबन्ध समग्र प्रबन्ध का एक महत्वपूर्ण अंग है जो कर्मचारियों की नियुक्ति, प्रशिक्षण, प्रेरणा नियन्त्रण एवं कार्य दशाओं के सम्बन्ध में नीतियों का निर्धारण करता है तथा उचित सुविधाएँ प्रदान करता है। कर्मचारियों के हितों को ध्यान में रखते हुए संस्था के हित में अधिकतम योगदान प्राप्त करने का प्रयास किया जाता है। कर्मचारियों एवं संस्था के आपसी सम्बन्धों को सुदृढ़ बनाया जाता है जिससे समाज के हितों की भी पूर्ति की जा सके।

कार्यिक प्रबन्ध के उद्देश्य (Objectives of Personnel Management)— कार्यिक प्रबन्ध एक विशिष्ट कार्य है जो संस्था के उद्देश्यों को प्राप्त करने के लिये आवश्यक है। कार्यिक प्रबन्ध उन उद्देश्यों को प्राप्त करने में योगदान देता है जो कि संस्था द्वारा निर्धारित किये गये हैं। यह प्रबन्ध व्यक्तियों द्वारा संस्था के उद्देश्यों को अधिकतम मात्रा में प्राप्त करने का एक साधन है। इस प्रबन्ध से व्यक्तियों को उपयुक्त सुविधाएँ प्रदान करके संस्था को एवं समाज के हितों को अधिकतम करना है। कार्यों को आर्थिकता के साथ प्रभावपूर्ण ढंग से किया जाता है। कार्यिक प्रबन्ध के उद्देश्यों को निम्न प्रकार वर्णित कर सकते हैं—

(1) कार्यिक प्रबन्ध का सबसे पहला उद्देश्य कार्यकर्ताओं की क्षमता में वृद्धि करके संस्था के उद्देश्यों को प्राप्त करना है। इसके लिये योग्य एवं अनुभवी व्यक्तियों की नियुक्ति, प्रशिक्षण, प्रेरणा, नियन्त्रण तथा उचित कार्य की दशाएँ प्रदान करना है। कर्मचारियों में साहस, अनुशासन, प्रोत्साहन आदि प्राप्त करने के लिये उचित कार्य की दशाएँ आवश्यक हैं।

(2) कार्यिक प्रबन्ध अपने संस्था के उद्देश्यों को प्राप्त करने का प्रयास करता है। जिस प्रकार का और जितना कार्य संस्था के लिये किया जाना, उन्हें प्राप्त करना, कार्यिक प्रबन्ध का उद्देश्य है।

(3) कार्यिक प्रबन्ध संस्था और कर्मचारियों के सम्बन्ध को मजबूत एवं घनिष्ठ बनाने का उद्देश्य रखता है। कर्मचारियों के मन में असन्तोष न रहे इसके लिये उचित कार्य दशाएँ प्रदान करना है।

(4) कार्यिक प्रबन्ध का उद्देश्य समाज के हितों की वृद्धि करना है। समाज के प्रत्येक अंग विशेषतया जो इससे सम्बन्धित हैं को मजबूत बनाने का उद्देश्य कार्यिक प्रबन्ध का है। बीमा संस्था लोक उपयोगी संस्थायें हैं अतः इनमें कार्यिक प्रबन्ध का यह उद्देश्य बहुत महत्वपूर्ण है।

---

1. U.K. Institute of Personnel Management—"Personnel Management is an integral but distinctive part of management, concerned with people at work and their relationship within the enterprise, seeking to bring, into effective organisation the men and women who staff the enterprise together enabling each to make his own best contribution to its success, both as an individual and as a member of a working group. In seeks to provide relationships within the enterprise that are conductive both to effective and human satisfaction."

कार्यिक प्रबन्ध के सिद्धान्त
(Principles of Personnel Administration)

विभिन्न विद्वानों ने कार्यिक प्रबन्ध के अलग-अलग कई सिद्धान्त बनाये हैं। यहाँ पर सी० एच० नार्थकाट (C.H. Northcott) के द्वारा प्रतिपादित चार आधारभूत सिद्धान्तों का वर्णन किया जा रहा है—

1. न्याय (Justice)—कर्मचारियों की नियुक्ति, पदोन्नति, पर्यवेक्षण आदि में न्याय का पालन करना आवश्यक है। मजदूरी को न्यायपूर्ण ढंग से निश्चित करना चाहिए। मजदूरी की एक न्यूनतम दर होगी जिससे कम मजदूरी नहीं दी जायेगी। यदि किसी व्यक्ति ने निर्धारित स्तर से अधिक काम किया है तो उसे पारितोषिक के रूप में कुछ अधिक मजदूरी दे देनी चाहिए। पदोन्नति के उचित अवसर प्रदान करने चाहिए। पदोन्नति के लिए उचित मापदण्ड अपनाना चाहिए जिसमें पक्षपात और अन्याय न हो। आगे बढ़ने के लिए केवल व्यक्ति के गुण होने चाहिए। कार्य की दशायें निश्चित करते समय कर्मचारियों के सुझाव प्राप्त करना जरूरी है। प्रबन्ध की अक्षमता, श्रमसंघों के प्रति अविश्वास और केवल निजी विचार न्यायपूर्ण नहीं हैं। न्याय को एक विस्तृत अर्थ में प्रयोग करना चाहिए। जब तक संस्था में योग्य व्यक्ति हों कार्यालय से ही व्यक्ति नियुक्त किये जायें। बाहरी व्यक्तियों की नियुक्ति तब तक न हो जब तक कि वे असाधारण रूप से अधिक योग्य न हों। कर्मचारियों को उनके वेतन, कार्यदशा-पदोन्नति आदि के बारे में समय-समय पर ज्ञान कराया जाय।

2. व्यक्तित्व (Personality)—कर्मचारियों के व्यक्तित्व को मूल्य देना चाहिए जो कर्मचारी कार्य करता रहता है उसे आत्म-संतुष्टि मिलती रहती है और उसके व्यक्तित्व का विकास होता है। उन्हें स्वतन्त्र वातावरण में कार्य करने का मौका देना चाहिए, इससे उनके व्यक्तित्व में निखार आता है, कर्मचारियों के साथ स्वतंत्र और मित्रतापूर्ण व्यवहार करना चाहिए। कर्मचारियों को सुरक्षा का भी आश्वासन होना चाहिए; इससे उनके व्यक्तित्व का विकास होगा।

3. लोकतन्त्रीय सिद्धान्त (Democratic Principle)—प्रबन्ध व्यवस्था में कर्मचारियों के परामर्श को उचित स्थान दिया जाना चाहिए। प्रबन्ध केवल अपने दृष्टिकोण से ही विचार न करे बल्कि किसी नीति को निर्धारित करने के लिए सभी स्तर के कर्मचारियों से सलाह लेनी चाहिए। कर्मचारियों को प्रबन्ध में साझेदार बनाकर लोकतन्त्र व्यवस्था को बढ़ावा दिया जा सकता है। नीतियों के निर्धारण में श्रमिकों के प्रतिनिधियों को शामिल करना जरूरी है। श्रमसंघों को स्वतंत्र रूप से कार्य करने का मौका दिया जाना चाहिए। श्रमसंघ के सदस्य और गैर सदस्य के साथ कोई भेदभाव नहीं होना चाहिए। कर्मचारियों के सामाजिक शैक्षिक एवं मनोरंजन सुविधाओं के विकास में योगदान दिया जाये।

4. सहयोग (Cooperation)—कर्मचारियों और प्रबन्ध में सहयोग की भावना होना जरूरी है। मानवीय दृष्टिकोण से ही एक-दूसरे के विचारों को समझा जा सकता है। यदि कर्मचारियों में सहयोग की भावना रहेगी तो वे अपने कार्य को अच्छी तरह कर सकेंगे। सहयोग उत्पन्न करने का श्रेय प्रबन्ध को है। प्रत्येक कर्मचारी को यह महसूस हो सके कि उसके कार्य को वास्तव में मूल्य दिया गया है।

उपरोक्त सिद्धान्तों के अलावा कार्यिक प्रबन्ध के निम्नलिखित सिद्धान्त और हो सकते हैं—

5. योग्यता एवं बुद्धिमानी (Care and Skill)—कर्मचारियों की नियुक्ति, प्रशिक्षण एवं प्रोत्साहन में योग्यता एवं बुद्धिमानी का होना चाहिए। व्यक्तियों को कार्य सौंपने, उनकी पदोन्नति, वेतन भुगतान आदि के लिए इन सिद्धान्तों का पालन करना चाहिए। नियमों को बनाने एवं पालन करने में इन बातों को ध्यान में रखना चाहिए। कर्मचारियों को अपनी योग्यता एवं क्षमता बढ़ाने के लिए उचित अवसर मिलने चाहिए।

6. स्पष्टता (Clarity)—प्रबन्ध के विचारों और कार्यों में स्पष्टता होनी चाहिए। उसमें किसी प्रकार का सन्देह नहीं होना चाहिए। कर्मचारियों के कार्यों की सीमा निश्चित होनी चाहिए। उनकी जिम्मेदारी और कर्तव्यों का स्पष्ट वर्णन होना चाहिए।

7. सामाजिक हित का सिद्धान्त (Principles of Social Advantages)—कार्यिक प्रबन्ध के सामाजिक हितों को ध्यान में रखना चाहिए। वर्तमान समय में सामाजिक हितों को विशेष महत्व दिया जा रहा है। अतः उसको प्राप्त करने के लिए कार्यिक प्रबन्ध को प्रयास करना चाहिए।

8. संस्था का हित (Safeguards of the Institutional Interest)—कार्यिक प्रबन्ध को संस्था के हितों को ध्यान में रखकर कार्य करना चाहिए। संस्था के हित को लाभ की मात्रा से नापने की प्रथा बन चुकी है; लेकिन दीर्घकालीन ख्याति और स्थायित्व भी संस्था का महत्वपूर्ण हित है। रोजगार में स्थिरता प्रदान करना आवश्यक है।

कार्यिक प्रबन्ध के कार्य
(Functions of Personnel Management)

प्रो० डब्ल्यू० आर० स्प्रीगल (Prof. W.R. Spriegel) ने कार्यिक प्रबन्ध के कार्यों को 6 भागों में बाँटा है जिनका वर्णन नीचे किया जा रहा है—

(1) कर्मचारियों की नियुक्ति (Employment)—इसके अन्तर्गत उचित व्यक्तियों की नियुक्ति उचित कार्य के लिए की जाती है। कर्मचारियों की नियुक्ति के लिए योग्यता की जाँच, पिछले अनुभव का मूल्यांकन, व्यक्तित्व का परीक्षण आदि की आवश्यकता पड़ती है। योग्यता की जाँच के लिए लिखित परीक्षा एवं मौखिक परीक्षा का प्रबन्ध करना, व्यक्तियों को नियुक्त करके उनको कार्य का वितरण करना और उचित कार्य दिलाने के लिए एक स्थान से दूसरे स्थान स्थानान्तरित करना आदि इस वर्ग के अन्तर्गत आते हैं।

(2) पदोन्नति स्थानान्तरण व सेवा निवृत्ति (Promotion, Transfer and Termination)—पदोन्नति नीतियों को निश्चित करने में परामर्श देना तथा निर्धारित सिद्धान्तों को प्रभावशाली ढंग से करना, स्थानान्तरण सम्बन्धी नीतियों को बनाने तथा उन्हें कार्यान्वित कराने में योगदान देना तथा कर्मचारियों की सेवा निवृत्ति के संबंध में नीतियाँ बनाना एवं अपनाने के सम्बन्ध में योगदान देना इस वर्ग के अन्तर्गत आता है। उन कारणों को दूर करने का प्रयास करना जिससे व्यक्तियों को अलग करने का प्रश्न उठता है। नीतियों और नियमों को कर्मचारियों को बताना, कर्मचारियों के विचारों को मूल्यांकित करना और उसके अनुसार उनकी मदद करना इसके अन्तर्गत आता है।

3. प्रशिक्षण (Training)—नये कर्मचारियों को प्रशिक्षित करने की व्यवस्था करना, कार्य पद्धति, सुरक्षा, उपक्रम आदि के विषय में जानकारी कराना, कर्मचारियों के कार्यों की वार्षिक सूचना तैयार करना तथा उन्हें उचित दिशा में प्रशिक्षित करना इस विभाग के अन्तर्गत आता है।

4. मजदूरी एवं प्रेरणाएँ (Wages and Other Incentives)—मजदूरी सम्बन्धी नीतियों में परामर्श देना, जाँच के निर्देश तैयार करना, जाँच नीतियों को मूल्यांकित करना, कर्मचारियों की विशेष वार्षिक सूचना तैयार करना, उसके अनुसार प्रेरित करना, स्वास्थ्य बीमा योजना बनाना, मजदूरी का अग्रिम भुगतान, तथा अन्य आर्थिक एवं सामाजिक सुविधाएँ देना इसके अन्तर्गत आता है।

5. सेवा सम्बन्धी क्रियायें (Service Activities)—कर्मचारियों की सुख सुविधा का ध्यान रखना, जलपानगृह, मनोरंजन गृह आदि की व्यवस्था करना, कर्मचारियों के मनोबल बढ़ाने का प्रयास करना, तथा सामाजिक सुरक्षा आदि का ध्यान रखना इसके अन्तर्गत शामिल होता है।

(6) सामूहिक प्रसंविदा (Collective Bargaining)—श्रम संघ से विचार-विमर्श, कर्मचारियों के प्रतिनिधियों के साथ सहयोग स्थापित करना, कर्मचारियों की शिकायतें दूर करना आदि अनेक कार्य इसके अन्तर्गत आते हैं।

उपरोक्त कार्यों के अध्ययन के बाद यह पता चलता है कि कार्यिक प्रबन्ध को नियुक्ति, प्रशिक्षण, प्रेरणा, नियंन्त्रण और कार्य की दशाओं आदि कार्यों में बाँटा जा सकता है जिनका अध्ययन विस्तार से यहाँ पर किया जायेगा।

1. नियुक्ति
(Appointment)

नियुक्ति इस विभाग का एक महत्वपूर्ण कार्य है। केवल उन व्यक्तियों को नियुक्त करना जिनकी कार्यों के अनुरूप योग्यता हो। बहुत से आवेदन-पत्रों में से ऐसे व्यक्तियों को ढूँढ़ना एक विशेषज्ञ का काम है। केवल अनुभवी और दक्ष व्यक्तियों को प्रत्येक कार्य के लिए चुनना एक अनार्थिक कार्य होगा। जहाँ पर शारीरिक परिश्रम की आवश्यकता है, यदि वहाँ पर मानसिक श्रम करने वाले को नियुक्त किया गया तो कार्य अच्छी तरह पूरा नहीं हो पायेगा और उलटे अधिक वेतन भी देना पड़ेगा जो कि दोनों अनार्थिक हैं। यदि प्रशिक्षित व्यक्तियों की आवश्यकता है और उन्हें नियुक्त न करके सामान्य व्यक्तियों को नियुक्त किया जायेगा तो कार्य अच्छी तरह पूरा नहीं हो पायेगा। नियुक्ति करने के उद्देश्य प्रत्येक कार्य के अनुसार योग्य व्यक्तियों को खोजना और उन्हें वह कार्य सौंपना जिससे कि कार्य अच्छी तरह हो सके। इसलिये नियुक्ति करने के पहले यह सबसे अधिक आवश्यक बात होगी कि कार्यों का वर्गीकरण किया जाये।

कार्यों का विभाजन
(Classification of Activities)

कार्यों के विभाजन के अनुसार कार्यकर्त्ताओं की श्रेणी निश्चित की गयी है। जीवन बीमा निगम में कार्यकर्ताओं को चार भागों में बाँटा गया है और प्रत्येक भाग में अनेक श्रेणी के कार्यकर्त्ता होते हैं जिनका नाम अलग-अलग है। इनका वर्णन ऊपर किया जा चुका है। उन कार्यकर्त्ताओं के अलग-अलग वेतन होते हैं और कार्य का अलग-अलग स्वभाव भी होता है। इन्हीं कार्यों के अनुसार विभिन्न स्तर के योग्य व्यक्तियों की खोज की जाती है। लाभ (Advantage) कार्यिक प्रबन्ध के प्रभावपूर्ण होने के लिए यह जरूरी है कि कार्यों और जिम्मेदारियों का विभाजन स्पष्ट रूप से किया जाये। प्रत्येक कार्य और पद को स्पष्ट रूप से बताया जाये। कार्य विभाजन से वेतन दर निर्धारण में सहायता मिलती है, नये पदों को

आसानी से समझा जा सकता है और रोजगार विकास के लिये विश्लेषणात्मक कार्य किये जा सकते हैं। विभिन्न कार्यों के अलग-अलग स्पष्टीकरण से नियुक्ति, प्रशिक्षण और प्रेरणा को सरलता से पूरा किया जा सकता है। कार्यों, कर्तव्यों और उत्तरदायित्वों के स्पष्ट होने से योग्यता का निर्धारण आसान हो जाता है और उसी प्रकार से चुनाव, प्रशिक्षण और प्रेरणा की पद्धतियों को निश्चित कर सकते हैं। कार्यों के विभाजन से पदोन्नति और स्थानान्तरण भी सरल हो जाता है।

कार्यों के विभाजन के अनुसार वेतन स्तर को निश्चित करने का मौका मिलता है। समान या एक ही कार्य के लिए समान वेतन का होना आवश्यक है, यदि कार्यों को स्पष्ट रूप से विभाजित न किया गया तो कार्यालय के लिए यह समस्या हो जायेगी कि कार्य किस प्रकार किया जाये तथा उसका वेतन क्रम कितना निश्चित किया जाये। विभिन्न वेतन क्रम और अनिश्चित कार्य के कारण विवाद एवं असन्तोष पैदा होते रहेंगे। कार्य विभाजन के अनुसार पद, वेतन, सुविधाएँ, कर्तव्य और जिम्मेदारियाँ सौंपने में कार्यिक प्रबन्ध आसान और प्रभावपूर्ण हो जायेगा। राष्ट्रीयकरण के पहले विभिन्न कार्यालयों में एक ही कार्य के लिए अलग-अलग वेतन थे। उनकी कार्य दशाओं, पदोन्नति, प्रशिक्षण आदि के लिए भी विभिन्न स्तर थे। परन्तु राष्ट्रीयकरण के बाद इनमें एकरूपता आ गयी। जीवन बीमा निगम कार्यिक नियमन, 1956 का निर्माण करके कर्मचारियों की शर्तों और दशाओं को प्रभावपूर्ण ढंग से संचालित किया गया था परन्तु बाद में 1960 में दूसरा नियमन पास किया गया जिसके अनुसार कर्मचारियों की शर्तों और दशाओं में पुन: सुधार किया गया।

भर्ती (Recruitment)—कर्मचारियों के सेवा मुक्त होने, मृत्यु होने, त्यागपत्र देने आदि से स्थान रिक्त हो जाते हैं। विकास होने पर भी नये पदों का निर्माण होता है। इन रिक्त स्थानों को पूरा करने के लिए कर्मचारियों की नियुक्ति होना आवश्यक है। भर्ती में (1) कर्मचारियों की संख्या और योग्यता निश्चित करना, (2) उचित व्यक्तियों की खोज के लिये विभिन्न साधनों को अपनाना तथा (3) चुनाव पद्धति का उपयोग करना आदि शामिल है।

कर्मचारियों की संख्या एवं योग्यता निश्चित करना (Determination of Number and Quality of Employees)—नियुक्ति करने के पहले यह निर्धारित करना जरूरी है कि कितने व्यक्तियों की नियुक्ति की जानी है और उनकी योग्यता क्या होगी। संख्या का निर्धारण कर्मचारियों की मृत्यु, त्यागपत्र, सेवामुक्ति आदि के आधार पर होता है। भविष्य की आवश्यकताओं को ध्यान में रखकर यह निश्चित करते हैं कि कितने व्यक्तियों की नियुक्ति होनी है। संख्या निश्चित करते समय ही यह पता चल जाता है कि किस प्रकार के व्यक्तियों को नियुक्त करना है, किस पद के लिये नियुक्त करना है तथा उनकी योग्यता क्या होगी। संख्या और योग्यता का निर्धारण केवल वर्तमान आवश्यकताओं के आधार पर ही नहीं करना चाहिए बल्कि भविष्य में होने वाली आवश्यकताओं को भी ध्यान में रखा जाना चाहिए।

कार्यिक प्रबन्ध में नियुक्ति की योजना (Planning)—बहुत ही महत्वपूर्ण है। अनियोजित ढंग से की गयी नियुक्ति कभी भी सफल नहीं होती है। इससे अनार्थिकता को प्रोत्साहन मिलता है और कार्य भी उस तरह नहीं किये जा पाते हैं जिस उद्देश्य के लिए नियुक्ति की गयी है। योजना में संख्या और योग्यता का पूर्वानुमान पहला कदम है। पूर्वानुमान वर्तमान तथा भविष्य की आवश्यकताओं को ध्यान में रखकर किया जाता है। यह जरूरी नहीं है कि आज जो अनुमान किया गया है वह अनुमान आने वाले वर्षों में

अक्षरश: सत्य होगा। भविष्य में होने वाले परिवर्तनों के आधार पर विकास की गति के पूर्वानुमान पर तथा कर्मचारियों की वर्तमान संख्या और योग्यता के अनुसार यह तय करना सम्भव हो सकता है कि भविष्य में परिवर्तन किस प्रकार और कितना होगा। इन सभी बातों को ध्यान में रखकर कर्मचारियों की संख्या एवं योग्यता को निश्चित किया जा सकता है।

कर्मचारियों की आवश्यकता का अनुमान बीमा व्यापार के विक्रय (Sales) के ऊपर निश्चित है। बीमा व्यापार की वृद्धि व्यक्तियों की आय, शिक्षा एवं दृष्टिकोण पर आधारित है। अत: जब कर्मचारियों की संख्या निश्चित करना है तो यह देखना जरूरी है कि भविष्य में व्यापार वृद्धि की क्या संभावना है? व्यक्तियों की आय और शिक्षा में वृद्धि का अनुमान आर्थिक आँकड़ों के आधार पर किया जा सकता है। प्रत्येक विभाग में कितने कर्मचारियों की जरूरत होगी इसका भी अनुमान कार्य विस्तार के स्वभाव पर किया जा सकता है। प्रत्येक विभाग में कितने कार्य किये जाते हैं और कितने कार्यों को करने की आवश्यकता है। इसका अनुमान लगाकर विभाग में नियुक्त किये जाने वाले व्यक्तियों की संख्या निश्चित की जाती है। कार्यिक प्रबन्ध में इस कार्य को कार्य निर्धारण (Job-Specification) की संज्ञा दी गयी है। किस कार्य को करना है, उसे कैसे करना है, उसे करने के लिये क्या योग्यता होनी चाहिए तथा किन व्यक्तियों को कार्य, सौंपना आदि का अध्ययन 'कार्य-अध्ययन' या निर्धारण में आता है, इनका विस्तृत वर्णन अगले अध्याय में किया गया है।

(2) आमन्त्रण के साधन
(Sources of Inviting Applications)

व्यक्तियों की संख्या एवं योग्यता निश्चित हो जाने के बाद दूसरा कार्य व्यक्तियों को सेवा प्रदान करने के लिये आमन्त्रण देना है। उचित एवं योग्य व्यक्तियों की खोज करना एक कठिन कार्य है। कभी-कभी विस्तृत सूचना के अभाव में अच्छे व्यक्तियों को आमन्त्रित करना संभव नहीं हो पाता है। अत: यह आवश्यक है कि उन पद्धतियों का प्रयोग किया जाये जिससे आवश्यक योग्यता वाले अधिक से अधिक व्यक्ति आमन्त्रण दे सकें। अयोग्य एवं कम योग्य व्यक्तियों को आवेदन देने के लिए उत्साहित नहीं करना चाहिए अन्यथा आवेदन पत्रों की छँटनी करना एक कठिन कार्य हो जाता है। जहाँ पर नियुक्ति करनी है वहाँ पर विस्तृत रूप से पद रिक्त का विज्ञापन होना चाहिए जिससे स्थानीय व्यक्तियों को नियुक्त करने में सुविधा मिले। राष्ट्रीय स्तर पर होने वाले कार्यों को कराने के लिए सम्पूर्ण देश के महत्वपूर्ण समाचार पत्रों और अन्य साधनों का प्रयोग करना चाहिए। ऐसे साधनों को अपनाया जाये जो कार्य के स्वभाव के अनुसार अधिक से अधिक योग्य व्यक्तियों को आमन्त्रण करने में सहायता दे।

आमन्त्रण के कतिपय साधन निम्न हैं—

(i) नियोक्ता (Employers)—कुछ जिम्मेदार कार्यों को पूरा करने के लिए विभिन्न नियोक्ताओं को सूचना भेजी जाती है। नियोक्ता इन सूचनाओं को अपने कर्मचारियों के बीच प्रसारित करते हैं और इच्छुक कर्मचारियों को आवेदन देने के लिए संस्तुत करते हैं। इस पद्धति में जिस संस्था में नियुक्ति होनी है वह नियोक्ता भी इस सूचना को अपने कर्मचारियों को भेजता है। यह तरीका पदोन्नति के लिए प्रभावपूर्ण है क्योंकि इससे योग्य व्यक्तियों और इच्छुक व्यक्तियों की खोज करना सरल हो जाता है। बीमा संस्था में मुख्य कार्यालय से ऐसी सूचनायें विभिन्न कार्यालयों और विभागों को भेजी जाती हैं। कई बीमा संस्थाओं में इस प्रकार की सूचना भेजकर योग्य व्यक्तियों की खोज करने में सहायता मिलती है। इस प्रकार की सूचना से अनुभवी एवं योग्य व्यक्तियों को नियुक्त करने में सुविधा मिलती है।

(ii) व्यक्तियों की संस्तुति (Recommendations of persons)—जिम्मेदार व्यक्तियों की संस्तुति पर नियुक्ति की जा सकती है। प्रबन्ध से परिचित जिम्मेदार व्यक्तियों से कुछ योग्य व्यक्तियों के नाम माँगे जाते हैं जो योग्य व्यक्तियों के नाम भेजते हैं। इस साधन से भी अनुभवी एवं योग्य व्यक्ति को नियुक्त करने में सुविधा मिलती है; परन्तु कभी-कभी ऐसे व्यक्तियों का नाम भेजा जाता है जो बहुत कुशल नहीं होते हैं। व्यक्ति अपने रिश्तेदार, मित्र आदि के नाम भेज सकते हैं। अत: इनको अच्छी तरह परीक्षित करके ही नियुक्त करना चाहिए।

(iii) श्रमिक संघ (Labour unions)—श्रमिक संघों से भी योग्य व्यक्तियों के नाम माँगे जा सकते हैं। इससे श्रमिकों में सन्तोष की भावना जागृत होती है कि वे प्रबन्ध द्वारा आमन्त्रित किये जा रहे हैं; परन्तु कभी-कभी अयोग्य व्यक्तियों की नियुक्ति एवं पदोन्नति के लिए श्रमिक संघ प्रबन्ध को बाध्य करते हैं। मध्यस्थ तरीका यह है कि आमन्त्रण के समय यह स्पष्ट कर देना चाहिए कि केवल उन्हीं व्यक्तियों को नियुक्त किया जायेगा जो कि योग्य एवं अनुभवी होंगे।

(iv) कार्यालय पर सूचना (Notice at the Office Gate)—कार्यालय के सामने सूचना लगाकर व्यक्तियों को आवेदन के लिए आमन्त्रित किया जा सकता है। इस प्रकार के साधन से केवल उन्हीं व्यक्तियों को आमन्त्रण मिलता है जो कि कार्यालय के सूचना बोर्ड को देखते रहते हैं या जो उस स्थान पर निवास करते हैं। यह तरीका भी चतुर्थ श्रेणी के व्यक्तियों को आमन्त्रित करने के लिए उत्तम हो सकता है क्योंकि इस श्रेणी में स्थानीय व्यक्तियों को नियुक्त करना लाभकारी है।

(v) शिक्षण संस्थाओं (Educational Institutions)—शिक्षण संस्थाओं में सूचना भेजकर, प्रधान अध्यापक, अधिकारी आदि से संस्तुति लेकर आवेदन का आमन्त्रण किया जा सकता है। कुछ सैनिक कार्यों में आज भी इस पद्धति का प्रचलन है, इस साधन से योग्य व्यक्तियों को प्राप्त करने में सुविधा होती है; परन्तु यदि कई शिक्षण संस्थाओं में जाया जाये तो अच्छे एवं योग्य व्यक्तियों की खोज हो पायेगी। नवयुवक और साहसी व्यक्तियों को खोजने का यह उत्तम तरीका है। इन व्यक्तियों को उचित प्रशिक्षण देकर कार्यकुशल बनाने में सुविधा मिलती है।

(vi) सेवा नियोजन कार्यालय (Employment Exchanges)—सेवा नियोजन कार्यालयों से योग्य व्यक्तियों के नाम माँगे जा सकते हैं। सेवा नियोजन कार्यालयों में अनेक व्यक्तियों के नाम लिखे रहते हैं। इस साधन से विभिन्न योग्यता के व्यक्तियों को खोज निकालना सम्भव है। तृतीय श्रेणी के कर्मचारियों को नियुक्त करने का यह उत्तम साधन है। आशुलिपिक, बहीखाता ज्ञाता, लिपिक तथा अन्य विभिन्न योग्यता के व्यक्ति सेवा-नियोजन कार्यालय में मिल जाते हैं।

(vii) विज्ञापन (Advertisements)—विभिन्न समाचार पत्रों में विज्ञापन करके योग्य व्यक्तियों को प्राप्त करना आसान है। कुछ विशेष समाचार पत्र एवं पत्रिकायें कुछ विशेष क्षेत्र से सम्बन्धित रहती हैं। यदि उस योग्यता के व्यक्ति को नियुक्त करना है, तो सम्बन्धित पत्र-पत्रिकाओं में विज्ञापन देना जरूरी है। उदाहरण के लिए यदि निबन्धित लेखाकारों (Chartered Accountants) को नियुक्त करना है, तो निबन्धित लेखा संस्था से प्रकाशित होने वाली संस्था में विज्ञापन देना चाहिए। प्रबन्ध (Management) अभ्यर्थियों को प्रबन्ध संस्थाओं से प्रकाशित होने वाली पत्रिकाओं में विज्ञापन देकर व्यक्तियों को आमन्त्रित किया जाता है।

उपरोक्त साधनों को चुनने में श्रम पूर्ति की सम्भावना, कार्य का स्वभाव, नियुक्ति का तरीका आदि को ध्यान में रखा जाता है। किसी स्थान की पूर्ति के लिए केवल एक ही तरीके को नहीं अपनाना चाहिए। विभिन्न साधनों को अपनाकर आमन्त्रण के क्षेत्र को विस्तृत किया जा सकता है।

3. चुनाव कार्य विधि (Selection procedures)—चुनाव कार्य विधि में व्यक्तियों को योग्यतानुसार कई श्रेणियों में विभाजित किया जाता है और सबसे योग्य व्यक्तियों को आवश्यकतानुसार चुन लिया जाता है। चुनाव कार्य विधि को (i) आवेदन पत्रों का विश्लेषण (ii) लिखित परीक्षा, (iii) साक्षात्कार और (iv) अन्तिम चुनाव में विभाजित किया जाता है।

(i) आवेदन पत्रों का विश्लेषण (Analysis and Sorsting of Application Forms)—आवेदन पत्रों को कार्य की आवश्यकता के अनुसार कई श्रेणी में विभाजित कर सकते हैं। आवेदन पत्रों के आधार पर योग्यतानुसार आवेदकों का सारणीयन कर लिया जाता है। जो आवेदक निर्धारित स्तर से नीचे होंगे, उन्हें लिखित परीक्षा और साक्षात्कार के लिये नहीं बुलाते हैं। आवेदन पत्रों में अनेक सूचनायें लिखी रहती हैं, उन सूचनाओं को मूल्यांकित करना आवश्यक है। नाम, पता, पिता का नाम एवं पता जन्म-तिथि, वैवाहिक स्थिति, पेशा, शिक्षा अनुभव आदि का पूरा विवरण माँगा जाता है। इन विवरणों के आधार पर यह तय किया जाता है कि व्यक्ति की योग्यता कितनी है और उन्हें लिखित परीक्षा के लिए बुलाया जाये या नहीं।

(ii) लिखित परीक्षा (Written Test)—साक्षात्कार के पहले लिखित परीक्षा का होना आवश्यक है। जिस प्रकार के कार्य के लिए आवेदन प्राप्त किये जा रहे हों, उसी प्रकार के कार्यों की लिखित परीक्षा होनी चाहिए। आजकल लिखित परीक्षा को बुद्धि, रुचि एवं योग्यता की जाँच का आधार बनाया जा रहा है। बुद्धि परीक्षण से आवेदक की बुद्धि स्तर का ज्ञान होता है। इस जाँच में तर्क देने की योग्यता एवं क्षमता की जाँच की जाती है। रुचि परीक्षण से व्यक्ति के अन्दर छिपी भावना का पता लगता है जिसको आधार मानकर आवेदक को प्रोत्साहित किया जा सकता है। इस जाँच से व्यक्ति की अभिरुचि और व्यक्तित्व का पता लगता है। योग्यता जाँच से यह पता लगता है कि यदि व्यक्ति को कोई कार्य बताया जायेगा तो उसे भली प्रकार कर सकता है या नहीं। किसी बात को समझने की गुप्त क्षमता है या नहीं। इन जाँचों को पूरा करने के लिए लिखित परीक्षायें होती हैं जिसमें भाषा, गणित, विदेश भाषा तथा व्यावसायिक ज्ञान की परीक्षा आदि होती है। सामान्य क्षमता और व्यावसायिक ज्ञान की जाँच दोनों के आधार पर किसी व्यक्ति की योग्यता का पता लगता है। एक योग्य एवं कार्यक्षम व्यक्ति कार्यों को हमेशा अच्छे और सही ढंग से करेगा। जब व्यावसायिक ज्ञान का परीक्षण हो रहा है तब वहाँ पर अनुभव का पता लगाना आसान हो जायेगा। कुछ महत्वपूर्ण और जिम्मेदार कार्यों के लिए लिखित परीक्षा की आवश्यकता नहीं पड़ती क्योंकि साक्षात्कार के लिए केवल वही व्यक्ति बुलाये जाते हैं जो इन गुणों से परिपूर्ण हों।

(iii) साक्षात्कार (Interview)—साक्षात्कार के माध्यम से आवेदकों की अभिरुचि तथा प्रवृत्तियों को समझा जा सकता है। इसके द्वारा आवेदक के व्यक्तित्व की जाँच हो जाती है। व्यक्तित्व के अनुसार ही किसी व्यक्ति को एक निश्चित कार्य के लिए प्रेरित किया जा सकता है। भविष्य में काम सीखने की योग्यता एवं क्षमता का मूल्यांकन इसके द्वारा हो जाता है। साक्षात्कार के समय उन प्रश्नों को पूछना चाहिए जिसके आधार पर यह पता लग सके कि व्यक्ति की आन्तरिक योग्यता कितनी है। उसी समय आवेदक के

शारीरिक गटन, व्यक्तित्व, शैक्षणिक उपलब्धियाँ, विशिष्ट अभिरुचियाँ, व्यावहारिक कार्य कुशलता तथा मानसिक दशा का पता चल जाता है। साक्षात्कार का स्तर कार्य स्तर के अनुसार बदलता रहता है। यदि प्रथम श्रेणी के अधिकारियों की नियुक्ति की जाती है तो उनसे खुलकर समान स्तरीय पर वाद-विवाद हो सकता है। उनके ऊपर मानसिक दबाव और जोर डालने वाले प्रश्नों को रखना चाहिए। सामूहिक साक्षात्कार को इस स्तर पर अपनाया जा सकता है। तृतीय श्रेणी के कर्मचारियों की नियुक्ति के लिए उनके शिक्षा सम्बन्धी ज्ञान पर प्रश्न किये जाने चाहिए। यदि पिछला अनुभव है तो उस पर भी प्रश्न पूछा जा सकता है। साक्षात्कार करते समय विभिन्न प्रश्नों के मूल्यांकन के लिए पाँच अंकीय तालिका बनाई जानी चाहिए। यदि, साक्षात्कार खराब रहा है तो 2, बहुत खराब है तो 1 और एकदम खराब तो शून्य अंक। इसी प्रकार अच्छे, बहुत अच्छे और सबसे अच्छे के लिए क्रमश 3, 4 और 5 अंक देने चाहिए। सभी प्रश्नों के आधार पर अंकों का योग लेना चाहिए। जिस व्यक्ति के अंक सबसे अधिक हों उस व्यक्ति को सबसे पहले और इसी प्रकार क्रमश: नियुक्त करना चाहिए।

(iv) अन्तिम चुनाव (Final Selection)—आवेदन पत्रों की जाँच के बाद जो व्यक्ति लिखित परीक्षा के लिए बुलाये गये हों उनमें से कुछ व्यक्ति योग्यता के आधार पर मौखिक परीक्षा के लिये और मौखिक परीक्षा के बाद चुने व्यक्तियों को अन्तिम चुनाव के लिए बुलाया जाता है। अन्तिम चुनाव में चिकित्सा परीक्षण, अध्यक्ष की स्वीकृति एवं प्रबन्ध की अनुमति आते हैं। यदि इनमें कुछ व्यक्ति सफल नहीं होते हैं तो उन्हें नहीं बुलाया जाता है। जो व्यक्ति सफल हो जाते हैं उन्हें नियुक्ति के लिए तुरन्त बुला लेते हैं; जब व्यक्ति काम करना शुरू कर देता है, तब उसे प्रशिक्षण, प्रोत्साहन आदि दिये जाते हैं।

2. प्रशिक्षण
(Training)

प्रशिक्षण कार्य कार्यिक प्रबन्ध में एक महत्वपूर्ण अंग है। कर्मचारियों को कार्य करने की पद्धति बताना और उनसे कार्य करा के कार्य की शैली बताना प्रशिक्षण है। जिस समय व्यक्तियों को कार्य पर लगाया जाता है उन्हें कार्य के विषय में सैद्धान्तिक ज्ञान बताते हैं उसके उपरान्त उन्हें कार्य करने के लिए आदेश दिया जाता है, जब वे कार्य करते हैं तो आने वाली कठिनाइयों एवं समस्याओं को दूर करके उन्हें कार्य को करने के लिए कार्य कुशल बनाया जाता है। प्रशिक्षण देकर नये कर्मचारियों को कार्यों का व्यावहारिक ज्ञान कराते हैं और पुराने कर्मचारियों को विशेष रूप से कार्य कुशल बनाते हैं।

उद्देश्य—प्रशिक्षण के निम्नलिखित उद्देश्य हैं—

(1) प्रशिक्षण से नये कर्मचारी अपने कार्यों को पूर्ण रूप से और अच्छी तरह से समझ लेते हैं। वे अपने कर्तव्यों और जिम्मेदारियों से पूर्णतया परिचित हो जाते हैं।

(2) कर्तव्यों एवं जिम्मेदारियों को करने के लिये विशेष ज्ञान और अनुभव की जरूरत होती है जो कि केवल प्रशिक्षण से आते हैं। प्रशिक्षण से कर्मचारियों की कार्य कुशलता में वृद्धि हो जाती है।

कर्मचारियों को अपने कार्यों के विषय में अनेक जटिलताओं को समझना रहता है जिसको केवल प्रशिक्षण से ही समझ सकते हैं।

(4) कर्मचारियों को अनेक कार्य करने रहते हैं जिनमें विभिन्न प्रकार के ज्ञान और अनुभव की जरूरत है। ज्ञान और कुशलता में विभिन्नता प्रशिक्षण से आती है। किसी कार्य

को प्रभावशाली ढंग से करने की क्षमता आती है।

महत्व (Importance)—प्रशिक्षण कर्मचारियों और संस्थाओं के लिए विशेष महत्व का विषय है। इससे सम्पूर्ण समाज को भी लाभ मिलता है। एक अच्छे प्रशिक्षण के महत्व को कम नहीं किया जा सकता है।

(1) गुणात्मक एवं संख्यात्मक रूप से कार्य कुशलता में वृद्धि—प्रशिक्षण से कुशलता एवं उत्पादकता में वृद्धि होती है; प्रत्येक कर्मचारी अधिक से अधिक कार्य करने के योग्य हो जाता है। इससे कर्मचारियों और उसकी संस्था दोनों को लाभ मिलता है।

(2) निरीक्षण की कम आवश्यकता—प्रशिक्षण से निरीक्षण की आवश्यकता कम हो जाती है क्योंकि प्रत्येक कर्मचारी अपने कार्यों को समझ सकता है और उसे किसी से पूछना नहीं रहता। प्रशिक्षण से कर्मचारियों के कार्य में ईमानदारी और आदर की भावना पैदा हो जाती है जिससे कर्मचारी बिना किसी के कहे अपने आप कार्य को अच्छी तरह करता है। उसे कार्य से प्रेम और श्रद्धा हो जाती है। प्रशिक्षण के इस गुण के कारण निरीक्षण के अधिक खर्चे और समय बच जाते हैं।

(3) संगठन की मजबूती—प्रशिक्षण प्रत्येक कर्मचारी को अपने-अपने कार्यों को पूरा करने के लिए प्रेरित करता है जिससे प्रत्येक कर्मचारी अपने कार्यों को अच्छी तरह करता है। वह एक-दूसरे के प्रति सहयोग रखता है जिससे संस्था के प्रत्येक कार्य एवं उपकार्य अपने-अपने ढंग से पूरे हो जाते हैं और उन्हें समन्वित करने में कोई कठिनाई नहीं पड़ती है। संगठन मजबूत एवं सुदृढ़ हो जाता है।

(4) मनोबल में वृद्धि—प्रशिक्षण से कर्मचारियों का मनोबल बढ़ जाता है। कार्य को ही पूजा समझकर अधिक कार्य कर लेते हैं। कार्य कुशलता बढ़ने से कर्मचारी अपने कार्यों को अच्छी तरह कर लेता है जिससे उसमें सन्तोष की भावना जागृत होती है और उसका मनोबल बढ़ जाता है।

प्रशिक्षण व्यवस्था (Training Arrangement)—प्रशिक्षण कार्य के लिए निम्नलिखित व्यवस्था का होना आवश्यक है।

(1) कार्यक्रम (Time Table)—प्रशिक्षण प्रारम्भ करने के पहले प्रशिक्षण की योजना बना लेनी चाहिए। प्रशिक्षण उसी योजना के अनुरूप होना आवश्यक है।

(2) कार्यों का विभाजन (Break-down of the job)—प्रत्येक कार्य को अलग-अलग व्यक्तियों से पूरा कराया जाता है। किस व्यक्ति को क्या कार्य सौंपा जाये इसका पहले से निर्धारण हो जाना चाहिए। व्यक्ति कार्य को कैसे करेगा इसका भी पता हो जाना चाहिए। कार्यों के प्रत्येक बिन्दुओं और महत्वपूर्ण हिस्सों को अच्छी तरह बताया जाना चाहिए।

(3) तैयारी (Preparation)—प्रशिक्षण को प्रारम्भ करने के लिए पहले से तैयारी होनी चाहिए। उचित वस्तुओं, उपकरणों एवं पदार्थों को एकत्र करना जरूरी हो जाता है। प्रशिक्षण के लिए आवश्यक उपकरण एवं प्रशिक्षण सहायक होना जरूरी है।

(4) कार्यस्थल की व्यवस्था (Arrangement of Place)—प्रशिक्षण दिये जाने का स्थान पहले से निश्चित हो जाना चाहिए। जहाँ पर प्रशिक्षण दिया जाता है वह कार्यों को पूरा करने, प्रशिक्षार्थियों को समझाने और उन्हें कार्य में लगाने के योग्य होना चाहिए।

प्रशिक्षण पद्धति
(Training Method)

प्रशिक्षण पद्धति इस प्रकार हो जिससे प्रशिक्षार्थी अपने कार्यों को सैद्धान्तिक एवं व्यावहारिक ढंग से अच्छी तरह समझ सकें। शिक्षा, कार्य सीखना एवं कार्य करना, इन तीनों भागों में प्रशिक्षण पूरा किया जाता है—

1. शिक्षा (Education)—कर्मचारियों को प्रशिक्षित करने के पहले उन्हें सैद्धान्तिक ज्ञान का देना आवश्यक है। शिक्षा देने की निम्न पद्धतियाँ अपनायी जाती हैं—

(i) व्याख्यान (Lecture)—प्रशिक्षार्थियों के सामने व्याख्यान देकर उन्हें सैद्धान्तिक ज्ञान का अनुभव कराया जाता है। व्याख्यान छोटा और पूर्ण होना चाहिए। इससे किसी व्यक्ति में अनावश्यक रूप से अरुचि न होने देना चाहिए। रोचक व्याख्यान देकर सैद्धान्तिक ज्ञान कराया जा सकता है।

(ii) पुनरावृत्ति (Recitation)—इस पद्धति में प्रशिक्षार्थियों को जो कुछ बताया गया उस पर प्रश्न करने का मौका दिया जाता है। प्रशिक्षार्थी प्रश्न और उत्तर से अच्छा ज्ञान प्राप्त कर लेते हैं।

(iii) प्रदर्शन (Demonstration)—प्रावैधिक और तकनीकी कार्यों को पूरा करने के लिए प्रशिक्षक स्वयं उस कार्य को करके दिखाता है। प्रशिक्षार्थी कार्य की विधि को देखते रहते हैं और उसे न समझने पर प्रश्न भीं करते रहते हैं।

(iv) सम्मेलन (Conferences)—सभाओं के माध्यम से उन व्यक्तियों को ज्ञान कराया जाता है जिन्हें अपने कार्यों का पहले से ज्ञान है। इसमें सभी व्यक्ति अपने-अपने विचारों को व्यक्त करते हैं और अन्त में सामूहिक विचार अत्यन्त प्रेरणात्मक बन जाता है।

2. कार्य सीखना (Learning)—प्रशिक्षण के अन्दर व्यक्तियों को कार्य करने के लिए कहा जाता है। तकनीकी ज्ञान को कार्य कराके बताया जाता है। प्रशिक्षार्थी यह देखते रहते हैं कि कार्य कैसे किया जाता है, उसके बाद प्रशिक्षार्थी स्वयं कार्य करता है और प्रशिक्षक देखता रहता है और प्रशिक्षार्थी को प्रत्येक क्रियाओं को बताता रहता है। कार्य करने के लिए किन-किन उपकरणों, यंत्रों एवं मशीनों का प्रयोग किया जायेगा उन सबका व्यावहारिक ज्ञान कराता है। प्रशिक्षार्थी कार्यों को करने का ढंग करके सीखता है। उसे कार्यों का व्यावहारिक ज्ञान हो जाता है। प्रशिक्षण के कई रूप हो सकते हैं। कर्मचारी के साथ प्रशिक्षार्थी बैठकर यह देखता रहता है कि कार्य कैसे हो रहा है। फिर उसके बाद वह स्वयं कार्य करता है। जब वह कार्य को सीख जाता है, तब स्वतंत्र रूप से वह कार्य को करता है। प्रशिक्षण की दूसरी शैली एक संस्था में जाकर कार्य सीखने की है। जब संस्था से प्रशिक्षण पूरा हो जाता है तो वह कार्य करना प्रारम्भ कर देता है। प्रशिक्षण के अन्दर सैद्धान्तिक एवं व्यावहारिक रूप से नीतियों तथा कार्य विधियों का पूर्ण ज्ञान कराया जाता है।

3. कार्य करना (Working)—जब प्रशिक्षार्थी को यह पता हो जाता है कि उसे क्या करना है वह उस कार्य को करना प्रारम्भ कर देता है। कार्य प्रारम्भ करते समय यदि कोई कठिनाई आती है तो उसका निवारण वरिष्ठ कर्मचारी या अधिकारी कर देते हैं। प्रारम्भ में प्रशिक्षार्थी को किसी कर्मचारी या अधिकारी की देखरेख में ही कार्य करना पड़ता है। जब वह अपने कार्यों को अच्छी तरह समझ जाता है तो उसे कार्य को स्वतंत्र रूप से करने की अनुमति दी जाती है। इस दशा में कर्मचारी अपने कार्यों के लिए व्यक्तिगत रूप से जिम्मेदार होता है।

शिक्षा एवं प्रशिक्षा में अन्तर (Difference Between Education and Training)—शिक्षा के द्वारा व्यक्तियों को सैद्धान्तिक ज्ञान होता है। शिक्षा में आवश्यक नहीं कि कार्य के विषय में ही शिक्षा दी जाये। शिक्षा व्यक्ति के मानसिक और बौद्धिक योग्यता को विकसित करती है। प्रशिक्षण व्यक्तियों को व्यावहारिक ज्ञान दिलाता है और इससे विशेष पद्धति का ज्ञान हो जाता है। इससे कार्य करने की शैली मालूम हो जाती है और व्यक्तियों को अपने कार्यों में कोई कठिनाई नहीं पड़ती है। व्यावसायिक पद्धतियों को अपनाकर अपनी कार्य कुशलता को बढ़ाया जा सकता है।

प्रशिक्षण के प्रकार
(Types of Training)

प्रशिक्षण के कुछ प्रकारों का वर्णन नीचे किया जा रहा है—

1. **प्रारम्भिक प्रशिक्षण (Induction Training)**—इस प्रशिक्षण के अन्तर्गत प्रशिक्षार्थी को कार्य करने के पहले प्रशिक्षण दिया जाता है। कार्य को अच्छी तरह पूरा करने का प्रशिक्षण में विशेष सफलता प्राप्त करने के लिए यह जरूरी है कि प्रशिक्षार्थी को कुछ प्रारम्भिक प्रशिक्षण दिये जायें। कभी-कभी केवल इसी प्रशिक्षण से कर्मचारी अपने कार्य को प्रारम्भ कर सकता है। तृतीय एवं चतुर्थ श्रेणी के कर्मचारियों के लिए जहाँ विशेष ज्ञान एवं परिज्ञान की आवश्यकता नहीं है इस प्रशिक्षण से कार्य आसानी से प्रारम्भ कर सकते हैं।

इस प्रशिक्षण में प्रशिक्षार्थी को संस्था के विषय में यह बताया जाता है कि संस्था क्या है? इसका क्या उद्देश्य है? उन उद्देश्यों को पूरा करने के लिए कर्मचारियों का क्या कर्तव्य है; अपने कर्तव्यों को कैसे पूरा कर सकते हैं? एक कर्मचारी कितना समय देकर अपने कार्यों को पूरा कर सकता है आदि के विषय में पूरा ज्ञान कराया जाता है। इस प्रकार के प्रशिक्षण से प्रशिक्षार्थियों में कार्य के प्रति आदर बढ़ता है और उनमें आत्मविश्वास बढ़ता है।

(2) नव प्रशिक्षार्थी प्रशिक्षण (Apprenticeship)—इस प्रशिक्षण में व्यक्तियों को कार्य करने का तरीका बताया जाता है। कलापूर्ण कार्यों को सीखने का यह प्राचीन तरीका है। इसमें प्रशिक्षार्थी संस्था का सदस्य नहीं होता है। वह स्वतंत्र रूप से किसी कर्मचारी के साथ कार्य को सीखता है। किसी अनुभवी कर्मचारी के साथ लगे रहने से वह कार्य को सीखता जाता है और इस तरह उसे कार्य का पूरा ज्ञान हो जाता है। इस प्रशिक्षण और प्रारम्भिक प्रशिक्षण में यह अन्तर है कि यहाँ पर प्रशिक्षार्थी संस्था का कर्मचारी नहीं होता है। उसे यह स्वतंत्रता रहती है कि अपना दूसरा कार्य प्रारम्भ करे और अपने प्राप्त किये प्रशिक्षण अनुभव का प्रयोग करे।

(3) शिल्पकारी प्रशिक्षण (Operative Training)—इस प्रशिक्षण के माध्यम से कर्मचारियों को आगे बढ़ने का मौका मिलता है। वे अपने कार्यों को सीख जाते हैं। उनके कार्य कौशल में वृद्धि हो जाती है। शिल्पकारी प्रशिक्षण में कर्मचारियों को कार्य की पद्धति का वास्तविक ज्ञान कराया जाता है। जब वे कार्य पर लग जाते हैं उस समय भी यह प्रशिक्षण चलता रहता है। एक स्थान से दूसरे स्थान जाने पर भी यह प्रशिक्षण दिया जाता है।

(4) प्रबन्धकीय प्रशिक्षण (Management Training)—प्रबन्धकीय प्रशिक्षण में प्रबन्धक कार्यों को करने वाले कर्मचारियों को प्रशिक्षण दिया जाता है। पर्यवेक्षक एवं प्रबन्धक को किस प्रकार कर्मचारियों से कार्य लेना है इन सबका पूरा ज्ञान कराया जाता है। प्रबन्ध के प्रत्येक क्षेत्रों में कार्य करने वाले व्यक्तियों को अलग-अलग प्रकार से प्रशिक्षित करते हैं। वित्त, बाजार, उत्पादन, कार्यालय एवं कार्यिक प्रबन्धों में दिये जाने

वाले प्रशिक्षणों को केवल उन्हीं व्यक्तियों को दिया जाता है जो कि इनमें विशेष योग्यता रखते हों। प्रशिक्षण-पद्धति जितनी उपयुक्त होगी; प्रबन्ध कार्य उतना ही महत्वपूर्ण एवं प्रभावपूर्ण होगा।

(5) विशेष प्रशिक्षण (Special Training)—समय-समय पर कुछ विशेष कार्यों को पूरा करने के लिए विशेष प्रकार का प्रशिक्षण दिया जाता है। इससे कर्मचारियों में कार्य करने के प्रति आदर जागृति हो जाता है और कार्य अच्छी तरह होता है। यदि कर्मचारी अपने कार्यों में कुछ बातों को भूल गया है तो उसे फिर से बताया जाता है, इसीलिये इसे पुनर्प्रशिक्षण (Refesher's Course) की भी संज्ञा दी गयी।

3. प्रेरणा
(Motivation)

कर्मचारियों को प्रेरणा देकर उनकी कार्यक्षमता को बढ़ाया जाता है। प्रेरणा से वे कार्य करने के लिए अधिक प्रोत्साहित होते हैं जिससे उन्हें तथा संस्था दोनों को लाभ होता है। प्रेरणा देने के लिए पदोन्नति, आर्थिक और गैर आर्थिक प्रोत्साहन दिये जाते हैं। इनका वर्णन नीचे किया जा रहा है—

(1) पदोन्नति
(Promotion)

पदोन्नति का तात्पर्य व्यक्ति की ऐसी उन्नति से है जिससे उसकी जिम्मेदारी और अधिकार में वृद्धि हो जाती है। एक पद से दूसरे पद के स्थानान्तरण से जब जिम्मेदारी में वृद्धि होती है तो उसे पदोन्नति कहा जाता है पदोन्नति से आय में वृद्धि होना हमेशा आवश्यक नहीं है, पदोन्नति से व्यक्ति को गौरव मिलता है, उसकी महत्ता बढ़ जाती है, क्षमता का अद्वितीय विकास होता है, शारीरिक श्रम कम हो जाता है, कार्य में मन लगता है, तथा कर्मचारी को और आगे बढ़ने का मौका मिल जाता है। पदोन्नति से केवल कर्मचारी को ही लाभ नहीं होता बल्कि संस्था के लिए भी यह एक मूल्यवान कार्य हो जाता है, संस्था को भी विकसित होने का मौका मिलता है।

प्रकार—पदोन्नति कई प्रकार से हो सकती है; परन्तु प्रत्येक पदोन्नति में जिम्मेदारियाँ बढ़ जाती हैं। समतलीय पदोन्नति (Horizontal Promotion) में उन्नति परिधि या वर्ग (class) के अन्तर्गत ही होती है जैसे क्लर्क से प्रधान क्लर्क हो जाना। लेकिन शीर्षाकार पदोन्नति (Vertical Promotion) में उन्नति एक वर्ग से उच्च वर्ग को होती है। एक क्लर्क से अधिकारी बन जाना शीर्षाकार पदोन्नति का उदाहरण है। इस पदोन्नति के लिए अपेक्षाकृत अधिक योग्यता का होना जरूरी है,कुछ ऐसी भी पदोन्नतियाँ हैं जिसमें अतिरिक्त सुविधाएँ बहुत बढ़ जाती हैं; परन्तु जिम्मेदारी कम बढ़ती है। इस पदोन्नति से व्यक्तियों के आराम, प्रतिष्ठा, विशेषधिकार आदि में वृद्धि हो जाती है। इस प्रकार पदोन्नति तीन प्रकार की अर्थात् आन्तरिक विभागीय (Inter departmental), अन्तर्विभागीय (Inter departmental) और आन्तरिक संयन्त्र (Inter Plant) होती है।

सिद्धान्त (Principles)—पदोन्नति क्रमिक, न्यायिक और निष्पक्ष होनी चाहिए। यदि पदोन्नति स्वाभाविक ढंग से होती है तो इससे किसी व्यक्ति को आपत्ति नहीं होगी; परन्तु इसमें योग्यता बढ़ाने का पर्याप्त अवसर नहीं प्रदान किया जाता है। पदोन्नति को क्रमिक बनाने के लिए पहले से एक योजना तैयार कर लेनी चाहिए। योजनाबद्ध पदोन्नति में गुण के अधीन पदोन्नति शामिल होना जरूरी है। गुणों के आधार पर पदोन्नति बहुत

जरूरी है। इससे कार्यक्षमता बढ़ाने में लोगों को प्रोत्साहन मिलेगा। प्रशिक्षित एवं अनुभवी व्यक्तियों की पदोन्नति से व्यक्तियों में कार्य एवं योग्यता के प्रति आदर उत्पन्न होगा। सेवा काल, योग्यता, अनुभव, प्रशिक्षण आदि को उचित मूल्य देकर पदोन्नति की जानी चाहिए जिससे अन्य दूसरे व्यक्तियों में असन्तोष उत्पन्न न हो और योग्यता एवं न्याय को स्थान मिले।

2. आर्थिक प्रोत्साहन (Economic Incentives)—आर्थिक प्रोत्साहन के अन्तर्गत वित्तीय अनुलाभ देकर कर्मचारियों को प्रेरित किया जाता है। इसके अन्तर्गत वेतन, मजदूरी, प्रीमियम, बोनस, पुरस्कार, विनियोग का प्रतिफल आदि शामिल होता है। वित्तीय प्रोत्साहन सभी प्रोत्साहनों में सर्वश्रेष्ठ है। इसका प्रभाव तुरन्त पड़ता है। वित्तीय प्रोत्साहन से सभी वर्गों को प्रोत्साहित किया जाता है। वित्तीय सुविधाओं से ही लोगों का जीवन स्तर बढ़ता है जिससे उनकी क्षमता बढ़ती है और उन्हें अधिक कार्य के लिए प्रेरणा मिलती है। आर्थिक प्रोत्साहन देते समय यह देखना चाहिए कि कर्मचारी ने कितना समय, श्रम, विचार आदि लगाकर कार्य किये हैं। कर्मचारियों के अतिरिक्त प्रयास से संस्था को जो लाभ हो उसका कुछ अंश उन्हें मिलना जरूरी है। प्रोत्साहन देते समय यह देखना चाहिए कि इसे कर्मचारी प्रोत्साहन समझें। प्रोत्साहन की पद्धति सरल और समझने योग्य होनी चाहिए। जिन स्तरों पर प्रोत्साहन दिये जा रहे हों वे शुद्ध और सही हों। न्यायिक एवं निष्पक्ष प्रोत्साहन आवश्यक है। प्रोत्साहन में उदारता का अंश जरूरी है। उचित समय में दिये गये आर्थिक प्रोत्साहन से कर्मचारियों पर अनुकूल प्रभाव पड़ता है।

3. अनार्थिक प्रोत्साहन (Non-Financial Incentives)—कर्मचारियों को प्रोत्साहित करने में आर्थिक प्रोत्साहन का जितना महत्व है उतना ही महत्व अनार्थिक प्रोत्साहन का है। अनार्थिक प्रोत्साहन में कार्य की सुरक्षा, कार्य को महत्व देना, प्रबन्ध में भागीदारी, सहानुभूति, कार्य का गौरव आदि शामिल किया जाता है। कर्मचारियों को यह महसूस होना चाहिए कि उनकी सेवा सुरक्षित रहेगी। व्यक्ति निश्चिंत होकर कार्य करेंगे और उन्हें किसी प्रकार का भय नहीं रहेगा। कार्यों को मूल्य देने से कर्मचारी और कार्य के लिए प्रोत्साहित होते हैं। कार्यों को महत्व देने का कोई निश्चित समय नहीं होता। इसके लिए यदा-कदा प्रबन्ध द्वारा प्रत्यक्ष रूप से कर्मचारी की प्रशंसा की जा सकती है। यद्यपि बहुत प्रभावपूर्ण होते हुए भी अन्य कर्मचारियों से सम्बन्ध स्थापित करने का अवसर देती है। कर्मचारी भी प्रबन्ध में भागीदार होना चाहता है। इससे वह प्रबन्ध और संस्था को अपना समझेगा तथा अधिक कार्य के लिए प्रोत्साहित होगा।

4. नियन्त्रण
(Control)

कर्मचारियों के कार्यों पर नियन्त्रण रखना जरूरी है। नियन्त्रण कर्मचारियों को एक सही रास्ते पर ले जाता है जिस पर चलकर कर्मचारी अपनी योग्यता को बढ़ा सकता है और संस्था के उद्देश्यों को पूरा कर सकता है। अनुशासनपूर्ण कार्य करने से कर्मचारी एवं संस्था दोनों का लाभ होता है। अनुशासनहीनता को समाप्त करने के लिए कभी-कभी अनुशासन सम्बन्धी कठोर कार्यवाहियाँ करनी पड़ती हैं। किसी व्यक्ति को अनावश्यक रूप से दण्ड देना उचित नहीं है। जहाँ तक सम्भव हो अनुशासन सम्बन्धी कार्य व्यक्तिगत रूप से निकटतम अधिकारी द्वारा किया जाये। प्रबन्ध तक यह सब समस्यायें नहीं पहुँचनी चाहिए। दण्ड उसी समय दिया जाये जब अनुशासन भंग हो। न्यायिक एवं निष्पक्ष नियन्त्रण से बहुत अधिक प्रभाव पड़ता है। कर्मचारियों के असन्तोष को भी दूर करने का प्रयास किया

जाये। मनोधैर्य बढ़ाने के लिए सतत् प्रयास की आवश्यकता होती है। इसके लिये उचित नियन्त्रण एवं प्रबन्ध की आवश्यकता है।

जीवन बीमा निगम में कार्यिक प्रशासन

जीवन बीमा निगम एक वृहत् संस्था होने के कारण बड़े पैमाने पर कार्यिक प्रशासन कार्य करता है। उचित कार्यिक प्रशासन से योग्यता, उत्साह, आदर (Loyalty), सामूहिक-साहस, अनुशासन आदि को बनाये रखने में सहायता मिलती है। बीमापत्र के निर्गमन से लेकर उसके भुगतान की अवधि तक समस्त सेवाओं को अच्छी तरह से पूरा करने में सहायता मिलती है। जिस उद्देश्य से बीमा का राष्ट्रीयकरण किया गया उस उद्देश्य की प्राप्ति के लिये कार्यिक प्रशासन को विशेष रूप से ध्यान देना है। इसके लिए उचित रूप से नियुक्ति, प्रशिक्षण और मनोबल की वृद्धि तथा अनुशासन, साहस, ज्ञान और क्षमता को बढ़ाने का प्रयास होना चाहिए। कार्यिक प्रशासन पर ही जीवन बीमा निगम की सफलता आधारित है।

कर्मचारियों का वर्गीकरण

जीवन बीमा निगम जैसे बड़े संगठन के लिए कर्मचारियों को कई श्रेणियों में विभाजित करना आवश्यक हो जाता है। इसका वर्णन नीचे कियां जा रहा है।

प्रथम श्रेणी (अधिकारी)

1. संचालक/क्षेत्रीय प्रबन्धक
2. सहायक क्षेत्रीय प्रबन्धक/वरिष्ठ विभागीय प्रबन्धक
3. विभागीय प्रबन्धक
4. सहायक विभागीय प्रबन्धक/वरिष्ठ शाखा प्रबन्धक
5. शाखा प्रबन्धक
6. लघु अधिकारी/सहायक शाखा अधिकारी

द्वितीय श्रेणी (विकास अधिकारी)

1. विकास अधिकारी (प्रथम)
2. विकास अधिकारी (द्वितीय)

तृतीय श्रेणी (पर्यवेक्षक और सहायक)

1. अधीक्षक
2. उच्चस्तरीय सहायक
3. आशुलिपिक
4. वर्गीय अध्यक्ष
5. सहायक
6. रोकड़िया
7. लिपिक
8. मशीन संचालक
9. रिकार्ड क्लर्क

चतुर्थ श्रेणी (सहयोगी कर्मचारी)

1. ड्राइवर
2. सिपाही, प्रधान चपरासी

3. दफ्तरी, चपरासी, लिफ्टमैन

4. सफाई कर्मचारी

कर्मचारियों के उपरोक्त वर्गीकरण से बहुत लाभ है। कार्यिक नियमों को बनाने एवं उनके पालन करने में विशेष सहायता मिलती है। कर्मचारियों के ऊपर पर्याप्त नियन्त्रण के लिये उनकी जिम्मेदारी और दायित्वों को अलग-अलग बताना बहुत आवश्यक है। प्रत्येक श्रेणी के व्यक्तियों को आसानी से कार्य सौंपा जा सकता है और उन्हें जिम्मेदार बनाया जा सकता है। अधिक जिम्मेदारियों के कार्यों के लिए अधिक वेतन और कम जिम्मेदारी के कार्यों के लिये कम वेतन देना जरूरी हो जाता है। कार्यों को पूरा करने में कर्मचारियों के अलग-अलग वेतन एवं सम्पूर्ण वेतन का बजट बनाना आसान हो जाता है। अधिक कार्यों को पूरा करने के लिये नये कर्मचारियों को नियुक्त किया जा सकता है। नयी नियुक्ति के कार्य, योग्यता आदि का निर्धारण आसान हो जाता है और उसी के अनुसार लिखित परीक्षा और साक्षात्कार को पूरा किया जाता है। प्रशिक्षण, प्रोत्साहन और हस्तान्तरण के कार्य सरल हो जाते हैं।

1. वेतन का प्रमापीकरण
(Standardisation of Scale)

उपरोक्त वर्गीकरण के आधार पर पद और श्रेणी का निर्धारण आवश्यक हो जाता है जिससे उनके वेतन निर्धारण में सहायता मिलती है। जीवन बीमा निगम की स्थापना के पहले एक ही कार्य के लिए अलग-अलग वेतन थे; परन्तु इसकी स्थापना के बाद एक ही कार्य के लिये समान वेतन हो गया। कार्यदशाएँ, अधिकार, वेतन आदि में एकरूपता आ गयी। इन सबको निश्चित रूप देने के लिये कार्यकर्त्ता नियमन, 1956 पास किया गया जिसको 1960 में संशोधित किया गया। इस नियमन के द्वारा कर्मचारियों की नियुक्ति, पदोन्नति आदि को संचालित किया जाता है।

2. नियुक्ति
(Recruitment)

नियुक्ति के पहले यह निश्चित किया जाता है कि कितने व्यक्तियों को नियुक्त करना है और योग्यता क्या होगी। सेवामुक्ति, त्यागपत्र, मृत्यु, सेवा-समापन तथा भविष्य की आवश्यकता पर यह निश्चित हो जाता है कि कितने व्यक्तियों को नियुक्त करना है। रिक्त स्थान का वर्णन वार्षिक वित्तीय बजट में लिखा रहता है। उसी के अनुसार अलग-अलग पदों के लिये नियुक्ति की जाती है। नियुक्ति के आमंत्रण के पहले अधिकृत अधिकारी से इसकी अनुमति प्राप्त कर लेनी चाहिए।

नियुक्ति कार्यविधि (Recruitment process)—नियुक्ति कार्यविधि को निम्न तीन श्रेणियों में विभाजित किया गया है—

(i) नियुक्ति के लिए सबसे पहले रिक्त स्थान का विज्ञापन देना जरूरी है। आवेदन-पत्र आमन्त्रण करना, योग्यता के अनुसार उसकी छँटनी करना आदि इस श्रेणी में आता है। विज्ञापन के आधार पर ही योग्य व्यक्तियों का आमन्त्रण करना संभव हो सकेगा और उसी आधार पर योग्य व्यक्ति की नियुक्ति की जा सकेगी।

(ii) नियुक्ति को दूसरी कार्यविधि योग्य व्यक्तियों को चुनना है। लिखित परीक्षा व्यावसायिक परीक्षा, साक्षात्कार के आधार पर ऐसे व्यक्तियों की खोज करना आसान हो जाता है। लिखित परीक्षापद एवं श्रेणी के अनुसार भिन्न-भिन्न होनी चाहिए। साक्षात्कार के

पहले प्राय: प्रत्येक नियुक्ति में लिखित परीक्षा आवश्यक हो जाती है। लिखित परीक्षा में सफल व्यक्तियों को ही साक्षात्कार के लिये बुलाना चाहिए। साक्षात्कार से उन योग्यताओं को ढूँढ़ने में मदद मिलती है जिनको लिखित परीक्षा से मालूम करना सम्भव नहीं होता है। नियुक्ति के पहले स्वास्थ्य परीक्षण होना जरूरी होता है।

(iii) अन्तिम श्रेणी में नियुक्ति को शामिल किया जाता है। नियुक्ति के बाद प्रशिक्षण, परीक्षण काल (Probation Period) में कार्य और अन्त में स्थायी नियुक्ति इसी श्रेणी में आती है।

प्रत्यक्ष नियुक्ति (Direct Recruitment) लघु अधिकारियों की नियुक्ति के लिए अखिल भारतीय प्रतिस्पर्धा परीक्षण अपनाया जाता है जिसमें सामान्य ज्ञान और शिक्षा का मूल्यांकन करते हैं उसके बाद मौखिक परीक्षा को अपनाते हैं। इस प्रकार अधिकारियों को नियुक्त करने के लिए विस्तृत रूप से परीक्षण होता है। जो व्यक्ति चार्टर्ड एकाउन्टेन्ट या चार्टर्ड जीवनांकिक होते हैं उनकी लिखित परीक्षा नहीं होती है और उनकी नियुक्ति केवल साक्षात्कार के आधार पर कर ली जाती है। उच्च स्तरीय नियुक्ति प्रत्यक्ष रूप से नहीं की जाती है जब तक कोई अद्वितीय योग्यता का व्यक्ति न मिले; अन्य दशाओं में केवल पदोन्नति से ही उन स्थानों की पूर्ति की जाती है।

विकास अधिकारियों की नियुक्ति (Recruitment of Development Officers)—विकास अधिकारियों की नियुक्ति अभिकर्त्ताओं (Agents) में से की जाती है। केवल कुछ अद्वितीय योग्यतावाले व्यक्तियों को सीधे विकास अधिकारी के पद पर नियुक्त करते हैं। इन व्यक्तियों की नियुक्ति के लिए उम्र की कोई अधिकतम सीमा नहीं होती है।

तृतीय श्रेणी की नियुक्ति (Recruitment of Class III Posts)—अधीक्षक और वर्ग अध्यक्ष की नियुक्ति पदोन्नति से होती है। इसके लिए प्रत्यक्ष आवेदन आमन्त्रित नहीं किये जाते हैं। उच्च स्तरीय सहायक की नियुक्ति भी प्रत्यक्ष नहीं होती परन्तु कभी इसके लिए प्रत्यक्ष नियुक्ति कर सकते हैं। सहायकों की नियुक्ति प्रत्यक्ष की जाती है। इसके लिए समाचार पत्रों, सेवा नियोजन कार्यालयों आदि में विज्ञापन देकर आवेदन आमन्त्रित किये जाते हैं। इसके लिए उम्र 18 से 25 रखी गयी है। अनुसूचित जातियों के लिए 3 वर्ष से उच्चतम सीमा बढ़ा दी गयी है। आमन्त्रण देने वालों के लिए प्रतिबन्ध लगाते हैं जैसे हाई स्कूल में 55 प्रतिशत या अधिक, या इण्टरमीडिएट में 50 प्रतिशत या अधिक या यूनिवर्सिटी डिग्री पाने वाले व्यक्ति ही सहायक पद के लिये आमन्त्रण दे सकते हैं। जो स्नातक अर्थशास्त्र, बही खाता, जीवनांकिकी या गणित विषय से शिक्षा पाये रहते हैं और जो कम से कम 45 प्रतिशत अंग्रेजी और 50 प्रतिशत सम्पूर्ण योग पाये रहते हैं उन्हें लिखित परीक्षा नहीं देनी पड़ती है। लिखित परीक्षा में पास या मुक्त अभ्यर्थियों को साक्षात्कार के लिए बुलाते हैं। जो व्यक्ति इन सबके आधार पर चुन लिये जाते हैं उनको 3 महीने का प्रशिक्षण विभागीय प्रशिक्षण केन्द्रों पर दिया जाता है। प्रशिक्षण में पास होने पर उनकी नियुक्ति सहायक (Assistant) के रूप में कर दी जाती है।

अस्थाई नियुक्ति (Temporary Appointment) सहायकों की नियुक्ति 3 महीने के लिए अस्थाई तौर पर बिना उपरोक्त परीक्षण के की जा सकती है। परन्तु न्यूनतम योग्यता का पूरा होना जरूरी है। इस प्रकार की नियुक्ति किसी भी दशा में 6 महीने से अधिक नहीं हो सकती है। ऐसे व्यक्तियों को किसी भी समय बिना किसी कारण के सेवा मुक्त किया जा सकता है।

परीक्षण काल (Probation-Period) परीक्षण काल में कर्मचारियों को अपनी योग्यता प्रदर्शित करने का मौका दिया जाता है। यदि इस अवधि में उसका कार्य सन्तोषजनक रहा तो परीक्षण काल पूरा होने पर उसे स्थायी (Permanent) कर दिया जाता है। परीक्षण काल के माध्यम से अयोग्य व्यक्तियों को स्थायी नियुक्ति पाने का मौका नहीं दिया जाता है; जब तक व्यक्ति अपनी योग्यता का पूर्ण परिचय न दे देंगे तब तक उन्हें स्थायी करना सम्भव नहीं हो पायेगा। प्रथम श्रेणी और द्वितीय श्रेणी में परीक्षण काल नियुक्ति के बाद एक वर्ष है और तृतीय एवं चतुर्थ श्रेणी में परीक्षण काल 6 महीने का है। नियोक्ता अधिकारी चाहे तो इस परीक्षण काल को घटा-बढ़ा सकता है। परीक्षण काल को केवल प्रशिक्षण अवधि तक ही घटाया जा सकता है। यदि व्यक्ति का कार्य सन्तोषजनक नहीं रहता है तो इसके लिए उसे लिखित या मौखिक चेतावनी दी जाती है। यदि सुधार की आशा पाई जाती है तो उसके परीक्षण काल को 3 महीने तक बढ़ा देते हैं। इससे अधिक परीक्षण काल में केवल कुछ आवश्यक दशाओं में ही वृद्धि की जा सकती है। लेकिन किसी भी दशा में परीक्षण काल एक साल से अधिक नहीं बढ़ाया जा सकता है।

3. प्रशिक्षण एवं शिक्षा
(Training and Education)

बीमा व्यवसाय में प्रशिक्षण की आवश्यकता अधिक होने का कारण सेवा या लोक उपयोगी संस्था होने का है। कोई भी अभ्यर्थी चाहे वह कितना शिक्षित क्यों न हो जब तक उसे कार्य, कर्तव्यों और जिम्मेदारियों के विषय में नहीं बताया जायेगा तब तक वह उसे अच्छी तरह पूरा नहीं कर सकता है। नियुक्ति करते समय बुद्धि और दृष्टिकोण को अधिक ध्यान में रखा जाता है। उसकी क्षमता और अनुभव पर कम विचार किया जाता है। यदि व्यक्ति में बौद्धिक ज्ञान, उचित दृष्टिकोण और चैतन्यता है तो वह प्रशिक्षण से अपने आप अधिक क्षमता और कुशलता प्राप्त कर लेगा।

प्रशिक्षण केन्द्र—जीवन बीमा निगम ने प्रशिक्षण के लिये अग्रलिखित स्थानों पर प्रशिक्षण केन्द्र खोला है—

1. अधिकारी प्रशिक्षण कालेज नागपुर में नये अधिकारियों को प्रशिक्षण दिया जाता है और कार्यरत अधीक्षक, अधिकारी को परीक्षण देते हैं।

2. विभागीय प्रशासकीय प्रशिक्षण केन्द्र प्रत्येक विभागीय कार्यालयों में नये सहायकों और कार्यरत सहायकों को प्रशिक्षित करने के लिए खोले गये हैं।

3. क्षेत्रीय विकास प्रशिक्षण केन्द्र प्रत्येक क्षेत्रीय कार्यालयों में नये विकास अधिकारियों को प्रशिक्षित करने के लिये खोले गये हैं।

प्रशिक्षण के प्रकार
(Types of Training)

(i) पूर्व प्रवेश प्रशिक्षण (Pre-Entry Training)—कर्मचारियों को कार्य सौंपने के पहले प्रशिक्षण दिया जाता है जिससे वह अपने ज्ञान और क्षमता को बढ़ाकर कार्य को अच्छी तरह सीख लें। कार्य प्रारम्भ करने के पहले कर्मचारियों को कार्य के विषय में पूर्णरूपेण सैद्धान्तिक एवं व्यावहारिक ज्ञान कराया जाता है। नये विकास अधिकारियों और लघु अधिकारियों को इस प्रकार का प्रशिक्षण दिया जाता है। सहायकों को कार्यालयों में प्रवेश करने के पहले भी इस प्रकार का प्रशिक्षण दिया जाता है।

(ii) प्रवेश-पश्चात् प्रशिक्षण (Post-Entry Training)—यह प्रशिक्षण कर्मचारियों को कार्य शुरू करने के बाद दिया जाता है। इस प्रकार के प्रशिक्षण से कर्मचारियों

को ज्ञान वृद्धि करने में सहायता मिलती है। कर्मचारियों की कार्यक्षमता बढ़ाने के लिये, कार्य के विषय में पूर्ण ज्ञान प्राप्त करने के लिये कार्य शुरू करने के बाद समय-समय पर इस प्रकार के प्रशिक्षण की आवश्यकता है। इससे व्यावसायिक क्षमता में वृद्धि होती है। इस प्रकार के प्रशिक्षण में केन्द्रीय प्रशिक्षण और स्वाध्याय दोनों अपनाये जाते हैं।

(अ) केन्द्रीय प्रशिक्षण (Training at Centre)—केन्द्रीय प्रशिक्षण किसी एक विशेष कार्य को पूरा करने के लिये किया जाता है। विभागीय, क्षेत्रीय या केन्द्रीय स्तर पर इस प्रकार का प्रशिक्षण दिया जाता है और इस प्रशिक्षण से प्रशिक्षार्थियों को अपने कार्य के प्रति विशेष ज्ञान हो जाता है।

(ब) स्वाध्याय (Self Education)—स्वाध्याय भी इस प्रशिक्षण के अन्तर्गत आता है। इसके माध्यम से आत्म सुधार का मौका मिलता है, शिक्षा यदि व्यावसायिक हुई तो व्यवसाय को लाभ मिलता है। इसके प्रोत्साहन से कर्मचारियों को अपना बौद्धिक स्तर बढ़ाने का मौका मिलता है। जो व्यक्ति वाणिज्य विषय में शिक्षा पाये रहते हैं या जिन्होंने वाणिज्य में राष्ट्रीय डिप्लोमा लिया है, जिन्होंने टाइप, मशीन संचालन या अन्य ऐसे व्यावसायिक विषयों में शिक्षा पायी है उन्हें दो वेतन वृद्धि (Salary Increment) दी जाती है। इसी प्रकार चार्टड एकाउन्टेन्ट, चार्टर्ड फेलो, फेलो आफ इन्श्योरेंस (Fellow of Insurance Institute) हैं। उन्हें भी दो वेतन वृद्धि का लाभ मिलता है। जो कर्मचारी नियुक्ति के समय इनकी शिक्षा नहीं पाये हैं उन कर्मचारियों को नियुक्ति होने के बाद जब उन्हें इन विषयों में सफलता मिलती है तो उस समय वेतन वृद्धि का लाभ होता है। इसके अतिरिक्त जो कर्मचारी अंशकालिक अध्ययन (Part time) करता है उसे बहुत-सी सुविधायें दी जाती हैं उनके वेतन से अग्रिमरूप में फीस का प्रबन्ध, कार्य के घण्टों में कमी आदि अनेक सुविधायें दी जाती हैं यदि इससे उनके कार्यों में कमी न हो। जीवन बीमा निगम इस प्रकार प्रोत्साहन देकर कर्मचारियों की क्षमता बढ़ाने का प्रयास करता है।

4. पदोन्नति
(Promotion)

जिन व्यक्तियों की कार्य क्षमता एवं कार्य कुशलता में वृद्धि सन्तोषजनक है उन्हें उच्च पद पर कार्य करने की जिम्मेदारी सौंप दी जाती है। इससे सन्तोषजनक एवं स्वस्थपूर्ण वातावरण पैदा होता है। अन्य व्यक्ति भी पदोन्नति की इच्छा से अपनी कार्य क्षमता और कार्य कुशलता बढ़ाने का प्रयास करते हैं। उन व्यक्तियों को अनावश्यक रूप से एक ही पद पर नहीं रख सकते हैं जो कि आगे प्रगति करने की क्षमता रखते हैं। उनकी प्रगति को रोका नहीं जाता। इस प्रकार कार्यालय में एक सन्तोष पूर्ण कार्य होता रहता है। इससे कर्मचारियों को प्रेरणा और प्रोत्साहन मिलता है।

पदोन्नति का आधार
(The Basis for Promotion)

1. अधिकारियों को पदोन्नति—जीवन बीमा निगम ने यह स्पष्ट कर दिया है कि पदोन्नति योग्यता (Merit), व्यक्ति का कार्य के प्रति ज्ञान और वरिष्ठता (Seniority) के आधार पर होगी। पदोन्नति केवल उन्हीं व्यक्तियों की होती है जो इसके लिए पूर्ण रूप से योग्य हैं। पदोन्नति विस्तृत दृष्टिकोण को ध्यान में रखकर न्याय पूर्ण ढंग से की जाती है। केवल वरिष्ठता को ही ध्यान में रखा जायेगा। जहाँ पर नयी जिम्मेदारियाँ पूरी करनी होती

हैं और व्यक्ति को स्वत: निर्णय लेना पड़ता है वहाँ पर उन व्यक्तियों की पदोन्नति की जानी चाहिए जिन्हें उस कार्य का सबसे अधिक व्यावहारिक एवं सैद्धान्तिक ज्ञान है। यह अवश्य है कि कार्य-अवधि के साथ कार्य क्षमता में वृद्धि होती है, परन्तु अधिक ज्ञान रखने वाला व्यक्ति अपेक्षाकृत अधिक योग्य है। वरिष्ठता और योग्यता दोनों को ध्यान में रखकर पदोन्नति की जाती है। योग्यता एवं क्षमता का परीक्षण करके पदोन्नति करनी चाहिए। पिछले कार्य-काल में उसकी क्षमता किस प्रकार रही है इस बात का भी ध्यान रखा जाना चाहिए। सभी तत्वों को उचित रूप से मूल्यांकित करके पदोन्नति की जाती है।

2. तृतीय श्रेणी एवं चतुर्थ श्रेणी के व्यक्तियों की पदोन्नति—इनकी पदोन्नति के लिए प्रशासकीय अनुदेशों का पालन किया जाता है। इन अनुदेशों का पालन करके पदोन्नति की जाती है। इनकी पदोन्नति के लिए अनुभव, व्यावहारिक योग्यता प्राप्ति का प्रमाण, शिक्षा और साक्षात्कार के समय बतायी गयी बातों को आधार माना जाता है। चूँकि पदोन्नति किसी एक क्षेत्र में होती है, अत: उस क्षेत्र के सभी योग्य व्यक्तियों को पदोन्नति के लिए आमन्त्रित करना चाहिए।

अधीक्षक और उच्च स्तरीय सहायकों के लिए पदोन्नति की सीमा क्षेत्रीय कार्यालय की परिधि के अन्दर है, क्षेत्रीय स्तर की प्रगति के लिए क्षेत्रीय पदोन्नति समिति (Zonal Promotion Committee) केन्द्रीय कार्यालय द्वारा और विभागीय स्तर की प्रगति के लिए विभागीय पदोन्नति समिति (Divisional Promotion Committee) क्षेत्रीय कार्यालय द्वारा गठित करके पदोन्नति का निर्णय लिया जाता है। ये समितियाँ केवल एक ही विषय पर ध्यान देकर पदोन्नति का सुझाव नहीं देती हैं बल्कि सेवा-काल, योग्यता, पिछला अनुभव, पुरस्कार एवं अद्वितीय योग्यता आदि को भी मूल्यांकित करके पदोन्नति का सुझाव देती हैं। प्रत्येक वर्ष रिक्त स्थानों की एक सूची तथा अयोग्य अभ्यर्थियों की एक सूची तैयार की जाती है और उसी के अनुसार पदोन्नति के लिए प्रोत्साहन दिया जाता है। पदोन्नति के लिए एक परीक्षण लिया जाता है जिसमें एक निर्धारित योग्यता एवं वरिष्ठ कर्मचारियों को बैठने का मौका मिलता है। इस परीक्षण से उन व्यक्तियों को मुक्त कर देते हैं जिनकी वरिष्ठता (Seniority) अधिक रहती है। परीक्षण में कार्य के प्रति जानकारी का परीक्षण किया जाता है। विभिन्न विभागों के कार्य निर्देशकों (Work-Manuals) के विषय में पूछा जाता है। पर्यवेक्षक के लिए एक अलग परीक्षण होता है जो कि अखिल भारतीय स्तर पर किया जाता है, इन परीक्षणों में जो अभ्यर्थी पास होते हैं केवल उन्हीं व्यक्तियों को साक्षात्कार के लिये बुलाया जाता है, जो समिति साक्षात्कार में रहते हैं, पदोन्नति का अधिकार उसके ऊपर नहीं है। पदोन्नति अधिकारी को ही पदोन्नति का अधिकार है। यदि पदोन्नति समिति साक्षात्कार समिति के अनुमोदन को नहीं मानती है तो उसका लिखित कारण बताया जाता है। इस प्रकार केवल योग्य व्यक्तियों को ही पदोन्नति का अवसर मिलता है। उनके लिखित परीक्षण, साक्षात्कार पिछला कार्य अनुभव, शिक्षा, योग्यता को आधार बना कर पदोन्नति होती है।

5. स्थानान्तरण
(Transfer)

नये कार्यालयों के खुलने, व्यक्तियों को अपने इच्छुक स्थान पर जाने, पदोन्नति, सेवा मुक्ति, अनुभवी व्यक्तियों की खोज आदि के कारण कर्मचारियों को एक स्थान से दूसरे स्थान पर जाना पड़ता है, स्थानान्तरण एक क्षेत्रीय कार्यालय से दूसरे क्षेत्रीय कार्यालय, एक ही

क्षेत्रीय कार्यालय में एक विभागीय कार्यालय से दूसरे विभागीय कार्यालय, एक विभागीय कार्यालय में एक शाखा से दूसरे शाखा कार्यालय में, एक शाखा कार्यालय में एक उपशाखा या विकास केन्द्र से दूसरे उपशाखा या विकास केन्द्र को हस्तांतरण हो सकते हैं। इन अन्तर्विभागीय कार्यालयों और आन्तरिक विभागीय कार्यालयों के हस्तांतरण से कार्य-भार में समानता आती है। किसी एक विशेष विभाग को अधिक और दूसरे विभाग को कम भार नहीं पड़ना चाहिए।

स्थानान्तरण से प्रशिक्षण को प्रभावपूर्ण मौका मिलता है। इससे कर्मचारियों में कार्य के प्रति रुचि पैदा होती है। वे अपने कार्यों में अरुचि का अनुभव नहीं करते हैं। कार्य परिवर्तन से व्यक्तियों को और अधिक विकसित होने का मौका मिलता है। इससे कभी किसी अधिकारी या कर्मचारी से विभेद होने का अवसर नहीं मिलता है। स्थानांतरण के समय यह ध्यान रखना चाहिए कि कर्मचारियों को दूसरे स्थान पर जाने और वहाँ पर अपना कार्य प्रारम्भ करने के लिए पर्याप्त समय दिया जाये, स्थानांतरण भत्ते देना आवश्यक है जिससे कर्मचारी अपने को तथा अपने आश्रितों को दूसरे स्थान पर अच्छी तरह से समन्वित कर सके। जीवन बीमा निगम में अधिकारियों को अपेक्षाकृत अधिक स्थानान्तरित किया जाता है। तृतीय एवं चतुर्थ श्रेणी के कर्मचारियों को स्थानान्तरित करने का प्रोत्साहन नहीं दिया जाता है।

6. अनुशासन
(Discipline)

जीवन बीमा निगम में प्रोत्साहन देने के लिए अनेक कार्य किये जाते हैं जिससे अनुशासन बनाये रखना आसान हो जाता है, लेकिन उसके बाद भी अनुशासनहीनता उत्पन्न हो सकती है। अनुशासनहीनता के कारण का पता लगाकर उस पर उचित कार्यवाही की जा सकती है, कर्मचारी नियमन के आधार पर निम्नलिखित कार्यवाही की जा सकती है—

(i) सबसे पहले लिखित सूचना दी जाती है कि अनुशासनहीनता के क्या कारण हैं, उनको स्पष्ट करना जरूरी है। कर्मचारी को और अधिक अनुशासनहीन होने से बचाना है।

(ii) दूसरा कदम उनके वेतन वृद्धि को रोकने के सम्बन्ध में है। अनुशासनहीन व्यक्तियों की पदोन्नति नहीं होती।

(iii) लापरवाही के कारण उत्पन्न हानि की क्षतिपूर्ति प्राप्त करना कार्यवाही का अगला कार्य है।

(iv) पदोन्नति (Demotion), वेतन में कमी आदि कार्यवाही की जा सकती है।

(v) अनिवार्य सेवा-मुक्ति के लिये कहा जाता है।

(vi) सेवा से हटाना यद्यपि कि बाद में सेवा पर लिया जा सकता है।

(vii) सेवा से सदा के लिये हटाया जा सकता है।

अनुशासनहीनता की कार्यवाही वहीं की जाये जहाँ आवश्यक है। विभिन्न प्रकार की अनुशासनहीनता के लिए अलग-अलग कदम उठाया जाय। कर्मचारियों को अपने कारणों को बताने का पूरा मौका दिया जाता है, अधिकृत अधिकारी द्वारा ही पूर्ण जाँच पड़ताल और कर्मचारी से अनुशासनहीनता के कारण आदि की पूछताछ के बाद कार्यवाही की जानी चाहिए। कर्मचारी को छूट रहती है कि वह कार्यवाही के विपरीत न्यायालय में मुकदमा दावा कर सके। जीवन बीमा निगम के अध्यक्ष (Chairman) के पास भी कार्यवाही के खिलाफ आवेदन किया जा सकता है।

7. कार्य दशाएँ
(Working Condition)

(i) **कार्य घण्टे (Working Hours)**—जीवन बीमा निगम में प्रतिदिन कार्य घण्टे $6^1/_4$ घण्टे और शनिवार को $3^1/_3$ घण्टे इस प्रकार हफ्ते में 35 घण्टे से अधिक कार्य नहीं लिया जाता है। चतुर्थ श्रेणी के कर्मचारी कार्य शुरू होने के आधे घण्टे पहले और आधे घण्टे बाद तक रहते हैं। इनके कार्य घण्टे व्यक्तिगत स्तर पर निश्चित किये जाते हैं।

(ii) **अतिरिक्त कार्य भत्ता (Overtime Allowance)**—प्रबन्ध यह प्रयास करता है कि अतिरिक्त घण्टे कार्य न करना पड़े, परन्तु जब अतिरिक्त घण्टे कार्य करने की आवश्यकता पड़ती है तो इसके लिए उचित भत्ते दिये जाते हैं। साल के अन्त में कार्य अधिक बढ़ जाता है जिससे कर्मचारियों को अधिक कार्य करने पड़ जाते हैं, इसके लिए उन्हें भत्ते देना जरूरी है, भत्ते के निर्धारण के लिये स्थानीय दूकान और प्रतिष्ठान अधिनियम (Shops and Establishments Act) का पालन किया जाता है।

(iii) **छुट्टियाँ (Leaves)**—कर्मचारियों को उचित मात्रा में छुट्टियाँ देना आवश्यक है जिससे वे अपने व्यक्तिगत कार्यों के लिए अनुपस्थित न हों। छुट्टियाँ अधिकार मात्र नहीं देनी चाहिए। 15 दिन की आकस्मिक छुट्टी (Casual Leave) प्रत्येक वर्ष एक महीने की विशेषाधिकार छुट्टी (Privilege Leave) जिसे 6 महीने तक एकत्र किया जा सकता है। बीमारी की छुट्टी (Sick Leave) सेवा के प्रत्येक वर्ष के लिए एक महीने की छुट्टी के आधार पर, असाधारण (Extra-Ordinary) छुट्टी जो कि एक अधिकृत अधिकारी द्वारा दी जाती है। 3 महीने के लिये स्त्रियों के सम्बन्ध में प्रसूति छुट्टी (Maternity Leave) विशेष कार्यों जैसे प्रशिक्षण आदि के लिए विशेष छुट्टी (Special leave) तथा 21 दिन की संक्रामक बीमारियों की छुट्टी जीवन बीमा निगम से दी जाती है। छुट्टियाँ प्रदान करने में इस बात का ध्यान रखा जाता है कि कार्यालय का कार्य अवरुद्ध न होने पाये, छुट्टियाँ बेकार कार्यों के लिए न दी जायें। इनके सदुपयोग पर ध्यान देना जरूरी है।

(iv) बोनस (Bonus)—आदि तृतीय एवं चतुर्थ श्रेणी के कर्मचारियों को $1^1/_2$ महीने का वेतन बोनस के रूप में दिया जाता है। बीमा खरीदने वाले कर्मचारी को 10 प्रतिशत प्रीमियम कम देनी पड़ती है।

(v) सेवामुक्ति (Retirement)—एक निश्चित उम्र के बाद कर्मचारियों की कार्य करने की क्षमता घट जाती है। लगातार नये व्यक्तियों की नियुक्ति तभी हो पायेगी जबकि सेवा मुक्ति भी क्रमिक हो। प्रत्येक वर्ष कुछ न कुछ व्यक्तियों को सेवा से मुक्ति मिलनी चाहिए। उनकी कार्य क्षमता और उम्र को ध्यान में रखकर सेवा मुक्ति दी जा सकती है। निगम द्वारा सेवा-मुक्ति की उम्र 60 वर्ष रखी गयी है, लेकिन जिन कर्मचारियों ने निगम बनने (सितम्बर 1, 1956) के बाद कार्य शुरू किया है उनके लिए सेवा-मुक्ति का समय 58 वर्ष कर दिया गया है। लेकिन यदि कर्मचारी की क्षमता घट गयी है तो उन्हें 55 वर्ष की अवधि पर सेवा से मुक्त किया जा सकता है, जो व्यक्ति सेवा से मुक्ति लेना चाहते हैं उन्हें भी 55 वर्ष के बाद सेवा से मुक्ति का अवसर प्रदान कर दिया जाता है।

अनुलाभ (Benefits)—जिस समय कर्मचारी सेवा से मुक्ति पाते हैं उस समय उन्हें कुछ अनुलाभ देना जरूरी है क्योंकि इसके पहले वे कार्यालय की बहुत सेवा किये रहते हैं। सेवा से मुक्ति पाने के भय से कर्मचारियों की क्षमता कम हो सकती है, परन्तु यदि उन्हें यह आश्वासन रहेगा कि कुछ अनुलाभ मिल जायेगा तो वे सेवा मुक्ति से भय नहीं करेंगे। इस अनुलाभ को देने के लिए कर्मचारी और निगम दोनों प्राविडेन्ट फन्ड जमा करते

रहते हैं। आधारभूत वेतन का $8^1/_3$ प्रतिशत निगम देता है। इस फण्ड की रकम को एक पालसी के द्वारा संचालित किया जाता है जो इसके विनियोग और ब्याज एकत्र करने का सभी कार्य करता है। इस फण्ड की रकम में से विशेष कार्यों के लिए जैसे यात्रा, विवाह, मृत्यु, भवन-निर्माण, चिकित्सा व्यय, प्रीमियम का भुगतान आदि के लिए कुछ रकम कर्मचारियों को दी जा सकती है। जिन व्यक्तियों ने 15 वर्ष की सेवा पूरी कर ली है उन्हें ग्रेच्युटी भी दी जाती है जो कि अन्तिम वेतन की दर से सेवा के प्रत्येक वर्ष के लिए एक महीने का वेतन, या 15 महीने का वेतन या 25,000 रुपये जो भी कम हो दी जाती है। अनुलाभ में मुफ्त बीमा को भी शामिल करते हैं जो कि निगम द्वारा मृत्यु या सेवा मुक्ति के समय दिया जाता है, इसकी रकम 1500 रुपये से 8,000 रुपये तक है।

अध्याय 18

विक्रय संगठन एवं प्रबन्ध

(Sales Organisation and Management)

बीमा कार्यों को दो मुख्य भागों में बाँटा जाता है—(1) कार्यालय सम्बन्धी कार्य, (2) क्षेत्र या फील्ड सम्बन्धी कार्य। कार्यालय के कार्यों को करने के लिए जिन व्यक्तियों को नियुक्त किया जाता है उनका वर्णन पिछले अध्याय में किया गया है। यहाँ पर विक्रय या फील्ड या क्षेत्र सम्बन्धी कार्यों को करने वाले व्यक्तियों की नियुक्ति का अध्ययन किया जायेगा। बीमा को दो मुख्य भागों में (1) जीवन बीमा और (2) सामान्य बीमा में बाँटा गया है। सामान्य बीमा का विक्रय संगठन लगभग उसी प्रकार का है जिस प्रकार जीवन बीमा निगम का संगठन है। जीवन बीमा विक्रय संगठन इस प्रकार किया गया है कि अधिक से अधिक व्यापार प्राप्त किया जा सके। सामान्य बीमा में व्यापार प्राप्त करने के लिए अपेक्षाकृत उतना प्रयास नहीं करना पड़ता है जितना कि जीवन बीमा व्यवसाय में करना पड़ता है। सामान्य बीमा में लोग स्वत: बीमा कराने के लिए आते हैं जबकि जीवन बीमा में लोगों के पास बीमा कराने के लिये जाना पड़ता है। सामान्य बीमा के राष्ट्रीयकरण के पश्चात् बीमा व्यवसाय चार बीमा-कम्पनियों द्वारा किया जाता है जिनके अपने प्रधान कार्यालय, क्षेत्रीय कार्यालय, विभागीय कार्यालय एवं शाखा कार्यालय होते हैं। शाखा कार्यालय मुख्य रूप से विक्रय कार्य करता है जिसका संचालन विभागीय कार्यालय द्वारा किया जाता है। नीतियों का निर्धारण सामान्य बीमा निगम द्वारा किया जाता है। प्रीमियम की दर भुगतान की शर्तें आदि सामान्य बीमा निगम द्वारा निश्चित की गयी हैं जिससे इनके कार्यों में एकरूपता आ गयी है। ये कार्यालय सेवा में वृद्धि करके व्यापार को अधिक प्राप्त कर सकते हैं। स्वस्थ प्रतिस्पर्धा को बनाये रखने के कारण सामान्य बीमा निगम की चार सहायक कम्पनियाँ बनाई गयी हैं।

जीवन बीमा निगम में विक्रय संगठन

(Sales Organisation of life Insurance Corporation)

- केन्द्रीय कार्यालय
  - क्षेत्रीय कार्यालय
    - विभागीय कार्यालय
      - नया व्यापार विभाग
      - बीमा पत्रधारी सेवा विभाग
      - रोकड़ एवं खाता विभाग
        - शाखा कार्यालय
          - नया व्यापार विभाग
          - बीमा पत्रधारी सेवा विभाग
          - खाता विभाग
          - प्रतिष्ठान विभाग
          - विकास विभाग
      - प्रतिष्ठान विभाग
      - विकास विभाग (विक्रय)

उपरोक्त संगठनीय चार्ट से यह स्पष्ट है कि विकास विभाग विक्रय कार्य देखता है। विभागीय कार्यालय में विकास विभाग विक्रय के सभी कार्य को संचालित एवं नियन्त्रित करता है। शाखा कार्यालय में विकास विभाग द्वारा विक्रय प्राप्त करने का प्रयास किया जाता है। विकास विभाग विक्रय संगठन को मजबूत बनाने का प्रयास करता है। विक्रय संगठन इस प्रकार का सम्पूर्ण कार्य शाखा स्तर पर किया जाता है परन्तु इसको नियन्त्रित करने के लिए क्षेत्रीय एवं केन्द्रीय कार्यालय कार्य करता है।

प्रबन्धक संचालक

कार्यकारी संचालक

क्षेत्रीय प्रबन्धक

सहायक क्षेत्रीय प्रबन्धक (विकास)

मण्डलीय या विभागीय प्रबन्धक

सहायक विभागीय प्रबन्धक विकास

शाखा प्रबन्धक

सहायक शाखा प्रबन्धक (प्रशासन) | सहायक शाखा प्रबन्धक (विकास)

विकास अधिकारी

अभिकर्त्ता या एजेण्ट

प्रबन्ध संचालक एवं कार्यकारी संचालक केन्द्रीय कार्यालय में क्षेत्रीय प्रबन्धक एवं सहायक क्षेत्रीय प्रबन्धक (विकास) क्षेत्रीय कार्यालय में तथा विभागीय प्रबन्धक एवं सहायक विभागीय प्रबन्धक (विकास) विभागीय कार्यालय में होते हैं। यहाँ पर केवल शाखा प्रबन्धक (Branch Manager) विकास अधिकारी (Development Officer) तथा अभिकर्त्ता (Agents) की नियुक्ति, प्रशिक्षण, प्रेरणा एवं नियंत्रण पर विचार किया जायेगा। शाखा प्रबन्धक से ऊपर अधिकारी नीतियों के निर्धारण से सम्बन्धित रहते हैं। विक्रय का कार्य शाखा प्रबन्धक एवं अन्य कार्यकर्त्ता करते हैं।

शाखा प्रबन्धक
(Branch Manager)

शाखा प्रबन्धक की दोहरी जिम्मेदारी (Dual Responsibility) के कारण ऐसे व्यक्तियों को चुनना पड़ता है जो कि कार्यालय प्रशासन एवं विक्रय संगठन में पूर्णतया दक्ष हों। इन व्यक्तियों को चुनने के पहले यह देखना आवश्यक है कि उनकी जिम्मेदारी, कर्तव्य एवं योग्यताएँ क्या होनी चाहिए। जब नियुक्ति कर ली जाये तो उनके प्रशिक्षण, प्रेरणा एवं नियन्त्रण का कार्य आवश्यक है। यहाँ पर शाखा प्रबन्धक की नियुक्ति, प्रशिक्षण, प्रेरणा एवं नियन्त्रण पर विचार क्रमश: किया जायेगा।

(1) नियुक्ति
(Appointment)

शाखा प्रबन्धक की नियुक्ति के सम्बन्ध में सबसे पहले उनकी (1) जिम्मेदारियों, (2) कर्तव्यों (3) गुणों और (4) पद की स्थिति पर विचार किया जायेगा। इनके आधार पर ऐसे व्यक्ति को प्रबन्धक के रूप में चुनेंगे जो इनको अच्छी तरह पूरा कर सके।

(1) जिम्मेदारियाँ (Responsibility)—शाखा प्रबन्धक की दोहरी जिम्मेदारी है—(अ) कार्यालय प्रशासन और (ब) व्यापार विकास। उसे ऐसे कार्य करने होते हैं जिससे कार्यालय का कार्य सुचारु रूप से चलता रहे और जनता उसके कार्यों से सन्तुष्ट हो। उसे विभिन्न कार्यालयों और विभागों से समन्वय स्थापित करना होता है, इसके साथ व्यापार वृद्धि के लिये अभिकर्त्ताओं और विकास अधिकारियों को प्रोत्साहित करता है।

(अ) कार्यालय प्रशासन (Office Administration)—कार्यालय के समस्त कार्यों की जिम्मेदारी प्रबन्धक की है परन्तु उसे इन्हीं कार्यों से मुक्त होकर स्वतंत्र चिन्तन में अधिक समय देना पड़ता है। जनता से बातचीत करनी पड़ती है। एक शाखा प्रबन्धक को कार्यालय के कार्यों को पूरा कराने में अपने अधिकार एवं कर्तव्य सहायक अधिकारियों को सौंप कर, कार्यकर्त्ताओं को प्रशिक्षित एवं प्रोत्साहित करके कार्य करना होता है जिससे वे अपने कार्यों को पूरा करने में पूर्णतया कुशल हो सकें।

एक शाखा प्रबन्धक की जिम्मेदारी बीमापत्रधारियों की सेवा, फील्ड कर्मचारियों की सेवा, व्यापार को स्थायी रखने की जिम्मेदारी, प्रीमियम की समय से प्राप्ति तथा कार्यालयों के कार्यों में क्षमता वृद्धि की जिम्मेदारी होती है।

(i) बीमापत्रधारियों की सेवा (Service to Policyholders)—शाखा प्रबन्धक की सबसे पहली जिम्मेदारी बीमापत्रधारियों की सेवा करना है जिन व्यक्तियों से बीमापत्र या प्रस्ताव के विषय में कोई पूछताछ होती है, उन व्यक्तियों को उचित उत्तर देना जिससे वे सन्तुष्ट हो सकें। प्रत्येक समय बीमापत्रधारी पत्र द्वारा, टेलीफोन द्वारा या व्यक्तिगत रूप से कार्यालय आते रहते हैं और उन्हें कार्यालय से बीमा प्रस्ताव के समय से लेकर बीमापत्र की रकम के भुगतान तक अनेक कार्यों की आवश्यकता होती है। इन कार्यों को पूरा करने के लिए शाखा-प्रबन्धक को अपने अधिकारों के अन्दर पूर्णतया प्रयास करना चाहिए। वे स्वयं व्यक्तिगत रूप से या अपने कार्यालय के कर्मचारियों की मदद से समस्त कार्यों को पूरा कराना चाहिए। दोनों दशाओं में शाखा प्रबन्धक की ही जिम्मेदारी है। यदि बीमापत्रधारी कार्यालय से असन्तुष्ट रहे तो यह शाखा प्रबन्धक की व्यक्तिगत जिम्मेदारी होगी। इससे शाखा का व्यापार कम हो जायेगा। अत: उसे शाखा का व्यापार बढ़ाने के लिए बीमापत्रधारियों की सेवा का विशेष ध्यान रखना पड़ता है।

(ii) फील्ड कर्मचारियों की सेवा (Service to the Field Force)—बीमापत्रधारियों को सेवा प्रदान करने के समान ही फील्ड कर्मचारियों को सेवा प्रदान करना जरूरी है, फील्ड कर्मचारियों की सेवा के लिए एक अलग से वर्ग (Section) आवंटित कर देना चाहिए जो विकास अधिकारियों, अभिकर्त्ताओं और बीमापत्रों की पूछताछ का सही उत्तर दे सके, आवश्यक प्रपत्रों की पूर्ति कर सके अर्थात् प्रस्ताव प्रपत्र, एजेन्ट या विकास अधिकारी के सूचना पत्र, चिकित्सा परीक्षक के सूचना प्रपत्र आदि को तुरन्त प्रदान कर सके। उनके पारिश्रमिक भत्ते एवं कमीशन का उचित लेखा करके उसका भुगतान कर सके। शाखा प्रबन्धक की यह जिम्मेदारी होगी कि वह अपने फील्ड कर्मचारियों को संतुष्ट रखे तथा अधिक से अधिक कार्य के लिए प्रोत्साहित करे, उन्हें उचित आदर और विनम्रता का

आभास हो सके। बिना अभिकर्त्ता की सहायता के कार्यालय का कार्य पूरा नहीं होगा और कार्य प्रारम्भ ही नहीं होगा। अभिकर्त्ता कार्यालय के कार्यों के लिए रक्त-जीवन है। बिना उनके कार्यालय का कार्य नहीं चल सकता, यदि उनकी सेवाओं में कमी आयी तो शाखा प्रबन्धक इसके लिए व्यक्तिगत रूप से जिम्मेदार होगा। अत: उसे अपने कार्यालय के कार्यकर्ता को यह बताना पड़ता है कि उसे किस प्रकार फील्ड कर्मचारियों की मदद करनी चाहिए।

(iii) व्यापार-स्थायित्व (Conservation of Business)—चालू बीमापत्रों को चालू रखने की जिम्मेदारी शाखा प्रबन्धक की है। यदि व्यापार में वृद्धि होने के बाद जब्ती के कारण उसमें कमी आ गयी तो शाखा प्रबन्धक की अयोग्यता का सूचक होगा। बीमा व्यापार को खोजने में पर्याप्त खर्चे करने पड़ते हैं अत: यह जरूरी है कि कार्यालय द्वारा निर्गमित किये गये बीमापत्रों को चालू रखा जाये, इससे कार्यालय की वित्तीय स्थिति सुदृढ़ रहेगी तथा बीमापत्रधारी एवं अभिकर्त्ता भी सन्तुष्ट रहेंगे। इस क्षेत्र में बीमा विकास अधिकारी और अभिकर्त्ताओं को प्रेरित करना चाहिए कि वे व्यापार-स्थायित्व का लगातार प्रयास करते रहें तथा कार्यालय के कार्यकर्ताओं को हमेशा प्रेरित करते रहना चाहिए जिससे वे बीमापत्रधारियों को उचित सेवा देकर संतुष्ट करते रहें और वे अपने बीमापत्र को चालू रखें।

(iv) प्रव्याजि की समय से प्राप्ति (Timely Collection of Premiums)—शाखा प्रबन्धक की यह जिम्मेदारी है कि वह प्रव्याजि को समय से एकत्र कराये। समय से प्रव्याजि-सूचना भेजना, बीमापत्रधारियों को एजेण्ट से प्रव्याजि जमा करने का आग्रह होना तथा बीमापत्रधारियों की शिकायतों को सुनना प्रव्याजि को समय से जमा कराने में सहायता देता है। शाखा प्रबन्धक को व्यक्तिगत रूप से कभी-कभी इन शिकायतों को दूर करने का प्रयास करना चाहिए। इस कार्य के लिए अभिकर्त्ता एवं कार्यालय के सम्बन्धित कर्मचारी को भी प्रशिक्षित करना जरूरी है।

(v) कार्यालय के कार्यों में क्षमता वृद्धि (Efficiency in Office Routine)—कार्यालय के कार्यों की क्षमता बढ़ाने की जिम्मेदारी शाखा प्रबन्धक की है। यदि कार्यालय के कर्मचारी उचित एवं पूर्णरूप से प्रशिक्षित हैं तो शाखा प्रबन्धक को इस जिम्मेदारी को पूरा करने में सहायता मिलेगी। किसी कर्मचारी की अनुपस्थिति में यदि कार्य रुक जाये तो यह अक्षमता की द्योतक है अत: कार्यालय के कार्यों को सुचारु रूप से चलाते रहने के लिए कर्मचारियों को प्रशिक्षित करना आवश्यक है। कर्मचारियों में सहयोगिता एवं सद्भावना को प्रकट करना शाखा प्रबन्धक की जिम्मेदारी है, क्षमता वृद्धि के लिये कर्मचारियों को व्यावसायिक शिक्षा प्राप्त करने के लिये प्रेरित किया जा सकता है। उनकी भी परेशानियों को समझ कर सुलझाने का प्रयास करना चाहिए।

(vi) लोक सम्बन्ध (Public Relations)—शाखा प्रबन्धक को लोक सम्बन्ध बढ़ाने का प्रयास करना चाहिए। समाज के कुछ प्रतिष्ठित व्यक्तियों से ही सम्बन्ध रखना आवश्यक नहीं है बल्कि समाज के प्रत्येक व्यक्तियों को मिलने के लिए पूर्ण मौका देना चाहिए। उसे स्थानीय सम्मेलनों, शैक्षिक प्रवचनों, क्लब, सामाजिक मिलनों आदि में पूर्ण रूप से भाग लेना आवश्यक है। इससे लोक सम्बन्ध को बढ़ाने में प्रोत्साहन मिलता है। लोक सम्बन्ध से कार्यालय के व्यापार वृद्धि की सहायता मिलती है।

(ब) व्यापार-वृद्धि की जिम्मेदारी (Development of Business)—शाखा प्रबन्धक को व्यापार-वृद्धि करने का दायित्व सौंपा गया है। इस जिम्मेदारी को दो

प्रकार से पूरा करने का प्रयास किया जाता है; (i) योजना बनाकर (ii) योजनाओं को कार्यान्वित करके। व्यापार बढ़ाने के लिए आवश्यक व्यक्तियों को नियुक्त करना जरूरी है। विकास अधिकारी और अभिकर्त्ता की संख्या एवं योग्यता पर व्यापार का विकास निश्चित रहता है। फील्ड कर्मचारियों को प्रशिक्षित करके कार्य के लिए प्रोत्साहित करना शाखा प्रबन्धक की जिम्मेदारी है। उनके कार्यों में एकरूपता का होना आवश्यक है। फील्ड कर्मचारी जितना अधिक उत्साही होगा व्यापार वृद्धि में उतनी ही अधिक सफलता मिलेगी। फील्ड कर्मचारियों की नियुक्ति, प्रशिक्षण, पर्यवेक्षण एवं नियन्त्रण की जिम्मेदारी शाखा प्रबन्धक के ऊपर है। यह कार्य तभी पूरा होगा जबकि शाखा प्रबन्धक बीमा व्यवसाय की आवश्यकता का मूल्यांकन, आर्थिक एवं सामाजिक आवश्यकताओं का ज्ञान, योजनाओं का निर्धारण तथा विकास अधिकारियों एवं अभिकर्त्ताओं की क्षमता का मूल्यांकन करें।

(i) योजना निर्धारण (Development of Planning)—शाखा प्रबन्धक की सबसे महत्वपूर्ण जिम्मेदारी योजना बनाने की है। स्थानीय आवश्यकताओं का पूर्ण अध्ययन करने के बाद यह समझा जा सकता है कि उस क्षेत्र में बीमा व्यवसाय की क्या सम्भावना है। स्थानीय उद्योगों, व्यापार, विकास-कार्य, शिक्षण संस्थाओं आदि का पूरा ज्ञान होना चाहिए। इनके माध्यम से यह पता लगाया जा सकता है कि व्यापार-वृद्धि की सम्भावना कितनी है। आर्थिक एवं सामाजिक आवश्यकताओं को अच्छी तरह समझ करके यह निश्चित किया जा सकता है कि उस क्षेत्र में बीमा व्यवसाय बढ़ाने की क्या सम्भावना है। इन्हीं सम्भावनाओं के आधार पर दीर्घकालीन एवं लघुकालीन नियोजन बनाये जाते हैं। दीर्घकालीन योजनाएँ विभागीय कार्यालय द्वारा बनाये जाते हैं वार्षिक, मासिक एवं साप्ताहिक योजनाओं को बनाना शाखा प्रबन्धक की जिम्मेदारी है। इन्हीं योजनाओं के आधार पर वित्तीय बजट बनाये जाते हैं। वित्तीय बजट बनाने और इसको विभागीय कार्यालय से पास कराने की जिम्मेदारी शाखा कार्यालय की है। विकास अधिकारी एवं अभिकर्त्ता की नियुक्ति की योजना बनाने की जिम्मेदारी शाखा कार्यालय की है।

(2) शाखा प्रबन्धक के कर्तव्य (Duties of the Manager)—शाखा प्रबन्धक के निम्नलिखित कर्तव्य बताये गये हैं—

(i) विक्रय जन-शक्ति का निर्माण (To Build Sales Manpower)—शाखा प्रबन्धक को विक्रय बढ़ाने के लिए जन-शक्ति का निर्माण करना जरूरी है। कार्यालय के कर्मचारियों तथा फील्ड कर्मचारियों की नियुक्ति तथा नियुक्ति के लिए अनुमोदन, प्रशिक्षण का प्रबन्ध, प्रेरणा एवं नियन्त्रण आदि कार्य को पूरा करना आवश्यक हो जाता है। शाखा कार्यालय और बीमा संस्था के उद्देश्यों को प्राप्त करने के लिए पर्याप्त एवं योग्य व्यक्तियों की नियुक्ति आवश्यक है, उनके प्रशिक्षण आदि का पूरा प्रबन्ध होना चाहिए। लागत को ध्यान में रखकर ही ऐसा किया जाना चाहिए। कर्मचारियों को तब तक प्रशिक्षित करते रहना चाहिए जब तक वे कार्य को अच्छी तरह समझ न लें। इन कार्यों को करने में उचित नियोजन एवं ज्ञान की आवश्यकता है। मानवी शक्ति को जितना अधिक संगठित और मजबूत किया जायेगा, बीमा संस्था को उतनी अधिक सफलता मिलेगी।

(ii) अभिकर्तव्य एवं कार्यालय के समस्त कार्य का प्रबन्ध (To Manage all Activities of Agency and Office)—बीमा प्रबन्धक को अभिकर्तत्व एवं कार्यालय सम्बन्धी समस्त कार्यों को पूरा करना होता है। उसे बीमापत्रधारियों की सेवा के सम्बन्ध में जितने आवश्यक कार्य हैं स्वयं अथवा अपने कार्यालय द्वारा पूरा कराना होता है। इसी संदर्भ में उसे कार्यालय के कर्मचारियों को प्रशिक्षित करने और कार्य करने के लिए

प्रेरणा देना जरूरी है जिससे वे कार्यालय के कार्यों को अच्छी तरह पूरा कर सकें। कार्यों को पूरा करने में लागत को ध्यान में रखना जरूरी है। कर्मचारियों की केवल उतनी संख्या होनी चाहिए जिससे कि कार्य सुचारु रूप से चल सके। शाखा प्रबन्धक को अपने कार्यालय के खर्चों का नियन्त्रित एवं निर्धारित करना पड़ता है। उसका यह महत्वपूर्ण कर्तव्य है कि अपने कार्यालय के खर्च को कम से कम करे।

(iii) नीतियों का निर्धारण एवं पालन (To Interpret and implement)—शाखा प्रबन्ध को कार्यालय एवं फील्ड के कार्यों को पूरा करने के लिये नीतियाँ निर्धारित करनी पड़ती हैं। नीतियों का निर्धारण बताये गये क्षेत्र के अन्दर किया जाता है। कार्यालय एवं फील्ड के कार्यों को पूरा करने के लिए लघु एवं दीर्घकालीन नीतियाँ बनायी जाती हैं। नीतियों को उचित रूप से पालन करने की जिम्मेदारी भी शाखा कार्यालय की है। वह नीतियों का पालन स्वयं तथा अपने कर्मचारियों के माध्यम से कराता है। नीतियों के पालन पर ही यह निश्चित होता है कि कार्यालय कहाँ तक अपने कार्यों में सफलता पा रहा है। बीमापत्रधारियों की समस्याओं का समाधान करना, उनकी सेवा का अनुमोदन करना शाखा प्रबन्धक का कर्तव्य है। शाखा प्रबन्धक बीमा संस्था का महत्वपूर्ण प्रतिनिधि है; अतः उसे उन समस्त कार्यों को करना पड़ता है जो कि बीमा संस्था के द्वारा किया जाता है।

(3) योग्यता (Qualities)—शाखा प्रबन्धक को शाखा के समस्त कार्यों को करने की पूरी जिम्मेदारी होती है। इसके साथ ही वह अपने ऊपर के प्रबन्धकों का अपने दायित्वों एवं कर्तव्यों में जिम्मेदापरी होता है अतः उसमें वे तमाम गुण होने चाहिए जिसमें वह अपनी जिम्मेदारियों एवं कर्तव्यों की अच्छी तरह पूरा कर सके। एक शाखा प्रबन्धक नेतृत्व (Leader Ship)का गुण सर्व प्रधान है। वह स्वयं कार्य नहीं करता है। लेकिन कार्य कराने की जिम्मेदारी उसकी है अतः उसमें नेतृत्व का गुण जितना अधिक होगाअपने कार्यों को पूरा कराने में उतना ही अधिक सफल होगा। इस गुण से वह सम्पूर्ण संगठन को मजबूत बना सकेगा। उसके अन्दर समग्रता (Integrity) का गुण होना जरूरी है जिससे वह लोगों का विश्वासपात्र बना रह सके लोग उसकी इमानदारी और सच्चाई से प्रभावित रहें। उसमें उत्साह (Enthusiasm) का होना जरूरी है। बीमा व्यवसाय में बहुत सी कठिनाइयाँ आती हैं और कभी-कभी उसे बहुत निरुत्साहित होना पड़ता है जिससे वह अपने कार्यों में सफल नहीं हो सकता है अतः यह जरूरी है कि उत्साहपूर्ण व्यक्तित्व रखे। विक्रयकला (Salesman Ship) का उसे पूरा ज्ञान होना चाहिए तभी वह अपने कार्यों में सफलता पा सकता है। वह जो कुछ उपदेश दे उसका स्वयं पालन करे अथवा उसके उपदेश का कोई प्रभाव नहीं पड़ेगा।

व्यापारिक योग्यता (Business Ability) का गुण होना जरूरी है जिससे वह व्यापार में सफलता पा सके। प्रबन्ध करने की पूरी क्षमता होनी चाहिए। उसे योजना, संगठन प्रेरणा और नियन्त्रण कार्यों का पूरा ज्ञान होना चाहिए। अपनी संस्था के प्रति सदभावना और आदर का विचार होना चाहिए। सम्पूर्ण कर्मचारियों को संगठित करके उनको कार्य के लिए प्रेरित करने का गुण होना आवश्यक है। कर्मचारियों के साथ मिलनसारिता और उदारता की भावना रखकर उनके विश्वास को प्राप्त कर लेने का गुण विद्यमान होना चाहिए।

(4) पद (Status)—शाखा प्रबन्धक का स्थान महत्वपूर्ण पद है। उसकी प्रतिष्ठा और मर्योदा बनाये रखने की जिम्मेदारी शाखा प्रबन्धक की होनी चाहिए। शाखा प्रबन्धक को वित्तीय प्रबन्ध, कार्यिक के प्रबन्ध, कार्यालय प्रबन्ध एवं विक्रय प्रबन्ध का कार्य सौंपा जाता है। यह पद एक प्रभावशाली पद है जिससे बीमा संस्था के कार्यों को पूरा करने में

सहायता मिलती है। विशेषज्ञ पद होने के कारण शाखा प्रबन्धक को प्रबन्ध सम्बन्धी सभी पद्धतियों एवं सिद्धान्तों का ज्ञान होना जरूरी है। बीमा पत्रधारियों का बीमा संस्था से सम्पर्क शाखा प्रबन्धक के माध्यम से होते हैं अत: शाखा प्रबन्धक को लोक सम्बन्ध के गुणों का पूरा ज्ञान होना जरूरी है। मानवीय बुद्धि और इच्छाओं को प्रभावित करने वाले तत्वों का उसे विशिष्ट ज्ञान होना चाहिए क्योंकि इसी के माध्यम से कर्मचारियों को अधिक कार्य के लिए प्रेरित किया जा सकता है। समाज में होने वाले परिवर्तनों का उसे ज्ञान होना चाहिए जिससे बीमा व्यवसाय में वृद्धि की सम्भावना का पूरा ज्ञान हो सके।

शाखा प्रबन्धक का पद ऐसा है जो अपने कर्मचारियों, बीमापत्रधारियों, व्यक्तियों और समाज के प्रत्येक अंगों से सम्बन्ध रखता है। अत: इस पद पर उन्हीं व्यक्तियों को नियुक्त किया जाय जिनकी प्रतिभा सर्वतोन्मुखी हो। उसे प्रबन्ध-पद्धति मनोवैज्ञानिक दृष्टिकोण, आर्थिक एवं सामाजिक स्थिति का ज्ञान होना जरूरी है। नीतियों को निर्धारित करने की क्षमता और उसके पालन का गुण होना आवश्यक है।

(5) चुनाव (Selection)—उपरोक्त जिम्मेदारियों, कर्तव्यों, गुणों और पदों के स्वभाव को ध्यान में रखते हुए ऐसे व्यक्ति की नियुक्ति की जानी चाहिए जो इन सब में कुशल हो और अपने कार्यों को पूरा कर सकने के योग्य हो। पिछले वर्षों का अनुभव यह रहा है कि केवल सबसे योग्य अभिकर्त्ताओं को प्रबन्धक के रूप में चुना जाता था; लेकिन इसका तात्पर्य यह नहीं है कि जो सबसे अच्छा विक्रेता होगा वह एक सफल प्रबन्धक भी होगा। चुनाव करते समय उन योग्यताओं पर ध्यान दिया जाना चाहिए जो कि एक प्रबन्धक के लिए अत्यावश्यक है। प्रयास यह होना चाहिए कि उन व्यक्तियों को प्रबन्धक के पद पर आसीन किया जाये जिसमें ये योग्यताएँ सबसे अधिक हों। विक्रेताओं या अभिकर्त्ताओं को ही प्रबन्धक के रूप में नियुक्त करने की प्रथा को त्याग देना चाहिए। यदि योग्य व्यक्तियों का चुनाव नहीं किया गया तो प्रबन्धक, विकास अधिकारी अभिकर्त्ता दोनों तथा संस्था सभी को हानि होगी। प्रबन्धक को नियुक्त करने के लिए सबसे पहले सहायक प्रबन्धकों को नियुक्त किया जाय। यदि सहायक प्रबन्धकों की संख्या पर्याप्त नहीं है तो विकास अधिकारियों में से जो प्रबन्ध के गुणों को पूरा करते हों उन्हें शाखा प्रबन्धक के रूप में नियुक्त करना चाहिए। यदि इनसे भी रिक्त स्थान की पूर्ति न होती हो तो अन्त में अभिकर्त्ताओं में से शाखा प्रबन्धक नियुक्त किये जाने चाहिए। आजकल प्रबन्ध प्रशिक्षार्थियों (Management Trainees) को प्रबन्धक के रूप में नियुक्त करने की प्रथा प्रारम्भ हो गयी है जो प्रशिक्षार्थी शाखा प्रबन्धक के गुणों को पूरा करता है उसे पहले सहायक शाखा प्रबन्धक के रूप में नियुक्त करते हैं और उसके बाद शाखा प्रबन्धक के रूप में नियुक्त किया जाता है, केवल उन्हीं व्यक्तियों को शाखा प्रबन्धक के रूप में नियुक्त करना चाहिए जिनमें शाखा प्रबन्धक की योग्यता सबसे अधिक हो, जिन विकास अधिकारियों में प्रबन्ध करने की योग्यता विद्यमान है, उनको प्रबन्धक के रूप में नियुक्त किया जा सकता है।

2. प्रशिक्षण
(Training)

शाखा प्रबन्धक के लिए प्रशिक्षण बहुत आवश्यक है क्योंकि उसे कार्यालय के कार्य के साथ फील्ड कार्य को भी करना रहता है। उसे कुछ व्यक्तियों को नियुक्त करने के लिए अनुमोदन भी करना रहता है। बीमा विक्रय के लिए प्रशिक्षण की बहुत आवश्यकता है। जब अभिकर्त्ता को यह पता होगा कि उसे क्या करना है, कैसे करना और क्यों करना है तब वह अपने कार्य को अच्छी तरह से कर सकेगा। अभिकर्त्ताओं को प्रशिक्षित करने की

जिम्मेदारी शाखा प्रबन्धक की है। अतः उसे स्वयं इस दिशा में प्रशिक्षित होना चाहिए। उसे प्रशिक्षण से यह मालूम हो जाना चाहिए कि कार्यालय का कार्य कैसे कराया जाये और फील्ड कर्मचारियों को कैसे निर्देशित किया जाय, कार्यालय तथा फील्ड कर्मचारियों की नियुक्ति, प्रशिक्षण, प्रेरणा एवं नियन्त्रण के विषय में उसे पूर्ण जानकारी होनी चाहिए। जिस समय प्रबन्धक की नियुक्ति होती है उस समय उसे उपरोक्त कार्य बहुत कम पता रहते हैं। कार्य की शैली बताकर उसे कार्य करने को कहा जाये और कार्य करने का मौका देकर उसे कार्य का ज्ञान कराया जाय। यदि प्रबन्धकों को उचित प्रशिक्षण नहीं दिया जायेगा तो वे अपने कार्य को अच्छी तरह नहीं कर सकेंगे। शाखा प्रबन्धक को सैद्धान्तिक रूप से सबसे पहले कुछ प्रशिक्षण दिये जायें उसके बाद उन्हें कार्य का ज्ञान कराया जाये फिर कुछ विशिष्ट अधिकारियों के साथ कार्य करने का मौका दिया जाय। उनके दृष्टिकोणों और विचारों को समझने का प्रयास किया जाये। इस प्रकार उन्हें प्रशिक्षित करने का लगातार प्रयास किया जाय। प्रशिक्षण के समय उन्हें प्रबन्धक के उद्देश्य, प्रबन्ध नियोजन, अभिकर्त्ता लागत विश्लेषण, लाभपूर्ण कार्य का संचालन, विकास के लिये योजना, अभिकर्त्ता के कार्यों का विश्लेषण, नेतृत्व, नये व्यक्तियों का प्रशिक्षण, सामूहिक प्रशिक्षण पद्धति, पर्यवेक्षण के सिद्धान्त, प्रोत्साहन के सिद्धान्त, वित्तीय प्रबन्ध आदि का पूर्ण ज्ञान होना चाहिए।

शाखा प्रबन्धक कर कार्य ग्रामीण स्तर, शहरी स्तर या अर्द्ध शहरी स्तर पर होता है। एक ही क्षेत्र में विभिन्न कार्यालयों में इस प्रकार का परिवर्तन होता है। अतः सामान्य प्रशिक्षण देने के बाद स्तर के अनुसार प्रशिक्षण देना चाहिए। ग्रामीण स्तर के प्रशिक्षण के लिए अलग कार्य और शहरी स्तर के कार्य के लिए दूसरे प्रकार का प्रशिक्षण होना चाहिए। जिस स्थान पर कार्य सौंपा जाये उस स्थान के विषय में शाखा प्रबन्धक को विशेष ज्ञान होना चाहिए। वहाँ की आर्थिक, सामाजिक एवं भौगोलिक परिस्थितियों के ज्ञान होने से शाखा प्रबन्धक को अपने कार्यों को पूरा करने में सहायता मिलेगी।

3. नियन्त्रण
(Control)

शाखा प्रबन्धक के कार्यों पर सहायक विभागीय प्रबन्धक (विकास) और सहायक क्षेत्रीय प्रबन्धक (विकास) का प्रत्यक्ष नियन्त्रण होता है। वह शाखा प्रबन्धक के कार्यों की सूची रखते हैं और उसी के अनुसार उनको प्रोत्साहित करते रहते हैं। यदि किसी शाखा प्रबन्धक को कोई आपत्ति होती है तो वह अपने उच्च अधिकारी से पूछ लेता है। इस प्रकार शाखा प्रबन्धक के कार्यों पर उच्च स्तर का नियंत्रण एवं पर्यवेक्षण रहता है।

विकास अधिकारी
(Development Officer)

शाखा प्रबन्धक के नीचे सहायक प्रबन्धक (विकास) विक्रय कार्य में योगदान देता है, वह उसकी मदद के लिये नियुक्त किया जाता है। जो कार्य शाखा प्रबन्धक करता है वही कार्य सहायक प्रबन्धक (विकास) कर सकता है यदि शाखा प्रबन्धक ने अपने अधिकार एवं जिम्मेदारियाँ उसे प्रत्यायुक्त की हैं। अपने कर्तव्यों एवं जिम्मेदारियों को निभाने के लिए विकास अधिकारियों की नियुक्ति की जाती है जो कि विक्रय कार्य में योगदान देता है। विकास अधिकारी मुख्य रूप से फील्ड कार्य (Field-Work) के लिये जिम्मेदार है। उसे कार्यालय में कार्य नहीं करना पड़ता है। शाखा-कार्यालय के उद्देश्यों को ध्यान में रखकर विकास अधिकारियों की नियुक्ति की जाती है, अभिकर्त्ता व्यापार को प्राप्त करता है और

विकास अधिकारी अभिकर्त्ता की नियुक्ति, प्रशिक्षण, प्रेरणा एवं नियंत्रण का कार्य करता है। इस प्रकार कार्यालय का कार्य पूरा हो जाता है।

कर्तव्य (Duties)—विकास अधिकारी के निम्नलिखित कर्तव्य हैं—

(1) जिस क्षेत्र में विकास अधिकारी को कार्य सौंपा गया है उस क्षेत्र में बीमा व्यापार को बढ़ाने और विकसित करने का कार्य विकास अधिकारी का है। विकास अधिकारी अपने कार्यों को अभिकर्त्ताओं के माध्यम से करता है।

(2) कार्यालय द्वारा निश्चित किये गये नियमों के अनुसार अपने क्षेत्र (field) के लिये नये अभिकर्त्ताओं की नियुक्ति और प्रशिक्षण कार्य करना विकास अधिकारी का कर्तव्य है। योग्य अभिकर्त्ताओं की नियुक्ति करना उसकी सबसे बड़ी जिम्मेदारी है।

(3) नियुक्त किये गये सभी अभिकर्त्ताओं को पथप्रदर्शित, पर्यवेक्षित एवं निर्देशित करना विकास अधिकारी का कर्तव्य है।

(4) विकास अधिकारी का यह कर्तव्य है कि वह अपने एजेन्टों को कार्य के लिए प्रेरित करे और उनका प्रोत्साहन बढ़ाता रहे। बहुत से बीमा अभिकर्त्ता केवल आंशिक कार्य करते हैं अत: उन्हें कार्य पर लगाये रखना विकास अधिकारी की सबसे बड़ी जिम्मेदारी है।

(5) बीमपत्रधारियों की उन सेवाओं को करना जो उसकी परिधि में हों। बीमापत्रधारियों को बीमा खरीदने के लिये प्रेरित करना, उनकी बीमापत्र खरीदने में मदद करना, प्रव्याजि भुगतान के लिये समय-समय पर याद दिलाना और व्यापार को स्थायी रखना उसका कर्तव्य है। व्यापार वृद्धि और व्यापार स्थायित्व दोनों का कार्य उसे करना चाहिए।

जिम्मेदारियाँ (Responsibilities)

(1) विकास अधिकारी की सबसे बड़ी जिम्मेदारी नये व्यापार को प्राप्त करने की है। व्यापार वृद्धि का वास्तविक कार्य विकास अधिकारी ही करता है लोक संबंध बढ़ाकर व्यापार वृद्धि करना उसकी महत्वपूर्ण जिम्मेदारी है।

(2) विकास अधिकारी को स्थानीय आर्थिक एवं सामाजिक स्थिति का ज्ञान होना चाहिए जिससे उसे अपना व्यापार बढ़ाने में सुविधा मिले। उन व्यक्तियों से विशेष रूप से सम्पर्क स्थापित करना चाहिए जो समाज में प्रतिष्ठित हैं या जो सार्वजनिक अधिकारी हैं।

(3) अपने अधीन कार्य करने वाले अभिकर्त्ताओं के मनोबल बढ़ाने की जिम्मेदारी विकास अधिकारी की है।

(4) शाखा प्रबन्धक एवं अभिकर्त्ता के बीच प्रभावपूर्ण सम्बन्ध स्थापित करने की जिम्मेदारी विकास अधिकारी की है। विक्रय कार्यों में संगठन एवं समन्वय को प्रोत्साहन देना उसकी जिम्मेदारी है।

गुण (Qualities)—एक विकास अधिकारी में वे सभी गुण होने चाहिए जिससे व्यापार वृद्धि को प्रोत्साहन मिले। विक्रय कला का ज्ञान, धैर्य, क्षमता, बीमा विषय का पूर्ण ज्ञान होना आवश्यक है। बुद्धिमान एवं शिक्षित होने से वह अपने समस्त कार्यों को अच्छी तरह सीख सकता है। विकास अधिकारी में मिलनसारिता, प्रसन्नचित्त अन्तरावलोकन आदि विशिष्ट गुणों का होना जरूरी है।

1. नियुक्ति
(Appointment)

विकास अधिकारी उसे होना चाहिए जिसे बीमा व्यापार वृद्धि का तरीका मालूम हो और अधिक से अधिक व्यापार बढ़ा सके, बीमापत्रधारियों की उचित सेवा कर सके, अभिकर्त्ताओं को नियुक्त कर सके, उन्हें प्रशिक्षित एवं प्रोत्साहित करके अधिकतम व्यापार प्राप्त कर सके। विकास अधिकारी केवल व्यापार वृद्धि के लिये ही जिम्मेदार नहीं है बल्कि व्यापार-स्थायित्व के लिए भी वह जिम्मेदार है। इसलिये विकास अधिकारी उसी को होना चाहिए जो इन सब कार्यों को अच्छी तरह पूरा कर सके तथा समाज में मिश्रित होकर बीमा सुविधाएँ उपलब्ध करा सके। उसमें नेतृत्व का भी गुण होना चाहिए जिससे जनता एवं अभिकर्त्ता को बीमा व्यवसाय के लिए प्रेरित किया जा सके। विकास अधिकारी ऐसा होना चाहिए जो वर्तमान तथा भविष्य की आवश्यकताओं में पूर्णरूपेण कार्य कर सके। कम बुद्धि और आर्थिक दृष्टि से कमजोर व्यक्ति विकास अधिकारी के रूप में अधिक सफल नहीं हो पाते हैं।

चुनाव स्तर—किसी व्यक्ति को विकास अधिकारी के रूप में नियुक्त करने के समय निम्नलिखित स्तरों को ध्यान में रखना चाहिए—

(1) उम्र (Age)—विकास अधिकारियों को नियुक्त करते समय उनकी उम्र 25 से 30 के अन्दर होनी चाहिए। इस उम्र में चुनाव किये गये व्यक्ति सीखने की क्षमता (Ability to learn) रखते हैं साथ ही साथ किसी व्यक्ति पर प्रभाव डालने के लिए परिपक्व उम्र भी रहती है। इससे कम उम्र वाले व्यक्तियों की बात कभी-कभी टाली भी जा सकती है। इससे अधिक उम्र के व्यक्ति कार्य सीखने में लापरवाही कर सकते हैं।

(2) शिक्षा (Education)—उन व्यक्तियों को विकास अधिकारी के पद पर नियुक्त किया जाय जो अच्छी तरह शिक्षित हैं और कार्यों को आसानी से समझ सकते हैं। यद्यपि कि इस पद पर नियुक्ति की न्यूनतम सीमा हाई स्कूल है तथापि इससे अधिक शिक्षा प्राप्त करने वाले व्यक्तियों को नियुक्त किया जाता है क्योंकि इससे अधिक शिक्षा वाले व्यक्ति मिल जाते हैं। व्यक्ति को स्थानीय भाषा के साथ अंग्रेजी भाषा का भी पूरा ज्ञान होना चाहिए।

(3) आर्थिक आधार (Economic Background)—विकास अधिकारी रोजगार प्राप्त करने आता है परन्तु यदि उसका उद्देश्य तुरन्त धन प्राप्त करना है तो वह सफल विकास अधिकारी नहीं बन पायेगा। व्यक्ति की आर्थिक स्थिति इतनी मजबूत हो कि वह समय आने पर कुछ अपना खर्च कर सके।

(4) सामाजिक स्थिति (Social Status)—जो व्यक्ति बीमा विकास अधिकारी के पद पर नियुक्त किया जाना है उसकी पारिवारिक स्थिति समाज में प्रतिष्ठा सूचक हो। प्रतिष्ठा से तात्पर्य धन की अधिकता से नहीं है बल्कि उसकी समग्रता और ख्याति से है। जिस क्षेत्र में विकास अधिकारी को कार्य करना है उस क्षेत्र से उसका पूर्ण परिचय होना चाहिए। पारिवारिक प्रतिष्ठा और व्यक्तिगत सामाजिकता से व्यक्ति को अपने कार्य प्रारम्भ करने में कोई कठिनाई नहीं होगी। उस व्यक्ति को योग्य अभिकर्त्ता भी आसानी से मिल जायेंगे। प्रतिष्ठ व्यक्ति अपनी जिम्मेदारी को महत्व देकर अधिक कार्य कर सकते हैं।

(5) कार्य की आदत (Work Habits)—व्यक्ति में कार्य करने की स्वाभाविक आदत होनी चाहिए। जो व्यक्ति कार्य करने में जितना ही उद्योगशील होगा वह उतना ही

अच्छा एवं सफल विकास अधिकारी बन सकता है। अतः कठिन कार्य करने की इच्छा का मूल्यांकन करना आवश्यक होगा। कठिन कार्य हमेशा लाभकारी होता है अतः उस पर विशेष ध्यान देना चाहिए।

(6) सामाजिकता (Sociality)—जिस व्यक्ति को विकास अधिकारी के पद पर नियुक्त किया जाता है उसमें समाज में घुल-मिल सकने की क्षमता होनी चाहिए। जिस प्रकार के व्यक्तियों से वह मिलता है उस प्रकार के व्यक्तियों को बीमा के लिए प्रोत्साहित किया जा सकता है। यदि ये व्यक्ति अधिक आय प्राप्त करने वाले हुए तो भावी विकास अधिकारी का व्यापार अधिक बढ़ सकेगा। अभ्यर्थी में सभी स्तर के व्यक्तियों से मिलने की योग्यता होनी चाहिए। प्रत्येक स्तर के व्यक्तियों से मिलने के साथ-साथ उनसे उनके स्तर के अनुसार बातचीत करने की क्षमता होनी चाहिए। बातचीत के समय विचारों को तार्किक ढंग से, ईमानदारी और साहस के साथ रखने की क्षमता होना जरूरी है।

(7) भावनाएँ (Ambitions)—विकास अधिकारी बनने वाला व्यक्ति साहस पूर्ण भावनाओं से परिपूर्ण हो। उसमें सभी प्रकार के कार्यों के प्रति साहस भरा हो। आशावादी व्यक्ति ही अधिक कार्य कर सकते हैं अतः भावनाओं का मूल्यांकन करके नियुक्ति की जानी चाहिए।

(8) व्यक्तित्व (personality)—एक आकर्षक व्यक्तित्व से व्यक्ति अन्य व्यक्तियों को अनायास प्रभावित कर लेता है और अपने कार्यों के और उद्देश्यों के प्रति उसे आकर्षित कर सकता है, उसके स्वास्थ्य, बातचीत का ढंग, कपड़े पहनने का ढंग आदि पर व्यक्तित्व आधारित रहता है। यह एक मिश्रित गुण है और इसके कई लाभ हैं।

नियुक्ति पद्धति (Recruitment Methods)—अच्छे व्यक्तियों की खोज करना बहुत आसान नहीं है, विकास अधिकारी की नियुक्ति (1) व्यक्तिगत सम्बन्ध, (2) नामांकन पद्धति, (3) विज्ञापन, (4) अभिकर्त्ताओं में से चुनाव और (5) अन्य पद्धतियों को अपनाकर की जाती है।

(1) व्यक्तिगत सम्बन्ध (Personal contacts)—शाखा प्रबन्धक अपने परिचित व्यक्तियों, मित्रों, सम्बन्धियों बीमापत्रधारियों में से किसी भी व्यक्ति को विकास अधिकारी बनने का आमंत्रण दे सकता है जो आवयक योग्यता रखते हों। इन व्यक्तियों में से कुछ व्यक्ति कार्य कर रहे होंगे, परन्तु उन्हें अपने कार्य से असन्तोष हो उन्हें विकास अधिकारी बनने का प्रोत्साहन दिया जा सकता है। बेरोजगार व्यक्तियों को भी इसके लिए आमन्त्रित कर सकते हैं परन्तु जो बहुत दिनों से बेरोजगार हैं उन्हें इस कार्य को करने में कठिनाई हो सकती है। वे सभी स्तर के लोगों से मिलने में पूर्णतया सक्षम नहीं हो सकते हैं। प्रगति चाहने वाले व्यक्तियों को इस कार्य के लिए प्रोत्साहित किया जा सकता है।

(2) नामांकन पद्धति (Nomination Method)—इस पद्धति में विकास अधिकारियों का नाम दूसरे व्यक्ति प्रस्तावित करते हैं। प्रस्तावित करने वाले व्यक्ति विकास अधिकारी, अभिकर्त्ता, बीमापत्रधारी, मित्र, सम्बन्धी या अन्य व्यक्ति हो सकते हैं। कुछ समाज-सेवी व्यक्ति जैसे शिक्षक, समाज सुधारक आदि अनेक योग्य व्यक्तियों के नाम प्रस्तावित कर सकते हैं। शाखा प्रबन्धक समाज के इन वर्गों से दूसरे व्यक्तियों के नाम प्रस्तावित करने अर्थात् नामांकन करने के लिए आग्रह कर सकते हैं।

इस पद्धति में जिन व्यक्तियों का नामांकन किया जाता है वे सभी योग्य नहीं हो सकते हैं। अतः शाखा प्रबन्धक को चाहिए कि इनमें से योग्य व्यक्तियों को चुने और उन्हें ही नियुक्त करे। नामांकन करने वाले व्यक्तियों को यह बता देना चाहिए कि किस योग्यता के

व्यक्तियों की आवश्यकता है अन्यथा योग्य व्यक्तियों को चुनने में काफी परेशानी होगी। यदि कार्य के अनुकूल योग्यता नहीं है तो यह स्पष्ट बता देना चाहिए कि उन्हें कार्य पर नियुक्त नहीं किया जा सकता है। नामांकित व्यक्तियों की नियुक्ति के बाद भी नामांकनकर्त्ता से सम्बन्ध बनाये रखने चाहिए क्योंकि यदि नामांकित व्यक्ति के सम्बन्ध में कोई शिकायत हो तो उसे बताया जा सके। इससे विकास अधिकारी के ऊपर शाखा प्रबन्ध का पर्याप्त प्रभाव बना रहता है।

सावधानी (Precautions)—नामांकन पद्धति अपनाने में निम्नलिखित सावधानियों को अपनाना आवश्यक है—

(i) नामांकन के आधार पर भावी विकास अधिकारियों की सूची इस प्रकार तैयार करनी चाहिए जिससे प्रत्येक क्षेत्र, वर्ग एवं समुदाय के व्यक्ति चुने जा सकें। इससे प्रत्येक क्षेत्र से बीमा प्राप्त करने में सुविधा होगी।

(ii) जिन व्यक्तियों से नामांकन के लिए निवेदन किया गया है वे व्यक्ति शाखा प्रबन्धक की वास्तविक सहायता करना चाहते हों और केवल उन्हीं व्यक्तियों का नाम चुनें जिन्हें विकास अधिकारी के रूप में चुना जा सके।

(iii) जिन व्यक्तियों के नाम माँगे जा रहे हों वे शाखा प्रबन्धक की पहुँच के अन्दर हों। वे मित्र, सम्बन्धी, सहकार्यकर्ता, बीमापत्रधारी आदि हो सकते हैं। इससे इन व्यक्तियों के पास कभी भी पहुँचा जा सकता है।

(iv) नामांकनकर्त्ता से स्पष्ट रूप से बता देना चाहिए वे शाखा प्रबन्धक उन व्यक्तियों की खोज कर रहा है जिन्हें विकास अधिकारी के रूप में नियुक्त किया जा सके। उनमें पर्याप्त योग्यता का होना आवश्यक है। इस विषय में कोई बात छिपानी नहीं चाहिए।

(v) नामांकनकर्त्ता की सेवाओं की प्रशंसा जरूरी है क्योंकि वे योग्य व्यक्तियों को नामांकित करके बीमा संस्था एवं समाज दोनों की सेवा करते हैं। नामांकनकर्त्ता के कार्यों के लिए धन्यवाद देकर उन्हें इस कार्य के लिए प्रेरित किया जा सकता है।

(vi) नामांकित व्यक्तियों को यथावत् नियुक्त नहीं किया जाता है बल्कि चुनाव समिति (Selection Committee) के परीक्षण के बाद ही नियुक्त की जाती है। चुनाव समिति उम्र, शिक्षा, व्यक्तित्व, दृष्टिकोण, सामाजिक आधार, योग्यता आदि को ध्यान में रखकर योग्य व्यक्तियों का चयन करती है। इस पद्धति को अपनाने में योग्य व्यक्तियों के चयन में आसानी होती है।

(3) विज्ञापन (Advertisement)—योग्य व्यक्तियों को विज्ञापन के माध्यम से इस पद के लिये आमन्त्रित किया जाता है। आमन्त्रण के समय न्यूनतम योग्यता, उम्र आदि का वर्णन कर देना चाहिए, जिससे अनावश्यक रूप से अत्यधिक आवेदन न आये। आवेदन पत्रों में से केवल उन्हीं व्यक्तियों को साक्षात्कार के लिए बुलाया जाय जो अधिक योग्यता रखते हैं तथा जिनका सामाजिक स्तर ऊँचा हो। प्रत्येक क्षेत्र से व्यक्तियों को नियुक्त करने का प्रयास होना चाहिए। यदि प्रत्येक क्षेत्र के व्यक्तियों को नियुक्त किया जायेगा तो बीमा व्यापार बढ़ाने में सुविधा होगी। नियुक्ति के समय यह ध्यान रखना आवश्यक है कि कोई भी क्षेत्र ऐसा न छूटे जहाँ से व्यक्ति नियुक्त न हो।

(4) अभिकर्त्ताओं में से चुनाव (Selection from Agents)—अभिकर्त्ताओं में से योग्य व्यक्तियों को चुनने के बहुत लाभ हैं, अत: इस पद्धति का प्रचलन आजकल अधिक हो गया है। इस पद्धति में यह ध्यान रखना चाहिए कि केवल उन्हीं अभिकर्त्ताओं को चुना जाये जो सफल अभिकर्त्ता रहे हों, जिनमें उचित दृष्टिकोण हो, जो कार्य करने की आदत बना लिये हों, जिन्हें व्यावहारिक ज्ञान प्राप्त हो, जिन्हें बीमा विषय

का पूर्ण ज्ञान हो, तथा जिनमें पर्याप्त योग्यता और समग्रता हो। जिन व्यक्तियों में नेतृत्व और प्रबन्ध का गुण होगा वे अच्छे विकास अधिकारी बन सकते हैं।

लाभ—इस पद्धति के निम्नलिखित लाभ हैं—

(i) अभिकर्त्ता बीमा संस्था के विषय में बहुत दिनों से कुछ न कुछ समझ रहा है जिससे उसे बीमा व्यवसाय और संस्था का अच्छा ज्ञान प्राप्त हो जाता है। वह बीमा संस्था के विषय में सही और विश्वसनीय राय दे सकता है।

(ii) शाखा प्रबन्धक ऐसे व्यक्तियों पर घनिष्ठ और पूर्ण नियन्त्रण रख सकता है। वह इनके गुणों और योग्यताओं को अच्छी तरह समझ सकता है।

(iii) एजेन्ट को नवकरण कमीशन मिलता रहता है जिससे उनकी आर्थिक स्थिति मजबूत बनी रहती है। यह उन व्यक्तियों की तुलना में अधिक सन्तुष्ट रहता है जो अभी कार्य प्रारम्भ नहीं किये हैं।

(iv) ऐसे विकास अधिकारियों की आन्तरिक इच्छाओं को समझने में कोई परेशानी नहीं होती है। उनकी अनिच्छा को भी अच्छी प्रकार जाना जा सकता है जिससे उन्हें प्रेरित करने में सहायता मिलती है।

(v) उसे कार्य की आदत पड़ जाती है जिससे वह अधिक से अधिक कार्य कर लेता है। बीमा संस्था की नीतियों, पद्धतियों और कार्य विधियों का ज्ञान होने के कारण उसे विकास अधिकारी के रूप में कार्य करने पर कोई कठिनाई नहीं होती है।

(vi) वह इस योग्य हो जाता है कि योजना का निर्माण, उसका पालन और परिवर्तन आसानी से कर सकता है।

(5) अन्य पद्धतियाँ (Other Methods)—अन्य पद्धतियों में कई पद्धतियाँ आती हैं। शाखा प्रबन्धक व्यापारिक संस्थाओं, सरकारी कार्यालयों, शिक्षण संस्थाओं में जाकर यह जानकारी प्राप्त करता है कि कोई योग्य व्यक्ति कार्य के लिए तैयार है यदि उसकी योग्यताएँ उपयुक्त हैं तो उसे विकास अधिकारी के पद पर नियुक्त किया जा सकता है। व्यावसायिक एवं पेशेवर कर्मचारियों से इस विषय पर बातचीत की जा सकती है। समाचारपत्रों, सेवा नियोजन कार्यालयों के माध्यम से ऐसे व्यक्तियों की खोज करना आसान है, परन्तु आमन्त्रण का तात्पर्य यह नहीं है कि जिन व्यक्तियों को आमन्त्रित किया गया उन्हें बुला ही लिया जायेगा। नियुक्ति के लिये उन व्यक्तियों को बुलाना चाहिए जो योग्य हैं और नियुक्ति उन्हीं व्यक्तियों की की जाये जो सबसे योग्य हैं। सबसे योग्य व्यक्तियों की जाँच आवेदन पत्र की सूचनाओं तथा साक्षात्कार के समय मूल्यांकन के आधार पर की जाती है।

चुनाव (Selection)—योग्य व्यक्तियों के चुनाव के लिए कई साक्षात्कार किये जाने चाहिए जिससे यह आसानी से पता चल सके कि योग्य व्यक्ति कौन है? जिन व्यक्तियों की आवश्यकता है उन्हें ही नियुक्त किया जा सके। जो दीर्घ समय तक कार्य करने के लिए तैयार हों उन्हें ही इस पद पर नियुक्त किया जाये। सबसे योग्य व्यक्तियों को नियुक्त किया जाये। योग्य व्यक्तियों की सूची विभागीय कार्यालय को भेज दी जाती है जो अन्तिम चुनाव करता है विभागीय कार्यालय में सहायक विभागीय प्रबन्धक (विकास) अपने विभागीय प्रबन्धक के साथ तथा अन्य विशेषज्ञ को बुलाकर इन व्यक्तियों का साक्षात्कार लेते हैं और तब अन्तिम चुनाव कर लिया जाता है।

नियुक्ति के बाद उन्हें कार्य के विषय में बताया जाता है। उन्हें बताया जाता है कि व्यापार बढ़ाने की क्षमता बहुत कम है, लोगों की आय में निरन्तर वृद्धि हो रही है। बीमा

की उपयोगिता लोगों की समझ में आ रही है, इस प्रकार इनको कार्य करने के लिए प्रशिक्षित करते हैं।

2. प्रशिक्षण
(Training)

नियुक्ति के उपरान्त यह जरूरी होता है कि विकास अधिकारी को यह बताया जाये कि कार्य कैसे किया जाये। उन्हें कार्य करने के लिये प्रोत्साहित किया जाये। किसी योग्य प्रशिक्षक के अधीन प्रशिक्षण दिया जाये। कर्मचारियों को जब तक प्रशिक्षित नहीं किया जायेगा तब तक वे कार्य करने का ढंग नहीं समझ सकेंगे जिससे व्यापार को हानि होगी। व्यापार का लाभ बढ़ाने के लिये यह जरूरी है कि कर्मचारियों को भली प्रकार प्रशिक्षित किया जाये।

अर्थ—प्रशिक्षण व्यक्तियों के कार्य योग्यता में वृद्धि करने का लगातार प्रयास है। इससे कर्मचारियों को कार्य करने का व्यावहारिक ज्ञान हो जाता है और वे अपनी योग्यता में लगातार वृद्धि करते रहते हैं। कार्य की योग्यता एवं मात्रा में वृद्धि करने का लगातार प्रयास प्रशिक्षण कहलाता है।

प्रशिक्षण के पहलू (Aspects of Training)—प्रशिक्षण के निम्न चार पहलू हैं जिसको आधार मानकर प्रशिक्षण दिया जाता है।

(1) ज्ञान (Knowledge)—विकास अधिकारी को बीमा-विषय का तकनीकी ज्ञान होना आवश्यक है, जिससे वह अपने कार्यों को अच्छी तरह कर सके। तकनीकी ज्ञान के अलावा अन्य सामान्य विषयों का भी ज्ञान होना जरूरी है। अन्य विषयों के ज्ञान से व्यक्ति अपने विषय को अच्छी तरह सीख सकता है।

(2) दृष्टिकोण (Attitude)—विकास अधिकारी का कार्य के प्रति उचित दृष्टिकोण होना जरूरी है, जिससे वह अपने कार्यों को अच्छी तरह से समझ सके। आर्थिक कठिनाइयों को दूर करने का एकमात्र साधन बीमा है। इस प्रकार का दृष्टिकोण बनाना जरूरी है। बीमा विक्रय कला को बढ़ाने के लिए जोशपूर्ण प्रोत्साहन दिया जाना चाहिए।

(3) चतुराई (Skills)—चूँकि जीवन बीमा विक्रय कला एक तकनीकी विषय है; इसलिये विकास अधिकारी को अपने ऊपर विक्रय पद्धति एवं चतुराई के ऊपर पूर्ण विश्वास होना चाहिए। प्रशिक्षण का उद्देश्य ज्ञान, दृष्टिकोण और चतुराई में वृद्धि करना है। उसे वह पता हो जाता है कि कार्य कैसे किया जाये और इस पर विश्वास रखकर वह आशावादी होकर कार्य करता है।

(4) आदत (Habits)—प्रशिक्षण के माध्यम से विकास अधिकारी को कार्य की आदत बन जाती है। बिना कार्य की आदत बने कोई भी व्यक्ति अधिक कार्य नहीं कर पाता है और जब अधिक कार्य नहीं कर पायेगा तो सफलता भी अधिक नहीं मिल पायेगी।

प्रशिक्षण कार्यविधि
(Training Process)

विकास अधिकारी को प्रशिक्षित करने के लिए निम्नलिखित कार्यविधियों को अपनाया जाता है—

(1) विकास अधिकारी को बीमा निगम के संगठन और पद्धति का ज्ञान कराया जाये। बीमा निगम के उद्देश्यों को बताया जाये।

(2) विकास अधिकारी को यह बताया जाये कि बीमा संगठन में उसका क्या स्थान है। उसके द्वारा कौन-कौन से कार्य किये जाने हैं। उनके कार्यों के अनुसार ही उसे वेतन भत्ते आदि मिलेंगे।

(3) विकास अधिकारी को यह बताया जाये कि बीमा का क्षेत्र कितना विस्तृत है? बीमा को किस सीमा तक बढ़ाया जा सकता है? व्यापार-वृद्धि की क्या सम्भावनायें हैं? उसे कैसे पूरा किया जाये?

(4) अपने अधीन कार्य करने वाले अभिकर्त्ताओं को नियन्त्रित करने के लिए कहा जाये। उसे अपने अभिकर्त्ताओं को अधिक कार्य के लिए प्रेरित किया जाये। उसे ऐसे व्यक्तियों की खोज करनी चाहिए जो उससे सहयोग स्थापित कर सकें। इस स्थिति में वह अधिक कार्य कर सकेगा।

(5) विकास अधिकारी को प्रशिक्षण केन्द्र भेजकर उसके कार्यों को बताया जाये जिससे वह अपने समय का सदुपयोग कर सके।

प्रशिक्षण कार्य प्रारम्भ करने के पहले विकास अधिकारी को शाखा कार्यालय आकर विकास अधिकारी के कार्यविधि निदेश (Development Officers' Manuals) विकास अधिकारी प्रशिक्षण कार्यक्रम (Development Officers' Training Course) और अभिकर्त्ता के कार्यविधि निदेश (Manual for agents) का निरन्तर अध्ययन करे। उसे बीमा के प्रविवरण (Prospectus) प्रव्याजि की दर तथा अन्य सहायक पुस्तिकाओं को पढ़ना चाहिए। विकास अधिकारी को प्रत्येक विभाग में जा-जाकर व्यक्तिगत रूप से कार्यों को देखना चाहिए। सहायक शाखा प्रबन्धक (विकास) के संरक्षण में रहकर कार्यों को सीखें! वह अन्य अधिकारियों से परिचित होकर उनसे बीमा विषय पर बातचीत करें, कार्यालय तथा फील्ड की कार्यविधियों का ज्ञान प्राप्त करें, इस प्रकार प्रशिक्षण कार्य के पहले उसे कार्यालय तथा फील्ड के विभिन्न कार्यों का ज्ञान सैद्धान्तिक रूप से हो जाता है।

प्रशिक्षण पद्धति (Training Methods)—प्रशिक्षण पद्धति दो प्रकार की है। इन दोनों पद्धतियों का प्रयोग करके प्रशिक्षण कार्य सम्पन्न किया जाता है।

(1) प्रशिक्षण केन्द्रों पर प्रशिक्षण (At the Training Centre)—प्रशिक्षण केन्द्र पर प्रशिक्षण के लिये एक पुस्तिका (Memorandum) दी जाती है जिसमें प्रशिक्षण का समय एवं पाठ्यक्रम लिखा रहता है। प्रशिक्षण उन्हीं निर्धारित नियमों एवं कार्यविधियों के अनुसार दिया जाता है। यह प्रशिक्षण विभागीय कार्यालय में 36 कार्य दिनों में पूरा किया जाता है। इस पुस्तिका में उपकरण, उपस्थिति, अनुशासन, अनुपस्थिति, टेलीफोन के प्रयोग, व्यक्ति सम्पत्ति, चिकित्सा सुविधायें, फर्नीचर के विषय में निर्देशन दिया रहता है। इस पद्धति में जीवन बीमा सिद्धान्तों एवं व्यवहारों का अध्ययन, विक्रय-कला अभिकर्ता की नियुक्ति का तरीका, प्रशिक्षण की विधि, मनोधैर्य बढ़ाने के सिद्धान्त और नियन्त्रण आदि का विषय पढ़ाया जाता है।

(2) शाखा कार्यालय में प्रशिक्षण (Training of the Branch)—शाखा कार्यालय में प्रशिक्षण सामान्य प्रकृति का होता है। इससे विकास अधिकारी को कार्य प्रारम्भ करने का मौका मिलता है। यह एक आधार है जिस पर भविष्य का प्रशिक्षण निश्चित होता है। प्रत्येक कार्यालय की अपनी कुछ विशेषताएँ होती हैं। उन्हीं विशेषताओं के अनुरूप विकास अधिकारी अपना कार्य सीखता है। शाखा कार्यालय में प्रशिक्षण निम्न प्रकार से किया जाता है—

(i) व्यक्तिगत सम्बन्ध (Personal Contact)—नये विकास अधिकारी के प्रशिक्षण केन्द्र से लौटने के बाद शाखा प्रबन्ध स्वयं उनसे मिलता है और उनके द्वारा

निर्धारित योजना (Plans) की जाँच करता है। यदि योजनाओं को कार्य के अनुरूप पाया जाता है तो कार्य प्रारम्भ करने की अनुमति दे दी जाती है। यदि उसमें कुछ त्रुटि रह जाती है तो उसे दूर करके अन्तिम रूप दिया जाता है। नवप्रशिक्षित विकास अधिकारी को पहले शाखा प्रबन्धक के निर्देशन में कार्य करना पड़ता है। वह उनसे समय-समय पर कार्यों के विषय में पूछताछ करता है। शाखा प्रबन्धक व्यस्त होने के कारण यह कार्य सहायक प्रबन्धक (विकास) को सौंप देता है। क्योंकि कार्य प्रारम्भ करने के कुछ महीनों में उसे प्रत्यक्ष निर्देशन की आवश्यकता पड़ती है। शाखा प्रबन्धक को चाहिए कि यह विकास अधिकारियों से सम्भवत: जितनी बार मिल सके मिले और उनकी प्रगति का मूल्यांकन करे, आने वाली कठिनाइयों को समझे और उसे दूर करने का प्रयास करे। शाखा प्रबन्धक द्वारा समय-समय पर जो निर्देशन दिया जाता है तथा गलतियों का सुधार किया जाता है, उससे विकास अधिकारियों को प्रगति करने का उचित अवसर प्राप्त होता है।

(ii) विकास अधिकारी का अभिकर्त्ताओं से मिलना (Contact with the Unit of the Development Officer)—शाखा प्रबन्धक को इस प्रकार योजना बनानी चाहिए जिससे वह प्रत्येक विकास अधिकारी के समस्त अभिकर्त्ताओं से महीने में कम से कम एक बार अवश्य मिल ले। इससे विकास अधिकारी तथा उसके अभिकर्त्ताओं को प्रशिक्षित होने का पूर्ण अवसर मिलता है। प्रत्येक अभिकर्त्ता से मिलने पर उसकी प्रगति का व्यक्तिगत मूल्यांकन करके उसकी कमियों को बताने का अवसर प्राप्त होता है। इससे प्रत्येक अभिकर्त्ता को व्यक्तिगत रूप से प्रोत्साहित करने का मौका मिलता है और उसके मनोबल को बढ़ाया जा सकता है।

(iii) विकास अधिकारियों की बैठक (Meeting of Development Officers)—शाखा प्रबन्धक अपने समस्त विकास अधिकारियों की बैठक त्रैमासिक में कम से कम एक बार अवश्य बुलाता है और वहाँ पर आपसी विचार विमर्श करता है। इस बैठक में शाखा कार्यालय की प्रगति पर विचार किया जाता है और प्रत्येक विकास अधिकारी को अपने उद्देश्यों और शाखा कार्यालय के सामूहिक उद्देश्यों को प्राप्त करने के लिये प्रोत्साहन दिया जाता है। जिस विकास अधिकारी ने महत्वपूर्ण प्रगति की है उसे उचित रूप से अभिनन्दित किया जाता है। इस बैठक में किसी एक विषय पर वार्ता करने का मौका दिया जाता है जिससे विकास अधिकारी अपने ज्ञान की वृद्धि कर सके। इस बैठक में विभागीय, क्षेत्रीय और केन्द्रीय कार्यालयों के निर्देशन पढ़कर सुनाये जाते हैं। उनकी व्यावहारिकता पर बातचीत की जाती है और उनकी कठिनाइयों को दूर करने का प्रयास किया जाता है। यदि इस प्रकार की बैठक निरन्तर होती रहे तो इससे शाखा प्रबन्धक के समस्त विकास अधिकारियों को विकसित होने का अवसर मिलता है।

(iv) सम्मेलन (Conferences)—सम्मेलन का उद्देश्य विशेष श्रेणी के लोगों को एकत्र होने का मौका देकर उनकी योग्यता को पुनर्जागृत करना है। सम्मेलन से पूर्ण रूप से लाभान्वित होने के लिए इसकी सूचना अग्रिम देनी चाहिए और सम्मेलन की कार्यवाहियों को पहले से निश्चित किया जाना चाहिए। इस सम्मेलन में विभिन्न विषयों में वार्ता की जानी चाहिए। सदस्यों को अपने अनुभव के आधार पर सुझाव देने का मौका प्रदान किया जाना चाहिए। इस प्रकार प्रत्येक विकास अधिकारियों द्वारा अनुमति और अनुभव व्यक्त करने पर एक दूसरे के विचारों से लाभ होता है। यह केवल ज्ञान वृद्धि ही नहीं करता बल्कि जीवन में परामर्श का भी कार्य करता है। सम्मेलन के सभापति को चाहिए कि वह उनके विचारों को स्वतंत्र रूप से स्पष्ट करने का मौका दें। जिन व्यक्तियों का कोई मौलिक योगदान न हो उन्हें भी किसी विषय पर बोलने का मौका दिया जाये। इस प्रकार उन्हें सम्मेलन में

भाग लेने की आदत बनेगी और अपने विचारों को स्पष्ट करने का मौका पायेंगे। इस सम्मेलन में व्यक्तिगत आलोचना को स्थान नहीं देना चाहिए अन्यथा लोग अपने विचारों को आलोचना के भय से स्पष्ट नहीं करेंगे। सम्मेलन का उद्देश्य सभी व्यक्तियों के व्यक्तिगत अनुभव से दूसरे व्यक्तियों को लाभान्वित करना है।

(v) विचार गोष्ठी (Symposia)—समय-समय पर विचार गोष्ठी संगठित करके किसी एक विषय पर वार्ता की जा सकती है। वार्ता का विषय पहले से निश्चित होना चाहिए। वार्ता का विषय वही हो जिससे विकास अधिकारियों को लाभ हो सके और जिनका उनके दैनिक जीवन में प्रयोग होता हो। वार्ता का विषय गोष्ठी के कम से कम एक महीने पहले निश्चित होना चाहिए जिससे लोग इस विषय पर चर्चा कर सकें। इसकी सूचना अग्रिम रूप से सबके पास पहुँच जानी चाहिए। इस गोष्ठी में शाखा प्रबन्धक, सहायक शाखा प्रबन्धक, अधिकारी एवं विकास अधिकारी कोई भी अपना विचार व्यक्त कर सकता है।

गोष्ठी के अध्यक्ष को अपने विचारों को स्पष्ट करने का अवसर अन्त में दिया जाना चाहिए। वह सभी व्यक्तियों द्वारा स्पष्ट किये गये विचारों को समन्वित करके अपने महत्वपूर्ण विचार देता है। इस प्रकार की गोष्ठी से किसी एक विशेष विषय पर वार्ता करने का मौका दिया जाता है जिसका लाभ केवल विकास अधिकारी को ही नहीं बल्कि सभी कर्मचारियों एवं अभिकर्त्ताओं को इससे लाभ होता है। इस गोष्ठी में प्रश्न पूछने को प्रोत्साहन देना चाहिए जिससे अनेक बिन्दुओं और विषयों पर विचार विमर्श पूर्ण रूपेण किया जा सके। बोलने वाले से यह आशा की जाती है कि वह उन प्रश्नों का उत्तर देगा।

विकास अधिकारी अपने प्रशिक्षण केन्द्र से लौटकर कार्य प्रारम्भ करता है और समय-समय पर व्यक्तिगत सम्बन्ध, सामूहिक सम्बन्ध, बैठक, सम्मेलनों और विचार गोष्ठियों में भाग लेकर अपने ज्ञान की वृद्धि करता है।

(vi) पुनर्ज्ञान पाठ्यक्रम (Refresher course)—उपरोक्त साधनों एवं सुविधाओं को अपनाकर विकास अधिकारी अपने ज्ञान की वृद्धि करता है परन्तु उसे अपने सैद्धान्तिक ज्ञान को फिर से जागृत करने के लिए पुनर्ज्ञान पाठ्यक्रम के लिए प्रशिक्षण केन्द्र जाना पड़ता है। पुनर्ज्ञान पाठ्यक्रम 2-3 वर्ष में एक बार दिया जाता है। इसका उद्देश्य विकास अधिकारियों को प्रावैधिक एवं विशिष्ट ज्ञान को देना है। इसका स्तर प्रारम्भिक प्रशिक्षण से ऊँचा होता है। इसमें प्रत्येक विकास अधिकारी को अपने-अपने ज्ञान स्पष्ट करने का मौका दिया जाता है। क्षेत्रीय कार्यालय द्वारा इस पाठ्यक्रम को चलाया जाता है। यह एक विशिष्ट और वृहत् ज्ञान वृद्धि का साधन है।

3. पर्यवेक्षण
(Supervision)

पर्यवेक्षण का तात्पर्य, पद-प्रदर्शन, निर्देशन, प्रेरणा एवं सुधार से है। यह एक सहायता, प्रोत्साहन और नियन्त्रण है। यह एक मिश्रित प्रेरणा है जिससे व्यक्तियों को कार्य करने की आदत बनती है और उन्हें कार्य-दिशा का सही ज्ञान होता है। एक अच्छे पर्यवेक्षण में नेतृत्व का गुण होना चाहिए। मानवीय इच्छाओं और तत्वों को समझकर पर्यवेक्षण किया जाता है। शाखा प्रबन्धक द्वारा विकास अधिकारियों पर प्रत्यक्ष रूप से पर्यवेक्षण किया जाता है। उनके आपसी सम्बन्ध स्वस्थ्यप्रद होने चाहिए जिससे वे पर्यवेक्षण का लाभ उठा सकें।

आवश्यकता—प्रशिक्षण के लाभों को तभी प्राप्त कर सकते हैं जबकि प्रज्ञापूर्ण उचित पर्यवेक्षण होगा। बिना पर्यवेक्षण के प्रशिक्षण के लाभ अधूरे रह जायेंगे। पर्यवेक्षण भी

प्रशिक्षण का एक अंग है। जहाँ पर प्रशिक्षण अधूरा रहता है वहाँ पर गहन पर्यवेक्षण की आवश्यकता पड़ती है।

उद्देश्य—(1) शाखा प्रबन्धक को अपने उद्देश्यों और योजनाओं की सफलता के लिए विकास अधिकारी और अभिकर्त्ता पर पर्याप्त पर्यवेक्षण रखना चाहिए। योजना की सफलता पर्यवेक्षण की मात्रा पर आधारित है।

(2) पर्यवेक्षण का दूसरा उद्देश्य कर्मचारियों की कार्यक्षमता को प्रभावपूर्ण ढंग से विकसित करना है। इससे उन्हें नियमित कार्यों पर लगाने का सुअवसर प्राप्त होता है।

(3) पर्यवेक्षण का उद्देश्य सामान्य व्यक्तियों से सामान्य स्तर से अधिक कार्य प्राप्त करना है। सामान्य व्यक्तियों को अपनी योग्यता का पूरा आभास नहीं रहता। उन्हें खुलकर बात एवं कार्य करने का मौका नहीं मिला रहता लेकिन पर्यवेक्षण से इन दोषों को दूर करके उन्हें विकसित करने का मौका दिया जाता है।

(4) प्रशिक्षण से व्यक्ति को केवल कार्य की शैली तथा कार्य-पद्धति का ज्ञान होता है। सैद्धान्तिक ज्ञान (Know-hows) और व्यावहारिक ज्ञान (do-hows) को अच्छी तरह वह तभी अपना सकेगा जबकि उसके ऊपर पर्यवेक्षण हो और कमियों का सुधार होता हो।

(5) प्रशिक्षण कार्य को सफल बनाने के लिये उचित पथप्रदर्शन और सहानुभूति की आवश्यकता है। जैसे-जैसे प्रशिक्षार्थी को अपने कार्यों का अनुभव होता जायेगा वैसे-वैसे पर्यवेक्षण की आवश्यकता कम होती जायेगी। पर्यवेक्षण व्यक्ति की क्षमता एवं योग्यता पर भी आधारित है।

(6) क्रमबद्ध पर्यवेक्षण से व्यापार-वृद्धि में सहायता मिलती है और योग्यता एवं क्षमता का विकास होता है। योग्यता एवं क्षमता में वृद्धि होने से बीमा अभिकर्त्ता और विकास अधिकारी दोनों अपने कार्यों को अच्छी तरह कर लेते हैं। व्यापार के विकास से उनकी आय में वृद्धि होती है। इस प्रकार पर्यवेक्षण का उद्देश्य संस्था, कर्मचारी और अधिकारियों की आय में वृद्धि करना है।

पर्यवेक्षण का रूप
(Form of Supervision)

शाखा प्रबन्धक पर्यवेक्षण के रूप में कार्य करता है। वह कर्मचारी एवं फील्ड कार्यकर्त्ता को हर प्रकार से प्रेरित करने का प्रयास करता है। फील्ड कर्मचारियों को पर्यवेक्षण की बहुत आवश्यकता पड़ती है जिसके लिये शाखा प्रबन्धक को हमेशा तैयार रहना पड़ता है। व्यापार प्राप्त करने में अनेक कठिनाइयाँ होती हैं। उनको तब तक पूरा नहीं किया जा सकेगा जब तक कि उचित और लगातार पर्यवेक्षण न हो। शाखा प्रबन्धक के ऊपर ही पर्यवेक्षण की सारी जिम्मेदारी होती है।

पर्यवेक्षण कार्य के लिये विकास अधिकारियों को कई श्रेणी में बाँटा जाता है और उनकी योग्यता के अनुसार पर्यवेक्षण का कार्य प्रारम्भ करते हैं, प्रत्येक अधिकारी पर एक समान पर्यवेक्षण नहीं हो सकता। उनमें भिन्नता होती है। पर्यवेक्षक को केवल कुछ ही व्यक्तियों को प्रशिक्षित करने में समय नहीं बिताना चाहिए। पर्यवेक्षण के दो रूप अपनाये जाते हैं—(1) व्यक्तिगत पर्यवेक्षण और (2) सामूहिक पर्यवेक्षण।

(1) व्यक्तिगत पर्यवेक्षण (Supervision on Individual Worker)—इस पर्यवेक्षण में प्रशिक्षार्थी को व्यक्तिगत रूप से प्रशिक्षण दिया जाता है। प्रशिक्षार्थी की कमियों का पता लगाकर उनके कारणों को स्पष्ट करके उन्हें दूर करने का प्रयास किया जाता है। कठिनाइयों को दूर करने का प्रयास किया जाता है। यदि ये कठिनाइयाँ दूर न हो सकें तो

उसके कारणों का पता लगाना जरूरी है। प्रशिक्षक एवं प्रशिक्षार्थी आपस में मिलकर कमियों को दूर करने का प्रयास करते हैं। कर्मचारियों के कार्यों पर व्यक्तिगत रूप से नियन्त्रण रखना चाहिए, इससे उनकी कमियों को दूर करने का मौका मिलता है। व्यक्तिगत पर्यवेक्षण में प्रत्येक कर्मचारी की कार्य आदत और योजना पर नियन्त्रण रखना चाहिए। कर्मचारियों के प्रतिदिन के कार्य, प्रति हफ्ते के कार्य, प्रति माह के कार्य पर व्यक्तिगत रूप से नियन्त्रण रखना चाहिए, विकास अधिकारी अपने कार्यों की एक सूची तैयार करता है जिसमें वह दैनिक कार्यों को लिखता जाता है। विकास अधिकारी द्वारा बनायी गयी योजना का पर्यवेक्षण किया जाता है। उससे यह पता लग जाता है कि विकास अधिकारी ने किन क्षेत्रों में कितने समय कार्य करने का प्रावधान किया है। जिन क्षेत्रों को शामिल न किया गया हो और जो क्षेत्र उसकी परिधि में आते हैं उनको किस प्रकार शामिल किया जाये और कैसे कार्य किया जाये, इन तमाम बातों को पर्यवेक्षक बताता है।

2. सामूहिक पर्यवेक्षण (Supervision of the Group)—सामूहिक पर्यवेक्षण में दृष्टिकोण, मनोधैर्य, कार्य आदत तथा सामान्य योजना में सुधार का कार्य किया जाता है, व्यापारिक नीतियों और व्यावसायिक विचारों को मजबूत करने के लिए सामूहिक पर्यवेक्षण की आवश्यकता है। इसमें कार्यकर्ताओं की एक बैठक बुलायी जाती है जिसमें प्रत्येक कार्यकर्त्ता अपनी-अपनी कठिनाई को बताता है और उन पर सामूहिक रूप से विचार किया जाता है। कठिनाइयों के समाधान के लिए सामूहिक रूप से विचार किया जाता है।

4. नियन्त्रण
(Control)

विकास अधिकारियों के कार्यों पर नियन्त्रण उनके कार्य विवरण और व्यक्तिगत पर्यवेक्षण से होता है। प्रत्येक विकास अधिकारी सामूहिक और मासिक सूचनायें तैयार करते हैं। उनके आधार पर यह पता लग जाता है कि विकास अधिकारी ने क्या कार्य किया है तथा उसमें कठिनाइयाँ कितनी हुई हैं, कितनी रकम का बीमा किया गया, कितने व्यक्तियों का बीमा किया गया, प्रव्याजि भुगतान की दर आदि अन्य सूचनायें उसमें लिखी जाती हैं। योजना पुस्तिका से तुलना करके यह पता लगाया जा सकता है कि विकास अधिकारी अपने कार्यों में सफलता पाये हैं या नहीं। योजना की पूर्ति न होने के क्या कारण हैं? उन्हें कैसे पूरा किया जाये? आदि प्रश्नों को उनसे पूछा जा सकता है, यदि किसी विकास अधिकारी का व्यापार नहीं बढ़ रहा है तो इससे उसकी अयोग्यता सिद्ध होती है। न्यूनतम सीमा से कम व्यापार प्राप्त करने वाले अधिकारी की अनुशासनहीनता की श्रेणी में लाते हैं। इनको दूर करने का प्रयास आवश्यक है। यदि विकास अधिकारी अपने कार्यों में रुचि नहीं ले रहा है और उसका व्यापार हमेशा न्यूनतम सीमा के नीचे है तो क्षेत्रीय कार्यालय उस पर कठोर कार्यवाही कर सकता है और अत्यन्त शोचनीय स्थिति में उसे निकाला भी जा सकता है।

अध्याय 19

अभिकर्ता की नियुक्ति

(Appointment of Agents)

कार्यिक प्रबन्ध में नियुक्ति का विशेष स्थान है। कार्यालय कार्यकर्त्ता, शाखा प्रबन्धक और विकास अधिकारी की नियुक्ति के विषय में पिछले अध्यायों में वर्णन किया जा चुका है। इस अध्याय में अभिकर्त्ता की नियुक्ति के विषय में बताया जायेगा। बीमा व्यवसाय में अभिकर्त्ता की नियुक्ति का विशेष महत्व है क्योंकि इसी के ऊपर समस्त कार्य आधारित है। व्यापार को प्रारम्भ करने का श्रेय इन्हीं व्यक्तियों पर है। लगातार व्यापार के लिए यह आवश्यक है कि अभिकर्त्ताओं की नियुक्ति सतत होती रहे जिसे अपर्याप्त अभिकर्त्ताओं के कारण व्यापार रुकने न पाये। अभिकर्त्ताओं की उचित नियुक्ति, पूर्ण प्रशिक्षण, उचित पर्यवेक्षण और प्रभावपूर्ण प्रेरणा बहुत आवश्यक है जिससे एक सशक्त और संगठित विक्रय-शक्ति (Sales Force) का निर्माण किया जा सके।

अर्थ (Definition)—'अभिकर्त्ताओं की नियुक्ति से तात्पर्य योग्य अभिकर्त्ताओं की खोज और उन्हें बीमा-विक्रय कार्य सौंपने से है।' उनकी नियुक्ति व्यापार वृद्धि के लिए की जाती है। व्यापार के उद्देश्यों को पूरा करने के लिए भावी एवं योग्य अभिकर्ताओं की खोज करना नियुक्ति है।

आवश्यकता (Need)—अभिकर्त्ताओं को नियुक्त करने के निम्नलिखित कारण हैं—

(1) बीमा संगठन को विकसित करने और मजबूत बनाने के लिये पर्याप्त एवं योग्य व्यक्तियों को अभिकर्त्ता के रूप में नियुक्त करने की आवश्यकता होती है।

(2) अभिकर्त्ताओं की मृत्यु, अयोग्यता, पद त्याग और सेवामुक्ति के कारण कुछ स्थान रिक्त हो जाते हैं। उन रिक्त स्थानों की पूर्ति करना आवश्यक है।

(3) अभिकर्त्ताओं की उतनी ही नियुक्ति की जाये जितनी की आवश्यकता है। आवश्यकता से कम या अधिक नियुक्ति करना अवैज्ञानिक होगा। केवल उतने ही व्यक्तियों की नियुक्ति की जाये जिससे व्यापार सुचारु रूप से चलता रहे।

(4) नियुक्ति करते समय केवल संख्या को ही ध्यान में नहीं रखा जाता बल्कि योग्य व्यक्तियों की भी नियुक्ति की जाती है।

(5) नियुक्ति कार्य अंशकालिक या पूर्णकालिक अभिकर्त्ताओं के लिए हो सकती है। अंशकालिक अभिकर्त्ताओं से उतना कार्य नहीं हो पाता है जितना कि पूर्णकालिक अभिकर्त्ता से सम्भव है। आंशिक अभिकर्त्ता केवल अत्यधिक लाभ को ही बीमित करना चाहेगा जबकि पूर्णकालिक अभिकर्त्ता इसके लिये अपना पूरा समय देना चाहेगा।

पूर्णकालिक अभिकर्त्ता की आवश्यकता—एक पूर्णकालिक अभिकर्त्ता अपना सम्पूर्ण समय बीमा व्यवसाय की वृद्धि में ही लगायेगा। वह विक्रय कला एवं बीमा विषय में दक्षता प्राप्त कर लेता है। आंशिक अभिकर्त्ता उतना कुशल नहीं हो पाता है; वह बीमा व्यवसाय का एक विश्वासपात्र एवं आधारभूत कर्मचारी नहीं बन पाता है। बिना पूर्णकालिक अभिकर्त्ता के बीमा व्यवसाय की वृद्धि नहीं हो पायेगी। इसलिए यह आवश्यक है कि

अधिकतर नियुक्ति पूर्णकालिक अभिकर्त्ता की हो। पूर्णकालिक अभिकर्त्ता के रूप में कार्य करने वाले बहुत से व्यक्ति मिल सकते हैं। समाज सुधारक, सार्वजनिक सेवक, राजनैतिक कार्यकर्त्ता, सेवामुक्त फौज एवं नागरिक अधिकारी या कर्मचारी, शिक्षित व्यक्ति, बेरोजगार व्यक्ति आदि पूर्णकालिक कार्यकर्त्ता के रूप में कार्य कर सकते हैं। इन व्यक्तियों को खोजते समय यह ध्यान रखना चाहिए कि ये व्यक्ति कहाँ तक कार्य योग्य हैं और व्यापार को सफल बना सकते हैं।

भर्ती का क्रम (Steps of Recruitment)—व्यक्तियों की अभिकर्त्ता के रूप में भर्ती निम्न चार क्रम में होती है—

(1) उद्देश्य का निर्धारण (2) नियुक्ति की संख्या (3) गुण का निर्धारण तथा (4) नियुक्ति की पद्धति।

उद्देश्य का निर्धारण (Determing of Objectives)—अभिकर्त्ताओं को नियुक्त करने के पहले यह निश्चित करना जरूरी है कि बीमा संस्था का उद्देश्य क्या है? बीमा व्यवसाय में दीर्घ एवं लघुकालीन उद्देश्य बनाये जाते हैं और उन्हीं के आधार पर अभिकर्ताओं की नियुक्ति की जाती है। उद्देश्य का निर्धारण बीमा प्रबन्ध द्वारा किया जाता है। भविष्य के उद्देश्यों को ध्यान में रखकर यह निश्चित करते हैं कि कितना कार्य करना है और उसके कितने अभिकर्त्ताओं की जरूरत है। वर्तमान समय में जो कर्मचारी हैं उन्हें भी ध्यान में रखकर उद्देश्य बनाते हैं। नियुक्ति के पहले योजना बनाना जरूरी हो जाता है। कहाँ कितना कार्य किया जायेगा उसी आधार पर कितने और किस प्रकार के अभिकर्त्ता चाहिए इसका पता लग जाता है। योजना का निर्धारण स्थानीय स्थिति के अनुसार किया जाता है। आय, शिक्षा, बीमा का ज्ञान आदि बीमा के उद्देश्य समझने में सहायता देते हैं। संस्था का सम्पूर्ण उद्देश्य क्षेत्रों के अनुसार विभाजित कर लेना चाहिए। इस प्रकार प्रत्येक क्षेत्र में कितने व्यापार प्राप्त करते हैं इसका निर्धारण हो जाता है।

2. भावी अभिकर्त्ता की संख्या का निर्धारण (Determining of Number of Prospective Agents)—उद्देश्य निर्धारण के बाद, सफल अभिकर्त्ता की संख्या निश्चित की जा सकती है। प्रत्येक क्षेत्र में जितने व्यापार प्राप्त किये जाने की सम्भावना है, अभिकर्त्ता की संख्या भी उस क्षेत्र में उतनी ही होगी। आवश्यकता का निर्धारण वर्तमान अभिकर्त्ता की संख्या और बीमा संस्था की नियुक्ति करने की शक्ति पर भी होता है। दूसरे शब्दों में बीमा अभिकर्त्ता की संख्या का निर्धारण संस्था के उद्देश्य, वर्तमान अभिकर्त्ता की शक्ति और नियुक्ति करने की क्षमता पर आधारित है। संस्था के उद्देश्य के विषय में ऊपर बताया जा चुका है। वर्तमान अभिकर्त्ता की संख्या और योग्यता का मूल्यांकन उनके कार्यों से आसानी से किया जा सकता है। अभिकर्त्ता द्वारा किये गये कार्यों की मात्रा और गुण के अनुसार यह निश्चित हो सकेगा कि वर्तमान अभिकर्त्ताओं की क्षमता कितनी है। प्रत्येक अभिकर्त्ता द्वारा किये गये कार्यों का मूल्यांकन और उन सभी अभिकर्त्ताओं के कार्यों का योग यह बताता है कि वर्तमान अभिकर्त्ता कितनी मात्रा में कार्य कर सकते हैं तथा वे किस प्रकार के कार्य कर सकते हैं। इनकी शक्ति अनुसार यह निश्चय करना सफल हो जाता है कि वर्तमान अभिकर्त्ता दिये गये उद्देश्यों को कहाँ तक पूरा करने के लिए और व्यक्तियों की नियुक्ति आवश्यक है इसका निर्धारण आसानी से किया जा सकता है। नियुक्त किये जाने वाले व्यक्ति की संख्या का निर्धारण पुराने अभिकर्त्ताओं की पदोन्नति, सेवा मुक्त, मृत्यु, त्याग पत्र आदि के भी आधार पर निश्चित किया जाता है।

यदि यह निश्चित हो गया कि वर्तमान समय में कितने व्यक्ति नियुक्त किये जाने चाहिए, तो यह देखना जरूरी हो जाता है कि क्या इन सभी व्यक्तियों को नियुक्त करने के लिए बीमा संस्था के पास पर्याप्त कोष है। प्रत्येक अभिकर्त्ताओं को उपलब्ध की जाने वाली सुविधाओं के आधार पर भी नये अभिकर्त्ताओं की संख्या सीमित हो जाती है। केवल व्यक्तियों को नियुक्त कर लेने से काम नहीं चलता है उनको विकसित करना भी अनिवार्य है। विकसित करने के लिये पर्याप्त धन, समय और श्रम की आवश्यकता है। निर्धारित खर्चों और समय में जितने व्यक्तियों को विकसित किया जा सके उन्हें ही नियुक्त करना चाहिए। इस प्रकार बीमा अभिकर्त्ताओं की संख्या का निर्धारण वर्तमान एवं भविष्य के उद्देश्य, वर्तमान अभिकर्त्ताओं की संख्या एवं योग्यता, जाने वाले अभिकर्त्ताओं की संख्या तथा नये अभिकर्त्ताओं को विकसित करने की क्षमता पर निर्भर है।

(3) कार्य एवं योग्यता का निर्धारण (Determining of Jobs and Qualifications)—भावी अभिकर्त्ताओं की संख्या निश्चित हो जाने पर यह तय करना जरूरी है कि अभिकर्ताओं की योग्यता क्या होगी? अभिकर्त्ता में कौन-कौन से गुण होने चाहिए। योग्यता का निश्चय अभिकर्त्ता के कार्यों के अनुसार करते हैं। अभिकर्त्ता को क्या-क्या कार्य करना है तथा उसके लिये कौन-कौन से गुण हों? इस प्रश्न पर विचार यहाँ किया जायेगा।

(अ) कार्य का निर्धारण (Specification of Job)—अभिकर्त्ताओं को निम्नलिखित कार्य करने पड़ते हैं—

(i) विक्रय करना (Making Sales)—अभिकर्त्ता बीमापात्रों (Prospects) की खोज करता है, उनसे सम्बन्धित सूचनायें प्राप्त करता है, प्रत्येक बीमापात्र की आवश्यकता का मूल्यांकन करता है। आवश्यकतानुसार उचित बीमापत्र खरीदने की सलाह देना, विक्रय कार्य की योजना निश्चित करना, विक्रय साक्षात्कार को पूरा करना, आवेदन देने के लिये तैयार करना और आवेदक के हस्ताक्षर लेना, चिकित्सा परीक्षण करना तथा प्रव्याजि को एकत्र करना बीमा अभिकर्त्ता के प्रमुख कार्य हैं। ऐसे व्यक्तियों को अभिकर्ता के रूप में नियुक्त करना चाहिए जो इन कार्यों को धैर्य के साथ अवश्य पूरा कर सके।

(ii) भविष्य के कार्य का नियोजन (Planning ahead)—बीमा अभिकर्त्ता को अपने विक्रय क्रियाओं, लोगों से मिलने तथा साक्षात्कार करने, व्यापार वृद्धि के लिये, विकास-कार्य के अध्ययन के लिये, नये विक्रय विचारों और पद्धतियों को समझने के लिये योजना बनानी चाहिये। अभिकर्ता ऐसा व्यक्ति हो जो योजना बनाने में कुशल हो।

(iii) सामान्य कार्य (Routine Matter)—उपरोक्त कार्यों के अतिरिक्त अभिकर्ता को कुछ सामान्य कार्य भी करने पड़ते हैं, पत्रों को लिखने, उनको भेजने, न्यस्ति करने, कार्यालय सम्बन्धी अन्य कई कार्य स्वत: करने पड़ते हैं। इन कार्यों में दक्ष होने की योग्यता भावी अभिकर्ता में होनी चाहिए।

(iv) व्यापार-स्थायित्व (Consenation of Business)—बीमापत्रधारियों को प्रीमियम जमा कराते रहना आवश्यक हो जाता है जिससे व्यापार स्थायी रह सके।

(v) ख्याति वृद्धि (Building Goodwill)—अभिकर्त्ता को संस्था के कार्यों को बढ़ाने का सदैव प्रयास करना पड़ता है। इसके लिए संस्था की ख्याति बढ़ाना जरूरी है।

नागरिक एवं सामुदायिक कार्यों में भाग लेना पड़ता है। ऐसे भी कार्य करने पड़ते हैं जो बीमा व्यवसाय से प्रत्यक्ष सम्बन्धित नहीं होते हैं लेकिन उनके आधार पर संस्था की ख्याति बढ़ जाती है। ख्याति बढ़ाने के लिए सतत प्रयास करना जरूरी है। बीमापत्रधारियों को प्रत्येक प्रकार की सेवा प्रदान करने, ख्याति बढ़ाने में सफलता मिलती है।

(ब) योग्यता का मूल्यांकन (Ascertaining of Qualification)—बीमा अभिकर्ता में वे सभी गुण होने चाहिए जिससे बीमा व्यापार अधिकतम हो सके। उपरोक्त कार्यों को पूरा करने में पर्याप्त योग्यता और उचित दृष्टिकोण होना चाहिए। विक्रय कला का उसे पूर्ण ज्ञान होना चाहिए। एक अभिकर्त्ता में वे सभी गुण होने चाहिये जिससे कोई व्यक्ति एक सफल नागरिक बनता है। उसमें स्थिरता, विश्वास, शिक्षा, सामाजिकता, व्यक्तित्व, आत्म-अनुशासन, ढंग, शारीरिक योग्यता, अध्यवसाय, दृढ़ता, ओजस्व, लगन, प्रसन्नता, नेतृत्व, व्यक्तिगत सम्पर्क, कार्य योग्यता, धैर्य, अन्तरावलोकन आदि अनेक गुण होने चाहिये इनका वर्णन आगे एक अध्याय में विस्तृत रूप से किया गया है।

(6) नियुक्ति की प्रक्रिया (process of Recruitment)—भावी अभिकर्ता को नियुक्त करने के लिये विभिन्न साधनों से आमन्त्रण किया जाता है और उनके गुणों को अच्छी तरह मूल्यांकित करके उचित पद दिये जाते हैं। नियुक्ति की प्रक्रिया आज भी वही पुरानी है अर्थात् लिखित परीक्षण, साक्षात्कार एवं स्वास्थ्य परीक्षण को अपनाया जाता है यद्यपि कि इसमें कुछ सुधार किये जा रहे हैं।

नियुक्ति की पद्धति
(Methods of Recruitment)

अभिकर्ता की नियुक्ति के लिए निम्नलिखित पद्धतियों को अपनाया जाता है—

(1) प्रत्यक्ष आवेदन (Direct Solicitation)—शाखा प्रबंधक किसी व्यक्ति को नियुक्त करने के लिये प्रत्यक्ष रूप से आमंत्रित करता है। वह अपने मित्रों, सम्बन्धियों एवं अन्य परिचित व्यक्तियों को अभिकर्ता बननें के लिए प्रस्ताव रखता है। ऐसे व्यक्तियों को नियुक्त करने में उनके ऊपर पर्याप्त नियन्त्रण रखा जा सकता है। वह इन व्यक्तियों को आसानी से खोज भी सकता है। विकास अधिकारी भी ऐसे व्यक्तियों को प्रत्यक्ष रूप में आमन्त्रित कर सकते हैं।

(2) व्यक्तिगत सम्पर्क (Personal Contacts)—शाखा प्रबन्धक अपने परिचित व्यक्तियों, मित्रों अथवा सम्बन्धियों से ऐसे व्यक्तियों के नाम माँगता है जो बीमा अभिकर्त्ता के रूप में नियुक्त किये जा सकते हों। ये व्यक्ति विभिन्न कार्य-क्षेत्रों में संलग्न होते हैं और बीमा अभिकर्ता के रूप में कार्य करने की क्षमता रखते हैं। जो व्यक्ति बीमा अभिकर्ता बनने का दृष्टिकोण रखते हैं उन्हें अभिकर्ता बनने के लिए प्रस्तावित किया जा सकता है। व्यक्तिगत सम्पर्क से आये हुए व्यक्तियों को नियुक्त करने के बहुत लाभ हो सकते हैं। इन व्यक्तियों के ऊपर पर्याप्त नियन्त्रण रखा जा सकता है। इनकी योग्यताओं और अभिरुचियों से परिचित होने के कारण इन्हें सही दिशा में प्रेरित भी किया जा सकता है। व्यक्तियों को खोजने में व्यर्थ समय और श्रम नष्ट नहीं होता है, ऐसा अनुभव किया गया है कि इस प्रकार से नियुक्त व्यक्तियों को अभिकर्ता बनने में अधिक सफलता मिलती है।

(3) प्रभाव केन्द्र (Centre of Influence)—विकास अधिकारी को प्रभाव केन्द्रों के माध्यम से योग्य अभिकर्ताओं को नियुक्त करने का मौका मिलता है। उसके सहयोग से प्रतिष्ठापूर्ण संगठन बनाने में सहायता मिलती है। उसे संगठित एवं प्रभावपूर्ण ढंग से बातचीत करने का अवसर मिलता है जिससे विकास अधिकारी योग्य व्यक्तियों को नियुक्त करने में सफल हो जाता है। शाखा प्रबन्ध अपने मित्रों, बीमापत्रधारियों, व्यापारियों, सामाजिक स्तर पर परिचित व्यक्तियों से उन तमाम नामों को प्राप्त करने में सुविधा होती है जो भावी अभिकर्ता के रूप में नियुक्त किये जा सकें। उन व्यक्तियों से भी नाम माँगे जाते हैं जो समाज में एक संगठित संस्थाओं में रहते हैं। शिक्षकों, सामाजिक कार्यकर्ताओं, खेल-कूद के क्लब के सदस्यों, पुस्तकालय, सेवा-नियोजन कार्यालय, सेवामुक्त कर्मचारियों, व्यापारियों, डाक्टर, इंजीनियर आदि व्यक्तियों से भावी अभिकर्ताओं के नाम माँगे जाते हैं। इनमें से बहुत से व्यक्ति अंशकालिक अभिकर्ता के रूप में कार्य करने को तैयार हो सकते हैं। अंशकालिक एवं पूर्णकालिक दोनों प्रकार के अभिकर्ताओं को नियुक्त करने का प्रयास होना चाहिए।

जिन व्यक्तियों को अभिकर्ता के रूप में नामांकित किया जा रहा है उनकी अनुमति लेना जरूरी है। उनको सीधे अभिकर्ता के रूप में कभी भी नियुक्त न किया जाय। उचित परीक्षण के बाद यदि उन्हें बीमा अभिकर्ता बनने के योग्य पाया जाय तभी उन्हें बीमा अभिकर्ता के पद पर नियुक्त करना चाहिए।

(4) विक्रय संगठन (Sales Organisation)—यदि वर्तमान विक्रय संगठन को अच्छी तरह से प्रशिक्षित एवं प्रोत्साहित किया गया है तो वह भावी अभिकर्ताओं का एक महत्वपूर्ण स्रोत होगा। उनके सहयोग को प्राप्त करके भावी अभिकर्ताओं की खोज अच्छी तरह की जा सकती है। कुछ ऐसे व्यक्तियों की भी खोज हो जाती है जो पहले से बीमा व्यवसाय में लगे हुए हैं। उनके अनुभव एवं कुशलता का लाभ इस बीमा संस्था को हो जाता है। यदि वर्तमान अभिकर्ताओं और विकास अधिकारियों को यह पता हो जाय कि नये व्यक्तियों की नियुक्ति से उनका कोई नुकसान नहीं होगा तो वे इस कार्य में अवश्यमेव भाग लेंगे। उन्हें व्यक्तिगत रूप से प्रेरणा देकर नियुक्त किया जा सकता है। व्यक्तिगत वार्ता और सलाह से ऐसे व्यक्तियों को प्रोत्साहित किया जा सकता है। बीमा अभिकर्ता के रूप में कार्य करने के लिये सभी व्यक्ति तैयार नहीं होते हैं क्योंकि इसमें अत्यधिक प्रयास और सामाजिकता की आवश्यकता पड़ती है। लेकिन इसका तात्पर्य यह नहीं कि व्यक्तियों पर दबाव डालकर अभिकर्ता बनाया जाय। ऐसे व्यक्ति अधिक दिन तक कार्य नहीं कर पायेंगे अत: केवल उन व्यक्तियों को नियुक्त किया जाय जो इस क्षेत्र में रुचि लेते हों। संगठन के प्रत्येक अंगों जैसे बीमा अभिकर्ता, कार्यालय के कर्मचारी, विकास अधिकारी आदि व्यक्तियों को भावी अभिकर्ताओं को खोजने के लिए आग्रह किया जा सकता है। नये व्यक्तियों की खोज से बीमा व्यवसाय चलता रहेगा और पुराने अभिकर्ताओं को भी इससे लाभ होगा। नये व्यक्ति पुराने अभिकर्ताओं के लिए साधक ही होते हैं उन्हें कभी बाधा नहीं पहुँचाते क्योंकि विक्रय क्षेत्र बढ़ने से विक्रय की सम्भावनायें बढ़ जाती हैं पुराने अभिकर्ताओं के सहायक के रूप में ये कार्य करते हैं। अत: इन व्यक्तियों से बीमा अभिकर्ता को खोजने के लिए अनुमोदन करना चाहिए।

(5) अन्य पद्धतियाँ (Other Methods)—अन्य पद्धतियों में प्रत्यक्ष आवेदन सेवा नियोजन की संस्तुति, विज्ञापन आदि को शामिल किया जाता है। व्यक्तियों को बीमा अभिकर्ता बनाने के लिए प्रत्यक्ष रूप से आवेदन देने के लिए आमन्त्रण किया जाता है। समाचार पत्रों, सूचनाओं और सेवा नियोजन की संस्तुति आदि से आये हुए आवेदन-पत्रों की पूर्ण जाँच करनी चाहिए। लिखित परीक्षा एवं साक्षात्कार के आधार पर जिन व्यक्तियों को योग्य पाया जाय उन्हें अभिकर्ता के रूप में नियुक्त किया जा सकता है। इस पद्धति में संस्तुतिकर्ता और नामांकक से सूचनायें प्राप्त करनी चाहिए। प्रयास यह होना चाहिए कि उन व्यक्तियों को नियुक्त किया जाय जिनके ऊपर प्रभाव डाला जा सके और बीमा व्यापार बढ़ाने के लिये प्रेरित किया जा सके।

चुनाव
(Selection)

चुनाव का तात्पर्य व्यक्ति को कार्य के योग्य मूल्यांकित करना अर्थात् अभ्यर्थी का मूल्यांकन उद्देश्यों को ध्यान में रखकर किया जाय। भावी अभिकर्ताओं का चुनाव उचित ढंग से किया जाना चाहिए जिससे विक्रय संगठन को मजबूत बनाया जा सके। चुनाव कार्य में भावी अभिकर्ताओं (Prospection Agents) की खोज तथा उनकी योग्यता का मूल्यांकन शामिल किया जाता है। योग्यता के मूल्यांकन के लिए आवेदन पत्र की जाँच, लिखित परीक्षा, साक्षात्कार तथा संस्तुति को आधार बनाया जाता है।

(1) आवदेन पत्र की जाँच—आवेदन पत्र के आधार पर उम्र, शिक्षा, वैवाहिक स्तर, आश्रितों की संख्या, पूर्व अनुभव, वित्तीय स्थिति, जीवन बीमा, न्यूनतम खर्चे, एक स्थान पर निवास अवधि, विभिन्न संस्थाओं की सदस्यता आदि के विषय में सूचना प्राप्त की जाती है। इनके अलावा आवेदन पत्र में और सूचनाएँ माँगी जा सकती हैं। बीमार व्यापार में शामिल होने के उद्देश्य के विषय में सूचना प्राप्त की जा सकती है। उपरोक्त सूचनाओं को प्राप्त करने के बाद एक निश्चित मापदण्ड से यह निर्णय किया जाता है कि उसमें एजेन्ट बनने के गुण हैं या नहीं। यद्यपि कि इसके लिए कोई सर्वमान्य सिद्धान्त नहीं है तथापि अनुभव के आधार पर एक निश्चित सिद्धान्त अवश्य बना लेना चाहिए। इन सिद्धान्तों के आधार पर सूचनाओं का विश्लेषण एवं मूल्यांकन करना चाहिए। योग्यता का सही-सही मूल्यांकन करने के बाद ही नियुक्ति करनी चाहिए। सूचनाओं के मूल्यांकन का कोई निश्चित आधार होना आवश्यक है। वैज्ञानिक ढंग से किये गये चुनाव से योग्य व्यक्तियों की खोज सरल एवं सुविधाजनक हो जायेगी। प्राचीनकाल में ज्योतिष शास्त्र एवं हस्तरेखा के आधार पर किसी व्यक्ति को नियुक्त किया जाता था परन्तु अब यह प्रथा अव्यावहारिक और अनुपयुक्त है आजकल सूचनाओं के मूल्यांकन के लिए आंकिक पद्धति (Numerical Method) और निर्णयात्मक पद्धति (Judgement Method) को अपनाते हैं।

(अ) आंकिक पद्धति (Numerical Rating System)—इस पद्धति में सूचनाओं को एक निश्चित आधार पर अंकों में परिवर्तित किया जाता है। प्रत्येक सूचना के 5 भाग किये जाते हैं और व्यक्ति को योग्यता के अनुसार प्रत्येक सूचना पर अंक देते हैं। सभी सूचनाओं के अंकों को एकत्र कर लिया जाता है और यदि कुल अंक एक न्यूनतम सीमा से कम हैं तो उसे लिखित परीक्षा के लिये नहीं बुलाते हैं। इस सीमा से अधिक अंक पाने वाले को ही लिखित सूचना और उसके पश्चात् साक्षात्कार के लिये बुलाया जा सकता है। उदाहरण के रूप में आवेदन पत्र की कुछ सूचनाओं को अंकों में परिवर्तित करने की पद्धति यहाँ पर बताई जा रही है—

आंकण तालिका
(Rating chart)

नाम

	अनुकूल सूचनायें			प्रतिकूल सूचनायें		
सूचना	आंकण आधार	अंक	प्रासांक	आकंण आधार	अंक	प्रासांक
उम्र	25 से 30 वर्ष 30 से 40 वर्ष 40 से अधिक	5 4 3		25 वर्ष से कम 45 से 55 वर्ष 55 वर्ष से अधिक	3 4 5	
शिक्षा	हाईस्कूल इण्टरमीडिएट ग्रेजुएट	3 4 5		हाईस्कूल से कम जू० हाईस्कूल से कम पाँचवीं कक्षा से कम	3 4 5	
वैवाहिक स्तर	विवाहित एवं बच्चे विवाहित	5 4		अविवाहित तलाक	3 4	

कुल योग—प्रतिकूल योग
= शुद्ध योग

यदि प्रतिकूल सूचनायें नहीं हैं तो
20 अंक अनुकूल में दिया जाय

(i) उम्र (Age)—25 से 30 वर्ष की उम्र के व्यक्ति अभिकर्त्ता के रूप में अधिक सफल हो पाते हैं। अत: इन व्यक्तियों को अधिक अंक दिये जायेंगे। इसी प्रकार से 30 से 40 वर्ष के व्यक्ति उससे कम चैतन्य और कार्यशील होते हैं। 25 वर्ष से कम के व्यक्ति अपनी कार्यक्षमता बढ़ा सकते हैं परन्तु वर्तमान समय में अभिकर्ता के रूप में उनकी योग्यता कम रहती है। 55 वर्ष से अधिक उम्र के व्यक्ति अधिक कार्य नहीं कर सकते अत: उनको प्रतिकूल अंक (—) में दिये जाते हैं।

(ii) शिक्षा (Education)—एक स्नातक अपने कार्यों को अपेक्षाकृत आसानी से सीख सकता है जबकि केवल हाई स्कूल पास व्यक्ति उतनी सफलता से नहीं सीख पायेंगे। जूनियर हाई स्कूल से कम की शिक्षा पाने वाला व्यक्ति और कम योग्य होता है इसी प्रकार उसकी सम्पूर्ण शिक्षा का मूल्यांकन कर सकते हैं।

(iii) वैवाहिक जीवन (Marital Status)—एक विवाहित व्यक्ति अपनी जिम्मेदारियाँ अधिक समझता है। यदि उसके बच्चे भी हों तो उसकी जिम्मेदारी और बढ़ जाती है। लेकिन अविवाहित व्यक्ति उतनी अच्छी तरह से अपनी जिम्मेदारी नहीं समझता। जो व्यक्ति जितना ही जिम्मेदार होता है उसमें कार्य करने की क्षमता उतनी ही अधिक बढ़ती जाती है।

(iv) पिछला अनुभव (Past Experience)—अनुभवी व्यक्तियों को अभिकर्ता के रूप में नियुक्त करने पर अधिक लाभ होता है। जो अनुभवी व्यक्ति नहीं हैं उनकी कुशलता उतनी अधिक नहीं होती है। एक बेरोजगार व्यक्ति उतना अच्छा काम तब तक नहीं कर पायेगा जब तक कि उसे उचित प्रशिक्षण न दिया जाय। बहुत दिन से बेरोजगार व्यक्ति की आर्थिक स्थिति अधिक खराब होने के कारण अभिकर्ता के कार्यों को पूरा करने में ज्यादा सफल नहीं हो पाता है।

(v) वित्तीय स्थिति (Financial Status)—एक सामान्य व्यक्ति बीमापात्रों के पास जाकर उन्हें अच्छी तरह समझा-बुझा सकता है। वह सभी प्रकार के व्यक्तियों के पास

पहुँच सकता है। बहुत गरीब व्यक्ति सभी प्रकार के व्यक्तियों के पास नहीं पहुँच पाते हैं।

(vi) खर्च (Expenses)—यह एक सामान्य नियम है कि जो व्यक्ति जितना अधिक खर्चीला होता है वह व्यक्ति उतना ही अधिक कार्य भी कर सकता है। खर्च के आधार पर भी अंक दिये जाते हैं।

(vii) सामाजिक संस्था के सदस्य (Membership of Social Organisation)—जो व्यक्ति जिस सामाजिक संस्था का सदस्य होगा वह व्यक्ति उस संस्था में उतना अधिक कार्य कर सकता है।

इन सूचनाओं के बाद अन्य कई सूचनाएँ हैं जिनका व्यक्तिगत रूप से मूल्यांकन किया जाना चाहिए और सभी सूचनाओं के आधार पर अंकों का योग होना चाहिए। इस योग के आधार पर यह निश्चित किया जा सकता है कि व्यक्ति को लिखित परीक्षा के लिए बुलाया जाय या नहीं।

2. लिखित परीक्षा (Written Test)—लिखित परीक्षा के आधार पर यह मालूम हो जाता है कि अभ्यर्थी में भाषा और गणित का आवश्यक ज्ञान है या नहीं। सामान्य ज्ञान का भी होना जरूरी है। इन सब की जाँच के लिए भाषा, गणित और सामान्य ज्ञान में प्रश्न पूछे जाते हैं। लिखित परीक्षा से यह भी पता चलता है कि अभ्यर्थी का बुद्धि स्तर क्या है? बुद्धि की जाँच के लिए कुछ पेचीदे प्रश्न पूछे जाते हैं और उनके कई उत्तर भी दिए रहते हैं उनमें से उचित उत्तर को चुनना पड़ता है। शाब्दिक और भाषा के परीक्षण के लिए शब्दों का प्रयोग, भाषा का अर्थ, अनुवाद आदि महत्वपूर्ण प्रश्न रहते हैं। विक्रय-कला की जाँच करना बहुत जरूरी होता है साहस, सतर्कता एवं निर्णय लेने की शक्ति आदि का परीक्षण करना बहुत जरूरी होता है। जो व्यक्ति लिखित परीक्षा में एक न्यूनतम अंक से अधिक अंक पाते हैं उन्हें ही साक्षात्कार के लिये बुलाया जाता है।

3.साक्षात्कार (Interview)—साक्षात्कार के समय उचित एवं योग्य सूचनाएँ मिलती हैं। इस समय भावी अर्थात् सम्भाव्य अभिकर्ता को खुलकर बोलने का मौका दिया जाता है। इसके माध्यम से उनकी आन्तरिक योग्यताओं का पता चल जाता है। साक्षात्कार के समय ऐसे प्रश्न पूछे जाते हैं जिससे कि अभिकर्ता की योग्यता का सही परीक्षण हो सके। साक्षात्कार के समय निम्न विषयों की जाँच हो जाती है—

(i) व्यक्तित्व (Personality)—व्यक्तित्व एक मिश्रित गुण है जिसमें स्वास्थ्य, बातचीत करने का ढंग और आकर्षित करने के गुण को शामिल किया जाता है। व्यक्तित्व एक छाप (Inpression) है जिससे प्रभावित होकर दूसरे व्यक्ति उसकी बातों को मानने के लिए तैयार हो जाते हैं।

(ii) अनुभव (Experience)—अनुभव से अभ्यर्थी की वर्तमान क्षनता का पता चल जाता है। अनुभव का पता प्रत्यक्ष प्रश्नों के पूछने से हो जाता है। इसी के अन्तर्गत शैक्षिक योग्यता का भी निर्धारण किया जाता है।

(iii) मित्रता (Friendliness)—यह गुण बहुत आवश्यक गुण है। सहानुभूति, मित्रता, ईमानदारी, प्रसन्नचित्तता, इच्छा आदि की जाँच साक्षात्कार के समय ही हो जाती है।

(iv) समग्रता, इच्छा आदि—एक अभिकर्ता में सभी गुणों का समावेश होना, विचारों में गम्भीरता एवं दृढ़ता का होना जरूरी है। इनकी जाँच कुछ पेचीदे प्रश्न पूछकर कर ली जाती है। समग्रता के अन्तर्गत ईमानदारी, ऊँचा विचार, आदर्श स्वामिभक्तता आदि शामिल हैं। इनसे व्यक्ति अधिक कर्मठी बन जाता है।

(v) पारिवारिक स्तर—साक्षात्कार के समय अभ्यर्थी को देखते ही पता चल जाता है कि वह किस पारिवारिक स्तर से आ रहा है। अच्छे पारिवारिक स्तर से आने वाले अभ्यर्थी

को बीमा अभिकर्ता बनाने से व्यापार वृद्धि की सम्भावना बढ़ जाती है। यदि पारिवारिक दृष्टिकोण विपरीत एवं रूढ़िवादी है तो वह भी उसी प्रकार का होगा। इसका पता आवेदन पत्रों से एवं प्रत्यक्ष रूप से बातचीत करने से हो जाता है।

(vii) आत्म विश्वास (Self-confidence)—आत्म विश्वास अभिकर्ता का महत्वपूर्ण गुण है। इसके माध्यम से वह आगे बढ़ता रहता है। आत्म विश्वास का परीक्षण साक्षात्कार के समय किया जा सकता है। उसी समय रुचि एवं अभिरुचि का भी पता चल जाता है।

(vii) मानसिक चैतन्यता (Alertness)—इसमें शीघ्र सोचने के साथ-साथ समाधान करने की क्षमता भी शामिल है। इसका मूल्यांकन उचित प्रश्न पूछकर किया जा सकता है।

(viii) लोचकता (Flexibility)— इस गुण की जाँच साक्षात्कार के समय सम्बन्धित प्रश्नों को पूछ करके की जाती है। व्यक्ति के बातचीत का ढंग, विचारों का दृष्टिकोण आदि से इस गुण का पता लगता है।

4. निर्देश्य (References)—सम्भावी बीमा अभिकर्ता कुछ व्यक्तियों का नाम निर्देश्य के रूप में देता है। इन व्यक्तियों से अभ्यर्थी की आदत, ख्याति, ईमानदारी अध्यवसायिता आदि के विषय में पूछताछ की जा सकती है। निर्देश्य व्यक्ति के अन्दर उन सभी व्यक्तियों को शामिल किया जा सकता है जो भावी अभिकर्ता को जानते हों। निर्देश्य व्यक्तियों से चरित्र विषयक या अन्य गोपनीय सूचनाओं को प्राप्त किया जा सकता है।

उपरोक्त आधार पर मूल्यांकन करने के बाद सम्भावी अभिकर्ता को अभिकर्ता के रूप में नियुक्त कर लेते हैं। उन्हें उचित प्रशिक्षण देकर कार्य के लिये अनुमति दी जा सकती है।

अध्याय 20

अभिकर्ता का प्रशिक्षण

(Training of Agents)

जब अभिकर्ताओं की नियुक्ति हो जाती है तो उनके प्रशिक्षण की आवश्यकता पड़ती है। अभिकर्ताओं की नियुक्ति विभिन्न क्षेत्रों से की जाती है, अत: उनको सामान्य एवं सामूहिक प्रशिक्षण के साथ व्यक्तिगत प्रशिक्षण की भी जरूरत पड़ती है। व्यापारिक क्षेत्र से आने वाले व्यक्ति को व्यापारियों की आवश्यकताओं और बीमा के महत्व को विशेष रूप से जानना चाहिए। इसी प्रकार ग्रामीण क्षेत्र से आने वाले अभिकर्ता को ग्रामीण क्षेत्र में बीमा के महत्त्व को अच्छी तरह जानना आवश्यक होगा। कुछ को विक्रय कला का पूर्व ज्ञान कुछ भी नहीं होगा और कुछ को इसका अच्छा ज्ञान होगा। इसलिये सभी व्यक्तियों को सामूहिक रूप से प्रशिक्षित करने के साथ-साथ व्यक्तिगत रूप से प्रशिक्षित करना जरूरी होगा।

अर्थ (Definition)—प्रशिक्षण एक ऐसी प्रक्रिया है जिससे व्यक्तियों को पथ-प्रदर्शित, एवं व्यावहारिक ज्ञान कराया जाता है। प्रशिक्षण केवल सैद्धान्तिक ज्ञान को प्राप्त करना ही नहीं है बल्कि इस सैद्धान्तिक ज्ञान को व्यवहार में प्रयोग करके सीखना है। प्रशिक्षण से व्यक्तियों को किसी कार्य को सही-सही प्रभावपूर्ण ढंग से और चेतना पूर्ण रूप से करने के लिये तैयार एवं कुशल बनाया जाता है। सही-सही कार्य करने से तात्पर्य ज्ञान को सही दिशा में प्रयोग करने से है; प्रभावपूर्ण से तात्पर्य सही परिणाम प्राप्त करने की योग्यता से है और चेतनापूर्ण ढंग से कार्य करने का तात्पर्य दृष्टिकोण, ओजस्व और विचारों को अनुशासित करके सही कार्य को सही ढंग से करने से है। एक अच्छे अभिकर्ता को सफल बनाने के लिए प्रशिक्षण जरूरी है। जिससे वह कम से कम समय और श्रम में अधिक कार्य कर सके।

प्रशिक्षण एक ऐसी पथ प्रदर्शित और सहायता देने की प्रक्रिया (Process) है जिससे व्यक्ति को क्रमबद्ध निदेशन और ज्ञान से विकसित होने का मौका मिलता है। यह सैद्धान्तिक ज्ञान को व्यवहार में परिवर्तित करने की क्रिया है। प्रशिक्षार्थी को समझने और आधारभूत तकनीकी ज्ञान को प्रयोग करने के लिये प्रत्येक अवसर प्रदान किये जाते हैं। प्रशिक्षण एक मिश्रित कार्य है जिसमें शिक्षण और सीखने के कार्य को शामिल किया जाता है।

''कोई कार्य क्या है और क्यों है''—इससे उद्देश्य स्पष्ट होता है।

''किसी कार्य को कैसे किया जाय''—यह शिक्षण (Instruction) है।

''जब दिखाकर यह बताया जाता है कि किसी कार्य को कैसे किया जाय''— यह सीखना (Coaching) हुआ।

''जब किसी कार्य के विषय में बताया जाता है कि कार्य क्या है और क्यों है, उसे कैसे किया जाय, दिखाकर यह बताया जाता कि कार्य को कैसे किया जाय और तब तक बताया जाता है जब तक वह स्वयं कार्य को करके सीख न ले''—यह प्रशिक्षण है।

दूसरे शब्दों में प्रशिक्षण के अन्दर कार्य के विषय और उद्देश्य को भली प्रकार बताया जाता है, कार्य को करने के लिए सैद्धान्तिक ज्ञान दिया जाता है, कार्य को करने के लिए

व्यावहारिक रूप से सिखाया जाता है और उसे तब तक सिखाया जाता है जब तक वह स्वयं कार्य को करके सीख न ले''—यह प्रशिक्षण है।

दूसरे शब्दों में प्रशिक्षण के अन्दर कार्य के विषय और उद्देश्य को भली प्रकार बताया जाता है, कार्य को करने के लिए सैद्धान्तिक ज्ञान दिया जाता है, कार्य को करने के लिए व्यावहारिक रूप से सिखाया जाता है और उसे तब तक सिखाया जाता है तब तक वह स्वयं कार्य को करके सीख न ले। प्रशिक्षण सैद्धान्तिक ज्ञान का प्रयोग है।

प्रशिक्षण की आवश्यकता
(Need for Training)

पुराने समय में कार्य को 'परीक्षण एवं गलती' (Trial and Error) के आधार पर सीखते थे, परन्तु आजकल इसका कोई महत्त्व नहीं है। 'मरो और खोजो पद्धति' (Hit and Miss Method) का अब कोई महत्त्व नहीं रहा है। इससे बहुत हानियाँ होती हैं। 'गलती करके सीखो' (Learn by Mistake) से अभिकर्ता एवं संस्था को अकथनीय हानि हो सकती है।

आजकल सफलता ज्ञान, बुद्धि एवं क्षमता पर आधारित है जो प्रशिक्षण से ही सम्भव है। प्रशिक्षण के महत्व को निम्न तीन प्रकार से समझाया जा सकता है—

(1) प्रशिक्षण न होने से हानि, (2) प्रशिक्षण के लाभ तथा (3) अन्य।

(1) प्रशिक्षण न होने से हानि (Losses in absence of Training)—प्रशिक्षण के अभाव में बीमा अभिकर्ता अपनी बीमा संस्था को हानि पहुँचाने के साथ-साथ स्वयं हानि सहता है। उसका कार्य एवं परिणाम असन्तोषजनक रहेगा, उसकी संस्था को हानि होगी, जनता को हानि होगी तथा सम्पूर्ण व्यापार पर विपरीत प्रभाव पड़ेगा।

(i) असन्तोषजनक परिणाम (Unsatisfactory Results)—व्यवसाय एवं पेशे में काम करने वाले व्यक्तियों को प्रशिक्षण न मिलने से असन्तोषजनक परिणाम मिलेंगे। वह उतना अच्छा कार्य नहीं कर पायेगा जितना अच्छा कार्य प्रशिक्षित होने पर कर सकता है। वह जीवन-यापन के लिये भी पर्यास आय प्रास नहीं प्राप्त कर सकेगा। वित्तीय कठिनाइयों का सामना करते रहेंगे। उचित दृष्टिकोण होते हुए भी लोगों को बीमा के लिए प्रोत्साहित नहीं कर सकेगा अपने परिचित मित्रों और सम्बन्धियों को बीमा बेचने के बाद अन्य व्यक्ति को प्रभावित न कर पायेगा। व्यक्तियों से केवल सहानुभूति स्तर पर बीमा बेच पायेगा, लेकिन उन्हें यह नहीं बता सकेगा कि बीमा की आवश्यकता (Need) क्यों है और उसके लाभों को कैसे प्रास किया जा सके। यदि अभिकर्ता की अन्य कोई आय नहीं है तो उसे शीघ्र ही इसमें असफलता मिलेगी। अत: प्रशिक्षण सन्तोषजनक परिणाम प्रास करने के लिए बहुत आवश्यक है।

(ii) संस्था को हानि (Loss to the Institution)—जिस संस्था का वह सदस्य है उस संस्था को अप्रशिक्षित अभिकर्ता से वित्तीय एवं साख की हानि होती है। अप्रशिक्षित अभिकर्ता व्यापार प्रास करने में असमर्थ रहता है जिससे बीमा संस्था को प्रीमियम नहीं मिल पायेगी जबकि बीमा प्रास करने के लिए किये खर्चे व्यर्थ जायेंगे। 'लाभ कुछ नहीं खर्चे अधिक' होने से बीमा संस्था को ऐसे व्यक्तियों को बहिष्कृत करना पड़ेगा। यदि ऐसे व्यक्ति बहिष्कृत नहीं किये जाते हैं तो वे जो कुछ थोड़ा व्यापार प्रास करेंगे उनको वे चालू रखने में असमर्थ रहेंगे। बीमापत्रधारियों की पर्यास सेवा नहीं कर सकेंगे जिससे बीमापत्रधारी अपने बीमापत्र को खण्डित कर देगा। विक्रय के बाद उचित सेवा (After-sale Service) न मिलने पर बीमापत्रधारी असन्तुष्ट हो जायेगा और अपना बीमापत्र जब्त

करा देगा। ऐसे अभिकर्ताओं से केवल वित्तीय हानि ही नहीं होती बल्कि संस्था की ख्याति भी कम हो जायेगी। जनता ऐसे प्रतिनिधियों को हानिकारी समझेगी और संस्था के प्रति अविश्वास पैदा होगा। अतः संस्था की वित्तीय स्थिति और ख्याति को बनाये रखने तथा बढ़ाने के लिये यह जरूरी है कि अभिकर्ताओं को प्रशिक्षित किया जाय।

(iii) समाज को हानि (Disadvantages to the Society)—अप्रशिक्षित अभिकर्ता आवश्यकतानुसार बीमापत्र खरीदने में राय नहीं देंगे जिससे व्यक्ति बीमा के लाभों का उचित उपयोग नहीं कर पायेंगे। उन्हें बीमा खरीदने के बाद कोई सेवा नहीं मिल पायेगी। असन्तुष्ट रहेंगे। समाज को बीमापत्र न मिलने और उचित सेवा के अभाव के कारण अत्यधिक हानि होगी।

(iv) सम्पूर्ण व्यापार की कमी (Lessening of Total Business)—अप्रशिक्षित अभिकर्ता बीमा संस्था के लिये रोग हो जाते हैं। वे बीमा संस्था के सम्पूर्ण व्यापार को कम होने के लिये वातावरण पैदा कर देते हैं। जिससे समस्त व्यापार को हानि होती है। आर्थिक हानि बढ़ती जाती है जबकि लाभ कुछ भी नहीं होता। ख्याति में कमी होती जाती है, इन सबका सामूहिक परिणाम यह होता है कि व्यापार में कमी आ जाती है। इसलिये बीमा संस्था को चाहिए कि वे अभिकर्ताओं को पूर्ण रूप से प्रशिक्षित करें।

(2) प्रशिक्षण से लाभ (Advantages of Training)—प्रशिक्षण से निम्नलिखित लाभ हैं—

(i) अच्छे व्यापार की वृद्धि (Advancement of Good Business)—एक प्रशिक्षित अभिकर्ता अच्छे व्यापार को बेचने में सफल हो सकता है। यदि अच्छे व्यापार में वृद्धि होगी तो उसकी आय बढ़ेगी। इससे उसकी संस्था और अन्य कार्यकर्ताओं को लाभ होगा। बीमा संस्था का विकास होगा, अन्य व्यक्तियों की नियुक्ति होगी और अनुभवी व्यक्तियों की पदोन्नति होगी। यदि अभिकर्ता अपने उद्देश्यों को प्राप्त करने में सफल रहता है तो इससे संस्था के उद्देश्य को पूरा करने में सहायता मिलती है। प्रशिक्षित अभिकर्ता को पर्यवेक्षण और प्रोत्साहन देने की उतनी आवश्यकता नहीं होगी जितनी कि एक अप्रशिक्षित अभिकर्ता के लिये आवश्यक है। इस प्रकार प्रशिक्षित अभिकर्ता के लिए बीमा प्रबन्धक को अधिक समय या श्रम नहीं लगाना पड़ता है। वह अपना समय अन्य कार्यों में लगाकर अपने को तथा संस्था को विकसित कर सकता है। प्रशिक्षित अभिकर्ता अपने ग्राहकों की अधिक मदद कर सकता है। उनकी आवश्यकता के अनुसार बीमापत्र बेच करके, उनकी पर्याप्त सेवा करके तथा सहानुभूतिपूर्ण सम्बन्ध स्थापित करके बीमापत्रधारियों को सन्तुष्ट कर सकता है।

प्रशिक्षित व्यक्ति विक्रय संगठन को मजबूत बना के तथा अभिकर्ता विभाग को विकसित करने में सहायता देता है। प्रशिक्षित व्यक्ति नये व्यक्तियों को खोजने में मदद देते हैं। उन्हें प्रशिक्षित कर सकते हैं तथा प्रोत्साहन का साधन बन सकते हैं। प्रशिक्षित अभिकर्ता व्यापार वृद्धि में सहायक होते हैं।

(ii) उत्तम व्यापार में वृद्धि (Increasing of Quality Business)—प्रतिशक्षित अभिकर्ता उत्तम व्यापार को बढ़ाने में सहायता देते हैं। उत्तम व्यापार में उन सभी व्यापार को शामिल करते हैं जो कि व्यापार स्थायित्व, सन्तोषपूर्ण मृतक दर का अनुमान, न्यूनतम अभिग्रहण एवं संरक्षण लागत से सम्बन्धित है। अधिक रकम के बीमापत्र भी उत्तम व्यापार में आते हैं।

(क) व्यापार स्थायित्व (Business Persistency)—व्यापार स्थायित्व का महत्व जीवन बीमा में बहुत अधिक है। व्यापार की समाप्ति के मुख्य कारण मृत्यु,

परिपक्वता प्रसंविदा समाप्ति, जब्ती और समर्पण हैं जिनमें से मृत्यु परिपक्वता एवं समाप्ति को रोकना सम्भव नहीं है जबकि जब्ती और और समर्पण को रोका जा सकता है। यदि जब्ती एवं समर्पण कम है तो व्यापार का स्थायित्व बढ़ जायेगा। व्यापार के स्थायित्व से बीमा संस्था को आर्थिक लाभ होता है तथा उसकी ख्याति बढ़ जाती है। व्यापार के स्थायित्व में केवल योग्य एवं प्रशिक्षित व्यक्ति ही योगदान दे सकते हैं। यदि व्यापार के स्थायित्व में वृद्धि हो जाती है तो इससे उत्तम व्यापार पर अनुकूल प्रभाव पड़ता है।

प्रशिक्षित अभिकर्ता व्यापार स्थायित्व के लिए हमेशा प्रयास करता है। प्राय: यह देखा गया है कि बीमापत्र निर्गमन के दो-तीन वर्ष तक के अन्दर के बीमापत्र के जब्त होने की सम्भावना अधिक रहती है। यदि इस बीच बीमापत्र को चालू रखने का प्रयास किया गया तो बीमापत्र के स्थायित्व की सम्भावना बढ़ जाती है। यदि बीमा अभिकर्ता प्रशिक्षित होगा तो बीमापत्रधारी के पास व्यक्तिगत रूप से जाकर बीमा चलाते रहने के लिए प्रयास करता रहेगा। बीमापत्रधारी को बीमापत्र से कुछ सुविधायें मिलती हैं। यदि उन सुविधाओं की कमी की सम्भावना होती है तो बीमापत्र को जब्त करने का प्रोत्साहन बढ़ जाता है। आर्थिक कठिनाइयों के कारण भी जब्ती बढ़ती है। प्रशिक्षित अभिकर्ता बीमापत्रधारियों को प्रेरित एवं प्रोत्साहित करके बीमा पत्र को चालू रखने का प्रयास करता रहता है।

(ख) उचित मृतक दर (Satisfactory Mortality)—प्रशिक्षित अभिकर्ता मृतक दर में वृद्धि होने से रोकता है। वह उन व्यक्तियों के पास बीमा के लिए प्रस्ताव करने जाता है जिन व्यक्तियों का स्वास्थ्य ठीक रहता है। अस्वस्थ एवं रोगी व्यक्तियों को बीमित करने से मृत्यु दर की सम्भावना बढ़ जाती है। बीमा संस्था यह तय कर लेती है कि मृत्यु दर क्या होगी? यदि मृत्यु दर उस सम्भावना के ऊपर हो गयी तो बीमा संस्था को हानि होगी। मृत्यु दर के आधार पर प्रव्याजि का निर्धारण होता है। सम्भावना से कम मृत्यु होने पर बीमा संस्था को लाभ होगा लेकिन यदि इस लाभ को बीमापत्रधारियों में न बाँटा गया तो बीमापत्रधारियों के साथ उचित न्याय नहीं होगा। यदि बीमा संस्था को मृत्यु में कमी से लाभ होता है तो उस लाभ से प्रव्याजि की दर घटायी जा सकती है। इस प्रकार प्रशिक्षित अभिकर्ता योग्य एवं उत्तम व्यक्तियों की खोज करके उन्हें लाभान्वित करता है।

(ग) न्यूनतम अभिग्रहण लागत (Minimum Acquisition Cost)—एक प्रशिक्षित अभिकर्ता व्यापार प्राप्त करने के खर्चे को बचाता है। एक नया प्रसंविदा बहुत दिनों तक अपने खर्चे को पूरा नहीं कर पाता। अत: यह जरूरी है कि प्रारम्भ के खर्चे कम से कम किये जायँ। कुछ खर्चे ऐसे हैं जिन्हें कम करना सम्भव नहीं हैं जैसे अभिकर्ता का कमीशन, चिकित्सा परीक्षक की फीस, बीमापत्र निर्गमन के खर्चे आदि, परन्तु कुछ ऐसे भी खर्चे हैं जैसे आने-जाने का भत्ता एवं प्रचार करने की लागत जिन्हें कम किया जा सकता है, प्रारम्भिक खर्चे जितने कम होंगे बीमा संस्था को उतना ही लाभ होगा।

(घ) न्यूनतम संरक्षण लागत (Minimun Maintenance Cost)—बीमा पत्रधारियों की सेवा करना बीमा संस्था की एक महत्वपूर्ण जिम्मेदारी है; परन्तु यदि बीमा संस्था इसके लिये अधिक खर्च करेगी तो उसे लाभ नहीं हो पायेगा। संरक्षण एवं बीमा स्थायित्व के लिए किये जाने वाले खर्चे को कम करने के लिये प्रशिक्षित व्यक्ति बहुत योगदान देता है। प्रव्याजि भुगतान के तरीके में परिवर्तन, नामांकन में परिवर्तन, पते में परिवर्तन, ऋण प्राप्त करने की सुविधा आदि के लिए अभिकर्ता की सहायता ली जाती है। इन सेवाओं को जितनी जल्दी दिया जा सकेगा, खर्चे में उतने की कमी होगी। उचित रूप से बेचे गये व्यापार के लिये सेवा की अधिक आवश्यकता नहीं पड़ती है, इन कार्यों को पूरा करने के लिए एक प्रशिक्षित अभिकर्ता अधिक योगदान दे सकता है।

(ङ) बीमापत्र की रकम (Amount of Policy)—उत्तम व्यापार की अगली विशेषता बीमापत्र की अधिक रकम की है। सामान्य रकम से अधिक रकम वाले बीमा-पत्र को बेचने में बीमा व्यापार की लागत में कमी आती है और व्यापार की वृद्धि तेजी से होती है। लेकिन इसका यह तात्पर्य नहीं है कि केवल अधिक रकम का ही बीमापत्र बेचा जाय, बल्कि व्यक्तियों की आर्थिक स्थिति एवं आवश्यकता के अनुसार विभिन्न रकमों के बीमापत्र को बेचना जरूरी है। अधिक रकम के बीमापत्रों से बीमा संस्था और अभिकर्ता दोनों को लाभ होता है।

एक प्रशिक्षित अभिकर्ता अपने तथा अपनी संस्था के लिए एक सम्पत्ति बन जाता है और व्यापार वृद्धि चाहे वह कुल मात्रा में हो या उत्तमता में हो सहायता देता रहता है।

(3) अन्य आवश्यकताएँ (Miscellaneous Needs)—प्रशिक्षण की आवश्यकता निम्न कारणों से होती है—

(क) लोक-सेवा (Service to Public)—जीवन बीमा व्यवसाय मानवीय आवश्यकताओं से सम्बन्धित है। प्रत्येक आवश्यकता के लिए बीमा की उपयोगिता निश्चित करना एक विशिष्ट कार्य है जो कि केवल प्रशिक्षित व्यक्ति ही कर सकता है। समाज की अधिक से अधिक सेवा करने के लिए यह जरूरी है कि प्रशिक्षित योग्य और बुद्धिमान प्रतिनिधियों की सहायता ली जाय जो बीमा संस्था के हित में समाज की सेवा अधिक से अधिक कर सकें।

(ख) जीवन बीमा का स्वभाव (Nature of Life Insurance)—जीवन बीमा समाज के कल्याण, आराम और प्रसन्नता के लिये है। बीमा अन्य सेवा व्यवसाय जैसे वकालत, बैंकिंग, बहीखाता, डाक्टर आदि की तरह एक व्यवसाय है जिसको केवल प्रशिक्षित और योग्य व्यक्ति ही कर सकते हैं। यदि बीमा अभिकर्ता पूर्णतया प्रशिक्षित नहीं होगा तो अपने कार्यों और जिम्मेदारियों को अच्छी तरह पूरा नहीं कर सकेगा। अत: यह जरूरी है कि बीमा अभिकर्ता प्रशिक्षित हो। उसे बीमा के विषय में पूरा ज्ञान हो। विक्रय कला में पूर्ण दक्ष हो। ये सब गुण जन्मजात होने आवश्यक नहीं हैं, इन्हें प्रशिक्षण द्वारा विकसित किया जा सकता है।

(ग) जिम्मेदार संस्था का प्रतिनिधि (Representative of the Institution)—जीवन बीमा अभिकर्ता अपनी संस्था का महत्वपूर्ण प्रतिनिधि है। उसका कार्य जीवन बीमा का कार्य माना जाता है अत: उसे केवल उन्हीं कार्यों को करना चाहिए जिससे जीवन बीमा का हित सुरक्षित रहे। अभिकर्ता के माध्यम से बीमा के विषय में लोग अपने विचार बनाते हैं। अभिकर्ता जितना योग्य एवं प्रशिक्षित होगा, समाज के विचारों को उतना ही संस्था के पक्ष में बना सकता है। अत: यह आवश्यक है कि अभिकर्ता पूर्ण प्रशिक्षित एवं योग्य हो।

(घ) क्षमता का विकास (To Develop Efficiency)—पेशे में अधिकतम क्षमता प्राप्त करने के लिए अभिकर्ता को पूर्ण प्रशिक्षित, दक्ष एवं बुद्धिमान होना चाहिए। एक योग्य एवं प्रगतिशील कार्यकर्ता अपनी तथा अपने संस्था की ख्याति को बढ़ाने में सफल हो जाता है। इसलिये प्रशिक्षण बहुत आवश्यक है।

उपरोक्त तथ्यों से यह स्पष्ट हो गया कि बीमा अभिकर्ता के लिए प्रशिक्षण एक आवश्यक कार्य है। प्रशिक्षित न होने पर उसे तथा उसकी संस्था को हानि पहुँच सकती है, प्रशिक्षित होने से उसे, उसकी संस्था एवं समाज को बहुत लाभ होते हैं। बीमा एक व्यवसाय है, अत: प्रशिक्षण बहुत आवश्यक है।

प्रशिक्षण का उद्देश्य
(Purpose of Training)

बीमा संस्था में प्रशिक्षण के निम्नलिखित उद्देश्य हैं—

(1) प्रशिक्षण का उद्देश्य ज्ञान एवं दक्षता में वृद्धि करना है। बीमा अभिकर्ता प्रशिक्षण के माध्यम से अपनी योग्यता एवं कुशलता को विकसित करने में सफल हो जाता है।

(2) जीवन बीमा में प्रशिक्षण का उद्देश्य आवश्यक ज्ञान और दक्षता को बढ़ा करके जीवनबीमा विक्रय-कार्य को अधिकतम कार्यक्षम बनाना है। विक्रय कार्य में दक्षता प्राप्त करना प्रशिक्षण का उद्देश्य रहा है। नये अभिकर्ताओं को प्रशिक्षित करके उनकी बुद्धि, कार्यक्षेत्र और क्षमता को बढ़ाना है जिससे वे बीमा व्यापार के लिये अधिकतम उपयोगी सिद्ध हो सकें।

(3) बीमा व्यापार की मात्रा, उत्तमता एवं स्थायित्व में वृद्धि करना प्रशिक्षण का उद्देश्य है। इस उद्देश्य की प्राप्ति अभिकर्ता की दक्षता एवं योग्यता को विकसित करके की जाती है जो प्रशिक्षण से ही सम्भव है।

(4) प्रशिक्षण का उद्देश्य बीमा अभिकर्ताओं के मनोबल को बढ़ाना है। एक प्रशिक्षित अभिकर्ता अपने कार्यों को बिना पर्यवेक्षण के अधिक कुशलता से कर सकता है।

(5) प्रशिक्षण का अन्तिम और महत्वपूर्ण उद्देश्य समाज की अधिकतम सेवा करना है। प्रशिक्षित अभिकर्ता ही इस कार्य को अच्छी तरह कर सकता है।

प्रशिक्षण की तैयारी
(Preparation for Training)

अभिकर्ता को प्रशिक्षित करने के पहले उसे यह बताना जरूरी है कि उसे क्या कार्य करना है? उस कार्य को करने में क्या-क्या समस्यायें आ सकती हैं? उनका समाधान कैसे किया जाय?

(1) अभिकर्ता के कार्य (Job of a Life Insurance Agent)— प्रशिक्षण के पहले अभिकर्ता को यह पता होना चाहिये कि उसे क्या कार्य करने हैं? कार्य-विश्लेषण पद्धति को अपनाना जरूरी है। प्रशिक्षण कार्यक्रम तथा दक्ष एवं सफल जीवन बीमा अभिकर्ता को विकसित करने की पद्धति को कार्य-विश्लेषण से अच्छी तरह निर्मित किया जा सकता है। बीमा अभिकर्ता के कार्यों एवं जिम्मेदारियों का विश्लेषण करना आवश्यक है जिससे उन्हें उस दशा में विकसित किया जा सके। बीमा अभिकर्ता के दायित्व एवं कर्तव्य का वर्णन पिछले अध्याय में किया जा चुका है। यहाँ पर उसके कार्य के विषय में बताया जायगा।

(i) बीमा अभिकर्ता को नये बीमापात्रों (Prospects) की खोज लगातार करनी पड़ती है। बीमा योग्य व्यक्तियों के नाम और पते में वृद्धि करते रहना आवश्यक हो जाता है। बीमापात्र (Prospects) से मिलने के पहले उनके विषय में उनकी आवश्यकताओं के विषय में पूरा ज्ञान प्राप्त कर लेना जरूरी होता है।

(ii) बीमा अभिकर्ता को प्रत्येक बीमापात्र की आवश्यकताओं (Needs) को अलग-अलग समझना पड़ता है, उन्हीं आवश्यकताओं के अनुरूप जीवन बीमापत्र (Policy) के उचित प्रकार को खरीदने के लिये बीमापात्रों को सलाह देनी पड़ती है। बीमापत्र की रकम और प्रकार के विषय में उचित सलाह देकर बीमापात्रों की सही रूप में सहायता की जा सकती है।

(iii) प्रत्येक बीमापात्र की आवश्यकताओं के अनुरूप उसे प्रस्ताव तैयार करना आवश्यक हो जाता है। आवश्यकताओं को गहन अध्ययन एवं विश्लेषण के बाद ही उचित प्रस्ताव की सलाह एवं लाभकारी योजनाओं और कार्यक्रमों को बताया जा सकता है।

(iv) बीमा अभिकर्ता को क्रमबद्ध विक्रय तर्क की योजना तैयार करनी पड़ती है। विक्रय प्रक्रिया की पद्धति संगठित करनी पड़ती है, साक्षात्कार के विभिन्न समयों और रूपों को निर्मित करना पड़ता है, विरोधों एवं आक्षेपों का उत्तर देना पड़ता है तथा अन्त में बीमा के बेचने के लिये प्रभावपूर्ण ढंग से कार्य करना पड़ता है।

(1) अभिकर्ता को क्रमबद्ध कार्य करना पड़ता है, प्रत्येक दिन के कार्यों को अग्रिम रूप से सोचना पड़ता है, साक्षात्कार के तरीके, समय आदि के विषय में योजना बनानी पड़ती है। साप्ताहिक कार्यों की एक तालिका तैयार करनी पड़ती है, बीमापात्रों एवं बीमापत्रधारियों की फाइल रखनी पड़ती है। कार्यों का समय-समय पर मूल्यांकन करना पड़ता है। अपने ज्ञान और क्षमता को बढ़ाने के लिए उसे लगातार प्रयास करना पड़ता है। बीमापत्रधारियों की सेवा को अच्छी तरह करने और योग्यता बढ़ाने का प्रयास करना पड़ता है।

बीमा अभिकर्ता व्यापार प्राप्ति के साथ-साथ संस्था की ख्याति को बढ़ाने का कार्य करता है। बीमापत्रधारियों की सेवा समय-समय पर की जाती है जिससे वे बीमा व्यवसाय से सन्तुष्ट रहें और बीमा कराने के उद्देश्य को पूरा कर सकें।

(2) विक्रय में कठिनाइयाँ (Difficulties in Making Sales)—बीमा व्यापार बेचने के समय निम्नलिखित कठिनाइयाँ आती हैं जिनका समाधान बहुत सोच समझ के किया जाना चाहिए। प्रशिक्षण प्रारम्भ करने के पहले इन कठिनाइयों के विषय में उसे पूरा ज्ञान होना चाहिए जिससे प्रशिक्षण के समय वह इन्हें अच्छी तरह समझा सके और उनके समाधान का तरीका मालूम कर सके।

(i) पहुँचने में कठिनाई (Difficulties in Approach)—बीमा व्यापार के लाभों को प्राप्त करने के लिये व्यक्ति तब तक तैयार नहीं होंगे जब तक उनके पास पहुँचा न जाय। बीमा अभिकर्ता को ऐसे व्यक्तियों की खोज करनी पड़ती है जो बीमा खरीदने के लिये तैयार हो सकें। सम्भावी बीमापात्रों की खोज करना, उन्हें बीमा के लाभों को अवगत कराना, तथा साक्षात्कार का प्रबन्ध करना एक समस्या है। यदि अभिकर्ता को इन सबकी पद्धति नहीं मालूम है तथा उसमें पर्याप्त गुण एवं योग्यता नहीं है तो वह प्रभावपूर्ण ढंग से इन कार्यों को नहीं कर पायेगा और सफल अभिकर्ता नहीं बन सकेगा।

(ii) विक्रय साक्षात्कार के समय कठिनाई (Difficulties in the Sales interview)—बीमा अभिकर्ता को साक्षात्कार शुरू करने में कठिनाई हो सकती है, सुनने वाले व्यक्ति में रुचि नहीं पैदा हो सकती, उसे बीमापत्र (Policy) खरीदने के लिये प्रेरित नहीं किया जा सकता, उनमें विश्वास पैदा नहीं किया जा सकता और अन्ततोगत्वा बीमापत्र बेचने में कठिनाई हो सकती है। इस प्रकार बीमा अभिकर्ता को साक्षात्कार के समय अनेक कठिनाइयों का सामना करना पड़ सकता है।

(iii) अन्तिम वार्ता में कठिनाई (Difficulties in Closing)—बीमा अभिकर्ता को यह कठिनाई हो सकती है कि साक्षात्कार को कब बन्द किया जाय? बीमापात्र को बीमा खरीदने के लिए कब कहा जाय? बीमापात्र से बीमा प्रस्ताव भरने के लिए कब आग्रह किया जाय? उसकी आवश्यकता के अनुसार किस प्रकार का बीमापत्र बेचा जाय? बीमापत्र खरीदने के लिये प्रव्याजि की दर और तरीका क्या हो? आदि प्रश्नों के सम्बन्ध में कठिनाइयाँ आ सकती हैं। बीमा अभिकर्ता को यह भी कठिनाई हो सकती है कि प्रस्ताव प्रपत्र कैसे पूरा किया जाय तथा बीमापात्र की चिकित्सा परीक्षा कैसे की जाय?

उपरोक्त कठिनाइयों का ज्ञान होना जरूरी है जिससे प्रशिक्षण कार्यक्रम के समय उन्हें दूर करने का उपाय सोचा जा सके। इस प्रकार प्रशिक्षण प्रारम्भ करने के पहले बीमा अभिकर्ता को अपने कार्यों के प्रत्येक कर्मों का ज्ञान होना चाहिए, उन कार्यों को करने में क्या-क्या कठिनाइयाँ आ सकती हैं इसका भी भली प्रकार ज्ञान होना चाहिए, तथा उन कठिनाइयों को दूर करने के लिये क्या-क्या उपाय हो सकते हैं आदि के विषय में बीमा अभिकर्ता को पहले से ज्ञान होना चाहिए।

प्रशिक्षण का विषय
(Subjects of Training)

प्रशिक्षण के समय निम्नलिखित विषयों का ज्ञान कराया जाता है—

1. जीवन बीमा के सिद्धान्त एवं व्यवहार (Principles and Practices of Life Insurance)—प्रशिक्षण के समय प्रशिक्षार्थी को जीवन बीमा के आधार-भूत सिद्धान्तों एवं व्यवहारों को बताया जाता है। जीवन बीमा क्या है? इसका ज्ञान कराते हैं। इसके नियमों एवं उपनियमों को बताया जाता है। प्रव्याजि की गणना और अतिरेक के निर्धारण का पूरा ज्ञान अभिकर्ता को कराया जाता है। बीमा के नियमों एवं उपनियमों जिनकी आवश्यकता बीमा अभिकर्ता को पड़ सकती है का पूरा वर्णन प्रविवरण (Prospectus) और अभिकर्ता की कार्य निर्देशिका (Manual of Agents) में दिया रहता है। अभिकर्ता इन नियमों को अच्छी तरह पढ़ता है। बीमा अभिकर्ता को यह ज्ञान होना चाहिए कि बीमापत्र निर्गमन करने की न्यूनतम और अधिकतम उम्र क्या है? बीमापत्रों की क्या शर्तें हैं? प्रत्येक बीमापत्र की न्यूनतम रकम कितनी है? बीमापत्र कितने प्रकार के होते हैं? जोखिमपूर्ण पेशे में बीमा कैसे किया जाता है? बिना-चिकित्सा बीमा किन व्यक्तियों को उपलब्ध हो सकता है? अपर साधारण या अर्द्ध प्रमाणित (Sub-standard) जीवन की बीमा किन-किन शर्तों पर किया जाता है? अयोग्यता एवं दोहरा क्षतिपूर्ति अनुलाभ किस प्रकार उपलब्ध होते हैं? स्त्रियों का बीमा कैसे किया जाता है? संचय की गणना कैसे की जाती है? बोनस के वितरण का क्या आधार है? कोष का विनियोग कैसे किया जाता है? जीवन बीमा एवं बीमा अधिनियमों के मुख्य-मुख्य प्रावधान कौन-कौन से हैं? सामान्य एवं सामूहिक बीमापत्रों के लाभों में क्या अन्तर है?

बीमा अभिकर्ता को अपनी संस्था के विषय में पता होना चाहिए। बीमापत्रों के विभिन्न प्रकार, उसकी शर्तें तथा प्रीमियम की शर्तों का पूरा ज्ञान होना चाहिए।

2. जीवन बीमा प्रसंविदा और कार्य (The Function and Contracts of Life Insurance)—विभिन्न प्रकार के बीमापत्र,उनकी शर्तें एवं बीमापत्र के आधार पर अलग-अलग आवश्यकताओं की पूर्ति की क्षमता आदि का ज्ञान होना चाहिए। सामान्य रूप में जो बीमापत्र प्रचलन में हो उनका गहन अध्ययन होना चाहिए। जीवन बीमा में बच्चों एवं आश्रितों के लिए आजीवन बीमापत्र, अपने तथा अपने परिवार की आवश्यकता के लिए बन्दोबस्ती बीमा, बहुउद्देश्यीय बीमा, प्रत्याशित बीमा, त्रिलाभ बीमा आदि के विषय में ज्ञान होना चाहिए। प्रत्येक बीमापत्र अलग-अलग परिस्थितियों में उपयोगी होता है, प्रत्येक बीमापत्र की शर्तें, उनके द्वारा सन्तुष्ट होने वाली आवश्यकताएँ तथा बीमापत्र की उपयोगिताएँ आदि के विषय में बीमा अभिकर्ता को पूरा ज्ञान होना चाहिए। प्रत्येक बीमापत्र में प्रव्याजि की दर, स्वत: अनापहृत बीमा, प्रव्याजि की रकम, अनुग्रह दिवस, प्रव्याजि भुगतान का तरीका, अयोग्यता, लाभ, बोनस की रकम तथा अध्यर्थन भुगतान का तरीका अलग-अलग होता है। इन सभी के विषय में बीमा अभिकर्ता को पूरा ज्ञान होना चाहिए।

बीमा अभिकर्ता को अपनी संस्था के प्रसंविदा, बीमापत्र एवं कार्यों का पूरा ज्ञान होना चाहिए। नये बीमापत्रों का प्रचलन हो रहा है उनके विशेष ज्ञान अभिकर्ता को होना चाहिए।

प्रत्येक बीमाकर्ता (Insurer) अपने कार्यों को पूरा करने के लिए कुछ नियमों एवं उपनियमों को निर्मित करता है उन्हीं नियमों एवं उपनियमों के माध्यम से कार्य होता है। अत: बीमा अभिकर्ता को इनके विषय में पूरा ज्ञान होना जरूरी है, बीमाकर्ता बीमा व्यापार के लिए नियमों और उपनियमों को बनाकर कार्यकर्ताओं को एक स्तर पर कार्य करने के लिए प्रेरित करता है। बीमा के कार्यों का पूरा ज्ञान आवश्यक है।

3. कार्यालय कार्य (Office Routine)—अभिकर्ता को केवल क्षेत्र का ही ज्ञान नहीं होना चाहिए बल्कि उसे कार्यालय का भी पूर्ण ज्ञान होना आवश्यक है। उसे यह पता होना चाहिए कि प्रस्ताव-प्रपत्र कैसे पूरा किया जाता है? प्रव्याजि की दर कैसे निकाली जाती है? पत्रों का उत्तर कैसे दिया जाता है? योजनाएँ कैसे तैयार की जाती है? पत्रों का उत्तर कैसे दिया जाता है? योजनाएँ कैसे की जाती हैं और पत्रों की न्यस्ति (File) कैसे करते हैं। कार्यालय में पहुँच कर आवश्यक साहित्यों एवं निदेशनों को प्राप्त करना चाहिए और उनके अनुसार कार्य करना चाहिए। कार्यालय के सभी कार्यों का उसे कुछ ज्ञान अवश्य होना चाहिए; परन्तु प्रव्याजि दर का निर्धारण, समर्पित मूल्य एवं ऋण का आँकलन तथा प्रस्ताव प्रपत्र को भरने की शैली का उसे विशेष ज्ञान होना चाहिए। इसलिये इन सब कार्यों का ज्ञान प्रशिक्षण के समय उसे कराया जाता है।

4. प्रभावपूर्ण विक्रय कला की पद्धति (Technique of Effective Salesmanship)—अभिकर्ता को विक्रय कला का पूरा ज्ञान होना चाहिए। उसे प्रशिक्षण के समय यह बताया जाता है कि किस प्रकार बीमापात्रों की खोज की जाती है? उनके पास कैसे पहुँचा जाता है? विक्रय के लिए तर्क किस प्रकार दिये जाते हैं? विरोधों का उत्तर कैसे दिया जाता है? तथा अन्तिम वार्ता करके प्रस्ताव प्रपत्र कैसे पूरा करते हैं? मनुष्य की आवश्यकताओं को जानना, उसके अनुरूप बीमापात्र को सलाह देना, बीमा के लाभों पर जोर देना और बीमापात्र को सन्तुष्ट करके उसे बीमा खरीदने के लिए तैयार करना आदि इसके अन्दर आता है। इसमें प्रयोग की जाने वाली पद्धतियों का संक्षिप्त वर्णन नीचे किया जा रहा है:

(i) बीमापात्र की खोज (Prospecting)—सबसे पहले बीमा अभिकर्ता को ऐसे कार्य करने पड़ते हैं जिससे बीमापात्रों (Prospects) अर्थात् बीमा खरीदने के इच्छुक व्यक्तियों को खोजा सके। बीमापात्र ऐसा व्यक्ति है जिसे बीमा खरीदने की आवश्यकता है। इनकी कई श्रेणियाँ होती हैं। कुछ व्यक्ति बीमा खरीदने के लिए एकदम तैयार हैं, कुछ बीमा खरीदने की लिये सोच रहे हैं, कुछ बीमा खरीदने के लिये तैयार हो सकते हैं यदि उन्हें पर्याप्त प्रेरणा दी जाय। प्रत्येक बीमापात्रों को खोजना, उनके नाम पते, उम्र, वैवाहिक स्थिति, आश्रितों की संख्या, पेशा, निवास स्थान आदि के विषय में ज्ञान प्राप्त करना चाहिए। बीमा अभिकर्ता को यह सिखाया जाता है कि विभिन्न स्रोतों से किस प्रकार सूचना प्राप्त की जाय। बीमापात्रों को खोजने के तरीके पर विस्तृत अध्ययन आगे किया जायेगा। सबसे पहले मित्रों एवं सम्बन्धियों का बीमा किया जाय फिर मित्रों के मित्रों का बीमा किया जाय और इस प्रकार यह श्रृंखलाबद्ध पद्धति के रूप में अपनाकर बीमापात्रों की खोज करते हैं। किसी एक समूह में जाकर बीमा के लिए प्रोत्साहन दिया जा सकता है। समाचार-पत्रों एवं अन्य विज्ञापनों से पता लगता है कि व्यक्तियों को बीमा के लिए कहा जा सकता है।

(ii) पहुँच (Approach)—जब बीमापात्रों की खोज कर ली जाय तो उसके बाद उनके पास पहुँचना चाहिए। बीमापात्रों के पास पहुँचना एक कला है जो कि प्रशिक्षण एवं

अनुभव से ही आती है। यदि पहुँचने की कला अनुकूल रही तो बीमापात्र को बीमा खरीदने के लिये तैयार किया जा सकता है। बीमापात्रों की खोज करने के तरीके का ज्ञान कराने के बाद उसे पहुँच के तरीके का ज्ञान कराया जाता है। यह ज्ञान उसे बीमापात्र से बातचीत करते समय कराया जाता है। लोगों को प्रभावित करने के लिए कुछ उदाहरण दिये जाते हैं जिससे बीमापात्र बीमा खरीदने के लिये तैयार हो जाय। बीमा के लाभों को उदाहरण देकर समझाया जाता है और जो व्यक्ति बीमा नहीं खरीदे रहते हैं उनकी कठिनाइयों का वर्णन किया जाता है। अभिकर्ता बीमा के लिये लोगों में आवश्यकता पैदा करता है। आवश्यकता को पूरा करने के लिए बीमा के महत्व को बताया जाता है। इस प्रकार पहुँच में साक्षात्कार लिये तैयार की जाती है।

(iii) विक्रय वार्ता (Sales Presentation)—अभिकर्ता को यह बताया जाता है कि जीवन बीमा विषय पर वार्ता किस प्रकार शुरू की जाय, यह कला अनुभव से आती है। वार्ता प्रारम्भ करने के तरीके पर सफलता आधारित रहती है। बीमापात्र को बीमा खरीदने के लिये तर्क एवं कारण बताकर तैयार किया जाता है। व्यक्ति अपनी आवश्यकताओं को किस प्रकार बीमा से पूरा करता है? इस विषय पर जोरदार तर्क देकर व्यक्तियों को बीमा खरीदने के लिए प्रेरित किया जाता है। जीवन बीमा खरीदने में भावनाओं का विशेष महत्व है; अत: बीमापात्रों की भावनाओं एवं इच्छाओं को समझकर उसे उसी प्रकार अभिनन्दित करना चाहिए। वार्ता के समय बीमापात्र के विचारों को सबसे अधिक मूल्य देना चाहिए और उसी के तर्कों के अनुसार खरीदने के लिये प्रेरित किया जाना चाहिए। इन पद्धतियों का ज्ञान प्रशिक्षक बीमा अभिकर्ता को क्षेत्र (Field) में कार्य करके दिखाता है।

(iv) विरोधों का उत्तर (Answering Objections)—विरोधों के उत्तर देने की कला सिखायी जाती है। यह कला अनुभव एवं अभ्यास से आती है। जीवन बीमा की आवश्यकता का अनुभव कुछ लोगों को बिल्कुल नहीं होता जबकि कुछ लोग इसकी आवश्यकता को अच्छी तरह समझते हैं। जिन व्यक्तियों को बीमा की आवश्यकता का अनुभव अभी तक नहीं हुआ है उन्हें बीमा की आवश्यकता का अनुभव कराया जाता है। बीमा खरीदने से लोग बचना चाहते हैं। इसके लिए बीमा अभिकर्ता को इसके कारण का पता लगाना चाहिए। यह बताना जरूरी है कि बीमा खरीदने में जो लोग विलम्ब करते हैं उनकी बीमा की आवश्यकता बढ़ती जायेगी और बीमा प्राप्त करने की सम्भावना कम होती जायेगी। बीमा अभिकर्ता को यह बताया जाय कि विरोधों का उत्तर किस प्रकार दिया जाय जिससे बीमापात्र बीमा खरीदने के लिये तैयार हो सके। विरोध चाहे सत्य हो या सत्य प्रतीत होते हों उनसे घबड़ाना नहीं चाहिए। उनको दूर करने के लिए पर्याप्त एवं उचित उत्तर देना चाहिए। विरोधों के उत्तर देने की शैली का ज्ञान इस पुस्तक में आगे कराया गया है।

(v) अन्तिम वार्ता (The Close)—बीमापात्रों की खोज, पहुँचने का तरीका, वार्ता, विरोधों का उत्तर आदि विषय का ज्ञान हो जाने के बाद बीमा अभिकर्ता को यह ज्ञान होना जरूरी है कि अन्तिम वार्ता कैसे की जाय। वार्ता समाप्त करके प्रस्ताव-प्रपत्र को कैसे भरा जाय। जब बीमापात्र को बीमा खरीदने के लिये तैयार कर लेते हैं तो अगला कार्य प्रस्ताव प्रपत्र को भरना है। प्रस्ताव प्रपत्र भरने के पहले यह निश्चय हो जाना चाहिए कि बीमापात्र किस प्रकार का बीमापत्र, कितने समय और रकम के लिए खरीदना चाहता है। उसी के अनुसार प्रस्ताव प्रपत्र भराना चाहिए। प्रस्ताव प्रपत्र भरने के बाद बीमापात्र का हस्ताक्षर कराना आवश्यक है। यदि वह अपढ़ है तो साक्षी के सामने अँगूठे का निशाना

लिया जाना चाहिए। प्रस्ताव प्रपत्र के साथ प्रथम प्रव्याजि को तुरन्त एकत्र कर लेना चाहिए। जिससे बीमा कराने का विषय पूरा हो जाय। बीमापात्र बीमा के विषय में सोचना शुरू करता है, इसके लिए उसकी इच्छायें पैदा होती हैं, उसके बाद वह बीमा खरीदने के लिए तैयार होता है। जैसे ही वह बीमा खरीदने के लिए तैयार हो उससे प्रस्ताव प्रपत्र भरा लेना चाहिए अन्यथा उसके मन में फिर परिवर्तन हो सकता है और सारा प्रयास व्यर्थ जा सकता है।

बीमा अभिकर्ता जिस समय प्रस्ताव प्रपत्र भरा रहा है उसे विभिन्न प्रश्नों का उत्तर देना पड़ता है। प्रव्याजि भुगतान का तरीका जहाँ तक सम्भव हो वार्षिक होना चाहिए या बीमा प्रस्तावक की आय के अनुसार समय भी होना चाहिए। यदि प्रस्तावक को पाक्षिक वेतन मिलता है तो पाक्षिक, मासिक वेतन है तो मासिक प्रव्याजि भुगतान का तरीका बीमा प्रस्तावक के लिये अधिक उपयुक्त होगा।

उपरोक्त तरीके के आधार पर कार्य करते-करते बीमा अभिकर्ता को बीमा विक्रय कला का अच्छा ज्ञान हो जाता है। बीमा अभिकर्ता को कार्य विवरण तैयार करके अपने कार्यों का मूल्यांकन करना चाहिए और उसमें आवश्यक सुधार करके अपने आप को प्रशिक्षित करते रहना चाहिए।

प्रशिक्षण प्रक्रिया
(Training Process)

प्रशिक्षण सीखकर करने की क्रिया है। यह पढ़ना-लिखना और उसी को करना नहीं है, बल्कि इसमें कार्य करके सीखा जाता है। सैद्धान्तिक ज्ञान को व्यावहारिक ज्ञान में परिणत किया जाता है। प्रशिक्षण की निम्न पाँच प्रक्रियायें हैं—

1. तैयारी (Prepare)—प्रशिक्षण के लिये तैयार करना पहला क्रम है जिसमें प्रशिक्षार्थी को प्रशिक्षण के लिए प्रेरित किया जाता है। उसे बीमा के कार्य और कठिनाइयों का पूर्व ज्ञान कराया जाता है।

2. व्याख्या (Explain)—प्रशिक्षण की दूसरी प्रक्रिया सैद्धान्तिक ज्ञान को बताना है। जिन कार्यों को करना है उन्हें करके स्पष्ट रूप से बताया जाता है। कार्यों के मुख्य-मुख्य बिन्दुओं को स्पष्ट रूप से बताया जाता है कि किस प्रकार क्रम से सम्पूर्ण कार्य पूरे करने हैं। केवल उतना ही क्रम पहले बताया जाय जिसका वास्तविक अध्ययन और ज्ञान हो सके। अधिक बताने से प्रशिक्षार्थी उसे नहीं सीख पायेगा। जिस समय बताया जा रहा है उस समय प्रशिक्षक स्वयं शान्तिपूर्ण मुद्रा में हो और प्रत्येक शब्दों और विषयों का स्पष्ट ज्ञान कराता हो।

3. दिखाना (Show)—प्रशिक्षार्थी यह करके दिखाता है कि कार्य कैसे किया जाये। व्यावहारिक प्रदर्शन से कर्मचारी को कार्य करने की वास्तविक विधि मालूम हो जाती है। प्रशिक्षार्थी यह बताता है कि क्या करना है तथा कैसे करना है? उसे सारे कार्य उसी तरह करने चाहिए जैसे अभिकर्ता शुरू-शुरू में स्वाभाविक ढंग से करता है। सम्पूर्ण कार्य को करके बताया जाता है कि उसे कैसे पूरा किया जाये। जैसे अभी बताया जा चुका है कि वार्ता के समय प्रशिक्षार्थी अभिकर्ता प्रशिक्षक के उत्तरों और तर्कों को सुनता रहे और तब जाकर उसे स्वयं कार्य करने का ढंग पता होगा।

4. गौर करना (Observe)—जब प्रशिक्षार्थी कार्य करना प्रारम्भ करे तो प्रशिक्षक उसे देखता जाये कि कहाँ पर गलतियाँ हो रही हैं। उनको सुधार करके उसकी कार्य पद्धति को विकसित किया जा सकता है। यदि कार्य को अच्छी तरह किया गया तो प्रशिक्षक इसका अभिनन्दन करे तथा प्रशिक्षार्थी को प्रेरणा दे। प्रशिक्षक कार्य को देखता रहे कि किस

प्रकार कार्य किया जा रहा है, उसमें जो गलती हो उसका सुधार करे और प्रशिक्षार्थी को कार्य करने के लिये पुनः कहे, जो गलतियाँ हों उनका सुधार करे। इस प्रकार यह क्रम तब तक चलता रहे जब तक प्रशिक्षार्थी कार्य से पूर्ण परिचित न हो जाय। इस प्रक्रिया को संयुक्त क्रिया (Joint Work) भी कहते हैं क्योंकि प्रशिक्षार्थी एवं प्रशिक्षक दोनों मिलकर कार्य करते हैं।

5. पर्यवेक्षण (Supervision)—जब प्रशिक्षार्थी स्वतन्त्र रूप से कार्य प्रारम्भ करे तो उसका पर्यवेक्षण प्रशिक्षक करता रहे। इसमें और इसके पहली प्रक्रिया में अन्तर यह है कि पहली प्रक्रिया में कार्य साथ-साथ किये जाते हैं। इस प्रक्रिया में प्रशिक्षार्थी स्वतन्त्र रूप से कार्य करता है। उसे प्रशिक्षार्थी के प्रशिक्षण का पूरा लेखा रखना चाहिए, उसकी समस्याओं के समाधान के लिये प्रयास करना चाहिए, कार्य प्रगति का ब्यौरा रखना चाहिए। जब प्रशिक्षार्थी कार्य कर रहा हो उसकी क्रियाओं पर नियन्त्रण रखना जरूरी है। आने वाली गलतियों का सुधार किया जाना चाहिए। गलतियों को सुधार कर कार्य पर फिर लगाना चाहिए जिससे प्रशिक्षार्थी अपने कार्यों को भली प्रकार सीख जायेगा। यह पद्धति तब तक चलती है जब तक कि प्रशिक्षार्थी अपने कार्यों को अच्छी तरह न करने लगे।

उपरोक्त पाँचों प्रक्रियाओं को ''पेसोज'' सूत्र ("PESOS"-Formula)—के नाम से पुकारते हैं। पेसोज का तात्पर्य मुद्रा (Money) से है। यहाँ पर प्रशिक्षण के कई उद्देश्यों में से एक उद्देश्य आय प्राप्त करना है, अर्थात् प्रशिक्षण प्रक्रिया से आय प्राप्त करने में सहायता मिलती है।

प्रशिक्षण के प्रकार
(Types of Training)

प्रशिक्षण के निम्न तीन प्रकार हैं—

1. व्यक्तिगत प्रशिक्षण (Individual Training)—व्यक्तिगत स्तर पर दिये गये प्रशिक्षण को व्यक्तिगत प्रशिक्षण के नाम से पुकारते हैं। इसमें प्रशिक्षार्थी और प्रशिक्षक एक दूसरे के सम्पर्क में रहते हैं। प्रशिक्षार्थी व्यक्तिगत रूप से सीखता रहता है। कठिनाइयों एवं समस्याओं का व्यक्तिगत रूप से समाधान किया जाता है। जब प्रशिक्षार्थी कुछ सीख लेता है तो प्रशिक्षक यदा-कदा मिलकर उसकी कठिनाइयों को दूर करता है।

2. सामूहिक प्रशिक्षण (Group Training)—कभी-कभी एक से अधिक व्यक्ति को एक साथ प्रशिक्षण के लिए बुलाया जाता है। सभी प्रशिक्षार्थियों को एक साथ कार्य करने के लिए कहा जाता है। शाखा सम्मेलन, अभिकर्तृत्व बैठक आदि इसके उदाहरण हैं।

3. पूरक प्रशिक्षण (Supplementary Training)—इस प्रशिक्षण में अभिकर्ता बीमा साहित्य, विक्रय कला की पुस्तकें आदि का अध्ययन करता है। लोगों की बातों का मनन करता है। उनकी समस्याओं को समझता है और उन्हें दूर करने का प्रयास करता है।

प्रशिक्षण स्तर
(Level of Training)

प्रशिक्षण के तीन स्तर बनाये गये हैं—

1. प्रारम्भिक प्रशिक्षण (Basic Training)—प्रारम्भिक प्रशिक्षण में जीवन बीमा के सिद्धान्त एवं व्यवहार, विक्रय कला की पद्धति तथा अन्य सम्बन्धित विषयों का अध्ययन करता है। क्षेत्र और कार्यालय में जाकर कार्य पद्धतियों को सीखता है। कार्य प्रारम्भ

करने के पहले इस प्रशिक्षण को दिया जाता है। बीमा संस्था के आकार एवं व्यापार की प्रकृति के अनुसार इस प्रशिक्षण का कार्य बदलता रहता है। इस प्रशिक्षण में प्रशिक्षण का उद्देश्य, बीमा संस्था का विषय, जीवन की आर्थिक समस्यायें, सीखने की कला, कार्य करने का तरीका, प्रव्याजि निर्धारण का तरीका, प्रसंविदा का विश्लेषण, बीमा के लाभ, अभिकर्ता की योग्यता, विक्रय प्रारम्भ करने का तरीका, प्रव्याजि तालिका का अध्ययन, बीमापत्र के भेद एवं नवीन योजनाएँ, बीमापत्रधारियों की सेवा का तरीका, बीमा प्राप्त करने का क्षेत्र और समाज की स्थिति आदि के विषय में बताया जाता है।

2. माध्यमिक प्रशिक्षण (Intermediate Training)—यह प्रशिक्षण प्रारम्भिक प्रशिक्षण से अधिक ऊँचे स्तर का होता है। विक्रय में दक्षता अच्छे एवं उत्तम व्यापार प्राप्त करने की क्षमता आदि के विषय में बताया जाता है। व्यक्तियों की आवश्यकताओं को और अच्छी तरह समझने का प्रयास किया जाता है। इस प्रशिक्षण के अन्तर्गत बीमा अभिकर्ता अपना पूरा समय प्रशिक्षण में लगाता है। वह कार्य करके सीखता है तथा कमियों को दूर कराने का प्रयास करता है। कठिनाइयों को हल करने के लिए समाधान ढूँढ़ता है। यदि प्रशिक्षक प्रशिक्षण स्थान पर नहीं आ पा रहा है तो प्रशिक्षार्थी को अपने आप कार्य सीखना पड़ता है। इसमें आने वाली कठिनाइयों को लिखता जाता है और जब प्रशिक्षक से मिलता है तो उसका समाधान कराता है। यदि प्रशिक्षार्थी को अधिक कठिनाई होती है तो वह प्रारम्भिक प्रशिक्षण को फिर से पूरा करता है। इस प्रकार उसे प्रशिक्षण का ज्ञान हो जाता है।

3. उच्चस्तरीय प्रशिक्षण (Advance Training)—इस प्रशिक्षण में कई व्यावसायिक विषयों का ज्ञान कराया जाता है। शिक्षण संस्थाओं में अध्ययन का कार्य इसमें शामिल किया जा सकता है। कठोर से कठोर समस्याओं को हल करने का तरीका बताया जाता है। आर्थिक, वित्तीय, बहीखाता, जीवनांकिक आदि विषयों का ज्ञान कराया जाता है। बीमा अभिकर्ता स्वयं इन विषयों का अध्ययन करता है। इस स्तर पर वह शोध कार्य करके नयी-नयी पद्धतियों को ढूँढ़ निकालता है। वह विकास अधिकारियों से उच्चस्तरीय वार्ता करता है। उच्चस्तरीय प्रशिक्षण मुख्य रूप से स्वाध्याय पर निर्भर है। इन्सुरेन्स इन्स्टीट्यूट द्वारा दी जाने वाली परीक्षा इसी प्रकार की है। इससे अभिकर्ता को अपना ज्ञान बढ़ाने में सहायता मिलती है।

अध्याय 21

पर्यवेक्षण एवं प्रेरणा

(Supervision and Motivation)

कार्यिक प्रबन्ध में बाह्य प्रशासन के सम्बन्ध में अभिकर्ता की नियुक्ति और प्रशिक्षण के विषय में बताया जा चुका है। अब अभिकर्ता के पर्यवेक्षण एवं प्रेरणा का अध्ययन किया जायेगा। पर्यवेक्षण एवं प्रेरणा की जिम्मेदारी शाखा प्रबन्धक के ऊपर है जो कि अभिकर्ता के कार्यों की जाँच करके उनकी गलतियों एवं त्रुटियों का सुधार करता है। इस प्रकार पर्यवेक्षण एक ऐसी प्रक्रिया (Process) है जिसके द्वारा अभिकर्ता के कार्य परिणामों की जाँच करना, उनका मूल्यांकन करना और कर्तव्यों का पालन करने के लिये अभिकर्ता को पथ प्रदर्शित करना शामिल है। प्रशिक्षण के समय प्राप्त किये गये ज्ञान और दक्षता को व्यावहारिक रूप देने के लिये सहायता देने के कार्य को भी पर्यवेक्षण में शामिल किया जाता है। शाखा प्रबन्धक अभिकर्ता के कार्य, ज्ञान को कार्य के प्रति दृष्टिकोण, दक्षता एवं कार्य आदत का विश्लेषण करता है। पर्यवेक्षण में नया ज्ञान या सूचना नहीं दी जाती है, बल्कि जो ज्ञान प्राप्त हो चुका है उसी का मूल्यांकन किया जाता है। पर्यवेक्षक यह देखता है कि अभिकर्ता प्रशक्षिण के समय प्राप्त ज्ञान का कैसे प्रयोग करता है। पर्यवेक्षण से उसे अपने ज्ञान के सही प्रयोग के लिये प्रोत्साहन मिलता है।

परिभाषा (Definition)—उपरोक्त विवरण से यह स्पष्ट हो गया कि विक्रय शक्ति को विकसित करने के लिये किया गया नेतृत्व और पथप्रदर्शन पर्यवेक्षण है। विक्रय शक्ति के प्रत्येक अंग की क्षमता बढ़ाने तथा प्रभावपूर्णता को सुधारने के लिए उनके द्वारा किये गये कार्यों की जाँच आवश्यक है, इस प्रकार पर्यवेक्षण प्रज्ञापूर्ण निर्देशन और नियन्त्रण (Intelligent Direction and Control) है। निर्देशन (Direction) से तात्पर्य अभिकर्ता को उचित नेतृत्व, साहस और उत्साह के अन्दर प्रेरणा देना है जिससे वह अपना सर्वोत्तम प्रयास अधिकतम परिणाम प्राप्त करने में लगा सके। नियंत्रण (Control) से तात्पर्य पर्यवेक्षक द्वारा ऐसी सूचना प्राप्त करना है जो कि अभिकर्ता क्या कर रहा है और कैसे कर रहा है से सम्बन्धित हो। दूसरे शब्दों में नियन्त्रण से तात्पर्य कि अभिकर्ता क्या कर रहा है और कैसे कर रहा है के विषय में पर्यवेक्षक सूचना प्राप्त करता रहे। अभिकर्ता व्यापार प्राप्त करने में कितना समय दे रहा है? प्रत्येक सप्ताह कितने साक्षात्कार किये हैं? आदि के विषय में पर्यवेक्षक सूचना प्राप्त करता रहता है प्रज्ञापूर्ण (Intelligent) निर्देशन एवं नियंत्रण का मतलब ज्ञान, प्रावैधिक दक्षता और नेतृत्व के गुण से अभिकर्ता को कार्य के लिये प्रोत्साहित और निर्देशित करना है। पर्यवेक्षक अर्थात् शाखा प्रबन्धक में ऐसी दक्षता होनी चाहिए जिससे वह अभिकर्ता को विक्रय कला सिखा सके अत: पर्यवेक्षण, पथप्रदर्शन और नियन्त्रण के ऐसे तत्व को कह सकते हैं जो कि बीमा अभिकर्ता को अधिक कार्य के लिये प्रेरित करता है। पर्यवेक्षक में कुछ ऐसे गुण होने चाहिए जिससे वह पर्यवेक्षण का कार्य सफलतापूर्वक कर सके।

पर्यवेक्षक के गुण

(Qualities of Supervisor)

पर्यवेक्षक अपने कार्य में तभी सफल हो सकता है जबकि उसमें निम्नलिखित गुण हों—

1. कार्य के प्रति ईमानदार एवं सच्चा दृष्टिकोण (Honest and Sincere Attitude Towards His Job)—एक पर्यवेक्षक तभी सफल हो सकता है जबकि कार्य के प्रति उसका ईमानदार और सच्चा दृष्टिकोण होगा। उसे अपने आप में यह पूर्ण विश्वास होना चाहिए कि जीवन बीमा व्यापार एक आवश्यक सेवा है जो समाज को दी जा रही है और जिसे बढ़ाकर समाज की सच्ची सेवा की जा सकती है। बीमा व्यवसाय की सेवा सबसे उत्तम सेवा इसलिए है कि अन्य कोई साधन मृत्यु के समय परिवार की आर्थिक कठिनाइयों में उतनी अधिक सहायता नहीं करेगा जितना कि बीमा व्यवसाय करता है। इससे व्यक्तियों को आर्थिक सहायता के साथ उनमें विश्वास और निश्चिन्तता बढ़ती है। यदि पर्यवेक्षक वास्तव में बीमा व्यवसाय को एक अपूर्व सेवक मानता है और उस कार्य को पूरा करने में ईमानदारी और सच्चाई से काम लेता है तो वह एक सफल पर्यवेक्षक बन सकता है।

2. कार्यकर्ताओं के प्रति उचित दृष्टिकोण (Right Attitude towards his workers)—पर्यवेक्षक को अपने कार्यकर्ताओं के प्रति उचित दृष्टिकोण रखना चाहिए। उसकी यह व्यावसायिक एवं नैतिक जिम्मेदारी हो जाती है कि वह अपने कार्यकर्ताओं की देखभाल करे, उन्हें कठिनाई में मदद करे तथा उनके प्रति सद्भावना रखे। पर्यवेक्षक की सफलता उसके कार्यकर्ताओं की सफलता पर आधारित है। अपने कार्यकर्ताओं की खुशी में खुशी और दुख में सहानुभूति रखनी चाहिए।

3. पर्यवेक्षक के आवश्यक निजी गुण (Essential Personal Qualities of Supervisors)—पर्यवेक्षक में वे तमाम गुण होने चाहिए जो कि उसके स्वयं के अन्दर एक विक्रय कार्यकर्ता के रूप में होनी चाहिए। जो गुण एक अभिकर्ता और विकास अधिकारी में होते हैं वही गुण पर्यवेक्षक में होने चाहिए। बीमा अभिकर्ता के कल्याण में रुचि, जीवन बीमा का पूर्ण ज्ञान, सच्चाई, ईमानदारी, सहानुभूति, सत्यता, मित्रता, सहयोगिता, साहस, उत्साह, उदारता एवं विक्रय दक्षता का होना आवश्यक है। व्यावसायिक क्षमता में ये सभी गुण शामिल किये जा सकते हैं। व्यावसायिक क्षमता जितनी अधिक होगी उतना ही सफल पर्यवेक्षक वह बन सकेगा।

4. मजबूत संगठन बनाने का गुण—पर्यवेक्षक अर्थात् शाखा प्रबन्धक एक विशाल विक्रय संगठन बनाये रखता है। इस संगठन को मजबूत बनाने में वह जितना अधिक प्रयास करेगा वह उतना ही अधिक सफल अभिकर्ता बन सकेगा। शाखा प्रबन्धक के नीचे विकास अधिकारी और विकास अधिकारी के अधीन अभिकर्ता कार्य करता है। अभिकर्ता के ऊपर पर्याप्त नियन्त्रण रखने के लिये विकास अधिकारी जिम्मेदार है। विकास अधिकारी ही बीमा अभिकर्ता पर पर्याप्त और तुरन्त नियन्त्रण रखता है। शाखा प्रबन्धक का यह कर्तव्य है कि वह ऐसे विकास अधिकारी नियुक्त करे जिनमें बीमा के प्रति आस्था हो तथा जो लगातार व्यापार वृद्धि कर सकें, जिनको प्रशिक्षित करके इस योग्य बनाया जा सके कि वे बीमा खोजने में सहायता दे सकें, विक्रय संगठन को मजबूत बना सकें तथा अभिकर्ताओं को स्थिर रखने में सहायता दे सकें। यदि विकास अधिकारी को विक्रय वृद्धि के सभी गुण मालूम होंगे तो वह अपने अभिकर्ताओं को भी विक्रय वृद्धि के लिये प्रोत्साहित कर सकता है। अभिकर्ता इस बात का विश्वास पैदा कर सके कि उससे समाज तथा बीमा संस्था को अकथनीय लाभ हो रहा है। अभिकर्ता अपने कार्य को रुचिकर और आय बढ़ाने का एक महत्वपूर्ण साधन बना सके, भावनात्मक स्तर पर वह उस कार्य से सन्तुष्ट रह सके। इससे उसे अच्छे आर्थिक परिणाम प्राप्त हो सके।

विकास अधिकारी अपने अभिकर्ताओं पर उचित पर्यवेक्षण तभी रख सकता है जबकि वह स्वयं बीमा में विश्वास करता है। बीमा के विक्रय कला का ज्ञान हो।

पर्यवेक्षण की आवश्यकता
(Need for Supervision)

पर्यवेक्षण की निम्नलिखित आवश्यकताएँ हैं—

(i) पर्यवेक्षण का पहला उद्देश्य अभिकर्ता को कार्य करने के योग्य बनाना है। प्रत्येक व्यक्ति सफलता प्राप्त करना चाहता है जो कि केवल पर्यवेक्षण से ही आ सकता है।

(ii) प्रत्येक व्यक्ति की आय उसके प्रयास के अनुपात में ही बढ़ेगी। कोई व्यक्ति कितना प्रयास कर सकेगा यह पर्यवेक्षण की मात्रा पर निर्भर है। अत: पर्यवेक्षण का दूसरा उद्देश्य प्रयास एवं कार्य को सही एवं उचित दिशा देना है।

(iii) कार्य की सफलता, गुण और उत्तमता पर आधारित है। केवल मात्रा में वृद्धि हो जाने से सफलता नहीं बढ़ जाती है। यदि अभिकर्ता अधिक कार्यकुशल है और कठिन प्रयास करता है तो उसे सफलता शीघ्र मिल सकती है। पर्यवेक्षण का तीसरा उद्देश्य उत्तम कार्यों में वृद्धि करना है।

(iv) जीवन बीमा विक्रय तब तक उचित विक्रय नहीं होगा जब तक कि उचित पथ प्रदर्शन और पर्यवेक्षण न हो। इनके अभाव में अभिकर्ता सफल नहीं हो सकता है।

पर्यवेक्षण का क्षेत्र
(Areas of Supervision)

पर्यवेक्षण का क्षेत्र निम्न प्रकार से बताया जा सकता है—

1. मानवशक्ति का विकास (Manpower Development)—पर्यवेक्षण मानवी शक्ति को विकसित करने के लिये अपनाया जाता है जिससे अधिक से अधिक क्षमता बढ़ाई जा सके। व्यक्तियों की नियुक्ति, प्रशिक्षण, पर्यवेक्षण और नियन्त्रण करके मानव शक्ति का विकास किया जाता है जो कि बीमा व्यापार बढ़ाने में सहायता देते हैं।

2. प्रत्येक अभिकर्ता का कार्य स्तर (Performance of Each Agent)—पर्यवेक्षण के अन्दर प्रत्येक अभिकर्ता के कार्यों को पर्यवेक्षित करके गलतियों एवं त्रुटियों का पता लगाते हैं। उन्हें दूर करने का प्रयास पर्यवेक्षण के अन्दर किया जाता है। गलतियाँ और त्रुटियाँ न होने पायें इसको भी पर्यवेक्षक दृष्टि में रखता है। प्रत्येक व्यक्ति पर लागत नियन्त्रण, विकास वृद्धि का मूल्यांकन आदि विषय को पर्यवेक्षण में शामिल करते हैं। अभिकर्ता के लागत नियन्त्रण का वर्णन वित्तीय प्रबन्ध के अन्दर किया गया है।

3. सम्पूर्ण अभिकर्ता का कार्य स्तर—(Performance of Agency as a whole)—पर्यवेक्षण में केवल मानवशक्ति का विकास तथा प्रत्येक अभिकर्ता के कार्य स्तर को ही शामिल नहीं किया जाता बल्कि सम्पूर्ण अभिकर्ता के कार्यों का मूल्यांकन करते हैं। सम्पूर्ण व्यापार पर पर्यवेक्षण कार्य विवरणों के आधार पर किया जा सकता है। सम्पूर्ण व्यापार को प्राप्त करने के लिए कितनी रकम खर्च की गयी है तथा उस व्यापार की कुल रकम कितनी है एवं उससे कितना प्रव्याजि आ सकता है इन सबका आनुपातिक मूल्यांकन किया जाता है—

पर्यवेक्षण के सिद्धान्त
(Principles of Supervision)

पर्यवेक्षण एक लगातार प्रयास है जिससे अभिकर्ता को प्रोत्साहित करके अच्छे और अधिक विक्रय व्यापार बढ़ाने में सहायता मिलती है। इससे कार्य पद्धति में सुधार और ज्ञान की वृद्धि का प्रयास किया जाता है। पर्यवेक्षण निम्न चार सिद्धान्तों को अपनाकर संगठित किया जाता है।

1. व्यक्तिगत रूप से जानना (Know Personally)—पर्यवेक्षण को चाहिए कि वह अभिकर्ताओं को व्यक्तिगत रूप से पहिचाने। उनके घरेलू वातावरण को जाने, वित्तीय एवं व्यक्तिगत कठिनाइयों को समझे, उनके जीवन उद्देश्यों एवं आदर्शों को समझे जिन आन्तरिक इच्छाओं से वह अधिक कार्य कर सकता है उसे गहराई से मूल्यांकित करे तथा उसे सफल बनाने के लिए आवश्यक बातों को ध्यान में रखे। पर्यवेक्षक को चाहिए कि वह अभिकर्ता के कल्याण वृद्धि में रुचि ले और मित्रतापूर्ण एवं सहानुभूति पूर्ण दृष्टिकोण रखे। व्यक्तिगत रूप से किसी को पर्यवेक्षित करने से अभिकर्ता पर अधिक प्रभाव पड़ता है।

2. विशिष्ट कार्यों का वितरण (Provide specific Task)—पर्यवेक्षक अभिकर्त्ता को कुछ विशिष्ट कार्य सौंपे जिसे एक निश्चित समय में करने के लिए कहा जाये। कुछ साक्षात्कारों को पूरा करने के लिए कहा जाये जो कि एक हफ्ते में पूरा किया जाये। अभिकर्त्ता अपने विकास अधिकारी को दैनिक एवं साप्ताहिक कार्यों की सूचना देता रहे।

(3) उचित रूप से कार्य (Done Properly)—पर्यवेक्षक को यह देखना चाहिए कि जो कार्य अभिकर्त्ता को सौंपे गये हैं वे उचित रूप से किये गये हैं या नहीं। अभिकर्ता प्रविवरण प्राप्त करके, कार्य निर्देशनों का अध्ययन करके यह फिर समझ ले कि बीमापात्र की खोज कैसे की जाय, सफल पहुँच एवं वार्ता कैसे हो, साक्षात्कार कैसे किया जाय और प्रस्ताव प्रपत्र कैसे भरा जाय। इनके अध्ययन से उसे कार्य करने का सही तरीका मालूम हो जायेगा।

(4) स्वस्थपूर्ण वातावरण तैयार करना (Create and Atmosphere)—पर्यवेक्षण को विक्रय संगठन के चारों तरफ एक स्वस्थ्यपूर्ण वातावरण तैयार करना चाहिए जिससे कार्यकर्त्ताओं में विश्वास पैदा करने में सफलता मिले तथा मित्रतापूर्ण एवं सहानुभूतिपूर्ण, वातावरण बनाये रखा जा सके। पर्यवेक्षक को कभी भी भयावह वातावरण नहीं तैयार करना चाहिए। अपने को उच्च पदीय अधिकारी समझकर दूसरों का तिरस्कार न किया जाय। सभी स्थिति में पर्यवेक्षक अपने कार्यकत्ताओं से सहानुभूति रखे।

पर्यवेक्षण की पद्धतियाँ
(Methods of Supervision)

पर्यवेक्षण की निम्न तीन पद्धतियाँ हैं—

1. बैठक एवं सम्मेलन के द्वारा पर्यवेक्षण (Supervision Through Meetings and Conferences)—एक अच्छे पर्यवेक्षण में समय-समय पर व्यक्तिगत स्तर पर सम्मेलन कराना आवश्यक है। इससे अभिकर्ता स्पष्ट रूप से बातचीत करने का मौका पाता है। एक मित्रतापूर्ण वातावरण में भी सभी बातें की जाती हैं। सम्मेलन एक महत्त्वपूर्ण समय होता है जिसमें अभिकर्ता की कठिनाइयों और समस्याओं को स्पष्ट रूप से समझा जा सकता है और उन्हें दूर करने का प्रभावपूर्ण सुझाव दिया जा सकता है।

अभिकर्ताओं से व्यक्तिगत (Individual) स्तर पर बात की जा सकती है जो कि सम्मेलन के बाहर भी हो सकती है। व्यक्तिगत समस्याओं का समाधान कभी भी किया जा सकता है। इस पद्धति के दो रूप होते हैं—(क) व्यक्तिगत अवलोकन और (ख) व्यक्तिगत साक्षात्कार। पर्यवेक्षण की जिम्मेदारी शाखा प्रबन्धक की है परन्तु अपना समय बचाने के लिए यह कार्य विकास अधिकारी को सौंप दिया जाता है।

(क) व्यक्तिगत अवलोकन (Personal Observation)—इस पद्धति के अन्तर्गत शाखा प्रबंधक स्वयं क्षेत्र (Field) में जाकर अभिकर्ताओं के कार्य को देखता है। वह पूरा दिन वहीं व्यतीत करता है। वह अभिकर्ताओं के कार्यों पर गौर (Observe) करता है और स्वयं उनके साथ वही कार्य करता है। जब अभिकर्ता विक्रयवार्ता करता रहता है तब शाखा प्रबन्धक चुपचाप देखता रहता है। इस पद्धति में अभिकर्ता के कार्यों को वहाँ की वास्तविक परिस्थिति के अनुसार अच्छी तरह मूल्यांकित किया जा सकता है। इस स्थानीय मूल्यांकन से यह सही-सही पता होता जाता है कि अभिकर्ता ने कितना कार्य किया है और उस परिस्थिति में कितना कार्य किया जा सकता है। अभिकर्ता और प्रबन्धक द्वारा किये गये कार्य संयुक्त कार्य हो जाते हैं। केवल एक ही अभिकर्ता के साथ वह ऐसा नहीं करता है, बल्कि कई अभिकर्ताओं के ऊपर वह व्यक्तिगत रूप से पर्यवेक्षण करता है। इस पर्यवेक्षण के समय अभिकर्ताओं की वास्तविक कमियाँ सामने आ जाती हैं और वह उन्हें दूर करने का उपाय करता है।

(ख) व्यक्तिगत साक्षात्कार (Personal Interview)—इस पद्धति में यह मूल्यांकित करते हैं कि जैसे ही अभिकर्ता साक्षात्कार वार्ता के बाद कार्यालय लौट आता है बीमापात्र के ऊपर क्या प्रभाव पड़ता है। क्या इस वार्ता से बीमापात्र खरीदने के लिए तैयार हो जाता है? या उससे और समझाने और वार्ता द्वारा बीमा खरीदने के लिए तैयार किया जाय। इस पद्धति में बीमा प्रबन्धक अभिकर्ता के साथ व्यक्तिगत बातचीत करता है। बीमा प्रबन्धक अपने कार्यालय में ही रहता है। वहीं जाकर बीमा अभिकर्ता अपने कार्यों का पूरा विवरण देता है। सबसे पहले बीमा अभिकर्ता के कार्यों की जाँच विकास अधिकारी करता है और फिर शाखा प्रबन्धक के द्वारा साक्षात्कार करके पर्यवेक्षण किया जाता है। शाखा प्रबन्धक साक्षात्कार के समय जो पर्यवेक्षण करता है उसे बड़ी सावधानी से करना पड़ता है। शाखा प्रबन्धक अभिकर्ता के नियोजन पुस्तिका, कार्य-विवरण, भविष्य की योजना, कार्य की कमी अर्थात् वह कार्य जो पूरा नहीं हो पाया है, विक्रय योजनाएँ और कार्यविधियों, संगठित विक्रय वार्ता, आदि का मूल्यांकन करते हुए खुल कर वार्ता करता है। इनमें जो कमियाँ रहती हैं उन्हें दूर करने का प्रयास किया जाता है। बीमा प्रबन्धक अभिकर्ता के एक मुश्त विक्रय (Package Selling) तथा सामान्य कार्यक्रम पद्धति (Simple Programming Technique) के विषय में जाँच करता है कि इन पद्धतियों का प्रयोग कहाँ तक किया गया है। इन पद्धतियों को क्रमशः एक आवश्यकता पद्धति (Single Need Technique) या कुल आवश्यकता पद्धति (Total Needs Selling) भी कहते हैं। पहली पद्धति में बीमा बेचने का उद्देश्य बीमापात्र के केवल एक आवश्यकता को संतुष्ट करना है। अभिकर्ता बीमापात्र की आवश्यकताओं को समझकर सबसे महत्वपूर्ण आवश्यकता को पूरा करने के लिए उनके अनुसार उचित बीमापत्र खरीदने की सलाह देता है। एक आवश्यकता एक बीमापत्र इसका सिद्धान्त है। सामान्य कार्यक्रम पद्धति में बीमापात्र की सभी आवश्यकताओं को पूरा करने के लिये कई बीमापत्र या एक बहुउद्देशीय बीमापत्र खरीदने के लिये कहा जाता है। कुल आवश्यकता पद्धति बीमापात्र की सभी आवश्यकताओं को पूरा करने का प्रयास है। इन पद्धतियों का प्रयोग अभिकर्ता द्वारा किस सीमा तक किया जाता है

इस पर व्यक्तिगत वार्ता करके पर्यवेक्षक उसे उचित स्थान पर उचित पद्धति अपनाने के लिए प्रेरित करता है।

व्यक्तिगत साक्षात्कार के अन्तर्गत शाखा प्रबन्धक अभिकर्ता की पारिवारिक समस्याओं पर भी विचार करता है। विक्रय के लिए अग्रिम नियोजन की आवश्यकता पर जोर देता है। योजना निर्माण में सहायता देता है। सामाजिक एवं व्यावसायिक व्यक्तियों से सम्बन्ध स्थापित करने की लिए सलाह देता है। बीमा साहित्य, किताबों, पत्रिकाओं आदि को पढ़ने के लिये सुझाव देता है। प्रस्तावप्रपत्र, प्रविवरण, कार्य निर्देशिका (Manual) के उचित प्रयोग पर जोर देता है। अभिकर्ता के निरुत्साह के कारणों का पता लगाया जाता है और उसी के अनुसार प्रेरित करना चाहिए। सामूहिक पर्यवेक्षण से अभिकर्ता के ज्ञान में और अधिक वृद्धि होती है। इससे समय बचता है, सामूहिक साहस बढ़ता है, उच्चस्तरीय कार्य परिणाम के लिये प्रोत्साहन मिलता है सामूहिक पर्यवेक्षण (Group Supervision) के अन्तर्गत अभिकर्ता अपने विकास अधिकारी या शाखा प्रबन्धक के साथ पाक्षिक या साप्ताहिक समय में मिलते हैं। वे व्यक्तिगत रूप से अपनी-अपनी समस्यायें रखते हैं जिनके आधार पर अभिकर्ता को सामूहिक रूप से प्रोत्साहित किया जाता है। पर्यवेक्षण के समय उनकी कार्यविधियों पर गौर किया जाता है उसी के अनुसार सुझाव दिये जाते हैं।

2. कार्यक्षेत्र में संयुक्त कार्य द्वारा पर्यवेक्षण (Supervision in the Field Through Joint Work)—अभिकर्ता के साथ कार्य करने का उद्देश्य उन्हें निकट, सावधानीपूर्ण एवं व्यावहारिक पथप्रदर्शन करना है जिससे उन्हें कार्य पूरा करने का सही तरीका मालूम हो जाय तथा उनमें कार्य करने की अच्छी आदत पैदा हो जाय। साथ-साथ कार्य करने में अभिकर्ता के मनोबल की वृद्धि होती है। कार्यक्षेत्र में अभिकर्ता के साथ कार्य निम्नलिखित क्रमों में किया जाता है—

(i) कठिनाई की जाँच (Observe Difficulties)—जिस समय पर्यवेक्षक अभिकर्ता के ऊपर पर्यवेक्षण कर रहा है उस समय उसे उनकी कठिनाइयों की जाँच करनी चाहिए। विक्रय वार्ता करते समय अनेक कठिनाइयाँ स्पष्ट हो जाती हैं उन्हें दूर करने का प्रयास पर्यवेक्षक करता है।

(ii) त्रुटियों के कारण (Diagnose the Errors)—अभिकर्ता द्वारा की गयी त्रुटियों, भूल और कमियों के कारण का पता लगाया जाता है, उनके महत्त्वपूर्ण अंशों पर वार्ता की जाती है। विक्रय प्रक्रिया के विभिन्न स्तर अर्थात् बीमापात्र की खोज, पहुँच, वार्ता,साक्षात्कार एवं अन्तिम निर्णय पर पर्यवेक्षक गौर करता रहता है और आने वाली गलतियों को दूर करने का प्रयास करता है।

(iii) व्यावहारिक सुधार (Practical Improvement)—गलतियों को व्यावहारिक जीवन में न आने दिया जाय और यदि वे आ जायें तो उन्हें कैसे दूर किया जाय जिससे निश्चित उद्देश्य की प्राप्ति हो सके? इन विषयों पर विचार स्पष्ट रूप से किया जाता है।

(iv) कार्य करके सीखना (Learn by Doing)—अभिकर्ता को पर्यवेक्षक के साथ कार्य करके सीखना चाहिए। उसे चाहिए कि वह अन्य व्यक्तियों की नकल न करे बल्कि स्वयं अपने कार्यों को करे और उसमें आने वाली कठिनाइयों एवं समस्याओं को दूर करे। अभिकर्ता जब कार्य करता है तो वह बहुत कुछ सीखता है। उसकी गलतियाँ शीघ्र समझी जा सकती हैं और उन्हें दूर करने का प्रयास किया जा सकता है।

पर्यवेक्षक गलतियों को दूर करने के लिए सुझाव देता है और उसी के आधार पर गलतियों को सुधार सकता है।

अभिकर्ता के साथ कार्य करने के लिए कोई अचूक नियम नहीं है। प्रत्येक व्यक्ति के साथ विभिन्न प्रकार से कार्य किया जाता है। गैर अनुभवी अभिकर्ता के कार्यों का पर्यवेक्षण अनुभवी अभिकर्ता के कार्यों के पर्यवेक्षण से भिन्न होता है। धीमी गति से कार्य करने वाले व्यक्ति को तेजी से कार्य करने वाले व्यक्ति की अपेक्षा कठोरता से पर्यवेक्षित करते हैं। अभिकर्ता को यह पता हो जाना चाहिए कि कैसे अच्छा कार्य करके अधिकतम परिणाम प्राप्त किये जा सकते हैं।

संयुक्त कार्य के रूप (Form of Joint Work)—संयुक्त कार्य को निम्नलिखित रूपों में अपनाया जाता है—

(1) प्रथम कार्य एक प्रदर्शन के रूप में होना चाहिए। इसके अन्तर्गत प्रभाव केन्द्रों से पथप्रदर्शन मुख्य कार्य है। बीमापत्रों से व्यक्तिगत सम्बन्ध बनाकर उनसे वार्ता की जाती है और विक्रय वार्ता को सफल बनाने का प्रयास किया जाता है।

(2) दूसरा कार्य अभिकर्त्ता को स्वयं कार्य करने से सम्बन्धित है। इसमें अभिकर्त्ता को कार्य करने में सहायता दी जाती है। पर्यवेक्षक उस समय सहायता देता है जबकि अभिकर्ता अपने रास्ते से विचलित हो जाता है। जब वह अपने रास्ते पर आ जाय तो उस कार्य करने की अनुमति पुनः दे दी जाती है।

(3) तीसरा कार्य स्वयं अभिकर्त्ता द्वारा कार्य वार्ता प्रारम्भ करने से है। प्रथम कार्य में पर्यवेक्षण कार्य वार्ता शुरू करता है और उसे अभिकर्ता पूरा करता है परन्तु इसमें अभिकर्ता कार्य वार्ता शुरू भी करता है और समाप्त भी करता है। जब कार्य वार्ता समाप्त हो जाती है तो पर्यवेक्षक उसका सिंहावलोकन (Comment) करता है। उसे उसकी गलतियों को बताया जाता है।

जब अभिकर्ता कार्य प्रारम्भ से कार्य समाप्ति तक पूर्णतया समझ जाता है और साक्षात्कार वार्ता करने का ज्ञान हो जाता है तो संयुक्त कार्य प्रारम्भ होते हैं। अभिकर्ता एवं विकास अधिकारी दोनों अन्तिम निर्णय और प्रस्ताव प्रपत्र भरने के लिए जाते हैं। प्रायः वार्ता का प्रारम्भ अभिकर्ता करता है और उसका प्रस्ताव निर्णय एवं परिणाम अभिकर्ता एवं विकास अधिकारी (पर्यवेक्षक) दोनों के संयुक्त प्रयास से होता है। इस प्रकार अभिकर्ता अपने कार्यों को अच्छी तरह करके सीख जाता है।

3. अभिलेखों द्वारा पर्यवेक्षण (Supervision Through Records)—अभिकर्ताओं के कार्यों को अभिलेख द्वारा पर्यवेक्षित किया जा सकता है। इसके लिए जिन अभिलेखों का प्रयोग किया जाता है उनका वर्णन आगे किया जा रहा है—

(i) अभिकर्ता योजना किताब (Agent's Pian Book)—इस किताब के आधार पर अभिकर्ता अपने उद्देश्यों को पूरा करने के लिए एक योजना या खाका तैयार करता है, प्रत्येक महीने के शुरू में इसका निर्माण किया जाता है जिसमें महीने भर के कार्यों की अग्रिम रूप रेखा बनाई जाती है। योजना प्रत्येक दिन एवं कार्यों को ध्यान में रखकर बनायी जाती है। इसमें कुछ रिक्त स्थान भी रहता है जिसमें वास्तविक परिणाम को लिखते हैं। इस प्रकार योजना किताब को कार्यों के मूल्यांकन के लिए भी प्रयोग करते हैं। योजना किताब अभिकर्ता के कार्यों की एक रूपरेखा है। इस किताब में यह लिखा रहता है कि कार्य को पूरा करने में कितना समय श्रम और धन का प्रयोग होगा। इसके आधार पर यह पता चलता है कि एक

निश्चित समय में कितनी वार्ता करनी है। यह अभिकर्ता के कार्यों का पथप्रदर्शक (Guide) है जिसको संस्था के उद्देश्यों को ध्यान में रखकर अच्छी तरह तैयार करना चाहिए।

(ii) बीमापात्र के खोज का पथ-प्रदर्शक (Prospecting Guide)—इस पुस्तिका के आधार पर यह पता चलता है कि बीमापात्र को खोजने का उपाय कैसे किया जायेगा तथा उसके लिए वित्तीय आवश्यकता कितनी होगी। यह एक प्रकार का रजिस्टर है जिसमें बीमापात्रों के नाम पते आदि लिखे जाते हैं। जिन बीमापात्रों के पास पहुँचना है इनका नाम सबसे ऊपर लिखे रहते है। इसके आधार पर वह पता लग जाता है कि किसी एक क्षेत्र में कितने व्यक्तियों को बीमित कर सकते हैं। किन व्यक्तियों से बीमा के लिए आग्रह किया जा सकता है तथा किन व्यक्तियों के माध्यम से बीमा योग्य व्यक्तियों की खोज की जा सकती है। विशिष्ट बीमापात्रों की सूचना लिखने के साथ-साथ उन व्यक्तियों के भी नाम और पते लिखे रहते है जिन्हें बीमा के लिए प्रोत्साहित किया जा सकता है।

(iii) बीमापात्र की फाइल (Prospect File)—बीमापात्र की फाइल में क्रम से बीमापत्रधारियों और बीमापात्रों के अभिलेख रखे जाते हैं। इस फाइल में उन व्यक्तियों की अलग फाइल रखते है जिनके पास बीमापत्र बेचने के लिये सबसे पहले पहुँचा जा सकता है। बीमापत्रधारियों की फाइल अलग रखी जाती है जिसमें प्रत्येक बीमापत्रधारी से प्राप्त पत्रों को फाइल करते हैं। इन पत्रों के अनुसार उनकी सेवा भी की जाती है। इस फाइल में उन बीमापात्रो की फाइल को भी रखते हैं जिन्हें बीमा के लिए प्रोत्साहित किया जा सकता है। जहाँ पर बीमापात्रों की संख्या कम होती है वहाँ पर उन्हें और अधिक बढ़ाने का प्रोत्साहन दिया जाता है। इस फाइल के आधार पर यह पता लग जाता है कि अभिकर्ता ने पत्रों का उत्तर कैसे दिया है। उनमें क्या त्रुटियाँ हैं और उन्हें कैसे सुधारा जा सकता है?

(iv) अभिकर्ता का बीमापत्र रजिस्टर (Agent's Policy Register)—इस रजिस्टर में बीमपत्रधारियों की सूचना लिखी रहती है। इसमें बीमापत्रधारियों की उम्र, जन्म-तिथि, उम्र की स्वीकृति बीमा की रकम, जोखिम प्रारम्भ होने की तिथि, प्रव्याजि भुगतान की अगली तारीख और बीमा की रकम को लिखे रहते हैं। इनके आधार पर अतिरिक्त व्यापार प्राप्त करने में सुविधा मिलती है। बीमापत्रधारियों को कौन-सी सेवा करनी है और किस प्रकार करनी है इसका भी वर्णन होता है। प्रव्याजि भुगतान को देय तिथि के ज्ञान होने से बीमापत्रधारियों के पास प्रव्याजि भुगतान के लिए पहुचा जा सकता है और उन्हें प्रव्याजि देने के लिए प्रेरित कर सकते हैं! बीमापत्रधारियों की सूची बीमा कराने की तिथि के अनुसार लिखे रहते हैं।

(v) अंक विवरण (Data-Sheet)—इस फार्म या विवरण में बीमापात्रों के सम्बन्ध में प्राप्त सूचना लिखी जाती है। जब कभी कहीं से सूचना मिले उसे इस विवरण में लिख लेते है। बीमापात्र से बातचीत करते समय भी अनेक आवश्यक सूचनायें प्राप्त हो जाती है। उन सूचनाओं को यहाँ पर लिख लेते हैं। बीमापात्र के सम्बन्ध में प्राप्त सूचना को लिखने के लिये अनेक स्तम्भ (Column) होते हैं जिनमें यथास्थान सूचनायें लिख दी जाती हैं। इन्हीं सूचनाओं के आधार पर विक्रय कार्य प्रारम्भ एवं पूर्ण किया जाता है, इसका प्रयोग भविष्य के निर्देशन के लिये भी करते हैं।

(vi) कार्य-विवरण (Work-Sheet)—यह एक ऐसा विवरण है जिसके माध्यम से दैनिक कार्यों को पूरा करने में सहायता मिलती है। प्रत्येक सप्ताह के कार्यों को अग्रिम रूप से नियोजित किया जाता है। दैनिक वार्ता एवं बीमापात्र की खोज के लिए इस विवरण का

प्रयोग किया जाता है। प्रत्येक बीमापात्र से कितना व्यापार मिलता है तथा कितने नये बीमापात्र को शामिल किया जा सकता है आदि का विवरण इसमें रहता है। बीमापात्र की खोज, वार्ता तथा अन्तिम निर्णय के लिए जो योजना बनाई गयी है उसको वास्तविक कार्य से तुलना करके कार्यों का मूल्यांकन करते हैं।

(vii) सूचनायें (Reports)—बीमा अभिकर्ता द्वारा दैनिक एवं साप्ताहिक सूचनायें तैयार की जाती हैं जिसमें विक्रय की सफलता का पता लग जाता है। इसके आधार पर बीमा प्रबधंक उन कार्य विधियों को मूल्यांकित करता है जिसके आधार पर अभिकर्ता अपना कार्य पूरा करता है। इसके आधार पर यह पता लग जाता है कि अभिकर्ता अपने कार्य को कहाँ तक सफल बना सकता है, कमियों एवं त्रुटियों को दूर करके व्यापार विकास के लिए प्रोत्साहन मिलता है। कई साक्षात्कार वार्ता के बाद यह पता चल जाता है कि अभिकर्ता किस वार्ता में सफल रहा है और किस वार्ता में असफल रहा है।

इन अभिलेखों के आधार पर पर्यवेक्षण के लिए पर्याप्त विषय उपलब्ध हो जाता है। इनके आधार पर प्रगति की अनुसूचिका तैयार हो जाती है। रचनात्मक एवं व्यावहारिक पर्यवेक्षण से बीमा अभिकर्ता के अन्दर सुरक्षा की भावना जागृत होती है। इससे अभिकर्ता में आत्म विश्वास और प्रोत्साहन पैदा हो जाता है।

पर्यवेक्षण का स्तर
(Level of Supervision)

पर्यवेक्षण को निम्न दो स्तरों में पूरा किया जाता है—

1. नये संगठन का पर्यवेक्षण (Supervision of New Organisation)—नये संगठन में ऐसे अभिकर्ताओं को शामिल करते हैं जिनकी नियुक्ति एवं प्रशिक्षण अभी हुआ है तथा उन्होंने अभी ही कार्य प्रारम्भ किया है। इन अभिकर्ताओं के प्रत्येक कार्यों की व्यक्तिगत रूप से जाँच करनी चाहिए। उनकी कार्य-पद्धतियों पर विशेष रूप से ध्यान देना चाहिए तथा उन्हें पथ-प्रदर्शित करने के लिए सतत् प्रयास करना चाहिए। पर्यवेक्षण के समय उनमें कार्य-आदत को विकसित किया जाता है। प्रारम्भ में हतोत्साह अधिक होने की सम्भावना रहती है। अत: व्यक्तिगत रूप से पर्यवेक्षण की जरूरत पड़ती है। यदि उसे कार्यों से अरुचि हो गयी तो वह क्रमबद्ध कार्य नहीं कर पायेगा। प्रारम्भिक समय में अभिकर्ता को प्रभावपूर्ण एवं पर्याप्त पर्यवेक्षण की आवश्यकता पड़ती है। विक्रय प्राप्त करने में आसानी बाद में अनुभव प्राप्त होने पर होती है, इस बात का ध्यान अभिकर्ता को कराया जाय अन्यथा वे शुरू की कठिनाइयों से घबड़ा जायेंगे। नये अभिकर्ता को पर्यवेक्षण के अन्दर रखना जरूरी है, कार्यों को छोटे-छोटे रूपों में वितरित कर देना चाहिए जिससे वे प्रत्येक कार्य को आसानी से पूरा सकें। सामयिक परीक्षण, सामान्य पर्यवेक्षण एवं निकटतम सम्बन्ध रखने से पर्यवेक्षण अपने कार्य को अच्छी तरह कर सकेगा।

2. पुराने संगठन का पर्यवेक्षण (Supervision of Old Organisation)—जो अभिकर्ता पहले से कार्य कर रहे हैं उनके ऊपर भी पर्यवेक्षण की आवश्यकता पड़ती है। इनके पर्यवेक्षण के लिए अभिकर्ता को निम्न भागों में बाँटा जाता है—

(i) पूर्ण विकसित अभिकर्ता (Fully Developed Agents)—पूर्ण विकसित अभिकर्ता वे हैं जो अपने कार्यों को स्वतन्त्र रूप से कर सकते हैं और उनमें कार्य करने की क्षमता आ चुकी है, परन्तु इनकी क्षमता और बढ़ाने के लिए पर्यवेक्षण आवश्यक है। इसके लिए विकास अधिकारी समय-समय पर अभिकर्ताओं का एक सम्मेलन बुलाता है जिसमें कार्य, उद्देश्य एवं नियोजन पर विचार किया जाता है। वर्ष के प्रारम्भ में ऐसी बैठक

हो जाती है परन्तु हर तीन महीने बाद उनके उद्देश्यों और योजनाओं का मूल्यांकन किया जाता है। पिछले समय की सफलता और भविष्य में विकास की आशा बीमा अभिकर्ता को उत्साही बनाये रखता है। ऐसे अभिकर्ता को अपने दैनिक कार्यों में विकास अधिकारी की आवश्यकता नहीं होती है। इनके विकास के लिए सम्मेलन एवं व्यक्तिगत साक्षात्कार पर्याप्त होता है। इन अभिकर्ताओं को सामयिक पर्यवेक्षण (Periodical Supervision) की जरूरत होती है जिसमें प्रति माह 1 घंटे का पर्यवेक्षण पर्याप्त है।

(ii) अर्द्ध-विकसित अभिकर्ता (Semi-Developed Agents)—ये अभिकर्ता पूर्ण नहीं होते हैं लेकिन पर्याप्त एवं उचित प्रोत्साहन से ये पूर्ण विकसित हो सकते हैं। इनको दैनिक पर्यवेक्षण की आवश्यकता नहीं होती है। सम्पूर्ण वर्ष की योजना एवं उद्देश्य साल के शुरू में निश्चित हो जाते हैं। योजना एवं उद्देश्यों का विस्तृत वर्णन किया जाता है जिससे वे इन्हें भली प्रकार समझ सकें। उनके कार्य परिणामों को प्रत्येक महीने मूल्यांकित किया जाता है। मूल्यांकन के लिये उद्देश्य, योजना आदि को ध्यान में रखते हैं। इन अभिकर्ताओं को अपने दैनिक कार्यों में यदा-कदा पर्यवेक्षण की आवश्यकता पड़ सकती है। दैनिक पर्यवेक्षण (Routine Supervision) की आवश्यकता पड़ती है जो कि कार्य आदत और कार्य पद्धति से परिचित योजना बनाने की क्षमता, विक्रय प्रक्रिया का ज्ञान रखने वाले अभिकर्त्ता के लिए है। इसमें 5 घण्टे प्रति माह का पर्यवेक्षण पर्याप्त है।

(iii) अधोविकसित अभिकर्त्ता (Underdeveloped Agents)—अधोविकसित अभिकर्ता को अपने दैनिक कार्यों में पर्यवेक्षण और निर्देशन की जरूरत पड़तो है। इनके विकास के लिए विकास अधिकारी को अधिक समय लगाना पड़ता है। इनकी योजनाओं का निर्धारण विकास अधिकारी करता है जबकि उपरोक्त श्रेणी के अभिकर्त्ताओं की योजना वे स्वयं बनाते हैं। त्रैमासिक योजनाओं को साप्ताहिक कार्यों में बदल दिया जाता है और उसके अनुसार कार्य के लिए प्रोत्साहन दिया जाता है। पाक्षिक आधार पर इनके कार्यों का मूल्यांकन करते हैं। ये केवल एक मुश्त आवश्यकता (Single Need) को पूरा करने के लिए प्रोत्साहन दे सकते हैं। बहु आवश्यकता (Multiple Need) को पूरा करने के लिए तर्क देने में कुशल नहीं होते हैं। इनके ऊपर अक्सर नियंत्रण रखा जाता है जिससे वे अपने कार्यों को अच्छी तरह पूरा कर सकें। इन अभिकर्ताओं के लिए निकट पर्यवेक्षण (Close Supervision) की आवश्यकता पड़ती है। निकट पर्यवेक्षण उनके लिए जरूरी है जिन्होंने कार्य आदत नहीं बनाई है। कार्य पद्धति का विशेष ज्ञान नहीं है, बीमापात्रों की खोज और विक्रय कला का औसत ज्ञान है। इस प्रकार के पर्यवेक्षण के लिए 10 घन्टे प्रति माह के औसत से पर्यवेक्षण कार्य किया जा सकता है।

प्रेरणा
(Motivation)

बीमा अभिकर्ता को एक सफल विक्रेता के रूप में तभी बनाया जाता सकता है जबकि उसे प्रेरणा मिलती रहे। प्रेरणा एवं उत्साह का महत्त्व जीवन बीमा में बहुत अधिक है। इससे जीवन बीमा के व्यापार में वृद्धि का अवसर मिलता है।

अर्थ (Meaning)—अभिकर्ता को अपने सर्वोत्तम प्रयास को कार्यरूप देने के लिए प्रेरित करना प्रेरणा है। बीमा प्रबन्धक का यह कर्तव्य है कि अपने अधीन विक्रय संगठन को इस प्रकार प्रोत्साहित करे जिससे व्यापार लगातार बढ़ता रहे। पर्यवेक्षण एवं प्रेरणा दोनों एक दूसरे से घनिष्ठ सम्बन्ध रखते हैं। पर्यवेक्षण का उद्देश्य यह देखना है कि अभिकर्ता वह सभी कार्य कर रहा है जो उसे सौंपा गया है। प्रेरणा एक ऐसा वातावरण है जिनमें अभिकर्ता

अपने कार्यों को अधिकतम प्रयास से करना चाहेगा। प्रेरणा अधिकतम योग्यता एवं क्षमता के उपयोग का साधन है। इससे अभिकर्ता बीमा विक्रय के लिए अपनी सम्पूर्ण क्षमता का प्रयोग करता है जो क्षमता एवं योग्यता, प्रशिक्षण एवं पर्यवेक्षण द्वारा विकसित हो गयी है उसका पूर्ण प्रयोग प्रेरणा द्वारा किया जाता है। संस्था अपने उद्देश्यों को तब तक नहीं प्राप्त कर सकेगी जब तक वह प्रेरणा देकर अपने कार्यकताओं की क्षमता का पूर्ण प्रयोग न कर ले।

आवश्यकता (Need)—जीवन बीमा व्यवसाय में प्रेरणा की आवश्यकता निम्न कारणों से होती है—

(1) जीवन बीमा व्यवसाय ऐसा है जिसमें अभिकर्ता को प्राय: हतोत्साहित होना पड़ता है। उसे बुराइयों एवं निरुत्साह का सामना करना पड़ता है। अत: यह आवश्यक है कि अभिकर्ता को लगातार उत्साहित किया जाय जिससे उनमें आत्म विश्वास और उत्साह को पुन: जागृति किया जा सके।

(2) यदि बीमा अभिकर्ता को अकेले कार्य में रखा जाय तो वह परेशान होकर व्यापार से अलग हो सकता है और संस्था के उद्देश्यों को प्राप्त करने में असमर्थ रह सकता है। इसलिए यह जरूरी है कि उन्हें प्रोत्साहित करके व्यापार में रखा जाय और व्यापार के उद्देश्यों को अच्छी तरह प्राप्त किया जाय। सहानुभूतिपूर्ण विचार, उत्साह और उचित प्रेरणा आदि अभिकर्ता को बीमा व्यापार में हमेशा बनाये रखते हैं।

(3) अभिकर्ता अपना अधिकांश समय कार्य क्षेत्र में बिताता है जहाँ पर उसे अपने उत्साह एवं साहस पर ही कार्य करना पड़ता है। केवल अकेले कार्य करना कभी भी लाभ प्रद नहीं रहा है। उसे किसी विकास अधिकारी के अधीन कार्य करना चाहिए जो कि उसे समय-समय पर प्रोत्साहित करता रहे। अभिकर्ता के आलस्य एवं लापरवाही को दूर करने के लिए भी प्रेरणा आवश्यक है।

(4) बीमा व्यवसाय में लगातार कार्य करने के बाद भी परिणाम की निश्चितता नहीं होती है। बीमा अभिकर्ता को वार्ता समाप्त करने के बाद भी व्यापार मिलना कठिन हो सकता है। कभी-कभी यह भी होता है कि एक बार बीमापात्र ने निर्णय ले लिया तो दूसरे बीमा प्रस्ताव के समय अपना निर्णय बदल देता है। इस प्रकार अभिकर्ता को बहुत कष्ट होता है। प्रेरणा के द्वारा इस असीम निरुत्साह को दूर किया जा सकता है।

(5) बीमा अभिकर्ता आलोचना, बुराइयों और समस्याओं में कार्य करता है। विपरीत वातावरण में कार्य की सफलता के लिए प्रेरणा की आवश्यकता है। विकास अधिकारी और शाखा प्रबन्धक को चाहिए कि वह अपने कार्यकर्ताओं को निरन्तर प्रेरित करते रहें जिससे वे अधिक से अधिक कार्य कर सकें।

(6) बीमा व्यवसाय में मानसिक कष्ट और दुख की सम्भावना बनी रहती है। इस वातावरण को दूर करने के लिए उसे प्रेरणा देना जरूरी है। उन्हें उत्साह, दृढ़ता और गहन विश्वास की आवश्यकता है जो कि लगातार प्रेरणा से आ सकते हैं।

शाखा प्रबन्धक एवं विकास अधिकारी को वे सभी कार्य करने चाहिए जिससे अभिकर्ता के विश्वास और उत्साह को बढ़ाया जा सके।

प्रेरणा के सिद्धान्त
(Principles of Motivation)

प्रेरणा का कोई निश्चित सिद्धान्त नहीं हो सकता है क्योंकि इसका स्वरूप अभिकर्ता के स्वभाव एवं गुण के अनुसार बदलता रहता है तथापि कुछ आधारभूत सिद्धान्त बताये गये हैं

जिनका पालन करना प्रेरणा के लिये अति आवश्यक है। प्रत्येक व्यक्ति प्रेम, आदर, इच्छा, आशा एवं सफलता चाहता है। मनुष्य की कुछ आधारभूत आवश्यकताएँ होती हैं जिनकी पूर्ति के लिए वह सतत प्रयास करता है। इन आवश्यकताओं में इच्छा, चाह, उद्देश्य, आदि ऐसे तत्व हैं जिनकी पूर्ति के लिए अभिकर्ता कठिन से कठिन कार्य करने के लिए तैयार हो सकता है। इनकी पूर्ति के लिए मनुष्य कार्यशील और ओजस्वी बना रहता है। प्रेरणा के कुछ महत्वपूर्ण सिद्धान्तों का वर्णन नीचे किया जा रहा है—

(1) चाह का विश्लेषण (Analysis of Ambitions)—अभिकर्ता की कुछ चाह, आशायें और उद्देश्य होते हैं जिनकी पूर्ति के लिए वह कठोर परिश्रम कर सकता है। अत: यह आवश्यक है कि इनको स्पष्ट और सही रूप से समझा जाय। यदि चाह और इच्छाओं का स्पष्टीकरण हो जायेगा तो उसी को आधार मानकर अभिकर्ता को प्रेरिता किया जा सकता है। मौद्रिक आय में वृद्धि करना ही अभिकर्ता का उद्देश्य नहीं होगा, बल्कि अन्य कई इच्छायें और आशायें हो सकती हैं जिनसे मनुष्य प्रेरित होकर कार्य करता है। इन सबका पता लगाना आवश्यक है और उसी के अनुसार अधिक कार्य के लिये कहा जा सकता है।

(2) जीवन की अनिवार्यतायें (Requirment of Life)—कार्य करने की प्रेरणा मनुष्य को जीवन की अनिवार्यताओं को पूरा करने से दी जा सकती है। अभिकर्ता के जीवन की कुछ आवश्यकताएँ होंगी जिनको पूरा करने के लिए वह सतत् प्रयास कर सकता है। जिस वस्तु को जितना व्यक्ति चाहेगा उतना ही वह कार्य के लिए अधिक अध्यवसायी एवं परिश्रमी बनेगा। जीवन स्तर ऊँचा उठाने में कठोर प्रयास करना होता है और इस भावना से प्रेरित होकर वह अपने जीवन स्तर को बढ़ा सकता है। प्रेरक को चाहिए कि इसका व्यावहारिक उदाहरण देकर बतायें कि जिन लोगों ने अभिकर्ता कार्य में कठोर परिश्रम किया उनका जीवन स्तर ऊँचा उठ गया। आजकल प्रतिस्पर्धा का युग है इसमें प्रत्येक व्यक्ति जीवन स्तर को ऊँचा उठाना चाहता है अत: इसकी याद दिलाकर और इस पर जोर डालकर प्रेरणा दी जा सकती है।

(3) आत्म परिचय (Self-Recognition)—कुछ लोग ऐसे हैं जो मुद्रा और आवश्यकता के लिये काम नहीं करते हैं, बल्कि नाम और यश के लिये कार्य करते हैं। यदि उन्हें अद्वितीय सम्मान मिल सके तो वे अधिक कार्य करेंगे। प्राय: प्रत्येक अभिकर्ता सम्मान और यश चाहता है। समय-समय पर अभिकर्ताओं की प्रशंसा उनकी ख्याति का प्रकाशन आदि करने से लोगों के अन्दर प्रोत्साहन की भावना जागृत होती है।

(4) गौरव (Pride)—आत्म-सम्मान और गौरव को महत्व देना प्रेरणा का अगला सिद्धान्त है। एक अच्छा और उत्साही अभिकर्ता आत्म सम्मान और आदर को चाहता है। यदि उसे गौरवान्वित किया जाय तो वह अधिक कार्य कर सकता है। प्रतिस्पर्धा को आमन्त्रित करने से ऐसे व्यक्ति रुचि के साथ भाग लेते हैं और व्यापार बढ़ाने के लिये अथक प्रयास करते हैं। गौरव देने से व्यक्ति अद्वितीय साहस से कार्य करता है। गौरव प्राप्त करने की इच्छा सबकी होती है, लेकिन गौरव प्राप्त करने लिए प्रयास करने की इच्छा केवल साहसी और विश्वासी आदमी में ही आती है।

(5) पुरस्कार एवं सम्मान (Prizes and Honour)—पुरस्कार प्राप्त करने की इच्छा से व्यक्ति अधिक कार्य करते हैं उनके साहस में वृद्धि होती है तथा स्वस्थपूर्ण वातावरण पैदा होता है। पुरस्कार में वही व्यक्ति भाग लेते हैं जिनका व्यापार आगे बढ़ चुका है लेकिन इससे उन व्यक्तियों को भी प्रेरणा मिलती है जो साहसी और ओजस्वी हैं।

(6) विश्वास का अनुभव (Feeling of Confidence)—प्रेरक को विक्रय संगठन में अटूट विश्वास उत्पन्न करना चाहिए। अभिकर्ताओं को यह विश्वास रहे कि शाखा प्रबन्धक उनकी कठिनाइयों में मदद करेगा।

प्रेरणा का तरीका
(Methods of Motivation)

शाखा प्रबन्धक में प्रेरणा देने के आवश्यक गुण होने चाहिए जिससे वह अपने अभिकर्ताओं को अधिक कार्य के लिए प्रेरणा दे सके। प्रेरणा देने के लिए निम्नलिखित तरीके को अपनाया जाता है।

1. व्यक्तिगत वार्ता (Personal Conversations)—अभिकर्ताओं में व्यक्तिगत वार्ता के आधार पर निम्नलिखित कार्य किये जाते हैं।

(i) अभिकर्ताओं में **आवश्यकतायें** जागृत की जाती हैं, आवश्यकताओं को तेज किया जाता है और फिर उनकी पूर्ति के लिए प्रयास किया जाता है। जितनी ही तेज मनुष्य की आवश्यकता होगी उतना ही अधिक कार्य वह करेगा। आवश्यकताएँ प्रत्येक व्यक्तियों में रहती हैं, अत: उन्हें याद दिलाकर तेज करना रहता है। अभिकर्ताओं में आत्म सम्मान की इच्छा रहती है, उस इच्छा को पूरा करके उन्हें कार्य के लिए अधिक प्रेरित कर सकते हैं।

(ii) अभिकर्ताओं में **योग्यताएँ** रहती हैं लेकिन उनको महसूस नहीं करते हैं अत: उन्हें योग्यताओं की याद की दिलाकर अधिक कार्य के लिये प्रेरित किया जा सकता है। उनमें आत्म विश्वास जागृत करने की जरूरत होती है। अभिकर्ताओं की योग्यता में विश्वास रखना चाहिए, इससे वे अधिक से अधिक सफलता प्राप्त कर सकते हैं।

(iii) अभिकर्ताओं की दक्षता में वृद्धि करके अधिक कार्य के लिए प्रेरित कर सकते हैं। प्रत्येक व्यक्ति वही कार्य करना चाहता है जिसमें वह सबसे अधिक कुशल हो। अत: बीमा अभिकर्ता के खोजने की कला, पहुँचने एवं वार्ता के ढंग, साक्षात्कार और विरोधों के उत्तर देने के तरीके अन्तिम वार्ता एवं बीमा का निर्णय लेने की योग्यता और कुशलता में इतनी वृद्धि कर दी जानी चाहिए जिससे अभिकर्ता इन्हें कार्य आदत के रूप में हमेशा करना ही चाहे। उन्हें इन कार्यों को पूरा करने में ही सन्तोष प्राप्त हो। वह हमेशा इन कार्यों पूरा करने में ही सन्तोष प्राप्त हो। वह हमेशा इन कार्यों को पूरा करने के लिए दिल इच्छुक रहे।

(iv) उत्साह जागृत करके अभिकर्ताओं को प्रेरित किया जाता है। उत्साह जितनी सीमा तक जागृत होगा, प्रेरणा उतनी ही अधिक तेज होगी। उत्साह कभी धीमा न होने पाये इसका लगातार प्रयास करना चाहिए। शाखा प्रबन्धक का यह कार्य एक कठिन कार्य है। इस कार्य को पूरा करके ही प्रेरणा देने में सहायता मिलती है। ऐसे उदाहरण पेश करने पड़ते हैं जिनसे अभिकर्ता को प्रेरणा मिलती रहे।

2. अभिकर्ताओं की बैठक (Agency Meetings)—उपरोक्त पद्धति में व्यक्तिगत रूप से अभिकर्ताओं को प्रेरित करने का प्रयास किया गया परन्तु इस पद्धति में सभी अभिकर्ताओं को एकत्रित करके उन्हें सामूहिक रूप से प्रेरित किया जाता है। इस बैठक में बीमा के नियम एवं व्यवहारों, विक्रय प्रतिस्पर्धा, नये विक्रय विचार, नये विक्रय वार्ता, विचारों का आदान-प्रदान, प्रोत्साहन एवं मनोबल बढ़ाने के कार्य किये जाते हैं। इससे अभिकर्ता को कार्य करने के लिए प्रेरणा मिलती है। उनके ज्ञान में वृद्धि हो जाती है। बैठक का मुख्य उद्देश्य प्रेरणा देना ही नहीं है बल्कि उन्हें पद्धति तथा नियमों से अवगत कराना है। लोगों में कार्य के प्रति गहरी इच्छा पैदा करना है। समय-समय पर ऐसी बैठक का होना

जरूरी है जिससे अभिकर्ता को अपने कार्यों के प्रति पूर्ण ज्ञान हो जाय। जब कभी आवश्यकता समझी जाय उस समय भी बैठक बुला लेनी चाहिए।

3. विक्रय वृद्धि के कार्य (Sales Promotion Activites)—विक्रय बढ़ाने के लिए अभिकर्ता को सामूहिक प्रतिस्पर्धा में शामिल करना चाहिए। अभिकर्ता के बीच शाखा या विभागीय कार्यालय स्तर पर पुरस्कार देने की घोषणा करके अधिक से अधिक विक्रय बढ़ाने का प्रयास करना चाहिए। विक्रय वृद्धि के अग्रलिखित कार्य किये जा सकते हैं—

(i) पुरस्कार एवं सम्मान देने के लिए प्रतिस्पर्धा का कार्य आवश्यक हो जाता है। व्यक्तियों का आत्म सम्मान बढ़ाकर अधिक कार्य के लिए प्रोत्साहित किया जा सकता है। इसमें पुरस्कार अधिक महत्व नहीं है, परन्तु आत्म सम्मान का बहुत अधिक महत्व है।

(ii) पत्रिकाओं और समाचार पत्रों में योग्य एवं अद्वितीय अभिकर्ताओं के नाम प्रकाशित करके प्रोत्साहित किया जा सकता है। इन पत्रिकाओं में नये विक्रय कार्य, नये विक्रय विचार, स्थानीय सूचनायें और अन्य आवश्यक प्रेरणात्मक प्रकाशन किये जाते हैं।

(iii) दैनिक समाचार पत्रों में योग्य और अनुभवी व्यक्तियों के नाम प्रकाशित करके प्रोत्साहन दिया जा सकता है।

(iv) अभिकर्ताओं को प्रशंसा के पत्र देकर प्रेरणा दी जा सकती है। प्रबन्धक द्वारा की गयी प्रशंसा बहुत महत्वपूर्ण होती है।

(v) सामाजिक कार्यों में सम्मान देकर प्रेरणा दी जा सकती है। इनसे विक्रय-वृद्धि में सहायता मिलती है।

प्रेरणा देते समय यह ध्यान रखना चाहिए कि जिन व्यक्तियों को प्रेरणा दी जा रही है उनसे दूसरे व्यक्ति बैर न उठायें। आपस में संघर्ष न हो और अविश्वास उत्पन्न न होने पाये। शाखा प्रबन्धक को ऐसा कार्य करना चाहिए जिससे विपरीत कार्य उत्पन्न न हो। सभी व्यक्ति समान रूप से प्रोत्साहित हों, जो व्यक्ति पुरस्कार या सम्मान नहीं पाते उन्हें सन्तोष पत्र देकर सहानुभूति प्रकट करनी चाहिए। ऐसे व्यक्तियों की कठिनाइयों को समझना चाहिए और उन्हें दूर करने का प्रयास करना चाहिए।

4. सुविधाजनक क्रियाएँ (Facilitating Activities)—बीमा संस्थाओं को अपने अभिकर्ताओं को प्रोत्साहित करने के लिए समय, विज्ञापन और प्रचार का कार्य करना चाहिए जिससे उन्हें व्यापार प्राप्त करने में सुविधा हो और वे शीघ्र अपना व्यापार प्राप्त कर सकें। विज्ञापन सामान्य या विशिष्ट हो सकता है। विज्ञापन के कई तरीके हैं जिनसे व्यापार को बढ़ाने में सुविधा होती है। नये-नये बीमापत्रों का प्रकाशन करके उसके प्रति प्रस्ताव प्राप्त किये जा सकते हैं। विज्ञापन के अलावा विक्रय साहित्य देना जरूरी है जिससे वे प्रभावपूर्ण विक्रय कार्य कर सकें। विक्रय साहित्य में बुलेटिन, घरेलू पत्रिका, कलेण्डर, पैड आदि वितरित किये जाते हैं। विज्ञापन के वृहत् एवं विस्तृत रूप अपनाकर अभिकर्त्ताओं को व्यापार प्राप्त करने में सहायता दी जाती है।

5. परिचयात्मक क्रियाएँ (Recognition Activities)—अभिकर्ताओं को प्रेरित करने के लिए उन्हें विभिन्न कार्यों में भाग लेने को कहा जाता है। संस्था द्वारा पुरस्कार का प्रबन्ध, प्रतिस्पर्धा का कार्य, सम्मेलन आदि के द्वारा अभिकर्त्ताओं के कार्यों को पुरस्कृत किया जा सकता है। सम्पूर्ण संस्था के स्तर पर अभिकर्ता की योग्यता को सम्मान देने पर कोई

विपरीत प्रभाव नहीं पड़ते। जो अभिकर्ता इतना व्यापार नहीं पाते हैं वे अपने-आप सन्तुष्ट रहते हैं कि व्यापार अधिक न होने से उन्हें सम्मान नहीं मिला। सम्मान एवं आदर का वातावरण पैदा करके अभिकर्ताओं को अधिक कार्य के लिए प्रोत्साहित किया जाता है।

मनोबल (Morale)

बीमा उद्देश्यों को पूरा करने के लिए अभिकर्ता में मनोबल बढ़ाना आवश्यक है। बीमा प्रबन्धक विक्रय संगठन में नेतृत्व का कार्य करता है; अतः उसे अपने अभिकर्ताओं के मनोबल को बढ़ाने के लिए सतत् प्रयास करना चाहिए। शाखा प्रबन्धक को चाहिए कि वह साहस एवं उत्साह दे, विश्वास को विकसित करे, कार्य की पूर्ति के लिए विलक्षण शक्ति का प्रयोग करे। मनोधैर्य या मनोबल बढ़ने से अभिकर्ता अपनी योग्यता का पूर्ण प्रयोग करेगा। मनुष्य में मनोबल एक ऐसा तत्त्व है जो कि कठिन से कठिन कार्य करने के लिए प्रेरित करता है। मनोबल से व्यक्ति अपने उद्देश्यों को प्राप्त करने में सफल हो जाता है। यह एक छिपा हुआ तत्त्व है जिसको उभारने का कार्य एक अनुभवी व्यक्ति ही कर सकता है। शाखा प्रबन्धक को चाहिए कि अभिकर्ता में मनोबल बढ़ाने का पूर्ण प्रयास करे जिससे अभिकर्ता अधिक से अधिक कार्य कर सके।

सिद्धान्त (Principles)

मनोबल बढ़ाने के लिए बहुत से सिद्धान्त अपनाये जा सकते हैं; परन्तु उनमें से कुछ महत्त्वपूर्ण सिद्धान्त नीचे बताये जा रहे हैं—

1. आत्म परिचय (Ego-Recognition)—प्रत्येक अभिकर्ता यह चाहता है कि उसे आत्म सम्मान मिले। उसके कार्यों को गौरवान्वित किया जा सके। मनोबल को बढ़ावा आत्म परिचय से ही हो सकता है। कुछ प्रशंसा और उत्साह के कार्य अभिकर्ता के मनोबल को विकसित कर देता है। यह आवश्यक है कि प्रशंसा व्यंगात्मक न हो। यह उदारपूर्ण, सच्ची और सत्य होनी चाहिए। यदि अभिकर्ता की प्रशंसा कई व्यक्तियों के सामने की जायेगी तो इसका प्रभाव बहुत अधिक होगा।

2. शाखा प्रबन्धक की योग्यता (Competence of Branch Manager)—शाखा प्रबन्धक की योग्यता पर ही अभिकर्ता का मनोबल आश्रित है। शाखा प्रबन्धक अपने अभिकर्ताओं और विकास अधिकारियों में जितना विश्वास उत्पन्न कर सकेगा उनके मनोबल में उतनी ही अधिक वृद्धि होगी। शाखा प्रबन्धक की योग्यता पर ही विक्रय संगठन का मनोबल आधारित है।

3. सुरक्षा की भावना (Sense of Security)—यदि अभिकर्त्ता अपने को आर्थिक और भावनात्मक दृष्टिकोण से सुरक्षित समझ रहा है तो उसका मनोबल बढ़ जायेगा। सुरक्षा की भावना न होने पर मनोबल में वृद्धि नहीं हो पाती है। यदि अभिकर्ता सम्पन्न और सन्तुष्ट है, तो उसे अपने आप को साहसीपूर्ण कार्यों में अधिकतम लगा देने की भावना प्रबल रहेगी।

अध्याय 22

अभिकर्ता का नियन्त्रण

(Control of Agents)

अभिकर्ता का नियंत्रण उनके प्रसंविदा के अनुसार किया जाता है। यदि उनका प्रसंविदा कार्यालय से है तो उन पर कार्यालय का नियंत्रण रहता और जब प्रसंविदा किसी ठेके (Contract) से होता है तो उसे ठेकेदार नियन्त्रित कर सकते हैं। यहाँ पर जीवन बीमा द्वारा अपनाये जाने वाले नियंत्रण कार्य को बताया जायेगा।

जीवन बीमा निगम (अभिकर्ता) नियमन, 1972

[Life Insurance Corporation of India (Agents) Regulations 1972]

उपरोक्त नियमन के माध्यम से अभिकर्ता के ऊपर नियंत्रण रखा है। नियंत्रण की कार्यविधियों को नीचे बताया जा रहा है—

1. अभिकर्ता की नियुक्ति (Appointment of Agents)—अभिकर्ता किसी भी स्थान पर निगम के लिए व्यापार अनुमोदन या व्यापार प्राप्त करने (Soliciting or Procuring) के लिए नियुक्त किया जा सकता है। सभी नियुक्ति अधिकृत अधिकारी—(शाखा कार्यालय का अधिकारी) द्वारा साक्षात्कार करने के बाद की जाती है। नियुक्ति करते समय उन सभी नियमों एवं उपनियमों का पालन करना चाहिए जो समय-समय पर निर्धारित किये गये हों। बीमा अधिनियम के द्वारा परिभाषित कार्यों को करने के लिए अभिकर्ता की नियुक्ति की जायेगी। जीवन बीमा निगम बनने के समय जिन व्यक्तियों ने अभिकर्ता के रूप में कार्य करने का निर्णय लिया था वे अभिकर्ता के रूप में कार्य करते रहे।

2. अभिकर्ता की योग्यताएँ (Qualification of Agents)—(1) कोई भी व्यक्ति अभिकर्ता के रूप में नियुक्त नहीं किया जायगा यदि वह—

(i) 18 वर्ष की उम्र पूरा न किये हो;

(ii) अधिनियम की धारा 42 के अन्तर्गत मान्य (Valid) अनुज्ञापत्र (Licence) प्राप्त न कर लिए हो;

(iii) हाई स्कूल की परीक्षा या इसके समकक्ष परीक्षा पास न किए हो, यदि उसे शहर या कस्बे जहाँ की आबादी एक लाख या अधिक हो में कार्य करना है तथा 8वीं कक्षा न पास किये हो यदि वह शहर या कस्बे के अतिरिक्त कार्य कर रहा हो। बशर्ते कि इन शर्तों को अधिकृत अधिकारी द्वारा क्षम्य न किया गया हो। यहाँ पर अधिकृत अधिकारी का तात्पर्य विभागीय प्रबन्धक से है।

(2) आवश्यक शर्तों के अनुसार जो समय-समय पर निर्धारित की जायेंगी कोई भी समिति, संघ, पंचायत या अन्य संस्था अभिकर्ता के रूप में नियुक्त की जा सकती है। इनकी भी नियुक्ति बीमा अधिनियम की धारा 42 के अनुसार ही की जाती है।

(3) इस नियमन की शर्तों के अनुसार तथा जीवन बीमा निगम (कार्यकर्ता) नियमन 1960 के अनुसार निगम का कोई भी कर्मचारी एजेण्ट के रूप में नियुक्त किया जा सकता है।

3. प्रशिक्षण और परीक्षण (Training and Tests)—जब तक अधिकृत अधिकारी द्वारा कोई अभिकर्ता मुक्त न हो तब तक सभी नये (Absorbed) अभिकर्ताओं को ऐसे नियमों एवं उपनियमों जो कि समय-समय पर निश्चित किये जायेंगे के द्वारा प्रशिक्षित और परीक्षित होना पड़ता है।

4. परीक्षण (Probation)—इस नियमन की शर्तों के अनुसार प्रत्येक अभिकर्ता द्वारा निगम बनने के बाद नियुक्त किया गया है। 6 महीने के परीक्षण काल को पूरा करने के बाद ही नियमन के उपधाराओं के अनुसार अपने कार्य पर स्थाई होगा। यदि अधिकृत अधिकारी (विभागीय प्रबन्धक) यह समझते हैं कि उसने निर्धारित प्रशिक्षण को पूरा कर लिया और निर्धारित जाँच (Tests) को पास कर लिया है और यदि उसका अभिलेख, कार्य और व्यवहार सन्तुष्ट रहा तो उसे उसके पद पर नियुक्त कर दिया जायेगा। अधिकृत अधिकारी (विभागीय प्रबन्धक) अभिकर्ता के परीक्षण काल को घटा सकता है और उसकी नियुक्ति स्थायी कर सकता है। यदि उसने निर्धारित प्रशिक्षण को पूरा एवं परीक्षण को पास कर लिया है या वे यह समझते हैं कि ऐसी प्रशिक्षण एवं परीक्षण उसके लिये स्थायी होने के लिए आवश्यक नहीं हैं और उसके लिये लिखित रूप से मुक्ति का कारण बताया गया है, किसी भी अभिकर्ता का परीक्षण काल 3 वर्ष से अधिक नहीं बढ़ाया जा सकता है इस अवधि के बाद उसकी सेवायें समाप्त कर दी जायेंगी यदि वह स्थायी न किया जा सका।

अभिकर्ता के कार्य (Functions of Agents)—(i) प्रत्येक अभिकर्ता जीवन बीमा व्यापार का अनुमोदन एवं प्राप्त (Soliciting and Procuring) करने का प्रयास करेगा जो कि एक निर्धारित सीमा से कम नहीं होगा। प्राप्त किये हुए व्यापार को स्थायी रखने का प्रयास करेगा।

(ii) नया व्यापार को प्राप्त करने में बीमापात्र की आवश्यकताओं और उनकी प्रव्याजि भुगतान की क्षमता को ध्यान में रखा जायेगा। व्यापार प्राप्त करने में उन तमाम सूचनाओं को प्राप्त किया जायेगा जो बीमित किये जाने वाले जीवन से सम्बन्धित हैं। जो परिस्थितियाँ जोखिम पर विपरीत प्रभाव डालती हैं अर्थात् जिससे जोखिम बढ़ती है उन्हें निगम को सूचित किया जायगा। प्रस्ताव करते समय ही उम्र का प्रमाण पत्र प्राप्त करने का प्रयास किया जायेगा। दूसरे अभिकर्ता द्वारा अनुमोदित जीवन बीमा नहीं किया जायेगा।

(iii) बीमा व्यापार में स्थायित्व लाने के लिये उन सभी बीमापत्रधारियों से सम्बन्ध बनाये रखेगा जिनका उसने बीमा किया है। वह प्रत्येक बीमापत्रधारियों को नामांकन पर अभिहस्तांकन के सम्बन्ध में सलाह देगा और आवश्यक सहायता प्रदान करेगा। बीमापत्रधारियों से अनुग्रह दिवस के अन्दर प्रव्याजि भुगतान करने के लिए प्रेरणा देता रहेगा। जब्ती को बचाने का लगातार प्रयास करेगा। प्रदत्त बीमापत्र में परिवर्तन की सलाह देगा जब कि वह बीमापत्र को चला नहीं पायेगा। अध्यर्थन के भुगतान के लिए बीमापत्रधारी की सहायता करेगा।

(iv) उपरोक्त कार्यों को करने का तात्पर्य यह नहीं है कि अभिकर्ता को किसी रकम को एकत्र करने का अधिकार दिया जायेगा। उसे निगम के उपलक्ष्य में जोखिम स्वीकार करने का भी अधिकार नहीं होगा, बशर्ते कि इसके लिए निगम द्वारा कोई अधिकार अलग से न सौंपा गया हो।

6. अभिकर्ता द्वारा प्राप्त किये जाने वाले व्यापार की न्यूनतम रकम (Minimum amount of business to be secured by agent)—(1) प्रत्येक अभिकर्ता नियुक्ति के प्रथम वर्ष में कम से कम निम्नलिखित रकम तक व्यापार प्राप्त करेगा—

(i) यदि वह किसी शहर, कस्बे या स्थान में कार्य कर रहा है जहाँ की आबादी 5 लाख या अधिक है तो बीमापत्र में परिणत होने वाले प्रस्तावों की कम से कम सीमा 75 हजार रुपये है जो कि कम से कम 12 विभिन्न जीवनों (Lives) पर बेचे जायेंगे।

(ii) यदि वह ऐसे शहर, कस्बे या स्थान में कार्य कर रहा है जहाँ की आबादी एक लाख या इससे अधिक लेकिन 5 लाख से कम है वहाँ पर बीमापत्र में परिणत होने वाले प्रस्तावों की कम से कम सीमा 60 हजार रुपये है जो कि कम से कम 12 विभिन्न जीवनों (Lives) पर बेचे जायेंगे।

(iii) यह वह अन्य किसी ऐसे स्थान में कार्य कर रहा है जहाँ की आबादी एक लाख से कम है तो बीमापत्र में परिणत होने वाले प्रस्तावों की कम से कम सीमा 40 हजार रुपये है जो कि कम से कम 12 विभिन्न जीवनों पर बेचे जायेंगे।

(2) प्रत्येक अभिकर्ता नियुक्ति के दूसरे वर्ष या आने वाले अभिकर्तृत्व वर्ष में प्रतिवर्ष कम से कम निम्नलिखित व्यापार प्राप्त करेगा—

(i) यदि वह किसी शहर, कस्बे या स्थान में कार्य कर रहा है जहाँ की आबादी 5 लाख या अधिक है तो बीमापत्र में परिणत होने वाले प्रस्तावों की कम से कम सीमा एक लाख रुपये है जो कि कम से कम 12 विभिन्न जीवनों पर बेचे जायेंगे।

(ii) यदि वह किसी शहर कस्बे या स्थान में कार्य कर रहा है जहाँ की आबादी एक लाख या अधिक है परन्तु 5 लाख से कम है तो बीमापत्र में परिणत होने वाले प्रस्तावों की कम से कम सीमा 75 हजार रुपये होगी जो कि 12 विभिन्न जीवनों पर लिये जायेंगे।

(iii) यदि वह अन्य किसी ऐसे स्थान पर कार्य रहा है जहाँ की आबादी 1 लाख से कम है तो बीमापत्र में परिणत होने वाले प्रस्तावों की सीमा कम से कम 60 हजार रुपये होगी जो कि 12 विभिन्न जीवनों पर लिये जायेंगे।

उपरोक्त शर्तों से अभिकर्ता उस समय मुक्त हो जायेगा जबकि उसने कम से कम 21 वर्ष तक अभिकर्ता के रूप में कार्य किया है या 15 वर्ष तक कार्य किया है। यदि उसकी उम्र 55 वर्ष से कम नहीं है या उसका नवकरण कमीशन (Reneval Commission) 40 हजार रुपये प्रतिवर्ष कम नहीं है।

7. अभिकर्ता को कमीशन का भुगतान (Payment of Commisson to Agents)—अपने कार्यों को पूरा करने के लिये प्रत्येक अभिकर्ता क्षतिपूर्ति और वेतन के रूप में निम्नलिखित दर से कमीशन प्राप्त करेगा—जिसका वर्णन नियमन की अनुसूची दो में किया गया है।

अनुसूची 2

अभिकर्ता प्रसंविदा चलते रहने पर निम्नलिखित दर से अभिकर्ता को कमीशन देय होगा—
दी गयी प्रव्याजि के प्रतिशत के रूप में

बीमापत्र निर्गमन की तालिका संख्या	प्रव्याजि भुगतान करने की अवधि											
	15 वर्ष या अधिक			10 से 14 वर्ष			5 से 9 वर्ष			2 से 4 वर्ष		
	प्रथम वर्ष	द्वितीय एवं तृतीय वर्ष	आगामी वर्ष	प्रथम वर्ष	द्वितीय एवं तृतीय वर्ष	आगामी वर्ष	प्रथम वर्ष	द्वितीय एवं तृतीय वर्ष	आगामी वर्ष	प्रथम वर्ष	द्वितीय एवं तृतीय वर्ष	आगामी वर्ष
1, 2, 3, 5, 11, 14, 16 से 20, 22 से 28, 33, 34, 46 से 48	25	7.5	5	20	7.5	5	10	5	5	5	2.25	2.25
21 और 45	7.5	2	2	7.5	2	2	7.5	2	2	5	2	2
41 और 50	10	5	5	10	5	5	7.5	5	5	5	2	2
5.8	—	—	—	—	—	—	7.5	3	3	—	—	—

एकल प्रव्याजि में सभी बीमापत्र पर कमीशन 2 प्रतिशत (दी गयी प्रव्याजि पर)

(2) अभिकर्ता उपरोक्त कमीशन के अतिरिक्त प्रथम 5 वर्ष की प्रव्याजि पर बोनस कमीशन प्राप्त करने का अधिकारी है जिसकी दर अनुसूची 3 में दी गयी है जो निम्न प्रकार है।

अनुसूची 3 की तालिका

वर्गीकरण	बोनस कमशीन की दर प्रथम वर्ष के कमीशन का प्रतिशत
(अ) यदि अभिकर्ता के प्रथम वर्ष के कमीशन की रकम 400 रुपये या अधिक है परन्तु 700 रुपये से कम है।	20 प्रतिशत
(ब) यदि अभिकर्ता के प्रथम वर्ष के कमीशन की रकम 700 रुपये से अधिक है परन्तु 1000 रुपये से कम है।	30 प्रतिशत
(स) यदि अभिकर्ता के प्रथम वर्ष के कमीशन की रकम 1000 रुपये से अधिक है।	40 प्रतिशत

(3) कोई भी बीमा अभिकर्ता उस बीमापत्र पर कमशीन नहीं पा सकता है जिसे उसने स्वयं न प्रभावित किया हो। यदि दूसरे अभिकर्ता ने पुनर्चालन का कार्य किया है तो उसे ही नवकरण (Reneval) कमीशन दिया जाता रहेगा।

(4) जो अभिकर्ता परीक्षण काल में कार्य कर रहा है उसे प्रथम वर्ष का ही कमीशन दिया जायेगा, नवकरण या बोनस कमीशन नहीं दिया जायेगा। स्थायी होने पर ही नवकरण एवं बोनस कमीशन प्राप्त करने का अधिकारी होगा।

(5) जिस अभिकर्ता का अनुज्ञापन समाप्त हो गया है या जो अभिकर्ता के रूप में अब नहीं है उसे कोई कमीशन नहीं मिलेगा।

8. ग्रेच्युटी एवं अवधि बीमा लाभ (Gratuity and Term Insurance Benefit)—(1) ग्रेच्युटी एवं अवधि बीमा लाभ अनुसूची के अनुसार दिये जायेंगे। अभिकर्ता को एक निश्चित दर पर ग्रेच्युटी दी जायेगी परन्तु उसकी रकम 30,000 रुपये से अधिक नहीं होगी जो व्यक्ति जीवन बीमा निगम का कर्मचारी है उसे कोई ग्रेच्युटी नहीं दी जायेगी। अवधि बीमा लाभ निम्न दर से दिया जायेगा।

औसत कमीशन	अवधि बीमा की रकम
(i) यदि औसत कमशीन 1001 रुपये से कम है	3000 रुपये
(ii) यदि औसत कमीशन 1001 रुपये या अधिक परन्तु 15000 रुपये से कम है।	3000 रुपये और 1000 रुपये से अधिक कमीशन का 50 प्रतिशत
(iii) यदि औसत कमीशन 15000 रुपये या अधिक है	10000 रुपये

अवधि बीमा की रकम का भुगतान अभिकर्ता के नामांकिकी (Nominee) को कर दिया जायेगा। यदि नामांकन नहीं है तो उसके उत्तराधिकारी को भुगतान किया जायेगा। अवधि बीमा की रकम उसे नहीं मिलेगी जो मृत्यु के समय निगम का कर्मचारी रहा है।

(2) जो अभिकर्ता 1 सितम्बर 1971 को या उसके बाद परन्तु नियमन लागू होने के पहले (1 मई 1972) सेवाच्युत (Terminate) बशर्तें कि कपट का कारण न रहा हो या मृत्यु होती है तो उसके उत्तराधिकारी को अवधि बीमा और ग्रेच्युटी दी जायेगी। इस अवधि के बाद यह नियमन लागू होगा।

9. निगम का अभिकर्ता की रकम पर अधिकार (Corporation's Lien on Agent's Due)—अभिकर्ता या उसके उत्तराधिकारी को दी जाने वाली रकम पर निगम का पहला अधिकार होगा यदि निगम अभिकर्ता से कोई रकम प्राप्त करने का अधिकारी है।

10. अभिकर्तृत्व प्रसंविदा की समाप्ति (Termination of Agency)—अभिकर्तृत्व प्रसंविदा निम्नलिखित दशाओं में समाप्त हो जायेगा—

(i) यदि कोई अभिकर्ता निर्धारित न्यूनतम रकम तक व्यापार प्राप्त नहीं कर पाता है जो उसका प्रसंविदा उस अभिकर्तृत्व वर्ष के अन्त में समाप्त हो जायेगा बशर्ते कि कोई अभिकर्ता इसके लिए मुक्त न हो गया हो। न्यूनतम रकम की सीमा वर्ग (क) में बताया जा चुका है।

(ii) यदि कोई अभिकर्तृत्व प्रसंविदा समाप्त हो तो उसे अधिकृत अधिकारी द्वारा पुनर्चालित कराया जा सकता है बशर्ते कि वह इस बात से सन्तुष्ट हो कि न्यूनतम व्यापार प्राप्त न करने का कारण उसकी पहुँच के बाहर हो। अधिकृत अधिकारी से तात्पर्य विभागीय प्रबन्धक से है।

(iii) जो अभिकर्ता प्रसंविदा पुन: चालू हो गया है उसे हमेशा चालू प्रसंविदा समझा जायेगा।

11. अनुज्ञापत्र के रद्द होने या नवकरण न करने पर अधिकर्तृत्व प्रसंविदा की समाप्ति (Termination of Agency or concellation of, or Failure to renew, licence)—यदि किसी अभिकर्ता का अनुज्ञापत्र रद्द कर दिया जाता है या उसका नवकरण बीमा अधिनियम की धारा 42 के प्रावधानों के अनुसार नहीं हो पाया तो उसकी नियुक्ति अभिकर्ता के रूप में समाप्त हो जायेगी बशर्ते कि अनुज्ञापत्र को पुन: चालू न कराया गया हो। शाखा कार्यालय का अधिकारी इस अनुज्ञापत्र को नियमन 16 को ध्यान में रखकर पुन: चालू कर सकता है।

12. अयोग्यता के कारण अभिकर्तृत्व प्रसंविदा की समाप्ति (Termination of agency on account of certain disqualification)— निम्न अयोग्यता के होने पर अभिकर्तृत्व प्रसंविदा समाप्त कर दिया जाता है।

(i) उचित न्यायालय द्वारा अभिकर्ता अस्वस्थ दिमाग (unsound Mind) वाला व्यक्ति पाया गया।

(iii) उचित न्यायालय द्वारा विश्वास भंग, कपट या दुरुस्साह या अन्य कोई अपराध पूर्ण कार्य के लिये दोषी ठहराया गया।

(iii) जानबूझ कर निगम के विपरीत किसी कपट, बेइमानी या भ्रान्त वर्णन का कार्य किया है।

13. कुछ खण्डन के कारण अभिकर्तृत्व प्रसंविदा की समाप्ति (Termination of Agency for certain Lapses)—(1) अधिकृत अधिकारी अपने आदेश के अनुसार अभिकर्ता की नियुक्ति समाप्त कर सकता है। यदि उसके कार्यों में निम्न प्रकार का खण्डन पाया गया। अधिकृत अधिकारी से तात्पर्य विभागीय प्रबन्धक से है।

(i) यदि अभिकर्ता अपने कार्यों को पूरा करने में असफल रहता है।

(ii) यदि उसने बीमा निगम या बीमापत्रधारियों के हित के विपरीत कार्य किया है।

(iii) यदि उसने व्यापार प्राप्त करने के लिये अपने कमीशन का कुछ हिस्सा या अन्य कोई प्रलोभन दिया है।

(iv) यदि अभिकर्ता बनने के लिये दिये गये आवेदन में कुछ त्रुटि रहती है।

(v) यदि वह अपने कार्यों को करने के लिये शारीरिक या मानसिक रूप से अयोग्य रहता है।

(vi) यदि वह निर्धारित प्रशिक्षण पूरा नहीं करता है। उसे मौका दिया जायेगा कि इन दोषारोपण के विपरीत वह अपने तथ्य प्रस्तुत करे।

(2) प्रसंविदा समाप्ति का प्रत्येक आदेश लिखित होगा और सम्बन्धित अभिकर्ता को दिया जायेगा। जब तक अभिकर्ता इन कारणों से दोषी है उसे व्यापार प्राप्त करने का अधिकार नहीं होगा।

14. सूचना देकर अभिकर्तृत्व प्रसंविदा की समाप्ति (Termination of Agency by Notice)—

(1) किसी भी अभिकर्ता की नियुक्ति एक महीने की लिखित सूचना देकर समाप्त की जा सकती है।

(2) एक अभिकर्ता भी एक महीने की सूचना देकर अभिकर्तृत्व प्रसंविदा भंग कर सकता है। सूचना शाखा के अधिकारी को दी जायेगी।

यहाँ पर सूचना देने का कार्य एक अधिकृत अधिकारी द्वारा होता है जो कि यहाँ प्रबन्ध संचालक (Managing Director) है।

15. दिवालिया घोषित होने पर कार्य विवरण (Procedure in Insolvancy Cases)—यदि कोई व्यक्ति दिवालिया होने के लिए आवेदन दिया है या दिवालिया घोषित किया जा चुका है तो विभागीय प्रबन्धक उसे बीमा व्यापार के अनुमोदन या प्राप्ति के लिए आदेश दे सकता है। अभिकर्ता तब तक व्यापार प्रारम्भ नहीं करेगा जब तक कि न्यायालय से पूर्ण मुक्ति का प्रमाण न मिल गया हो। न्यूनतम व्यापार की सीमा दिवालिया घोषित होने के समय लागू नहीं होगी। यदि अभिकर्ता दो अभिकर्तृत्व वर्ष

के अन्दर पूर्ण मुक्ति का प्रमाण न प्राप्त कर पाता है तो उसकी नियुक्ति विभागीय प्रबन्धक द्वारा 3 महीने की सूचना देकर समाप्त कर दी जाती है।

16. अभिकर्तृत्व प्रसंविदा के न चलने पर कमीशन का भुगतान (Payment of Commission on Discontinuance of Agency)—कपट के कारण को छोड़कर नियुक्ति की समाप्ति पर अभिकर्ता का कमीशन मिलता रहेगा। यदि इस अभिकर्ता ने नियुक्ति के बाद कम से कम 5 साल तक लगातार कार्य किया है और बीमापत्र की कुल रकम 2 लाख रुपये से कम नहीं है या नियुक्ति के बाद कम से कम 10 वर्ष तक लगातार कार्य किया है। या ऐसा अभिकर्ता है जिसका प्रसंविदा नियमन की धारा 16 उपधारा 1 और वाक्यांश (ई) के अनुसार रद्द हुआ है और रद्द होने के समय कम से कम 2 वर्ष तक लगातार कार्य किया है और बीमा रकम कम से कम 1 लाख रुपये है।

17. अपील (Appeal)—प्रत्येक अभिकर्ता को यह अधिकार है कि अपनी नियुक्ति की समाप्ति के विपरीत उचित न्यायालय में अपील कर सके।

चतुर्थ–खण्ड

विपण न–प्रबन्ध

(Marketing-Management)

अध्याय 23

विक्रय-कार्यकर्ताओं का संगठन
(Organisation of Field-Force)

बीमा व्यवसाय में बाजार-प्रबंध को विक्रय-संगठन या विक्रय प्रबन्ध से जाना जाता है। विक्रय प्रबन्ध में विक्रय कार्यकर्ता का संगठन,उनकी योग्यताओं, विक्रय वृद्धि के तरीके तथा व्यापार-स्थायित्व का अध्ययन करते हैं। सबसे पहले विक्रय-कार्यकर्ताओं के संगठन पर विचार किया जायेगा।

संगठन पद्धति
(Organisational System)

बीमा व्यवसाय में विक्रय का कार्य अभिकर्ता (Agents) ही करते हैं। अभिकर्ता जितना योग्य एवं प्रशिक्षित होंगे, व्यापार वृद्धि की संभावना उतनी ही अधिक होगी। व्यापार की वृद्धि इस पर भी आधारित है कि विक्रय का संगठन किस प्रकार है, प्रबन्ध एवं अभिकर्ता में क्या सम्बन्ध है? संगठन पद्धति को मजबूत एवं प्रभावपूर्ण होनी चाहिए जिससे अधिक से अधिक व्यापार कम से कम लागत, समय और श्रम में प्राप्त किया जा सके। बीमा कार्यकर्ताओं को संगठित करने की तीन पद्धतियाँ प्रचलन में हैं—(1) प्रत्यक्ष अभिकर्तृत्व, (2) सामान्य अभिकर्तृत्व और (3) शाखा अभिकर्तृत्व।

1. प्रत्यक्ष अभिकर्तृत्व (Direct Agency)—इस पद्धति में अभिकर्ता सीधे प्रधान कार्यालय से नियुक्त किये जाते हैं। प्रधान कार्यालय इनके प्रशिक्षण, प्रेरणा और नियन्त्रण पर प्रत्यक्ष रूप से ध्यान रखता है। अभिकर्ता और बीमा संस्था का प्रत्यक्ष सम्बन्ध होता है। इनके बीच में शाखा प्रबन्धक या अभिकर्तृत्व प्रबन्धक नहीं होते हैं। अभिकर्ता संस्था के कर्मचारी होते हैं और उन्हें निश्चित वेतन दिया जाता है। कमीशन या नवकरण कमीशन नहीं देते हैं। उनके कार्यों का कोई क्षेत्र नहीं होता है। जहाँ भी आदेश मिला व्यापार प्राप्त करने के लिये चले जाते हैं। इस प्रकार का संगठन छोटी बीमा संस्थाओं में अपनाये जाते हैं। विक्रय और वेतन में प्रत्यक्ष सम्बन्ध न होने के कारण अभिकर्ता रुचि से कार्य नहीं करते हैं। बड़ी संस्थाओं में इसका प्रचलन नहीं हो पाता है।

2. सामान्य अभिकर्तृत्व (General Agency)—इस पद्धति में कुछ व्यक्तियों को सामान्य अभिकर्ता (General Agency) के रूप में नियुक्त किया जाता है जो विक्रय का कार्य देखता है। उसे केवल एक निश्चित क्षेत्र में कार्य करना होता है। इस प्रकार जितने क्षेत्र होंगे बीमा संस्था उतने सामान्य अभिकर्ता नियुक्ति करेगी। ये व्यक्ति वेतन भोगी कर्मचारी नहीं होते हैं; बल्कि उन्हें विक्रय और प्रव्याजि के अनुसार कमीशन, नवकरण कमीशन तथा बोनस पाते हैं। इनके द्वारा जो अभिकर्ता नियुक्त किया जाता है वह बीमा संस्था का अभिकर्ता न होकर सामान्य अभिकर्ता का प्रतिनिधि होता है। सामान्य अभिकर्ता उनकी नियुक्ति प्रशिक्षण प्रेरणा एवं नियन्त्रण आदि के लिए जिम्मेदार है। अभिकर्ता और सामान्य

अभिकर्ता का प्रत्यक्ष प्रसंविदा होता है। सामान्य अभिकर्ता इन कार्यकर्ताओं को कमीशन के आधार पर नियुक्त करता है। अभिकर्ता (Agents) अपने कार्यों के बदले प्रथम प्रव्याजि पर कमीशन और अगले वर्षों की प्रव्याजि पर नवकरण कमीशन सामान्य अभिकर्ता से प्राप्त करता है। सामान्य अभिकर्ता बीमा संस्था से कुछ अधिक दर पर कमीशन आदि प्राप्त करता है जिसमें वह अपना लाभ भी शामिल किये रहता है। बीमा संस्था को व्यापार मिल जाता है और इसके लिये अलग से कोई संगठन एवं प्रबन्ध नहीं करना पड़ता है। अभिकर्ता की नियुक्ति सामान्य अभिकर्ता द्वारा आपसी समझौते के आधार पर की जाती है परन्तु इसकी संस्तुति प्रधान कार्यालय द्वारा प्राप्त की जाती है। सामान्य अभिकर्ता अपने कुल कमीशन में से कुछ कमीशन अभिकर्ता को दे देता है और शेष कमीशन स्वयं लाभ एवं खर्चों के लिए रख लेता है। इस पद्धति में सामान्य अभिकर्ता ही विक्रय संगठन का संचालन करता है, वही कार्यालय रखता है, उसकी देखभाल एवं नियन्त्रण करता है तथा अभिकर्ताओं को प्रशिक्षित एवं नियन्त्रित करता है। व्यापार के खर्चे वह स्वयं सहन करता है। इस प्रकार सामान्य अभिकर्ता ही विक्रय संगठन का नेतृत्व करता है। वह अधिक व्यापार के समय बोनस और अधिकमीशन (overreding commission) प्राप्त करता है। इस पद्धति का प्रचलन राष्ट्रीयकरण के पहले था और आज भी विनियोग एवं बीमा संस्था में इसका प्रचलन है।

3. शाखा अभिकर्तृत्व (Branch Agency)—इस पद्धति के अन्तर्गत शाखा कार्यालय का प्रबन्ध वेतन भोगी शाखा प्रबन्धकों द्वारा किया जाता है जो बीमा संस्था के प्रतिनिधि के रूप में काम करते हैं। वे अपने बीमा संस्था के हितों को बढ़ाने के लिए जिम्मेदार हैं और केवल एक विशेष क्षेत्र में ही कार्य करते हैं। इन व्यक्तियों को कमीशन तभी दिया जायेगा जब वे स्वयं व्यापार प्राप्त करते हैं। बोनस एवं अन्य भत्ते प्राप्त करने के अधिकारी होते हैं। शाखा प्रबन्धक अभिकर्ताओं को नियुक्त करता है, उन्हें प्रशिक्षित करता है, प्रेरणा देकर पर्यवेक्षित करता है और उनके कार्यों पर पूर्ण नियन्त्रण रखता है। शाखा प्रबन्धक इनको विकसित करने के लिए पूर्ण रूपेण जिम्मेदार है। अभिकर्ता बीमा संस्था के कर्मचारी होते हैं और वे बीमा संस्था से शाखा प्रबन्धक के माध्यम से प्रसंविदा करते हैं। प्रधान कार्यालय उनकी नियुक्ति करता है। प्रधान कार्यालय ही खर्चों को सहन करता है। कार्यालय के प्रबन्ध एवं संगठन तथा विक्रय-कार्यकर्ताओं के संगठन की सारी जिम्मेदारी प्रधान कार्यालय की होती है और इन कार्यों के लिए सम्पूर्ण खर्चा प्रधान कार्यालय ही करता है।

सामान्य अभिकर्तृत्व एवं शाखा अभिकर्तृत्व में तुलना (Comparision of the General Agency and Branch Agency)—शाखा कार्यालय पद्धति के अन्तर्गत विक्रय कार्यकर्ताओं पर प्रत्यक्ष नियन्त्रण और पर्यवेक्षण रखना अधिक सम्भव है। इस पद्धति में शाखा प्रबन्धक के चुनाव, निदेशन और नियन्त्रण पर बीमा संस्था विस्तृत और स्वतन्त्र अधिकार रखती है जबकि सामान्य अभिकर्तृत्व में इतनी स्वतन्त्रता नहीं रहती क्योंकि जो भी व्यक्ति अपने खर्चे करके विक्रय संगठन चला सकेगा वही सामान्य अभिकर्ता के रूप में नियुक्त कर दिया जायेगा। शाखा पद्धति में अधिक व्यापार के साथ उत्तम व्यापार (Quality Business) के अधिक प्राप्त होने की सम्भावना है। इस पद्धति में बीमापत्रधारियों और अभिकर्ताओं का सम्बन्ध बीमा संस्था से होता है जिससे वे अधिक सन्तुष्ट रह पाते हैं।

दूसरी तरफ सामान्य अभिकर्तृत्व में इनका सम्बन्ध बीमा संस्था से नहीं हो पाता। वे सामान्य अभिकर्तृत्व के ऊपर ही निर्भर रहते हैं जिससे उन्हें उतनी अच्छी सेवायें मिलने की सम्भावना नहीं रहती है। शाखा पद्धति में अभिकर्ता का चुनाव बीमा संस्था के द्वारा किया जाता है जिससे उनकी शर्तें और दशायें बीमा संस्था निश्चित करती है। इनके कार्य और जिम्मेदारियों का निर्धारण बीमा संस्था करती है जबकि सामान्य अभिकर्तृत्व में अभिकर्ता बीमा संस्था से कोई सम्बन्ध नहीं रखते। उनके अधिकार एवं कर्तव्य केवल एक व्यक्ति (सामान्य अभिकर्ता) द्वारा निश्चित होता है। अभिकर्ता को मिलने वाला प्रथम वर्ष का कमीशन दोनों पद्धतियों में लगभग समान रहता है। सामान्य अभिकर्ता को सबसे अधिक कमीशन मिलता है यदि उसने स्वयं व्यापार प्राप्त किया तो उसे अभिकर्ता की तुलना में अधिक कमीशन मिलता है। इस कमीशन की लालच से वह अपने आप ही कार्य करना चाहेगा जिससे व्यापार वृद्धि होने में सहायता ही मिल सकती है। शाखा प्रबन्धक को वेतन दिया जाता है और जो व्यापार उसने प्राप्त किया उस पर कमीशन दिया जाता है, इस दशा में शाखा प्रबन्धक व्यापार में अधिक से अधिक वृद्धि कर सकता है और अभिकर्ताओं की नियुक्ति में व्यक्तिगत रूप से रुचि ले सकता है। शाखा प्रबन्धक को नया व्यापार वृद्धि और पुराने व्यापार के स्थायित्व पर कुछ बोनस दिये जाते हैं। कार्य संचालन की लागत शाखा पद्धति में कम है जबकि अभिकर्तृत्व में यह अपेक्षाकृत अधिक है और उसके कम होने की आशा नहीं होती है। इस पद्धति में सामान्य अभिकर्ता स्वतन्त्र रूप से कार्य करता है वह अपनी इच्छा और आवश्यकता के अनुसार अभिकर्ता की नियुक्ति प्रशिक्षण, नियन्त्रण आदि का प्रबन्ध करता है। इस पद्धति को विकेन्द्रीकृत पद्धति भी कहते हैं। शाखा अभिकर्ता बीमा संस्था द्वारा निर्धारित नीतियों और निर्देशनों का पालन करता है। इसके ऊपर बीमा संस्था का नियन्त्रण होता है। इस कारण इसे केन्द्रीकृत पद्धति भी कहते हैं। दोनों पद्धतियों में अभिकर्ता के ऊपर प्रत्यक्ष पर्यवेक्षण की आवश्यकता पड़ती है चाहे वह शाखा प्रबन्धक या सामान्य अभिकर्ता द्वारा हो। सामान्य अभिकर्तृत्व में अभिकर्ता की क्रियाओं पर अधिक पर्यवेक्षण एवं नियन्त्रण रखा जाता है। शाखा पद्धति में पर्यवेक्षण एवं नियन्त्रण शाखा प्रबन्धक एवं बीमा संस्था दोनों के द्वारा होता है जिससे अभिकर्ता अधिक स्वतन्त्र नहीं रहते हैं। शाखा पद्धति का प्रयोग बढ़ता जा रहा है।

अभिकर्तृत्व प्रबन्धक या शाखा प्रबन्धक के प्रमुख कार्य (Major Tasks of the Agency Manager or Branch Manager)—उपरोक्त अन्तर के बावजूद भी शाखा प्रबन्धक और अभिकर्तृत्व प्रबन्धक के कार्यों में समानता है जो कि निम्न प्रकार है—

1. विक्रय नियोजन (Sales Planning)—शाखा प्रबन्धक और अभिकर्तृत्व प्रबन्धक दोनों अपने-अपने कार्यों को पहले से नियोजित करते हैं। उद्देश्य का निर्धारण खर्चों का बजट, उद्देश्य को पूरा करने के लिए किया जाने वाला कार्य आदि का पूर्वानुमान दोनों दशाओं में किया जाता है। दोनों प्रबन्धक अपने अभिकर्तृत्व शक्ति और संगठन का मूल्यांकन करते हैं तथा उसमें वृद्धि का प्रयास करते हैं। प्रत्येक कार्यों को पूरा करने के लिए आवश्यक व्यक्तियों की संख्या और उनकी प्राप्ति की व्यवस्था दोनों करते हैं। वे नीतियों के निर्माण एवं कार्य-क्रमों को संचालित करने के लिए जिम्मेदार होते हैं।

2. विक्रय संगठन (Sales Organisation)—दोनों प्रबन्धक विक्रय संगठन को मजबूत एवं सशक्त बनाने के लिये जिम्मेदार हैं। वे अभिकर्ता की नियुक्ति उनका प्रशिक्षण और प्रभावपूर्ण पर्यवेक्षण करते हैं। अभिकर्ताओं के मनोबल को बढ़ाने का कार्य करते हैं।

3. विक्रय-वृद्धि (sales Promotion)—एक निश्चित खर्चों के अन्दर व्यापार को बढ़ाने का कार्य दोनों प्रबन्धक करते हैं। वे विक्रय क्रियाओं को संगठित करके उद्देश्य की प्राप्ति का प्रयास करते रहते हैं। विक्रय प्रयासों को बढ़ाने के लिए वे लगातार प्रयत्न करते रहते हैं। विज्ञापन एवं प्रचार कार्यों में सहायता देते हैं, यद्यपि कि वह कार्य बीमा संस्था द्वारा किया जाता है। ये प्रबन्धक बीमापत्र की खोज, पहुँच, वार्ता, साक्षात्कार एवं अन्तिम निर्णय को प्रभावपूर्ण ढंग से पूरा करने के लिये अभिकर्ताओं को प्रेरित करते रहते हैं। विक्रय पद्धतियों को विकसित करने का कार्य करते रहते हैं।

जीवन बीमा निगम में विक्रय कार्यकर्ता संगठन (Organisation of Field Force in India)

जीवन बीमा निगम अपने विक्रय कार्यकर्ताओं को संगठित करने के लिए इन्हें दो भागों में विभाजित किया है— प्रबन्ध संगठन और कार्य संगठन। प्रबन्ध संगठन में वे सभी कार्यकर्ता आते हैं जो विक्रय सम्बन्धी नीतियों का निर्धारण करते हैं और कार्य संगठन में वे कार्यकर्ता शामिल किये जाते हैं जो संस्था के सामान्य नीतियों के अनुसार कार्य करते हैं। ये कार्यकर्ता विभागीय कार्यालय एवं शाखा कार्यालय स्तर पर होते हैं। विक्रय नीतियों का निर्धारण केन्द्रीय कार्यालय एवं क्षेत्रीय कार्यालय द्वारा किये जाते हैं।

निगम का विक्रय संगठन

अध्यक्ष
|
प्रबन्ध संचालक
|
कार्यकारी संचालक
|
क्षेत्रीय प्रबन्धक
|
सहायता क्षेत्रीय प्रबन्धक (विकास)
|
विभागीय प्रबन्धक
|
सहायक विभागीय प्रबन्धक (विकास)
|
शाखा प्रबन्धक
|
सहायक शाखा प्रबन्धक (विकास) — सहायक शाखा प्रबन्धक (प्रशासन)

सहायक शाखा प्रबन्धक (विकास)
|
विकास अधिकारी
|
अभिकर्ता

1. प्रबन्ध संगठन
(Executive Organisation)

(i) केन्द्रीय स्तर पर (At Central office)—जीवन बीमा निगम में प्रबन्ध संगठन सहायक विभागीय प्रबन्धक (विकास) तक रहता है। जीवन बीमा निगम 15 व्यक्तियों की एक संस्था है जो निगम की नीतियों का निर्धारण एवं कार्य विधियों का निर्देशन करती है। इस समिति का अध्यक्ष सर्वश्रेष्ठ अधिकारी है जो जीवन बीमा निगम का भी उच्चतम अधिकारी है। अध्यक्ष इस समिति के कार्यों को चलाने का कार्य करता है। इसके नीचे प्रबन्ध संचालक (Managing Director) अन्य कार्यों को निर्देशित करने के साथ विक्रय संगठन को भी निर्देशित करता है। इसके कार्य को कार्यकारी संचालक (Executive Director) करने के लिए प्रत्यायुक्त रहता है। कार्यकारी संचालक सभी कार्यों का निर्देशन करता है और आवश्यकता के समय प्रबन्ध संचालक से सलाह लेता है। कार्यकारी संचालक (विकास) को विक्रय संगठन का कार्य सौंपा गया है जो विकास कार्यों, विदेशी व्यापार, विकास कार्यकर्ता के प्रशिक्षण और प्रचार कार्य का संचालन करता है। इसकी सहायता के लिए विकास सचिव (Secretary Development) नियुक्त किया गया है जो अभिकर्तृत्व विभाग और विकास विभाग पर प्रत्यक्ष नियन्त्रण रखता है। इसके द्वारा नया व्यापार वृद्धि, नये कार्यालय का विकास, विकास अधिकारियों का प्रशिक्षण आदि के सम्बन्ध में नियोजित कार्य किया जाता है। विकास अधिकारियों एवं अभिकर्ताओं के प्रशिक्षण कार्यक्रम को नियोजित करने के लिए एक अलग विभाग खोला गया है।

(ii) क्षेत्रीय स्तर पर (At zonal office)—क्षेत्रीय स्तर पर विक्रय संगठन क्षेत्रीय प्रबन्धक के ऊपर निर्भर हैं। चूँकि वह अपने क्षेत्र (zone) के सभी कार्यों के लिये जिम्मेदार है। अत: उसे विक्रय (विकारा) कार्य भी देखना पड़ता है। इस कार्य को विशेष रूप से सहायक क्षेत्रीय प्रबन्ध (विकास) देखता है जिसकी सहायता के लिये सहायक सचिव (Assistant Secretary) नियुक्त किया गया है। क्षेत्रीय कार्यालय में विक्रय संगठन विकास विभाग (Development Department) के अधीन है। इस विभाग द्वारा विकास कार्यक्रमों का नियोजन किया जाता है। क्षेत्र के अन्दर विकास कार्यक्रमों का पालन किया जाता है। व्यापार की प्रगति का सामयिक मूल्यांकन तथा संगठन की लागत का नियन्त्रण किया जाता है। विकास अधिकारियों और शाखा कार्यालयों के कार्य एवं प्रगति का मूल्यांकन किया जाता है। क्षेत्र के सभी वेतन भोगी विक्रय कार्यकर्ता (Field Staff) का सेवा लेख रखना, ग्रामीण बीमा विकास के लिये नियोजन करना, प्रशिक्षण केन्द्रों का संचालन एवं पर्यवेक्षण, क्षेत्र के अन्दर प्रचार व्यवस्था करना, प्रदर्शनियों और गृह-पत्रिकाओं का संचालन करना तथा व्यापार वृद्धि के लिए क्षेत्रीय स्तर पर प्रसार एवं प्रचार कार्य करना इस विभाग की जिम्मेदारी है।

2. कार्य संगठन
(Executing Organisation)

(i) विभागीय स्तर पर (At Divisional office)—क्षेत्र के सम्पूर्ण विकास कार्यों का नियमन एवं नियोजन सहायक क्षेत्रीय प्रबन्धक (विकास) करता है। लेकिन नियमों और योजनाओं को कार्य रूप देने का कार्य विभागीय कार्यालय द्वारा प्रारम्भ होता है।

विभागीय स्तर पर विभागीय प्रबन्धक निगम के सभी कार्यों को देखता है अत: विक्रय (विकास) कार्य की जिम्मेदारी भी उसके ऊपर है। अपनी इस जिम्मेदारी को वह सहायक विभागीय प्रबन्धक (विकास) द्वारा पूरा कराता है। इस प्रबन्धक के अधीन विभागीय कार्यालय का विकास विभाग (Development Department) होता है जिसके द्वारा सम्पूर्ण विभाग (Division) के विकास कार्यों का पर्यवेक्षण एवं नियन्त्रण किया जाता है। कार्यक्षेत्र का संगठन, शाखा कार्यालयों, अभिकर्ताओं एवं विकास अधिकारियों के व्यापार का लेख (Records) रखना, प्रत्येक शाखा कार्यालय के कार्यों का पूरा विवरण तैयार करना, विकास अधिकारियों की नियुक्ति करना, शाखा कार्यालय एवं विकास अधिकारियों के कार्यों का मूल्यांकन करना, शाखा प्रबन्धक और सहायक शाखा प्रबन्धक के व्यापारिक यात्रा का निर्धारण एवं मूल्यांकन, लागत नियन्त्रण, शाखा प्रबन्धक को सलाह देना, शाखा कार्यालयों के खर्चे को नियन्त्रित करना, खर्चों को करने के लिये अनुमति देना तथा नये व्यापार के सम्बन्ध में जनता की शिकायत सुनना इस विभाग का कार्य है। विभागीय स्तर पर विक्रय सम्बन्धी कार्य सभी कार्य विकास विभाग द्वारा पूरा किया जाता है।

(ii) शाखा स्तर पर (At Branch Office)—विक्रय संगठन की वास्तविक क्रिया शाखा स्तर पर शुरू होती है। शाखा कार्यालय विक्रय बढ़ाने और व्यापार स्थायी रखने के सभी कार्य करता है। इसके कार्यों का नियन्त्रण विभागीय कार्यालय करता है। कार्यक्षेत्र में जाकर व्यापार प्राप्त करने का कार्य इसी कार्यालय द्वारा किया जाता है। इस कार्य को पूरा करने के लिये शाखा प्रबन्धक जिम्मेदार होता है। उसकी सहायता के लिए सहायक प्रबन्धक (विकास) होता है। वह अपने अधीन सभी विकास अधिकारियों एवं अभिकर्ताओं को नियन्त्रित करता है। उनके कार्यों को अलग-अलग और सामूहिक रूप से संगठित करके इसकी एक सूचना तैयार की जाती है जिसको विभागीय कार्यालय भेज दिया जाता है। अभिकर्ताओं की नियुक्ति करना, उनके लिए अनुज्ञापत्र की प्राप्ति करना और उनके कार्यों पर नियन्त्रण रखना इस अधिकारी की जिम्मेदारी है। विकास अधिकारियों को पर्यवेक्षित करना, उनके व्यक्तिगत कार्यों की तालिका तैयार करना और उनके कार्यों का मूल्यांकन करना इस अधिकारी की जिम्मेदारी है। इसके अधीन कई विकास अधिकारी और अभिकर्ता होते हैं। जहाँ पर केवल उप शाखा कार्यालय होता है वहाँ पर यह प्रमुख अधिकारी होता है। शाखा कार्यालय के कार्य-क्षेत्र (Field) एवं कार्यालय सम्बन्धी सभी कार्य शाखा प्रबन्धक द्वारा किये जाते हैं। शाखा कार्यालय में विक्रय कार्य शाखा प्रबन्धक, विकास अधिकारी और एजेन्ट के द्वारा किये जाते हैं।

शाखा प्रबन्धक
(Branch Manager)

शाखा प्रबन्धक अपने शाखा कार्यालय का सर्वप्रमुख अधिकारी है जिसकी जिम्मेदारी बीमा व्यापार को लोकप्रिय बनाना है और बीमपात्रधारियों की सेवा करनी है। जीवन बीमा निगम की विकास योजनाओं को कार्यान्वित करता है, वह कार्यक्षेत्र कार्यकर्ताओं का सबसे वरिष्ठ व्यक्ति है, जनता और निगम के बीच सम्बन्ध स्थापित करने वाला व्यक्ति है और अपने कार्यालय का अधिकारी है। कार्यों को पूरा करने के लिये उसमें नियोजन, कल्पना, उत्साह और नेतृत्व का गुण होना चाहिए।

शाखा प्रबन्धक की जिम्मेदारियाँ (Responsibilities of Branch Manager)—शाखा प्रबन्धक की दोहरी जिम्मेदारी है। उसे अपने कार्यालय का आन्तरिक प्रशासन के साथ-साथ क्षेत्रीय या बाह्य प्रशासन का भी कार्य करना पड़ता है। अत: उसकी जिम्मेदारियों का अध्ययन (1) कार्यालय प्रशासन और (2) क्षेत्रीय या व्यापार विकास कार्य के अन्दर किया जायेगा।

(1) कार्यालय प्रशासन (Office Administration)—शाखा प्रबन्धक अपने शाखा कार्यालय के सम्पूर्ण कार्यों की देखभाल करने के लिये जिम्मेदार है। उसे कार्यालय कार्यकर्ताओं में जिम्मेदारी की भावना भरनी पड़ती है। कार्यालय के कार्यकर्ताओं को प्रशिक्षित करके उन्हें अधिक से अधिक कार्य कराने के लिये प्रोत्साहित करना उसकी जिम्मेदारी है। प्रबन्धक को अपने कार्यों को करने के लिए कार्यालय के कार्यों को स्वयं नहीं करना चाहिए बल्कि इन कार्यों को कार्यालय के कार्यकर्ताओं से कराये और स्वयं कार्य को अधिक प्रभावपूर्ण बनाने के लिये कार्यक्रम और योजना का निर्माण करे। अपने कार्यालय के कार्यों को पूरा करने के लिये उसे ही योजना बनानी पड़ती है।

उसे यह ज्ञान होना चाहिए कि कार्यालय का प्रत्येक व्यक्ति कैसे कार्य कर रहा है और कार्यालय का सम्पूर्ण कार्य कैसे पूरा किया जा रहा है। कार्यालय की क्षमता का मूल्यांकन, बीमापत्रधारियों की सेवा, क्षेत्रीय कार्यकर्ताओं की सेवा, व्यापार के स्थायित्व, प्रव्याजि का जमा तथा कार्यालय के कार्यों के स्तर के अनुसार किया जाता है, इन सबके आधार पर यह पता लगता है कि शाखा प्रबन्धक अपनी जिम्मेदारियों को कहाँ तक पूरा कर रहा है।

(i) बीमापत्रधारियों की सेवा (Service of Policyholders)—कार्यालय प्रशासन में बीमापत्रधारियों की सेवा करने की पहली जिम्मेदारी है। प्रत्येक समय कोई न कोई बीमापत्रधारी पत्र, टेलीफोन या व्यक्तिगत रूप से आकर प्रबन्धक से अपनी कड़िनाइयाँ कहता है; उनकी कठिनाइयों और समस्याओं को दूर करने की जिम्मेदारी शाखा प्रबन्धक की होती है। बीमापत्र निर्गमन के समय से लेकर उसके भुगतान के समय तक बीमापत्रधारियों की तमाम आवश्यकता शाखा कार्यालय से पूरी होनी होती है उनको पूरा करने की जिम्मेदारी इस प्रबन्धक की है। सेवा करते समय यह देखना चाहिए सेवा शीघ्र, बुद्धिमानी से प्रसन्नता से की जाय अथवा इसका प्रभाव शून्य रहेगा। शाखा प्रबन्धक की यह जिम्मेदारी है कि वह देखे की बीमापत्रधारी कार्यालय के कार्य से सन्तुष्ट हो। यदि बीमापत्रधारी असन्तुष्ट रहा और उसकी समस्याओं पर कोई ध्यान न दिया गया तो बीमा का व्यापार कम हो सकता है।

(ii) कार्यक्षेत्र के कार्यकर्ताओं की सेवा (Service of the Field Force)—कार्यालय द्वारा कार्यक्षेत्र के कार्यकर्ताओं को तुरन्त और प्रशंसनीय सेवा की जानी चाहिए। उनके द्वारा की जाने वाले जाँच का उत्तर बीमा प्रस्ताव प्रपत्रों की पूर्ति शीघ्र की जानी चाहिए जिससे वे बीमापात्रों या बीमापत्रधारियों को तुरन्त उचित सेवा प्रदान कर सकें। कार्यक्षेत्र के कार्यकर्ताओं का कमीशन या अन्य भत्ता तुरन्त देना चाहिए जिनसे वे सन्तुष्ट रहें और अपने कार्यों को साहस के साथ पूरा कर सकें। अभिकर्ता जीवन बीमा संस्था के जीवन-रक्त (Life-Blood) हैं। यदि वे कार्यशील और चैतन्य रहें तो संस्था भी जीवित रहेगी। यदि वे मजबूत और विकसित होंगे तो संस्था भी मजबूत एवं विकसित होगी। शाखा प्रबन्धक अभिकर्ता को विकासोन्मुख कर सकते हैं। अत: शाखा प्रबन्धक की जिम्मेदारी है कि कार्यालय की सेवा द्वारा इन्हें प्रोत्साहित और प्रेरित किया जाय।

(iii) व्यापार-स्थायित्व (Conservation of Business)—शाखा प्रबन्धक की जिम्मेदारी केवल नये व्यापार में वृद्धि करना ही नहीं है बल्कि पुराने व्यापार को स्थायी

रखने की जिम्मेदारी भी इस प्रतन्धक की है। पुराने व्यापार से आय में वृद्धि होती रहेगी,प्रव्याजि की रकम बढ़ती रहेगी तथा संस्था की वित्तीय स्थिति सुधरेगी। बीमा व्यापार के स्थायी रहने से संस्था की ख्याति बढ़ेगी, लोग व्यापार प्राप्त करने में सशंकित नहीं रहेंगे और व्यापार की वृद्धि में प्रोत्साहन मिलेगा। बीमा व्यापार तभी स्थायी रहेगा जबकि प्रव्याजि दी जाती रहेगी जो कि बीमा कार्यालय के कर्मचारियों द्वारा दी जाने वाली सेवा पर अधिकतर आश्रित है। क्षेत्रीय कार्यकर्ता भी इसके लिए जिम्मेदार हैं और अन्तिम जिम्मेदारी शाखा प्रबन्धक की है।

(iv) समय से प्रव्याजि की प्राप्ति (Timely Collection of Premium)—कार्यक्षेत्र का प्रत्येक कर्मचारी इस प्रकार प्रशिक्षित हो कि वह बीमपत्रधारियों से प्रव्याजि समय-समय पर एकत्र कराता रहे। प्रव्याजि प्राप्त करने की जिम्मेदारी उसकी नहीं है लेकिन प्रव्याजि भुगतान के लिये बीमापत्रधारियों को सामयिक सलाह दी जा सकती है। कार्यालय के कार्यकर्ता को भी इस क्षेत्र में प्रशिक्षित होना चाहिए। शाखा प्रबन्धक की यह जिम्मेदारी होती है कि वह समय-समय पर रोकड़ विभाग में जाकर देखे कि प्रव्याजि एकत्र न होने के क्या कारण हैं, उनको दूर करने का प्रयास करना चाहिए। शिकायतों को सुनकर वह प्रव्याजि भुगतान में शीघ्रता ला सकता है। प्रव्याजि की रकम जमा कराने की अन्तिम जिम्मेदारी शाखा प्रबन्धक पर ही है।

(v) कार्यालय के कार्यक्षमता में सुधार (Improvement of Efficiency in Office Routines)—शाखा प्रबन्धक को अपने कार्यालय के कर्मचारियों की क्षमता बढ़ाने की जिम्मेदारी है। उन्हें प्रत्येक वर्ग और सम्पूर्ण कार्यालय के कार्यों का ज्ञान होना चाहिए। इसके लिये उन्हें उचित रूप से प्रशिक्षित एवं प्रेरित करना चाहिए।

(2) व्यापार विकास (Development of Business)—शाखा प्रबन्धक की यह प्रमुख जिम्मेदारी है कि वह विकास योजनाओं का निर्माण करे तथा योजनाओं को प्रभावपूर्ण ढंग से क्रियान्वित करे। योजनाओं की सफलता के लिये उसे मजबूत संगठन की आवश्यकता होगी। कार्यक्षेत्र में काम करने वाले कर्मचारी पूर्ण प्रशिक्षित, पर्यवेक्षित और प्रोत्साहित होने चाहिए। विक्रय-कार्यकर्ताओं की क्षमता बढ़ाने का प्रयास लगातार होना चाहिए, उनमें क्रमबद्ध कार्य करने की क्षमता होनी चाहिए। शाखा प्रबन्धक इनके कार्यों को अच्छी तरह निर्देशित कर सकता है। उसकी यह जिम्मेदारी है कि इनके कार्यों मे वृद्धि की जाय और कार्यों में एकरूपता बनाये रखा जाय। शाखा प्रबन्धक इन कार्यकर्ताओं को जितना प्रशिक्षित कर पायेगा उसकी जिम्मेदारी उतनी ही पूरी होगी। कार्यकर्ताओं को सैद्धान्तिक ज्ञान के साथ व्यावहारिक ज्ञान भी होना चाहिए। उनको समय-समय पुनर्ज्ञान का पाठ्यक्रम (Refresher Course) भी कराया जाये जिससे उनके सैद्धान्तिक एवं व्यावहारिक ज्ञान में अधिक वृद्धि हो सके। प्रशिक्षण में वृद्धि होने से विकास कार्यक्रमों को पूरा किया जा सकता है। जहाँ पर आवश्यक हो नये कार्यकर्ता नियुक्त किये जायें और उन्हें प्रशिक्षित करके अधिकाधिक कार्य के लिये विकसित किया जाय। शाखा प्रबन्धक को अपने कार्यक्षेत्र के कार्यकर्ताओं को विकसित करने के लिए प्रयास करना चाहिए। अच्छे अभिकर्ताओं की नियुक्ति उनके प्रशिक्षण, प्रोत्साहन और नेतृत्व की जिम्मेदारी शाखा प्रबन्धक पर है।

शाखा प्रबन्धक के कार्य (Function of Branch Manager)—शाखा प्रबन्धक के कार्यों को निम्नलिखित आठ भागों में बाँटा गया है—

(i) स्व-सुधार (Self-Inprovement)—शाखा प्रबन्धक का सबसे पहला कार्य अपने दृष्टिकोण में सुधार करना है। उसे चाहिए कि बीमा व्यवसाय के प्रति उचित द्रष्टिकोण रखे। यदि उसने अपने आपको सुधारने का कार्य किया तभी वह अपने अन्य कार्यों

को पूरा कर सकेगा। उसमें कार्य करने की तार्किक और क्रमबद्ध योजना होनी चाहिए। उसमें अच्छे, योग्य और अनुभवी व्यक्तियों को खोजने की योग्यता होनी चाहिए। यह योग्यता तभी आयेगी जबकि वह स्वयं योग्य होगा और योग्य तभी हो सकता है जबकि वह अपने को सुधारने का लगातार प्रयास करता रहे। उसे स्वयं एक प्रगतिवादी विक्रय कार्यकर्ता के रूप में कार्य करना चाहिए और विक्रय विकास के लिये नये तरीके विकसित करता रहे। उसने अपने को यदि नहीं सुधारा और अपने कार्य हेतु प्रोत्साहित न किया तो उसमें अविश्वास एवं शंका उत्पन्न हो जायेगी। अविश्वास और शंका से योग्य व्यक्ति भी असफल हो जाता है। यदि प्रबंधक में आत्मविश्वास है तो वह कठिन से कठिन कार्य पूरा कर सकेगा। आत्म विश्वास आत्म सुधार से ही आता है। समस्याओं का अध्ययन, उनके सुधार के तरीके तथा प्रोत्साहन के कार्य से प्रबन्धक अपने को प्रशिक्षित और अनुभवी बना सकता है, उसे अपने समय के सदुपयोग का ज्ञान होना चाहिए। मित्रता एवं सामाजिकता को बढ़ाने, अपने जीवन स्तर और व्यक्तित्व के विकास, ज्ञान और दक्षता को विकसित कर तथा नेतृत्व के गुण को प्राप्त करने का प्रयास करना चाहिए।

(ii) विकास नियोजन (Development Planning)—नियोजन किसी कार्य को संगठित ढंग से करने का अनुमान करना है। विकास नियोजन में विकास कार्यों को नियोजित किया जाता है। शाखा प्रबन्धक अपने विक्रय को बढ़ाने के लिये विकास योजनाएँ तैयार करता है। व्यापार की सम्भावनाओं का अध्ययन करके नये व्यक्तियों की नियुक्ति करता है। व्यापार की सम्भावना का अनुमान उस क्षेत्र की आर्थिक, सामाजिक एवं राजनैतिक स्थिति के आधार पर किया जाता है। जनसंख्या, शिक्षा, रोजगार, प्राकृतिक साधन, उद्योग, विकास योजनाएँ, मनुष्य की इच्छायें और शान्ति तथा प्रगति का दृष्टिकोण आदि का विश्लेषण करके यह निश्चय किया जाता है कि उस क्षेत्र में बीमा व्यापार बढ़ने की सम्भावना कितनी है। इसके साथ ही यह देखा जाता है कि व्यापार प्राप्त करने के लिये वर्तमान समय में कितने अभिकर्ता हैं, उनकी कार्यक्षमता कितनी है तथा वे कहाँ तक भावी व्यापार में सहायक हो सकते हैं, यदि वर्तमान अभिकर्ताओं की संख्या आवश्यकता के अनुसार पर्याप्त नहीं है तो नये अभिकर्ता नियुक्त किये जाते हैं।

शाखा प्रबन्धक को दीर्घकालीन एवं लघुकालीन योजनाएँ बनानी पड़ती हैं। उद्देश्यों की पूर्ति के लिए एक निश्चित कार्यक्रम पूरे करने पड़ते हैं। अभिकर्ताओं की नियुक्ति, प्रशिक्षण और पर्यवेक्षण की योजना बनानी पड़ती है जिससे उद्देश्यों को प्राप्त करने में पर्याप्त योग्य अभिकर्ता मिल सकें। उद्देश्यों का निर्धारण, उसकी पूर्ति के लिये नियोजन तथा कार्यक्रम बनाने के लिये उसे अपने क्षेत्र के सामाजिक, आर्थिक और राजनैतिक स्थितियों का ज्ञान होना चाहिए। प्रबन्धक को कार्य के मूल्यांकन के लिये भी कार्यक्रम बनाने पड़ते हैं इसके लिये विभिन्न कार्य विवरण, कार्यपरिणाम की जाँच पुस्तिका आदि का प्रबन्ध करना पड़ता है।

(iii) चुनाव एवं नियुक्ति (Selection and Racruitment)—शाखा प्रबन्धक अपने क्षेत्र के व्यापार को विकसित करने के लिये जिम्मेदार है। इसके लिये उसे पर्याप्त व्यक्तियों की नियुक्ति करनी पड़ती है। विकास अधिकारियों और अभिकर्ताओं का चुनाव तथा उनकी नियुक्ति करना इसका कार्य है। विकास अधिकारियों की नियुक्ति क्षेत्रीय कार्यालय द्वारा की जाती है परन्तु नियुक्ति संस्तुति शाखा प्रबन्धक ही देता है। कार्यालय के उद्देश्यों को ध्यान में रखकर नियुक्ति की जाती है। आवश्यकता से अधिक और कम नियुक्ति नहीं होनी चाहिए। उन व्यक्तियों का ही चुनाव किया जाय जो न केवल वर्तमान आवश्यकताओं को बल्कि भविष्य की आवश्यकताओं को भी पूरा कर सकें। उनकी क्षमता

इतनी हो कि वे बीमा के लिए अधिक उपयोगी सिद्ध हो सकें।

(iv) प्रशिक्षण (Training)—केवल नियुक्ति से ही कार्य पूरा नहीं हो जाता है बल्कि प्रशिक्षण द्वारा उन्हें यह ज्ञात कराया जाय कि कार्यक्षेत्र कार्यकर्ताओं और कार्यालय कार्यकर्ताओं का क्या कर्त्तव्य है? उनकी क्या जिम्मेदारियाँ हैं? उन्हें कैसे पूरा किया जाय? आदि का ज्ञान प्रशिक्षण के अन्दर कराया जाता है। उन्हें कार्य करने की पद्धति बतायी जाती है और कार्य करने की पद्धति करके दिखाई जाती है तथा उन्हें कार्य करने के लिये कहा जाता है, तब वे कार्य करते हैं तो उनकी कठिनाइयाँ एवं समस्याओं को दूर किया जाता है। यदि कार्य करने की कला नहीं आ पाती है तो फिर उन्हें कार्य करके दिखाया जाता है। प्रशिक्षण से केवल कार्यकला का ही ज्ञान नहीं होता बल्कि उन्हें कार्य करने की प्रेरणा भी मिलती है। उनके कार्यों की मात्रा एवं उत्तमता में वृद्धि भी होती है। शाखा प्रबन्धक को यह पता होना चाहिए कि कार्य 'कैसे' किया जाय? प्रशिक्षण 'क्या' है? प्रशिक्षण 'कब' और 'क्यों' आवश्यक है? शाखा प्रबन्धक को प्रशिक्षण पद्धति का ज्ञान होना चाहिए।

(v) पर्यवेक्षण (Supervision)—शाखा प्रबन्धक का सबसे महत्वपूर्ण कार्य पर्यवेक्षण है। कार्य योजनाओं की सफलता पर्यवेक्षण की मात्रा एवं उत्तमता पर आधारित है। पर्यवेक्षण का उद्देश्य कार्यकर्ताओं को अधिकतम कार्यक्षमता प्राप्त करने के लिए विकसित करना है, पर्यवेक्षण एक निर्देशन, प्रोत्साहन एवं किये गये कार्यों का सुधार है। नये कार्यकर्ताओं को लगातार पर्यवेक्षण की आवश्यकता पड़ती है। पर्यवेक्षण के बिना कोई भी नया कार्यकर्ता कार्य प्रारम्भ नहीं कर सकता है और न उसमें सफलता ही प्राप्त कर सकता है। शाखा प्रबन्धक को यह निश्चय करना पड़ता है कि पर्यवेक्षण का ढंग क्या होगा और किस समय कौन से पर्यवेक्षण की आवश्यकता पड़ेगी? कार्यकर्ताओं की क्षमता, योग्यता और अनुभव के अनुसार पर्यवेक्षण का स्वभाव बदलता रहता है।

(vi) शाखा प्रशासन (Branch Administration)—शाखा प्रबन्धक को विविध कार्य करने पड़ते हैं। उसे कार्यक्षेत्र एवं कार्यालय का पूरा ज्ञान होना चाहिए। विभिन्न कार्यों में सन्तुलन स्थापित करना पड़ता है। प्रशासन उसके कार्य का एक महत्वपूर्ण अंग है जिसको पूरी क्षमता के साथ पूरा करना होता है। कार्यालय के सम्पूर्ण कार्य की देखभाल उसे करनी पड़ती है। कार्यालय के कार्य के लिए वह व्यक्तिगत रूप से जिम्मेदार है। अत: उसे कार्यालय-विन्यास, लोक-सम्बन्ध, शिकायतों का समाधान, चिकित्सा परीक्षण, विकास अधिकारियों का कार्यालय, कार्यों का मूल्यांकन तथा सूचनाओं को भेजने के कार्य करने पड़ते हैं—

(क) कार्यालय विन्यास (Office-Lay out)—कार्यालय विन्यास इस प्रकार व्यवस्थित किया जाय जिससे कि कार्यालय के सभी कार्य सुचारु रूप से किया जा सकें। कागज, स्टेशनरी, फर्नीचर आदि का उपयुक्त प्रबन्ध होना चाहिए जिससे कि कार्यकर्ता अपने कार्यों को आसानी से पूरा कर सकें।

(ख) आगन्तुकों से मिलता (To Attend visitors)—आने वाले व्यक्तियों को पूर्णरूप से संतुष्ट किया जाये। उनकी कठिनाइयों को दूर करने का प्रयास किया जाये। शाखा प्रबन्धक को चाहिए कि वह सभी कार्य बन्द करके बीमापत्रधारियों और अन्य आगन्तुकों की कठिनाइयों को सुनें और उन्हें दूर करने का प्रयास करें।

(ग) शिकायतों को सुनना (To hear Complaints)—शिकायतों को सुनने का प्रयास हमेशा होना चाहिए क्योंकि इससे क्षमता बढ़ाने के लिये एक रास्ता मिल जाता

है। शिकायतों को विवेकपूर्ण ढंग से दूर करने का प्रयास होना चाहिए। गलतियों को दबाने की कोशिश नहीं करनी चाहिए बल्कि उन्हें दूर करने के कार्य होने चाहिए। जिस कार्यकर्ता के कारण शिकायत का मौका दिया गया है उसे दूर करने की नम्रता से सलाह देनी चाहिए। शिकायतों को हमेशा सुनकर दूर करने का प्रयास किया जाना चाहिए।

(घ) चिकित्सा परीक्षण (Medical Examination)—चिकित्सा परीक्षण के लिए एक अलग से कमरा होना चाहिए। प्रबन्धक को चाहिए कि वह चिकित्सा परीक्षण के लिए सभी सुविधायें उपलब्ध कराये। यदि परीक्षण बीमापात्र के घर पर हो रहा है तो डाक्टर को वहाँ जाने के लिए कहा जाये और उसे पर्याप्त भत्ता दिया जाये। जहाँ तक सम्भव हो चिकित्सा परीक्षण कार्यालय में ही किया जाय। इससे खर्चों में बचत हो जाती है।

(ङ) विकास अधिकारी के कार्यालय (Working Office for Development Officers)—शाखा कार्यालय में अलग से एक कार्यालय विकास अधिकारियों के लिए होना चाहिए जिससे वे अपना कार्य वहाँ पर कर सकें और कुछ समय आराम करने का मौका भी पा सकें। इसी कार्यालय में समय-समय पर बैठक एवं सम्मेलन बुलाये जा सकते हैं।

(च) मूल्यांकन (Review)—शाखा प्रबन्धक को सभी कर्मचारियों के कार्यों का मूल्यांकन करना पड़ता है। सप्ताह में कम से कम एक बार सभी कर्मचारियों से मिलना पड़ता है। कार्यों के मूल्यांकन से किये गये कार्यों का पता लग जाता है और कार्यों की कमियाँ स्पष्ट हो जाती हैं। इसके आधार पर उन्हें प्रेरणा, सलाह और सहायता दी जा सकती है। अत: कार्यों का मूल्यांकन होना बहुत आवश्यक है।

(च) समय से सूचना भेजना (Timely Submission of Returns)—शाखा प्रबन्धक को कार्यों की प्रगति की सूचना समय-समय पर विभागीय कार्यालय को देनी होती है। इन सूचनाओं को समय के अन्दर ही दे देनी चाहिए। यदि समय के अन्दर सूचना न दी जा सकी तो इससे उसकी अक्षमता सिद्ध होगी। शाखा प्रबन्धक को इसके लिए अपने विकास अधिकारियों, अभिकर्ताओं और अन्य कार्यकर्ताओं से सूचना प्राप्त करनी रहती है, उन्हें इसके लिए प्रेरित किया जा सकता है कि वे समय से सूचना दे दें जिससे शाखा प्रबन्धक इन सूचनाओं को समन्वित करके आगे भेज सके।

(vii) लोक सम्बन्ध (Public Relations)—शाखा प्रबन्धक को लोक सम्बन्ध बनाये रखना या उसको विकसित करने की जिम्मेदारी है। वह लोक सम्बन्ध बढ़ाने में जितना ही सफल होगा उसकी कार्य क्षमता उतनी ही अधिक समझी जायेगी। उसे सामाजिक सम्बन्ध बनाये रखना चाहिए। सामाजिक सम्बन्ध बनाये रखने और विकसित करने से व्यापार बढ़ाने में सहायता मिलती है। जीवन बीमा के प्रति लोगों का विश्वास बढ़ाया जा सकता है। विकास अधिकारी और अभिकर्ताओं को प्रोत्साहन मिलता है तथा उनके मनोबल को बढ़ावा मिलता है। शाखा प्रबन्धक को बीमा संस्था की ख्याति बढ़ाने का हमेशा प्रयास करना पड़ता है।

(viii) विक्रय वृद्धि (Sales Promotion)—विक्रय बढ़ाने का कार्य शाखा प्रबन्धक को करना पड़ता है। कार्यक्षेत्र-कार्यकर्ता को इसके लिए प्रेरित किया जाता है। विस्तार एवं विकास कार्यों को पूरा किया जाता है विज्ञापन एवं प्रचार कार्यों में सहायता देता है। जीवन बीमा के लाभों को बताने का प्रयास करता है। बीमा साहित्य को वितरित करने का कार्यक्रम सोचता है। शाखा प्रबन्धक द्वारा विक्रय-वृद्धि का कार्य हमेशा किया जाता है।

विकास अधिकारी
(Development Officers)

विकास अधिकारी शाखा प्रबन्धक और अभिकर्ता के बीच सम्बन्ध स्थापित करता है। चूँकि शाखा प्रबन्धक को कई कार्य करने रहते हैं, इसलिये विक्रय-कार्यकर्ताओं को संगठित और प्रेरित करने की जिम्मेदारी विकास अधिकारियों पर सौंप दी जाती है। विक्रय संगठन में विकास अधिकारी अन्तिम वेतन भोगी अधिकारी है। उसके बाद अभिकर्ता ऐसा कार्यकर्ता जो कि वेतन नहीं पाता बल्कि अपने कार्यों के लिए कमीशन एवं बोनस कमीशन प्राप्त करता है। विकास कार्यालयों की देखभाल विकास अधिकारी के ऊपर होती है। प्रत्येक विकास अधिकारी के अधीन कई अभिकर्ता होते हैं जिनके प्रशिक्षण, प्रोत्साहन एवं प्रेरणा की जिम्मेदारी विकास अधिकारी पर ही होती है।

विकास अधिकारी की नियुक्ति के समय उसके वेतन आदि शर्तों का निर्धारण किया जाता है। उसके कार्यों पर शाखा प्रबन्धक नियन्त्रण करता है। विकास अधिकारी के कार्यों की साप्ताहिक जाँच करता है और उसकी कमियों को स्पष्ट करके उन्हें सुधारने का प्रयास करता है। विकास अधिकारी के कार्यों एवं जिम्मेदारियों का वर्णन पिछले अध्यायों में किया गया है यहाँ पर संक्षिप्त में इनका वर्णन किया जा रहा है।

(i) कर्त्तव्य (Duties)—विकास अधिकारी का प्रमुख कर्त्तव्य अच्छे प्रकार के पर्याप्त अभिकर्ताओं को विकसित करना है जिससे नये व्यापार में लगातार वृद्धि हो सके और बीमापत्रधारियों की उचित सेवा की जा सके। विकास अधिकारी को अभिकर्ताओं की नियुक्ति, प्रशिक्षण, प्रेरणा और पर्यवेक्षण के कार्य करके उन्हें विकसित करना है जिससे वे नये व्यापार को अधिकाधिक बढ़ा सकें और चालू व्यापार की अधिक और उचित सेवा की जा सके। इस कार्य के लिए वह योजना बनाने और उसके पालन करने का प्रयास करता है। योजना बनाने में सम्बन्धित वातावरण और व्यापार वृद्धि की सम्भावना पर विचार किया जाता है। योजनाओं का क्रमबद्ध और उचित ढंग से पालन किया जाता है।

(ii) जिम्मेदारियाँ (Responsibilities)—विकास अधिकारी की यह जिम्मेदारी है कि वह अपने अधीन अभिकर्ताओं को प्रोत्साहित करके उनके मनोबल को बढ़ावे। वह व्यावसायिक सेवाओं को इस प्रकार प्रदान करे कि समाज की अधिक से अधिक सेवा हो सके तथा लोक सम्बन्ध बढ़ाने का मौका मिल सके। उसे अपने क्षेत्र के सभी सामाजिक, आर्थिक और राजनैतिक विकासों का पता रहे। अपने कार्यों को अच्छी तरह पूरा करे तथा इसकी सूचना निश्चित रूप से लगातार शाखा प्रबन्धक को देता रहे।

(iii) अधिकारों की सीमा (Limitation of Authority)—जीवन बीमा निगम द्वारा निर्देशित और संचालित आदेशों के अनुसार विकास अधिकारी का अधिकार सीमित रहता है। अपने अधिकारों के बाहर वह जीवन बीमा निगम को दायी नहीं बना सकता है। वह किसी शर्त या भुगतान को माफ नहीं कर सकता है। किसी भी नियम के उल्लंघन के लिये विकास अधिकारी व्यक्तिगत रूप से जिम्मेदार होगा।

(iv) सेवा की शर्तें (Terms of Service)—विकास अधिकारी के नियुक्ति पत्र के अनुसार सेवा की शर्तें निश्चित की जाती हैं। शर्तों का निर्धारण निगम के नियमों और उपनियमों के अनुसार किया जायेगा। उसे अपने सेवा अनुशासन का पालन करना होगा। वह समाज तथा अभिकर्ता की मदद अधिकतम सीमा तक करने का प्रयास करेगा।

(v) कार्य का मूल्यांकन (Review of Work)—शाखा प्रबन्धक उसकी कार्य पुस्तिका (Work-Book) और साप्ताहिक संक्षिप्त (Weekly Summeries) के अनुसार

विचार विमर्श करके उसके कार्यों का मूल्यांकन करता है। शाखा प्रबन्धक की धीमी प्रगति के कारणों का पता लगाया जाता है और उसे दूर करने का प्रयास किया जाता है। विकास अधिकारी अपने शाखा प्रबन्धक में अधिक विश्वास रखता है जिससे उसे प्रोत्साहित होने का अवसर प्राप्त होता है। शाखा प्रबन्धक उसके कार्यों को बढ़ाने के लिये लगातार प्रोत्साहन देता रहेगा। विकास अधिकारियों के कार्य परिणामों का मूल्यांकन उसके स्तर के अनुसार किया जाता है। क्योंकि बहुत से विकास अधिक अच्छे होंगे, कुछ सामान्य होंगे तथा कुछ बिल्कुल नये होंगे। एक नया विकास अधिकारी उतना व्यापार नहीं बढ़ा पायेगा जितना कि एक अनुभवी विकास अधिकारी बढ़ा सकता है।

(vi) सेवा का खण्डन (Break in Service)—गम्भीर दुर्व्यवहार और दुसाध्य आधार पर किसी विकास अधिकारी की सेवा को खण्डित किया जा सकता है। सेवा खण्डन का अधिकारी विभागीय प्रबन्धक है। शाखा प्रबन्धक को इसका अधिकार नहीं है वह सेवा खण्डन के लिए केवल संस्तुति दे सकता है जिसके आधार पर विभागीय प्रबन्धक की सेवायें रद्द की जा सकती हैं।

अभिकर्ता
(Agents)

विक्रय (विकास) कार्य में अभिकर्ता का स्थान सर्वोपरि है। उसके द्वारा व्यापार प्राप्त होने पर अन्य कार्य होते हैं। यदि अभिकर्ता कार्य न करे तो व्यापार बन्द हो सकता है। वे जितने प्रशिक्षित और प्रोत्साहित होंगे व्यापार वृद्धि उतनी ही तेज होगी। उनको प्रोत्साहित करने की जिम्मेदारी विकास अधिकारी और शाखा प्रबन्धक की है। उसे विकसित करने का प्रत्येक मौका दिया जाना चाहिए।

(i) कर्तव्य और जिम्मेदारियाँ (Duties and Responsibilities)—अभिकर्ता का सबसे महत्वपूर्ण कर्तव्य व्यापार प्राप्त करना है। बीमापात्रों की आवश्यकताओं को ध्यान में रखते हुए उसे अधिकतम विक्रय बढ़ाना है। व्यापार प्राप्त करने के बाद बीमापत्रधारियों की जो सेवायें हों उन्हें पूरा करना है जिससे व्यापार स्थायी रह सके, संक्षेप में बीमा अभिकर्ता का कर्तव्य व्यक्तियों को बीमापत्र बेचने के पहले और बाद की सेवायें करना है।

अभिकर्ता को निगम द्वारा निर्धारित किये गये नियमों एवं उपनियमों का पालन करना चाहिए। आवश्यकता के समय वह विकास अधिकारी से सलाह ले सकता है जिससे वह अपनी जिम्मेदारियों को पूरी तरह निभा सके।

(ii) सेवा की शर्त (Terms of Service)—जीवन बीमा निगम द्वारा निर्धारित अनुदेशों के अनुसार उसकी सेवा की शर्तें निश्चित होंगी। नियुक्ति के समय इन शर्तों को तय किया जाता है। विकास अधिकारी का यह कर्तव्य है कि वह देखें कि अभिकर्ता निर्धारित नियमों और उपनियमों को उल्लंघित न करें।

(iii) अधिकार की सीमा (Limitation of Authority)—बीमा अभिकर्ता बीमात्र की शर्तों और दशाओं को परिवर्तित नहीं कर सकता है। उसे निर्धारित शर्तों और नियमों का पालन करना होगा एवं प्रीमियम का निर्धारण तालिका में दिये गये नियमों एवं उपनियमों द्वारा किया जाता है। प्रथम प्रव्याजि को छोड़कर और किसी भी रकम को निगम के उपलक्ष्य में प्राप्त करने का अधिकार नहीं है। वह प्रव्याजि प्राप्ति की रसीद नहीं दे सकता है।

(iv) कार्य (Operations)—विक्रय के पहले और बाद (before and after sale) की सेवाओं को पूरा करने के लिए उसे प्रोत्साहित किया जाता है। प्रथम वर्ष की प्रव्याजि इसीलिए अधिक है कि नये व्यापार प्राप्त करने का अधिक प्रयास करना होता है। दूसरे और तीसरे वर्ष की प्रव्याजि पर अभिकर्ता को दी गयी प्रव्याजि का 7.5 प्रतिशत कमीशन मिलता है जबकि प्रथम वर्ष का कमीशन 25 प्रतिशत है लेकिन आगामी अन्य वर्ष में कमीशन की दर 5 प्रतिशत है। इसका कारण यह है कि द्वितीय एवं तृतीय वर्षों में बीमा जब्त होने की अधिक सम्भावना रहती है और बीमा अभिकर्ता को इसे रोकने के लिए अधिक प्रयास करने पड़ते हैं। आगामी वर्षों में जब्ती की सम्भावना कुछ कम हो जाती है जिससे 5 प्रतिशत कमीशन मिलता है। इस कमीशन का उद्देश्य बीमा जब्ती को रोकना है अभिकर्ता अपने कार्यों को करने के लिये कुछ निश्चित योजना अवश्य रखे। विकास अधिकारी या शाखा प्रबन्धक द्वारा बातचीत एवं व्यक्तिगत सम्पर्क के आधार पर योजना तैयार की जा सकती है।

अभिकर्ताओं की बैठक (Agents' Meetings)—विकास अधिकारी को चाहिए कि वह अपने अभिकर्ताओं से महीने में कम से एक बार अवश्य मिले। शाखा प्रबन्धक को भी इन अभिकर्ताओं से व्यक्तिगत एवं सामूहिक स्तर पर अवश्य मिले । उनके कार्यों का मूल्यांकन करे और योजना का पूर्वावलोकन करके उसे व्यावहारिक बनाये। अभिकर्ताओं को इनके आधार पर प्रोत्साहित करके अधिक और उत्तम कार्य प्राप्त किये जा सकते हैं इसलिए इनके ऊपर लगातार एवं प्रभावपूर्ण पर्यवेक्षण की आवश्यकता बनी रहती है। अभिकर्ता का मनोबल जितना ऊँचा होगा उसे कार्य में सफलता उतनी ही अधिक मिलेगी।

अध्याय 24

कार्यक्षेत्रीय कार्यकर्ताओं के गुण

(Qualities of Field-Force)

कार्यक्षेत्रीय कार्यकर्ता का संगठन एवं प्रबन्ध एक प्रावैधिक विषय है। इसके प्रत्येक अंगों विशेष कर शाखा प्रबन्धक, विकास अधिकारी और अभिकर्ताओं में कुछ आवश्यक गुण होने चाहिए जिससे वे अपने कर्त्तव्यों और जिम्मेदारियों को अच्छी तरह पूरा कर सकें। यदि सभी अंग अपने कर्तव्यों और जिम्मेदारियों को पूर्ण रूप से पूरा करें तो बीमा संस्था के उद्देश्यों को आसानी से प्राप्त किया जा सकता है।

एक अच्छे प्रबन्धक के विशेष गुण (Specific Qualities of a Good Manager)—एक सफल प्रबन्धक में निम्नलिखित आवश्यक गुण होने चाहिए—

1. रचनात्मक नेतृत्व (Constructive Leadership)—नेतृत्व के गुण से किसी एक समूह को कुछ विशेष उद्देश्यों को पूरा करने के लिए प्रोत्साहित किया जा सकता है। यदि यह गुण रचनात्मक कार्यों के लिए हुआ तो उसे रचनात्मक नेतृत्व कहेंगे। रचनात्मक नेतृत्व से विक्रय में वृद्धि करने में सफलता मिलती है, अभिकर्ता कार्यों को विकसित किया जा सकता है, संगठन को अच्छा बनाकर सुरक्षित रख सकते हैं, कार्यकर्ता को प्रोत्साहित करके अधिकतम परिणाम और उत्तम परिणाम प्राप्त किये जा सकते हैं। इससे सभी कार्यकर्ताओं को इस प्रकार प्रोत्साहित करते हैं जिससे कि वे अपने आप अधिक कार्य करने के लिए तैयार हो जायें। एक शाखा कार्यालय की सफलता नेतृत्व की प्रभाव पूर्णता पर निर्भर है। नेतृत्व ऐसा होना चाहिए जिससे अपने व्यक्तियों में विश्वास उत्पन्न किया जा सके।

2. समग्रता (Integrity)—समग्रता में ईमानदारी, विश्वास और कर्मशीलता आती है। एक ईमानदार और सच्चा व्यक्ति अपने कार्यकर्ताओं से आदर प्राप्त करता रहता है। शाखा प्रबन्धक के इस गुण से कार्यकर्ता उनका आदर करते रहते हैं और आपस में सहयोगिता स्थापित करने में सहायता मिलती है। एक दूसरे के प्रति विश्वास और सहयोग स्थापित करने में इस गुण से प्रोत्साहन मिलता है। शाखा प्रबन्धक का यह गुण समस्त कार्यकर्ता को सहयोगी और एक दूसरे के प्रति सहानुभूति की भावना उत्पन्न करता है।

3. उत्साह (Enthusiasm)—बीमा व्यवसाय का स्वभव ही कुछ ऐसा है कि इसमें समय-समय पर निरुत्साह और निराशा उत्पन्न होती रहती है। यदि शाखा प्रबन्धक स्वयं उत्साही न रहा तो वह और उसके कार्यकर्ता अपने उद्देश्यों की प्राप्त नहीं कर सकेंगे। कार्यालय का समस्त कार्य कम हो जायेगा और सभी लोग हतोत्साहित रहेंगे। लेकिन उत्साह से वह स्वयं को और अपने कार्यकर्ताओं को आगे बढ़ाने के लिए प्रेरित करता रहेगा। सफलता प्राप्त होती रहेगी, आशा बनी रहेगी और उत्साह बढ़ता रहेगा जिससे उद्देश्यों की पूर्ति होती रहेगी।

4. बीमा संस्था में विश्वास (Confidence in the Enterprise)—शाखा प्रबन्धक को बीमा संस्था में विश्वास रखना चाहिए तभी वह पूर्ण निष्ठा से कार्य कर सकता

है। उसे अपनी और अपनी संस्था की आलोचनाओं से विचलित नहीं होना चाहिए। यदि वह अपने उच्च अधिकारी के आदेशों को पालन करने में देर करता है,तो उसके कार्यकर्ता भी उसके आदेशों को पालन करने में देर करेंगे; यह भी हो सकता है कि उसके आदेशों का सही ढंग से पालन भी न हो। अत: शाखा प्रबन्धक को ऐसा होना चाहिए जो बीमा संस्था में विश्वास और निष्ठा रखकर कार्य करे।

5. बीमा विक्रय कला (Insurance Salesmanship)—प्रबन्धक को बीमा विक्रय कला का पूरा ज्ञान होना चाहिए। उसे विक्रय करने के तरीके का अनुभव होना जरूरी है। दूसरे को प्रोत्साहित तभी किया जा सकता है जबकि वह स्वयं जो कह रहा है उसे करे। विक्रय कला का उसे पूर्ण ज्ञान हो। यदि ऐसा नहीं है तो वह अपने कर्मचारियों को प्रोत्साहित नहीं कर सकेगा।

6. व्यावसायिक गुण (Vocational Qualities)—व्यावसायिक गुण से विक्रय बढ़ाने और कार्यकर्ता को अधिक कार्य के लिए प्रेरित किया जा सकता है। उसमें वे सभी गुण होने चाहिए जो एक प्रबन्धक और प्रशासक में होते हैं। प्रशासकीय अध्यक्षता के गुण से वह सम्पूर्ण संगठन को एक सही दिशा में ले जा सकेगा। उसमें समन्वय करने के गुण होने चाहिए जिससे वह क्षेत्रीय कार्यकर्ताओं (Field-Force) और कार्यालय कार्यकर्ताओं को प्रगति की ओर उन्मुख कर सके।

7. योजना बनाने के गुण (Qualities of Planning)—शाखा प्रबन्धक को अपने शाखा कार्यालय के कार्यों को नियोजित करने की योग्यता होनी चाहिए। योजना बनाने की योग्यता होने से वह अपने कार्यों को सही दिशा में नियोजित कर सकेगा। केवल योजना बनाने की ही योग्यता न हो बल्कि निगम द्वारा दी गयी योजनाओं को कार्यान्वित करने की भी योग्यता होनी चाहिए। कल्पना और सहयोग के गुण से वह योजना बनाने में सफल हो सकता है।

8. सामाजिकता (Sociality)—जनता की अधिक से अधिक सेवा करने के लिये शाखा प्रबन्धक में सामाजिकता का गुण होना चाहिए। समाज के समस्त अंगों में घुल-मिल जाने की योग्यता होनी चाहिए। समाज के प्रत्येक स्तर के व्यक्ति से सम्पर्क करने का गुण होना जरूरी है।

विकास अधिकारी के गुण
(Qualities of Development Officers)

विकास अधिकारी में निम्नलिखित गुण होने आवश्यक हैं जिससे वह अपने व्यवसाय में सफलता पा सके—

1. नेतृत्व (Leadership)—नेतृत्व के गुण से वह अपने अभिकर्ताओं को अच्छी तरह पथ-प्रदर्शित करके अपने कार्यों में सफलता प्राप्त कर सकता है। अभिकर्ताओं के हतोत्साहित होने से उन्हें उत्साहित किया जा सकता है। नेतृत्व के गुण से वह सभी कार्य किये जा सकते हैं जो कि अन्यथा सम्भव नहीं हो पाता है।

2. बीमा का ज्ञान (Knowledge of Insurance)—विकास अधिकारी को बीमा के सिद्धान्त एवं व्यवहार का पूरा ज्ञान होना चाहिए। उसके नियमों एवं उपनियमों से भली प्रकार परिचित हो। अभिकर्ता की कठिनाइयों में सहायता देने की क्षमता होनी चाहिए। बीमा विषय का जितना गहन ज्ञान होगा उतना ही अधिक बीमापात्रों और बीमापत्रधारियों की सेवा की जा सकेगी।

3. सहानुभूति (Sympathetic Attitude)—जब विकास अधिकारी अपने अभिकर्ताओं और ग्राहकों के प्रति सहानुभूति रखेगा तो आपसी विश्वास की भावना जागृत होगी। विश्वास की भावना से उनके ऊपर अनुकूल प्रभाव डाला जा सकता है। सहानुभूति से सामाजिकता बढ़ती है जो व्यापार के विकास के लिए अत्यावश्यक है।

4. विक्रय कला का ज्ञान (Salesmanship)—विकास अधिकारी को बीमा बेचने की कला का पूर्ण ज्ञान होना चाहिए अन्यथा वह अपने कार्य को अच्छी तरह पूरा नहीं कर सकेगा। उसे बीमा व्यापार बढ़ाने के तरीके का ज्ञान तरह होना चाहिए।

5. अन्य योग्यताएँ (Other Qualities)—एक विकास अधिकारी में वे सभी गुण होने चाहिए जो कि एक शाखा प्रबन्धक के लिये आवश्यक हैं क्योंकि उसे अभिकर्ताओं की नियुक्ति, प्रशिक्षण, प्रेरणा आदि का कार्य करना पड़ता है। एक सफल अभिकर्ता में जो गुण होने चाहिए; वे सभी गुण एक विकास अधिकारी में होने चाहिए। पुनरावृत्ति के भय से उन गुणों का वर्णन यहाँ नहीं किया जा रहा है।

• एक सफल अभिकर्ता के गुण
(Qualities of a Successful Agent)

बीमा अभिकर्ता बीमा बेचता है और बीमा पत्रधारियों की सेवा करता है अतः उसमें बीमा बेचने और सेवा करने के गुण साथ-साथ होने चाहिए। एक बीमा अभिकर्ता में निम्नलिखित गुण होने चाहिए—

1. बुद्धिमानी (Intelligence)—एक अभिकर्ता को अपने व्यापार में सफलता पाने के लिए बुद्धिमान होना चाहिए। उसे परिस्थितियों का तथा उसकी समस्याओं का ज्ञान होना चाहिए। जीवन बीमा सिद्धान्त और व्यवहार का पूर्ण ज्ञान होना चाहिए। बुद्धि और ज्ञान के रहने से अभिकर्ता में आत्म विश्वास पैदा हो जाता है और वह अधिक कार्य कर सकता है। एक बुद्धिमान अभिकर्ता अच्छी सेवा प्रदान कर सकता है और बीमापात्र तथा बीमापत्रधारियों को खुश रख सकता है। वह उनके सामने अपने विचारों को स्पष्ट, ओजपूर्ण और तार्किक ढंग से रखकर उनके अन्दर बीमा के प्रति आस्था पैदा करने में सफल होता है। उनके द्वारा पूछे गये प्रश्नों का सही-सही एवं पूर्ण उत्तर दे सकता है। जिस अभिकर्ता को बीमा विषय का पूरा ज्ञान होगा वही अपने उद्देश्यों को पूरा करने में सफल हो सकेगा।

2. सामाजिकता (Sociality)—जो व्यक्ति समाज में जितना ही एक दूसरे से घुल-मिल सकता है वह उतना ही सफल अभिकर्ता हो सकता है, उसमें शर्मिन्दगी या तुच्छ भाव नहीं आने चाहिये। जो व्यक्ति झिझक रखता है वह कभी भी सफल अभिकर्ता नहीं बन सकता है। उसे सामाजिक वार्ता का तरीका मालूम होना चाहिए। जो व्यक्ति अच्छे समुदाय और समाज में रहते हैं उनमें ये गुण अपने आप आ जाता है।

3. ईमानदारी (Earnestness)—ईमानदारी के अभाव में अभिकर्ता कभी भी सफलता नहीं पा सकता हैं। इससे अभिकर्ता में कार्य करने का प्रोत्साहन बढ़ता है। कार्य करने की सही आदत होनी चाहिए। इससे उसे अपने कार्यों में सफलता मिलती रहेगी, उसे यह सोचना चाहिए कि वह समाज के लिये अत्यन्त उपयोगी है और उसी के अनुसार उसमें कार्य करने की भावना जागृत होती है। उसे अपने में तथा अपने व्यवसाय में विश्वास होना चाहिए। ऐसा व्यक्ति जो कुछ सुझाव देगा उसका कुछ अर्थ होगा और उससे लोग व्यक्ति रूप से खुश रहेंगे। बीमापात्रों को आवश्यतानुसार बीमा बेचने की कला से उन्हें सफलता मिल सकती है।

4. साहस और आशावादिता (Enthusiasm and Optimism)—अभिकर्ता में साहस और आशावादिता का गुण होना जरूरी है। साहसी और आशावादी व्यक्ति कठिन से कठिन कार्य करके दिखा देते हैं। कोई भी व्यक्ति साहस और आशा के अभाव में निस्तेज कार्य करता है। उसमें कार्य करने की कोई शक्ति (Force) नहीं रहती है। उसका उत्साह इतना जोरदार हो कि बीमापात्र को बीमा खरीदने के लिये प्रोत्साहित कर सके। अपने कथन की गम्भीरता से वह दूसरों को बीमा के लिये तैयार कर सके। हतोत्साहित एवं असफलता से उसके साहस और आशावादिता में कोई कमी नहीं आनी चाहिए, बल्कि कार्य करने के लिये और अधिक प्रोत्साहित होना चाहिए। उसे अपने व्यापार की सफलताओं और असफलताओं को सहन करने के लिये हमेशा तैयार रहना चाहिए। साहस और आशावादिता उसके रहन-सहन के ऊपर निर्भर है। यदि वह ऐसे समाज में रहता है जहाँ कि कार्य और कर्म को विशेष स्थान दिया जाता है तो उसमें साहस और आशा का समावेश अपने आप होगा। जिस संस्था में कार्य कर रहा है उसके वातावरण पर भी उसका साहस निर्भर है। योग्यता में पूर्ण विश्वास व्यक्ति को साहसी और आशावादी बनाता है।

5. दृढ़-प्रतिज्ञ (Resoluteness)—अभिकर्ता को अपने कार्यों के प्रति दृढ़-प्रतिज्ञ होना चाहिए और निरुत्साह एवं असफलता से घबड़ाना नहीं चाहिये। उसमें चरित्र, दृढ़ता और मानसिक शक्ति का पूर्ण समावेश होना चाहिये। चरित्र की मजबूती व्यक्ति को कार्य करने के लिये प्रेरित करती है, दृढ़ता के कारण व्यक्ति कभी हतोत्साहित नहीं होता है। कार्य के प्रति दृढ़ प्रतिज्ञ होने से वह कभी रास्ते से अलग नहीं होता है। उसकी सफलता इस पर निर्भर है कि वह अपने उद्देश्यों को पूरा करने में कहाँ तक दृढ़ प्रतिज्ञ है।

6. व्यक्तित्व (Personality)—व्यक्तित्व से मनुष्य में दूसरों को आकर्षित एवं प्रभावित करने भी क्षमता उत्पन्न होती है। इसके द्वारा दूसरे मनुष्यों को बिना किसी प्रयास के प्रभावित किया जा सकता है। व्यक्तित्व, ज्ञान और अनुभव अभिकर्ता को प्रभावपूर्ण व्यापार प्राप्त करने में सहायता देता है। जो व्यक्ति प्रसन्नचित्त व्यक्तित्व रखते हैं उन्हें बिना किसी प्रयास के व्यापार में सफलता मिलती है।

7. प्रसन्नचित्तता (Cheerfulness)—अभिकर्ता को प्रत्येक परिस्थितियों में प्रसन्नचित्त रहना चाहिए। जो व्यक्ति अपने साहस को शीघ्र ही खो बैठता है वह सफल अभिकर्ता नहीं हो पायेगा। प्रसन्नचित्त अभिकर्ता हमेशा कठिनाइयों से दूर हो सकता हैं। यह एक स्वाभाविक गुण है। परन्तु अभ्यास से भी इसे विकसित किया जा सकता है। जो व्यक्ति चिड़चिड़े दिमाग का है वह कभी भी अपने कार्यों में सफलता नहीं पा सकता है। प्रत्येक व्यक्ति व्यापार करना एवं बढ़ाना चाहता है। इसके लिए मित्रतापूर्ण और सहानुभूतिपूर्ण प्रयास आवश्यक है।

8. विवेक (Tact)—विवेक का तात्पर्य सही समय में सही कार्य करना और गलत समय में गलत कार्य न करना। विवेक अभ्यास एवं अनुभव से आता है, दूसरे व्यक्तियों के दृष्टिकोणों को मूल्यांकित करते रहने से यह गुण विकसित होता रहता है, बहुत से अभिकर्ता केवल विवेक के अभाव में विक्रय नहीं कर पाते हैं। अन्तिम वार्ता और प्रस्ताव प्रपत्र भरने के समय असफल रहते हैं। विवेक के लिए उसे अपने ज्ञान, तर्क और व्यवहारों को समन्वित करना होगा। कभी-कभी बीमापात्र की इच्छाओं और भावनाओं के अनुसार ही सोचना पड़ता है और उनमें आत्मीयता जागृत करके विश्वास उत्पन्न किया जाता है।

9. अध्यवसाय (Perseverance)—जीवन बीमा अभिकर्ता के लिए अध्यवसायी होना जरूरी है। जीवन में लगातार कई बार प्रयास करने के बाद सफलता मिलती है। इसमें

यदि कमी रह जाती है तो वह सफल अभिकर्ता नहीं हो सकता है। यह गुण अनुभव और उत्साह से आता है।

10. क्रमबद्धता (Systematic)—एक अभिकर्ता जो क्रमबद्ध कार्य करता है वह शीघ्र सफल हो सकता है। इसके अभाव में उसे असफलता मिलती है। छोटी-छोटी और सस्ती आदतों को विकसित नहीं होने देना चाहिए। अभिकर्ता को केवल अपने कार्यों में ही नहीं बल्कि पत्र, अभिलेख एवं बातचीत में भी क्रमबद्ध होना चाहिए। क्रमबद्धता के अभाव में असफलता आ सकती है, अत: अभिकर्ता को क्रमबद्ध कार्य करने की आदत बनानी चाहिए।

11. उद्यमीयता (Industriousness)—एक उद्यमी और कठिन परिश्रमी हमेशा सफलता पाता है। यदि कहीं असफलता आती है तो उसे दूर करने का प्रयास किया जाना चाहिए। अभिकर्ता को हमेशा कार्य करने के लिये तैयार होना चाहिए। उनमें जिम्मेदारी की भावना रहनी चाहिए। व्यक्ति उद्यमी अपनी मानसिक चैतन्यता, उत्साह और शक्ति के कारण हो पाता है, अत: इन गुणों को विकसित करना आवश्यक है।

12. सन्धि (Conciliation)—अभिकर्ता में अपने आप में सन्धि करने का गुण होना चाहिए। उसकी किसी से दुश्मनी नहीं होनी चाहिए। थोड़ी-थोड़ी बातों से खिन्न नहीं होना जाना चाहिए।

13. समय का मूल्य (Value of Time)—अभिकर्ता को समय के मूल्य का ज्ञान होना चाहिए। समय के सदुपयोग का ढंग मालूम होना जरूरी है। सभी अभिकर्ता अपने उद्देश्यों को प्राप्त करने में सफल हो सकता है, समय के दुरुपयोग से सफलता की सम्भावना हो जाती है।

14. अन्तरावलोकन और आत्म-आलोचना (Introspection and Self-Criticism)—अभिकर्ता को अपनी बुराइयों को ढूँढ़ने की क्षमता होनी चाहिए। जब व्यक्ति अपनी बुराइयों को खोजेगा तो वह उसे दूर भी कर सकेगा। जब असफलता के कारणों का पता लगायेगा तो उसे हटा भी सकता है। इसके लिये उसे अपने कार्यों की आलोचना स्वयं अपने आप सोचनी चाहिए। सफलता प्राप्त करने का यह एक अचूक गुण है।

अध्याय 25

बीमा-विक्रय विधि–प्रथम

(Insurance Selling Process-I)

बीमा व्यापार बेचना एक प्रावैधिक कार्य है इसके लिये विशेष ज्ञान और अनुभव की आवश्यकता है। बीमापात्रों की खोज करना, उनकी आवश्यकताओं को समझना, आवश्यकताओं के अनुसार उचित बीमापात्र की सलाह देना तथा उठाये गये विरोधों का उत्तर देना विक्रय कार्यों के विभिन्न अंग हैं। विक्रय संगठन के प्रत्येक कार्यकर्ता को यह ज्ञान होना जरूरी है कि बीमा व्यापार किस प्रकार बेचा जाता है। यहाँ पर विक्रय विधि (Process) के विषय में बताया जायेगा।

बीमा विक्रय विधि को निम्न 6 भागों में बाँटा जा सकता है—

1. बीमापात्र की नियोजित खोज,
2. मानवी आवश्यकताओं का विश्लेषण
3. बीमापात्रों का वर्गीकरण एवं पहुँच के तरीके,
4. साक्षात्कार
5. प्रचार एवं तर्क, और
6. आक्षेप एवं उनके उत्तर

प्रथम तीन विक्रय-विधियों का वर्णन इस अध्याय में किया जायेगा और शेष तीन विधियों का वर्णन अगले अध्याय में किया जायेगा।

1. बीमापात्र की नियोजित खोज

(Planned Prospecting)

समाज में प्रत्येक व्यक्ति कुछ न कुछ कार्य करते हैं और उनकी कुछ न कुछ आवश्यकतायें होती हैं। बीमा इन्हीं आवश्यकताओं में कुछ थोड़ी महत्वपूर्ण आवश्यकता को पूरा करता है। भविष्य की आर्थिक समस्याओं को सुलझाने का यह एक तरीका है। समाज के सभी व्यक्तियों को इस आवश्यकता की जरूरत पड़ती हैं; परन्तु कुछ व्यक्तियों को वर्तमान समय में इनकी बहुत आवश्यकता है। बीमा अभिकर्ता को केवल उन्हीं के पास जाना चाहिए जिनको बीमा की आवश्यकता है।

अर्थ (Meaning)—**ऐसे व्यक्तियों की खोज करना जो बीमा के भावी क्रेता हो सकें बीमापात्र की खोज'** (Prospecting) कहलाता है। दूसरे शब्दों में बीमायोग्य व्यक्तियों की खोज करना बीमापात्र की खोज है। बीमापात्र (Prospect) उसे कहते है जो बीमा योग्य है अर्थात् जिसे बीमा बेचा जा सके।

यदि बीमा अभिकर्ता को बीमा बेचने की कला का पूरा ज्ञान है और इसके विषय में उसने काफी शिक्षा पायी है; लेकिन जब तक वह बीमापात्रों की खोज नहीं करेगा तब तक उसका ज्ञान व्यर्थ रहेगा। यह सत्य है कि लोगों की बीमा की आवश्यकता होती है, लेकिन यह भी सत्य है कि बीमापत्र खरीदने के लिए लोग बीमा संस्था के पास नहीं जाते जिससे यह आवश्यक हो जाता है कि बीमा संस्था का प्रतिनिधि ही ऐसे व्यक्तियों के पास पहुँचे।

बीमा अभिकर्ता जिस पद्धति और ढंग से ऐसे व्यक्तियों की खोज करेगा और उनके पास पहुँचेगा उसी आधार पर उसके बीमा की सफलता भी निश्चित होगी। देखा गया है कि बीमा अभिकर्ता की सफलता अधिकतर बीमापात्र के खोजने की योग्यता पर आधारित होती है।

बीमापात्रों की असीमित श्रृंखला (Unending Chain of Prospects)—बीमापात्रों की श्रृंखला कभी समाप्त नहीं होती है। यदि परिचित और सम्बन्धियों को बीमा के प्रोत्साहित किया जा चुका है तो उसका तात्पर्य यह नहीं कि बीमापात्रों की संख्या समाप्त हो गयी। बीमापात्रों की संख्या बढ़ती रहती है। 50 वर्ष के नीचे के व्यक्ति जो कार्यशील है उनमें से 90 प्रतिशत व्यक्ति बीमा के योग्य हैं और उनमें से अधिकांश व्यक्ति प्रव्याजि देने के भी योग्य है। बीमापात्रों की श्रृंखला कभी समाप्त नहीं होती है। वह दिन प्रतिदिन बढ़ती जाती है। **प्रत्येक दिन जन्म, विवाह, नियुक्ति, पदोन्नति आदि समाज में होती रहती है जिससे प्रत्येक दिन बीमा योग्य तैयार होते रहते हैं। जीवन बीमा में कभी भी पूर्णता बिन्दु नहीं आता है।**

भारत में प्रति व्यक्ति आय बढ़ती जा रही है; परन्तु बहुत से व्यक्ति जीवन बीमा के लाभों से अभी भी अनभिज्ञ हैं। दूसरी तरफ व्यक्तियों की बीमा आवश्यकतायें अर्थात् विवाह की जिम्मेदारी, शिक्षा का दायित्व भविष्य की कठिनाइयों के लिए बचत आदि बढ़ती जा रही है। इस स्थिति में बीमा व्यवसाय के विकसित होने का बहुत विस्तृत क्षेत्र है और वह क्षेत्र बढ़ता ही जा रहा है। ऐसे वातावरण में किसी भी अभिकर्ता को बीमापात्रों की खोज में कोई वास्तविक कठिनाई नहीं होगी।

बीमापात्र की खोज में ऐसे व्यक्तियों के नाम प्राप्त किये जाते हैं जिन्हें बीमा की आवश्यकता है। **इन व्यक्तियों के नाम को एक क्रम में लिखा जाता है जिसमें कि सबसे अधिक और तीव्र आवश्यकता वाले व्यक्ति के पास सबसे पहले पहुँचा जा सके।**

बीमापात्र के नियोजित खोज की आवश्यकता (Need of Planned Prospecting)—बीमापात्रों अर्थात् जिन्हें बीमा बेचा जा सके ऐसे व्यक्तियों की खोज करना बहुत आवश्यक है। लगातार और नियमित ढंग से बीमापात्रों की खोज करने से बीमा अभिकर्ता की आय में नियमितता रहेगी। उसके द्वारा बीमित व्यक्तियों की संख्या में वृद्धि होती रहेगी और परिणामस्वरूप उसकी कुछ आय में वृद्धि हो जायेगी। बीमापात्र की खोज नियोजित ढंग से होनी चाहिए जिससे लगातार बीमापात्र बेचा जा सके। नियोजित खोज के अभाव में बीमा अभिकर्ता को असफलता मिल सकती है। बहुत से अभिकर्ता इसलिए असफल हो जाते हैं कि वे विक्रय करने में असफल नहीं हैं बल्कि बीमापात्र की खोज करने में असमर्थ हैं। बीमापात्रों की खोज विक्रय विधि की प्रथम और सबसे महत्वपूर्ण विधि है। **बीमा अभिकर्ता का सबसे बड़ा कार्य यही है कि वह ऐसे व्यक्तियों को खोजे जिन्हें बीमा की अत्यधिक आवश्यकता है और जिन्हें बीमा के लिए तैयार किया जा सके।**

बीमापात्रों को खोजने का क्रम (Steps in Prospecting)—बीमा अभिकर्ता को चाहिए कि वह बीमापात्रों की खोज की आदत डाले जिससे नियमित रूप से, बुद्धिमानी से और लगातार बीमापात्रों की खोज कर सके। एक नियोजित खोज के तरीके के निम्नलिखित क्रम हैं—

(1) बीमापात्र के नाम प्राप्त करना;

(2) बीमापात्रों के सम्बन्ध में सूचनायें प्राप्त करना;

(3) प्रत्येक बीमापात्र की सूचनाओं को लिखना;

(4) बीमापात्रों से परिचित होना तथा

(5) अच्छे बीमा पात्रों का चुनाव करना।

इनका विस्तृत वर्णन नीचे किया जा रहा है।

(1) बीमापात्रों के नाम प्राप्त करना (Getting the Names of Prospects)—बीमापात्र की संगठित खोज में सही बीमापात्रों के नाम और पते की आवश्यकता होती है। सही बीमापात्र वही होगा जिसे जीवन बीमा की आवश्यकता है, जो आवश्यक प्रव्याजि देने की योग्यता रखता हो, जो शारीरिक एवं मानसिक रूप से स्वस्थ हो तथा जिसके पास अनुकूल परिस्थितियों में पहुँचा जा सके। बीमा अभिकर्ता को केवल इन्हीं व्यक्तियों के पास पहुँचाना चाहिए। ऐसे व्यक्तियों की एक विस्तृत सूची बना लेनी चाहिए। इनके अलावा उन सभी व्यक्तियों के नाम और पते लिख लें जिनके बार में थोड़ा भी पता हो जाय। जिस पुस्तक में वे सब नाम लिखे जाते हैं उन्हें बीमापात्र खोज निर्देशिका (Prospecting Guide)नाम से पुकारा जाता है। बीमापात्रों की सूचनायें निम्नलिखित साधनों से प्राप्त होती हैं—

(i) व्यक्तिगत सम्पर्क (Personal Contact)—व्यक्तिगत सम्पर्क में सम्बन्धी, मित्र, पड़ोसी, व्यावसायिक सहकार्यकर्ता क्लब के सदस्य आदि आते हैं।

(ii) स्त्री के सम्पर्क (Wife's Contacts)—स्त्री के संम्पर्क में उसके माता पिता अध्यापक, सम्बन्धी, स्कूल और कालेज के दोस्त आदि आते हैं।

(iii) बच्चों के सम्पर्क (Children's Contacts)—बच्चों के सम्पर्क में पड़ोसी, दोस्त माता-पिता स्कूल के साथी तथा अन्य सहयोगी आते हैं।

(iv) व्यावसायिक सम्पर्क (Business Contacts)—व्यावसायिक सम्पर्क में दवा-विक्रेता, पुस्तक दर्जी (Tailors)डॉक्टर दलाल आदि आते हैं।

(v) संगठित संस्थाओं के सदस्य (Persons of Organised Bodies)—संगठित संस्थाओं के सदस्य में खिलाड़ी, सामाजिक कार्यकर्ता दान, संस्था के व्यक्ति, धार्मिक एवं नागरिक संगठनों कें व्यक्ति आते हैं।

इनके अलावा अन्य कई साधनों से बीमापात्रों के विषय में सूचना प्राप्त की जा सकती है जैसे टेलीफोन निर्देशिका, नागरिक सूचना आदि।

(2) बीमापात्रों के सम्बन्ध में सूचनायें प्राप्त करना (Obtaining information about the prospects)—बीमापात्रों के नाम प्राप्त करने के बाद यह आवश्यक है कि बीमापात्रों के सम्बन्धों में जितनी सूचना प्राप्त की जा सके प्राप्त करनी चाहिए। सूचना प्राप्त करने के बहुत से साधन हो सकते हैं। सूचना प्राप्त करने में दिया गया समय व्यर्थ नहीं समझना चाहिए। सूचना देने वाले व्यक्तियों में से सर्वप्रथम परिचित, सम्बन्धियों और मित्रों के नाम आते हैं जिनके माध्यम से बीमापात्रों के नाम प्राप्त किये गये हैं, अतः उनके माध्यम से बीमापात्रों के सम्बन्ध में सूचना भी प्राप्त की जा सकती है। कुछ अभिकर्ता अपने परिचितों के नाम और उनके परिचित व्यक्तियों के नाम तथा सूचना प्राप्त करने में झिझकते हैं परन्तु ऐसा नहीं होना चाहिए क्योंकि बीमा सबके लिए है। इससे सभी को उपयुक्त सेवा प्रदान की जा सकती है। सूचना प्राप्त करने की शैली का पूरा ज्ञान होना चाहिए इससे सही दृष्टिकोण रखना जिससे सही सूचना प्राप्त की जा सके। जब तक सभी परिचित व्यक्तियों के नाम और सूचना पूर्ण न हो जाय दूसरे व्यक्तियों के पास नहीं जाना चाहिए। **अपरिचित व्यक्तियों से बातचीत करने के पहले उससे आत्मीयता स्थापित कर लेनी चाहिए अन्यथा बातचीत खुलकर नहीं हो पायेगी।**

सूचना प्राप्त करते समय सभी परिचितों को तीन भागों में बाँटा जा सकता है—(1) स्वाभाविक सम्बन्ध (2) विशेषित सम्बन्ध और (3) नया सम्बन्ध।

(i) स्वाभाविक सम्बन्ध (Natural Contacts)—स्वाभाविक सम्बन्ध में वे सभी बीमापात्र और व्यक्ति आते हैं जिनका परिचय **बीमा अभिकर्ता से पहले से है। ये मित्र सम्बन्ध, परिचित व्यक्ति आदि हो सकते है।** बीमापात्र या बीमापात्र देने वाले व्यक्तियों से बीमापात्र के विषय में खुलकर बातचीत की जा सकती है, उनसे बीमा सम्बन्धी सभी सूचनाएँ प्राप्त करने में सहायता मिलती है।

(ii) विशेषित सम्बन्ध (Qualified Contacts)—इनमें वे सभी व्यक्ति आते हैं जो कि परिचित बनाये गये हैं जिनके नाम और पते स्वाभाविक सम्बन्धों ने दिये हैं। इनसे परिचय स्थापित करने के बाद इनकी **आवश्यकताओं के सम्बन्ध में सूचनायें प्रत्यक्ष रूप से प्राप्त की जा सकती हैं।** उचित यह होता है कि इनके सम्बन्ध में सूचनायें अप्रत्यक्ष रूप से प्राप्त की जायें और ऐसे साधनों से प्राप्त की जायें जो सही-सही सूचना दे सकें।

(iii) नये सम्बन्ध (New Contacts)—जिन बीमापात्रों से अभी नया सम्बन्ध है उनके सूचनायें सावधानी से प्राप्त की जानी चाहिए, उनके परिचित व्यक्तियों से उनके विषय में सूचना प्राप्त करने के लिये आग्रह करना चाहिए। बीमा अभिकर्ता को सबसे पहले इनकी खोज करनी चाहिए, फिर **इनके परिचित व्यक्तियों के माध्यम से परिचय करना चाहिए और उनसे ही सम्बन्ध स्थापित करना चाहिए।** जब परिचय स्थापित हो जाये तो उनसे बातचीत करनी चाहिए। बीमा बेचने के बाद इन्हीं व्यक्तियों से दूसरे व्यक्तियों की खोज करने का कार्य किया जा सकता है।

(3) प्रत्येक बीमापात्र की सूचना लिखना (Recording the information of each Prospect)—बीमा अभिकर्ता जब बीमापात्रों के नाम और पते प्राप्त कर चुका हो और उनके सम्बन्ध में आवश्यक सूचनायें भी प्राप्त कर लिये हैं तो अगला कार्य बीमापात्र की सूचना को क्रम से लिखना है, बीमापत्र की सूचनाओं को लिखने का क्रम निम्न प्रकार है—

(i) उम्र-समूह (Age-Group)—किसी व्यक्ति को बीमापात्र की श्रेणी में रखने के लिए यह आवश्यक है कि उसकी उम्र जानी जाये। बीमा में उम्र का विशेष महत्व है क्योंकि इसी पर प्रव्याजि का निर्धारण और प्रस्ताव की स्वीकृति आधारित है। मित्र और परिचित प्रायः बीमा योग्य उम्र के होते हैं, इसलिये उन्हें बीमा के लिए प्रेरित किया जा सकता है, अभिकर्ता उनकी आवश्यकताओं को अच्छी तरह समझ सकता है और उचित बीमापात्र की सलाह दे सकता है। प्रत्येक बीमापात्रों की जन्म तिथि मालुम करनी चाहिए, सम्भव हो तो उसका प्रमाणपत्र भी प्राप्त कर लेना चाहिए। बीमापात्रों की जन्मतिथि में परिवर्तन होने से प्रव्याजि की दर भी बदल जाती है अतः जन्मतिथि के पहले उन्हें बीमा के लिए प्रोत्साहित किया जाना चाहिए।

(ii) परिचय का स्तर (Degree of Intimacy)—बीमा अभिकर्ता अपने बीमापात्रों से जितना ही अधिक घनिष्ठ होगा उतनी ही खुलकर बातचीत करने का मौका मिलता है और उतना ही उन्हें अधिक संतोष दिया जा सकेगा जिसमें बीमा प्राप्त करने की सम्भावना बढ़ जायेगी। अतः यह आवश्यक है कि बीमापात्रों के परिचय-स्तर को लिखा जाये।

(iii) पहुँचने की सम्भावना (Approach ability)—यह बहुत आवश्यक है कि बीमा बेचने की अनुकूल परिस्थितियों को लिखा जाये जिसके आधार पर बीमापात्र को बीमा

खरीदने के लिए प्रोत्साहित किया जा सके। पहुँचने की परिस्थितियों को समझने के बाद पहुँचने की उचित पद्धति अपनाना सम्भव हो जायेगा।

(iv) आश्रितों की संख्या (Number of Dependents)—जिन व्यक्तियों के आश्रित व्यक्तियों की संख्या जितनी अधिक होगी बीमा खरीदने की आवश्यकता भी उतनी अधिक होगी। विवाह, शिक्षा जीवन प्रवेश आदि की जिम्मेदारियाँ उस व्यक्ति पर रहेंगी। इन जिम्मेदारियों की बीमा के माध्यम से पूरा करने में सहायता मिलती हैं। इसका तात्पर्य यह नहीं है कि जिन व्यक्तियों के कोई आश्रित नहीं है उनकी कोई आवश्यकता ही नहीं है। **उनको अपने वृद्धावस्था के लिए अवश्य बचाना चाहिए। अविवाहित व्यक्तियों की आवश्यकताएँ भिन्न होती है उनके लिये भी बीमा लाभकरी होगा।**

(v) बीमा की आवश्यकता (Insurance Needs)—आवश्यकता के अनुसार ही किसी व्यक्ति को बीमा खरीदने के लिये प्रोत्साहित किया जा सकता है, जो व्यक्ति अपने बच्चों को शिक्षा देना चाहते हैं उन्हें शिक्षा बीमापत्र खरीदने के लिये प्रेरित किया जा सकता है। इसी प्रकार जिन व्यक्तियों को लड़कियों के विवाह की जिम्मेदारी है उन्हें विवाह-बीमापत्र खरीदने के लिए कहा जा सकता है। अनेकों आवश्यकताओं को एक साथ पूरा करने के लिए व्यक्तियों को बहुउद्देशीय बीमापत्र खरीदने के लिए सलाह दे सकते है, अतः बीमापात्र की आवश्यकताओं को लिखना आवश्यक है।

(vi) प्रव्याजि भुगतान करने की योग्यता (Capacity to pay premium)—प्रव्याजि भुगतान करने की क्षमता बीमापात्र की आय खर्चें और जिम्मेदारियों पर आधारित है। बीमापात्र की आय का पता आसानी से लगाया जा सकता है। उसके जीवन स्तर निवास स्थान और रोजगार से बीमापात्र की आय का अनुमान लगाया जा सकता है। उसके खर्चें का भी अनुमान आसानी से लगाया जा सकता है। जिम्मेदारियों का पता उसके परिवार के व्यक्तियों की संख्या और दृष्टिकोण से समझा जा सकता है। इन सबके आधार पर प्रव्याजि देने की योग्यता का निर्धारण होता है। बीमा अभिकर्ता को चाहिए कि इन सूचनाओं को लिख ले और उसके आधार पर प्रव्याजि देने की योग्यता का निर्धारण कर लें।

बीमापात्र की इन सूचनाओं को मालूम करने के लिये बीमापात्र-फाइल (Prospect file) तैयार करे और उन्हें पहुँचाने की प्राथमिकता के क्रम से फाइल कर ले। प्रत्येक दिन के अन्त में अगले दिन प्रयोग की जाने वाली फाइल का अध्ययन कर ले। इस फाइल को समय-समय पर संशोधित करते हैं जिससे उनकी सूचनायें नवीनतम बनी रहें इस फाइल का उद्देश्य विक्रय को नियमित रूप से चालू रखना है।

(4) बीमापात्र से परिचय प्राप्त करना (Getting Introduction to the prospect)—जब बीमापात्र के सम्बन्ध में आवश्यक सूचनायें तैयार कर ली जाती हैं तो उनसे परिचय स्थापित करने का कार्य किया जाता है। बीमापात्र के कार्ड (Prospect Card) यदि पूरी तरह तैयार नहीं हो सके हैं तो सबसे पहले उन्हें पूरा करना चाहिए। इसके लिये यदि व्यक्तिगत रूप से पूछताँछ करनी हुई तो उसे करके बीमापात्र के कार्ड को तैयार किया जाता है। जब बीमापात्र का कार्ड अच्छी तरह भरा जा चुका है तो उस बीमापात्र के सम्बन्ध में आवश्यक सूचना मिल जाती है। कार्ड की सूचनाओं के आधार पर बीमापात्र की आवश्यकताओं और उसकी समस्याओं का विश्लेषण किया जाता है। बीमापात्र को इन्हीं आवश्यकताओं के अनुसार बीमा के महत्व को समझाया जाता है। प्रत्येक कार्ड बीमापात्र और उसके परिवार का एक संक्षिप्त परिचय है। प्रत्येक बीमापात्र की आवश्यकताओं के

मूल्यांकन के आधार पर बीमा बेचना हो जाता है।

(5) वार्ता के लिये अच्छे बीमापात्र का चुनाव (Selecting the better Prospects for immediate Calls)—बीमपात्रों की सूचना प्राप्त कर लेने के बाद और उनके परिचित हो जाने के बाद यह आवश्यक है कि उन्हें वार्ता के लिये चुना जाय। इन सूचनाओं और विश्लेषणों के आधार पर यह पता लगता है कि कौन-सा बीमापात्र सर्वप्रथम वार्ता के लिये जा सकता है। उनसे परिचित होकर वार्ता की तिथि निश्चित कर लेनी चाहिए। जब ऐसे व्यक्तियों का चुनाव हो जाता है तभी कार्यक्षेत्र का कार्य प्रारम्भ होता है। बीमापात्रों से मिलकर उनकी समस्याओं और समाधानों के विषय में वार्ता की जा सकती है। बीमापात्रों की सूची में परिवर्तन होते रहने के कारण अच्छे बीमापात्रों के चुनाव में भी परिवर्तन होता रहता है। जो बीमापात्र सबसे अच्छा साबित हुआ उसके पास सबसे पहले पहुँच जाते हैं। बीमापात्र का कार्ड एक सूचनामात्र है जिसका विश्लेषण साक्षात्कार के आधार पर होता है। इसी विश्लेषण के आधार पर विक्रय कार्यक्रम बनाया जाता है।

बीमापात्रों की खोज सतत् करनी चाहिए अन्यथा बीमापात्र की सूची एक दिन समाप्त हो जायेगी और कोई भी बीमापात्र प्रचार के लिये नहीं रहेगा। केवल उतने ही व्यक्तियों से वार्ता की व्यवस्था करनी चाहिए जिनसे वार्ता अच्छी तरह की जा सके। बीमापात्रों के नाम एवं पते प्राप्त करने के बाद, सूचना प्राप्त करना, सूचनाओं का वर्गीकरण करना, उनके आधार पर बीमापात्र से परिचय स्थापित करना और वार्ता के लिये समय निश्चिय करना बीमापात्र की नियोजन खोज में शामिल किया जाता है। ये कार्य पूर्व नियोजन के अनुसार ही पूरे किये जाते हैं और आने वाली परिस्थितियों के अनुसार परिवर्तित किये जाते हैं।

1. बीमापात्र की खोज के तरीके

(Methods of Prospecting)

बीमापात्र की खोज के कई तरीके हैं उनको अपनाकर बीमापात्रों की खोज की जाती है—

1. शृंखलाबद्ध पद्धति (The Chain-Method)—अभिकर्ता के सम्बन्धी, मित्र, बीमापत्रधारी, उसके मित्र आदि की शृंखला कभी टूटती नहीं। यह शृंखला बढ़ती जाती है। शृंखला के ये सभी व्यक्ति प्रोत्साहन के स्रोत हो सकते हैं। शृंखलाबद्ध पद्धति में निम्नलिखित साधनों को अपनाकर बीमापात्रों की खोज की जाती है।

(i) स्वाभाविक सम्बन्धों को बढ़ाकर (Increasing Natural Contacts)—परिवार के सदस्य, सम्बन्धी और मित्र कई अन्य व्यक्ति के नाम बता सकते हैं जिनके पास पहुँचा जा सकता है और जिन्हें बीमा खरीदने के लिये प्रोत्साहित किया जा सकता है। सम्बन्धी के सम्बन्धी और उनके सम्बन्धी इस प्रकार शृंखला चलती रहती है। इन लोगों का क्षेत्र जितना बढ़ता जायेगा बीमा की सम्भावना भी उतनी बढ़ती जायेगी। इस प्रकार अभिकर्ता नये व्यक्तियों के नाम प्राप्त करता रहता है। व्यक्तियों को जानना और व्यक्तियों द्वारा अच्छी प्रकार परिचित होना बीमापात्र के खोज की प्रभावपूर्ण विधि है। स्कूलों में पुराने साथियों के संघ, अध्ययन-केन्द्र, स्वाभाविक इच्छा के समूह (Hobby Groups), समुदाय एवं समाज की क्रियायें, धार्मिक संस्थायें तथा अन्य संस्थाओं द्वारा स्वाभाविक सम्बन्धों को विकसित किया जा सकता है। अभिकर्ता को यह आदत बना लेनी चाहिये कि वह प्रत्येक सप्ताह कुछ व्यक्तियों से अवश्य मिले और उद्देश्य की प्राप्ति के लिये उनसे आग्रह करे। इन सूचनाओं को अपने बीमापात्र कार्ड (Prospect card) में अवश्य लिखे।

(ii) सीमारहित शृंखला (Endless Chain)—समाज में प्रत्येक व्यक्ति के कुछ मित्र, परिचित और सम्बन्धी व्यक्ति होते हैं और उनके भी मित्र, परिचित और सम्बन्धी व्यक्ति होते हैं। यह क्रम कभी समाप्त नहीं होता; इसकी शृंखला बनती ही जाती है। इसके लिए अभिकर्ता जितना अधिक प्रयास करेगा उतना ही अधिक लम्बी शृंखला वह बना सकेगा। केवल कुछ ही व्यक्तियों के नाम प्राप्त करना उद्देश्य नहीं होना चाहिये बल्कि इसके माध्यम से अधिक से अधिक नाम प्राप्त किये जाने चाहिए। बीमापात्र की उम्र, उसके परिवार की आय एवं आवश्यकता आदि की सूचना प्राप्त करनी चाहिए। सीमारहित शृंखला बढ़ाने के स्रोतों को नीचे बताया जा रहा है—

(क) परिचित, मित्र, सम्बन्धी आदि (Acquaintances, Friends, Relatives etc.)—बीमा अभिकर्ता के कुछ परिचित व्यक्ति, मित्र और सम्बन्धी होते हैं उनके भी परिचित, मित्र और सम्बन्धी होंगे। इस प्रकार यह शृंखला बढ़ती जाती है। बीमा अभिकर्ता के ऊपर निर्भर करता है कि वह इस शृंखला को कहाँ तक बढ़ा सकेगा।

(ख) बीमापत्रधारी (Policyholders)—बीमापत्र बेचते ही बीमापत्रधारी से मित्रता प्रारम्भ हो जाती है और उनसे उन व्यक्तियों के नाम पूछे जा सकते हैं जो कि बीमापत्र खरीदने के लिये तैयार हो सकते हैं। बीमापत्रधारी अपने सम्बन्धियों, मित्रों और सहयोगियों के नाम बता सकते हैं। वह बीमापात्र के विषय में अन्य आवश्यक सूचनाओं को दे सकता है। बीमापत्रधारियों को किस प्रकार सहायता की गयी है इसे वे मूल्यांकित करते हैं अत: वे बीमापात्र के विषय में उन तमाम सूचनाओं को दे सकते हैं जो कि प्रारम्भिक अवस्था में आवश्यक होती है। उनसे साक्षात्कार अनुकूल परिस्थितियों में किया जा सकता है। जिन व्यक्तियों को प्रसन्नतापूर्वक बीमा बेचा जायेगा वे सभी व्यक्ति बीमापात्र के दोस्त बन जाते हैं और उनसे बीमापात्रों के नाम तथा सूचनायें प्राप्त की जा सकती हैं। जब बीमापत्रधारी ने बीमापात्र का केवल नाम दिया है, तो उसे निर्देशित सूचक (Referred Lead) कहेंगे और जब उसने बीमापात्र के नाम के साथ सूचनायें भी दी हैं तो उसे प्राथमिक सूचक (Preferred Lead) कहेंगे। सूचक (Lead) से तात्पर्य बीमापात्रों के नाम एवं सूचना किसी परिचित व्यक्ति के प्राप्त करने से है। केवल नाम प्राप्त करने से बीमपात्र के पास नहीं पहुँच सकते हैं। उनके विषय में आवश्यक सूचनायें प्राप्त करना जरूरी है। सूचना देने वाले व्यक्तियों से नाम, पता, आय, पारिवारिक विवरण आदि के विषय में विस्तृत सूचना प्राप्त करने में सहायता मिलती है।

(ग) मित्रों की सूचनायें (Friends Reports)—प्रत्येक प्रस्ताविक से दो मित्रों एवं निर्देश्यों के नाम माँगे जाते हैं। ये मित्र या निर्देश्य अन्य व्यक्तियों के नाम दे सकते हैं या इन्हें ही बीमा के लिये कहा जा सकता है।

(घ) पारिवारिक विवरण (Family History)—बीमा के लिये जो प्रस्ताव प्रपत्र भरे जाते हैं उनमें पारिवारिक विवरण लिखे जाते हैं। इन विवरणों के आधार पर यह पता लग सकता है कि किन व्यक्तियों के पास बीमापत्र बेचने के लिए पहुँचा जाय।

(iii) व्यक्तिगत अवलोकन (Personal Observation)—अवलोकन से तात्पर्य आँखें, कान और दिमाग को चैतन्य रखकर व्यक्तियों को समझना है कि वे क्या हैं तथा कहाँ तक उद्देश्यों की पूर्ति में सहायक हो सकते हैं। लोगों को देखना और उनमें बीमापात्र की विशेषता ढूँढ़ना, व्यक्तियों को सुनना और उनमें बीमापात्र की विशेषता समझना, व्यक्तियों के विषय में सोचना और उनमें बीमापात्र की खोज करना। जब व्यक्ति कहीं जा रहा है तो वह कुछ व्यक्तियों से मिलता है। व्यक्तियों से मिलने के समय

बीमापात्र को विशेषताओं को ढूँढ़ने का प्रयास करना चाहिए। इसी प्रकार जहाँ कहीं भी व्यक्ति जा रहा है, बातचीत कर रहा है, पढ़ रहा है या अन्य किसी कार्य में संलग्न है तो वह बीमापात्रों को पा सकता है। एक अच्छा विक्रेता व्यक्ति को व्यक्ति के रूप में नहीं बीमापात्र के रूप में देखता है। इस आदत का विकास उचित प्रशिक्षण से आ सकता है। बीमापात्र खोजने के बहुत से अवसर प्राप्त हो सकते हैं जैसे जन्म, जन्म दिवस, विवाह, नियुक्ति, पदोन्नति और नया व्यापार आदि। इन अवसरों पर जाकर बीमपात्र बनाये जा सकते हैं।

(iv) समाचारपत्र (Newspaper)—समाचारपत्रों में प्रत्येक दिन बहुत सी सूचनायें प्रकाशित होती रहती हैं जो कि जीवन बीमा व्यापार बढ़ाने में लाभकारी सिद्ध हो सकती हैं। समाचारपत्र सूचना देने के स्रोत सिद्ध हो सकते हैं और सूचना प्रसारित करने के प्रभावपूर्ण साधन बन सकते हैं। बीमा अभिकर्ता को इन दृष्टिकोणों से समाचार पढ़ने चाहिए। कभी-कभी यह देखा जाता है कि जो सूचना सर्व-साधारण के लिये बेकार मालूम पड़ती है वही सूचना बीमा अभिकर्ता के लिये अत्यन्त लाभकारी होती है। समाचारपत्रों में प्रकाशित सूचना को दिखाकर बीमापात्रों को बीमा के लिए प्रोत्साहित करने में सहायता मिलती है। बीमा अभिकर्ता के लिए वित्तीय, आर्थिक और व्यापार पत्रिकायें भी बहुत महत्व की होती हैं। समाचारपत्रों के आधार पर जन्म, मृत्यु, विवाह, अभियोग में सफलता, व्यापार की स्थापना, व्यापारिक स्थान में परिवर्तन, नये प्रमण्डलों की स्थापना, पुरस्कार वितरण, खेल-कूद में विजय, देश-विदेश को आने जाने वाले, पदोन्नति, चुनाव में सफलता, दान, मकान का क्रय-विक्रय, नियुक्ति आदि सूचनायें प्राप्त की जा सकती हैं। इन सूचनाओं के आधार पर बीमापात्रों को खोजने में सहायता मिलती है।

2. सामूहिक-पद्धति (Group Method)—इस पद्धति में बीमापात्रों की खोज एक विशेष वर्ग, स्थान, व्यक्तियों के समूह तक सीमित है। सामूहिक पद्धति को दो प्रकार से अपना सकते हैं। (i) प्रभाव केन्द्रों द्वारा और (ii) बीमापात्र वृन्द का निर्माण करके।

(i) प्रभाव केन्द्र (Centres of Influence)—इस पद्धति में बीमा-अभिकर्ता अपने प्रभाव के अन्दर आने वाले व्यक्तियों को बीमापात्र बनाने के लिए प्रयास करता है। बीमा अभिकर्ता व्यापारिक केन्द्रों, सामाजिक संगठनों और राजनैतिक दलों के प्रभाव केन्द्रों के पास पहुँच कर बीमापात्रों की सूचनायें प्राप्त कर सकता है। इन केन्द्रों में परिचित व्यक्तियों द्वारा या प्रत्यक्ष रूप से प्रवेश किया जा सकता है। जो व्यक्ति इन केन्द्रों में प्रवेश दिलाते हैं उन्हें प्रभाव केन्द्र (Centres of Influence)के नाम से पुकारते हैं। प्रभाव केन्द्रों के माध्यम से अधिक से अधिक व्यापार प्राप्त किया जा सकता है।

लाभ—इस पद्धति के तीन महत्वपूर्ण लाभ हैं। (1) इसमें बीमापात्रों के नाम के साथ भावी बीमापात्रों के भी नाम मिल जाते हैं। (2) इसके माध्यम से वे तमाम सूचनायें मिल जाती हैं जिनसे बीमापात्रों की आवश्यकताओं को मालूम करने में सहायता मिलती है। (3) प्रभाव केन्द्र सम्मान पूर्ण होते हैं अत: उनके माध्यम से पहुँचने और बीमा प्रस्ताव को आमन्त्रित करने में सहायता मिलती है।

विशेषता—प्रभाव केन्द्र सभी परिचित व्यक्ति नहीं हो सकता है। केवल वहीं व्यक्ति प्रभाव केन्द्र हो सकता है जो बीमा अभिकर्ता में रुचि रखता हो और उसकी सहायता के लिए इच्छुक हो; वह उन व्यक्तियों के समूह में हो जिन्हें बीमा की आवश्यकता हो; वह जिन व्यक्तियों का नाम दे वे व्यक्ति उसका आदर करते हों तथा वह बीमा-अभिकर्ता में विश्वास रखता हो।

उपरोक्त विशेषताएँ जिनमें होंगी वही व्यक्ति एक सफल प्रभाव केन्द्र बन सकता है। ऐसे व्यक्ति में से वकील, डाक्टर, अध्यापक, धार्मिक संस्थाओं के अध्यक्ष, राजनैतिक नेता, त्रिनियोग विशेषज्ञ, क्लब सचिव, लोक सम्बन्ध अधिकारी, चैम्बर आफ कामर्स के अधिकारी आदि प्रमुख हैं। बीमा अभिकर्ता को चाहिए कि वह इन व्यक्तियों से सम्पर्क बढ़ाये और उनका विश्वास प्राप्त करें। इन व्यक्तियों से सही समय और सही दशा में मिलना चाहिए। इन व्यक्तियों से ऐसे समय पर मिलना चाहिए जब वे अभिकर्ता को समय दे सकें और उनसे रुचिपूर्ण बातें कर सकें। अभिकर्ता को इसमें रुचि लेकर इन व्यक्तियों से व्यक्तिगत सम्पर्क स्थापित कर ले। इस प्रकार घनिष्ठता बढ़ते-बढ़ते एक समय ऐसा आयेगा जबकि अभिकर्ता उससे बीमापत्रों की खोज के लिए उसके केन्द्र या समूह या प्रभाव में आने वाले व्यक्तियों को बीमा कराने के लिए अनुमोदन कर सकता है। अनुमोदन प्राप्त करने के पहले इन व्यक्तियों में घनिष्ठता इतनी बढ़ा लेना चाहिए कि उनसे यह पूछा जा सके कि उनके अच्छे दोस्त कौन हैं? या उनसे प्रभावित व्यक्ति कौन है? किन व्यक्तियों की नियुक्ति हुई है, किन व्यक्तियों ने मकान खरीदे हैं? किन व्यक्तियों के साथ वह अधिक उठता-बैठता और खेलता है? इन व्यक्तियों से सम्पर्क स्थापित कराने के लिए आग्रह किया जा सकता है। ये व्यक्ति बीमा व्यवसाय में एक सहायक व्यक्ति बन सकते हैं। इन व्यक्तियों को विश्वास में लाने के लिए उन्हें बीमा वार्ता की सफलता, बीमा के लाभ, प्रभाव केन्द्रों के कारण, सफलता आदि की रोचक बातें करना चाहिए। इन व्यक्तियों की स्वाभाविक आदतों में भाग लेने से ये अच्छे मित्र बन सकते हैं। इस पद्धति की सफलता बीमा अभिकर्ता के परिचय बनाने की क्षमता पर निर्भर है।

(ii) बीमापात्र वृन्द का निर्माण (Buildings Nests of Prospects)—बीमापात्र-वृन्द्र (Nests of Prospects) के अन्तर्गत बीमापात्रों के एक समूह को बीमा के लिये प्रेरित करते हैं। बीमापात्र-समूह एक कार्यालय, बाजार, निवास स्थल, व्यावसायिक केन्द्र हो सकता है। अभिकर्ता वहीं पर बीमापात्र समूह बनाता है जहाँ पर उसे सफलता की अधिक आशा है। सबसे पहले सबसे अधिक प्रभाववाले व्यक्ति को बीमा के लिए प्रेरित करते हैं। फिर उसके प्रभाव से समूह के अन्य व्यक्तियों को बीमित किया जाता है। धीरे-धीरे उस समूह के सभी बीमायोग्य व्यक्तियों को बीमित कर लिया जाता है। यदि अभिकर्ता ने इन व्यक्तियों की उचित और प्रभावपूर्ण सेवा की है तो ये व्यक्ति उस अभिकर्ता में विश्वास रखकर उन्हें प्रेरित करेंगे। अभिकर्ता की साख बढ़ जाने से उस समूह के व्यक्ति उसका आदर करेंगे और उसका बीमा बेचने में सहायता देते रहेंगे।

3. शान्तिपूर्ण प्रचार पद्धति (Cold Canvass Method)—इस पद्धति में अपरिचित व्यक्तियों को बीमापात्र बनाया जाता है। इन बीमापात्रों से पहले कोई जान-पहिचान नहीं रहती है। बिना किसी सूचना या परिचय के अभिकर्ता सीधे बीमापात्र के पास पहुँचता है। इस पद्धति में सफलता पाने के लिये पहुँचने की पहले से तैयारी इतनी प्रभावपूर्ण होनी चाहिए कि बीमापात्र का ध्यान तुरन्त आकर्षित किया जा सके, अभिकर्ता का व्यक्तित्व ऐसा हो कि वह प्रथम प्रभाव में ही लोगों को आकर्षित कर सके, उसमें आत्म विश्वास और दक्षता होनी चाहिए। शान्तिपूर्ण प्रचार पद्धति के तीन रूप (i) विशेषित (ii) अविशेषित और (iii) पत्र व्यवहार हो सकते हैं।

(i) विशेषित शान्तिपूर्ण प्रचार (Qualified Cold Canvass)—विशेषित शान्तिपूर्ण प्रचार पद्धति के अन्तर्गत एक विशेष वर्ग के व्यक्तियों के नाम चुन लिये जाते हैं। यह वर्ग डाक्टर, वकील या व्यावसायिक वर्ग हो सकता है। चूँकि अभिकर्ता इन व्यक्तियों से पहले से परिचित नहीं है; इसलिये उसे उन व्यक्तियों के माध्यम से जाना चाहिए जो उससे

परिचित हो या अभिकर्ता को उस वर्ग की विशेषता का पता हो।

(ii) अविशेषित शान्तिपूर्ण प्रचार (Unqualified Cold Canvass)—इस पद्धति में उन व्यक्तियों को चुना जाता है जो किसी भी प्रकार पहले से परिचित नहीं। बीमा अभिकर्ता के लिये ये बिल्कुल अनभिज्ञ हैं। ऐसे व्यक्तियों से मिलने के पहले पूर्व पहुँच पद्धति अपनायी जानी चाहिए जो कि पत्र भेजकर, व्यक्तिगत रूप से मिलकर और अग्रिम टेलीफोन करके की जा सकती है। टेलीफोन करने से अच्छा पत्र भेजना और पत्र भेजने से अच्छा व्यक्तिगत रूप से मिलना है बशर्ते कि अभिकर्ता को यह विश्वास हो कि वह व्यक्ति से मिलकर दो मिनट बात कर सकता है और इसका उस व्यक्ति के ऊपर विपरीत प्रभाव न पड़ता हो। यह तरीका इसलिये और उत्तम है कि इससे कुछ आवश्यक सूचनायें भी मिल सकती हैं।

इस पद्धति में यह ध्यान रखना चाहिए कि बीमापात्र पहले ही बीमा खरीदने की अस्वीकृति न दे दे। उससे धीरे-धीरे मिलते रहना चाहिए। यह पद्धति उतनी प्रभावपूर्ण नहीं है कि जितनी कि अन्य पद्धतियां प्रभावपूर्ण हैं। इसे वहीं अपनाना चाहिए कि अभिकर्ता को केवल यही तरीका शेष रहा हो। लोगों से मिलने के पहले उचित योजना तैयार कर लेनी चाहिए। लोगों के पास पूर्व सूचना देकर मिलने से बीमापात्र के ऊपर महत्त्वपूर्ण प्रभाव पड़ सकता है। लेकिन इसका सबसे बड़ा दोष यह है कि बीमापात्र मिलने के लिए अनिच्छुक होने पर उस समय मिल भी न पाये। इस पद्धति में अधिक योग्यता और क्षमता की जरूरत है।

(iii) पत्र व्यवहार पद्धति (Mail Approach)—सम्भावी बीमापात्रों को एक विशिष्ट पत्र भेजकर बीमा के लिए प्रोत्साहित किया जा सकता है। जब बीमापात्र किसी एक क्षेत्र में कार्य प्रारम्भ करता या जब वह किसी वर्ग के व्यक्तियों से परिचित होना चाहता है तो उन्हें विशेष प्रकार के पत्र भेजकर बीमा के लिये प्रोत्साहित कर सकता है। पत्र व्यवहार पद्धति से थोड़े समय में लोगों को बीमा के लिए प्रोत्साहित कर सकते हैं। जब नये बीमापत्र को बेचने का निर्णय लिया गया है तो इस पद्धति से लोगों को नये बीमापत्र के विषय में बताया जा सकता है। इससे बीमा पर अनुकूल प्रभाव पड़ेगा। इसके द्वारा जवाबी पत्र भेजकर बीमापात्र से मिलने का समय भी पूछ सकते हैं जिससे सफल बीमा वार्ता की जा सकती है।

बीमापात्र के खोजने के विविध तरीके (Miscellaneous Prospecting Methods)—शृंखला-बद्ध पद्धति, समूह-प्रचार पद्धति और शान्ति-पूर्ण प्रचार पद्धति के अतिरिक्त अन्य कई तरीके अपनाकर बीमा व्यापार की खोज की जा सकती है। इन तरीकों में से बीमापत्रधारियों की सेवा, अन्तर्ज्ञान द्वारा बीमापात्र की खोज, सम्मान का प्रयोग आदि कई तरीकों को अपना कर बीमापात्र की खोज की जा सकती है।

(i) बीमापत्रधारियों की सेवा (Servicing Policyholders)—बीमापत्रधारियों की सेवा करके उनको प्रभावित किया जा सकता है। इन व्यक्तियों को जितना अधिक प्रभावित कर सकेंगे बीमापात्रों की खोज के लिए उतना ही अधिक समय मिलता है। बीमापत्रधारियों की सेवा उनकी उम्र की स्वीकृति, नामांकन, अभिहस्तांकन, जब्ती, बीमापत्र का पुनर्चालन आदि में सहायता देकर की जा सकती है। जब-जब बीमापत्र बेचे जाते हैं, तब-तब एक नया परिचय मिल जाता है और इनको सेवा द्वारा प्रभावित करके प्रभाव केन्द्र (Centre of Influence) के रूप में प्रयोग किया जा सकता है। बीमापत्रधारियों के सम्पर्क में रहने वाले व्यक्ति को बीमापात्र बनाया जा सकता है। प्रस्ताव प्रपत्र में दिये गये व्यक्तियों को भी बीमापात्र के रूप में बनाया जा सकता है।

(ii) अन्तर्ज्ञान द्वारा बीमापात्र की खोज (Intuitive Prospecting)—व्यक्तियों के विषय में अन्तर्ज्ञान का प्रयोग करके बीमापात्र के रूप में देखा जा सकता है। जब कोई बातचीत कर रहा है तो उसे सुन अपने अनुभव और ज्ञान से यह तुरन्त पता लगा लेना चाहिए कि कौन-सा व्यक्ति बीमापात्र हो सकता है। अन्तर्ज्ञान का प्रयोग केवल अनुभव से आ सकता है। अभिकर्ता के वर्तमान समय में होने वाले परिचयों और कार्यक्रमों से उसे अन्तर्ज्ञान के सही उपयोग की आदत बन जाती है।

(iii) सम्मान (Prestige)—सम्मान के आधार पर अभिकर्ता बीमापात्र की खोज कर सकता है। सम्मान कई प्रकार के हो सकते हैं जैसे वित्तीय, सामाजिक, राजनैतिक और धार्मिक। वित्तीय सम्मान प्राप्त व्यक्तियों को बीमा के लिये 'प्रभाव केन्द्र' के रूप में प्रयोग कर सकते हैं। वित्तीय सम्मान रखने वाले व्यक्ति हमेशा धनी ही नहीं होते बल्कि उनका वित्तीय सम्बन्ध (रुपये का लेन-देन) अधिक होता है। वित्तीय सम्मान रखने वाले व्यक्ति महाजन, साहूकार, आढ़तिये आदि हो सकते हैं। सामाजिक सम्मान रखने वाले व्यक्ति से अन्य व्यक्ति अपने आप अधिक सम्बन्ध जोड़ना चाहते हैं। ये व्यक्ति समाज में प्रतिष्ठा बनाये रखते हैं। सामाजिक सेवा करने वाले व्यक्ति बीमापात्रों के विषय में सूचना दे सकते हैं, राजनैतिक दलों के सदस्य भी पात्रों की खोज में मदद दे सकते हैं। धार्मिक संस्थाओं के व्यवहार को भी बीमापात्र की खोज करने में सहायता मिलती है।

2. मानवीय आवश्यकताओं का विश्लेषण करना
(Analysis of Human-Needs)

जब बीमापात्रों के नाम प्राप्त किये जा चुके हैं और उनसे सम्बन्धित सूचनायें भी मिल चुकी हैं, तब अगला कार्य उन सूचनाओं के आधार पर बीमापात्र की आवश्यकताओं का विश्लेषण करना है। मनुष्य की कुछ आवश्यकताएँ होती हैं और उनको पूरा करने के लिए उनके सामने कुछ समस्यायें आती हैं। ये समस्यायें प्रारम्भ से चली आ रही हैं, यद्यपि कि इनका रूप बदल गया है। औद्योगिक क्रान्ति के साथ-साथ मनुष्यों की संयुक्त परिवार प्रथा का विघटन होता गया जिससे मनुष्य अकेले इकाई के रूप में रहने लगा। पहले जो समस्याएँ परिवार द्वारा संयुक्त रूप से दूर की जाती थीं, अब वही समस्यायें अकेले एक व्यक्ति द्वारा दूर की जानी हैं। उसे अपने बुरे दिनों के लिए भी बचाना होगा। परिवार के दैनिक खर्चों को भी पूरा करना होगा। उसे इन समस्याओं का समाधान स्वयं करना होता है। जीवन बीमा इन समस्याओं के समाधान में सहायता करता है। मनुष्य की शीघ्र मृत्यु पर या देर में मृत्यु होने पर अनेक समस्यायें और उत्पन्न हो जाती हैं। इन सबका निराकरण जीवन बीमा करता है। मनुष्यों की आवश्यकताओं को जानकर उनका वर्गीकरण करना जरूरी है क्योंकि उसी के अनुसार बीमापात्रों को बीमा के लिये प्रोत्साहन दिया जा सकता है।

इन आवश्यकताओं का वर्गीकरण नीचे किया गया है—

(i) पारिवारिक आवश्यकतायें (Family Needs)—परिवार के आय अर्जित करने वाले व्यक्तियों की कुछ आवश्यकतायें और जिम्मेदारियों होती हैं। लेकिन यदि उनकी मृत्यु हो जाती है तो परिवार को अधिक कष्ट होगा। परिवार का जीवनयापन चलना सम्भव नहीं हो पायेगा। इसकी जिम्मेदारी पूर्णतया उस व्यक्ति पर है जो आय अर्जित कर रहा है क्योंकि उसने अपने परिवार के पालन-पोषण के लिये पर्याप्त रकम नहीं बचायी। इन दुर्घटनाओं के लिये उसने कोई पूर्व संचय नहीं किया। बीमा अभिकर्ता को व्यक्तियों की इस आवश्यकता पर विशेष ध्यान देना चाहिए क्योंकि जीवन बीमा के अलावा अन्य कोई साधन इस आवश्यकता को पूरा नहीं कर सकता है। जिन व्यक्तियों को पारिवारिक आवश्यकताओं के लिए उपयुक्त समझा जा रहा है उन्हें आजीवन बीमापत्र (Whole Life Policy)

खरीदने की सलाह दी जाती है। यदि व्यक्ति आजीवन प्रव्याजि देने के पक्ष में नहीं है तो उसे सीमित प्रव्याजि आजीवन बीमापत्र (Limited Premium Life Policy) खरीदने के लिये सलाह दी जा सकती है। यदि कुछ व्यक्ति ऐसे हैं जिन्हें आजीवन बीमापत्र खरीदने में परेशानी है तो उन्हें दो वर्षीय अवधि बीमापत्र (Two year Temporary Assurance Policy)—खरीदने के लिए कहा जा सकता है। यह बीमापत्र उन व्यक्तियों के लिए अधिक उपयोगी सिद्ध होता है जो कि आय अधिक नहीं प्राप्त करते हैं लेकिन उनकी जिम्मेदारियाँ अधिक हैं। बीमा अभिकर्ता को चाहिए कि वह विभिन्न सूचनाओं से यह पता लगाये कि बीमापात्र की क्या आवश्यकता है? उसकी आय कितनी है? ये सूचनायें बीमापात्र से प्रत्यक्ष बातचीत करके या उसके परिचित व्यक्तियों से बातचीत करके प्राप्त की जा सकती हैं।

पारिवारिक आवश्यकताओं में बीमापात्र की दैनिक जिम्मेदारियाँ भी आती हैं जैसे बच्चों का पालन-पोषण, उनकी शिक्षा-दीक्षा, विवाह एवं जीवन प्रारम्भ करने के कार्य आदि। इन आवश्यकताओं को पूरा करने के लिये उसे वर्तमान और भविष्य दोनों समय में पर्याप्त आय प्राप्त करनी चाहिए। वर्तमान आवश्यकतायें उसकी वर्तमान आय से पूरी हो सकती हैं जबकि भविष्य की आवश्यकतायें उसके संचय से पूरी हो सकेंगी। भविष्य के लिये संचय करने का अचूक साधन जीवन बीमा है।

(ii) वृद्धावस्था की आवश्यकताएँ (Old Age Needs)—वृद्धावस्था की कुछ विशेष आवश्यकताएँ हैं जिन्हें पूरा करना जरूरी है। इन आवश्यकताओं के लिए अभी से बचाना जरूरी है। वृद्धावस्था में आय में कमी हो जाती है जो उसके तथा उसके परिवार के लिये घातक है। यदि कोई आश्रित व्यक्ति आय प्राप्त करना प्रारम्भ नहीं करता है तो उसकी कठिनाइयाँ और बढ़ जायेंगी। जो बच्चे अभी छोटे हैं उन्हें शिक्षा नहीं मिल पायेगी, उनका पालन-पोषण नहीं हो पायेगा तथा विवाह आदि में कठिनाई होगी, जीवन-स्तर गिरता ही जायेगा। इसके अलावा और भी अनेक कठिनाइयाँ हैं जो कि परिवार के ऊपर आ सकती हैं। यदि व्यक्ति ने अपनी जिम्मेदारियाँ पूरी कर ली हैं तो उसे अपने जीवन-यापन के लिये कुछ आय अवश्य चाहिए। यदि आश्रित व्यक्ति अपना स्वतन्त्र कार्य प्रारम्भ भी कर दिये हैं तो आर्थिक कठिनाइयों के कारण अपने माता-पिता की देखभाल उतनी अच्छी तरह न कर पायेंगे जितनी अच्छी तरह उन्हें करना है। अधिकांश व्यक्तियों के बच्चे अपने माता-पिता के प्रति तटस्थ हो जाते हैं। ऐसी अवस्था में वृद्ध व्यक्ति को कोई ऐसा कार्य ढूँढ़ना होता है जिससे उसकी आय अर्जित होती रहे। कभी-कभी अयोग्यता के बावजूद भी उसे अधिक कार्य करना होता है। वृद्धावस्था में अयोग्यता बढ़ जाती है और स्थायी अयोग्यता के कारण उसकी आय में कमी हो जाती है।

बीमा अभिकर्ता को चाहिए कि इन आवश्यकताओं का वह स्वयं पता लगाये। आवश्यकताएँ सभी की रहती हैं उन्हें बीमापात्र को केवल अनुभव कराना रहता है। बीमापात्र इन आवश्यकताओं को तभी अनुभव करेगा जब बीमा अभिकर्ता कुछ ऐसे प्रश्न करे जिसका कि आघात उसकी आवश्यकताओं पर पड़े और वे आवश्यकतायें उसके सामने तीव्र हो जायँ। जब आवश्यकताएँ तीव्र हों जाएँगी तो वह बीमा खरीदने के लिए अधीर हो जायेगा। ऐसी दशा में उसे उसकी तीव्रतम आवश्यकता के अनुसार उचित बीमापत्र की सलाह देनी होगी। जीवन बीमा मनुष्य की अनेक आवश्यकताओं को पूरा करता है। बन्दोबस्ती बीमापत्र (Endowment Policy) से उसे वृद्धावस्था और पारिवारिक आवश्यकताओं को पूरा करने में सहायता मिलती है।

(iii) पुनर्समन्वय आवश्यकताएँ (Readjustment Needs)—परिवार के मुखिया की मृत्यु पर पारिवारिक जीवन-स्तर गिर जाता है। इसी प्रकार वृद्धावस्था, अयोग्यता, रोजगार की समाप्ति के समय भी पारिवारिक स्तर में गिरावट आ जाती है। परिवार के जीवन-स्तर के गिरने पर सदस्यों को बहुत कठिनाई होती है यह कठिनाई नीचे जीवन-स्तर से बढ़कर होती है क्योंकि व्यक्ति निम्न स्तर पर रहने के आदी नहीं है। उन्हें किंचित आय से ही सन्तोष प्राप्त करना होता है। दिन-प्रतिदिन की आय कम होने से जीवन-यापन में कठिनाई होती है। बच्चों की शिक्षा नहीं हो पाती है। सामाजिक स्तर गिरने लगते हैं और परिवार को अनेक कठिनाइयों का सामना करना पड़ता है। जीवन-स्तर गिरने के समय यदि कोई आय प्राप्त हो जाय तो उससे व्यक्तियों को कुछ सहारा मिल जाता है। आर्थिक कठिनाइयाँ कम हो जाती हैं। प्रत्याशित एवं बहुउद्देशीय बीमापत्र के माध्यम से इन कठिनाइयों को दूर करने में सहायता मिलती है। इन आवश्यकताओं को उदाहरण देकर जागृत किया जा सकता है।

(iv) विशेष आवश्यकताएँ (Special Needs)—प्रत्येक परिवार की कुछ विशेष आवश्यकताएँ हैं जो कि वृद्धावस्था या मृत्यु के कारण पूरी नहीं हो पाती हैं। बच्चों की शिक्षा एक महत्त्वपूर्ण आवश्यकता है जिसके लिये पिता को विशेष ध्यान देना चाहिए। बच्चों की शिक्षा की आवश्यकता का विश्लेषण उनकी संख्या पर आधारित है। यदि बच्चों की संख्या अधिक है तो शिक्षा की जिम्मेदारी बढ़ जाती है। यदि आय में कमी हो जाती है या समाप्त हो जाती है, तो बच्चों की शिक्षा अच्छी तरह नहीं हो पायेगी या शिक्षा बन्द हो सकती है। इसके लिए शिक्षा वार्षिकी ली जा सकती है जिससे बच्चों की शिक्षा निश्चित हो जाती है। इसी प्रकार लड़कियों की संख्या के आधार पर विवाह की जिम्मेदारी की आवश्यकता का आभास कराया जा सकता है। उसके लिये विवाह बीमा-पत्र (Marriage Policy) का सुझाव दिया जा सकता है। इसी प्रकार शिक्षा आवश्यकता के लिए शिक्षा बीमापत्र (Education Policy) खरीदने के लिए सुझाव दे सकते हैं।

(v) अन्तिम आवश्यकता (Clean-up Needs)—मृत्यु के समय चिकित्सा एवं अन्तिम संस्कार के खर्चे की आवश्यकता पड़ती है। इसको पूरा करने के लिये कुछ रकम अवश्य होनी चाहिए। यह देखा गया है कि अन्तिम समय में बीमारी के लिये बहुत खर्चे करने पड़ते हैं। मृत्यु के समय सामाजिक एवं धार्मिक संस्कार के लिये काफी रकम की आवश्यकता पड़ती है। यह बात अटूट सत्य है कि प्रत्येक सम्मानित आदमी इन खर्चों के लिए दूसरों पर निर्भर नहीं होना चाहता है। इन खर्चों को वह स्वयं पूरा करने के लिये तैयार हो सकता है। दूसरी तरफ इन खर्चों का समय निश्चित नहीं रहता है। ये खर्चे कभी भी आ सकते हैं। अनिश्चितता के लिए जीवन बीमा है और उसके माध्यम से अन्तिम आवश्यकता को पूरा करने में सहायता मिलती है। इस आवश्यकता को बातचीत के समय ही बीमा अभिकर्ता बता सकता है। इसकी तीव्रता का उसे आभास कराया जा सकता है। इन्हीं आवश्यकताओं में बन्धक के भुगतान की आवश्यकता शामिल है जो कि अन्तिम समय में उत्पन्न होती है। यदि बन्धक पर रखी गयी सम्पत्ति छुड़ाई नहीं जाती है तो उसकी हानि होगी। सम्पत्ति को वापस प्राप्त करने के लिए ऋण का भुगतान करना जरूरी है। मृत्यु के समय आय में कमी हो जाने के कारण ऋण का भुगतान करना सम्भव नहीं हो पाता है जिससे सम्पत्ति को वापस प्राप्त करने में अधिक कठिनाई होती है। इन कठिनाइयों का सामना बीमा खरीदकर आसानी से किया जा सकता है। मृत्यु के समय सम्पदाकर, मृत्युकर तथा आयकर आदि भुगतान करने पड़ते हैं जिससे परिवार की आय कम हो जाती है। परिवार की आय को स्थायी रखने के लिए बीमा की आवश्यकता पड़ती है। इन करों के

भुगतान के लिए अलग-अलग बीमापत्र खरीदे जा सकते हैं। बीमापात्र की इन तमाम आवश्यकताओं की स्पष्टता उससे या उसके परिचित व्यक्ति या उसके रहन-सहन के स्तर को देखकर पता लग सकता है। व्यक्ति के निवास-स्थान, बच्चों का रहन-सहन, उसके कार्य, आय, सामाजिक एवं राजनैतिक स्तर, व्यावसायिक प्रतिष्ठा आदि के आधार पर इन आवश्यकताओं का अनुमान करके विश्लेषण किया जा सकता है।

(vi) व्यावसायिक आवश्यकता (Business Needs)—एक व्यापारी या उत्पादक को अपनी व्यावसायिक संस्था चलाने की आवश्यकता पड़ती है। इसके लिये वह अपने कर्मचारियों का बीमा कराना चाहता है। कर्मचारियों के कल्याण की आवश्यकता बढ़ती जा रही है। संस्था में कुछ महत्त्वपूर्ण कर्मचारी होते हैं जिनका बीमा किया जाना आवश्यक समझा जाता है क्योंकि यदि वे बीमित रहेंगे तो उनकी मृत्यु पर उनके परिवार को कुछ रकम दी जा सकेगी। उसी के समान योग्य व्यक्ति की नियुक्ति की जा सकेगी जिसके लिये बीमा संस्था से पर्याप्त बीमित रकम प्राप्त हो जाती है। बीमा खरीद लेने से व्यापार की साख में वृद्धि हो जाती है। बीमापत्र की जमानत पर ऋण प्राप्त किया जा सकता है, ऋणदाता को यह विश्वास हो जाता है कि ऋण उसे वापस हो जायेगा, अतः ऋण बिना जमानत के भी प्राप्त किये जा सकते हैं। व्यापार की समाप्ति नहीं होगी। कारण कि व्यापार के साझेदारों की मृत्यु पर बीमा से बीमित रकम मिल जायेगी। व्यवसाय की स्थिति, स्वभाव और स्थान को देखकर व्यावसायिक आवश्यकता का पता लगाया जा सकता है। व्यवसाय में कार्यरत व्यक्तियों से बातचीत करके इसका अनुमान आसानी से किया जा सकता है।

(vii) विविध आवश्यकताएँ (Miscellaneous Needs)—प्रत्येक व्यक्ति की अलग-अलग आवश्यकताएँ होती हैं अतः उनका अलग-अलग मूल्यांकन अत्यावश्यक है। व्यक्तियों से व्यक्तिगत स्तर पर बातचीत करके इसका पता लगाया जा सकना सम्भव है। उपरोक्त बताई गयी आवश्यकताएँ किसी न किसी रूप में प्रत्येक बीमापात्र की होती हैं। कुछ व्यक्तियों को ये आवश्यकताएँ मालूम रहती हैं परन्तु वे इसके प्रति तटस्थ रहते हैं। कुछ व्यक्ति इन आवश्यकताओं से दबे रहते हैं तथा कुछ इनको दूर करने का प्रयास करते हैं। बीमा अभिकर्ता को चाहिए कि इन आवश्यकताओं को सही दिशा में अनुभव कराये। इन आवश्यकताओं की सूचना प्राप्त करके और उनका विश्लेषण करके बीमा पात्रों के पास पहुँचना चाहिए जिससे कि प्रभावपूर्ण वार्ता की जा सके।

बीमापात्रों का वर्गीकरण एवं पहुँच
(Classification of Prospects and Approach)

बीमापात्र की आवश्यकता का पता लग जाने पर उनका वर्गीकरण करना आवश्यक है जिससे उनके पास प्रभावपूर्ण ढंग से पहुँचा जा सके। बीमापात्रों की आवश्यकतानुसार बीमा खरीदने के लिये प्रेरणा दी जा सके।

बीमापात्रों का वर्गीकरण
(Classification of Prospects)

(i) सर्वप्रथम उन बीमापात्रों के पास पहुँचना चाहिए जो बीमा के लिए तैयार हैं और किसी अभिकर्ता का इन्तजार कर रहे हैं। ऐसे बीमापात्रों को प्रथम साक्षात्कार में ही बीमापत्र बेच देते हैं। ऐसे व्यक्तियों को खोजना एक सरल कार्य नहीं हैं क्योंकि समाज में इस प्रकार के व्यक्ति अधिक नहीं होते हैं। ऐसे व्यक्तियों में वे व्यक्ति आते हैं जिन्होंने अपना कार्य प्रारम्भ किया है, जिनकी जिम्मेदारियाँ अधिक हैं तथा जो बीमा के लाभों से पूर्व परिचित हैं।

(ii) दूसरी श्रेणी में ऐसे व्यक्ति आते हैं जिन्हें बीमापत्र तथा बीमा के लाभों का अस्पष्ट ज्ञान है। बीमा के विषय में वे पूर्ण परिचित नहीं हैं। ऐसे व्यक्तियों को बीमा के लाभों को बता कर बीमा खरीदने के लिये प्रोत्साहित किया जा सकता है। उन्हें बीमा के लाभ बताने की देरी रहती है। वे बीमा के विषय में जब पूर्ण परिचित हो जायेंगे तो उन्हें बीमा खरीदने की आवश्यकता अपने आप महसूस होगी। इनको बीमा का पूर्णज्ञान कराके बीमा के लिए कहा जा सकता है।

(iii) कुछ व्यक्ति ऐसे होते हैं जो बीमा के विषय को सुनना नहीं चाहते हैं और बीमा की आलोचना करते हैं। ये व्यक्ति तर्क और प्रमाण में विश्वास करते हैं और उन्हें बीमा के लिये दिये गये तर्क विचारहीन लगते हैं। बीमा अभिकर्ता ऐसे व्यक्तियों को अपने तर्क द्वारा बीमा के लिये प्रेरित कर सकता है। अभिकर्ता तर्क देने में जितना अनुभवी एवं दक्ष होगा उसको उतनी ही सफलता मिलेगी। इस श्रेणी में कुछ ऐसे भी व्यक्ति हैं जो बीमा के विषय में कुछ सुनना चाहते हैं। वे अपने को आत्म निर्भर और सभी आवश्यकताओं को पूरा करने वाला समझते हैं। ऐसे व्यक्तियों के पास विवेकपूर्ण ढंग से पहुँचना चाहिए। इन व्यक्तियों को बीमा के लिए प्रोत्साहित करने के लिये उनकी रुचि के अनुसार बातचीत करनी पड़ती है।

(iv) कुछ बीमापात्र ऐसे हैं जो जीवन बीमा के सम्बन्ध में कुछ भी नहीं जानते हैं परन्तु जीवन बीमा के सम्बन्ध में कुछ सुनना चाहते हैं। इन व्यक्तियों को जीवन बीमा की रोचक घटनाओं का उदाहरण देते हुए जीवन बीमा के लाभों को बताया जा सकता है। लाभों के अनुसार उनकी आवश्यकता का वर्णन कर सकते हैं और आवश्यकता को पूरा करने के लिये उचित सुझाव दे सकते हैं।

(v) कुछ बीमापात्र ऐसे हैं जो बीमा खरीदना चाहते हैं परन्तु अपनी विशिष्ट आवश्यकताओं को पूरा करने के लिए विशेष बीमापत्रों को खरीदना चाहते हैं। उनकी आवश्यकताओं को समझकर उचित प्रकार के बीमापत्रों को खरीदने के लिये सुझाव देने चाहिए।

(vi) बीमापात्रों की कुछ ऐसी भी श्रेणी है जो बीमा अभिकर्ता से बातचीत करते समय चुप रहते हैं। ऐसे व्यक्तियों को सही दृष्टिकोण मालूम नहीं हो पाता है। जब तक ये बोलेंगे नहीं तब-तक बीमा के विषय में कुछ निर्णय नहीं लिया जा सकता है। बीमा अभिकर्ता को चाहिए कि ऐसे व्यक्तियों को बातचीत करने के लिए प्रोत्साहित करे और उनके सही दृष्टिकोण का पता लगाये तथा उसी के अनुसार सुझाव दे।

(vii) ऐसे बीमापात्र भी होते हैं जो जीवन बीमा से बिल्कुल तटस्थ रहते हैं। उसके विषय में वे कुछ सुनना नहीं चाहते। बीमा से उन्हें घृणा उत्पन्न होती है। इस दृष्टिकोण के कुछ महत्वपूर्ण कारण होंगे। वे बीमा के लाभों से अनभिज्ञ होंगे या बीमा अभिकर्ता से उन्मुक्त होंगे या बीमा के विषय में कुछ भी न जानते होंगे या आत्म निर्भरता पर आश्वस्त होंगे या स्वास्थ्य का भ्रम होगा। कुछ ऐसे भी व्यक्ति होते हैं जो कि दूसरों की असफलता पर खुश हो जाते हैं। कुछ व्यक्तियों का संस्कार ही दूषित होता है। इन सभी व्यक्तियों को ज्ञान और अनुभव से बीमा के लिए प्रेरित किया जा सकता है। इनसे वार्ता करने का सबसे अच्छा तरीका इनके रुचि के अनुसार व्यवहार करना है।

(viii) कुछ व्यक्ति ऐसे हैं जो अपनी आय अर्जित करना अभी शुरू किये हैं लेकिन बीमा के विषय में कुछ भी नहीं सोचते। इन व्यक्तियों को इनकी जिम्मेदारियाँ बताकर बीमा के लिए प्रोत्साहित किया जा सकता है।

(ix) कुछ बीमापात्र भविष्य के लिए कुछ नहीं बचाये हैं परन्तु वर्तमान समय में पर्याप्त आय है। इनको भविष्य की जिम्मेदारियों और आवश्यकताओं की याद दिलाकर बीमा के लिये सुझाव दिया जा सकता है।

(x) बहुत से माता-पिता अपने बच्चों को अच्छी शिक्षा दिलाने के पक्ष में रहते हैं। वे उन्हें आगे बढ़ाने का लगातार प्रयास करते रहते हैं। इन व्यक्तियों को बीमा के लिये प्रेरित करना कठिन कार्य नहीं है।

(xi) जो व्यक्ति अभी शादी किये हैं उनकी जिम्मेदारियाँ बढ़ जाती हैं। भविष्य में बच्चे होने से बच्चों की जिम्मेदारियाँ भी आ जायेंगी। इन व्यक्तियों को बीमा के लाभों की याद दिलाकर बीमा के लिये प्रेरित कर सकते हैं।

(xii) जो व्यक्ति बीमारी से पीड़ित हैं वे बीमारी से स्वस्थ हो जाने पर आसानी से बीमा खरीदने के लिये तैयार हो सकते हैं।

(xiii) जो व्यक्ति अपने परिवार का पालन-पोषण अकेले करते हैं उन्हें बीमा की बहुत आवश्यकता होती है। उनको बीमा के लाभों और उनकी जिम्मेदारियों की याद दिलाकर बीमा के लिये प्रेरित किया जा सकता है।

(xiv) पदोन्नति या प्रगति पाने वाले व्यक्तियों को बीमा के लिये सुझाव दिया जा सकता है। अतिरिक्त आय का सदुपयोग करके बीमा खरीदने के लिये तैयार हो सकते हैं।

पहुँच
(Approach)

बीमापात्रों को नियोजित ढंग से खोजने, उनकी आवश्यकताओं की सूचना प्राप्त करने तथा आवश्यकतानुसार उनका वर्गीकरण करने के बाद बीमा अभिकर्ता को बीमापात्र के पास पहुँचने की तैयारी और पहुँचने की क्रियायें पूरी करनी चाहिए। पहुँचना एक विशिष्ट कार्य है जिससे इसको पूरा करने के लिए कुछ विशेष विधियों का ज्ञान होना चाहिए। इन विधियों को दो भागों (1) पहुँचने की तैयारी और (2) पहुँच में बाँटा गया है।

1. पहुँचने की तैयारी (Pre-Approach)—बीमा अभिकर्ता को बीमापात्र के पास पहुँचने के पहले आवश्यक तैयारी कर लेनी चाहिए। उसे बीमापात्र के विषय में जितना सम्भव हो जानने का प्रयास करना चाहिए। उसे बीमा की विधियों का पूरा ज्ञान हो और आवश्यकताओं की सन्तुष्टि के लिए जिन-जिन बीमापात्रों का उपयोग किया जा सकता हो उसे अच्छी तरह मालूम कर लेना चाहिए। बीमापात्र की इच्छाओं और आवश्यकताओं के साथ-साथ बीमापात्र की कमजोरियों और कमियों का भी आभास होना चाहिए। बीमा अभिकर्ता को अपने बीमापात्र के विषय में जितना अधिक ज्ञान होगा बीमा के लिए उतने ही प्रभावपूर्ण ढंग से वार्ता की जा सकती है। अभिकर्ता को उसकी आन्तरिक अभिरुचि और इच्छाओं का ज्ञान होना चाहिए, इससे व्यक्तिगत स्तर पर बातचीत की जा सकेगी। अभिकर्ता को तार्किक और मनोवैज्ञानिक ढंग से पहुँचने का प्रयास करना चाहिए। अभिकर्ता की सूचना के साथ अभिकर्ता के विषय में सूचना प्राप्त किये रहना चाहिए। अभिकर्ता के विषय में उनको एक निश्चित योजना की सलाह दी जा सकती है जबकि अभिकर्ता की सूचना से योग्यता और प्रव्याजि देने की क्षमता का पता लग सकता है। पहुँचने की तैयारी में अग्रलिखित तीन कार्य किये जाते हैं।

(i) उचित तैयारी (Proper Preparation)—साक्षात्कार के पहले बीमा अभिकर्ता को उचित तैयारी कर लेनी चाहिए। उसे अपने उपकरण, कार्य की पद्धति, उद्देश्य आदि की तैयारी कर लेनी चाहिए। किस प्रकार पहूँचा जायेगा और बातचीत कैसे शरू की

जायेगी इसकी पूरी तैयारी अभिकर्ता को कर लेनी चाहिए। पुरानी विचारधारा के अभिकर्ता तैयारी पर विश्वास नहीं करते थे। वे अपने ज्ञान, बुद्धि, अंतर्ज्ञान, योग्यता, चतुराई आदि को आधार बनाकर पहुँचते थे। लेकिन इसकी कमियों का पता लगा कि बिना तैयारी के कार्य संचालित अच्छी तरह नहीं हो सकेगा। उन्हें केवल करो और खोओ (Hit and Miss) पद्धति पर विश्वास था। काफी प्रयास के बाद वे इसमें सफलता पाते थे। आजकल परिस्थिति बिल्कुल भिन्न है। पहुँच के लिये विक्रय पद्धति और मानवी इच्छाओं का ज्ञान होना चाहिए। बीमापात्रों की आवश्यकताओं का ज्ञान हो, बीमापात्र का ज्ञान हो और विक्रय पद्धतियों का ज्ञान हो। इनके आधार पर यह तय किया जा सकता है कि कितने अच्छे ढंग से अभिकर्ता बातचीत कर सकता है। तैयारी में मुख्य तीन कार्य किये जाते हैं—

(अ) प्रथम साक्षात्कार (First Interview)—इस साक्षात्कार में केवल 5 मिनट का समय लिया जाना चाहिए। इसका तात्पर्य केवल अपने को परिचित कराना होता है और दूसरे साक्षात्कार के लिए समय निर्धारित करना है। इसमें अभिकर्ता को अधिक समय नहीं देना चाहिए और न बीमापात्र के पास बैठना ही चाहिए। इसे समय निर्धारण साक्षात्कार (Appointment Interview)भी कहते हैं।

(ब) तथ्य की खोज साक्षात्कार (Fact-Finding Interview)—इस साक्षात्कार को निर्धारित समय के अनुसार प्रारम्भ किया जाता है। बीमापात्र की यह नैतिक जिम्मेदारी हो जाती है कि वह बीमा अभिकर्ता को देखे। बीमा अभिकर्ता अपने को बीमपात्र के सम्पर्क में लाता है और अपने प्रभाव एवं बातचीत से उसे प्रभावित करता है। इस साक्षात्कार में 10 से 15 मिनट का समय लिया जा सकता है। इस साक्षात्कार में बीमापात्र के सम्बन्ध में सूचना प्राप्त की जाती है और जो सूचनायें दी रहती हैं उन्हें दृढ़ करता है। इसके बाद वह अगले साक्षात्कार के लिये समय निर्धारित करता है।

इस साक्षात्कार के अन्त में बीमा अभिकर्ता को यह पता लग जाता है कि बीमापात्र की आवश्यकताएँ क्या हैं और उन्हें कैसे पूरा किया जा सकता है। बीमा अभिकर्ता अपने विचारों से प्रभावित करके बीमापात्र से पर्याप्त सूचनायें प्राप्त कर सकता। इन सूचनाओं के आधार पर बीमा अभिकर्ता वार्तालाप प्रारम्भ करने के लिए पहले से स्वयं अपने आप तैयारी करता है। इस तैयारी से बीमा अभिकर्ता को यह पता हो जाता है कि किस प्रकार वार्ता की जायेगी।

(स) विक्रय साक्षात्कार (Selling Interview)—तीसरे साक्षात्कार में अभिकर्ता योजनाओं को बताता है। विभिन्न बीमापत्रों को समझाता है। प्रव्याजि की दर बताता है। उसकी राय के अनुसार बीमा की रकम के लिए सुझाव देता है। विक्रय वार्ता के लिये पहले से तैयारी हो जानी चाहिए।

बीमा अभिकर्ता को चाहिए कि वह प्रत्येक वार्ता को अपने आप पूरा करे। वह अपने आप प्रश्न करे और उसका उत्तर प्राप्त करे। वह बातचीत तैयार करे, उसे लिख भी सकता है। अपने आप प्रश्न और उत्तर से वार्ता को तैयार करे। यदि उसने वार्ता की पूर्ण तैयारी कर ली है तब उसे विश्वास हो जायेगा कि वह वार्ता को सफलता पूर्वक कर सकेगा, तैयारी के लिए बहुत प्रयास करने पड़ते हैं। सम्भावित प्रश्नों को सोचना एक कठिन कार्य है। बीमापात्र के मनोभावों परिस्थितियों आदि के आधार पर सम्भावित प्रश्नों पर विचार किया जाता है और उसी प्रकार उत्तर सोचना पड़ता है। बीमा अभिकर्ता जैसे-जैसे अधिक अनुभवी, बुद्धिमान् और दक्ष होता जाता है वैसे-वैसे उसे इस कार्य के लिये कम समय लगाना पड़ता

है। कार्य करते-करते ये सभी क्रम अपने आप समझ में आ जाते हैं और इसमें सफलता प्राप्त की जा सकती है।

(ii) निर्धारित विक्रय वार्ता (Prepared Sales Talk)—पहुँचने की तैयारी जिस प्रकार मन में की जाती है उस प्रकार विक्रय वार्ता की भी तैयारी मन में की जाती है। बीमा अभिकर्ता को अपने मन में ही विक्रय वार्ता समझ लेनी चाहिए। निर्धारित प्रस्तुतीकरण (Prepared Presentation) कार्य का सबसे अच्छा तरीका है। संगठित और परिमार्जित वार्ता से बीमापात्र की रुचि में वृद्धि होती है। इसके आधार पर बीमा अभिकर्ता को अपने विचारों को तार्किक और प्रभावपूर्ण ढंग से करना होता है। प्रत्येक बीमापात्र के लिये अलग-अलग विक्रय वार्ता तैयार करना एक विस्तृत कार्य है अत: कुछ निश्चित और सर्वमान्य वार्ता तैयार करके याद कर लेनी चाहिए। आवश्यकताओं के अनुसार अलग-अलग विक्रय वार्ता प्रभावपूर्ण होगी। इनको अलग-अलग व्यक्ति के साथ अलग-अलग ढंग से रख सकते हैं। विक्रय वार्ता पहले से तैयार कर लेने से प्रत्येक दशा, स्थिति, विचार आवश्यकता आदि में प्रभावपूर्ण ढंग से प्रयोग किया जा सकता है।

(iii) कार्य की तैयारी (Well Set for Action)—पूर्व-पहुँच (Preapproach) में बीमपात्रों के परिचय के बाद से वार्ता प्रारम्भ करने के पहले का कार्य किया जाता है। जब बीमा अभिकर्ता ने विक्रय वार्ता तैयार कर ली है और उसके प्रत्येक पहलू पर विचार कर लिया है तो उसको कार्य रूप देनी की तैयारी कर लेनी चाहिए। अभिकर्ता को यह सोच लेना चाहिए कि उसने साक्षात्कार की सभी तैयारी कर ली है। प्रस्ताव प्रपत्र तथा अन्य आवश्यक प्रपत्रों को तैयार कर लेना चाहिए। उसे इस प्रकार तैयार रहना चाहिए कि जब कभी बीमापात्र से मिले तो उसे अपने आप प्रभावित कर सके और यदि बीमापात्र प्रस्ताव के लिये तैयार हो जाता है तो तुरन्त प्रस्तावपत्र भरा लेने चाहिए। बीमा अभिकर्ता को इन सब कार्यों में हमेशा आशावादी होना चाहिए और उसको अनुभव करते हुए कार्य करना चाहिए। जिस बीमापात्र से मिलने जाया जा रहा हो उसी के स्तर के अनुसार भाषा, बोलचाल, पहिनावा आदि हो। दूसरे शब्दों में, बीमा अभिकर्ता को बीमापात्र के साथ बातचीत करते समय आत्मीयता को बनाये रखना चाहिए।

2. पहुँच (Approach)—पहुँच के आधार पर ही बीमा अभिकर्ता की सफलता निर्भर है। यह हमेशा एक निर्धारित सिद्धान्तों से प्रभावित होता है। पहुँच का मुख्य उद्देश्य बीमा विषय में बीमापात्र की रुचि पैदा करना है। बीमा अभिकर्ता को ऐसी रुचि पैदा कर देनी चाहिए जिससे बीमापात्र उसकी बातों को सुनने के लिये तैयार हो सके। पहुँच में (i) समय (ii) स्थान (iii) पद्धति और रुचि प्रेरक बातों पर विचार किया जाता है।

(i) पहुँच का समय (Time of Approach)—बीमापात्र से मिलने का समय उसकी सुविधा पर निश्चित किया जाना है। जब बीमापात्र को समय मिले तभी उससे मिलने का प्रयास किया जाना चाहिए। जब बीमापात्र आराम में रहे और उसका मन सुस्थिर रहे, तभी उससे मिलने का प्रयास करना चाहिए।

(ii) पहुँचने का स्थान (Place of Approach)—जिस प्रकार से पहुँचने का समय पूर्व निर्धारित होता है उसी प्रकार बीमपात्र से मिलने का स्थान भी निश्चित होना चाहिए। वही स्थान चुनना चाहिए जहाँ पर खुलकर वार्ता की जा सके तथा किसी प्रकार विघ्न उत्पन्न न होने पाये। प्रयास यह करना चाहिए कि बीमापात्र के निवास स्थान पर वार्ता की जाय।

(iii) पहुँच का तरीका (Method of Approach)—बीमापात्र से मिलने का तरीका महत्त्वपूर्ण है। गलत तरीके से सफलता की सम्भावना कम हो जाती है। बीमा अभिकर्ता को बार-बार पहुँचने का प्रयास नहीं करना चाहिए। बीमापात्र जब पूर्ण रूप से तैयार हो जाय तभी उससे मिलना चाहिए। बार-बार दरवाजा खटखटाने से सफलता की सम्भावना कम हो जाती है। सफलता का मूल्यांकन करके ही कार्य करना चाहिए। साक्षात्कार के तरीके का मूल्यांकन करना चाहिए। बीमा अभिकर्ता को हमेशा बीमापात्र की इच्छाओं और सुविधाओं का पालन करना चाहिए। उसके द्वारा निर्धारित समय और स्थान पर ही पहुँचना चाहिए। प्रथम साक्षात्कार में ही वार्ता प्रारम्भ नहीं करनी चाहिए। जब कभी बीमापात्र कुछ पूछ रहा है तो उसका उचित उत्तर देना चाहिए। प्रश्न में विघ्न नहीं डालना चाहिए। बीमा अभिकर्ता यदि सूचक (Lead) द्वारा पहुँच रहा है, तो उसका सम्मान करते हुए प्रसंग बताया जा सकता है। पहुँच के प्रमाणित तरीकों का ही प्रयोग किया जाना चाहिए। शृंखला बद्ध पद्धति में परिचित के माध्यम से पहुँचने में अधिक सफलता मिलती है।

(iv) रुचि प्रेरक (Curiosity Arouser)—रुचि को प्रेरणा देना आवश्यक है। विक्रय तभी होगा जब बीमापात्र खरीदेगा। अतः उसमें खरीदने की रुचि पैदा करनी चाहिए। बीमापात्र को बीमा खरीदने के लिए जितना अधिक प्रोत्साहित कर सकेंगे सफलता की सम्भावना उतनी ही अधिक होगी।

पूर्व पहुँच पर पहुँच की सफलता और पहुँच की सफलता पर वार्ता प्रारम्भ करने की सफलता तथा वार्ता की सफलता आधारित रहती है। पहुँच की योजना पहले से निश्चित कर लेनी चाहिए।

अध्याय 26

बीमा-विक्रय विधि—द्वितीय

(Insurance Selling—Process—II)

बीमा विक्रय विधि के बीमापात्र की नियोजित खोज मानवी आवश्यकताओं का विश्लेषण तथा बीमापात्र का वर्गीकरण एवं पहुँच के विषय में पिछले अध्याय में बताया जा चुका है। इस अध्याय में साक्षात्कार के विषय में बताया जायेगा और प्रचार एवं तर्क; तथा आक्षेप एवं उनके उत्तर तथा बीमा के अंतिम निर्णय के विषय में अगले अध्याय में बताया जायेगा।

(4) साक्षात्कार

(Interview)

बीमा विक्रय विधि का महत्त्वपूर्ण अंग साक्षात्कार है। विक्रय की अधिकांश सफलता साक्षात्कार के ढंग एवं दृष्टिकोण पर निर्भर है। साक्षात्कार का ढंग परिमार्जित होना चाहिए। अपने व्यावसायिक ज्ञान का पूर्ण प्रयोग करके साक्षात्कार को सफल बनाना चाहिए। साक्षात्कार का उद्देश्य केवल व्यापार प्राप्त करना नहीं होना चाहिए बल्कि सेवा करने के दृष्टिकोण को भी ध्यान में रखना चाहिए। उन सुझावों एवं सलाहों को नहीं देना चाहिए जो कि बीमापात्र के लिए उपयोगी न हों। साक्षात्कार के पहले इसको पूर्ण रूप से नियोजित कर लेना चाहिए, इसका मन ही मन अभ्यास कर लेना जरूरी है। प्रत्येक आदमी स्थान पर उतना अच्छा कार्य नहीं कर सकता जितना कि उस कार्य को पहले से अभ्यास न कर लिया गया हो। परिमार्जित एवं पूर्व अभ्यासित साक्षात्कार का प्रभाव अधिक होता है। प्रत्येक योग्य अभिकर्ता तैयार साक्षात्कार को ही अपनाता है क्योंकि शाम की ठंडक में सोचने का अधिक मौका रहता है जो दोपहर के साक्षात्कार की गर्मी में महत्त्वपूर्ण बातों पर विचार करना सम्भव नहीं हो पाता। किसी व्यक्ति को प्रभावित करने के लिए प्रचार एवं प्रभाव की क्रमबद्ध कला का ज्ञान होना जरूरी हे जो कि पहले से तैयार साक्षात्कार में ही आ पाता है, विक्रय पद्धति का ज्ञान होना आवश्यक है इसके लिए पहले से साक्षात्कार की तैयारी होना चाहिए। उपयुक्त परिस्थितियों में विक्रय तभी प्राप्त किया जा सकता है जबकि व्यापार प्राप्त करने के लिये साक्षात्कार किया जाय, आवश्यकताओं को समझा जाय तथा आवश्यतानुसार सुझाव दिये जायें।

साक्षात्कार के क्रम

(Steps of Interview)

विक्रय वार्ता पूरा करने के लिये क्रमबद्ध प्रयास किये जाने चाहिए। विक्रय साक्षात्कार निम्नलिखित क्रमों में पूरा किया जाता है—

(1) पहुँच

(2) आवश्यकता का स्पष्टीकरण

(3) नियोजित प्रस्तुतीकरण

(4) प्रेरणा

(5) समाप्ति

(7) निर्णय लेना

1. पहुँच (Approach)—पहुँच के अन्तर्गत बीमापात्र के पास पहुँचने की कला का ज्ञान होना चाहिए। पहुँच के पहले की तैयारी और पहुँचने का कार्य प्रभावपूर्ण ढंग से किया जाना चाहिए। साक्षात्कार के पहले पूर्व पहुँच और पहुँच के कारण नियोजित रूप से पूरे होने चाहिए। पहुँचने की तैयारी और साक्षात्कार की तैयारी के लिए बिना साक्षात्कार का कार्य प्रभावपूर्ण नहीं हो पाता है। बीमापात्र का सम्मान और उनमें रुचि पैदा करना इस पद्धति का उद्देश्य है। इसका वर्णन पिछले अध्याय में किया जा चुका है।

2. आवश्यकता का स्पष्टीकरण (Uncovering the Need)—कोई भी बीमापात्र बीमा तब तक नहीं खरीदेगा जब तक उसे इसकी आवश्यकता न हो। बीमा की आवश्यकता होते हुए भी उसका आभास बीमापात्र को बहुत कम हो पाता है। जैसे समाज में कुछ ऐसी आवश्यकतायें हैं जिनका आभास उसे तभी होता है जब कि वह स्वयं किसी प्रचार या विक्रेता के सम्पर्क में आता है। उसी प्रकार बीमा की भी आवश्यकता का आभास इसे तभी होता है जब कोई विक्रेता उसके पास पहुँचता है। किसी वस्तु को खरीदने के पहले वह आवश्यकता का आभास करता है, आवश्यकता पर जोर डाला जाता है तथा आवश्यकता तीव्रतर होती है। आवश्यकता जो धुँधले रूप में प्रकट होती है एक दिन इस स्तर पर आ जाती है कि उसकी सन्तुष्टि के लिए व्यक्ति विह्वल हो उठता है। उसकी पूर्ति के लिये चिन्तित एवं अधीर हो जाता है। आवश्यकता की तीव्रता तब तक बढ़ती जाती है जब तक कि वह स्वयं इसे पूरा नहीं कर लेता है। आवश्यकता की सन्तुष्टि के लिये अन्य खर्चों में कमी करता है और इस प्रकार खर्चे का प्रबन्ध करके । आवश्यकता की पूर्ति के लिये जो त्याग भी करना पड़े उसे करने के लिये तैयार हो जाता है। आवश्यकता की सन्तुष्टि के लिए जो भी त्याग करना पड़े वह सहर्ष करने के लिए तैयार होता है।

बिल्कुल इसी प्रकार बीमा की भी आवश्यकता धुँधले रूप में बनी रहती है व्यक्ति उसका आभास नहीं करता है। उसको प्रेरणा नहीं मिलती है, बीमा अभिकर्ता का यहाँ पर यह कर्तव्य है कि वह धुँधली आवश्यकता को स्पष्ट करे। धुँधली आवश्यकता को स्पष्ट करने से ही काम नहीं चलेगा क्योंकि बीमा की आवश्यकता इस प्रकार छिपी रहती है कि उसे स्पष्ट करने से बीमापात्र को सुरक्षा का आभास सही अर्थों में नहीं हो पाता है। बीमा अभिकर्ता को इस आवश्यकता को इस प्रकार बताना होगा कि वह आवश्यकता को सही अर्थों में समझ सके। भविष्य की आवश्यकता वर्तमान आवश्यकता के साथ रुक सके और उसका उसी प्रकार आभास हो जिस प्रकार वर्तमान आवश्यकता का आभास होता है। आवश्यकता का आभास वास्तविक हो इसमें कोई सन्देह नहीं होना चाहिए। अस्पष्ट आवश्यकता को स्पष्ट करने और वर्तमान आवश्यकता के बराबर लाने से ही काम नहीं चलता, बल्कि उसे तीव्रतर करना होगा। संक्षेप में बीमा अभिकर्ता को निम्न प्रयास करना होगा—

(1) अस्पष्ट आवश्यकता को स्पष्ट करना,

(2) आवश्यकता को वर्तमान आवश्यकता के बराबर या उसके ऊपर जोर देने,

(3) आवश्यकता को तीव्रतर करना और इस तरह तीव्र करना कि बीमापात्र बीमा खरीदने के लिए अधीर एवं चिंतित हो जाय; इस स्तर पर बीमा अभिकर्ता बीमापात्र के ऊपर पूर्ण नियन्त्रण रखेगा और उसे बीमा के लिए प्रभावित कर सकेगा। ये तीनों कार्यक्रम से ही पूरे किये जा सकते हैं।

(3) नियोजित प्रस्तुतीकरण (Planned Presentation)—आवश्यकता के स्पष्टीकरण के बाद बीमापात्र और बीमा अभिकर्ता एक तीसरे स्तर पर पहुँच जाते हैं जिसे नियोजित प्रस्तुतीकरण के नाम से पुकारा गया है। दोनों व्यक्ति यह अनुभव करने लगते हैं कि समस्या का समाधान होना है। यदि बीमापात्र की अपनी कुछ अन्य बचत योजनाएँ हैं तो उसको भी श्रेय देने का कार्य बीमा अभिकर्ता का है लेकिन उसके साथ ऐसी योजना को बताया जाय जिससे सुरक्षा और बचत दोनों हो जिसे अधिकांश व्यक्ति नहीं कर पाते हैं। वह योजना—बीमा है जिसको प्राप्त करने का प्रयास जितनी कम उम्र में किया जायेगा उतना ही सस्ता पड़ेगा। यह योजना अन्य योजनाओं की तुलना में बहुत सस्ती और लाभदायक है। इसमें समय और स्वास्थ्य का विशेष ध्यान रखना पड़ता है। जब तक बीमापात्र इसके लिए अधीर न हो जाये तब तक इसको बताते रहने चाहिए। बीमापात्र की अन्य बचत योजनाओं के ऊपर बीमा के अतिरिक्त लाभ का वर्णन करते रहना चाहिए, बीमा द्वारा प्राप्त होने वाली सन्तुष्टि और उसकी लागत का स्पष्ट वर्णन कर देना चाहिए। प्रव्याजि की छोटी रकम से बीमा के बहुत लाभ-बचत, सुरक्षा, निश्चित रकम की प्राप्ति, कर से छूट का स्पष्ट वर्णन करना चाहिए। आवश्यकतायें बनी रहती हैं चाहे बीमापात्र रहे या न रहे; अन्य बचत योजनाओं से आवश्यकता की सन्तुष्टि तभी हो पाती है जबकि बीमापात्र स्वयं जीवित रहे, बीमा एक ऐसी योजना है जो जीवन और मृत्यु दोनों में साथी है। जीवन एवं मृत्यु की तमाम आवश्यकताओं को बीमा कैसे सन्तुष्ट करता है इसका पूर्ण वर्णन होना चाहिए। बीमा के लिये दी जाने वाली रकम बीमापात्र की आर्थिक स्थिति के अन्दर होती है। अभिकर्ता को कुछ मौका देकर बीमापात्र को इन तमाम योजनाओं में से एक योजना चुनने के लिये कहा जा सकता है जब बीमापात्र योजना का चुनाव कर लेता है तब उसे इसके लिये बधाई देनी चाहिए कि उसने अपनी आवश्यकताओं को पूरा करने के लिये महत्वपूर्ण योजना का चुनाव कर लिया है। योजना के चुनाव के लिए एक आवश्यकता (Single Need) या कई आवश्यकता (Multiple Need) के चुनाव के लिये प्रचार किया जा सकता है। पहली पद्धति को पैकेज विक्रय (Package Selling) और दूसरी पद्धति को कार्यक्रम विक्रय (Programming or Total Needs Selling) कहा गया है। पहली पद्धति को नया अभिकर्ता अपनाता है और दूसरी पद्धति को पुराना अनुभवी अभिकर्ता अपनाता है।

आवश्यकताओं के जागृत होने के बावजूद भी बहुत से बीमापात्र अपनी कोई योजना नहीं रखते हैं। अभिकर्ता को इसका पता लगाना चाहिए। आवश्यकताओं और समस्याओं को पूरा करने के लिये बीमापात्र से समाधान का तरीका पूछना चाहिए, उसके समाधान के तरीके की जाँच करनी चाहिए, और यदि उस समाधान या योजना में कोई कमी हो तो उसे दूर करने का प्रयास करना चाहिए। और एक उचित योजना के लिये सुझाव देना चाहिए। यदि बीमापात्र कोई योजना नहीं रखता है तो उसे उसकी आवश्यकतानुसार योजना का सुझाव देना, योजना की पर्याप्तता पर जोर देना चाहिए, इसकी उपयोगिता पर जोर देना चाहिए और यह भी बताना चाहिए कि यह योजना इसकी पहुँच के अन्दर है।

बीमापात्र योजना की स्वीकृति औपचारिक रूप से दे सकता है। ऊपरी भाव से योजनाओं को स्वीकार कर सकता है। आन्तरिक रूप से वह योजना को स्वीकार करने के लिये सोच विचार में पड़ा रहता है।

4. प्रेरणा (Motivation)—अभिकर्ता के बताने के बाद बीमापात्र योजनाओं पर स्वयं विचार करता है। यदि विचार करने के बाद भी बीमा खरीदने के लिये निर्णय नहीं ले पाता तो उसे प्रोत्साहित करने की आवश्यकता होती है। यदि अभिकर्ता के तर्क अप्रभावपूर्ण रहे तो उसके हृदय को प्रभावित करना पड़ता है। मनोवैज्ञानिक तरीके से बीमापात्र को बीमा

की आवश्यकता बताई जानी चाहिए। बीमा की आवश्यकता की अनुभूति करायी जानी चाहिए। उसके मनोभावों को प्रभावित करना आवश्यक हो जाता है। मनोभावों को प्रभावित करके बीमापात्र को बीमा के लिए प्रोत्साहन करना चाहिए। लेकिन इसका प्रयोग सावधानी से करना चाहिए क्योंकि यह दो धारवाली तलवार है जो कि प्रयोगकर्ता को भी नुकसान पहुँचा सकती है। सत्य बातों के कहने से लोगों में शान्ति, हँसी और प्रसन्नता के साथ-साथ अशान्ति, दुख और अप्रसन्नता भी उत्पन्न हो सकती है। आदर्शपूर्ण विक्रय वही है जो हृदय से महसूस और मूल्यांकित किया जाए। व्यक्तियों में बीमा के प्रति रुचि पैदा करने में ऐसे उदाहरण देने चाहिये जहाँ पर बीमा से लोगों को आर्थिक कठिनाइयों को दूर करने में सहायता मिली है। बीमा के उन उदाहरणों को भी पेश करना चाहिए जिनमें बीमा ने अच्छी शिक्षा, विवाह आदि को प्राप्त करने में सहायता दी है। इन उदाहरणों को प्रमाणित करने के लिय समाचार-पत्रों और फोटोग्राफ, को दिखाये जा सकते हैं। इसके लिए बीमा अभिकर्ता अपोद्घर्ष पुस्तिका (Scrap Book) रखते हैं जिसमें समाचारपत्रों, पत्रिकाओं आदि से महत्त्वपूर्ण घटनाओं के समाचार काट कर चिपका दिये जाते हैं। इस पुस्तक में खुशी और दुखी सभी घटनाओं के समाचार मिल जाते हैं और उन्हें यथास्थान उद्धरित कर सकता है। यह पुस्तिका अभिकर्ता स्वयं तैयार करता है।

इन प्रयासों के बाद भी हो सकता है बीमापात्र बीमा के लिए तैयार न हो। इसके कई कारण हो सकते हैं—बीमापात्र की योजना उसके लिए नयी हो या प्रत्येक प्रस्ताव उसे संदेहात्मक लगे या अपने रुपये का सदुपयोग न करना चाहता हो। बीमा न खरीदने का कोई भी कारण हो सकता है परन्तु मुख्य कारण यह है कि बीमा अभिकर्ता के प्रयासों के बावजूद भी वह प्रेरित नहीं हुआ। अभिकर्ता को यह ध्यान रखना चाहिए कि केवल भावनात्मक विक्रय वास्तविक विक्रय नहीं होगा। इसके लिये विक्रय वास्तविक आवश्यकता महसूस करनी होगी। भावनात्मक प्रेरणा में तो जब बीमापात्र भावना से अलग हो जायेगा उसे बीमा की आवश्यकता नहीं रहेगी। अत: यह आवश्यक है कि जहाँ कहीं भी विक्रय का प्रयास किया जाय बीमापात्र को बीमा की आवश्यकता को वास्तविक रूप से महसूस करने का वातावरण पैदा किया जाये। बीमा की वास्तविक आवश्यकता महसूस होने पर बीमपात्र आगे कार्य कर सकेगा और बीमा के लिये प्रस्ताव भरने के लिये तैयार हो सकेगा।

5. समाप्ति (The Close)—बीमा वार्ता की समाप्ति बीमा लेने के निर्णय की तरफ संकेत करती है। जिस तरह अन्तिम वार्ता होगी अर्थात् वार्ता की समाप्ति जिस ढंग से होगी बीमा खरीदने का निर्णय उसी प्रकार प्रभावित होगा। अत: वार्ता की समाप्ति प्रभाव ढंग से होनी चाहिए। बीमा वार्ता की समाप्ति भी पूर्व नियोजित आधार पर होनी चाहिए। बीमा वार्ता की समाप्ति शीघ्र नहीं होनी चाहिए इसके लिये अनेक अतिरिक्त प्रयास करना चाहिए। बीमा अभिकर्ता को सावधान रहना चाहिए और उसे प्रत्येक बातों पर गौर रखना चाहिए। जब मौका मिले विक्रय वार्ता की समाप्ति का प्रयास करना चाहिए। वार्ता के समय बीमापात्र की बातों से यह स्पष्ट हो सकता है कि बीमापात्र कब वार्ता समाप्त करना चाहता है। विक्रय वार्ता के विभिन्न समयों में वार्ता की समाप्ति हो सकती है। बीमापात्र की प्रत्येक योजना समाप्ति का इशारा करती है। यदि इन सबके बाद भी बीमापात्र बीमा खरीदने के लिये तैयार नहीं होता तो प्रत्येक बीमापत्र की दशाओं और शर्तों का वर्णन किया जाना चाहिए और अन्त में बीमा खरीदने के लिये इशारा किया जा सकता है, यदि इनके बाद भी बीमापात्र तैयार नहीं होता तो उसे प्रेरणा देनी चाहिए। जब सारी सूचनायें देने के बाद समाप्ति होती है तो उसे व्यावसायिक समाप्ति (Business Close) कहते हैं। यह समाप्ति योजनाओं

के लाभों को बताने के बाद से प्रेरणा देने के बीच में हो सकती है। जब तक वार्ता का कोई प्रभावपूर्ण परिणाम सामने न आ जाय; वार्ता समाप्त नहीं की जानी चाहिए।

समाप्ति के प्रकार
(Kinds of Close)

वार्ता समाप्ति के कई प्रकार हो सकते हैं (i) व्यावसायिक समाप्ति, (ii) प्रभावित समाप्ति, (iii) स्वत: समाप्ति, (iv) चुनौती समाप्ति और (v) परिस्थित्यात्मक समाप्ति।

(i) व्यावसायिक समाप्ति (Business Close)—बीमापत्र के विषय में सम्पूर्ण रचना प्राप्त हो जाने के बाद जो समाप्ति होती है उसे व्यावसायिक समाप्ति के नाम से पुकारा गया है। यह समाप्ति उस समय प्रारम्भ होती है जब बीमापत्र के लाभों को पूर्ण रूप से वर्णित कर दिया जाता है, यह उस समय तक चल सकता है जब तक कि प्रेरणा के कार्य समाप्त नहीं हो जाते हैं। प्रेरणा देने के समय कुछ महत्वपूर्ण तत्वों को ध्यान में रखा जाता है—जैसे प्रेम और स्नेह, उपयोगिता, स्वार्थ, सौदेबाजी आदि। इन तत्त्वों को आधार बनाकर प्रेरणा के लिये प्रयास कर सकते हैं।

प्रेरणा देने के लिये बीमापात्र की आवश्यकताओं को पुन: तीव्रतर बनाया जाता है। स्थानीय घटनाओं को ध्यान में रखकर रुचिकर उदाहरण दिये जा सकते हैं। लागत और लाभ की तुलना करके बीमापात्र को प्रेरित किया जा सकता है। प्रेम और स्नेह के भाव जगाकर सस्ते बीमापत्र का सुझाव देकर, बीमापत्र की लागत को बीमापात्र की आय के अनुकूल बताकर, आय प्राप्त के समय के अनुसार प्रव्याजि भुगतान के तरीके निश्चित करके, वित्तीय कठिनाइयों को पूरा करने के लिये उपलब्ध शर्तों एवं सुविधाओं को बताकर; बीमापात्र की सुविधा के अनुसार चिकित्सा परीक्षण की व्यवस्था करके तथा अन्य सुविधायें एवं सेवायें प्रदान करके बीमापात्र को प्रोत्साहित किया जा सकता है। बीमापात्र की जन्मतिथि, नामांकित व्यक्ति के नाम, चिकित्सा परीक्षण की सलाह तथा प्रथम प्रव्याजि के भुगतान तरीके आदि समाप्ति के संकेत से वार्ता समाप्त की जाती है। कभी-कभी इस निर्णय से वार्ता समाप्त होकर अनुकूल परिणाम मिल जाते हैं लेकिन इसमें बीमापात्र के मनोभावों को देखते रहना चाहिए अन्यथा वे इस जल्दी के निर्णय से एकदम रुष्ट हो जायेगा। इन निर्णयों को तब लिया जाता है जब बीमापात्र बीमा के विषय में निश्चित नहीं हो पा रहा है और जैसे वह बीमा खरीदने का निश्चय करे तुरन्त ये प्रश्न करके बीमा की अनुकूल समाप्ति हो सकती है।

(ii) प्रमाणित समाप्ति (The Standard Close)—बीमा अभिकर्ता को निर्णय लेने के पहले वार्ता समाप्ति का कई बार प्रयास करना पड़ता है क्योंकि यदि अनुकूल निर्णय नहीं हो पाता तो वार्ता को फिर अगले दिन के लिए स्थगित कर देते हैं। कई बार निर्णय लेने के प्रयास से बीमापात्र को पूर्ण रूप से सोचने का मौका मिल जाता है और जब वह इसे अपने मन से सोचेगा तो बीमा का निर्णय स्थायी होगा। जब तक ये वार्तायें पहले से पूर्णरूपेण तैयार नहीं की जायेंगी, तब तक उसे निर्णय लेने में कठिनाई होती रहेगी। वार्ता की समाप्ति के लिये कुछ निर्धारित विषयों का प्रयोग किया जाता है। प्रमाणित समाप्ति (Standard Close) में पाँच विधियों का क्रम से प्रयोग किया जाता है। ये पाँच विधियाँ (Close) के प्रत्येक अक्षर से प्रारम्भ होती है—C से चुनाव (Choice), L से हानि मुक्त (Loss Proof), O से बन्धन (Obligations), S से छिपे हुए आक्षेपों का ढूँढ़ना (Seek the Hidden Objection), E से उदाहरण एवं परीक्षा (Example and Examination) इन पाँचों विधियों का वर्णन नीचे किया जा रहा है—

(क) चुनाव (Choice)—इस विधि में बीमापात्र को बीमा की तमाम योजनाओं को बताया जाता है। इन योजनाओं के लाभों और विशेषताओं को स्पष्ट करते हैं। बचत एवं सुरक्षा के तत्वों पर प्रकाश डाला जाता है। अन्य बचत योजनाओं की कमियों को बताते हैं क्योंकि उनमें सुरक्षा का तत्त्व बिल्कुल शामिल नहीं होता है। ऐसी बचतों से केवल बचत मिलती है, सुरक्षा बिल्कुल नहीं होती है। बीमापत्र की अनेक योजनाएँ होती हैं जिनमें से किसी भी योजना को चुना जा सकता है। कुछ ऐसी भी योजनाएँ हैं जो कि केवल अधिक आय देती हैं जैसे प्रत्याशित बीमा, त्रिलाभ बीमा या बहुउद्देश्यीय बीमा। यदि इन योजनाओं को चुना जा रहा है तो उनके लाभों को बता देना चाहिए। बहुउद्देश्यीय बीमापत्र में थोड़ी-सी अधिक प्रव्याजि देने के परिणाम स्वरूप बीमापात्र के बच्चों की शिक्षा, विवाह, जीवन में प्रवेश, दैनिक खर्चों की पूर्ति आदि लाभ मिलते हैं। इन आवश्यकताओं के प्रति जागरूक व्यक्ति इस बीमापत्र को खरीदते हैं। इसके अलावा नवीन बीमापत्रों को भी बताना चाहिए जिससे उन्हें कुछ विशेष लाभ मिल सकते हैं। इन बीमापत्रों में से बीमापात्र को कोई भी बीमापत्र चुनने के लिये कहा जाता है।

(ख) हानि मुक्त (Loss Proof)—मृत्यु का समय निश्चित नहीं होता यद्यपि कि मृत्यु अवश्य होगी। मृत्यु के समय कितनी हानि होगी इसका भी निर्धारण नहीं किया जा सकता है। हानि कब होगी कितनी होगी इसका पूर्वानुमान सम्भव नहीं है। व्यक्ति के अधिक दिन जीवित रहने पर या जल्दी मर जाने पर दोनों दशाओं में हानि होती है। अधिक दिन जीवित रहने पर आय अर्जन शक्ति कम हो जाने पर जीवनयापन मुश्किल हो जायेगा तथा शीघ्र मृत्यु होने पर उसके परिवार वालों को कष्ट होगा। जीवन बीमा हानि से मुक्ति दिलाता है। यह हानि मुक्ति (Loss Proof) है। जब कभी भी हानि होगी बीमा के माध्यम से उसे दूर किया जा सकता है। यदि हानि नहीं होती है तो एक मुश्त रकम बीमापत्रधारी को मिल जाती है जिसका उपयोग वह अपनी वृद्धावस्था या अन्य जिम्मेदारियों को पूरा करने में कर सकता है। यदि आर्थिक कठिनाइयों के कारण बीमापत्र चालू नहीं रखा जा सकता है तो वह अपने बीमापत्र को समर्पित करके समर्पण मूल्य प्राप्त कर लेता है।

(ग) बन्धन (Obligations)—बीमा खरीदने के कारण बीमाकर्ता के कुछ वैधानिक बन्धन हो जाते हैं जिनको पूरा करना बीमा-संस्था का कर्तव्य हो जाता है। उदाहरण के लिये बीमापात्र को केवल प्रव्याजि देने का बन्धन है परन्तु बीमा संस्था को एक निश्चित रकम मृत्यु पर या अवधि व्यतीत हो जाने पर देने की जिम्मेदारी है। यदि बीमापत्र चालू न रखे जा सकें तो बीमापत्र के समर्पित मूल्य देने आवश्यक हो जायेंगे। कुछ बीमापत्रों में शिक्षा, विवाह, जीवन प्रारम्भ एवं दैनिक खर्चों के लिये कुछ निश्चित रकम देने की जिम्मेदारी हो जाती है। बीमा-संस्था की जिम्मेदारी केवल बीमा खरीद लेने से हो जाती है।

बीमा खरीदने की नैतिक जिम्मेदारी बीमापात्र की है। उसे अपने लिए बचाना जरूरी है जिससे वृद्धावस्था में किसी दूसरे का मुँह न देखना पड़े। बच्चों की शिक्षा एवं विवाह की जिम्मेदारी है। उनके जीवन-यापन को चलाते रहने की जिम्मेदारी है। इन सब जिम्मेदारियों को बीमा के माध्यम से पूरा किया जा सकता है।

(घ) छिपे हुए आक्षेपों को ढूँढ़ना (Seek the Hidden Objections)—इस विधि में बीमा अभिकर्ता बीमापात्र के छिपे हुए आक्षेपों को ढूँढ़ने का प्रयास करता है। आक्षेप सुसुप्त अवस्था में होंगे जिससे बीमापात्र बीमा खरीदने के लिये संकोच कर रहा होगा। जिन आक्षेपों के कारण बीमापात्र बीमा नहीं खरीद रहा है, उन आक्षेपों को ढूँढ़ निकालने का प्रयास करना चाहिये तथा उनके अनुसार बीमा खरीदने के लिये तर्क दिया जा सकता है। बीमा के विषय में जो भी सन्देह हो; उसे दूर करने का प्रयास करना चाहिए। प्रायः ये संदेह प्रक्षित अवस्था में रहते हैं। उन्हें ऊपर लाने का प्रयास करना चाहिए। यदि आक्षेपों और संदेहों को दूर करने का प्रयास अच्छी तरह नहीं होगा तो बीमा के विषय में प्रेरणा भी नहीं दी जा सकेगी। आक्षेपों को ढूँढ़ निकालने का हमेशा प्रयास करना चाहिए जिससे बीमापात्र को वास्तविक रूप से बीमा की आवश्यकता बताने में सहायता दी जा सके। बीमा वार्ता कभी भी नकारात्मक स्थिति में नहीं समाप्त होनी चाहिए। इससे अच्छा यह होगा कि वार्ता को स्थगित कर दिया जाये।

(ङ) उदाहरण और परीक्षा (Example and Examination)—बीमा अभिकर्ता वार्ता को उदाहरण और परीक्षा कर सकता है। बीमा अभिकर्ता को मृत्यु (Death) के क्रूर उदाहरणों को पेश करना चाहिये। मृत्यु के अलावा वृद्धावस्था की परेशानी रोजगारी की समाप्ति और अपंगता की समाप्ति आदि का उदाहरण दिया जा सकता है। उदाहरण स्थानीय और व्यावहारिक होने चाहिए। बीमा के लाभों का उदाहरण पेश करना चाहिए। बीमापात्र के प्रस्ताव की परीक्षा बीमा संस्था की जाती है अतः केवल बीमापात्र का निर्णय ही अन्तिम नहीं होगा। निगम यह भी निर्णय करेगा कि प्रस्तावित बीमापत्र उसे बेचा जाय या नहीं। अतः बीमापात्र को अपना निर्णय पहले देना चाहिए उसके बाद बीमा संस्था का निर्णय यह तय करेगा कि बीमापात्र बेचा जाय या नहीं। बीमापात्र को शीघ्र निर्णय लेना चाहिए अन्यथा उम्र, बीमारी आदि के अनुसार बीमा प्रस्ताव स्वीकार होने की सम्भावना कम हो जाती है।

(iii) स्वचालित समाप्ति (Automatic Close)—कभी-कभी बीमापात्र बीमा की वार्ता एवं प्रस्तुतीकरण से इतना प्रभावित होता है कि वह अपने आप बीमा खरीदने का निर्णय लेकर वार्ता को समाप्त कर देता है। इसका कारण यह है कि बीमापात्र एक उत्तम किस्म का बीमापात्र है अर्थात् उसका दृष्टिकोण बीमा के प्रति पहले से रहा है। वह केवल कुछ संदेह को दूर करके बीमा के लिये तैयार हो गया। दूसरा कारण यह हो सकता है कि पहुँच पूर्ण रही हो तथा प्रस्तुतीकरण भी व्यावहारिक एवं स्वाभाविक रहा हो। इस प्रकार की समाप्ति बहुत कम होती हैं। इस प्रकार की समाप्ति के लिए उत्तम बीमापात्र की खोज आवश्यक हो जाती है।

(iv) चुनौती समाप्ति (Challange Close)—कुछ बीमापात्र ऐसे हैं जिन्हें यदि चुनौती दी जाय तो उसे रोष के साथ उसको दूर करना चाहते है, इसके लिये यह आवश्यक है कि बीमापात्र के स्वभाव को समझा जाय। यदि बीमापात्र चुनौती को नहीं सहन करता तो उसे चुनौती देकर बीमा-वार्ता को पूरा कर सकते हैं। उदाहरण के लिये यदि किसी सैनिक अधिकारी को चिकित्सा परीक्षण में पास होने के बाद बीमा बेचने की बात यदि कही जाय तो वह तुरन्त उसके लिए तैयार हो। चिकित्सा परीक्षण को चुनौती स्वीकार करके वह बीमा के लिये तैयार हो सकता है। चुनौती एक उचित समय में और उचित ढंग से दी जानी चाहिए अन्यथा इसका प्रभाव नहीं पड़ सकता है। जैसे यदि बीमा अभिकर्ता कई बीमापात्र के लाभों

को बता रहा है और उसमें से बहुउद्देश्यीय बीमापात्र भी बताया। **इसी बीच उसने यह भी बताया कि बहुउद्देश्यीय केवल उन्हीं को बेचा जायेगा जो चिकित्सा** में पास होंगे। इस शर्त से सैनिक अधिकारी तुरन्त रोष में आ जाता है और इस बीमापत्र को लेने के लिये तैयार होता है क्योंकि **चिकित्सा परीक्षण में न पास** होने की बात कहना यह अपना **अनादर** समझता है।

(v) परिस्थित्यात्मक समाप्ति (Circumstantial Close)—कुछ ऐसी भी परिस्थितियाँ आ सकती हैं जबकि समाप्ति अपने आप हो जाती है। उदाहरण के लिये यदि बीमापात्र का बच्चा साक्षात्कार वार्ता के समय तुरन्त आ जाता है तो बीमा अभिकर्ता अपने तर्क को बदल कर बच्चे के कल्याण की बात कहने लगता है और उसी के हित के लिए बीमापत्र खरीदने की वार्ता चलने लगती है। इसी प्रकार की समाप्ति समय, स्थान और परिस्थितियों को ध्यान में रखकर की जाती है। समाप्ति कोई असम्भव कार्य नहीं है। वह क्रम से और सफलतापूर्व वार्ता से ही हो सकती है। प्रभावपूर्ण समाप्ति अनुभव से आती है।

(6) निर्णय लेना (Getting through)—जब समाप्ति का इशारा मिलने लगे बीमा अभिकर्ता को बीमा प्रस्ताव के निर्णय लेने में देरी नहीं करनी चाहिए, तुरन्त प्रस्ताव पत्र भरने का कार्य प्रारम्भ कर देना चाहिए। निर्णय लेने के कार्य को चार भागों में बाँट सकते है—(1) प्रस्ताव प्रपत्र भरना (2) प्रव्याजि प्राप्त करना (3) चिकित्सा परीक्षा की व्यवस्था करना और (4) सूचकों के नाम प्राप्त करना।

(i) प्रस्ताव प्रपत्र भरना (Getting the Proposal)—वार्ता समाप्ति होने के समय प्रस्ताव प्रपत्र भरने का कार्य प्रारम्भ हो जाना चाहिए। बीमा अभिकर्ता को प्रस्ताव प्रपत्र भरने की शैली का पूरा ज्ञान होना चाहिए। उसके प्रत्येक प्रश्नों को समझना और बीमापात्र की सही अर्थ बताना एक कला है। बीमापात्र को ही फार्म भरने के लिये कहा जाना चाहिए परन्तु व्यावहारिक जीवन में ऐसा होता है कि फार्म भरने का कार्य अभिकर्ता करते हैं और बीमापात्र प्रश्नों का उत्तर देता है। इसमें सही और उचित उतर ही लिखना चाहिए अन्यथा अभिकर्ता बीमापात्र का ही प्रतिनिधि समझा जायेगा और उसे उसी प्रकार दोषी ठहराया जायेगा जैसे बीमापात्र को दोषी बताया जा सकता है। जन्म तिथि, बीमा की रकम, योजना का प्रकार, प्रव्याजि भुगतान का तरीका, नामांकन आदि सही-सही भरना चाहिए, बीमा **अभिकर्ता को यह ध्यान रखना चाहिए कि प्रस्ताव प्रपत्र भरने के समय बीमापात्र किसी प्रकार से कठिनाई का अनुभव न करे।** बीमा प्रस्ताव-प्रपत्र पर बीमापात्र का हस्ताक्षर होना जरूरी है, प्रस्ताव भरने में जल्दबाजी नहीं करनी चाहिए।

(ii) प्रव्याजित प्राप्त करना (Collection the Premium)—प्रस्ताव भरने के बाद प्रव्याजि प्राप्त करने के लिये चेक या रोकड़ का विकल्प दिया जा सकता है। इसे बीमापात्र की सुविधा के अनुसार ही करना चाहिए। यदि बीमापात्र प्रव्याजि देने में दुविधा कर रहा है तो इसके लिये यह बता देना जरूरी होगा कि बिना प्रव्याजि के निर्णय नहीं किया जा सकेगा और यह प्रस्ताव केवल एक विचार मात्र रह जायेगा। जब तक निर्णय नहीं लिया जा सकेगा तब तक इसके लाभों को प्राप्त नहीं कर सकेंगे। **बिना प्रव्याजि भुगतान के प्रस्ताव केवल एक कागज का टुकड़ा रहता है उसका कोई लाभ नहीं है।**

(iii) चिकित्सा परीक्षण की व्यवस्था (Arranging Medical Examination)—प्रस्ताव प्रपत्र भरे जाने के बाद चिकित्सा परीक्षण जितना शीघ्र हो सके पूरा कर

लेना चाहिए। चिकित्सा परीक्षण का कार्य समय बीमापात्र की सुविधा पर निर्भर है। लेकिन अधिक देर करने से इसका परिणाम विपरीत पड़ सकता है।

(iv) सूचकों के नाम (Asking for Leads)—बीमा वार्ता के समय कभी कभी ऐसे व्यक्तियों के नाम आ जाते हैं जो भविष्य में प्रभाव केन्द्र (Centre of influence) का कार्य कर सकते हैं। बीमापात्रों को विश्वास में रखकर सूचकों के नाम प्राप्त किये जा सकते हैं जो कि भविष्य में बीमापात्र की खोज में सहायक हो सकते हैं।

उपरोक्त वार्ता के समय बीमापात्रों को बहुत से तर्क देने पड़ते हैं और कभी-कभी बीमा के विषय में आक्षेप उठाये जाते है। इन आक्षेपों को दूर करने के बाद ही बीमा के लिए प्रोत्साहित किया जा सकता है। अतः यहाँ पर तर्क देने की विधि और आक्षेपों के उत्तर का विस्तृत वर्णन किया जायेगा।

अध्याय 27

प्रचार एवं तर्क

(Canvassing and Arguments)

बीमा अभिकर्ता को बहुत से तर्क याद कर लेने चाहिए और उनको प्रस्तुत करने की विधि का भी भली प्रकार ज्ञान हो जाना चाहिए। तर्क को रखने और उसको विस्तृत रूप देने के आधार पर बीमा का निर्णय प्रभावित होता है। वहीं तर्क विभिन्न व्यक्तियों से मिलने पर अलग-अलग ढंग से पेश किया जा सकता है। बीमापात्र की शिक्षा, सामाजिक स्तर, वार्ता की अवधि आदि के अनुसार यह निश्चय किया जा सकता है कि वार्ता का रूप कैसा होगा। तर्कों का विस्तार उदाहरण देकर किया जा सकता है। वार्ता के समय जो तर्क दिया जाता है उसका पहले से निर्धारण हो जाना चाहिए। पिछली वार्ता को मूल्यांकित करके यह निश्चित किया जा सकता है कि किस तर्क से सफलता मिली है और किस तर्क के कारण असफलता सामने आयी है। असफलता के कारणों को दूर करने का प्रयास किया जाना चाहिए। तर्कों को पहले से परिमार्जित कर लेना चाहिए और तब उसके अनुसार ही प्रस्तुत करना चाहिए। तर्कों को मुख्य चार भागों में बाँटा जाता है—

1. मुख्य तर्क,
2. आय तर्क,
3. विनियोग तर्क,
4. रोजगार तर्क,
5. अन्य तर्क,

1. मुख्य तर्क (Stock Argument)—मुख्य तर्क वे हैं जो अनिश्चितता एवं सुरक्षा से सम्बन्धित हैं। जीवन बीमा के प्रमुख लाभों को इसके अन्तर्गत बताया जाता है। ये तर्क (i) परिवार की सुरक्षा (ii) वृद्धावस्था के लिये बचत और (iii) सम्पत्ति के निर्माण से सम्बन्धित हैं।

(i) परिवार की सुरक्षा (It Protects Family)—बीमा के पक्ष में जो महत्वपूर्ण तर्क दिया जाता है वह परिवार की सुरक्षा के सम्बन्ध में है। जीवन बीमा का प्रमुख उद्देश्य परिवार के सदस्यों, स्त्री, बच्चे और अन्य आश्रितों को मुखिया के शीघ्र मृत्यु (Premature Death) पर होने वाली आर्थिक कठिनाइयों से बचाना है। मृत्यु को रोका नहीं जा सकता है। मृत्यु निश्चित है परन्तु इसका समय अनिश्चित है। बीमापात्र के भी विषय में यह सत्य है। अत: परिवार की आर्थिक कठिनाइयों को दूर करने के लिए यह आवश्यक है कि बीमा लिया जाये। जिन व्यक्तियों ने बीमा नहीं लिया था उनकी मृत्यु के बाद परिवार को क्या-क्या कठिनाई सहनी पड़ी इसका उदाहरण दिया जा सकता है। जिन व्यक्तियों को बीमा से लाभ हुआ है उन व्यतियों के भी उदाहरण दिये जा सकते हैं। प्रत्येक व्यक्ति की यह नैतिक जिम्मेदारी है कि वह अपने स्त्री, बच्चे और आश्रितों की सुरक्षा और सुविधा का ध्यान रखे। जब तक वह जीवित रहता है तब तक वह अपने स्त्री-बच्चों आदि का पालन-पोषण करता है परन्तु मृत्यु के बाद भी वह ऐसा कर सकता है। इसके लिए बीमा की सुविधा उपलब्ध होने के बावजूद भी यदि वह ऐसा नहीं करता है तो अपने परिवार के प्रति अन्याय करता है। यह कितनी दयनीय स्थिति होगी जब पिता या पति की मृत्यु पर बच्चे

और स्त्री दूसरे व्यक्तियों को अधिक दयालु समझेंगे और अपने पिता या पति को गैर जिम्मेदार। जब बीमा की सुविधा उपलब्ध है तो व्यक्ति इसके माध्यम से अपने स्त्री-बच्चों की दयनीय स्थिति को बचा सकता है, उन्हें दर-दर ठोकर खाने से रोक सकता है और उनके आत्म सम्मान और प्रतिष्ठा को खोने का मौका नहीं आने देता है। यदि बीमापात्र वर्तमान समय में थोड़ा-सा कष्ट सहे और अपनी आय का एक छोटा हिस्सा बचा कर बीमा खरीद ले तो अपने तथा अपने परिवार को एक विशाल पतन से बचा सकता है। आर्थिक, मानसिक एवं नैतिक पतन को रोक सकता है। यदि बीमा नहीं लेता है तो मृत्यु के क्रूर हाथों में पड़ जाने से वह अपने परिवार का भी सर्वनाश कर देता है। इन तर्कों को निम्न प्रकार क्रमबद्ध रूप में बताया जा सकता है—(क) मृत्यु से हानि और (ख) बीमा से मृत्यु के समय लाभ तथा (ग) जीवन के विभिन्न समयों में बीमा की आवश्यकता।

(क) मृत्यु से हानि (Loss At Death)—मृत्यु से हानि के विषय में सभी परिचित हैं केवल इस हानि को एक तार्किक रूप में प्रस्तुत करने का प्रश्न आता है। मृत्यु के समय परिवार बिना आय के हो जायेगी और इससे परिवार के सभी व्यक्तियों को कष्ट होगा। यदि परिवार में आय का अन्य कोई साधन है भी तो मृत्यु पर कुल आय में कमी हो जायेगी। इस प्रकार मृत्यु से हमेशा आर्थिक हानि होती है। कभी-कभी यह हानि इतनी गम्भीर हो जाती है कि स्त्री बच्चे सड़क पर जाने के लिये तैयार हो सकते हैं या अपने किसी सम्बन्धी के यहाँ अपने को खो करके उनकी कृपा का सहारा लेते हैं। मृत्यु निश्चित है, परन्तु समय अनिश्चित है इसलिये हानि का समय और मात्रा भी अनिश्चित है। यदि मृत्यु हो जाती है तो परिवार को कितनी कठिनाई होगी इसका आभास किया जा सकता है परन्तु मूल्यांकन नहीं कर सकते। प्रत्येक परिवार की कुछ विशेष आवश्यकतायें जैसे भोजन, कपड़ा, मकान आदि की भी पूर्ति नहीं हो पाती है या कमी आ जाती है। दोनों दशाओं में बीमापात्र को हानि होगी। बीमापात्र के परिवार की कोई सम्पत्ति, आय न होने की दशा में यह कठिनाई अत्यन्त विकराल रूप धारण कर लेती है। यदि कोई ऐसा साधन उपलब्ध है जो कि जब कभी मृत्यु हो परिवार को एक निश्चित आय दे सके तो वह साधन सबसे उपयुक्त होगा, कारण कि अन्य साधनों में मृत्यु से कोई सम्बन्ध ही नहीं है। अन्य साधन तभी आय देंगे जब व्यक्ति जीवित रहेगा। जीवित रहने पर समस्या उतनी गम्भीर नहीं होती है जितनी मृत्यु के समय हो जाती है अतः मृत्यु से सम्बन्धित साधन प्राप्त करने में व्यक्तियों को अवश्य प्रयास करना चाहिए। वह साधन निश्चित हो सकता है जब कि अन्य साधन कितने समय तक क्या लाभ देंगे यह अनिश्चित है। सम्पत्ति कब बेकार हो जाय, विनियोग का मूल्य कब कम हो जाये इसका पता लगाना सम्भव नहीं हो पायेगा।

(ख) मृत्यु पर जीवन बीमा से लाभ (Advantages of Life Insurance the Time of Death)—मृत्यु से सम्बन्धित साधन जीवन बीमा ही है क्योंकि इस विधि में जितनी रकम का बीमा कराया गया है उतनी रकम मृत्यु के समय अवश्य मिल जाती है। इस साधन या सम्पत्ति को थोड़ी प्रव्याजि देकर खरीदा जा सकता है। यदि मृत्यु के कारण सभी प्रव्याजि न दी जा सके तो भी बीमित रकम का भुगतान हो जायेगा। यह उस रूप में भी खरीदा जा सकता है कि जिससे परिवार की आवश्यकताएँ अधिक से अधिक सन्तुष्ट हो सकें। जीवन बीमा एक रचनात्मक सम्पत्ति है जो खरीदने के समय ही पूर्ण मूल्य तक बढ़ जाती है तथा इससे परिवार को एक निश्चित रकम भी मिलती रहती है। जीवन बीमा की आवश्यकताएँ सभी को हैं परन्तु कुछ इसे अनुभव ही नहीं किये, कुछ इनके प्रति उदासीन हैं और कुछ इसको पूरा करने के लिये तैयार हैं। जीवन की आवश्यकताओं और मृत्यु की कठिनाइयों के लिये जीवन बीमा अचूक साधन है।

(ग) जीवन के विभिन्न समयों में जीवन बीमा की आवश्यकता (Need of Life Insurance in Stage of Life)—जीवन बीमा की आवश्यकता जीवन के विभिन्न समयों में अलग-अलग है। जीवन अवस्था को तीन श्रेणी में बाँटा जा सकता है—(a) प्रथम आधारिता का समय (b) उपयोगिता का समय और (c) दूसरी आधारिता का समय।

(a) प्रथम आधारिता का समय (First Dependency Period)—इस समय में व्यक्ति 20 वर्ष के नीचे रहता है और उसकी अपनी कोई आय नहीं होती है बल्कि वह अपने माता-पिता या अन्य अभिभावक की आय पर जीवित रहता है। इस अवस्था में उसे पढ़ाई, भोजन, कपड़े आदि की आवश्यकता पड़ती है जिसे उसके माता-पिता पूरा करते रहते हैं। परन्तु यदि दुर्भाग्य से कोई माता या पिता की मृत्यु हो जाय तो इन आवश्यकताओं को पूरा करने में असमर्थ रहेगा। उसे दूसरे का सहारा ढूँढ़ना पड़ेगा। आय कम होने पर उसकी कठिनाई बढ़ जायेगी। कोई भी माता-पिता इन कठिनाइयों को नहीं देखना चाहेगा। इस आधार पर बीमा की आवश्यकता बहुत तीव्र महसूस की जा सकती है। यदि आश्रित व्यक्ति बढ़ा हुआ और उसने आय प्राप्त करना शुरू किया तो उसकी कुछ अन्य आवश्यकताएँ होंगी।

(b) उपयोगिता का समय (Utility Period)—जब व्यक्ति आय अर्जित करना शुरू करता है तो उसकी अपनी आर्थिक समस्यायें होती हैं जो कि वर्तमान तथा भविष्य से सम्बन्धित हो सकती हैं। जो वर्तमान आर्थिक समस्याएँ होंगी वे समस्यायें उसके भोजन वस्त्र आदि से सम्बन्धित होंगी। निकट भविष्य की समस्यायें बच्चों की शिक्षा से सम्बन्धित होंगी तथा लड़कियों की शादी से लगी होंगी। इनके लिये भी उन्हें अभी से प्रबन्ध करना होगा। भविष्य की आवश्यकताएँ उसकी वृद्धावस्था से सम्बन्धित होंगी। ये सारी आवश्यकताएँ पूरी नहीं हो सकतीं यदि व्यक्ति की मृत्यु इस अवधि में हो जाय तो स्त्री, बच्चे कठिनाइयों के शिकार हो जायेंगे और उन्हें अत्यन्त कष्ट होगा।

(c) दूसरी आधारिता का समय (Second Dependency Period)—दूसरी आधारिता का समय 55 एवं 60 वर्ष की आयु से प्रारम्भ हो जाता है जबकि बीमापात्र की आय कम हो जाती है और वह दूसरों पर आधारित होने लगता है। ऐसी दशा में बीमा ही साथ देता है। अन्तिम बीमारी के लिये रकम तथा मृत्यु के समय सामाजिक एवं धार्मिक संस्कार के खर्चे आदि के लिये व्यक्ति को दूसरे पर निर्भर होना पड़ेगा। अत: यह जरूरी है कि व्यक्ति अपनी आय का कुछ हिस्सा बचाता रहे। इस उद्देश्य की पूर्ति जीवन बीमा से ही हो सकती है।

(ii) वृद्धावस्था के लिए प्रावधान (Provision for old Age)—जब वृद्धावस्था की योजनाएँ सोची जाती हैं तो बीमा अभिकर्ता के दिमाग में यह रहता है कि व्यक्ति अपनी आय अर्जन करने की उम्र से अधिक जीवित रहेगा। दूसरे शब्दों में जब व्यक्ति दूसरी आधारिता समय में आयेगा तो उसकी आय कम हो जायेगी और दूसरे व्यक्तियों पर आधारित रहेगा। जिन व्यक्तियों पर आधारित रहेगा उनके लिए भार-स्वरूप (Burden) हो सकता है। आजकल व्यक्तियों को अपना तथा अपने निजी परिवार का पालन-पोषण कठिन हो गया है, ऐसी दशा में यदि वृद्ध व्यक्ति भी आश्रित रहते हैं तो उसका जीवन स्तर ऊँचा नहीं उठ पाता है। बहुत से बच्चे तो पिता की वृद्धावस्था में साथ नहीं देते हैं। पिता इसके लिये परेशान होता है या अपनी मर्यादा भंग करके उनके कथनानुसार अपने को उनके आश्रित कर देता है। मर्यादित बात उस समय होगी जब पिता स्वयं कुछ बचाये हो, उसके पास भी जीवनोपार्जन के लिये पर्याप्त आय हो तभी जाकर

उसका जीवन सम्मानपूर्ण बीतेगा। एक सम्मानित व्यक्ति अपनी आय पर जीवित रहना चाहता है।

पर्याप्त आय के अभाव में बहुत से वृद्ध व्यक्तियों को अपना निजी काम शुरू करना पड़ता है जिसमें उन्हें अधिक परेशानी होती है। यदि बचत न की गयी तो वृद्धावस्था में जीवन निर्वाह करना कठिन हो जाता है। बचत करने के कई तरीके हैं लेकिन जीवन बीमा से बचत अनिवार्य रूप से हो जाती है और सुरक्षा भी मिलती है। सम्पत्ति निर्माण में व्यक्ति का धन फँस जायेगा जिससे उसे कोई लाभ नहीं मिलेगा। भविष्य में सुख मिलने की आशा से बहुत अधिक सम्पत्ति बना लेने से सुख नहीं मिलता जब तक कि इस सम्पत्ति की देख-रेख न की जाये। वृद्धावस्था में कार्य करने की क्षमता बिल्कुल घट जाती है जिससे वह कोई कार्य नहीं कर पाता है। प्रत्येक व्यक्ति यह चाहता है कि एक अवस्था तक कार्य किया जाय और उसके बाद आराम लेकिन यह तभी सम्भव है जबकि वह इसके लिये पहले से प्रावधान किये हुए हो। सम्पत्ति में विनियोग रोकड़ तब तक नहीं देगा जब तक देखभाल न की जाय, परन्तु बीमा खरीदते ही एक सम्पत्ति सदृश्य हो जाता है और जिससे एक निश्चित रकम मिलने की आशा हो जाती है जबकि कुछ भी प्रयास नहीं करना पड़ता है। लगातार बचाना और उसे उचित विनियोग या सम्पत्ति में लगाना एक कठिन कार्य है, लेकिन बीमा में ऐसी कोई परेशानी नहीं होती है क्येंकि एक बार बचा लेने की आदत पड़ जाने से अन्य खर्चों के समान यह भी एक खर्चा समझ लिया जाता है और व्यक्ति लगातार बचाते रहते हैं और प्रव्याजि से एक निश्चित रकम मिलने की सम्भावना बीमापत्र खरीदते ही हो जाती है। बन्दोबस्ती बीमा वृद्धावस्था में सहायता देने के साथ-साथ शीघ्र मृत्यु से सुरक्षा भी प्रदान करता है। प्रत्याशित बीमा से समय-समय पर एक निश्चित रकम भी मिल जाती है। बहुउद्देश्यीय बीमा से यदि व्यक्ति जीवित रहा तो बीमित रकम और बोनस; लेकिन यदि व्यक्ति की मृत्यु हो जाती है तो उसके स्त्री, बच्चों को जीवन-यापन, शिक्षा, विवाह, जीवन में प्रवेश आदि की सुविधा मिल जाती है, जीवन बीमा में बचत की अनिवार्यता रहती है और बचत न कर सकने में बीमा लाभ से वंचित रह सकते है; अत: यह आवश्यक है कि बीमा को खरीद कर बचत एवं सुरक्षा दोनों को प्राप्त किया जाये।

(iii) सम्पत्ति का निर्माण (Creation Estate)—बीमा प्रसंविदा लेते समय ही सम्पत्ति का निर्माण हो जाता है। जितनी रकम का बीमा किया गया है उतनी रकम अवश्य मिल जाती है चाहे उसके लिए प्रव्याजि दी गयी हो या नहीं। जो व्यक्ति बीमा नहीं खरीदते इतनी सम्पत्ति बनाने के लिए अथक प्रयास करते हैं। बीमा खरीदते समय ही बीमित रकम तक बीमा का निर्माण किया जा सकता है।

2. आय तर्क (Income Arguments)—बीमा रकम इतनी होनी चाहिए जिससे स्त्री, बच्चों और आश्रितों का जीवन यापन हो सके। बीमा की रकम को किसी जगह विनियोग करने से उससे पर्याप्त आय मिल सके । आय इतनी पर्याप्त हो कि उसके बच्चों की शिक्षा, विवाह एवं जीवन में प्रवेश सम्बन्धी खर्चे पूरे हो सकें। यदि बीमापात्र ने पहले से कोई बीमापत्र खरीदा है तो इसका तात्पर्य यह नहीं होता है कि उसका बीमा अब नहीं होना चाहिए। वर्तमान आवश्यकताओं को देखते हुए तथा बीमापात्र की आय से तुलना करके यह निश्चय किया जा सकता है कि वर्तमान बीमा पर्याप्त है या नहीं। बीमा की रकम कम से कम इतनी अवश्य हो कि जिससे परिवार का पालन-पोषण हो सके।

बीमा द्वारा इन आवश्यकताओं के लिये प्रबन्ध करना अधिक लाभकारी सिद्ध होता है। बहुउद्देश्यीय बीमापत्र खरीदकर बच्चों की शिक्षा, विवाह, एवं जीवन में प्रवेश सम्बन्धी खर्चे पूरे हो सकते हैं तथा साथ ही साथ बीमापात्र के परिवार वालों को वर्तमान

आवश्यकताओं अर्थात् दैनिक आवश्यकताओं को पूरा करने के लिये पर्याप्त आय मिल सकती है। बीमापत्रों को खरीदने के लिए बीमापात्रों को प्रोत्साहित किया जा सकता है।

विभिन्न आवश्यकताओं को पूरा करने के लिये यदि बीमापत्र लिया गया है तो आर्थिक चिन्ताओं से मुक्त हुआ जा सकता है। बीमापत्र लेने के बाद बीमापत्रधारी को यह विश्वास रहता है कि उसे आवश्यकता के समय निश्चित रकम मिल जायेगी। यदि उसने शिक्षा, विवाह या जीवन प्रवेश के लिये बीमा कराया है तो उसे इसकी चिन्ता नहीं रह जाती है। बीमापत्रधारी चाहे जीवित रहे या उसकी मृत्यु हो जाय; उपरोक्त आवश्यकताएँ पूरी हो सकती हैं। इस प्रकार बीमापत्रधारी विशिष्ट आवश्यकताओं के प्रति निश्चिन्त हो जाता है। यदि बीमा नहीं कराया गया है तो व्यक्ति इन आवश्यकताओं के प्रति चिन्तित रहेगा। चिन्ता चिता से भी खतरनाक कही गयी है। चिन्ता मनुष्य को जीवित ही मार डालती है। इससे मनुष्य का उत्साह कम हो जाता है, कार्य क्षमता घट जाती है।

3. विनियोग तर्क (Investment Arguments)—बीमापत्र में विनियोग करना अन्य किसी बचत योजना से कम लाभकारी नहीं है। इसमें विनियोग करने से आय कर, सम्पदा कर और मृत्यु कर से छूट मिल सकती है जबकि विनियोग में अन्य विनियोजित करने से ये कर देने पड़ते हैं। बोनस की रकम, आय कर की रकम का तथा अन्य करों का उदाहरण देकर यह समझाया जा सकता है कि जीवन बीमापत्र आय बीमापत्रों से किस प्रकार अधिक लाभकारी है। बीमापत्र में लगायी गयी रकम कभी कम नहीं होती है बल्कि यह दिनों दिन बढ़ती ही जाती है। अत: यह विनियोग अन्य विनियोगों से अधिक लाभकारी है। बीमापत्र खरीदने से केवल लाभ ही अधिक नहीं होता बल्कि सम्बन्धित अन्य कई लाभ हैं—

(i) कार्य का उत्साह (Stimulus to work)—बीमा खरीद लेने से व्यक्ति निश्चिन्त हो जाता है, कार्य का उत्साह बढ़ जाता है। व्यक्ति को जोखिम पूर्ण कार्य शुरू करने में कोई शंका नहीं होती है। जिन व्यक्तियों के पास पर्याप्त पूँजी नहीं है, उनको भी बीमा से लाभ मिलता है। वे बीमा के परिणामस्वरूप अपने व्यापार की साख बढ़ा सकते हैं और अधिक ऋण प्राप्त करने में सफल हो सकते हैं। इस प्रकार कार्य की क्षमता बढ़ जाती है, व्यक्ति अधिक सन्तुष्ट रहेंगे और परिणाम अनुकूल होगा। बीमा को खरीदने के बाद कोई व्यक्ति गरीब नहीं हो जाता है बल्कि गरीबता आने की सम्भावना कम हो सकती है। बीमा से व्यक्ति निश्चिन्त होकर अच्छा भोजन, अच्छा कपड़ा आदि का उपभोग कर सकता है। पर्याप्त बीमा रहने से उसे यह चिन्ता नहीं रहती है कि भविष्य के लिये बचाया जाये और वर्तमान आय में से रकम काट कर उसका प्रावधान किया जाये क्योंकि बीमा खरीदते ही बीमित रकम तक सम्पत्ति तैयार हो जाती है।

(ii) अनिवार्य बचत (Compulsory Saving)—बीमा से अनिवार्य बचत को प्रोत्साहन मिलता है। बीमापत्रधारी यह समझता है कि यदि बीमा की प्रव्याजि नहीं दी जायेगी तो उसे बीमा का लाभ नहीं मिल पायेगा। अत: एक बार बीमा खरीद लेने से उसको चलाने का प्रयास किया जाता है। कुछ दिन बाद यह प्रव्याजि अन्य खर्चों की तरह एक खर्च का रूप धारण कर लेता हैं और उसे बचाने के लिए अलग से कोई प्रयास नहीं करना पड़ता है अन्य बचत योजनाओं में ऐसा सम्भव नहीं है। बचाने की इच्छा हमेशा एक समान नहीं रहती है। जब थोड़ी भी आवश्यकता हुई तो बचत को निकाल लेते हैं। इस तरह बचत कम हो जाती है। बीमा प्रव्याजि जमा करने में दबाव रहता है, अत: लोग बचत करते रहते हैं जो किसी समय एक बड़ी रकम का रूप धारण कर लेती है। भविष्य की अनिश्चितताओं के लिए प्रत्येक व्यक्ति कुछ न कुछ रकम बचाना चाहेगा; परन्तु वर्तमान समय में उसकी

आवश्यकताएँ इतनी अधिक रहती हैं कि वह बचा नहीं पाता है। मूल्य वृद्धि आदि के कारण बचाना और कठिन हो जाता है। बचत तभी होगी जबकि इसके लिए विशेष प्रयास किया गया होगा। बचत योजनाएँ बहुत हैं लेकिन उनमें बचत की दृढ़ इच्छा का अभाव रहता है। व्यक्ति इतना स्वतन्त्र रहता है कि उसके अन्दर बचत की शक्ति प्रबल नहीं हो पाती है। बचत करने का प्रयास और उसे चालू रखने का प्रयास कम करता है। बैंक द्वारा कई बचत योजनाएँ तैयार की गयी हैं लेकिन उसमें उतनी ही रकम मिल पायेगी जितना कि जमा किया गया है जबकि बीमा में बीमा के रकम तक जमा हो जाता है चाहे उतनी प्रव्याजि जमा की गयी हो या नहीं, इन बचत योजनाओं को कभी भी समाप्त किया जा सकता है; लेकिन बीमा प्रसंविदा को समाप्त करना आसान नहीं है। प्रसंविदा समाप्ति की उतनी सुविधायें नहीं दी गयी हैं। बचत योजनाओं में कोई दबाव नहीं है जबकि बीमा में बीमा के लाभों को प्राप्त करने के लिए प्रव्याजि के लगातार भुगतान की आवश्यकता होती है।

(iii) आर्थिक सहायता (Economic Aids)—बीमा प्रसंविदा में आर्थिक सहायता प्राप्त करना सम्भव है। बीमापत्र की जमानत पर ऋण प्राप्त किये जा सकते हैं। गृह निर्माण योजनाओं को पूरा करने के लिए भूमि और मकान के बन्धक पर ऋण प्राप्त किया जा सकता है। जीवन बीमा निगम से व्यापार प्रारम्भ आदि के लिए बीमापत्र खरीद कर ऋण लिया जाता है जिससे प्रत्येक वर्ष एक निश्चित प्रव्याजि दी जाती है जो कि ऋण का भुगतान है। यदि बीमापत्रधारी की मृत्यु हो गयी तो बीमित रकम का भुगतान उसे न करके स्वयं उस रकम को ले लेती है। बीमापत्रधारियों के आश्रितों को इस ऋण का भुगतान नहीं करना पड़ता है, उसके बावजूद भी सम्पत्ति और भूमि उसके आश्रितों की हो जाती है।

(iv) साख में वृद्धि (Credit Enhancement)—बीमापत्र खरीद लेने से व्यक्ति की साख बढ़ जाती है क्योंकि लोग यह समझ जाते हैं कि यदि व्यक्ति की मृत्यु हो गयी तो उसकी बीमित रकम से ऋण की वापसी हो जायेगी। उसमें बचत और विनियोग की आदत विकसित हो जाती है जिससे उसकी वित्तीय स्थिति में सुधार हो जाता है। वित्तीय स्थिति में वृद्धि हो जाने पर उसकी साख क्षमता (Credit worthiness) और बढ़ जाती है। ऋणदाताओं से बीमापत्र की जमानत पर ऋण मिल जाते हैं। बन्धक (Mortgage) पर ऋण देने के लिये लोग तैयार हो जाते हैं क्योंकि इन्हें यह विश्वास हो जाता है कि मृत्यु के समय बीमापत्र से पर्याप्त रकम मिल जाती है। मृत्यु के समय बीमा की रकम को ऋण भुगतान के लिए प्रयोग कर सकते हैं और सम्पत्ति को चालू रख सकते हैं।

(v) आत्म सम्मान में वृद्धि (Increase in one's Self Respect)—बीमापत्रधारी अपने परिवार की जिम्मेदारियों के प्रति चिन्तित रहता है। यदि वे इसके लिए बीमा लेते हैं तो उनको परिवार की जिम्मेदारियों के प्रति अलग से प्रयास नहीं करना पड़ता है। परिवार के व्यक्ति यदि यह समझते हैं कि उनके लिये बीमा लिया गया है, तो वे अपने उस मुखिया का सम्मान करते हैं। उसको आत्म सम्मान का अनुभव होता है, खुश रहता है।

(vi) लाभकारी विनियोग (Profitable Investment)—सावधि बीमा को छोड़कर अन्य सभी बीमा में विनियोग का तत्त्व लागू होता है। उसको आयकर और सम्पदा कर से छूट मिल जाती है तथा बोनस की रकम भी मिल जाती है। इस प्रकार यदि सभी रकम को जोड़ा जाय तो अन्य विनियोग की तुलना में यह विनियोग अधिक लाभकारी होता है। बीमा के प्रारम्भ में सुरक्षा और बोनस की रकम दिये गये प्रव्याजि की तुलना में कहीं अधिक होती है। बीमा के सुरक्षा तत्त्व को ध्यान में रखते हुए बीमा अपेक्षाकृत अधिक लाभदायक होता है। बीमा में सुरक्षा एवं विनियोग दोनों रहता है

जो कि अन्य किसी बचत योजना में सम्भव नहीं है। बीमापत्र की रकम का विनियोग बीमा संस्था अच्छी तरह कर सकती है जो कि एक व्यक्ति से सम्भव नहीं है। बीमापत्रधारी के उपलक्ष्य में बीमा संस्था अच्छा विनियोग कर लेते हैं। बैंकों के पास जो जमा होता है उस पर बैंक का पूरा अधिकार होता है उस जमा की शर्तों में परिवर्तन कर सकता है। उस बचत पर कर देने पड़ते हैं। दूसरी तरफ, बीमा की रकम पर कोई कर नहीं, प्रव्याजि पर कर से छूट मिलती है, बोनस भी मिलते हैं और सुरक्षा भी प्राप्त होती है। इस प्रकार बीमा बैंक बचत से अच्छा है।

4. रोजगार तर्क (Employment Arguments)—बीमा की सहायता से रोजगार चलाने में सहायता मिलती है। व्यापार के प्रमुख कार्यकर्ता का बीमा कराके उसकी मृत्यु पर होने वाली हानि को पूरा किया जाता है। यदि बीमा नहीं है तो ऐसे व्यक्ति की मृत्यु पर नये व्यक्तियों को प्राप्त करने में तथा मृतक व्यक्ति के वेतन, बोनस आदि देने में आर्थिक कठिनाई होती है। व्यापार की साख में वृद्धि हो जाने से ऋण प्राप्त करने में सहायता मिलती है। व्यापार की साख में वृद्धि बीमा के कारण हो जाती है। एक साझेदारी व्यवस्था में साझेदारों की मृत्यु पर व्यापार बन्द नहीं होता है क्योंकि बीमा से पर्याप्त रकम प्राप्त करके मृतक साझेदार की पूँजी में हिस्सा, संचय में हिस्सा, ख्याति का हिस्सा आदि के भुगतान किये जा सकते हैं। एक व्यक्ति अपने जीवन में बीमा लेकर व्यापार को चलाने में सहायता प्राप्त करता है। उसकी मृत्यु के बाद ऋण आदि के भुगतान के कारण पूँजी की हानि नहीं होने पाती है और उसका व्यापार चलता रहता है।

5. अन्य तर्क (Miscellaneous Arguments)—बीमा अभिकर्ता बीमा खरीदने के लिए अन्य कई तर्क दे सकता है। वह बता सकता है कि प्रव्याजि की रकम उम्र बढ़ने के साथ-साथ बढ़ती जाती है। अत: बीमा खरीदने का प्रस्ताव जितनी जल्दी हो सके किया जाना चाहिए। यदि मृत्यु न हुई तो अपंगता एवं बीमारी के कारण बीमा नहीं खरीदा जा पायेगा। यदि बीमा हो गया है तो अपंगता के समय बीमित रकम मिल जाती है या प्रव्याजि भुगतान करने से मुक्ति मिल जाती है। जीवन अनिश्चित है, मृत्यु कभी भी हो सकती है। अत: यह जरूरी है कि बीमा जितनी जल्दी लिया जाये उतना ही अच्छा होगा। बीमा लेने का प्रस्ताव स्थगित नहीं करना चाहिए। जब आवश्यकता उत्पन्न हो गयी है तो उसे जितनी जल्दी हो सके बीमा खरीद लेना चाहिए।

अध्याय 28

आक्षेपों का उत्तर

(Answers of Objections)

तर्क देने के समय बीमापात्र कुछ आक्षेप उठा सकते हैं। उनके मन में कुछ सही, कुछ भावात्मक और कुछ आधारहीन शंका उत्पन्न हो जाती है। बीमापात्र अपने आक्षेपों को सीधे रखता है। कभी-कभी वे आक्षेप स्पष्ट नहीं होंगे; अतः उन्हें स्पष्ट रूप से सामने लाना जरूरी है। बीमा अभिकर्ता को चाहिए कि इन आक्षेपों का सही-सही और पूर्ण उत्तर दे जिससे कि बीमापात्र बीमा के लिए पूर्ण रूप से विश्वस्त हो जाये। आक्षेपों से तात्पर्य बीमा के विषय में विरोध करना है; बीमा न लेने के लिए प्रतिरोध करना है। आक्षेपों का प्रभावपूर्ण उत्तर देना जरूरी है। बीमा-आक्षेपों को बीमा की अनुकूल स्थिति समझनी चाहिए क्योंकि इसके उत्तर से बीमापात्र को बीमा के लिए आसानी से प्रेरित किया जा सकता है। बीमापात्रों के आक्षेपों का उत्तर देने के लिए आक्षेपों का कारण समझना चाहिए। जब कारण का पता लग जाये तो उसी के अनुसार आक्षेपों का उत्तर देना चाहिए। साक्षात्कार या अन्तिम वार्ता के पहले आक्षेपों का पूर्ण उत्तर देना जरूरी है। आक्षेपों का उत्तर कल्पनापूर्ण तर्कों से नहीं देना चाहिए बल्कि इसे वास्तविक विचारों से प्रभावित करना चाहिए। उत्तर देते समय बीमापात्र के चरित्र, भावों, जिम्मेदारी का ज्ञान, इच्छा आदि को उचित स्थान देना चाहिए। आक्षेपों का उत्तर सही ढंग से दिया जाना चाहिए।

आक्षेपों के स्तर

(Varieties of Objections)

आक्षेपों के निम्न प्रकार हो सकते हैं—

1. अवास्तविक आक्षेप (Fancied, Not Real Objections)—ये आक्षेप ऐसे हैं जो वास्तव में सही नहीं हैं। ये केवल ऊपरी तौर से विचार किये जाते हैं; इनका कोई सही आधार नहीं होता है। इन आक्षेपों का उत्तर वार्ता के सही प्रस्तुतीकरण के द्वारा दिया जाना चाहिए। विश्वास पैदा करना चाहिए। आक्षेपों को एक सही रूप से दूर करने के लिये उचित विक्रय कला का प्रयोग करना चाहिए। आक्षेपों का उचित उत्तर देने की कला प्रशिक्षण के माध्यम से ही आ सकती है। एक दक्ष अभिकर्ता अवास्तविक आक्षेपों का सही ढंग से उत्तर देकर बीमा को बेच सकता है। इन आक्षेपों के आधार पर बीमा बेचना सरल हो जाता है।

2. लगभग वास्तविक आक्षेप (Not quite Real Objections)—इन आक्षेपों को दूर करने के लिये बीमापात्र को अधिक बात करने के लिये प्रोत्साहित करना चाहिए। अभिकर्ता वार्ता के क्षेत्र को इतना विस्तृत करे जिसमें बीमापात्र अपने भावों को स्पष्ट कर सके। मनोभावों को प्रेरित करके विचारों को विस्तृत किया जा सकता है। यदि बीमापात्र खुलकर बात करेगा तो उसके मनोभावों का पता लग जायेगा और अभिकर्ता उसी के अनुसार उसके आक्षेपों का उत्तर दे सकता है। आक्षेपों के सही कारण का पता लगाना चाहिए। यदि आक्षेप के वास्तविक कारण का पता लग जायेगा तो उसका उत्तर भी उसी प्रकार देना चाहिए।

3. वास्तविक आक्षेप (Real Objections)—प्रव्याजि देने की अयोग्यता और आवश्यकता के अभाव में बीमा की वास्तविक जरूरत नहीं हो सकती है। बीमा के ये आक्षेप वास्तविक हो सकते हैं। ऐसी दशा में अभिकर्ता को अनावश्यक रूप से प्रयास नहीं करना चाहिए।

आक्षेप दूर करने के तरीके (Methods of Meeting Objections)

आक्षेपों को दूर करने में वार्ता को विस्तृत तभी करना चाहिए जबकि वार्ता को नियन्त्रित किया जा सकता है। वार्ता नियन्त्रण के परे नहीं जाना चाहिए। आक्षेपों को दूर करने के कई उपाय हैं; उनमें से कुछ तरीकों का वर्णन नीचे किया जा रहा है।

(1) हाँ.....लेकिन पद्धति (The 'yes'........'But' Method)—इस पद्धति में बीमा अभिकर्ता बीमापात्र के द्वारा उठाये गये तर्कों को स्वीकार करता है परन्तु अपने तर्कों को और अधिक प्रभावपूर्ण ढंग से प्रस्तुत करता है जिससे बीमापात्र को इस तर्क पर भरोसा हो जाता है। बीमापात्र की बातों को मूल्य देना जरूरी है परन्तु अपनी बात को और शक्तिशाली ढंग से पेश करना चाहिए। ऐसे तर्क देने चाहिए जिसका प्रभावपूर्ण बीमापात्र पर अटूट रहे। अर्थात् जिस लाभ का उसे पहले से पता न हो। शक्तिशाली ढंग से दिये गये तर्क बीमापात्र के दृष्टिकोण को परिवर्तित कर सकता है।

(2) प्रत्यक्ष पद्धति (The Direct-Method)—इस पद्धति में आक्षेपों का उत्तर सीधे ढंग से दिया जाता है जिससे बीमापात्र को बीमा के लिए अच्छी तरह प्रोत्साहित कर सके। इससे अभिकर्ता बीमा के लाभों को सही ढंग से पेश करता है। उदाहरण के लिए बीमापात्र इस प्रश्न पर कि वह प्रव्याजि देने के अयोग्य है बीमा अभिकर्ता प्रत्युत्तर में यह कह सकता है कि यदि मृत्यु हो गयी तो आय एकदम कम हो जायेगी और उस व्यक्ति के परिवार वालों का कष्ट होगा।

(3) अप्रत्यक्ष पद्धति (The Indirect Method)—इस पद्धति में प्रश्नों का उत्तर प्रत्यक्ष रूप से नहीं दिया जाता है। अप्रत्यक्ष में उत्तर देकर बीमा को बेचा जा सकता है। यह पद्धति उन लोगों के लिए अपनायी जाती है जिनका स्वभाव चुनौती का है। कभी-कभी अप्रत्यक्ष रूप से दे दिये गये उत्तर का अचूक प्रभाव पड़ता है।

(4) अस्वीकार पद्धति (The Denial Method)—कभी-कभी बहुत से आक्षेप बीमा अभिकर्ता और बीमा संस्था के ऊपर होते हैं, इनको साहस के साथ दूर करने के प्रयास करना चाहिए। बुराइयों को स्पष्ट करना चाहिए। आत्म सम्मान को ठेस पहुँचाने वाले कार्यों को कभी नहीं कहना चाहिए और न उसे चुपचाप सुनना ही चाहिए। बीमा अभिकर्ता को अपनी तथा अपनी संस्था की ख्याति बढ़ाने का प्रयास करना चाहिए। इसकी लागत पर बीमा प्राप्त करने का प्रयास कभी नहीं करना चाहिए।

आक्षेपों के प्रकार एवं उत्तर (Types of Objections with Their Answers)

आक्षेप के कुछ प्रमुख प्रकार और उनके उत्तर नीचे बताये जा रहे हैं—

1. बीमापात्र के चरित्र के सम्बन्ध में आक्षेप (Objections Relating to the Character of the Prospect)—कुछ ऐसे आक्षेप हैं जो कि बीमापात्र के चरित्र से सम्बन्धित होते हैं। ये आक्षेप सत्य नहीं हैं। इनका उत्तर भली प्रकार समझ कर दिया जाना चाहिए। इन आक्षेपों में कुछ का उदाहरण नीये दिया जा रहा है—

''मैं अपने रुपये का स्वयं उपभोग करना चाहता हूँ।''

"मैं जीवन से कुछ आनन्द प्राप्त करना चाहता हूँ।"

"मैं दूसरों के लिए रुपया छोड़ना नहीं चाहता हूँ, उसका स्वयं उपभोग करूँगा।"

ये आक्षेप सत्य नहीं हैं; ये बीमापात्र के मनोभावों को व्यक्त करते हैं। इनका उत्तर बहुत सावधानी से देना चाहिए। इन आक्षेपों से बीमापात्र के विचारों एवं इच्छाओं का पता लगता है; उसी के अनुसार आवश्यकता का भी स्पष्टीकरण हो जाता है। रुपये के आनन्द और जीवन के सुख के लिये मनुष्य को नियमित आय रखनी चाहिए। आय में उतार-चढ़ाव होते रहते हैं। उनको समान बनाये रखने के लिये कुछ बचत करना जरूरी है जिससे जब आय कम हो तो इस बचत का प्रयोग किया जा सके। यदि बीमापात्र वास्तव में बीमा नहीं खरीदना चाहता है तो उसे बीमा के लिये प्रेरित करना व्यर्थ है। दूसरी तरफ यदि बीमापात्र इन आक्षेपों को ऊपरी तौर पर कर रहा है, तो उसे दूर करने का प्रयास करना चाहिए। बीमापात्र को जिम्मेदारियों के प्रति भी याद दिलाना चाहिए और इन जिम्मेदारियों को तीव्रतर रूप से महसूस कराना चाहिए जिससे वे उन्हें पूरा करने के लिए तैयार हो जायें। ये जिम्मेदारियाँ बीमा के माध्यम से पूरी हो सकती हैं।

2. बीमा अभिकर्ता और बीमा-संस्था के प्रति आक्षेप (Objections to the Salesmen and Insurance Institution)—जो बीमापात्र बीमा अभिकर्ता और बीमा-संस्था के प्रति आक्षेप उठाते हैं या जो इन्हें दोष देते हैं उन्हें दृढ़ता के साथ उत्तर देना चाहिए। यह स्पष्ट कर देना चाहिए कि उनके दोषारोपण निराधार हैं इनका कोई अस्तित्व नहीं है। यदि संस्था के कुछ दोष वास्तव में हैं तो उन्हें दूर करने का प्रयास होना चाहिए। बीमापात्र के आदर को बनाये रखना चाहिए। अधिक वार्ता से दूर रहना चाहिए। प्रसन्नता बनाये रखना चाहिए। बीमापात्र की वार्ता को श्रेय दिया जाना चाहिए। परन्तु अपने तर्क अधिक स्पष्ट रूप से रखने चाहिए। बीमा अभिकर्ता को अपने दोषों को भी दूर करने का प्रयास करना आवश्यक है।

3. पहुँच के समय आक्षेप (Objection During Approach)—पहुँच के समय जो आक्षेप उठाये जाते हैं वे वास्तव में आक्षेप नहीं होते हैं; वे पहुँच की कमियों की प्रतिक्रियायें हैं। इनको दूर करने का प्रयास करना चाहिए। कभी-कभी बीमापात्र अपनी वार्ता को टालना चाहता है; ऐसी दशा में वह कुछ विरोध करता है। जैसे बीमापात्र यह कह सकता है, "अभी मुझे समय नहीं है फिर मिलें।" "मैं बहुत व्यस्त हूँ, बीमा पर सोचने का समय नहीं है।" ऐसी दशाओं में बीमा अभिकर्ता को अपनी वार्ता को स्थगित कर देना चाहिए। इन आक्षेपों का मुख्य कारण सूचकों की अनुपयुक्तता है, गलत समय और स्थान पर साक्षात्कार लेना है। बीमापात्र की व्यक्तिगत और घरेलू परेशानियाँ हैं। बीमा अभिकर्ता इन कारणों को अधिक और उचित सेवा प्रदान करके दूर कर सकता है। नामांकन, उम्र का प्रमाण, आय हस्तांकन, ऋण तथा अन्य सुविधाएँ प्रदान करके ख्याति बढ़ायी जा सकती है और बीमापात्र को प्रभावित किया जा सकता है।

4. आवश्यकता सम्बन्धी आक्षेप (Objections Relating to Need)—आवश्यकता के सम्बन्ध में निम्नलिखित आक्षेप उठाये जा सकते हैं—

(i) मैं अपनी आवश्यकता के लिये बीमा करा लिये हूँ (I have been already insured)—इस आक्षेप का उत्तर वर्तमान आवश्यकताओं, बीमा की रकम तथा प्रव्याजि देने की क्षमता पर निर्भर है। बीमा-अभिकर्ता को परिवार की आवश्यकताओं का पता लगाना चाहिए। उसके लिए प्रावधान किये गये साधनों का अनुमान लगाना चाहिए और उसी आधार पर इस बात का निर्णय किया जाये कि बीमापात्र की कितनी आवश्यकता है और वर्तमान बीमा उसे कहाँ तक पूरा कर रहा है। बाकी आवश्यकता के लिये बीमा का

सुझाव दिया जा सकता है। कभी बीमापात्र को बीमा का अस्पष्ट ज्ञान रहता है; परिवार की आवश्यकताओं के अनुसार उसे बीमा के लिये प्रेरित किया जा सकता है। परिवार की कम से कम न्यूनतम आवश्यकताओं को पूरा करने के लिए पर्याप्त बीमा होना चाहिए। बीमा की रकम पर्याप्त तभी होगी जबकि बीमित रकम को विनियोजित करके पर्याप्त आय मिल सके।

(ii) मैं अविवाहित हूँ (I am Unmarried)—बीमापात्र यह आक्षेप उठा सकते हैं कि वे अविवाहित हैं, इसलिये उन्हें बीमा की आवश्यकता नहीं है। लेकिन यदि ऐसे व्यक्तियों की वृद्धावस्था के लिये कोई साधन नहीं है तो उस समय केवल आवश्यक आवश्यकता को पूरा करना कठिन हो जायेगा। ऐसे व्यक्तियों को वृद्धावस्था के लिए प्रावधान करना बहुत आवश्यक है। यदि बीमा नहीं होगा तो वृद्धावस्था एक कठिन समय हो जायेगा जिस समय बीमापात्र को अत्यन्त परेशानी होगी। बीमा केवल शीघ्र मृत्यु पर ही सहायता नहीं देता है बल्कि यह अधिक समय तक जीवित रहने पर भी सहायता देता है।

(iii) मुझे इसकी बिल्कुल आवश्यकता नहीं है (I Do not Need it at all)—बीमापात्र यह आक्षेप उठा सकता है कि उसे बीमा की कोई आवश्यकता नहीं है क्योंकि उसके पास पर्याप्त आय का साधन है। लेकिन यह केवल भ्रम है क्योंकि जीवन की आवश्यकतायें असीमित हैं और उनके लिये साधन सीमित हैं। कुछ ऐसी भी आवश्यकतायें हैं जो बीमा से ही पूरी हो सकती हैं। शीघ्र मृत्यु पर परिवार की आर्थिक कठिनाइयों को दूर करना और अधिक दिन तक जीवित रहने पर बीमापात्र की सहायता करना केवल बीमा के माध्यम से ही हो सकता है। जीवन की आवश्यकतायें रहती हैं चाहे व्यक्ति उन्हें पूर्वाभास न कर सके। बीमा इन आवश्यकताओं को पूरा करने के लिए एक अचूक साधन है। यदि बीमा अभिकर्ता ने बीमा के लाभों और विभिन्न आवश्यकताओं का अच्छी तरह वर्णन नहीं किया है तो बीमापात्र के मन में यह सन्देह बना रहेगा कि बीमापात्र से आवश्यकताएँ पूरी होंगी या नहीं। उसे यह बताना चाहिए कि बीमा मनुष्य की विभिन्न आवश्यकताओं को कैसे पूरा करता है। बीमा की आवश्यकताओं में अन्तिम समय की आवश्यकता (Clean up Need) ज्वलन्त उदाहरण पेश करती है। यदि अन्तिम समय में व्यक्ति को अपनी बीमारी, मृत्यु आदि पर दूसरे व्यक्तियों के ऊपर आधारित रहना पड़े तो इससे बढ़कर दयनीय दशा और कुछ नहीं होगी। प्रत्येक व्यक्ति को अपने अन्तिम संस्कार के खर्चे को पूरा करने का प्रयास करना चाहिए। बीमा से वृद्धावस्था के लिये भी प्रावधान किया जा सकता है। उस समय जब आय अर्जन करने की शक्ति कम हो जाती है तो कुछ न कुछ रकम अवश्य होनी चाहिए। इस रकम को एकत्र करने के लिये पहले से कुछ प्रयास होना आवश्यक है। बीमा के माध्यम से ऐसा प्रावधान सरल हो जाता है। पुनर्समन्वय आवश्यकता (Readjustment Needs) को पूरा करने के लिये बीमा का होना जरूरी है क्योंकि इससे गिरते हुए स्तर की कठिनाइयों को पूरा कर सकते हैं। इस प्रकार जीवन की अनेक आवश्यकताएँ होती हैं जो कि बीमा से पूरी की जा सकती हैं।

(iv) आश्रितों की सहायता के लिए मेरे सम्बन्धी हैं (I have Relatives to Support my Words)—इस आक्षेप को आसानी से दूर किया जा सकता है। आश्रितों का पालन-पोषण करना व्यक्ति की जिम्मेदारी है। यदि व्यक्ति अपने आश्रितों का पालन-पोषण नहीं करते तो यह उनकी महान् कमी होगी। यह कितनी दयनीय स्थिति होगी जब बीमापात्र अपने किसी अन्य सम्बन्धियों पर अपने आश्रितों का भार सौंपेंगे तथा स्त्री-बच्चे अपने पति-पिता से अधिक दूसरे व्यक्तियों को अधिक कृपालु और लायक

समझेंगे। कोई भी सम्मानित व्यक्ति अपने आश्रितों के पालन-पोषण की जिम्मेदारी अपने ऊपर ही रखना चाहेगा। बीमा के माध्यम से व्यक्ति अपने जीवित रहने और मृत्यु हो जाने दोनों समय परिवार का पालन-पोषण कर सकते हैं।

5. प्रस्तुतीकरण के समय आक्षेप (Objections During Presentation)—प्रस्तुतीकरण के समय जो आक्षेप उठाये जाते हैं वे आक्षेप बीमा अभिकर्ता की कमी के कारण होते हैं। जब अभिकर्ता सन्तोषजनक तर्क नहीं दे पाता अपने विचारों को स्पष्ट नहीं कर पाता तथा जीवन बीमा का पूरा ज्ञान नहीं रहता तो बीमापात्रों को ऐसे आक्षेप उठाने का मौका मिल जाता है। अभिकर्ता को बताना चाहिए कि जीवन की कुछ आवश्यकताएँ हैं जिन्हें बीमा के माध्यम से ही पूरा किया जा सकता है। केवल प्रमुख तर्क ही इसके लिये पर्याप्त नहीं होगा। इस सम्बन्ध में अनेक अन्य तर्क भी अपनाया जाना चाहिए। इन आक्षेपों को थोड़ी-सी बुद्धिमानी और अनुभव से दूर किया जा सकता है। इस श्रेणी के कुछ आक्षेपों का वर्णन नीचे किया जा रहा है।

(i) मैं जीवन बीमा में विश्वास नहीं करता हूँ (I do not belive in life Insurance)—बीमापात्र यह आक्षेप कर सकता है कि वह जीवन बीमा में विश्वास नहीं रखता है। जीवन बीमा में विश्वास किया जाये या नहीं जीवन की आवश्यकतायें रहेगी, मृत्यु होगी यद्यपि कि मृत्यु का समय निश्चित नहीं है। मृत्यु के समय बच्चे परेशान होंगे। वे दूसरे व्यक्तियों के अधीन रहकर अपना अस्तित्व खो बैठेंगे। यदि बीमापात्र की मृत्यु न हुई और वह अधिक दिन तक जीवित रहा, तो इस दशा में भी उसे परेशानी होगी। इन सभी कठिनाइयों को दूर करने के लिये जीवन बीमा है। प्रत्येक व्यक्ति अपने स्त्री, बच्चों का पालन-पोषण करना चाहते हैं। वह पालन-पोषण जीवन या मृत्यु पर बीमा के माध्यम से ही हो सकता है।

(ii) मेरे बच्चे मेरा पालन-पोषण करेंगे (My Children Can Support me)—बच्चे अपने माता-पिता का पालन-पोषण तभी कर सकते हैं जब कि वे स्वयं आय अर्जित कर सकेंगे। जब तक बच्चे अच्छी शिक्षा नहीं पायेंगे तब तक वे अच्छे नागरिक नहीं बन पायेंगे और स्वयं आय अर्जित नहीं कर सकेंगे। पिता की यह सबसे बड़ी जिम्मेदारी है कि वह अपने बच्चों को शिक्षा-दीक्षा का प्रबन्ध करे। शिक्षा-दीक्षा का प्रबन्ध करना तभी सम्भव होगा जबकि इसके लिए प्रावधान करें। यदि कहीं दुर्भाग्य से पिता की मृत्यु हो जाये तो बच्चों की शिक्षा बन्द हो सकती है। इस अनिश्चितता को दूर करने के लिए बीमा का होना आवश्यक है। आजकल वृद्धावस्था में बच्चों का आश्रय मिलना बहुत निश्चित नहीं होता है। अतः यह जरूरी है कि वृद्धावस्था के लिए कुछ अवश्य बचाया जाये जो बीमा से सरल हो जाता है।

(iii) मैं दूसरों के लिये रुपया नहीं छोड़ना चाहता हूँ (I do not want to Leave Money to be enjoyed by Others)—यह आक्षेप निराधार है क्योंकि मृत्यु के बाद परिवार को जो कष्ट होगा वह असहनीय है। बचत करना बहुत आवश्यक है क्योंकि बिना बचत के परिवार को बहुत कष्ट होगा। परिवार के मुखिया का यह कर्त्तव्य है कि वह मृत्यु के समय अपने परिवार को कठिनाइयों से बचाये । बीमा की सहायता से इन कठिनाइयों को पूरा किया जा सकता है।

6. पारिवारिक, सामाजिक और धार्मिक आक्षेप (Family, Social and Religious Objections)—बहुत से आक्षेप हैं जो पारिवारिक, सामाजिक एवं धार्मिक वातावरणों से सम्बन्धित हैं। ये आक्षेप अधिकांशतः भावात्मक हैं। उन्हें उसी प्रकार दूर करने का प्रयास भी करना चाहिए। कुछ आक्षेपों का वर्णन यहाँ किगा जा रहा है—

(i) मेरी स्त्री मना करती है (My Wife Objects)—यह आक्षेप केवल भावनात्मक है ! यदि ये विरोध माने जायें तो परिवार के पालन-पोषण में कठिनाई हो सकती है। मृत्यु पर परिवार को अत्यन्त कठिनाई हो सकती है। उन कठिनाइयों को दूर करने के लिए हमेशा प्रयास किया जाना चाहिए चाहे बीमापत्र लेने की स्वीकृति स्त्री या बच्चे करें या न करें। यदि पिता या पति ने अपने बच्चे और स्त्री के लिए संचय किये हैं तो उसकी प्रशंसा वे करेंगे ही। बीमापात्र अपने कर्तव्यों के पालन के लिए बीमा अवश्य ले।

(ii) बीमा मेरे धर्म के विपरीत है (It is Against my Religion)—बीमा किसी धर्म के विपरीत नहीं होता है। ईश्वर ने बुद्धि दी है उसका उपयोग करके मनुष्य को अपनी कठिनाइयों को दूर करना चाहिए, जब बीमा की सुविधा उपलब्ध है तो उसका उपयोग करके परिवार की कठिनाइयों को दूर करना चाहिए।

बीमा की आवश्यकता रहती है चाहे धर्म कहे या न कहे। लेकिन यह अधार्मिक कार्य होगा कि अपनी जिम्मेदारी को पूरा न किया जाये। अपनी जिम्मेदारियों और कर्तव्यों को निभाने के लिए बीमा की आवश्यकता है।

7. विनियोग सम्बन्धी आक्षेप (Objection Relating to Investment)—जीवन बीमा में विनियोग एवं सुरक्षा का तत्त्व रहता है। शीघ्र मृत्यु और अधिक दिन जीवित रहने पर जो कठिनाई होती है उसे जीवन बीमा से दूर किया जा सकता है। जीवन बीमा का विनियोग तत्त्व महत्त्वपूर्ण है।

(i) मैं अच्छी तरह विनियोग कर सकता हूँ (I can Invest Better)—बीमापात्र यह आक्षेप कर सकते हैं कि जीवन बीमा में विनियोग से अधिक लाभ नहीं है। वे सोचते हैं कि वे अन्यत्र अधिक विनियोग कर सकते हैं। आयकर, सम्पदाकर, बोनस आदि लाभों का यदि मूल्यांकन किया जाये तथा सुरक्षा को ध्यान में रखा जाये तो यह निश्चित रूप से कहा जा सकता है कि बीमा से अधिक लाभ है, बीमा केवल वह व्यक्ति ले सकता है जो प्रव्याजि दे सकता है। बीमापात्र जिस समय बीमापत्र खरीदता है, उसी समय उसे सम्पूर्ण रकम तक का लाभ हो जाता है जो अन्य विनियोग में सम्भव नहीं है।

(ii) मैं अपनी रकम बचा सकता हूँ (I can save my own money)—व्यक्ति कभी भी हमेशा बचाने के योग्य नहीं रह सकता। जब कभी भी उसकी आय कम हो जायेगी तो बचत की सम्भावना कम हो जायेगी, मृत्यु कभी भी हो सकती है और उसकी बचत योजना समाप्त हो सकती है। बीमा के माध्यम से इच्छित बचत की जा सकती है। बीमापत्र के चालू रहने पर कभी भी मृत्यु होगी तो बीमा की पूरी रकम का भुगतान हो जायेगा चाहे उसके लिए समस्त प्रव्याजि दी गयी हो या नहीं। बीमा अभिकर्ता को चाहिए कि बीमा के लाभों को पूर्ण रूप से बताये।

8. व्यापार एवं सम्पत्ति आक्षेप (Business and Property Objections)—बीमा को व्यापार एवं सम्पत्ति से तुलना करके बहुत से आक्षेप लगाये जाते हैं। बीमा-पात्र को मालूम होना चाहिए कि बीमा व्यापार का पूरक है। प्रतिस्पर्धा का सूचक नहीं है। बीमा की सहायता से व्यापार और सम्पत्ति को सुरक्षित रखने में सहायता मिलती है। इस श्रेणी के कुछ आक्षेपों का वर्णन नीचे किया जा रहा है।

(i) मैं अपने व्यापार में प्रयोग कर सकता हूँ (I can use it is my Business)—व्यापार में वृद्धि उस समय अधिक होगी जब बीमा लिया गया होगा। इसके माध्यम से ऋण प्राप्त करने में सुविधा होती है। व्यापार की साख बढ़ जाती है और उसे विकसित करने में सहायता मिलती है। कर्मचारियों का बीमा करके उनके कल्याण में

वृद्धि की जा सकती है। बीमा व्यापार में सहायक होता है, इसमें बाधक नहीं होता है।

(ii) मैं अपना ऋण भुगतान करना चाहता हूँ (I want to pay debts)—बीमापात्र यह आक्षेप करता है कि बीमा इसलिए नहीं लेना चाहता है कि उसे ऋण का भुगतान करना है। यहाँ पर स्पष्ट हो जाना चाहिए कि ऋण के भुगतान के लिए बीमा साधक है। जब व्यक्ति की मृत्यु हो जायेगी तो उसके ऋण का भुगतान नहीं किया जा सकता है। बीमा के होने से मृत्यु पर पर्याप्त रकम मिल जाती है जिसका उपयोग ऋण के भुगतान के लिए किया जाता है। ऋण का भुगतान उस समय करना कठिन होगा जब व्यक्ति की मृत्यु हो जायेगी। उसके आश्रित व्यक्तियों को ऋण का भुगतान करना पड़ेगा और उनकी सम्पत्ति क्षीण हो सकती है।

(iii) मुझे जीवन बीमा की आवश्यकता नहीं है (I need no Life Insurance)—यदि बीमा की अनेक आवश्यकताओं को देखा जाय तो यह स्पष्ट हो जायेगा कि बीमा की आवश्यकता सबको है। जीवन बीमा से तुरन्त रकम मिलने की सम्भावना बढ़ जाती है। बीमापत्र की जमानत पर ऋण प्राप्त किया जा सकता है। धनी आदमियों के लिए भी बीमा की अत्यन्त आवश्यकता है। इससे उनके सम्पत्ति की रक्षा होती रहेगी। मृत्यु के समय एक मुश्त रकम मिल जाने से परिवार को बहुत लाभ होता है।

9. मृत्यु का भय नहीं (No Bear of Death)—कुछ व्यक्ति यह तथ्य प्रकट करते हैं कि उन्हें मृत्यु का भय नहीं है इसलिये बीमा की आवश्यकता नहीं, लेकिन मृत्यु कभी भी आ सकती है और उससे अधिक रकम की हानि हो सकती है। यह देखा गया है कि बहुत से स्वस्थ व्यक्ति भी आकस्मिक समय में मृत्यु के ग्राह बन जाते हैं। दूसरी तरफ बीमा केवल उन्हीं व्यक्तियों को बेचा जाता है जो स्वस्थ हैं। इस संसार में मृत्यु से कोई बचा नहीं है; जब मृत्यु होती है तो परिवार को बहुत कष्ट होगा।

10. बीमा की लागत (Cost of Insurance)—सुरक्षा प्रदान करने के लिये सबसे सस्ता साधन जीवन बीमा है। यह कहना बेकार है कि बीमा की अधिक लागत होती है। बीमा के कई लाभ हैं। इन लाभों को देखते हुए बीमा की प्रव्याजि बहुत थोड़ी पड़ती है। बीमा की लागत विभिन्न व्यक्तियों के उपयुक्त हो सकती है बीमा को खरीदकर व्यक्ति अपनी अनेक आवश्यकताओं को पूरा कर सकते हैं। बीमा उसी प्रकार जरूरी है जिस प्रकार भोजन, मकान आदि। इन आवश्यकताओं को पूरा करते रहने का आश्वासन बीमा देता है।

अध्याय 29
बीमा-जब्ती
(Insurance-Lapses)

बीमापत्रधारी को बीमा का लाभ तब तक मिलता रहेगा जब तक कि बीमापत्रधारी निर्धारित प्रव्याजि का भुगतान करते रहेंगे। यदि बीमापत्रधारी देय तिथि के अन्दर निर्धारित प्रव्याजि का भुगतान नहीं करता, तो बीमापत्र जब्त समझा जायेगा। जब्त बीमापत्र के सम्बन्ध में सारी जिम्मेदारियाँ समाप्त हो जाती हैं। जब्ती से बीमापत्रधारियों, अभिकर्ता एवं बीमा अभिकर्ता सभी को हानि होती है। इन हानियों को बचाने के लिए बीमा संस्था को कार्य करना चाहिए।

जब्ती की हानियाँ
(Disadvantages of Lapses)

जब्ती से होने वाली हानियों का वर्णन नीचे किया जा रहा है—

1. बीमपात्रधारियों को हानि (Loss to Policyholders)—बीमा प्रसंविदा के समाप्त हो जाने पर बीमापत्रधारी को हानि होती है क्योंकि वह बीमापत्र की रकम को पाने का अधिकारी नहीं रह पाता है। दी गयी प्रव्याजि बेकार हो जाती है। बीमापत्रधारी ने यदि एक निश्चित समय तक बीमापत्र को चलाया भी तो उसे केवल समर्पित मूल्य मिल पायेगा जो कि बीमा की रकम से बहुत कम होता है। बहुत से व्यक्ति इसी भय से बीमापत्र नहीं खरीदते हैं और बीमा के लाभों से वंचित रहते हैं।

2. बीमा अभिकर्ता को हानि (Loss to Agent)—बीमापत्र के जब्त होने पर जिस अभिकर्ता ने बीमा बेचने का प्रयास किया था उस अभिकर्ता को उस बीमापत्र के सम्बन्ध में कमीशन नहीं मिल पायेगा। बीमा अभिकर्ता को प्रथम वर्ष में दी गयी प्रव्याजि का 25 प्रतिशत, द्वितीय एवं तृतीय वर्ष में दी गयी प्रव्याजि का $7\frac{1}{2}$ प्रतिशत और अगले वर्षों में दी गयी प्रव्याजि 5 प्रतिशत कमीशन अधिकांश योजनाओं में मिलता है। यदि बीमापत्र दूसरे या तीसरे वर्ष जब्त हो जायेगा तो उसे दी जाने वाली प्रव्याजि का $7\frac{1}{2}$ प्रतिशत कमीशन नहीं मिल पायेगा। दूसरी हानि, ख्याति के सम्बन्ध में है; बीमा अभिकर्ता की ख्याति गिर जाती है। बीमा संस्था और जनता उस अभिकर्ता के प्रति शंका उत्पन्न करने लगते हैं। जनता हमेशा बीमा का विरोध करेगी क्योंकि जब्ती से उसे तथा बीमा संस्था को हानि होती है। तीसरी हानि, नये व्यापार के सम्बन्ध में है। उस अभिकर्ता और बीमा संस्था की ख्याति कम हो जाने से नये व्यापार में वृद्धि नहीं होने पायेगी। रुपया लेकर उसे जब्त करने का आरोप बढ़ता जायेगा जिससे प्रत्येक व्यक्ति बीमा के प्रति सशंकित रहेंगे। बीमा अभिकर्ता अन्त में आर्थिक कठिनाइयों को सहन करेगा।

3. बीमा संस्था को हानि (Loss to Insurer)—जब्ती के कारण चालू व्यापार कम हो जाता है जिससे प्रव्याजि की आय भी कम हो जाती है। यह कहना तर्कहीन है कि जितनी प्रव्याजि बीमापत्रधारी से प्राप्त हुई वह आय के रूप में हो जाती है क्योंकि प्रारम्भिक वर्षों में बीमा संस्था द्वारा इतने खर्चे किये जाते हैं कि उन्हें आगामी कई वर्षों में पूरा करने का प्रयास किया जाता है। यदि बीमा जब्त हो गया तो प्रव्यजि की आय अवश्य कम हो जाती है। **दूसरी हानि,** नये व्यापार को प्राप्त करने की कठिनाई है। जब्ती से बीमा संस्था की ख्याति कम हो जाती है और कभी-कभी तो उसका रूप बीमा संस्था की बेईमानी के रूप में कुख्यात हो जाती है जिसके कारण बीमा संस्था को नये व्यापार प्राप्त करने में कठिनाई होती है। **तीसरी हानि,** विकास में कमी है। जब्ती की अधिक मात्रा के कारण बीमा संस्था का चालू व्यापार गिरता जायेगा, नये व्यापार में वृद्धि होती जायेगी तथा लागत बढ़ती है जिससे व्यापार की दिशा प्रगति की ओर उन्मुख नहीं हो पाती है। **चौथी हानि,** लागत के बढ़ने के सम्बन्ध में है। जब्ती के बढ़ने से व्यापार में कमी और लागत में वृद्धि हो जाती है। बीमा के खर्चे पूर्ववत् बने रहते हैं लेकिन व्यापार उस प्रकार से नहीं बढ़ पाता है। कभी-कभी तो व्यापार गिरता जायेगा और खर्चे यथावत् रहते हैं। व्यापार प्राप्ति के खर्चे बढ़ते जायेंगे। प्रचार के खर्चे बढ़ते जायेंगे। लोग बीमा से उन्मुख होते रहेंगे। इस विचारधारा को बदलने के लिए बीमा संस्था को अधिक खर्चे करने पड़ते हैं। **पाँचवीं हानि,** रोजगार में गिरावट आ जाती है। बीमा संस्था के कोष में कमी आ जाती है और कुछ व्यक्तियों को निकालने की स्थिति आ सकती है। नये रोजगार बढ़ाये नहीं जा सकेंगे।

जब्ती कम करने के तरीके
(Methods of Reducing Lapsation)

जब्ती कम करने के निम्नलिखित दो तरीके अपनाये जा सकते हैं—

1. जब्ती रोकने के उपाय (Prevention of Lapsation)—जब्ती कम करने या बीमा स्थायित्व के लिये जब्ती रोकने के उपाय बहुत महत्त्वपूर्ण होते हैं। बचाव (Prevention) से व्यापार में जब्ती की सम्भावना कम हो जाती है। थोड़ा सा बचाव बहुत बड़ी कठिनाई को रोकता है। बचाव के कार्य से व्यापार में जब्ती नहीं होने पाती है और बीमा संस्था की ख्याति बढ़ती जाती है। बीमा को स्थायी करने का प्रयास बीमा बेचने के दिन से ही प्रारम्भ हो जाता है। बीमापत्रधारियों को देकर बीमापत्र को जब्ती होने से बचाया जा सकता है। जीवन बीमा में स्थायित्व का विशेष महत्त्व है। स्थायित्व का कार्य बीमा अभिकर्ता अच्छी तरह कर सकता है। बीमा अभिकर्ता की योग्यता पर ही जब्ती की मात्रा निश्चित है जो अभिकर्ता जितना योग्य होगा, वह बीमा व्यापार को उतना ही अधिक स्थायी बनाने में सफल रहेगा। जिन कारणों से व्यापार स्थायी रह सकता है उन कारणों को अपना कर बीमा व्यापार को स्थायी बनाया जा सकता है। बीमा-खण्डन या जब्ती को रोकने के लिए निम्नलिखित उपाय अपनाये जाते हैं—

(i) उत्तम बीमापात्र की खोज (Obtaining Good Quality Prospects)—बीमा जब्ती को रोकने के लिए उत्तम बीमापात्र की खोज करनी चाहिए। उत्तम बीमापात्र वही होगा जो कि स्वास्थ्य, आय, दृष्टिकोण के आधार पर बीमा योग्य सिद्ध हो सकता है। ऐसे व्यक्ति बीमा में विश्वास रखते हैं। उत्तम बीमापात्र की जाँच, उम्र, पारिवारिक विवरण, शारीरिक एवं मानसिक स्तर, व्यवसाय, प्रव्याजि की दर, बीमापत्र की रकम तथा प्रव्याजि देने के तरीके आदि पर निश्चित है। बीमापात्रों की क्षमता निश्चित करने के लिए अंक पद्धति और निर्णय पद्धति का प्रयोग किया जाता है। अंक पद्धति में बीमापात्र

के सम्बन्ध में सभी सूचनाएँ अंकों में परिवर्तित कर लिये जाते हैं और उनका योग लगाकर यह निश्चित करते हैं कि क्षमता एक न्यूनतम स्तर तक है या नहीं। न्यूनतम स्तर से अधिक अंक पाने वाले व्यक्ति को बीमा के लिये चुन लेते हैं। इसका तात्पर्य यह नहीं है कि केवल उच्च स्तरीय व्यक्तियों का ही बीमा कराया जाता है। इसमें सभी व्यक्ति जो एक न्यूनतम योग्यता से अधिक होंगे उनका बीमा किया जाता है। अभिकर्ता अपने बीमा-व्यापार चयन में जितनी बुद्धिमानी से कार्य करेगा, व्यापार का स्थायित्व उतना ही अधिक होगा। जिस समय बीमा व्यापार का चुनाव किया जा रहा है उस समय अधिक सतर्कता से निर्णय लेना चाहिए। चयन करने में लागत का भी ध्यान रखना चाहिए।

(ii) आवश्यकता के आधार पर विक्रय (Selling on the Basis of Needs)—बीमापात्रों को केवल आवश्यकता के अनुसार ही बीमा बेचना चाहिए। यदि कोई व्यक्ति आवश्यकतानुसार बीमा नहीं खरीदता है तो वह उसे चालू रखने का प्रयास नहीं करेगा। यदि बीमापात्र को उचित बीमा नहीं बेचा जाता है, तो वह बीमा के प्रति विश्वास नहीं रखेगा। विश्वास के अभाव में बीमा चलाना सम्भव नहीं होगा। जो व्यक्ति अपनी आवश्यकता के लिए बीमा खरीदेगा वह उसे चालू रखने का प्रयास करेगा।

(iii) बीमापत्रधारियों की सेवा (Servicing of Policyholders)—बीमापत्र के स्थायित्व के लिए बीमा अभिकर्ता को उन तमाम सेवायें प्रदान करनी चाहिए जिससे बीमापत्र चालू रह सके। बीमापत्रधारियों की सेवा जितनी अच्छी होगी, बीमा प्रसंविदा के चालू रखने की सम्भावना बढ़ जायेगी। बीमापत्रधारी को अनेक सेवाओं की आवश्यकता पड़ती है। नामांकन में परिवर्तन, अभिहस्तांकन, ऋण, प्रव्याजि भुगतान के तरीके में परिवर्तन आदि अनेक कार्य के लिए बीमापत्रधारी बीमा अभिकर्ता की सहायता प्राप्त करना चाहता है। यदि इन कार्यों में सहायता दी गयी तो बीमापत्रधारी अपने बीमा को चालू रखने के लिए प्रोत्साहित होगा।

बीमा अभिकर्ता को चाहिए कि वह बीमापात्र को बीमा के लिए प्रेरित करे। बीमा के लाभों और अनुलाभों को बताना चाहिए। आय के अनुसार ही बीमापत्र की रकम निश्चित की जानी चाहिए जिससे बीमापात्र उस बीमापत्र को चलाता रहे। यदि बीमापात्र की आय के अनुसार बीमा बेचा जायेगा तो वह अपने बीमा को चलाता रहेगा और उसके लाभों को प्राप्त करने का प्रयास करता रहेगा। बीमा अभिकर्ता को चाहिए कि बीमापात्र को बताये कि जैसे-जैसे प्रव्याजि दी जायेगी बीमापत्र का मूल्य बढ़ता रहेगा। यदि प्रव्याजि की रकम नहीं दी जायेगी तो उसका समर्पित मूल्य भी कम मिलेगा। बीमापत्र के अन्य लाभों को प्राप्त करने के लिये प्रयास करना चाहिए। अयोग्यता लाभ, बोनस आदि का लाभ मिलता रहेगा। बीमा के लाभों को प्राप्त करने के लिए प्रयास किया जाना चाहिए। मृत्यु के समय या बीमापत्र की परिपक्वता के समय बीमित रकम का भुगतान किया जाता है। नये बीमापत्र के लाभों को बताया जाये।

(iv) अभिकर्ता की अच्छी योग्यताएँ (Good Quality of Agents)—एक प्रशिक्षित पर्यवेक्षित और उत्साही अभिकर्ता अपने व्यापार को चालू रखने में सफलता प्राप्त कर लेता है। अच्छा एवं योग्य अभिकर्ता अपने व्यापार को स्थायी रखने में सफलता प्राप्त कर लेता है। वह अच्छे व्यक्तियों को चुनने में सफल होगा। क्षेत्रीय-कार्यकर्ता जितना योग्य एवं कुशल होगा, बीमा व्यापार उतना ही स्थायी रह सकेगा। बीमा जब्ती को बचाने के लिए उसे अच्छे एवं योग्य कार्यकर्ता का चुनाव करना चाहिए।

2. जब्त बीमापत्र की पुनर्स्थापना (Reinstatement of Lapse Policies)—बीमापत्र के जब्त होने की सम्भावना बनी रहती है उसके रोकने के लिये चाहे जितना प्रयास किया जाये। जब्त बीमापत्र को फिर से चालू करने की सुविधा देकर जब्त बीमापत्र को रोका जा सकता है। जब्त बीमापत्र के पुनर्चालन की कई विधियाँ हैं। जब्त बीमापत्र को 6 महीने के अन्दर शाखा कार्यालय से पुनर्चालित किया जा सकता है। इसके बाद और 5 वर्ष के पहले बीमापत्र को चालू करने के लिए चिकित्सा परीक्षण की आवश्यकता पड़ती है। अदत्त प्रव्याजि और ब्याज देकर पुराने बीमापत्र को पुन: जागृत कर सकते हैं। जब्त बीमापत्र को पुन: चालू करने के लिए जितना अधिक प्रयास किया जायेगा बीमा स्थायित्व उतना ही अधिक होगा। पुनर्स्थापना के विषय में अगले अध्याय में बताया गया है।

अध्याय 30

नये व्यापार का अभिगोपन

(Underwriting of New Business)

बीमापत्रधारियों की सेवा के लिए जीवन बीमा निगम के विभागीय कार्यालय और शाखा कार्यालय में एक अलग विभाग ही खोला गया है जिसे बीमापत्रधारियों का सेवा विभाग (Policyholders' Servicing Department) कहते हैं। बीमापत्र निर्गमन से लेकर बीमापत्र के भुगतान तक सभी कार्य इसी विभाग द्वारा किये जाते हैं। प्रव्याजि सूचना का निर्गमन, बीमापत्र रजिस्ट्रर को रखना, बीमापत्र के फाइल और अनुसूचिका तैयार करना, नामांकन एवं अभिहस्तांकन का पंजीकरण करना, खण्डन एवं पुनर्चालन के कार्य करना, प्रदत्त कार्य करना, ऋण और समर्पण मूल्य का निर्धारण करना, स्वत: अनापहरण कार्य एवं सूचना तथा अध्यर्थन के भुगतान इस विभाग द्वारा किये जाते हैं।

बीमापत्रधारियों की सेवा तभी प्रारम्भ होगी जब उन्हें व्यापार बेचा गया होगा। बीमा बेचने का कार्य नये व्यापार विभाग (New Business Department) द्वारा किया जाता है। प्रस्ताव पत्र की जाँच, स्वीकृति, चिकित्सा परीक्षण सम्बन्धी कार्य, उम्र का प्रमाण-पत्र, प्रस्ताव-प्रपत्र की अनुसूचिका तैयार करना आदि कार्य इस विभाग द्वारा किये जाते हैं।

बीमा अभिकर्ता बीमापात्र के पास बीमा प्रविवरण (Prospectus) लेकर पहुँचता है। बीमापात्र को विभिन्न बीमा-योजनाओं की शर्तों और लाभों को बताता है। जब बीमापात्र अपनी आवश्यकता के अनुसार किसी बीमापत्र को खरीदने के लिये तैयार होता है तो वह सम्बन्धित बीमापत्र के लिए प्रस्ताव प्रपत्र भरता है। प्रस्ताव प्रपत्र के साथ चिकित्सा परीक्षक, एजेन्ट आदि की सूचना दी जाती है जिनके आधार पर बीमापात्र की जोखिम की सूचना मिलती है। जोखिम के मूल्यांकन के आधार पर यह तय किया जाता है कि प्रस्ताव स्वीकार किया जाये या नहीं। यदि बीमापत्र स्वीकार किया जाये तो किन शर्तों या दशाओं पर स्वीकार किया जाये तथा प्रव्याजि की दर क्या होगी। यदि प्रस्ताव पत्र स्वीकार नहीं किया जाना है तो एक अस्वीकृति पत्र भेज दिया जाता है। यदि प्रस्ताव प्रपत्र को सामान्य शर्तों एवं दशाओं पर स्वीकार किया जाता है तो एक स्वीकृति-पत्र भेज दिया जाता है बशर्ते कि प्रथम प्रव्याजि का भुगतान किया गया हो। यदि प्रव्याजि का भुगतान न किया गया हो तो सूचना देकर प्रव्याजि को एक निश्चित समय के अन्दर जमा करने के लिये कहा जाता है। यदि प्रस्तावक प्रीमियम की रकम का भुगतान उस अवधि में कर देता है तो प्रस्ताव प्रपत्र स्वीकार हो जाता है। यदि प्रस्तावक प्रव्याजि का भुगतान नहीं करता है तो प्रस्ताव प्रपत्र अपने आप अस्वीकार कर दिया जाता है। जोखिम के मूल्यांकन के आधार पर यदि प्रस्ताव को विशेष शर्तों पर स्वीकार किया जाना है तो उसकी सूचना प्रस्तावक को दे दी जाती है। यदि प्रस्तावक उन शर्तों को स्वीकार करता है और निश्चित समय में प्रव्याजि का भुगतान कर देता है तो उसका प्रस्ताव स्वीकार कर लिया जाता है। यदि उन शर्तों और दशाओं को स्वीकार नहीं करता तो प्रस्ताव अस्वीकार हो जाता है। नये व्यापार के अभिगोपन में प्रस्ताव प्रपत्र की जाँच, प्रस्ताव प्रपत्र का पंजीयन, चुनाव का आधार, जोखिम का वर्गीकरण तथा वर्गीकरण के तरीके का अध्ययन किया जायेगा।

1. प्रस्ताव प्रपत्र की जाँच
(Scrutiny of Proposal)

प्रस्ताव प्रपत्र की जाँच शाखा कार्यालय करता है। वह देखता है कि प्रस्ताव प्रपत्र अच्छी तरह भर गया है या उसमें कुछ कमी है। प्रस्ताव प्रपत्र तभी पूरा होगा जबकि प्रस्ताव प्रपत्र, चिकित्सा परीक्षक की सूचना, अभिकर्ता की गुप्त सूचना और व्यक्तिगत विवरण पूर्ण और उचित रूप से दिये गये हों। जहाँ पर चिकित्सा परीक्षण की आवश्यकता नहीं होती है वहाँ पर प्रस्ताव प्रपत्र के साथ व्यक्तिगत विवरण और अभिकर्ता की सूचना दी जाती है। प्रस्ताव प्रपत्र में दिये गये उत्तर स्पष्ट, पूर्ण और सही होने चाहिए। इसी प्रकार अभिकर्ता की सूचना, चिकित्सा परीक्षक की सूचना और व्यक्तिगत विवरण भी पूर्ण एवं सही होने चाहिए। इन सूचनाओं की पूरी जाँच करना आवश्यक है। यदि इन सूचनाओं से कोई बात स्पष्ट नहीं हो पाती है तो उसका स्पष्टीकरण करना चाहिए। बीमापात्र से सभी आवश्यक बातें पूछी जानी चाहिए। कुछ ऐसी मदें होती हैं जिनके विषय में विस्तृत सूचना प्राप्त करना चाहिए जिससे बीमापात्र की जोखिम का मूल्यांकन सही-सही न हो जाये।

प्रस्ताव प्रपत्र की जाँच के लिये निम्न बातों को ध्यान में रखना चाहिए—

(i) पता (Address)—प्रस्तावक का कोई स्वतन्त्र पता होना चाहिए जिससे उससे आसानी से पत्र व्यवहार किया जा सके। यदि बीमा अभिकर्ता के संरक्षण में पता दिया गया है तो उसकी पूर्ण रूपेण जाँच करनी चाहिए क्योंकि ऐसी दशा में कपट होने की सम्भावना पायी जाती है। इसी प्रकार निगम के कर्मचारी के संरक्षण में दिये गये पते की पूर्ण जाँच करनी चाहिए। अभिकर्ता या कर्मचारी के सम्बन्धी इनके पते दे सकते हैं। इन पतों की पूरी जाँच होनी चाहिए।

(ii) पेशा (Occupation)—पेशा की पूरी जाँच करनी चाहिए। इसमें दुराव-छिपाव की सम्भावना बनी रहती है। इसके लिये अतिरिक्त सूचनायें प्राप्त करनी चाहिए। जो कर्मचारी पेशे की सूचना रखता है या जो इनकी जाँच करता है उसे पेशे की अतिरिक्त प्रव्याजि का पता होना चाहिए। पेशे के स्वभाव और प्रकृति का ज्ञान होना चाहिए। कुछ पेशे ऐसे हैं जिनके विषय में पूरी जानकारी होनी चाहिए। हवाई जहाज, फौज, खान, बिजली और रसायन उद्योग की जोखिम का पता होना चाहिए। इन उद्योगों से आने वाले प्रस्तावों की पूर्ण जाँच करनी चाहिए।

(iii) जन्म-तिथि (Date of Birth)—प्रस्तावक जिसने 18 वर्ष की आयु पूरी नहीं की है या जो 50 वर्ष की आयु से अधिक है प्रस्ताव के समय जन्म तिथि का प्रमाण देना जरूरी है। यदि जन्म तिथि अंग्रेजी वर्ष के अलावा किसी अन्य वर्ष में बतायी गयी है तो उसको अंग्रेजी वर्ष में परिवर्तित करके बताना चाहिए। जो कर्मचारी इसकी जाँच करा रहा है उसे जन्म तिथि सम्बन्धी सभी नियमों का पालन कर लेना चाहिए।

(iv) बीमा की रकम (Sum to be Assured)—बीमित रकम की पूर्ण जाँच करनी चाहिए। आय के अनुसार ही बीमा की रकम होनी चाहिए। यदि प्रस्तावित बीमा की रकम आय की तुलना में अधिक है तो इसकी जाँच करनी चाहिए। बीमा की अधिक रकम के कारण का पता लगाना चाहिए।

(v) बीमापत्र (Policies)—किसी एक बीमापत्र को खरीदने का कारण पता लगाना जरूरी है। बीमापत्र लेने के उद्देश्यों का स्पष्ट पता होना चाहिए। उद्देश्यों के सम्बन्ध में पूछताछ करने से अनेक आवश्यक सूचनायें मिल जाती हैं।

(vi) नामांकिकी (Nominee)—नामांकिकी के विषय में जाँच करना जरूरी है। नामांकिकी जहाँ तक सम्भव हो घनिष्ठ सम्बन्ध ही होना चाहिए। बीमा योग्य हित न रखने

वाले व्यक्ति को नामांकित करने में उसके कारण को जानना जरूरी है। नामांकिकी के नाम और प्रस्तावक से सम्बन्ध का वर्णन होना चाहिए। संदेह उत्पन्न होने पर इसकी जाँच बीमा अभिकर्ता से करनी चाहिए।

(vii) हस्ताक्षर (Signatures)—जहाँ पर हस्ताक्षर अंग्रेजी भाषा के अलावा अन्य भाषा में हो, वहाँ पर अंग्रेजी भाषा में उसका नाम लिख लेना चाहिए। इसके लिए दो योग्य व्यक्तियों के भी प्रमाण होने चाहिए। यदि प्रस्तावक अशिक्षित है, तो उसके अँगूठे का निशान होना चाहिए जिसको प्रमाणित करना जरूरी है।

(viii) व्यक्तिगत विवरण (Personal Statement)—व्यक्तिगत विवरण की सूचनाओं और प्रस्ताव प्रपत्र की सूचनाओं की तुलना करके उसकी जाँच कर लेनी चाहिए। उम्र में अन्तर, पेशे में भिन्नता या अन्य सूचनाओं में अन्तर होने से उसके कारण का पता लगाना जरूरी है। परिवार के विवरण में अन्तर होने पर उसकी जाँच करनी चाहिए।

(ix) चिकित्सा परीक्षक की सूचना (Medical Examiner's Report)—चिकित्सा परीक्षक की सूचनाओं की अच्छी तरह जाँच करके यह पता लगाना चाहिए कि परीक्षण करने के निमयों का पालन किया गया है या नहीं। अभिकर्ता या विकास अधिकारी नियमों का कहाँ तक पालन किये हैं इसकी जाँच करनी चाएि। कभी-कभी ये व्यक्ति बीमापात्र के पक्ष में ही सूचना देते हैं, जिससे वास्तविक और सही सूचना नहीं मिल पाती है। कार्यालय का यह कर्तव्य है कि इस प्रकार की असत्यता आदि कमी का पता लगाये। यदि किसी व्यक्ति ने नियमों का उल्लंघन किया है तो उससे इसका कारण पूछा जाना चाहिए। यदि बीमा की रकम बड़ी है और चिकित्सा परीक्षण शाखा कार्यालय में हुआ है तो शाखा प्रबन्धक और सहायक शाखा प्रबन्धक को चिकित्सा परीक्षण की यथार्थता के विषय में सन्तुष्ट हो जाना चाहिए।

(x) स्त्रियों के जीवन का बीमा (Insurance of Female lives)—जब स्त्रियों के जीवन के लिए बीमा के लिए प्रस्ताव आ रहा है तो उनकी बीमा आवश्यकता का पूर्ण पता लगाना चाहिए क्योंकि यदि आवश्यकता के बिना बीमा लिया जाता होगा तो इसमें कोई कपट या भ्रान्त वर्णन हो सकता है। भारत में स्त्रियों के जीवन का बीमा बहुत सावधानी से किया जाता है क्योंकि आय अर्जित करने वाली स्त्रियों की संख्या बहुत कम है। शिक्षित एवं आत्मनिर्भर स्त्रियों को बीमा आसानी से बेचा जा सकता है। इनको बीमित करने के लिए स्त्रियों के बीमा नियमों का पूरा पालन होना चाहिए।

(xi) अशिक्षित जीवन (Illiterate Lives)—अशिक्षित व्यक्तियों के जीवन में आने वाले प्रस्ताव की पूरी जाँच करनी चाहिए। उम्र, व्यक्तिगत विवरण, सत्यलिप हस्ताक्षर आदि का पूरी तरह निरीक्षण करना चाहिए।

(xii) अग्रिम जमा (Advance Deposit)—जब प्रव्याजि का भुगतान प्रस्ताव के साथ नहीं किया गया, तो प्रस्ताव की जाँच और अच्छी तरह करनी चाहिए। प्रथम प्रव्याजि का भुगतान 15 दिन के अन्दर करना जरूरी है। अभिकर्ता को कमीशन का भुगतान तभी किया जाये जब प्रथम वर्ष की प्रव्याजि का भुगतान किया गया है। जहाँ पर प्रव्याजि का भुगतान वेतन के बिल से किया जाता है उस दशा में नियोक्ता को ऐसा करने के लिए अधिकार देना चाहिए।

2. प्रस्ताव प्रपत्र का पंजीयन
(Registation of Proposals)

जब प्रस्ताव प्रपत्र आ जाता है, उसकी जाँच कर ली जाती है और उसे नियमों के अनुकूल पाया जाता है तो प्रस्ताव के पंजीयन का कार्य प्रारम्भ होता है। प्रस्ताव प्रपत्र पर क्रम संख्या लिखी जाती है। चिकित्सा परीक्षक और अभिकर्ता की कोड संख्या को सही-सही लिखा जाना चाहिए, इसकी जाँच भली प्रकार हो जानी चाहिए। प्रस्ताव प्रपत्र के प्रमुख विवरण प्रस्ताव रजिस्टर (Proposal Register) में लिख लेने चाहिए। मूल्यांकन विवरणी (Review slip) की तीन प्रतिलिपि तैयार की जाती है। शाखा कार्यालय की मूल्यांकन विवरणी पर प्रस्तावक के हस्ताक्षर होने चाहिए। शाखा कार्यालय में प्रस्ताव फोल्डर तैयार करके उसमें संक्षिप्त विवरणी पत्र-व्यवहार की प्रतियाँ, उम्र के प्रमाण-पत्र का विवरण आदि रखा रहता है। प्रस्ताव फोल्डर की संख्या के अनुसार फाइल कर देते हैं। प्रस्ताव फोल्डर की सूची के लिए वर्णनात्मक ढंग से एक अनुसूचिका तैयार करते हैं जिससे बीमापत्रधारी के नाम के आधार पर प्रस्ताव फोल्डर को निकालना आसान हो जाता है।

प्रस्ताव का अनुसरण (Follow-up of Proposals)—विभागीय कार्यालय द्वारा जो भी सूचना माँगी जाये उसे देना आवश्यक है। यह सूचना सीधे प्रस्तावक से माँगी जा सकती है या अभिकर्ता को इसके लिये आदेश दिया जा सकता है। जब सूचनाओं की जाँच के बाद प्रस्ताव स्वीकार कर लिया जाता है, तो स्वीकृति पत्र सीधे प्रस्तावक को भेज देने चाहिए तथा अभिकर्ता को इसकी सूचना दे देनी चाहिए। शाखा कार्यालय को दो प्रति भेज दी जानी चाहिए। एक प्रति कार्यालय में रख ली जानी चाहिए और दूसरी प्रति विकास अधिकारी को दे देनी चाहिए। जहाँ पर कर्मचारी के प्राविडेन्ट फन्ड से प्रव्याजि का भुगतान होना होता है वहाँ पर स्वीकृति पत्र की एक प्रति नियोक्ता को भेज दी जाती है। बीमापत्र चालू हो जाने के बाद प्रव्याजि जमा करने की सूचना प्रस्ताव को सीधे भेजनी चाहिए और एक-एक प्रतिलिपि अभिकर्ता एवं विकास अधिकारी को भेजनी चाहिए।

प्रस्ताव पर प्रव्याजि की जमा की कच्ची रसीद शाखा कार्यालय द्वारा निर्गमित की जाती है। विभागीय कार्यालय इस रसीद को बाद में तैयार करता है और उसकी एक प्रति प्रस्तावक, एक प्रति शाखा कार्यालय में ही रख ली जायेगी। प्रव्याजि रसीद भेजने के बाद भी यदि कोई सूचना आवश्यक समझी जायेगी तो भी प्रस्तावक, शाखा कार्यालय अभिकर्ता और विकास अधिकारी से प्राप्त की जा सकती है। प्रस्ताव प्रपत्र स्वीकार हो जाने के बाद बीमापत्र निर्गमित किये जाते हैं जिसमें प्रस्ताव संख्या, बीमापत्र संख्या, नाम, बीमित रकम, प्रव्याजि की रकम, प्रव्याजि भुगतान का तरीका, नामांकन एवं अध्यर्थन भुगतान की शर्तों का वर्णन होता है। बीमापत्र एवं प्रस्ताव पत्र की अलग-अलग फाइल तैयार की जाती है जहाँ पर प्रस्ताव के साथ प्रव्याजि नहीं दी गयी है वहाँ पर प्रस्तावक को प्रव्याजि भुगतान करने के लिए कहा जाता है जिसे एक निश्चित समय के अन्दर शाखा कार्यालय में जमा करना होता है। यदि उस समय के अन्दर प्रव्याजि नहीं जमा की जाती है तो प्रस्ताव अपने आप निरस्त हो जायेगा। जहाँ पर बीमा पर प्रव्याजि जमा की जाती है वहाँ प्रस्ताव स्वीकार हो जाता है। यदि बीमा की रकम 25000 रुपये से अधिक नहीं है और प्रस्तावक की उम्र 55 वर्ष से कम हो, तो प्रस्ताव की स्वीकृति के सम्बन्ध में 'तुरन्त सेवा' (Express Service) प्रदान की जाती है। इसका तात्पर्य यह है कि इस प्रस्ताव की स्वीकृति और प्रव्याजि जमा की रसीद तुरन्त निर्गमित की जाती है।

2. जोखिम का चुनाव
(Selection of Risk)

नये व्यापार के सम्बन्ध में प्रस्ताव की स्वीकृति, स्थगित करने का कार्य, जोखिम की अस्वीकृति, बीमा की शर्तों का निर्धारण आदि कार्यों को सम्पन्न किया जाता है। जोखिम का चुनाव मुख्य कार्य है। प्रस्तावित जीवन को बीमा के लिए स्वीकार किया जाये या नहीं, यदि स्वीकार किया जाये तो बिना शर्त पर स्वीकार किया जाये? प्रव्याजि की दर क्या होगी? आदि का निर्धारण जोखिम के चुनाव के अन्दर किया जाता है। प्रस्ताव प्रपत्र की सूचना, चिकित्सा परीक्षक की रिपोर्ट, अभिकर्ता की गुप्त सूचना आदि के आधार पर जोखिम के विषय में सूचना प्राप्त करते हैं। उन जोखिमों की सूचना का मूल्यांकन करते हैं। जोखिम की मात्रा के आधार पर प्रव्याजि की दर निश्चित की जाती है।

जोखिम सूचना के स्रोत (Sources of Risk-Information)—निम्न साधनों से जोखिम के सम्बन्ध में सूचना प्राप्त की जा सकती है—

1. प्रस्ताव-प्रपत्र (The Application-Form)—प्रस्ताव-प्रपत्र को दो भागों में बाँटा गया है। पहले भाग से आवदेन के परिचय सम्बन्धी सूचना और दूसरे भाग से व्यक्तिगत विवरण सम्बन्धी सूचना प्राप्त की जाती है। प्रस्ताव के पहले भाग में नाम, पता, निवास स्थान, पेशे, पिछला पेशा, बीमा की रकम, पूर्व बीमित रकम, प्रस्ताव की अस्वीकृति यदि पहले कभी बीमा के लिये आवेदन दिया हो; अतिरिक्त प्रव्याजि पर बीमा की स्वीकृति आदि सम्बन्धी प्रश्न पूछे जाते हैं। इनके अलावा प्रव्याजि भुगतान के तरीके, अभिलाभांश का प्रयोग, विशेष अनुमान, नामांकित से सम्बन्ध आदि सूचनायें भी पूछी जाती हैं। इस भाग में वे सभी सूचनायें पूछी जाती हैं जो जोखिम से सम्बन्धित नहीं रहती हैं।

दूसरे भाग में उन सूचनाओं को पूछा जाता है जो कि जोखिम से प्रत्यक्ष रूप से सम्बन्धित हैं। चिकित्सा परीक्षण की दशा में ये सूचनायें चिकित्सा परीक्षक द्वारा पूछी जाती हैं। चिकित्सा परीक्षक सूचनाओं को स्वयं प्रस्तावक से पूछ-पूछ कर लिखता जाता है। परीक्षक अपना हस्ताक्षर करके सूचनाओं को अधिकृत बना देते हैं, उससे इन सूचनाओं के विषय में पुन: पूछताछ की जा सकती है। जहाँ पर चिकित्सा परीक्षण नहीं किया जाता है ये सूचनायें अभिकर्ता य विकास अधिकारी द्वारा पूछपूछ कर लिखी जाती हैं और उसे व्यक्तिगत विवरण (Personal Statement) के नाम से पुकारते हैं। चिकित्सा परीक्षक अपनी गुप्त सूचनायें भी देता है जिसे अगले साधन में अध्ययन करेंगे। प्रस्ताव प्रपत्र के दूसरे भाग में पूछी जाने वाली सूचनायें बीमारी, चोट, आपरेशन, बचपन से लेकर अब तक कोई गम्भीर रोग या बीमारी पिछले पाँच वर्षों में चिकित्सकों से ली गयी सलाह, वर्तमान शारीरिक स्थिति, आवेदक की आदत, निवास स्थान में परिवर्तन, बीमारी या रोग के कारण ली गयी छुट्टी, परिवार में व्यक्तियों की संख्या, उनकी उम्र, मृत्यु के समय उनकी उम्र, मृत्यु के कारण उनकी बीमारी की अवधि, पेशे आदि के विषय में सूचना प्राप्त की जाती है। माता-पिता, दादा-दादी, भाई, बहिन आदि के विषय में भी सूचना प्राप्त की जाती है। यदि प्रस्तावक स्त्री है तो वैवाहिक स्थिति, बच्चों की संख्या, वर्तमान स्थिति, स्त्रियों की बीमारी की सूचना आदि के विषय में विस्तृत जानकारी की जाती है। प्रस्ताव प्रपत्र के दूसरे भाग में दी गयी सूचनायें जोखिम निर्धारण के लिये बहुत महत्त्वपूर्ण हैं।

2. चिकित्सा परीक्षक की सूचना (Medical Examiner's Report)—इस प्रपत्र के भी दो भाग होते हैं। पहले भाग में आवेदक के परिचय सम्बन्धी सूचनायें और दूसरे भाग में शरीर के अंगों के सम्बन्ध में सूचना प्राप्त की जाती है। पहले भाग में चिकित्सा

परीक्षक आवेदक से प्रश्न पूछ कर लिखता जाता है। इस भाग में प्रस्तावक का नाम, पता, निवास स्थान, जन्म-स्थान एवं तिथि, वर्तमान पता, पेशा, शारीरिक गठन, आँखों की स्थिति, ऊँचाई एवं वजन तथा सामान्य प्रकटीकरण आदि के सम्बन्ध में सूचना प्राप्त की जाती है। दूसरे भाग में शरीर के विभिन्न अंगों की जाँच करके सूचना लिखी जाती है, पेट, घुटने, हाथ, पैर , मुँह, नाक, कान, हृदय, आँख आदि के विषय में सूचना लिखी जाती है। यदि चिकित्सा परीक्षक माँगी हुई सूचनाओं के अतिरिक्त अन्य कोई सूचना जानता है तो उसे भी उसी में लिख लेना चाहिए। परिवार का विवरण, पिछला स्वास्थ्य, वर्तमान स्वास्थ्य, बीमारी, रोग असमर्थता, आदि के विषय में सूचना लिखी जाती है। चिकित्सा परीक्षक अपनी व्यक्तिगत राय भी लिखता है जिससे बीमित जीवन के विषय में सही सूचना मिल जाती है। ये सारी सूचनायें गुप्त रखी जाती हैं और जोखिम के मूल्यांकन के लिये उपयोग में आती हैं। बीमित जीवन की आदत और दृष्टिकोण का सही पता इसके द्वारा हो जाता है। आवेदक को अपने चिकित्सक से भी सूचना भेजने के लिये कहा जाता है। सूचनाओं के विषय में विस्तृत जानकारी प्राप्त करने का प्रयास किया जाता है।

3. अभिकर्ता का प्रमाण (The Agent's Certificate)—अभिकर्ता यह प्रमाण देता है कि प्रस्तावित जीवन को कितने दिनों से व्यक्तिगत रूप से जानता है, बीमा अभिकर्ता से बीमापात्र के स्वास्थ्य, चरित्र, आदत और दृष्टिकोण के विषय में पूछा जाता है। बीमा अभिकर्ता अपनी सलाह देकर बीमा के लिए प्रस्तावित जोखिम का अनुमोदन करता है। प्रस्तावक की प्रव्याजि देने की क्षमता, वर्तमान प्रव्याजि, वार्षिक आय आदि के विषय में सूचना मिलती है। स्त्रियों के जीवन में बीमा के प्रस्ताव पर उनके पति या पारिवारिक स्थिति, शिक्षा, सामाजिक स्तर और उसके पति का बीमा आदि के सम्बन्ध में सूचना प्राप्त की जाती है। बीमा खरीदने के लिए प्रस्ताव किसने शुरू किया है।

4. व्यक्तिगत मित्रों की सूचना (Private Friend's Reports)—बीमा संस्था के द्वारा बीमित जीवन के व्यक्तिगत मित्रों से सूचना प्राप्त की जाती है। ये सूचनायें गुप्त स्तर पर रखी जाती हैं। जिन-जिन विषयों की सूचना प्राप्त की जानी है उन्हें मित्रों को बता दिया जाता है। सम्बन्धित प्रश्नों पर सूचनायें माँगी जाती हैं। मित्रों द्वारा दी गयी सूचनायें पूर्ण होती हैं क्योंकि उन्हें अपने मित्रों के विषय में अच्छी जानकारी होती है।

5. विकास अधिकारी की सूचना (Report of Development Officer)—विकास अधिकारियों द्वारा दी गयी सूचनायें स्वतन्त्र होती हैं। इस सूचना में किसी प्रकार के पक्षपात की सम्भावना नहीं है। ये अपने क्षेत्र के प्रत्येक व्यक्तियों के विषय में पूरी सूचना रखते हैं। नियोक्ता, बैंक, व्यापारी, पड़ोसी आदि से सम्बन्धि सूचनायें प्राप्त की जाती हैं।

6. अन्य सूचनायें (Miscellaneous Information)—बीमा संस्था सूचना संस्थाओं, व्यक्तियों या अन्य साधनों से सूचना प्राप्त कर सकती है, साख-सूचनायें, चिकित्सा सूचनायें और सामाजिक सूचनायें क्रमश: साख संस्थाओं, चिकित्सा संघ और सामाजिक संघों से प्राप्त किये जा सकते हैं। इनके अलावा नियोक्ता, सहकार्यकर्ता, पड़ोसी आदि से बीमा के विषय में सूचना प्राप्त की जा सकती है।

सूचनाओं की उपयोगिता—उपरोक्त सूचनाओं में से आवेदन प्रपत्र की सूचना बहुत महत्वपूर्ण है। ये सूचनायें प्रसंविदा का आधार होती हैं जिससे यदि उनमें कोई भ्रान्त वर्णन, कपट या गलती होगी तो उसके लिए आवेदक जिम्मेदार होगा। इस सूचना के बाद चिकित्सा परीक्षक की सूचना विश्वसनीय होती है क्योंकि चिकित्सक अपनी स्वतन्त्र राय देगा तथा स्वास्थ्य के विषय में अधिकतम सूचना दे सकेगा। तीसरे स्तर की सूचना विकास अधिकारी

की होगी। वह भी अपनी राय निर्भर होकर देगा। उसे व्यापार के कम होने तथा आय कम होने का भय नहीं है। वह निगम का वेतन भोगी कर्मचारी है। अभिकर्ता की सूचना भी महत्त्वपूर्ण है क्योंकि अभिकर्ता प्रस्तावित जीवन के विषय में अच्छी तरह समझता है। वह पूर्ण एवं सही सूचना दे सकता है; लेकिन अपने कमीशन की लालच में वह कभी-कभी बीमा अयोग्य व्यक्तियों को भी बीमा के लिये प्रस्तावित कर सकता है। नये व्यापार वृद्धि की सम्भावना के लिए वह हमेशा उत्तम बीमापात्रों की खोज नहीं करेगा। इसी प्रकार मित्रों की सूचना भी बहुत विश्वसनीय नहीं होती है। वे अपने मित्रों के विपरीत सूचना नहीं देना चाहेंगे।

बिना चिकित्सा परीक्षण के बेचे जाने वाले बीमापत्रों के सम्बन्ध में प्रस्तावित जीवन का चुनाव सोच-समझ कर किया जाना चाहिए। इनके निर्धारित नियमों का पालन करना चाहिए। इस विषय में पूर्ण सूचना प्राप्त करनी चाहिए। चिकित्सा परीक्षण में दी जाने वाली फीस की बचत इन बीमापत्रों के सम्बन्ध में होती है। चिकित्सा परीक्षण के बिना बेचे जाने वाले बीमापत्रों के सम्बन्ध में जोखिम की अधिक सम्भावना नहीं रहती है क्योंकि बिना चिकित्सा परीक्षण के बीमा कुछ प्रमाणित जीवन को ही बेचा जाता है।

चुनाव का आधार (Bases of Selection)—जोखिम के चुनाव के दो आधार हैं—(1) नैतिक जोखिम का मूल्यांकन और (2) भौतिक जोखिम का मूल्यांकन।

1. नैतिक जोखिम का मूल्यांकन (Evaluation of Moral Hazard)—बीमा संस्था प्रस्तावित जीवन में नैतिक जोखिम का मूल्यांकन करती है और यदि यह स्पष्ट होता है कि नैतिक जोखिम अधिक है तो बीमा नहीं बेचा जायेगा। नैतिक जोखिम के लिए प्रव्याजि में वृद्धि करने का तात्पर्य नैतिक जोखिम को बढ़ावा देना है। नैतिक जोखिम वर्तमान समय की जोखिम का ही निर्धारण नहीं होता है बल्कि भविष्य में जोखिम की सम्भावना को भी शामिल करते हैं। नैतिक जोखिम एक महत्त्वपूर्ण जोखिम है जिसका मूल्यांकन प्रस्ताव के समय करना आवश्यक है। नैतिक जोखिम वहाँ रहती है जहाँ पर बीमा का उद्देश्य हानि की पूर्ति नहीं है बल्कि लाभ कमाने का उद्देश्य होता है। प्रस्तावक के चरित्र, आदत, स्थिति आदि के विषय में सूचना प्राप्त करना जरूरी है। नैतिक जोखिम का मूल्यांकन निम्न आधारों पर किया जा सकता है—

(i) वृद्धावस्था पर बीमा (Insurance at Advanced Age)—यदि कोई वृद्धावस्था के समय बीमा लेना चाहता है तो नैतिक जोखिम की सम्भावना हो सकती है। वृद्धावस्था में मृत्यु की सम्भावना बढ़ जाती है। यदि इस उम्र में बीमा लिया जायेगा तो इसके पीछे कपट की भावना होगी। बीमा लेकर लाभ चाहता होगा। लागत बढ़ने की सम्भावना रहती है। यदि बीमा पहली बार लिया जा रहा है, तो इसकी जाँच अवश्य करनी चाहिए। अधिक उम्र पर बीमा लेने के उद्देश्य की जाँच करनी चाहिए।

(ii) अधि-बीमा (Over-Insurance)—आय के अनुसार बीमा की रकम का निर्धारण होता है। यदि प्रस्तावित बीमा की रकम इससे अधिक है तो इसकी जाँच अवश्य करनी चाहिए। प्रस्तावित जीवन के विषय में पूरी जानकारी होनी चाहिए। शिक्षा और आय को मूल्यांकित करके बीमा की अधिकतम रकम का निर्धारण होता है। वार्षिक आय के 10 गुने से अधिक का बीमा अधि-बीमा कहलाता है। लेकिन इसको कटि-बद्ध नियम के अन्तर्गत शामिल नहीं करते हैं। अधि-बीमा निर्धारण के लिए पारिवारिक स्तर, शिक्षा, आय आदि को ध्यान में रखा जाता है।

(iii) स्त्री जीवन का बीमा (Insurance on female lives)—स्त्री जीवन का बीमा भी नैतिक जोखिम की तरफ इशारा करता है। केवल उन्हीं स्त्रियों का बीमा किया जाना चाहिए जो कि अपनी आय अर्जित करती हों, शिक्षित हों तथा पारिवारिक स्तर बीमा के दृष्टिकोण का हो। भारत में बहुत-सी स्त्रियों की अपनी आय नहीं है, उन्हें बीमा की कोई आवश्यकता नहीं है तथा शिक्षा का स्तर इतना ऊँचा नहीं है कि वे बीमा खरीद सकें। यदि कोई स्त्री बीमा के लिए प्रस्ताव करती है तो उसकी पूर्ण जाँच करनी चाहिए। कुछ स्त्रियाँ कर बचाने के लिए बीमा लेती हैं। अविवाहित स्त्रियों के जीवन का बीमा जरूरी नहीं रहता है। अत: उनके प्रस्ताव की जाँच जरूरी है।

(iv) बीमा की आवश्यकता (Insurance Need)—यदि प्रस्तावक की आवश्यकता के अनुसार बीमा नहीं बेचा जायेगा तो नैतिक जोखिम की सम्भावना बढ़ जायेगी। बीमा प्रस्तावक के वर्तमान बीमा की रकम को ध्यान में रखकर सम्भावित बीमा की आवश्यकता का अनुमान लगाया जा सकता है। जब दूसरे व्यक्ति के जीवन पर बीमा लिया जाता है, तो वहाँ पर नैतिक जोखिम हो सकती है।

(v) तथ्य का छिपाव (Suppression of a Fact)—तथ्य के छिपाव में नैतिक जोखिम हो सकती है। बीमा अभिकर्ता को चाहिए कि कपट का पता लगाये जिससे कि नैतिक जोखिम को दूर किया जा सके। कपट के कारण प्रसंविदा प्रारम्भ में ही रद्द हो जाती है। भ्रान्त वर्णन, गलती, अप्रकटीकरण और कपट का पता लगाना जरूरी है।

(vi) अन्य सूचनायें (Other Information)—इस दशा में भी नैतिक जोखिम हो सकती है जबकि चिकित्सा परीक्षण बीमापात्र के स्थान के अलावा अन्य स्थान पर किया जाता है। जहाँ पर बीमित रकम बीमित व्यक्ति के आश्रित या घनिष्ठ सम्बन्धी के अलावा अन्य किसी व्यक्ति को भुगतान किया जाना है। बीमा प्रस्ताव के ढंग, बातचीत का उद्देश्य, पड़ोसी व्यापारी या अन्य व्यक्तियों के द्वारा नैतिक जोखिम का पता लगाया जा सकता है।

2. भौतिक जोखिम का मूल्यांकन (Evaluation of Physical Hazard)—भौतिक जोखिम के मूल्यांकन के बाद यह पता लग सकता है कि किसी व्यक्ति को बीमा बेचा जाये या नहीं। यदि बीमा बेचा जाये तो प्रव्याजि की दर क्या होगी? बीमा की शर्तें क्या होंगी? जोखिम का निर्धारण प्रस्तावित व्यक्ति की जीवन-आशा पर किया जाता है। भौतिक जोखिम की सूचना उपरोक्त सभी साधनों से प्राप्त की जाती है। भौतिक जोखिम उम्र, पारिवारिक स्तर, व्यक्तिगत विवरण, शारीरिक गठन, पेशा, निवास स्थान, जाति, आदत, बीमा योजना आदि पर आधारित है।

(i) उम्र (Age)—भौतिक जोखिम पर उम्र का अधिक प्रभाव पड़ता है। जैसे-जैसे व्यक्ति वृद्ध हो जाता है उसकी मृत्यु की आशा बढ़ती जाती है। मृत्यु की सम्भावना प्रत्येक वर्ष बढ़ती है। यद्यपि उम्र का एक ऐसा समूह है जिसमें भौतिक जोखिम भी लगभग समान रहती है। उम्र के आधार पर प्रव्याजि का निर्धारण होता है। जैसे-जैसे उम्र बढ़ती जाती है वैसे-वैसे प्रव्याजि बढ़ती जाती है। उम्र के अनुसार बीमा के प्रस्ताव को स्वीकार या अस्वीकार किया जा सकता है। न्यूनतम उम्र का निर्धारण इसलिये किया जाता है कि जिससे अवयस्क बीमा को दूर किया जा सके, अधिकतम उम्र से मृत्यु की सम्भावना को दूर किया जा सकता है। मृत्यु की सम्भावना कम रहने से लागत की वृद्धि को कम किया जा सकता है। अधिक उम्र पर नैतिक जोखिम की सम्भावना बढ़ जाती है। बीमारी और रोग होने की शंका बनी रहती है। अधिभार (Over-Weight) के कारण बीमा को बेचना सम्भव नहीं हो पाता है। गैर-चिकित्सा परीक्षण में उम्र का विशेष महत्त्व है। क्योंकि एक न्यूनतम

उम्र से कम और अधिकतम सीमा से अधिक उम्र वाले को गैर चिकित्सा बीमा नहीं बेचा जाता है।

2. पारिवारिक इतिहास (Family History)—पारिवारिक इतिहास से यह पता चलता है कि व्यक्ति के परिवार की रोग और बीमारी की क्या स्थिति है? क्षय रोग, पागलपन, मिरगी आदि ऐसे रोग हैं जो पुस्त-दर-पुस्त चलते रहते हैं। यदि किसी परिवार में ऐसी बीमारी हो तो उसके प्रस्ताव को स्वीकार तब तक नहीं किया जायेगा जब तक इसके लिए कोई अनुकूल प्रभाव न हो। पारिवारिक बीमारी को यदि प्रस्तावक में भी पाया गया तो जोखिम की मात्रा बढ़ जाती है। पारिवारिक स्थिति अनुकूल रहने से बीमा कराने के लिए प्रेरणा दी जा सकती है।

(iii) व्यक्तिगत इतिहास (Personal History)—व्यक्तिगत इतिहास में इन तत्त्वों को ध्यान में रखना चाहिए जो कि जीवनाशा (Longerity) को प्रभावित करते हैं। इसमें उसके स्वास्थ्य, पुरानी आदत, पुराना पेशा और बीमा की रकम को ध्यान में रखा जाता है। व्यक्तिगत स्वास्थ्य में कई बातों का अध्ययन किया जाता है। यदि प्रस्तावित जीवन पिछले 5 से 10 वर्षों में दिमागी, दिल, रक्त आदि सम्बन्धी बीमारी से पीड़ित है तो उसको बीमा के लिए स्वीकार नहीं किया जाना चाहिए। गम्भीर बीमारी एवं रोग के कारण मृत्यु की आशंका बढ़ जाती है। दुर्घटना चोट या आपरेशन के कारण स्वास्थ्य में कमी हो जाती है। शरान पीने आदि के कारण स्वास्थ्य पर प्रतिकूल प्रभाव पड़ता है। पुरानी आदतों का मूल्यांकन करना चाहिए। पिछले पेशों के आधार पर जोखिम का मूल्यांकन किया जा सकता है। कुछ पेशों में व्यावसायिक बीमारियों के उत्पन्न होने की सम्भावना रहती है, दुर्घटना के कारण लगी चोट या आपरेशन से अन्य बीमारियाँ उत्पन्न हो सकती हैं। बीमा के पिछले इतिहास से उसके बीमा की स्थिति का पता लगता है, बीमा सामान्य शर्तों पर बेचा गया है या विशेष शर्तों पर निर्गमित किया गया है। यदि बीमा विशेष शर्तों पर बेचा गया है तो उसके क्या कारण हैं? ऐसे व्यक्तियों को बीमा बेचने में विशेष सावधानी उठानी पड़ती है।

(iv) शारीरिक गठन (Build)—शारीरिक गठन में प्रस्तावित जीवन के शारीरिक ढाँचे को ध्यान में रखा जाता है। उसके भार, लम्बाई और शारीरिक बनावट से सम्बन्ध है, लम्बाई के आधार पर प्रमाणित वजन भी होता है। यदि इस वजन से कम या अधिक वजन हुआ तो उसके कारणों का पता लगाना चाहिए। लम्बाई के अनुसार न्यूनतम और अधिकतम वजन होते हैं जिनको एक तालिका में लिख देते हैं। उम्र के हिसाब से लम्बाई और वजन आदि की तुलना करनी चाहिए। न्यूनतम से कम वजन और अधिकतम से अधिक वजन किसी गम्भीर कमी और बीमारी की तरफ इशारा करते हैं। अधिक वजन अधिक उम्र में बहुत खतरनाक होता है। इसी प्रकार सीने और नाभि के स्तर पर शारीरिक मोटाई में बहुत अन्तर नहीं होना चाहिए। यदि नाभि के स्तर पर शरीर की मोटाई सीने के स्तर पर शरीर की मोटाई से अधिक है तो वह भी किसी गम्भीर बीमारी से पीड़ित हो सकता है। शारीरिक गठन की जाँच के लिये चिकित्सा परीक्षण की आवश्यकता होती है।

(v) पेशा (Occupation)—बहुत से पेशे ऐसे हैं जिनमें जोखिम की मात्रा बहुत अधिक होती है। जोखिम की मात्रा अधिक होने के कारण प्रव्याजि की दर भी अधिक होनी

चाहिए। कुछ ऐसे पेशे हैं जिनमें जोखिम की मात्रा इतनी अधिक है कि उन्हें बीमित न करते। पेशे में दुर्घटना, बीमारी और गन्दे वातावरण के कारण जोखिम में परिवर्तन होते रहते हैं। कुछ पेशे में शारीरिक और मानसिक थकान अधिक पड़ती है। इन्हीं कारणों से बीमा संस्था ने पेशों का वर्गीकरण किया है और उसी वर्ग के अनुसार अतिरिक्त प्रव्याजि ली जाती है। कुछ जोखिमपूर्ण पेशे का बीमा नहीं किया जाता है। निर्माण एवं खान उद्योग में जोखिम एवं दुर्घटना की सम्भावना अधिक रहती है। शराब बेचने वाली या बनाने वाली संस्था में अनैतिकता की सम्भावना अधिक रहती है। रसायन, दियासलाई, गैस आदि उद्योगों में विषैली गैस फैलती रहती है। सूती और कृत्रिम वस्त्र उद्योग में बन्द वातावरण के कारण स्वास्थ्य पर प्रतिकूल प्रभाव पड़ता है। पिछले पेशे को भी ध्यान में रखकर जोखिम का निर्धारण करते हैं।

(vi) निवास स्थान (Residence)—कुछ क्षेत्रों, स्थानों और देशों में अधिक जीवन की आशा वहाँ की जलवायु, वातावरण, राजनैतिक एवं आर्थिक परिस्थितियों पर निर्भर होती है, गर्म जलवायु में जीवन की आशा कम होती है जबकि ठंडी जलवायु में जीवन की सम्भावना बढ़ जाती है। यदि प्रस्तावक ठंडे जलवायु में रहता है तो उसकी जीवनाशा अधिक होती है। कुछ स्थानों में स्वच्छता के कारण स्वस्थपूर्ण वातावरण रहता है जबकि गंदे स्थानों में स्वस्थपूर्ण वातावरण नहीं रहता है। पिछले निवास स्थान की भी सूचना प्राप्त कर लेनी चाहिए। निवास स्थान का महत्त्व स्थान परिवर्तन के कारण अब घटता जा रहा है।

(vii) आदत (Habits)—कुछ आदतें ऐसी हैं जिनके कारण जीवन की सम्भावना कम हो जाती है। शराब या नशीली वस्तुओं का उपयोग करने वाले व्यक्तियों की उम्र बहुत कम होती है। वर्तमान आदत के साथ-साथ पुरानी आदत का भी मूल्यांकन होना चाहिए। आदत की सूचना अभिकर्ता, पड़ोसी, व्यापारी आदि से प्राप्त की जानी चाहिए।

(viii) स्त्रियों का बीमा (Insurance of Female Lives)—स्त्रियों के बीमा के प्रस्ताव का विशेष ध्यान रखना चाहिए। स्त्रियों की मृत्यु दर पुरुषों की अपेक्षा अधिक होती है। मातृत्व एवं शारीरिक कमजोरी से मृत्यु-दर अधिक होती है। चिकित्सा सुविधाओं के कारण मृत्यु दर में कुछ कमी हो गयी है; परन्तु आज भी अनेक स्थानों में चिकित्सा की सुविधा न होने के कारण स्त्रियों की मृत्यु दर अधिक है। स्त्रियों की चिकित्सा परीक्षा के बाद उन्हें बीमित करना चाहिए।

(ix) बीमा योजना (Plan of Insurance)—कुछ बीमा योजनाएँ केवल उत्तम जीवन पर ही उपलब्ध हैं। अतः जब उनके लिए प्रस्ताव आता है, तब प्रस्तावित जीवन का पूर्णरूपेण परीक्षण करना चाहिए। कुछ बीमा सामान्य शर्तों पर निर्गमित किये जाते हैं, अतः उनके लिये आये हुए प्रस्तावों की उतनी जाँच की आवश्यकता नहीं होती है। बीमा योजना के अनुसार प्रस्तावित जीवन की जोखिम का मूल्यांकन किया जाना चाहिए।

जोखिम का वर्गीकरण
(Classification of Risk)

जीवन बीमा जोखिम को दो भागों (A) बीमा अयोग्य जोखिम और (b) बीमा योग्य जोखिम में बाँटा गया है।

(A) बीमा अयोग्य जोखिम (Uninsurable Risks)—बीमा अयोग्य जोखिम वह है जिसमें जोखिम की मात्रा इतनी अधिक है कि उसका बीमा नहीं किया जा

सकता है। कुछ लोग कहते हैं कि कोई जोखिम बीमा के योग्य नहीं कही जा सकती है। कारण कि उसी के अनुसार प्रव्याजि की रकम बढ़ाकर बीमा किया जा सकता है, परन्तु व्यावहारिक जीवन में ऐसा सम्भव नहीं है क्योंकि इससे लागत बढ़ जाती है और बीमा संस्था को हानि होगी। अत: बीमा संस्था बीमा करने के पहले प्रस्ताव की जोखिम का मूल्यांकन करना आवश्यक है। यदि जोखिम की मात्रा अधिक है तो उसका बीमा नहीं करते हैं।

(B) बीमा योग्य जोखिम (Insurable Risks)—बीमा योग्य जोखिम वे हैं जिनका बीमा किया जाता है। बीमा योग्य जोखिम के तीन प्रकार हैं; (1) प्रमाणित जोखिम, (2) अधोप्रमाणित जोखिम और (3) अपर प्रमाणित जोखिम।

1. प्रमाणित जोखिम (Standard Risks)—प्रमाणित जोखिम वे हैं जो कि सामान्य जोखिम के हैं जिसमें जोखिम की मात्रा न अधिक है और न कम। प्रमाणित जोखिम का तात्पर्य औसत जोखिम से नहीं है क्योंकि औसत जोखिम व्यावहारिक नहीं है। इस जोखिम में एक सीमा तैयार की जाती है जिसके अन्दर आने वाली सभी जोखिम प्रमाणित जोखिम है। यह एक समूह है जिसके अन्दर सामान्य जोखिम के व्यक्ति हैं। जिनकी जोखिम बहुत अधिक नहीं है, जिनके स्वास्थ्य सामान्य हैं, हो सकता है कि कुछ साधारण बीमारियाँ हों लेकिन कोई गम्भीर बीमारी न हो। सामान्य से अधिक जोखिम या कम जोखिम वाले भी यदि एक सीमा के अन्दर आते हैं तो उन्हें प्रमाणित जोखिम कहते हैं।

2. अधो-प्रमाणित जोखिम (Sub-Standard Risk)—इस जोखिम में वे जोखिम आती हैं जो कि प्रमाणित जोखिम से अधिक हैं। अधो-प्रमाणित जोखिम से अधिक जोखिम वाले को बीमा अयोग्य जोखिम कहते हैं। अधो-प्रमाणित जीवन का बीमा करने के लिए अधिक प्रव्याजि लेनी चाहिए। अधो प्रमाणित जोखिम का बीमा कुछ विशेष नियमों पर किया जाना चाहिए।

3. अपर-प्रमाणित जोखिम (Super-Standand Risk)—इस जोखिम में वे जोखिम आती हैं जिनकी जोखिम की मात्रा प्रमाणित जोखिम से कम है। इस जोखिम को वरीयता जोखिम (Preferred Risk) भी कहते हैं। इसमें प्रव्याजि की दर प्रमाणित प्रव्याजि से कम होती है। आजकल इस जोखिम को व्यावहारिक जीवन में नहीं अपनाते हैं।

जोखिम के वर्गीकरण का तरीका
(Methods of Risk Classification)

जोखिम को निम्नलिखित तरीके से विभाजित करते हैं—

1. निर्णय पद्धति (The Judgement Method)—इस पद्धति में अधिकारी, जीवनांकिकी, चिकित्सा परीक्षक आदि बीमा की जोखिम का मूल्यांकन करते हैं। ये लोग किसी प्रस्ताव को अपने निर्णय के आधार पर यह तय करते हैं कि बीमा प्रस्ताव स्वीकार किया जाये या नहीं। जोखिम को प्रभावित करने वाले सभी तत्त्वों को अलग-अलग मूल्यांकित करके ये अपना निर्णय लेते हैं। यह तरीका बहुत उत्तम नहीं कहा जा सकता है क्योंकि इसमें अधिकारियों के व्यक्तिगत निर्णय पक्षपात पूर्ण और अन्याय पूर्ण हो सकते हैं। निर्णय लेने के लिए कोई निश्चित नियम नहीं है।

2. आंकिक मूल्यांकन पद्धति (Numerical Rating System)—इस पद्धति में प्रत्येक तत्त्व के अंक निश्चित किये जाते हैं। जोखिम की मात्रा के अनुसार अंक दिये जाते हैं। प्रत्येक तत्त्व को अंक देकर उनका योग कर लेते हैं। यदि अंक एक न्यूनतम सीमा से कम हैं तो बीमा नहीं बेचते हैं, और जब न्यूनतम सीमा से अधिक अंक हैं तो उसे प्रमाणित जोखिम में शामिल करते हैं। जिन तथ्यों का प्रतिकूल प्रभाव है उस पर ऋण में अंक देते हैं। जिन तथ्यों पर अनुकूल प्रभाव है उस पर धन में अंक देते हैं। सभी तथ्यों के अंकों को जोड़कर यह तय करते हैं कि उसे कुल कितने अंक मिलेंगे। न्यूनतम अंक से अधिक अंक पाने वाले व्यक्ति को बीमा बेचा जाता है। अच्छे निवास स्थान तथा अच्छी आदत के अनुकूल प्रभाव पर धन अंक (Positive Marks) नहीं दिये जाते हैं। विभिन्न पेशे, उम्र, योजनाओं के लिए अलग-अलग प्रव्याजि ली जाती है।

अध्याय 31
बीमा कराने की विधि एवं चुनाव

प्राचीन बीमाकर्ता बीमा करने की बड़ी सरल विधियाँ अपनाते थे। उस समय बीमा विज्ञान की प्रगति नहीं हुई थी। धीरे-धीरे जब प्रगति हुई तो बीमा करने की विधियों में परिवर्तन होता गया। अब अनुमान की जगह गणना को महत्व दिया जाता है और प्रयास यह किया जा रहा है कि जोखिम का मूल्यांकन इस प्रकार हो कि न तो बीमापात्र को अधिक प्रव्याजि देना पड़े और न बीमा कम्पनी की हानि ही। जोखिम के चुनाव के लिए निम्न प्रपत्रों की आवश्यकता पड़ती है—

(1) प्रस्ताव प्रपत्र

(2) व्यक्तिगत विवरण

(3) अभिकर्ता की गुप्त सूचना

(4) निरीक्षण सूचना

(5) चिकित्सा परीक्षक की सूचना

(6) निर्देश्य व्यक्ति का प्रतिवेदन

(7) मित्रों की सूचना

प्रस्ताव प्रपत्र—इसमें प्रस्तावक अपने जीवन सम्बन्धी सूचनाओं को लिखता है क्योंकि यह प्रसंविदा का आधार है। यह प्रपत्र बीमाकर्ता से मुफ्त प्राप्त किया जाता है और उसमें पूछे गये प्रश्नों का उत्तर पूर्ण और सही सही होना चाहिए, जिससे बीमाकर्ता आसानी से यह समझ सके कि वह बीमायोग्य है या नहीं। कभी-कभी प्रस्तावक स्वयं प्रस्ताव पत्र को नहीं भरते, वे अभिकर्ता द्वारा उसे भरवा लेते हैं। ऐसी दशा में गलती होने पर प्रस्तावक व्यक्तिगत रूप से जिम्मेदार होगा क्योंकि अभिकर्ता का कार्य प्रस्ताव प्रपत्र भरना नहीं है और न कोई प्रश्न पूछने का अधिकार है। यदि वह इसके अतिरिक्त कार्य करता है तो वह व्यक्तिगत रूप से जिम्मेदार होगा, बीमाकर्ता का इसमें कोई दायित्व नहीं होगा।

प्रस्ताव प्रपत्र की पूरी सूचनाएँ बीमा कम्पनी के सम्मुख संविदा निश्चित करने के लिये मूल आधार हैं। इन्हीं के आधार पर प्रसंविदा की शर्तें निश्चित की जाती हैं। यदि प्रश्न का उत्तर प्रस्तावक ने गलत दिया तो इसका प्रसंविदा पर घातक प्रभाव पड़ सकता है। इसके लिए प्रस्तावक को अन्त में यह घोषणा देनी होती है कि सभी उत्तर पूर्ण और सत्य हैं। इसमें महत्वपूर्ण सूचनाओं में से आयु की सूचना है जिसे किसी भी समय दिया जा सकता है परन्तु अब यह तय किया गया है कि प्रस्ताव के समय ही आयु प्रमाणित हो जानी चाहिए जिससे बाद में विवाद उत्पन्न न हो सके। प्रसंविदा के लिये यह प्रस्ताव प्रपत्र समाश्वासन और प्रतिवेदन के रूप में प्रयोग होता है। प्रतिज्ञाओं का पालन और तथ्यों को बताने सम्बन्धी विवरण समाश्वासन होते हैं अतः उनका अक्षरशः पालन होना चाहिए।

प्रस्ताव पत्र में निम्नलिखित सूचनाएँ मुख्य रूप से लिखी रहती हैं—

(1) प्रस्तावक का नाम, पता, राष्ट्रीयता और पेशा; पिता तथा नियोक्ता का नाम और सेवावधि।

(2) बीमा योजना, तालिका नम्बर, उम्र, बीमित रकम तथा प्रव्याजि भुगतान के तरीके।

(3) जन्म तिथि एवं जन्म स्थान तथा उम्र का प्रमाणपत्र।

(4) निक्षेप (deposit) की रकम तथा जमाकर्ता के नाम।

(5) बीमा का उद्देश्य, यदि सम्पदाकर, विवाहित स्त्री सम्पत्ति बीमा या आश्रित लड़कियों के विवाह का उद्देश्य है तो उसके लिए एक अलग से पूर्ण सूचना दी जाती है।

(6) नामांकन की दशा में नामांकिकी के नाम, पता, उम्र और उससे सम्बन्ध, अवयस्क नामांकिकी की दशा में बीमित रकम प्राप्तकर्ता का नाम, पता, सम्बन्ध और उम्र।

(7) यदि बीमा खण्डित हो चुका है तो उसकी सूचना, अन्य प्रस्ताव की सूचना।

(8) दूसरे बीमापत्र की संख्या, रकम, योजना निर्गमन की तिथि तथा प्रव्याजि की रकम।

(9) अन्य किसी प्रस्ताव या नवीकरण की स्वीकृति या अस्वीकृति और उसका कारण।

(10) किसी जोखिमपूर्ण व्यवसाय या सेवा, जल, वायु, या स्थल सेना में भर्ती होने का विचार।

(11) द्विगुणित दुर्घटना लाभ या सम्मिलित द्विगुणित दुर्घटना लाभ और विस्तृत स्थायी अयोग्यता लाभ प्राप्त करने की इच्छा।

स्त्रियों से अतिरिक्त सूचना

उपरोक्त सूचनाओं के अतिरिक्त स्त्री प्रस्तावक से निम्न सूचनाएँ प्राप्त की जाती हैं—

(12) (अ) क्या आप लिख या / और पढ़ सकती हैं? (ब) शैक्षणिक योग्यता।

(13) क्या आप अपनी कोई स्वतन्त्र आय रखती हैं । यदि हाँ तो, आय का साधन और औसत मासिक आय। क्या आप आयकर देती हैं?

(14) यदि आप विवाहित हैं तो पति का नाम, पेशा, औसत मासिक आय, उसके बीमा की राशि संख्या और बीमापत्र का प्रकार तथा स्थिति।

घोषण-पत्र

अन्त में प्रस्तावक को यह घोषित करना पड़ता है कि उपरोक्त कथन हर दशा में सही है और घोषित करता है कि यह प्रपत्र और अन्य कथन जो चिकित्सा परीक्षक के सामने करने हैं प्रस्तावक और बीमा निगम के बीच प्रसंविदा का आधार होगा और यदि असत्य निकले तो प्रसंविदा पूर्णतया व्यर्थ और रद्द हो जायेगा तथा सभी दी गयी प्रव्याजि जीवन बीमा निगम जब्त कर सकता है।

प्रस्ताव करने की तिथि से और स्वीकृति के समय (प्रथम प्रव्याजि प्राप्ति या स्वीकृति पत्र निर्गमन जो भी बाद में हो) तक होने वाले पेशे, वित्तीय स्थिति या स्वास्थ्य में परिवर्तन या अन्य प्रस्तावक की स्वीकृति या जल, स्थल पर वायु सेना में भर्ती हो जाने पर जीवन बीमा निगम को सूचित किया जायेगा अन्यथा दी गयी प्रव्याजि जब्त कर ली जायेगी।

इसके बाद प्रस्तावक के हस्ताक्षर किसी साक्षी के सामने किये जाते हैं।

गैर-चिकित्सा प्रस्ताव प्रपत्र
(Non-Medical Proposal Form)

उपरोक्त सूचनाओं के अतिरिक्त निम्न सूचनाएँ गैर चिकित्सा प्रस्ताव प्रपत्र में और देने होते हैं—

(1) **पारिवारिक इतिहास**—जिसमें माता, पिता, भाई, बहिन, स्त्री, बच्चों के स्वास्थ्य के विषय में मृत्यु और आयु के सम्बन्ध में, बीमारी तथा उसके कारण।

(2) किसी सम्बन्धी या पारिवारिक व्यक्ति के पागलपन, कुष्ठ, क्षयरोग, कैंसर, मधुमेह और अन्य पारिवारिक बीमारियों की सूचना।

(3) प्रस्तावक के सामान्य स्वास्थ्य की सूचना, शारीरिक गठन, वजन और अयोग्यता। पिछले 5 वर्षों में चिकित्सक से ली गयी सहायता।

(4) चेचक के टीके का प्रभाव या चेचक होने का प्रस्ताव।

(5) नशे का प्रभाव, नशे का प्रकार एवं आदत।

(6) अन्य घातक बीमारियों से पीड़ित होने का समय, अवधि एवं प्रकार जैसे पागलपन, लकवा, दिमागी बीमारी, यक्ष्मा, तपेदिक, मूर्च्छा, हृदयगत बीमारी, हैजा, पीलिया, लिंग एवं गुर्दे की बीमारियाँ, मलेरिया, मियादी बुखार, कालाजार आदि।

(7) पेशाब के साथ मधु, रक्त, मवाद और अल्बुमेन निर्गत होना।

(8) किसी बीमारी या चोट के कारण हुए आपरेशन। प्रस्ताव के 2 वर्ष पहले बीमारी के कारण अनुपस्थिति, एक्सरे या कार्डियोग्राम का परीक्षण आदि।

(9) प्रस्ताव के 5 वर्ष पहले चिकित्सा सलाह या सहायता के सम्बन्ध में चिकित्सक के नाम और पते।

(10) वर्तमान स्वास्थ्य स्थिति, चिकित्सा छुट्टी का ब्यौरा आदि।

(11) ऊँचाई, वजन, वजन में वृद्धि एवं कमी।

(12) आँत उतरने की बीमारी और पट्टे का प्रयोग, दाँत का न होना या पायरिया की बीमारी।

(13) वर्तमान नियोक्ता के नाम और पते तथा सेवावधि, पूर्व नियोक्ता के नाम एवं पते।

इसके अतिरिक्त घोषणा पूर्ववत् ही है।

बिना स्वास्थ्य परीक्षा योजनाएँ
(Non-Medical Examination Plans)

भारत में बिना स्वास्थ्य परीक्षा की दो योजनाएँ—(i) विशेष (Special) और (ii) सामान्य (General) प्रचलन में हैं।

(i) बिना स्वास्थ्य परीक्षा योजनाएँ (विशेष)—यह बीमापत्र निम्नलिखित व्यक्तियों को निर्गमित किये जा सकते हैं—

(1) पुरुष जो शिक्षित हों और जिनकी आयु निकटतम जन्म दिन पर 45 वर्ष से अधिक न हो। अवयस्कों को ऐसी पॉलिसियाँ जारी नहीं की जा सकती हैं।

(2) प्रस्तावित जीवन किसी राजकीय कार्यालय, अर्द्ध राजकीय कार्यालय जैसे नगरपालिकायें, जिला परिषदें, स्थानीय परिषदें या उनके द्वारा संचालित विद्यालय, अस्पताल या राज्यनिगम, राजकीय औद्योगिक प्रतिष्ठान या सार्वजनिक सीमित कम्पनियाँ या प्रसिद्ध व्यापारिक संस्थान जो छुट्टियों का सही-सही लेखा रखते हों या अन्य निजी औद्योगिक प्रतिष्ठान में कार्यरत हों और स्थायी हों।

(3) सेना के कमीशन प्राप्त अधिकारी जिनकी आयु निकटतम जन्म दिन पर 45 वर्ष से अधिक न हो।

(4) ये कर्मचारी कम से कम एक वर्ष नौकरी कर चुके हों।

(5) सीमित भुगतान जीवन बीमा, बन्दोबस्ती, बीमा, दुगुना बन्दोबस्ती बीमा, विवाह बन्दोबस्ती बीमा, शिक्षा-वृत्ति बीमा, गारन्टीयुक्त त्रिविध लाभकारी बीमा, सीमित भुगतान बन्दोबस्ती बीमा और समृद्धि अनुरूप संरक्षण बीमापत्र, प्रत्यासित अवधि धनागम बीमापत्र (Money Back Policy) के अन्तर्गत ही यह सुविधा उपलब्ध ।

(6) इसके अन्तर्गत पुरुषों के लिए बीमा-राशि 10,000 रु० से बढ़ाकर 20,000 रुपये और महिलाओं के लिए 5,000 रुपये से बढ़ाकर 10,000 रुपये कर दी गई है। सेना के कमीशन प्राप्त अधिकारी जो ए-1 श्रेणी में आते हैं। उनके लिए बीमा 20,000 से बढ़ाकर 40,000 रु० कर दी गयी है।

(ii) **बिना स्वास्थ्य परीक्षा (सामान्य)**—ये उन व्यक्तियों को निर्गमित की जाती हैं जो निम्न शर्तों को पूरा करते हैं—

(1) पुरुष जिनकी आयु निकटतर जन्मदिन पर 40 वर्षों से अधिक न हो। (अवयस्कों को ऐसे बीमापत्र निर्गमित नहीं किये जायेंगे)।

(2) यदि आयु प्रमाण में घोषणा-पत्र के अलावा अन्य प्रमाण नहीं प्रस्तुत किया जा सकता है तो आयु 35 वर्ष से अधिक न होनी चाहिए।

(3) बीमा-पत्र की अवधि अधिकतम 25 वर्ष हो सकती है।

(4) इसमें प्रव्याजि देने की या पूर्णावधि की अधिकतम आयु निकटतर जन्म 60 वर्ष तक है।

(5) बन्दोबस्ती बीमा, दुगुना बन्दोबस्ती बीमा, विवाह बन्दोबस्ती बीमा, शिक्षा वृत्ति बीमा, प्रत्यासित बन्दोबस्ती बीमा, सीमित भुगतान बन्दोबस्ती बीमा में यह योजना लागू होती है।

(6) बिना स्वास्थ्य परीक्षा (सामान्य) के अन्तर्गत जो केवल पुरुषों के लिए है अधिकतम बीमा राशि की सीमा 5,000 रु० से बढ़ाकर 7,500 रु० कर दी गयी है।

(1) दूसरे के जीवन में प्रस्ताव—उपरोक्त सूचनाएँ तब दी जाती हैं जब प्रस्तावक अपने जीवन में बीमा लेता है। परन्तु इसके अतिरिक्त दूसरे के जीवन में निम्न सूचनाएँ और आवश्यक हैं।

(1) बीमित व्यक्ति का नाम, पता, पेशा, मनुष्य जाति (Sex), राष्ट्रीयता, उसके पिता का नाम व पता।

(2) बीमित व्यक्ति की जन्म तिथि और जन्म स्थान।

(3) संतान विलम्बित बीमा में जोखिम प्रारम्भ होने की शर्त, उम्र का प्रमाण पत्र।

(4) प्रव्याजि मुक्ति लाभ का प्रारम्भ और उसके लिए उम्र का प्रमाण-पत्र।

(5) स्त्रियों के बीमा में उनकी शिक्षा, स्वास्थ्य, औसत मासिक आय, आय-कर आदि, विवाहित स्त्रियों के लिए पति का नाम, पेशा, बीमा और औसत आय।

इस अतिरिक्त बीमित व्यक्ति की अनुमति हस्ताक्षर प्राप्त करके प्रस्ताव की पूर्णता और सत्यता को प्रमाणित करना होता है।

(2) व्यक्तिगत विवरण—प्रस्ताव प्रपत्र देने के साथ व्यक्तिगत विवरण देना आवश्यक है जिसके लिए भी एक निर्धारित प्रपत्र है। इस प्रपत्र को बीमित व्यक्ति स्वयं या अभिकर्ता या विकास अधिकारी (Development Officer) उसके उत्तर पर भर सकते हैं।

व्यक्तिगत विवरण में निम्नलिखित सूचनाएँ दी जाती हैं—

(1) नाम, पेशा, निकटतम उम्र, विवाहित।

(2) पारिवारिक इतिहास—जिसमें माता, पिता, भाई, बहिन, स्त्री या बच्चे के स्वास्थ्य, उम्र, मृत्यु वर्ष, मृत्यु के समय आयु और मृत्यु का कारण।

(3) किसी सम्बन्धी और पारिवारिक व्यक्ति के पागलपन, मूर्छा, यक्ष्मा, तपेदिक, क्षयरोग, कैंसर, कुष्ठ, मधुमेह आदि पारिवारिक बीमारी।

(4) सामान्य स्वास्थ्य, शारीरिक कमजोरी या अयोग्यता, वजन का घटना और बढ़ना, पिछले 5 वर्षों में चिकित्सक की सलाह।

(5) नशे आदि का प्रयोग और प्रभाव व आदत।

(6) कुछ घातक बीमारियों की सूचना—जैसे मूर्छा, लकवा, यक्ष्मा, श्वास, दमा, कैंसर, कुष्ठ, मलेरिया आदि तथा पिछले 5 वर्षों के अन्दर कोई बीमारी।

(7) पेशाब से रक्त, मवाद, चीनी या अल्बूमेन का जाना।

(8) दुर्घटना और बीमारी के कारण आपरेशन, पिछले दो वर्षों में स्वास्थ्य के कारण कार्य से अनुपस्थिति रहना, बीमारी के कारण स्थान परिवर्तन।

(9) एक्स-रे, कार्डियोग्राम का परीक्षण या अन्य चिकित्सा परीक्षण।

(10) नियमित सलाह देने वाले चिकित्सक का नाम और पता।

(11) स्त्रियों के लिए पर्दा-पद्धति, माहवारी की नियमितता, गर्भधारण की कुल संख्या तथा सफल पूर्ण गर्भ की संख्या, वर्तमान स्थिति आदि।

व्यक्तिगत प्रपत्र को चिकित्सा परीक्षण प्रमाणित करता है, यदि यह चिकित्सा परीक्षण पर निर्गमित हो रहा है। यदि एजेन्ट या विकास अधिकारी ने यह प्रपत्र लिखा है तो उसको भी प्रमाणित करना पड़ता है। प्रस्तावक द्वारा दिये गये उत्तर भी प्रस्ताव प्रपत्र की भाँति प्रसंविदा के आधार होते हैं और उसमें भी यह पूर्णता और सत्यता को प्रमाणित करना पड़ता है।

(3) अभिकर्ता की गुप्त सूचना—प्रत्येक प्रस्ताव के साथ अभिकर्ता को एक गुप्त सूचना देनी पड़ती है। इसका उद्देश्य यह होता है कि प्रस्तावक की मासिक आय, आय का साधन और स्वास्थ्य की सामान्य स्थिति की गुप्त सूचना प्राप्त करना है। अभिकर्ता को उन तमाम सूचनाओं को भी देना चाहिए जिनसे बीमित व्यक्ति के सम्बन्ध में जोखिम में वृद्धि होती है। यदि अभिकर्ता के जीवन में या उसके सम्बन्धियों के जीवन में प्रस्ताव किया जाता है तो यह सूचना विकास अधिकारी को देना चाहिए। इस सूचना में अभिकर्ता का प्रस्तावक से परिचय का समय, सम्बन्ध या परिचय की अवधि, बीमित व्यक्ति की पहचान, निगम के चिकित्सा परीक्षक का नाम, प्रस्तावक की औसत मासिक आय, प्रस्ताव के नियोक्ता का नाम, प्रस्तावक का सामान्य स्वास्थ्य (लम्बा, छोटा, पतला, मजबूत, अयोग्यता, विलक्षणता आदि), अभिकर्ता की हैसियत के अतिरिक्त अन्य किसी प्रकार का सम्बन्ध, प्रस्तावक के पेशे, वित्तीय या सामाजिक पद का परिचय तथा एजेन्ट की अनुमति आदि शामिल रहते हैं और उसे इसकी सत्यता और पूर्णता की घोषणा करनी पड़ती है।

इस प्रकार अभिकर्ता प्रस्तावक के स्वास्थ्य, चरित्र, आदत, आय, प्रव्याजि देने की योग्यता, प्रव्याजि देने वाले व्यक्ति का नाम और उसकी आय तथा जोखिम की मात्रा आदि की सूचनाएँ देता है। इस प्रकार ये सूचनाएँ जोखिम के अनुमान लगाने में काफी सहायक सिद्ध होती हैं।

(4) निरीक्षण सूचना—जब बीमा की राशि एक निश्चित रकम, प्राय: 25,000 रुपये (स्त्रियों के सम्बन्ध में 10,000 रुपये) से अधिक हो तो विकास अधिकारी या शाखा

प्रबन्धक से प्रस्तावक की आय, स्वास्थ्य, आदत और चरित्र आदि पर सूचना प्राप्त की जा सकती है। यदि एजेन्ट की सूचना न मिल सके तो भी इन व्यक्तियों की सूचना आवश्यक है। यदि प्रस्तावक बहुत अधिक रकम का बीमा कराता है तो इससे उच्च अधिकारी की अनुमति ली जा सकती है। नैतिक जोखिम के सम्बन्ध में भी उच्च अधिकारी की सूचना आवश्यक है। जब किसी प्रस्ताव पर विकास अधिकारी या शाखा प्रबन्धक अपने विचार नहीं दे पाते हैं तो वह विभागीय कार्यालय और बाद में क्षेत्रीय कार्यालय द्वारा तय किया जाता है।

(5) चिकित्सा परीक्षक की सूचना—चिकित्सा परीक्षण बीमा में चिकित्सा परीक्षक अपनी सूचना देता है। यह सूचना चिकित्सा परीक्षण के बाद ही दी जाती है। इसके लिए एक प्रपत्र होता है जिसमें चिकित्सक को सूचना देनी पड़ती है। इस सूचना के दो भाग होते हैं—(1) परिचयात्मक (2) स्वास्थ्य-सम्बन्धी। पहले भाग में चिकित्सक का प्रस्तावक से व्यक्तिगत परिचय, उससे संतुष्टि, पहचानने योग्य लक्षण, व्यक्तित्व, अनुमानित आयु, स्वास्थ्य और भौतिक विकास,गम्भीर या चिड़चिड़े स्वभाव, चेचक के दाग, चेचक का टीका, कोई अयोग्यता, सीने और पेट की चौड़ाई, ऊँचाई,वजन आदि सूचनाएँ शामिल रहती हैं। दूसरे भाग में शरीर के बाह्य और आन्तरिक अंगों की दशा जैसे दाँत, मसूड़े, जीभ, आँखें, कान, सीने, हृदय, पाचन शक्ति, नाड़ी आदि सम्बन्धी सूचनाएँ। दाँत टूटे या नहीं, पायरिया के रोग, कृत्रिम दाँत, आँखों की ज्योति, सीने की चौड़ाई और सुगठन, हृदय की गति, रक्तचाप, पाचन शक्ति की स्थिति आदि प्रमुख सूचनाएँ प्राप्त की जाती हैं। इनके अतिरिक्त विशेष रूप से पेशाब और लिंग सम्बन्धी बीमारियों, आपरेशन, नाड़ियों की स्थिति, एक्स-रे या कार्डियोग्राम की सूचना प्राप्त की जाती है। स्त्रियों का परीक्षण काफी गहराई से किया जाता है क्योंकि नैतिक और भौतिक जोखिम की ज्यादा आशंका रहती है।

चिकित्सा से कुछ ऐसी भी सूचनाएँ प्राप्त की जाती हैं जो प्रस्तावक की जोखिम को बढ़ाने वाली होती हैं। चिकित्सा परीक्षण पर काफी बल दिया जाता है और इसी के आधार पर किसी व्यक्ति की बीमा योग्यता का पता लगता है।

(6) निर्देश्य व्यक्ति का प्रतिवेदन—बीमाकर्ता कुछ व्यक्तियों को निर्देश्य के रूप में पूछ सकते हैं और उनसे सूचनाएँ प्राप्त की जाती हैं। ये व्यक्ति पड़ोसी, नियोक्ता, बैंक, व्यापारिक साथी या अन्य कोई व्यक्ति हो सकता है।

(7) मित्रों की सूचना—मित्रों की सूचना काफी महत्त्वपूर्ण हो सकती है क्योंकि वह प्रस्तावक की आय, आदत और स्वास्थ्य से भलीभाँति परिचित है। ये सूचनाएँ पूर्ण गोप्य होती हैं और इनमें गलती आदि के लिए मित्र को दोषी ठहराया जा सकता है।

विभिन्न बीमापत्रों के लिए अलग-अलग प्रस्ताव पत्र जारी किये जाते हैं। उसी के आधार पर प्रस्ताव की स्वीकृति होती है।

जब प्रथम प्रव्याजि का निर्धारण कर लिया जाता है तो उसे एक निश्चत समय में प्रस्तावक बीमाकर्ता को देगा। जिस दिन प्रव्याजि दी जायेगी, स्वीकृति मानी जायेगी। यदि प्रथम प्रव्याजि को प्रस्ताव प्रपत्र के साथ दिया गया है तो जब बीमाकर्ता इसकी सम्पूर्ण जाँच कर स्वीकृति पत्र देता है, स्वीकृति मानी जायेगी। दूसरे शब्दों में जोखिम का प्रारम्भ उस दिन से होता है जब प्रथम प्रव्याजि या स्वीकृति पत्र दोनों में से जो बाद में हो, के देने के बाद जोखिम प्रारम्भ हो जाती है।

जोखिम का चुनाव
(Selection of Risk)

जोखिम का तात्पर्य वित्तीय हानि की अनिश्चितता से है। इसका सम्बन्ध अनिश्चितता से ही है; हानि से या हानि के कारण से इसका कोई सम्बन्ध नहीं है। वास्तविक अनुभव और सम्भावित अनुमान के अनुमानित अन्तर्भेद से जोखिम की मात्रा नापी जाती है। यह अन्तर्भेद संख्या के आधार पर बदलता रहता है। हानि सम्भावना और जोखिम की मात्रा में विपरीत का सम्बन्ध है क्योंकि जोखिम की मात्रा हानि की अनिश्चितता पर निर्भर है। यदि हानि सम्भावना शत-प्रतिशत है तो जोखिम शून्य होगी। हानि से तात्पर्य मूल्य में किसी घटना के कारण अनैच्छिक कमी या समाप्ति से है।

चुनाव का उद्देश्य—(1) बीमा के अन्दर सभी बीमित व्यक्ति जोखिम में हिस्सा बँटाते हैं और सभी के सहयोग पर बीमा कोष तैयार किया जाता है। इस कोष का प्रयोग जोखिम को पूरा करने के लिए करते हैं। अत: बीमा के इस कोष में प्रत्येक बीमित व्यक्ति को अपने जोखिम की मात्रा के अनुसार अंशदान देना चाहिए। उसी के द्वारा प्रत्येक व्यक्ति की जोखिम का अनुमान लगाया जाता है। अत: प्रत्येक व्यक्ति के जोखिम का चुनाव किया जाता है।

(2) जोखिम का चुनाव इसलिए आवश्यक है कि बीमाकर्ता बीमापत्र निर्गमन के लिये सामान्य प्रव्याजि निर्धारित किये रहता है और उसे यह तय करना होता है कि बीमा-पत्र को उस सामान्य प्रव्याजि पर बीमा बेचा जाये या नहीं। इसको निश्चित करने के लिए बीमाकर्ता को प्रत्येक बीमापत्र की जोखिम को समझना अत्यावश्यक है।

(3) यदि बीमाकर्ता ने प्रव्याजि की कई दरें स्थापित की हैं तो चुनाव ही पर्याप्त नहीं होगा बल्कि उसके अनुसार प्रव्याजि लेना होगा।

(4) प्रव्याजि निर्धारण के अतिरिक्त बीमा-पत्र के जोखिम की मात्रा तय करना इसलिए आवश्यक है कि उसे बीमा बेचा जाये या नहीं, और बेचा जाये तो किस प्रव्याजि पर और अतिरिक्त प्रव्याजि ली जाये तो कितनी। यह सब बीमापत्र की जोखिम की मात्रा पर आधारित है।

(5) विभिन्न जोखिम पर यदि अलग-अलग प्रव्याजि नहीं ली जाती है तो यह और अवैज्ञानिक और अन्यायपूर्ण होगा। अधिक जोखिम पर कम और कम जोखिम पर अधिक या उतनी ही प्रव्याजि लेना व्यापार के लिए भी अहितकर होगा। इसलिये इन हानियों को बचाने के लिए जोखिम का निर्धारण, चुनाव और वर्गीकरण आवश्यक है। लेकिन इसका यह मतलब नहीं कि प्रत्येक व्यक्ति के लिए अलग-अलग प्रव्याजि दर हो। ऐसा न तो आवश्यक है और न सम्भव है। अत: यह किया जाता है कि जोखिम के दो चार वर्ग मुख्य-मुख्य रूप से कर लिये जाते हैं।

(6) विपरीत चुनाव को रोकने के लिए जोखिम का चुनाव आवश्यक है क्योंकि कुछ ऐसी जोखिम होगी जिनकी औसत रूप से अधिक संख्या में भी बीमित करने पर जोखिम में कमी नहीं आती बल्कि वहाँ जोखिम और बढ़ जाती है। जैसे वृद्धावस्था या घातक बीमारी में जोखिम बहुत बढ़ जायेगी और उन पर ली जाने वाली प्रव्याजि भी परिणाम स्वरूप बढ़ जायेगी, यद्यपि इस बढ़ी हुई प्रव्याजि को मृत्यु के सन्निकट व्यक्ति देने को तैयार होंगे तथापि बीमा कम्पनी की हानियों को बचाने के लिए उसका बीमा नहीं किया जाता है। अत: इन व्यक्तियों की जोखिम का मूल्यांकन अत्यावश्यक है।

(7) यदि जोखिम का चुनाव न किया जाय तो बीमा अयोग्य व्यक्ति भी बीमित होंगे जिससे मृत्यु दर में वृद्धि होगी। परिणामस्वरूप प्रव्याजि में वृद्धि होगी जिससे बीमा व्यापार को क्षति पहुँचेगी।

जोखिम को प्रभावित करने वाले तत्व

जोखिम की मात्रा निर्धारित करने के लिए उसको प्रभावित करने वाले तत्वों को जानना आवश्यक है। इन्हीं तत्वों का विश्लेषण करके किसी बीमापत्र (Prospect) की जोखिम तय की जाती है। इन तत्वों को तीन भागों में बाँटा जाता है—

(1) भौतिक जोखिम (Physical Hazard); (2) नैतिक जोखिम (Moral Hazard) और (3) बीमा योजना।

भौतिक जोखिम

भौतिक जोखिम से आशय उस जोखिम से है जो बीमापात्र की मृत्यु दर को स्वत: और स्वाभाविक रूप से प्रभावित करती हैं। इनको बीमापात्र जानबूझ कर उत्पन्न नहीं करता। स्वास्थ्य पर इसका प्रत्यक्ष प्रभाव पड़ता है। इनको प्रभावित करने वाले कुछ तत्वों का वर्णन नीचे किया गया है।

(1) उम्र—मृत्यु दर को प्रभावित करने वाले तत्त्वों में उम्र सबसे महत्वपूर्ण है। बचपन के कुछ वर्षों को छोड़कर जैसे-जैसे उम्र बढ़ती जाती है वैसे-वैसे मृत्यु दर बढ़ती जाती है; शरीर कमजोरी और बीमारी को सहने के अयोग्य होता है। उम्र के इस अचूक प्रभाव के कारण प्रत्येक व्यक्ति की उसके आधार पर प्रव्याजि निश्चित की जाती है। इसी कारण उम्र का प्रमाणपत्र देना अत्यावश्यक है। यदि बीमापत्र निर्गमन के समय यह प्रमाण न मिल सके तो इसे अध्यर्थन के समय देना बहुत जरूरी है। यदि उम्र में गलत वर्णन सिद्ध होता है तो सही प्रमाण के आधार पर प्रव्याजि में समन्वय किया जाता है। सुविधा के लिये और तात्कालिक वृत्ति में प्रसंविदा के समय उम्र का प्रमाणपत्र आवश्यक है।

इसी कारण विभिन्न बीमापत्रों के लिए उम्र की अधिकतम सीमा निश्चित की गयी है। उस सीमा के बाद जोखिम की मात्रा में अत्यधिक वृद्धि के कारण बीमा बेचना हानिकारक होगा। जीवन बीमा निगम में यह उम्र विभिन्न बीमापत्रों के लिए 40 वर्ष से लेकर 60 वर्ष है, उसके बाद नहीं बेचा जायेगा। वृत्ति के सम्बन्ध में यह उम्र 75 वर्ष तक है।

उम्र के निर्धारण में निकटतम उम्र ली जाती है। उम्र 6 माह आगे पीछे के आधार पर निकटतम बनाई जाती है। न्यूनतम उम्र को ही चुनाव में स्थान दिया जाता है क्योंकि एक उम्र के नीचे जोखिम की अधिकता रहती है। यह उम्र जीवन बीमा निगम में 15 वर्ष रखी गयी है। इससे कम उम्र के बीमापात्रों को केवल संतान बिलम्बित बीमा के अन्दर ही शामिल किया जाता है जिसके अन्दर भी कम से कम 1 वर्ष की उम्र होनी चाहिए। यह शिशु मृत्यु को बचाने के लिए किया गया है। अधिकतम उम्र के बाद वाले व्यक्तियों के सम्बन्ध में अलग से प्रव्याजि कम संख्या होने के कारण नहीं निश्चित की जा सकती, प्रशासनिक खर्चे अधिक होंगे तथा मृत्यु दर में वृद्धि होगी।

उम्र का प्रमाणपत्र प्रस्ताव के समय तब बहुत आवश्यक होगा जब उम्र 20 से कम और 50 वर्ष से अधिक है। इसी प्रकार जब उम्र देखने में ज्यादा लगे, संतान विलम्बित बीमा, वृत्ति (Annuity) और बहुउद्देशीय बीमापत्र में उम्र प्रमाण उस समय अत्यावश्यक है।

(2) स्त्री पुरुष भेद—यद्यपि स्त्री और पुरुषों की मरण दर में विशेष अन्तर नहीं है तथापि उनकी मृत्यु दरों में कुछ कारणों से अन्तर देखा गया है और जब तक ये कारण मौजूद रहते हैं स्त्रियों की जोखिम अधिक रहती है। पहला कारण मातृत्व का है लेकिन स्त्री चिकित्सा में वृद्धि होने के कारण जोखिम में कुछ कमी आई है। जहाँ पर आज भी ये सुविधाएँ उपलब्ध नहीं हैं, स्त्रियों के गर्भधारण एक महत्त्वपूर्ण जोखिम बन गये हैं। दूसरा कारण उनकी भौतिक जोखिम के सही मूल्यांकन न हो पाने की है। पर्दा पद्धति को मानने वाली स्त्रियों का चिकित्सा परीक्षण नहीं हो पाता। स्त्री चिकित्सक के अभाव में पुरुष चिकित्सक पूर्ण रूप से परीक्षण नहीं कर पाते हैं। लेकिन इन बातों में अब कमी पाई जा रही है। इन बातों के अतिरिक्त यदि स्त्रियाँ मातृत्व उम्र को पार कर जाती हैं और उनका स्वास्थ्य ठीक रहता है तो उनकी मरण दर पुरुषों की तुलना में कम होती है।

जोखिम का निर्धारण उनकी आवश्यकता, आय और बीमा की उपयोगिता को देखते हुए किया जाता है। उनके द्वारा प्राय: बहुत से प्रश्नों का उत्तर नहीं दिया जाता है जैसे नशे की आदत, प्रजनन अंगों का आपरेशन आदि।

(3) जाति और राष्ट्रीयता—मनुष्य जातियों में से कुछ जातियाँ ऐसी हैं जिनकी मृत्यु दर दूसरी जातियों की अपेक्षा अधिक होती है। उनके शारीरिक गठन में इस प्रकार के तत्त्व रहते हैं जिससे वे औसतन कुछ अधिक समय तक जीवित रहते हैं।

कुछ देशों के निवासी दूसरे देशों के निवासियों की तुलना में अधिक दिन तक जीवित रहते हैं, उनका स्वास्थ्य प्राय: ठीक रहता है। जैसे भारत के निवासी इंग्लैंड के निवासी की तुलना में कम दिन तक जीवित रहते हैं। राष्ट्रीयता में जलवायु, अक्षांश-देशांतर रेखाएँ, समुद्र से दूरी, पहाड़ों से सम्बन्ध आदि मृतकता को प्रभावित करते हैं।

(4) व्यवसाय—बीमापात्र किस प्रकार के व्यवसाय में है इसको जानना आवश्यक है क्योंकि कुछ पेशों में जोखिम की मात्रा अधिक होती है। इस कारण कुछ व्यवसायों में काम करने वाले व्यक्तियों को बीमा बिल्कुल नहीं बेचा जाता या उनसे कुछ अतिरिक्त प्रव्याजि ली जाती है। यह जोखिम कई कारणों से व्यवसाय से संबंधित है। प्रथम कारण जोखिम पूर्ण पेशे से दुर्घटना के समय चोट, जख्म या मृत्यु हो सकती है। द्वितीय, व्यवसाय की प्रकृति से कुछ बीमारियाँ उत्पन्न हो जाती हैं जिन्हें व्यावसायिक बीमारी के नाम से पुकारा जाता है। तृतीय, नशेबाजी, मादकता और अन्य सामाजिक बुराइयाँ श्रमिकों के एक साथ रहने पर उत्पन्न हो जाती हैं जिन्हें सामाजिक जोखिम कहते हैं। इसके अतिरिक्त कुछ पेशों की प्रकृति के कारण व्यावसायिक बीमारियाँ उत्पन्न हो जाती हैं। कुछ व्यवसायों में अस्वस्थ वातावरण और दशाएँ रहती हैं। वित्तीय और व्यावसायिक चिन्ता भी स्वास्थ्य को प्रभावित करती है।

नये व्यवसाय के अतिरिक्त पुराने व्यवसाय भी जोखिम को प्रभावित करते हैं क्योंकि उससे व्यावसायिक बीमारियाँ उत्पन्न हो जाती हैं। इस कारण से कभी-कभी व्यावसायिक सूचनाएँ प्राप्त करना आवश्यक हो जाता है। व्यवसाय में खनिज पदार्थ सम्बन्धी गैस और धूल स्वास्थ्य को बहुत ज्यादा प्रभावित करती हैं। सूती कपड़े और कोयला उद्योग में काम करने वाले व्यक्तियों को इसी प्रकार की कठिनाई होती है।

इन्हीं कारणों से कुछ व्यवसायों में संलग्न व्यक्तियों को सामान्य प्रव्याजि से अधिक प्रव्याजि देना होता है। यहाँ तक कि कुछ पेशों में संलग्न व्यक्तियों के बीमा प्रस्ताव को स्वीकार नहीं किया जाता है। जैसे मोटर दौड़ चालक, सर्कस के खिलाड़ी, चलचित्रों में जोखिम पूर्ण पार्ट अदा करने वाले, पर्वतारोहक आदि।

(5) निवास—कुछ स्थान, देश और वातावरण में जोखिम अपेक्षाकृत अधिक होती है, जैसे आर्द्र (damp) और गर्म जलवायु वाले स्थान स्वास्थ्य के लिए अहितकर होते हैं जब कि पहाड़ी स्थान लाभदायक होते हैं। चिकित्सा की उपलब्ध सुविधाओं के कारण निवास स्थान के प्रभाव को कम किया जाने लगा है। पूर्व निवास स्थान की सूचना जोखिम निर्धारण में काफी सहायता देती है।

वर्तमान तथा भविष्य के निवास स्थान जोखिम को महत्त्वपूर्ण ढंग से प्रभावित करते हैं। उष्ण कटिबन्ध में रहने वाले या वहाँ यात्रा करने वाले व्यक्तियों की सूचना आवश्यक होगी।

विभिन्न देशों की जलवायु, रहन-सहन का स्तर, स्वास्थ्यकारी दशाएँ, चिकित्सा सुविधाएँ, राजनैतिक अशान्ति आदि मृत्यु दर को प्रभावित करती हैं। विदेशी यात्रा करने वाले व्यक्तियों को बिना किसी प्रतिबन्ध के बीमापत्र जारी किये जा सकते हैं बशर्ते उसका इरादा उष्ण कटिबन्ध में यात्रा करने का न हो।

(6) वातावरण—बीमापत्र की जोखिम वातावरण के आधार पर भी प्रभावित होती है। यह सामाजिक, आर्थिक और नैतिक वातावरण हो सकता है। व्यवसाय के वातावरण का प्रभाव अत्यधिक पड़ता है, क्योंकि उससे रहन-सहन का स्तर प्रभावित होता है, परिणामस्वरूप उसके स्वास्थ्य पर भी प्रभाव पड़ता है। वातावरण का प्रभाव शिक्षा, आय और व्यय पर भी पड़ता है जिससे उसके स्वास्थ्य, विचारधारा और पारिवारिक सम्बन्ध प्रभावित होते हैं; परिणाम स्वरूप जोखिम पर भी प्रभाव पड़ता है।

(7) आदत—आदतों के आधार पर भी स्वास्थ्य प्रभावित होते हैं, नशीली वस्तुओं का सेवन करने वाला अस्वस्थ होगा। अधिक धूम्रपान करने वाला व्यक्ति कैंसर या धूम्र विष का शिकार बन सकता है। धूम्रपान का नशा ताम्बूल के आदी व्यक्ति इसे त्यागने में अपने को असमर्थ पाते हैं। दवाइयों के आदी व्यक्तियों का स्वास्थ्य खराब हो सकता है। यहाँ पर इन आदतों से यदा-कदा प्रभावित व्यक्ति नहीं शामिल किये जा रहे हैं लेकिन यदि यह नशेबाजी गम्भीर आदत में बदल गई है तो उसका प्रस्ताव बहुत सोच-समझ कर किया जाता है।

(8) नैतिकता—प्राय: लोग नैतिकता को बीमा के लिए प्रभावशाली नहीं समझते, लेकिन एक निर्धारित नैतिकता से विचलित व्यक्ति के स्वास्थ्य में कमी आना स्वाभाविक और व्यावहारिक है। जुए, नशेबाजी में अधिकतम संलग्न व्यक्ति का स्वास्थ्य आवश्यक रूप से गिरेगा क्योंकि ये व्यक्ति अपने स्वास्थ्य पर ज्यादा ध्यान नहीं देते। अनैतिकता के कारण हिंसा को प्रोत्साहन मिलता है जो मृतक दर को प्रभावित करेंगे।

(9) आर्थिक स्तर—विधान की दृष्टि से प्रत्येक बीमापात्र का असीमित हित है परन्तु असीमित हित का बीमा नहीं किया जा सकता। यह उसकी आवश्यकता और प्रव्याजि भुगतान पर आधारित है। अतएव बीमापात्र की आर्थिक स्थिति, पारिवारिक योग्यता, आवश्यकता और शिक्षा आदि पर उसके बीमा की रकम का निर्धारण किया जाता है जिसमें आर्थिक स्थिति मुख्य स्थान रखती है। आर्थिक स्थिति का निर्णय किये बिना बीमा के खंडन प्राय: दिखाई पड़ेंगे और प्रव्याजि का भुगतान न कर सकने में बीमाकर्ता की आर्थिक हानि होगी।

(10) सेना में संलग्नता—वायु, जल और स्थल सेना में संलग्न व्यक्तियों का बीमा शर्तों पर किया जाता है, क्योंकि इनके आधार पर दुर्घटना की सम्भावना बहुत अधिक रहती है। प्राचीन समय में वायु-यात्रा बहुत ही जोखिम पूर्ण समझी जाती थी, परन्तु अब नये-नये यन्त्रों के आविष्कार से वायु-यात्रा में संलग्न कार्यकर्ताओं का बीमा विशेष शर्तों पर किया

जाने लगा है। अब किसी भी बीमित व्यक्ति को वायुयान से यात्रा करने में प्रतिबन्ध नहीं लगाया गया है। यहाँ तक कि कुछ वायुयानों के चालकों को अतिरिक्त प्रव्याजि नहीं देना होता है। इसी प्रकार सेना में कार्य करने वाले कुछ व्यक्तियों जैसे पैराशूटर, ग्लाइडर आदि को छोड़कर अन्य व्यक्तियों का बीमा सीमित शर्तों के आधार पर किया जाता है।

(11) पारिवारिक इतिहास—पारिवारिक इतिहास के आधार पर जीवन सम्भावना (Longevity) और पैतृक बीमारियों (Hereditary Diseases) का मूल्यांकन किया जाता है। कुछ परिवारों के व्यक्तियों की जीवन सम्भावना बहुत कम होती है। उनके स्वास्थ्य सामान्य स्वास्थ्य से काफी कम होते हैं, उनके शारीरिक गठन और बनावट अधिक क्षीण होते हैं। ऐसी दशाओं में जोखिम की मात्रा बहुत ज्यादा होगी।

कुछ परिवारों में पैतृक बीमारियाँ एक पुश्त से दूसरे पुश्त में बदलती हैं, जैसे कुष्ठ रोग, मिरगी, हृदय रोग, लकवा, उन्माद आदि। ये बीमारियाँ माता तथा पिता के पूर्वजों से सम्बन्ध रखती हैं। इसलिए बीमाकर्ता केवल, माता,पिता, भाई, बहन और सन्तान के स्वास्थ्य को ही नहीं देखते हैं बल्कि मामा और नाना आदि के स्वास्थ्य और बीमारी तथा जीवनावधि देखी जाती है। इन रोगों की चिकित्सा अब सफल होती जा रही है।

(12) व्यक्तिगत इतिहास (Personal History)—व्यक्तिगत इतिहास के अन्तर्गत बीमारी, प्रामाणिक अयोग्यता, शारीरिक गठन, पिछली आदत, पिछले पेशे और बीमा इतिहास को देखा जाता है।

(अ) बीमारियाँ और स्वास्थ्य सूचनाएँ—स्वास्थ्य सूचनाएँ बहुत महत्त्वपूर्ण तत्त्व हैं। इन्हीं के आधार पर यह तय कर लिया जाता है कि स्वास्थ्य परीक्षा की सीमा क्या होगी? पिछली बीमारी, चोट, आपरेशन आदि जोखिम की सम्भावना को बतायेंगे और इन्हीं के आधार पर भविष्य में और जाँच की जायेगी। वर्तमान बीमारी जोखिम को प्रभावित करेगी। इसके लिए उस चिकित्सक की सलाह ली जायेगी जो बीमापात्र की दवा कर रहा है। उन लोगों का बीमा नहीं किया जाता जो अभी बीमार ही हैं। कुछ बीमारियाँ ऐसी हैं जो बाद में अपना प्रभाव छोड़ जाती हैं या जिनके पुनराक्रमण की सम्भावना बनी रही है ऐसी जोखिम का प्रायः बीमा नहीं किया जाता है। कुछ बीमारियाँ अपना प्रभाव नहीं छोड़तीं लेकिन कुछ समय के लिए व्यक्तियों को कमजोर बना देती हैं, ऐसी दशा में बीमा एक निश्चित समय बाद किया जाता है।

(ब) प्रामाणिक अयोग्यता—शरीर के विभिन्न अंगों की सामान्य स्थिति देखना आवश्यक है क्योंकि अंगहीन या क्षत-विक्षत व्यक्तियों को बीमा बेचने पर जोखिम की मात्रा बढ़ जाती है। इसलिए बीमाकर्ता, आँख, कान, हृदय, रक्तवाहिनी, फेफड़े आदि की स्थिति को भली प्रकार जाँचता है। ये तमाम निरीक्षण बीमा चिकित्सक अच्छी प्रकार कर सकते हैं। शरीर के अंग बीमारी,चोट या लकवा से क्षत-विक्षत हो सकते हैं परन्तु उनका प्रभाव जीवनावधि पर पड़ता है। अतएव उनका गहरा निरीक्षण अत्यावश्यक है।

(स) शारीरिक गठन—शारीरिक गठन स्वास्थ्य की अनुपयुक्तता को सिद्ध करते हैं। इसके अन्तर्गत ऊँचाई, वजन, सीने की चौड़ाई और पेट की ऊँचाई आदि की जाँच की जाती है क्योंकि इनमें आपस में एक प्रमाणित सम्बन्ध है। यदि उस सम्बन्ध में कुछ विभिन्नता हुई तो अस्वस्थ शरीर का प्रतीक होगा। बीमाकर्ताओं ने उम्र के आधार पर ऊँचाई के अनुसार वजन को निर्धारित किया है। यदि इस अधिकतम वजन से वजन अधिक है तो वह अधिवजन (Overweight) वाला व्यक्ति होगा। यदि न्यूनतम से कम है तो वह अधोवजन (Overweight) वाला व्यक्ति होगा। ये दोनों दशाएँ बीमा स्तर के प्रतिकूल हैं।

इनका एक उदाहरण नीचे दिया जा रहा है, यह उन व्यक्तियों के लिए है जिनकी आयु 30 वर्ष के सन्निकट है।

न्यूनतम वजन किलोग्राम	34.5	37.0	39.5	42.0	44.5	44.5	50.5	54.0
ऊँचाई (सेन्टीमीटर)	145	150	155	160	165	170	175	180
अधिकतम वजन (किलोग्राम)	59.0	62.5	66.0	70.0	74.5	79.0	83.5	8.85

अधोवजन प्रायः छोटी उम्र और अधिवजन प्रायः बड़ी उम्र में दृष्टिगोचर होता है। अधोवजन से क्षयरोग, रक्तक्षीणता और बीमारियों को दूर करने की अक्षमता प्रतीत होती है। छोटी उम्र में अधिवजन किसी बीमारी का द्योतक नहीं हो सकता है। लेकिन बड़ी उम्र में अधिवजन से रक्तचाप, हृदयरोग, मधुमेह आदि बीमारियों के होने की सम्भावना रहती है।

इसी प्रकार सुसंगठित शरीर में पेट की ऊँचाई, सीने की चौड़ाई से कभी ज्यादा नहीं होनी चाहिए। सीने के फैलाव से स्वस्थ शरीर का अनुमान लगाया जाता है। यदि सीने के फैलाव में कमी है तो इससे हृदय रोग की सम्भावना जानी जा सकती है। शारीरिक गठन को पिछले समय से तुलना करके भी यह तय किया जाता है कि जोखिम की मात्रा और उसमें झुकाव किस दिशा में है।

(द) पिछली आदत—नशीली वस्तुओं के प्रयोग पर स्वास्थ्य का गहरा प्रभाव पड़ता है। क्षयरोग, कैंसर, हृदयरोग कुछ बुरी आदतों के प्रभाव से उत्पन्न हो सकते हैं।

(य) पिछला व्यवसाय—पिछले व्यवसाय का प्रभाव बहुत दिनों तक चल सकता है। कभी-कभी व्यवसाय से मुक्त होने के बाद ये जोखिम सामने आती हैं। अतएव पिछले व्यवसाय को मालूम करके जोखिम का निर्धारण किया जा सकता है।

(र) बीमा इतिहास—बीमित रकम की मात्रा भविष्य में बीमा खरीदने की क्षमता को बताती है। प्रव्याजि देने की शक्ति इसी के आधार पर निश्चित की जाती है। यदि कभी उसके प्रस्ताव को अस्वीकार किया गया हो तो यह किसी जोखिम का कारण हो सकता है।

नैतिक जोखिम

नैतिक जोखिम भौतिक जोखिम से भिन्न है, क्योंकि भौतिक जोखिम स्वाभाविक और अनैच्छिक रूप से उत्पन्न होती है जब कि नैतिक जोखिम में बीमा करा के लाभ प्राप्त करने का मुख्य उद्देश्य रहता है और सुरक्षा इसका आवश्यक उद्देश्य नहीं है। यह जानबूझ कर बीमाकर्ता को धोखा देने का उद्देश्य है। नैतिक जोखिम गलत सूचना, शर्तों का पालन न करना, धोखा देना आदि से उत्पन्न होता है। पारिवारिक इतिहास और व्यक्तिगत सूचना में सही बातें न बताने पर नैतिक जोखिम उत्पन्न हो जाती है। नैतिक जोखिम केवल बीमापात्र द्वारा ही नहीं उत्पन्न होती बल्कि अभिकर्ता और चिकित्सा परीक्षक भी नैतिक जोखिम के कारण बन सकते हैं। चिकित्सा परीक्षण के सम्बन्ध में नैतिक जोखिम को अधिकतर देखा गया है क्योंकि चिकित्सा परीक्षण के लिए बीमापात्र या तो तैयार नहीं होते या कई प्रश्नों का उत्तर गलत और अपूर्ण देते हैं। इन कारणों से नैतिक जोखिम सामने आती है।

नैतिक जोखिम का निम्न अवस्थाओं में सन्देह किया जा सकता है—

(1) निवास स्थान के अतिरिक्त अन्य स्थानों पर चिकित्सा परीक्षण होने पर नैतिक जोखिम की सम्भावना हो सकती है क्योंकि स्थान परिवर्तन से बीमापात्र किसी महत्वपूर्ण बीमारी को छिपाने में समर्थ हो सकता है। यह सम्भावना तब और बढ़ जाती है जब किसी योग्य चिकित्सक का अभाव होता है। ऐसी दशा में प्रस्ताव की भली प्रकार जाँच करके जोखिम का पुनर्मूल्यांकन किया जा सकता है।

(2) नामांकिकी का बीमित व्यक्ति से घनिष्ठ सम्बन्ध न होने पर भी नैतिक जोखिम की सम्भावना की जा सकती है। बीमा का उद्देश्य घनिष्ठतम व्यक्तियों को सुरक्षा प्रदान करना है परन्तु ऐसा न होने पर नैतिक जोखिम का वर्तमान रहना सम्भव है क्योंकि इसके अन्तर्गत व्यक्ति उस बीमा में रुचि नहीं लेंगे और गलत प्रकार से लाभ करने का प्रोत्साहन बढ़ सकता है।

(3) अभिकर्ता संरक्षक—कभी-कभी बीमापत्र को भेजने के लिए अभिकर्ता को सरंक्षक (C/o)करके भेजा जाता है। ऐसी दशा में नैतिक जोखिम को सम्भावना हो सकती है। अभिकर्ता एक बेमानी बीमा-पत्र निर्गमित करा सकते हैं या अयोग्य व्यक्ति का बीमा कराने के लिए प्रस्ताव भेज सकते हैं। ऐसी दशा में बीमाकर्ता के वरिष्ठ अधिकारी जैसे विकास अधिकारी, शाखा प्रबन्धक आदि की सूचना आवश्यक होगी।

(4) अधि-बीमा (Over Insurance)—अधि-बीमा से तात्पर्य ऐसे बीमा से है जो आय और प्रव्याजि को देखते हुए अधिक है। प्रत्येक व्यक्ति की प्रव्याजि देने की अलग-अलग क्षमता होती है। इसी क्षमता के आधार पर अधिकतम बीमा की रकम का निर्धारण किया जाता है। उससे अधिक रकम का प्रस्ताव नैतिक जोखिम का द्योतक है। यहाँ पर परिवार की संख्या, जीवन स्तर, निवास स्थान और पेशे को भी देखा जाता है।

(5) असत्य सूचनाएँ—यदि किसी बीमा-प्रस्ताव में कोई सूचना असत्य दिखाई पड़े तो यह अनुमान लगाना गलत न होगा कि वहाँ पर और सूचनाएँ भी असत्य होंगी। पारिवारिक सूचना में उसने बहुत सी सूचनाएँ स्पष्ट और पूर्ण वर्णित न किया होगा। हो सकता है कि आयु को कम बताया हो। इसलिए जब कोई सूचना एक बार असत्य सिद्ध हुई तो अन्य सूचनाओं का पूर्ण रूपेण निरीक्षण करना चाहिए।

(6) बीमा में अचानक वृद्धि—बीमा में एकबारगी वृद्धि होने का तात्पर्य नैतिक जोखिम को प्रोत्साहन हो सकता है तथापि अधिकांश दशाओं में बीमा के लाभों के कारण लोग अधिक बीमा लेना चाहते हैं। कुछ व्यक्ति यदि अपने को कमजोर होते देखते हैं तो बीमा खरीद लेते हैं। इसके लिए वे पहले छोटी रकम का प्रस्ताव करते हैं और उसके स्वीकृत हो जाने पर बड़ी रकम का प्रस्ताव रखते हैं। बीमारी या जोखिम की सम्भावनाओं के आधार लोग बीमा की रकम में वृद्धि कर देते हैं।

(7) अधिक रकम का प्रस्ताव—जब बीमा-प्रस्ताव सामान्य से अधिक रकम का होता है तो उसमें जोखिम के वर्तमान रहने की अधिक सम्भावन रहती है। ऐसा भी हो सकता है कि लोग अपने जीवन से निराश हो गये हों और अधिक रकम का बीमा कराके आत्महत्या करना चाहते हों। पड़ोसियों या अन्य व्यक्तियों से तीव्र विरोध होने से लोग अपने जीवन से निराश हों और बीमा करके आकस्मिक मृत्यु पर हानि को बचाने का उद्देश्य हो सकता है। किसी बीमारी के वर्तमान रहने पर या उसके लक्षण दिखलाई पड़ने पर लोग अधिक रकम का बीमा कराना चाहते हों। इन्हीं कारणों से अधिक रकम का प्रस्ताव करने पर उसकी जाँच पूर्णरूपेण होना चाहिए।

(8) अधिक उम्र पर बीमा—अधिक उम्र पर बीमा कराने वाले व्यक्तियों की जाँच विशेष रूप से करनी पड़ती है क्योंकि उस उम्र पर जोखिम की मात्रा में काफी वृद्धि हो जाती है। वृद्धावस्था में बहुत से व्यक्ति मधुमेह और हृदयरोग से पीड़ित हो जाते हैं इसलिये उस समय विशेष निरीक्षण की आवश्यकता पड़ती है। कुछ दशाओं में जब बीमा की रकम और उम्र दोनों अधिक होती है, विशेष चिकित्सा परीक्षण की आवश्यकता होती है।

(9) स्त्रियों का बीमा—मौलिक रूप से स्त्रियों को बीमा की आवश्यकता नहीं पड़ती है विशेष करके उस समय जब उनकी अपनी कोई आय का साधन नहीं है। स्त्रियों की आय का वर्गीकरण करके बीमा प्रस्ताव स्वीकार किये जाते हैं क्योंकि आय के आधार पर बीमा की आवश्यकता और प्रव्याजि देने की शक्ति का निर्धारण होता है। बीमा आय के स्थानापन्न के लिए आवश्यक है। अविवाहित स्त्रियाँ जो अपनी जीविकोपार्जन स्वयं करती हैं बीमा के लिए उसी प्रकार के अधिकारी हैं जैसे पुरुष अधिकारी होते हैं। कुछ स्त्रियाँ अर्जित आय नहीं प्राप्त करतीं परन्तु वे उपार्जित आय पर जीवित हैं। जैसे सम्पत्ति पर ब्याज, लाभांश आदि। ऐसी दशा में बीमा की आवश्यकता बहुत कम है क्योंकि उनकी मृत्यु पर आय में कमी नहीं होती। लेकिन धनी स्त्रियों को आयकर या सम्पत्ति कर के लिए बीमा की आवश्यकता पड़ती है। जिन स्त्रियों के पास आय का कोई साधन नहीं है या आय बहुत कम है उन्हें बीमा की आवश्यकता नहीं होगी। इन स्त्रियों के लिए प्रव्याजि का भुगतान लाभार्थी करेंगे। इसलिए बीमा की कोई आवश्यकता प्रतीत नहीं होती। अशिक्षित स्त्रियों को बीमा के विषय में विशेष जानकारी नहीं हो पावेगी और उनको बीमा बेचना व्यर्थ समझा जाता है।

लड़कियाँ, जिनका पारिवारिक और सांस्कृतिक आधार है, बीमा कुछ शर्तों के आधार पर ले सकती हैं। विवाहित स्त्रियों के प्रस्ताव सामान्य दशाओं में स्वीकार नहीं किये जाते क्योंकि उनकी बीमा की अनावश्यकता के साथ पारिवारिक कठिनाइयों से जोखिम में वृद्धि होती रहती है। स्त्रियों के स्वास्थ्य में बहुत कमी दिखाई पड़ती है। बीमा आवश्यकता के अभाव में नैतिक जोखिम का वर्तमान रहना स्वाभाविक है। इसलिए स्त्रियों को कुछ योजनाओं से बिल्कुल अलग रक्खा गया है। प्रजनन क्रिया के कारण उनके स्वास्थ्य में कमी देखी जाती है। यद्यपि कि इस अवस्था के पहले और बाद में उनकी मृत्यु दर पुरुषों की मृत्यु दर से कम ही होती है।

इन्हीं नैतिक जोखिम की मौजूदगी के कारण पर्दा धारण करने वाली, गर्भवती, प्रसूति से प्रभावित और गर्भपात से पीड़ित स्त्रियों का बीमा नहीं किया जाता है। अवयस्क बच्चों के सम्बन्ध में बीमा को सावधानी से बेचा जाता है क्योंकि इन्हें बीमा की आवश्यकता नहीं है। इसलिए इनके प्रस्ताव की स्वीकृति नहीं दी जाती है।

बीमा योजना

विभिन्न बीमा योजनाओं में जोखिम अलग-अलग होती है, इसलिए हर एक बीमापात्र को सभी प्रकार के बीमापत्र नहीं बेचे जाते हैं। बीमापत्रों में संचित कोष भी अलग होते हैं। इन्हीं कारणों से बीमा योजना की जाँच आवश्यक समझी जाती है। प्रत्येक बीमा में अधिकतम उम्र को निश्चित किया गया है, उन्हीं के आधार पर बीमा बेचे जाने चाहिए। आजीवन बीमापत्रों में जोखिम अधिक रहती है जिससे कुछ व्यक्तियों को यह नहीं बेचे जाते हैं। दोहरा बन्दोबस्ती बीमा में जोखिम कम होने से कुछ असामान्य जीवन को भी बीमा दिया जा सकता है। प्रत्याशित बन्दोबस्ती बीमा में अतिरिक्त प्रव्याजि का 125

प्रतिशत प्रव्याजि ली जाती है और त्रिलाभीय योजना में लगभग 150 प्रतिशत प्रव्याजि यहाँ तक कि बहुउद्देशीय बीमा में कुछ व्यक्तियों की सामान्य प्रव्याजि $2\frac{1}{2}$ गुना आवश्यक है।

जोखिम के प्रकार

जोखिम की मात्रा के आधार पर इसको दो भागों में बाँटा जा सकता है—(1) बीमा अयोग्य जोखिम (Uninsurable Risk) (2) बीमा योग्य जोखिम (Insurable Risk)

(1) बीमा अयोग्य जोखिम (Uninsurable Risk)—सैद्धान्तिक दृष्टि से कोई जोखिम बीमा अयोग्य तब तक नहीं हो सकती जब तक व्यक्ति इसको खरीदने के लिए तैयार है। चूँकि मृत्यु शय्या पर पड़े व्यक्ति भी प्रव्याजि देकर बीमा खरीदना चाहेंगे और अधिक से अधिक प्रव्याजि देने को तैयार होंगे; अस्तु बीमा अयोग्य जोखिम कोई नहीं होगी। परन्तु व्यावहारिक जीवन में इनकी लागत अधिक होने के कारण ऐसे व्यक्तियों की संख्या कम होने और मूल्यांकन के अभाव के कारण बीमा करना सम्भव नहीं है। बीमाकर्ता को जोखिम की अनिश्चितता के कारण बहुत सावधानी से बीमा करना पड़ता है। कुछ बीमापात्र बीमाकर्ता को धोखा देकर बीमा खरीदना चाहते हैं। अत: बीमाकर्ता को उन्हीं का बीमा करना चाहिए जिनकी जोखिम का मूल्यांकन करके उचित प्रव्याजि निर्धारित की जा सके।

(2) बीमा योग्य जोखिम—बीमा योग्य जोखिम में उन सभी व्यक्तियों को शामिल करते हैं जो औसत रूप से बीमित किये जा सकें। इनमें से कुछ व्यक्ति ज्यादा जोखिम रखते होंगे और कुछ बहुत कम, लेकिन सभी व्यक्तियों को मिलाकर एक सामान्य जोखिम तैयार होती है जिसको बीमाकर्ता औसत प्रव्याजि (लागत) पर बीमा करता है। बीमा योग्य जोखिम को तीन भागों में बाँटते हैं—(अ) प्रामाणिक (Standard); (ब) अधोप्रमाणिक (Sub-standard) और (स) अधिप्रामाणिक (Super-standard)।

(अ) प्रामाणिक—प्रामाणिक जोखिम वह जोखिम है जो सामान्य जीवन से सम्बन्धित हो। सामान्य जीवन से मतलब आदर्श और औसत जीवन से नहीं है। इसका यह भी अर्थ है कि व्यक्ति सभी प्रकार की अयोग्यताओं से मुक्त हो। कुछ लोगों का स्वास्थ्य कुछ अच्छा और कुछ व्यक्तियों का स्वास्थ्य थोड़ा खराब हो सकता है परन्तु सभी व्यक्तियों को मिलाकर एक सामान्य जोखिम निर्धारित होती है जिससे एक निश्चित सामान्य प्रव्याजि पर बीमा बेचे जा सकते हैं। बीमाकर्ता द्वारा निर्धारित प्रव्याजि उन व्यक्तियों के अनुमान पर तय किये जाते हैं जो सामान्य, न अधिक और कम स्वास्थ्य रखते हैं।

(ब) अधोप्रामाणिक—अधोजीवन वह है जिसका बीमा किया जा सकता है परन्तु उनकी जोखिम सामान्य से अधिक है। अधोजीवन की भी एक सीमा होती है जिससे अधिक जोखिम पर बीमा नहीं किया जाता है और वे बीमा अयोग्य जोखिम में शामिल होते हैं। अधोजीवन पर अतिरिक्त प्रव्याजि लेकर ही बीमा बेचा जाता है।

(स) अधिप्रामाणिक—यह जीवन सामान्य से अधिक स्वस्थ होता है। इसमें किसी प्रकार बीमारी आदि नहीं होती है, इसे अधिमान जोखिम (preferred-Risk) भी कहते हैं। इन पर बीमापत्र निर्गमन करने के लिए कुछ छूट दी जाती है। सामान्य प्रव्याजि से कम प्रव्याजि ली जाती है क्योंकि इस पर जोखिम सामान्य जोखिम से कम होती है।

प्रत्येक बीमाकर्ता इन तीनों प्रकार की जोखिम को आवश्यक रूप से शामिल नहीं करते हैं, क्योंकि अधिप्रामाणिक पर छूट देने से जोखिम में वृद्धि होगी और उसको प्राप्त करने के

लिए बहुत से व्यक्ति प्रयास करेंगे। परिणामस्वरूप व्यापार में हानि हो सकती है। इसलिए व्यावहारिक जीवन में केवल प्रामाणिक और अधोप्रामाणिक जोखिम को ही देखा जाता है। अधिप्रामाणिक जोखिम पर बीमा बहुत सीमित दशाओं में प्रतिस्पर्धा के लिए किया जाता था। अधोजीवन पर बीमा करने के लिए अतिरिक्त प्रव्याजि हमेशा ली जाती है या उसका बीमा कुछ प्रतिबन्ध पर किया जाता था। इससे व्यापार की मात्रा में वृद्धि हुई।

जोखिम विभाजन के तरीके

जोखिम की सूचना प्राप्त करने के बाद बीमाकर्ता इसे बीमा की लागत तय करने के लिए विभिन्न वर्गों में बाँटते हैं। जोखिम की मात्रा में समय, स्थान और परिस्थितियों के आधार पर परिवर्तन होते हैं। किसी समय में प्राप्त सूचनाओं का वर्गीकरण करने के लिए दो तरीके अपनाये जाते हैं।

(1) निर्णयात्मक तरीका, और (2) संख्यात्मक तरीका।

(1) निर्णयात्मक तरीका—जीवनांकिक, चिकित्सक और अन्य बीमा अधिकारियों के अनुभव के आधार पर यह निर्णय किया जाता है कि किस जोखिम को बीमा योग्य या बीमा अयोग्य वर्ग में शामिल किया जाये। बीमा योग्य जोखिम का बीमा सामान्य प्रव्याजि पर या अतिरिक्त प्रव्याजि पर किया जाता है। जोखिम को प्रभावित करने वाले प्रत्येक तत्त्व को अलग-अलग मूल्यांकित किया जाता है, उनके महत्त्व को निर्धारित करते हुए कुल जोखिम की मात्रा तय कर ली जाती है। इसके लिये ये विशेषज्ञ अपने अनुभवों का प्रयोग करते हैं। किसी नियम या पैमाने को ध्यान में नहीं रखा जाता है।

व्यक्तिगत निर्णय को ही महत्त्वपूर्ण स्थान देकर बीमा के लिए जोखिम का वर्गीकरण करते हैं। विशिष्ट अधिकारियों के अतिरिक्त सामान्य कार्यकर्ताओं को इसके लिए नियुक्त किया जा सकता है। परन्तु अन्तिम निर्णय विशेषज्ञों के अनुभवों पर ही आधारित है। निर्णयात्मक तरीका वहाँ ज्यादा सफल होगा जहाँ केवल थोड़े तत्त्वों का मूल्यांकन करना होता है या जहाँ केवल यह तय करना है कि बीमा किया जाये या न किया जाये। लेकिन जहाँ पर कई तत्त्वों का निर्णय करना है और प्रव्याजि में कुछ परिवर्तन करके बीमा बेचना है, वहाँ पर यह तरीका प्रभावशाली नहीं होगा।

(2) संख्यात्मक तरीका—जोखिम को प्रभावित करने वाले तत्त्वों का सांख्यिकीय ढंग से जीवनावधि को उद्देश्य में रखते हुए मूल्यांकन के तरीके को संख्यात्मक तरीका कहते हैं। दूसरे शब्दों में यह कहा जा सकता है कि जीवन बीमा योग्यता को प्रभावित करने वाले तत्त्वों पर अंक निर्धारित करके मूल्यांकन करने के तरीके को संख्यात्मक तरीका कहेंगे। सभी तत्वों को मिलाकर यह अनुमान किया जाता है कि जोखिम की मात्रा 100 है और इसी के आधार पर इससे अधिक जोखिम रखने वाले बीमापात्र अधिक अंक पायेंगे और उनकी प्रव्याजि तदनुसार परिवर्तित होगी।

व्यावहारिक रूप से सभी तत्त्वों को अंक प्रदान करना और उसके अनुसार बीमा करना सम्भव नहीं है लेकिन तिस पर भी बीमाकर्ताओं ने कुछ सामान्य तत्त्वों का निर्धारण किया है। ये तत्व (1) शारीरिक गठन (2) शारीरिक स्थिति (3) व्यक्तिगत इतिहास (4) पारिवारिक इतिहास (5) पेशे (6) निवास स्थान (7) आदतें (8) नैतिकता और (9) योजना हैं। इनका वर्णन पहले किया जा चुका है। ये तत्त्व मृतक दर को कहाँ तक प्रभावित करते हैं उसी के आधार पर मूल्यांकन किया जाता है।

इसके अतिरिक्त किसी विशेष जोखिम को अतिरिक्त प्रव्याजि लेकर अलग से निश्चित करते हैं। उम्र का मूल्यांकन नहीं किया जाता क्योंकि वह एक महत्त्वपूर्ण तत्त्व है और उसके अनुसार प्रव्याजि बदलती रहती है। मूल्यांकन करने के लिए सभी तत्वों के सम्बन्ध में अंकों को निश्चित करके एक तालिका तैयार कर लेते हैं। इसके आधार पर विपरीत तत्त्वों के लिए अंक जोड़ देते हैं और जोखिम कम करने के तत्त्वों की मात्रा से अंक घटा देते हैं।

सामान्य जोखिम या अतिरिक्त जोखिम के लिए जो अंक निश्चित किये जा चुके हैं उनमें वर्तमान परिस्थितियों के आधार पर परिवर्तन किये जाते हैं। चिकित्सा पद्धति में नये-नये परिवर्त्तन होने के साथ-साथ पुरानी अंक तालिका में भी परिवर्तन किया जाता है। ये तालिका आंकिक कार्यरूप पत्रिका (Rating Manuals) कहलाते हैं।

इस तालिका के आधार पर अतिरिक्त प्रव्याजि दर का निर्धारण अतिरिक्त जोखिम के वर्गीकरण करके किया जाता है, जैसे वर्ग एक में 20-30 प्रतिशत, वर्ग दो में 40-60 प्रतिशत या वर्ग तीन में 65 से 85 प्रतिशत के अतिरिक्त जोखिम वर्गीकृत किये जाते हैं। ये प्रत्येक योजना के लिए अलग-अलग हो सकते हैं। वहाँ पर विशेषाधिकार (Lien) अपनाये जाते हैं वहाँ पर अतिरिक्त प्रव्याजि निर्धारित करने की आवश्यकता नहीं होती है।

संख्यात्मक रीति दो मान्यताओं पर आधारित है—(1) अतिरिक्त मृत्यु दर, और (2) अतिरिक्त मृत्यु दर का योगांकन (Addition)

मान्यताएँ

(1) अतिरिक्त मृत्यु दर—सामान्य मृतक तालिका केवल उच्च वर्ग और सामान्य जीवन की मृतक तालिका है। इसके द्वारा अधोप्रामाणिक जीवन में अध्यर्थन की मात्रा नहीं निश्चित की जा सकती है। इन जीवनों पर प्रव्याजि निश्चित करने के लिए उनकी एक अवधि में मृत्यु दर देखते हैं और इस दर को सामान्य दर से तुलना करके सामान्य दर का एक प्रतिशत निकाल लेते हैं। उदाहरण के लिये दस हजार व्यक्तियों में से जिनकी उम्र 45 वर्ष है और जो उच्च रक्तचाप से पीड़ित हैं, 117 व्यक्ति में एक वर्ष में मर जाते हैं जबकि सामान्य मृतक तालिका इस उम्र में 118 व्यक्तियों की मृत्यु बताती है। इस प्रकार 59 व्यक्तियों की अधिक मृत्यु होती है याने 50 प्रतिशत $\frac{50}{118} \times 100$ अधिक मृत्यु होती है, इसलिए अतिरिक्त प्रव्याजि सामान्य प्रव्याजि का 50 प्रतिशत निश्चित होगी।

अतिरिक्त जोखिम का प्रभाव उम्र और परिस्थितियों के आधार पर बदलता रहता है। कुछ जोखिम उम्र के साथ बढ़ती है, कुछ घटती है और कुछ समान रहती हैं। इसलिए उन पर प्रव्याजि की दर उसी प्रकार बदलती रहती है। परन्तु सांख्यिकीय मूल्यांकन में यह मान लिया जाता है कि अतिरिक्त जोखिम समान रहती है, उसमें किसी प्रकार परिवर्तन नहीं होता।

(2) विशेष अतिरिक्त मृत्यु दर का योगांकन (Addition of Specific Extra Mortality Rates)—संख्यात्मक रीति के अन्तर्गत यह मान लिया जाता है कि प्रत्येक तत्त्व से सम्बन्धित जोखिम का योग पूर्ण जोखिम के बराबर होगा। अर्थात् बीमापात्र की विद्यमान पूर्ण जोखिम अलग-अलग तत्त्वों से सम्बन्धित जोखिम के योग के बराबर होगा। लाभकारी तत्त्वों का प्रभाव अलाभकारी तत्त्वों के प्रभाव को कम करने में समर्थ है और मान्यता के आधार पर अंकों की वृद्धि [नाम (+)] और अंकों की कमी [जमा (-)] एक दूसरे को समन्वित करके पूर्ण योग वही योग होना चाहिए जिससे बीमापात्र वास्तव में प्रभावित हो रहा है। लेकिन व्यावहारिक जीवन में ऐसा नहीं होता।

कभी-कभी दो प्रकार के जोखिम का योग वास्तविक योग का दुगुना हो जाता है, जैसे अधिवजन और मधुमेह या अधोवजन और क्षयरोग । इसी प्रकार कुछ दशाओं में जोखिम का योग एक दूसरे को कम करने के कारण काफी कम हो जाता है, जैसे अधिवजन और क्षयरोग।

इस प्रकार संख्यात्मक पद्धति में ये दोनों मान्यताएँ हमेशा लागू नहीं होती हैं।

संख्यात्मक पद्धति का एक नमूना

अभिगोपन सूचनायें—

प्रस्ताव 1-3-74 योजना तालिका 14-15 प्रस्तावित बीमित रकम 5,000 रुपये उम्र 34 वर्ष पेशा—लोहारगीरी।

शारीरिक गठन—ऊँचाई 5 फीट 6 इंच, वजन 177 पौण्ड।

सीना 38 इंज, विस्तारित सीना 40 इंच। पेट 41 इंच।

व्यक्तिगत दशाएँ (1) रक्तचाप 136, 90 दाँत 12 टूट गये हैं। व्यक्तिगत इतिहास 1966 में गालब्लडर का पथरी के कारण हटाया जाना। अन्य कोई असंतोषजनक सूचना नहीं है—

पारिवारिक इतिहास—

		जीवित				मृतक
सम्बन्ध		उम्र	स्वास्थ्य		उम्र	वर्ष	कारण
पिता		—	—		53	1964	कॉरोनरी हमला
माता		60	अच्छा			—	—
भाई	(1)	38	अच्छा	(2)	27	1971	टाइफाइड
				(3)	30	1969	नेफ्रिटिस
बहिन	(1)	27	अच्छा	(3)	30	1962	निमोनिया
स्त्री		30	अच्छा				

विश्लेषण **आंकिक**

शारीरिक गठन **अधिवजन** = (177—128)/ 128 = 30

38 प्रतिशत

पेट की ऊँचाई विस्तृत सीने से अधिक 20

व्यक्तिगत दशाएँ कुल 50

रक्तचाप 10

टूटे हुए दाँतों के लिए अतिरिक्त प्रव्याजि ली जाती है।

व्यक्तिगत इतिहास

चूँकि आपरेशन से 5 वर्ष व्यतीत हुआ है इससे इसे छोड़ देंगे।

गारिवारिक इतिहास

(1) जीवनावधि का मूल्यांकन

जीवनावधि का मूल्यांकन

सम्बन्ध	पूर्व	बहुत पहले मृत्यु	जीवित ^0	जीवित (65) वर्ष
माता-पिता				
भाई और बहिन		2		

जीवनावधि में कमी के लिए आंकिक

(2) पैत्रिक बीमारी

60 वर्ष के पहले रेनाल डिजीज	20
कुल पारिवारिक अंक	25
लाभकारी तत्व अधिवजन	10

निर्धारण

तत्त्व	विवरण	अंक
(1) गठन	अधिवजन और पेट की ऊँचाई	50
(2) व्यक्तिगत दशाएँ	बढ़ा हुआ रक्तचाप	10
(3) व्यक्तिगत इतिहास	आपरेशन 1966	0
(4) पारिवारिक इतिहास	जीवनावधि में कमी छोड़ दी	25
(5) योजना	—	10
	अतिरिक्त मृतक दर	75
	सामान्य मृतक दर	100
	कुल मृतक दर	175

मृतक दर प्रव्याजि

अति प्रव्याजि—प्रति हजार उपरोक्त 75 अंक पर	2.60
टूटे दाँत प्रति हजार (तृतीय श्रेणी वाला मृतक वर्ग)	2.00
अति प्रव्याजि पेशे के लिए प्रति हजार	2.00
कुल रु०	6.60

जोखिम को प्रभावित करने वाले सभी तत्त्वों के अनुकूल होने पर जमा [Credit (-)] किया जाता है और प्रतिकूल होने पर नाम [Debit (+)] किया जाता है और दोनों के जोड़ से कुल जोखिम ज्ञात की जाती है। परन्तु निवास स्थान, आदत, नैतिकता, आचार-विचार, पेशा और शारीरिक दशाओं के अनुकूल रहने पर जमा (Credit) नहीं किया जाता, यद्यपि कि प्रतिकूल रहने पर नाम (Debit) कर दिया जायेगा क्योंकि ये जोखिम में साधारणतया कमी नहीं करते हैं। उम्र और पेशे की अलग से जाँच करके प्रव्याजि की रकम निर्धारित करते हैं।

उपरोक्त कुल जोखिम के आधार पर उनका वर्गीकरण करते हैं जैसे नीचे दिया गया है।

प्रामाणिक	अधोप्रामाणिक	बीमा अयोग्य
75 125	300	500

प्रामाणिक जोखिम के अन्तर्गत वे सभी बीमापत्र आयेंगे जिनके अंक 75 से 125 के बीच हैं और अधोप्रामाणिक में वे सभी आयेंगे जिनका अंक 125 से 500 तक है तथा बीमा अयोग्य व्यक्ति वे होंगे जिनको 50 से अधिक अंक मिले हैं। यह पैमाना बीमाकर्ता अपनी सुविधा के अनुसार बदल भी सकता है।

संख्यात्मक पद्धति के लाभ

(1) इस पद्धति से व्यक्तिगत पक्ष और निर्णय में कमी हो जाती है और मूल्यांकन चिकित्सा तथा जीवनांकन पर आधारित होता है।

(2) अभिगोपन पद्धति और प्रणाली में एकरूपता आती है जिससे सभी प्रकार के जोखिम के वर्गीकरण में कोई अन्तर नहीं होता है।

(3) मौलिक सिद्धान्तों को समीक्षा एवं परिमार्जन करने का मौका मिलता है।

(4) समय के अनुसार मृत्यु दर और चिकित्सा पद्धति में परिवर्तन आने से इसमें भी परिवर्तन किया जा सकता है।

(5) वर्गीकरण का यह तरीका वैज्ञानिक और अपेक्षाकृत अधिक विश्वसनीय है।

(6) किसी तत्त्व को छोड़ नहीं सकते यानी सभी तत्त्वों की पूर्णतया जाँच करते हैं।

(7) कठिन और संदेहात्मक प्रस्तावों को आसानी से और अधिक विश्वास के साथ वर्गीकृत कर सकते हैं।

(8) प्रस्तावों को स्वीकार करने में तेजी और आसानी से कार्य किया जा सकता है।

आलोचना

(1) उपरोक्त लाभों के अतिरिक्त इसमें स्वतः चालकता नहीं है क्योंकि कुछ प्रस्तावों पर इसको लागू करना व्यर्थ होगा। यह विवादास्पद है। अंक प्रदान करने में व्यक्तियों के अपने निर्णय प्रभावित करेंगे।

(2) चिकित्सा परीक्षक, जीवनांकिक के व्यक्तिगत अनुभव और निर्णय के आधार पर हर एक तत्त्व को अंक प्रदान किये जायेंगे जिससे प्रारम्भ में ही यह उनके निर्णयों से प्रभावित हो जाते हैं।

(3) किसी तत्त्व के महत्त्व और विशेषता के आधार पर यह प्रभावशाली होगा अन्यथा गलत परिणाम दिखलाई पड़ेंगे।

(4) तत्त्वों के बदलते हुए प्रभाव को हमेशा देखा जायेगा और उन्हीं के आधार पर परिवर्तन होते रहेंगे।

(5) बहुत से जोखिमों के प्रति ज्ञान अधूरा रहता है जिससे उन पर अंक देना कठिन होगा।

(6) कई प्रकार के जोखिम एक दूसरे को समन्वित नहीं करते हैं और इस पर योगांकन गलत होगा।

(7) छोटे-छोटे जमा और नाम महत्त्वपूर्ण नहीं हैं।

दोनों पद्धतियों में कुछ हानियाँ हैं; लेकिन प्राय: ये पद्धतियाँ एक दूसरे की पूरक हैं। संख्यात्मक पद्धति का प्रयोग वहीं पर प्रभावशाली होगा जहाँ अनुभव और विशिष्टता के आधार पर जोखिम का मूल्यांकन नहीं होगा। अत: दोनों पद्धतियों का प्रयोग करके प्रस्ताव को स्वीकार करने और उस पर शर्त निर्धारित करने की बातें हो सकती हैं। आजकल संख्यात्मक पद्धति का अधिक प्रयोग हो रहा है।

जोखिम का मूल्यांकन

जोखिम के आधार पर प्रव्याजि का निर्धारण किया जाता है अतएव जोखिम का मूल्यांकन करना आवश्यक है। यह मूल्यांकन दो पद्धतियों से किया जा सकता है—(1) सेवा मूल्य और (2) सेवा लागत।

(1) सेवा मूल्य—सेवा मूल्य से तात्पर्य बीमादारों को बीमा से जो लाभ से है; मिलने वाले, परन्तु हर एक बीमादार के लिये बीमा का मूल्य अलग-अलग होगा। इसलिये बीमा का मूल्यांकन बीमित व्यक्तियों की आवश्यकता और लाभ पर निश्चित नहीं किया जाता है। सेवा मूल्य को एक और दूसरे कारण से आधार नहीं माना जा सकता है, वह है माँग पक्ष की निष्क्रियता। माँग पक्ष कोई महत्त्वपूर्ण कार्य नहीं कर सकता, वे असंगठित हैं और एक होकर सौदेबाजी करने की आशा नहीं है। इसलिये यह कहा जाता है कि बीमा 'बेचा जाता है खरीदा नहीं।' यदि हम माँग पक्ष को लेते हैं या विभिन्न बीमापात्रों से विभिन्न प्रव्याजि एक ही जोखिम में लेते हैं तो यह विभेदीकरण पक्षपात और असामाजिक नीति होगी। गरीबों को बीमा से ज्यादा लाभ होगा। परन्तु उनसे अपेक्षाकृत अधिक प्रव्याजि लेना असामाजिक और अन्यायपूर्ण होगा। एक प्रकार की सेवा के लिये एक ही प्रव्याजि लेनी चाहिए। यहाँ पर एक सन्देह दूर हो जाना चाहिए कि अपर जीवन के बीमापात्रों से अधिक प्रव्याजि ली जाती है लेकिन इसका कारण उनकी अधिक सेवा मिलने का नहीं है बल्कि उसमें लागत अधिक होती है। इसलिये न्यायिक तथा व्यावहारिक दृष्टिकोण में सेवा मूल्य पद्धति मूल्यांकन के लिये उचित नहीं है।

(2) सेवा लागत—बीमाकर्ता द्वारा प्रदान की जाने वाली सेवा की लागत पर प्रव्याजि का निर्धारण किया जाना व्यावसायिक, न्यायिक और व्यावहारिक है। सेवा की लागत में सबसे महत्त्वपूर्ण लागत अध्यर्थन की लागत है। उसके बाद प्रशासन की लागत है। अध्यर्थन की लागत में बीमित रकम को (मृत्यु पर या परिपक्वता पर भुगतान करने) या समर्पण मूल्य को शामिल करने। परन्तु बीमा कराने का मुख्य उद्देश्य बीमित रकम को देना है, अत: उसी की लागत निश्चित की जाती है। कुछ बीमापात्रों में बीमित रकम के साथ अधिलाभांश भी दिये जाते हैं, इसलिये उसमें अधिलाभांश की लागत शामिल करना आवश्यक होगा। इस प्रकार बीमा कम्पनी को सेवा के बदले अध्यर्थन की लागत, प्रशासन लागत और अधिलाभांश लागत प्राप्त करने का अधिकार है। इन सबका विस्तृत वर्णन अगले अध्यायों में पूर्ण रूप से किया जायेगा।

अध्यर्थन लागत—अध्यर्थन लागत मुख्य रूप से जोखिम की मात्रा पर आधारित है। जोखिम व्यक्तियों की जीवनावधि पर निर्भर है, जो कम आयु और दीर्घ आयु दोनों से प्रभावित होती है। बीमा में साधारणतया कम आयु और वृत्ति में दीर्घ आयु पर बीमाकर्ता को अधिक जोखिम सहनी पड़ती है। इसलिये इन जोखिमों से पूर्णत: या अधिकत: सुरक्षित रहने के लिये इनका सही-सही मूल्यांकन करना आवश्यक है।

यह सही मूल्यांकन जीवन और मृत्यु दर की सम्भावना पर निर्भर है। चूँकि प्रव्याजि का भुगतान जोखिम के पूर्व किया जाता है इसलिए जोखिम का सही आकलन बहुत अधिक

आवश्यक है जिससे लागत या जोखिम और प्रव्याजि लगभग बराबर हो। यदि जोखिम अधिक है और प्रव्याजि कम है तो बीमाकर्ता को हानि होगी और यदि जोखिम कम है और प्रव्याजि अधिक तो उसे अनावश्यक रूप से लाभ होगा जो कि एक बीमा सिद्धान्त के प्रतिकूल है।

पिछले पृष्ठों में जोखिम के सम्बन्ध में बताये गये निर्धारण के तरीकों के अधिकार पर यह समझना सम्भव हो सकेगा कि किसी बीमापात्र के लिये क्या जोखिम है। बीमाकर्ता अपने पिछले अनुभवों के आधार पर जोखिम की भविष्यवाणी करने में सफल होते हैं और उसी के आधार पर प्रव्याजि का निर्धारण कर लेंगे।

जोखिम का मूल्यांकन करने के लिए सम्भावना और अधिक संख्या सिद्धान्त अपनाये जाते हैं। सम्भावना (Probability) सिद्धान्त के अन्तर्गत पिछले अनुभवों (Practices) और वर्तमान सिद्धान्तों (Theories) को आधार मान कर जोखिम का निर्धारण करते हैं। सम्भावना सिद्धान्त दो प्रकार के होते हैं—(1) साधारण, और (2) सम्मिश्रित। साधारण सम्भावना सिद्धान्त वहाँ अपनाते हैं जहाँ घटनाएँ एक दूसरे से अप्रभावित हैं और स्वतन्त्र हैं तथा सम्मिश्रित सम्भावना सिद्धान्त मिश्रित और आधारित घटनाओं में लागू किये जाते हैं। साधारण सिद्धान्त में अनुकूल घटनाओं और कुल घटनाओं के अनुपात का योग रहता है जब कि मिश्रित घटनाओं में इन अनुपातों को आपस में गुणा करके अनुकूल घटनाओं के घटित होने की सम्भावना निकाली जाती है। कुछ सम्भावनाओं को प्रयोग के आधार पर और कुछ को सिद्धान्त और अनुपात के आधार पर तय किया जाता है। इन दोनों (पूर्व और प्रयोग) सम्भावना सिद्धान्तों का प्रयोग अधिक प्रभावशाली होता है। अधिक संख्या सिद्धान्त के आधार पर प्रयोग की संख्या जितनी अधिक होगी, भविष्यवाणी या कथन या सम्भावना उतनी ही सत्य होगी। अतएव बीमाकर्ता अधिक से अधिक व्यक्तियों, विशेषकर बीमित व्यक्तियों की जोखिम (मरण एवं जीवन दर) का मूल्यांकन एक तालिका बना कर करते हैं जिसे मृतक तालिका कहते हैं।

अध्याय 32

बीमापत्र की शर्तें

बीमापत्र की शर्तें बीमापत्र के पिछले पन्ने पर छपी रहती हैं जो बीमा प्रसंविदा के आधार हैं। बीमित और बीमाकर्ता को इन शर्तों को पूरा करना होता है। प्रत्येक बीमापत्र की शर्तें एक दूसरे से भिन्न होती हैं क्योंकि उनसे प्रसंविदा अलग-अलग होते हैं, जिससे किसी भी बीमापत्र को आदर्श मानकर इन शर्तों को नहीं बताया जा सकता है। तथापि कुछ शर्तें सामान्य रूप से सभी बीमापत्रों पर लागू होती हैं। इन सभी शर्तों को निम्न वर्गों में अध्ययन किया जायेगा—

(1) सामान्य शर्तें या सूचनायें

(2) बीमापत्रधारी के अधिकार,

(3) प्रतिबन्ध,

(4) अतिरिक्त सुरक्षा,

(5) अध्यर्थन का भुगतान।

सामान्य शर्तें या सूचनायें

बीमापत्र के मुखपृष्ठ पर कुछ सूचनायें प्रसंविदा के आधार स्वरूप लिखी रहती हैं इनमें से कुछ ही सूचनायें शर्तों की श्रेणी में शामिल की जाती हैं। शीर्षक के रूप में बीमाकर्ता का नाम, व्यापार का मुख्य स्थान और अभिस्थापना की तिथि आदि बीमापत्र के प्रमुख स्थान पर लिखा रहता है। इसके बाद प्रस्तावना लिखी रहती है जो बीमाकर्ता और बीमादार के बीच प्रसंविदा का आधार होती है, इसमें प्रस्ताव प्रपत्र और घोषणा को अनुबंधित करते हैं। प्रथम प्रव्याजि प्राप्त की स्वीकृति भी लिखी रहती है। तत्पश्चात् प्रवर्ती वाक्य (Operative Clause) आता है जिसमें एक निश्चित प्रव्याजि के बदले प्राप्तकर्ता को देय घटना के प्रमाणित होने पर एक निश्चित रकम के भुगतान का वादा होता है। बीमापत्र की अन्य सूचनायें एक तालिका के रूप में होती हैं। एक ऐसी ही तालिका का नमूना आगे दिया हुआ है। मुख्य कार्यालय और बीमापत्र की संख्या पत्र व्यवहार के लिए आवश्यक होते हैं जिन्हें सर्वप्रथम दिया जाता है। जोखिम प्रारम्भ होने की तिथि उसमें बाद में लिखी रहती है। बीमादार की इच्छानुसार जोखिम को निश्चित समय में प्रारम्भ किया जा सकता है। वैसे सामान्य दशाओं में जोखिम का प्रारम्भ स्वीकृति पत्र भेजने की तिथि या प्रथम प्रव्याजि प्राप्ति की तिथि दोनों में जो बाद में हो, से माना जाता है।

बीमापत्र की तालिका
विभागीय कार्यालय

बीमापत्र संख्या जोखिम प्रारम्भ की तिथि	बीमा की योजना	बीमित रकम रुपया	देय तिथि एवं प्रव्याजि भुगतान का तरीका	बीमापत्र के अन्य विवरण
				देय किस्त प्रव्याजि

बीमा अधिनियम 1938 की धारा 39 के अन्तर्गत नामांकन

अपंगता अनुलाभ वाक्य

प्रस्तावक एवं बीमित व्यक्ति के नाम एवं पते

प्रस्ताव की तिथि, बीमित व्यक्ति की उम्र, परिपक्वता की तिथि, अंतिम प्रव्याजि भुगतान की तिथि, उम्र स्वीकृत है या नहीं

बीमा का प्रकार

घटना जिस पर बीमित रकम देय है

किसे बीमित रकम का भुगतान देय है

प्रव्याजि देने की अवधि

प्रव्याजि देने की तिथियाँ

विशेष प्रधान

साक्षी ……….. हस्ताक्षर

मुहर

बीमा की प्रत्येक योजना के लिए प्रव्याजि की अलग-अलग तालिकाएँ तैयार की गयी हैं, इन तालिकाओं में से सम्बन्धित तालिका का नम्बर लिख दिया जाता है। बीमित रकम, देय तिथि और प्रव्याजि की रकम को भी बीमापत्र में समुचित स्थान पर लिखा जाता है। बीमा अधिनियम 1938 की धारा 39 के अन्तर्गत नामांकित व्यक्ति का नाम बीमापत्र निर्गमन के समय या उसके बाद लिखा जा सकता है। प्रस्तावक और बीमित व्यक्ति के नाम, पते और पेशे भी लिख दिये जाते हैं। अपंगता अनुलाभ, प्रस्ताव की तारीख, बीमित व्यक्ति की उम्र, परिपक्वता की तारीख, अन्तिम प्रव्याजि भुगतान की तारीख और उम्र की प्रामाणिकता आदि सूचनायें रहती हैं। बीमा का प्रकार जैसे आजीवन बीमा, बन्दोबस्ती बीमा आदि लिखे जाते हैं। कभी-कभी प्रत्येक प्रकार के बीमा के लिए अलग-अलग बीमापत्र निर्गमित किये जाते हैं। भारत में जीवन बीमा निगम द्वारा सलाभ और अलाभ बीमापत्रों के साथ-साथ विभिन्न प्रकार के अलग-अलग प्रारूप छापे गये हैं। यहाँ तक कि दुर्घटना अलाभ बीमापत्र के लागू होने और न होने वाले बीमापत्रों के लिये भी अलग-अलग प्रारूप हैं। उस घटना का भी उल्लेख होता है जिस पर बीमाकर्ता को भुगतान करना होता है। बीमा के विभिन्न प्रकारों में यह भी विभिन्न तरह से लिखा रहता है। बीमित रकम का भुगतान किसे किया जायेगा इसका भी समुचित वर्णन होता है। प्रव्याजि के भुगतान की

अवधि तथा उसके भुगतान की तिथि भी लिखी रहती है। विशेष प्रावधान के अन्तर्गत उन बातों को लिखते हैं जो बीमापत्र की तालिका में नहीं लिखी जा सकती है या जो बीमापत्र के पिछले पन्ने पर लिखी शर्तों और अधिकारों में संशोधन करने के लिये हैं। बीमापत्र निर्गमन के पहले से जोखिम प्रारम्भ हो सकती है। बीमादार के लिये यह लाभकर इसलिये है कि छोटी उम्र के कारण उसे प्रव्याजि की दर में कमी का लाभ होता है, लेकिन जीवन बीमा निगम में इसे केवल 3 महीने तक ही पीछे कर सकते हैं इसके लिए उसे बकाया प्रव्याजि को ब्याज सहित नहीं देना पड़ता है।

बीमापत्रधारी के अधिकार

बीमापत्रधारी के अधिकार को प्रव्याजि सम्बन्धी शर्तों के अन्तर्गत बताया गया है।

प्रव्याजि सम्बन्धी शर्तें—(1) प्रव्याजि का भुगतान प्रव्याजि दर प्रति हजार वार्षिक दर के आधार पर तालिकाबद्ध कर दी जाती हैं और उसका भुगतान बीमापत्रधारी को वर्ष के प्रारम्भ में ही अग्रिम रूप से करना होता है। विभिन्न बीमापत्रों के लिये अलग-अलग प्रव्याजि तालिकायें तैयार की जाती हैं और उन्हीं के आधार पर सामान्य जीवन के व्यक्तियों से प्रव्याजि ली जाती है। सामान्य जीवन वाले व्यक्तियों से तात्पर्य ऐसे व्यक्तियों से है जो चिकित्सा परीक्षा के बाद स्वस्थ पाये जाते हैं और जो किसी अतिरिक्त जोखिम से सम्बद्ध नहीं है। यह अतिरिक्त जोखिम, पेशे, शारीरिक रचना, निवास स्थान आदि से उत्पन्न होती है। प्रव्याजि का भुगतान सामान्य रूप से वार्षिक ही किया जाता है, परन्तु बीमापत्रधारियों की सुविधा के लिये यह अर्द्धवार्षिक, त्रैमासिक और मासिक भी हो सकता है। अर्द्धवार्षिक प्रव्याजि की गणना वार्षिक प्रव्याजि के आधे के अनुसार नहीं की जाती है, क्योंकि इसमें बीमाकर्ता के ब्याज की हानि होती है तथा अतिरिक्त खर्चें करने पड़ते हैं। इस प्रकार अन्य प्रव्याजि भी एक दूसरे से भिन्न होती हैं। इसके बावजूद अर्द्धवार्षिक, त्रैमासिक और मासिक प्रव्याजि एक इकाई ' Unit' प्रव्याजि नहीं है। ये सब वार्षिक प्रव्याजि की किस्तें हैं। जीवन बीमा निगम में वार्षिक प्रव्याजि ही एक इकाई प्रव्याजि है, अस्तु; भुगतान के समय सम्बन्धित अदत्त वार्षिक प्रव्याजि को घटा देने के बाद ही बीमित रकम का भुगतान किया जाता है। उदाहरण के लिये यदि किसी बीमापत्र का वर्ष में भुगतान के समय केवल एक त्रैमासिक प्रव्याजि का भुगतान किया गया है और बाकी तीन त्रैमासिक प्रव्याजि का भुगतान नहीं हुआ है तो बीमाकर्ता इन तीनों प्रव्याजि को घटाकर ही भुगतान करेगा।

इस प्रव्याजि की भिन्नता के लिये हमारे देश में जीवन बीमा निगम द्वारा वार्षिक प्रव्याजि पर 75 पैसे प्रति हजार और अर्द्धवार्षिक पर 50 पैसे प्रति हजार की दर छूट दी जाती है तथा त्रैमासिक पर कोई छूट नहीं है और मासिक प्रव्याजि पर पाँच प्रतिशत अतिरिक्त प्रव्याजि लिया जाता है, क्योंकि इन्हें वसूल करने में अतिरिक्त खर्च पड़ते हैं और ब्याज की हानि होती है। लेकिन कुछ दशाओं में जैसे बैंक द्वारा, नियोक्ता द्वारा भुगतान करने पर यह अतिरिक्त प्रव्याजि नहीं देना पड़ता है। जीवन बीमा निगम अधिक रकम का बीमा कराने पर भी छूट देता है। जो पाँच हजार या उससे अधिक और दस हजार से कम की बीमा राशि पर 50 पैसे प्रति हजार, दस हजार या उससे अधिक पर तथा बीस हजार से कम पर 75 पैसे प्रति हजार तथा बीस हजार या उससे अधिक पर 1 रुपये प्रति हजार की दर से छूट दी जाती है। इसके विपरीत यदि बीमा रकम एक हजार से कम है तो दो रुपया प्रति बीमापत्र की दर से और लिया जायेगा।

(2) अनुग्रह दिवस (Day of Grace)—एक निश्चित अवधि की प्रव्याजि को उसके प्रारम्भ में ही देना पड़ता है, लेकिन बीमाकर्ता इसके भुगतान के लिए कुछ समय और देता है, जिसे समय के अन्दर भुगतान न करने पर बीमा प्रसंविदा खंडित नहीं होता है, इस

समय को अनुग्रह दिवस कहते हैं। दूसरे शब्दों में इस अवधि के अन्दर बीमा प्रसंविदा बिना प्रव्याजि भुगतान के चालू रहता है। परन्तु यदि इस अवधि के व्यतीत होने तक प्रव्याजि का भुगतान नहीं किया जाता तो बीमापत्र देय तिथि से खण्डित माना जाता है। प्रव्याजि भुगतान की तिथि वह मानी जाती है, जिस दिन उसे बीमाकर्ता के कार्यालय में या उसकी ओर से रुपया प्राप्त करने वाले बैंक में जमा कर दिया जाय या जिस दिन बीमाकर्ता को धनादेश (Money Order) से भेजा हुआ रुपया मिले, यदि बीमादार ने रुपया भेज दिया है, परन्तु बीमाकर्ता को अनुग्रह दिवस में रुपया न प्राप्त हो तो ऐसी दशा में बीमाकर्ता की कोई जिम्मेदारी नहीं होती और बीमा प्रसंविदा खंडित हो जाती है।

जीवन बीमा निगम द्वारा वार्षिक प्रव्याजि का अर्द्धवार्षिक या त्रैमासिक किस्त के भुगतान के लिए एक महीना या तीस दिन (जो भी अधिक हो) का अनुग्रह दिवस दिया जाता है। प्रव्याजि की मासिक किस्त के लिए केवल 15 दिन का ही अनुग्रह दिवस दिया गया है। यदि अनुग्रह दिवस की अन्तिम तिथि रविवार या छुट्टी के दिन पड़े तो प्रव्याजि अगले दिन दी जा सकती है। प्रव्याजि का भुगतान अनुग्रह दिवस के अन्दर न करने पर बीमा प्रसंविदा खंडित हो जाता है। अनुग्रह दिवस व्यतीत होने के पहले और बिना प्रव्याजि के भुगतान करने पर यदि बीमादार की मृत्यु होती है तो बीमापत्र खण्डित नहीं होता तथा अदत्त प्रव्याजि की रकम घटाकर बीमित रकम का भुगतान कर दिया जाता है।

(3) प्रव्याजि सूचना (Premium Notice)—बीमाकर्ता के लिए प्रव्याजि प्राप्त करने के लिए बीमादारों को सूचना देना आवश्यक नहीं है तथापि उनकी सुविधा के लिये और खण्डन (Lapsation) बचाने के लिए बीमाकर्ता देय तिथि के कुछ दिन पहले प्रव्याजि सूचना दी जाती है। इस सूचना में प्रव्याजि की रकम, देय तिथि और अनुग्रह दिवस लिखे रहते हैं। मासिक प्रव्याजि किस्तों में इसे नहीं भेजा जाता है। अन्य किस्तों में इस प्रव्याजि सूचना को अधिक से अधिक छः महीने तक भेजा जायेगा। यदि बीमादार अनुग्रह अवधि में भुगतान नहीं करता है। अदत्त प्रव्याजि देने के बाद ही प्रव्याजि की रकम स्वीकार की जायेगी।

(4) प्रव्याजि अभुगतान की सूचना (Premium Default Notice)—अनुग्रह दिवस के समाप्त होने के 15 दिन बाद शाखा कार्यालय द्वारा बीमादार को प्रव्याजि के प्राप्त न होने की सूचना दी जाती है। इस सूचना में यह बताया जाता है कि जब तक प्रव्याजि का पूरा भुगतान नहीं किया जायेगा बीमा के लाभों और सेवाओं से बीमादार को वंचित न रहना पड़ेगा। इससे बीमाकर्ता को भी खण्डन के दोषों को कम करने का मौका मिलता है। दूसरी सूचना अनुग्रह दिवस की समाप्ति के तीन महीने बाद भेजी जाती है। अदत्त प्रव्याजि पर 6 प्रतिशत वार्षिक ब्याज लेकर चार महीने की प्रव्याजि की रकम बताई जाती है और इस प्रकार बीमादार को प्रव्याजि भुगतान के लिए एक महीने की अवधि मिल जाती है। तीसरी सूचना विभागीय कार्यालय द्वारा देय तिथि में छठे महीने के मध्य में दी जाती है। यदि प्रव्याजि भुगतान का तरीका त्रैमासिक और मासिक है तो ब्याज सहित भुगतान करना होता है। यदि छठे महीने के अन्त में अदत्त प्रव्याजि का भुगतान नहीं हो पाता तो बीमा प्रसंविदा खण्डित हो जाता है।

चालू बीमापत्र की शर्तें

(1) बीमापत्र की निर्विवादिता (Indisputability of Policies)—जीवन बीमा प्रसंविदा परम सद्विश्वास और दीर्घकालीन प्रसंविदा है अतः बीमापत्र को किसी भी समय जब परम सद्विश्वास में कमी दिखाई पड़े रद्द करने का मौका मिल सकता है। पुराने समय के बीमाकर्ता जानबूझकर किसी न किसी प्रकार का दोषारोपण करके

प्रसंविदा को रद्द कर देते थे और इस प्रकार बीमा के भुगतान से मुक्त हो जाते थे। यह बीमादारों और उनके लाभार्थियों के लिए बहुत परेशानी का कार्य था। कुछ दिन पश्चात् लाभार्थियों को आवेदन-पत्र और प्रस्ताव प्रपत्र की गलतियों के दुष्परिणाम से मुक्त कर दिया गया। कुछ देशों ने बीमित व्यक्तियों की सुरक्षा के लिये यह नियम बना दिये कि बीमापत्र कपट और प्रव्याजि के भुगतान को छोड़कर अन्य किसी आधार पर बीमापत्र निर्गमन के एक निश्चित और निर्धारित समय के बाद निर्विवाद होगा। इस नियम के परिणामस्वरूप बीमित व्यक्ति और उनके परिवार को बीमापत्र की निर्विवादिता पर विश्वास हो गया और अब उन्हें भुगतान प्राप्त करने के लिये न्यायालय की आवश्यकता नहीं हुई। हमारे देश में भी बीमा अधिनियम 1938 की धारा 45 के आधार पर यह निश्चित हो गया कि कोई भी बीमापत्र दो वर्ष तक लागू होने के बाद इस आधार पर विवादित नहीं होगा कि प्रस्ताव प्रपत्र या चिकित्सा परीक्षक या निदेशक (Referee) या अन्य कोई लेख जो बीमापत्र के निर्गमन को प्रभावित करते थे गलत या झूठे थे लेकिन जब इनके कथन महत्वपूर्ण हों और बीमादार द्वारा कपट पूर्ण वर्णन किये गये थे तथा बीमादार इन्हें कथन के समय झूठ या गलत जानता था तब उसके आधार पर प्रसंविदा को दो वर्ष बाद निर्विवादित नहीं किया जा सकता है। यह नियम इस सिद्धान्त पर बना है कि दो वर्ष के अन्दर बीमाकर्त्ता को प्रस्ताव प्रपत्र आदि की सत्यता को मालूम करने का पर्याप्त मौका मिल जायेगा। उसके बाद उम्र की प्रामाणिकता जानने और उसके अनुसार प्रसंविदा में परिवर्तन करने को छोड़कर तथा उपर्युक्त अपवादों को ध्यान में रखकर अन्य किसी आधार पर विवादित नहीं होगा।

(2) बीमापत्र में परिवर्तन (Alteration in Policies)—बीमापत्र के निर्गमित होने के बाद कुछ ऐसी परिस्थितियाँ उत्पन्न हो सकती हैं जब बीमापत्र की शर्तों में परिवर्तन करना आवश्यक हो जाता है। बीमापत्र की शर्तों और दशाओं में किसी भी परिवर्तन के लिए बीमाकर्त्ता और बीमादार की अनुमति लेना आवश्यक है। बीमापत्र में परिवर्तन से जोखिम और प्रसंविदा पर प्रभाव पड़ता है। परिस्थितियों और आवश्यकताओं से प्रभावित होने के कारण प्राय: बीमादार को शर्तों में परिवर्तन के लिए आवेदन-पत्र देने पड़ते हैं। एक बीमादार को बीमित रकम, प्रव्याजि भुगतान के तरीके, जोखिम प्रारम्भ तिथि, बीमापत्र का विभाजन या समामेलन, अतिरिक्त प्रव्याजि का बहिष्कार, अलाभ और सलाभ बीमापत्र अध्यर्थन, भुगतान के विकल्प आदि में परिवर्तन की आवश्यकता पड़ सकती है। इनमें से अधिकांश परिवर्तनों में प्रव्याजि दर में परिवर्तन हो जाता है जिसकी गणना की आवश्यकता पड़ती है, अत: कई दशाओं में परिवर्तन शुल्क दिये जाते हैं। बीमापत्र के प्रकार और विशिष्ट शर्तों में परिवर्तन प्राय: तभी स्वीकार किये जाते हैं जब बीमापत्र चालू हों और पूर्ण प्रदत्त न हुए हों, परिवर्तन के बाद प्रव्याजि दर में कमी न हो, प्रव्याजि भुगतान की संख्या में वृद्धि न हो और बीमित व्यक्ति की उम्र 70 वर्ष से अधिक न हो। अलाभ बीमा-पत्र को सलाभ बीमापत्र में आगामी बीमापत्र की वार्षिकी (Anniversary) से ही बदला जा सकता है। सलाभ सीमित प्रव्याजि आजीवन बीमापत्र से सलाभ बन्दोबस्ती बीमापत्र में बदलने पर प्रव्याजि दर में कमी आने पर भी परिवर्तन किये जा सकते हैं। सलाभ बीमा को अलाभ बीमा में नहीं बदला जा सकता है क्योंकि प्रव्याजि दर में कमी आने पर संचय में कमी आ जाती है और परिणामस्वरूप जोखिम की शुद्ध रकम (Net Amount at risk) में वृद्धि हो जाती है जो बीमाकर्त्ता के लिए अलाभकर है। इसी प्रकार प्रव्याजि की वृद्धि से संचय में वृद्धि होती है और जोखिम की शुद्ध रकम में कमी आती है जो बीमाकर्ता के लिए लाभप्रद है। जब प्रव्याजि की रकम में वृद्धि होती है तो बीमादार की पिछली प्रव्याजि में

कमी को ब्याज सहित देना पड़ता है तथा भविष्य में इस बढ़ी हुई प्रव्याजि का ही भुगतान करना पड़ेगा। स्वास्थ्य के प्रति सन्देह होने में पुनः चिकित्सा परीक्षण हो सकता है जिसका शुल्क बीमित व्यक्ति को देना पड़ेगा। बीमापत्र के परिपक्व होने के पाँच वर्ष के अन्दर बीमा के प्रकार में परिवर्तन हतोत्साहित किये जाते हैं क्योंकि ऐसी दशा में बीमादार को बकाया प्रव्याजि के रूप में अधिक रकम का भुगतान करना होगा। बीमा के कुछ निर्धारित प्रकारों में ही परिवर्तन होता है। चिकित्सा परीक्षा की भी कुछ परिवर्तनों में आवश्यकता होती है। यदि नया बीमापत्र निर्गमित करके परिवर्तन किया जा रहा है तो बीमापत्र तैयार करने के खर्च एवं टिकट शुल्क बीमादार को देने होते हैं। बीमित रकम में कमी तभी की जायेगी जब बीमापत्र के शुरू होने के छः महीने की अवधि या बीमापत्र निर्गमन की तिथि से तीन महीने की अवधि जो भी बाद में हो, के अन्दर आवेदन-पत्र प्राप्त होंगे। बीमित रकम में वृद्धि बिना चिकित्सा परीक्षा के तभी की जायेगी जब पुराने बीमापत्र के सम्बन्ध में चिकित्सा परीक्षा लागू हो। यदि उसकी अवधि व्यतीत हो चुकी है या गैर-चिकित्सा बीमा की रकम से अधिक का बीमा हो तो नवीन चिकित्सा परीक्षण की आवश्यकता होगी। बीमापत्र को शुरू होने की तिथि को उसी कलेण्डर वर्ष में पीछे कर सकते हैं लेकिन तीन महीने से ज्यादा पीछे करने पर बकाया प्रव्याजि पर 6 प्रतिशत वार्षिक ब्याज देना होगा। यदि परिणामस्वरूप उम्र में परिवर्तन होता है तो प्रव्याजि की दर पुनः तदनुसार निर्धारित की जायेगी। बीमापत्र की परिपक्वता के पूर्व बीमादार भुगतान प्राप्त करने के विकल्प में परिवर्तन करा सकता है। वह चाहे तो बीमित रकम का भुगतान किस्तों में जब तक वह जीवित रहे या एक निश्चित समय और उसके बाद जब तक वह जीवित रहे भुगतान होता रहेगा।

(3) ऋण का अधिकार—बीमाकर्ता बीमादार को बीमापत्र की जमानत पर ऋण प्रदान करता है। ऋण प्रदान करने के बाद बीमाकर्ता को बीमापत्र के ऊपर ऋण की रकम और उस पर ब्याज तक अधिकार हो जाता है। बीमापत्र की जमानत रखने का अर्थ उस पर एकत्रित समर्पित मूल्य की जमानत से है। जीवन बीमा निगम इस समर्पित मूल्य के 90 प्रतिशत तक ऋण प्रदान करता है, हालाँकि जो बीमापत्र तीन वर्षों में परिपक्व होते हैं उन पर 92 से 97 प्रतिशत तक ऋण प्रदान किये जाते हैं, ऋण की वापसी न होने पर बीमा निगम इस समर्पित मूल्य का प्रयोग करता है। ऋण तभी प्रदान किये जाते हैं जब उस बीमापत्र की जमानत पर पहले से कोई ऋण न लिया गया हो। वह बीमा-पत्रधारी जो प्रसंविदा करने के अयोग्य है ऋण नहीं पा सकता है। उन बीमापत्रों पर ऋण नहीं दिये जाते हैं जो मृत्युकर या सम्पदा कर भुगतान के लिए, विवाहित स्त्री सम्पत्ति अधिनियम 1874 के अन्तर्गत निर्गमित, वृत्ति बीमापत्र, संतान विलम्बित बीमापत्र, शुद्ध बन्दोबस्ती बीमापत्र, अस्थायी बीमापत्र और जनता बीमापत्र हैं। ऐसे बीमापत्र पर भी ऋण नहीं दिये जाते हैं जिन पर विदेशी विनिमय नियंत्रण लागू होता है या जिन पर कुर्की के आदेश जारी किये गये हैं या अधिकार तथा अभिहस्तांकन स्पष्ट नहीं हैं या जहाँ पर कपटपूर्ण वर्णन का सन्देह है। दिये गये ऋण पर ब्याज की दर छः प्रतिशत वार्षिक है जो अर्द्धवार्षिक दर से चक्रवृद्धि ब्याज बनेगी। ऋण की न्यूनतम अवधि 6 महीने है, इसके अन्दर भुगतान किये गये ऋण पर 6 महीने का ब्याज लगेगा लेकिन इस बीच मृत्यु और परिपक्वता पर केवल उतने समय के लिए ब्याज लगेगा।

प्रव्याजि भुगतान की तरह से ब्याज भुगतान के लिए अनुग्रह दिवस दिये जाते हैं। वैधानिक रूप से ब्याज भुगतान न करने पर बीमापत्र का समर्पण किया जा सकता है, परन्तु व्यावहारिक जीवन में ब्याज का भुगतान $2\frac{1}{2}$ वर्ष तक चालू बीमापत्र में और $1\frac{1}{2}$ वर्ष तक

प्रदत्त बीमापत्र में न करने पर बीमापत्र का समर्पण किया जाता है। ऋण का भुगतान एक मुश्त या किस्तों में किया जा सकता है।

साधारण दशाओं में ऋण अवयस्क को नहीं प्रदान किये जाते हैं, परन्तु उसकी आवश्यक आवश्यकताओं के लिए अवयस्क अभिहस्तांकिकी को ऋण प्रदान किये जाते हैं लेकिन इसके अभिभावक का होना आवश्यक है जो यह घोषणा कर सके कि ऋण का प्रयोग केवल उसकी (अवयस्क) आवश्यकताओं के लिए प्रयोग की जायेगी और उसके लिए कोई अन्य कोष उपलब्ध नहीं है। अस्वस्थ मस्तिष्क व्यक्तियों के लिए उसके प्रबन्धक को ऋण दिये जा सकते हैं बशर्ते कि उसे ऋण लेने का अधिकार हो। दिवालियों को तब तक ऋण नहीं मिल सकता जब तक वे मुक्त न किये जायें। विवाहित स्त्री सम्पत्ति अधिनियम के अन्तर्गत नियुक्त प्रत्याशियों को ऋण प्रदान किये जायेंगे बशर्ते कि वे इसके लिए अधिकृत हों।

(4) अधिलाभांश का अधिकार—केवल उन्हीं बीमापत्रधारियों को अधिलाभांश प्राप्त करने का अधिकार है जो लाभ सहित बीमापत्र खरीदे हुए हैं। अधिलाभांश घोषणा के कई तरीके हैं, परन्तु जीवन बीमा निगम परिवर्तनीय अधिलाभांश घोषित करता है, जिसमें इसकी रकम का भुगतान बीमापत्र के भुगतान के समय किया जाता है। लेकिन उसके पहले बीमापत्र के समर्पण पर भी इसका भुगतान पा सकते हैं। इसके समर्पित मूल्य की गणना उसी प्रकार की जायेगी जिस प्रकार बीमापत्र के समर्पित मूल्य की की जाती है। अंतर केवल इतना है कि अधिलाभांश में केवल घोषित अधिलाभांश का ही समर्पण मूल्य निकाला जाता है और बीमापत्र में प्रदत्त मूल्य का समर्पण मूल्य निकाला जाता है।

(5) खोये हुए बीमापत्र की स्थापना—बीमापत्र जैसे ही खो जाय या नष्ट हो जाय बीमापत्रधारी को इसकी सूचना तुरंत जीवन बीमा निमग को देनी चाहिए साथ ही खो जाने का कारण, परिस्थिति और उसको ढूँढ़ने का प्रयास आदि के सम्बन्ध में पूरी सूचना देनी चाहिए। बीमापत्र की हानि का सन्तोषप्रद प्रमाणपत्र प्राप्त हो जाने पर निगम एक प्रतिलिपि बीमापत्र निर्गमित करेगा, लेकिन इसके लिए बीमापत्रधारी को खोने की सूचना समाचार पत्र द्वारा देना आवश्यक है। इसके बाद बीमाकर्ता को इस सूचना की नकल देनी आवश्यक है। प्रतिलिपि बीमापत्र प्राप्त करने के लिए स्टाम्प आदि के खर्चे बीमादार को स्वयं देना होगा। नया बीमापत्र देने के पूर्व बीमाकर्ता बीमादार से क्षतिपूरक बन्ध अथवा स्वीकारोक्ति अथवा दोनों ही ले सकता है ताकि खोये बीमा-पत्र पर वह भुगतान न ले सके।

(6) लाभार्थी बदलने का अधिकार—बीमादार बीमित रकम प्राप्त करने वाले व्यक्तियों को बदल सकता है, कुछ नये व्यक्तियों को शामिल भी कर सकता है या भुगतान प्राप्तकर्ता के अधिकारों में परिवर्तन कर सकता है, लेकिन ऐसा करने में कुछ प्रतिबन्ध है जो आगे वर्णित है।

खण्डित बीमापत्र की शर्तें

प्रव्याजि की रकम का भुगतान अनुग्रह दिवस में न कर सकने में बीमा प्रसंविदा खंडित (Lapse) हो जाता है तथा बीमाकर्ता अपने दायित्व से मुक्त हो जाता है और बीमादार को बीमा से मिलने वाली सुविधायें समाप्त हो जाती हैं। बीमा प्रसंविदा के खंडित होने पर बीमाकर्ता, बीमादार और बीमा अभिकर्ता तीनों को हानि होती है। बीमाकर्ता को भविष्य में मिलने वाली प्रव्याजि मिल नहीं पाती है, चालू व्यापार में कमी आ जाती है, किये गये व्यय व्यर्थ हो जाते हैं और जोखिम में वृद्धि हो जाती है, क्योंकि चालू व्यापार में अधो-जीवित (Sub-Standard) के बीमा अधिक रहेंगे। इन प्रत्यक्ष हानियों के विपरीत बीमा व्यवसाय को अप्रत्यक्ष हानि भी होती है। उसकी साख में कमी आती है, नया व्यापार में

ज्यादा वृद्धि नहीं होती, क्योंकि लोगों की धारणा यह बनती है कि अमुक बीमाकर्ता प्रव्याजि लेकर उसे जब्त करने के पक्ष में है। बीमादार को खण्डन के कारण बीमा का लाभ नहीं मिल पाता, साथ ही दी गई प्रव्याजि वैधानिक रूप से जब्त हो सकती है, परन्तु व्यावहारिक जीवन में दी गयी प्रव्याजि का कुछ अंश लौटा दिया जाता है। बीमा अभिकर्ता को खण्डित बीमापत्र पर कमीशन नहीं मिल पाता तथा उसकी साख गिर जाती है। इन सब कारणों से बीमाकर्ता बीमा खण्डन बचाने का प्रयास करता है और खण्डन हो जाने पर दी गई सम्पूर्ण रकम को जब्त करता है।

(1) स्वत: प्रव्याजि ऋण (Automatic Premium Loan)—जो बीमापत्र तीन वर्ष तक चालू रहता है उस पर समर्पित मूल्य एकत्र हो जाता है। इस समर्पित मूल्य का प्रयोग प्रव्याजि के भुगतान न कर सकने में किया जाता है। अनुग्रह दिवस के अन्दर प्रव्याजि भुगतान न कर सकने में प्रव्याजि का भुगतान समर्पण मूल्य से तब तक किया जाता रहेगा जब तक समर्पण मूल्य अदत्त प्रव्याजि की रकम और उस पर ब्याज के बराबर न हो जाय। स्वत: प्रव्याजि ऋण दो प्रकार से होता है (1) सीमित तथा (2) असीमित। यदि बीमापत्र को चालू रखने के लिए एक सीमित अवधि तक समर्पण मूल्य का प्रयोग किया जाय तब इसे सीमित स्वत: प्रव्याजि ऋण कहते हैं। दूसरी तरफ यदि समर्पण मूल्य के प्रयोग की कोई अवधि न हो तो उसे असीमित स्वत: प्रव्याजि ऋण कहते हैं। जीवन बीमा निगम में संतान विलम्बित बीमापत्र को छोड़कर अन्य बीमापत्रों पर ही यह वाक्य लागू होता है। इस पद्धति का एक दोष यह है कि समर्पित मूल्य का प्रयोग अदत्त और ब्याज चुकाने के बाद कुछ भी नहीं बचता और बीमादार समर्पित मूल्य की कोई रकम नहीं पाता; लेकिन लाभ यह है कि जब तक बीमापत्र इस प्रकार चलता रहेगा उसे बिना प्रव्याजि भुगतान के लाभ मिलेगा। यदि बीमादार की मृत्यु इस अवधि में हो जाती है तो उसे अदत्त प्रव्याजि और ब्याज की रकम काटकर बीमित रकम का शेष भाग भुगतान कर दिया जायेगा साथ ही बीमादार को यह विकल्प रहता है कि वह अदत्त प्रव्याजि और ब्याज का भुगतान करके बीमापत्र को पुन: शुरू कर सकता है। इसके लिए चिकित्सा परीक्षण की आवश्यकता नहीं होगी। जीवन बीमा निगम के विभागीय कार्यालय द्वारा स्वत: प्रव्याजि ऋण की सूचना बीमादार को प्राय: बीमापत्र खंडित होने के छ: महीने बाद दी जाती है। उसके बाद भी समय-समय पर उसे यह सूचना दी जाती है कि समर्पित मूल्य कितना बाकी है।

(2) खण्डित बीमापत्र का पुनर्चालन (Revival of Lapsed Policies)—जब प्रव्याजि का भुगतान अनुग्रह दिवस के अन्दर नहीं किया जाता तो बीमापत्र खंडित हो जाता है परन्तु उसे बीमित व्यक्ति के जीवन के तथा प्रथम अदत्त प्रव्याजि की देय तिथि के 5 वर्ष के अन्दर और परिपक्वता के पहले पुनर्जीवित या पुनर्चालन किया जा सकता है।

देय तिथि के 6 महीने के अन्दर बिना किसी डाक्टरी परीक्षा के बीमापत्र को पुनर्चालित किया जा सकता है और इसके लिए बकाया प्रव्याजि पर $\frac{1}{2}$ प्रतिशत प्रति मास के हिसाब से ब्याज भी लिया जायेगा, लेकिन कम से कम पचास पैसा अवश्य लिया जायगा। इस छ: महीने की अवधि के बाद और देय तिथि के 5 वर्ष के अन्दर चिकित्सा परीक्षा के उपरान्त ही बीमापत्र को पुनर्चालित किया जा सकता है। चिकित्सा परीक्षण का शुल्क बीमादार को देना होगा। पुनर्चालन एक नया प्रसंविदा है, इसलिए बीमाकर्ता चाहे तो नयी शर्तें लगा सकता है।

खंडित बीमापत्र का पुनर्चलन छ: महीने के अन्दर शाखा कार्यालय द्वारा किया जा सकता है लेकिन उसके बाद विभागीय कार्यालय द्वारा ही सम्भव है। यदि बीमापत्र की

रकम दस हजार रुपये या उससे कम है तो केवल साधारण चिकित्सा सूचना की आवश्यकता होती है; बीमापत्र की रकम दस हजार रुपये से अधिक और 25 हजार या उससे कम होने पर खंडित तिथि के दो वर्ष बाद ही पूर्ण चिकित्सा की आवश्यकता होती है और अन्य दशाओं में हमेशा पूर्ण चिकित्सा की आवश्यकता रहती है। चिकित्सा परीक्षा के बाद यदि बीमाकर्ता सन्तुष्ट हो जाय कि उसके स्वास्थ्य, वैयक्तिक एवं पारिवारिक इतिहास तथा पेशे में कोई प्रतिकूल परिवर्तन नहीं हुआ है तो वह पुनर्चालन के लिए अपनी स्वीकृति दे सकता है। अदत्त प्रव्याजि और उस पर 6 प्रतिशत वार्षिक दर से अर्द्धवार्षिक चक्रवृद्धि ब्याज देने के पश्चात् खंडित बीमापत्र को पुनर्चलन किया जा सकता है।

(3) विशेष पुनर्चलन योजना (Special Revival Scheme)—उपरोक्त सामान्य पुनर्चालन योजना के अन्तर्गत बहुत से बीमापत्रधारी बकाया प्रव्याजि और उस पर ब्याज देने में असमर्थ रहते हैं। इस परेशानी को दूर करने और बीमापत्रधारियों को सस्ता पुनर्चालन प्रदान करने के लिए इस विशेष पुनर्चालन योजना को जीवन बीमा निगम द्वारा चलाया गया है। इस योजना के अन्तर्गत दी गई प्रव्याजि के आधार पर बीमापत्र की जोखिम तिथि को आगे किया जाता है। पुनर्चलन तिथि के अनुसार नई जोखिम तिथि की गणना की जायेगी क्योंकि इस नई तिथि का प्रारम्भ उसी दिन से होगा जिस दिन दी गयी प्रव्याजि पुनर्चलन तिथि तक पर्याप्त हो। इस योजना के अन्तर्गत एक नया बीमापत्र निर्गमित किया जाता है और इसकी योजना एवं अवधि वही होती है जो पुराने बीमापत्र में थी, बशर्ते कि जीवन बीमा निगम द्वारा निर्धारित अधिकतम उम्र से अधिक न हो। इस नये बीमापत्र पर नयी दर से प्रव्याजि की गणना की जायेगी जो नयी जोखिम तिथि पर बीमादार की उम्र पर आधारित होगी। बीमादार को इस नयी प्रव्याजि दर के आधार पर पिछली दी गयी प्रव्याजि के अन्तर को उस पर 6 प्रतिशत वार्षिक जो अर्द्धवार्षिक चक्रवृद्धि पर निश्चित की जायेगी, ब्याज देना होगा और भविष्य में इसी दर ही से प्रव्याजि दी जायेगी। पुनर्चलन के समय नयी प्रव्याजि दर से उसे कम से कम तीन महीने की प्रव्याजि देनी होगी। इस प्रकार उसे बकाया प्रव्याजि और उस पर ब्याज देना होगा। इस पुनर्चालन के लिए निम्नलिखित शर्तें आवश्यक हैं।

(अ) बीमापत्र पर समर्पित मूल्य प्राप्त न हुआ हो तो बीमापत्र पर 2 वर्ष की प्रव्याजि देने या प्रव्याजि की संख्या का दसवाँ हिस्सा, बशर्ते कि यह एक वर्ष की प्रव्याजि से अधिक हो, देने के बाद समर्पित मूल्य प्राप्त होता है।

(ब) खण्डन तिथि के बाद 9 महीने से कम और 2 वर्ष से ज्यादा समय व्यतीत न हुआ हो।

(स) यह पुनर्चालन एक बीमापत्र पर केवल एक बार स्वीकृत है।

नये बीमापत्र में पुराने बीमापत्र के सभी नामांकिकी या अभिहस्तांकिकी शामिल किये जायेंगे। नये बीमा-पत्र की संख्या भी वही होगी जो पुराने बीमा-पत्र की संख्या थी। सर्वप्रथम बीमादार को पुनर्चलन के लिए चिकित्सा शुल्क देना पड़ता है और बाद में बीमाकर्ता इस शुल्क को लौटा देगा, लेकिन यह सुविधा उसे केवल एक बार ही उपलब्ध है।

(4) प्रदत्त बीमापत्र का अधिकार (Paid up Policies)—यदि बीमा-पत्रधारी प्रव्याजि का भुगतान न कर सकने के कारण अपने बीमापत्र को चालू नहीं रख सकता तो वह अपने बीमापत्र को प्रदत्त बीमापत्र में बदलवा सकता है। प्रदत्त बीमापत्र की सुविधा तभी उपलब्ध होगी जब कम से कम दो वर्ष की प्रव्याजि का भुगतान किया जा चुका

है। प्रदत्त बीमा-पत्र में बीमा की रकम उस अनुपात में कम हो जायेगी जो अनुपात दी गई प्रव्याजि की संख्या का कुल प्रव्याजि की संख्या में है; बशर्ते कि इसकी रकम 100 रुपये से कम नहीं है, यदि बीमा की रकम एक हजार या उससे ज्यादा है और 50 रुपये से कम नहीं है, यदि बीमा की रकम एक हजार रुपये से कम है। प्रदत्त बीमापत्र में भविष्य की प्रव्याजि का भुगतान नहीं करना पड़ता है। इस पर देय अधिलाभांश की रकम इस बीमे से सम्बद्ध रहेगी, परन्तु भविष्य के अधिलाभांश को प्राप्त करने का अधिकार समाप्त हो जाता है। प्रदत्त बीमा की सुविधा प्राय: उन बीमापत्रों में मिलती है जहाँ प्रव्याजि की रकम निश्चित है परन्तु निगम आजीवन बीमापत्रों पर भी प्रदत्त बीमा की सुविधा प्रदान करता है। इस प्रदत्त बीमा की सुविधा स्वत: प्राप्त होती रहती है यदि 2 वर्ष की प्रव्याजि का भुगतान किया गया है। आजीवन बीमा पर प्रदत्त मूल्य की गणना $\left(1 - \frac{\text{द}}{(\text{द} + \text{न})} \times \text{बीमित रकम}\right)$ के सूत्र द्वारा निश्चित की जाती है जिसमें द से तात्पर्य बीमा खरीदते समय प्रव्याजि दर से, (द + न) से तात्पर्य प्रदत्त के समय उम्र के अनुसार प्रव्याजि से है। जैसे यदि प्रव्याजि की रकम बीमा खरीदते समय (30 वर्ष की उम्र पर) 25 रुपये और प्रदत्त 50 वर्ष की उम्र पर) 50 रुपये है तो बीमित रकम 10 हजार रुपये होने पर $1 - \frac{25}{50} \times 10{,}000$ रुपये पर 5,000 रुपये प्रदत्त मूल्य होगा।

प्रदत्त बीमापत्र के अन्तर्गत एक विशेष सुविधा बीमापत्रधारी को प्राप्त है। यदि तीन वर्ष की प्रव्याजि का लगातार भुगतान करने के बाद आगामी प्रव्याजि का भुगतान नहीं हो पाता और बीमित व्यक्ति की मृत्यु देय तिथि के 6 महीने के अन्दर होती है तो बीमित रकम में से अदत्त प्रव्याजि और उस पर ब्याज तथा उस वर्ष की देय प्रव्याजि घटाने के बाद शेष रकम का भुगतान कर दिया जाता है। उस समय प्रदत्त बीमित रकम के भुगतान का प्रश्न ही नहीं उठता।

(5) अन-आहृत-उपकार (Non-forfeiture Benefit)—प्रत्येक प्रव्याजि के भुगतान करने के कारण बीमाकर्ता के पास एक संचित रकम बढ़ती रहती है। यह संचित रकम अधिकांश बीमापत्रों पर एकत्र होती है। यदि बीमापत्रधारी किसी समय प्रव्याजि का भुगतान न कर सके तो सैद्धान्तिक रूप से दी गयी प्रव्याजि जब्त हो जानी चाहिये, क्योंकि इस बीच यदि बीमित व्यक्ति की मृत्यु होती तो बीमाकर्ता को पूरी बीमा की रकम का भुगतान करना पड़ता। लेकिन व्यावहारिक जीवन में बीमादारों के हितों के लिये बीमाकर्ता द्वारा संचित प्रव्याजि में से खर्चे घटाने के बाद प्राय: भुगतान कर दिया जाता है। भारतीय बीमा अधिनियम की धारा 113 के अनुसार कुछ ऐसे अधिकार बीमादारों को दिये गये हैं जिन्हें अन-आहृत-अधिकार कहते हैं। बीमादारों के हितों की रक्षा के लिये प्रव्याजि भुगतान न कर सकने पर निम्नलिखित उपकार या लाभ उपलब्ध रहते हैं।

(क) नकद समर्पित मूल्य—बीमा अधिनियम के प्रावधान के अनुसार जिस बीमा-पत्र पर तीन वर्ष की प्रव्याजि दी जा चुकी है समर्पित मूल्य प्राप्त करने का अधिकार रखता है। लेकिन व्यावहारिक जीवन में केवल दो वर्ष की प्रव्याजि या कुल प्रव्याजि के $\frac{1}{10}$ भाग जो वार्षिक प्रव्याजि से अधिक हो, देने मात्र से समर्पित मूल्य प्राप्त करने का अधिकार है। कुछ बीमापत्रों पर निश्चित या प्रत्याभूत (Guarnteed) समर्पित मूल्य दिया जाता है जिनमें

से आजीवन बीमापत्र, बन्दोबस्ती बीमापत्र, दोहरा बन्दोबस्ती बीमापत्र और संयुक्त जीवन बीमापत्र मुख्य हैं। इस समर्पित मूल्य के अन्तर्गत कुल दी गयी प्रव्याजि में से प्रथम प्रव्याजि और अतिरिक्त प्रव्याजि घटा देने से बची रकम का 30 प्रतिशत नकद दिया जा सकता है। सलाभ बीमा में प्रयुक्त अधिलाभांश भी दिया जाता है। इस न्यूनतम समर्पित रकम में समय के साथ वृद्धि होती रहती है, क्योंकि संचय में लगातार वृद्धि होती रहती है और खर्चों में प्राय: कमी होती रहती है।

जीवन बीमा निगम के नियमों के अनुसार समर्पित मूल्य की एक तालिका तैयार की गयी है जिसमें दी गयी प्रव्याजि और बीमापत्र के प्रकार के अनुसार समर्पित मूल्य की गणना की गयी है। समर्पित मूल्य की नकद रकम प्राप्त करने के लिये उन सभी आवश्यकताओं को पूरा करना होता है जो परिपक्वता पर भुगतान के लिये आवश्यक हैं। एक भुगतान प्रपत्र और बीमापत्र के रद्द करने का प्रपत्र तथा अभिहस्तांकन न करने की घोषणा देना आवश्यक है। समर्पित मूल्य देने के पहले यदि कोई ऋण और ब्याज बकाया है तो उसे घटाकर बाकी रकम का भुगतान किया जाता है। अभिहस्तांकन की दशा में भुगतान प्रपत्र (Discharge form) पर हस्ताक्षर अभिहस्तांकिकी ही करता है। लेकिन यदि यह शर्त पूर्ण अभिहस्तांकन है तो बीमापत्रधारी और अभिहस्तांकिकी दोनों को हस्ताक्षर करना होता है।

कोई भी व्यक्ति जो प्रसंविदा की क्षमता रखता हो और बीमापत्र में उसका अधिकार, हित और स्वत्वाधिकार हो, बीमापत्र को समर्पित कर सकता है। इसी कारण से अवयस्क, पागल एवं अविमुक्त दिवालिये बीमापत्र को समर्पित नहीं कर सकते। लेकिन इसके हितों के लिये क्रमश: अभिभावक, नियुक्त प्रबन्धक और सरकारी प्राप्तकर्ता द्वारा समर्पित किया जा सकता है। समर्पण के 6 महीने के अन्दर उस बीमापत्र को पुनर्स्थापित किया जा सकता है, इसके लिये दिया गया समर्पित मूल्य 6 प्रतिशत वार्षिक, अर्द्धवार्षिक चक्रवृद्धि ब्याज पर देना पड़ता है। चिकित्सा परीक्षा की भी आवश्यकता होती है। नये बीमापत्र निगर्मन के लिये खर्चे बीमादार को सहन करने पड़ते हैं। समर्पण करने के बाद बीमाकर्ता की जिम्मेदारी समाप्त हो जाती है।

विस्तीर्ण अवधि बीमा—बीमापत्र के खण्डन के समय संचित रकम से बीमापत्र उतने समय तक चलता रहेगा जितने समय के लिये वह रकम एकल प्रव्याजि के रूप में हो। बीमापत्र की रकम में कोई परिवर्तन नहीं होगा लेकिन पर्याप्त बीमा की अवधि में परिवर्तन हो जायेगा तथापि यह अवधि अधिकतम अवधि या पूर्व निर्धारित अवधि से ज्यादा नहीं होगी। यह बीमापत्र उन व्यक्तियों के लिए लाभप्रद होगा जो अपने को प्रव्याजि की रकम अदा करने में असमर्थ पाते हैं। जीवन बीमा के राष्ट्रीयकरण के पहले ऐसी शर्तें बीमापत्र में दी रहती थीं, परन्तु जीवन बीमा निगम में ऐसा नहीं है। इस बीमा-पत्र में अवधि के अन्दर मृत्यु होने पर ही भुगतान किया जाता है, क्योंकि यह एक अवधि (Term) बीमा होता है। हालाँकि मृत्यु न होने पर कभी-कभी थोड़ी रकम वापस दी जाती है। उदाहरण के लिए एक व्यक्ति ने 20 वर्ष तक के लिये 25 वर्ष की अवधि में 10 हजार का बीमा कराया। यदि 5 वर्ष तक प्रव्याजि देने के बाद वह व्यक्ति 'विस्तीर्ण अवधि बीमा' लेना चाहता है तो बीमाकर्ता को यह देखना पड़ता है कि इस समय तक दी गयी प्रव्याजि के समर्पित मूल्य से 10 हजार रुपये का अवधि बीमा (Term Insurance) कितने दिन तक खरीदा जा सकता है। जितनी अवधि के लिए यह अवधि बीमा चालू रहेगा उतनी अवधि को तथा अन्य नवीन शर्तें मूल बीमापत्र में पृष्ठांकित कर दी जायेंगी। इस अवधि के अन्दर मृत्यु होने पर बीमादार के उत्तराधिकारी को भुगतान कर दिया जाता है। यदि वह जीवित रहा तो उसे किसी भी रकम का भुगतान नहीं होगा या बहुत थोड़ी रकम का भुगतान किया

जायेगा। यदि बीमादार विस्तीर्ण अवधि बीमा लेने के पहले कुछ ऋण बीमकर्ता से लिये था तो इस ऋण की रकम और उस पर ब्याज चुकता करने के बाद बची रकम से इस बीमापत्र को खरीदा जा सकता है।

इन दो दशाओं के अतिरिक्त अन-आहृत-उपकार अन्य कई प्रकार से उपलब्ध हैं जिसका वर्णन समर्पित मूल्य वाले अध्याय में विस्तार से किया गया है।

बीमापत्र पर प्रतिबन्ध

(1) उम्र का प्रमाणपत्र (Proof of Age)—प्रव्याजि की गणना उम्र के आधार पर की जाती है। इसलिये उम्र का प्रमाण प्राप्त करना बहुत आवश्यक है साथ ही यदि बाद में उम्र अधिक साबित हुई तो उसके अनुसार बढ़ी हुई प्रव्याजि और उस पर ब्याज देना पड़ेगा। यदि इसका भुगतान न किया जा सका तो बीमित रकम के भुगतान के समय इस प्रव्याजि के अन्तर और उस पर 6 प्रतिशत वार्षिक अर्द्धवार्षिक चक्रवृद्धि दर से ब्याज देना पड़ेगा जो बीमादार को अत्यन्त कष्टप्रद होगा। इसके अतिरिक्त यदि उम्र को जानबूझकर धोखा देने के लिये बहुत कम बताया गया होगा तो वह बीमापत्र व्यवर्जित (viod) होगा और इसके अन्तर्गत उपलब्ध सभी लाभ समाप्त हो जायेंगे तथा दी गयी सभी प्रव्याजि निगम द्वारा जब्त कर ली जायेगी, बशर्ते कि उसके लिए अन्य कोई उपाय या सुविधा उपलब्ध न हो। वैसे तो उम्र का प्रमाण-पत्र अध्यर्थन के भुगतान के समय या बीमा कराते समय दिया जा सकता है, परन्तु व्यावहारिक जीवन में उपरोक्त कठिनाइयों को बचाने के लिये बीमा के शुरू में भी प्रमाण-पत्र निम्नलिखित दशाओं में बीमापत्र निर्गमन के पहले अत्यावश्यक है।

(1) जहाँ बीमित व्यक्ति की उम्र 20 वर्ष से कम या 50 वर्ष से अधिक है।

(2) संतान विलम्बित बीमापत्र

(3) वृत्ति (वार्षिक) बीमापत्र

(4) वेतन बचत योजना (Salary Savings Scheme) के अन्तर्गत निर्गमित बीमा-पत्र

परन्तु शुद्ध बन्दोबस्ती बीमा के अन्दर उम्र के प्रमाण की जरूरत नहीं होती, क्योंकि प्रव्याजि की गणना इसके अन्दर उम्र पर आधारित नहीं है।

उम्र के लिये निम्नलिखित प्रमाण-पत्र स्वीकृत हैं—

(1) म्युनिसिपल कमेटी द्वारा अन्य इसी प्रकार के लेख द्वारा जन्म के समय तैयार किये गये थे।

(2) जन्म के समय तैयार की गयी मौलिक जन्म पत्री। शादी के या यज्ञोपवीत के समय तैयार की गयी जन्म-पत्री भी स्वीकृत है। जन्म-पत्री की गहराई से जाँच की जाती है क्योंकि इसमें धोखा होने का अवसर रहता है। जन्म-पत्री जो बीमित व्यक्ति के उम्र प्रमाण करने के लिये बनायी गयी होगी, अमान्य है।

(3) बैपटिज्म प्रमाण-पत्र या परिवार बाइबिल से प्राप्त प्रमाण-पत्र यदि ये उम्र और जन्म तिथि को शामिल करते हों, रोमन कैथोलिक्स के लिए विवाह के लिए विवाह प्रमाण-पत्र भी स्वीकार है।

(4) स्कूल या कालेज का प्रमाण-पत्र यदि ये जन्म तिथि का उल्लेख करते हों।

(5) उन व्यक्तियों के सेवा रजिस्टर (Service Register) से प्राप्त प्रमाण-पत्र जो सरकारी या अर्द्धसरकारी या प्रसिद्ध व्यापारिक और औद्योगिक संस्थाओं में कार्य करते हों। इसके अतिरिक्त अन्य संस्थाओं द्वारा दिया गया प्रमाण-पत्र भी स्वीकृत हो सकता है बशर्ते ये नियुक्ति के समय उम्र के प्रमाण को माँगते हों।

(6) देशान्तरण प्रमाण-पत्र यदि उसमें जन्म तिथि लिखी गयी हो।

यदि उपरोक्त में से किसी भी प्रकार का प्रमाण-पत्र न दिया जा सके तो किसी अधिवृद्धि सम्बन्धी या मित्र द्वारा की गयी उम्र घोषणा (Declaration of Age) को भी स्वीकार किया जायेगा बशर्ते यह घोषणा व्यक्तिगत जानकारी पर की गयी हो तथा इसको किसी मजिस्ट्रेट या शपथ दिलाने वाले अधिकारी के समक्ष प्रमाणित और हस्ताक्षरित किया गया हो। लेकिन यदि इस घोषण और प्रस्ताव प्रपत्र में उल्लिखित उम्र में अन्तर हो तो अधिक उम्र ही स्वीकार की जायेगी। इस घोषण या चिकित्सा परीक्षक के प्रमाण के अन्तर्गत केवल बन्दोबस्ती बीमा 20 वर्ष के निर्गमित किया जायेगा बशर्ते वह 55 वर्ष से अधिक परिपक्वता के समय न हो सके। ग्रामीण क्षेत्रों के बीमापात्रों की उम्र को तहसीलदार, विकास अधिकारी या पंचायत के सदस्य द्वारा प्रमाणित किया जा सकता है।

यदि बीमापत्र में उल्लिखित उम्र प्रमाणित उम्र के बराबर हो तो उम्र स्वीकृत प्रमाण-पत्र बीमादार को निर्गमित कर दिया जाता है। उम्र कम साबित होने पर एकत्र की हुई अतिरिक्त प्रव्याजि बीमापत्रधारी को लौटा दी जाती है और नयी प्रव्याजि को बीमा-पत्र में लिख दिया जाता है। यदि किसी कारण से बीमित व्यक्ति इस प्रकार प्रव्याजि की दर में सुधार करने को तैयार नहीं होता है तो दी गयी प्रव्याजि को खर्चे घटा करके बीमित व्यक्ति को लौटा दी जायेगी। अवयस्क के सम्बन्ध में नया बीमापत्र निर्गमित किया जाता है। यदि उम्र अधिक साबित होती है तो उस बीमापत्र की तिथि को उसी वर्ष पीछे किया जा सकता है और यदि उम्र में दो वर्ष या अधिक समय का अन्तर है तो उसी प्रकार उसी वर्ष उम्र में तथा बीमा की तिथि को परिवर्तन करके प्रव्याजि की रकम में परिवर्तन किया जा सकता है। तीसरा तरीका यह है कि बीमापत्र की तिथि वही रखी जाये परन्तु प्रव्याजि बढ़ी हुई उम्र से लिया जाये। यदि बीमापत्र की मौलिक अवधि अधिकतम अवधि से अधिक पड़ती हो तो उसे अधिकतम अवधि तक सीमित किया जायेगा। उम्र अधिक होने तथा प्रव्याजि में परिवर्तन होने के कारण बढ़ी हुई प्रव्याजि के अन्तर को बीमा के शुरू में ब्याज सहित लिया जाता है।

जन्म तिथि में अन्तर होने पर यदि उम्र बदलती नहीं है और परिणामस्वरूप प्रव्याजि में परिवर्तन नहीं होता है तो उसको बीमापत्र में लिखा दिया जाता है और अन्य किसी प्रकार का परिवर्तन नहीं किया जाता है।

(1) आत्महत्या (Suicide)—इस शर्त के कारण एक निश्चित समय में आत्महत्या करने पर बीमा व्यर्थ हो जाता है बीमाकर्ता द्वारा दी गयी प्रव्याजि जब्त कर ली जाती है। अभिहस्तांकिकी और तीसरे पक्ष के हित के लिए बीमापत्र में यह स्पष्ट रहता है कि आत्महत्या के कारण उन व्यक्तियों का हित सुरक्षित रहेगा। जीवन बीमा निगम में इसके लिए एक वाक्य दिया हुआ है। बीमा की जोखिम शुरू होने के बाद और उसके एक वर्ष के अन्दर यदि कोई व्यक्ति आत्महत्या करता है, चाहे वह स्वस्थ या अस्वस्थ दिमाग का रहा हो, तो जीवन बीमा निगम की जिम्मेदारी उन व्यक्तियों के हित तक सीमित हो जाती है जो बीमापत्र में अपना सही और वास्तविक हित सिद्ध कर सकें और जो किसी मूल्यवान प्रतिफल के बदले में प्राप्त किया गया हो तथा जिसकी सूचना निगम को मृत्यु के कम से कम एक महीने पहले दी गयी है। इस हित के अतिरिक्त अन्य हित के लिये बीमा प्रसंविदा व्यर्थ हो जायेगा और सभी अध्यर्थन जो किसी अनुलाभ, लाभ या हित के सम्बन्ध में होंगे समाप्त हो जायेगा।

एक वर्ष की अवधि के बाद की गयी आत्महत्या का प्रसंविदा के ऊपर कोई प्रभाव नहीं पड़ता। अधिकांशत: यह देखा गया है कि कोई व्यक्ति अपने जीवन को जल्दी समाप्त

नहीं करना चाहता है। लेकिन यदि कोई जान-बूझकर इस कार्य को करने के लिये बीमा-पत्र खरीदता है तो वह एक वर्ष के अन्दर ऐसा कर लेगा। उसके बाद उसकी सामान्य स्थिति हो जायेगी और जीवन समाप्त करने में उसे भय लगेगा।

(2) बीमापत्र का नामांकन (Nomination) एवं अभिहस्तांकन (Assignment)—बीमित व्यक्ति की मृत्यु के बाद बीमा की रकम देने के लिये बीमादार बीमा पर नामांकन या अभिहस्तांकन करा लेते हैं। यह बीमापत्र निर्गमन के समय हो सकता है या उसके बाद परन्तु अध्यर्थन देय होने के पहले होना आवश्यक है ताकि बीमित रकम को प्राप्त करने में ज्यादा परेशानी नहीं होती। उधर बीमाकर्ता को भी भुगतान करने में आसानी होती है। इसकी अनुपस्थिति में अध्यर्थन (claim) की रकम प्राप्त करने के लिए कभी-कभी न्यायालय का सहारा लेना पड़ता है। परन्तु इन लेखों के कारण तत्सम्बन्धी परेशानी, श्रम, समय, और खर्चे से मुक्ति मिल जाती है। इसलिये बीमा लाभार्थी के नाम बीमापत्र का नामांकन या अभिहस्तांकन कर दिया जाता है।

नामांकन (Nomination)—बीमा अधिनियम 1938 की धारा 39 के अन्तर्गत नामांकन सम्बन्धी प्रावधान लिखे गये हैं जो इस प्रकार हैं—

(1) बीमापत्रधारी अपने जीवन में निर्गमित बीमापत्र को निर्गमन या उसके बाद लेकिन बीमापत्र पर भुगतान देय होने के पहले किसी एक या अधिक व्यक्ति को नामांकित कर सकता है जिसे बीमित व्यक्ति की मृत्यु पर बीमित रकम का भुगतान किया जायेगा। यदि नामांकिकी अवयस्क है तो उसके उपलक्ष में किसी व्यक्ति को अवयस्कता के समय बीमित रकम प्राप्त करने के लिए निर्धारित कर सकता है।

(2) इस प्रकार का नामांकन पृष्ठांकन द्वारा किया जायेगा। यदि बीमापत्र में यह पहले से उल्लिखित न हो तथा इसे बीमाकर्ता के सम्बन्धित रजिस्टर में लिखा दिया जायेगा। इस प्रकार के नामांकन को बीमा का भुगतान देय होने के पहले पृष्ठांकन (Endorsement) या वसीयतनामा (will) के द्वारा परिवर्तन या रद्द किया जा सकता है। लेकिन बीमाकर्ता इस परिवर्तन एवं समाप्ति से तब तक बाध्य नहीं होगा जब तक उसे इसकी सूचना न दी गयी हो।

(3) बीमाकर्ता एक रुपये का शुल्क लेकर इस प्रकार के अनुबन्ध (Registration), परिवर्तन (Change) और समाप्ति (Cancellation) के अनुबन्धन की लिखित स्वीकृति बीमापत्रधारी को देगा।

(4) धारा 38 के अन्तर्गत किये गये अभिहस्तांकन इस प्रकार के नामांकन को स्वतः रद्द कर देते हैं। लेकिन बीमाकर्ता को ऋण प्राप्त करने के प्रतिफल में किये गये नामांकन का अधिकार बीमाकर्ता के हित तक सुरक्षित रहता है और वह इस अभिहस्तांकन से उस सीमा तक रद्द नहीं होगा।

(5) यदि बीमित व्यक्ति के जीवन-काल में बीमा परिपक्व होता है या नामांकिकी की मृत्यु उस समय तक हो जाती है; तो बीमित रकम का भुगतान बीमापत्रधारी या उसके उत्तराधिकारी या वैधानिक प्रतिनिधि या उत्तराधिकार प्रमाण-पत्र रखने वाले व्यक्ति को किया जाता है।

(6) यदि बीमित व्यक्ति की मृत्यु के बाद नामांकिकी जीवित रहता है तो उसे बीमा की रकम देय होगी।

(7) बीमा अधिनियम की धारा उन बीमापत्रों पर लागू नहीं होगी जो विवाहित स्त्री सम्पत्ति अधिनियम 1874 की धारा 6 के अन्तर्गत निर्गमित किये गये हैं।

नामांकन का प्रभाव

(i) नामांकिकी बीमित रकम के भुगतान को प्राप्त करने का अधिकारी होगा और वह भुगतान प्राप्त करके उसकी वैधानिक रसीद दे सकेगा, लेकिन वह ऐसा तभी कर सकता है जब भुगतान के समय बीमापत्रधारी की मृत्यु हो गई है।

(ii) नामांकन का अधिकार बीमापत्रधारी को केवल अपने जीवन बीमापत्र पर प्राप्त है। जो व्यक्ति दूसरे व्यक्तियों के बीमापत्र रखते हैं उन्हें नामांकन का अधिकार प्राप्त नहीं है।

(iii) नामांकन से बीमापत्रधारी का बीमापत्र पर अधिकार समाप्त नहीं होता। इसके उपरान्त भी बीमापत्र बीमित व्यक्ति का रहेगा। वह अपने जीवनकाल में उसका किसी भी प्रकार से प्रयोग कर सकता है। नामांकिकी का इस बीमापत्र पर कोई औपचारिक हित (Beneficial Interest) नहीं रहता है, उसे बीमापात्र की केवल मृत्यु पर भुगतान प्राप्त करने का अधिकार है।

नामांकन का तरीका—प्रस्ताव के समय सम्बन्धित प्रश्न पर उत्तर देकर नामांकन किया जा सकता है। प्रस्ताव-प्रपत्र में यह प्रश्न रहता है कि प्रस्तावक किस व्यक्ति को नामांकित करना चाहता है। वह जिस व्यक्ति को नामांकित करना चाहे इस प्रश्न के सामने उसका नाम, पता और उससे सम्बन्ध लिख दे। यदि प्रस्ताव प्रपत्र बीमा निगम के पास पहुँच चुका है तो प्रस्तावक एक पत्र लिखकर नामांकिकी का नाम, पता और सम्बन्ध लिखकर धारा 39 के अन्तर्गत नामांकन का अनुरोध कर सकता है। इसका पूरा विवरण बीमापत्र तैयार होने के पहले उसमें लिख लिया जायेगा। यदि बीमापत्र तैयार हो चुका है तो नामांकन बीमापत्र की पीठ पर पृष्ठांकन करके बीमाकर्ता को इसकी सूचना देकर और उसे बीमाकर्ता के यहाँ अनुबन्ध कराके पूरा किया जा सकता है। बीमापत्र के अतिरिक्त अन्य किसी पत्र पर किये गये नामांकन व्यर्थ होंगे।

नामांकन के परिवर्तन—पृष्ठांकन या वसीयतनामे से नामांकन को रद्द या परिवर्तित किया जा सकता है। वसीयतनामे के आधार पर किये परिवर्तन की सूचना इसके कार्यकर्ता को बीमित व्यक्ति की मृत्यु के बाद देना पड़ता है क्योंकि वसीयतनामे का प्रभाव केवल मृत्यु के बाद ही होगा। यदि इस प्रकार सूचना प्राप्त हो चुकी है तो उसके अतिरिक्त भुगतान और अन्य प्रकार से नहीं किया जायेगा। पहले नामांकिकी को दूसरे नामांकिकी से हटा सकते हैं।

नामांकिकी का अधिकार—जब एक से अधिक नामांकिकी हों तो किसी नामांकिकी की मृत्यु पर जीवित नामांकिकी को भुगतान किया जायेगा। यदि कोई नामांकन निश्चित अंश में नामांकिकों का हित निर्धारित करता है तो वह नामांकन वैधानिक नहीं होगा कारण कि ऐसी दशा में जीवित नामांकिकों को अधिनियम की धारा 39 के अनुसार भुगतान नहीं किया जा सकेगा। इसी प्रकार यदि बच्चों और स्त्रियों का एक वर्ग (Class) के रूप में नामांकन नहीं किया गया है और उनमें आने वाले सभी बच्चे शामिल हो सके तो ऐसा भी नामांकन वास्तविक अर्थ नहीं रखता है जिस कारण से बीमित व्यक्तियों को इन व्यक्तियों (नामांकिकों), के नाम लिखने के लिये सलाह दिया जाता है। क्रमिक नामांकन व्यावहारिक होता है क्योंकि इसमें दूसरे नामांकिकी को भुगतान तभी मिलेगा जब पहला नामांकिकी भुगतान न ले सके या तीसरे नामांकिकी को भुगतान तब मिलेगा जब दूसरे नामांकिकी को भुगतान न मिल सके।

नामांकिकी को भुगतान तभी मिलेगा जब बीमापत्र बीमित व्यक्ति की मृत्यु के कारण परिपक्व हो और उस समय वह जीवित हो, इन दोनों में से किसी के अभाव पर नामांकिकी को भुगतान नहीं होगा।

यदि बीमापत्र अवधि व्यतीत होने के कारण परिपक्व हो रही है या बीमापत्रधारी एक निश्चित उम्र प्राप्त कर लेता है तो बीमापत्र की रकम बीमित व्यक्ति को भुगतान होगी, उसके नामांकिकी को नहीं होगी। यदि बीमित व्यक्ति की मृत्यु पर नामांकिकी की मृत्यु हो गई है तो नामांकिकी को भुगतान नहीं किया जायेगा और बीमित व्यक्ति के उत्तराधिकारी को भुगतान का अधिकार मिल जायेगा। यदि भुगतान के समय नामांकिकी और बीमित व्यक्ति दोनों की मृत्यु होती है परन्तु नामांकिकी की मृत्यु कुछ समय बाद होती है तब नामांकिकी के उत्तराधिकारी को भुगतान किया जायेगा।

प्रस्ताव के समय यदि प्रस्तावक किसी अपरिचित व्यक्ति जिसका बीमा योग्य हित नहीं है को नामांकित किया जाता है तो बीमा निगम उसकी जाँच करेगा और सन्तोषपूर्ण परिस्थिति में ही उसका बीमापत्र नामांकित किया जायेगा।

अवयस्क नामांकिकी—बीमित व्यक्ति को यह अधिकार दिया जाता है कि वह अवयस्क नामांकिकी के लिए भुगतान प्राप्त करने हेतु किसी व्यक्ति को नियुक्त कर सकता है, यह आवश्यक नहीं है कि वह व्यक्ति संरक्षक ही हो। इस व्यक्ति को दुबारा अभिहस्तांकन की दशा में नियुक्त नहीं किया जा सकता है। ऐसे व्यक्तियों की नियुक्ति को बीमित व्यक्ति कभी भी परिवर्तित या रद्द कर सकता है, इसकी सूचना बीमा निगम को देना आवश्यक है। नामांकन के अन्तर्गत भुगतान, भुगतान के स्थान पर आधारित है। यदि बीमा-पत्र उस स्थान को स्थानान्तरित होता है जहाँ पर नामांकन या इन व्यक्तियों की नियुक्ति का नियम लागू नहीं होता है, वहाँ यह नामांकन और नियुक्ति रद्द समझी जायेगी। नियुक्त व्यक्तियों को परिवर्तित या हटा सकते हैं परन्तु इसकी सूचना बीमापत्र सहित बीमा निगम को देना चाहिए जिससे तत्सम्बन्धित सुधार किया जा सके।

नामांकन का समय—बीमापत्र लिखे हुए नामांकन बीमापत्र के आरम्भ की तिथि से शुरू होता है। पृष्ठांकन की दशा में नामांकन का प्रारम्भ उसके रजिस्ट्रेशन की तिथि से होता है। यदि ऋण प्राप्त करने के लिए बीमापत्र ऋणदाता को सौंपा गया है तो उसका नामांकन नहीं किया जा सकता है। हालाँकि यदि जीवन बीमा निगम से ऋण लिया जाता है तो नामांकन सम्भव हो सकता है।

बीमापत्रधारी का अधिकार—नामांकन के बाद बीमापत्रधारी के अधिकार में कोई परिवर्तन नहीं होता। नामांकिकी को उसकी मृत्यु पर ही भुगतान प्राप्त करने का अधिकार है। नामांकिकी को किसी भी समय बदला या हटाया जा सकता है, इसके लिये सूचना देने की आवश्यकता नहीं है।

नामांकन का पंजीयन (Registration)—बीमाकर्ता पर नामांकन लागू होने के लिये यह उसके द्वारा पंजीयत हो तथा उसकी स्वीकृति बीमादार को दी गई हो। इसके अभाव में बीमाकर्ता बीमापत्र की रकम को बीमित व्यक्ति या उसके उत्तराधिकारी या अन्तिम रजिस्टर्ड नामांकिकी को दिया जा सकता है। वह नामांकिकी जिसे रजिस्टर्ड नहीं किया गया है, बीमापत्र की रकम प्राप्त करने के लिए बाध्य नहीं कर सकता है।

अभिहस्तांकन (Assignment)—बीमा अधिनियम 1938 की धारा 38 के अनुसार अभिहस्तांकन के नियमों को बताया गया है।

(1) जीवन बीमापत्र का हस्तांतरण या अभिहस्तांकन जो किसी प्रतिफल के लिये हो या बिना प्रतिफल के लिए बीमापत्र पर पृष्ठांकन करके या किसी अलग प्रपत्र पर किया जा सकता है जो हस्तांतरक या अभिहस्तांकन या उसके द्वारा पूर्ण अधिकृत अभिकर्ता द्वारा हस्ताक्षरित होना चाहिए तथा कम से कम एक साक्षी द्वारा प्रमाणित होना चाहिए जो हस्तांतरण या अभिहस्तांकन के तथ्यों को बता सके।

(2) यह हस्तांतरण या अभिहस्तांकन तभी पूर्ण और प्रभावशाली होगा जब इस पृष्ठांकन या प्रपत्र जो पूर्ण प्रमाणित है की लिखित सूचना और इस पृष्ठांकन या प्रपत्र या उसकी एक प्रतिलिपि जो हस्तांतरक और हस्तांकिकी या उसके पूर्ण अधिकृत अभिकर्ता द्वारा प्रामाणित हो बीमाकर्ता को दी गयी हो। लेकिन जब बीमाकर्ता ही हस्तांतरक या अभिहस्तांकिक होता है तो इस सूचना को देना आवश्यक नहीं है।

(3) उपरोक्त सूचना के आधार पर हस्तांतरण या अभिहस्तांकन की प्राथमिकता निश्चित की जायेगी। जहाँ पर एक से अधिक प्रपत्र इसके लिये हैं वहाँ इनके प्रेषण तिथि के आधार पर प्राथमिकता तय की जायेगी।

(4) इस सूचना के प्राप्त होने पर उसमें लिखी सूचनाएँ जैसे अभिहस्तांकिकी के नाम और उसकी तारीख बीमाकर्ता अपने यहाँ लिख लेता है और उसकी लिखित स्वीकृति एक रुपये का शुल्क देकर प्राप्त किया जा सकेगा जो अभिहस्तांकन की स्वीकृति का एक प्रमाण होगा।

(5) उपधारा 2 में दी गयी सूचना में दी गयी शर्तों और दशाओं के अनुकूल बीमाकर्ता इस सूचना के प्राप्त होने पर उन्हीं अभिहस्तांकिकी या हस्तांकिकी को मान्यता देगा जो इसमें लिखे हुए हैं और इस तिथि से वह बीमापत्र सम्बन्धी सभी अधिकार और दायित्व ग्रहण कर लेगा। जिसके लिए अभिहस्तांकक और हस्तांकक को पूर्व सूचना देना आवश्यक नहीं है।

(6) ऐसा अभिहस्तांकन जो बीमित व्यक्ति के जीवन पर किसी निश्चित घटना के घटित होने पर अप्रभावपूर्ण या हित में परिवर्तन करता है और किसी जीवित व्यक्ति को हस्तांतरित करता है तो ऐसा अभिहस्तांकन मान्य है। दूसरे शब्दों में बीमा अभिहस्तांकन शर्तयुक्त भी हो सकता है।

अभिहस्तांकन का प्रभाव—अभिहस्तांकन के परिणामस्वरूप बीमापत्र के सभी अधिकार और दायित्व अभिहस्तांकिकी को हस्तांतरित हो जायेंगे बशर्ते कि उस पर कोई शर्त न लगी हो। शर्तयुक्त अभिहस्तांकन मान्य है। बीमापत्र पर अधिकार और हित रखने वाला कोई भी व्यक्ति अभिहस्तांकन को पूरा कर सकता है। यह बीमापत्रधारी के अधिकार का वैधानिक हस्तांतरण है। इसीलिए अभिहस्तांकिकी बीमापत्रधारी के अधिकार से अधिक अच्छा दावा नहीं रखता। अभिहस्तांकन से बीमाकर्ता को प्रभावित करने के लिए उसके पास इसे पंजीयत (Registered) होना चाहिए तथा इसकी स्वीकृति प्राप्त कर लेना चाहिए। हालाँकि बीमाकर्ता इससे अभिहस्तांकन की वैधानिकता साबित नहीं करता, न तो यही बताता है कि बीमापत्र कमियों से मुक्त है और न ऐसे अधिकार को देता है जो अभिहस्तांकक के नहीं थे तथा न उसे उन जिम्मेदारियों से मुक्त करता है जो अभिहस्तांकक की थी।

अभिहस्तांकन के प्रकार—अभिहस्तांकन दो प्रकार से होता है। (1) पूर्ण और (2) शर्तयुक्त। पूर्ण अभिहस्तांकन वह है जिसमें अभिहस्तांकन बीमापत्र सम्बंधित सभी अधिकार स्वायत्व और हित अभिहस्तांकिकी को मिल जाते हैं और ये उसे या उसके

उत्तराधिकारी को पुन: वापस नहीं होता। इस अभिहस्तांकन के अन्तर्गत बीमापत्र पूर्ण रूप से अभिहस्तांकिकी की सम्पत्ति हो जाती है। अत: वह इस संपत्ति को जिस प्रकार चाहे प्रयोग कर सकता है।

शर्तयुक्त अभिहस्तांकन वह है जिसमें एक निर्धारित घटना जो बीमापत्र के स्वामी की इच्छा से प्रभावित न हो, के घटित होने पर अभिहस्तांकन पूर्णतया या आंशिक रूप से प्रभावहीन हो जाय। जैसे बीमापत्रधारी के बीमापत्र की परिपक्वता पर जीवित रहने पर या अभिहस्तांकिकी की मृत्यु पर उसके जीवित रहने पर बीमापत्र उसे पुन: प्राप्त हो जाये। बीमा अधिनियम 1938 के लागू होने के पहले या इस बीमा-पत्र के वहाँ स्थानान्तरण से जहाँ यह अधिनियम लागू न हो मुसलमान बीमापत्रधारी द्वारा शर्तयुक्त हस्तांतरण मुसलमान अधिनियम के कारण पूर्ण हस्तांतरण माना जायेगा। शर्तयुक्त अभिहस्तांकन के अन्तर्गत बीमित व्यक्ति ऋण या समर्पित मूल्य प्राप्त करने के लिये बीमापत्र का प्रयोग कर सकता है बशर्ते कि इस बीमापत्र का उसके नाम से पुन: अभिहस्तांकित किया गया हो। यदि अभिहस्तांकिकी अवयस्क और प्रसंविदा अयोग्य है तब इस प्रकार की कोई सुविधा नहीं मिल सकती है।

साधारण दशाओं में शर्तयुक्त अभिहस्तांकन बीमापत्रधारी को तब लौटाते हैं जब (1) अभिहस्तांकिकी की मृत्यु बीमापत्रधारी के पहले होती है या (2) बीमापत्रधारी बीमापत्र की परिपक्वता पर जीवित रहता है। इन दोनों शर्तों में से किसी एक या दोनों शर्तों को बीमापत्रधारी मान्यता दे सकता है और उसी के अनुसार उसका अधिकार निश्चित किया जायेगा।

इसके अतिरिक्त अभिहस्तांकन एक और प्रकार का है जिसे सहवर्ती अभिहस्तांकन (Collateral Assignment) कहते हैं इसके अन्तर्गत बीमापत्र को ऋणदाता के नाम हस्तांतरित की जाती है जिस पर उसका अधिकार केवल ऋण की मात्रा और उस पर ब्याज तक सीमित है तथा शेष रकम का भुगतान बीमापत्रधारी को किया जायेगा। यह इस प्रकार का एक बन्धक है जिसमें ऋण को भुगतान कर देने पर बीमापत्र अभिहस्तांकन के प्रभावों से मुक्त हो जाता है।

अभिहस्तांकन के अधिकार—जब अभिहस्तांकन पूर्ण है तब बीमापत्रधारी का इस पर कोई अधिकार नहीं है और वह इसको वापस या रद्द नहीं कर सकता है। बीमा का भुगतान अभिहस्तांकिकी उसके उत्तराधिकारी को दिया जायेगा। किसी भी दशा में वह बीमापत्रधारी या उसके उत्तराधिकारी को नहीं मिलेगा। दावा का या अभियोग का अधिकार अभिहस्तांकिकी का ही हो जाता है। इसके लिए अभिहस्तांकक के राय की आवश्यकता नहीं है और न उसे प्रसंविदा या अभियोग पक्ष ही बनाया जायेगा।

अभिहस्तांकन की स्वतन्त्रता—जीवन बीमापत्र स्वतन्त्र रूप से अभिहस्तांकिक किया जा सकता है और इसके लिए बीमाकर्ता के अनुमति की आवश्यकता नहीं है। यह उन व्यक्तियों को भी हस्तांतरित है जो बीमायोग्य हित नहीं रखते या जो बीमा अयोग्य सिद्ध हुए हैं बशर्तें कि बीमापत्र प्राप्त करते समय बीमा योग्य हित के अन्तर्गत यह निर्गमित किया गया था। लेकिन किसी दूसरे व्यक्ति को हस्तांतरण करने के उद्देश्य से यदि कोई बीमापत्र लिया गया हो तो वह इस आधार पर व्यर्थ होगा कि निर्गमन के समय अभिहस्तांकिकी का उसमें कोई बीमा योग्य हित नहीं था।

अभिहस्तांकन की आवश्यक शर्तें—सभी अभिहस्तांकन को निम्नलिखित शर्तें पूरा करना होगा—

(1) वह व्यक्ति जो बीमापत्र का अभिहस्तांकन कर रहा है उस बीमापत्र में उस समय उसका पूर्ण अधिकार या हित होना चाहिए। यह अधिकार या हित उसे चाहे मौलिक बीमा प्रसंविदा से मिला हो या अभिहस्तांकन द्वारा प्राप्त हो मान्य है।

(2) अभिहस्तांकक वयस्क एवं प्रसंविदा योग्य होना चाहिए।

(3) अभिहस्तांकिकी किसी वैधानिक अयोग्यता को न रखता हो।

(4) अभिहस्तांकन वैधानिक प्रतिफल से पूर्ण हो। लेकिन स्वाभाविक प्रेम और स्नेह के कारण ऐच्छिक उपहार के लिये अभिहस्तांकन पर किसी प्रतिफल की आवश्यकता नहीं है। इसलिये जो अभिहस्तांकन बिना प्रतिफल के किया गया और उपहार भी नहीं है तो वह अभिहस्तांकन व्यर्थ होगा। हालाँकि प्रतिकूल का अपूर्णता के आधार पर इसे रद्द नहीं किया जा सकता है बशर्ते कि यह भ्रान्तवर्णन, कपट आदि के अन्तर्गत न आता हो।

(5) उस समय के प्रचलित कानूनों के प्रतिकूल अभिहस्तांकन नहीं किया जा सकता है। उदाहरण के लिए विनिमय नियन्त्रण के प्रतिकूल अभिहस्तांकन नहीं किया जा सकता है।

(6) अभिहस्तांकन लिखित होना चाहिए जिसमें यह स्पष्टरूपेण बताया गया हो कि बीमापत्र के हित को हस्तांतरित किया गया है और वह अभिहस्तांकिकी को सौंप दिया गया है।

(7) अभिहस्तांकक अपना हस्ताक्षर अभिहस्तांकन पत्र पर अवश्य करे और उसके हस्ताक्षर कम से कम एक साक्षी द्वारा प्रमाणित होना चाहिए।

(8) यदि अभिहस्तांकन बीमापत्र पर किया गया हो तो स्टाम्प ड्यूटी लगाना आवश्यक नहीं है अन्यथा स्टाम्प ड्यूटी आवश्यक होगी।

साधारण और संयुक्त अभिहस्तांकिकी—साधारण अभिहस्तांकिकी (Tenants in-Common) वह है जिसे अभिहस्तांकन पत्र के आधार पर एक निश्चित हित प्राप्त है इसके साथ जितने भी अभिहस्तांकिकी होंगे सभी का हित इसी प्रकार निर्धारित किया गया है और किसी भी अभिहस्तांकिकी की मृत्यु पर उनके अधिकार ज्यों के त्यों रहेंगे तथा मृतक अभिहस्तांकिकी के उत्तराधिकारी को ही उसका हिस्सा मिलेगा। अन्य जीवित अभिहस्तांकिकी उसे नहीं ले सकते हैं।

संयुक्त अभिहस्तांकिकी (Joint Tenants) वे हैं जिन्हें जीवित रहने पर ही बीमा की अभिहस्तांकिकियों के आधार पर किया जायेगा। इसके अन्तर्गत किसी एक अभिहस्तांकिकी की मृत्यु पर समस्त जीवित अभिहस्तांकिकियों के अधिकार होते हैं। मृतक अभिहस्तांकिकी का अधिकार समाप्त हो जाता है। लेकिन संयुक्त अभिहस्तांकन के लिए इस बात का स्पष्ट उल्लेख होना चाहिए अन्यथा वह साधारण अभिहस्तांकन ही रहेगा तथा किसी एक अभिहस्तांकिकी की मृत्यु पर उसके उत्तराधिकारी को उसका अधिकार या हित मिल जायेगा।

बीमा अभिकर्ता को अभिहस्तांकन—एक बीमा अभिकर्ता अपने स्त्री, बच्चों और सन्निकट सम्बन्धियों को छोड़कर अन्य किसी व्यक्ति का अभिहस्तांकिकी नहीं हो सकता है। यदि इस प्रकार का अभिहस्तांकन आता है तो बीमा निगम बीमा अभिकर्ता को सलाह देता है कि वह बीमापत्र को हस्तांतरक को पुनः हस्तांकन कर दे या इसके बदले में कोई प्रतिफल दे दे।

(4) जोखिमपूर्ण व्यवसाय—साधारणतया जीवन बीमापत्र कुछ जोखिम पूर्ण पेशे की जोखिम को शामिल नहीं करते यद्यपि वे अतिरिक्त प्रव्याजि देकर और तत्सम्बन्धित पृष्ठांकन करके कुछ दशाओं में शामिल की जाती है। निम्न व्यवसायों में कुछ प्रतिबन्ध के साथ बीमा बेचे जाते हैं।

(क) वायुयान और युद्ध जोखिम—कुछ समय पहले वायुयान जोखिम को जीवन बीमा से अलग किया जाता था लेकिन वायुयान उद्योग में वृद्धि, बढ़ते सुरक्षा के उपाय और लोगों द्वारा अधिक प्रयोग के कारण बीमाकर्ता वायुयान जोखिम को भी बीमित करना प्रारम्भ कर दिये। अधिकांश बीमाकर्ता किराया देकर यात्रा करने वाले व्यक्तियों को शामिल करने लगे जो एक निर्धारित और लगातार चलने वाले वायुयानों से यात्रा करते हैं। कुछ पाइलट और वायुयान पर कार्य करने वाले व्यक्तियों को अब भी शामिल किया जाने लगा है। वायुसेना में कार्य करने वाले व्यक्तियों को कुछ प्रतिबन्ध के साथ या अतिरिक्त प्रव्याजि लेकर बीमापत्र निर्गमित किया जाता है।

वायुयान और युद्ध कार्यकर्ताओं का बीमा—जीवन बीमा निगम वायुयान कार्यकर्ताओं का बीमा निम्न में किसी एक आधार पर करता है—

(a) वायुयान या युद्ध की जोखिम पूरा करने के लिए अलग से अतिरिक्त प्रव्याजि लेकर, या

(b) सामान्य प्रव्याजि पर बीमापत्र निर्गमित करके और वायुयान एवं युद्ध की जोखिम अलग करके।

(a) अतिरिक्त प्रव्याजि—वायुयान कार्यकर्ताओं को उनके कार्यों और बीमा की योजना के अनुसार अतिरिक्त प्रव्याजि देना पड़ता है जो बीमा के अभिकर्ता के मैनुअल और बीमा प्रविवरण में दिया हुआ है।

गैर-यौद्धिक कार्यों में संलग्न कार्यकर्ताओं को अतिरिक्त प्रव्याजि बौद्धिक कार्यकर्ताओं की तुलना में कम देना पड़ता है। वायुयान चालकों को अनुभव और प्रमाण पत्रों के आधार पर भी अतिरिक्त प्रव्याजि की दर बदलती है। व्यापारिक कार्यों में संलग्न कार्यकर्ताओं को अतिरिक्त प्रव्याजि कम देना पड़ता है। उड्डयन क्लब के सदस्यों को अपेक्षाकृत अतिरिक्त प्रव्याजि कम देना पड़ता है। जमीन पर कार्य करने वाले व्यक्तियों को प्राय: सामान्य दर पर बीमा निर्गमित किया जाता है। किसी व्यक्ति के उड्डयन समय के आधार पर भी प्रव्याजि बदलती रहती है। यौद्धिक कार्यों में संलग्न कुछ कार्यकर्ताओं की अतिरिक्त प्रव्याजि उम्र पर आधारित होगी। पैराट्रपर्स और ग्लाइडर चालकों को अतिरिक्त प्रव्याजि प्राय: अधिक देने होते हैं।

(b) जोखिम का विलगाव—यदि सामान्य प्रव्याजि दी जाती है तो युद्ध और वायुयान जोखिम को अलग रखा जायेगा। इसके लिये बीमापत्र में एक धारा जोड़ दी जाती है जिसके आधार पर भुगतान किया जायेगा। वायुयान या वायुयात्रा में संलग्न किसी भी रूप में लेकिन पूर्ण किराया या आंशिक या गैर किराया देकर किसी एक ऐसे वायुयान जो सम्बन्धित नियमों के अनुसार निश्चित इवाई अड्डों के बीच सवारी ले जाने के लिए अधिकृत है के द्वारा यात्रा करने वालों और जिनका कार्य समय इवाई जहाज या अड्डे पर न हो को छोड़कर, या यौद्धिक कार्यों या उसके वायुसेना या जल सेना या थल सेना में नियुक्त रहते हुए किसी दुश्मनी से, मृत्यु होने पर दी गयी समस्त प्रव्याजि जिसमें अतिरिक्त प्रव्याजि शामिल नहीं होगी बिना किसी ब्याज के और निगम द्वारा दी गयी रकम को घटा कर या

उस बीमापत्र का समर्पित मूल्य जो भी अधिक हो भुगतान किया जायेगा लेकिन यह रकम कभी भी बीमित रकम से अधिक नहीं होगी।

(ख) अन्य जोखिम पूर्ण व्यवसाय—विभिन्न व्यवसायों में जोखिम की मात्रा अलग-अलग होती है इसलिए अतिरिक्त प्रव्याजि की दर भी अलग-अलग है। इस अतिरिक्त प्रव्याजि की रकम बीमापत्रों में अलग-अलग है। अतिरिक्त प्रव्याजि तालिका बन्दोबस्ती योजना पर प्राप्त की जाने वाली प्रव्याजि दर को बताती है लेकिन निश्चित अवधि बन्दोबस्ती और शिक्षा वृत्ति बीमापत्र पर इसके 75 प्रतिशत, प्रत्याशित बन्दोबस्ती और प्रत्याभूत त्रिलाभीय बीमापत्र पर इसका 125 प्रतिशत तथा बहुउद्देश्यीय बीमापत्र पर इसका 250 प्रतिशत अतिरिक्त प्रव्याजि के रूप में लिया जाता है। कुछ दशाओं में बहुउद्देश्यीय बीमा-पत्र बिल्कुल निर्गमित ही नहीं किये जाते हैं।

(5) स्त्रियों का बीमा—भारत में स्त्रियों के बीमा पर कुछ प्रतिबन्ध है उनको बीमा बेचते समय उनकी अलग आय को देखा जाता है क्योंकि बीमा का मुख्य उद्देश्य अर्जित शक्ति का प्रतिस्थापन है। स्त्रियों को बीमा बेचना बिल्कुल मना नहीं किया जा सकता क्योंकि यह भी एक वस्तु का क्रय विक्रय है। विवाहित स्त्रियों को अपने बच्चों की सुरक्षा के लिए आवश्यकता होगी, अविवाहित व्यक्ति को वृद्धावस्था में आवश्यकता पड़ेगी। हालाँकि उनको बीमा बेचने में नैतिक जोखिम की ज्यादा संभावना रहती है। वास्तविक शारीरिक जोखिम भी बहुत होती है। इसका प्रभाव विशेषतया उस समय देखा जाता है जब किसी स्त्री चिकित्सक के अभाव में चिकित्सा परीक्षण उचित रूप से परिपूर्ण नहीं हो पाता। इसीलिए उन स्त्रियों को जिनकी स्वयं की कोई आय नहीं है या जिन्हें बीमा की विशेष आवश्यकता नहीं है, पर्याप्त जाँच पड़ताल के बाद बीमा बेचा जाता है। रुग्ण और शारीरिक रूप से कमजोर स्त्रियों के लिए भी यही बात है। कुछ स्त्रियों से शिक्षा और पारिवारिक ज्ञान के अभाव में अतिरिक्त प्रव्याजि ली जाती है।

स्त्रियों की नैतिक जोखिम प्रस्तावक के शैक्षिक और सामाजिक तथा आर्थिक बातों पर आधारित है। संक्षेप में स्त्रियों के बीमा के लिए उनकी आय, नियुक्ति, पेशा, सामाजिक और आर्थिक आधार, वैवाहिक स्तर आदि की पूर्णरूपेण जाँच करनी चाहिए। स्त्रियों के बीमा के लिए निम्नलिखित प्रतिबन्ध लगाये गये हैं—

(1) उन स्त्रियों के जीवन का प्रस्ताव स्वीकार नहीं किया जायेगा जो पर्दा रखती हों।

(2) गर्भवती स्त्रियों के बीमा प्रस्ताव नहीं किये जायेंगे।

(3) प्रसूति के 6 महीने बाद प्रस्ताव इस शर्त पर स्वीकार किया जायेगा कि यदि एक वर्ष में फिर गर्भावस्था आती है तो बीमाकर्ता उससे होने वाली जोखिम को पूरा नहीं करेगा।

(4) प्रसूति के 6 महीने बाद तक प्रस्ताव स्वीकार नहीं होगा।

(5) उन स्त्रियों का प्रस्ताव जिनकी अभी तक पूर्णरूपेण गर्भावस्था पूरी नहीं हुई है प्रथम गर्भावस्था शर्त पर बीमा निर्गमित किया जायेगा अर्थात् प्रथम गर्भावस्था पर होने वाली जोखिम को जीवन बीमा निगम वहन नहीं करेगा। लेकिन इस शर्त को शिक्षित स्त्रियाँ जो प्रशिक्षित एवं अनुभवी चिकित्सकों का उस समय सहारा ले सकें यह शर्त लागू नहीं होगी। साथ ही इसे 5 रुपया प्रतिहजार अतिरिक्त प्रव्याजि देकर अमान्य किया जा सकता है।

(6) संसार भर के बीमापत्र (World wide Policies)—वह बीमापत्र जिस पर संसार भर जाने का, कोई भी व्यापार करने का, कहीं भी निवास का कोई प्रतिबन्ध नहीं है संसार भर के बीमापत्र कहलाते हैं। जीवन बीमा निगम ऐसे ही बीमापत्र निर्गमित करते हैं परन्तु सेनाओं में भर्ती होने के इरादे रखने वाले व्यक्तियों के लिए यह लागू नहीं होता।

अतिरिक्त सुरक्षा

जीवन बीमा निगम अतिरिक्त प्रव्याजि देने पर कुछ विशेष प्रकार की सुरक्षा प्राप्त करता है जिनका वर्णन नीचे किया जाता है।

(1) असमर्थता लाभ—असमर्थता बीमा दो प्रकार का होता है। (अ) असमर्थता लाभ और (ब) विस्तृत असमर्थता लाभ।

(अ) असमर्थता लाभ—असमर्थता लाभ के अन्तर्गत बीमा व्यक्ति के बीमारी या दुर्घटना से लाभार्जन की शक्ति क्षीण हो जाने पर प्रव्याजि की रकम का भुगतान करने से मुक्ति मिल जाती है बशर्ते कि वह 60 वर्ष से अधिक आयु का न हो। यह सुविधा अधिक से अधिक 20,000 बीमा तक उपलब्ध है। यह सुविधा चालू बीमापत्र पर तब मिलती है जब बीमित व्यक्ति दुर्घटना के कारण जीविकोपार्जन के लिये पूर्ण स्थायी रूप से असमर्थ हो। असमर्थ लाभ शुद्ध बन्दोबस्ती और अवधि बीमा पर लागू नहीं होता। वायुयान चालक और जोखिम पूर्ण पेशे में संलग्न व्यक्तियों के लिए यह लागू नहीं होता।

(ब) विस्तृत असमर्थता लाभ—इस बीमा में प्रव्याजि के भुगतान की मुक्ति अपेक्षाकृत अधिक रकम पर उपलब्ध होती है किन्तु इसके साथ दुर्घटना बीमा कराना आवश्यक है और अतिरिक्त प्रव्याजि 3 रुपया प्रति हजार की दर से देना पड़ता है जिसमें 1.50 रुपया द्विगुणित दुर्घटना बीमा लाभ के लिए है और 0.50 रुपया विस्तृत असमर्थता लाभ के लिए है। इस बीमा से यदि बीमित व्यक्ति की आयार्जन शक्ति दुर्घटना के कारण स्थायी रूप से कम हो गई तो भविष्य में प्रव्याजि का भुगतान नहीं करना पड़ता है।

उपरोक्त दोनों प्रकार की सुविधाओं को प्राप्त करने के लिए निम्नलिखित शर्तों का पूरा होना आवश्यक है—

(क) अपंगता का कारण आत्म-चोट (Self-injury) प्रयासित आत्महत्या (Attempted Suicide) पागलपन या अनैतिकता या ऐसे समय अपंगता न हो जब बीमित व्यक्ति किसी नशे के प्रभाव में हो।

(ख) अपंगता वायुयान पर कार्य करने के कारण न हुई हो लेकिन यात्रियों के लिये जो किराया देकर यात्रा करते हों या बगैर किराया के यह शर्त लागू नहीं होती है।

(ग) अपंगता किसी झगड़ा या दंगा या नागरिक अव्यवस्था, पुलिस कार्य, युद्ध, आक्रमण, शिकार करने, पहाड़ पर चढ़ने या किसी भी प्रकार की दौड़ के कारण न हुई हो।

(घ) बीमित व्यक्ति के किसी भी प्रकार के कानून भंग के कारण अपंगता न हुई हो।

(ङ) रोग के कारण यह अपंगता नहीं होनी चाहिए।

(च) किसी सेना में नौकर न होने पर युद्ध के कारण अपंगता नहीं होनी चाहिए।

(छ) असमर्थता लाभ के लिए कोई अतिरिक्त प्रव्याजि नहीं देना पड़ता परन्तु विस्तृत असमर्थता लाभ के लिए 1.50 रुपया अतिरिक्त प्रव्याजि देना पड़ता है।

(ज) अपंगता किसी दुर्घटना के कारण हो और पूर्णतया स्थाई हो। इसके साथ ही इस अपंगता के कारण बीमित व्यक्ति किसी कार्य, पेशे को पर्याप्त रूप से सम्पन्न करने में असमर्थ हो। दुर्घटना के 90 दिन के अन्दर दोनों आँखें सम्पूर्णरूप से खराब हो जायें या दोनों हाथ या पैर या एक पैर और नष्ट या टूट जाने के कारण होने वाली अपंगता इसके अन्तर्गत शामिल होते हैं।

(झ) इस घटना के घटित होने पर इसकी सूचना विभागीय कार्यालय (Divisional office) को प्रमाण सहित तुरन्त देनी चाहिए। बाद में जिन प्रमाणों की आवश्यकता पड़े, देना आवश्यक है।

(2) द्विगुणित दुर्घटना लाभ—इस बीमा के अन्तर्गत दुर्घटना से मृत्यु पर बीमित रकम का दुगुना भुगतान किया जाता है। बीमापत्र के चालू रहने पर इस अतिरिक्त लाभ को तब दिया जाता है जब बीमित व्यक्ति की शारीरिक चोट दुर्घटना के कारण पहुँचे और इस दुर्घटना तिथि के 90 दिन के अन्तर्गत बीमित व्यक्ति की मृत्यु होती है बशर्ते कि उसकी उम्र 60 वर्ष से अधिक न हो तो बीमित रकम का दुगुना भुगतान किया जायेगा। इस लाभ को प्राप्त करने के लिये निम्नलिखित शर्तों का पूरा होना आवश्यक है—

(क) बीमित व्यक्ति अधोजीवन, स्त्री और विद्यार्थी न हो। जोखिम पूर्ण पेशे में काम करने वाले व्यक्तियों को उस पेशे के कारण मृत्यु होने पर इस अतिरिक्त लाभ का भुगतान नहीं किया जाता है।

(ख) इस अतिरिक्त लाभ को प्राप्त करने के लिए बीमिति रकम पर 1.50 रुपया प्रति हजार अतिरिक्त प्रव्याजि देना पड़ता है। इस अतिरिक्त प्रव्याजि को प्रव्याजि भुगतान की अवधि या 60 वर्ष की उम्र जो भी पहले हो तक ही देना पड़ता है।

(ग) इस अतिरिक्त लाभ को प्रव्याजि भुगतान के समय तक या 60 वर्ष तक ही प्राप्त किया जा सकता है।

(घ) इस अतिरिक्त लाभ को तब नहीं दिया जायेगा जब मृत्यु निम्न कारणों से हो—

(अ) आत्म जोखिम, आत्महत्या, आत्महत्या का प्रयास, पागलपन, अनैतिकता या किसी नशे का प्रभाव।

(ब) वायुयान कार्य में संलग्न होने के कारण। किराया या गैर किराया के यात्री इससे परे हैं।

(स) झगड़े, दंगे, पुलिस कार्य, युद्ध, शिकार करने या पहाड़ पर चढ़ने, दौड़ में शामिल होने।

(द) बीमित व्यक्ति के किसी कानून भंग के कारण।

(य) बीमारी या सेना में कार्य करने या पुलिस में कार्य करने से सम्बन्धित कारण।

सभी प्रकार के बीमापत्रों पर अधिक से एक लाख रुपये तक यह दुर्घटना लाभ लागू होता है। शुद्ध बन्दोबस्ती और अवधि बीमापत्रों पर यह लागू नहीं होता।

(3) द्विगुणित दुर्घटना लाभ और विस्तृत पूर्ण स्थायी असमर्थता लाभ—इसके अन्तर्गत उपरोक्त दोनों प्रकार के लाभ उपलब्ध हैं। दुर्घटना के कारण पूर्ण असमर्थता होने पर बीमित रकम का दुगुना भुगतान होता है साथ ही प्रव्याजि भुगतान से मुक्ति मिल जाती है। बीमित व्यक्ति को यह लाभ तभी तक प्राप्त होता है जब तक प्रव्याजि भुगतान किया जायेगा या 60 वर्ष की उम्र हो जाये जो दोनों में सबसे पहले हो। अतिरिक्त लाभ को 10 वर्षों में मासिक किस्तों में भुगतान किया जायेगा। यह लाभ दुर्घटना बीमा के साथ ही प्रदान किया जायेगा जिसमें 2 रुपये प्रति हजार बीमित राशि पर अतिरिक्त प्रव्याजि ली जायेगी। 10 वर्षों के पहले मृत्यु होने पर शेष अतिरिक्त लाभ का भुगतान अध्यर्थन के साथ कर दिया जायेगा। इसकी अन्य शर्तें ऊपर जैसी हैं।

अध्यर्थन का भुगतान

अध्यर्थन का भुगतान मुख्य रूप से मृत्यु के समय और परिपक्वता पर किया जाता है। इसके अतिरिक्त भुगतान करने का समय समर्पण, व्ययगत और वृत्ति प्राप्त करने पर किया जाता है।

मृत्यु पर भुगतान

मृत्यु के समय कुछ बीमापत्रों को छोड़कर सभी बीमापत्रों पर अध्यर्थन देय हो जाती है। मृत्यु की सूचना प्राप्त होने पर विभागीय कार्यालय को मृत्यु का प्रमाणपत्र, उम्र का प्रमाणपत्र, यदि पहले न दिया हो और अधिकार का प्रमाणपत्र देना होता है। जब ये प्रमाणपत्र सन्तोषप्रद पाये जायें तो अध्यर्थनार्थी को एक भुगतान प्राप्ति रसीद (Discharge Voucher) भेज दिये जाते हैं जिस पर उसके हस्ताक्षर और साक्षी की अनुमति देना आवश्यक है।

मृत्यु की सूचना—मृत्यु की सूचना लिखित रूप से विभागीय कार्यालय को देना चाहिए जिसमें बीमापत्र की संख्या, बीमित व्यक्ति का नाम, मृत्यु की तिथि, मृत्यु का कारण, अध्यर्थनार्थी का मृतक व्यक्ति से सम्बन्ध आदि की सूचना रहती है। मृत्यु की सूचना उसी व्यक्ति से प्राप्त होना चाहिए जो बीमापत्र की रकम को प्राप्त करने का अधिकारी है जैसे नामांकिनी, अभिहस्तांकिनी या निकटतम वैधानिक उत्तराधिकारी। कभी-कभी निकटतम सम्बन्धियों से भी बीमा की सूचना प्राप्त हो जाती लेकिन जब तक ये व्यक्ति अधिकार, हित या दावा न रखते हों उनसे किसी प्रकार का पत्र-व्यवहार नहीं किया जायेगा।

मृत्यु का प्रमाण

मृत्यु की सूचना प्राप्त होने पर जीवन बीमा निगम मृत्यु का प्रमाणपत्र माँगता है। इस प्रमाणपत्र में अध्यर्थनार्थी का विवरण, चिकित्सक का प्रमाणपत्र, दाह संस्कार का या दफन करने का प्रमाणपत्र, परिचय प्रमाणपत्र, नियोक्ता का प्रमाणपत्र और बीमा अभिकर्ता की सूचना माँगी जाती है।

अध्यर्थनार्थी को बीमित व्यक्ति के पेशे, सम्बन्ध, अधिकार, मृत्यु का स्थान और तिथि, अन्तिम बीमारी की अवधि, चिकित्सक का नाम एवं पते आदि की सूचना देना पड़ता है। चिकित्सक को अन्तिम बीमारी के सम्बन्ध में बहुत-सी सूचनायें देना पड़ता है। यदि म्युनिसिपैलिटी या पंचायत से मृत्यु की सूचना प्राप्त हो जाती है तो दाह एवं दफन के प्रमाणपत्र की आवश्यकता नहीं होती। परिचय पत्र का प्रमाणपत्र उस समय आवश्यक होता है जब मृत्यु का प्रमाणपत्र न मिल सके। इस परिचय पत्र को किसी जिम्मेदार और परिचित व्यक्ति से प्रमाणित कराना चाहिए। सेवा में संलग्न व्यक्तियों के लिए नियोक्ता से प्रमाणपत्र प्राप्त किया जाता है। बीमा की रकम का भुगतान करने के पहले यह आवश्यक है कि जिस व्यक्ति की मृत्यु हुई है, वही है जो बीमित था। कार्यालय को यह देखना पड़ता है कि (1) उस बीमित व्यक्ति की वास्तव में मृत्यु हुई (2) यह अत्महत्या का कारण नहीं है यदि बीमा निर्गमन के एक वर्ष के अन्दर मृत्यु हो। (3) मृत्यु का कारण, बीमारी आदि के सम्बन्ध में गलत सूचना नहीं दी गयी है।

शीघ्र अध्यर्थन—यदि बीमा निर्गमन के या अन्तिम पुनर्चालन के दो वर्ष के अन्दर मृत्यु होती है तो इसे शीघ्र अध्यर्थन (Early Claims) कहते हैं। ऐसी दशा में कार्यालय यह देखेगा कि मृत्यु वास्तव में हुई, उसका कारण आत्महत्या नहीं है और वहाँ पर कोई कपटपूर्ण भ्रान्तवर्णन नहीं हुआ है। यदि ये कारण मौजूद हैं तो बीमापत्र या तो पूर्णरूपेण भुगतान अयोग्य होगा या आंशिक रूप से आत्महत्या के कारण मृत्यु की दशा में निगम की जिम्मेदारी लाभार्थी के हित तक ही सीमित होगा या प्रसंविदा व्यर्थ होगा। इसलिए शीघ्र अध्यर्थन पर काफी जाँच पड़ताल की जाती है और इसके परिणाम के आधार पर ही भुगतान किया जायेगा।

मृत्यु की वैकल्पिक प्रमाण—जब मृत्यु अचानक किसी दुर्घटना के कारण या हृदय गति रुक जाने के कारण हो तो चिकित्सक के प्रमाणपत्र की आवश्यकता नहीं होती है; ऐसी स्थिति में विकल्प प्रमाणपत्र जैसे पुलिस रिपोर्ट, पंचनामा आदि मृत्यु के प्रमाणपत्र माने जाते हैं। अचानक हृदय गति रुक जाने के कारण मृत्यु पर किसी असम्बन्धित व्यक्ति का प्रमाणपत्र आवश्यक है।

अनुमानित मृत्यु—जब व्यक्ति अपने परिचित व्यक्तियों के बीच से अदृश्य हो जाता है और वह उनके द्वारा सात वर्ष के अन्दर न तो सुना और न देखा जाता है तो इसकी मृत्यु अनुमानित कर ली जाती है। ऐसी दशा में न्यायालय द्वारा इसके लिए प्रमाणपत्र या डिक्री (Decree) प्राप्त करके बीमाकर्ता के पास देना आवश्यक है। मृत्यु का दिन न्यायालय में आवेदन देने का दिन माना जायेगा। इस अवधि के लिए प्रव्याजि देना आवश्यक तब तक होगा जब तक यह सिद्ध न हो जाय कि मृत्यु हुई है बशर्ते बीमापत्र अपहरण प्रावधान के अन्दर चालू न हो और मृत्यु प्रव्याजि के देय तिथि के पहले हुई हो। यदि प्रव्याजि की रकम अतिरिक्त होती है तो इसे ब्याज सहित लौटाना होता है।

उम्र का प्रमाण

बीमा निर्गमन के समय यदि उम्र का प्रमाण प्राप्त नहीं किया गया है तो अध्यर्थन के भुगतान के लिय उम्र का प्रमाण आवश्यक है क्योंकि इसी के आधार पर प्रव्याजि का निर्धारण किया जाता है। यदि बीमा की रकम 300 रुपये से ज्यादा है तो उम्र के प्रमाण की आवश्यकता नहीं होती परन्तु शीघ्र अध्यर्थन के अन्तर्गत उम्र के प्रमाण की आवश्यकता नहीं होती।

यदि उम्र पहली उम्र से अधिक सिद्ध होती है तो बीमित रकम में से कुल अतिरिक्त प्रव्याजि और उस पर 6 प्रतिशत ब्याज घटा दिये जाते हैं और यदि उम्र कम सिद्ध होती है तो अतिरिक्त दी गयी प्रव्याजि बिना ब्याज के लौटा दी जाती है।

अधिकार या स्वत्व प्रमाणपत्र (Proof of Title)

यदि बीमापत्र का नामांकन या अभिहस्तांकन है तो उसे अधिकार प्रमाणपत्र की कोई आवश्यकता नहीं है। यदि कोई नामांकन या अभिहस्तांकन न हो तो अध्यर्थनार्थी को इसका प्रमाणपत्र देना आवश्यक है। कभी-कभी बीमापत्र की रकम का भुगतान क्षतिपूरक बंध (Indemnity Bond) पर किये जा सकते हैं। बीमाकर्ता का यह कर्तव्य है कि सही व्यक्ति को ही बीमित रकम का भुगतान किया जाये। स्वामित्व के हस्तान्तरण न होने में भुगतान सबसे सरल होता है लेकिन यह तभी सम्भव है जब कि परिपक्वता के समय स्वामित्व में परिवर्तन न हुआ हो और बीमित व्यक्ति जीवित हो। स्वामित्व में परिवर्तन तभी पूरा होगा जब बीमाकर्ता के यहाँ इसे लिखा दिया गया होगा।

अध्यर्थनार्थी को अधिकार प्रमाणपत्र देने के साथ-साथ मौलिक बीमापत्र को देना आवश्यक है। जहाँ नामांकन या अभिहस्तांकन नहीं है अध्यर्थनार्थी को निम्नलिखित प्रमाणपत्र देने होते हैं—

(1) जहाँ बीमित व्यक्ति की सम्पत्ति का वसीयतनामा हो चुका हो तब न्यायालय से इसका एक प्रोबैट (Probate) और यदि वसीयतनामा न हुआ हो तो एक उत्तराधिकार प्रमाणपत्र या प्रशासन पत्र देना आवश्यक है।

(2) यदि बीमित व्यक्ति की कुल सम्पत्ति 2000 रुपये से ज्यादा न हो तो महा प्रशासक (Administrator General) का प्रमाणपत्र देना आवश्यक है। इसे बहुत आसानी से प्राप्त किया जा सकता है।

प्रतिद्वन्द्वित अध्यर्थन—यदि किसी ऋणदाता द्वारा अध्यर्थन के प्रति विवाद उत्पन्न किया जाता है तो अभिहस्तांकिकी/नामांकिकी/वैधानिक उत्तराधिकारी या प्रतिनिधि को इस बात की सूचना दी जाती है। साथ ही उस ऋणदाता को भी सूचित किया जाता है कि यदि उसे अध्यर्थन को साबित करना है तो न्यायालय द्वारा इस बात के लिए उचित आदेश प्राप्त करके 15 दिन के अन्दर भुगतान को रोकवा ले अथवा भुगतान बिना उसको सूचित किये अभिहस्तांकिकी/नामांकिकी/ वैधानिक प्रतिनिधि को दे दिया जायेगा।

यदि अध्यर्थन के प्रति मृतक व्यक्ति के किसी संबंधी द्वारा विवाद उत्पन्न किया जाता है तो उस सम्बन्धी को इस नामांकन और अभिहस्तांकन को रद्द करने तथा उसके अधिकार के प्रमाण की आवश्यकता होगी। यदि नामांकन और अभिहस्तांकन नहीं है तो पूर्व अध्यर्थनार्थी की सूचना दी जाती है तथा इस विवाद को न्यायालय बीमा निर्णय करने को कहा जाता है। इस प्रकार दोनों अध्यर्थनार्थी के अधिकार न्यायालय द्वारा तय हो जाने पर ही भुगतान किया जाता है।

सम्पत्ति कर भुगतान के लिए प्राप्त सूचना अध्यर्थनार्थी को बताया जाता है। सम्पत्ति कर अधिकारियों से प्राप्त प्रमाणों के आधार पर कर की मात्रा बीमित रकम में से घटाकर शेष रकम का भुगतान अध्यर्थनार्थी को किया जाता है। यदि किसी अध्यर्थन के सम्बन्ध में प्रतिबन्धित आदेश जारी किये गये हैं तो उससे सम्बन्धित भुगतान तब तक नहीं होते हैं जब तक इस आदेश को वापस नहीं लिया जाता है।

अधिकार प्रमाण के विकल्प—जीवन बीमा निगम कुछ दशाओं में अधिकार प्रमाण प्राप्त करने में सरलता के साथ पेश आता है बशर्ते कि बीमापत्र पर कोई विवाद न हो और मृतक बीमित व्यक्ति ने कोई वसीयतनामा न छोड़ा हो तथा बीमित रकम 2000 रुपये से अधिक न हो। इन दशाओं में एक क्षतिपूरक बन्ध तथा भुगतान रसीद प्राप्त करके भुगतान किया जा सकता है।

संयुक्त हिन्दू परिवार की दशा में बीमा की रकम 10,000 रुपये से अधिक होने पर क्षतिपूरक बन्ध (Indemnity Bond) से काम चल जाता है।

परिपक्वता—अध्यर्थन
(Maturity Claims)

परिपक्वता पर भुगतान तब किया जाता है जब बीमित व्यक्ति बीमा की अवधि तक जीवित रहेगा। इसके अन्तर्गत वही पद्धतियाँ अपनायी जाती हैं जो मृत्यु अध्यर्थन पर अपनायी गयी हैं। उम्र का प्रमाणपत्र, (यदि पहले स्वीकृत नहीं है) अधिकार का प्रमाण पत्र (यदि बीमापत्र किसी दूसरे व्यक्ति को हस्तांतरित किया गया है), मौलिक बीमापत्र या प्रतिलिपि बीमापत्र यदि मौलिक बीमापत्र के बदले में निर्गमित हो या अभिहस्तांकन का लेख माँगे जाते हैं।

नामांकन एवं अभिहस्तांकन—बीमित व्यक्ति के जीवित रहने पर नामांकिकी का अधिकार समाप्त हो जाता है। इसी प्रकार शर्तयुक्त अभिहस्तांकन में भी बीमित व्यक्ति के जीवित रहने पर उसे रकम मिलेगी।

अभिहस्तांकिकी जिसने मूल्यवान प्रतिफल के बदले में बीमापत्र प्राप्त किया है, को उम्र प्रमाणपत्र प्राप्ति के लिए मुक्ति मिल जाती है। पूर्ण अभिहस्तांकिकी को ही बीमित

रकम का भुगतान किया जाता है। अध्यर्थन प्राप्त करने के लिए किसी उत्तरदायी व्यक्ति से परिचय पत्र लिखवा कर भेजने पड़ते हैं जिससे बीमाकर्ता को अध्यर्थन की विश्वसनीयता का उचित प्रमाण मिल सके। यदि बीमाकर्ता आयु के प्रमाणपत्र, अधिकार प्रमाणपत्र और परिचय प्रमाणपत्र से सन्तुष्ट है तो अध्यर्थनार्थी के पास भुगतान पूर्णतया (Discharge) की रसीद भेजी जाती है जिसको भर कर लौटा देने से बीमा की रकम का भुगतान हो जाता है। परिपक्वता सम्बन्धी सूचना प्राप्त होने पर लेकिन भुगतान प्राप्त करने के पहले यदि बीमित व्यक्ति की मृत्यु हो जाती है तो यह भुगतान उसके उत्तराधिकारी को अधिकार प्रमाणपत्र प्राप्त होने के बाद किया जायेगा। आयकर, सम्पत्ति कर आदि के विषय में वही नियम लागू होगा जो पहले बताया जा चुका है।

विवाहित स्त्री सम्पत्ति अधिनियम के अन्तर्गत निर्गमित बीमाकर्ता की रकम नियुक्त प्रत्यासी को या उसकी अनुपस्थिति में सरकारी प्रत्यासी को भुगतान किया जायेगा। लेकिन यदि सभी लाभार्थी वयस्क और प्रसंविदा योग्य हैं हो निगम उन्हें बीमित रकम का भुगतान कर सकता है।

यदि बीमापत्र नष्ट या खो गया है तो उसका भुगतान एक क्षतिपूर्ति बन्ध पर ही किया जाता है बशर्तें कि बीमाकर्ता हानि के सम्बन्ध में दी गई सूचना से सन्तुष्ट हो।

बीमा कार्यालय द्वारा भुगतान का तरीका—जब भुगतान पूर्णतया पत्र (Discharge) अधिकार प्रमाणपत्र, लाभार्थी घोषण पत्र, बीमापत्र आदि प्राप्त हों तब कार्यालय में इनकी सत्यता की पूर्ण जाँच की जाती है। भुगतान पूर्णता पत्र पर अध्यर्थनार्थी का हस्ताक्षर होना चाहिए तथा इसे किसी अधिकृत व्यक्ति द्वारा प्रमाणित किया जाना चाहिए।

यदि बीमाकर्ता इन सूचनाओं और प्रमाणों से सन्तुष्ट है तो अध्यर्थनार्थी को चेक द्वारा देय रकम का भुगतान कर दिया जाता है।

अध्याय 33

नवकरण विधियों का प्रबन्ध
(Management of Renewal Procedures)

बीमा के लाभों को तभी प्राप्त किया जा सकेगा जबकि बीमापत्र चालू रहे। बीमापत्र चालू रखने के लिए देय प्रव्याजि को देते रहना चाहिए। प्रव्याजि का भुगतान अनुग्रह दिवस के अन्दर कर देना चाहिए अन्यथा बीमापत्र जब्त कर लिया जायेगा। जब्त बीमापत्र को पुन: चालू कर देना चाहिए जिससे बीमा के लाभ बीमापत्रधारियों को मिल सकें। नवकरण प्रबन्ध के अन्दर नवकरण विधियों और पुनर्चालन विधियों का अध्ययन किया जायेगा।

1. नवकरण विधि (Renewal Procedures)—जब बीमापत्र निर्गमित किया जाता है तो एक एडरेमा प्लेट (Adrema Plate) पर बीमित व्यक्ति के पते लिख दिये जाते हैं। प्रत्येक बीमापत्र के लिए इसी प्रकार का प्लेट रखा जाता जिससे प्रव्याजि सूचना (Premium Notice) भेजने में आसानी होती है। एडरेमा प्लेट और छिद्रित कार्ड पर बीमापत्र सम्बन्धी अनेक सूचनायें जैसे बीमापत्र की संख्या, जोखिम प्रारम्भ होने की तिथि, बीमा की योजना, बीमा की अवधि, बीमित रकम, प्रव्याजि की रकम आदि लिख देते हैं। यदि बीमापत्र के सम्बन्ध में कोई परिवर्तन हुआ तो उसे एडरेमा प्लेट और छिद्रित कार्ड पर लिख देते हैं।

(i) प्रव्याजि सूचना तैयार करना (Preparation of Premium Notices)—एडरेमा मशीन (Adrema Machines) की सहायता से प्रव्याजि सूचना और प्रव्याजि रसीद तैयार की जाती है। विभागीय कार्यालय में प्रव्याजि सूचना और प्रव्याजि रसीद महीने के मध्य में तैयार की जाती है जिनका भुगतान अगले महीने में होना होता है। विभागीय कार्यालय के मशीन विभाग से ये सूचनायें और रसीदें छापी जाती हैं जो कि बीमापत्र की सेवा विभाग द्वारा बीमापत्रधारी और शाखा कार्यालय को भेजी जाती हैं। इस विभाग द्वारा (क) प्रव्याजि रसीद, (ख) प्रव्याजि रसीद प्रतिलिपि (Counter foil), (ग) आपूर्ति सूचना नं० 1 (Default Notice No. 1), (घ) प्रव्याजि सूचना तैयार की जाती है। प्रव्याजि सूचना में प्रव्याजि की रकम, बीमापत्र की संख्या और प्रव्याजि प्राप्त करने वाले शाखा कार्यालय का नाम लिख दिया जाता है।

एडरेमा विभाग द्वारा एडरेमा बीजक (Adrema Invoice) दो प्रति में तैयार की जाती है। प्रत्येक शाखा के लिए एक अलग बीजक तैयार किया जाता है और एक कार्यालय में प्रव्याजि भुगतान के प्रत्येक तरीके (Mode of Payment) के लिए अलग बीजक तैयार करते हैं। ये सूचनायें तिथि के अनुसार क्रम से लगा दी जाती हैं। छिद्रित कार्ड उपकरण से सांख्यिकी विभाग में माँग सूचना (Demand Notice) तैयार की जाती है जिसमें बीमापत्र की संख्या, प्रव्याजि भुगतान के तरीके, किस्तों की रकम, प्रव्याजि की देय तिथि आदि लिखे रहते हैं। बीजक और माँग सूचना की तुलना करके अन्तर को स्पष्ट करते हैं। यदि इन दोनों में कोई अन्तर हुआ तो इसे दूर करने का प्रयास करना चाहिए। एडरेमा सूचना की जाँच करके यह तय कर लेना चाहिए कि प्रव्याजि, रसीद प्रत्येक महीने तैयार की जाये। प्रव्याजि रसीद को हमेशा एक महीना पहले तैयार किया जाता है। इनमें अन्तर न रहने के लिये यह आवश्यक है कि एडरेमा प्लेट और छिद्रित कार्ड की सूचनायें एक सी रहें और उनमें किसी

भी परिवर्तन को सुधार किये रहें। एडरेमा प्लेट और छिद्रित कार्ड की सूचनाओं को सही रखने के लिए बीमापत्रधारी सेवा विभाग द्वारा प्राप्त सूचना को विशेष महत्व देना चाहिए। बीमापत्रधारी सेवाओं के लिये बीमापत्रधारी सेवा विभाग पहुँचते हैं और इस विभाग को परिवर्तन का आवेदन देते हैं। जैसे ही उनका आवेदन स्वीकार हो जाये, वैसे ही इसकी सूचना एडरेमा प्लेट और छिद्रित कार्ड विभाग को भेज देनी चाहिए जिससे ये विभाग उस परिवर्तन को लिख लें। एडरेमा विभाग का यह कर्तव्य है कि नवीनतम परिवर्तनों को लिखे रहें। इस परिवर्तन के नवीनतम रहने के लिये यह जरूरी है कि बीमापत्रधारी सेवा विभाग में प्राप्त होने वाली सभी सूचनायें नवीनतम रखी जायें क्योंकि बीमापत्रधारी सेवा विभाग की सभी सूचनायें एडरेमा विभाग प्राप्त करता रहता है। एडरेमा विभाग के परिवर्तन बीमापत्रधारी सेवा विभाग द्वारा लिखे गये परिवर्तन से ही सम्भव है। जिन बीमापत्रों के सम्बन्ध में अग्रिम प्रव्याजि जमा कर ली जाती है उसकी सूचना एडरेमा विभाग को अवश्य दे देनी चाहिए जिससे उसके सम्बन्ध में प्रव्याजि की सूचना न दी जाये।

(ii) प्रव्याजि सूचना भेजना (Issue of Premium Notice)—विभागीय कार्यालय के एडरेमा विभाग द्वारा एडरेमा बीजक तैयार किया जाता है जिसमें प्रव्याजि सूचना, प्रव्याजि रसीद आदि रहती हैं। प्रव्याजि आदि की तुलना करके उसे सीधे बीमापत्रधारी विभाग को भेज देते हैं। जिस महीने प्रव्याजि देय होती है उसके प्रारम्भ होने के पहले ही प्रव्याजि की सूचना देनी चाहिए जिससे प्रव्याजि का भुगतान समय के अन्दर किया जा सके। प्रव्याजि की सूचना भेजने के बाद अन्य प्रपत्र जैसे प्रव्याजि रसीद, प्रतिलिपि, प्रव्याजि अपूर्ति (Default) सूचना आदि सीधे शाखा कार्यालय को भेज दिये जाते हैं। प्रव्याजि रसीद आदि शाखा कार्यालय के पास तब तक रखी जाती है जब तक कि प्रव्याजि का भुगतान नहीं हो जाता या देय तिथि से 6 महीने नहीं व्यतीत हो जाते हैं।

(iii) प्रव्याजि जमा (Premium Collection)—जब प्रव्याजि जमा होती है तो इसे रोकड़ बही में लिख लेते हैं। रोकड़ बही की मौलिक प्रतिलिपि (Original Copy) और प्रव्याजि जमा की दूसरी प्रतिलिपि (Counter foils of Premium Receipts) विभागीय कार्यालय को भेजे जाते रहते हैं। इसके प्राप्त होने पर विभागीय कार्यालय प्रत्येक शाखा कार्यालय के नाम में उतनी रकम शाखा बीमापत्र रजिस्टर विवरण में जमा कर देता है। इसके सम्बन्ध में सम्पूर्ण सूचना विस्तृत रूप में लिखी जाती है। बीमापत्र की संख्या, प्रव्याजि की किस्त, देय तिथि आदि को इस रजिस्टर जिसे शाखा बीमापत्र रजिस्टर विवरण (Branch Policy Register Sheets) में लिख देते हैं। इसको फिर प्रव्याजि जमा की दूसरी प्रतिलिपि और रोकड़ बही की मौलिक प्रतिलिपि से तुलना करते हैं। यदि इसमें कोई अन्तर पाया गया तो उसे स्पष्ट करके दूर करने का प्रयास करना चाहिए। जिस प्रव्याजि को लिखा न गया हो उसे लिख लेना चाहिए। प्रत्येक बीमापत्र के विषय में जमा की गयी सभी प्रव्याजि को लिखना आवश्यक है जिससे यह पता लग सके कि किसी बीमापत्र के सम्बन्ध में कुल जमा की गयी प्रव्याजि की रकम, समर्पित मूल्य, ऋण की रकम कितनी है बही खाता विभाग सभी बीमापत्रों के सम्बन्ध में जमा की गयी प्रव्याजि को लिखता है। विभागीय कार्यालय जमा की गयी प्रव्याजि की पूरी सूचना रखता है।

(iv) जमा की रसीद का निर्गमन (Issue of Receipts)—जब कोई बीमापत्रधारी अपनी प्रव्याजि जमा करता है तो उसे प्रव्याजि की रसीद निर्गमित कर देते हैं। जिन बीमापत्रों की प्रव्याजि जमा नहीं की गयी है उनके सम्बन्ध की रसीद शाखा कार्यालय को भेज दी जाती है। जिस महीने में प्रव्याजि देय होती है उसके बाद छठवें महीने में जमा

न की गयी प्रव्याजि के सम्बन्ध में रसीद विभागीय कार्यालय को भेजी जाती है। शाखा कार्यालय महीने तथा त्रैमासिक प्रव्याजि रसीद को तब तक प्राप्त करता रहेगा जब तक उस बीमापत्र के सम्बन्ध में पाँच महीने न व्यतीत हो जायें।

यदि देय तिथि के अन्दर प्रव्याजि का भुगतान नहीं किया जाता है तो बीमापत्र जब्त हो जाता है। जब्ती सम्बन्धी कार्य देय-तिथि के 6 महीने बाद ही प्रारम्भ होता है। 6 महीने तक शाखा कार्यालय को उसके सम्बन्ध में विभागीय कार्यालय से प्रव्याजि की रसीद प्राप्त होती रहेगी। पाँचवें महीने के अन्त में अदत्त प्रव्याजि की रसीद विभागीय कार्यालय को लौटा दी जाती है। इनमें से त्रैमासिक प्रव्याजि की दो रसीदें और छमाही एवं वार्षिक की एक रसीदें और मासिक प्रव्याजि की 5 रसीदें विभागीय कार्यालय को लौटा दी जाती हैं।

(v) अपूर्ति प्रव्याजि की सूचना का निर्गमन (Issue of Premium Default Notice)—बीमापत्रधारियों को स्मरण करने के लिये शाखा कार्यालय से स्मरण सूचना या अपूर्ति प्रव्याजि सूचना भेजी जाती है जबकि देय प्रव्याजि जमा न की जा सकी होगी। 6 महीने के अन्दर प्रव्याजि जमा कर देने से बीमापत्र फिर से चालू हो जाता है। शाखा कार्यालय प्रयास करता है कि इस बीच अदत्त प्रव्याजि का भुगतान करके फिर से उसे चालू कर दे और जब्ती को बचाया जा सके। अपूर्ति प्रव्याजि को जमा करने के लिये पहली सूचना अनुग्रह दिवस के समाप्त होने के 15 दिन के अन्दर भेजना जरूरी है। सूचना देने के लिये एडरेमा सूचना (Adrema Perforated Form) का प्रयोग किया जाता है जो कि विभागीय कार्यालय बीजक भेजते समय प्रव्याजि जमा रसीद के साथ भेजता रहता है। द्वितीय सूचना शाखा कार्यालय द्वारा देय तिथि से तीसरे महीने के अन्त तक भेजी जाती है। तृतीय सूचना छठवें महीने के मध्य में विभागीय कार्यालय द्वारा ही भेजी जाती है। शाखा कार्यालय इसके लिये अन्तर्देशीय पत्र का प्रयोग करते हैं और 9 प्रतिशत दर से ब्याज लेकर पिछली अदत्त प्रव्याजि का भुगतान प्राप्त किया जाता है। जिन बीमापत्रों के सम्बन्ध में अभी तक कोई समर्पित मूल्य एकत्र नहीं हो पाया उसके सम्बन्ध में देय तिथि के 1 वर्ष के अन्त में विभागीय कार्यालय द्वारा सूचना भेजी जाती है और बीमापत्र चालू करने के लिये प्रयास किया जाना चाहिए।

(vi) अनिर्गमित रसीद को लौटाना (Return of Unissued Receipts)—शाखा कार्यालय को चाहिए कि जिन प्रव्याजि रसीद को निर्गमित न किया गया हो अर्थात जिसके सम्बन्ध में प्रव्याजि की रकम एकत्र नहीं हो पायी है उन रसीदों को देय तिथि के पाँचवें महीने के अन्त तक लौटा देनी चाहिए। ये रसीदें विभागीय कार्यालय के बहीखाता विभाग को भेजी जाती हैं। इनके आधार पर विभागीय कार्यालय छठवें महीने के मध्य में अपूर्ति प्रव्याजि की सूचना दे पाता है। जिस दिन ये सभी सूचनायें प्राप्त होती हैं उन्हें एडरेमा बीजक में लिख लेना चाहिए। उस समय यह पता लगा लेना चाहिए कि सभी प्रव्याजि को वापस प्राप्त कर लिया गया हो। विभागीय कार्यालय के खाता विभाग से सूचना प्राप्त कर लेनी चाहिए। बीमापत्रधारी सेवा विभाग में इसकी सूचना भेज देनी चाहिए। सांख्यिकी विभाग से प्राप्त सूचनाओं के आधार पर अन्तर को स्पष्ट कर लेना चाहिए। अन्तर होने पर उसे दूर करने का प्रयास करना चाहिए।

(vii) जब्ती की सूचना (Lapse Notice)—जब प्रव्याजि का भुगतान 6 महीने तक न किया गया हो, तो बीमापत्र जब्त समझा जायेगा। इसके सम्बन्ध में बीमापत्रधारी को सूचना देनी चाहिए। इस बीमापत्र के सम्बन्ध में शर्तों के अनुसार भुगतान किया जायेगा। यदि 5 वर्ष तक प्रव्याजि का भुगतान किया गया हो तो उस बीमापत्र के सम्बन्ध में समर्पित मूल्य प्राप्त हो जाता है। इसका विस्तृत वर्णन समर्पण मूल्य के अध्याय में किया गया है।

(viii) प्रव्याजि का एकत्रित मूल्य और छूट युक्त मूल्य (Commuted Values and Discounted Values of Premium)—जब कोई बीमापत्रधारी अपनी प्रव्याजि की कुछ किस्त अग्रिम जमा करता है तो उसे 3 प्रतिशत ब्याज भी दी जाती है। यदि कोई व्यक्ति अग्रिम प्रव्याजि जमा करना चाहता है तो वह इसके लिये विभागीय कार्यालय को सूचना देता है और विभागीय कार्यालय 3 प्रतिशत ब्याज दर से छूट देकर प्रव्याजि की रकम की गणना फिर करता है और इसी प्रव्याजि को जमा करने के लिये कहा जाता है। प्रव्याजि में इस प्रकार की छूट केवल कुछ दशाओं में ही दी जाती है। यह छूट तभी दी जायेगी जब कि प्रव्याजि देने की अवधि कम से कम दो वर्ष हो बशर्ते कि बीमापत्र की परिपक्वता अवधि इससे कम न हो। अग्रिम प्रव्याजि को लौटाया नहीं जायेगा। अग्रिम प्रव्याजि मृत्यु या समर्पण के समय ही लौटायी जा सकेगी। प्रव्याजि के छूट मूल्य (Discounted Value of Premium) और एकत्रित मूल्य (Commuted) में यह अन्तर है कि छूट मूल्य का निर्धारण केवल ब्याज के आधार पर किया जाता है जबकि एकत्रित मूल्य निकालने के लिये ब्याज दर और मृत्यु दर दोनों को ध्यान में रखा जाता है। अग्रिम प्रव्याजि की प्राप्ति को एक रजिस्टर में लिख लेते हैं। देय होने पर इसमें उस प्रव्याजि के नाम करते रहते हैं।

जमा (Deposits)—यदि बीमापत्रधारी कोई रकम जमा करना चाहता है और इसके लिये विभागीय कार्यालय से कोई सूचना नहीं प्राप्त हुई है तो वह शाखा प्रबन्धक की अनुमति से ऐसा कर सकता है। इस प्रकार जमा की हुई रकम उचन्त खाते (Suspense Account) में लिख दी जाती है। यदि बीमापत्रधारी ने प्रव्याजि की पूरी रकम का भुगतान नहीं किया है तो उसे भी उचन्त खाते में जमा करते हैं। दूसरे शाखा कार्यालय की रकम, या दूसरे बीमापत्र से सम्बन्धित रकम, या अग्रिम जमा को इसी खाते में जमा करते हैं। जमा को जब देय तिथि या स्थान पर समन्वित कर देते हैं तो उसका लेखा उचन्त खाते में कर दिया जाता है। शाखा कार्यालय इस प्रकार जमा को हतोत्साहित करते हैं।

2. पुनर्चालन विधियाँ (Revival Procedures)—जब्ती बीमा का पुनर्चालन किया जा सकता है बशर्ते कि देय तिथि से 5 वर्ष व्यतीत न हुआ हो और परिपक्वता अवधि न प्राप्त हुई हो। चिकित्सा परीक्षा या बिना चिकित्सा परीक्षा के पुनर्चालन किया जा सकता है। विशेष पुनर्चालन विधि को अपनाकर जब्ती बीमापत्र का पुनर्चालन कर सकते हैं।

(i) चिकित्सा परीक्षण पर पुनर्चालन (Revival After Medical Examination)—देय तिथि के छः महीने के अन्दर जब्ती बीमा को शाखा कार्यालय द्वारा पुनर्चालित किया जा सकता है। लेकिन इसके बाद पुनर्चालन का कार्य विभागीय कार्यालय द्वारा किया जाता है। निम्न दशाओं में जब्ती बीमा का पुनर्चालन चिकित्सा परीक्षण के बाद ही अच्छे स्वास्थ्य के प्रमाण में ही हो सकता है।

(क) देय तिथि के 6 महीना व्यतीत हो जाने पर पुनर्चालन का कार्य चिकित्सा परीक्षण के बाद ही हो सकता है।

(ख) जहाँ पर अतिरिक्त प्रव्याजि, विशेषाधिकार या अन्य विशेष शर्तों पर पुनर्चालन होता है, वहाँ चिकित्सा परीक्षण की आवश्यकता पड़ती है।

(ग) यदि परिपक्वता अवधि व्यतीत होने के पहले 12 महीने से अधिक किन्तु 24 महीने से पहले पुनर्चालन किया जाता है, तो चिकित्सा परीक्षण की जरूरत पड़ती है।

(घ) बीमा की पुनर्चालित रकम के अनुसार चिकित्सा परीक्षण के स्तर को निश्चित करते हैं। बीमा की पुनर्चालन रकम बीमित रकम में से प्रदत्त मूल्य घटाने के बाद प्राप्त होती है। चिकित्सा परीक्षण के विषय में नीचे बताया जा रहा है।

चिकित्सा परीक्षण की आवश्यकता

पुनर्चालन के लिये बीमा की रकम	जब्ती होने के 6 महीने पहले	जब्त होने के 6 महीने बाद परन्तु 2 वर्ष के पहले	जब्ती के 2 वर्ष बाद
10,000 रुपये तक	नहीं	संक्षिप्त चिकित्सा परीक्षण	संक्षिप्त चिकित्सा परीक्षण
10,000 रुपये से अधिक और 25,000 रुपये तक	नहीं	संक्षिप्त चिकित्सा परीक्षण	पूर्ण चिकित्सा परीक्षण
25,000 रुपये से अधिक	नहीं	पूर्ण चिकित्सा परीक्षण	पूर्ण चिकित्सा परीक्षण

चिकित्सा परीक्षा का वही नियम है जो कि एक नये प्रस्ताव के सम्बन्ध में आवश्यक है। जब बीमा की रकम अधिक होगी तो उस समय विशेष चिकित्या परीक्षण की आवश्यकता होती है।

(ii) बिना-चिकित्सा परीक्षण के पुनर्चालन (Revival without Medical Examination)—पुनर्चालन बिना-चिकित्सा परीक्षण के निम्नलिखित दशाओं में होता है—

(क) देय तिथि के 6 महीने के अन्तर्गत यदि बीमापत्र का पुनर्चालन किया जाता है तो चिकित्सा परीक्षण की आवश्यकता नहीं होती है। देय तिथि के 9 महीने के अन्दर और 6 महीने के बाद पुनर्चालन में स्वास्थ्य के व्यक्तिगत विवरण की आवश्यकता होती है।

(ख) बन्दोबस्ती बीमापत्र के अन्तर्गत परिपक्वता के पहले 12 महीने के अन्दर पुनर्चालन पर चिकित्सा परीक्षण की जरूरत नहीं होती है।

(ग) शुद्ध बन्दोबस्ती बीमा और निलम्बित वार्षिकी (Deferred Annuity) के पुनर्चालन में चिकित्सा परीक्षण नहीं किया जाता है क्योंकि इसमें जीवन की जोखिम पर भुगतान नहीं किया जाता है।

(घ) देय तिथि के 9 महीने या अधिक समय में पुनर्चालन होने पर अभिकर्ता या विकास अधिकारी की विशेष सूचना प्राप्त की जाती है।

(iii) विशेष पुनर्चालन पद्धति (Special Revival Scheme)—इस पद्धति में बीमापत्र की जोखिम प्रारम्भ होने की तिथि उतने समय से बढ़ा दी जाती है जितने समय तक प्रव्याजि का भुगतान नहीं किया गया है। उदाहरण के लिये यदि कोई व्यक्ति $1^1/_2$ वर्ष तक अपना बीमापत्र चालू करके बीमापत्र जब्त कर देता है, और 6 महीने बाद अपना बीमापत्र चालू कराना चाहता है, इस प्रकार पुनर्चालन के लिये बीमापत्र की जोखिम की तिथि 6 महीने से आगे बढ़ जायेगी और बीमापत्र बिना अदत्त प्रव्याजि या ब्याज दिये हुए चालू हो जायेगा। विशेष पुनर्चालन का सबसे बड़ा लाभ यह है कि बीमापत्र बिना अदत्त प्रव्याजि और ब्याज के दिये हुए फिर चालू हो जाता है। विशेष पुनर्चालन केवल निम्नलिखित दशाओं में ही उपलब्ध होता है—

(क) बीमापत्र समर्पित मूल्य प्राप्त न किये हो,

(ख) पुनर्चालन का समय देय तिथि से 6 महीने से कम और 2 वर्ष से अधिक न हो,

(ग) पुनर्चालन बीमापत्र की अवधि में केवल एक बार ही उपलब्ध होता है।

पुनर्चालन के बाद प्रव्याजि की दर का निर्धारण जोखिम प्रारम्भ होने के समय पर उम्र के अनुसार निश्चित किया जाता है। बीमापत्रधारी सेवा विभाग में पुनर्चालन रजिस्टर रखा जाता है जिसमें सभी पुनर्चालन को लिखा जाता है। एडरेमा प्लेट और छिद्रित कार्ड पुनर्चालन के अनुसार बदल लिये जाते हैं। माँग कार्ड और मूल्यांकन कार्ड को पुनर्चालन के अनुसार परिवर्तित कर देते हैं।

जीवन बीमा निगम स्वास्थ्य के प्रतिकूल होने पर पुनर्चालन को मना नहीं करता है लेकिन अपराध या दिवालियेपन में पुनर्चालन नहीं किया जाता है। पुनर्चालन के समय चिकित्सा परीक्षण शुल्क बीमापत्रधारी देता है।

पंचम-खण्ड

बीमापत्रधारियों की सेवा

(Policyholders' Servicing)

अध्याय 34

बीमापत्रधारियों की सेवा

(Servicing of Policyholders)

बीमापत्रधारियों की सेवा के अन्तर्गत प्रस्ताव की स्वीकृति से लेकर अध्यर्थन के भुगतान के सभी कार्य आते हैं। अध्यर्थन के भुगतान को अगले अध्याय में वर्णन किया जायेगा। इस अध्याय में उम्र की स्वीकृति, अभिहस्तांकन एवं नामांकन, बीमापत्र में परिवर्तन, ऋण, समर्पित मूल्य और प्रदत्त-मूल्य का अध्ययन करेंगे।

1. उम्र की स्वीकृति

(Age-Admission)

उम्र की स्वीकृति प्रस्ताव के समय या बीमापत्र के चालू रहने पर किसी भी समय परन्तु अध्यर्थन के भुगतान देने के पहले प्राप्त की जा सकती है। उम्र की स्वीकृति प्राप्त करना बहुत जरूरी है। यदि एक बार स्वीकृति प्राप्त की जा चुकी है तो दूसरी बार उसे रद्द नहीं किया जा सकता है। प्रव्याजि निर्धारण में उम्र एक महत्वपूर्ण तथ्य है, अतः इसकी स्वीकृति बहुत आवश्यक है। उम्र की स्वीकृति निम्नलिखित प्रमाणों पर की जाती है।

(i) म्युनिसिपल या अन्य ऐसी संस्थाओं के जन्म प्रमाणपत्र,

(ii) जन्म के समय तैयार की गयी मौलिक कुण्डली (Horoscope), यदि यह पाया गया कि कुण्डली तैयार करने का उद्देश्य कम उम्र साबित करना है तो उसे मान्यता नहीं दी जायेगी,

(iii) धर्म स्वीकार करने के प्रमाण पत्र (Baptism) या परिवार की बाइबिल को प्रमाण के रूप में स्वीकार किया जा सकता है यदि इसमें उम्र या जन्म तिथि लिखी हो,

(iv) स्कूल या कालेज के प्रमाण-पत्र यदि उनमें उम्र या जन्म तिथि लिखी हो,

(v) ख्याति पूर्ण नियोक्ता के यहाँ सेवा रजिस्टर से प्राप्त, उम्र का प्रमाण पत्र हो,

(vi) सुरक्षा कर्मचारियों के यहाँ परिचय-पत्र जो सुरक्षा विभाग से निर्गमित किये गये हों।

यद्यपि कि उम्र का प्रमाण-पत्र बीमापत्र चालू रहने पर कभी भी दिया जा सकता है तथापि प्रस्ताव के समय उम्र का प्रमाण-पत्र प्राप्त करना जरूरी है। जहाँ पर बीमित जीवन की आयु 20 वर्ष से कम और 50 वर्ष से अधिक है या वेतन बचत योजना के अन्तर्गत बीमापत्र निर्गमित किया गया है तो उम्र का प्रमाण-पत्र प्रस्ताव के समय प्राप्त करना आवश्यक है। इसी प्रकार संतान विलम्बित बीमापत्र और वार्षिकी बीमापत्र के प्रस्ताव पर उम्र का प्रमाण-पत्र प्राप्त करना जरूरी है। शुद्ध बन्दोबस्ती बीमापत्र में उम्र के प्रमाण-पत्र की आवश्यकता नहीं है क्योंकि प्रव्याजि का निर्धारण उम्र के आधार पर नहीं किया जाता है।

जहाँ पर किसी निश्चित प्रमाण को प्राप्त नहीं कर पाते हैं वहाँ पर 'उम्र की घोषणा' (Declaration of Age) किसी बड़े सम्बन्धी या मित्र द्वारा देनी चाहिए। 'उम्र की घोषणा'

पर पर्याप्त टिकट लगाने चाहिए और किसी मजिस्ट्रेट या शपथ स्वीकार करने वाले अधिकारी के सामने हस्ताक्षर करना चाहिए। बीमापत्र निर्गमन करते समय लगभग उम्र (Approximate) को ध्यान में रखा जाता है। उदाहरण के लिये यदि कोई बीमापात्र 21 वर्ष 5 महीना 29 दिन की उम्र पर बीमा लेता है तो उसकी 21 वर्ष की उम्र मानी जायेगी। इसी प्रकार यदि कोई व्यक्ति 21 वर्ष 6 महीना 2 दिन पर प्रस्ताव करता है तो उसकी उम्र 22 वर्ष की होगी।

उम्र में परिवर्तन (Change in Age)—जब प्रस्ताव-पत्र स्वीकार करने के बाद उम्र के प्रमाण माँगे जाते हैं और उनके आधार पर उम्र में परिवर्तन हो जाता है तो उसके अनुसार प्रव्याजि में परिवर्तन कर लिया जाता है। यदि उम्र के प्रमाण के आधार पर उम्र अधिक सिद्ध होती है तो प्रव्याजि की दर बढ़ जायेगी। परिवर्तन के कारण जितनी अधिक प्रव्याजि देनी पड़ रही है उसको जोखिम प्रारम्भ होने के दिन से लेकर उम्र प्रमाणित होने के दिन तक ब्याज सहित प्राप्त करते हैं। यदि उम्र कम साबित होती है तो प्रव्याजि की दर भी कम हो जायेगी। जितनी अधिक प्रव्याजि दी जा चुकी है उसे बिना ब्याज के लौटा दिया जाता है। इसका दूसरा विकल्प यह है कि प्रव्याजि की दर के अनुसार बीमापत्र के जोखिम के प्रारम्भ की तिथि पीछे कर दी जाती है। बीमापत्र पर उम्र के परिवर्तन को एक लेखांकन कर दिया जाता है जिससे उम्र प्रव्याजि दर के परिवर्तन को स्पष्ट लिख देते हैं। प्रव्याजि देने की अवधि का भी वर्णन कर दिया जाता है।

यदि बीमापत्रधारी की उम्र 45 वर्ष से अधिक सिद्ध होती है, तो उसे पूर्ण चिकित्सा परीक्षण की सूचना देनी चाहिए। उम्र के परिवर्तन को बीमापत्र में लिख दिया जाता है। एडरेमा, सांख्यिकी विभाग, बीमापत्रधारी सेवा विभाग आदि में उचित परिवर्तन कर देना चाहिए। बीमापत्रधारी सेवा विभाग द्वारा एक रजिस्टर तैयार किया जाता है जिसमें सभी परिवर्तन लिखे जाते हैं।

2. नामांकन एवं अभिहस्तांकन (Nomination and Assignment)

बीमापत्र निर्गमन के समय यदि नामांकन नहीं हुआ है तो बाद में उसका नामांकन हो जाना बीमापत्रधारियों के हित में होगा। जब बीमापत्रधारी द्वारा नामांकन या अभिहस्तांकन किया जाता है तो इसकी पूर्ण जाँच कर लेनी चाहिए जिससे यह पता लग सके कि नामांकन या अभिहस्तांकन नियमों के अनुकूल है या नहीं। यदि नामांकन या अभिहस्तांकन में कोई बहुत बड़ी गलती हुई है या कोई भूल हुई हो तो उसके सुधार के लिये सम्बन्धित बीमापत्रधारी या उसके अभिहस्तांकिकी को लौटा देना चाहिए। शाखा कार्यालय को चाहिए कि इसकी एक प्रतिलिपि विभागीय कार्यालय को भेज दे। जब नामांकन या अभिहस्तांकन के लिए बीमापत्र बीमापत्रधारियों को लौटा दिया गया है तो उसको वापस प्राप्त करने के लिये प्रत्येक दूसरे हफ्ते सूचना भेजते रहना चाहिए जिससे बीमापत्र में नामांकन या अभिहस्तांकन में उचित परिवर्तन शीघ्र किया जा सके। बीमापत्रधारियों को चाहिए कि वे नामांकन या अभिहस्तांकन सम्बन्धी नियमों को पढ़कर समझ लें और उसका पालन करें।

नामांकन या अभिहस्तांकन के पहले सम्बन्धित बीमापत्रों की जाँच भली प्रकार कर लेनी चाहिए। इसके लिये शाखा कार्यालय बीमापत्र लेजर शीट (Policy Ledger Sheet) को देखकर सम्पूर्ण सूचनायें प्राप्त करे। कुछ ऐसे बीमापत्र हैं जिनके सम्बन्ध में अभिहस्तांकन नहीं किया जा सकता है उनके सम्बन्ध में आये हुए आवेदन को स्वीकार नहीं किया जा सकता। विवाहित स्त्री सम्पत्ति अधिनियम, सम्पदाकर बीमपत्र, संतान

विलम्बित बीमापत्र, संयुक्त जीवन बीमापत्र तथा दूसरे के जीवन में बीमापत्र का अभिहस्तांकन नहीं किया जा सकता है। नामांकन या अभिहस्तांकन हो जाने पर बीमापत्र के लेखांकन की पूरी जाँच की जाती है कि ये नियमों के अनुकूल हैं या नहीं। नियमों के अनुकूल न होने पर इसे नियमों के अनुकूल बनाया जाता है।

उत्तरोत्तर नामांकिकी (Successive Nominees)—जहाँ पर एक से अधिक नामांकन क्रम से किये जाते हैं वहाँ पर नामांकन के क्रम को मान्यता दी जाती है। उदाहरण के लिये नामांकिकी 'क' के न रहने पर नामांकिकी 'ख' और नामांकिकी 'ख' के न रहने पर नामांकिकी (ग) को भुगतान किया जाना चाहिए। यदि नामांकन में यह क्रम है तो 'ग' को भुगतान तभी किया जायेगा जबकि नामांकिकी 'क' और 'ख' न हों। नामांकिकी 'ख' को भुगतान तब होगा जबकि नामांकिकी 'क' न हो। नामांकिकी के विषय में स्पष्ट हो जाना चाहिए कि भुगतान कब और किस दशा में होना है।

अवयस्क नामांकिकी (Minor Nominee)—अवयस्क नामांकिकी के सम्बन्ध में किसी व्यक्ति को उसके उपलक्ष में भुगतान प्राप्त करने के लिये नियुक्त कर देना चाहिए जो कि उसकी अवयस्कता में बीमा संस्था को भुगतान की रसीद दे सके। नियुक्त (Appointed) को संरक्षक एवं आश्रित अधिनियम (Guardians and Wards Act) के अनुसार संरक्षक बनने का अधिकार नहीं है। कोई भी नियोक्ता नामांकिकी की अवयस्कता में उसके उपलक्ष के लिए बीमित रकम पा सकता है परन्तु उसे अपने लिए बीमा रकम प्राप्त करने का अधिकार नहीं है। बीमित व्यक्ति अवयस्क नामांकिकी के अभाव में किसी व्यक्ति को नियुक्त नहीं बना सकता है। जहाँ पर बीमापत्र का अभिहस्तांकन किसी अवयस्क को हुआ है, वहाँ पर नियुक्त की नियुक्ति नहीं की जायेगी। इस दशा में वही व्यक्ति बीमा की रकम पायेगा जो कि उसके सम्पूर्ण रकम को प्राप्त करने का अधिकारी होगा।

अवयस्कता के समय भुगतान (Payment during the Minority of the Nominee)—जब नामांकिकी अवयस्क है तो बीमापत्रधारी जिसके जीवन में बीमा लिया गया है किसी व्यक्ति को बीमित जीवन के मृत्यु पर नामांकिकी के अवयस्क रहने पर बीमा की रकम प्राप्त करने के लिये नियुक्त कर सकता है। बीमा अधिनियम की धारा 39 (1) के अनुसार निम्नलिखित आवश्यकताओं को पूरा करना है—

(1) जहाँ पर नामांकिकी अवयस्क है वहाँ पर नियुक्त (Appointed) की नियुक्ति आवश्यक है।

(2) बीमित व्यक्ति के लिये यह जरूरी नहीं है कि वह नामांकिकी का पिता हो। अवयस्क नामांकिकी का नियुक्त (Appointed) उसका संरक्षक (Guardian) नहीं समझा जायेगा वह केवल उसकी अवयस्कता पर बीमित रकम प्राप्त करने का अधिकारी है अन्य सभी सम्पत्ति को प्राप्त करने का अधिकार इसके कारण अपने आप नहीं हो जाता है। बीमित रकम प्राप्त करने का अधिकार नामांकिकी के अवयस्क रहने पर ही होगा। यदि नामांकिकी वयस्क हो जाता है तो उसे ही बीमित रकम प्राप्त हो जाती है, नियुक्त को बीमित रकम नहीं मिल पायेगी।

(3) नियुक्त को वयस्क (Adult) होना चाहिए।

(4) नियुक्त की नियुक्ति प्रस्ताव प्रपत्र भरने के समय या उसके बाद किया जा सकता है। यदि प्रस्ताव प्रपत्र भरने के समय नियुक्त की नियुक्ति की गयी है तो उसे बीमापत्र में लिख देते हैं। जब नियुक्त की नियुक्ति बीमापत्र निर्गमन के बाद हुई हो तो उसको

लेखांकन के द्वारा बीमापत्र में लिख देते हैं। नियुक्त की राय एक लिखित प्रपत्र पर प्राप्त कर लेनी चाहिए।

(5) कार्यालय को इसके सम्बन्ध में सूचना दे देनी चाहिए जिससे सम्बन्धित लेखांकन को प्रभावपूर्ण बनाया जा सके।

(6) बीमापत्र की परिपक्वता के पहले जब कभी बीमापत्रधारी चाहे नियुक्त को रद्द कर सकता है या दूसरे व्यक्ति को नियुक्त कर सकता है और इसकी सूचना कार्यालय को दे देनी चाहिए।

नामांकन का कार्य नामांकन प्रपत्र 3265 (Nomination Form 3265) में भर कर किया जा सकता है। नियुक्त की नियुक्ति भी इसी तरह की जाती है। नामांकन का बीमापत्र में लेखांकन कर देना चाहिए। नामांकन में परिवर्तन, नामांकन को रद्द करना और नया नामांकन लेखांकन के कारण ही प्रभावपूर्ण हो सकता है। लेखांकन एक निश्चित नियमों के अनुसार ही होना चाहिए। लेखांकन का पंजीकरण करके तारीख डाल देनी चाहिए और इसको बीमापत्र रजिस्टर शीट (Policy Register Sheet) में लिख लेना चाहिए।

स्वतः समाप्ति (Autometic Cancellation)—यदि नामांकिकी की मृत्यु बीमित व्यक्ति के जीवित रहने पर हो जाती है तो नामांकन अपने आप समाप्त हो जाता है। बीमापत्रधारी को पुनः नामांकन करना पड़ेगा। इसी प्रकार बीमापत्र की रकम प्राप्त करने के पहले और बीमित व्यक्ति की मृत्यु के बाद नामांकिकी की मृत्यु होती है। नामांकन प्रभावहीन रहेगा क्योंकि नामांकिकी को बीमापत्र की रकम प्राप्त करने का अधिकार बीमित व्यक्ति की मृत्यु के बाद ही है। उसके उत्तराधिकारी को बीमा की रकम प्राप्त करने का अधिकार नहीं है।

अभिहस्तांकन (Assignment)—जो व्यक्ति अभिहस्तांकन करना चाहता है उसे एक प्रमाणित प्रपत्र निर्गमित किया जाता है जिसे भरकर लौटाना पड़ता है। अभिहस्तांकन करने के लिये उसमें आवश्यक निर्देशन दिये रहते हैं। ये फार्म शाखा कार्यालय द्वारा निर्गमित किये जाते हैं जिसे भरकर विभागीय कार्यालय पंजीयन के लिये भेजा जाता है। शाखा कार्यालय द्वारा निम्नलिखित कार्यपद्धतियाँ अपनायी जाती हैं।

(1) शाखा कार्यालय को चाहिए कि वह अभिहस्तांकन प्रपत्र निर्गमित करके उसे भरने का तरीका बताये। सन्देहों का निवारण करे और प्रश्नों का उचित उत्तर दे।

(2) जब दो या अधिक व्यक्तियों को अभिहस्तांकन किया जा रहा हो, तो उसे संयुक्त धारण प्रपत्र (Joint Tenancy Form) पर ही भराना चाहिए। ऐसे अभिहस्तांकन को हतोत्साहित करना चाहिए। बीमापत्रधारी को यह बताया जाय कि ऐसे अभिहस्तांकन विभागीय कार्यालय द्वारा अमान्य हो सकते हैं। यदि ऐसा अभिहस्तांकन किया जा रहा है तो प्रत्येक व्यक्ति के हिस्से का विवरण हो जाना चाहिए जिससे कि बाद में कोई विवाद न उठ सके।

(3) अभिहस्तांकन पत्र चाहे बीमापत्र या अलग कागज पर किया जा रहा है उसकी पूरी जाँच कर लेनी चाहिए। यह देखना आवश्यक है अभिहस्तांकनकर्ता अभिहस्तांकन का अधिकार रखता हो, बीमापत्र में हित और रुचि रखता हो, अभिहस्तांकन को मना न किया गया हो या निगम को इसके लिए विशेष रूप से रोक न मिली हो, इस बीमापत्र के सम्बन्ध में यदि कोई निर्देश न मिला हो तो उसका निराकरण एवं स्पष्टीकरण अधीक्षक से करा लेना चाहिए। यदि अभिहस्तांकनकर्ता को इसके लिए अधिकार है, तो उसे निर्धारित प्रपत्र भरने का अधिकार दिया जा सकता है।

(4) यदि अभिहस्तांकन अलग कागज पर किया जा रहा है तो उस पर पूरी तरह टिकट लगना चाहिए। यदि अभिहस्तांकन बीमापत्र पर ही लेखांकन करके किया जा रहा हो तो टिकट की आवश्यकता नहीं होगी। यदि अलग कागज पर टिकट नहीं लगाया गया है तो अभिहस्तांकनकर्ता (Assignor) को सूचना दे देनी चाहिए और पर्याप्त टिकट को लगाने का प्रयास करना चाहिए।

(5) भरे हुए अभिहस्तांकन की अच्छी तरह जाँच (Scrutinise) कर लेनी चाहिए अभिहस्तांकन की दशाओं का पूरा पालन किया जाना चाहिए।

(6) यदि अभिहस्तांकनकर्ता से अभिहस्तांकन की सूचना नहीं प्राप्त हुई है तो उसे इसके लिये लिखना चाहिए।

(7) यदि अभिहस्तांकनकर्ता प्रस्तावक है या बीमित जीवन है और अभिहस्तांकन शर्तों एवं नियमों के अनुकूल है तो उसके हस्ताक्षर की जाँच प्रस्तावपत्र से करके देख लेनी चाहिए कि अभिहस्तांकनकर्ता वही व्यक्ति है। यदि अभिहस्तांकनकर्ता (Assignor) न तो प्रस्तावक (Proposer) है और न बीमित जीवन है और उसके हस्ताक्षर का कोई लेख नहीं है, तो यह देखना चाहिए कि अभिहस्तांकनकर्ता का वही नाम है जो बीमापत्र में लिखा गया है या अन्य प्रमाणों से पता लगता है। यदि हस्ताक्षर में अन्तर है तो इसकी सूचना उसे देनी चाहिए और कमियों को पूरा कराया जाये।

(8) अभिहस्तांकन प्रपत्र में अभिहस्तांकन का स्थान और तिथि होना आवश्यक है। यदि यह नहीं है तो पूरा कराना चाहिए। सम्पूर्ण कार्यविधियों को पूरा करके इसे विभागीय कार्यालय को भेज देना चाहिए।

जब अभिहस्तांकन नियमों के अनुरूप है और उसके विषय में उपयुक्त सूचना प्राप्त हुई है तथा वह भी नियमों के अनुरूप है, तब अभिहस्तांकन (चाहे बीमापत्र या अलग कागज) के निर्धारित जगह पर लेखन (Entry) कर दिया जाता है और उसे बीमापत्र लेजर शीट (Policy Ledger Sheet) में लिख दिया जाता है। जहाँ पर अभिहस्तांकन किसी अपरिचित व्यक्ति को किया जा रहा है या जहाँ पर अभिहस्तांकन का मूल्यवान प्रतिफल (Valuable Consideration) निश्चित नहीं है या जहाँ पर भेंट का तत्व भी शामिल नहीं है, वहाँ पर पंजीयन की स्वीकृति के पहले बीमित व्यक्ति या अभिहस्तांकिकी (Assignee) या दोनों को लिख कर पूछा जाता है कि अभिहस्तांकन का क्या उद्देश्य है। यदि दो स्मरण पत्रों के बावजूद भी कोई सन्तोषजनक उत्तर नहीं मिला तो अभिहस्तांकन का पंजीकरण कर लिया जाना चाहिए तथा साथ ही साथ अभिहस्तांकनकर्ता (Assignor) और अभिहस्तांकिकी (Assignee) को इस विषय का ज्ञान करा देना चाहिए कि बाद में बीमापत्र के उद्देश्य का वर्णन स्पष्ट रूप से न किया गया।

अभिहस्तांकन पंजीकरण (Registration of Assignment)—अभिहस्तांकन का पंजीकरण बीमापत्र लेजर शीट (Policy Ledger Sheet) में 'नामांकन एवं अभिहस्तांकन' (Nominations and Assignments) अध्याय के अन्दर लिखा जाना चाहिए। इस शीट में रबर टिकट के साथ पंजीकरण करके तारीख डाल दी जाती है। अभिहस्तांकन के समय विभागीय कार्यालय यह स्पष्ट कर देता है कि अभिहस्तांकन की मान्यता के विषय में कोई प्रमाण नहीं दिया जाता है। अभिहस्तांकन की सभी सूचनायें बीमापत्र रजिस्टर शीट में लिख देनी चाहिए। इसी प्रकार की सभी सूचनायें पुनर्नामांकन और संरक्षक की नियुक्त के समय लिखी जाती हैं।

बीमा अधिनियम 1938 का लागू होना

बीमा अधिनियम की धारा 38 के अनुसार निम्नलिखित नियमों एवं उपनियमों का पालन करना चाहिए।

(1) अभिहस्तांकन बीमापत्र या टिकट लगे अलग कागज पर किया जाता है।

(2) नियम को अभिहस्तांकन की लिखित सूचना देनी चाहिए जिसके साथ अभिहस्तांकन का लेख (Deed of Assignment) उसकी प्रमाणित प्रतिलिपि और बीमापत्र भी दिया जाना चाहिए।

(3) अभिहस्तांकन की सूचना प्राप्त होने के आधार पर अभिहस्तांकन की प्राथमिकता निश्चित की जाती है। सूचना देने के साथ बीमापत्र, अभिहस्तांकन लेख भी दिया जाना चाहिए।

(4) बीमा संस्था अभिहस्तांकन या हस्तांतरण की विषय वस्तु को लिखेगा और इसकी सूचना प्राप्त होने की लिखित स्वीकृति दी जायेगी।

(5) अभिहस्तांकन के परिणामस्वरूप बीमापत्र सम्बन्धी सभी अधिकार एवं दायित्व अभिहस्तांकिकी को हस्तान्तरित हो जाते हैं बशर्ते कि इसके लिये कोई शर्त या दशा निश्चित न की गयी हो।

(6) शर्त युक्त अभिहस्तांकन करना सम्भव है। किसी व्यक्ति के जीवित रहने की शर्त पर भी अभिहस्तांकन हो सकता है।

अभिहस्तांकन की आवश्यक शर्तें (Essentials Conditions of Assignment)—सभी अभिहस्तांकन में निम्नलिखित शर्तों को पूरा किया जाता है—

(1) जो व्यक्ति बीमापत्र का अभिहस्तांकन कर रहा है उसे बीमापत्र में पूर्ण अधिकार और हित होना चाहिए। यह अधिकार बीमापत्र निर्गमन के कारण या पूर्व अभिहस्तांकन के कारण हो सकता है।

(2) अभिहस्तांकनकर्ता को वयस्क और प्रसंविदा के योग्य होना चाहिए।

(3) अभिस्तांकिकी में कानूनी अयोग्यता नहीं होनी चाहिए।

(4) अभिहस्तांकन किसी कानूनी प्रतिफल के बदले होना चाहिए बशर्ते कि यह भेंट (Gift) न हो। भेंट की दशा का प्रतिफल प्रेम और स्नेह है। जहाँ पर बिना प्रतिफल के और बिना भेंट के अभिहस्तांकन किया जा रहा है, वह अभिहस्तांकन मान्य नहीं होगा। प्रतिफल की अपर्याप्तता से प्रसंविदा अमान्य नहीं होगा।

(5) अभिहस्तांकन उस समय के कानून के विरुद्ध न हो। विनिमय नियन्त्रण के विपरीत कोई अभिहस्तांकन नहीं किया जायेगा।

(6) अभिहस्तांकन लिखित और स्पष्ट होना चाहिए।

(7) अभिहस्तांकनकर्ता अभिहस्तांकन पर अपना हस्ताक्षर अवश्य करे।

(8) अभिहस्तांकन कर्ता का हस्ताक्षर कम से कम एक साक्षी से अवश्य प्रमाणित हो।

3. परिवर्तन
(Alterations)

बीमापत्र निर्गमन के बाद उनमें परिवर्तन की आवश्यकता पड़ती है। बीमापत्रधारियों को समय-समय पर बीमापत्र की शर्तों में परिवर्तन की आवश्यकता पड़ा करती है। बीमापत्र की रकम में परिवर्तन, प्रव्याजि भुगतान तरीके में परिवर्तन, बीमापत्र की योजना में

परिवर्तन आदि की आवश्यकता पड़ती रहती है। बीमापत्र में कुछ परिवर्तन केवल एक वर्ष बाद ही सम्भव होता है। कुछ परिवर्तन एक साल के अन्दर सम्भव हो सकता है।

एक वर्ष के अन्दर होने वाले परिवर्तन (Alterations within one year of Commencement of the Policy)—एक वर्ष के अन्दर प्राय: कोई परिवर्तन स्वीकार नहीं किया जाता है, परन्तु निम्नलिखित परिवर्तन के लिये बीमा संस्था अनुमति दे सकती है—

(1) प्रव्याजि भुगतान के तरीके को मासिक (Monthly) प्रव्याजि में बदलना जिससे वेतन बचत योजना या प्राविडेन्ट फण्ड योजना लागू करके प्रव्याजि का भुगतान किया जा सके।

(2) वे परिवर्तन भी मान्य हैं जो अनिवार्य किस्म के हैं जैसे नाम में परिवर्तन, बीमापत्र में परिवर्तन, मुद्रा में परिवर्तन या भुगतान के स्थान का परिवर्तन, उम्र में परिवर्तन के कारण प्रव्याजि की दर में परिवर्तन आदि।

(3) सामान्य बीमापत्रों को विशेष बीमापत्रों जैसे विवाहित स्त्री सम्पत्ति अधिनियम के अन्दर निर्गमित बीमापत्र में बदलने का कार्य।

(4) भुगतान विकल्प।

(5) द्विगुणित लाभ दुर्घटना बीमापत्र, विस्तृत अयोग्यता लाभ और प्रव्याजि मुक्ति लाभ बीमापत्र।

परिवर्तन के शुल्क (Fees for Alteration)—जहाँ पर विशेष कारणों के लिए बीमापत्र की दशाओं और शर्तों में परिवर्तन किया जाता है, वहाँ पर उद्धरण शुल्क (Quotation Fee) लेकर शर्तों और दशाओं में परिवर्तन के विषय में बताया जा सकता है। ऐसी दशाओं में परिवर्तन शुल्क (Alteration Fee) नहीं लिये जाते हैं। उद्धरण शुल्क दो रुपये है जिसे लेकर इच्छित परिवर्तन के विषय में सूचना दी जा सकती है। कुछ ऐसी भी दशायें हैं जहाँ पर उद्धरण शुल्क की आवश्यकता नहीं है, बल्कि 2 रुपये पर परिवर्तन शुल्क लिये जाते हैं, ऐसी दशायें निम्न प्रकार हैं—

(1) बीमित रकम में कमी।

(2) प्रव्याजि भुगतान के तरीके जिसमें भुगतान करने की संख्या बढ़ जाती है जैसे वार्षिक से अर्द्धवार्षिक, त्रैमासिक एवं मासिक।

(3) जहाँ बीमापत्र निर्गमन के बाद द्विगुणित दुर्घटना लाभ या विस्तृत अयोग्यता लाभ प्राप्त करने की इच्छा है जबकि ऐसे लाभ बीमा प्रारम्भ के समय नहीं मिल रहे थे।

(4) जहाँ पर प्रव्याजि मुक्ति लाभ प्राप्त करना है जबकि ऐसे लाभ बीमापत्र निर्गमन के समय न मिल रहे हों।

परिवर्तन के समय यदि आवश्यक टिकट की जरूरत पड़े तो परिवर्तन टिकट लगने के बाद ही सम्भव है।

शुल्क रहित परिवर्तन (Alterations without Fee)— निम्न दशाओं में परिवर्तन के लिए किसी शुल्क की आवश्यकता नहीं पड़ती है—

(1) बीमा की रकम वही रहने पर प्रव्याजि की संख्या को सीमित करना,

(2) जहाँ पर प्रव्याजि के किस्त की संख्या को कम करता है,

(3) बीमित व्यक्ति की आयु में परिवर्तन होने के कारण प्रव्याजि की दर में परिवर्तन,

(4) जहाँ पर बीमापत्र के सम्बन्ध में अतिरिक्त प्रव्याजि ली जा रही है, तो ऐसी अतिरिक्त प्रव्याजि को समाप्त करना या ऐसी ही अन्य शर्तों को हटाना जो अतिरिक्त प्रव्याजि के समान हो,

(5) जहाँ पर परिवर्तन या सुधार बीमित व्यक्ति या नामांकिकी के नाम किया जा रहा है,

(6) जहाँ पर वर्तमान बीमापत्र को वेतन बचत योजना के अन्दर लाना है चाहे इससे भुगतान के तरीके में परिवर्तन हो या नहीं।

परिवर्तन की स्वीकृति (Permission of Alterations)—बीमापत्र में परिवर्तन की स्वीकृति दी जा सकती है और नहीं भी दी जा सकती है। दोनों प्रकार के परिवर्तन का वर्णन नीचे किया जा रहा है।

अस्वीकृत परिवर्तन
(Non Permissible Alterations)

निम्नलिखित परिवर्तन निगम द्वारा स्वीकार नहीं किये जाते हैं—

(1) वे परिवर्तन जिनसे प्रव्याजि की दर कम हो जाती है,

(2) प्रव्याजि भुगतान की अवधि का विस्तार,

(3) सलाभ बीमापत्र से लाभ रहित बीमापत्र में परिवर्तन,

(4) बीमापत्र के एक वर्ग से दूसरे वर्ग में परिवर्तन बशर्ते कि यह अन्यथा मान्य न हो, और

(5) विवाहित सम्पत्ति अधिनियम के अन्तर्गमित बीमापत्र या सम्पदा कर के भुगतान के लिए लिये गये बीमापत्र में परिवर्तन केवल इनके विशेष नियमों के अनुसार ही हो सकता है।

स्वीकृत परिवर्तन
(Permissible Alterations)

निम्न दशाओं में परिवर्तन सामान्यतया स्वीकार कर लिया जाता है—

(1) बीमापत्र के प्रकार या शर्तों में परिवर्तन,

(2) बीमित रकम में कटौती,

(3) प्रव्याजि भुगतान के तरीके में कमी,

(4) बीमापत्र की जोखिम में परिवर्तन प्रारम्भ की तिथि,

(5) एक बीमापत्र को कई बीमापत्रों में परिवर्तन करना,

(6) अतिरिक्त प्रव्याजि या उसके समान शर्तों को हटाना,

(7) लाभ रहित बीमापत्र को सलाभ बीमापत्र में परिवर्तित करना,

(8) नाम में परिवर्तन,

(9) बीमापत्र में सुधार,

(10) भुगतान विकल्प में परिवर्तन,

(11) द्विगुणित दुर्घटना लाभ और विस्तृत अयोग्यता लाभ को प्राप्त करना,

(12) संतान विलम्बित बीमापत्र में प्रव्याजि मुक्ति लाभ प्राप्त करना, और

(13) बीमा की मुद्रा एवं भुगतान के स्थान में परिवर्तन।

1. बीमापत्र के प्रकार एवं शर्तों में परिवर्तन (Alteration in Class and Term of Policies)—बीमापत्र के प्रकार एवं शर्तों में परिवर्तन तभी हो सकता है जबकि निम्नलिखित शर्तें पूरी हों—

(i) यदि प्रव्याजि की दर कम नहीं होती है लेकिन लाभ सहित सीमित भुगतान आजीवन बीमापत्र से लाभ सहित बन्दोबस्ती बीमापत्र में परिवर्तन हो सकता है चाहे प्रव्याजि की दर कम ही क्यों न हो,

(ii) यदि बीमित व्यक्ति की उम्र 70 वर्ष या अधिक न हो,

(iii) यदि नयी योजना में प्रव्याजि भुगतान की संख्या पुराने योजना में प्रव्याजि भुगतान की संख्या से अधिक न हो,

(iv) यदि लाभ रहित बीमापत्र से लाभ सहित बीमापत्र में परिवर्तित किया जाये, तो परिवर्तन बीमापत्र-वर्ष प्रारम्भ होने के समय से ही प्रभावपूर्ण होगा, और

(v) यदि बीमापत्र चलन में हो और पूर्ण प्रदत्त न हुआ हो।

परिवर्तन के लिए बीमित व्यक्ति को आवेदन प्रपत्र भेजकर देने पड़ते हैं। यदि उद्धरण या परिवर्तन शुल्क देने हों तो उसे देना चाहिए। बीमा भी कार्यालय भेजा जाये जिसमें लेखांकन किया जा सके। यदि नये बीमापत्र निर्गमन की आवश्यकता है तो इसके लिये बीमापत्र तैयार करने और टिकट का शुल्क देना आवश्यक है। यदि आवश्यक हो तो स्वास्थ्य का प्रमाण पत्र। अभिहस्तांकित बीमापत्र में परिवर्तन के लिए अभिहस्तांकिकी की राय प्राप्त करना जरूरी है। जहाँ पर नया बीमापत्र निर्गमित किया जायेगा वहाँ पर अभिहस्तांकिकी को पुनर्हस्तांकन करना पड़ता है।

परिवर्तन को प्रभावपूर्ण बनाने के लिये बीमापत्र में लेखांकन कर दिया जाता है। प्रव्याजि की दर में परिवर्तन, योजना के परिवर्तन के साथ हो सकती है अतः प्रव्याजि, परिपक्वता, योजना की दर आदि में परिवर्तन को लेखांकन द्वारा प्रभावपूर्ण बना देते हैं।

2. बीमित रकम में परिवर्तन (Alteration in the Sum Assured)—बीमापत्र की रकम में परिवर्तन बीमित रकम बढ़ाकर या घटाकर किया जा सकता है। बीमा की रकम में वृद्धि नये बीमापत्र निर्गमित करके किया जाता है। अतिरिक्त रकम के लिये अलग से प्रस्ताव, व्यक्तिगत विवरण, चिकित्सा परीक्षण यदि आवश्यक हो तो प्राप्त किये जायेंगे। नये बीमापत्र प्रारम्भ होने वाली तिथि से प्रव्याजि की गणना की जायेगी। इस दशा में जोखिम प्रारम्भ की तिथि बीमा की योजना एवं शर्त वही होगी जो पुराने बीमापत्र में थी। पुराना बीमापत्र को रद्द करके नया बीमापत्र चालू किया जाता है।

बीमित रकम में कमी का प्रभाव अगले प्रव्याजि की तिथि से किया जाता है। यदि बीमापत्र में समर्पित मूल्य एकत्र हुआ है तो अतिरिक्त समर्पित मूल्य को बीमापत्रधारी को लौटा दिया जाता है? बीमा की रकम में तभी कमी की जायेगी जबकि बीमापत्र की जोखिम प्रारम्भ होने के 6 महीने के अन्दर या बीमापत्र निर्गमन के तीन महीने के अन्दर इसके लिए आवेदन प्राप्त हुआ है। बीमापत्र में बीमा की रकम में परिवर्तन को उचित रूप से लेखांकित (Endorsed) करके प्रभाव पूर्ण बनाते हैं।

3. प्रव्याजि भुगतान के तरीके में परिवर्तन (Alteration in the Mode of Payment)—प्रव्याजि भुगतान के तरीके में वार्षिक प्रव्याजि या अर्द्ध प्रव्याजि, त्रैमासिक या मासिक प्रव्याजि भुगतान के तरीके में परिवर्तन किया जा सकता है। इनके आपसी परिवर्तन भी हो सकते हैं। प्रव्याजि भुगतान तरीके में परिवर्तन अगले प्रव्याजि भुगतान की

तिथि से किया जाता है। जहाँ पर बीमित रकम 1000 रुपये से कम है, वहाँ पर मासिक प्रव्याजि में परिवर्तन नहीं किया जा सकेगा।

जहाँ पर प्रव्याजि भुगतान का तरीका मासिक है वहाँ पर वार्षिक प्रव्याजि की दर 5 प्रतिशत से अधिक बढ़ जाती है लेकिन जब प्रव्याजि का भुगतान वेतन बचत योजना या सहकारी संस्था या प्रत्यासी या प्राविडेन्ट फन्ड से किया जाना रहता है तो इस अतिरिक्त रकम को नहीं प्राप्त किया जाता है।

4. बीमापत्र की जोखिम प्रारम्भ तिथि में परिवर्तन (Alteration in Date of Commencement of Policy)—प्रव्याजि की कम दर का लाभ प्राप्त करने के लिए जोखिम प्रारम्भ तिथि को पीछे हटाया जा सकता है। चालू बीमापत्र पर जोखिम प्रारम्भ की तिथि को तभी पीछे किया जा सकता है जबकि उम्र की स्वीकृति न प्राप्त की गयी हो। इस दशा में यदि उम्र अधिक साबित होती है तो जितनी उम्र अधिक सिद्ध होती है, उसी के अनुसार बीमा की जोखिम प्रारम्भ की तिथि को पीछे किया जा सकता है। जोखिम प्रारम्भ होने की तिथि पर उम्र के अनुसार प्रव्याजि की गणना की जाती है। यदि प्रव्याजि की गणंना अधिक होती है तो अतिरिक्त प्रव्याजि को ब्याज सहित प्राप्त करना चाहिए। यदि बीमापत्र को 3 महीने तक पीछे किया जाता है, तो इसके लिये कोई अतिरिक्त ब्याज नहीं ली जाती है लेकिन इससे अधिक समय के लिये 4 प्रतिशत ब्याज की दर से ब्याज ली जाती है। बीमापत्र की तिथि को आगे नहीं बढ़ाया जा सकता है।

5. बीमापत्र का विभाजन (Splitting up of a Policy)—सामान्य दशाओं में बीमापत्र को विभाजित नहीं किया जा सकता है। एक बीमापत्र को 2 या अधिक बीमापत्रों में कुछ विशेष परिस्थितियों में ही विभाजित कर सकते हैं। जैसे एक बीमापत्र को प्रदत्त बीमापत्र में बदलना, कई व्यक्तियों में बीमापत्र को नामांकित करता आदि। कई बीमापत्रों में विभाजन करने के लिये बीमा-पत्र निर्गमन के खर्चे (2.50 रुपया प्रति बीमापत्र और टिकट के खर्चे) बीमापत्रधारी से प्राप्त किये जाने चाहिए।

6. अतिरिक्त प्रव्याजि और समकक्ष शर्तों में परिवर्तन (Alteration in Extra Premium and other Conditions)—सन्तोषजनक प्रमाण पर कुछ रोगों के दूर होने पर सम्बन्धित अतिरिक्त प्रव्याजि को दूर किया जा सकता है। मोतिया बिन्द, हार्निया, दाँत की कमी, टीका न लगने आदि की कमियों के दूर होने पर इनसे सम्बन्धित अतिरिक्त प्रव्याजि दूर करने के लिये विभागीय कार्यालय को आवेदन दिये जा सकते हैं। इसकी जाँच निगम के किसी चिकित्सक द्वारा करायी जाती है।

अतिरिक्त प्रव्याजि को जिस प्रकार हटाया जा सकता है उसी प्रकार जोखिम पूर्ण पेशे शुरू करने पर अतिरिक्त प्रव्याजि ली जाती है। हवाई जहाज, फौज आदि अन्य जोखिम पूर्ण पेशे शुरू करने पर बीमा हितों पर प्रतिबन्ध लगाया जा सकता है या अतिरिक्त प्रव्याजि प्राप्त की जा सकती है। जोखिम पूर्ण पेशे शुरू करने पर निगम ने यह विकल्प दिया कि बीमापत्रधारी चाहे तो बीमा को अतिरिक्त प्रव्याजि देकर चलाये और सम्पूर्ण बीमित रकम को प्राप्त करे या जोखिम के कारण मृत्यु होने पर प्रतिबन्धित भुगतान प्राप्त करे। जीवन बीमा निगम को जब इसके लिए आवेदन दिया जाता है तो जोखिम को पूर्ण जाँच करने के पश्चात् बीमा का निर्णय लिया जाता है। नये प्रस्ताव की तरह, इसकी भी जाँच की जाती है और अतिरिक्त प्रव्याजि लेने या प्रतिबन्ध वाक्यांश लगाने का निर्णय लिया जाता है।

लाभ रहित बीमापत्र से लाभ सहित बीमापत्र में परिवर्तन (Alteration from Without to With Profits Plans)—लाभ रहित बीमापत्र को लाभ सहित

बीमापत्र में परिवर्तित किया जा सकता है। परिवर्तन अगले मूल्यांकन तिथि (Valuation Date) से प्रभावशाली होता है। लाभ सहित बीमापत्र प्राप्त करने के लिये अतिरिक्त प्रव्याजि ली जाती है। इसको प्रभावपूर्ण बनाने के लिये बीमापत्र में लेखांकन कर देना चाहिए।

8. नाम में परिवर्तन (Alteration in Name)—नाम में परिवर्तन की आवश्यकता उस समय पड़ती है जब बीमित व्यक्ति के नाम या अन्तिम नाम (Surname) या दूसरे नाम में परिवर्तन होता है। जब लड़कियों का विवाह हो जाता है तो भी उनके नाम में परिवर्तन हो जाता है। नाम के परिवर्तन पर लिखित प्रमाण देकर बीमित व्यक्ति के नाम में परिवर्तन किया जा सकता है। सरकारी गजट, समाचार पत्र, न्यायालय के प्रमाण, शपथ देने वाले अधिकारी के प्रमाण पत्र के आधार पर नाम-परिवर्तन को प्रमाणित किया जाता है। विवाह के प्रमाण के आधार पर भी नाम-परिवर्तन को समझा जा सकता है।

9. बीमापत्र में सुधार (Correction in Policies)—बीमापत्र तैयार करने में गलतियाँ हो सकती हैं। उनका सुधार करना जरूरी है। बीमापत्र निर्गमन करते समय प्राय: नाम के अक्षरों में गलती हो जाती है। प्रस्ताव प्रपत्र भरते समय भी कुछ गलतियाँ हो जाती हैं। उनको दूर करने का प्रयास करना चाहिए। सुधार को लाल स्याही से करना चाहिए। बीमापत्र की तालिका के खाली स्थान पर सही नाम लिखना चाहिए।

10. भुगतान विकल्प (Settlement Options)—बीमापत्र निर्गमन के समय या भुगतान प्राप्त करने के पहले भुगतान प्राप्त करने का विकल्प अपनाया जा सकता है भुगतान एकमुश्त में या कई किश्तों में प्राप्त किया जा सकता है। वार्षिक, अर्द्धवार्षिक, त्रैमासिक, मासिक किश्तों में भुगतान प्राप्त कर सकता है।

बीमापत्र निर्गमन के बाद द्विगुणित दुर्घटना लाभ प्राप्त करने के लिये आवेदन दिये जा सकते हैं। लाभ तभी दिया जायेगा जबकि बीमित जीवन को स्वस्थपूर्ण पाया जाये। यदि स्वास्थ्यपूर्ण परीक्षण से प्रतिकूल प्रभाव दिखायी देता है, तो उसे द्विगुणित दुर्घटना लाभ नहीं दिया जायेगा। संतान विलम्बित बीमापत्र में प्रीमियम मुक्ति लाभ तभी मिलेगा जबकि प्रस्तावक को स्वस्थपूर्ण पाया जायेगा। विभागीय कार्यालय को सूचना देकर बीमापत्र की दूसरी मुद्रा में परिवर्तन कराया जाता है बशर्ते कि यह विनिमय नियन्त्रण के अन्तर्गत आता हो। इसके सम्बन्ध में लेखांकन बीमापत्र में किया जाता है।

4. ऋण
(Loans)

ऋण, समर्पण और प्रदत्त-मूल्य के लिए जो आवेदन प्राप्त हों उनको स्वीकार करके विभागीय कार्यालय भेजा जाता है। जब ऋण प्रदान किया जाता है तो इससे सम्बन्धित लेख बीमापत्र रजिस्टर शीट (Policy Register Sheet) में लिख लिया जाता है। इसी प्रकार जब ऋण का भुगतान किया जाता है तो भी बीमापत्र रजिस्टर शीट में लिखा जाता है।

ऋण (Loans)—समर्पण-मूल्य के अन्तर्गत ही ऋण प्रदान किया जाता है। ऋण देने के लिये सभी शर्तें और दशायें निगम द्वारा निश्चित की जाती हैं। ऋण केवल सन्तोषजनक प्रमाण प्राप्त देने पर ही दिया जाना चाहिए। निगम बीमापत्र की जमानत पर ऋण देने के लिये बीमापत्र की शर्त हो। निम्न बीमापत्रों के सम्बन्ध में ऋण नहीं दिये जाते हैं—

(1) तात्कालिक वार्षिकी और विलम्बित वार्षिकी बीमापत्र,

(2) संतान विलम्बित बीमापत्र में विलम्बित अवधि के अन्तर्गत,

(3) शुद्ध बन्दोबस्ती बीमापत्र जो बच्चों के लिये है,

(4) दो वर्षीय सावधि बीमापत्र,

(5) जनता बीमापत्र,

(6) जहाँ पर बीमित व्यक्ति या अभिहस्तांकिकी बीमा प्रसंविदा के अयोग्य है,

(7) जहाँ पर बीमापत्र में ऋण प्राप्त करने का अधिकार उठा लिया गया हो,

(8) विवाहित स्त्री सम्पत्ति अधिनियम के अन्तर्गत निर्गमित बीमापत्र, और

(9) जहाँ पर अधिकार या अभिहस्तांकन स्पष्ट नहीं है या बीमापत्र नष्ट हो गया है या खो गया है।

ऋण के आवेदन पर ऋण की रकम का मूल्यांकन होता है। ऋण बन्धक (Loan Bond) को बीमापत्रधारियों को भेजा जाता है। प्रत्येक ऋण के लिये अलग-अलग बन्धक भरे जाते हैं लेकिन सभी ऋणों के लिये केवल एक चेक लिखा जाता है ऋण प्रदान करने के लिये 9 प्रतिशत ब्याज की दर से ब्याज ली जाती है। प्रव्याजि भुगतान की अवधि के समानान्तर ऋण तथा ब्याज की वापसी को निश्चित किया जाता है। यदि बीमापत्र के सम्बन्ध में $2^1/_2$ वर्ष तक ब्याज का भुगतान न किया गया, तो बीमापत्र को निगम के पास समर्पित कर दिया जाता है।

विभागीय कार्यालय में एडरेमा ऋण प्लेट (Adrema Loan Plate) तैयार किया जाता है जो शाखा कार्यालय के अनुरूप व्यवस्थित कर लिया जाता है जिससे ऋण की वापसी और ब्याज के भुगतान के लिये सूचना दी जा सके। ब्याज भुगतान और ऋण भुगतान के लिये लेजर शीट तैयार की जाती है। एडरेमा प्लेट की सहायता से ऋण एवं ब्याज भुगतान की सूचना रसीद और बीजक तैयार किये जाते हैं। ऋण रसीद एवं बीजक को उसी प्रकार व्यवहार में लाते हैं जिस प्रकार प्रव्याजि रसीद और बीजक कार्य में आते हैं। अवयस्क अभिहस्तांकिकी भी अपनी आवश्यक आवश्यकताओं के लिये ऋण प्राप्त कर सकता है। आवश्यक आवश्यकताओं में शिक्षा, बीमारी, यज्ञोपवीत, विवाह, प्रव्याजि भुगतान आदि आती हैं। ऋण की रकम केवल नियुक्त और स्वाभाविक संरक्षक को प्रदान की जाती है। विभागीय कार्यालय में ऋण सम्बन्धी निम्नलिखित किताबें रखी जाती हैं।

(i) ऋण बन्धक टिकट बहीखाता (Loan Bond Stamp Account Book)

(ii) ऋण बन्धक स्टाक पुस्तिका (Loan Bond Stock Book)

(iii) ऋण बन्धक निगमन का रजिस्टर (Register of Loan Bonds Issued)

ऋण बन्धक पर बीमापत्रधारी को टिकट लगाना चाहिए। टिकट शुल्क प्राप्त होने पर ऋण बन्धक बीमापत्रधारी को भेजा जाता है जिससे वह उसे पूर्ण रूपेण भरकर, बीमापत्र अभिहस्तांकन लेख, भविष्य के अभिहस्तांकन की घोषणा और समझौता पत्र आदि आसानी से भेज सके। जब ऋण का भुगतान चेक से किया जाता है तो इसे ऋण चेक के रजिस्टर (Register of Loan Cheques) में लिख लेते हैं।

5. समर्पण-मूल्य और प्रदत्त मूल्य (Surrenders and Paid-up Values)—1 जनवरी, 1976 के पहले 2 वर्ष तक लगातार प्रव्याजि देने के बाद समर्पण मूल्य या प्रदत्त मूल्य दिया जा सकता था, परन्तु उसके बाद यह रकम तभी सम्भव है जबकि बीमापत्र लगातार 5 वर्ष तक चला हो या बीमित रकम का 25 प्रतिशत भुगतान किया गया हो बशर्ते की यह 2 प्रतिशत 3 वर्ष की प्रव्याजि से कम न हो। हाँ पर बीमापत्र

किसी अवयस्क को अभिहस्तांकित किया गया है तो बीमापत्र की रकम पर समर्पित मूल्य नहीं दिया जायेगा। यदि न्यायालय इस बात से सन्तुष्ट है कि बीमापत्र समर्पित किया जा सकता है, तो आदेश द्वारा समर्पण का अधिकार संरक्षक को दिया जा सकेगा। यदि बीमापत्रधारी पागल या दिवालिया घोषित हो गया है तो बीमापत्र समर्पित नहीं किया जा सकता है। जहाँ पर बीमापत्र के भुगतान या समर्पण न करने के लिये विशेष आदेश हों, तो बीमापत्र समर्पित नहीं किया जा सकता है। समर्पण के समय निम्नलिखित पुस्तकों को तैयार करते हैं।

(i) बीमापत्र भुगतान से सम्बन्धित रजिस्टर

(ii) समर्पित, रजिस्टर

(iii) रोकड़ में बोनस का भुगतान, रजिस्टर

(iv) ऋण के लिये बीमापत्र का समर्पण रजिस्टर

(v) जब्त बीमापत्र के सम्बन्ध में समर्पण मूल्य रजिस्टर

अध्याय 35

अध्यर्थन का भुगतान

(Settlement of Claims)

अध्यर्थन का भुगतान मृत्यु या परिपक्वता के कारण किया जाता है। बीमापत्र के चालू रहने पर यदि बीमित व्यक्ति की मृत्यु हो जाती है तो उस समय भुगतान किया जाता है। प्रदत्त मूल्य प्राप्त होने वाले बीमापत्र का भुगतान भी मृत्यु के समय होता है। परिपक्वता के समय भुगतान तभी किया जाता है जबकि बन्दोबस्ती बीमा में अवधि व्यतीत हो जाती है। बन्दोबस्ती बीमा में भुगतान विकल्प अपनाये जा सकते हैं और भुगतान एक मुश्त में न लेकर कई किश्तों में प्राप्त किया जा सकता है। किश्तों को एकत्रित रकम में भी प्राप्त किया जा सकता है। परिपक्वता के समय भुगतान करने की विधि अपेक्षाकृत सरल है। मृत्यु पर भुगतान के लिये मृत्यु का प्रमाणपत्र प्राप्त करना जरूरी है। अधिकार या उत्तराधिकार का भी प्रमाण जरूरी है जबकि परिपक्वता के समय भुगतान के लिये केवल बीमापत्र की ही आवश्यकता पड़ती है।

मृत्यु पर अध्यर्थन का भुगतान

(Claims Settlement at Death)

मृत्यु पर अध्यर्थन के समय विभागीय कार्यालय को मृत्यु का प्रमाण, उम्र का प्रमाण यदि पहले साबित न हुआ हो तथा अधिकार का प्रमाण देना होता है। जब ये प्रमाण सन्तोषजनक होते हैं तो उस बीमापत्र के सम्बन्ध में देय रकम का भुगतान कर दिया जाता है। मृत्यु पर भुगतान प्राप्त करने के लिये सबसे पहले मृत्यु की सूचना देना आवश्यक है। अतः यहाँ पर मृत्यु की सूचना, मृत्यु का प्रमाण, उम्र का प्रमाण और अधिकार का प्रमाण आदि के विषय में बताया जायेगा।

1. मृत्यु की सूचना (Intimation of Death)—मृत्यु-अध्यर्थन के भुगतान का कार्य तभी शुरू होगा जबकि मृत्यु की लिखित सूचना विभागीय कार्यालय को प्राप्त होती है। कभी-कभी मृत्यु की सूचना टेलीग्राफ से टेलीफोन से दी जाती है, परन्तु अध्यर्थन कार्य तभी प्रारम्भ होगा जबकि इसके लिये लिखित सूचना प्राप्त होगी। मृत्यु की सूचना नामांकिकी या अभिहस्तांकिकी या उत्तराधिकारी से प्राप्त होती है। जब नामांकिकी या अभिहस्तांकिकी नहीं होते हैं तो वैध उत्तराधिकारी (Legal Heir) से सूचना प्राप्त होगी। यदि बीमापत्र किसी ऋणदाता या बैंक को अभिहस्तांकित किया गया है तो मृत्यु की सूचना इन लोगों से प्राप्त होगी। यदि मृत्यु की सूचना किसी ऐसे व्यक्ति से प्राप्त होती है जो कि बीमापत्रधारी से सम्बन्धित न हो, जिसका बीमापत्र में कोई हित न हो और जो इस बीमा प्रसंविदा से अलग हो, तो उसके द्वारा दिये गये पत्र या पूछताछ के लिये कोई पत्र व्यवहार नहीं करना चाहिए। किसी भी व्यक्ति से मृत्यु के समय भुगतान की जाँच या भुगतान देने की कार्य विधि तब तक शुरू नहीं करनी चाहिए जब तक वैधानिक प्रपत्रों के आधार पर यह सिद्ध न हो जाये कि वह बीमापत्र में अधिकार, पद या हित न रखता हो। बन्धक के राजीनामे, हस्तान्तरण के लेख आदि से वैधानिक अधिकार एवं हित सिद्ध होते हैं। अधिकार और हित साबित होने के बाद ही ऐसे व्यक्तियों से अध्यर्थन के लिये पत्र-व्यवहार किये जाना चाहिए जिससे भविष्य में किसी विवाद को उठाया न जा सके। बीमित

व्यक्ति के मृत्यु की सूचना उचित व्यक्ति द्वारा ही प्राप्त होनी चाहिए।

बीमापत्रधारी की मृत्यु की सूचना देते समय बीमापत्र की संख्या, बीमापत्रधारी का नाम, मृत्यु की तारीख, मृत्यु का कारण, मृतक व्यक्ति से अध्यर्थनार्थी (Claimant) का सम्बन्ध बताना जरूरी है। यदि इन सूचनाओं में कोई कमी रह गयी है, तो अध्यर्थनार्थी से इसकी सूचना प्राप्त कर लेनी चाहिए।

2. मृत्यु का प्रमाण (Proof of Death)—विभागीय कार्यालय में जब मृत्यु की सूचना प्राप्त होती है, तो बीमापत्र की जाँच करके यह पता लगाना चाहिए बीमापत्र चालू है या नहीं। बीमापत्र लेजर शीट (Policy Ledger Sheet) से यह पता लगाया जा सकता है कि बीमापत्र के अन्य विवरण क्या हैं? बीमापत्र शीट से बीमा प्रसंविदा चालू रहने या प्रदत्त होने का पता लग सकता है। मृत्यु की सूचना अभिहस्तांकिकी, नामांकिकी या अन्य अध्यर्थनार्थी से प्राप्त हो सकती है। उचित अध्यर्थनार्थी के पता हो जाने पर उसे अध्यर्थन प्रपत्र (Claim-Form) भेज दिया जाता है। इस प्रपत्र के साथ अध्यर्थन निर्देशन का ज्ञापन (Memo) भेजना जरूरी है जिससे अध्यर्थनार्थी को पता लग सके कि उसे कौन-कौन से फार्म भरने हैं और क्या कार्य विधि अपनानी है जिससे भुगतान जल्दी किया जा सके। निम्नलिखित प्रपत्र अध्यर्थनार्थी को भेजे जाते हैं जिसे पूरा करके विभागीय कार्यालय भेज दिया जाये।

(i) अध्यर्थन प्रपत्र 'अ' 3783 (Claim Form 'A' 3783)—इस फार्म में अध्यर्थनार्थी अपना विवरण देते हैं कि भुगतान उसे क्यों मिलना है।

(i) अध्यर्थन प्रपत्र 'ब' 3784 (Claim Form 'B' 3784)—इस फार्म की संख्या 3784 है जो कि उस चिकित्सक द्वारा भरकर भेजा जाता है जो मृतक बीमित जीवन की अन्तिम बीमारी में दवा कर रहा था।

(iii) अध्यर्थन प्रपत्र 'स' 3785 (Claim Form 'C' 3785)—इस फार्म को दफनाने या जलाने का प्रमाण पत्र भी कहते हैं जो कि उस विशिष्ट और जिम्मेदार व्यक्ति द्वारा भरा जाना है जो कि मृतक के दफनाने और जलाने के समय था। इस प्रपत्र की उस समय आवश्यकता नहीं होगी, जब मृत्यु का प्रमाण म्यूनिस्पैल्टी, पंचायत या अन्य ऐसी संस्था द्वारा दिया गया हो।

(iv) अध्यर्थन प्रपत्र 'द' 3786 (Claim Form 'D' 3786)—इस प्रपत्र को परिचय का प्रमाण भी कहते हैं जो कि एक विशिष्ट और जिम्मेदार व्यक्ति द्वारा भरा जाना है और जो मृतक से सम्बन्धित न हो और जिसने मृतक शरीर को देखा है। पंचायत या इस फार्म की तब आवश्यकता होती है जब कि बीमित जीवन स्वयं कार्य कर रहा था।

(v) अध्यर्थन प्रपत्र 'इ' 3787 (Claim Form 'E' 3787)—इस प्रपत्र को नियोक्ता द्वारा भराया जाता है जो कि मृत्यु का प्रमाण दे सके।

जब बीमित व्यक्ति की मृत्यु के समय बीमापत्र कम से कम 3 वर्ष तक चालू रहा, तो अध्यर्थनार्थी को फार्म 'ए' भरकर म्युनिस्पैल्टी या पंचायत या अन्य स्थानीय संस्था जो मृत्यु का लेख (Record) रखती हो के द्वारा दिये गये प्रमाण के साथ देना चाहिए। जहाँ पर मृतक व्यक्ति के परिचय में सन्देह है या अध्यर्थन की सत्यता के विषय में सन्देह है तो इसकी अतिरिक्त जाँच करनी चाहिए और चिकित्सक तथा नियोक्ता से सूचना प्राप्त करनी चाहिए। इस प्रकार जहाँ पर अध्यर्थन बीमापत्र चालू होने के 3 वर्ष के अन्दर हो रहा है वहाँ पर उपरोक्त सभी सूचनायें प्राप्त की जानी चाहिए। अभिकर्ता के परिचय द्वारा भी 'अध्यर्थन प्रपत्र-ए-1 3788' (Claim Form A-1 3788) मृत्यु का प्रमाण पाया जा सकता है बशर्ते

कि अभिकर्ता के नाम अभी भी सूची में हों। इसके साथ एक उत्तर देने का पत्र 3789 (Covering Letter-3789) भी भेजा जाता है।

उपरोक्त-प्रमाणों के प्राप्त होने के बाद विभागीय कार्यालय एडरेमा और मशीन विभाग को सूचना दी जाती है जिससे बीमापत्र की संख्या, बीमित व्यक्ति का नाम, बीमापत्र की स्थिति (चालू या प्रदत्त या जब्त), जोखिम प्रारम्भ होने की तिथि तथा जोखिम चालू रहने की अवधि, प्रव्याजि भुगतान का तरीका, मृत्यु की तिथि और शाखा का नाम आदि शामिल रहता है। जब कोई निगम का कर्मचारी बीमित जीवन रहा हो तो उसकी मृत्यु पर फार्म इ (Form E) भरने की आवश्यकता नहीं होती है। इसी प्रकार निगम को अभिहस्तांकित बीमापत्र पर इस फार्म की जरूरत नहीं पड़ती है।

फार्म अ, ब, स और द पर गजटेड आफिसर या धार्मिक अध्यक्ष, स्थानीय संस्था का अध्यक्ष या म्युनिस्पैल्टी का मुख्य अधिकारी या शान्ति न्यायक या मजिस्ट्रेट या कलैक्टर या जिला अधिकारी या हाई स्कूल का हेडमास्टर या वकील या गाँव पंचायत का सभापति या जीवन बीमा निगम का कोई अधिकारी या शाखा प्रबन्धक या सहायक शाखा प्रबन्धक या विकास अधिकारी द्वारा प्रति हस्ताक्षर (Counter Signature) होना जरूरी है। सभी सूचनाओं के प्राप्त होने पर विभागीय कार्यालय यह देखेगा कि अध्यर्थन सही व्यक्ति द्वारा प्राप्त किया जाये, बीमित व्यक्ति की मृत्यु हुई या नहीं, यह आत्म-हत्या तो नहीं है। यदि बीमापत्र जारी करने के एक वर्ष के अन्दर मृत्यु हुई है, अध्यर्थन में कोई कपट और भ्रान्त वर्णन तो नहीं है, मृत्यु का कारण क्या है? आदि की पूरी तरह जाँच करनी चाहिए।

मृत्यु-अध्यर्थन के प्रकार (Classes of Death)—मृत्यु अध्यर्थन के दो प्रकार होते हैं। (1) अन्तिम चिकित्सा परीक्षण के 2 वर्ष के अन्दर मृत्यु हुई तो ऐसे अध्यर्थन को पूर्व-परिपक्व अध्यर्थन (Pre-mature Claims) कहते हैं, (2) चिकित्सा परीक्षण के 2 वर्ष के बाद मृत्यु होने पर अध्यर्थन।

पूर्व परिपक्व अध्यर्थन (Pre-mature Claim) में मृत्यु के कारणों का सही-सही पता लगाना चाहिए क्योंकि कपट एवं भ्रान्त वर्णन की सम्भावना अधिक रहती है। ऐसी दशाओं में भुगतान या तो किया ही नहीं जाता है या आंशिक रूप से भुगतान होता है। यदि आत्म-हत्या बीमा निर्गमन के 1 वर्ष के अन्दर हुई तो बीमापत्र का भुगतान केवल दूसरे व्यक्तियों के आर्थिक हित तक सीमित रहेगा। इस दशा में बीमापत्र का भुगतान नहीं किया जाता है। अत: पूर्वपरिपक्व अध्यर्थन में पद का प्रमाण (Proof of Title) तब तक नहीं माँगा जाता है जब तक कि शीघ्र मृत्यु के कारण का पता न लग जाये, उसकी परिस्थितियों का ज्ञान न हो जाये और बीमापत्र के दायित्व का निर्धारण न हो जाये। उम्र का प्रमाण या अन्य कार्य विधियाँ यथावत् अपनायी जा सकती हैं। शीघ्र मृत्यु के कारण का पता लगाने के लिये किसी वरिष्ठ विकास अधिकारी को जिम्मेदारी सौंप दी जाती है। बीमारी की अवधि और मृत्यु के कारण पर जाँच का स्वभाव निश्चित होता है। उस चिकित्सक से भी पूछ-ताछ की जायेगी जो कि उसकी अन्तिम बीमारी पर चिकित्सा कर रहा था। यदि बीमित व्यक्ति सेवा में संलग्न था तो उसके सेवा कार्य-काल की भी सूचना प्राप्त की जायेगी। बीमित व्यक्ति के सम्बन्धी, अध्यर्थनार्थी, परिवारिक चिकित्स आदि से शीघ्र मृत्यु का कारण पूछना चाहिए। यदि सूचनाओं के आधार पर यह तय हो गया कि अध्यर्थन का भुगतान न किया जाये तो कारण बताते हुए भुगतान अस्वीकार कर दिया जाता है और पद का प्रमाण नहीं माँगा जाता है। यदि भुगतान किया जाना है तो उम्र का प्रमाण यदि पहले नहीं प्राप्त किया गया है और पद का प्रमाण माँगा जाता है।

मृत्यु का वैकल्पिक प्रमाण (Alternative Proof of Death)—मृत्यु की परिस्थितियों के अनुसार प्रमाण भी माँगे जाते हैं। कुछ दशाओं में जब चिकित्सक की सूचना नहीं मिलती है तब मृत्यु के कुछ वैकल्पिक प्रमाण माँगे जाते हैं। जैसे हृदय की गति अचानक रुक जाने, दुर्घटना, जलने, आत्म-हत्या, हत्या आदि में चिकित्सक की सूचना पाना सम्भव नहीं है क्योंकि इन घटनाओं में चिकित्सक पहले से नहीं होते हैं। चिकित्सक के प्रमाण की अनुपस्थिति में वैकल्पिक प्रमाण माँगे जाते हैं। पुलिस जाँच सूचना, पंचनामा या न्यायालय के निर्णय की एक प्रमाणित प्रतिलिपि प्राप्त कर लेनी चाहिए। आत्म-हत्या, हत्या और दुर्घटना के सम्बन्ध में पुलिस अधिकारी के प्रमाण-पत्र प्राप्त किये जा सकते हैं। जहाज अधिकारियों से प्रमाण-पत्र, जहाज लाग बुक (Ship's Log Book) से प्रमाणित पत्र आदि के आधार पर मृत्यु का मूल्यांकन किया जाता है। जहाँ पर हृदय की गति अचानक रुक जाती है और कोई चिकित्सक उस स्थान पर नहीं था तो टिकट लगे कागज पर किसी मजिस्ट्रेट के सामने एक घोषणा की जाती है जो कि एक ऐसे अरुचिकारी (Disinterested) व्यक्ति द्वारा की जाती है जिसने मृत शरीर को देखा है या मृत्यु के समय रहा हो। यह घोषणा फार्म नं० 3790 पर दी जाती है। इसी प्रकार जब किसी डाक्टर द्वारा मृत्यु का प्रमाण पत्र न दिया जा सके तो फार्म नं० 3790 में उपरोक्त प्रकार से घोषणा की जाती है और बीमारी के समय डाक्टर के न रहने का कारण पूछा जाता है। इस घोषणा को भी उपरोक्त प्रकार से किसी मजिस्ट्रेट, शपथ कमिश्नर या न्यायाधीश द्वारा प्रमाणित किया जाता है।

जहाँ पर पोस्ट-मार्टम (Post-Mortem) की सूचना प्राप्त हो सकती है उसे प्राप्त किया जा सकता है, यद्यपि कि ऐसी सूचनायें पुलिस अधिकारी या सम्बन्धित कार्यकर्ता द्वारा गुप्त रखी जाती हैं। कभी-कभी पोस्ट-मार्टम की सूचना अध्यर्थन के निर्णय के लिये आवश्यक है, तब उस दशा में पोस्ट-मार्टम की सूचना प्राप्त करनी चाहिए।

बीमित व्यक्ति का अदृश्य हो जाना (Disappearing of Life Assured)—जब तक कोई मृत्यु का प्रमाण न मिले, बीमित व्यक्ति के अदृश्य हो जाने पर बीमा-पत्र जब्त हो जायेगा। यदि देय प्रव्याजि का भुगतान न किया जाता रहा। अत: यह आवश्यक है कि जब बीमित व्यक्ति अदृश्य हो जाये तो प्रव्याजि का भुगतान किया जाता रहे। भुगतान प्राप्त करने के लिये, मृत्यु को मानने के लिये गवाह और परिस्थितियों के वर्णन की आवश्यकता है। परिस्थितियों के आधार पर ही मृत्यु का प्रमाण-पत्र दिया जाना चाहिए। यदि विभागीय कार्यालय को प्रमाण में कोई सन्देह है तो इस बीमापत्र को क्षेत्रीय (Zonal) कार्यालय भेज दिया जाता है। यदि मृतक बीमापत्रधारी ने दो या अधिक कार्यालयों से बीमा लिया है और एक कार्यालय में मृत्यु सम्बन्धी सभी प्रमाण दिये गये हैं तो दूसरे कार्यालय में भी इसे माना जा सकता है। इन प्रमाणों की प्रमाणित प्रति उस कार्यालय से माँगी जा सकती है।

आत्म-हत्या (Suicides)—आत्म-हत्या वाक्यांश के अन्तर्गत यह स्पष्ट कर दिया गया है कि यदि बीमापत्र प्रारम्भ होने के 12 महीने के अन्दर आत्म-हत्या की जाती है तो भुगतान देय नहीं होता है बशर्ते कि इस पर अन्य किसी व्यक्ति का आर्थिक हित न हो। 12 महीने की अवधि जोखिम प्रारम्भ होने की तिथि से गणना की जाती है, बीमापत्र प्रारम्भ होने वाली तिथि को व्यावहारिकता नहीं दी जाती है। जहाँ पर बीमापत्र को पिछली तिथि से प्रारम्भ करते हैं वहाँ पर स्वीकृति तिथि या प्रथम प्रव्याजि जो दोनों में बाद में हो से गणना की जाती है।

अध्यर्थन में छूट वाक्यांश (Claims Concession Clause)—अनापहरण वाक्यांश लागू होने वाले बीमापत्रों पर प्रदत्त मूल्य दिया जाता है। यदि बीमापत्र प्रारम्भ होने

की तिथि से लगातार 5 वर्ष तक चालू रहे या कुल दी जाने वाली प्रव्याजि का 20 प्रतिशत दिया गया हो बशर्ते कि यह 20 प्रतिशत प्रव्याजि 3 वर्ष की प्रव्याजि से अधिक हो तो बीमापत्र की रकम दी गयी प्रव्याजि और कुल दी जाने वाले प्रव्याजि के अनुपात में कम हो जाती है। बीमापत्र की इस रकम का भुगतान मृत्यु या परिपक्वता के समय किया जाता है। यदि प्रव्याजि देने की ये शर्तें पूरी हो गयी हैं तो अगली प्रव्याजि न देने पर बीमापत्र प्रदत्त बीमा हो जायेगा।

अध्यर्थन की रकम की गणना (Calculation of Claim Amount)— अध्यर्थन फार्म निर्गमन करने के बाद बीमापत्र की देय रकम की गणना की जाती है। इसके लिए फार्म नं० 3791 भरा जाता है जिससे बीमा की रकम अभिहस्तांकन, बोनस, ऋण आदि बीमापत्र लेजर शीट से लिखा जाता है। ऋण और ब्याज विभाग से बीमापत्र का प्रसंग देते हुए अदत्त ऋण एवं ब्याज की रकम जो अभी तक भुगतान नहीं हो पायी है सूचना माँगी जाती है। ऋण एवं ब्याज की अदत्त रकम को कुल बीमापत्र की रकम में से घटा दिया जाता है। भुगतान के समय उसके सम्बन्ध में ऋण एवं ब्याज की रकम को पूरा कर लेते हैं जिन प्रव्याजि का भुगतान नहीं हो पाया है उनको ब्याज सहित बीमा की रकम में से घटा लेते हैं भुगतान के लिये एक भुगतान वाउचर (Payment Voucher) तैयार की जाती है जिसमें बीमापत्र की कुल रकम में से घटायी और जोड़े जानी वाली रकमों को यथास्थान लिखते जाते हैं। इन रकमों को सम्बन्धित विभागाध्यक्ष लिखकर बीमापत्रधारी विभाग को भेज दिया जाता है। इस प्रकार बीमापत्र पर देय शुद्ध रकम की गणना हो जाती है।

3. उम्र का प्रमाण (Proof of Age)—बीमापत्र निर्गमन करते समय यदि उम्र का प्रमाण-पत्र नहीं प्राप्त किया गया है तो अध्यर्थन के समय उसका प्रमाण प्राप्त करना आवश्यक है क्योंकि उम्र के आधार पर ही प्रव्याजि निश्चित की जाती है। उम्र के प्रमाण के लिये बहुत से प्रपत्र मान्य हैं जिनका वर्णन पहले किया जा चुका है। यदि बीमा की देय रकम (Amount Payable) 300 रुपये या कम है तो उम्र के प्रमाण की आवश्यकता नहीं पड़ती है बशर्ते कि अध्यर्थन पूर्व-परिपक्व (Pre-mature) या शीघ्र (Early) न हो। अध्यर्थन पूर्व-परिपक्व या शीघ्र तभी होता है जब बीमापत्र निर्गमन के दो वर्ष के अन्दर बीमित व्यक्ति की मृत्यु होती है। उम्र का प्रमाण किसी मान्य प्रपत्र द्वारा ही दिया जाना चाहिए, लेकिन मस्जिट्रेट या शपथ ग्रहण करने वाले कमिश्नर के सामने किसी वरिष्ठ व्यक्ति (Elderly Person) द्वारा उम्र की घोषणा की जा सकती है। भुगतान के समय उम्र अधिक या कम साबित हो सकती है। यदि उम्र अधिक सिद्ध हुई तो वास्तविक प्रव्याजि की दर अधिक हो जायेगी परन्तु प्रव्याजि कम दर से दी गयी है अत: अध्यर्थन के समय कम प्रव्याजि की दर से खरीदी जाने वाली बीमा की रकम का भुगतान करेंगे। दूसरे शब्दों में मौलिक बीमापत्र की रकम और उस पर बोनस की रकम का भुगतान न करके निम्न दर से खरीदी जाने वाली बीमापत्र की रकम और उस पर देय बोनस की रकम का ही भुगतान किया जाता है। दूसरा तरीका यह है कि उम्र अधिक सिद्ध होने पर जितनी अधिक उम्र हो उतनी अधिक रकम 9 प्रतिशत ब्याज सहित प्राप्त कर ली जाये और बीमापत्र की मौलिक रकम का भुगतान किया जाये। यदि बीमापत्रधारी की उम्र कम सिद्ध होती है तो अतिरिक्त प्रव्याजि जो दी जा चुकी है उसे बिना ब्याज दिये हुए लौटा दी जाती है।

4. अधिकार या पद का प्रमाण (Proof of Title)—मृत्यु के समय बीमापत्र की रकम नामांकिकी को यदि बीमापत्र का नामांकन किया गया है या अभिहस्तांकिकी को यदि अभिहस्तांकन किया गया हो। यदि नामांकन या अभिहस्तांकन नहीं है तो मृतक व्यक्ति के कानूनी उत्तराधिकारी या जो बीमापत्र की रकम पाने का अधिकारी कानूनी स्तर

पर सिद्ध हो गया हो को बीमापत्र की देय रकम का भुगतान किया जाता है। कभी-कभी बीमापत्र की रकम का भुगतान क्षतिपूर्ति बन्धक (Indemnity Bond) पर किया जाता है। बीमापत्र की रकम का भुगतान केवल उसी व्यक्ति को होगा जो कानूनी रूप से भुगतान प्राप्त करने का अधिकारी हो। **अधिकार के प्रमाण के साथ मौलिक बीमापत्र को विभागीय कार्यालय भेजना आवश्यक है।**

अभिहस्तांकन एवं नामांकन (Assignment and Nomination)—अभिहस्तांकन या नामांकन की दशा में भुगतान अभिहस्तांकिकी को और नामांकिकी को दिये जायेंगे। नामांकन का पंजीकरण करना बहुत जरूरी है। यदि नामांकन का पंजीकरण बीमा अधिनियम 1938 की धारा 39 के अनुसार नहीं हुआ है, तो जीवन बीमा निगम इसके लिये जिम्मेदार नहीं होगा। यदि प्रस्तावक ने प्रस्ताव प्रपत्र में नाम दिया है, परन्तु उसे बीमापत्र में गलती से नहीं लिखा जा सका, तो निगम इस गलती का सुधार करेगा नामांकन को प्रभावपूर्ण बनाया जा सकेगा। नामांकिकी और अभिहस्तांकिकी के प्रसंविदा अयोग्य होने अर्थात मानसिक रूप से अस्वस्थ होने, दिवालिया होने या अवयस्क होने पर भुगतान नहीं किया जायेगा।

अधिकार का प्रमाण (Evidence of Title)—जहाँ पर नामांकन का अभिहस्तांकन नहीं है और बीमापत्र विवाहित स्त्री अधिनियम के अन्तर्गत नहीं आता है तो बीमापत्र का भुगतान।

(i) वसीयत (will) के अनुसार वसीयत के नामांकिकी को, यदि बीमापत्र को वसीयत पर रखा गया हो।

(ii) अध्यर्थनार्थी (claimants)—को जबकि वह प्रशासन पत्र (Letter of Administrations) या, उत्तराधिकार प्रमाणपत्र (Succession Certificate) या महाप्रशासक का प्रमाणपत्र (Administrator General's Certificate) यदि सम्पूर्ण सम्पत्ति का मूल्य 2000 रुपये से अधिक नहीं है। इन प्रमाणपत्रों की मौलिक प्रति विभागीय कार्यालय द्वारा प्राप्त करना चाहिए। इनकी सत्यापित प्रतिलिपि कार्यालय अपने पास रख लेगा और मौलिक प्रतिलिपि लौटा देगा।

जहाँ पर अधिकार के सम्बन्ध में विवाद है तो निगम यह सूचना देता है कि 15 दिन के अन्दर न्यायालय द्वारा प्रतिबन्ध आदेश (Prohibitory Order) ले लिया जाये अन्यथा भुगतान नामांकिकी या अभिहस्तांकिकी या कानूनी उत्तराधिकारी जैसा भी होगा को दे दिया जायेगा। न्यायालय द्वारा निर्णय देने पर भुगतान तदनुसार कर दिया जायेगा। सम्पदा कर या आयकर भुगतान करने की जिम्मेदारी निगम की नहीं है। यदि कर अधिकारियों से कोई सूचना मिलती है तो उसे बीमापत्रधारी को बता दिया जाता है।

कार्यालय कार्य विधि—अध्यर्थन के निश्चित हो जाने पर विभागीय कार्यालय दो कार्ड तैयार करता है, (1) अध्यर्थन कार्ड (Claim Card) और (2) अदत्त अध्यर्थन कार्ड (Outstanding Claim Card) प्रथम कार्ड को तैयार करके अध्यर्थन की स्थिति का ज्ञान होता है, दूसरे कार्ड से अदत्त अध्यर्थन के विषय में सूचना प्राप्त होती है। इन कार्डों में लेखन करने के बाद मृत्यु अध्यर्थन सूचना रजिस्टर (Death Claims Intimation Register) तैयार किया जाता है। जिसमें बीमित व्यक्ति का नाम, संख्या, जोखिम की तिथि, अध्यर्थनार्थी का नाम, पता, मृत्यु की तिथि, बोनस, ऋण तथा ब्याज, मृत्यु के कारण

आदि अनेक सूचनायें लिखी होती हैं अध्यर्थन की जाँच रजिस्टर (Register of Claims under Investigation) तैयार करके अध्यर्थन की जाँच करने पर प्राप्त सूचनायें लिखी जाती हैं।

परिपक्वता पर भुगतान
(Maturity Claims)

परिपक्वता भुगतान में भी उम्र का प्रमाण, पद का प्रमाण और मौलिक बीमापत्र को शाखा कार्यालय द्वारा विभागीय कार्यालय भेज दिया जाता है। विभागीय कार्यालय मृत्यु अध्यर्थन कार्ड (Death Claims Card) की तरह परिपक्वता अध्यर्थन कार्ड (Maturity Claim Card) तैयार करता है। परिपक्वता अध्यर्थन सूचना रजिस्टर (Maturity Claim Intimation Register) तैयार करके अध्यर्थन सूचना संख्या, बीमापत्र संख्या, बीमित व्यक्ति का नाम, पता, अध्यर्थनार्थी का नाम एवं पता बीमित रकम में वृद्धि, बोनस, छूट, भुगतान की तिथि आदि लिखे जाते हैं।

अभिहस्तांकन एवं नामांकन (Assignment and Nomination)—जहाँ पर बीमापत्र का अभिहस्तांकन किया गया है, बीमापत्र की रकम का भुगतान अभिहस्तांकिकी को दिया जाता है नामांकन प्रभावहीन हो जाता है क्योंकि बीमापत्रधारी के जीवित रहने पर नामांकन को भुगतान नहीं मिलता है। जब अभिहस्तांकन किया गया है तो यह पता लगाना जरूरी है कि अभिहस्तांकन शर्तयुक्त है या पूर्ण है, शर्तयुक्त अभिहस्तांकन में बीमापत्र का भुगतान बीमापत्रधारी को लौटा सकता है। नामांकन एवं अभिहस्तांकन की पूरी जाँच करनी चाहिए।

यदि बीमापत्र की रकम 500 रुपये तक है और बीमित व्यक्ति उस समय 60 वर्ष से कम है तो उम्र के प्रमाणपत्र की आवश्यकता नहीं होगी। अधिकार प्रमाण पत्रों अर्थात् अभिहस्तांकिकी का राजीनामा या बीमापत्र की पूर्ण जाँच करनी चाहिए। यदि बीमापत्र क्षतिग्रस्त हो गया है तो भी उसे भुगतान का आधार माना जायेगा बशर्ते कि बीमापत्र को पहिचाना जा सके। मुक्ति पत्र (Discharge Form) भरकर दिया जाना चाहिए। अध्यर्थनार्थी के हस्ताक्षर को किसी मजिस्ट्रेट या शपथ कमिशनर या अधिकृत अधिकारी द्वारा सत्यापित करना चाहिए।

जहाँ पर बीमापत्र को कई व्यक्तियों के नाम अभिहस्तांकित किया है तो सभी व्यक्तियों से मुक्त पत्र हस्ताक्षर सहित प्राप्त कर लेना चाहिए। भुगतान सभी व्यक्तियों के नाम में दिया जा सकता है, या सभी व्यक्तियों के लिये किसी एक व्यक्ति को भुगतान दिया जा सकता है।

षष्ठम–खण्ड

वित्तीय–प्रबन्ध

(Financial-Management)

अध्याय 36

प्रव्याजि निर्धारण

जीवन बीमा व्यापार में जोखिम के वर्गीकरण के आधार पर प्रव्याजि निर्धारित करते हैं, लेकिन प्रत्येक व्यक्ति की जोखिम अलग-अलग होने के कारण कई प्रव्याजि दर नहीं अपनाई जाती। इसके लिये मुख्य रूप से प्रामाणिक जोखिम और अधो-प्रामाणिक जोखिम को लिया जाता है। सभी बीमापत्रों को इन्हीं दो वर्गों में बाँटकर प्रव्याजि लेते हैं। प्रामाणिक जोखिम पर प्रव्याजि इस अध्याय में बताया जायेगा और अधो-प्रामाणिक जोखिम पर अगले अध्याय में बताया जायेगा। प्रव्याजि निर्धारण के लिये तीन प्रकार की योजनाएँ हैं जिनका वर्णन नीचे किया जा रहा है।

1. अभिनिर्धारण योजना (Assessment Plan)—इस योजना के अन्तर्गत प्रव्याजि का निर्धारण उस समय होता है जब अध्यर्थन होता है। उसके पहले प्रव्याजि भुगतान की आवश्यकता नहीं पड़ती है। यह योजना केवल उस समय अपनायी जाती है जब पारस्परिक बीमा (Mutual Insurance) होता है और भुगतान के समय सभी व्यक्तियों के पास प्रव्याजि के लिये पहुँचा जा सके। प्रव्याजि की रकम जोखिम की मात्रा पर निर्भर है। अध्यर्थन के समय जितनी जोखिम होगी अर्थात् जितने रकम से भुगतान होगा वह सभी बीमापत्रधारियों में एक निश्चित अनुपात से बाँट दिया जायेगा। इस प्रकार बीमापत्रधारियों द्वारा एक निश्चित घटना घटित होने पर जोखिम सहने वाले व्यक्तियों को भुगतान कर दिया जाता है। यह आशा की जाती है कि प्रत्येक बीमापत्रधारी एक दूसरे की सहायता करते रहेंगे। यह एक निश्चित समय के लिये भी हो सकता है जिसके अन्तर्गत मृत्यु पर या कोई बीमित घटना के घटित होने पर भुगतान कर दिया जायेगा और फिर प्रसंविदा उस अवधि के बाद समाप्त हो जायेगी। इस अवधि के बाद लोगों का जोखिम विभाजन का अधिकार समाप्त हो जायेगा। अवधि के अन्दर किसी भी व्यक्ति को जोखिम होगी तो उसे सब मिलकर भुगतान कर देंगे।

अभिनिर्धारण पद्धति का प्रयोग अब नहीं किया जाता, क्योंकि बीमाकर्ता बीमापत्रधारियों से जोखिम के समय प्रव्याजि एकत्र नहीं कर सकता है। तथापि इस सिद्धान्त का व्यावहारिक और अप्रत्यक्ष प्रयोग अब भी होता है, क्योंकि प्रत्येक दिन बीमाकर्ता को कुछ न कुछ भुगतान करना पड़ता है। इसलिए प्रत्येक बीमापत्रधारी का यह कर्तव्य है कि प्रत्येक दिन भुगतान करे। इस बात को व्यावहारिक जीवन में हम देखते हैं कि बीमापत्रधारी लगातार भुगतान करता है। यद्यपि भुगतान की अवधि मासिक, त्रैमासिक, छमाही और वार्षिक हो सकती है। उसे प्रसंविदा में प्रवेश के समय अपनी जोखिम के अनुसार लगातार योगदान करना पड़ता है। यह अवश्य है कि बीमाकर्ता की जोखिम का कोई महत्व नहीं है और न जोखिम के साथ प्रव्याजि बढ़ती है बल्कि प्रसंविदा के समय अग्रिम प्रव्याजि का भुगतान किया जाता है जो लगातार और समान रहती है। यह तरीका अभिनिर्धारण का सुधरा हुआ तरीका है। अभिनिर्धारण पद्धति में हम थोड़े व्यक्तियों का वीमा कराते हैं। प्रसंविदा के समय कुछ प्रव्याजि नहीं लेते और बाद में जोखिम के समय उसकी मात्रानुसार प्रव्याजि लेंगे।

2. स्वाभाविक प्रव्याजि योजना (Natural Premium Plan)—इस योजना के अन्तर्गत प्रव्याजि की रकम जोखिम की मात्रा के अनुसार बढ़ती जाती है। यह देखा जा चुका है कि जोखिम की मात्रा उम्र बढ़ने के साथ-साथ बढ़ती रहती है, अत: प्रत्येक बीमापत्रधारी से उसी के आधार पर प्रव्याजि बढ़ाकर लेना चाहिए, क्योंकि यह स्वाभाविक है कि प्रत्येक बीमापत्रधारी को अपनी जोखिम का हिस्सा अवश्य दे।

मरण तालिका

उम्र	मृत्यु दर प्रति हजार
25	15.3
30	19.3
35	24.1
40	29.4
45	34.9
65	72.7

उपरोक्त तालिका से यह स्पष्ट है कि बीमापत्रधारी को जोखिम 25 वर्ष पर 15.3 प्रति हजार है, 30 वर्ष पर 19.3, 35 वर्ष पर 24.1, 40 वर्ष पर 29.4, 45 वर्ष पर 34.9 और 65 वर्ष पर 72.7 प्रति हजार है। इसलिए यदि वह 1000 रुपये का बीमापत्र खरीद रहा है तो उसे 25 वर्ष पर 15.30 रुपये, 30 वर्ष पर 19.30 रुपये, 35 वर्ष पर 24.10 रुपये, 40 वर्ष पर 29.40 रुपये, 45 वर्ष पर 34.90 रुपये और 65 वर्ष पर 72.7 रुपये देने पड़ेंगे।

जो भी व्यक्ति इस बीमा में जिस उम्र पर शामिल होगा उसे उसी वर्ष के अनुसार प्रव्याजि देने के बाद अगले वर्षों में जोखिम के अनुसार अधिक प्रव्याजि देना पड़ेगा। इसे वार्षिक नवीकरण अवधि बीमा भी कहते हैं क्योंकि हर वर्ष प्रव्याजि की दर में वृद्धि होगी। प्रत्येक वर्ष के अध्यर्थन इसी आधार पर दे दिये जायेंगे और अगले वर्ष के लिये कोई संचय नहीं बचता है। यह अभिनिर्धारण पद्धति का प्रत्यक्ष प्रयोग है क्योंकि प्रत्येक वर्ष जोखिम का मूल्यांकन होता है और उसी के अनुसार प्रव्याजि का निर्धारण किया जायेगा। अन्तर केवल इतना है कि भविष्य में होने वाली जोखिम को पहले तय कर लेते हैं और उसी के अनुसार प्रव्याजि अग्रिम ले ली जाती है जिससे मृत्यु होने पर लगातार भुगतान किया जा सके।

यदि किसी वर्ष एकत्रित प्रव्याजि से कम जोखिम होगी तो वह अतिरेक हो जायेगा और यदि जोखिम अधिक होगी तो कमी (Deficit) होगी। अतिरेक की दशा में यह बीमाकर्ताओं को अधिलाभांश के रूप में बाँटा जा सकता है, परन्तु इसके पहले अधिलाभांश में से कुछ रकम घटा लेते हैं जिसका प्रयोग आगे आने वाली कमी (Deficit) को पूरा करने के लिये किया जाता है। अधिनिर्धारण और स्वाभाविक प्रव्याजि योजना में संचय का निर्माण नहीं हो पाता है क्योंकि तात्कालिक जोखिम को पूरा करने के लिये प्रव्याजि का निर्धारण करते हैं। इस प्रकार हर वर्ष की जोखिम को उस वर्ष की प्रव्याजि से पूरा करते रहते हैं जिससे संचय का न तो निर्माण किया जा सकता है और न निर्माण की आवश्यकता होती है।

स्वाभाविक प्रव्याजि योजना में निम्न दोष पाये जाते हैं—

(1) प्रारम्भ में उम्र कम होने के कारण प्रव्याजि की रकम कम होती है परन्तु बाद में जब उम्र अधिक हो और आयार्जन शक्ति कम हो जायेगी उस समय प्रव्याजि की रकम में

वृद्धि हो जायेगी जिससे बीमापत्रधारियों को आर्थिक समस्या का सामना करना पड़ेगा जबकि बीमा का उद्देश्य आर्थिक समाधान करना है।

(2) स्वस्थ व्यक्ति जब देखते हैं कि प्रव्याजि बढ़ती जा रही है तो वे प्रसंविदा समाप्त कर देते हैं जिसके फलस्वरूप केवल वृद्ध और अस्वस्थ व्यक्ति ही बचते हैं, जिससे जोखिम बढ़ने के कारण बीमाकर्ता को हानि होगी और वह भविष्य में प्रव्याजि बढ़ाने का प्रयास करेगा जिससे बीमा व्यापार कम हो जायेगा। अत: दोनों प्रकार से बीमाकर्ता को हानि होगी।

इन दोषों के कारण प्रव्याजि का निर्धारण स्वाभाविक और अभिनिर्धारण पद्धतियों से नहीं किया जाता है तथापि छोटी अवधि के लिये, समूह और पुनर्बीमा के हेतु इसे अपनाया जा सकता है।

(3) सम प्रव्याजि योजना (Level Premium Plan)—इसके अन्तर्गत प्रव्याजि का निर्धारण किसी व्यक्ति के सम्पूर्ण बीमा काल की जोखिम के अनुसार होता है। अभिनिर्धारण और स्वाभाविक के विपरीत इसमें प्रतिवर्ष जोखिम नहीं शामिल होती है। इसके अन्तर्गत प्रव्याजि की रकम बीमा अवधि तक एक सी रहती है। उम्र के साथ प्रव्याजि में वृद्धि नहीं होती है। जब से बीमा प्रारम्भ होता है और जब तक चालू रहना है एक ही प्रव्याजि रहती है, उसमें परिवर्तन नहीं आता। प्रव्याजि दर का निर्धारण प्रसंविदा के समय बीमापात्र की उम्र के आधार पर किया जाता है। जैसा कि स्पष्ट है कि प्रत्येक की जोखिम उम्र के साथ बढ़ती है तो सरल तरीका स्वाभाविक प्रव्याजि योजना ही होगी परन्तु कई कठिनाइयों के कारण इसे नहीं अपनाते हैं। एक ही प्रकार की प्रव्याजि लेने के लिये उससे सम्बन्धित आदि से अन्त तक की जोखिम का वर्तमान मूल्य निकाल लेते हैं और उसे फिर बराबर रकम की कई किस्तों में बाँट देते हैं। यद्यपि कि समान विभाजन में कई कठिनाइयाँ आती हैं परन्तु यह व्यावहारिक तरीका है। समान विभाजन वैज्ञानिक ढंग से किये जाते हैं जिससे कि लागत समान रहने के साथ ही पूर्ण जोखिम अधिक और कम न हो।

प्रव्याजि निर्धारण के आधार

इससे बीमापत्रधारियों को सुविधा होगी और उन्हें वृद्धावस्था में अधिक प्रव्याजि नहीं देनी होगी। इस पद्धति में संचय तैयार होता रहता है जिसका प्रयोग देश के विकास के लिये किया जाता है या बीमाकर्ता अन्य प्रकार से इसका प्रयोग कर सकता है।

बीमा प्रारम्भ करने पर स्वाभाविक प्रव्याजि योजना की रकम सम प्रव्याजि से कम होगी। चूँकि स्वाभाविक योजना जोखिम की सही मात्रा बतलाती है और सम प्रव्याजि योजना इस जोखिम का जीवनपत्र की अवधि पर सम्पूर्ण विभाजन है।

प्रव्याजि निर्धारण बीमा की लागत के आधार पर किया जाता है जो मृत्यु दर, ब्याज दर व्यय से प्रभावित होती है।

1. मृत्यु दर—बीमाकर्ता को बीमित रकम का भुगतान मृत्यु के आधार पर करना पड़ता है, परन्तु बहुत से बीमापत्रों पर भुगतान जीवित रहने पर ही किया जाता है। वृत्ति में भुगतान जीवनाशा पर आधारित है। अत: प्रव्याजि का सीधा सम्बन्ध मृत्यु दर, जीवन दर और जीवनाशा से है। मृत्यु दर की मात्रा के आधार पर अध्यर्थन की कुल मात्रा निर्भर रहती है और उसको पूर्णतया पूरा करने के लिये प्रव्याजि की मात्रा भी उतनी होनी चाहिए। यह मात्रा भूतकालीन अनुभव के आधार पर, वर्तमान समस्याओं और दशाओं को देखते हुए तय की जाती है क्योंकि यह विचार करना कि भूतकालीन अनुभव सर्वदा सत्य होंगे, ठीक नहीं है। वर्तमान समय में स्वास्थ्य उपलब्धियों आदि के आधार पर मरण दर कम हो जायेगी या

बीमारी आदि के प्रकोप से मरण दर में वृद्धि हो जायेगी। इन तमाम दशाओं को ध्यान में रखकर प्रव्याजि निर्धारण करना चाहिए। प्रव्याजि निर्धारण तभी पूर्णतया सत्य होगा जब अनुमानित मरण दर और वास्तविक मरण दर में एकरूपता हो। इस प्रकार जीवन दर के आधार पर भुगतान प्रभावित होगा। जहाँ पर भुगतान जीवित रहने पर किया जाता है जैसे 'शुद्ध बन्दोबस्ती योजना में' वहाँ पर ज्यादा व्यक्ति जीवित रहे तो अधिक भुगतान करना होगा। और यदि कम व्यक्ति जीवित रहे तो कम भुगतान करना होगा।

2. ब्याज दर—प्रव्याजि का भुगतान अध्यर्थन करने के पहले होता रहता है, अतः बीमाकर्ता अपने पास एकत्रित रकम को एक समय के लिये विनियोजित करते रहते हैं। इस पर जो ब्याज आता है उसे अध्यर्थन के समय प्रयोग करते हैं जिससे अध्यर्थन की रकम के बराबर प्रव्याजि नहीं लिया जाना चाहिए। यह ब्याज बीमापत्रधारियों की प्रव्याजि पर अर्जित ब्याज है, अतः यह उनके लिये प्रयोग करते हैं। इस कारण से ब्याज दर जितनी अधिक होगी प्रव्याजि की राशि उतनी कम होगी और ब्याज की राशि जितनी कम होगी प्रव्याजि उतना ही अधिक लेना पड़ेगा जिससे अध्यर्थन का भुगतान किया जा सके। किसी समय अध्यर्थन कितना होगा यह मृत्यु दर, जीवन दर पर आधारित है। इसी कारण से बीमाकर्ता प्रव्याजि निर्धारण के समय एक ब्याज दर निश्चित कर लेते हैं जिसके लिये उन्हें विश्वास रहता है कि कम से कम उतना ब्याज अवश्य उपार्जित होगा। हालाँकि उन्हें ब्याज के अनुमान में उतनी ही ब्याज दर रखना चाहिए जिसको वे अवश्य प्राप्त करें क्योंकि अधिक ब्याज दर रखने में उन्हें हानि हो सकती है, यदि उतनी ब्याज उपार्जित न हो पाये। उसे अधिकाधिक ब्याज प्राप्त करने के लिये प्रयास करना चाहिए। इसी ब्याज दर के आधार पर अध्यर्थन का वर्तमान मूल्य निकाला जाता है जिससे एकल प्रव्याजि भुगतान करना आवश्यक होगा।

ब्याज दरें जिनका प्रयोग बीमा में किया जाता है वे हैं।

(अ) संचित मूल्य (Accumulated Value), (ब) वर्तमान मूल्य (Present Value), (स) वार्षिक भुगतान का संचित मूल्य और (द) वार्षिक भुगतान का वर्तमान मूल्य।

(अ) संचित मूल्य—यह किसी एक ब्याज दर पर चक्रवृद्धि (Compound) आधार पर कुल रकम यानी मिश्रधन है। प्रारम्भ में लगाया गया मूलधन और उस पर चक्रवृद्धि की दर से अर्जित ब्याज जोड़कर कुल रकम (Total Amount) को प्राप्त करते हैं। जैसे यदि 3 प्रतिशत ब्याज दर है तो पहले वर्ष में संचित मूल्य या कुल रकम (Total Amount) एक रुपये मूलधन पर 1.03 रुपया हो जायेगा क्योंकि 3 प्रतिशत की दर से 1 रुपये पर 3 पैसा ब्याज हो गया। इसी प्रकार दूसरे वर्ष के अन्त में इस 1.03 रुपये को फिर 3 प्रतिशत की दर से विनियोजित करेंगे जिससे कुल रकम 1.0609 रुपये हो जायेगा क्योंकि 1.03 रुपये पर 3 प्रतिशत की दर 0.0309 रुपया ब्याज होगा। तीसरे वर्ष के प्रारम्भ में 1.0609 रुपया विनियोजित किया जायेगा जिस पर 3 प्रतिशत की दर से ब्याज अर्जित होगा। इस कुल रकम को निकालने का सूत्र निम्न प्रकार है—

$$S = (1 + i)^n$$

जबकि S से तात्पर्य संचित मूल्य से है और i से तात्पर्य ब्याज दर से है तथा n से तात्पर्य वर्षों की संख्या जितने का संचित मूल्य निकाला जा रहा है। इस प्रकार तीन वर्ष के अन्त में संचित मूल्य $(1 + i)\eta$ यानी $(1 + 0.03)^3$ अर्थात् $3[(1.03) \times (1.03) \times (1.03)] = 1.0927$ रुपया होगा। इसी आधार पर इसकी एक तालिका तैयार कर लेते हैं जिसे 'संचित मूल्य तालिका' कहते हैं।

(ब) वर्तमान मूल्य (Present Value)—यह रकम यह बताती है कि एक निश्चित ब्याज दर पर विनियोग करने से एक निश्चित समय में एक निश्चित रकम हो जायेगी। प्राय: वर्तमान मूल्य एक रुपये का निकाला जाता है, जैसे वह कौन-सी रकम (जिसे वर्तमान मूल्य कहेंगे) विनियोजित की जाये जिससे 3 प्रतिशत दर पर 1 वर्ष के अन्त में 1 रुपया हो जाये। यह संचित मूल्य का बिल्कुल विपरीत मूल्य है। इसको मालूम करने के लिये हम यह देखते हैं कि यदि 1 रुपया लगाया जाये तो वर्ष के अन्त में 3 प्रतिशत ब्याज के आधार पर 1.03 रुपया हो जाता है यानी 1.03 रुपया प्राप्त करने के लिये 1 रुपया विनियोजित किया जाता है तो 1 रुपया प्राप्त करने के लिये 1/1.03 = 0.9709 रुपया विनियोजित करना चाहिए। इसी प्रकार दो वर्ष बाद एक रुपया प्राप्त करने के लिये $1/(1.03)^2$ रुपया विनियोजित करना चाहिए क्योंकि दो वर्ष का संचित मूल्य $(1.03)^2$ रुपया होगा। इसे निम्न सूत्र से भी निकालते हैं—

$$P = \frac{S}{(1+i)^n} \qquad \frac{S}{(1+i)^n}$$

जबकि P से वर्तमान मूल्य, S से एक निश्चित मूल्य, i से ब्याज दर और n से वर्ष की संख्या से तात्पर्य है। इस प्रकार दो वर्ष में 3 प्रतिशत की दर से एक रुपये का वर्तमान मूल्य—

$$P = \frac{1}{(1+0.03)^2} = \frac{1}{(1.03)^2} = \frac{1}{(1.03)\,(1.03)}$$

$$= \frac{1}{1.0609} = 0.9426 \text{ होगा।}$$

अत: दो वर्ष में वर्तमान मूल्य 0.9436 हुआ। इसकी एक तालिका बना लेते हैं जिसे वर्तमान मूल्य तालिका कहते हैं।

(स) वार्षिक भुगतान का संचित मूल्य (The Accumulation of Annual Payments)—उपरोक्त संचित मूल्य में एक रुपया केवल एक बार प्रारम्भ में लगाते हैं परन्तु इसके अन्तर्गत एक रुपया हर वर्ष लगाते जाते हैं और संचित रकम पर ब्याज प्राप्त करते रहते हैं। इस प्रकार आरम्भ में लगाई गई रकम कई वर्षों तक प्रयोग करेंगे और दूसरे वर्ष 1 वर्ष कम तक प्रयोग करेंगे। जैसे—

प्रारम्भ में लगायी गयी रकम (एक रुपया) = $(1.03)^3$ = 1.0927

द्वितीय वर्ष में लगायी गयी रकम (एक रुपया) = $(1.03)^2$ = 1.0609

तृतीय वर्ष में लगायी गयी रकम (एक रुपया) = $(1.03)^1$ = 1.0300

अर्थात् वार्षिक का कुल संचित मूल्य = 3.1836 रुपया होगा।

इसके लिए जिस सूत्र का प्रयोग करेंगे वह इस प्रकार है—

$$S = P\,[(1+i) + (1+i)^2 + (1+i)^3 \cdots (1+i)^n\,)]$$

लेकिन यदि प्रथम रकम पहले वर्ष के अन्त में विनियोग होती है तो इस सूत्र में पहले वर्ष कोई ब्याज न मिलने के कारण परिवर्तन हो जायेगा।

$$S = P\,[(1 + (1+i) + (1+i)^2 + \cdots (1+i)^{n-1}]$$

जबकि S से वार्षिक भुगतान का संचित मूल्य और P से तात्पर्य उस रकम से है जिसका वार्षिक भुगतान S निकाल रहे हैं।

(द) वार्षिक भुगतान का वर्तमान मूल्य—वार्षिक भुगतान का वर्तमान मूल्य निम्न प्रकार निकालते हैं जैसे—

$$P = \left[\frac{S}{(1+i)} + \frac{S}{(1+i)^2} + \frac{S}{(1+i)^3} + \frac{S}{(1+i)^4} \cdots \frac{S}{(1+i)}\right]$$

इसका तात्पर्य यह कौन सी रकम आज प्राप्त करें जिससे हर वर्ष एक निश्चित रकम (मान लीजिए 1-1 रुपया) विनियोग करके प्राप्त करते हैं। इन सबकी एक रुपये के आधार पर तालिकाएँ तैयार कर लेते हैं।

3. व्यय—मृतक और ब्याज दर को शुद्ध प्रव्याजि निकालने के लिये प्रयोग करते हैं। शुद्ध प्रव्याजि से तात्पर्य ऐसे प्रव्याजि से है जो ब्याज को मिलाकर अध्यर्थन के बराबर हो जाये। लेकिन बीमाकर्ता को केवल अध्यर्थन का ही भुगतान नहीं करना पड़ता है बल्कि उसे अपने खर्चे चलाने के लिये कुछ रकम और प्राप्त करना चाहिए। इस अतिरिक्त को भारित कहते हैं जिसे शुद्ध प्रव्याजि में जोड़ दिया जाता है। इसीलिये बीमाकर्ता को अपने खर्चों का पहले अनुमान कर लेना चाहिए। यदि खर्चे बढ़ेंगे तो प्रव्याजि की रकम भी बढ़ जायेगी और यदि खर्चे घटते हैं तो प्रव्याजि की रकम घट जायेगी। इन सबका विस्तारित वर्णन आगे किया जायेगा।

इन तीनों तत्वों के अतिरिक्त अन्य और तत्व हैं जिनको प्रव्याजि निर्धारण के पहले अनुमानित किया जाता है। अनुमान इस प्रकार का हो जिससे वास्तविक परिणाम में अन्तर न हो, इसलिए बीमाकर्ता को पिछले अनुभव, वर्तमान दशाओं और अन्य परिस्थितियों पर विचार करके अनुमान लगाकर प्रव्याजि का निर्धारण करे।

4. अधिलाभांश—लाभ सहित बीमापत्रों पर अधिलाभांश दिये जाते हैं इसलिये अधिलाभांश के लिये कुछ अधिक प्रव्याजि ली जाती है। अधिलाभांश के लिये ली जाने वाली रकम अनुमानित अधिलाभांश पर आधारित है।

5. बीमापत्र के प्रकार—प्रत्येक बीमापत्र में जोखिम की मात्रा अलग-अलग है, अत: इसके आधार पर भी प्रव्याजि का निर्धारण होता है, जैसे शुद्ध बन्दोबस्ती में जीवनाशा और अवधि बीमा में मृत्यु दर को देखा जाता है।

6. उम्र आदि—उम्र के साथ मृत्यु दर में वृद्धि होती है, अत: उम्र को भी आधार माना गया है। इसके अतिरिक्त पेशे, बीमारी, स्वास्थ्य आदि को भी आधार मानकर प्रव्याजि निकालते हैं।

प्रव्याजि की गणना

जैसा ऊपर बताया जा चुका है कि अध्यर्थन के लिये प्रव्याजि प्राप्त करना अत्यावश्यक है। इसलिए यह कहा गया है कि प्रव्याजि की रकम इतनी होनी चाहिए कि उस पर एक निश्चित ब्याज अर्जित करके अध्यर्थन का भुगतान किया जा सके। परन्तु इस प्रव्याजि के अतिरिक्त खर्चों को पूरा करने के लिये और भी रकम प्राप्त करना चाहिए जिससे बीमाकर्ता अपने खर्चे चला सके और शोधक्षम (Insolvent) रह सके। इसलिये प्रव्याजि दो प्रकार (1) शुद्ध प्रव्याजि और (2) सकल प्रव्याजि (Gross Premium) की है।

शुद्ध प्रव्याजि—शुद्ध प्रव्याजि का भुगतान (अ) एकल प्रव्याजि (Single Premium) में हो सकता है या (ब) किस्तों (Installment) में। एकल प्रव्याजि में भुगतान करने से बीमापत्रधारी को ब्याज और मृतक दर का लाभ मिल जाता है परन्तु सभी व्यक्ति इतने धनी नहीं होते कि सभी प्रव्याजि का भुगतान एक साथ अग्रिम रूप से दे सकें जिससे किस्त या सम प्रव्याजि (Level Premium) का भुगतान करना पड़ता है। शुद्ध प्रव्याजि की गणना करने के लिये एकल प्रव्याजि की गणना सबके पहले की जाती है और उसी को किस्तों में बदल लिया जाता है।

एकल प्रव्याजि (Single Premium)—एकल प्रव्याजि की गणना बीमापत्रों के वर्ग के अनुसार करनी पड़ती है और उम्र के साथ बदलती रहती है क्योंकि इनके जोखिम में परिवर्तन होता रहता है। जीवन बीमापत्र और वार्षिक वृत्ति में भुगतान की शर्तों में परिवर्तन के कारण अलग-अलग प्रव्याजि का निर्धारण किया जाता है।

शुद्ध प्रव्याजि निर्धारण के पदाक्षेप (Steps)

1. अध्यर्थन का कारण—प्रव्याजि निर्धारण के लिये अध्यर्थन का कारण देखना आवश्यक है क्योंकि उसी के आधार पर भुगतान किया जाता है। जीवन बीमा में मृत्यु को देखा जाता है जबकि वार्षिकी में जीवन को। अवधि में मृत्यु पर ही और शुद्ध बन्दोबस्ती में जीवित रहने पर ही भुगतान होता है। इसी प्रकार बीमा प्रसंविदा में प्रव्याजि निर्धारण के लिये अध्यर्थन का कारण देखना चाहिए क्योंकि उसी के आधार पर भुगतान किया जाता है।

2. अध्यर्थन के भुगतान का समय—कारण निर्धारण के बाद यह देखना आवश्यक है कि किस समय अध्यर्थन का भुगतान होगा। भुगतान अध्यर्थन होते ही हो रहा है कि उसके कुछ दिन बाद या वर्ष के प्रारम्भ में भुगतान होता है या अन्त में। इसी आधार पर यह तय किया जायेगा कि ब्याज की रकम कितनी होगी। यदि वर्ष के शुरू में भुगतान होगा तो एक वर्ष की ब्याज राशि नहीं मिल पायेगी और यदि अन्त में भुगतान होता है तो एक वर्ष की ब्याज राशि मिल जायेगी।

3. बीमित व्यक्तियों की संख्या—इसके बाद बीमित व्यक्तियों की संख्या का निर्धारण किया जायेगा क्योंकि एक समूह की संख्या यह निश्चित करेगी कि भुगतान की रकम क्या होगी। अधिकांश संख्या सिद्धान्त के आधार पर भुगतान की मात्रा में अधिक निंश्चितता आती है।

4. बीमापत्र की अवधि और उम्र—बीमापत्र किस उम्र से प्रारम्भ होता है और किस उम्र तक चलता रहेगा, इसके आधार पर प्रव्याजि और ब्याज की मात्रा का अनुमान लगाया जा सकेगा।

5. प्रतिवर्ष अध्यर्थन की संख्या—मृतक तालिका से यह तय कर लिया जाता है कि प्रतिवर्ष अध्यर्थन की संख्या क्या होगी। मृतक दर के आधार पर इसका निर्धारण आसान है।

6. प्रतिवर्ष अध्यर्थन की मात्रा—यदि अध्यर्थन की संख्या का निर्धारण हो गया है तो उसके आधार पर अध्यर्थन की मात्रा का निर्धारण आसान हो जायेगा। यह मान लिया जाता है कि प्रत्येक बीमापत्र की रकम 1000 रुपये होगी।

7. ब्याज अर्जन का समय और मात्रा—प्रव्याजि प्राप्ति के समय के आधार पर यह तय कर लिया जाता है कि ब्याज कब से प्राप्त होगा। यदि प्रव्याजि प्रारम्भ में मिली है तो उस पर ब्याज शुरू से मिलने लगेगा और प्रव्याजि वर्ष के अन्त में मिली है तो प्रसंविदा के एक वर्ष बाद ब्याज का मिलना प्रारम्भ होगा।

8. वर्तमान मूल का निर्धारण—प्रव्याजि के संचित रहने के आधार पर यह तय कर लिया जाता है कि वर्तमान मूल्य कितनी अवधि का निकाला जाय। प्रत्येक वर्ष दी जाने वाली अध्यर्थन की रकम का वर्तमान मूल्य निकाल लेना चाहिए जो कि प्रत्येक वर्ष के अध्यर्थन की रकम को विनियोजित अवधि के वर्तमान मूल्य से गुणा कर देने से निकलता है। प्रत्येक वर्ष में अध्यर्थन की रकम मृतक तालिका के आधार पर तय कर लेते हैं। दूसरे शब्दों में एक रुपये के वर्तमान मूल्य को अध्यर्थन की रकम से गुणा कर देते हैं।

9. सभी अध्यर्थनों का वर्तमान मूल्य—प्रत्येक वर्ष के वर्तमान मूल्य को जोड़कर इसे निकाल लेते हैं।

10. शुद्ध प्रव्याजि का निर्धारण—उपरोक्त रकम यानी सभी अध्यर्थनों के वर्तमान मूल्य को बीमापत्र की संख्या से भाग देकर शुद्ध प्रव्याजि का निर्धारण कर लेते हैं।

प्रव्याजि निर्धारण की मान्यताएँ

(i) एक बीमापत्र के सम्बन्ध में उतने ही बीमापत्र हैं जितने कि बीमापत्रधारी हैं।

(ii) सभी बीमापत्रधारियों से बीमा प्रसंविदा के प्रारम्भ में प्रव्याजि ली जाती है।

(iii) इस प्रव्याजि को तुरन्त विनियोजित कर दिया जाता है और यह तब तक विनियोजित रहता है जब तक कि अध्यर्थन का भुगतान न हो जाय।

(iv) इस विनियोजित रकम पर बीमाकर्ता एक निश्चित दर से ब्याज अर्जित करता है।

(v) ब्याज को अर्जित करके फिर मूलधन को साथ लेकर विनियोजित कर दिया जाता है।

(vi) वास्तविक मृतक दर उतनी होगी जितना अनुमान लगाया गया है।

(vii) सभी बीमापत्रों का मूल्य 1000 रुपये है।

(viii) अध्यर्थन का भुगतान उसके एक वर्ष बाद किया जायगा।

बहुत सी मान्यताएँ अव्यावहारिक हैं तथा इन मान्यताओं का प्रयोग सरलता के दृष्टिकोण से किया जाता है। जैसे बीमा-पत्र की रकम की एकरूपता।

जीवन बीमा में शुद्ध प्रव्याजि

जीवन बीमापत्र में बीमापत्र के प्रकार के अनुसार प्रव्याजि की गणना की जाती है क्योंकि उसी तरह जोखिम में परिवर्तन होता है। अत: उनकी गणना अलग-अलग की गयी है।

1. अवधि बीमा (Term Insurance)—बीमा प्रसंविदा में सबसे सरल बीमा-पत्र अवधि बीमा है। इसके अन्तर्गत अध्यर्थन का भुगतान तभी किया जाता है जब बीमित व्यक्ति की मृत्यु अवधि के अन्दर होती है। यदि बीमित व्यक्ति की मृत्यु इस अवधि में नहीं होती है तो कुछ भी भुगतान नहीं किया जाता है। इसे बीमा प्रसंविदा का स्थायी बीमापत्र भी कहते हैं क्योंकि सुरक्षा (बीमा) तत्त्व केवल एक निश्चित अवधि तक रहता है। विनियोग का तत्त्व शून्य होता है। इस बीमा में मृत्यु दर के आधार पर भुगतान किया जायेगा। व्यावहारिक जीवन में एकवर्षीय नवकरणीय बीमापत्र निर्गमित किये जाते हैं जिनका प्रतिवर्ष नवकरण किया जाता रहता है। इसलिए प्रव्याजि का निर्धारण अलग-अलग करते हैं। यह उम्र के अनुसार बदलती रहती है।

(अ) एक वर्षीय अवधि बीमा—एकवर्षीय अवधि बीमा में प्रव्याजि का भुगतान प्रारम्भ में किया जाता है और यह बीमाकर्ता के पास कम से कम एक वर्ष तक अवश्य रहता है क्योंकि अध्यर्थन का भुगतान वर्ष के अन्त में ही करना होता है। चूँकि मृत्यु पर ही भुगतान किया जायेगा इसलिए मृतक तालिका के आधार पर भुगतान की मात्रा निश्चित की जायेगी। मान लीजिए मृत्यु दर 30 वर्ष पर 0.002 है अर्थात् एक विशेष उम्र (मान लीजिए 30 वर्ष) पर 1000 व्यक्तियों में 2 व्यक्तियों की मृत्यु होगी। यदि औसत रूप से प्रत्येक बीमित व्यक्ति की बीमित रकम 1000 रुपये है तो 30 वर्ष की अवधि पर बीमा कराने वाले व्यक्तियों में से दो व्यक्ति की मृत्यु पर 2,000 रुपये एक वर्ष में देने होंगे। परन्तु यह 2,000 रुपये वर्ष के अन्त में देना है अत: एक वर्ष में उपार्जित ब्याज को इसमें समन्वित करेंगे और ब्याज अर्जन की जितनी आशा है उतनी प्रव्याजि नहीं लेंगे। मान लीजिए एक वर्ष के अन्दर प्रतिशत ब्याज अर्जित हो सकती है तो एक वर्ष के बाद 5 प्रतिशत ब्याज दर पर 1 रुपया प्राप्त करने के लिए 0.95238 रुपये लगाना चाहिए जो $\frac{1}{1.05}$ के आधार पर निकाला गया अर्थात् 1 रुपये पर 5 प्रतिशत ब्याज पर कुल रकम (Total Amount) एक वर्ष में (1 रुपया मूलधन + 0.05 रुपये ब्याज) = 1.05 रुपये हो जायेगा। चूँकि 1.05 रुपया एक साल बाद प्राप्त करने के लिए आज 1 रुपया विनियोग करते हैं, इसलिए 1 रुपया एक साल बाद प्राप्त करने के लिए = $\frac{1}{1.05}$ रुपया अर्थात् 0.95238 रुपये विनियोजित करना चाहिए। इसी आधार पर 2000 रुपये एक वर्ष बाद प्राप्त करने के लिए 0.95238 × 2000 रुपये = 1904.76 रुपये विनियोजित करना चाहिए। अत: 1904.76 रुपये को विनियोजित करने के लिए प्रत्येक बीमापत्रधारी से प्रव्याजि के रूप में $\frac{1904.76}{1000} = 1.905$ रुपये प्राप्त करने चाहिए क्योंकि बीमापत्रधारियों की संख्या 1000 है और उनके लिए जोखिम का वर्तमान मूल्य 1904.76 रुपये हैं।

एक बीमा पत्र—इसी प्रकार केवल एक बीमापत्र पर प्रव्याजि का निर्धारण प्रत्यक्ष किया जाता है, जैसे वर्ष के अन्त में जोखिम की मात्रा 0.002 × 1000 रुपये = 2 रुपये होगी, क्योंकि मृतक दर एक वर्ष के अन्दर 0.002 है और बीमित रकम 100 रुपये है। परन्तु इस 2 रुपये का भुगतान वर्ष के अन्त में करने होंगे। प्रव्याजि वर्ष के आरम्भ में मिल जायेगी जिससे 1 वर्ष तक कुछ ब्याज अर्जित किया जा सकेगा। मान लीजिये 1 वर्ष में 5 प्रतिशत ब्याज की दर है, तो वर्ष के अन्त में 1.05 रुपया हो जायगा क्योंकि ब्याज 0.05 रुपया और मूलधन 1 रुपया था। दोनों मिलकर 1.05 रुपया 1 वर्ष बाद होता है। अत: 1 वर्ष बाद एक रुपया प्राप्त करने के लिए $\frac{1}{1.05} = 0.95238$ रुपया लगाना चाहिए। इसी प्रकार जोखिम एक वर्ष के अन्त में 2 रुपये होने के कारण बीमापत्रधारी से 0.95238 × 2.0 रुपये = 1.90476 रुपया प्राप्त करना चाहिए; अर्थात् शुद्ध प्रव्याजि की रकम 1 वर्ष के लिए 1.91 रुपये हुई।

अत: दोनों पद्धतियों (1) सकल बीमा-पत्र और (2) एक बीमा-पत्र में एक ही प्रव्याजि आती है। सुविधा के दृष्टिकोण से एक ही बीमा-पत्र पर प्रव्याजि निकाली जाती है। लेकिन बीमाकर्ता का प्रयास यह होना चाहिए कि अधिक से अधिक बीमा-पत्र निर्गमित करे जिससे सम्भावना को व्यावहारिक रूप दिया जा सके और जोखिम में कमी की जा सके।

(ब) पाँचवर्षीय अवधि बीमा—उपरोक्त एक वर्षीय अवधि बीमा की तरह 5 वर्षीय अवधि बीमा पर भी प्रव्याजि की गणना की जा सकती है; लेकिन अन्तर केवल इतना है कि पाँच वर्षीय अवधि बीमा में सुरक्षा की अवधि 5 वर्ष तक चलती रहती है जबकि एक वर्षीय बीमा में यह केवल एक वर्ष तक चालू रहती है। पंचवर्षीय अवधि में अवधि के अन्दर मृत्यु पर भुगतान किया जायेगा। इसलिए यह निश्चित नहीं रहता कि मृत्यु पहले वर्ष होगी, या दूसरे, तीसरे, चौथे या पाँचवें वर्ष परन्तु प्रव्याजि शुरू में प्राप्त कर लेते हैं जिसको मृत्यु या अवधि तक विनियोजित कर ब्याज उपार्जित कर सकते हैं। इसलिए प्रत्येक वर्ष मृत्यु की सम्भावना मालूम करके जोखिम की मात्रा का निर्धारण करते हैं और उसी का वर्तमान मूल्य हर वर्ष के लिए प्रव्याजि होगी। प्रथम वर्ष में प्रव्याजि को एक वर्ष प्रयोग करेंगे इसलिए एक वर्ष का वर्तमान मूल्य, द्वितीय वर्ष दो वर्ष प्रयोग करेंगे इसलिए दो वर्ष का वर्तमान मूल्य और इसी प्रकार पाँच वर्ष के लिए पाँच वर्ष का वर्तमान मूल्य निश्चित कर लेंगे और इन पाँचों वर्तमान मूल्यों का योग कुल वर्तमान मूल्य बतायेगा जिसे एकल शुद्ध प्रव्याजि के रूप में प्राप्त करेंगे। निम्न उदाहरण से यह बात स्पष्ट हो जायगी। मान लीजिए 30 वर्षीय बीमापात्र के लिए बीमित रकम 1000 रुपये है, ब्याज की दर 5 प्रतिशत है तो शुद्ध प्रव्याजि प्रत्येक वर्ष की मृत्यु दर निम्नलिखित होगी।

वर्ष = मृत्यु की सम्भावना × बीमापत्र की रकम × एक रुपये का 5 प्रतिशत की दर से वर्तमान्य मूल्य = प्रतिवर्ष बीमा की लागत रुपये

प्रथम (30 वर्ष की उम्र) = $0.002 \times 1000 \times \left[\frac{1}{1.05} = 0.95238\right] = 1.90476$

31 वर्ष = $0.003 \times 1000 \times \left[\frac{1}{(1.05)^2} = 0.90703\right] = 2.72109$

32 वर्ष = $0.004 \times 1000 \times \left[\frac{1}{(1.05)^3} = 0.86384\right] = 3.45536$

33 वर्ष = $0.005 \times 1000 \times \left[\frac{1}{(1.05)^4} = 0.82270\right] = 4.11350$

34 वर्ष = $0.006 \times 1000 \times \left[\frac{1}{(1.05)^5} = 0.78353\right] = 4.70118$

एकल शुद्ध प्रव्याजि रुपये = 16.89589

रुपये = 16.90

इस प्रकार केवल 16.90 रुपया एक शुद्ध प्रव्याजि अग्रिम लेकर पाँच वर्ष की अवधि में मृत्य पर 1000 रुपये दे दिया जायेगा क्योंकि यह बीमित रकम है।

इसके निर्धारण के लिए जीवनांकिक सूत्र भी अपनाया जाता है जो निम्न है।

$Ax^1 : n\rceil = [(vdx) + (v^2dx_{+1}) + (v^3dx_{+2}) + \cdots (v^n\, dx_{+n-1})] \div lx$

जब $A^1n\rceil xn$ से तात्पर्य किसी उम्र (x) पर एक निश्चित अवधि (n) के शुद्ध प्रव्याजि जिसे भविष्य के लाभों का वर्तमान मूल्य (Present Value of Future Benefits)

कहते हैं; v = एक निश्चित ब्याज पर एक वर्ष में एक रुपये का वर्तमान मूल्य, v^2 = दो वर्ष में एक रुपये का वर्तमान मूल्य इसी प्रकार v^n = (n) वर्ष में एक रुपये का वर्तमान मूल्य। dx = (x) उम्र पर मृत्यु संख्या, dx + 1 = (x + 1) उम्र पर मृत्यु संख्या dx +n-1 = अवधि (n) व्यतीत होने के एक वर्ष पहले मृत्यु संख्या क्योंकि अवधि व्यतीत होने पर मृत्यु संख्या से कोई अर्थ नहीं है। उस समय तक प्रसंविदा समाप्त हो जायेगा। इसी प्रकार dx बीमा प्रारम्भ होने के तुरन्त बाद से मालूम करते हैं। इसी तरह वर्तमान मूल्य हमेशा प्रसंविदा प्रारम्भ होने पर मालूम करते हैं। lx से तात्पर्य बीमा प्रसंविदा के समय जीवित व्यक्तियों की संख्या।

उपरोक्त उदाहरण के आधार पर इस सूत्र से शुद्ध प्रव्याजि की गणना निम्न प्रकार होगी—

$$Ax{:}\overline{n|} = [0.95238 \times 0.002) + (0.90703 \times 0.003)$$

$$+ (0.86384 - 0.004) + (0.82270 \times 0.0005)$$

$$= (0.78353 - 0{,}006) = 0.1689589$$

यह एक रुपये की एकल शुद्ध प्रव्याजि है।

इसलिए 1000 रुपये की एकल शुद्ध प्रव्याजि = 0.01689589 × 1000

= 16.89589 रुपये

= 16.90 रुपये

2. आजीवन बीमापत्र (Whole-Life Insurance)— आजीवन बीमापत्र में प्रव्याजि की गणना उपरोक्त आधारों पर तब तक की जाती रहेगी जब तक मृतक तालिका का अन्त न हो। पंचवर्षीय अवधि में यह देखा गया है कि जैसे पाँचवें वर्ष एक रुपये का वर्तमान मूल्य 5 वर्ष की अवधि में निकालते हैं उसी प्रकार इस बीमापत्र में हर वर्ष के आधार पर वर्तमान मूल्य निकालने की अवधि बढ़ती जायेगी। तदनुसार प्रत्येक वर्ष मृत्यु दर में वृद्धि होती जायेगी और यह तब समाप्त होगा जब मृत्यु दर एक हो जायेगी। जीवनांकिक सूत्रों से—

$$Ax = (vdx + v^2dx_{+1} + V^3dx_{+2}\cdots) \div lx$$

जबकि Ax से तात्पर्य आजीवन बीमापत्र की शुद्ध प्रव्याजि से है। v और dx को अवधि बीमा में बताया जा चुका है। यह गणना मृत्यु तालिका के अन्त तक चलेगी क्योंकि यह बीमापत्र बीमित व्यक्ति के जीवन तक चलता रहता है और भुगतान तभी किया जाता है जबकि उसकी मृत्यु हो। दूसरे शब्दों में यह अवधि बीमा का विस्तृत रूप है जिसके अन्तर्गत बीमापत्र एक अवधि तक न चलकर बल्कि आजीवन चलता रहता है।

(3) शुद्ध बन्दोबस्ती बीमापत्र (Pure Endowment Policy)—शुद्ध बन्दोबस्ती बीमा में बीमापत्रधारी को बीमित रकम तब दी जाती है जब वह एक निश्चित समय (Indowment) तक जीवित रहे। जैसे यदि 10 वर्षीय शुद्ध बन्दोबस्ती (10-Year pure Endowment) बीमा लिया गया है तो बीमित रकम का भुगतान तब किया जायगा जब यह बीमा खरीदने के बाद 10 वर्ष बाद तक जीवित रहे। यदि अवधि समाप्ति पर या उसके पहले उसकी मृत्यु होती है तो भुगतान नहीं किया जायेगा। अवधि समाप्ति के बाद ही उसे भुगतान करेंगे। इस अवधि के पहले बीमापत्रधारी रकम को वापस नहीं पा सकता

है। इस अवधि में मृत्यु पर दी गयी प्रव्याजि जब्त की जा सकती है। इसलिए इसकी गणना अवधि पर जीवित व्यक्तियों की संख्या के आधार पर निश्चित किया जाता है। जैसे, 25 वर्ष के 10,000 व्यक्ति यदि 10 वर्षीय शुद्ध बन्दोबस्ती बीमा प्रति व्यक्ति 1000 रुपये लेते हैं तो इसमें उनके 35 वर्ष तक जीवित रहने पर ही भुगतान किया जायेगा। मान लीजिए 1000 में 40 व्यक्ति उस समय जीवित रहते हैं तो कुल अध्यर्थन की रकम 400 × 1000 रुपये = 4,00,000 रुपये होगी। इस 4,00,000 रुपये का भुगतान प्रसंविदा के 10 वर्ष बाद किया जायेगा। परन्तु प्रव्याजि प्रसंविदा के समय पर दी जायेगी इसलिए 10 वर्ष के ब्याज की कटौती करके प्रव्याजि का निर्धारण करेंगे, जिससे कि प्रव्याजि और उस ब्याज को मिलाकर अध्यर्थन (4,00,000 रुपये) का भुगतान कर सकें। मान लीजिए ब्याज की दर 5 प्रतिशत है तो 1 रुपये का वर्तमान मूल्य 0.61391 रुपया होगा अर्थात् आज 0.61391 रुपया यदि विनियोजित किया जाय तो वह 5 प्रतिशत चक्रवृद्धि ब्याज पर 10 वर्ष बाद कुल मिलाकर एक रुपये हो जायेगा। इसलिए 4 लाख 10 वर्ष बाद भुगतान करने के लिए 400000 × 0.61391 = 245564 रुपये आज होना चाहिए जिससे 10 वर्ष में 5 प्रतिशत ब्याज पर 4000000 रुपये हो जाय। अत: सभी बीमापात्रों में 245564 रुपये कुल मिलाकर लेंगे और चूँकि 1000 व्यक्ति हैं इसलिए प्रति व्यक्ति से 24.5564 रुपये लेंगे। इसकी गणना व्यक्तिगत बीमा-पत्रों के आधार पर की जा सकती है—

जोखिम की सम्भावना × बीमित रकम × एक रुपये का = शुद्ध लागत
(जीवन दर) वर्तमान मूल्य (रुपये में)
(10 वर्ष में)

0.040 × 1000 × 0.61391 = 24.5564

अत: शुद्ध एकल प्रव्याजि 24.56 रुपये हुई जिसे देकर वह व्यक्ति 1000 रुपये के प्रति बीमित हो जायेगा और यदि 10 वर्ष बाद जीवित रहा तो 1000 रुपये दे दिये जायँगे लेकिन यदि मृत्यु हो गयी तो कुछ भी भुगतान नहीं होगा।

इस प्रव्याजि को जीवनांकिक सूत्रों के आधार पर निम्न प्रकार से प्राप्त कर सकते हैं—

$$Ax : \frac{1}{x\rceil} = \frac{V^n lx + n}{lx}$$

जबकि $Ax : \frac{1}{n\rceil}$ से तात्पर्य शुद्ध बन्दोबस्ती बीमा का एक उम्र (x) से एक निश्चित अवधि ($n\rceil$) के लिए शुद्ध प्रव्याजि; तथा $n\rceil$ के ऊपर 1 से तात्पर्य कि केवल जीवित रहने पर भुगतान होगा। V^n से तात्पर्य उस अवधि (n) के लिए 1 रुपये का वर्तमान मूल्य; lx + n से तात्पर्य उम्र (x) के जीवित व्यक्तियों का अवधि (n) के बाद जीवित संख्या तथा lx से तात्पर्य उम्र (x) पर जीवित संख्या। इस सूत्र के आधार पर उपरोक्त गणना निम्न प्रकार है।

$$Ax : \frac{1}{n\rceil} = \frac{[0.61391] \times 400}{10000} = \frac{245.564}{10000}$$

$$= 0.0245564 \text{ रुपये}$$

लेकिन यह प्रव्याजि 1 रुपये बीमा की होगी। अत: 1000 रुपये के बीमित रकम के लिए 0.0245564 × 1000 रुपये = 24.5564 रुपये अर्थात् 24.56 रुपये होगी।

शुद्ध बन्दोबस्ती बीमा और बैंक में जमा—शुद्ध बन्दोबस्ती बीमा और बैंक में जमा में निम्न अन्तर हैं।

(1) शुद्ध बन्दोबस्ती में रकम केवल जीवित रहने पर वापस होगी जबकि बैंक का जमा कभी भी वापस किया जा सकता है।

(2) इस बीमा में रकम को केवल अवधि की समाप्ति पर जीवित रहने पर देंगे, लेकिन बैंक का जमा मृत्यु पर भी वापिस किया जा सकता है जबकि बीमा में इस अवधि में मृत्यु पर भुगतान नहीं होगा।

(3) इस बीमा में जीवन दर के आधार पर प्रव्याजि ली जाती है जिससे जमा करने की रकम अपेक्षाकृत कम होती है और भुगतान की रकम अधिक होगी परन्तु बैंक में जितना जमा किया जायेगा और उस पर ब्याज मिल पाते हैं।

शुद्ध बन्दोबस्ती बीमा में बीमित रकम को कुल दो भागों में बाँटा जा सकता है। (1) विनियोग कोष (2) सट्टा कोष (Speculative fund)। विनियोग कोष को दो भागों में बाँटते हैं (अ) एकल शुद्ध प्रव्याजि और (ब) उस पर ब्याज।

उपरोक्त उदाहरण के आधार पर—

विनियोग कोष = शुद्ध प्रव्याजि + ब्याज

$$= 0.024556 + [0.39(1.00 - 0.61 \times 0.0246)]$$

$$= 0.024556 + 0.009594$$

$$= 0.034150$$

परन्तु यह एक रुपये का विनियोग कोष है।

1000 रुपये पर = 0.03415 × 1000 = 34.15 रुपये हुआ।

अतः सट्टा कोष = कुल बीमित रकम — विनियोग कोष

= 1000 — 34.15

= 965.85 रुपया

इस सट्टे कोष से तात्पर्य कि यदि बीमाकर्ता की मृत्यु न हुई तो बीमाकर्ता को 965.85 रुपये अपने पास से देने होंगे, लेकिन यह कोष मृतक व्यक्तियों के कोष से संचित किया जाता है।

(4) साधारण बन्दोबस्ती या बन्दोबस्ती बीमा—इस बीमा के अन्तर्गत बीमित रकम का भुगतान अवधि (Endowment) के अन्तर्गत मृत्यु होने पर या अवधि व्यतीत होने पर, जो दोनों में सबसे पहले हो, के समय किया जाता है। इस प्रकार बन्दोबस्ती बीमा में भुगतान का कारण मृत्यु होना और अवधि व्यतीत होना दोनों है। मृत्यु पर भुगतान अवधि बीमा के सम्बन्ध और जीवन पर भुगतान शुद्ध बन्दोबस्ती के सम्बन्ध में देख चुके हैं। इसमें प्रव्याजि का निर्धारण इन्हीं दोनों बीमा के सम्मिश्रण पर निश्चित किया जाता है। इसलिए प्रव्याजि निर्धारण के लिए एक अवधि में मृतक दर और उस अवधि के व्यतीत होने पर जीवन दर के आधार पर निश्चित करते हैं। मान लीजिए 5 वर्षीय साधारण बन्दोबस्ती बीमा पर शुद्ध प्रव्याजि निश्चित करना है जबकि बीमा 40 वर्ष पर लिया जा रहा है और ब्याज की दर 3 प्रतिशत है तो निम्न प्रकार से गणना करेंगे।

मृत्यु पर शुद्ध प्रव्याजि

वर्ष	जोखिम मृत्यु दर	×	बीमापत्र की रकम	×	एक रुपये का वर्तमान मूल्य	= शुद्ध लागत
40	$\frac{765}{78106}$	×	1000	×	0.971	$=\frac{742815}{78106}$
41	$\frac{774}{78106}$	×	1000	×	0.943	$=\frac{729882}{78106}$
42	$\frac{785}{78106}$	×	1000	×	0.915	$=\frac{718275}{78106}$
43	$\frac{797}{78107}$	×	1000	×	0.888	$=\frac{707735}{78106}$
44	$\frac{812}{78106}$	×	1000	×	0.863	$=\frac{70075}{78106}$

इसी तरह जीवित रहने पर शुद्ध प्रव्याजि—

45	$\frac{74173}{78106}$	×	1000	×	0.863	$=\frac{64011299}{78106}$

कुल वर्तमान मूल्य = $\frac{67610763}{78106}$

इसलिए एकल शुद्ध प्रव्याजि (दोनों आधार पर) 835.66 रुपया होगी। इस प्रकार प्रव्याजि का निर्धारण अवधि बीमा और शुद्ध बीमा के निर्धारण का योग है। अस्तु यदि हम किसी उम्र से सम्बन्धित अवधि बीमा की प्रव्याजि को जानते हैं और उससे सम्बन्धित उतनी ही अवधि का शुद्ध बन्दोबस्ती में प्रव्याजि जानते हैं तो दोनों प्रव्याजि को जोड़कर आसानी से साधारण बन्दोबस्ती की प्रव्याजि मालूम कर सकते हैं। चूँकि जो उदाहरण हमने शुद्ध और अवधि बीमा में लिए हैं उनकी मृतक तालिकायें एक दूसरे से सम्बन्ध नहीं रखती हैं, अतः उन दोनों का योग इस बीमा के लिए प्रव्याजि नहीं होगी। इन दोनों की मृतक दरों का योग एक के बराबर होगा क्योंकि मरण दर और जीवन दर एक दूसरे के पूरक हैं बशर्ते कि एक ही अवधि से सम्बन्धित हों।

जीवनांकिकी सूत्रों से इसकी गणना निम्न प्रकार करते हैं—

बन्दोबस्ती बीमा की प्रव्याजि = अवधि बीमा की प्रव्याजि + शुद्ध बन्दोबस्ती की प्रव्याजि।

$$Ax : n \rceil = Ax^1 : n \rceil + Ax : \frac{1}{n \rfloor}$$

$$= \frac{(Vdx + V^2dx_{+1} + V^3dx_{+2} \cdots V^n dx + n_{-1})}{lx} = \frac{V^n lx_{+n}}{lx}$$

$$= \frac{(Vdx + V^2dx_{+1} + V^3dx_{+2} \cdots V^n dx + n_{-1} + V^n lx_{+n})}{lx}$$

इनका मूल्य तत्सम्बन्धित अनुच्छेदों में बताया जा चुका है। उपरोक्त सूचनाओं के आधार पर इसके द्वारा प्रव्याजि निर्धारण निम्न प्रकार होगा—

$$= \frac{\left[\left(0.971 \times \frac{765}{78106}\right) + \left(0.943 \times \frac{774}{78016}\right) + \left(0.915 \times \frac{785}{78106}\right)\right]}{78106}$$

$$= \frac{\left[\left(0.888 \times \frac{747}{78106}\right) + \left(0.803 \times \frac{812}{78106}\right) + \left(0.803 \times \frac{74176}{78106}\right)\right]}{78106}$$

= 0.86566; परन्तु यह एक रुपये का है।

इसलिए 1000 रुपये पर 0.8656 × 1000 = 865.66 रुपया होगा।

(5) दोहरा बन्दोबस्ती बीमा (Double Endowment Policy)—इस बीमापत्र के अन्तर्गत मृत्यु या अवधि व्यतीत होने के समय जो दोनों में पहले हो, पर भुगतान किया जाता है। यह साधारण बन्दोबस्ती बीमा के समान है परन्तु अन्तर केवल इतना है कि इसके अन्तर्गत अवधि पर जीवित रहने पर बीमा रकम का दुगुना भुगतान किया जाता है, इसीलिए इनका नाम दोहरा बन्दोबस्ती बीमा है। इसलिए प्रव्याजि की गणना बिल्कुल उसी प्रकार की जाती है जिस प्रकार से साधारण बन्दोबस्ती में किया गया था लेकिन जीवन पर भुगतान के समय लागत को दुगना कर देते हैं। उपरोक्त उदाहरण में अवधि बीमा की शुद्ध प्रव्याजि 46.08 रुपया है और शुद्ध बन्दोबस्ती बीमा की शुद्ध प्रव्याजि 819.5 रुपया है अत: दोहरा बन्दोबस्ती बीमा में

शुद्ध प्रव्याजि = (46.08) + 2 (819.58) =

46.08 + 1639.16 रुपये = 1685.24 रुपये होगा,

क्योंकि यदि बीमित व्यक्ति अवधि पर जीवित रहा तो बीमित रकम का दुगना यानी 1000 × 2 = 2000 रुपया देना होगा। इसे जीवनांकिक सूत्रों से नीचे बताया गया है।

दोहरे बन्दोबस्ती बीमा पर शुद्ध प्रव्याजि

= अवधि बीमा पर शुद्ध प्रव्याजि + शुद्ध बन्दोबस्ती बीमा पर शुद्ध प्रव्याजि का दुगुना।

अर्थात् $= Ax^1 : n\rceil + 2Ax : \frac{1}{n|}$

$= Ax^1 : n\rceil + 2Ax : \frac{1}{n|} \; + Ax : \frac{1}{n|}$

$= Ax : n\rceil + Ax : \frac{1}{n|}$

अवधि = साधारण बन्दोबस्ती पर शुद्ध प्रव्याजि + शुद्ध बन्दोबस्ती पर प्रव्याजि।

उपरोक्त मूल्यों का वर्णन पीछे तत्सम्बन्धित अनुच्छेदों में किया जा चुका है।

इनके आधार पर—

दोहरा बन्दोबस्ती बीमा पर शुद्ध प्रव्याजि	= 46.08 + 2 (819.58)
	= 1685.24 रुपये
या	= 865.66 + 819.58
	= 1685.24 रुपये

(6) विलम्बित बन्दोबस्ती बीमा—इस बीमा के अन्तर्गत जोखिम का प्रारम्भ एक समय (t) बाद ही होती है उसके पहले यदि मृत्यु हुई तो बीमाकर्ता प्रव्याजि को लौटा देगा। यह बीमा बच्चों के लिए प्रयोग किया जाता है जिसे संतान विलम्बित बीमा कहते हैं चूँकि प्रव्याजि का भुगतान प्रसंविदा के समय होगा और उससे सम्बन्धित भुगतान एक निश्चित (t-years) बाद होता है। इसलिए बीमाकर्ता उतने समय के लिए ब्याज कमा लेता है। अत: वर्तमान मूल्य इतने समय बाद निकालते हैं। जैसे—

$$n/Ax{:}n = [(V^{n+1}dx + n) + (V^{n+2}\, dx_{+n+1})^{V+n+n}\, dx_{+n+n+1}] \div lx$$

इनके मूल्य पीछे बताये जा चुके हैं।

(7) संयुक्त बीमापत्र (joint Life Policy)—इस बीमापत्र के अन्तर्गत एक से अधिक व्यक्तियों का बीमा एक ही बीमापत्र के द्वारा दिया जाता है। बीमित रकम का भुगतान तब किया जायेगा ज़ब उनमें से किसी की मृत्यु हो जाय। इसमें भुगतान तब तक नहीं किया जाता है जब तक सभी व्यक्ति जीवित हैं। इसलिए मृत्यु पर भुगतान के लिए हमें उन सबकी संयुक्त मृत्यु दर (Compound Mortality Rate) निकालना होता है।

संयुक्त मृत्यु प्रत्येक बीमित की अलग-अलग मृत्यु दर तथा दो या अधिक व्यक्तियों की मृत्यु दर के योग हैं। यदि दो व्यक्तियों का बीमा किया गया है तो उसमें तीन मृतक दरों को निकाला जायेगा; (1) कम उम्र वाले की मृत्यु दर; (2) अधिक उम्र वाले की मृत्यु दर और (3) दोनों की मृत्यु दर। इन तीनों मृतक दरों का योग किसी भी व्यक्ति की मृत्यु की सम्भावना बतायेगा क्योंकि किसी एक व्यक्ति की मृत्यु तब हो सकती है यदि कम उम्र वाले बीमित व्यक्ति की मृत्यु हो या अधिक उम्र वाले बीमित व्यक्ति या दोनों व्यक्तियों की मृत्यु हो। इसलिये संयुक्त जोखिम मालूम करने के लिए हमें इन तीनों का योग निकालना चाहिए। इसी प्रकार यदि तीन व्यक्ति होंगे तो $(2)^3$ —1 अर्थात् सात मृतक दरों का योग संयुक्त मृतक दर होगी। इस संयुक्त मृतक दर को तब तक निकालते जायेंगे जब तक अधिक उम्र वाले की मृतक तालिका समाप्त न हो जाय।

संयुक्त मृतक दर निकालने का एक तरीका और है जिसके अन्तर्गत हम दो या अधिक व्यक्तियों की जीवन दर को निकालकर एक में से घटा देते हैं। जैसे दो व्यक्तियों की जीवन दर = एक व्यक्ति की जीवन दर × दूसरे व्यक्ति की जीवन दर। अत: किसी भी व्यक्ति की मृत्यु दर = 1— [एक व्यक्ति की जीवन दर × दूसरे व्यक्ति की जीवन दर]। इसी प्रकार अधिक संख्या रहने पर भी हम एक व्यक्ति की मृत्यु दर को निकाल लेते हैं। यह तब तक निकालते जायेंगे जब तक दोनों में से किसी एक की मृतक तालिका समाप्त न हो जाय।

वर्तमान मूल्य तालिका के आधार पर एक रुपये का वर्तमान मूल्य निकाल कर प्रत्येक की लागत को उसी प्रकार निकालते रहेंगे जैसा कि पीछे बताया जा चुका है: अर्थात्

संयुक्त जोखिम × बीमापत्र की रकम × एक रुपये का वर्तमान मूल्य = प्रत्येक वर्ष की लागत। इस प्रत्येक वर्ष की लागत को तब तक निकालते जायेंगे जब तक किसी एक की उम्र मृतक तालिका की अन्तिम उम्र तक न हो जाय।

मान लीजिए 1000 रुपये का बीमापत्र दो व्यक्तियों, जिनकी उम्र 35 और 37 वर्ष है, को निर्गमित किया जाता है। मृतक तालिका का एक उदाहरण नीचे दिया गया है।

उम्र	जीवित व्यक्तियों की संख्या	मृतक व्यक्तियों की संख्या
35	81,822	732
36	81,090	737
37	80,353	742
38	79,611	749
39	78,862	756
40	78,106	760

वर्ष	संयुक्त मृतक दर	बीमापत्र की रकम	×	एक रुपये का वर्तमान मूल्य (3% पर)	=	प्रत्येक वर्ष की लागत
प्रथम	$1 - \frac{81090}{81822}$	$\times \frac{79611}{80353}$	×	1000×0.971	=	17.54
द्वितीय	$1 - \frac{80353}{81822}$	$\times \frac{78862}{80353}$	×	1000×0.943	=	34.32
तृतीय	$1 - \frac{79611}{81822}$	$\times \frac{78106}{80353}$	×	1000×0.915	=	49.59

इसी प्रकार यह गणना तब तक चलती रहेगी जब तक कोई एक मृतक तालिका समाप्त न हो जाय।

(8) उत्तर जीवी बीमापत्र (Last Survivor Policy)—इस बीमा-पत्र के अन्तर्गत बीमित रकम का भुगतान तब किया जाता है जब सभी व्यक्तियों की मृत्यु हो जाती है। इस बीमा के अन्तर्गत एक से अधिक व्यक्तियों का बीमा किया जाता है। इसलिए मृतक दर को तब तक निकालते रहते हैं जब तक सभी व्यक्तियों से सम्बन्धित मृतक तालिका का अन्त न हो जाये। इसके अन्तर्गत सबसे वृद्ध व्यक्ति की मृत्यु तालिका समाप्त होने पर अन्य जीवित बीमित व्यक्तियों की संयुक्त मृत्यु दर निकालेंगे। इसी प्रकार दूसरे व्यक्ति की मृतक तालिका के अन्त पर अन्य शेष व्यक्तियों की मृत्यु दर निकालेंगे। संयुक्त मृतक तालिका की गणना उसी प्रकार की जायेगी जैसे संयुक्त बीमापत्र के सम्बन्ध में बताया जा चुका है।

वार्षिक वृत्ति (Annuity) में शुद्ध एकल प्रव्याजि—वार्षिक वृत्ति के अन्तर्गत बीमाकर्ता एक प्रतिफल के लिये एक निश्चित रकम का सामयिक भुगतान (Periodical Payment) लगातार करता रहता है; यह भुगतान एक अवधि के लिये हो सकता है या आजीवन। भुगतान का प्रारम्भ प्रसंविदा के समय से हो सकता है या कुछ दिन बाद। अत: शुद्ध एकल प्रव्याजि (Net Single Premium) की गणना वृत्ति के प्रकारों के अनुसार की जाती है।

1. तात्कालिक वृत्ति—इस वृत्ति में भुगतान प्रसंविदा के समय वृत्ति भुगतान अवधि (Annuity Payment Period) के अन्त से प्रारम्भ होता है जैसे यदि अर्द्धवार्षिक वृत्ति लिया गया है तो प्रथम भुगतान प्रसंविदा करने के छः महीने बाद किया जायेगा और दूसरा भुगतान इसके छः महीने बाद होगा। इसी प्रकार भुगतान किया जाता रहेगा। परन्तु प्रव्याजि का भुगतान प्रसंविदा के समय प्रारम्भ में कर दिया जायेगा। तात्कालिक वृत्ति को शुद्ध एकल प्रव्याजि की गणना के लिये दो भागों में बाँटते हैं (अ) अवधि या अस्थायी वृत्ति और (ब) आजीवन वृत्ति।

(अ) तात्कालिक अवधि या अस्थायी वृत्ति (Life Term of Temporary Annuity)—इस वृत्ति के अन्तर्गत भुगतान केवल एक निश्चित समय तक ही किया जायेगा। यदि इस अवधि के अन्तर्गत वृत्ति धारी की मृत्यु हो जाती है तो भविष्य में भुगतान नहीं होगा और यदि उस अवधि के बाद वह जीवित रहा तब भी भुगतान नहीं किया जायेगा। दूसरे शब्दों में यह कहा जा सकता है कि इस वृत्ति में भुगतान प्रसंविदा के समय से प्रारम्भ होता है और मृत्यु या अवधि जो पहले हो, तक चलता रहेगा। बीमापत्रों के अन्तर्गत प्रयोग किये जाने वाला सूत्र इसमें भी लागू होता है। अर्थात् प्रत्येक वर्ष की लागत निकाल कर उसका योग कर लेते हैं। लागत निर्धारण के लिये जोखिम की मात्रा जीवन दर के आधार पर किया जाता है क्योंकि यदि इस अवधि में मृत्यु होती है तो बाद में कोई भुगतान नहीं होगा। इस अवधि के अन्दर जीवित रहने पर ही भुगतान किया जायेगा। प्रति वर्ष लागत का निर्धारण इसलिए आवश्यक है कि यदि अवधि व्यतीत होने के पहले मृत्यु होती है तो जोखिम में कमी हो जायेगी। जितने दिन वह व्यक्ति जीवित रहेगा उतने दिन तक प्रव्याजि पर ब्याज अर्जित कर सकेंगे। इसी कारण से पहले वर्ष एक वर्ष का वर्तमान मूल्य निकालते हैं और दूसरे वर्ष दो वर्ष का वर्तमान मूल्य और इसी प्रकार वर्तमान मूल्य अवधि के अनुसार बदलता रहेगा। अस्तु शुद्ध एकल प्रव्याजि का निर्धारण निम्न प्रकार करते हैं जोखिम (जीवन की सम्भावना) × वृत्ति की रकम × एक रुपये की वर्तमान लागत = शुद्ध लागत।

इसी प्रकार यदि कोई व्यक्ति 70 वर्ष का 100 रुपये की वार्षिक वृत्ति लेना चाहता है तो यह देखना आवश्यक होगा कि उसके 71 वर्ष के प्रारम्भ में जीवन की आशा कितनी है। मान लीजिए यह 5,77,445 में 5,53,332 है अर्थात् $\frac{553332}{577445}$ है और ब्याज की दर $2\frac{1}{2}$ प्रतिशत है तो उसके एक वर्ष तक जीवित रहने पर वृत्ति विक्रेता को एक वर्ष का ब्याज मिल जायेगा क्योंकि प्रव्याजि का भुगतान प्रारम्भ में होता है और उससे सम्बन्धित अध्यर्थन का भुगतान एक वर्ष बाद होता है। यहाँ पर यह ध्यान देना चाहिए कि वृत्तिधारियों की मृतक दर बीमापत्रधारिणी की अपेक्षा कम होती है क्योंकि इसको वही व्यक्ति खरीदते हैं, जो धनी होते हैं जिनके स्वास्थ्य अच्छे होते हैं और उनके जीवन की आशा अधिक होती है। कारण जीवन वृत्तियों के सम्बन्ध में मृतक तालिका को नहीं अपनाया जाता है और इसके लिये अलग मृतक तालिका अपनाते हैं।

वृत्ति में प्रथम वर्ष लागत

$\frac{553332}{577445} \times 100 \times 0.175610 = 93.49$ रुपये होगी।

इसी प्रकार हर वर्ष जीवन दर और वर्तमान मूल्य को अपनायेंगे जिससे प्रत्येक वर्ष की लागत मालूम करके उसका जोड़ लेकर उसके सम्बन्ध में शुद्ध एकल प्रव्याजि निर्धारित करेंगे। मान लीजिये यह 5 वर्षीय वार्षिक वृत्ति है तो शुद्ध प्रव्याजि निम्न होगी—

वर्ष (उम्र)	जोखिम की मात्रा (जीवन दर)	×	वृत्ति की रकम	×	एक रुपये का वर्तमान मूल्य =	प्रति वर्ष लागत	किस्त
71	$\frac{553332}{577445}$	×	100	×	0.975610	= 93.49	प्रथम
72	$\frac{528443}{577445}$	×	100	×	0.951814	= 87.10	द्वितीय
73	$\frac{502842}{577445}$	×	100	×	0.928599	= 80.86	तृतीय
74	$\frac{476611}{577445}$	×	100	×	0.905951	= 74.78	चतुर्थ
75	$\frac{449841}{577445}$	×	100	×	0.883854	= 68.85	पंचम
					शुद्ध प्रव्याजि	= 405.08	

इसलिए प्रत्येक किस्त के आधार पर यह तय कर लिया जाता है कि उसको देने के लिये प्रारम्भ में कितने प्रव्याजि लेनी चाहिए जैसे पाँचवीं किस्त देने के लिये 68.85 रुपये प्रसंविदा के समय प्राप्त करके 101 रुपये पाँचवें वर्ष में दिया जा सकता है क्योंकि इस पर पाँच वर्ष का ब्याज प्राप्त करेंगे। साथ ही जीवनाशा पाँच वर्षों में 577445 व्यक्तियों में से 449841 ही है जिससे इस प्रसंविदा के उस समय तक चलने की आशा केवल $\frac{449841}{577445}$ ही है। इसी तरह चौथी किस्त के लिये 74.78 रुपया पर्याप्त होगा। तीसरी और दूसरी किस्तों के लिये 80.83 रुपये और 87.10 रुपये क्रमशः हैं। इन्हीं पाँचों किस्तों के लिये कुल शुद्ध प्रव्याजि 405.08 रुपया होगी।

जीवनांकिकी सूत्रों के आधार पर

$$ax : n \rceil = \frac{Vlx_{+1} + V^2lx_{+2} + V^3lx_{+3 \ldots}\ V^nlx_{+n}}{lx}$$

जबकि $ax : n \rceil$ का तात्पर्य अस्थायी तात्कालिक वृत्ति से है जो उम्र (x) पर लिया जाता है और (n) वर्ष तक चलेगा बशर्ते कि इस अवधि में उसकी मृत्यु न हो। V, V^2, V^3, V^n से तात्पर्य एक रुपये का एक निश्चित ब्याज दर पर प्रथम, द्वितीय, तृतीय और (n) वर्ष के वर्तमान मूल्य हैं। lx + 1, lx + 2...से तात्पर्य एक और दो वर्ष बाद जीवन संख्या से है। lx प्रसंविदा के प्रारम्भ में जीवन संख्या बताता है।

(ब) तात्कालिक आजीवन वृत्ति (Immediate Whole Life Annuity)—इस प्रसंविदा के अन्तर्गत वृत्ति का भुगतान तुरन्त प्रारम्भ होता है और तब तक चलता रहेगा जब तक वृत्तिधारी जीवित रहे। मृत्यु के बाद कोई भी भुगतान नहीं किया जाता, चाहे मृत्यु प्रथम किस्त प्राप्त करने के बाद ही क्यों न हो। इस प्रसंविदा में लागत का प्रश्न तभी उठता है जबकि वृत्तिधारी जीवित रहे। यदि उसकी मृत्यु हो जाती है तो उसके

बाद लागत का कोई प्रश्न नहीं है। इसलिए लागत का निर्धारण जीवन-आशा पर किया जाता है। मान लीजिए एक व्यक्ति 70 वर्ष की उम्र पर 100 रुपया की वार्षिक वृत्ति खरीदता है तो इसकी गणना निम्न प्रकार की जायेगी।

वर्ष	जोखिम की मात्रा (जीवन दर)	×	वृत्ति की रकम	×	एक रुपये का वर्तमान मूल्य =	प्रति वर्ष लागत	किस्त
71	$\frac{553332}{577445}$	×	100	×	0.975610	= 93.487	प्रथम
72	$\frac{528443}{577445}$	×	100	×	0.951814	= 87.104	द्वितीय
109	$\frac{6}{577445}$	×	100	×	0.391285	= 0.000407	39वाँ
110	$\frac{1}{577445}$	×	102	×	0.381741	= 0.000066	40वाँ
					एकल शुद्ध प्रव्याजि	= 910.72	

मान लीजिए शुद्ध प्रव्याजि 910.72 रुपये होता है तो इसके बदले वृत्तिधारी को 100 रुपये प्रतिवर्ष दिया जाता रहेगा। यह तब तक भुगतान होगा जब तक वृत्तिधारी की मृत्यु नहीं होती है। यही कारण है कि प्रव्याजि निर्धारण की अवधि प्रसंविदा के समय से प्रारम्भ होती है और तब तक चलती रहती है जब तक मृतक तालिका समाप्त न हो जाये। इस उदाहरण में मृतक तालिका 110 वर्ष पर समाप्त होती है अत: 71 वर्ष से 110 वर्ष तक प्रव्याजि निर्धारण अवधि हुई। यहाँ पर 71 वर्ष इसलिए लिया गया कि प्रसंविदा 70 वर्ष पर किया गया, लेकिन उसका भुगतान एक वर्ष बाद जीवित रहने पर किया जायेगा, इसलिए 71 वर्ष पर जीवन संख्या देखी गयी है। इसी प्रकार अन्तिम उम्र 110 वर्ष पर जीवन संख्या देखी गयी।

जीवनांकिक सूत्रों के आधार पर शुद्ध प्रव्याजि की गणना निम्न प्रकार है।

$ax = [V(lx + 1) + V^2 (lx + 2) + V^3 (lx + 3) + \cdots] \div lx$

जबकि ax से तात्पर्य तात्कालिक आजीवन वृत्ति से है जो उम्र x पर खरीदी जायेगी, v, v^2, v^3 क्रमश: 1, 2 और 3 वर्ष के वर्तमान मूल्य बताते हैं, (lx + 1), (lx + 2), (lx + 3) क्रमश: 1, 2 और 3 वर्ष बाद जीवन संख्या बताते हैं तथा lx प्रसंविदा के समय जीवन संख्या बताते हैं। इस प्रकार यह केवल 3 वर्ष तक ही नहीं, बल्कि आगे जब तक मृतक तालिका पूर्ण न हो, चलता रहेगा।

2. विलम्बित वार्षिक वृत्ति में शुद्ध एकल प्रव्याजि (Net Single Premium for Deferred Annuity Contract)—इस वृत्ति में प्रसंविदा करने के एक निश्चित अवधि (Deferment Period) बाद वृत्ति का भुगतान प्रारम्भ होता है। इसलिए इसमें और तात्कालिक वृत्ति में अन्तर है क्योंकि तात्कालिक वृत्ति में भुगतान तुरन्त प्रारम्भ होता है जबकि इसमें एक निश्चित समय, जिसे विलम्बित अवधि कहते हैं, के बाद वृत्ति का भुगतान प्रारम्भ होता है। परिणामत: इस विलंबिन अवधि में वृत्ति विक्रेता को कोई जोखिम नहीं होती जिसके लिये वह कोई लागत नहीं ले सकता। दूसरी तरफ इस अवधि में अग्रिम प्राप्त प्रव्याजि पर ब्याज अर्जित किया जायेगा, साथ ही विलम्बित अवधि के बाद जीवनाशा में काफी कमी हो जायेगी। परिणामस्वरूप इसमें शुद्ध प्रव्याजि की रकम

तात्कालिक वृत्ति की प्रव्याजि की तुलना में कम होती है। यह देखा गया है कि इस वृत्ति को युवावस्था में लोग अपनी बचत से खरीदते हैं। उस अर्जन अवधि में वे कुछ रकम बचाते रहते हैं और उस रकम से वार्षिक या अर्द्धवार्षिक या त्रैमासिक या मासिक प्रव्याजि का भुगतान करते रहते हैं। यहाँ पर हम केवल एक प्रव्याजि को लेते हैं जिसे प्रसंविदा के समय प्राप्त किया जाता है।

इस वृत्ति पत्र में भुगतान प्रारम्भ होने के पहले सभी प्रव्याजि प्राप्त कर ली जाती है और यदि यह शुद्ध एकल प्रव्याजि है तो विलम्बित अवधि के पहले ही इसे दे दिया जाता है। यदि उसकी विलम्बित अवधि में मृत्यु हो जाती है तो वृत्ति का भुगतान नहीं किया जाता है, परन्तु यदि इस अवधि पर जीवित रहता है तो भुगतान तब तक किया जायेगा जब तक वह जीवित रहेगा या एक निश्चित अवधि तक, जैसी शर्त हो। उदाहरण के लिये मान लीजिए यदि यह व्यक्ति 40 वर्ष की उम्र पर एक विलम्बित वृत्ति लेता है जो 70 वर्ष की उम्र पर प्रारम्भ होता। वृत्ति की रकम 100 रुपये प्रतिवर्ष है। इस दशा में प्रव्याजि का भुगतान 40 वर्ष पर किया जाता है परन्तु वृत्ति का भुगतान 71 वर्ष पर जीवित रहने पर किया जायेगा यदि यह तात्कालिक विलम्बित वृत्ति है। लेकिन विलम्बित वृत्ति देय (Deferred Annuity Due) पर 70 वर्ष पर ही भुगतान किया जायेगा। यहाँ पर हम तात्कालिक विलम्बित वृत्ति को मानकर प्रव्याजि का निर्धारण करते हैं। ऐसी दशा में प्रथम किस्त का भुगतान करने के लिये हमें जीवन दर और वर्तमान मूल्य देखना होगा। जीवन दर का निर्धारण 31 वर्ष आगे देखेंगे अर्थात् जो व्यक्ति आज 40 वर्ष का है उसके 31 वर्ष बाद जीवित रहने की क्या आशा है, क्योंकि यदि वह 31 वर्ष बाद जीवित रहा तो वृत्ति की प्रथम किस्त का भुगतान कर देंगे और यदि वह उस समय जीवित न रहा तो भुगतान नहीं करेंगे। इसी प्रकार 40 वर्ष की उम्र में दी गयी प्रव्याजि को 31 वर्ष तक प्रयोग करेंगे जिससे वर्तमान मूल्य निकालने की अवधि 31 वर्ष मानी जायेगी। दूसरे शब्दों में—

जोखिम की मात्रा (जीवन दर) विलम्बित अवधि के × वृत्ति की रकम × एक रुपये का वर्तमान मूल्य = प्रति किस्त लागत

$$\frac{\text{एक वर्ष बाद जीवन संख्या}}{\text{प्रसंविदा के समय जीवन संख्या}} \times 100 \times \text{विलम्बित अवधि के 1 वर्ष बाद एक रुपये का वर्तमान मूल्य } \left(2\tfrac{1}{2}\%\text{ ब्याज दर}\right)$$

$$= \frac{30+1=31 \text{ वर्ष पर जीवन संख्या}}{40 \text{ वर्ष पर जीवन संख्या}} \times 100 \times 30+1 \text{ वर्ष बाद एक रुपये का वर्तमान मूल्य}$$

$$= \frac{577445}{937889} \times 100 \times 0.476743 = 29.35$$

इसलिए वृत्ति की एक किस्त जिसे 74 वर्ष पर जीवित रहने पर भुगतान करना है 29.35 रुपया। इसी प्रकार अन्य किस्तों का वर्तमान मूल्य निकाल लेंगे, जिसे इस प्रकार (अ) अवधि वृत्ति या (ब) आजीवन वृत्ति के अनुसार बताया गया है।

(अ) अवधि वृत्ति—इसमें वृत्ति का भुगतान मृत्यु होने या अवधि या व्यतीत होने, जो पहले हो, तक ही भुगतान किया जाता है।

उम्र	जोखिम की मात्रा × विलम्बित अवधि एक वर्ष बाद		वृत्ति की रकम		एक रुपये का वर्तमान मूल्य (विलम्बित अवधि + एक वर्ष बाद)	प्रति किस्त = लागत
71	$\frac{577445}{937889}$	+	100	×	0.476743	= 29.35
72	$\frac{553332}{937889}$	×	100	×	0.465115	= 27.44
73	$\frac{528443}{937889}$	×	100	×	0.453771	= 25.57

तीन किस्तों की शुद्ध प्रव्याजि = रुपया 82.36

(ब) आजीवन वृत्ति—आजीवन वृत्ति के सम्बन्ध में यह तब तक चलता रहेगा जब तक मृतक तालिका समाप्त न हो जाये। उदाहरण के लिये मान लीजिए मृतक तालिका 110 वर्ष पर समाप्त होती है तो शुद्ध प्रव्याजि निम्न होगी—

उम्र	जोखिम की मात्रा	×	वृत्ति की रकम	×	एक रुपये का वर्तमान मूल्य	=	प्रति वर्ष लागत
71	$\frac{577445}{937889}$	×	100	×	0.476743	=	29.35
72	$\frac{553332}{937888}$	×	100	×	0.465115	=	27.44
73	$\frac{528443}{937889}$	×	100	×	0.853774	=	25.57
110	$\frac{1}{937889}$	×	100	×	0.181992	=	0.000019

मान लीजिए इन सबका योग 296.670472

अर्थात् शुद्ध एकल प्रव्याजि 296.67 रुपया होगी। इस प्रकार 40 वर्ष की उम्र पर 296.67 रुपया देकर 70 वर्ष के बाद आजीवन 100 रुपया प्रतिवर्ष प्राप्त कर सकते हैं।

जीवनांकिक सूत्रों से भी इसकी गणना की जाती है जो निम्न प्रकार है—

$$t/ax = [(V^{t+1}\ 1x + t + 1) + (V^{t+2}\ 1x + t + 2) + ...] \div 1x$$

अवधि बीमा में

$$t/ax^1 : n\rceil = [V^{t+1}\ 1x + t + 1 + ...V^{t+n}\ 1x + t + n] \div 1x$$

जबकि t/ax विलम्बित वृत्ति की शुद्ध प्रव्याजि बताता है जिसमें एक उम्र (x) पर एक विलम्बित अवधि (t) के बाद भुगतान प्रारम्भ होगा, vt_{+1} से तात्पर्य विलम्बित अवधि (t) के एक वर्ष बाद एक रुपये का वर्तमान मूल्य और 1x + t + 1 से तात्पर्य (x) उम्र जीवित व्यक्तियों के विलम्बित अवधि के एक वर्ष जीवन संख्या, 1x प्रसंविदा के समय जीवित व्यक्तियों की संख्या। यह क्रम तब तक चलेगा जब तक मृतक तालिका समाप्त न हो।

अवधि में यह केवल एक निश्चित अवधि (n) तक ही चलेगा जिससे आजीवन वृत्ति सूत्र के साथ n⌉ और लगा दिया गया है।

इन मूल्यों को पिछले उदाहरण के आधार पर स्थापित करके शुद्ध प्रव्याजि निकाली जा सकती है जो वही आयेगा जितना ऊपर निकाला गया है।

3. वृत्ति देय (Annuity Due)—उपरोक्त वृत्तियों में यह बताया गया है कि वृत्ति का भुगतान प्रसंविदा के वृत्तिफल (Period of Annuity) के बाद किया जाता है, अर्थात् यदि किस्तों का समय एक वर्ष है यानी वार्षिक वृत्ति है तो भुगतान प्रसंविदा के एक वर्ष बाद प्रारम्भ होगा, यदि अर्द्धवार्षिक है तो प्रसंविदा के छ: महीने बाद, त्रैमासिक है तो प्रसंविदा के तीन महीने बाद तथा मासिक है तो प्रसंविदा के एक महीने बाद भुगतान होगा। परन्तु वृत्ति देय में प्रसंविदा के समय से ही भुगतान शुरू हो जाता है अर्थात् पहला भुगतान प्रसंविदा के समय ही किया जायेगा और दूसरा भुगतान प्रसंविदा के एक वृत्तिकाल के बाद शुरू होगा। दूसरे शब्दों में यह कहना ठीक होगा कि जो भुगतान तात्कालिक में पहला होगा वह भुगतान इसमें दूसरा होगा और जो भुगतान उसमें दूसरा होगा वह इसमें तीसरा होगा।

संक्षेप में यह कहना अनुचित न होगा कि इसके अन्तर्गत पहला भुगतान निश्चित रहता है। दूसरा भुगतान जीवित रहने पर ही किया जाता है, जैसा तात्कालिक में पहले भुगतान का है।

इस प्रकार जोखिम की मात्रा का निर्धारण प्रारम्भ में जीवित व्यक्तियों की संख्या से किया जायेगा न कि वर्ष के अन्त में जीवित व्यक्तियों की संख्या से, और वर्तमान मूल्य का निर्धारण भी वर्ष के शुरू होने के आधार पर किया जाता है न कि एक वर्ष बाद। अत: यह कहा जा सकता है कि प्रथम किस्त की लागत पूर्ण वृत्ति मूल्य ही होगा क्योंकि जोखिम की मात्रा और वर्तमान मूल्य दोनों एक होंगे।

वृत्ति देय (अ) तात्कालिक और (ब) विलम्बित दोनों हो सकते हैं।

(अ) तात्कालिक वृत्ति देय—इस वृत्ति में प्रथम भुगतान प्रसंविदा के समय से ही प्रारम्भ हो जाता है, यानी प्रसंविदा करते समय वृत्ति की पहली किस्त का भुगतान कर दिया जाता है। चूँकि पहली किस्त का भुगतान निश्चित रूप से किया जाता है इसलिए सामान्य तात्कालिक वृत्ति में पहली किस्त की रकम जोड़ देने से यह मालूम हो जाता है। जैसे पिछले अनुच्छेदों से यह स्पष्ट है कि (i) अवधि वृत्ति में शुद्ध प्रव्याजि 405.08 रुपया है तो तात्कालिक देय अवधि वृत्ति (पंचवर्षीय) में यह 405.08 + 100 − 68.85 = 436.23 रुपया होगा। चूँकि पाँचवीं किस्त का भुगतान प्रारम्भ में होगा अत: सामान्य तात्कालिक के पाँचवीं किस्त को घटा देंगे क्योंकि उसका भुगतान पाँच वर्ष के अन्त में होगा। इसी की गणना निम्न प्रकार हो सकती है—

वर्ष (उम्र)	जोखिम की मात्रा	×	वृत्ति की रकम	×	एक रुपये का वर्तमान मूल्य	= प्रति वर्ष लागत
70	$\frac{577445}{577445}$	×	100	×	1	= 100.00
71	$\frac{553332}{577445}$	×	100	×	0.975610	= 93.49
72	$\frac{528443}{577445}$	×	100	×	0.951814	= 87.10

73	$\frac{502842}{577445}$	×	100	×	0.928599	= 80.86
74	$\frac{449841}{577445}$	×	100	×	0.883854	= 74.78
					शुद्ध प्रव्याजि	= 436.23

इसी प्रकार (ii) तात्कालिक देय आजीवन वृत्ति में

शुद्ध प्रव्याजि (910.72 + 100 − 0.000066)

= 1010.619934 रुपये होगी।

इसे जीवनांकिक सूत्रों से निम्न प्रकार मालूम कर सकते हैं—

(i) तात्कालिक देय अवधि वृत्ति

$\ddot{a}x : n\rceil = 1 + ax : n - 1\rceil$

(ii) तात्कालिक देय आजीवन वृत्ति

$\ddot{a}x \ = 1 + ax$

जबकि $\ddot{a}x : n\rceil$ से तात्पर्य तात्कालिक देय अवधि वृत्ति की शुद्ध एकल प्रव्याजि जो उम्र x में अवधि $n\rceil$ के लिये ली गयी हो। $ax : n - 1\rceil$ से तात्पर्य तात्कालिक अवधि वृत्ति की शुद्ध एकल प्रव्याजि से है जो उम्र x में अवधि $-n\ 1\rceil$ के लिये ली गयी हो। इसी प्रकार आजीवन वृत्ति में $n\rceil$ हटा देते हैं क्योंकि यह एक निश्चित अवधि का न होकर आजीवन है।

(ब) विलम्बित वृत्ति देय—उपरोक्त आधार पर विलम्बित वृत्ति देय में प्रथम भुगतान विलम्बित अवधि समाप्त होने के बाद ही कर दिया जाता है परन्तु विलम्बित वृत्ति में विलम्बित अवधि व्यतीत होने के एक वर्ष बाद भुगतान करते हैं यदि यह वार्षिक है। इसकी गणना ऊपर की गणना के आधार पर है यानी किस्त की एक रकम जोड़ देते हैं और अन्तिम लागत की रकम घटा देते हैं क्योंकि अन्तिम लागत का भुगतान एक वर्ष पहले ही कर दिया जाता है। इस प्रकार शुद्ध प्रव्याजि दोनों वृत्ति में है—

(i) अवधि वृत्ति में शुद्ध प्रव्याजि—(100 + 82.36 − 25.57) = 156.79 रु०

(ii) आजीवन वृत्ति में शुद्ध प्रव्याजि—(100 + 296.67 − .000019)

= 396.669981 रुपया।

जीवनांकिक सूत्रों के आधार पर—(i) अवधि वृत्ति में शुद्ध प्रव्याजि अर्थात्

$$t/\ddot{a}x : n\rceil = \left[V^{t}_{(lx+t)} + V^{(t+1)}_{(lx+t+1)} + V^{(t+n-1)}_{(lx+t+n-1)}\right] \div lx$$

इनके मूल्य बताये जा चुके हैं। यहाँ पर यह समझना आवश्यक है कि वर्तमान मूल्य Vt निकालेंगे (Vt + 1) नहीं निकालेंगे क्योंकि विलम्बित अवधि व्यतीत होने के साथ ही भुगतान करते हैं जो Vt अर्थात् विलम्बित अवधि के अन्दर एक रुपये का वर्तमान मूल्य है। इसी प्रकार lx + t यानी विलम्बित अवधि के व्यतीत होते ही जीवित संख्या लेते हैं,

$lx + t + 1$ नहीं लेते क्योंकि एक वर्ष जीवन संख्या को प्रथम किस्त में नहीं शामिल करते।

(ii) आजीवन वृत्ति में शुद्ध प्रव्याजि अर्थात्

$$t/\ddot{a}x : = \left[V^{t} (lx + t) + V^{(t+1)} (lx + t + 1) + \cdots \right] \div lx$$

इसमें से n⌉ हटा देते हैं क्योंकि इसकी गणना n अवधि तक सीमित नहीं है बल्कि यह तब तक चलेगी जब तक मृतक तालिका समाप्त न हो।

4. निश्चित वृत्ति (Annuity Certain)—इस वृत्ति में वृत्ति का भुगतान एक निश्चित अवधि तक अवश्य किया जायेगा चाहे वृत्तिधारी की मृत्यु हो या न हो। इसलिए जोखिम का आधार न तो जीवन दर और न मृत्यु दर है। जोखिम निश्चित है अत: इसे एक मान लेते हैं। वर्तमान मूल्य को आकलन का आधार माना जाता है। इसे निम्न तरीके से गणना करते हैं यदि 3 वर्षीय 100 रुपये की वार्षिक वृत्ति का शुद्ध एकल प्रव्याजि निकालना है।

वर्ष	जोखिम की मात्रा	×	वृत्ति की रकम	×	3 प्रतिशत पर एक रुपये का वर्तमान मूल्य	शुद्ध लागत
प्रथम	1	×	100	×	0.971	= 9.71
द्वितीय	1	×	100	×	0.943	= 94.3
तृतीय	1	×	100	×	0.915	= 91.5
			शुद्ध प्रव्याजि			= 282.9 रुपये

5. न्यूनतम भुगतान वृत्ति (Minimum Payment Annuity)—इस वृत्ति में एक निश्चित अवधि तक भुगतान अवश्य किया जायेगा और उसके बाद जब तक वह जीवित रहेगा। अत: इसमें (i) वृत्ति निश्चित और (ii) आजीवन वृत्ति के तत्व पाये जाते हैं, जिसके कारण इसकी गणना भी दो हिस्सों में करते हैं। मान लीजिए, दो वर्षीय निश्चित आजीवन वृत्ति की शुद्ध प्रव्याजि निकालनी है तो निम्न प्रकार निकालेंगे।

उम्र	वर्ष	जोखिम की सम्भावना	×	वृत्ति की रकम	×	3 प्रतिशत पर एक रुपये का वर्तमान मूल्य	प्रति वर्ष = लागत
106	प्रथम	1	×	100	×	0.971	= 97.1
107	द्वितीय	1	×	100	×	0.943	= 94.3
108	तृतीय	6/249	×	100	×	0.915	= 54.9

इसी प्रकार
मृतक तालिका की समाप्ति तक — शुद्ध प्रव्याजि रुपये 194.00

इस प्रकार 194.00 रुपया देकर वृत्तिधारी को 2 वर्ष तक 100 रुपये प्रतिवर्ष अवश्य दिया जायेगा और उसके बाद जब तक वह जीवित रहेगा।

6. संयुक्त जीवन वृत्ति—इस वृत्ति के अन्तर्गत वृत्ति का भुगतान तब तक होता रहेगा जब तक सभी व्यक्ति जीवित हैं। यदि उस वृत्ति के अन्तर्गत बीमित व्यक्तियों में से किसी की मृत्यु हो जायेगी तो यह बन्द हो जायेगा। अत: जोखिम की मात्रा संयुक्त जीवन दर पर निकालते हैं जो वृत्तिधारियों के अलग-अलग जीवन दर को आपस में गुणा करके प्राप्त करते हैं। वर्तमान की गणना बिल्कुल उसी प्रकार होती है जैसा बताया जा चुका है। मान लीजिये (अ) और (ब) दो व्यक्ति एक वृत्तिपत्र से बीमित हैं।

वर्ष	जोखिम की मात्रा		वृत्ति की रकम		3 प्रतिशत पर एक रुपये का प्रतिवर्ष वर्तमान मूल्य लागत
प्रथम	[अ की जीवन दर × ब की जीवन दर]	×	100	×	0.973 = ...
द्वितीय	[अ की जीवन दर × ब की जीवन दर]	×	100	×	0.943 = ...

इसी प्रकार इसकी गणना तब तक चलेगी जब तक मृतक तालिका समाप्त नहीं होगी और इन सभी का योग शुद्ध प्रव्याजि है।

7. संयुक्त एवं उत्तरजीवी जीवन वृत्ति (Joint and Last Survivorship Life Annuity)—इसके अन्तर्गत वृत्ति का भुगतान तब तक किया जाता रहेगा जब तक सभी वृत्तिधारियों की मृत्यु नहीं हो जाती है। यदि एक व्यक्ति की मृत्यु हो जाती है तो अन्य वृत्तिधारियों को इसका भुगतान होता रहेगा। इसलिये जोखिम की मात्रा का निर्धारण संयुक्त जीवन सम्भावना पर किया जाता है। इसकी मृतक दर निकालने का तरीका उत्तरजीवी बीमापत्र में बताया गया है। उसी आधार पर यहाँ पर जीवन दर निकालेंगे। जोखिम की गणना करने के लिये सभी व्यक्तियों की संयुक्त मृत्यु दर निकाल लेते हैं और 1 में से इसको घटाकर किसी एक व्यक्ति के जीवित रहने की दर मालूम कर लेते हैं और इस जीवन दर को तत्सम्बन्धी वर्तमान मूल्य से गुणा कर देते हैं।

वर्ष	जोखिम की दर (किसी भी व्यक्ति के जीवित रहने की दर)	×	वृत्ति की रकम	× 3 प्रतिशत पर एक रुपये का वर्तमान मूल्य	प्रतिवर्ष = लागत
70	(1—अ की मृत्यु दर	× ब की मृत्यु दर)	× 100	× 0.971	= ...
71	(1—अ की मृत्यु दर	× ब की मृत्यु दर)	× 100	× 0.943	= ...

शुद्ध प्रव्याजि

शुद्ध सम प्रव्याजि (Net Level Premium) निर्धारण—अब तक बीमा और वृत्ति के सम्बन्ध में एक प्रव्याजि निर्धारण बताया गया है। अब बीमा और वृत्ति के किस्तों की प्रव्याजि का निर्धारण बताया जायेगा। शुद्ध सम प्रव्याजि वह प्रव्याजि है जो किस्तों में दी जाती है। प्रसंविदा के समय सभी प्रव्याजि का भुगतान नहीं किया जाता है, बल्कि प्रसंविदा के चालू रहते हुए वार्षिक, अर्द्धवार्षिक, त्रैमासिक या मासिक किस्तों में भुगतान करते हैं। किस्तों में भुगतान करने के कई कारण हैं—(1) लोगों की आय इतनी अधिक नहीं होती कि वे सभी प्रव्याजि का एक साथ भुगतान कर सकें, और (2) एक साथ भुगतान करने में अवधि के अन्दर मृत्यु के बाद प्रव्याजि का भुगतान नहीं करना पड़ता है।

वार्षिक किस्त प्रव्याजि और शुद्ध एकल प्रव्याजि में प्रत्यक्ष का सम्बन्ध नहीं है अर्थात् वार्षिक किस्त प्रव्याजि पाने के लिये शुद्ध एकल प्रव्याजि को बीमा वर्ष की संख्या से भाग नहीं दिया जा सकता है क्योंकि वार्षिक किस्त में बीमाकर्ता ब्याज की तथा शीघ्र मृत्यु पर शेष प्रव्याजि की हानि होती है। शुद्ध सम प्रव्याजि के बल तब तक दी जायेगी जब तक बीमित व्यक्ति जीवित है परन्तु शुद्ध एकल प्रव्याजि का एक बार भुगतान कर देना पर्याप्त है। इसलिए शुद्ध एकल प्रव्याजि पर तब तक ब्याज अर्जित होती रहेगी जब तक अध्यर्थन का भुगतान नहीं किया जाता है, लेकिन शुद्ध प्रव्याजि पर केवल प्राप्त प्रव्याजि पर ब्याज कमा सकते हैं।

इसके अतिरिक्त शुद्ध सम प्रव्याजि और शुद्ध एकल प्रव्याजि में समानता है जिससे उसी के आधार पर शुद्ध एकल प्रव्याजि को शुद्ध सम प्रव्याजि में बदला जा सकता है। शुद्ध एकल प्रव्याजि प्रसंविदा के समय भविष्य के सभी अध्यर्थनों का वर्तमान मूल्य है। शुद्ध सम प्रव्याजि का वर्तमान मूल्य अध्यर्थन के वर्तमान मूल्य के बराबर होता है क्योंकि भविष्य के अध्यर्थनों का वर्तमान मूल्य ही सम प्रव्याजि में ली जायेगी अथवा अध्यर्थन का भुगतान नहीं किया जा सकता है। इसलिए बीमाकर्ता अध्यर्थन का भुगतान करने के लिये पर्याप्त रकम सम प्रव्याजि के रूप में प्राप्त करता है।

इसी प्रकार यह सिद्ध है कि शुद्ध सम प्रव्याजि का वर्तमान मूल्य शुद्ध एकल के बराबर होगा। क्योंकि शुद्ध एकल प्रव्याजि भविष्य के अध्यर्थनों का वर्तमान मूल्य है। अतः शुद्ध सम प्रव्याजि के निर्धारण के लिये सबसे पहले शुद्ध एकल प्रव्याजि का निर्धारण किया जाता है। सबसे पहले इन दोनों प्रव्याजियों में एक अनुपात स्थापित किया जाता है जो एक अवधि, उम्र और बीमापत्र के अन्तर्गत निर्धारित किया जायेगा। इस अनुपात के आधार पर शुद्ध एकल प्रव्याजि को शुद्ध सम प्रव्याजि में बदल देते हैं।

इस अनुपात की गणना करने के लिये शुद्ध सम प्रव्याजि की एक रकम मान लेते हैं और उनका वर्तमान मूल्य निकाल लेते हैं। इस वर्तमान मूल्य का सम्बन्धित शुद्ध एकल प्रव्याजि से अनुपात मालूम कर लेते हैं। उदाहरण के लिये किसी 40 वर्षीय व्यक्ति के लिये 5 वर्षीय 1000 रुपये के अवधि बीमा पर शुद्ध सम प्रव्याजि निकालना है। शुद्ध एकल प्रव्याजि 46.08 रुपया होगी, जैसा पिछले अनुच्छेदों में इसकी गणना की जा चुकी है। मान लीजिये शुद्ध सम प्रव्याजि की रकम एक रुपया है तो इसका वर्तमान मूल्य प्रथम वर्ष 1 रुपया होगा, दूसरे वर्ष $\frac{77301}{78106} \times 0.971$ रुपया होगा क्योंकि दूसरे वर्ष जीवित व्यक्तियों की संख्या 78106 से 77341 होगी अर्थात् हम केवल $\frac{77341}{78106}$ व्यक्तियों से प्रव्याजि ले पायेंगे। (यह जीवन दर 40 वर्ष की उम्र पर अमेरिकन मृतक तालिका के आधार पर निकाली गयी है) चूँकि दूसरे वर्ष के प्रारम्भ यानी प्रसंविदा के एक वर्ष बाद एक रुपया सम प्रव्याजि का होता है, इसलिए एक वर्ष पहले 0.971 रुपया प्राप्त करना उचित होगा क्योंकि इसको प्राप्त करके उस पर 3 प्रतिशत ब्याज सहित 1 रुपया एक साल के अन्त में हो जायेगा। इस कारण द्वितीय प्रव्याजि का एक वर्ष पहले वर्तमान मूल्य, जीवन दर $\frac{77341}{78106}$ और ब्याज दर (3%) से वर्तमान मूल्य के आधार पर $\frac{77341}{78106} \times 0.971$ रुपया होगा। इसी प्रकार तृतीय वर्ष के प्रारम्भ में प्राप्त प्रव्याजि का वर्तमान मूल्य = $\frac{76567}{78106} \times$

0.943 रुपया होगा, क्योंकि जिनसे प्रव्याजि मिलने की आशा है उनकी जीवन दर $\frac{76567}{78106}$ है और ब्याज अर्जन के आधार पर 0.943 रुपया है। इसी प्रकार तीसरे वर्ष, चौथे और पाँचवें वर्ष के प्रारम्भ में मिलने वाली एक-एक रुपये का वर्तमान मूल्य निकाल लेंगे और इन पाँचों प्रव्याजियों के मूल्यों को जोड़ लेंगे। वही सम प्रव्याजि का वर्तमान मूल्य हो जायेगा जो बीमित रकम का वर्तमान मूल्य होता है। इसे नीचे बताया गया है।

बीमा वर्ष में प्रारम्भ के	उम्र	जीवन दर	वार्षिक किस्त की रकम	एक रुपये का वर्तमान मूल्य	प्रत्येक वार्षिक किस्त का वर्तमान मूल्य
प्रथम वर्ष	40	$\frac{78106}{78106}$	1	1	$\frac{78106}{78106}$
द्वितीय वर्ष	41	$\frac{77341}{78106}$	1	0.971	$\frac{75098}{78106}$
तृतीय वर्ष	42	$\frac{76567}{78106}$	1	0.943	$\frac{72203}{78106}$
चतुर्थ वर्ष	43	$\frac{75782}{78906}$	1	0.915	$\frac{69340}{78106}$
पंचम वर्ष	44	$\frac{74985}{78106}$	1	0.888	$\frac{66587}{78106}$

एक रुपये की सम प्रव्याजि का वर्तमान मूल्य = $\frac{361334}{78106}$ रुपया। यहाँ पर एक रुपये का वर्तमान मूल्य और जीवन दर वर्ष के प्रारम्भ से ही ली जाती है क्योंकि प्रव्याजि का भुगतान प्रारम्भ में ही किया जाता है। इसी प्रकार एक रुपये की सम प्रव्याजि का वर्तमान मूल्य $\frac{361334}{78106}$ होगा, जो इस एक रुपये वाले सम प्रव्याजि के बीमा का भी वर्तमान मूल्य होगा। अर्थात् जितनी रकम का बीमा एक रुपये सम प्रव्याजि देकर किया जा सकता है उतनी रकम का बीमा $\frac{361334}{77106}$ रुपये की शुद्ध एकल प्रव्याजि देकर किया जा सकता है। अत: 46.08 रुपये की शुद्ध एकल प्रव्याजि का सम प्रव्याजि निम्न प्रकार निकाल सकते हैं—

$\therefore \frac{361334}{78106}$ रु० शुद्ध प्र० पर किसी एक बीमा के लिये वार्षिक शुद्ध सम प्र० 1 रु० है

$\therefore 1$ " " " " $= \frac{1 \times 78106}{361334}$ रु०

$\therefore 4608$ " " " " $= \frac{1 \times 78106 \times 46.08}{361334}$ रु०

अत: 46.08 रुपये की शुद्ध प्रव्याजि पर वार्षिक सम प्रव्याजि की रकम 9.96 रुपये है।

इसकी गणना सरल ढंग से करने के लिये निम्न सूत्र बनाया गया है—

$$\text{शुद्ध सम प्रव्याजि} = \frac{\text{शुद्ध एकल प्रव्याजि}}{\text{अनुमानित शुद्ध सम और एकल प्रव्याजि में भुगतान}}$$

$$= \frac{46.08}{\frac{361338}{78106}}$$

$$= \frac{46.08 \times 78106}{361336} \text{ रुपये}$$

= 9.99 रुपये होगा।

इसी आधार पर अन्य सभी बीमापत्रों के शुद्ध एकल प्रव्याजि को शुद्ध सम प्रव्याजि में बदला जा सकता है। आजीवन बीमा में अनुमानित शुद्ध सम प्रव्याजि के वर्तमान मूल्य का तब तक आकलन करेंगे जब तक मृतक तालिका का अन्त नहीं होता है। यदि आजीवन बीमा सीमित प्रव्याजि भुगतान का बीमा है तो इसमें अनुमानित शुद्ध सम प्रव्याजि के वर्तमान मूल्य की गणना उस अवधि (प्रव्याजि भुगतान की सीमा) तक करेंगे।

सम प्रव्याजि की गणना के लिये अस्थायी वार्षिक वृत्ति देय का प्रयोग—उपरोक्त गणना के अतिरिक्त एक सरल तरीका यह अपनाया जाता है कि तालिका से अस्थायी वार्षिक वृत्ति देय को शुद्ध एकल प्रव्याजि की गणना कर लेते हैं और इसके आधार पर उसके शुद्ध एकल प्रव्याजि और वृत्ति की रकम में अनुपात स्थापित कर लेते हैं जिसका प्रयोग उपरोक्त सूत्र के आधार पर किया जाता है। इस प्रकार के प्रयोग के कारण प्रव्याजि और वृत्ति देय की समानता है।

(1) दोनों में भुगतान प्रसंविदा के समय से प्रारम्भ होता है और बीमा की शर्तों के अनुसार एक निश्चित अवधि या आजीवन चलता रहता है, अन्तर केवल इतना है कि बीमा के अन्तर्गत बीमापत्रधारी रकम का भुगतान करता है जबकि वृत्ति में बीमाकर्ता भुगतान करता है।

(2) वृत्ति को प्राय: एक प्रव्याजि से खरीदा जाता है जो बीमा खरीदने के लिए शुद्ध एकल प्रव्याजि के समान है। इसलिए शुद्ध एकल प्रव्याजि का सम्बन्ध शुद्ध सम प्रव्याजि से वही होता है जो वृत्ति को खरीदने के लिये दी गयी प्रव्याजि का वार्षिक वृत्ति से सम्बन्ध होता है। अत: शुद्ध सम प्रव्याजि और वार्षिक वृत्ति देय बिल्कुल एक समान हैं क्योंकि दोनों में भुगतान एक समान होता है। प्रव्याजि दर निर्धारण के लिये मान्यताएँ एक समान हैं। यदि वार्षिक वृत्ति देय का वर्तमान मूल्य मालूम है तो शुद्ध सम प्रव्याजि यानी बीमा का वर्तमान मूल्य मालूम किया जा सकता है क्योंकि दोनों एक समान हैं बशर्ते इन दोनों की अवधि, शर्त आदि समान हों। इसीलिए यदि किसी बीमा की शुद्ध एकल प्रव्याजि मालूम है तो वृत्ति देय और उसके वर्तमान मूल्य दोनों के आधार पर शुद्ध सम प्रव्याजि मालूम किया जा सकता है। इसे निम्न समीकरण से स्पष्ट क्रिया गया है।

शुद्ध सम प्रव्याजि (NLP) का जो सम्बन्ध शुद्ध एकल प्रव्याजि (NSP) से है वही सम्बन्ध वार्षिक वृत्ति देय (ADA) रकम का वृत्ति देय के क्रय मूल्य (PPAD) से है। इसे निम्न प्रकार भी व्यक्त कर सकते हैं—

NLP : NSP : ADA : PPAD

अत: एक रुपये की वार्षिक वृत्ति देय के आधार पर (ADA = 1)

$$\frac{NLP}{NSP} = \frac{1}{PPAD}$$

अर्थात् $$NLP = \frac{NSP}{PPAD}$$

इस गणना में वृत्ति और बीमा में एक ही मृतक तालिका और ब्याज दर का प्रयोग किया गया है। अत: एक ही अवधि, मृतक तालिका, उम्र और ब्याज दर पर तैयार बीमा और वृत्ति के आधार पर शुद्ध एकल प्रव्याजि को आसानी से मालूम किया जा सकता है। जीवनांकिक सूत्रों के आधार पर शुद्ध सम प्रव्याजि का निर्धारण निम्न प्रकार है—

$Px = Ax \div \ddot{a}x$

जबकि Px से तात्पर्य उम्र (x) पर प्रारम्भ आजीवन बीमा की शुद्ध सम प्रव्याजि, Ax से तात्पर्य उस उम्र (x) पर निर्गमित बीमा का शुद्ध एकल प्रव्याजि तथा ax से तात्पर्य उस उम्र (x) पर वार्षिक वृत्ति देय का क्रय मूल्य। इस सूत्र को सीमित प्रव्याजि में निम्नलिखित प्रकार बताया जा सकता है जबकि (t) सीमित प्रव्याजि का द्योतक है।

$t\,Px = Ax \div \ddot{a}x : t\rceil$

बन्दोबस्ती बीमा में शुद्ध सम प्रव्याजि (Px) : n⌉

$Px : n\rceil = Ax : n \div \ddot{a}x : n\rceil$

यहाँ पर n⌉ बन्दोबस्ती अवधि को बताता है। इसी प्रकार अन्य सभी बीमा में शुद्ध प्रव्याजि की गणना की जा सकती है।

सकल प्रव्याजि (Gross Premium)—सकल प्रव्याजि वह है जो बीमाकर्ता बीमा बेचने के लिये विज्ञापित करता है और जिसका भुगतान करके बीमादार बीमा प्राप्त करता है। इसी प्रव्याजि से बीमादार का सम्बन्ध होता है क्योंकि इसी रकम को उसे देना है। इसके अतिरिक्त शुद्ध प्रव्याजि का बीमादार को कोई नहीं रहता है। सकल प्रव्याजि को कार्यालय (office) प्रव्याजि भी कहते हैं।

सकल प्रव्याजि में वह सभी रकमें शामिल की जाती हैं जो बीमाकर्ता को लागत के रूप में सहन करना पड़ता है। अध्यर्थन के भुगतान के लिये शुद्ध प्रव्याजि प्राप्त करते हैं लेकिन इसके अतिरिक्त खर्चों को शुद्ध प्रव्याजि में शामिल करके सकल प्रव्याजि का निर्धारण कर लेते हैं। शुद्ध प्रव्याजि में इन खर्चों को शामिल करने की क्रिया को भारित करना (Loading) कहते हैं। इसलिए भारण (Loading) का मुख्य उद्देश्य बीमापत्र निर्गमन सम्बन्धी खर्चों और आकस्मिक व्ययों को पूरा करना है। आकस्मिक व्यय शुद्ध प्रव्याजि में कमी और अनिश्चित खर्चों के कारण हो सकते हैं। शुद्ध प्रव्याजि में कभी मृतक दर में वृद्धि और ब्याज में कमी के कारण हो सकते हैं। भारण का एक तीसरा उद्देश्य लाभ सहित बीमापत्रों पर अधिलाभांश घोषित करने के लिये अधिक प्रव्याजि वसूल करना है।

भारण के तरीके
(Methods of Loading)

खर्चों का वितरण (Distribution of Expenses)—बीमा प्रसंविदा के अन्तर्गत कुछ खर्चे बीमापत्र निर्गमन के समय, कुछ चालू रहने पर और कुछ भुगतान के समय होते हैं। इसी प्रकार कुछ खर्चे एक बीमापत्र से सम्बन्धित होंगे, कुछ कई बीमापत्रों से

सम्बन्धित और कुछ पूरे व्यापार के लिये किये जायेंगे। लेकिन सकल प्रव्याजि का भुगतान सामयिक किया जायेगा जिससे सभी सम्बन्धित खर्चे उस समय न होने के कारण निम्न समस्या सामने आती है—(1) खर्चों का सभी बीमापत्रों में विभाजन और (2) एक बीमा-पत्र से सम्बन्धित खर्चे को पूरी बीमा अवधि में विभाजित करना।

1. खर्चों को कई बीमापत्रों पर विभाजित करना—खर्चों का न्यायपूर्ण और उचित वितरण (Allocation) तभी होगा जबकि एक बीमापत्र से सम्बन्धित सभी खर्चे उसी बीमापत्र से वसूल किये जायें। इस प्रकार प्रत्येक बीमापत्र से सम्बन्धित खर्चों को उन्हीं से प्राप्त करने का प्रयास करना चाहिए। यदि किसी बीमापत्र में ज्यादा खर्चे हुए हों तो उसे अधिक रकम से भारित करना और यदि कम खर्चे हुए हों तो कम रकम से भारित करना चाहिए। इसके लिए खर्चों का वर्गीकरण आवश्यक है।

खर्चों का वर्गीकरण—खर्चों का वर्गीकरण बीमा-पत्र से सम्बन्धित आधारों पर किया जाता है जो निम्न हैं—

(अ) वे खर्चे जो प्रव्याजि की रकम (आकार एवं प्रकार) के आधार पर परिवर्तित होते रहते हैं जैसे प्रथम वर्ष का कमीशन, नवकरण कमीशन और प्रव्याजि कर आदि।

(ब) वे खर्चे जो बीमापत्र की रकम के अनुसार परिवर्तित होते हैं जैसे—स्टाम्प शुल्क, चिकित्सा आदि।

(स) वे खर्चे जो इन दोनों से स्वतन्त्र हैं और पूरे व्यापार के लिये किये जाते हैं, जैसे पत्र व्यवहार के खर्चे, फर्नीचर, मशीनें एवं वेतन आदि।

इसलिए भारित करने की वह रीति सबसे अच्छी होगी जो भारण के निम्न तरीके अपनाती है।

भारण = प्रव्याजि की रकम के अनुसार बदलने वाले खर्चे को शुद्ध प्रव्याजि, का एक निश्चित प्रतिशत + बीमित रकम के अनुसार परिवर्तनीय खर्चों को बीमा की रकम पर प्रति हजार खर्चा + प्रति बीमापत्र पर एक निश्चित रकम।

इनका निर्धारण करने के लिये सभी खर्चों में से उन खर्चों को अलग-अलग मालूम करना चाहिए जो बीमापत्र की संख्या, बीमापत्र की रकम और प्रव्याजि की रकम के अनुसार परिवर्तित होते हैं। इन खर्चों का अपने आधार से क्या प्रतिशत है इसको भी निकाल लेना चाहिए। जैसे बीमापत्र भेजने का खर्च 10 हजार रुपया है जो 10 हजार बीमा-पत्र पर होते हैं, इसीलिए प्रति बीमापत्र खर्चा 1 रुपया हुआ। इसी प्रकार बीमापत्र पर स्टाम्प शुल्क मान लीजिये 20 हजार बीमित रकम पर 10 रुपये है तो स्टाम्प शुल्क प्रति हजार बीमा पर पचास पैसे हुआ। बीमापत्र पर प्राप्त प्रव्याजि के अनुसार भी इसी प्रकार किये गये खर्चे का अनुपात निकाल लेते हैं। इन खर्चों को कई बीमापत्रों पर न्यायिक विभाजन के लिये निम्न तरीके अपनाये जाते हैं—

1. कई बीमापत्रों पर भरण के तरीके, स्थिर योग भारण (Constant Addition Loading)—इस पद्धति के अन्तर्गत बीमित रकम के प्रति हजार पर एक निश्चित रकम शुद्ध प्रव्याजि में जोड़ देते हैं। यह योग हमेशा स्थिर रहता है चाहे किसी भी प्रकार का बीमापत्र क्यों न हो। इसे पिछले कई वर्षों के अनुभव पर तय किया जाता है। जैसे पिछले कुछ वर्षों में यह देखा गया कि कुछ खर्चे 50 लाख हैं जबकि उससे सम्बन्धित बीमित रकम 10,000 लाख है। इसलिये प्रति हजार बीमित रकम पर खर्चे $\frac{50 \text{ लाख}}{10000 \text{ लाख}}$

= रुपया होंगे जिसमें भविष्य में बीमित रकम के आधार पर एक निश्चित रकम जोड़ते रहते हैं।

लेकिन यह पद्धति वैज्ञानिक नहीं है क्योंकि इसमें यह मान्यता है कि सभी खर्चे केवल बीमित रकम के आधार पर बदलते रहते हैं। परन्तु व्यावहारिक जीवन में ऐसा नहीं है। इस पद्धति में यह नहीं देखा जाता है कि कुछ खर्चे प्रव्याजि की रकम और कुछ खर्चे सम्पूर्ण व्यापार पर किये जाते हैं। कभी-कभी इसकी गणना से अव्यावहारिक परिणाम निकलते हैं, जैसे मान लीजिए भारण 5 रुपये प्रति हजार है और 3 प्रतिशत ब्याज पर 10 वर्षीय अवधि बीमा के लिये 35 वर्ष की उम्र पर एक हजार के लिये शुद्ध वार्षिक प्रव्याजि 9.42 रुपया होता है तो उसके लिये कुल प्रव्याजि—

	शुद्ध वार्षिक प्रव्याजि प्रति हजार 9.42 रुपये
	खर्चों का भारण 5.00
वार्षिक कुल प्रव्याजि (Annual Gross Premium)	14.42

इसमें भारण की मात्रा शुद्ध प्रव्याजि के आधे से अधिक है। इसी प्रकार एक दूसरे उदाहरण में वार्षिक कुल प्रव्याजि इस प्रकार निकाली गयी।

50 वर्षीय व्यक्ति के लिय 10 वर्षीय बन्दोबस्ती बीमा पर प्रति हजार शुद्ध प्रव्याजि 90.73 रुपये होता है तब वार्षिक कुल प्रव्याजि—

	प्रति हजार
शुद्ध वार्षिक प्रव्याजि	92.73 रुपये
खर्चों के लिये भारण	5.00 रुपये
वार्षिक कुल प्रव्याजि	97.73 रुपये

इस दशा में भारण की दर शुद्ध प्रव्याजि का $5\frac{1}{2}$ प्रतिशत से कम है जो कि अपने आप गलत प्रतीत हो रहा है। अत: यह कहा जा सकता है कि सभी खर्चों को बीमित रकम के आधार पर परिवर्तनीय होना सम्भव नहीं है। बीमापत्र के प्रकारों के आधार पर कुल प्रव्याजि में अन्तर होना चाहिए लेकिन वह भी अन्तर यहाँ पर नहीं हो पाता है। इस प्रकार यह कहा गया है कि भारण की यह पद्धति अवैज्ञानिक और अन्यायपूर्ण है।

2. प्रतिशत योग भारण—इस पद्धति में शुद्ध प्रव्याजि का एक निश्चित प्रतिशत खर्चे के रूप में माना जाता है और उसी के आधार पर भारण करके कुल प्रव्याजि का निर्धारण कर लेंगे। पिछले वर्षों के अनुभव पर यह निश्चित कर लिया जाता है कि भारण की रकम शुद्ध प्रव्याजि का कितना प्रतिशत होगा। इसमें भी उपरोक्त के सभी दोष पाये जाते हैं क्योंकि बीमा-पत्र के प्रकार और उम्र के आधार पर कोई परिवर्तन नहीं किया जाता है। निम्न तरीके से भारण की रकम निकाल लेते हैं—

$$\text{भारण का प्रतिशत} = \frac{\text{एक वर्ष के कुल खर्चे}}{\text{कुल वार्षिक प्रव्याजि}} \times 100$$

मान लीजिए वर्ष के कुल खर्चे 150 लाख रुपये हैं और शुद्ध वार्षिक प्रव्याजि 450 लाख रुपये हैं तो भारण का प्रतिशत—

$$= \frac{150}{450} \times 100$$

$$= 33\frac{1}{3} \text{ प्रतिशत होगा।}$$

अतः भारण की रकम शुद्ध वार्षिक प्रव्याजि की $33\frac{1}{3}$ प्रतिशत होगी। इसके अन्तर्गत असामान्य परिणाम निकलते हैं क्योंकि उम्र और बीमा-पत्र के प्रकार पर कोई ध्यान नहीं दिया जाता है। मान लीजिए 35 वर्षीय व्यक्ति 10 वर्षीय अवधि बीमा खरीदना चाहता है तो वार्षिक कुल प्रव्याजि निम्न होगी—

शुद्ध वार्षिक प्रव्याजि प्रति हजार	9.42
खर्चों का भारण	3.14
वार्षिक कुल प्रव्याजि	12.56 रुपये

इसी प्रकार दूसरे उदाहरण में—

50 वर्षीय व्यक्ति के लिये 10 वर्षीय बन्दोबस्ती बीमा में कुल प्रव्याजि निम्न प्रकार से निर्धारित होगी—

शुद्ध वार्षिक प्रव्याजि प्रति हजार	92.73
खर्चों का भारण	30.91
वार्षिक सकल प्रव्याजि	123.64 रुपय

स्पष्टतया अधिक उम्र पर भारण की रकम अत्यधिक है जो कि व्यावहारिक जीवन में इतने खर्चे नहीं होंगे। इसी प्रकार छोटी उम्र के लिये भारण की रकम बहुत कम होगी जिससे इसे न्यायोचित भारण पद्धति नहीं कहा जा सकता है।

3. संशोधित प्रतिशत पद्धति—इस पद्धति में भारण के लिये दो वर्गों में निर्धारण होता है (अ) एक भाग में किसी एक बीमापत्र से सम्बन्धित शुद्ध प्रव्याजि का एक निश्चित प्रतिशत, (ब) दूसरे भाग में उसी उम्र पर निर्गमित आजीवन बीमा की शुद्ध प्रव्याजि का एक निश्चित प्रतिशत। इस प्रकार इसके अन्तर्गत दो बीमापत्रों की शुद्ध प्रव्याजि का एक निश्चित प्रतिशत लिया जाता है जिसमें से एक आजीवन बीमा का प्रतिशत और दूसरा सम्बन्धित बीमा का प्रतिशत होता है। इसे एक उदाहरण से नीचे बताया गया है। मान लीजिए 35 वर्षीय व्यक्ति के लिये आजीवन बीमा पर शुद्ध वार्षिक प्रव्याजि 21.08 रुपये प्रति हजार है तो वार्षिक कुल प्रव्याजि निम्न होगी।

शुद्ध वार्षिक प्रव्याजि प्रति हजार 21.08 रुपये

(i) 16.6 प्रतिशत आजीवन बीमा के सम्बन्ध में $= \frac{21.08 \times 16.6}{100}$

$= 3.51$

(ii) 16.6 प्रतिशत आजीवन बीमा के सम्बन्ध में

सकल वार्षिक प्रव्याजि $= \frac{3.51}{28.10}$ रुपये

चूँकि यह आजीवन बीमा है इसलिये इसके दो हिस्सों में आजीवन बीमा को आधार माना गया है लेकिन निम्न सीमित प्रव्याजि आजीवन बीमा जो 40 वर्ष पर निर्गमित है, सकल प्रव्याजि निम्न होगी—

शुद्ध वार्षिक प्रब्याजि प्रति हजार = 33.14

(i) सीमित प्रव्याजि आजीवन बीमा पर शु० वा० प्र० का 16.6 प्रतिशत

$$= \frac{33.14 \times 16.6}{100} = 5.52$$

(ii) आजीवन बीमा पर शुद्ध वार्षिक प्रव्याजि का 16.6 प्रतिशत

$$= \frac{24.75 \times 16.6}{100} = 4.13\ 9.65$$

वार्षिक सकल प्रव्याजि = 42.79 रुपये

इस पद्धति के अन्तर्गत भारण की रकम शुद्ध प्रव्याजि में वृद्धि के कारण उसी अनुपात में वृद्धि नहीं होती है। दूसरे शब्दों में भारण में वृद्धि शुद्ध प्रव्याजि में वृद्धि से कम है। विभिन्न बीमापत्रों पर सकल प्रव्याजि में अन्तर हो जाता है। उम्र के साथ ही प्रव्याजि में परिवर्तन होंगे। अस्तु यह पद्धति उपरोक्त पद्धतियों से अच्छी है।

4. स्थिर और प्रतिशत योग पद्धति—इस पद्धति के अन्तर्गत (1) बीमित रकम पर प्रति हजार भारण और (2) शुद्ध प्रव्याजि का एक निश्चित प्रतिशत। इसलिये भारण की रकम निर्धारित करने के लिये समस्त खर्चे दो भागों में (1) बीमित रकम और (2) प्रव्याजि के अनुसार प्रभावित होने वाले खर्चों में बाँट देते हैं और उनके स्थिर और प्रतिशत अनुपात को पिछले अनुभव के अनुसार निकाल लेते हैं जैसा कि (1) और (2) पद्धतियों में ऊपर बताया जा चुका है।

इस पद्धति में भारण की रकम प्रव्याजि में वृद्धि के साथ बढ़ती जाती है लेकिन उस दर से वृद्धि नहीं होगी जिस दर से प्रव्याजि में वृद्धि होती है। साथ ही प्रत्येक वृद्धि के साथ भारण प्रतिशत में कमी हो जाती है। यह बात विभिन्न बीमापत्रों के भारण रकम और विभिन्न उम्र में एक बीमापत्र की भारण रकम के सम्बन्ध में सत्य है। लेकिन इसमें केवल प्रव्याजि और बीमा की रकम के अनुसार परिवर्तन माना गया है जो हमेशा सत्य नहीं होता है क्योंकि खर्चे स्वतन्त्र होते हैं। तथापि यह पद्धति उपरोक्त वर्णित पद्धतियों से काफी उचित है, क्योंकि इसमें खर्चों के परिवर्तन को ध्यान में रखा गया है। कुछ बीमापत्रों की रकम के अनुसार बदलेंगे और कुछ प्रव्याजि के अनुसार बदलेंगे। इसके अतिरिक्त छोटी रकम पर भारण कम होगा और अधिक रकम पर भारण अधिक होगा जो कि व्यावहारिक और न्यायिक भी है। उम्र के बढ़ने के साथ-साथ भारण की रकम सकल प्रव्याजि की तुलना में कम होती जाती है। यह बात सत्य है क्योंकि उम्र के साथ-साथ खर्चों में कमी होती जाती है।

5. छूट पद्धति—यह वास्तव में भारण का कोई सही तरीका नहीं है बल्कि बीमा की रकम में वृद्धि होने के साथ सकल प्रव्याजि में छूट देना है। चूँकि कुछ खर्चों में बीमित रकम के बढ़ने के साथ बचत हो जाती है, इसलिए उनको प्रव्याजि के रूप में बीमापात्रों से वसूल नहीं करते और उन्हें सकल प्रव्याजि से घटा देते हैं। जैसे—

बीमित की रकम रुपया	छूट की मात्रा प्रति हजार बीमा पर (प्रव्याजि में से घटायेंगे) रुपया
5,000-9,999	0.50
10,000-19,999	0.75
20,000 और उसके ऊपर	1.00

6. बीमा-पद्धति शुल्क पद्धति—इस पद्धति में प्रत्येक वर्ष बीमापत्र पर एक शुल्क लिया जाता है। यह शुल्क प्रत्येक बीमापत्र पर लिया जाता है, उसकी रकम और प्रकार में कोई अन्तर नहीं होता है। इसे निम्न प्रकार निर्धारित करेंगे—

कुल प्रव्याजि (प्रति वर्ष) = एक निश्चित रकम + बीमित रकम पर प्रति हजार एक रकम × बीमापत्र में हजार की संख्या।

उपरोक्त पद्धतियाँ सम्पूर्ण व्यापार के खर्चे को कई बीमापत्रों में विभाजन के लिये अपनाये जाते हैं। इनके आधार पर एक बीमापत्र से सम्बन्धित खर्चों को मालूम करने का प्रयास किया जाता है।

7. खर्चों का किसी बीमापत्र के बीमा-अवधि में विभाजन—अब तक यह देखा गया है कि सभी खर्चों को एक बीमापत्र के सम्बन्ध में कैसे विभाजित कर सकते हैं। परन्तु अब यह देखेंगे कि एक बीमापत्र से सम्बन्धित खर्चों को बीमा-अवधि में किस प्रकार विभाजित करें जिससे प्रति वर्ष खर्चे समान रहें और जिसे शुद्ध सम प्रव्याजि में जोड़कर सकल प्रव्याजि की एक सम रकम मालूम हो सके। दूसरे शब्दों में प्रत्येक वर्ष समान प्रव्याजि प्राप्त करने के लिये समान शुद्ध प्रव्याजि में एक समान (सम) खर्चे हर वर्ष जोड़कर निकाले जाते हैं। लेकिन सम खर्चों का निर्धारण एक कठिन कार्य होता है क्योंकि कुछ खर्चे बीमा के प्रारम्भ में होते हैं जबकि कुछ खर्चे चालू रहने पर और कुछ बाद में होते हैं। इसी प्रकार सभी खर्चों का प्रत्येक वर्ष पर सम प्रव्याजि निकालने के लिये जीवनांकिक सूत्रों का प्रयोग करना पड़ता है। सभी खर्चों का समान वार्षिक रकम मालूम करने के लिये खर्चों का विभाजन उनके व्यय होने के समयानुसार किया जाता है।

समयानुसार खर्चों का वितरण

1. प्रारम्भिक खर्चे—ये वे खर्चे हैं जो बीमापत्र निर्गमन के समय हाते हैं, जैसे चिकित्सा परीक्षण शुल्क, जोखिम का निरीक्षण, अभिकर्ता के प्रथम वर्ष का कमीशन, बीमा प्राप्त करने के खर्चे, बीमापत्र पर स्टाम्प शुल्क, बीमापत्र तैयार करने के खर्चे, इसके पत्र व्यवहार सम्बन्धित खर्चे आदि। कार्यालय सम्बन्धी स्थिर खर्चे प्रारम्भ खर्चे में और अन्य खर्चों में शामिल होते हैं। इसलिए इन्हें प्रारम्भिक खर्चों में भी दिखाना पड़ेगा। दूसरे शब्दों में बीमा प्रसंविदा के चालू होने के समय किये गये सभी खर्चे प्रारम्भिक खर्चे कहलाते हैं। ये खर्चे (1) प्रथम प्रव्याजि और (2) बीमित रकम के अनुसार बदल सकते हैं अत: इसका निर्धारण प्रव्याजि और बीमा की रकम के अनुसार किया जाता है। प्रारम्भिक खर्चे अन्य खर्चों की तुलना में अधिक होते हैं इसलिए प्रथम वर्ष के खर्चे को प्रथम प्रव्याजि में शामिल नहीं किया जाता है, उसे बीमा अवधि में समान रूप से विभाजित करते हैं। जीवनांकिक सूत्र से प्रारम्भिक खर्चे की समान किस्त (K)

$$K = I/\ddot{a}$$

जबकि I से तात्पर्य प्रारम्भिक खर्चे और a से तात्पर्य वार्षिक वृत्ति देय से है, जो सम्बन्धित बीमा के अनुकूल निकाली गयी हैं। यदि यह आजीवन बीमा है तो $\ddot{a}x$ तथा बन्दोबस्ती बीमा में $\ddot{a}x : n\rceil$ या जो कि अवधि $n\rceil$ के लिये निर्गमित किया गया है। इस प्रकार सभी प्रारम्भिक खर्चों को एकत्रित करके उसको उपरोक्त सूत्र से किस्तों में बदल लेते हैं।

2. नवकरण खर्चे—प्रारम्भिक खर्चे के बाद प्रत्येक वर्ष कुछ न कुछ खर्चे होते रहते हैं। ये खर्चे लगातार प्रत्येक वर्ष होते हैं—जैसे नवकरण कमीशन, प्रव्याजि सूचना, नवकरण सम्बन्धी पत्र व्यवहार खर्चे आदि। ये खर्चे कुल प्रव्याजि के एक प्रतिशत होते हैं या कुछ

खर्चे लगातार होते रहते हैं जैसे पत्र व्यवहार के खर्चे जो हर कुल प्रव्याजि पर समान होंगे चाहे कुल प्रव्याजि वार्षिक, मासिक क्यों न हो। इसीलिए इन्हें कुल प्रव्याजि में लगातार शामिल करते हैं। इसे जीवनांकिक भाषा में (c) से बताया गया है। ये खर्चे बीमित रकम या/और कुल प्रव्याजि के एक प्रतिशत हो सकते हैं। उदाहरण के लिये मान लीजिये प्रारम्भिक खर्चे 40 रुपये प्रति हजार बीमित रकम का है, नवकरण खर्चे कुल प्रव्याजि का 10 प्रतिशत और बीमित रकम पर 2 रुपया प्रति हजार है तो कार्यालय प्रव्याजि (P′) निम्न प्रकार होगी—

$$p' = p + \frac{40}{\ddot{a}x} + 0.1\,(p') + 2$$

सूत्र में

$$p' = p + \frac{I}{\ddot{a}x} + \frac{r}{100}\,p' + c$$

जबकि p' से कुछ प्रव्याजि, P से शुद्ध प्रव्याजि, $\frac{I}{\ddot{a}x}$ से प्रारम्भिक खर्चे का सम मूल्य, $\frac{r}{100}$ से कुल प्रव्याजि का एक निश्चित प्रतिशत (जैसे उपरोक्त यह $\frac{10}{100}\,p'$ यानी 0.1 (p') (हुआ) और c से लगातार स्थिर खर्चे से मतलब है। इसे निम्न प्रकार लिखा जा सकता है—

$$p' = \left[p + \frac{I}{\ddot{a}} + c\right] \div \left[1 - \frac{r}{100}\right]$$

क्योंकि

$$p' - \frac{r}{1000}\,p' = p + \frac{I}{\ddot{a}} + c$$

अर्थात्

$$p'\left(1 - \frac{r}{100}\right) = p + \frac{I}{\ddot{a}} + c \text{ या } p' = \left[p + \frac{I}{\ddot{a}} + c\right] \div \frac{r}{100}$$

चूँकि हर एक बीमापत्र में नवकरण खर्चे में परिवर्तन हो सकता है, इसलिए प्रतिशत में परिवर्तन हो सकेगा।

3. अन्तिम खर्चे—अध्यर्थन के भुगतान के समय किये गये खर्चे अन्तिम खर्चे कहलाते हैं जैसे अध्यर्थन को सिद्ध करने की लागत, समर्पित मूल्य के भुगतान की लागत, पत्र व्यवहार के खर्चे। यद्यपि कि ये खर्चे अधिक नहीं होते तथापि कुछ खर्चे महत्वपूर्ण हैं जैसे आकस्मिक खर्चों के लिये, क्योंकि असामान्य परिस्थितियों में कुछ खर्चे हो सकते हैं जिनका प्रावधान करना आवश्यक है अत: इसके प्राप्त खर्चों को लगातार प्रत्येक प्रव्याजि में जोड़ देते हैं। इसे (c_1) के नाम से बताया गया है।

(ब) अधिलाभांश—इन खर्चों में अधिलाभांश के खर्चे शामिल करना आवश्यक है। क्योंकि लाभ सहित प्रव्याजि में अधिलाभांश देना आवश्यक है। इस अधिलाभांश के लिये

अतिरिक्त प्रव्याजि ली जायेगी। चूँकि हमारे देश में अधिलाभांश हर वर्ष बीमा में जुड़ता रहता है इसलिए यदि अधिलाभांश की दर (b) है तो अधिलाभांश की रकम b (IA) x होगी जबकि (IA) x से तात्पर्य उम्र x पर ली गयी वृद्धोत्तर बीमा की शुद्ध प्रव्याजि सं है। लेकिन इस रकम को समान किस्तों में विभाजित करना है अत: (Ax) वृत्ति देय की शुद्ध प्रव्याजि से भाग देकर मालूम कर सकते हैं अत: अधिलाभांश के सम्बन्ध में दी जाने वाली सम प्रव्याजि का मूल्य प्रतिवर्ष b (IA) × ÷ äx होगा। इसे बोनस या अधिलाभांश का भारण भी कहते हैं।

4. सामान्य खर्चे—ये खर्चे पूरे व्यापार के लिये किये जाते हैं, इनको उपरोक्त खर्चों में शामिल नहीं कर सकते हैं जैसे शोध, बहीखाता कानून और सामान्य प्रशासन के खर्चे आदि। इनको भी शुद्ध प्रव्याजि में लगातार शामिल किया जाता है।

अत: भारण का जीवनांकिक सूत्र इस प्रकार है—

लाभ रहित बीमा में $p' = \left[p + \frac{I}{\ddot{a}} + c_1 + c_2\right] - \left(1 \div \frac{r}{100}\right)$

लाभ सहित बीमा में $p' = \left[p + \frac{I}{\ddot{a}} + b\,(IA)\,/a + c_2\right] \div \left(1 - \frac{r}{100}\right)$

जबकि p' से कुल प्रव्याजि, p से शुद्ध प्रव्याजि, I/ä से प्रारम्भिक खर्चे के समान किस्त, c_1 से आकस्मिक खर्चे के लिये समान रकम, c_2 से बीमित रकम का प्रति हजार समान योगांकन (Addition), b (IA) /ä/U से अधिलाभांश का वर्तमान मूल्य और r से कुल प्रव्याजि का एक प्रतिशत मतलब है।

डॉ० स्प्रेग्यु (Dr. Sprague) के भारण का सूत्र—डॉ० स्प्रेग्यु के अनुसार भारण में तीन भाग होते हैं—

(i) एक प्रव्याजि जो प्रारम्भिक कमीशन को पूरा करने के लिये हो (जैसे बीमित रकम का 1 से 2 प्रतिशत)

(ii) एक रकम जो नवकरण खर्चे के लिये पर्याप्त हो (जैसे प्रव्याजि का $7\frac{1}{2}$ प्रतिशत)

(iii) एक रकम जो सामान्य खर्चों को पूरा करने के लिये हो (जैसे 2 रुपये प्रति हजार बीमित रकम पर)

उपरोक्त खर्चों में से प्रारम्भिक खर्चे केवल एक बार होते हैं, इसलिए इसे बीमा अवधि में विभाजित कर देते हैं। परन्तु (ii) और (iii) हर वर्ष होते हैं इसलिए इसे प्रत्येक वर्ष की प्रव्याजि से वसूल करेंगे।

कुल प्रव्याजि = शुद्ध प्रव्याजि + शुद्ध प्रव्याजि का $7\frac{1}{2}$ प्रतिशत + 2 रुपया प्रति हजार

$$\frac{1}{\text{एक रुपये की वृत्ति देय का वर्तमान मूल्य } (\ddot{a}x : \overline{n|})}$$

परन्तु उपरोक्त सूत्र हर देश में लागू नहीं हो सकता अत: इसे सुधार किया जा सकता है, जैसे यदि कमीशन की रकम 25 प्रतिशत है तो यह $\frac{.25 \times 1}{\ddot{a}x : \overline{n|}}$ होगा। अत: इसे निम्न प्रकार लिखा जा सकता है—

$$\text{कुल प्रव्याजि} = 1.075\ \text{शुद्ध प्रव्याजि} + 2\ \text{रुपया} + \frac{1}{4 \times \ddot{a}x : \overline{n|}}$$

इसको इससे अधिक संशोधित करके नीचे बताया गया है—

कुल प्रव्याजि = शुद्ध प्रव्याजि + प्रारम्भिक शुल्क + नवकरण कमीशन (शुद्ध प्रव्याजि का एक प्रतिशत) + बीमा की रकम प्रति हजार एक निश्चित रकम

$$+\frac{\text{बीमा प्राप्ति कमीशन} - \text{नवकरण कमीशन प्रतिशत} + (\text{अन्य प्रारम्भिक खर्चे} - \text{अन्य नियमित खर्चे})}{\text{एक उम्र पर निर्गमित वृत्ति देय का वर्तमान मूल्य}}$$

इस प्रकार यह सूत्र उसी प्रकार का है जैसा जीवनांकिक सूत्रों में बताया जा चुका है।

अध्याय 37

कोष का प्रबन्ध

(Management of Funds)

जीवन बीमा कोष जीवन बीमा व्यापार से सम्बन्धित वास्तविक कुल आय में से वास्तविक कुल खर्चे घटाने के बाद प्राप्त होता है। आगम खाते का यह जमा शेष है। किसी एक समय पर पिछले वर्षों का एकत्रित कोष जीवन बीमा कोष कहलाता है। आगम खाते का पिछला जमा शेष लाते हैं और वर्तमान आय को जमा करते रहते हैं तथा सभी भुगतान को नाम करते रहते हैं। आगम खाते के दोनों पक्षों के सन्तुलन से जीवन बीमा कोष निकलता है बशर्ते कि यह जमा शेष हो। इस प्रकार प्रारम्भिक जीवन बीमा कोष में प्रत्येक वर्ष आपकी खर्चे से अतिरिक्त रकम जोड़ने से कुल बीमा कोष की रकम प्राप्त होती है।

जीवन बीमा कोष बीमापत्र संचय से भिन्न है। जीवन बीमा कोष वह रकम है जो बीमा संस्था के पास होती है जबकि बीमापत्र संचय दायित्व की एक रकम है जो चालू

आगम खाते

व्यय	आय
1. अध्यर्थन—	1. वर्ष के प्रारम्भ में जीवन बीमा कोष का शेष
(क) मृत्यु	
(ख) परिपक्वता	2. प्रव्याजि आय—
(ग) वार्षिकी	(क) प्रथम प्रव्याजि
(घ) समर्पण	(ख) नवकरण प्रव्याजि
(ङ) बोनस (रोकड़ में)	(ग) एकल प्रव्याजि
2. खर्चे	(घ) वार्षिकी का क्रय मूल्य
3. खर्चे में सुधार	3. आय अधिलाभांश और किराया
4. अशोध्य और संदेहपूर्ण ऋण के लिये संचय	4. पंजीकरण
	5. विविध आय
5. ह्रास	
6. अन्य खर्चे	
7. जीवन बीमा कोष	

बीमापत्रों के सम्बन्ध में है। बीमा संस्था की यह सबसे बड़ी जिम्मेदारी है कि वह जीवनबीमा कोष हमेशा दायित्व से अधिक रखे जिससे भविष्य में उत्पन्न होने वाले अध्यर्थन का भुगतान किया जा सके और बीमा संस्था शोधक्षम बनी रहे। कोष के प्रबन्ध में कोष की प्राप्ति का विनियोग अध्ययन किया जायेगा।

1. कोष की अभिवृद्धि—जीवन बीमा कोष बीमा संस्था की वित्तीय स्थिति का द्योतक है; अत: बीमाकर्ता को चाहिए कि वह अपने कोष को बढ़ाने का सदा प्रयास करे।

कोष की अभिवृद्धि व्यापार में वृद्धि करके की जाती है। इससे कुल प्रव्याजि की रकम और बढ़ेगी। प्रव्याजि की आय एक नियमित और लगातार बढ़ने वाली आय है। प्रथम प्रव्याजि के साथ नवकरण प्रव्याजि बढ़ाने का प्रयास करना चाहिए। कुल प्रव्याजि की रकम में वृद्धि केवल व्यापार वृद्धि से हो सकती है, व्यापार तभी बढ़ सकता है जब व्यापार-वृद्धि एवं प्रसार के कार्य किये जायें। प्रव्याजि की दर बढ़ा देने से प्रव्याजि की कुल रकम में वृद्धि स्थायी नहीं होगी। महँगी दर के कारण व्यापार में कमी आ जायेगी। प्रव्याजि को सस्ती करने से व्यापार में वृद्धि होती है। प्रव्याजि की दर में कमी का कारण कम मृत्यु दर, कम खर्चे और विनियोग पर अधिक आय प्राप्त करना है। उत्तम व्यापार की खोज में मृत्यु दर में कमी हो सकती है। स्वास्थ्य और शिक्षा प्रसार कार्यों में भाग लेकर सम्पूर्ण समाज की मृत्यु दर में कमी कर सकते हैं जिससे बीमित व्यक्तियों की मृत्यु दर कम होगी। वास्तविक मृत्यु दर सम्भावित मृत्यु दर से जितनी ही कम होगी, प्रव्याजि को उतना ही कम कर सकेंगे। कुछ बीमा संस्था देय अध्यर्थन (Claims Due) को विलम्ब से भुगतान करके अध्यर्थन में कमी करना चाहते हैं परन्तु वह तरीका बिल्कुल गलत है। इससे व्यापार में कमी हो जाने की आशंका रहती है क्योंकि लोगों को समय पर भुगतान नहीं मिलता है। प्रव्याजि को कम करने का दूसरा तरीका खर्चों को कम करना है। खर्चें जितने कम होंगे प्रव्याजि की दर उतनी कम होगी। खर्चों में कमी उतनी ही होना चाहिए। जिससे व्यापार कम न हो सके। विकास कार्यों के लिये खर्चे करने से व्यापार में वृद्धि होगी। खर्चों को कम करने के लिये लागत नियन्त्रण का प्रयोग करना चाहिए।

प्रव्याजि में कमी करने का दूसरा तरीका आय, लाभ, ब्याज, किराये आदि में वृद्धि करना है। बीमा संस्था के विनियोग से यदि आय में वृद्धि होती है, तो इसके दो लाभ हैं; (i) वर्तमान आय बढ़ जायेगी और कोष की मात्रा में वृद्धि की सम्भावना रहेगी (ii) आय के बढ़ने से भविष्य की प्रव्याजि दर कम होगी जिससे व्यापार में वृद्धि की सम्भावना होगी। विनियोग करते समय केवल आय सिद्धान्त को ही ध्यान में नहीं रखना चाहिए बल्कि विनियोग के अन्य सिद्धान्तों का भी पालन होना चाहिए। विनियोग के विभिन्न सिद्धान्तों के विषय में अगले अध्याय में बताया गया है। आय वृद्धि के दो प्रमुख साधन (i) प्रव्याजि की कुल रकम में वृद्धि बशर्ते कि दर में कमी रहे और (ii) कोष का विनियोग ऐसी जगह किया जाये जिससे आय में वृद्धि हो सके।

प्रव्याजि की कुल रकम में वृद्धि तभी होगी जबकि व्यापार में वृद्धि होगी। व्यापार वृद्धि के लिये प्रचार एवं विज्ञापन कार्य की आवश्यकता है। प्रव्याजि की दर में कमी करके भी व्यापार बढ़ाया जा सकता है। प्रव्याजि की दर में कमी उत्तम व्यापार की खोज, अनुसरणात्मक (Follow up) कार्यों की उपयुक्तता। जनता के स्वास्थ्य एवं आय में वृद्धि आदि के कारण हो सकती है। बीमा संस्था को चाहिए कि वह अपना कोष ऐसी जगह विनियोग करे जिससे अधिक से अधिक आय प्राप्त हो सके बशर्ते सुरक्षा में कमी न होने पाये और समय से अध्यर्थन का भुगतान किया जा सके।

2. कोष का विनियोग (Investment of Funds)—जीवन बीमा कोष का विनियोग ऐसी जगह होना चाहिए जिससे अधिक से अधिक लाभ हो सके बशर्ते कि सुरक्षा सिद्धान्त का भी पालन हो। विनियोग के आधारभूत सिद्धान्त आय, सुरक्षा, तरलता, विभेदीकरण और सामाजिक हित का भली प्रकार पालन होना चाहिए। सामाजिक, आर्थिक एवं राजनैतिक वातावरण को देखते हुए विनियोग अपनाया जाना चाहिए। कोष की सुरक्षा विनियोग का प्रमुख सिद्धान्त है क्योंकि बीमापत्रधारियों की रकम की रक्षा करना बीमा संस्था का परम कर्तव्य है। असुरक्षित विनियोग हमेशा घातक होगा। बीमा संस्था अपने

अध्यर्थन का भुगतान नहीं कर सकेगी और दिवालिया घोषित हो जायेगी जिससे सम्पूर्ण समाज को हानि होगी। विनियोग के औचित्य को ध्यान में रखकर तथा विनियोग के सिद्धान्तों का पालन करके विनियोग ऐसी जगह किया जाय जिससे बीमा संस्था को अधिक से अधिक आय मिल सके ।

जीवन बीमा कोष की रकम में वृद्धि करने के तीन उपाय हैं—प्रव्याजि दर में कमी, खर्चे में कमी और आय में वृद्धि। बीमा व्यापार बढ़ाकर कोष में वृद्धि की जा सकती है जिससे व्यापार वृद्धि को और प्रोत्साहन मिलेगा। प्रव्याजि दर में कमी, मृत्यु दर और खर्चों में कमी तथा आय में वृद्धि से हो सकती है। बीमा संस्था मृत्यु दर में कमी नहीं कर सकती है; लेकिन कमी होने में अप्रत्यक्ष सहायता दे सकती है। स्वास्थ्य एवं शिक्षण संस्थाओं में विनियोग करके चिकित्सा की सुविधा और ज्ञान में वृद्धि की जा सकती है जिससे मृत्यु दर में कमी होने की सम्भावना बढ़ जाती है। खर्चों में कमी बीमा संस्था के हाथ में है। प्रबन्धकीय खर्चों को जहाँ तक हो सके कम किया जाये। कोष को लाभकारी प्रतिभूतियों में विनियोग करके बीमा संस्था की आय बढ़ायी जा सकती है। जीवन बीमा कोष में वृद्धि खर्चों में कमी और आय में वृद्धि करके की जा सकती है।

अध्याय 38

मूल्यांकन
(Valuation)

मूल्यांकन एक ऐसी प्रक्रिया है जो जीवन बीमाकर्ता के शुद्ध दायित्व का मूल्यांकन करती है। यह संचय की कुल रकम निश्चित करती है जिससे कि दायित्वों को पूरा करने के लिए पर्याप्त रकम रहे। मूल्यांकन में सबसे पहले कुल शुद्ध दायित्व की गणना की जाती है, उसके बाद कोष की गणना की जाती है तथा कोष को शुद्ध दायित्व से तुलना करके 'अतिरेक' (Surplus) या अभाव (DIFICT) निश्चित किया जाता है। इससे यह पता लगाया जाता है कि बीमाकर्ता अपने दायित्वों को पूरा करने योग्य है या नहीं।

मूल्यांकन का उद्देश्य—जीवन बीमा संस्था में मूल्यांकन के निम्नलिखित दो उद्देश्य हैं—

1. शोधक्षमता का निर्धारण (To Determine the Solvency)—मूल्यांकन से यह पता लगाया जाता है कि बीमा संस्था शोधक्षम है या नहीं। बीमा संस्था तभी शोधक्षम होगी जबकि वह अपने दायित्वों को पूरा कर सके। बीमा कम्पनी का मुख्य दायित्व बीमापत्रधारियों के अध्यर्थन भुगतान करने के सम्बन्ध में है। बीमापत्रधारियों के सम्बन्ध में ही शुद्ध दायित्व का निर्धारण होता है। यदि शुद्ध दायित्व को पूरा करने के लिये पर्याप्त कोष है तो बीमा संस्था शोधक्षम होगी अन्यथा नहीं। शुद्ध दायित्व वह रकम है जो कि बीमापत्रधारियों को देय रकम में से प्राप्त प्रव्याजि घटाने के बाद प्राप्त होती है।

2. अतिरेक का निर्धारण (Determination of Surplus)—मूल्यांकन का दूसरा उद्देश्य अतिरेक का निर्धारण करना है। बीमा संस्था में कितना लाभ है या कितनी हानि है इसका निर्धारण मूल्यांकन से ही किया जा सकता है। यदि हानि हो रही है तो उसे दूर करने का प्रयास किया जाना चाहिए। बीमा संस्था के कोष को लाभदायक प्रतिभूतियों में विनियोग करना चाहिए। हानि को पूरा करने के लिये अंशधारियों को लाभांश वितरित नहीं करते हैं। संचित रकम का प्रयोग करके हानि को पूरा किया जाना चाहिए। यदि अतिरेक रकम प्राप्त हुई है अर्थात् कोष की रकम शुद्ध दायित्व से अधिक है तो इस आधिक्य को अंशधारियों में वितरित किया जा सकता है। लाभ सहित बीमापत्रों पर बोनस वितरित किया जा सकता है। लाभ और हानि की रकम आय एवं व्यय से नहीं मालूम करते हैं बल्कि शुद्ध दायित्व और बीमा कोष की तुलना करके अतिरेक या अभाव निकालते हैं और अतिरेक में से आवश्यक संचय प्रावधान करने के बाद लाभ मालूम करते हैं, बीमा संस्था में आय का व्यय से आधिक्य 'लाभ' (Profit) नहीं कहलाता है। इसे जीवन बीमा कोष (Fund) कहते हैं। मूल्यांकन समय-समय पर किया जाता है। इससे बीमा कोष की अधिकता या कमी का पता लग जाता है जिससे लाभ या हानि स्पष्ट हो सकती है।

मूल्यांकन प्रक्रिया
(Valuation Process)

बीमा संस्था की वित्तीय स्थिति की जाँच के लिए केवल शुद्ध दायित्व की गणना से ही कार्य नहीं चलता है कि बल्कि जीवन बीमा कोष की गणना करके उससे तुलना की जाती है। यदि बीमा कोष की रकम शुद्ध दायित्व के बराबर है तो कोष का अतिरेक और अभाव नहीं होगा। यह स्थिति तभी आयेगी जबकि प्रव्याजि में कल्पित मृत्यु दर, ब्याज दर और खर्चे की रकम, वास्तविक मृत्यु दर, ब्याज दर और खर्चे की रकम के बराबर हो। ऐसी स्थिति में बीमा संस्था को न लाभ है और न हानि है। लेकिन ऐसी घटना होना सम्भव नहीं होता है। वास्तविक दरें कल्पित दरों से अधिक या कम हो सकती हैं, यदि वास्तविक मृत्यु दर कल्पित मृत्यु दर से अधिक है; वास्तविक ब्याज दर कल्पित ब्याज दर से कम है और वास्तविक खर्च कल्पित खर्चों से अधिक है तो उस दशा में जीवन बीमा कोष शुद्ध दायित्व से कम होगा। इसके विपरीत दशा में जीवन बीमा कोष शुद्ध दायित्व से अधिक होगी। इस स्थिति में अतिरेक होगा और पहली स्थिति में अभाव होगा। अभाव के कारण बीमा संस्था को हानि होती है और शोधक्षमता कम हो जाती है यद्यपि कि इस शोधक्षमता को भविष्य में पुनर्प्राप्त किया जा सकता है।

मूल्यांकन पद्धति

दायित्व	रुपया	सम्पत्ति	रुपया
भविष्य की बीमित रकम का वर्तमान मूल्य	....	भविष्य की प्रव्याजि का वर्तमान मूल्य शेष—शुद्ध दायित्व आगे ले गये	....
रुपया		रुपया	
शेष आगे ले आये शुद्ध दायित्व	.....	चिट्ठा के आधार पर जीवन बीमा कोष	...
अतिरेक (यदि है)	....	अभाव (यदि है)	
रुपया			

उपरोक्त तथ्यों से स्पष्ट है कि मूल्यांकन में शुद्ध दायित्व और जीवन बीमा कोष की तुलना की जाती है जिसके लिए इनकी गणना करना आवश्यक है।

1. शुद्ध दायित्व की गणना (Calculation of Net Liability)—शुद्ध दायित्व की गणना के लिए दो तरीके अपनाये जाते हैं—(1) प्रत्येक बीमापत्र पर अलग-अलग शुद्ध दायित्व की गणना करके उनका योग कर लिया जाता है और प्रकार कुल शुद्ध दायित्व को मालूम कर लेते हैं (2) सभी बीमापत्रों पर एक साथ शुद्ध दायित्व की गणना की जाती है। प्रत्येक प्रकार के बीमापत्रों पर अलग-अलग गणना करके सभी प्रकार के बीमापत्रों के शुद्ध दायित्व का पता लगाया जा सकता है।

पद्धति (Method)—शुद्ध दायित्व या संचय की गणना के लिये निम्न दो विधियों का प्रयोग किया जाता है—

(i) भविष्यकालीन मूल्य (Prospective Value)—इस पद्धति में बीमा के भविष्य अध्यर्थन (Future Claims) के वर्तमान मूल्य में से भविष्य की प्रव्याजि का वर्तमान मूल्य घटाया जाता है। इस प्रकार भविष्य की देनदारी और भविष्य की प्राप्ति के

वर्तमान मूल्यों का अन्तर निकालकर संचय की गणना की जाती है। वर्तमान मूल्यों की गणना तालिका के आधार पर कर लेते हैं। वर्तमान मूल्यों का निर्धारण ब्याज दर और मृत्यु दर के आधार पर किया जाता है।

(ii) पश्चाद्दर्शी मूल्य (Retrospective Value)—इस पद्धति में एकत्रित प्रव्याजि की रकम में से अध्यर्थन की एकत्रित रकम को घटाते हैं; इसी शेष को पश्चाद्दर्शी मूल्य कहते हैं, यहाँ पर यह कल्पित रकम ही है। वास्तविक रकम के आधार पर गणना करने से कोष निकलता है। वास्तविक मूल्य (कोष) कल्पित मूल्य शुद्ध दायित्व से हमेशा अधिक होना चाहिए अन्यथा वह स्थिति अभाव की होगी। यदि वास्तविक मृत्यु दर और खर्चे कल्पित मृत्यु दर और खर्चे से कम है और वास्तविक ब्याज दर कल्पित ब्याज दर से अधिक है तो वह अतिरेक की स्थिति होगी।

दोनों पद्धतियों में से किसी भी पद्धति को अपनाया जा सकता है परिणाम एक ही होगा यदि कल्पित दरें दोनों पद्धतियों में एक समान हों। यदि पिछले अनुभव और भविष्य के अनुमान समान हों तो संचय में कोई भी अन्तर भी नहीं होगा चाहे जिस पद्धति को अपनाया जाये। व्यावहारिकता की दृष्टि से भविष्यकालीन संचय अधिक उत्तम होगा क्योंकि इसमें भविष्य का अनुमान लगाया जाता है। जीवन बीमा कोष से तुलना करने का तात्पर्य भविष्य के कोष से तुलना करना है। अत: भविष्य की ब्याज दर और मृत्यु दर के आधार पर गणना किया गया संचय अधिक उपयुक्त होगा।

कुल प्रव्याजि संचय (Gross Premium Reserve)—मूल्यांकन के समय शुद्ध प्रव्याजि को नहीं अपनाते हैं। इसके लिये कुल प्रव्याजि को अपनाया जाता है जिससे यह पता लग सके कि वास्तविक अतिरेक अभाव कितना होगा क्योंकि कुल प्रव्याजि ही वास्तविक प्रव्याजि है जो बीमापत्रधारियों से प्राप्त की जाती है। कुल प्रव्याजि, बीमा की रकम तथा बोनस की रकम को आधार मानकर मूल्यांकन किया जाता है।

मूल्यांकन की मान्यताएँ (Assumptions of Valuation)—मूल्यांकन करने के लिए मृत्यु दर, ब्याज दर और खर्चे की कुछ मान्यताएँ हैं। मूल्यांकन के समय मृत्यु दर की क्या सम्भावना है? ब्याज दर कितना मिल सकता है तथा खर्चे कितनी सीमा तक बढ़ सकते हैं? आदि का अनुमान लगाकर मूल्यांकन किया जाता है। ये मान्यताएँ प्रव्याजि निर्धारण के समय भी की जाती हैं परन्तु मूल्यांकन के समय परिस्थितियों में परिवर्तन हो सकता है अत: मूल्यांकन के समय इनकी मान्यताएँ की जाती हैं और उन्हीं के आधार पर शुद्ध दायित्व की गणना की जाती है परिस्थितियों में परिवर्तन और भविष्य के अनुमान को ध्यान में रखे बिना यदि मूल्यांकन किया जायेगा तो वह सही परिणाम नहीं देगा।

गणना का आधार—शुद्ध दायित्व की गणना के निम्नलिखित आधार हैं—

(i) मृत्यु दर (Mortality Table)—मृत्यु दर वही अनुमानित की जानी चाहिए जो कि वास्तव में हो। भविष्य की मृत्यु दर का अनुमान लगाना जरूरी है। पिछले वर्षों की मृत्यु दर का कोई महत्व नहीं होगा यदि उसमें परिवर्तन हो गया होगा। प्रत्येक 10 वर्ष बाद मृत्यु दर में परिवर्तन हो जाता है अत: भविष्य की मृत्यु दर का अनुमान लगाकर शुद्ध दायित्वों की गणना की जानी चाहिए।

(ii) ब्याज दर (Interest-Rate)—ब्याज दर में ऐसी शुद्ध ब्याज दर का अनुमान लगाया जाना चाहिए जो भविष्य में प्राप्त हो सके। प्रत्येक विनियोग की ब्याज दर अलग-अलग होती है, लेकिन ब्याज की दर को अपना कर शुद्ध दायित्व की गणना नहीं की जा

सकती। सम्पूर्ण विनियोग पर प्राप्त होने वाली ब्याज दर का अनुमान लगाया जाता है, अतः ब्याज दर से तात्पर्य औसत ब्याज दर से है। ब्याज दर का अनुमान कम ही करना चाहिए क्योंकि भविष्य में ब्याज की हानि या कमी हो सकती है ब्याज दर की दिशा का सही-सही अनुमान करना चाहिए।

(iii) खर्चे की दर (Rate of Expenses)—खर्चे की दर का भी अनुमान लगाकर शुद्ध दायित्व का मूल्यांकन किया जाता है। खर्च अनुपात, प्रबन्ध खर्च का प्रतिशत को आधार नहीं बनाया जा सकता है क्योंकि यदि व्यापार में वृद्धि होती होगी तो ये खर्चे अधिक होंगे जबकि सामान्य दशाओं में इनमें कमी आ सकती है। प्रारम्भिक खर्चों के कारण खर्च की दर में अधिक वृद्धि हो सकती है। खर्चों के अनुमान के लिए नवकरण खर्चों को आधार बनाया जा सकता है क्योंकि ये खर्चे अपेक्षाकृत स्थायी रहते हैं और इनके आधार पर खर्चों के विषय में उचित अनुमान लगाया जा सकता है।

(iv) भविष्य की अधिलाभांश दर (Future Bonus Rate)—लाभ सहित बीमापत्र के सम्बन्ध में भविष्य के अधिलाभांश दर को निश्चित किया जाता है। एक न्यूनतम बोनस देने के लिये आवश्यक प्रव्याजि ली जाती है अतः उतनी रकम तक बोनस देना आवश्यक है। इतनी रकम तक बोनस दायित्व होता है; इसलिये शुद्ध दायित्व की गणना के लिये बोनस दर को आधार बनाया जाता है। आवश्यक रूप से न्यूनतम बोनस देना सैद्धान्तिक नहीं है तथा व्यावहारिक जीवन में उतनी रकम तक बोनस देना जरूरी हो जाता है जिससे बोनस दर को शुद्ध दायित्व में शामिल करते हैं।

2. जीवन बीमा कोष की गणना (Calculation of Life Insurance Fund)—किसी विशेष तिथि पर वास्तविक आय का वास्तविक खर्चे से आधिक्य को जीवन बीमा कोष कहते हैं। अतः जीवन बीमा कोष की गणना करने के लिए वास्तविक खर्चों और वास्तविक आय का अन्तर निकाला जाता है। आगमखाते का जमा शेष जीवन बीमा कोष होता है। किसी एक विशेष तिथि पर जीवन बीमा कोष पिछले वर्षों में आगम खाते के जमा शेष के योग होते हैं। आगम खाते के जमा पक्ष में पिछले वर्ष का शेष, प्रव्याजि आय, ब्याज, शुल्क, लाभांश आदि लिखा जाता है और नाम पक्ष में अध्यर्पण का भुगतान, खर्चे, विनिमय, ह्रास और अन्य आय लिखे जाते हैं। जमा पक्ष के शेष को जीवन बीमा कहते हैं। जीवन बीमा कोष की यह रकम बढ़ती जाती है जब तक कि नाम पक्ष अधिक न हो जाय। इस आधिक्य का कुछ अंश बोनस वितरण पर भी कम होता रहेगा।

जीवन बीमा कोष मूल्यांकन प्रति वर्ष किया जाता है जबकि शुद्ध दायित्व का मूल्यांकन बीमा अधिनियम के अनुसार प्रति तीसरे वर्ष किया जाना चाहिए। यद्यपि कि जीवन बीमा निगम प्रति दूसरे वर्ष मूल्यांकन करता है। जीवन बीमा कोष और शुद्ध दायित्व की गणना करके अतिरेक या अभाव का पता लग सकता है।

अभाव को दूर करना (Treatment of Deficency)—अभाव को दूर करने का सबसे पहला कदम अधिलाभांश न देना है लेकिन ऐसा करना भी बीमा संस्था की साख को घटाता है। बीमा संस्था की साख बनाये रखने के लिए अभाव को दूर करना जरूरी है। इसका दूसरा उपाय प्रव्याजि की दर में वृद्धि करना है। इससे भविष्य के अभाव कम हो सकते हैं परन्तु वर्तमान अभाव को कम करने का कार्य केवल बोनस को वितरित न करने से होगा। प्रव्याजि की दर बढ़ा देने से व्यापार में कमी होने की सम्भावना रहती है। इस पद्धति को तभी अपनाया जाना चाहिए, जबकि अन्य प्रयास असफल रहें। अभाव को दूर करने का तीसरा उपाय विनियोग पर आय बढ़ाना है। विनियोग ऐसी जगह करना चाहिए जिससे व्यापार को अधिक से अधिक लाभ मिल सके। चौथा उपाय खर्चों को कम करना है। ये

दोनों उपाय अर्थात् आय में वृद्धि एवं खर्चों में कमी प्रभावशाली हो सकते हैं। इनको अपनाकर अभाव की सम्भावना कम की जा सकती है। वर्तमान अभाव को दूर करने के लिये 'आकस्मिक कोष' (Contingency Fund) का निर्माण किया जाना चाहिए जिससे अभाव को दूर करने का अन्तिम प्रयास उत्तम व्यापार की खोज करने का है। उत्तम व्यक्तियों की खोज से अध्यर्थन तथा खर्चे में कमी हो सकती है।

अतिरेक का उपयोग (Treatment of Surplus)—अतिरेक का कुछ हिस्सा विभिन्न कोषों में संचित कर लिया जाता है। अधिलाभांश एवं लाभांश को समान रखने के लिए अलग-अलग कोषों का निर्माण किया जाता है। कुछ संचित कोष ऐसे भी होंगे जो विशेष उद्देश्य के लिये नहीं बनाये जाते हैं। सामान्य आकस्मिक कोष, विशेष आकस्मिक कोष, कर भुगतान का कोष, अधिलाभांश समानीकरण, लाभांश समानीकरण कोष आदि तैयार करके शेष अतिरेक जिसे लाभ कहते हैं बीमापत्रधारियों और अंशधारियों में वितरित किये जाते हैं। जीवन बीमा निगम अधिनियम की धारा 28 के अनुसार लाभ का कम से कम 95 प्रतिशत बीमापत्रधारियों में वितरित किया जाना चाहिए; शेष रकम केन्द्रीय सरकार को दी जाती है।

अध्याय 39

संचय
(Reserve)

जीवन बीमा व्यवसाय में संचय अन्य व्यापार से अलग अर्थ रखता है। अन्य व्यापार में संचय से तात्पर्य लाभ के उस हिस्से से है जो कि अंशधारियों को वितरित नहीं किया जाता है। बीमा व्यापार में बीमाकर्ता के दायित्व को संचय कहते हैं। संचय का उद्देश्य बीमापत्र सम्बन्धी दायित्वों को पूरा करना है।

अर्थ (Meaning)—संचय वह रकम है जो भविष्य की शुद्ध प्रव्याजि और ब्याज मिलाकर बीमापत्र सम्बन्धी देनदारी को पूरा कर सके बशर्ते कि मृत्यु दर और ब्याज दर की मान्यताएँ लागू होती हों। इस परिभाषा से 'भविष्यकालीन संचय' (Prospective Reserve) का आभास होता है। संचय की परिभाषा दूसरे प्रकार से भी की जाती है। प्राप्त हुई प्रव्याजि में से प्रव्याजि में से भुगतान किया गया अध्यर्थन घटाने के बाद जो रकम आये उसके एकत्रित ब्याज को संचय कहते हैं। यह पश्चाद्‌दर्शी संचय है। पिछली प्रव्याजि प्राप्त होने के बाद और उस पर ब्याज अर्जित करने तथा अध्यर्थन का भुगतान करने के बाद बीमाकर्ता के पास जितनी रकम भविष्य के अध्यर्थन के भुगतान के लिये होनी चाहिए उसे संचय कहते हैं। पश्चाद्दर्शी संचय और भविष्य कालीन संचय एक ही रकम को व्यक्त करेंगे यदि पिछले अनुभव के आधार पर भविष्य का अनुमान लगाया जा सके। यदि दोनों संचय की मान्यताएँ एक सी रहें तो संचय की रकम एक ही होगी; इसमें कोई अन्तर नहीं होगा।

दोनों संचय की एकरूपता को नीचे बताया जा रहा है—

बीमापत्र निर्गमन के समय—

शुद्ध प्रव्याजि का वर्तमान मूल्य = अध्यर्थन की रकम का वर्तमान मूल्य

संचय की गणना करते समय—

शुद्ध प्रव्याजि का वर्तमान मूल्य (भूत + भविष्य) = अध्यर्थन की रकम का वर्तमान मूल्य (भूत + भविष्य)

अर्थात

पिछली प्रव्याजि की एकत्रित रकम + भविष्य की प्रव्याजि की वंटित (Discounted) रकम	=	पिछले अध्यर्थन की एकत्रित रकम + भविष्य के अध्यर्थन की वंटित (Discounted) रकम

अर्थात्

पिछली प्रव्याजि की एकत्रित रकम —पिछले अध्यर्थन की एकत्रित रकम	=	भविष्य के अध्यर्थन की वंटित रकम— —भविष्य की प्रव्याजि की वंटित रकम

अर्थात्

पश्चाद्दर्शी संचय = भविष्य कालीन संचय

संचय की गणना शुद्ध प्रव्याजि से की जानी चाहिए। शुद्ध प्रव्याजि की गणना अध्यर्थन की लागत के अनुसार होती है। खर्चों को संचय की गणना के लिए शामिल नहीं किया जाता

है। अध्यर्थन के भुगतान के लिए अनुमानित प्राप्त प्रव्याजि और उसके विनियोग से सम्भावित आय को ध्यान में रखकर संचय की गणना की जाती है। संचय की गणना के लिए केवल अनुमानित आय और अनुमानित भुगतान को ध्यान में रखा जाता है। संचय चाहे पश्चादर्शी हो या भविष्यकालीन, केवल अनुमानित आय और अनुमानित भुगतान को आधार बनाकर संचय की गणना करते हैं। वास्तविक प्राप्ति और भुगतान को संचय की गणना का आधार नहीं बनाया जाता है। संचय का उद्देश्य यह पता लगाना है कि बीमा संस्था के पास कितनी रकम होनी चाहिए। संचय यह नहीं बताता है कि बीमा संस्था के पास कितनी रकम है। कोष की रकम को आगम खाते से मालूम करते हैं। कोष की रकम कितनी होनी चाहिए इसको संचय की रकम से ज्ञात करते हैं।

संचय से यह पता लगता है कि भविष्य में प्राप्त होने वाली प्रव्याजि को ध्यान में रखते हुए वर्तमान समय में कितनी रकम बीमा संस्था के पास होनी चाहिए जिससे कि भविष्य के अध्यर्थन को पूरा किया जा सके। संचय और कोष में अन्तर है। कोष यह बताता है कि बीमा संस्था के पास वर्तमान समय में कितनी रकम है। कोष और संचय की तुलना करके पता लगता है कि भविष्य के दायित्वों को पूरा करने के लिए बीमा संस्था के पास पर्याप्त रकम है या नहीं। इस प्रकार, संचय एक ऐसी रकम है जो बीमा संस्था के शुद्ध दायित्व को बताती है।

आवश्यकता (Need)—(1) संचय की गणना भविष्य के शुद्ध दायित्व मालूम करने के लिये की जाती है। शुद्ध दायित्व के भुगतान के लिये बीमा संस्था के पास पर्याप्त कोष होना चाहिए। अध्यर्थन के भुगतान के लिए पर्याप्त रकम होनी चाहिए। इस रकम का निर्धारण संचय से किया जाता है।

(2) संचय की आवश्यकता केवल उन बीमापत्रों पर होती है जिन पर भुगतान करना आवश्यक है। जिन बीमापत्रों के सम्बन्ध में भुगतान की सम्भावना निश्चित नहीं होती है उन पर संचय की आवश्यकता नहीं होती क्योंकि शुद्ध दायित्व निश्चित नहीं होता है।

(3) जिन बीमापत्रों पर दायित्व बढ़ने के साथ-साथ प्रव्याजि बढ़ती जाती है, उन बीमापत्रों पर संचय की आवश्यकता नहीं होती है। संचय की आवश्यकता उन बीमापत्रों पर होती है जिन पर अध्यर्थन दायित्व में वृद्धि के साथ प्रव्याजि में वृद्धि नहीं होती है। समप्रव्याजि योजना में संचय की आवश्यकता पड़ती है क्योंकि इस योजना में प्रव्याजि की दर निश्चित होती है। प्रारम्भ में जोखिम की तुलना में अधिक प्रव्याजि मिलती है जबकि वृद्धावस्था में जोखिम की तुलना में कम प्रव्याजि मिलती है अत: प्रारम्भ की आधिक्य प्रव्याजि को संचित करके बाद के अभाव प्रव्याजि को पूरा करते हैं। यही कारण है कि जिस प्रव्याजि पद्धति में जोखिम के साथ प्रव्याजि भी बढ़ती जाती है उस पर संचय की आवश्यकता नहीं पड़ती है। इन दशाओं में प्राप्त होने वाली प्रव्याजि अध्यर्थन के लिए पर्याप्त होती है।

स्वाभाविक प्रव्याजि योजना और वार्षिक नवकरण सावधि योजना में संचय की आवश्यकता नहीं होती है क्योंकि प्रत्येक वर्ष के दायित्व को पूरा करने के लिये पर्याप्त प्रव्याजि मिल जाती है।

(4) संचय की रकम से विनियोग की रकम निश्चित की जाती है। विनियोग से आय प्राप्त होगी और भुगतान में सुविधा मिलेगी। प्रव्याजि निर्धारण में एक निश्चित आय की मान्यता होती है जिसको प्राप्त करना जरूरी है। यदि इस न्यूनतम आय तक भी विनियोग से आय प्राप्त न हुई, तो बीमा संस्था को हानि होगी। बीमा संस्था को कम से कम इस न्यूनतम आय को प्राप्त करने का प्रयास करना चाहिए।

(5) बीमापत्रधारियों के हितों की रक्षा के लिए संचय की तीव्र आवश्यकता है। बीमा संस्था के लिए अध्यर्थन का भुगतान करना बहुत आवश्यक है, अध्यर्थन का भुगतान तभी हो सकता है जबकि संचय की गणना की गयी होगी और लाभकारी प्रतिभूतियों में विनियोजित किया गया हो। बीमापत्रधारी स्वयं ऐसी प्रतिभूतियों में विनियोग नहीं कर सकते हैं जिनमें बीमा संस्था कर सकती है। संचय से ही सुरक्षापूर्ण और लाभकारी विनियोग सम्भव है।

संचय का स्रोत (Origin of Reserve)—प्रव्याजि संचय का मुख्य स्रोत है, अध्यर्थन की रकम प्राप्त की गयी प्रव्याजि से जितनी अधिक होगी संचय की रकम भी उतनी अधिक होगी। एकल प्रव्याजि (Single Premium) में समस्त प्रव्याजि पहले ही प्राप्त हो जाती है, इस कारण संचय की रकम अधिक होती है। किस्त प्रव्याजि पहले ही प्राप्त हो जाती है, इस कारण संचय की रकम अधिक होती है। किस्त प्रव्याजि (Instalment Premium) में प्रारम्भ में जोखिम कम होती है, अत: उस बचत को संचय कर लिया जाता है। इस प्रव्याजि में संचय की रकम बढ़ती जाती है। प्रव्याजि की रकम जैसे-जैसे बढ़ती है वैसे-वैसे ब्याज की रकम भी बढ़ती जाती है तथा अन्त में बढ़ कर बीमा की रकम के बराबर हो जाती है। सभी बीमापत्रों पर एकत्रित संचय अन्त में शून्य हो जाता है। संचय का दूसरा स्रोत विनियोग पर आय है। यदि विनियोग की आय बढ़ती जायेगी तो संचय की रकम भी बढ़ती जायेगी।

संचय को प्रभावित कराने वाले तत्त्व (Factors Affecting amount of Reserve)— किसी एक समय पर संचय की मात्रा (i) ब्याज की अनुमानित दर (ii) अनुमानित मृत्यु दर (iii) बीमापत्र का प्रकार (iv) प्रव्याजि भुगतान का तरीका (v) बीमा की अवधि।

(i) ब्याज की अनुमानित दर (Assumed Rate of Interest)—जब ब्याज की अनुमानित दर अधिक होती है, प्रव्याजि और अध्यर्थन का अन्तर कम होता है जिसके परिणामस्वरूप संचय की मात्रा प्रारम्भ में कम रहती है और प्रव्याजि बढ़ने के साथ-साथ बढ़ती जाती है। जब ब्याज की अनुमानित दर अधिक होती है तो प्रव्याजि की रकम कम रहती है जिससे संचय भी कम हो पाता है। संचय की गणना करने के लिए यह जरूरी नहीं कि ब्याज का जो अनुमान प्रव्याजि की गणना के लिये किया गया है उसी अनुमानित ब्याज को भी संचय के लिए अपनाया जाये। यदि प्रव्याजि की अनुमानित ब्याज दर दायित्व मूल्यांकन की ब्याज दर से अधिक है तो संचय की रकम अधिक होगी और इसके विपरीत संचय की रकम कम होगी।

(ii) अनुमानित मृत्यु-दर—अलग-अलग मृतक तालिका से मृत्यु दर अलग-अलग मालूम होती है। मृतक तालिका के प्रकार के अनुसार संचय की रकम प्रभावित होती है। जिस गति से मृत्यु दर में वृद्धि होती होगी, संचय भी उसी प्रकार प्रभावित होगा। यदि मृत्यु दर बढ़ती होगी तो संचय की रकम भी बढ़ती जायेगी, इसी प्रकार यदि मृत्यु दर घटती होगी तो संचय की रकम घटती जायेगी। चयन तालिका (Select Table) में संचय की मात्रा अधिक होती है क्योंकि मृत्यु में वृद्धि दर अन्त्य और सामूहिक तालिका से अधिक होती है।

(iii) बीमापत्र के प्रकार (Type of Policy)—जिन बीमापत्रों में एक निश्चित समय में भुगतान करने का दायित्व निश्चित रूप से उत्पन्न होता है, उन बीमापत्रों पर संचय की मात्रा अधिक होती है। जहाँ पर भुगतान देने का दायित्व हो भी सकता है या नहीं भी हो सकता है, वहाँ पर संचय करना कोई जरूरी नहीं होता है। आजीवन सतत सम

प्रव्याजि बीमापत्र में संचय की मात्रा उतनी नहीं होती है जितनी कि आजीवन सीमित प्रव्याजि बीमापत्र में होती है। बन्दोबस्ती बीमापत्र में इन दोनों बीमापत्र से अधिक संचय रहता है।

(iv) प्रव्याजि भुगतान के तरीके (Method of Premium Payment)—प्रव्याजि भुगतान के तरीके पर संचय की मात्रा निश्चित रहती है। जहाँ पर प्रव्याजि की दर अधिक होगी, संचय की भी रकम अधिक होगी। इसी प्रकार जहाँ पर प्रव्याजि की दर कम होगी वहाँ पर संचय की मात्रा कम होगी। जहाँ पर प्रव्याजि भुगतान का समय अधिक है, प्रव्याजि दर कम होगी। और जहाँ पर प्रव्याजि भुगतान का समय कम होता है, प्रव्याजि दर अधिक होगी। एकल प्रव्याजि में संचय अधिक होता है जब कि सम प्रव्याजि में संचय कम रहता है।

(v) बीमापत्र अवधि (Duration of Policy)—बीमापत्र की अवधि जितनी अधिक होगी संचय की रकम उतनी ही अधिक होगी। जितने समय तक बीमापत्र चालू रहेगा, प्रव्याजि और ब्याज की रकम उतने अधिक समय तक मिलती रहेगी। जिस बीमापत्र में भुगतान देने की निश्चितता नहीं होती है, उसमें कुछ दिन तक संचय बढ़ता जायेगा और बाद में कम हो जायेगा। शुद्ध बन्दोबस्ती बीमा में संचय हमेशा बढ़ता जाता है।

संचय की गणना
(Calculation of Reserve)

संचय की गणना करने के लिये दो पद्धतियों (1) भविष्यकालीन एवं (2) भूतकालीन संचय को अपनाया जाता है।

1. भविष्यकालीन संचय (Prospective Reserve)—इसमें उस रकम की गणना की जाती है जो कि भविष्य की प्रव्याजि के साथ मिलाकर भविष्य के अध्यर्थन का भुगतान कर सके। भविष्य की कुल प्रव्याजि या कुल अध्यर्थन को संचय की गणना का आधार नहीं बनाया जाता है बल्कि उनके वर्तमान मूल्य को आधार बनाते हैं।

प्रारम्भ में प्रसंविदा के समय भविष्य के अध्यर्थन के वर्तमान मूल्य के बराबर कुछ प्रव्याजि का वर्तमान मूल्य होता है। लेकिन जैसे-जैसे उम्र बढ़ती जाती है वैसे-वैसे अध्यर्थन का वर्तमान मूल्य बढ़ता जाता है और कुल प्रव्याजि का वर्तमान मूल्य घटता जाता है। प्रव्याजि के प्रत्येक भुगतान के साथ भविष्य की प्रव्याजि का वर्तमान मूल्य घटते-घटते प्रसंविदा की समाप्ति तक शून्य हो जाता है जबकि अध्यर्थन का वर्तमान मूल्य बढ़ते-बढ़ते उस समय बीमापत्र की रकम के बराबर हो जाता है। प्रसंविदा प्रारम्भ होने के बाद जैसे-जैसे अवधि व्यतीत होती जाती है मृत्यु दर में वृद्धि होती जाती है और ब्याज की मात्रा में कमी होने के कारण उसका वर्तमान मूल्य बढ़ता जाता है, परिणामस्वरूप अध्यर्थन के वर्तमान मूल्य बढ़ते जाते हैं।

भविष्य कालीन संचय की गणना करने के लिये निम्न सूत्र अपनाते हैं—

भविष्य कालीन संचय = भविष्य के अध्यर्थन का वर्तमान मूल्य—
भविष्य की प्रव्याजि का वर्तमान मूल्य

भविष्य के अध्यर्थन के वर्तमान मूल्य = भविष्य के लाभ के वर्तमान मूल्य

(Present Value of Future Claim = Present Value of Future Benefit)

भविष्य के लाभ का वर्तमान मूल्य शुद्ध एकल प्रव्याजि (Net Single Premium) के बराबर होता है।

एक ही समय में निर्गमित होने और एक ही समय में परिपक्व होने वाले बीमापत्र की शुद्ध एकल प्रव्याजि (Net Single Premium) उस बीमापत्र के भविष्य के लाभ के वर्तमान मूल्य (Present Value of Future Benefit) के बराबर होता है। भविष्य में जितनी रकम का भुगतान किया जाना है उसका वर्तमान मूल्य ही शुद्ध एकल प्रव्याजि के रूप में लिया जाता है। प्रसंविदा के समय और उसके बाद भी भविष्य के अध्यर्थन के वर्तमान मूल्य शुद्ध एकल प्रव्याजि के बराबर होते हैं।

शुद्ध एकल प्रव्याजि की गणना मृत्यु दर और ब्याज दर के आधार पर विभिन्न बीमापत्रों में अलग-अलग किया जाता है। शुद्ध एकल प्रव्याजि प्रत्येक वर्ष की एकल प्रव्याजि के वर्तमान मूल्य के योग के बराबर होता है। मृत्यु दर बीमापत्र की रकम और एक रुपये का एक निश्चित ब्याज दर पर एक निश्चित समय के लिये वर्तमान मूल्य के गुणनफल के बराबर प्रत्येक वर्ष की एकल प्रव्याजि का वर्तमान मूल्य निकलता है और पूरी अवधि के वर्तमान मूल्य जोड़ लेने से शुद्ध एकल प्रव्याजि का वर्तमान मूल्य मालूम हो जाता है।

भविष्य के प्रव्याजि के वर्तमान मूल्य की गणना करने के लिए वार्षिक प्रव्याजि को एक रुपये के देय वार्षिकी के क्रय मूल्य (Present Value of Annuity Due of Re. 1.0) से गुणा किया जाता है। जितने समय के लिये भविष्य की प्रव्याजि मिलनी बाकी है, उतने समय के लिये वार्षिकी देय के वर्तमान मूल्य निकाले जाते हैं। देय वार्षिकी के वर्तमान मूल्य से शुद्ध किस्त प्रव्याजि को गुणा करके भविष्य की प्रव्याजि का वर्तमान मूल्य निकाल लिया जाता है।

भविष्य कालीन संचय की गणना निम्न प्रकार कर सकते हैं—[1]

भविष्य कालीन संचय = भविष्य लाभ का वर्तमान मूल्य—
भविष्य की प्रव्याजि का वर्तमान मूल्य

भविष्य लाभ का वर्तमान मूल्य = संचय की गणना के समय शुद्ध एकल प्रव्याजि

भविष्य की प्रव्याजि का वर्तमान मूल्य = बीमापत्र निर्गमन के समय शुद्ध किस्त प्रव्याजि × प्रव्याजि भुगतान के शेष समय के वार्षिकी देय के एक रुपये के वर्तमान मूल्य

पश्चाद्दर्शी संचय की गणना
(Calculation of Retrospective Reserve)

पश्चाद्दर्शी संचय की गणना कई बीमापत्र और एक बीमापत्र पर अलग-अलग की जाती है।

1. कई बीमापत्र पर संचय (Reserve on more than one Policy)— पश्चाद्दर्शी संचय प्राप्त की गयी प्रव्याजि और ब्याज की रकम से अध्यर्थन की रकम घटाने से प्राप्त होता है। संचय की रकम पर ब्याज प्राप्त होती रहती है और प्रव्याजि की रकम से कुल रकम बढ़ती रहती है जबकि अध्यर्थन की रकम से वह रकम कम होती जाती है।

---

1. Prospective Reserve = Present Value of Future Benefit—Present Value of Future Premium = Net Single Premium at the age of Valuation—(Net Level Premium at the age of issue × Present Value of Annuity due of Re. 1 at the age of Valuation over the Remaining Premium Payine Period)

बीमापत्र निर्गमन के बाद संचय की रकम एक निश्चित सीमा तक बढ़ती रहती है और उसके बाद धीरे-धीरे कम होकर बीमापत्रों की अवधि समाप्त होते ही बीमित रकम के बराबर संचय हो जाता है। और सभी बीमापत्रों पर भुगतान कर देने के बाद संचय की रकम शून्य हो जाती है।

निम्न उदाहरण से इस संचय को स्पष्ट किया जा सकता है—

उदाहरण—

1000 बीमापत्रों पर 10 वर्ष के लिये 10000—

10000 रुपये का बीमा 30 वर्ष की उम्र पर बेचा गया है। ब्याज की दर 10 प्रतिशत है। शुद्ध प्रव्याजि की रकम 1000 - 1000 रुपये है।

प्रथम वर्ष—	रुपया
शुद्ध प्रव्याजि 1000 बीमापत्रों पर	1000000
जोड़ें—ब्याज 10 प्रतिशत की दर से	100000
कुल रकम—	1100000
घटायें—अध्यर्थन का भुगतान एक व्यक्ति की मृत्यु पर	10000
अन्तिम संचय	1090000

द्वितीय वर्ष—	
शुद्ध प्रव्याजि 999 बीमापत्रों पर	999000
जोड़ें—पिछले वर्ष का संचय	1090000
प्रारम्भिक संचय	2089000
जोड़ें—ब्याज 10 प्रतिशत की दर से	208900
कुल रकम—	2297900
घटायें—अध्यर्थन का भुगतान एक व्यक्ति की मृत्यु पर	20000
अन्तिम संचय रुपया	277900

इस विधि को तब तक दोहराते रहते हैं जब तक कि सभी बीमापत्रों का भुगतान नहीं हो जाता है। उपरोक्त तरीके को निम्न प्रकार लिखते हैं—

किसी वर्ष संचय की रकम = (पिछले वर्ष के अन्त में संचय + वर्तमान वर्ष की प्रव्याजि + अनुमानित ब्याज दर - उस वर्ष का अध्यर्थन)

दूसरी पद्धति—

एक से अधिक बीमापत्रों पर संचय की एक दूसरी विधि अपनायी जा सकती है—

पश्चाद्दर्शी संचय = पिछले वर्षों की प्रव्याजि का एकत्रित मूल्य - पिछले वर्षों में दिये गये अध्यर्थन का एकत्रित मूल्य

उपरोक्त संचय की गणना करने की विधि नीचे दी गयी है—

(i) जितने बीमापत्रधारी होंगे उतने ही बीमापत्र निर्गमित किये गये हैं अर्थात् प्रत्येक बीमापत्रधारी को एक-एक बीमापत्र निर्गमित किया गया है।

(ii) जितने बीमापत्रधारी जीवित हैं उन सभी से प्रव्याजि प्राप्त होती है। प्रत्येक बीमापत्रधारी द्वारा प्राप्त होने वाले शुद्ध सम प्रव्याजि को उनकी संख्या से गुणा करके प्रव्याजि की संख्या प्राप्त की जाती है।

(iii) कुल प्रव्याजि की रकम को एक रुपये के पिछले वर्षों की संख्या के अनुसार एकत्रित मूल्य से गुणा करके कुल प्रव्याजि का एकत्रित मूल्य निकाल लेते हैं। यदि संचय की गणना बीमापत्र निर्गमन के 16वें वर्ष की जा रही है तो प्रथम प्रव्याजि का एकत्रित मूल्य 16 वर्ष तक का निकाला जाता है। और दूसरे वर्ष की प्रव्याजि 15 वर्ष तक निकालेगा इसी प्रकार समस्त एकत्रित मूल्य निकलता है।

(iv) जितने बीमापत्रधारियों की मृत्यु हुई है उतने बीमापत्र की रकम का भुगतान किया जा चुका है।

(v) अध्यर्थन की रकम को अनुमानित ब्याज से पिछले वर्षों की संख्या पर आधारित एक रुपये के एकत्रित मूल्य से गुणा करके अध्यर्थन के कुल एकत्रित मूल्य प्राप्त कर लेते हैं। उदाहरण के लिये प्रथम वर्ष के अध्यर्थन मूल्य पर एकत्रित मूल्य 15 वर्ष तक और दूसरे वर्ष के अध्यर्थन मूल्य पर 14 वर्ष तक एकत्रित मूल्य निकलेगा।

(vi) प्रव्याजि के एकत्रित मूल्य में से अध्यर्थन के एकत्रित मूल्य घटाने से उस वर्ष का संचय निकल आता है।

किसी एक समय पर संचय निकालने के लिये यह पद्धति सरल और सुबोध है। एकत्रित मूल्य की गणना ब्याज की तालिका से आसानी से की जा सकती है।

संचय के प्रकार

संचय के निम्न तीन प्रकार हैं—

1. अन्तिम संचय (Terminal Reserve)—प्रव्याजि की रकम में पिछले वर्ष के संचय को जोड़कर जो रकम आये उस पर ब्याज निकाल लेते हैं। ब्याज को जोड़कर अध्यर्थन की रकम घटाने से अन्तिम संचय (Terminal Reserve) प्राप्त होती है प्रत्येक वर्ष के अन्त में अन्तिम संचय तैयार किया जाता है। अन्तिम संचय का प्रयोग बीमापत्र के समर्पित मूल्य की गणना के लिये किया जाता है। अन्तिम संचय का प्रयोग बोनस विभाजन के लिये किया जाता है। इसके आधार पर 'जोखिम की शुद्ध रकम' की गणना की जाती है।

2. प्रारम्भिक संचय (Initial Reserve)—पिछले वर्ष के अन्तिम संचय में वर्तमान वर्ष की प्रव्याजि जोड़ने से प्रारम्भिक संचय को प्राप्त किया जा सकता है, इस संचय का प्रयोग अतिरिक्त ब्याज की गणना के लिये किया जाता है। वास्तविक ब्याज में से अनुमानित ब्याज घटाने के बाद अतिरिक्त व्याज प्राप्त होती है जो अतिरेक का आधार होती है।

3. औसत संचय (Mean Reserve)—प्रारम्भिक संचय और अन्तिम संचय को जोड़कर दो से भाग देने से औसत संचय मालूम करते हैं। औसत संचय को खाते का आधार बनाया जाता है। विभिन्न बीमापत्रों के सम्बन्ध में अलग-अलग संचय रहता है। उनको आधार बनाकर खातों में दिखाना सम्भव नहीं है, जिससे औसत संचय का प्रयोग किया जाता है।

4. एक बीमापत्र पर संचय (Reserve on Individual Policies)—एक बीमापत्र के सम्बन्ध में संचय की गणना कुछ विशेष ढंग से की जाती है। एक से अधिक बीमापत्रों में अध्यर्थन की रकम के स्थान पर अध्यर्थन के हिस्से (Share in Claims) को घटाते हैं। एक बीमापत्र के संचय का प्रयोग समर्पित मूल्य की गणना के लिये किया जाता

है। इसको एक उदाहरण से समझाया जा सकता है—यदि बीमापत्र की रकम 10000 रुपये, शुद्ध सम प्रव्याजि 1000 रुपये और ब्याज की दर 10 प्रतिशत है तो संचय की गणना निम्न प्रकार होगी—

प्रथम वर्ष—		रुपया
शुद्ध सम प्रव्याजि		1000
जोड़ें—ब्याज (10 प्रतिशत)		100
		1100
घटायें—बीमा की लागत = (10000 − 0) × 0.001		10
संचय		1090
द्वितीय वर्ष—		
शुद्ध सम प्रव्याजि		1000
जोड़ें—पिछले वर्षों का संचय		1090
कुल रकम		2090
जोड़ें—ब्याज (10 प्रतिशत)		209
कुल रकम		2299
घटायें—बीमा की लागत (10000 − 1090) × 0.002 = 17.82		18
अन्तिम संचय	रुपया	2281

उपरोक्त गणना तब तक की जाती रहेगी जब तक कि बीमापत्र की रकम का भुगतान न कर दिया जाये।

बीमा की लागत (Cost of Insurance)—बीमा की लागत वह है जो कि एक बीमापत्र के सम्बन्ध में सम्पूर्ण बीमापत्र के जोखिम के हिस्से के रूप में निकाली जाती है। एक बीमापत्रधारी को कुल जोखिम में जितना योगदान देना पड़ता है उसे बीमा की लागत कहते हैं। इसे निम्न प्रकार निकालते हैं—

बीमा की लागत = (बीमापत्र की रकम − पिछले वर्ष का संचय)
× मृत्यु दर की सम्भावना

उपरोक्त उदाहरण में प्रथम वर्ष में मृत्यु दर 0.001 और दूसरे वर्ष 0.002 है। उसके आधार पर बीमा की लागत क्रमश: 10 और 18 रुपये हुए। बीमापत्र की रकम में से पिछले वर्ष का संचय घटाने से जो रकम बचती है उसे जोखिम की शुद्ध रकम कहते हैं।

जीवन बीमा में संचय का महत्व अन्य बीमा की तुलना में अधिक है क्योंकि शुद्ध दायित्व की रकम निश्चित करने के लिये संचय की गणना की जाती है। संचय की रकम यह बताती है कि बीमा-संस्था के पास कम से कम कितनी रकम अवश्य हो जिससे कि भविष्य का अध्यर्थन पूरा किया जा सके। सामान्य बीमा में संचय की रकम वह है जो कि प्राप्त प्रव्याजि में से अध्यर्थन न देने के कारण रकम बच जाती है। इसमें पहले से संचय रखना जरूरी नहीं है। कुछ बीमापत्रों पर भुगतान किया जाता है और कुछ बीमापत्रों पर भुगतान नहीं किया जाता है। जिन बीमापत्रों पर भुगतान नहीं किया जाता है उन पर बची रकम को संचित कर लेते हैं। जिसको भविष्य के भुगतानें को पूरा करने के लिये पूरा किया जाता है।

अध्याय 40

कोष का विनियोग
(Investment of Funds)

प्रव्याजि की गणना करते समय एक निश्चित आय की मान्यता की जाती है जिसको प्राप्त करना बहुत जरूरी है, अत: कोष को ऐसी जगह विनियोग किया जाये जिससे कम से कम न्यूनतम आय प्राप्त हो सके।

आवश्यकता
(Needs)

1. अध्यर्थन का भुगतान (Payment of Claims)—बीमा संस्था की सबसे महत्वपूर्ण जिम्मेदारी यह है कि वह अध्यर्थन का भुगतान अवश्य करे। यदि अध्यर्थन के देय होने पर भुगतान न किया जा सके जो बीमा संस्था शोधक्षम नहीं होगी। अध्यर्थन के भुगतान के लिये एक निश्चित आय प्राप्त करना जरूरी है क्योंकि प्रव्याजि की गणना करते समय एक निश्चित ब्याज की मान्यता रहती है जिससे प्रव्याजि और ब्याज सहित मिलकर अध्यर्थन की रकम के बराबर हो सके। यदि ब्याज प्राप्त नहीं होगी तो केवल प्रव्याजि की रकम से अध्यर्थन का भुगतान न किया जा सकेगा। ब्याज तभी प्राप्त की जा सकेगी जबकि प्रव्याजि का विनियोग किया जाये। प्रव्याजि कोष का एक महत्वपूर्ण साधन है। इस प्रकार बीमापत्रधारियों के हितों की रक्षा के लिये कोष का विनियोग करना आवश्यक है।

2. वित्तीय अभाव को दूर करना (To avoid Financial Deficit)—यदि बीमा कोष का विनियोग न किया गया तो बीमा संस्था की आय कम हो जायेगी। आय कम होने के कारण बीमा संस्था अपने दायित्वों को पूरा करने में असमर्थ रहेगी। एक निश्चित ब्याज प्राप्त करना जरूरी है जिसको केवल कोष के विनियोग से ही प्राप्त किया जा सकता है। यदि ब्याज न प्राप्त की गयी तो संचय की रकम कम होगी जिसके आधार पर कोष का निर्धारण और अतिरेक का वितरण बीमा संस्था की वित्तीय स्थिति को सोचनीय बना सकती है। यदि मृत्यु दर प्रतिकूल हो गयी तो स्थिति और अधिक दयनीय होगी।

3. राष्ट्रीय हित (National Interest)—बीमा व्यवसाय में समाज की एक बहुत आय प्रव्याजि के रूप में ले ली जाती है जिसका उपयोग समाज के हितों के लिये करना जरूरी है। समाज की आय को समाज के हित में लगाना चाहिए। कोष को विभिन्न क्षेत्रों में विनियोजित करके समाज की आय को बढ़ाया जा सकता है। देश के आर्थिक विकास में कोष का विनियोग विशेष स्थान रखता है।

कोष के स्त्रोत (Sources of Funds)—विनियोग के लिये कोष की रकम निम्नलिखित स्त्रोतों से प्राप्त होती है—

1. अध्यर्थन और खर्चों को घटाने के बाद प्रव्याजि की रकम कोष का साधन बन चुकी है। जीवन बीमापत्रों पर यह प्रव्याजि एकल प्रव्याजि के रूप में या सम प्रव्याजि के रूप में प्राप्त की जा सकती है जो कि कोष के महत्वपूर्ण साधन हैं।

2. शुद्ध बन्दोबस्ती बीमा और शुद्ध सावधि बीमा की वे रकमें जिन पर भुगतान नहीं दिया गया।

3. बीमापत्र अध्यर्थन विकल्प के अनुसार बीमा संस्था के पास रखी गयी रकम कोष का साधन बन चुकती है।

4. मृतक दर, और खर्चे में कमी हो जाने, आय तथा विनियोग की रकम बढ़ जाने आदि से कोष की मात्रा में वृद्धि हो जाती है।

5. अंश पूँजी और ऋणपत्र (Debenture) के बेचने के बाद जो पूँजी आय प्राप्त हो वह भी कोष का आधार होती है।

कोष की कुछ रकम नकद रखी जाती है जिससे वर्तमान अध्यर्थन का भुगतान आसानी से किया जा सके। शेष रकम लाभकारी प्रतिभूतियों में विनियोग कर दी जाती है। बीमा प्रसंविदा दीर्घकालीन प्रसंविदा है अत: कोष का विनियोग बहुत सावधानी से किया जाना चाहिए। कोष की रकम विनियोजित करने के लिये विनियोग सिद्धान्तों का ध्यान रखना आवश्यक है।

विनियोग के सिद्धान्त (Principles of Investment)—विनियोग के लिये सुरक्षा, आय, तरलता, विभेदीकरण एवं सामाजिक हित को ध्यान में रखा है।

1. सुरक्षा (Safety)—बीमापत्रधारियों के हितों की रक्षा करना बीमा संस्था की बहुत बड़ी जिम्मेदारी है। चूँकि बीमापत्रधारियों से प्रव्याजि ली जाती है, अत: उन्हें उचित समय पर बीमापत्र की रकम का भुगतान करना जरूरी है। कोष को सुरक्षित स्थान पर विनियोग करने से समय पर भुगतान किया जा सकता है। कोष को ऐसी जगह विनियोजित किया जाये जहाँ पर मूलधन (Principal Amount) के मूल्य में कमी आने की आशंका न हो। यदि मूलधन में कमी हो जायेगी तो दायित्व की रकम सम्पत्ति की रकम से अधिक हो जायेगी, बीमा संस्था अपने दायित्वों का भुगतान नहीं कर सकेगी और दिवालिया घोषित हो जायेगी। इसलिए विनियोग का सबसे पहला और महत्वपूर्ण सिद्धान्त विनियोजित रकम की सुरक्षा है, लाभ का उद्देश्य दूसरा होना चाहिए। सट्टे के विनियोग जिसमें अधिक लाभ और अधिक हानि की सम्भावना रहती है बीमा संस्था के लिये उपयुक्त नहीं है। बीमा संस्था बीमापत्रधारियों के प्रन्यासी के रूप में कार्य करती है, अत: प्रन्यासी की जिम्मेदारियों को पूरा करने के लिये उनके कोषों को उचित और स्थायी साधनों में विनियोजित करना चाहिए। सुरक्षा के अन्दर केवल मूलधन की ही सुरक्षा जरूरी नहीं है बल्कि एक निश्चिम आय भी मिलनी चाहिए। उस आय की भी सुरक्षा आवश्यक है। सुरक्षा सिद्धान्त का पालन तभी होगा जबकि मूलधन और ब्याज सुरक्षित रहे।

2. आय (Vield)—प्रव्याजि की गणना करते समय बीमा संस्था एक निश्चित आय मान लेती है जिसको प्राप्त करना बीमा संस्था का परम कर्तव्य है। यदि उस न्यूनतम आय को अर्जित न किया जा सके तो बीमा संस्था को हानि होगी। न्यूनतम आय से यदि अधिक आय मिल सके तो वह भी उपयुक्त है। बीमा संस्था को अधिक से अधिक लाभ प्राप्त करने का प्रयास करना चाहिए जिससे बीमा के खर्चे को पूरा किया जा सके और भविष्य में प्रव्याजि की दर में कमी करके अधिक व्यापार प्राप्त किया जा सके। यहाँ पर यह ध्यान रखना जरूरी है कि जब आय अधिक से अधिक हो तो सुरक्षा सिद्धान्त का हनन नहीं होना चाहिए। विनियोग विभाग को चाहिए कि वह सुरक्षा और आय सिद्धान्त में उचित समन्वय रखे क्योंकि जहाँ पर आय अधिक होगी वहाँ पर सुरक्षा कम रहती है। लेकिन इसका तात्पर्य यह नहीं कि विनियोग असुरक्षित होने पर ही अधिक लाभ देगा। बहुत-सी सरकारी प्रतिभूतियाँ ऐसी हैं जहाँ पर सुरक्षा और आय दोनों सिद्धान्त साथ-साथ पूरे होते हैं। अधिकांश कोष ऐसी प्रतिभूतियों में विनियोजित किया जाये जिसमें सुरक्षा हो बशर्ते कि एक

न्यूनतम आय जो प्रव्याजि में अनुमानित की गयी है अवश्य प्राप्त हो और बाकी कुछ कोष अधिक लाभकारी प्रतिभूतियों में विनियोजित किया जाये।

3. तरलता (Liquidity)—तरलता से तात्पर्य विनियोजित कोष को बिना हानि के रोकड़ में बदलने की क्षमता से है। कोष को ऐसी जगह विनियोजित करना चाहिए जहाँ पर आवश्यकता के समय धन प्राप्त किया जा सके, जिससे जब भुगतान की आवश्यकता पड़े पर्याप्त धन तुरन्त मिल सके। तरलता के शत-प्रतिशत सिद्धान्त लागू करने में रोकड़ शेष रखना आवश्यक होता है। तरलता और आय में विरोध का सम्बन्ध है। शत-प्रतिशत तरल प्रतिभूति में लाभ शून्य होता है। तरलता का सिद्धान्त एक स्थायी और सुदृढ़ संस्था के लिये बहुत आवश्यक नहीं है। क्योंकि ऐसी संस्थाओं में प्रतिदिन प्रव्याजि, ब्याज और लाभांश के रूप में कुछ न कुछ रकम अवश्य प्राप्त होती रहती है। बीमापत्र की परिपक्वता एक ही समय में नहीं होगी वह प्रत्येक समय होती रहेगी क्योंकि प्रत्येक दिन बीमा प्रसंविदा होता रहता है। मृत्यु पर भुगतान भी अधिक नहीं होगा क्योंकि मृत्यु की सम्भावना की गणना पहले से कर ली जाती है। विनियोग इस प्रकार करना चाहिए जिससे वह समय-समय पर बीमापत्र के परिपक्व होने पर परिपक्व हो सके और विनियोग से वसूल की गयी रकम से बीमापत्र के अध्यर्थन का भुगतान किया जा सके। बीमा प्रसंविदा एक दीर्घकालीन प्रसंविदा है अतः बीमा संस्था द्वारा विनियोग भी दीर्घकालीन प्रतिभूतियों में होना चाहिए। दैनिक खर्चों को पूरा करने के लिये बहुत थोड़ी रकम रोकड़ के रूप में रखनी चाहिए जिससे आय की हानि न हो सके। जिन बीमा संस्थाओं में प्रत्येक दिन रोकड़ आ रहा है वहाँ पर अधिक रोकड़-शेष की आवश्यकता नहीं होती है। नयी बीमा संस्था के लिये तरलता आवश्यक है, परन्तु स्थायी और मजबूत संस्था के लिये लाभ अधिक प्राप्त करने का प्रयास करना चाहिए।

4. विभेदीकरण (Diversification)—विभेदीकरण का सिद्धान्त विभिन्न प्रतिभूतियों में कोष को विनियोजित करने से है। विनियोग का विकेन्द्रीकरण बहुत जरूरी है क्योंकि एक ही जगह विनियोग से सुरक्षा और आय अधिक नहीं मिल सकेगी। उन स्थानों या विनियोग में कुछ कोष विनियोजित करना चाहिए जिससे सुरक्षा अधिक रहे या लाभ अधिक रहे। कुछ तरल प्रतिभूतियों में भी विनियोग करना चाहिए। विनियोग के सिद्धान्तों, भौगोलिक आधारों, आर्थिक इकाइयों, प्रतिभूतियों, संस्थाओं आदि के अनुसार विनियोग करके विभेदीकरण सिद्धान्त का पालन किया जा सकता है सभी कोष एक ही जगह, प्रतिभूति और संस्था में विनियोजित नहीं करना चाहिए, अन्यथा उनकी हानि से विनियोग को सम्पूर्ण हानि होगी। विकेन्द्रीकरण जहाँ तक सम्भव होना चाहिए। विभेदीकरण के सिद्धान्त से विनियोग के सभी उद्देश्यों को पूरा किया जा सकता है।

5. सामाजिक हित (Social Benefits)--विनियोग उन क्षेत्रों में भी करना चाहिए जिससे समाज का अधिक से अधिक लाभ हो सके। समाज की रकम को समाज के हित के लिये विनियोग करना जरूरी है। इस सिद्धान्त के पालन करने से दीर्घकाल में बीमा संस्था को ही लाभ होता है। सामाजिक हित के लिये विनियोग की गयी रकम जनता के स्वास्थ्य शिक्षा और आय में वृद्धि करती है जिससे बीमा संस्था को तीन लाभ होते हैं। पहला, बीमा संस्था को मृत्यु दर कम होने के कारण भुगतान कम करना पड़ता है, शिक्षा और आय में वृद्धि से व्यापार की वृद्धि हो सकती है तथा स्वास्थ्य और आय के बढ़ने से प्रव्याजि की रकम में कमी की जा सकती है जिससे व्यापार वृद्धि को प्रोत्साहन मिल सकता है।

ए० एच० बैली का विनियोग सिद्धान्त
(Principles of Investment as Laid Down By Mr. A. H. Bailey)

श्री ए० एच० बैली लन्दन इंसोरेन्स कारपोरेश के जीवनांकिकी थे जिन्होंने 1862 में एक लेख प्रकाशित किया जिसमें उन्होंने बीमा संस्थाओं के निनियोग सिद्धान्तों पर विचार किया। सौ वर्ष से अधिक पुराना होने पर भी ये सिद्धान्त आज भी उतने व्यावहारिक हैं जितना पहले थे। उनके सिद्धान्तों को संक्षेप में नीचे बताया जा रहा है—

1. प्रथम सिद्धान्त आवश्यक रूप से सुरक्षा का सिद्धान्त होना चाहिए।

2. दूसरा सिद्धान्त अधिकतम ब्याज दर प्राप्त करने का है, लेकिन यह सिद्धान्त पहले सिद्धान्त के बाद ही अपनाना चाहिए।

3. कुछ कोष का एक छोटा हिस्सा (प्रत्येक बीमा संस्थाओं को परिस्थितियों के आधार पर यह हिस्सा तय किया जा सकता है) ऐसी प्रतिभूतियों में विनियोजित किया जाय जो आसानी से रोकड़ में बदला जा सके जिससे वर्तमान अध्यर्थन और ऋण सौदों को पूरा किया जा सके।

4. शेष और अधिकांश कोष का हिस्सा ऐसी जगह विनियोग किया जाय जो आसानी से रोकड़ में न बदला जा सके।

5. जहाँ तक सम्भव हो कोष का कुछ हिस्सा बीमा व्यापार वृद्धि के लिये विनियोजित किया जाना चाहिए।

समालोचना
(Comments)

बैली के विनियोग सिद्धान्त शब्दों के आडम्बर के बावजूद भी उपयोगी सिद्धान्त हैं। इनके द्वारा प्रतिपादित सिद्धान्तों को आसानी से (1) पूँजी की सुरक्षा, (2) आय, (3) तरलता और (4) बीमा व्यापार के लिये विनियोग की उपयोगिता सिद्धान्तों के अन्तर्गत बताया जा सकता है।

1. बीमा संस्था में सुरक्षा सिद्धान्त बीमा-प्रसंविदा के स्वभाव के कारण बहुत आवश्यक है। इन्होंने इस सिद्धान्त को पहला सिद्धान्त बताया है क्योंकि यह एक महत्वपूर्ण सिद्धान्त है। बैली के इस सिद्धान्त का महत्व आज भी है क्योंकि बीमापत्रधारियों को समय पर भुगतान करना बहुत आवश्यक है। वह तभी हो सकता है जब कि कोष का विनियोग तरल प्रतिभूतियों में किया जाये।

2. आय सिद्धान्त को दूसरा सिद्धान्त बताया गया। वे यह समझते थे कि आय और सुरक्षा में विरोध का सम्बन्ध है, इसलिए उन्होंने इस सिद्धान्त को प्रथम सिद्धान्त का सहायक सिद्धान्त माना है। इन सिद्धान्तों में उचित समन्वय किया जा सकता है। प्रव्याजि की गणना के लिये एक न्यूनतम आय को माना जाता है अत: बीमा संस्था को कम से कम उस न्यूनतम आय को प्राप्त करने का अवश्य प्रयास किया जाना चाहिए। सुरक्षा सिद्धान्त को त्यागे बिना इस न्यूनतम आय को प्राप्त किया जा सकता है। बीमा संस्था को चाहिए कि इस न्यूनतम आय से अधिक जितनी अधिक आय मिल सके प्राप्त किया जाये। लेकिन सुरक्षा को ध्यान में अवश्य रखा जाये, बहुत से विनियोग ऐसे हैं जो कि आय अधिक देते हैं परन्तु सुरक्षा कुछ कम रहती है। इनमें विनियोग तभी करना चाहिए जब अन्यत्र सुरक्षा सिद्धान्त का पालन हो चुका है। बहुत-सी ऐसी प्रतिभूतियाँ हैं जो कि सुरक्षित और लाभकारी दोनों हैं, अत: उनमें विनियोग करना उचित होगा। जिन विनियोगों में हानि एवं आय अधिक है

उनमें विनियोग करने के लिये 'विनियोग उच्चावचन कोष' (Investment Fluctuations Fund) तैयार करके हानि को पूरा किया जा सकता है।

3. तरलता सिद्धान्त को उन्होंने तीसरी मान्यता दी है। आकस्मिक भुगतान जैसे समर्पित मूल्य, ऋण, मृत्यु आदि के लिये कोष आसानी से प्राप्त किया जा सके। अध्यर्थन के भुगतान के लिये परिपक्वता और मृत्यु दर को अनुमानित करके विनियोग उतनी ही अवधि का लिया जा सकता है। परन्तु आकस्मिक भुगतान का पहले से कुछ पता नहीं रहता है जिससे उनके भुगतान की समस्या हो सकती है। अत: बीमा-संस्था को चाहिए कि वह कुछ विनियोग ऐसी प्रतिभूतियों में करे जिसे सूचना देते ही रोकड़ में बदल सकें। रोकड़ प्राप्ति होने की क्षमता को तरलता का सिद्धान्त कहते हैं।

श्री बैली इस बात से पूर्ण परिचित थे कि तरलता और आय में विरोध का सम्बन्ध है। अत: उन्होंने यह बताया कि सभी विनियोग तरल प्रतिभूतियों में नहीं होना चाहिए जिससे कि लाभ भी मिल सके। कोष का एक थोड़ा हिस्सा ऐसी प्रतिभूतियों में विनियोजित किया जाये जो तरल हो और शेष अधिकांश हिस्सा ऐसी प्रतिभूतियों में हो जो रोकड़ में आसानी से न बदला जा सके जिससे व्यापार को आय प्राप्त हो। दीर्घकालीन प्रतिभूतियों में विनियोग अधिक करना चाहिए क्योंकि वहाँ पर आय अधिक मिलती है। लघुकालीन प्रतिभूतियों में बहुत थोड़ा हिस्सा विनियोजित किया जाना चाहिए। तरलता के सिद्धान्त को पूरा करने के लिये कुछ कोष लघुकालीन एवं सूचना पर देय विनियोगों में विनियोजित किया जा सकता है। लधुकालीन एवं दीर्घकालीन विनियोगों में उचित समन्वय रखना चाहिए।

तरलता सिद्धान्त नये व्यापार के लिये आवश्यक हो सकता है, परन्तु चालू और सुदृढ़ व्यापार के लिये तरलता सिद्धान्त बहुत आवश्यक नहीं हो सकता है। क्योंकि प्रत्येक दिन कुछ न कुछ रकम प्रव्याजि, ब्याज, लाभांश, विक्रय लाभ आदि के रूप में आती रहती है। दीर्घकालीन विनियोग को इस प्रकार किया जाता है जिससे कि बीमापत्र की परिपक्वता पर पर्याप्त रकम मिल जाती है। अध्यर्थन होने पर भुगतान को पूरा करने में कम से कम एक वर्ष लग जाता है, इस अवधि के अन्दर रोकड़ का प्रबन्ध किया जा सकता है। बीमा संस्था को केवल इतना प्रयास करना चाहिए कि समय-समय पर विनियोग परिपक्व होता रहे और कोष की रकम सतत प्राप्त होती रहे। यदि बीमा संस्था में लगातार रकम आती रहे तो तरलता सिद्धान्त की उतनी आवश्यकता नहीं है।

4. उपरोक्त सिद्धान्त को विभेदीकरण सिद्धान्त के अन्तर्गत शामिल किया जा सकता है। बैली ने विभेदीकरण सिद्धान्त को प्रत्यक्ष नहीं बताया है; परन्तु उनके 2, 3 और 4 सिद्धान्त से विभेदीकरण का सिद्धान्त स्पष्ट हो जाता है। यदि किसी जगह हानि होती है तो उसे दूसरे जगह के लाभ से पूरा कर सकते हैं। सुरक्षा के सिद्धान्त को विभेदीकरण से पूरा किया जा सकता है। विनियोग का विभेदीकरण विनियोग के प्रकार, औद्योगिक स्वभाव, भौगोलिक आधार, परिपक्वता का समय आदि के अनुसार किया जा सकता है। कुछ विनियोग सरकारी प्रतिभूतियों, कुछ अंश, ऋणपत्र, सम्पत्ति आदि में हो सकता है।

(5) पाँचवें सिद्धान्त के अनुसार कुछ कोष ऐसी जगह विनियोग किया जाय जिससे व्यापार में वृद्धि हो सके। इसीलिये स्वास्थ्य संस्थाओं, म्युनिस्पिल बोर्ड, प्रन्यास संस्थाओं, गृह-समितियाँ, चिकित्सालय, शिक्षण संस्थाओं में विनियोग करना जरूरी है। अच्छी आय और शिक्षा से लोगों के बीमा खरीदने के दृष्टिकोण में परिवर्तन हो जाता है। वे बीमा के प्रति जागरूक हो जाते हैं। स्वास्थ्य सेवाओं में वृद्धि होने से लोगों की मृत्यु दर में कमी आती है जिससे बीमा संस्था को शीघ्र भुगतान नहीं करना पड़ता है प्रव्याजि की रकम को कम किया जा सकता है; परिणामस्वरूप व्यापार में अधिक वृद्धि होती है। देश के उद्योगों को विकसित

करने के लिए उनमें विनियोग करना जरूरी है। इससे देश के व्यक्तियों की आय बढ़ेगी और अन्त में बीमा व्यापार बढ़ेगा।

उपरोक्त सिद्धान्त केवल व्यापार वृद्धि के दृष्टिकोण से ही उचित नहीं हैं; बल्कि सामाजिक हितों और जिम्मेदारियों के लिये भी उपरोक्त सिद्धान्त आवश्यक है। समाज की आय को समाज के हित में लगाना बीमा संस्था का परम कर्तव्य है। देशवासियों की आय को उनके हित में ही प्रयोग किया जाय इससे समाज और दीर्घकाल में व्यापार दोनों का फायदा होगा। सामाजिक हित और वर्तमान व्यावसायिक सिद्धान्त सुरक्षा, आय एवं तरलता का उचित समन्वय होना चाहिए जिससे वर्तमान व्यावसायिक हित को बनाये रखने के साथ-साथ समाज का हित भी हो सके।

विनियोग नीति को प्रभावित करने वाले तत्त्व
(Factors Affecting Investment Policy)

विनियोग नीतियों को निम्नलिखित तत्त्व प्रभावित करते हैं—

(1) आधारभूत-सिद्धान्त (Basic Principles)—विनियोग के आधारभूत सिद्धान्तों को ध्यान में रखकर विनियोग नीतियाँ बनायी जाती हैं। सुरक्षा, आय, तरलता और राष्ट्रीय हित को समन्वित रूप से अपनाते हैं जिससे व्यापार को अधिक से अधिक लाभ के साथ राष्ट्र का भी हित हो सके। सुरक्षा, आय एवं तरलता सिद्धान्त एक दूसरे के विरोध में कार्य करते हैं। जहाँ पर सुरक्षा अधिक होगी आय कम होगी और जहाँ तरलता अधिक होगी वहाँ आय कम होगी। विरोधी सिद्धान्तों को अपनाने के लिए विभेदीकरण का सिद्धान्त अपनाया जाता है जिससे विभिन्न विनियोगों में कोष विनियोजित करके इन सभी सिद्धान्तों का यथोचित पालन हो सके। इनका वर्णन पिछले अनुच्छेदों में किया जा चुका है।

(2) प्रबन्ध का दृष्टिकोण (Outlook of the Management)—विनियोग नीति को प्रभावित करने में प्रबन्ध का दृष्टिकोण अत्यन्त प्रभावशाली है। यदि प्रबन्ध लाभ को अपना मुख्य उद्देश्य बनाये है तो विनियोग लाभकारी प्रतिभूतियों में अधिक होगा। इसी प्रकार यदि प्रबन्ध का दृष्टिकोण सामाजिक हित की पूर्ति करना है तो कोष का अधिकांश भाग सामाजिक हितों को पूरा करने के लिए प्रयोग किया जायेगा। प्रबन्ध का दृष्टिकोण प्रबन्धकों एवं संचालकों के व्यक्तिगत निर्णय पर आधारित है। संस्था के उद्देश्यों को ध्यान में रखकर उन्हें अपना निर्णय लेना चाहिए। इस प्रकार प्रबन्धक के निजी निर्णय और संस्था के उद्देश्य पर विनियोग नीतियाँ आधारित होती हैं।

(3) वर्तमान विनियोग का रूप (Present Composition of the Investment)—वर्तमान विनियोग की स्थिति और रूप पर विनियोग नीति आधारित होती है। जहाँ पर सरकारी प्रतिभूतियों में अधिक विनियोग किया गया है वहाँ उसमें विनियोग की आवश्यकता नहीं रहती है। अन्य नयी प्रतिभूतियों में विनियोग करने की जरूरत पड़ती है। यदि अंश पूँजी एवं ऋणपत्र की मात्रा अधिक है तो उसमें विनियोग नहीं किया जायेगा। सरकारी प्रतिभूतियों में विनियोग करना जरूरी होगा।

(4) प्रतिभूतियों की प्राप्ति (Availability of Various Securities)—विनियोग निश्चित करने के लिए उपलब्ध प्रतिभूतियों पर विचार करना पड़ता है। जिन प्रतिभूतियों में विनियोग का निर्णय लिया जा रहा है यदि वे प्रतिभूतियाँ उपलब्ध नहीं होंगी, तो ऐसी विनियोग नीति का कोई व्यावहारिक अर्थ नहीं होगा। उदाहरण के लिए द्वितीय विश्व युद्ध में औद्योगिक प्रतिभूतियों का अभाव था जिससे उसमें विनियोग करना

सम्भव नहीं था। उस समय सरकारी प्रतिभूतियाँ अधिक मात्रा में उपलब्ध थीं जिससे उनमें विनियोग करना उचित समझा गया था।

(5) कोष की पर्याप्तता (Adequacy of Funds)—विनियोग नीति निश्चित करते समय कोष पर ध्यान देना जरूरी है। यदि बीमा संस्था के पास पर्याप्त कोष नहीं है, तो ऐसी प्रतिभूतियों में अधिक विनियोजन करना होगा जिसको आसानी से रोकड़ में बदला जा सके। नयी संस्थाओं को कोष की सुरक्षा का अधिक ध्यान रखना पड़ता है जबकि पुरानी संस्थायें जिनके पास पर्याप्त कोष संचित हो जाता है तरलता एवं सुरक्षा को अधिक श्रेय नहीं देना पड़ता है। वे अपना कोष लाभकारी प्रतिभूतियों में विनियोजित कर सकते हैं।

(6) सामाजिक एवं आर्थिक आवश्यकता (Socio-Economic Needs)—देश की सामाजिक एवं आर्थिक आवश्यकताओं को ध्यान में रखकर विनियोग नीति निश्चित की जाती है। यदि समाज में पिछड़े क्षेत्रों एवं जातियों को विकसित करने का उद्देश्य है, तो बीमा संस्था को अपने कोष ऐसी जगह विनियोजित करना चाहिए जहाँ पर अधिक से अधिक पिछड़े वर्गों और जातियों का हित हो सके। गृह निर्माण योजना में योगदान देने का उद्देश्य यदि बनाया गया होगा, तो बीमा संस्था गृह निर्माण में अधिक विनियोग करेगी।

(7) परिसीमायें (Limitations)—विनियोग नीति को निश्चित करने के लिये परिसीमाओं को ध्यान रखना चाहिए। परिसीमायें वैधानिक और स्वत: पारित हो सकती हैं।

(क) वैधानिक परिसीमायें (Legal Limitations)—बीमापत्रधारियों की सुरक्षा के लिए राज्य द्वारा कुछ नियम बनाये जाते हैं जिनका पालन करना बीमा संस्था के लिए आवश्यक है। बीमा संस्थाओं को उन प्रतिभूतियों में विनियोग करना चाहिए जिनके मूल्य में बहुत परिवर्तन न होता हो। इसके लिए सरकारी प्रतिभूतियों में विनियोग करना जरूरी है। भारत में बीमा अधिनियम 1938 के अनुसार नियन्त्रित कोष का कम से कम 50 प्रतिशत कोष सरकारी प्रतिभूतियों में विनियोग करना चाहिए। निजी प्रतिभूतियों में नियन्त्रित कोष का अधिक से अधिक 15 प्रतिशत कोष विनियोग किया जा सकता है।

(ख) स्वत: पारित परिसीमायें (Self-Imposed Limitations)—बीमा संस्थायें स्वयं कुछ परिसीमायें निश्चित करती हैं। ये परिसीमायें पिछले अनुभव और पद्धति के आधार पर निर्धारित होती हैं। बीमा संस्था स्वयं अपनी स्थिति, देश की स्थिति, विनियोग योग्य कोष आदि के आधार पर परिसीमायें निश्चित करती हैं। पिछली पद्धतियों के आधार पर कोष का विनियोग किया जाता रहता है।

विनियोग के प्रकार (Types of Investment)—नियन्त्रित कोष निम्न प्रकार की प्रतिभूतियों में विनियोजित किया जा सकता है—

(1) सरकारी प्रतिभूतियाँ (Government Securities)—सरकारी प्रतिभूतियों में केन्द्रीय सरकार, राज्य सरकार एवं स्थानीय संस्थाओं द्वारा निर्गमित प्रतिभूतियाँ शामिल की जाती हैं। सरकारी प्रतिभूतियों के मूल्यों में अधिक उतार-चढ़ाव नहीं होते हैं जिससे ये प्रतिभूतियाँ अपेक्षाकृत अधिक सुरक्षित होती हैं। इन प्रतिभूतियों पर आय कम मिलती है। केन्द्रीय सरकार की प्रतिभूतियाँ राज्य सरकार एवं स्थानीय संस्थाओं (Local Bodies) की तुलना में अधिक होती हैं तथा राज्य सरकार की प्रतिभूतियाँ स्थानीय संस्थाओं से अधिक सुरक्षित होती हैं। इन्हीं कारणों से सरकारी प्रतिभूतियों में विनियोग करना जरूरी है।

(2) औद्योगिक प्रतिभूतियाँ (Industrial Securities)—औद्योगिक प्रतिभूतियों में औद्योगिक इकाइयों और लोक उपयोगी संस्थाओं के अंश और ऋणपत्र आते हैं। इन प्रतिभूतियों में सार्वजनिक और निजी क्षेत्रों के भी अंश एवं ऋणपत्र शामिल होते हैं। सरकारी प्रतिभूतियों की तुलना में इसमें आय अधिक होती है; परन्तु सुरक्षा कम होती है। ये प्रतिभूतियाँ अंश बाजार में स्वतन्त्र रूप से क्रय-विक्रय की जाती हैं। इन प्रतिभूतियों में विनियोग करने से सामाजिक एवं आर्थिक हितों में वृद्धि होती है। विभेदीकरण के सिद्धान्तों को अच्छी तरह पूरा कर सकते हैं। उद्योग, औद्योगिक एवं प्रतिभूतियों के स्वभाव के अनुसार विकेन्द्रीकरण किया जा सकता है। अंश और ऋणपत्रों में उतनी सुरक्षा नहीं होती है जितनी कि सरकारी प्रतिभूतियों में होती है। इसमें आय अधिक होती है। ऋणपत्र अंशों की तुलना में अधिक सुरक्षित होते हैं यद्यपि कि आय अपेक्षाकृत कम होती है। विशेषाधिकार अंश (Preferences Share) साधारण अंशों (Equity Shares) की तुलना में अधिक सुरक्षित हैं लेकिन आय निश्चित रहती है। साधारण अंश की आय में उतार-चढ़ाव अधिक होता है। कभी-कभी आय बहुत अधिक होती है और कभी-कभी बिल्कुल आय नहीं होती है; अत: अंश में विनियोग तभी किया जाय जबकि ये अंश किसी मजबूत एवं संगठित संस्था द्वारा निर्गमित किये गये हों। चालू एवं सुदृढ़ संस्थाओं के अंशों में कुछ कोष विनियोजित किये जा सकते हैं।

अंश एवं ऋणपत्रों में विनियोग करने के लिए सुरक्षा की सम्भावना, आय की दर, व्यापार का स्वभाव, संस्था की स्थिति एवं प्रगति की आशा का मूल्यांकन करना आवश्यक होता है। उन संस्थाओं की प्रतिभूतियों में विनियोग नहीं करना चाहिए जो कि सट्टे पूर्ण पेशे में संलग्न हों। जिन संस्थाओं की प्रतिभूतियों में विनियोग किया जाना है उनकी वित्तीय स्थिति का मूल्यांकन करना चाहिए।

3. बन्धक पर ऋण (Loan on Martgage)—भूमि और भवन के बन्धक पर ऋण दिया जा सकता है। इस प्रकार के विनियोग में सुरक्षा अधिक होती है लेकिन आय निश्चित रहती है। ऋण देने के लिये भूमि और भवन के मूल्यों पर ध्यान देना चाहिए। यदि इनमें बहुत अधिक परिवर्तन हो रहा है तो उनमें विनियोग नहीं किया जाना चाहिए। न्यूनतम मूल्य से कम ऋण देना चाहिए। भूमि और भवन के 70 से 80 प्रतिशत मूल्य से अधिक ऋण नहीं दिया जाता है। इनमें विनियोग से आय, विभेदीकरण और सुरक्षा सिद्धान्त का पालन होता है। समाज के हितों को भी बढ़ाया जा सकता है। गृह निर्माण योजना के लिये यह विनियोग अधिक उपयुक्त है। जीवन बीमा निगम द्वारा जनता एवं अपने कर्मचारियों को गृह प्राप्त करने के लिये बन्धक पर ऋण दिया जाता है। इस विनियोग में तरलता अधिक नहीं होती है क्योंकि आवश्यकता के समय इन्हें बेचना सम्भव नहीं हो पाता है। इन पर दिये गये ऋण की वसूली आसानी से नहीं हो पाती है।

4. वास्तविक सम्पत्ति (Real Estate)—वास्तविक सम्पत्ति में भूमि और भवन सम्पत्ति को शामिल करते हैं। इन सम्पत्तियों में विनियोग केवल बीमा व्यवसाय चलाने के लिये किया जाना चाहिए। अधिक रकम लगाकर उन्हें किराये पर उठाना या उनका क्रय-विक्रय करना बीमा संस्था के लिये लाभकारी नहीं होगा। इन सम्पत्तियों का कोई निश्चित बाजार नहीं होता है जिससे क्रय-विक्रय नहीं किया जा सकता है। इसमें सुरक्षा, तरलता

और आय अधिक नहीं होती है। अत: केवल कार्यालय के लिये इन सम्पत्तियों को प्राप्त किया जाता है।

5. बीमापत्र-ऋण (Policy Loans)—बीमापत्र के समर्पित मूल्य पर ऋण प्रदान किया जाता है। इससे बीमापत्रधारियों को लाभ होता है। सुरक्षा, आय, विभेदीकरण और सामाजिक हित के सिद्धान्तों का पालन किया जाता है। बीमापत्र की जमानत पर दिये गये ऋण यदि वापस न हुए तो बीमा संस्था उस समर्पित को प्रयोग कर सकता है, लेकिन यदि बीमापत्र चालू रहता है तो उसके समर्पित मूल्य का प्रयोग किया जा सकता है।

6. अन्य विनियोग (Other Investments)—अन्य विनियोगों में रोकड़, फर्नीचर, अदत्त खर्चे आदि शामिल होते हैं, ये विनियोग व्यवसाय चलाने के लिये किये जाते हैं। इन विनियोगों को सीमित रूप से किया जाता है क्योंकि इनसे कोई विशेष आय नहीं प्राप्त होती है। ये विनियोग उतनी ही मात्रा में किये जाते हैं जितना कि व्यवसाय चलाने के लिये आवश्यक है।

अध्याय 41

लागत-नियन्त्रण
(Cost-Control)

बीमा संस्था में लागत नियन्त्रण एक महत्वपूर्ण विषय है। प्रत्येक विभाग के लागत का नियन्त्रण करना आवश्यक है। यहाँ पर निम्नलिखित लागत के विषय में विचार किया जायेगा—

(1) आय और व्यय
(2) प्रव्याजि आय
(3) प्रबन्ध के खर्चे
(4) व्यापार और खर्चे
(5) अभिकर्तृत्व लागत नियन्त्रण

1. आय और व्यय का विश्लेषण (Analysis of Income and Outgo)—बीमा संस्था की सम्पूर्ण आय और व्यय का नियन्त्रण एक दूसरे से तुलना करके किया जाता है। आय की कुल रकम और कुल व्यय की तुलना से यह स्पष्ट हो जायेगा कि व्यय अधिक है या नहीं। व्यय अधिक है तो उसके कारणों का पता लगाना चाहिए। पिछले वर्षों से तुलना करके आय और व्यय के अन्तर की दिशा का पता लगाया जाता है। यह अन्तर जितना बढ़ता जायेगा बीमा संस्था की वित्तीय स्थिति उतनी ही खराब होगी। आय और व्यय की तुलना सूचकांक बनाकर की जा सकती है। व्यय को आय के प्रतिशत के रूप में भी निकाल कर तुलना करते हैं।

आय (Income)—आय और व्यय के प्रत्येक अंगों का अलग-अलग विश्लेषण करना चाहिए। जिस आय की वृद्धि नहीं हो रही है उसे वृद्धि करने का प्रयास करना चाहिए। आय को तीन भागों में बाँटा जा सकता है—(i) प्रव्याजि आय, (ii) ऋण सम्पत्ति और विनियोग से आय, (iii) अन्य प्राप्ति (Receipts) प्रव्याजि आय को दो भागों में बाँट सकते हैं (क) प्रथम वर्ष की प्रव्याजि और (ख) अगले वर्षों की प्रव्याजि, प्रव्याजि में जितनी अधिक वृद्धि होगी आय उतनी ही अधिक होती जायेगी। प्रव्याजि की दर बढ़ाने का प्रयास नहीं करना चाहिए बल्कि प्रव्याजि की कुल आय में वृद्धि करने का प्रयास करना चाहिए। प्रव्याजि की कुल आय में तभी वृद्धि होगी जबकि व्यापार में वृद्धि होगी। व्यापार बढ़ाने का लगातार प्रयास किया जाना चाहिए।

(ii) ऋण, सम्पत्ति और विनियोग की आय में वृद्धि करने का प्रयास किया जाना चाहिए। विनियोग ऐसी जगह एवं मदों में किया जाये जिससे अधिक से अधिक लाभ मिल सके और सुरक्षा को भी बनाये रखा जा सके। वर्तमान समय में सामाजिक हितों को पूरा करने के लिये विनियोग करना आवश्यक है। उन मदों में विनियोग करने से जो हानि हो उसे दूर करने का प्रयास किया जाना चाहिए। बीमापत्रधारियों को समय-समय पर भुगतान करना पड़ता है; विनियोग इस प्रकार क्रम से किया जाये जिससे विनियोग की परिपक्वता समय-समय पर होती रहे। विनियोग को तरल भी होना चाहिए जिससे आकस्मिक आवश्यकताओं को पूरा करने के लिये पर्याप्त रकम मिल सके।

(iii) अन्य प्राप्तियों की आय उतनी अधिक नहीं होती है और यह आय नियमित भी नहीं होती है। अतः आय बढ़ाने के लिये इन पर निर्भर नहीं रहा जा सकता है। इन आय में सम्पत्ति के विक्रय पर प्राप्त आय मुख्य है।

व्यय (Outgo)—बीमा संस्था से कोष का निगमन (Outgo) कई रूपों में होता है। इनको दो भागों—(अ) भुगतान एवं (ब) खर्चों में बाँटा जाता है। भुगतान को तीन भागों—(i) अध्यर्थन, (ii) समर्पण और (iii) वार्षिकी का भुगतान में विभाजित किया गया है।

(i) अध्यर्थन (Claims)—अध्यर्थन के भुगतान में कमी स्वास्थ्य में वृद्धि तथा उत्तम बीमापात्रों की खोज के आधार पर की जा सकती है। अध्यर्थन की रकम में जितनी कमी होगी आय उतनी ही अधिक होगी; परन्तु यह कमी विलम्ब या भुगतान न देकर नहीं होनी चाहिए। कमी का कारण व्यक्तियों की मृत्यु दर में कमी से है। अध्यर्थन का अधिकांश भुगतान मृत्यु पर किया जाता है। यद्यपि कि परिपक्वता के कारण भी भुगतान होते हैं। व्यक्तियों का स्वास्थ्य और जीवन स्तर जितना अधिक होता है, मृत्यु के कारण भुगतान उतना कम करना पड़ता है। यही कारण है बीमा संस्थायें अपने कोष का कुछ हिस्सा ऐसी जगह विनियोजित करती हैं जिससे व्यक्तियों के स्वास्थ्य में वृद्धि हो सके और उनका जीवन स्तर ऊँचा हो सके।

समर्पण मूल्य के कारण भी भुगतान करने पड़ते हैं। समर्पण के समय भुगतान करने पर बीमा संस्था को हानि होती है, अतः समर्पण को कम करने का प्रोत्साहन करना चाहिए। जितने खर्च पहले किये जा चुके हैं वे सभी खर्चे समर्पण के कारण पूरे नहीं हो पाते हैं। खर्चों के पूरा न होने पर बीमा संस्था को हानि होगी। वार्षिकी भुगतान को भी नियन्त्रित करना चाहिए।

(ii) खर्चे (Expenses)—प्रबन्ध खर्चों को तीन भागों—(क) अभिकर्ता का कमीशन, (ख) कर्मचारियों के वेतन एवं अन्य लाभ तथा (ग) अन्य खर्चों में बाँटा गया है। अभिकर्ताओं के कमीशन पर नियन्त्रण रखना जरूरी है क्योंकि अनियन्त्रित रूप से किये गये खर्चे समाज और संस्था दोनों के लिये व्यर्थ होते हैं। कर्मचारियों के वेतन एवं अन्य लाभ पर पूर्ण नियन्त्रण जरूरी है। कर्मचारियों के वेतन को चालू व्यापार, भुगतान की राशि, विनियोग पर आय आदि से तुलना करके नियन्त्रित किया जाता है। अन्य खर्चों में बीमा संस्था की अन्य दूसरे खर्चे जैसे विनियोग के लिये किये गये खर्चे, सम्पत्ति का क्रय आदि आते हैं।

2. प्रव्याजि आय का विश्लेषण (Analysis of Premium Income)—प्रव्याजि प्राप्त करने का उद्देश्य खर्चे को पूरा करने के साथ अध्यर्थन का भुगतान करना है। प्रव्याजि इतनी पर्याप्त हो कि अध्यर्थन का भुगतान आसानी से किया जा सके। बीमा संस्था को यह देखना पड़ता है कि प्रव्याजि की रकम अधिक न प्राप्त की जाए अन्यथा व्यापार में कमी हो जायेगी। आवश्यकता से कम प्रव्याजि होने पर खर्चों को पूरा नहीं किया जा सकेगा और अध्यर्थन के भुगतान में परेशानी होगी। अध्यर्थन के लिये ली जाने वाली प्रव्याजि को शुद्ध प्रव्याजि (Net Premium) और खर्चों के लिये ली जाने वाली प्रव्याजि को भारण (Loading) कहते हैं। इन दोनों को मिलाकर कुल प्रव्याजि (Gross Premium) होती है जिसे बीमापत्रधारियों से प्राप्त किया जाता है। प्रव्याजि का निर्धारण एक कठिन कार्य है। इसके निर्धारण में मृत्यु दर खर्चे और विनियोग पर प्राप्त आय को आधार माना जाता है। मृत्यु की सम्भावना के आधार पर मृत्यु दर निश्चित करते हैं। शुद्ध प्रव्याजि की गणना में मृत्यु दर और ब्याज दर को आधार बनाया जाता है। खर्चों के आधार पर कुल प्रव्याजि

की गणना की जाती है। प्रव्याजि का भुगतान वार्षिक, अर्द्ध-वार्षिक, त्रैमासिक या मासिक किस्तों में किया जाता है। वार्षिक प्रव्याजि की गणना करके प्रव्याजि तालिका तैयार कर ली जाती है जिसे अर्द्धवार्षिक, त्रैमासिक या मासिक किस्तों में बदल लेते हैं। प्रव्याजि की रकम खर्चों और अध्यर्थन के लिये आवश्यक रकम से अधिक या कम नहीं होना चाहिए।

प्रव्याजि आय का विश्लेषण चालू व्यापार, कुल आय, विनियोग आय, अध्यर्थन की रकम, कुल खर्चे तथा अन्य खर्चों से तुलना करके किया जाता है।

(i) प्रव्याजि और चालू व्यापार (Premium Income and Business in Force)—प्रव्याजि आय चालू व्यापार पर आधारित है। यदि चालू व्यापार अधिक होगा तो प्रव्याजि की रकम भी अधिक होगी। चालू व्यापार के कम होने पर प्रव्याजि की रकम भी कम होगी। चालू व्यापार की तुलना में यदि प्रव्याजि आय अधिक हुई तो प्रव्याजि वृद्धि का ही कारण नहीं हो सकती है। प्रव्याजि बढ़ने का कारण व्यापार में स्थायित्व या महँगी बीमापत्र बेचने या प्रव्याजि देने की संख्या में वृद्धि हो सकती है प्रथम वर्ष की प्रव्याजि का प्रभाव सम्पूर्ण व्यापार पर पड़ता है। यदि प्रव्याजि की रकम चालू व्यापार में तुलना में कम हो गयी तो बीमा संस्था की वित्तीय स्थिति पर प्रतिकूल प्रभाव पड़ सकता है। प्रव्याजि की आय में कमी होने के कारणों का पता लगाना चाहिए और उसे दूर करने का प्रयास करना चाहिए।

(ii) कुल आय का प्रतिशत (Percentage of Total Income)—प्रव्याजि की आय का नियन्त्रण कुल आय से तुलना करके किया जा सकता है। यदि प्रव्याजि कुल आय की तुलना में बढ़ रही है तो इससे स्पष्ट हो जाता है कि प्रव्याजि की आय में वृद्धि हुई है। इसके विपरीत यदि प्रव्याजि कुल आय की तुलना में कम हो जाती है तो प्रव्याजि की कमी इसका मुख्य कारण है। व्यापार की सफलता तब होगी जबकि व्यापारिक आय में वृद्धि होती रहे। बीमा संस्था में व्यापारिक आय प्रव्याजि है। अत: इसके बढ़ने से व्यापार की वृद्धि का अनुमान लगाया जाता है।

(iii) विनियोग की आय से तुलना (Comparison with Income from Investment)—ऋण, सम्पत्ति और विनियोग की आय में वृद्धि होने से व्यापार की आय में कुल वृद्धि होती है। विनियोग की आय को प्रव्याजि की आय से तुलना करके यह निश्चित करते हैं कि प्रव्याजि की आय में वृद्धि हो रही है या नहीं। यदि विनियोग की आय प्रव्याजि की आय की तुलना में अधिक तेजी से बढ़ रही है तो कोष के विनियोग की सफलता का द्योतक है। विनियोग आय में अधिक से अधिक वृद्धि की जा सकती है और यदि बीमा संस्था इसके लिए प्रयास करे तो इससे अधिक से अधिक आय बढ़ सकती है। इस आय पर बीमा संस्था को अधिक आश्रित नहीं रहना चाहिए अन्यथा बीमा संस्था एक वित्तीय संस्था के रूप में कार्य करेगी और बीमा संस्था का काम नहीं कर पायेगी। प्रव्याजि की आय और विनियोग की आय में उचित सन्तुलन होना चाहिए।

(iv) अध्यर्थन से तुलना (Comparison with Claims)—प्रव्याजि की रकम अध्यर्थन की रकम से अधिक होना चाहिए। अध्यर्थन में वृद्धि की दर प्रव्याजि में वृद्धि की दर से अधिक नहीं होना चाहिए। प्रव्याजि की तुलना में अध्यर्थन में वृद्धि नहीं होनी चाहिए। यदि अध्यर्थन की रकम प्रव्याजि की तुलना में अधिक बढ़ रही है तो बीमा संस्था को इससे हानि होगी। इसके कारण 'अभाव' (Deficit) हो सकता है।

(v) खर्चे से तुलना (Comparison with Expenses)—खर्चे की तुलना में प्रव्याजि की आय अधिक होनी चाहिए। यदि खर्चे प्रव्याजि की तुलना में अधिक तेजी से बढ़ रहे होंगे तो बीमा संस्था को हानि होगी। प्रबन्ध खर्चे जितने कम होंगे व्यापार को उतना ही अधिक लाभ होगा। प्रव्याजि की आय को खर्चे से तुलना करके यह देखना चाहिए कि खर्चे में वृद्धि कम या अधिक है। खर्चे में वृद्धि के कारण का पता लगाना चाहिए और उसे दूर करने का प्रयास करना चाहिए।

3. प्रबन्ध के खर्चे (Expenses of Management)—खर्चों के विश्लेषण से यह पता लगता है कि खर्चों पर उचित नियन्त्रण है या नहीं अनियोजित एवं अनियन्त्रित खर्चे से व्यापार की लागत बढ़ जाती है। खर्चे में वृद्धि होने से प्रव्याजि की दर में वृद्धि हो जायेगी और परिणामस्वरूप व्यापार में कमी हो जायेगी। बढ़ी हुई लागत से व्यापार को हानि होगी और साथ ही साथ पूरे समाज को भी हानि होगी। बढ़ी हुई लागत के कारण प्रव्याजि में वृद्धि हो जायेगी जिससे बीमापत्रधारियों को अधिक भुगतान करना पड़ता है। प्रव्याजि को जितना हो सके कम करना चाहिए। खर्चों पर नियन्त्रण करने के लिए बीमा कन्ट्रोलर को अधिकार सौंपा गया है। उसके पास खर्चों का पूरा विवरण देना चाहिए। मृतक दर, ब्याज दर, खर्चे और बोनस भारण के आधार पर प्रव्याजि का निर्धारण किया जाता है। इन खर्चों को सीमित करने का प्रयास किया जाना है। एक निर्धारित सीमा से अधिक खर्चे नहीं करना चाहिए।

4. व्यापार और खर्चे (Business and Expenses)—खर्चे की तुलना चालू व्यापार एवं नये व्यापार से करनी चाहिए। चालू व्यापार या नये व्यापार की तुलना में खर्चे नहीं बढ़ना चाहिए। यदि खर्चे बढ़ रहे हों तो उसके कारणों का पता लगाना चाहिए। उनको दूर करने का प्रयास करना चाहिए। व्यापार के उद्देश्यों के अनुसार बीमा की लागत का विश्लेषण किया जाना चाहिए।

5. अभिकर्तृत्व लागत (Agency Cost)—अभिकर्तृत्व लागत नियन्त्रण बहुत आवश्यक है। प्रबन्ध खर्चों को नियन्त्रित करने के लिये यह जरूरी है कि एजेन्सी लागत पर प्रभावपूर्ण नियन्त्रण हो। भविष्य एवं वर्तमान खर्चों का विश्लेषण करके उसकी दिशा का पता लगाना चाहिए। बीमा संस्था में एजेन्सी लागत महत्त्वपूर्ण खर्च है; यदि इसे नियन्त्रित न किया गया तो बीमा की लागत बढ़ती जायेगी। बीमा संस्था की क्षमता एवं योग्यता एजेन्सी लागत पर निर्भर है। यदि लागत कम होगी, तो क्षमता में वृद्धि होगी और लागत अधिक होने पर क्षमता में वृद्धि नहीं होने पायेगी। लागत विश्लेषण के आधार पर भविष्य के व्यापार और लागत का अनुमान लगाया जा सकता है।

एजेन्सी लागत नियन्त्रण का महत्व (Importance of Agency Cost Control)—अभिकर्तृत्व लागत नियन्त्रण से व्यापार को विकसित किया जा सकता है। अयोग्यता एवं अपव्ययता को दूर किया जा सकता है। भविष्य के कार्यों की रूप-रेखा बनायी जा सकती है और उसी प्रकार खर्चों को पूरा करने का प्रावधान किया जा सकता है। एजेन्सी लागत के नियन्त्रण की जिम्मेदारी शाखा प्रबन्धक के ऊपर रहती है। विभाग के सम्पूर्ण एजेन्सी लागत पर सहायक विभागीय प्रबन्धक (विकास) नियन्त्रण रखता है। खर्चों का बजट पहले से बनाकर उसी के अनुसार विकास कार्यों को पूरा करता है। एक स्वस्थ

एवं प्रभावपूर्ण प्रबन्ध में एजेन्सी लागत का नियन्त्रण होना जरूरी है। खर्चों को उचित और आर्थिकता के साथ पूरा करना चाहिए। प्रत्येक खर्चों को इस प्रकार करना चाहिए जिससे पर्याप्त एवं प्रभावपूर्ण परिणाम प्राप्त हो सके। लागत और परिणाम की तुलना करके लागत के औचित्य की जाँच की जा सकती है। प्रत्येक अभिकर्ता के लिये किये गये खर्चे और उसके द्वारा प्राप्त व्यापार की तुलना करके यह पता लगाया जा सकता है कि खर्चे कहाँ तक उचित हैं। खर्चे हमेशा एक निश्चित सीमा के अन्दर होना चाहिए। लागत नियन्त्रण प्रत्येक अभिकर्ता, विकास अधिकारी और शाखा प्रबन्धक की कार्य क्षमता का मूल्यांकन करता है।

एजेन्सी लागत नियन्त्रण से प्राप्त सूचनायें (Findings of Agency Cost Analysis)—एजेन्सी लागत नियन्त्रण से यह पता लगता है कि नये व्यापार पर प्रति हजार बीमित रकम पर एजेन्सी लागत क्या है? इससे यह पता लग सकता है कि खर्चे के अनुरूप प्रत्येक वर्ष नये व्यापार में कितनी वृद्धि की जा सकती है। केवल उतने ही नये व्यापार प्राप्त किया जाना चाहिए जिससे प्रति इकाई लागत में वृद्धि न हो सके। औसत बीमापत्र पर कितना खर्च पड़ता है? नवकरण प्रव्याजि को एकत्र करने से कितना खर्च करना चाहिए? नये व्यापार प्राप्त करने में अधिक से अधिक कितना खर्च कर सकता है?

एजेन्सी लागत नियन्त्रक के तरीके (Methods of Agency Cost Control)—एजेन्सी लागत को नियन्त्रण करने के लिए एजेन्सी लागत को निम्न ती। भागों में बाँटा गया है—

1. नवकरण खर्चे (Renewal Expenses)—चालू व्यापार के सम्बन्ध में प्रव्याजि एकत्र करने के खर्चे इस श्रेणी में आते हैं। मकान किराया, पत्र व्यवहार, स्टेशनरी, टेलीफोन, यात्रा आदि खर्चों का जितना हिस्सा इस उद्देश्य के लिये होगा उसे एकत्र करके कुल नवकरण खर्चे मालूम कर लेते हैं। नवकरण खर्चों और चालू व्यापार का प्रतिशत निकालकर यह पता लगाते हैं कि चालू व्यापार का कितना प्रतिशत नवकरण खर्चा है? इस प्रतिशत को पिछले वर्ष के नवकरण खर्च के प्रतिशत से तुलना करके खर्चे की दिशा को मालूम करते हैं। यदि खर्चे का यह प्रतिशत बढ़ता होगा तो उसे कम करने का प्रयास किया जाता है। नवकरण खर्चे का विश्लेषण निम्न आधार पर किया जाता है—

(i) प्रति-प्रव्याजि एकत्र करने की लागत (Cost Per Collection)—प्रत्येक प्रव्याजि को एकत्र करने में कितनी लागत पड़ती है इसका अनुमान लगाया जाता है। यदि एकत्र करने की लागत बढ़ती जा रही है तो व्यापार को इससे हानि होगी। व्यापार के लाभ को बढ़ाने के लिए यह जरूरी है प्रति प्रव्याजि के एकत्र करने की लागत स्थायी रहे या उसे बढ़ने न दिया जाय।

(ii) प्रति बीमापत्र लागत (Cost Per Policy)—प्रत्येक बीमापत्र पर प्रव्याजि प्राप्त करने की लागत की गणना करनी चाहिए। बीमापत्र पर प्रव्याजि एकत्र करने की लागत की दर बढ़नी नहीं चाहिए। यदि यह दर बढ़ रही है तो उसके कारणों का पता लगाना चाहिए तथा उसे दूर करने का प्रयास करना चाहिए।

(iii) प्रव्याजि की रकम और नवकरण खर्चे (Premium and Renewal Expenses)—नवकरण खर्चे को कुल प्रव्याजि का प्रतिशत निकालना चाहिए और इस प्रतिशत की तुलना पिछले वर्ष के प्रतिशत खर्चे से करनी चाहिए जिससे यह पता लग सके कि नवकरण खर्चे बढ़ रहे हैं या घट रहे हैं। नवकरण खर्च प्रतिशत का एक स्तर पिछले 5 या 10 वर्ष के प्रतिशत का औसत लेकर निकाला जा सकता है। इस औसत नवकरण खर्च प्रतिशत (Reneval Expenses Percentage) से तुलना करके यह पता लगाना चाहिए कि प्रतिशत में वृद्धि क्यों हो रही? बढ़ते हुए प्रतिशत को कम करने का प्रयास करना चाहिए।

नवकरण खर्च प्रतिशत
(Renewal Expenses Percentage)

(क) प्रति बीमापत्र पर नवकरण खर्च प्रतिशत—

$$= \frac{\text{प्रति बीमापत्र लागत}}{\text{प्रति बीमापत्र प्रव्याजि}} \times 100$$

(ख) सम्पूर्ण व्यापार के नवकरण खर्च प्रतिशत—

$$= \frac{\text{नवकरण खर्चे}}{\text{नवकरण प्रव्याजि}} \times 100$$

उपरोक्त प्रतिशत से प्रति बीमापत्र पर नवकरण खर्चों को भी नियन्त्रित कर सकते हैं। पिछले वर्षों के प्रतिशत से तुलना करके ऐसा किया जा सकता है। सम्पूर्ण व्यापार के नवकरण खर्च प्रतिशत से प्रमाणित लागत (Standard Cost) तैयार कर सकते हैं और इस प्रमाणित लागत से तुलना करके अन्तर के कारण को स्पष्ट कर सकते हैं।

(iv) प्रतिशत लागत प्रति एकत्रित प्रव्याजि (Percentage Cost per Collection)—प्रति एकत्रित प्रव्याजि पर प्रतिशत लागत की गणना करनी चाहिए। इससे यह पता लग सकता है कि औसत या प्रमाणित लागत क्या है? इस प्रमाणित लागत से तुलना करके वर्तमान वर्ष की लागत की अधिकता या कमी का पता लग सकता है।

प्रतिशत लागत प्रति एकत्रित प्रव्याजि—

$$= \frac{\text{कुल नवकरण खर्चे}}{\text{कुल एकत्रित प्रव्याजि की संख्या}} \times 100$$

प्रति इकाई या एकत्रित प्रव्याजि के खर्चे से एजेन्सी के लाभ का पता लग सकता है। प्रति इकाई लागत (Cost per Collection) जितनी कम होगी व्यापार की लाभ क्षमता उतनी ही अधिक होगी। प्रति इकाई जितनी अधिक प्रव्याजि एकत्र होगी, लाभ-क्षमता (profitabilty) उतनी ही अधिक होगी। उत्तम व्यापार में प्रति इकाई एकत्रीकरण लागत हमेशा कम होती है; अत: उत्तम व्यापार को प्राप्त करने का प्रयास करना चाहिए।

2. सामान्य खर्चे (Routine Expenses)—सामान्य खर्चे में नये व्यापार की जाँच करने, आवेदन पत्र को भेजने, नये प्रव्याजि को एकत्र करने, बीमापत्र की जाँच करने, बीमापत्रधारियों की सेवा कार्य, अभ्यर्थन के भुगतान आदि अनेक खर्चे आते हैं। इन खर्चों का अलग-अलग विश्लेषण करना चाहिए जिससे यह पता लग सके कि प्रत्येक खर्चे नियन्त्रित रूप से किये जा रहे हैं या नहीं। सामान्य खर्चों के कुछ प्रमुख विश्लेषण पद्धतियों को आगे बताया जा रहा है—

(i) खर्च प्रति बीमापत्र की औसत रकम (Expenses per Average Size of Policy)—बीमापत्र की औसत रकम के अनुसार खर्चों का विश्लेषण किया जाता है। इसको निम्न प्रकार बता सकते हैं—

$$= \frac{\text{औसत सामान्य खर्चे}}{\text{बीमापत्र की औसत रकम}}$$

औसत सामान्य खर्चे का निर्धारण बीमापत्र की संख्या के अनुसार करते हैं। कुल सामान्य खर्चे को बीमापत्र की संख्या से भाग देकर औसत सामान्य खर्चे निकाले जाते हैं। इसी प्रकार बीमापत्र की औसत रकम का भी निर्धारण करते हैं। इन औसत खर्चों की एक दूसरे से तुलना करके सामान्य खर्चों का नियन्त्रण कर सकते हैं।

(ii) प्रति हजार औसत प्रव्याजि (Average Premium per Thousand)—बीमा की रकम के अनुसार प्रव्याजि का मूल्यांकन किया जाना चाहिए; इसकी गणना की विधि निम्न प्रकार है—

$$= \frac{\text{औसत प्रव्याजि}}{\text{बीमा की रकम प्रति हजार}}$$

(iii) प्रति बीमापत्र औसत प्रव्याजि (Average premium per Policy)—प्रति बीमापत्र पर औसत प्रव्याजि की गणना करके प्रव्याजि आय में वृद्धि की दिशा का मूल्यांकन किया जा सकता है। प्रव्याजि की आय प्रति बीमापत्र पर जितनी अधिक होगी उतना ही लाभ होगा। इसकी गणना निम्न प्रकार की जाती है।

$$= \frac{\text{प्रव्याजि की कुल रकम}}{\text{बीमापत्र की संख्या}}$$

(iv) प्रति हजार लागत (Cost per Thousand of Insurance)—बीमा की प्रति हजार रकम पर लागत का निर्धारण निम्न प्रकार किया जा सकता है—

$$= \frac{\text{कुल लागत}}{\text{बीमा की कुल रकम}}$$

बीमा की रकम के आधार पर कुल लागत की तुलना करके यह निश्चित किया जाता है कि लागत में वृद्धि हो रही है या नहीं। लागत में वृद्धि के कारण का पता लगाना चाहिए और उसे दूर करने का प्रयास किया जाना चाहिए।

3. अभिकर्तृत्व विकास खर्चे (Agency Development Expenses)—विकास खर्चों में नये कार्यकर्ता की नियुक्ति, प्रशिक्षण, वित्त, पर्यवेक्षण और प्रेरणा के खर्चों

को शामिल किया जाता है। विकास खर्चों का विश्लेषण अन्य खर्चों से अलग किया जाता है।

(i) विकास लागत प्रति बीमापत्र (Cost per new Policy)—इस विश्लेषण में प्रति बीमापत्र के अनुसार विकास लागत की तुलना की जाती है—

$$= \frac{\text{कुल विकास लागत}}{\text{बीमापत्र की कुल संख्या}}$$

बीमापत्र की संख्या के अनुसार कुल विकास लागत में वृद्धि नहीं होनी चाहिए। इस अनुपात का प्रमाणित स्तर निश्चित करना चाहिए और उससे तुलना करके वर्तमान वर्ष की लागत का औचित्य निश्चित करते हैं।

(ii) प्रथम प्रव्याजि के खर्चे और प्रव्याजि (First year's Expenses to First year's premium)—प्रथम प्रव्याजि के खर्चे को प्रथम प्रव्याजि से तुलना करके मालूम कर सकते हैं। इसकी निम्न प्रकार गणना की जाती है—

$$= \frac{\text{प्रथम प्रव्याजि के खर्चे}}{\text{प्रथम प्रव्याजि}}$$

प्राय: प्रथम प्रव्याजि के खर्चे प्रथम प्रव्याजि से अधिक होते हैं; परन्तु पिछले वर्षों की तुलना में यह अनुपात बढ़ना नहीं चाहिए। यदि उपरोक्त अनुपात बढ़ रहा है तो उसके कारणों का पता लगाना चाहिए और उसे दूर करने का प्रयास किया जाना चाहिए।

अध्याय 42

अंकेक्षण एवं परीक्षण

(Audit and Inspection)

वित्तीय क्रियाओं की निष्पक्षता की जाँच अंकेक्षण द्वारा की जाती है। वित्तीय लेखों का परीक्षण करके यह देखा जाता है कि लेखे क्रमानुसार हैं या नहीं। लेखों का अंकेक्षण किसी योग्य व्यक्ति जिसे अंकेक्षक कहते हैं के द्वारा किया जाता है। अंकेक्षक आय-व्यय विवरण, प्राप्ति एवं भुगतान, रोकड़ शेष, सम्पत्ति, दायित्व की जाँच करके सत्यता एवं पूर्णता का पता लगाया जाता है। बीमा संस्था में भी लेखों के अंकेक्षण एवं परीक्षण की आवश्यकता होती है।

अंकेक्षण के प्रकार

(Types of Auditing)

अंकेक्षण (1) वैधानिक अंकेक्षण और (2) आन्तरिक अंकेक्षण दो प्रकार के होते हैं।

1. वैधानिक अंकेक्षण (Statutory Audit)—जीवन बीमा निगम अधिनियम 1956 की धारा 25 के अनुसार निगम के खातों का अंकेक्षण होना जरूरी है। अंकेक्षित खातों और जीवनांकिकी खातों की सूचना लोक सभा के सामने प्रस्तुत किया जायेगा।

निगम के खातों का अंकेक्षण किसी योग्य (Qualified) अंकेक्षक द्वारा कराया जाता है। योग्य अंकेक्षक वही होगा जो कम्पनी अधिनियम के अनुसार अंकेक्षक के रूप में नियुक्त किया जा सके। अंकेक्षक निगम द्वारा केन्द्रीय सरकार की अनुमति द्वारा नियुक्त किया जाता है और निगम से केन्द्रीय सरकार द्वारा निर्धारित वेतन प्राप्त करता है। अंकेक्षक की सूचना निगम की वार्षिक रिपोर्ट में दी जाती है।

वैधानिक अंकेक्षक के कर्तव्य एवं कार्य (Duties and Functions of Statutory Auditors)—वैधानिक अंकेक्षक द्वारा निगम के निर्धारित नियमों के अनुसार अंकेक्षण किया जाता है। निगम के निश्चित नियमों के अन्दर निगम की वित्तीय क्रियाओं की विशेष रूप से जाँच की जाती है। इस अंकेक्षक से यह आशा नहीं की जाती है कि वह छोटी-छोटी आन्तरिक दैनिक क्रियाओं की जाँच करे। अंकेक्षक को यह देखना पड़ता है कि निगम की वित्तीय क्रियायें सामान्य नीतियों के अन्दर हैं तथा लोक-नीतियों के विपरीत न हों। यदि बीमा अंकेक्षक ने अपनी जिम्मेदारियों को पूरा नहीं किया है तो उसके विपरीत अनुशासन सम्बन्धी कार्यवाही की जा सकती है।

अंकेक्षक के कर्तव्य एवं दायित्व को कम्पनी अधिनियम 1956 द्वारा निश्चित किया गया है। जिस प्रकार कम्पनी के अंकेक्षक को कम्पनी के सदस्य को सूचना देनी पड़ती है; उसी प्रकार निगम के अंकेक्षक की सूचना लोक सभा के सामने रखकर उस पर वाद-विवाद किया जाता है। एक अंकेक्षक का महत्त्वपूर्ण कर्तव्य किताब और बहीखाते का परीक्षण करना है और उसके 'सही एवं निष्पक्ष' (True and Fair) विचारों की सूचना देना है।

अन्तिम खातों की भी जाँच की जाती है। अंकेक्षित खातों पर ऋणदाता, कर्मचारी, बीमापत्रधारी और अन्य व्यक्ति विश्वास करते हैं। कर तथा अन्य वैधानिक कार्यों के लिए अंकेक्षित खातों की मान्यता है।

संचालक द्वारा भेजे गये बहीखाता पर अंकेक्षक अपनी राय प्रस्तुत करता है। उसकी विशेषताओं और कमियों को प्रकट करता है। जो गलतियाँ एवं त्रुटियाँ अंकेक्षक द्वारा प्रकट नहीं होती हैं उसके लिए संचालक जिम्मेदार नहीं होगा। अंकेक्षक के लिए कोई न्यूनतम एवं अधिकतम कार्य निश्चित नहीं है, लेकिन उसे चाहिये कि उचित जाँच पद्धति अपनाये। अंकेक्षक को चाहिए कि वह बहीखाते के तथ्य एवं परिस्थितियों का पूरा ध्यान रखे। लोक संस्था के खाते की जाँच करने के लिए अंकेक्षक को विशेष सावधानी अपनानी पड़ती है।

लोक संस्था होने के कारण जीवन बीमा निगम के खातों की पूर्णरूपेण जाँच करनी पड़ती है। लोक जवाबदेही (Public Accountability) के कारण निगम के खातों की जाँच में अंकेक्षक की जिम्मेदारी बढ़ जाती है। निगम का अंकेक्षण सरकार के उपलक्ष में किया जाता है अतः यह एक न्यायिक कार्य है कार्यकारी कार्य नहीं है। प्रशासन के ऊपर यह एक नियन्त्रण का कार्य है। वैधानिक अंकेक्षण आंतरिक अंकेक्षण का कोई भाग नहीं है अतः इसे स्वतन्त्र रूप से पूरा किया जाना चाहिए। वित्तीय खातों का एक स्वतन्त्र परीक्षण है। जिम्मेदार कार्यकर्ताओं के लिए सुरक्षा है, सहायक के गैर-जिम्मेदार कार्यों की जाँच है तथा गैर-जिम्मेदार दोषारोपण के विपरीत कवच है।

2. आन्तरिक अंकेक्षण (Internal Audit)—आन्तरिक अंकेक्षण को आन्तरिक नियन्त्रण भी कहा जाता है क्योंकि वित्तीय कार्य तब तक पूरे नहीं होते हैं जब तक उसकी जाँच आन्तरिक अंकेक्षण द्वारा न हो जाय। आन्तरिक अंकेक्षण का कार्य आन्तरिक अंकेक्षक द्वारा किये जा सकते हैं। इस कार्य को कार्यालय का कोई व्यक्ति नहीं करता है बल्कि एक विशेषज्ञ समूह (Expert Body) जो कि परीक्षण एवं अंकेक्षण में विशेषता प्राप्त किये हैं इस कार्य को पूरा करता है। जीवन बीमा निगम में 'आन्तरिक अंकेक्षण विभाग' है जो कि निगम कार्यों का अंकेक्षण करता है।

आंतरिक अंकेक्षण का स्वभाव (Nature of Internal Audit)—आन्तरिक जाँच एवं नियन्त्रण निगम के आन्तरिक कार्यों की जाँच के लिए है। आन्तरिक जाँच और नियन्त्रण उनके द्वारा किया जाता है जो कि आय को प्राप्त करने और खर्चे को भुगतान करने के लिए जिम्मेदार है। आन्तरिक अंकेक्षण प्राथमिक जाँच एवं नियन्त्रण पर अन्तिम जाँच है। आन्तरिक अंकेक्षक निगम के कर्मचारी होते हैं और स्वतन्त्र नियन्त्रक के रूप में कार्य नहीं करते हैं। आन्तरिक अंकेक्षक निगम के मुख्य अधिकारी के लिए देही कार्य करते हैं। इस अंकेक्षक को जनता या लोक को जबावदेही कार्य नहीं करने पड़ते हैं।

आन्तरिक अंकेक्षक के कार्य
(Functions of an International Auditor)

आन्तरिक अंकेक्षक को अग्रलिखित कार्य करने पड़ते हैं—

(i) वित्तीय और संचालन नियन्त्रण को अपनाना, वित्तीय नियन्त्रण की पर्याप्तता एवं औचित्य की जाँच करना।

(ii) निश्चित नीतियों, योजनाओं और कार्यविधियों के पालन करने की सीमा का निर्धारण करना।

(iii) सम्पत्ति और दायित्व के मूल्यों का निर्धारण करना।

(iv) सौंपी गयी जिम्मेदारियों को पूरा करने के लिये किये गये कार्यों का मूल्यांकन।

(v) आन्तरिक अंकेक्षण को अन्य कार्यों के साथ-साथ पूरा करना। बीमा संस्था द्वारा शत-प्रतिशत वित्तीय जाँच करना आवश्यक नहीं है। यद्यपि कि आन्तरिक नियन्त्रण प्रभावपूर्ण ढंग से किया जाता है। एक न्यूनतम जाँच होनी आवश्यक है जिससे व्यापार की वास्तविक स्थिति का पता लग सके।

आन्तरिक अंकेक्षण के प्रकार
(Types of Internal Audit)

आन्तरिक अंकेक्षण के निम्नलिखित तीन प्रकार हैं—

(i) संगामी अंकेक्षण (Concurrent Audit)—इस अंकेक्षण के अन्तर्गत लेन-देन के साथ-साथ अंकेक्षण भी होता जाता है। अनधिकार भुगतान और प्राप्तियों को रोकना इसका उद्देश्य है। इस अंकेक्षण से दूसरे अंकेक्षण का भार हल्का हो जाता है।

(ii) पूर्व अंकेक्षण (Pre-Audit)—इस अंकेक्षण में जब तक अंकेक्षण कार्य नहीं हो जाता है तब तक वास्तविक भुगतान या प्राप्तियाँ नहीं होती हैं। आजकल पूर्व अंकेक्षण और संगामी अंकेक्षण को साथ-साथ अपनाते हैं।

(iii) विशेष जाँच—कुछ लेन-देनों की समय-समय पर विशेष जाँच की जाती है। लेन-देन की सत्यता मालूम करने के लिए विशेष जाँच की जाती है।

जीवन बीमा निगम में आन्तरिक अंकेक्षण
(Internal Audit in the Life Insurance Corporation)

जीवन बीमा निगम में 'आन्तरिक अंकेक्षण विभाग' (Internal Audit Department) केन्द्रीय कार्यालय में है। इस विभाग का मुख्य अधिकारी मुख्य आन्तरिक अंकेक्षक कहलाता है जिसके अन्तर्गत कई आन्तरिक अंकेक्षक पाँचों क्षेत्रीय कार्यालयों में आन्तरिक अंकेक्षण के लिये नियुक्त किये जाते हैं। इनके द्वारा विभागीय एवं शाखा कार्यालयों का भी अंकेक्षण समय-समय पर किया जाता है, जो कि इन कार्यालयों में जाकर संगामी अंकेक्षण करते हैं। इस अंकेक्षण की सूचना केन्द्रीय एवं क्षेत्रीय कार्यालयों को दी जाती है। इस अंकेक्षण द्वारा बनायी गयी अनियमितताओं को दूर करने का प्रयास किया जाता है, प्रत्येक वर्ष क्षेत्रीय और विभागीय कार्यालयों की वार्षिक अंकेक्षण सूचना (Annual Audit Report) केन्द्रीय कार्यालय को दी जाती है। इसके द्वारा प्रत्येक कार्यालय की वित्तीय क्रियाओं की पूर्ण सूचना प्राप्त हो जाती है जो प्रबन्ध के लिए उपयोगी सिद्ध हो सकती है। अनियमितताओं को दूर करने और सुधार कार्यों को पूरा करने के लिये इस अंकेक्षण का प्रयोग किया जाता है।

वैधानिक अंकेक्षण और आन्तरिक अंकेक्षण की तुलना
(Comparison of Statutory and Internal Audit)

वैधानिक अंकेक्षण को समय-समय पर अपनाया जाता है और खातों को प्रमाणित किया जाता है। आन्तरिक अंकेक्षण प्रारम्भिक जाँच और नियन्त्रण के लिए है। वैधानिक अंकेक्षण उस समय अपनाया जाता है जबकि इसकी सूचना प्रस्तुत करने की आवश्यकता पड़ती है। वैधानिक अंकेक्षण स्वतन्त्र रूप से अपनाया जाता है। वैधानिक अंकेक्षक निगम के स्थायी कर्मचारी नहीं होते हैं। उन्हें अंकेक्षण कार्यों के लिये शुल्क दिया जाता है। आन्तरिक अंकेक्षक निगम के स्थायी कर्मचारी होते हैं। वैधानिक अंकेक्षण बीमापत्रधारियों, अंशधारियों और जनता के लिए है जबकि आन्तरिक अंकेक्षण प्रबन्ध और संस्था के लिये है। वैधानिक अंकेक्षक लाभ हानि खाते और अन्तिम-चिट्ठा की सत्यता को प्रमाणित करता है जबकि आन्तरिक अंकेक्षक प्रारम्भिक वित्तीय लेखों की विस्तृत जाँच करता है।

सप्तम-खण्ड

बीमा अधिनियम एवं प्रसंविदा

अध्याय 43

बीमा अधिनियम, 1938

बीमा अधिनियम 1938 को पाँच भागों में विभाजित किया गया है। प्रथम भाग प्रारम्भिक (Preliminary) कहलाता है जिसमें क्षेत्र, परिभाषा और बीमा नियन्त्रक की नियुक्ति शामिल है। द्वितीय भाग में बीमाकर्ताओं के विषय में प्रावधान दिये हुए हैं। इस भाग में रजिस्ट्री, रजिस्ट्री का नवकरण, पूँजी निक्षेप, बहीखाता तथा चिट्ठा, अंकेक्षण, जीवनांकिक मूल्यांकन सूचना तैयार और प्रकाशित करना, साधारण और विशेष सभाओं का संक्षिप्त वर्णन, नियन्त्रक के अधिकार इस भाग के प्रथम वर्ग में है। द्वितीय वर्ग में विनियोग, ऋण और प्रबन्ध सम्बन्धी प्रावधान हैं। अन्वेक्षण, समामेलन, अभिहस्तांकन तथा नामांकन, एजेण्ट सम्बन्धी प्रावधान, विशेष प्रावधान, प्रशासक द्वारा प्रबन्ध, समापन, विदेशी कम्पनियों सम्बन्धी विशेष प्रावधान आदि द्वितीय भाग के वर्गों में वर्णित है। द्वितीय भाग ए में भारतीय बीमा संगठन सम्बन्धी नियम जिसमें जीवन बीमा परिषद् और सामान्य बीमा परिषद् सम्बन्धी प्रावधान हैं। तृतीय भाग में प्रावधायी समितियों का नियम रखा गया है। इन समितियों की परिभाषा, रजिस्ट्रेशन, पूँजी निक्षेप, रजिस्टर और बहीखाते, निस्तारक की नियुक्ति, अधिकार आदि सम्बन्धी धारायें इस भाग में वर्णित हैं। चतुर्थ भाग में पारस्परिक बीमा कम्पनियाँ और सहकारी जीवन बीमा समितियाँ सम्बन्धी नियम दिये गये हैं। चतुर्थ भाग ए में पुनर्बीमा के नियम दिये गये हैं। पंचम भाग विविध धाराओं से सम्बन्धित है। इस धाराओं का विवेचन आगामी पृष्ठों में दिया गया है।

भाग 1

प्रारम्भिक

(1) क्षेत्र—यह अधिनियम सम्पूर्ण भारत में लागू होता है। भाग 2 की धारा 2 स के अनुसार कोई व्यक्ति किसी प्रकार का बीमा व्यापार तब तक नहीं कर सकता जब तक वह सार्वजनिक कम्पनी न हो या सहकारी समिति के अधिनियम 1912 के अन्तर्गत या अन्य किसी अधिनियम जो सहकारी समिति के लिए हो, पंजीकृत समिति न हो या भारत के बाहर किसी देश के नियम के अन्तर्गत समामेलित संस्था जो व्यक्तिगत कम्पनी की प्रकृति की न हो। यद्यपि कि केन्द्रीय सरकार एक व्यक्ति और बीमाकर्ता को इस धारा से मुक्ति एक विशेष समय सीमा और निश्चित शर्तों के लिए सरकारी प्रपत्र में प्रकाशित करके कर सकती है, बशर्ते वह व्यापार अधिवार्षिकी (Superannuation) भत्ता या वार्षिकी की प्रकृति जैसा कि अधिनियम में वर्णित है या किसी सामान्य बीमा व्यापार चलाने के उद्देश्य के लिये हो। सामान्य बीमा को मुक्ति केवल 3 वर्षों के लिए एक बार में दी जा सकती है। प्रत्येक बीमाकर्ता जब तक कि उसका दायित्व भारत में है, इस अधिनियम की धारायें उस पर लागू होंगी। इस प्रकार यह अधिनियम सभी प्रकार के बीमा व्यवसाय के लिए लागू होता है।

परिभाषा—धारा 2 के अन्तर्गत बहुत से शब्दों को परिभाषित किया गया है, लेकिन उनमें से मुख्य-मुख्य परिभाषायें यहाँ पर वर्णित की जायेंगी।

(1) बीमापत्रधारी—इसके अन्तर्गत वह व्यक्ति शामिल होते हैं जिनके बीमापत्र के सभी हित एक बार और हमेशा के लिये हस्तांतरित कर दिये जाते हैं।

(2) अनुमोदित प्रतिभूतियाँ—निम्न प्रकार की अनुभूतियाँ अनुमोदित कहलाती हैं—

(i) सरकारी प्रतिभूतियाँ तथा अन्य प्रतिभूतियाँ जो केन्द्रीय सरकार अथवा किसी राज्य सरकार की आय की जमानत पर निर्गमित की गयी हैं अथवा जिनके मूलधन और ब्याज के भुगतान की गारन्टी इन सरकारों ने दी है।

(ii) ऋणपत्र या अन्य प्रतिभूतियाँ जो मुद्रा के लिए किसी अन्य केन्द्रीय अधिनियम या राज्य अधिनियम या पोर्ट ट्रस्ट के उपलक्ष में या म्यूनिसिपल कारपोरेशन या किसी प्रेसीडेन्सी-टाउन के सिटी इम्प्रूवमेन्ट ट्रस्ट के अन्तर्गत निर्गमित की गयी हैं।

(iii) विधान द्वारा स्थापित किसी कारपोरेशन के अंश जिनके सम्बन्ध में मूलधन तथा लाभांश की गारन्टी केन्द्रीय सरकार या राज्य सरकार ने दी है।

(iv) वे प्रतिभूतियाँ जिनके मूलधन तथा ब्याज की गारन्टी या निर्गमन भाग 'ब' राज्य सरकार द्वारा किया गया है और इस अधिनियम के लिए केन्द्रीय सरकार द्वारा सरकारी सूचना-पत्र अनुमोदित घोषित किया गया है।

(v) वे प्रतिभूतियाँ जिनके मूलधन और ब्याज की अदायगी की गारन्टी पाकिस्तान की किसी प्रान्तीय सरकार ने दी हो या उस देश के किसी भाग की आय की जमानत पर निर्गमित की गयी हो तथा वे ऋण-पत्र तथा अन्य प्रतिभूतियाँ जो कराची पोर्ट ट्रस्ट ने निर्गमित की हों किन्तु ये प्रतिभूतियाँ उस समय तक, उस उद्देश्य के लिए और उन्हीं शर्तों के अनुकूल अनुमोदित प्रतिभूतियों के वर्ग में आयेंगी जो इस सम्बन्ध में सरकार निश्चित करे।

(3) बीमा नियन्त्रक—बीमा नियन्त्रक से तात्पर्य ऐसे अधिकारी से है जो केन्द्रीय सरकार द्वारा इस अधिनियम के अन्तर्गत बीमा नियन्त्रक के कार्य करने के लिए नियुक्त किया गया हो।

(4) बीमा कम्पनी—बीमा कम्पनी से तात्पर्य ऐसे बीमाकर्ता से है जो एक कम्पनी, संघ (Association) या साझेदारी के रूप में है और भारतीय कम्पनी अधिनियम, 1913 या भारतीय साझेदारी अधिनियम, 1932 के अन्तर्गत समापित होगी।

(5) बीमाकर्ता—धारा 2 (9) के प्रथम वाक्य के अनुसार बीमाकर्ता से तात्पर्य किसी ऐसे व्यक्ति या असमामेलित व्यक्तियों के समूह या समामेलित अंग जो भारत के अतिरिक्त अन्य देशों के नियम के अन्तर्गत पंजीकृत हैं जो बीमा व्यापार भारत में चलाते हैं या जो व्यापार के मुख्य स्थान भारत में रखते हैं या भारत में आकर बस गये हैं या बीमा व्यापार चलाने के उद्देश्य से अपने प्रतिनिधि भारत में नियुक्त किये हुए हैं या व्यापार का स्थान रखते हैं।

द्वितीय वाक्य के अनुसार बीमाकर्ता से तात्पर्य किसी ऐसे समामेलित अंग से (जो वाक्य तीन में नहीं है) है जो बीमा व्यापार चलाने के लिए भारत में वर्तमान नियम के अन्तर्गत पंजीकृत है या भारतीय कम्पनी अधिनियम 1913 के अन्तर्गत सहायक कम्पनी के रूप में हैं।

तृतीय वाक्य के अनुसार बीमाकर्ता के अन्तर्गत वे अभिगोपक भी आते हैं जो लायड समिति के सदस्यों के साथ प्रसंविदा करने वाले व्यक्ति हैं।

(6) बीमा अभिकर्ता—से मतलब ऐसे बीमा अभिकर्ता से है जो इस अधिनियम की धारा 42 के अन्तर्गत प्रमाणित हैं जो कमीशन या दूसरे प्रकार के पारिश्रमिक प्रचार करने के उपलक्ष में या बीमा व्यापार प्राप्त करने या बीमापत्र के चालू रहने, नवीकरण या पुनर्जीवन के लिए प्राप्त करते या प्राप्त करने के लिए सहमत होते हैं।

(7) जीवन बीमा व्यापार—से मतलब मनुष्य के जीवन पर बीमा प्रसंविदा से है जिसके अन्तर्गत ऐसी प्रसंविदाएँ भी शामिल हैं जो मृत्यु पर भुगतान के लिए (दुर्घटना मृत्यु के अतिरिक्त) आश्वासित हैं या मनुष्य के जीवन पर आश्रित किसी आकस्मिक घटना के घटित होने पर या मनुष्य के जीवन पर आश्रित किसी प्रसंविदा से है जो एक निश्चित अवधि के लिए प्रव्याजि के भुगतान के लिए है और वे प्रसंविदाएँ शामिल किये हुए समझे जायेंगे जो अयोग्यता, दोहरा, त्रिक्षतिपूर्ति, दुर्घटना लाभ से सम्बन्धित हैं बशर्ते कि ये बीमा प्रसंविदा में शामिल हों। मानवीय जीवन पर वार्षिकी प्रदान करने से सम्बन्धित प्रसंविदा भी इस प्रसंविदा में आती हैं। अधिवार्षिकी भत्ते और वार्षिकी ऐसे कोष से दिये जाते हैं जिनका निर्माण किसी विशेष व्यवसाय, व्यापार और रोजगार में सम्मिलित व्यक्तियों के कष्ट निवारण और पालन-पोषण के लिए किया गया है।

बीमा नियन्त्रक की नियुक्ति—इस अधिनियम के अन्तर्गत बीमा नियन्त्रक की नियुक्ति केन्द्रीय सरकार द्वारा सरकारी सूचनापत्र में प्रकाशित करके की जा सकती है। नियुक्ति के पहले केन्द्रीय सरकार को इस बात का ध्यान देना होगा कि वह व्यक्ति औद्योगिक, व्यापारिक तथा बीमा-विषय तथा जीवनांकिक योग्यता रखता है।

भाग 2
बीमाकर्ता सम्बन्धी प्रावधान

अनुबन्धन (रजिस्ट्रेशन)—धारा 3 के अनुसार कोई व्यक्ति बीमा व्यापार तब तक नहीं चला सकता जब तक कि वह बीमा नियन्त्रक से रजिस्ट्री का प्रमाण पत्र न प्राप्त कर ले। अधिनियम के लागू होने के समय यदि किसी बीमाकर्ता ने रजिस्ट्री का प्रमाण पत्र नहीं प्राप्त किया है तो वह अपने रजिस्ट्री प्राप्त करने के पूर्व के बीमा प्रसंविदा को रद्द नहीं कर सकता है। रजिस्ट्री के आवेदन पत्र के साथ निम्नलिखित प्रपत्रों को देना आवश्यक है—

(अ) पार्षद सीमा और अन्तर्नियम की प्रमाणित प्रतिलिपियाँ जबकि आवेदक भारतीय कम्पनी अधिनियम के अन्तर्गत समामेलित है या साझेदारी या नियमपत्र या कम्पनी के संविधान का नियमपत्र या वे प्रपत्र जो विदेशी कम्पनियों के लिए धारा 63 के वाक्य 'अ' के अन्तर्गत आवश्यक हैं, की प्रमाणित प्रतिलिपि।

(ब) संचालकों के नाम, पता और पेशा यदि बीमाकर्ता भारतीय कम्पनी अधिनियम के अन्तर्गत समामेलित कम्पनी है। संचालक, प्रबन्धक या अधिकारियों के नाम और पते। ऐसे व्यक्तियों के भी नाम और पते जो बीमाकर्ता के उपलक्ष में भारत में सूचना देने और प्राप्त करने का अधिकार रखते हैं।

(स) बीमा-व्यापार के प्रकार का विवरण जो दिये गये हैं या दिये जाने को हैं, धारा 7 या 98 के अनुसार जमा की गई रकम के विवरण और रिजर्व बैंक आफ इण्डिया द्वारा जमा की गई रकम का प्रमाण-पत्र।

(द) चालू पूँजी सम्बन्धी घोषणा।

(इ) यदि रजिस्ट्रेशन के लिए आवेदन-पत्र देने वाली संस्था विदेशी हो तब उसके प्रधान अधिकारी का शपथ सहित वक्तव्य जिसमें यह लिखा हो कि जिस देश की वह संस्था है उसमें भारतीय बीमा संस्थाओं के ऊपर ऐसे कौन-कौन से नियम लागू होने हैं जो

उस देश की संस्थाओं पर नहीं लागू होते।

(फ) प्रकाशित प्रविवरण की प्रमाणित प्रतिलिपि तथा बीमापत्रों के फार्म और दरों, सुविधाओं, शर्तों तथा अन्य सभी बातों के सम्बन्ध में जो बीमापत्रों के अन्तर्गत आती हों आवश्यक वक्तव्य।

(ग) निर्धारित फीस की रसीद जो पाँच सौ रुपये से अधिक नहीं होगी।

रजिस्ट्री के आवेदन-पत्र प्राप्त हो जाने पर नियन्त्रक यह निश्चित करता है कि आर्थिक स्थिति और प्रबन्ध की सामान्य दशा ठीक है। व्यापार की मात्रा, पूँजी की रूपरेखा और आय प्राप्त करने की आशा पर्याप्त है। जनता के हित में वृद्धि हो सकती है। नियन्त्रक आवेदन-पत्र प्राप्त होने पर प्रमाण-पत्र निर्गमित कर सकता है।

यदि कोई व्यक्ति नियन्त्रक के निर्णय से असन्तुष्ट है तो वह इस निर्णय के 30 दिन के अन्दर केन्द्रीय सरकार के पास अपील कर सकता है। केन्द्रीय सरकार का निर्णय अन्तिम होगा।

रजिस्ट्रेशन का प्रमाणपत्र पाने के पश्चात् बीमा-संस्था अपना व्यवसाय प्रारंभ कर सकती है। यह प्रमाणपत्र केवल एक वर्ष के लिए ही चालू रहता है। इसलिये प्रतिवर्ष इसका नवकरण (Renewal) कराने की आवश्यकता होती है। नवकरण कराने का नियम यह है कि इसके लिए चालू वर्ष के 31 दिसम्बर के पूर्व ही बीमा नियन्त्रक के पास आवेदन-पत्र भेज दिया जाय। रिजर्व बैंक में इसके लिए आवश्यक शुल्क जमा करके उसकी रसीद को आवेदन-पत्र के साथ ही भेजना पड़ता है। यह शुल्क प्रत्येक बीमा कम्पनी के लिए 1000 रुपये से अधिक नहीं होता। यदि निश्चित अवधि के अन्तर्गत प्रमाणपत्र का नवकरण न कराया जाय तब इसके लिए नियन्त्रक नवकरण-शुल्क तक जुर्माना लगा सकता है।

रजिस्ट्रेशन के प्रमाण-पत्र का रद्द होना

नियन्त्रक अधिनियम के अनुसार निम्नलिखित दशाओं में रजिस्ट्री का प्रमाण-पत्र भंग कर सकता है—

(1) धारा 7 या धारा 98 के अन्तर्गत निक्षेप के प्रावधान को पूरा न करने पर; या

(2) यदि बीमाकर्ता निस्तारण अवस्था में है या दिवालिया घोषित हो गया हो; या

(3) यदि बीमाकर्ता का व्यापार या व्यापार का कोई एक प्रकार किसी व्यक्ति को हस्तान्तरित हो गया हो या किसी दूसरे बीमाकर्ता के साथ सम्मिश्रित हो गया हो, या

(4) यदि धारा 9 के अन्तर्गत किसी एक बीमा व्यापार के प्रकार के सम्बन्ध में सम्पूर्ण निक्षेप लौटा दिया गया हो; या

(5) यदि बीमाकर्ता, जो धारा 2 (9) स के अन्तर्गत बताया गया है, बीमा प्रसंविदा रद्द कर दी गयी है या निलंबित हो गयी हो या 6 महीने की अवधि के लिए निलंबित चल रही हो; या

(6) यदि बीमाकर्ता अधिनियम के अन्तर्गत किसी नियम का पालन न कर सके अथवा किसी नियम से विपरीत आचरण करे; या

(7) यदि किसी बीमापत्र के सम्बन्ध में किए गए दावे का भुगतान न्यायिक निर्णय होने के तीन महीनों के अन्दर न किया जा सके; या

(8) यदि बीमाकर्ता बीमा-व्यवसाय के अतिरिक्त कोई अन्य व्यवसाय भी करता हो; या

(9) विदेशी कम्पनियों के रजिस्ट्रेशन का प्रमाण-पत्र ऐसी स्थिति में भी रद्द हो सकता है यदि बीमा-नियन्त्रक को यह पता चले कि उनके देश में भारतीय संस्थाओं को बीमा-व्यवसाय नहीं करने दिया जाता।

(10) यदि बीमाकर्ता का लायड समिति के सदस्यों के साथ प्रसंविदा रद्द कर दी गयी हो।

प्रमाण-पत्र रद्द हो जाने पर बीमाकर्ता कोई नयी प्रसंविदा नहीं कर सकता, किन्तु इसके पूर्व के अधिकारों एवं दायित्वों को चालू समझा जाता है। कुछ विशेष स्थितियों में बीमा नियन्त्रक से पुन: रजिस्ट्रेशन का प्रमाण-पत्र लेकर नया व्यवसाय किया जा सकता है।

पूँजी—धारा 6 के अनुसार कोई भी बीमा कम्पनी तब तक रजिस्टर्ड नहीं हो सकती जब तक कि इसकी कार्यशील पूँजी कम से कम 50 हजार रुपये न हो जिसमें निक्षेप की रकम और प्रारम्भिक खर्चे की रकम शामिल नहीं होगी। धारा 6 अ के अनुसार कोई भी सार्वजनिक कम्पनी जो अंशों की रकम तक सीमित दायित्व रखती है औ जिसका रजिस्टर्ड कार्यालय भारत में है जीवन बीमा व्यापार तब तक नहीं कर सकती जब तक वह निम्नलिखित शर्तों को पूरा नहीं करती—

(i) कम्पनी की पूँजी केवल साधारण अंशों में विभाजित है और जिसके केवल एक ही बाह्य मूल्य हैं।

(ii) याचना राशि पर प्रदत्त रकम सभी अंशों के लिए एक होगी चाहे अंश पुराने या नये हों।

मतदान देने का अधिकार (Voting Right)—सार्वजनिक कम्पनी में प्रत्येक अंशधारी को मतदान देने का अधिकार प्रत्येक अंशधारी की प्रदत्त पूँजी के अनुपात में निश्चित किया जायेगा बशर्ते कि पार्षद सीमा या अन्तर्नियम में या अन्य दूसरे स्थान पर इसके विपरीत कुछ वर्णित न हो।

अंशधारियों का रजिस्टर—एक सार्वजनिक कम्पनी जो जीवन बीमा व्यापार करती है, उसे निम्नलिखित रजिस्टर और प्रपत्र को रखना पड़ता है—

सदस्यों के रजिस्टर रखने के अतिरिक्त जो भारतीय कम्पनी अधिनियम के अन्तर्गत अंशों के रजिस्टर रखना पड़ता है जिसमें अंशों के वास्तविक स्वामी के नाम, पते और पेशे शामिल रहते हैं और उसमें होने वाले परिवर्तनों को 14 दिन के अन्दर लिखना पड़ता है। लेकिन हस्तान्तरित अंशों को अंशों के रजिस्टर में तब तक नहीं लिखा जायेगा जब तक कि हस्तान्तरिती एक निर्धारित फार्म में यह घोषणा न कर दे कि वह अंश अपने हित के लिए या नामांकन के लिए या सम्मिलित रूप से कई व्यक्तियों के साथ रखना चाहता है। दूसरी शर्त यह है कि हस्तांतरण के बाद हस्तांतरिती के अधिकार में प्रदत्त पूँजी कुल प्रदत्त पूँजी के पाँच प्रतिशत से अधिक होगा तो मतदान अधिकार केवल पाँच प्रतिशत तक ही सीमित होगा। किसी भी अंशधारी के पास कुल प्रदत्त पूँजी के 10 प्रतिशत से अधिक अंश नहीं होना चाहिए। यदि 10 प्रतिशत से अधिक अंश है तो अतिरिक्त अंश को बेचना पड़ेगा अन्यथा महा प्रशासक कोई भी कदम, जो भी इस अवस्था में आवश्यक है, उठा सकता है।

धारा 6 ब के अनुसार उपरोक्त कार्यों के लिए केन्द्रीय सरकार द्वारा एक अधिकारी नियुक्त किया जा सकता है जो निम्नलिखित कार्य करेगा—

(1) कम्पनी के संचालकों द्वारा बनायी गयी पूँजी की रूपरेखा का परीक्षण करने के लिए बशर्ते इस योजना को अंशधारियों की आम सभा में पेश किया गया हो और अंशधारियों की राय मिल चुकी हो तथा इस योजना से अंशधारियों का दायित्व अप्रदत पूँजी में कम न होता हो :

(2) उपरोक्त योजना पर विरोध और सलाह का आमन्त्रण करने के लियेः

(3) विरोध और सलाह को समझने के बाद संशोधन को स्वीकृत करना।

निक्षेप—धारा 7 के अनुसार लायड्स के अतिरिक्त अन्य सभी संस्थाओं को रिजर्व बैंक आफ इंडिया के पास केन्द्रीय सरकार के उपलक्ष बीमा व्यापार चलाने के लिए निम्नलिखित रकम रेकड़ में या अनुमोदित प्रतिभूतियों में बाजार मूल्य के अनुसार या दोनों में जमा करना आवश्यक है—

बीमा के प्रकार	रकम
(1) केवल जीवन बीमा व्यापार के लिए	दो करोड रुपये
(2) केवल अग्नि बीमा व्यापार के लिए	डेढ़ करोड़ रुपये
(3) केवल समुद्री बीमा व्यापार के लिए	डेढ़ करोड़ रुपये
(4) केवल विविध बीमा के लिए	डेढ़ करोड रुपये
(5) जीवन बीमा से साथ कोई एक और बीमा व्यापार जो 2,3 और 4 में वर्णित हैं।	तीन करोड़ रुपये
(6) जीवन बीमा के साथ कोई दो और बीमा व्यापार जो 3 और 4 में वर्णित हैं	चार करोड़ रुपये
(7) जीवन बीमा के साथ तीनों बीमा-व्यापार जो 2,3 और 4 में वर्णित हैं	साढ़े चार करोड़ रुपये
(8) दो प्रकार के बीमा-व्यापार जो 2,3 और 4 में वर्णित हैं	ढाई करोड़ रुपये
(9) तीनों प्रकार के बीमा-व्यापार जो 2,3 और 4 में वर्णित है बशर्ते कि जहाँ पर समुद्री बीमा मुख्य रूप से और अकेले देशी नावों या माल या दोनों के लिए हैं।	दस लाख रुपये

लायड्स समिति के सदस्यों के लिये उपरोक्त रकम के डेढ़ गुनी रकम निक्षेप रखनी पड़ती हैं।

विदेशी कम्पनियों को पूर्व-वर्णित रकमें एक किस्त में जमा करनी होती हैं किन्तु भारतीय कम्पनियों को इस दिशा में कुछ सुविधाएँ प्राप्त हैं। धारा 7(5) के अनुसार भारतीय कम्पनियों को निम्नांकित किस्तों में निक्षेप जमा करने पड़ते हैं—

	रकम
(1) रजिस्ट्रेशन के लिए आवेदन पत्र के पूर्व	निक्षेप की रकम की एक-चौथाई
(2) भारत में व्यापार प्रारम्भ करने के 1 वर्ष व्यतीत होने के पूर्व	शेष की एक-तिहाई
(3) व्यापार प्रारम्भ करने के दो वर्ष व्यतीत होने के पूर्व	शेष का आधा
(4) व्यापार प्रारम्भ करने के तीन वर्ष व्यतीत होने के पूर्व	शेष

धारा 7 (8) के अनुसार रोकड़ में जमा की गयी रकम रिजर्व बैंक आफ इण्डिया के पास बीमाकर्ता की सम्पत्ति समझी जायेगी और यह उन्हीं को लौटाई जायेगी। इस जमा पर कोई ब्याज नहीं दी जाती। बीमाकर्ता जमा की गई रकम को रोकड़ या दूसरी अनुमोदित प्रतिभूतियों या दोनों में बदल सकता है।

यदि बीमा संस्था चाहे तो नकद निक्षेप को पूर्णतः या अंशतः रिजर्व बैंक की प्रतिभूतियों में विनियोजित कर सकता है। इसका बाजार मूल्य रिजर्व बैंक के द्वारा निर्धारित किया जायेगा। इन प्रतिभूतियों पर जो ब्याज संचित होगा उसे रिजर्व बैंक अपना कमीशन काटकर बीमाकर्ता को लौटा देगा।

यदि बीमाकर्ता ने किसी दायित्व को पूरा करने के लिए निक्षेप की कुछ रकम का प्रयोग किया है तो बीमाकर्ता को 2 महीने के अन्दर इस कमी को पूरा करने के लिये अतिरिक्त रकम जमा करनी होगी। यदि अतिरिक्त रकम जमा नहीं की जाती तो बीमाकर्ता धारा 7 (1) के अन्तर्गत अपने कर्तव्य से हीन समझा जायेगा।

धारा 8 के अनुसार किसी निक्षेप की रकम जो धारा 7 या धारा 98 के अन्तर्गत जमा की गयी है, बीमाकर्ता की सम्पत्ति समझी जायेगी। इस रकम को बीमाकर्ता न तो हस्तांतरित कर सकता है न इसको जमानत के रूप में रख सकता है। बीमादारों के अतिरिक्त अन्य किसी लेनदार का इस पर अधिकार नहीं है। इस निक्षेप को अभ्याग्रहण (Attachment) के रूप में भी प्रयोग नहीं किया जा सकता।

जहाँ पर निक्षेप केवल जीवन बीमा व्यापार के लिए है वहाँ पर इसका प्रयोग केवल जीवन बीमापत्र के द्वारा उत्पन्न लेनदारी के लिए ही प्रयोग किया जा सकता है। धारा 9 के अनुसार निक्षेप की रकम को निम्न दशाओं में वापस किया जा सकता है—

(1) जब बीमाकर्ता विभिन्न प्रकार के बीमा व्यापारों में से कोई एक बीमा व्यापार करना बन्द कर देता है तब न्यायालय बीमाकर्ता के आवेदन पर बन्द हुए व्यापार से सम्बन्धित निक्षेप को लौटाने का आदेश दे सकता है।

जब भाग व राज्य के अन्तर्गत किये बीमा व्यापार से आवेदन-पत्र आते हैं तो न्यायालय निक्षेप लौटाने का तब तक आदेश नहीं देगा जब तक वह सन्तुष्ट न हो जाय कि उस बीमाकर्ता ने बीमादारों की सभी देनदारी पूरी कर दी है।

बही-खाते और अंकेक्षण सम्बन्धी प्रावधान

जब बीमाकर्ता एक से अधिक प्रकार का बीमा व्यापार करता है तब उसे धारा 10 के अन्तर्गत प्रत्येक बीमा व्यापार के लिए पृथक-पृथक खाते आय और व्यय के सम्बन्ध में रखने पड़ते हैं। जहाँ पर बीमाकर्ता जीवन बीमा-व्यापार कर रहा है वहाँ इस व्यापार से सम्बन्धित सभी आय एक कोष में हस्तांतरित होती रहेगी जिसे जीवन बीमा कोष कहते हैं। इस जीवन बीमा-व्यापार सम्बन्धी सम्पत्ति भी अन्य दूसरी सम्पत्तियों से अलग रखी जायेगी और इस सम्बन्ध में जमा किया गया निक्षेप भी इस कोष की सम्पत्ति का एक हिस्सा समझा जायेगा। इस सम्पत्ति का विवरण योग्य अंकेक्षक से प्रमाणित करके कलेन्डर वर्ष के अन्त में बीमा नियन्त्रक को धारा 11 के अनुसार जमा करना पड़ता है। इस विवरण में सम्पत्ति की विस्तृत व्याख्या, सामान्य संचय और इससे सम्बन्धित दायित्व आदि दिखाना पड़ता है।

कोई बीमाकर्ता जो जीवन बीमा व्यापार कर रहा है वह उन्हीं बीमा व्यापारों को कर सकता है जिसके लिए वह पहले से रजिस्टर्ड है। अन्य बीमा-व्यापार करने के लिए उसे

इतना पर्याप्त कोष रखना पड़ेगा जिससे जीवन बीमापत्र के सभी दायित्व को पूरा किया जा सके।

जीवन बीमा कोष को अन्य किसी बीमा व्यापार के लिए प्रयोग नहीं किया जा सकता। इसका एकमात्र उपयोग जीवन बीमा दायित्व के लिए ही हो सकता है।

बही-खाते और चिट्ठे—(धारा 11) प्रत्येक बीमाकर्ता निम्नलिखित खाते कलेन्डर वर्ष के अन्त में तैयार करेगा—

(i) अधिनियम की प्रथम अनुसूची के भाग 1 में दिये गये नियमों के आधार पर उसी सूची के भाग 2 में दिये गये फार्म के अनुसार चिट्ठे।

(ii) अधिनियम की द्वितीय अनुसूची के भाग 1 में दिये गये नियमों के आधार पर उसी सूची के भाग 2 में दिये गये फार्म के अनुसार लाभ हानि खाते; परन्तु यह वहीं पर लागू होगा जहाँ पर जीवन बीमा, अग्नि बीमा और सामुद्रिक बीमा में से केवल एक प्रकार का व्यापार चल रहा हो।

(iii) अधिनियम की तृतीय अनुसूची में दिये गये नियमों और फार्मों के अनुसार प्रत्येक बीमा व्यापार के लिए पृथक आय-व्यय खाते तथा आगम खाते, जहाँ पर एक से अधिक बीमा व्यापार किये जाते हैं।

उपर्युक्त खाते एवं विवरण पर कम्पनी के अध्यक्ष, दो संचालक और एक प्रधान अधिकारी अपने हस्ताक्षर करेंगे। यदि बीमाकर्ता कम्पनी है और यदि बीमाकर्ता साझेदारी संस्था है तो दो साझेदार अपने हस्ताक्षर करेंगे। इन व्यक्तियों के नाम, पेशा, पते तथा संचालन कार्यों के सम्बन्ध में एक विवरणी तथा कम्पनी की वार्षिक रिपोर्ट आदि की छपी हुई चार प्रतियाँ बीमा नियन्त्रक से पास छः महीने के भीतर भेजनी चाहिए। जो कम्पनियाँ विदेशों में भी बीमा का व्यवसाय करती हैं उनके लिए 3 महीने का समय और दिया जाता है। (धारा 15)

अंकेक्षण—(धारा 12) प्रत्येक बीमा कम्पनी का चिट्ठा, लाभ-हानि खाता, आगम खाता, लाभ-हानि संयोजक खाता का एक कुशल अंकेक्षक से हर वर्ष अंकेक्षण कराना होता है।

जीवनांकिकी सूचना—(धारा 13) प्रत्येक बीमाकर्ता जो जीवन बीमा व्यापार कर रहा है, तीन वर्ष के अन्दर कम से कम एक बार उस व्यापार की आर्थिक जाँच जीवनांकिक से करायेगा और साथ ही साथ उसके दायित्व का मूल्यांकन करायेगा तथा इसकी सूचना अनुसूची चार के आधार पर बनाकर तैयार किया जायेगा।

विशेष परिस्थितियों में बीमा नियन्त्रक मूल्यांकन का समय तीन वर्ष से बढ़ाकर चार वर्ष कर सकता है।

बीमापत्र और अध्यर्थन के रजिस्टर—(धारा 14) प्रत्येक बीमाकर्ता को अधिनियम के अनुसार अपने व्यापार के सम्बन्ध में निम्नलिखित रजिस्टर रखने पड़ते हैं—

(1) बीमापत्रों का रजिस्टर—इसमें बीमाकर्ता द्वारा निर्गमित प्रत्येक बीमापत्र के सम्बन्ध में बीमादार का नाम और पता, बीमा किये जाने की तिथि तथा हस्तांतरण अभिहस्तांकन, नामांकन आदि, जिसकी सूचना बीमाकर्ता को मिलती है, का उल्लेख रहता है।

(2) अध्यर्थन का रजिस्टर—इसमें प्रत्येक अध्यर्थन के भुगतान के सम्बन्ध में अध्यर्थन की तारीख, अध्यर्थक के नाम और पते, अध्यर्थन के भुगतान करने की तारीख,

अध्यर्थन को अस्वीकार करने की तारीख और अस्वीकार करने का कारण लिखा जाता है।

(3) अभिकर्ताओं का रजिस्टर—धारा 43 के अनुसार प्रत्येक बीमाकर्ता को विभिन्न प्रकार की अभिकर्ताओं का रजिस्टर रखना पड़ता है जिसमें उनके नाम, पता, नियुक्ति और हटाये जाने की तिथि लिखी जाती है।

विवरणों की प्रस्तुति—(1) अंकेक्षित खाते और विवरण तथा जीवनांकिकी सूचना की छपी हुई चार प्रतिलिपियाँ बीमा नियन्त्रक को क्रमशः छः और नौ महीने के अन्दर देना आवश्यक है। इस अवधि की गणना खातों तथा विवरणों से सम्बन्धित समय के समाप्त होने की तारीख से की जाती है। जो कम्पनियाँ विदेशों में भी बीमा का व्यवसाय करती हैं उन्हें इसके लिए तीन महीने का समय और दिया जाता है। (धारा 16)

(2) भारत की प्रत्येक बीमा कम्पनी या बीमा संस्था को प्रत्येक साधारण बैठक की कार्यवाही की प्रमाणित प्रतिलिपि बैठक की तिथि से तीस दिन के अन्दर बीमा नियन्त्रक को भेजना पड़ता है। (धारा 19)

(3) प्रत्येक बीमाकर्ता की व्यावसायिक स्थिति सम्बन्धी रिपोर्ट जो सदस्यों या बीमापत्रधारियों को पेश की गयी, उसकी एक प्रमाणित प्रतिलिपि बीमा नियन्त्रक के पास तुरन्त भेजनी पड़ती है। (धारा 18)

(4) प्रत्येक बीमाकर्ता को धारा 31-ब के अनुसार प्रतिवर्ष 31 जनवरी के पूर्व प्रदिष्ट फार्म में बीमा नियन्त्रक के पास एक विवरणी भेजनी पड़ती है जिसमें ऐसे व्यक्तियों के नाम तथा पारिश्रमिक की रकम को लिखा जाता है जो उस वर्ष वेतन, कमीशन, भत्ता आदि कुल मिलाकर पाँच हजार रुपये से अधिक पाते हों।

उपरोक्त खाते और विवरणियों के अतिरिक्त अन्य बहुत-सी विवरणियाँ बीमा-नियन्त्रक के पास भेजनी पड़ती है। ये विवरणियाँ नियमानुसार भेजी जाती हैं। इन सभी सूचनाओं को बड़ी सावधानी और परिशुद्धता पूर्वक तैयार करना पड़ता है। यदि कोई व्यक्ति जान-बूझकर असत्य सूचना देता है तो उसे धारा 104 के अन्तर्गत तीन वर्ष की कैद या एक हजार रुपये जुर्माना या दोनों सजाएँ दी जा सकती हैं।

प्रत्येक विवरण और प्रमाणित प्रतिलिपि को नियंत्रक अपनी सुरक्षा में रखेगा और कोई भी व्यक्ति 37 पैसे प्रति सौ शब्द या उसके भाग के लिए शुल्क देकर इन विवरणियों की प्रतिलिपि प्राप्त कर सकता है। केवल पाँच अक्षर एक शब्द माने जायेंगे। कोई अंशधारी या बीमापत्रधारी इन विवरणियों के जमा करने के दो वर्ष के अन्दर बीमाकर्ता से बही-खाते, विवरण और सूचनाएँ प्राप्त कर सकता है। अंशधारियों और बीमापत्रधारियों को पार्षद सीमा और अन्तर्नियम की एक प्रतिलिपि एक रुपया शुल्क देने पर बीमाकर्ता द्वारा दी जा सकती है।

विनियोग, ऋण और प्रबन्ध सम्बन्धी नियम

सम्पत्ति का विनियोग—प्रत्येक बीमाकर्ता निम्नलिखित रकम के बराबर सम्पत्ति विनियोजित करेगा और इस रकम तक हमेशा विनियोग रखेगा—

(1) बीमापत्रधारियों के दायित्व की रकम जो अवधि के पूर्ण पर अध्यर्थन हो चुकी है।

(2) बीमापत्रधारियों के दायित्व जो अध्यर्थन के कारण उत्पन होंगे—

(i) बीमाकर्ता को जो प्रव्याजि मिलती है लेकिन नहीं मिल पायी है और अनुग्रह दिन अभी तक व्यतीत नहीं हुआ है।

(ii) बीमाकर्ता द्वारा प्रदान की गयी ऋण की रकम।

उपर्युक्त रकम तक जो विनियोग किया जायेगा उसके 25 प्रतिशत तक सरकारी प्रतिभूतियों में कम से कम अगला 25 प्रतिशत सरकारी प्रतिभूतियों में अनुमोदित प्रतिभूतियों में या दोनों में तथा शेष रकम अनुमोदित विनियोग में विनियोजित करना पड़ता है।

इस धारा के अन्तर्गत सम्पत्ति से तात्पर्य धारा 7 और धारा 98 के अन्तर्गत निक्षेप की रकम।

(धारा 27-ए) कोई बीमाकर्ता अपने नियन्त्रित कोष का कोई भाग केवल निम्नलिखित प्रतिभूतियों में विनियोजित करेगा और कोष को विनियोजित रखेगा। यहाँ पर नियन्त्रित कोष से तात्पर्य ऐसे समस्त कोष से है जो जीवन बीमा व्यापार के लिए है यदि बीमा व्यापार नहीं चलाया जाता है और जहाँ पर बीमा व्यापार के साथ अन्य बीमा व्यापार चल रहे हैं वहाँ पर वे कोष जो जीवन बीमा व्यापार से संबंधित हैं। विदेशी कम्पनियों के लिए वे सभी कोष जो भारत में केवल जीवन बीमा व्यापार कर रहा हो। यदि जीवन बीमा के साथ अन्य बीमा व्यापार भी किये जाते हैं तो भारत में जीवन बीमा व्यापार सम्बन्धी कोष नियन्त्रित कोष में आते हैं।

अनुमोदित प्रतिभूतियाँ—निम्न प्रकार की प्रतिभूतियाँ अनुमोदित कहलाती हैं—

(i) सरकारी प्रतिभूतियाँ तथा अन्य प्रतिभूतियाँ जो केन्द्रीय सरकार अथवा किसी राज्य सरकार की आय की जमानत पर निर्गमित की गयी है अथवा जिनके मूलधन और ब्याज के भुगतान की गारन्टी इन सरकारों ने दी है।

(ii) ऋणपत्र या अन्य प्रतिभूतियाँ जो मुद्रा के लिए किसी अन्य केन्द्रीय अधिनियम या राज्य अधिनियम या पोर्ट ट्रस्ट के उपलक्ष में या म्यूनिसिपल कारपोरेशन या किसी प्रेसीडेन्ट टाउन के सिटी इम्प्रूवमेंट ट्रस्ट के अन्तर्गत निर्गमित किये गये हैं।

(iii) विधान द्वारा स्थापित किसी कारपोरेशन के अंश जिनके सम्बन्ध में मूलधन तथा लाभांश की गारण्टी केन्द्रीय सरकार या राज्य सरकार ने दी है।

(iv) वे प्रतिभूतियाँ जिनके मूलधन तथा ब्याज के गारण्टी या निर्गमन भाग 'ब' राज्य सरकार द्वारा किया गया है और इस अधिनियम के लिए केन्द्रीय सरकार द्वारा सूचना पत्र अनुमोदित घोषित किया गया है।

(v) वे प्रतिभूतियाँ जिनके मूलधन और ब्याज की अदायगी की गारण्टी पाकिस्तान की किसी प्रांतीय सरकार ने दी है या उस देश के किसी भाग की आय की जमानत पर निर्गमित की गयी हो तथा वे ऋणपत्र तथा वे प्रतिभूतियाँ जो कराची पोर्ट ट्रस्ट ने निर्गमित की हों किन्तु ये प्रतिभूतियाँ उस समय तक उस उद्देश्य के लिए और उन्हीं शर्तों के अनुकूल अनुमोदित प्रतिभूतियों के वर्ग में आयेंगी जो इस सम्बन्ध में सरकार निश्चित करे।

(1) अनुमोदित प्रतिभूतियाँ।

(2) प्रतिभूतियाँ जो ब्रिटिश सरकार द्वारा मूलधन तथा ब्याज के प्रत्याभूत (Guarnteed) हैं।

(3) ऋणपत्र या कोई प्रतिभूति जो मुद्रा के लिए सरकार द्वारा अनुज्ञा प्राप्त तथा किसी म्युनिसिपैलेटी द्वारा निर्गमित की गयी है।

(4) ऋणपत्र या कोई प्रतिभूति जो मुद्रा के लिए किसी घर बनाने की योजना के अन्तर्गत केन्द्रीय व राज्य सरकार या राज्य व केन्द्र के किसी अधिनियम द्वारा अनुमोदित और निर्गमित है।

(5) अचल सम्पत्ति पर प्रथम बंधक जो गृह योजना के अंतर्गत राज्य व केन्द्र सरकार द्वारा अनुमोदित है।

(6) अचल सम्पत्ति, प्लाण्ट या मशीन पर प्रथम अधिकार प्राप्त ऋणपत्र जिनके समान ऋणपत्रों पर कम्पनी ने पिछले पाँच वर्षों में लगातार या पिछले छः या सात में से कम पाँच वर्ष पूरा ब्याज अदा किया हो।

(7) किसी कम्पनी के ऐसे ऋणपत्र जो किसी अचल सम्पत्ति, प्लाण्ट या मशीन पर प्रथम अधिकार प्राप्त हो, बशर्ते कि ऐसी सम्पत्ति का पुस्त या बाजारू मूल्य, जो भी कम हो, इन ऋणपत्रों के मूल्य तिगुने हों।

(8) किसी कम्पनी की चल सम्पत्ति की जमानत पर निर्गमित ऋणपत्र जिन कम्पनियों ने पिछले पाँच वर्षों में लगातार या पिछले छः या पाँच वर्षों में अपने साधारण अंशों पर लाभांश वितरित किया हो।

(9) ऐसी कम्पनी के पूर्वाधिकारी अंश जिसने पिछले पाँच वर्षों में लगातार या पिछले छः वर्षों में कम से कम पाँच वर्ष में अपने साधारण अंशों पर लाभांश वितरित किया हो।

(10) कम्पनी के ऐसे पूर्वाधिकारी अंश जिन पर पिछले पाँच वर्षों में लगातार या पिछले छः या सात वर्षों में कम से कम पाँच वर्ष में लाभांश वितरित किये गये हों और समापन के समय इनके भुगतानों के लिए साधारण अंशों की तुलना में पूर्वाधिकार प्राप्त हो।

(11) किसी कम्पनी के ऐसे अंश जिनका प्रत्याभूत ऐसी कम्पनी ने किया है जिसके साधारण अंशों पर पिछले पाँच वर्षों में लगातार या पिछले छः या सात वर्षों में कम से कम पाँच वर्ष लाभांश वितरित किये गये हों बशर्ते कि प्रत्याभूत कम्पनी के अंश प्रत्याभूति देने वाली कम्पनी के पूर्वाधिकार और साधारण अंशों में प्रदत्त पूँजी के 50 प्रतिशत से अधिक न हो।

(12) किसी कम्पनी के अंश पर पिछले सात वर्षों में या पिछले आठ या नौ वर्षों में कम से कम सात वर्षों में लाभांश कम से कम चार प्रतिशत की दर से वितरित किये गये हों।

(13) भारत में या किसी अन्य देश में स्थित, जहाँ बीमाकर्ता बीमा व्यवसाय कर रहा है, अचल सम्पत्ति पर प्रथम बन्धक।

(14) भारत में या किसी अन्य देश में स्थित, जहाँ बीमाकर्ता बीमा व्यवसाय कर रहा हो, अचल सम्पत्ति बशर्ते कि यह सम्पत्ति किसी जमानत से मुक्त हो।

(15) जीवनहित (Life Interests) या बीमापत्रों की जमानत पर उनके समर्पण मूल्य की सीमा तक दिया गया ऋण।

(16) जीवन हित।

(17) अनुसूचित बैङ्कों में स्थायी जमा या रजिस्टर्ड सहकारी समितियों में की गयी जमा।

(18) रजिस्टर्ड सहकारी समितियों के ऋणपत्र या अंश।

(19) ऐसे अन्य विनियोग जिन्हें केन्द्रीय सरकार अनुमोदित विनियोग घोषित कर दे।

प्रतिबन्ध
(Restrictions)

(1) कोई बीमाकर्ता अपनी सम्पति, जो धार। 27 की उपधारा 1 में दिये गये हैं, का अधिक से अधिक सवा दो प्रतिशत बैंकिंग कम्पनी या विनियोग कम्पनी के अंशों में या इन कम्पनियों के याचित अंश पूँजी और ऋणपत्र का दो प्रतिशत, जो दोनों से कम है, तक विनियोजित कर सकता है।

(2) कोई बीमाकर्ता अपनी सम्पत्ति,जो धारा 27 की उपधारा 1 में दिये गये हैं, का अधिक से अधिक सवा दो प्रतिशत बैंकिंग या विनियोग कम्पनी के अतिरिक्त कम्पनी के अंशों और ऋणपत्रों में या इन कम्पनियों के याचित अंश पूँजी और ऋणपत्र के 10 प्रतिशत, जो दोनों में कम है, तक विनियोजित कर सकता है।

उपर्युक्त दोनों नियमों को केन्द्रीय सरकार किसी कम्पनी के लिए मुक्त कर सकती है।

(3) कोई बीमाकर्ता अपने नियंत्रित कोष को व्यक्तिगत कम्पनी के अंश या ऋणपत्र में विनियोजित नहीं करेगा।

(4) कोई बीमाकर्ता अपने नियंत्रित कोष के 3 प्रतिशत से अधिक स्थायी जमा या चालू जमा में या दोनों में किसी बैंकिंग कम्पनी में या रजिस्टर्ड सहकारी समिति में या अन्य बैंकिंग व्यापार करने वाली कम्पनी जो किसी कानून के अन्तर्गत स्थापित हुई है, विनियोजित कर सकता है।

लेकिन बीमाकर्ता के उपलक्ष में तीन दिन के अन्दर जमा की गयी प्रव्याजि की रकम को अलग रखा जाता है। साथ ही साथ नियन्त्रक किसी सहकारी जीवन बीमा समिति को उपरोक्त नियम से मुक्त कर सकती है बशर्ते कि स्थायी जमा अचल सम्पत्ति के प्रथम बन्धक पर किसी सहकारी समिति में ही विनियोजित की गयी हो।

(5) यदि केन्द्रीय सरकार किसी विनियोग को अनुचित या अनुपयुक्त समझती है तो बीमाकर्ता को एक सूचना देकर विनियोग की रकम को वापस मँगा सकता है।

धारा 28 के अन्तर्गत प्रत्येक बीमाकर्ता के लिए, जो जीवन बीमा व्यापार कर रहा है, प्रत्येक वर्ष के शुरू के 30 दिन के अन्दर पिछले वर्ष में विनियोजित कोष जो 31 दिसम्बर को स्पष्ट किया गया है, उसका प्रविवरण बीमा नियन्त्रण को पेश करना आवश्यक है। ऐसे प्रविवरण बीमाकर्ता के मुख्य अधिकारी द्वारा प्रमाणित होने चाहिए।

प्रत्येक बीमाकर्ता को मार्च, जून और सितम्बर के अन्त के पन्द्रह दिन के अन्दर अपने विनियोजित कोष की सूचना देनी पड़ती है।

आवेदन-पत्र देने पर नियंत्रक द्वारा विवरण देने की अवधि विदेशी बीमाकर्ता के लिए 30 और 15 दिन से बढ़ाकर 60 और 30 दिन किया जा सकता है।

धारा 30 के अनुसार कोई संचालक या अधिकारी यदि धारा 37, 27 अ और 29 के विपरीत कार्य करता है और यदि इसके कारण हानि हुई तो इस हानि को ऐसा संचालक, या अधिकारी पूरा करेगा।

ऋण सम्बन्धी प्रावधान

धारा 29 के अनुसार कोई बीमाकर्ता सम्पत्ति की नाममात्र जमानत या व्यक्तिगत जमानत पर या अन्य किसी प्रकार से (जीवन बीमापत्र के समर्पण मूल्य की जमानत के

अतिरिक्त) किसी संचालक, प्रबंधक, प्रबंधक अभिकर्ता, जीवनांकिक, अंकेक्षक, बीमाकर्ता के व्यापार का अधिकारी, साझेदारी संस्था के साझेदार या किसी दूसरी कम्पनी या साझेदारी जिसमें ये संचालक, प्रबंधक, प्रबन्धक अभिकर्ता जीवनांकिकी, अंकेक्षक, अधिकारी या साझेदार इसी प्रकार की हैसियत से कार्य कर रहे हों, उनको ऋण या अस्थायी उधार नहीं दे सकता। लेकिन यह प्रतिबन्ध बैंकिंग कम्पनी को ऋण दिये जाने के लिए लागू नहीं होता। साथ ही साथ यह प्रतिबंध सहायक कम्पनी या मौलिक कम्पनी पर,जिसकी सहायक यह बीमा कम्पनी है, लागू नहीं होता और यदि ऋण जीवन बीमा कोष से दिया गया है तो इसकी सूचना ऋण देने के 30 दिन के अन्दर बीमा नियन्त्रक को देनी चाहिए।

जो बीमा कम्पनी जीवन बीमा व्यापार करती है वह निम्नलिखित रकम से अधिक कोई ऋण या अस्थायी उधार सम्पत्ति की नाममात्र जमानत या व्यक्तिगत जमानत पर निर्गमित नहीं कर सकती।

(1) मुख्य अभिकर्ता (Chief Agent) के लिए पिछले वर्ष में अर्जित ओवर राइडिङ्ग रीनीवल कमीशन की रकम तक।

(2) विशिष्ट अभिकर्ता (Special Agent) के लिए पिछले वर्ष में अर्जित नवीकरण कमीशन (Renewal Commission) की रकम तक।

(3) बीमा अभिकर्ता (Insurance Agent) के लिए पिछले वर्ष में अर्जित नवीकरण कमीशन (Renewal Coinmission) की रकम तक।

प्रबन्ध सम्बन्धी नियम

धारा 31 अ के अनुसार कोई बीमा संस्था किसी अन्य कम्पनी अथवा फर्म या ऐसे प्रबंधक या अधिकारी या अन्य कोई व्यक्ति जो बीमा संस्था से कमीशन या बोनस या हिस्से के रूप में पारिश्रमिक पाता है, के द्वारा प्रबन्धित या संचालित नहीं होगी और न ऐसे व्यक्ति जो कमीशन या बोनस या हिस्से के रूप में पारिश्रमिक पाते हैं; बीमा संस्था के प्रबन्धक या अधिकारी के रूप में नियुक्त किये जा सकते हैं। यही नियम सामान्य बीमा व्यापार में लागू होता है। लेकिन इसके अपवाद निम्न हैं—

(1) जीवन बीमा व्यापार के सम्बन्ध में मुख्य अभिकर्ता, विशिष्ट अभिकर्ता या बीमा अभिकर्ता को कमीशन का भुगतान।

(2) सामान्य बीमा व्यापार के सम्बन्ध में प्रधान अभिकर्ता या बीमा अभिकर्ता को कमीशन का भुगतान।

(3) केन्द्रीय सरकार की स्वीकृति पर ऐसे व्यक्ति को कमीशन का भुगतान, जो बीमाकर्ता का अधिकारी नहीं है और मुख्य अभिकर्ता, प्रधान अभिकर्ता को नियुक्त करता है।

(4) क्लर्कों को कमीशन का भुगतान जो बीमा अभिकर्ता के रूप में कार्य करने पर दिया जाता है।

(5) किसी व्यक्ति की अधिकारी के रूप में नियुक्ति की जीवन बीमा के सम्बन्ध में नवीकरण कमीशन प्राप्त करता है।

(6) सामान्य बीमा व्यापार में लाभ के अंश के रूप में भुगतान।

(7) वेतन भोगी अधिकारी को सामान्य रूप से बोनस या अतिरिक्त पारिश्रमिक के रूप में भुगतान बशर्ते ये उनके वेतन से अधिक न हो।

इसी धारा में यह भी स्पष्ट कर दिया गया है कि बीमा संस्था का कोई प्रबन्धक, प्रबन्ध संचालक या इसी पद का कोई अन्य व्यक्ति अपने पद के लिए किसी दूसरे व्यक्ति को उत्तराधिकारी के रूप में नामांकित नहीं कर सकता। यदि कोई व्यक्ति नामांकित हो गया है तो वह इस पद पर कार्य नहीं कर सकता।

धारा 31-ब के आधार पर अत्यधिक पारिश्रमिक पर प्रतिबन्ध लगाया गया है। यदि केन्द्रीय सरकार के मत में कोई बीमाकर्ता किसी व्यक्ति को कमीशन, वेतन आदि के रूप में जो पारिश्रमिक दे रहा है वह बीमा व्यवसाय के सामान्य स्तर के हिसाब से उस संस्था की शक्ति के बाहर है तब इस सम्बन्ध में बीमाकर्ता को उचित आदेश दे सकती है जिसका पालन छः महीने के अन्दर करना आवश्यक है। यदि किसी व्यक्ति को पारिश्रमिक दिया जाता रहा है तो केन्द्रीय सरकार के आदेश आने के पश्चात् उस संविदा में उचित परिवर्तन करना पड़े तो बीमाकर्ता को करना पड़ेगा और इस परिवर्तन के कारण ऐसे व्यक्ति को तो हर्जाना नहीं दिया जायेगा। यदि परिवर्तन की ये शर्तें उसे स्वीकार नहीं हैं तो पद त्याग (Resignation) के बाद उसे नवीकरण का कमीशन केन्द्रीय सरकार की अनुमति के अतिरिक्त अन्य रूप से नहीं जायेगा।

प्रत्येक वर्ष के अन्त होने के एक महीना पहले, किसी व्यक्ति को दिया गया पारिश्रमिक, कमीशन या अन्य प्रकार के वेतन जो 5 हजार से अभिक है, आदि की सूचना नियंत्रक को देना आवश्यक है।

मुख्य अभिकर्ता, प्रधान अभिकर्ता और विशिष्ट अभिकर्ता के अतिरिक्त कोई व्यक्ति यदि किसी वर्ष में पाँच हजार रुपये से अधिक पारिश्रमिक पाता है तो नियंत्रक लिखित सूचना देकर बीमाकर्ता से ऐसे व्यक्तियों के बीच प्रसंविदा की प्रमाणित प्रतिलिपि माँग सकता है और बीमाकर्ता को ऐसी सूचना का निश्चित समय के अन्दर पालन करना आवश्यक है।

धारा 32 के अनुसार कोई बीमाकर्ता अपना व्यापार करने के लिए प्रबन्ध अभिकर्ता (Managing Agent) को नियुक्त नहीं कर सकता।

कोई प्रबन्ध संचालक या दूसरे अधिकारी जो जीवन बीमा व्यापार कर रहे हैं वे किसी दूसरे बीमाकर्ता, जो जीवन बीमा व्यापार करते हैं, के प्रबन्ध संचालक या अन्य अधिकारी नहीं हो सकते।

परंतु केन्द्रीय सरकार ऐसे प्रबंध संचालक या अन्य अधिकारी को ऐसी कंपनी के प्रबंध संचालक या अन्य अधिकारी बनने की अनुमति दे सकती है जो समामेलन या एकीकरण के लिए जीवन बीमा व्यापार कर रही है।

जहाँ बीमाकर्ता 25 लाख रुपये से अधिक जीवन बीमा कोष या 50 लाख रुपये से अधिक बीमा कोष रखता है वहाँ पर प्रबन्धक, प्रबन्ध संचालक या अन्य अधिकारी बीमाकर्ता के पूर्णकालिक कर्मचारी होंगे परन्तु केन्द्रीय सरकार ऐसे व्यक्तियों को अपूर्णकालिक कर्मचारी घोषित कर सकती है।

प्रबन्ध-व्यय या अन्य खर्चों पर नियन्त्रण

जीवन बीमा व्यापार को प्राप्त करने के लिए प्रबन्ध सम्बन्धी व्यय पर बीमा अधिनियम में प्रतिबन्ध लगाया गया है जो निम्न प्रकार हैं—

धारा 40 के अनुसार बीमा व्यापार प्राप्त करने के लिये कोई व्यक्ति (बीमा अभिकर्ता, प्रधान, मुख्य और विशिष्ट अभिकर्ता के अतिरिक्त) पारिश्रमिक या पुरस्कार कमीशन के रूप में न तो पा सकता है और न पाने के लिये प्रसंविदा कर सकता है। बीमा एजेन्ट आदि के व्यापार के सम्बन्ध में आगे बताया जायेगा।

कोई बीमा अभिकर्ता जीवन बीमा के सम्बन्ध में उसके द्वारा प्रभावित बीमापत्र की प्रथम प्रव्याजि का 40 प्रतिशत और नवीकरण प्रव्याजि का पाँच प्रतिशत तथा आजीवन बीमा व्यापार के सम्बन्ध में 15 प्रतिशत से अधिक कमीशन या पारिश्रमिक के रूप में नहीं पा सकता है।

परन्तु जीवन बीमा व्यापार में बीमा अभिकर्ता को उसके 10 वर्ष के सेवा काल के अन्दर प्रथम प्रव्याजि का 55 प्रतिशत और नवीकरण प्रव्याजि का 6 प्रतिशत तक कमीशन या पारिश्रमिक दिया जा सकता है।

कमीशन व्यय पर सीमा

धारा 40-अ के अनुसार कोई व्यक्ति बीमा अभिकर्ता को निम्नलिखित रकम से अधिक न तो भुगतान करेगा और न भुगतान करने की प्रसंविदा करेगा और न कोई बीमा अभिकर्ता कमीशन या पारिश्रमिक के रूप में भुगतान प्राप्त करेगा और न प्राप्त करने की प्रसंविदा करेगा—

(i) जहाँ पर तात्कालिक वार्षिकी और विलंबित वार्षिकी एकल प्रव्याजि के बदले में निर्गमित किये जाते हैं वहाँ पर प्रव्याजि का 2 प्रतिशत, परन्तु विशिष्ट एजेन्ट के लिए $1\frac{1}{2}$ प्रतिशत।

(ii) जहाँ पर विलंबित वार्षिकी एक से अधिक प्रव्याजि के बदले प्रदान किये जाते हैं वहाँ पर प्रथम प्रव्याजि के $7\frac{1}{2}$ प्रतिशत और नवीकरण प्रव्याजि के 2 प्रतिशत, परन्तु विशिष्ट एजेन्ट के लिये प्रथम प्रव्याजि का 2 प्रतिशत।

(iii) अन्य दशाओं में प्रथम वर्ष की प्रव्याजि के 35 प्रतिशत, दूसरे और तीसरे वर्ष की नवीकरण प्रव्याजि के $7\frac{1}{2}$ प्रतिशत और उसके बाद प्रत्येक नवीकरण प्रव्याजि का 5 प्रतिशत परन्तु विशिष्ट एजेन्ट के लिये प्रथम प्रव्याजि के 15 प्रतिशत तक बीमा अभिकर्ता अपने प्रथम 10 वर्ष के कार्यकाल में प्रथम वर्ष की प्रव्याजि के 40 प्रतिशत तक कमीशन प्राप्त कर सकता है। विशिष्ट एजेन्ट के लिए प्रथम प्रव्याजि का $17\frac{1}{2}$ प्रतिशत है।

कोई व्यक्ति बीमा अभिकर्ता को निम्नलिखित रकम से अधिक न तो भुगतान करेगा और न भुगतान करने की प्रसंविदा करेगा और न कोई बीमा अभिकर्ता कमीशन या पारिश्रमिक के रूप में भुगतान प्राप्त करेगा और न प्राप्त करने की प्रसंविदा करेगा—

(i) जहाँ बीमापत्र अग्नि व विविध बीमा से सम्बन्धित है वहाँ पर प्रव्याजि का 15 प्रतिशत; परन्तु प्रधान अभिकर्ता को 20 प्रतिशत।

(ii) जहाँ बीमापत्र सामुद्रिक बीमा से सम्बन्धित है वहाँ पर प्रव्याजि का 10 प्रतिशत; परन्तु प्रधान अभिकर्ता को 15 प्रतिशत।

प्रधान अभिकर्ता को दिये जाने वाले कमीशन में से बीमा अभिकर्ता का कमीशन घटा दिया जाता है।

जीवन बीमा व्यापार में प्रबन्ध व्यय की सीमा

धारा 40-ब के अनुसार बीमाकर्ता जो भारत में जीवन बीमा व्यापार कर रहे हैं वे प्रव्याजि की दर, मृतक तालिका, ब्याज की दर, व्यय और बोनस का विवरण एक निर्धारित फार्म के जीवनांकिक से प्रमाणित करके बीमा नियन्त्रक को एक निश्चित समय के अन्दर देगा। कोई बीमाकर्ता किसी वर्ष में जीवन बीमा व्यापार के सम्बन्ध में प्रबन्ध व्यय की निर्धारित सीमा से अधिक व्यय नहीं करेगा। इस सीमा के निर्धारण में बीमा व्यवसाय का आकार-प्रकार और उम्र तथा अनुभव का विचार किया जाता है। बीमा नियन्त्रक इन सीमाओं से छूट दे सकता है परन्तु वह जीवन बीमा परिषद् की कार्यकारिणी समिति की अनुमति से ही छूट दे सकता है।

प्रत्येक बीमाकर्ता जो भारत में जीवन बीमा व्यापार कर रहा है निम्नलिखित सूचना आगम खाते में लिखेगा—

(i) बीमा संस्था के अध्यक्ष, दो संचालक, प्रधान अधिकारी तथा अंकेक्षक द्वारा हस्ताक्षरित प्रमाण-पत्र जिसमें जीवन बीमा व्यापार के प्रबन्ध व्यय को प्रमाणित किया गया हो।

(ii) यदि बीमाकर्ता जीवन बीमा व्यापार के अतिरिक्त अन्य प्रकार के बीमा व्यापार कर रहा है तो अंकेक्षक का प्रमाण-पत्र जिसमें इस बात को प्रमाणित करेगा कि सभी खर्चे उचित खातों में लिख दिये गये हैं।

सामान्य बीमा व्यापार में प्रबन्ध व्यय पर सीमा

धारा 40 स के अनुसार बीमाकर्ता जो सामान्य बीमा व्यापार भारत में कर रहा है वह एक निर्धारित सीमा से अधिक प्रबन्ध व्यय, जिसमें व्यापार को प्राप्त करने के खर्चे भी शामिल हैं, नहीं करेगा। इस सीमा का निर्धारण व्यापार के आकार-प्रकार और उम्र के आधार पर किया जायेगा। नियन्त्रक इन सीमाओं से छूट दे सकता है किन्तु वह छूट सामान्य बीमा-परिषद् की कार्यकारिणी समिति की परामर्श लेकर ही देगा।

प्रत्येक बीमाकर्ता आगम खाते में अध्यक्ष, दो संचालक अंकेक्षक और प्रधान अधिकारी द्वारा हस्ताक्षरित प्रमाणपत्र शामिल करेगा जिसमें बीमा व्यापार के लिये प्रत्यक्ष और अप्रत्यक्ष रूप से किये गये प्रबन्ध व्यय का पूर्ण विवरण रहेगा।

अवहार (Rebate) का निषेध

धारा 41 के अनुसार कोई व्यक्ति प्रत्यक्ष अप्रत्यक्ष रूप से किसी व्यक्ति को जीवन या सम्पत्ति के किसी प्रकार की जोखिम के सम्बन्ध में बीमा कराने या नवीकरण या जारी रखने के लिये अपने कमीशन का पूर्ण या आंशिक अवहार या प्रव्याजि की छूट नहीं दे सकता और न कोई व्यक्ति इस प्रकार की छूट स्वीकार कर सकता है। इस धारा के अनुसार उन छूटों को नहीं लिया जाता जो बीमा संस्था के प्रविवरण अथवा प्रव्याजि तालिका के नियमों के अनुसार बीमादार को दी जा सकती है। इस धारा के अन्तर्गत बीमा अभिकर्ता को उसके जीवन में निर्गमित बीमापत्र पर प्राप्त कमीशन रकम को अवहार के अन्तर्गत शामिल नहीं करते। बीमा अधिनियम के अन्तर्गत अवहार का लेना व देना दोनों अपराध है और इस अपराध का दण्ड 500 रुपये तक जुर्माना हो सकता है।

बीमा अभिकर्ता सम्बन्धी प्रावधान

धारा 42 के अनुसार नियंत्रक या उसके द्वारा अधिकृत अधिकारी किसी व्यक्ति को निर्धारित रूप से, निर्धारित शुल्क जो दस रुपये से अधिक नहीं होगा, जमा करने पर और निर्धारित तरीके से आवेदन पत्र देने पर, व्यापार प्राप्त करने के लिए या प्रचार करने के लिए अनुज्ञा-पत्र निर्गमित करेगा। बशर्ते वह किसी अयोग्यता, जो बाद में वर्णित किया जायेगा, से पीड़ित न हो। परन्तु कम्पनी या फर्म को केवल सामान्य बीमा व्यापार करने के लिए प्रमाण-पत्र दिया जायेगा। बीमा अभिकर्ता अपनी सेवा के बदले कमीशन पाते हैं।

इस धारा के अन्तर्गत अनुज्ञा-पत्र प्राप्त करने वाला व्यक्ति किसी बीमाकर्ता का बीमा अभिकर्ता हो सकता है।

अनुज्ञा-पत्र की अवधि—बीमा अभिकर्ता के अनुज्ञा-पत्र की अवधि केवल तीन साल है। इस अनुज्ञा-पत्र का नवीकरण कराया जा सकता है बशर्ते कि बीमा अभिकर्ता किसी अयोग्यता से पीड़ित न हो।

अनुज्ञा-पत्र का नवीकरण—पुराने अनुज्ञा-पत्र की अवधि व्यतीत होने के 30 दिन पहले ही नवीकरण का आवेदन-पत्र अधिक से अधिक 10 रुपये शुल्क के साथ नियन्त्रक के पास पहुँच जाना चाहिए। यदि अनुज्ञा-पत्र की अवधि व्यतीत होने में 30 दिन से कम समय रहा गया हो और आवेदन पत्र भेजा जाय तो नियन्त्रक को अधिक से अधिक तीन रुपया अतिरिक्त शुल्क देना होगा। अनुज्ञा-पत्र की अवधि व्यतीत हो जाने पर इसका नवीकरण नहीं किया जायेगा। परन्तु यदि बीमा नियन्त्रक इस बात से सन्तुष्ट है कि नवीकरण अतिशय कठिनाई के कारण नहीं किया जा सका तो तीस रुपया अतिरिक्त शुल्क दे लेकर अनुज्ञा-पत्र का नवीकरण किया जायेगा।

बीमा अभिकर्ता की अयोग्यताएँ

(1) व्यक्ति का अवयस्क होना;

(2) योग्य न्यायालय द्वारा अस्वस्थ मस्तिष्क का घोषित होना;

(3) योग्य न्यायालय द्वारा अवैध स्वामित्व (Criminal misappropriation) या अवैध विश्वासघात (Criminal Breach of Trust) या धोखेबाजी (Cheating) या कूट लेख (Forgery) या अन्य किसी प्रकार के अपराध करने या अपराध करने के प्रयास करने के प्रयास करने का दोषी ठहराया जाना; परन्तु ऐसे व्यक्तियों को जो अपराध का सजा पूरा करने के बाद पाँच वर्ष की अवधि समाप्त कर चुके हैं, अयोग्यता से मुक्त किया जा सकता है।

(4) ऐसे व्यक्ति जो किसी बीमा-पत्र के सम्बन्ध में हुई न्यायिक जाँच में या बीमा कम्पनी के समापन में या बीमाकर्ता के कार्यों के निरीक्षण होने पर किसी बीमादार या बीमाकर्ता के प्रति धोखा, बेईमानी या मिथ्या प्रदर्शन का दोषी पाया गया है।

अनुज्ञा-पत्र का खण्डन—यदि बीमा नियन्त्रक को यह मालूम हो कि बीमा अभिकर्ता उपरोक्त चारों अयोग्यताओं में से किसी भी अयोग्यता से पीड़ित है अथवा उसने अधिनियम के किसी प्रावधान के प्रतिकूल काम किया है तो वह अनुज्ञा-पत्र को खण्डित कर सकता है।

अनुज्ञा-पत्र की द्वितीय प्रतिलिपि—जिस अधिकारी ने अनुज्ञा-पत्र निर्गमित किया है वह अनुज्ञा-पत्र के खो जाने पर, नष्ट हो जाने पर विकृत होने पर अधिक से अधिक एक रुपया फीस लेकर एक नया अनुज्ञा-पत्र निर्गमित कर सकता है।

अनुज्ञा-पत्र के बिना व्यापार—यदि कोई व्यक्ति बिना अनुज्ञा-पत्र के बीमा अभिकर्ता का कार्य करता है तो उस पर पचास रुपया जुर्माना किया जा सकता है।

अभिकर्ताओं के प्रकार

बीमा व्यवसाय में संलग्न अभिकर्ताओं को बीमा अधिनियम में चार भागों में बाँटा गया है—(1) मुख्य अभिकर्ता (2) प्रधान अभिकर्ता (3) विशिष्ट अभिकर्ता और बीमा अभिकर्ता।

बीमा अभिकर्ता के विषय में पहले बताया जा चुका है। इनमें से मुख्य अभिकर्ता और विशिष्ट अभिकर्ता जीवन बीमा क्षेत्र में कार्य कर रहे थे, परन्तु जीवन बीमा के राष्ट्रीयकरण पर इनका स्थान हर्जाना देकर समाप्त कर दिया गया। मुख्य अभिकर्ता प्रशासन एवं संगठन कार्यों के लिए नियुक्त किया जाता था और अपनी ओर से बीमा अभिकर्ता को नियुक्त करते थे। विशिष्ट एजेन्ट भी जीवन बीमा विक्रय का कार्य करते थे लेकिन उनका प्रशासन और संगठन से कोई सम्बन्ध नहीं था। इन दोनों वर्गों को एक विशेष पारिश्रमिक दिये जाते थे। चलन में न होने के कारण इनका वर्णन यहाँ पर नहीं किया जा रहा है वैसे इनसे सम्बन्धित नियम धारा 42-अ और 42-स में दिये गये हैं। 1950 में जो संशोधन किया गया है उसके अनुसार 1950 के सात वर्ष बाद प्रधान अभिकर्ता की नियुक्ति नहीं होगी। इस प्रकार के अभिकर्ता का महत्व घटता गया और 1957 के बाद इसका कोई स्थान नहीं रहा। इससे सम्बन्धित नियम धारा 42-अ से 42-स तक दिये गये हैं। यहाँ पर इसका कोई वर्णन नहीं किया जायेगा।

बीमा व्यापार का हस्तान्तरण एवं एकीकरण

एकीकरण और हस्तान्तरण—नियन्त्रक की अनुमति से और उसी के द्वारा तैयार योजना के अतिरिक्त अन्य प्रकार से किसी जीवन बीमा व्यापार को दूसरे व्यक्ति या दूसरी जीवन बीमा कम्पनी को हस्तान्तरित या सम्मिलित नहीं किया जा सकता। धारा 35 के अन्तर्गत तैयार की गयी योजना में एकीकरण और हस्तान्तरण संविदा का पूर्ण वर्णन होगा।

एकीकरण और हस्तान्तरण के आवेदन पत्र देने के कम से कम दो महीने पहले नियन्त्रक की इसकी इच्छा और कारणों को निम्नलिखित प्रपत्र की चार प्रमाणित प्रतिलिपियों के साथ बताना पड़ता है। ये प्रपत्र सदस्य और बीमापत्रधारियों की जाँच और निरीक्षण के लिए प्रधान और शाखा कार्यालयों तथा मुख्य-मुख्य प्रतिनिधि कार्यालयों में रखे रहेंगे। ये प्रपत्र निम्न हैं।

(1) एकीकरण और हस्तान्तरण के संविदा या इकरारनामा (Deed)।

(2) एकीकरण और हस्तान्तरण में शामिल प्रत्येक बीमाकर्ता के चिट्ठे जो अधिनियम की प्रथम अनुसूची के अनुसार तैयार किये जायेंगे।

(3) इन बीमाकर्ताओं के जीवन बीमा व्यापार के सम्बन्ध में जीवनांकिक की सूचना और संक्षिप्त वर्णन जो अधिनियम की चतुर्थ और पंचम अनुसूचियों के अनुसार तैयार किये जायेंगे।

(4) एक स्वतन्त्र जीवनांकिक (जो 5 वर्ष के अन्दर इन बीमा संस्थाओं में न रहा हो) द्वारा इन संस्थाओं के एकीकरण और हस्तान्तरण पर सूचना।

(5) दूसरी सूचनाएँ जो एकीकरण और हस्तान्तरण के लिए आवश्यक हैं।

नियंत्रक द्वारा एकीकरण और हस्तान्तरण की स्वीकृति

बीमा नियन्त्रक की एकीकरण और हस्तान्तरण का आवेदन-पत्र देने पर बीमा संस्थाओं को यह निर्देश दिया जा सकता है कि वे प्रत्येक जीवन बीमापत्रधारी जो भारत के निवासी हैं, को इसकी शर्तों और दशाओं को सूचना दें। बीमा नियन्त्रक के निर्देश के अनुसार इन सूचनाओं को एक निश्चित तरीके से एक निश्चित समय के लिए प्रकाशित करना होता है और एक निश्चित समय में यदि कोई विरोध उत्पन्न नहीं होता तो वह इसके लिए निश्चित रूप में आदेश देता है। निक्षेप की आवश्यक रकम से अधिक रकम को लौटा दिया जायेगा और आवश्यक निक्षेप को प्राप्त किया जायेगा।

एकीकरण और हस्तान्तरण के बाद का विवरण—एकीकरण और हस्तान्तरण के बाद जो बीमा संस्था कार्य कर रही है वह एकीकरण और हस्तान्तरण के तीन महीने के अन्दर इस योजना की प्रमाणित प्रतिलिपि और प्रत्येक पक्ष द्वारा हस्ताक्षरित वक्तव्य की एकीकरण और हस्तान्तरण प्रावधान के अनुसार सम्पन्न किया गया, प्रस्तुत करेगी। जब एकीकरण और हस्तान्तरण नहीं होता तो उसकी भी सूचना देनी पड़ती है।

बीमापत्र का अभिहस्तांकन या हस्तान्तरण और नामांकन

अभिहस्तांकन या अहस्तांतरण सम्बन्धी नियम धारा 38 के अन्तर्गत दिया गया है जो इस प्रकार है—

(1) बीमापत्र का हस्तांतरण या अभिहस्तांकन चाहे किसी प्रतिफल के लिए हो या बिना प्रतिफल के, बीमापत्र पर या किसी दूसरे पत्र पर पृष्ठांकन करके किया जाता है जिस पर हस्तान्तरक या अभिहस्तांकन या उसके अधिकृत अभिकर्ता द्वारा हस्ताक्षर किया जायेगा और कम से कम एक साक्षी द्वारा प्रमाणित किया जायेगा जो हस्तान्तरण और अभिहस्तांकन के तथ्य को प्रत्यक्ष रूप से बता सके।

(2) पूर्णरूप से प्रमाणित पृष्ठांकन और पत्र-पृष्ठांकन के होने पर हस्तान्तरण और अभिहस्तांकन पूर्ण, प्रभावशाली और कार्यरूप होगा। पर यह तब तक बीमाकर्ता के लिए कार्यरूप नहीं होगा या हस्तांतरती या अभिहस्तांकिकी या उसके वैधानिक प्रतिनिधि को इस बीमापत्र की रकम प्राप्त करने का अधिकार नहीं होगा जब तक हस्तान्तरण और अभिहस्तांकन की लिखित सूचना तथा पृष्ठांकन या पत्र-पृष्ठांकन या उसकी प्रमाणित प्रतिलिपि जो अभिहस्तांतरक और हस्तांतरक द्वारा प्रमाणित होगी, उसके अधिकृत अभिकर्ता द्वारा बीमाकर्ता को सौंप न दी गयी हो।

परन्तु जहाँ पर बीमाकर्ता एक से अधिक व्यापारिक कार्यालय भारत में रखता है वहाँ उसकी सूचना बीमापत्र में लिखित कार्यालय या भारत में मुख्य कार्यस्थल पर देनी होती है।

परन्तु जहाँ पर बीमाकर्ता के नाम हस्तान्तरण या अभिहस्तांकन किया जा रहा है वहाँ पर इसकी सूचना बीमाकर्ता को देना आवश्यक नहीं है।

(3) उपर्युक्त सूचना देने की तिथि के अनुसार ही हस्तान्तरण और अभिहस्तांकन की प्राथमिकता बीमापत्र में हित रखने वाले व्यक्तियों के लिए निर्णीत की जायेगी। जहाँ पर एक से अधिक हस्तान्तरण और अभिहस्तांकन पत्र है वहाँ पर इन पत्रों में से जो पत्र सर्वप्रथम बीमाकर्ता को सौंपा जायेगा उसके सौंपने की तिथि के आधार पर प्राथमिकता का निश्चय होगा।

(4) सूचना के प्राप्त होने पर बीमाकर्ता हस्तान्तरण और अभिहस्तांकन के तथ्यों को, इसके प्राप्त होने की तिथि, हस्तान्तरिती और अभिहस्तांकिकी के नाम को लिखेगा। जिसने सूचना दी है उसके, हस्तान्तरिती या अभिहस्तांकिकी के आवेदन-पत्र और एक रुपया शुल्क देने पर बीमाकर्ता एक स्वीकृति पत्र देगा। यह स्वीकृति पत्र एक साक्षी के रूप में बीमाकर्ता द्वारा अभिहस्तांकन और हस्तान्तरण पत्र प्राप्त होने का एक प्रमाण है।

(5) हस्तान्तरण और अभिहस्तांकन की शर्तों और दशाओं के अनुकूल इसकी सूचना प्राप्त करने की तिथि से बीमाकर्ता हस्तान्तरिती और अभिहस्तांकिकी को ही बीमापत्र के हित को प्राप्त करने का अधिकारी समझेगा और वही व्यक्ति सभी देनदारी और हित का अधिकारी होगा जिसका हस्तान्तरक और अभिहस्तांकक हस्तान्तरण के समय जिम्मेदार था। बीमापत्र के सम्बन्ध में सभी कार्यवाही बिना इन व्यक्तियों की राय के किया जाने लगेगा।

(6) कोई अधिकार और उपाय जो एक हस्तान्तरिती और अभिहस्तांकिकी को 1950 के अधिनियम लागू होने के पहले प्राप्त था उसमें इस धारा से कोई अन्तर नहीं होगा।

(7) यदि अभिहस्तांकन या हस्तान्तरण किसी शर्त पर किसी विशेष घटना घटने पर रद्द होने को है या किसी व्यक्ति को इसका हित हस्तान्तरित होने को है तो यह अभिहस्तांकन या हस्तान्तरण मान्य होगा।

बीमापत्रधारी द्वारा नामांकन

(1) धारा 29 के अनुसार बीमापत्र धारी अपने जीवन से बीमापत्र लेते समय या उसके बाद लेकिन बीमापत्र के परिपक्व होने के पहले अपनी मृत्यु के उपरान्त बीमापत्र की रकम प्राप्त करने के लिये व्यक्ति या व्यक्तियों को नामांकित कर सकता है।

परन्तु जहाँ पर नामांकित व्यक्ति अवयस्क है वहाँ पर उसके उपलक्ष में अवयस्कता की अवधि में किसी दूसरे व्यक्ति को बीमापत्र की रकम प्राप्त करने के लिये नियुक्त कर सकता है।

(2) ऐसे नामांकन को प्रभावशाली होने के लिये बीमापत्र पर पृष्ठांकन करके बीमाकर्ता को सूचित किया जाता है। यदि बीमापत्र के निर्गमन के समय नामांकन बीमा-पत्र पर न लिखा गया हो। सूचना प्राप्त करने पर बीमाकर्ता इसको अपने यहाँ रजिस्टर्ड कर लेता है। ऐसे नामांकन बीमापत्र के परिपक्व होने के पहले कभी भी रद्द किया जा सकता है या किसी दूसरे व्यक्ति को नामांकित किया जा सकता है। लेकिन जब तक नामांकन के रद्द या परिवर्तन की सूचना बीमाकर्ता को नहीं मिल जाती बीमाकर्ता इसके लिए जिम्मेदार नहीं होगा।

(3) बीमाकर्ता एक रुपया शुल्क लेकर नामांकन में परिवर्तन या रद्द होने पर रजिस्ट्रेशन की लिखित स्वीकृति देगा।

(4) अभिहस्तांकन या हस्तांतरण करने से नामांकन अपने आप रद्द हो जाता है। परन्तु बीमापत्र का बीमाकर्ता के नाम में ऋण लेने के कारण अभिहस्तांकन जो बीमापत्र के समर्पित मूल्य तक प्राप्त हुआ है या इस बीमापत्र का पुनः अभिहस्तांकन नामांकित के हित को केवल बीमाकर्ता के हित तक प्रभावित कर सकता है।

(5) जहाँ पर बीमित व्यक्ति के जीवन में बीमापत्र परिपक्व होता है या नामांकित व्यक्ति की मृत्यु बीमापत्र के परिपक्व होने के पहले हो जाती है तो बीमापत्र की रकम बीमादार को या उसके उत्तराधिकारी को या वैधानिक प्रतिनिधि को दी जायेगी।

(6) जहाँ पर एक या अधिक व्यक्ति नामांकित हैं और बीमादार की मृत्यु पर जीवित हैं तो बीमापत्र की रकम इन्हीं जीवित व्यक्ति या व्यक्तियों को दी जायेगी।

(7) यह धारा वहाँ पर लागू नहीं होगी जहाँ पर मैरीड-विमेन्स प्रापर्टी एक्ट 1874 की धारा 6 लागू होती है।

बीमा नियन्त्रक के अधिकार एवं कर्तव्य

बीमा नियन्त्रक के अधिकार और कार्य का दो भागों में अध्ययन करते हैं—

(1) विशेष अधिकार तथा कार्य (2) सामान्य अधिकार तथा कार्य।

विवरणी सम्बन्धी बीमा नियन्त्रक के अधिकार—धारा 21 के अन्तर्गत यदि बीमा नियन्त्रक इस अधिनियम के अन्तर्गत दी गयी विवरणी को अशुद्ध और दोषपूर्ण समझता है तो वह बीमाकर्ता से निम्नलिखित सूचनाएँ प्राप्त कर सकता है—

(1) बीमाकर्ता द्वारा वे सभी सूचनाएँ जो दी गयी सूचनाओं को सही साबित करने पूरक के रूप में आवश्यक हैं। ये सूचनाएँ अंकेक्षक और जीवनांकिक द्वारा आवश्यकतानुसार प्रमाणित भी की जा सकती है।

(2) बीमाकर्ता के प्रधान कार्यस्थल पर रखी गयी बही-खाते, रजिस्टर या अन्य कोई प्रपत्र या कोई विवरण जिसे नियन्त्रक आवश्यक समझे बीमाकर्ता द्वारा परीक्षण के लिए माँग सकता है।

(3) बीमाकर्ता के किसी अधिकारी को विवरणी के सम्बन्ध में शपथ पर परीक्षित किया जा सकता है।

(4) किन्हीं ऐसी विवरणियों को अस्वीकार कर सकता है जो कमी को पूरा करने या अशुद्धि को शुद्ध करने के आदेश के एक महीने के अन्तर्गत न तो कमी को पूरा किया गया और न तो अशुद्ध को शुद्ध किया गया है। बीमा नियन्त्रक इस अशुद्धि को पूरा करने के लिए एक महीने से अधिक का समय दे सकता है।

बीमाकर्ता के आवेदन पर न्यायालय नियंत्रक को सुनने के बाद उसके आदेश को रद्द कर सकता है या विवरणी को स्वीकार करने का आदेश दे सकता है, यदि बीमाकर्ता यह सिद्ध कर दे कि नियंत्रक के कार्य परिस्थितियों के अनुसार अनुचित हैं, परन्तु यह आवेदन पत्र नियंत्रक के आदेश के चार महीने के अन्दर देना आवश्यक है।

यदि बीमाकर्ता नियंत्रक के आदेशों का पालन इस धारा के अन्तर्गत न करे तो यह समझा जायेगा कि उसने अधिनियम के नियम का पालन नहीं किया और फलस्वरूप धारा 102 के अन्तर्गत बीमाकर्ता पर तथा प्रत्येक दोषी अधिकारी पर एक हजार रुपये तक जुर्माना लगाया जा सकता है और यदि बीमाकर्ता अशुद्धि करता रहे तो 500 रुपया प्रतिदिन की दर से तब तक जुर्माना लगता रहेगा जब तक नियम भंग को दूर न किया जाय। यदि यह प्रमाणित हो जाय कि जान-बूझकर गलती की गयी है तो दोषी व्यक्ति पर धारा 104 के अनुसार 3 वर्ष का कारावास अथवा एक हजार रुपया जुर्माना या दोनों दण्ड लगाये जा सकते हैं।

बीमा नियंत्रक का पुनर्मूल्यांकन आदेश देने का अधिकार—यदि बीमा नियंत्रक को यह प्रतीत होता है कि मूल्यांकन की सूचना और अन्य विवरणी में बीमाकर्ता की वास्तविक स्थिति को सही-सही नहीं बताया गया है तो वह बीमाकर्ता को सूचना देकर और कारणों को सुनने के लिए पर्याप्त समय देकर किसी एक निश्चित तिथि पर निरीक्षण एवं मूल्यांकन किसी जीवनांकिक द्वारा करा सकता है। बीमाकर्ता जीवनांकिक को सभी महत्त्वपूर्ण तथ्य और सूचनाएँ देगा और इसका खर्च स्वयं वहन करेगा।

प्रत्येक विवरणी जो बीमा नियंत्रक को दी गयी है और जो उसके द्वारा प्रमाणित की गयी है, इस उद्देश्य के लिए विवरणी समझी जायेगी। प्रत्येक प्रपत्र जो बीमा नियन्त्रक द्वारा प्रमाणित किया जा चुका है वह साक्षी के रूप में पेश किया जा सकता है।

विवरणी का प्रकाशन—धारा 25 के अनुसार बीमाकर्ता विवरणी को उसी रूप में प्रकाशित करेगा जिस रूप में नियंत्रक को यह सूचना दी गयी है। परन्तु यदि बीमाकर्ता किसी सूचना को प्रचार के लिए प्रकाशित करना चाहता है तो वह ऐसा बिना नियंत्रक की अनुमति के कर सकता है।

धारा 25 के अनुसार बीमाकर्ता के रजिस्ट्रेशन में यदि कोई परिवर्तन होता है तो इसकी सूचना बीमा नियन्त्रक को देना आवश्यक है। जहाँ पर बीमा की दर, लाभ, शर्त और दशाओं में परिवर्तन होता है वहाँ यह सब सूचना बीमा नियन्त्रक को देनी होती है।

अनुसन्धान सम्बन्धी अधिकार—धारा 33 के अनुसार किसी भी बीमाकर्ता के कार्य की जाँच करने के लिए केन्द्रीय सरकार बीमा नियन्त्रक या किसी व्यक्ति को किसी भी समय आदेश दे सकती है और उसे निरीक्षण की सूचना देनी पड़ेगी। परन्तु बीमा नियन्त्रक या अन्य व्यक्ति जाँच में अपनी सहायता के लिए अंकेक्षक या जीवनांकिक या दोनों को नियुक्त कर सकता है।

प्रत्येक बीमाकर्ता के प्रबन्धक, प्रबन्ध संचालक, या दूसरे व्यक्ति को बही-खाता, रजिस्टर या अन्य दूसरे प्रकार के प्रपत्र जो उसकी पहुँच या सुरक्षा में हैं, उपरोक्त नियुक्त व्यक्ति के समक्ष रखना पड़ेगा। उन तमाम सूचनाओं को जो उपरोक्त व्यक्ति चाहें बीमाकर्ता को एक निश्चित समय में देना आवश्यक है। वह व्यक्ति बीमाकर्ता के व्यापार के सम्बन्ध में प्रबन्धक, प्रबन्ध संचालक या अन्य अधिकारी की शपथ के साथ परीक्षा ले सकता है।

केन्द्रीय सरकार के पास यह रिपोर्ट पहुँचने के बाद बीमादाता को इस सम्बन्ध में कहने-सुनने का अवसर मिलता है। उसके बाद यदि केन्द्रीय सरकार उचित समझे तो वह लिखित आदेश द्वारा—

(1) बीमाकर्ता को रिपोर्ट के सम्बन्ध में ऐसी कार्यवाही करने को कह सकती है जिसे वह उचित समझे; या

(2) बीमा नियंत्रक को बीमाकर्ता के रजिस्ट्रेशन का प्रमाण-पत्र रद्द करने का आदेश दे सकती है; या

(3) बीमा-नियंत्रक को यह आदेश दे सकती है कि वह न्यायालय में उस बीमाकर्ता को समापन के लिए आवेदन-पत्र दे चाहे उसका रजिस्ट्रेशन रद्द हुआ हो या नहीं।

इस अधिनियम के अन्तर्गत दिये गये आदेशों, दूसरे नम्बर के आदेश के अतिरिक्त, के विरुद्ध न्यायालय में कोई प्रश्न नहीं किया जा सकता।

इस जाँच और निरीक्षण सम्बन्धी खर्चे बीमाकर्ता को वहन करना पड़ेगा।

सामान्य कार्य और अधिकार

बीमा नियन्त्रक के सामान्य कार्य और अधिकार निम्न हैं—

(1) बीमाकर्ता का रजिस्ट्रेशन और प्रमाण-पत्र देना तथा इसका नवीकरण और रद्द करने के अधिकार।

(2) बीमाकर्ताओं द्वारा जमा किये गये निक्षेप का निरीक्षण एवं रिजर्व बैंक से उसकी सूचना प्राप्त करने का अधिकार।

(3) बीमाकर्ताओं के वार्षिक खाते, रिपोर्ट (सूचनाएँ), विवरणियों और प्रपत्रों को प्राप्त करने का अधिकार।

(4) बीमा अभिकर्ताओं को अनुज्ञापत्र देने का अधिकार।

(5) बीमाकर्ता के हस्तान्तरण एवं एकीकरण के प्रस्ताव को स्वीकार करने के अधिकार।

(6) दो हजार तक मूल्य के जीवन बीमापत्रों के विवादपूर्ण अध्यर्थन के झगड़े में निर्णय देने का अधिकार।

(7) किसी भी बीमाकर्ता के उसके बीमा व्यापार के सम्बन्ध में सूचना माँगने का अधिकार।

(8) अपने कार्यों को अपने अधिकृत व्यक्तियों को सौंपने का अधिकार।

अधिनियम के विशेष प्रावधान

(1) दो वर्ष बाद बीमापत्र का निर्विवाद होना—धारा 45 के अनुसार किसी बीमापत्र पर निर्गमन के दो वर्ष बाद बीमा प्रस्ताव या डाक्टरी जाँच की सूचना या निर्देशित व्यक्ति की सूचना या मित्र या अन्य दूसरे प्रपत्र जो बीमापत्र के निर्गमन के प्रेरक हैं, की गलती और अशुद्धि पर बीमाकर्ता द्वारा प्रश्न नहीं उठाया जा सकता, जब तक यह गलती और अशुद्धि महत्त्वपूर्ण या आवश्यक तथ्य या दमनित तथ्य (Suppressed Facts) जो महत्त्वपूर्ण हैं से सम्बन्धित न हो और बीमादार द्वारा कपटपूर्ण वर्णन किया गया हो। साथ ही साथ बीमापत्रधारी इन तथ्यों को जानता रहा हो।

परन्तु बीमाकर्ता को उम्र का प्रमाण माँगने से मना नहीं किया जा सकता।

(2) धारा 46 के अनुसार जो बीमापत्र भारत में निर्गमित किये गये हैं—उनसे सम्बन्धित रकम भारत में ही प्राप्त किये जा सकते हैं या उनसे सम्बन्धित अभियोग भारत में ही चलाये जा सकते हैं बशर्ते कि इसके विपरीत कुछ न किया गया हो।

(3) न्यायालय के द्वारा अध्यर्थन का भुगतान—धारा 47 के अन्तर्गत जहाँ बीमाकर्ता इस राय का है कि अध्यर्थन के सम्बन्ध में अधिकार के साक्षी की अनुपयुक्तता या अन्य किसी उपयुक्त कारणों से यह असम्भव है कि बीमाकर्ता अध्यर्थन के भुगतान का सन्तोषप्रद भुगतान रसीद नहीं पा सकता तो वह न्यायालय में इस विषय के लिए आवेदन दे सकता है।

न्यायालय द्वारा भुगतान करने पर प्राप्त प्रमाणपत्र बीमाकर्ता के लिए संतोषपूर्ण भुगतान का प्रमाण-पत्र होगा। न्यायालय द्वारा भुगतान करने के लिए आवेदन पत्र में निम्नलिखित बातें लिखी जानी चाहिए—

(1) बीमित व्यक्ति का नाम और पता।

(2) यदि बीमित व्यक्ति की मृत्यु हो गयी तो मृत्यु की तारीख और स्थान।

(3) बीमापत्र का स्वभाव और रकम।

(4) प्रत्येक अध्यर्थक का नाम और पता जहाँ तक बीमाकर्ता को मालूम है।

(5) वे कारण जिनके द्वारा बीमाकर्ता यह सोचता है कि वह सन्तोषपूर्ण भुगतान की रसीद नहीं दे सकता।

(6) बीमाकर्ता को सूचना देने का पता।

बीमापत्र की परिपक्वता के 6 महीने व्यतीत होने के उपरान्त ही आवेदन पत्र दिये जा सकते हैं।

(4) छोटी रकम के बीमापत्र का भुगतान—धारा 47-अ के अन्तर्गत बीमाकर्ता और बीमादार में यदि कोई विवाद उत्पन्न होता है तो उसका निर्णय नियंत्रक द्वारा किया जायेगा, यदि बीमापत्र की रकम दो हजार से अधिक नहीं है। नियंत्रक का निर्णय अन्तिम होगा और किसी न्यायालय में इसके विरुद्ध अपील नहीं की जा सकती।

(5) बीमा अभिकर्ता जो जीवन बीमा व्यापार का प्रचार करता है या प्राप्त करता है या कोई मुख्य अभिकर्ता या विशिष्ट अभिकर्ता जीवन बीमा व्यापार का संचालक नहीं बन सकता।

(6) केन्द्रीय सरकार यदि उचित समझे तो किसी बीमा संस्था के लिए, एक निश्चित समय के लिये और अनिश्चित शर्तों के लिए, अधिक से अधिक दो संचालक नियुक्त कर सकती है।

बीमा कम्पनी का समापन

(Winding up of Insurance Companies)

न्यायालय द्वारा समापन—न्यायालय किसी बीमाकर्ता को भारतीय कम्पनीज एक्ट, 1913 के अनुसार तथा बीमा अधिनियम के प्रावधानों के अनुकूल समापन का आदेश दे सकता है।

न्यायालय उपर्युक्त आदेश के अतिरिक्त निम्नलिखित दशाओं में भी समापन का आदेश दे सकता है—

(अ) न्यायालय की पूर्व अनुमति से अंशधारियों और बीमापत्रधारियों द्वारा आवेदन पत्र पर।

इसके लिये कुल अंशधारियों के कम से कम दस प्रतिशत संख्या के अंशधारी, जिनके पास कुल प्रदत्त पूँजी का कम से कम दसवाँ भाग हो, न्यायालय की आज्ञा प्राप्त करके याचिका दाखिल कर सकते हैं। बीमा कम्पनी के समापन के लिये कम से कम 50 बीमापत्रधारी आवेदन दे सकते हैं जो कम से कम तीन वर्ष के हो गये हों और जिनके बीमापत्र का कुल मूल्य कम से कम 50 हजार रुपये हो।

(ब) बीमा नियंत्रक न्यायालय के पास निम्नलिखित किसी कारण से आवेदन पत्र दे सकता है।

(1) बीमा कम्पनी की धारा 7 या 98 के अन्तर्गत निक्षेप की रकम जमा न करने पर।

(2) बीमा कम्पनी ने इस अधिनियम का उल्लंघन किया और यह उल्लंघन सूचना देने के तीन मास व्यतीत होने पर भी जारी रहा।

(3) जमा की गयी विवरणी या निरीक्षण के परिणामों से यह पता चलता है कि कम्पनी दिवालिया है। दिवालियेपन का निर्धारण करने के लिए अप्रदत्त पूँजी को शामिल नहीं करते।

(4) बीमा कम्पनी का चालू रहना बीमादारों के हित के प्रतिकूल है।

देनदारी का मूल्यांकन--समापन के समय या दिवालिया होने के समय बीमा कंपनी की सम्पत्ति और देनदारी का मूल्यांकन उसी प्रकार और उसी आधार पर किया जायेगा जैसा कि निस्तारक (Liquidator) या प्रतिग्राहक (Receiver) उचित समझे। सम्पत्ति और देनदारी के मूल्य में कमी केवल न्यायालय की अनुमति के आधार पर की जायेगी।

निस्तारण या दिवालिया में जीवन बीमा कोष के अतिरेक का उपयोग—दिवालिया या निस्तारण में बीमाकर्ता के जीवन बीमा व्यापार सम्बन्धी सम्पत्ति और दायित्व का मूल्यांकन अन्य सम्पत्ति और दायित्व से अलग किया जाता है। जीवन बीमा सम्पत्ति का

प्रयोग दूसरे प्रकार के जीवन बीमा दायित्व के अतिरिक्त दायित्व के भुगतान के लिये नहीं किया जाता।

जीवन बीमा संस्था के समापन या दिवालिया के समय जो अतिरेक उत्पन्न हो, सदस्यों को और बीमापत्रधारियों को विभाजित कर दिया जायेगा।

सहायक कम्पनी का समापन—जहाँ पर बीमा कम्पनी का पूर्ण या आंशिक व्यापार दूसरी बीमा कम्पनी को हस्तान्तरित हो गया है वहाँ न्यायालय को यह अधिकार है कि यदि प्रथम कम्पनी का निस्तारण हो रहा है तो वह दूसरी कम्पनी को प्रथम कम्पनी के साथ समापन का आदेश दे। दोनों कम्पनियों के लिए वह एक ही निस्तारक नियुक्त कर सकता है और उससे सम्बन्धी आदेश दोनों के लिए जारी करे मानों दोनों कम्पनी एक ही हों।

बीमा कम्पनी का आंशिक समापन—यदि कोई बीमा कम्पनी एक से अधिक प्रकार का बीमा व्यापार कर रही है या वह किसी भी प्रकार के बीमा व्यापार का समापन कर सकता है तथा अन्य दूसरे प्रकार के व्यापार चालू रख सकता है या दूसरे को हस्तान्तरित कर सकता है। परन्तु इस उद्देश्य के लिए न्यायालय के पास योजना तैयार करके देना पड़ता है। इस योजना के अन्तर्गत सम्पत्ति और दायित्व के वितरण के नियम दिये जायेंगे। यदि न्यायालय इस योजना को पुष्ट करने का आदेश दे तो उसके आधार पर पार्षद सीमा नियम के उद्देश्य वाक्य में परिवर्तन करना होता है और उसके अनुसार आंशिक समापन किया जायेगा।

बीमा संगठन

बीमा संगठन सम्बन्धी धाराएँ अधिनियम की धारा 64 ए से 64 टी तक दी गयी हैं। इस अधिनियम में एक नयी संस्था स्थापित की गयी जिसका नाम भारतीय बीमा समिति (Insurance Association of India) है। इसके अन्तर्गत दो परिषदें बनाई गयीं: (1) जीवन बीमा परिषद् (Life Insurance Council) और (2) सामान्य बीमा परिषद् (General Insurance Council)। सन् 1956 में जीवन बीमा व्यवसाय का राष्ट्रीयकरण करने के बाद जीवन बीमा परिषद् को समाप्त कर दिया गया।

भारतीय बीमा समिति
(Insurance Association of India)

भारतीय बीमा समिति एक समामेलित संस्था है जिसका शाश्वत उत्तराधिकार (Perpetual Succession) तथा अपनी निगम मुद्रा (Common Seal) के साथ पृथक् अस्तित्व है जिसे अपने नाम में सम्पत्ति प्राप्त करने, रखने और बेचने का तथा वाद प्रस्तुत करने का अधिकार है।

यह एक विशाल संगठन है। इसमें दो प्रकार के सदस्य होते हैं : (1) वे बीमाकर्ता जो भारत में स्थापित अथवा अधिवासी हैं। इन्हें सदस्य (Members) कहते हैं। (2) वे बीमाकर्ता जो भारत के बाहर स्थापित अथवा अधिवासी हैं जिन्हें सह-सदस्य (Associate Members) कहते हैं।

सामान्य बीमा परिषद्
(General Insurance Council)

सामान्य बीमा परिषद में सदस्य और सह-सदस्य होते हैं जो सामान्य बीमा-व्यापार का कार्य भारत में करते हैं। इस परिषद् को यह अधिकार है कि वह कार्यकारिणी कमेटी, टैरिफ कमेटी या अन्य प्रकार की कमेटी को बना ले।

कार्यकारिणी कमेटी—इस कमेटी में कुल 16 सदस्य होंगे जिनमें से केन्द्रीय सरकार द्वारा दो सदस्य नामांकित किये जायेंगे जिनमें एक व्यक्ति अध्यक्ष (Chairman) होगा।

आठ व्यक्ति सामान्य बीमा व्यापार के प्रतिनिधि होंगे जो केन्द्रीय सरकार द्वारा बनाये गये नियमों के आधार पर चुने जायेंगे। पाँच व्यक्ति केन्द्रीय सरकार द्वारा सामान्य बीमा व्यापार के उन क्षेत्रों से चुने जायेंगे जिनका इस परिषद् में प्रतिनिधित्व नहीं हो पाया है। एक गैर सरकारी व्यक्ति केन्द्रीय सरकार द्वारा नामांकित किया जायेगा जो बीमा-व्यापार से सम्बन्धित न हो।

यदि इस पदों में से कोई पद रिक्त रहा तो केन्द्रीय सरकार उस स्थान की पूर्ति नये सदस्य को मनोनीत करके कर सकती है। इस कमेटी का एक सचिव भी होता है जिसे केन्द्रीय सरकार द्वारा नामांकित किया जाता है। कोई भी सदस्य अध्यक्ष को लिखित सूचना देकर अपनी सदस्यता से त्याग-पत्र दे सकता है। इस परिषद में यदि कोई स्थान त्याग-पत्र, मृत्यु या अन्य कारणों से आकस्मिक रूप से रिक्त होता है तो ऐसे स्थान की पूर्ति के लिये किसी सदस्य को नामांकित किया जा सकता है।

कार्यकारिणी कमेटी के कार्य

(1) सामान्य बीमा व्यापार में संलग्न बीमाकर्ताओं को व्यवहार और व्यापार का स्तर बढ़ाने के लिये कुशल सेवा और सहायता देना तथा बीमापत्रधारियों को योग्य सेवा प्रदान करना।

(2) उपर्युक्त बीमाकर्ताओं के खर्चे तथा कमीशन आदि के सम्बन्ध में बीमा नियन्त्रक को सलाह देना।

(3) बीमापत्रधारियों के हित के प्रतिकूल कार्य करने वाले बीमाकर्ताओं की सूचना बीमा-नियन्त्रक को देना।

(4) उपर्युक्त कार्यों के आनुषंगिक कार्यों का केन्द्रीय सरकार की अनुमति से करना। उसके लिए सरकारी प्रपत्र में सूचना प्रकाशित करना आवश्यक है। कार्यकारिणी कमेटी अपने कार्यों के लिये एक निर्धारित फीस ले सकती है।

(5) सामान्य बीमा परिषद् की कार्यकारिणी कमेटी का यह कर्त्तव्य होता है कि वह प्रत्येक वर्ष के 31 मार्च के पहले प्रबन्ध व्यय में छूट निर्धारित करने के लिये मिले। इस कमेटी के निर्णय के आधार पर तथा सामान्य बीमा व्यापार की स्थिति के आधार पर छूट की मात्रा नियन्त्रक द्वारा निर्धारित की जाती है। विभिन्न बीमाकर्ताओं के लिए छूट की विभिन्न दरें होंगी। यदि कोई बीमाकर्ता प्रबन्ध व्यय की सीमा का उल्लंघन करता है तो उसे एक निश्चित समय की सूचना देकर सावधान किया जा सकता है। यदि इस सूचना का उल्लंघन किया गया तो बीमा नियन्त्रक बीमाकर्ता के विरुद्ध उचित कार्यवाही कर सकता है।

सामान्य बीमा परिषद् के अधिकार

इस परिषद् के सदस्य या सह-सदस्यों के सामान्य बीमा व्यापार सम्बन्धी दर, लाभ, शर्तें और अन्य दशाओं को केन्द्रीय सरकार की अनुमति से इस परिषद द्वारा नियन्त्रित और नियमित किया जा सकता है। इस उद्देश्य के लिए टैरिफ कमेटी का निर्माण होगा। सामान्य बीमा परिषद को प्राप्त अधिकार इस कमेटी को सौंपा जा सकता है। यह कमेटी एक निश्चित समय के लिये और निश्चित सदस्यों के द्वारा तैयार की जाती है। यदि कोई बीमाकर्ता इस कमेटी के नियमों का उल्लंघन करता है तो यह कमेटी उसके विरुद्ध वैसे कार्यवाही कर

सकती है जैसा कि निर्धारित किया गया हो। कमेटी के निर्णय के विरुद्ध निर्धारित नियमों के अनुसार अपील की जा सकती है। टैरिफ कमेटी के कार्यों का निरीक्षण करने के लिये सामान्य बीमा परिषद् वर्ष में कम से कम एक बार अवश्य मिलेगी। टैरिफ कमेटी अपने कार्यों के लिए एक निर्धारित शुल्क ले सकती है।

धारा 64 आर में सामान्य बीमा परिषद् के अधिकार निम्न प्रकार दिये हुए हैं—

(1) ऐसे अधिकारी और कर्मचारी की नियुक्ति तथा उनकी सेवा की शर्त बनाना जैसा आवश्यक हो,

(2) शुल्क एकत्र करने का ढंग बनाना,

(3) केन्द्रीय सरकार की पूर्व अनुमति के कुछ नियम बनाना जो,

(4) प्रथम निर्वाचन के अतिरिक्त अन्य निर्वाचन के लिये आवश्यक हो,

(5) व्यापार के लिए सभायें बुलाने और कार्य करने के लिये आवश्यक हो,

(6) बीमाकर्ताओं द्वारा बीमा नियन्त्रक को विवरण देना आवश्यक हो,

(7) शुल्क को लगाने और एकत्र करने के लिये आवश्यक हो, और

(8) इस अधिनियम के अन्तर्गत कर्त्तव्य पालन के लिये आवश्यक हो।

क्षेत्रीय परिषद्
(Regional Council)

सामान्य बीमा परिषद एक या अधिक क्षेत्रों के लिये क्षेत्रीय परिषद् बना सकती है। प्रत्येक क्षेत्रीय परिषद् में कम से कम 7 व्यक्ति होंगे जिन्हें उस क्षेत्र की सामान्य बीमा कम्पनियाँ चुनेंगी।

क्षेत्रीय परिषद् वे काम करेंगी जिन्हें सामान्य बीमा परिषद् सौंपेगी। अपने कार्य को करने के लिए क्षेत्रीय परिषद् कुछ ऐसी कमेटियाँ नियुक्त कर सकती है जो इस परिषद् की मदद कर सकें।

अध्याय 44

जीवन बीमा अधिनियम, 1956

इतिहास

जीवन बीमा के राष्ट्रीयकरण की चर्चा उन्नीसवीं शताब्दी के मध्य से ही चल रही थी परन्तु मृतक तालिका तथा उम्र के सही आकलन की अनुपस्थिति में और प्रबन्ध व्यय की अधिकता के कारण यह विचार त्याग दिया गया। 1983 में राष्ट्रीयकृत जीवन बीमा व्यापार का केवल एक रूप पत्रालय जीवन बीमा में देखा गया। जीवन बीमा विकास को नियन्त्रित एवं संचालित करने से लिये समय-समय पर अधिनियम बनाये गये।

1939 में राष्ट्रीय नियोजन कमेटी की स्थापना के समय जीवन बीमा की उपसमितियों ने इसके राष्ट्रीयकरण की बातें सोचीं। राष्ट्रीय नियोजन कमेटी ने यह स्वीकार किया कि सभी सार्वजनिक सेवा और उपयोगिता संस्थाओं को राज्याधीन होना चाहिए या राज्य द्वारा नियंत्रित होना चाहिए। इस कमेटी ने यह भी निर्णय दिया कि जीवन बीमा व्यापार को व्यक्तिगत स्वामित्व में नहीं होना चाहिए, परन्तु उस समय भी राष्ट्रीयकरण नहीं हो सका।

1944 में जीवन बीमा के राष्ट्रीयकरण की समस्या पुनः सामने आई। उस समय अधिनियम में मूलभूत संशोधन किये जाने का प्रयास किया जा रहा था। बीमा नियन्त्रक ने राष्ट्रीयकरण के प्रतिकूल तर्क दिये और बताया कि यह बीमापत्रधारियों, अभिकर्ताओं, जीबनांकिक और देश के हित के अनुकूल नहीं होगा। लेकिन दूसरे वर्ष ही इनके विचारों में परिवर्तन हुआ और पिछले तर्क के विरुद्ध तर्क पेश किये गये तथा राष्ट्रीयकरण के पक्ष में और नये-नये तर्क दिये गये।

1950 के बाद जीवन बीमा के राष्ट्रीयकरण की माँग ने अत्यधिक जोर पकड़ा। देश की आर्थिक उन्नति के लिये कोष की आवश्यकता, जीवन बीमा के व्यवहार में कुव्यवहार, जीवन बीमाकर्ताओं द्वारा कोष का दुरुपयोग, समाजवादी समाज की स्थापना और छोटी बचतों को प्रोत्साहित करने के कारण राष्ट्रीयकरण की प्रबलता चारों ओर दिखाई देने लगी। मुख्य-मुख्य समाचार-पत्रों और पुस्तिकाओं में राष्ट्रीयकरण के पक्ष और विपक्ष में तर्क निकलने लगे।

राष्ट्रीयकरण के पक्ष में तर्क

(1) बीमा-व्यापार करने का तरीका प्रमाणित बन जायेगा—व्यक्तिगत संस्थाओं के हाथों में बीमा-व्यापार होने से कार्य विभिन्न तरीके से किया जायेगा। सरकार के स्वामित्व से व्यापार में एकरूपता आ जाती है जिससे गलाघोंट प्रतिस्पर्धा को हटाकर व्यापार का स्वस्थ वातावरण तैयार किया जा सकेगा। अनावश्यक विज्ञापन के खर्च, विक्रय-व्यय और प्रव्याजि कटौती को बचाया जायेगा। बीमा अभिकर्ता को सरल नियम और कार्यों से व्यापार-प्राप्ति में सुविधा मिलेगी। इस तरह कार्यकर्ता बीमाधारी और जनता को सुविधा रहेगी।

(2) बीमाकोष को देश के आर्थिक विकास में लगाया जा सकता है— समाज का धन देश के हित में लगाया जा सकता है जो व्यक्तिगत प्रबन्ध में सम्भव नहीं है।

बीमाकर्ता बीमाकोष को अपने व्यक्तिगत कार्यों में लगाते हैं, उन्हें अपने स्वार्थ की चिन्ता रहती है जबकि बीमापत्रधारियों का धन सुरक्षित और समाज के लाभ के लिये हो। देश की प्रगति के लिये और जनता के हित के लिये बीमाकोष का सरकार के नियन्त्रण में होना आवश्यक है। वह तभी हो सकता है जबकि सभी जीवन बीमा संस्थायें सरकार के हाथ में हों। पंचवर्षीय योजनाओं को सफल बनाने के लिये और देश में समाजवादी अर्थव्यवस्था लाने का यह आवश्यक उपाय होगा।

(3) बीमादारों के हित की सुरक्षा होगी—बीमादारों के हित की सुरक्षा जितना राष्ट्रीयकरण से होगा उतना व्यक्तिगत स्वामित्व से नहीं होगा क्योंकि राष्ट्रीयकरण का उद्देश्य समाजवादी व्यवस्था की स्थापना करना है। व्यक्तिगत स्वामित्व में लाभार्जन ही मुख्य उद्देश्य है जिससे थोड़े से लोगों का हित होता है। जबकि बीमादार और जनता को बहुत कम लाभ होता है। बीमाकोष को ऐसी जगह विनियोग करना चाहिए जिससे कोष सुरक्षित रहे, समाज का हित हो और बीमादारों को लाभ भी मिल सके। बीमा अधिनियम में इन उद्देश्यों की पूर्ति के लिए नियम बना दिये गये हैं तथापि यह व्यावहारिक जीवन में देखा गया है कि बीमाकर्ता केवल अपना हित देखता है। अस्तु इस अक्षम्य दोष को दूर करने का राष्ट्रीयकरण ही एक उपाय समझा जाता है।

(4) बचत को प्रोत्साहन—राष्ट्रीयकरण से जनता का विश्वास बीमा संस्था में बना रहेगा, लेकिन व्यक्तिगत स्वामित्व में उनकी स्वार्थपरता, कुप्रबन्ध और अनिश्चितता से विश्वास हटता जा रहा है। परिणामस्वरूप लोग बीमापत्र खरीदने के लिये सशंकित रहते हैं। व्यापार वृद्धि बड़ी धीमी गति से हो रही है। सरकारी नियन्त्रण और स्वामित्व से जनता को बीमापत्र खरीदने में भय नहीं रहता, साथ ही साथ उनको उचित लाभ मिलने से वे बीमापत्र खरीदकर बचत करने के लिए प्रेरित होंगे। छोटी-छोटी रकमों के बीमापत्र बेचे जा सकेंगे और अल्प बचतकर्ता भी बीमा के लाभ से वंचित नहीं रहेगा। देश के प्रत्येक व्यक्ति के पास बीमा को पहुँचाया जा सकेगा।

(5) समाज का विचार—1955 में सभी प्रमुख व्यक्ति राष्ट्रीयकरण के पक्ष में अपना विचार दे रहे थे। सभी नेता, समाजवादी समाज की स्थापना के लिये बीमा-व्यवसाय को नियन्त्रित और राष्ट्रीयकृत करने के पक्ष में थे। राष्ट्रीय नियोजन समिति का यह विचार था कि सभी लोक उपयोगिता और समाज सेवा संस्थाओं का राष्ट्रीयकरण किया जाय।

(6) प्रबन्ध व्यय को कम किया जा सकेगा—बीमा संस्थाएँ अपने लाभों को बढ़ाने के लिये कई अनावश्यक खर्च करती हैं, साथ ही साथ सभी बीमा संस्थाओं को यदि एकत्रित किया जाय तो प्रबन्ध व्यय में कमी हो जायेगी क्योंकि दुहरे खर्चे कम किये जा सकेंगे।

राष्ट्रीयकरण के विपक्ष में तर्क

(1) राष्ट्रीयकरण का केवल राजनैतिक कारण है, इसके लिये कोई आर्थिक कारण नहीं है। बीमा व्यवसाय का प्रबन्ध जितना अच्छा बीमा व्यवसायी कर लेंगे, सरकार उतना नहीं कर पायेगी। सरकार राष्ट्रीयकरण केवल जनता को खुश करने के लिये करेगी, जहाँ तक हित का प्रश्न है वह तब तक नहीं होगा जब तक कि बीमा व्यवसाय को लाभ नहीं होगा। बीमा-व्यवसाय चलाना विशेषज्ञ का काम है। सरकार के पास इतने कार्य हैं कि इस व्यवसाय को चलाने में कुशलता से कार्य नहीं हो सकता।

(2) बीमा का राष्ट्रीयकरण अन्य देशों में असफल रहा—बीमा व्यवसाय का राष्ट्रीयकरण पोलैण्ड और न्यूजीलैंड में असफल रहा। सरकारी बीमा विभाग को बन्द करना

पड़ा। फ्रांस में भी राष्ट्रीयकरण बीमा-व्यवसाय ज्यादा सफलता नहीं प्राप्त कर सका। राष्ट्रीयकरण के पीछे दिये गये तर्क युक्ति-संगत नहीं हैं क्योंकि जब तक देश की सरकार परिपक्व नहीं है, तब तक यह कार्य नहीं कर सकती।

(3) प्रगति में बाधा—सरकारी देख-रेख में जो वृद्धि बीमा व्यवसाय में हो रही है उसका श्रेय केवल गैर-सरकारी प्रमण्डलों को है। देश में प्रतिस्पर्धा कर ये संस्थायें न केवल देश में व्यापार बढ़ा रहे हैं बल्कि विदेशों में भी इनकी प्रगति हो रही है। सरकार को एकाधिकार मिल जाने से लापरवाही और गैर-जिम्मेदारी बढ़ेगी। किसी प्रेरणा के अभाव में कार्यकर्ता भी अक्षम और अकुशल होते जायेंगे।

(4) कार्यकुशलता में कमी—बीमा में कार्यक्षमता को प्रोत्साहन मिलना बन्द हो जायेगा क्योंकि सरकार को बीमा व्यवसाय करने का अनुभव नहीं है। तत्कालीन सेवा और व्यक्तिगत सम्पर्क का राष्ट्रीयकरण में अभाव होगा जिससे सफलता मिलना निश्चित नहीं है। प्रबन्ध में अनुभव के अभाव के कारण सरकार को स्वयं कठिनाई होगी और कथित उद्देश्य नहीं पूरे हो पायेंगे।

(5) बीमा-व्यवसायियों की अयोग्यता सिद्ध नहीं हुई है—बीमा व्यापार की वृद्धि से यह सिद्ध है कि बीमाकर्ता अब तक किसी भी अप्रगति के भागी नहीं हुए। भारतीय वाणिज्य तथा उद्योग संघ का यह विचार है कि अभी तक यह सिद्ध नहीं हुआ है कि यहाँ के बीमाकर्ता इस योग्य नहीं हैं कि प्रगति न कर सकें और सरकार में प्रगति करने के गुण भी अत्यधिक नहीं दिखायी पड़ते, अतः यही उचित लगता है कि बीमा व्यवसाय का राष्ट्रीयकरण न किया जाय।

(6) अन्य उद्योग-धन्धों की प्रगति रुक जायेगी—प्रतिस्पर्धा के अन्त होने पर केवल इस व्यापार में ही कमी नहीं आवेगी बल्कि अन्य उद्योग-धन्धे जो इससे संबंधित हैं प्रभावित होंगे जिससे बेरोजगारी में वृद्धि होने की सम्भावना दिखाई पड़ती है।

जीवन बीमा के राष्ट्रीयकरण के आधार

जीवन बीमा का राष्ट्रीयकरण अनेक सैद्धान्तिक एवं व्यावहारिक तथ्यों को ध्यान में रखते हुए किया गया था जिनमें निम्न तथ्य मुख्य हैं—

(1) बीमादारों के हित की सुरक्षा के लिए—यह देखा गया कि व्यक्तिगत क्षेत्र में अनेक जीवन बीमा कम्पनियाँ बीमादारों के हित के प्रतिकूल कार्य करती हैं, जीवन बीमा कोष का दुरुपयोग किया जाता है, जीवन बीमा कम्पनियों का कोष पूँजी से अधिक हुआ करता है, इस प्रकार थोड़े से अंशधारी अधिकांश बीमादारों के कोष अपनी इच्छानुसार केवल अपने ही हित के लिए प्रयोग करते थे जहाँ पर बीमादारों का कोई हित नहीं होता था। राष्ट्रीयकरण के पूर्व के दशकों में कम-से-कम पच्चीस जीवन बीमा कम्पनियाँ दिवालिया हो गयीं और पच्चीस जीवन बीमा कम्पनियों ने अपनी सम्पत्ति का इतना दुरुपयोग किया कि उनके व्यवसाय को दूसरी बीमा कम्पनियों को हस्तान्तरित कर देना पड़ा। यद्यपि कि बीमा अधिनियम ने कोष की प्राप्ति और व्यय पर पर्याप्त नियन्त्रण और प्रतिबन्ध रखा तथापि बहुत से बीमाकर्ता अपने कार्यों में अनार्थिक और अस्वस्थपूर्ण वातावरण बनाये रखा। कई बीमा कम्पनियों की जाँच से यह पता चला कि लाखों रुपये की प्रतिभूतियाँ गायब हो चुकी हैं। जीवन बीमा कम्पनियों की शक्ति, स्थान और अधिकार के दुरुपयोग के कारण इनका राष्ट्रीयकरण आवश्यक समझा गया। इन स्थितियों में जीवन-बीमा व्यवसाय को व्यक्तिगत क्षेत्र में छोड़ देना अनुचित समझा गया। इन सब कारणों से जीवन बीमा व्यवसाय का राष्ट्रीयकरण किया गया।

(2) पंचवर्षीय योजनाओं की सफलता के लिए—देश की प्रगति के लिए अत्यधिक मात्रा में वित्त-व्यवस्था करनी होगी। योजना आयोग ने इसके लिए सुझाव दिया कि बैंक, बीमा, स्कन्ध विनिमय एवं विनियोग संस्थाओं को नियंत्रित एवं संचालित करना पड़ेगा। इन संस्थाओं को नियंत्रित करके देश के वित्तीय साधनों को आर्थिक विकास के लिये लगाया जा सकता है। इन उद्देश्यों को पूरा करने के लिये जीवन बीमा का राष्ट्रीयकरण किया गया।

(3) लोगों की बचत को प्रोत्साहित करने के लिए—जीवन बीमा से सुरक्षा और आय दोनों प्राप्त होती हैं। बीमापत्र के खरीदने पर बीमादारों को बचत करने के लिए बाध्य होना पड़ता है अन्यथा बीमा प्रसंविदा खण्डित हो जाती है। भारत में 1956 में प्रति व्यक्ति बीमा 25 रुपये था जबकि अमेरिका में यह दस हजार रुपये था। इस कमी को पूरा करने के लिए पर्याप्त प्रयास करना होगा जो राष्ट्रीयकरण से ही सम्भव है। बीमा व्यवसाय के विकास से जनसाधारण को इसके लाभ से अवगत कराकर उनकी अल्प बचत को सही दिशा बताया जा सकेगा।

(4) जीवन बीमा व्यापक से व्यापक विकास के लिए—व्यक्तिगत बीमाकर्ता अपने व्यापार को केवल शहरी क्षेत्रों तक ही सीमित रखते थे जिससे बीमा के विकास में रुकावट पैदा हुई। ग्रामीण क्षेत्रों में बीमा का विस्तार न होने से कम-से- कम तीन चौथाई जनसंख्या बीमा के लाभों से दूर रहती है। इन लाभों को प्राप्त करने के लिए राष्ट्रीयकरण अत्यधिक आवश्यक है। ग्रामीण क्षेत्रों में बीमापत्र जारी करने से व्यक्तिगत संस्थायें डरती थीं क्योंकि इसमें उनके व्यय बढ़ने तथा लाभार्जन की गुंजाइश कम थी। परन्तु राष्ट्रीयकृत संस्थाओं का उद्देश्य लाभोपार्जन न होकर सेवा-विस्तार करना है।

(5) समाजवादी समाज की स्थापना के लिए—भारत की अर्थव्यवस्था समाजवादी आदर्श पर आधारित है और इस दृष्टिकोण से यह आवश्यक समझा गया कि जीवन-बीमा व्यापार का राष्ट्रीयकरण किया जाय।

(6) प्रबन्ध-व्यय की अधिकता को कम करने के लिए—हमारे देश में बीमा-व्यापार का प्रबन्ध-व्यय अधिक था। यहाँ पर प्रबन्ध-व्यय और प्रव्याजि का अनुपात 27 प्रतिशत रहा है जबकि इंग्लैण्ड में यह 15 प्रतिशत और अमेरिका में 17 प्रतिशत था। यदि एक क्षेत्र की छोटी बड़ी संस्थाओं को मिलाकर एक कर लिया जाये तो प्रबन्ध-व्यय में कमी आ सकती थी, व्यय कम करके प्रव्याजि को घटाया जा सकता था। इन कारणों से राष्ट्रीयकरण उचित लगता था।

(7) बीमा कोष के दुरुपयोग को बचाने के लिए—व्यावहारिक जीवन में यह देखा गया कि बहुत से बीमाकर्ता बीमाकोष का दुरुपयोग करते हैं। 28 नवम्बर 1954 को उस समय के वित्त मन्त्री श्री देशमुख ने यह कहा कि बहुत-सी बीमा कम्पनियाँ दिवालिए के रूप में चल रही हैं। सरकारी प्रतिभूतियाँ आवश्यकता से कम हैं। संचालक प्रतिभूतियों के क्रय-विक्रय में प्रत्यक्ष और अप्रत्यक्ष तरीके से लाभ उठाते थे। बीमा अधिनियम 1938 में दिये गये प्रावधानों के बावजूद भी बीमा कोष के दुरुपयोग को रोकना सम्भव नहीं हो सका।

(8) अध्यर्थन के भुगतान की विलम्बता को दूर करने के लिए—राष्ट्रीयकरण के पहले अध्यर्थन के भुगतान में काफी देर लगती थी। कभी-कभी तो यह भी शिकायत सामने आती थी कि अध्यर्थन का भुगतान नहीं किया जा सका। राष्ट्रीयकरण से इन शिकायतों को दूर करने के लिए प्रयास किया गया।

जीवन बीमा निगम अधिनियम, 1956

19 जनवरी, 1956 को राष्ट्रपति के अध्यादेश द्वारा जीवन बीमा का प्रबन्ध सरकारी हाथों में कर दिया गया। इसके लिए 'जीवन-बीमा (आकस्मिक प्रावधान) अध्यादेश 1956' पास किया गया और 21 मार्च सन् 1956 को इस अध्यादेश को अधिनियम में परिणत किया गया जिसे 'जीवन-बीमा (आकस्मिक प्रावधान) अधिनियम' के नाम से पुकारते हैं। 19 जनवरी को ही सभी जीवन-बीमा व्यवसाय का प्रबन्ध केन्द्रीय सरकार के हाथों में आ गया जिनमें 154 भारतीय जीवन-बीमा व्यापारी, 16 विदेशी जीवन बीमाकर्ता और 75 प्रावधायी समितियाँ शामिल थीं। जो व्यक्ति निजी क्षेत्र की कम्पनियों का प्रबन्ध करते थे वे अब केन्द्रीय सरकार के लिए कार्य करने लगे। जीवन बीमा व्यापार का प्रबन्ध करने के लिए प्रतिरक्षकों (Custodians) की नियुक्ति की गयी। यहाँ इस अधिनियम का वर्णन दो भागों में किया जायेगा (अ) बीमा संस्थाओं के हस्तान्तरण सम्बन्धी प्रावधान, (ब) जीवन-बीमा निगम के संचालन सम्बन्धी प्रावधान या जीवन बीमा निगम की स्थापना।

(अ) बीमा संस्थाओं के हस्तान्तरण सम्बन्धी प्रावधान

व्यक्तिगत प्रबन्ध के अन्त होने पर निम्नलिखित प्रावधान बीमा व्यवसाय के हस्तान्तरण सम्बन्धी बनाये गये।

(1) क्षतिपूर्ति—केन्द्रीय सरकार ने इन बीमाकर्ताओं को प्रबन्ध प्राप्त करने की क्षतिपूर्ति के लिए कुछ रकम देना स्वीकार किया। जनवरी 1956 के पहले के अन्तिम दो मूल्यांकनों के अनुसार अंशधारियों को दिये गये अतिरेक (Surplus) के वार्षिक औसत $\frac{1}{12}$ भाग बीमाकर्ताओं को प्रतिमाह के हिसाब से व्यक्तिगत स्वामित्व के अन्त होने की अवधि पर दिये जायेंगे। व्यक्तिगत सम्बन्ध का अन्त 19 जनवरी, 1956 को होता है और स्वामित्व का अन्त 30 जून 1956 को होता है। क्षतिपूर्ति की रकम इस 6 महीने की अवधि के लिए दी गयी। जहाँ पर अतिरेक (Surplus) स्पष्ट नहीं होता, 1954 की प्रव्याजि की आय पर 1 रुपया प्रति दो हजार प्रव्याजि के अनुसार क्षतिपूर्ति दी गयी।

(2) सम्पत्ति का दायित्व—धारा 7 के अनुसार सभी बीमाकर्ताओं के नियंत्रित व्यापार की सम्पत्ति और दायित्व जीवन बीमा निगम को इसकी स्थापना के दिन हस्तांतरित होंगे। नियंत्रित व्यापार से तात्पर्य जीवन व्यापार से है जिसका प्रबन्ध सरकार ने ले लिया है। सम्पत्ति के अन्तर्गत सभी अधिकार, स्थायी और अस्थायी सम्पत्ति शामिल किये जाते हैं। नकद रोकड़, संचित कोष, विनियोग जमा, बहीखाते, प्रपत्र और सभी प्रकार के हित जो नियंत्रित व्यापार से सम्बन्धित हैं विशेष रूप से शामिल किये जाते हैं। दायित्व के अन्तर्गत सभी प्रकार के ऋण, जिम्मेदारी और देनदारी शामिल किए जायेंगे।

(3) प्रतिभूतियों एवं स्वत्त्व प्रलेख (Securities and Documents of Title)—धारा 13 के अनुसार प्रत्येक व्यक्ति जिसके अधिकार में नियंत्रित बीमा व्यवसाय की सम्पत्ति, किताबें, प्रतिभूतियाँ या अन्य अधिकार के प्रलेख हैं, निगम को सौंपने की जिम्मेदारी होगी। इन बीमाकर्ताओं के जीवन-बीमा व्यवसाय सम्बन्धी रिजर्व बैंक ऑफ इण्डिया में जमा की गयी रकम भी निगम के नाम हस्तान्तरित हो जायेगी। निगम के लिए इन सम्पत्तियों को प्राप्त करने के सभी आवश्यक उपाय कानूनन मान्य होंगे।

(4) प्रबन्ध—19 जनवरी 1956 को नियंत्रित बीमा व्यवसाय का प्रबन्ध केन्द्रीय सरकार के हाथ में आ गया था। इस तिथि के बाद कोई भी बीमाकर्ता बिना सरकार की अनुमति के निम्नलिखित कार्य नहीं कर सकता—

(i) सामान्य व्यवहार के अतिरिक्त किसी भी जीवन बीमापत्र पर ऋण देना।

(ii) नित्य प्रति के खर्चे जी सामान्यतया किये जाते हैं जैसे वेतन, कमीशन आदि के अतिरिक्त अन्य खर्चे करना।

(iii) किसी भी सम्पत्ति का हस्तान्तरण या विक्रय या उस पर किसी प्रकार का प्रभार (Charge), बन्धक या अधिकार बनाना।

(iv) इस बीमा व्यवसाय की सम्पत्ति में से किसी भी प्रकार का विनियोग।

(v) किसी अचल सम्पत्ति को प्राप्त करना।

(vi) नियन्त्रित बीमा व्यापार के लिए प्रत्यक्ष अप्रत्यक्ष रूप से, पूर्ण या आंशिक रूप से किसी भी सेवा या अभिकर्तृत्व (Agency) के प्रसंविदा करना, या वर्तमान प्रसंविदा में किसी प्रकार का परिवर्तन करना।

(vii) किसी भी प्रकार का बीमापत्र निर्गमन के अतिरिक्त प्रसंविदा करना।

(5) बहीखाते और अन्य आवश्यक पुस्तिकायें—

प्रत्येक बीमाकर्ता केन्द्रीय सरकार द्वारा निर्धारित व्यक्ति को निम्नलिखित बहीखाते या पुस्तिकाएँ सौंपेगा—

(i) कार्यवाही रजिस्टर (Minutes Book) या इसी प्रकार के अन्य रजिस्टर।

(ii) चालू चेक बुक (Current Cheque Book)।

(iii) नियंत्रित व्यापार सम्बन्धी सभी रजिस्टर पुस्तिकाएँ जो विनियोग से सम्बन्धित हैं।

(iv) बीमाकर्ता के पास रखे गये विनियोग सम्बन्धी दलालों के नोट या प्रमाण-पत्र।

(6) जमा—केन्द्रीय सरकार बीमाकर्ताओं को नियंत्रित व्यापार से संबंधित बीमा अधिनियम की धारा 7, 73 और 98 के अन्तर्गत जमा की रकम को पूर्ण या आंशिक रूप से बीमा प्रतिरक्षक के पास जमा करने का आदेश दे सकती है।

(7) दण्ड—धारा 40 के अनुसार यदि कोई व्यक्ति उपरोक्त सम्पत्ति, बही-खाते, जमा आदि जीवन बीमा निगम को जान-बूझकर या गलती से नहीं सौंपता है तो उसे एक साल का कारावास या एक हजार रुपये का जुर्माना या दोनों दण्ड भुगतने होंगे।

(8) न्यायाधिकरण (Tribunal)—बीमाकर्ता क्षतिपूर्ति के वितरण या गणना या सम्पति के हस्तान्तरण पर असंतुष्ट होने पर न्यायाधिकरण के पास पहुँच सकता है। इस न्यायाधिकरण का निर्माण तीन सदस्यों जिनमें एक व्यक्ति हाई कोर्ट या सुप्रीम कोर्ट का न्यायाधीश रहा हो, को नियुक्त करके कर सकता है। यह न्यायाधिकरण सिविल कोर्ट के सभी अधिकार रखेगा। (धारा 17)

(9) कर्मचारी—1 जुलाई, 1956 से पहले नियंत्रित बीमा व्यापार में कार्य करने वाले पूर्णकालिक कर्मचारी जीवन बीमा निगम के कर्मचारी होंगे। उनके कार्यकाल, वेतन, शर्तें और काम करने की दशाएँ, पेंशन और सुविधायें प्राप्त करने के अधिकार पूर्ववत् ही होंगे। वे तब तक निगम के कर्मचारी रहेंगे जब तक उनकी सेवाएँ निगम द्वारा समाप्त नहीं की जातीं और उन्हीं वेतन, शर्तों और दशाओं पर काम करेंगे जब तक वे निगम द्वारा परिवर्तित नहीं किये जाते।

जहाँ केन्द्रीय सरकार वेतन की दर में, सेवा सम्बन्धी शर्तों और दशाओं में एकरूपता लाने को सोचे और जो निगम तथा बीमापत्रधारियों के हित में हो यदि वेतन दर में कटौती या सेवा की अन्य दशाओं और शर्तों में संशोधन आवश्यक हो तो निगम जिस सीमा तक इन

वेतन, शर्तों और दशाओं में परिवर्तन करना उचित समझे अन्य विशेष प्रावधानों के अतिरिक्त संशोधन कर सकता है। यदि यह संशोधन किसी कर्मचारी को मान्य नहीं है तो निगम उसे तीन महीने का वेतन देकर उसकी सेवा समाप्त कर सकता है, बशर्ते कि इस समाप्ति के लिए अल्पकालिक सूचना की आवश्यकता न हो। यह क्षतिपूर्ति उसके पेंशन,सुविधा, प्राविधिक कोष और अन्य लाभ के अतिरिक्त होगा। (धारा 11)

(10) मुख्य एजेन्ट के कर्मचारी—नियन्त्रित बीमा के मुख्य एजेन्ट के प्रत्येक पूर्णकालिक सवेतनीय कर्मचारी निगम के धारा 11 के अनुसार कर्मचारी होंगे जो मुख्य एजेन्ट के पूर्ण और मुख्य रूप से कर्मचारी थे, जिनके वेतन नियुक्ति तिथि (Appointment day 1st July 1956) पर पाँच सौ रुपये मासिक से अधिक नहीं थे और नियुक्ति तिथि के पहले कम से कम एक वर्ष तक लगातार मुख्य एजेन्ट के कर्मचारी थे। (धारा 12)

(11) जीवन बीमा प्रसंविदा में संशोधन के अधिकार—किसी बीमाकर्ता की आर्थिक स्थिति को देखते हुए निगम उसके द्वारा 19 जनवरी, 1956 के पहले की गयी प्रसंविदा में संशोधन या बीमा रकम में कमी या अन्य प्रकार से जैसा उचित समझे परिवर्तन कर सकता है। यह परिवर्तन केन्द्रीय सरकार की अनुमति से होगा। (धारा 14)

(12) मुख्य एजेन्ट और विशेष एजेन्ट—धारा 36 के अनुसार नियन्त्रित व्यापार की प्रत्येक प्रसंविदा जो बीमाकर्ता और मुख्य एजेन्ट या बीमाकर्ता और विशेष एजेन्ट या मुख्य एजेन्ट और विशेष एजेन्ट के बीच हुई थी, रद्द हो जायेगी। निगम प्रमुख एजेन्ट और विशेष एजेन्ट को तृतीय सूची में दिये गये सिद्धान्तों के अनुकूल क्षतिपूर्ति देगा।

(13) प्राविधिक, पेंशन और अन्य इसी प्रकार के कोष—नियुक्ति तिथि (Appointment Date) पर नियंत्रित व्यापार में कर्मचारियों के लाभ के लिये रखे प्राविधिक, पेंशन और अन्य इसी प्रकार के कोष सम्बन्धित सम्पत्ति के साथ निगम को हस्तांतरित होंगे। (धारा 8)

(14) नियन्त्रित व्यापार के हस्तान्तरण का सामान्य प्रभाव—जब तक अधिनियम में विपरीत कथन न हो, नियन्त्रित व्यापार से सम्बन्धित प्रसंविदाएँ, समझौते या अन्य इसी प्रकार के लेन-देन जो नियुक्ति तिथि के तुरन्त पहले बीमाकर्ता द्वारा किये गये थे, निगम पर पूर्णतया लागू होंगे। (धारा 9)

(15) नियन्त्रित व्यापार को प्राप्त करने के लिए क्षतिपूर्ति—जहाँ पर बीमाकर्ता के नियन्त्रित व्यापार निगम को इस अधिनियम के अन्तर्गत हस्तान्तरित किये गये हैं, प्रथम सूची के सिद्धान्तों के आधार पर निगम द्वारा क्षतिपूर्ति दिये जायेंगे। क्षतिपूर्ति की रकम का निर्धारण निगम द्वारा किया जायेगा और उसकी स्वीकृति केन्द्रीय सरकार द्वारा दी जायेगी। यदि यह क्षतिपूर्ति की रकम किसी बीमाकर्ता को मान्य नहीं है तो वह इस विषय को न्यायाधिक (Tribunal) के सामने रख सकेगा। (धारा 16)

(ब) जीवन बीमा निगम की स्थापना

जीवन बीमा निगम की स्थापना 29 सितम्बर, 1956 को केन्द्रीय सरकार द्वारा की गयी। निगम सतत उत्तराधिकार तथा सामान्य मुद्रा वाली एक निबन्धित संस्था है जिसको इस अधिनियम के अनुसार सम्पत्ति प्राप्त करने, रखने और बेचने का अधिकार होगा, जो अपने नाम में अभियोग चला सकती है और जिस पर अभियोग चलाया जा सकता है।

(1) संविधान (Constitution)—निगम अधिक से अधिक पन्द्रह सदस्यों को केन्द्रीय सरकार द्वारा नियुक्त करके बनाया जायेगा जिनमें से एक व्यक्ति निगम का सभापति नियुक्त किया जायेगा। इन सदस्यों को नियुक्त करने के पहले सरकार यह देखेगी कि ये व्यक्ति इस निगम में कोई वित्तीय या अन्य प्रकार के हित तो नहीं रखते जिससे उनके कार्यों को पूरा करने में पक्षपात या अनुचित प्रभाव न हो सके। इन सदस्यों को सरकार द्वारा माँगी गयी सूचनाएँ देना आवश्यक होगा। जिस प्रसंविदा में सदस्यों का हित प्रत्यक्ष या अप्रत्यक्ष रूप से प्रभावित हो उसमें सदस्य निगम की इस प्रसंविदा के सम्बन्ध में वार्ता या अन्य प्रकार से भाग नहीं ले सकते। (धारा 4)

(2) पूँजी (Capital)—निगम की पूँजी पाँच करोड़ रुपये होगी जो केन्द्रीय सरकार द्वारा प्रदान की जायेगी और जिससे निगम की अनुमति से घटाया जा सकता है। (धारा 5)

(3) कार्य (Functions)—निगम का सामान्य कर्तव्य जीवन बीमा व्यापार भारत या भारत के बाहर करना है। निगम को इस अधिनियम के अन्तर्गत अपने अधिकारों को इस प्रकार प्रयोग करना है जिससे जीवन बीमा व्यापार समाज के अधिकतम हित के लिए बढ़ाया जा सके। निगम को निम्नलिखित कार्य को करने का अधिकार है—

(1) पूँजी निष्क्रमण (Capital Redemption), और निश्चित वार्षिक (Annuity Certain) और जीवन बीमा व्यापार से सम्बन्धित पुनर्बीमा व्यवसाय करना। सरकार द्वारा बनाये गये नियमों को ध्यान में रखते हुए निगम अपने कोषों को इस प्रकार विनियोजित करे जिसे वह उचित समझे और उन सभी कार्यों को करना जो विनियोग सुरक्षित और वसूल करने के लिए आवश्यक या उचित हों।

(2) इसी तरह विनियोग के लिए प्रतिभूति के रूप में प्राप्त सम्पत्ति को लेना और प्रबन्ध करना, जब तक कि उनके विक्रय के लिए उपयुक्त अवसर न मिले।

(3) निगम को अपने व्यवसाय के लिए कोई सम्पत्ति प्राप्त करना, रखना और विक्रय करना।

(4) यदि निगम के हित में यह उचित समझा जाय तो निगम भारत के बाहर संचालित जीवन बीमा व्यापार को पूर्णत: या आंशिक रूप से किसी व्यक्ति या किन्हीं व्यक्तियों को हस्तांतरित करना।

(5) किसी चल या अचल सम्पत्ति या अन्य इसी प्रकार की प्रतिभूति पर अग्रिम या ऋण देना।

(6) जैसा निगम उचित समझे उसी प्रकार और उस प्रतिभूति पर उधार लेना और प्रबन्ध करना।

(7) जिस बीमाकर्ता का व्यापार निगम को हस्तांतरित हो गया है उसके सहायक कम्पनी के व्यापार को स्वत: या किसी सहायक कम्पनी द्वारा करना।

(8) कोई अन्य व्यवसाय करना जिसे निगम सुगमतापूर्ण करने के योग्य हो और जो प्रत्यक्ष या अप्रत्यक्ष रूप से निगम के व्यापार में लाभदायक सिद्ध हो।

(9) ऐसे समस्त कार्य करना जो निगम के अधिकार को पूरा करने के लिए प्रासंगिक हो और हित में हो। (धारा 6)

अपने किसी कार्य को पूरा करने के लिए निगम व्यापारिक सिद्धान्तों पर कार्य करेगा। धारा 21 के अनुसार निगम को केन्द्रीय सरकार द्वारा लिखित दिए गए आदेशों को जो जनहित में हो, पालन करना होगा। यदि जनहित के मामले में कोई विवाद उत्पन्न हो तो केन्द्रीय सरकार के निर्णय अन्तिम होंगे। इस अधिनियम की धारा 44 के अनुसार बताये गये प्रावधानों के अतिरिक्त निगम को जीवन बीमा व्यापार करने का एकमात्र अधिकार होगा। धारा 44 में पोस्ट आफिस, जीवनबीमा या अनुमोदित पेंशन कोष या अन्य इसी प्रकार की योजनाएँ जो केन्द्रीय सरकार द्वारा अनिवार्यत: चल रही हैं, इस अधिनियम के अन्तर्गत नहीं आतीं।

(4) निगम के अधिकार—धारा 49 के अनुसार निगम केन्द्रीय सरकार की पूर्व अनुमति से और गजट ऑफ इंडिया में प्रकाशित करके इस अधिनियम के प्रावधानों के अनुकूल निम्नलिखित विषयों पर नियम बना सकता है—

(i) निगम के अधिकार और कार्य जो क्षेत्रीय प्रबन्धक को प्रत्यायुक्त किये जा सकते हैं।

(ii) निगम के कर्मचारियों और अभिकर्ताओं को नियुक्त करने का तरीका, उनकी सेवा की शर्तें और दशाएँ।

(iii) धारा 11 की उपधारा के अन्तर्गत बने हुए कर्मचारियों की सेवा की शर्तें एवं दशाएँ।

(iv) धारा 22 के अन्तर्गत बनायी गयी परिषदों और सदस्यों की संख्या, कार्यकाल की शर्तें (अवधि) और सेवा की दशाएँ।

(v) इस अधिनियम के अन्तर्गत स्थापित प्रत्येक क्षेत्र की प्रादेशिक सीमाएँ और व्यापार।

(vi) निगम के कोष को बनाये रखने का तरीका।

(vii) प्रत्येक क्षेत्रीय कार्यालय में पृथक् कोष और बहीखाता का संधारण (Maintenance)।

(viii) प्रत्येक विभागीय कार्यालय का अधिक्षेत्र (Jurisdiction) और उस क्षेत्र के बीमापत्रधारियों की प्रतिनिधि परिषदों की स्थापना जो विभागीय कार्यालय को किसी विषय पर जो उससे पूछा जाय, सलाह दे सके।

(ix) निगम की सभाओं में व्यापारिक व्यवहार।

(x) निगम की समितियों की स्थापना, उनको निगम के अधिकारों और कार्यों को प्रत्यायुक्त करना और इन समितियों की सभाओं में व्यापारिक व्यवहार।

(xi) बीमापत्र निर्गमन के तरीके और प्रपत्र जो निगम की प्रसंविदा को कार्यान्वित कर सके।

(xii) बीमापत्र का वर्गीकरण।

(xiii) सभी क्षेत्रीय कार्यालय, विभागीय कार्यालय और शाखा कार्यालय के बहीखाते निरीक्षण और अंकेक्षण के तरीके।

(xiv) वे दशायें जिनके अनुसार निगम को भुगतान किया जा सके।

(5) केन्द्रीय सरकार के अधिकार—धारा 48 के अनुसार केन्द्रीय सरकार को इस अधिनियम के उद्देश्यों को पूरा करने के लिए निम्नलिखित विषयों पर निगम बनाने का अधिकार है।

(i) सदस्यों की सेवाओं का कार्यकाल और दशाएँ।

(ii) धारा 8 के अन्तर्गत वर्णित कोषों से सम्बन्धित रकम और अन्य संपत्ति को प्रन्यासी और निगम में विभाजित करने का तरीका।

(iii) धारा 12 के प्रावधानों के उद्देश्यों को पूरा करने के लिए मुख्य अधिकर्ता की सेवाएँ जो करनी चाहिए थीं।

(iv) धारा 17 के अन्तर्गत न्यायाधिकरण (Tribunal) का अधिक्षेत्र।

(v) इस अधिनियम के अन्तर्गत क्षतिपूर्ति करने का तरीका और व्यक्तियों का निर्णय जिनको क्षतिपूर्ति देनी है।

(vi) समय जिसके अन्तर्गत किसी विषय को न्यायाधिकरण को निर्देशित किया जाय।

(vii) निगम द्वारा विनियोग करने का तरीका और दशाएँ।

(viii) कर्मचारी और अभिकर्ता सम्बन्ध समिति को बनाने का तरीका।

(ix) निगम द्वारा कर्मचारियों को सूचना देने का प्रपत्र।

(x) निगम द्वारा कर्मचारियों को नियुक्त करने की दशाएँ।

(xi) इस अधिनियम के अन्तर्गत देय शुल्क और उसको प्राप्त करने का तरीका।

(xii) कोई अन्य विषय जो निर्धारित किया जाय। ये नियम लोक सभा के दोनों सदनों के संशोधनानुकूल बनाये जायेंगे।

(6) प्रबन्ध (Management)—धारा (18-23) निगम का प्रधान कार्यालय बंबई में है जिसके अन्तर्गत पाँच क्षेत्रीय कार्यालय (Zonal office) बम्बई, कलकत्ता, दिल्ली, कानपुर और मद्रास में हैं। ऐसे कार्यालय केन्द्रीय सरकार की अनुमति से अन्यत्र भी स्थापित किये जा सकते हैं। निगम द्वारा प्रत्येक क्षेत्रीय कार्यालय की कार्य सीमा निर्धारित कर दी गयी है। प्रत्येक क्षेत्रीय कार्यालय में क्षेत्रीय प्रबन्धक (Zonal Manager) द्वारा विभागीय कार्यालय (Divisional office) बनाये जायेंगे और उनके नियन्त्रण तथा प्रबन्ध में शाखा कार्यालय (Branch office) की स्थापना की जायेगी। निगम की निम्नलिखित समितियाँ हैं—

(i) कार्यकारिणी समिति (Executive Commitee)—निगम अपने कार्यों और व्यापार का अधीक्षण और निर्देशन एक कार्यकारिणी समिति (Executive Commitee) को सौंप सकता है जिसमें निगम के अधिक से अधिक पाँच सदस्य होंगे। यह समिति उन तमाम कार्यों और अधिकारों का प्रयोग करेगी जिसे निगम समर्पित करे।

(ii) विनियोग समिति (Investment Commitee)—निगम के कोषों के विनियोग सम्बन्धी कार्यों के लिये एक विनियोग समिति बनाई जायेगी जिसमें अधिकाधिक सात सदस्य होंगे जो कम से कम तीन निगम के सदस्य होंगे और बाकी सदस्य जो निगम के सदस्य हों या नहीं लेकिन वे वित्तीय विषयों का विशेषत: कोषों के विनियोग का विशेष ज्ञान और अनुभव रखते हों।

(iii) अन्य समितियाँ—निगम ऐसी अन्य समितियों को बना सकता है जिसे वह अपने कार्यों को पूरा करने के लिये उचित समझे।

इन समितियों के अतिरिक्त निम्न अधिकारीगण अधिनियम द्वारा नियुक्त किये जा सकते हैं—

(i) प्रबन्ध संचालक (Managing Director)—निगम एक या अधिक व्यक्तियों को प्रबन्ध संचालक नियुक्त कर सकता है। प्रत्येक प्रबन्ध संचालक निगम का

पूर्णकालिक अधिकारी होगा और उन सभी अधिकारों और कर्तव्यों का पालन करेगा जो कार्यकारिणी संमिति और निगम द्वारा सौंपे या प्रत्यायुक्त (Delegate) किये जायेंगे।

(ii) क्षेत्रीय प्रबन्धक (Zonal Managers)—निगम क्षेत्रीय कार्यालय के कार्य और व्यापार का अधीक्षण और निर्देशन एक या अधिक व्यक्तियों को, जो निगम के सदस्य हों या नहीं और जो क्षेत्रीय प्रबन्धक के रूप में जाने जाते हैं, को सौंप सकता है। क्षेत्रीय प्रबन्धक निगम के उन तमाम कार्यों को पूरा करेगा जो उसे क्षेत्रीय कार्यालय के कार्यक्षेत्र में प्रत्यायुक्त (Delegate) किये गये हैं। इस प्रबन्धक को सलाह देने के लिए एक परिषद् (Board) की नियुक्ति की जा सकती है। कर्मचारियों और अभिकर्ताओं के कल्याण के लिए प्रत्येक क्षेत्रीय कार्यालय में कर्मचारी और अभिकर्ता सम्बन्ध समिति (Employees and Agents Relations Commitee) बनायी जायेगी।

(iii) अन्य कर्मचारी—निगम अपने कार्यों को पूरा करने के लिए जितने कर्मचारी उचित समझे, नियुक्त कर सकता है। ये कर्मचारी भारत में कहीं भी सेवा के लिए भेजे जा सकते हैं। धारा 47 के अनुसार इन कर्मचारियों द्वारा परम सद्विश्वास के आधार पर किये गये कार्य के लिए निगम जिम्मेदार होगा।

(7) संगठन (Organisation)—निगम के विभिन्न कार्यालयों के प्रबन्ध कार्यों को संगठन के अन्तर्गत बताया जायेगा।

(अ) केन्द्रीय कार्यालय—(i) निगम का केन्द्रीय कार्यालय नीतिनिर्धारक और समन्वयकारी अंग है। इसकी कार्यकारिणी की जिम्मेदारियाँ बहुत सीमित हैं। मुख्य रूप से यह सभी क्षेत्रीय कार्यालयों की गतिविधियों (Activities) को समन्वित (Co-ordinate) करती है और उनके अन्तर्क्षेत्रीय विषयों के निर्देशन और निर्णय पर विस्तृत नीति निर्धारित करता है।

(ii) विनियोग नीति निर्धारण और उसके अनुसार कोष का विनियोग इस कार्यालय की एकमात्र जिम्मेदारी है।

(iii) अभिगोपन (Underwriting) स्तर और नीति बनाने के अतिरिक्त यह अधिक रकम के प्रस्ताव को या उप-प्रमाप जीवन (Sub-Standard lives) जो विभागीय कार्यालय के प्राधिकार के (Authority) के बाहर है, को अभिगोपित करता है।

(iv) वैधानिक आवश्यकताओं के अनुसार निगम के कार्य विवरण को प्रस्तुत करने की एकमात्र जिम्मेदारी इस कार्यालय की है।

(v) प्रक्रम या कार्यविधि (Procedures) और रूपपत्र या प्रपत्र (Forms)का प्रमापीकरण, प्रविवरण (Prospectus) को तैयार करना, प्रव्याजि (Premium) दर, बीमापत्र की दशाएँ और पुनर्बीमा का प्रबन्ध करना इस कार्यालय की जिम्मेदारी है।

(vi) राष्ट्रीय स्तर पर विस्तृत रूप से बीमा प्रचार की जिम्मेदारी इस कार्यालय की है।

(vii) शाखा, विभागीय और क्षेत्रीय कार्यालय का निरीक्षण एवं वित्तीय आन्तरिक अंकेक्षण इस कार्यालय द्वारा किया जाता है।

(viii) विस्तृत रूप से विशेष स्तर पर शोध (Research) करने के लिए शोध और सांख्यिकी विभाग की स्थापना इसके अन्तर्गत की गयी है।

अधिकारीगण और उनके कार्य

(1) अध्यक्ष (Chairman)—सामान्य रूप से नीति-निर्धारण का निर्णय अध्यक्ष करता है। वह निगम का सर्वोच्च अधिकारी है।

(2) प्रबन्ध संचालक प्रथम (Managing Director I)—इसके अन्तर्गत जीवनांकिकी (Acturial), बहीखाता (Accounts) और वैधानिक (Legal) विभाग आते हैं।

(3) प्रबन्ध संचालक द्वितीय (Managing Director II)—यह सामान्य बीमा संगठन और प्रबन्ध, परिमेलन (Integration) और शिकायत, आन्तरिक अंकेक्षण, गृह एवं बन्धक विकास और भवन विभाग के कार्यभार संभालता है।

(4) कार्यकारी संचालक 'विकास' (Executive Director 'Development')—यह विकास, विदेशी व्यापार, विकास कार्यकर्ताओं का प्रशिक्षण और प्रचार विभाग के कार्य प्रत्यक्ष रूप से संभालता है।

(5) कार्यकारी संचालक 'कर्मचारी वर्ग' (Executive Director Personel)—इसके अन्तर्गत सचिवालय विभाग, कर्मचारी वर्ग, प्रशासकीय कर्मचारियों का प्रशिक्षण, निरीक्षण, संगठन और निरीक्षण शिकायत विभाग हैं। कर्मचारी वर्ग (Personnel) विभाग के अन्तर्गत तीन वर्ग (Section) हैं। प्रथम वर्ग कर्मचारियों का व्यक्तिगत रूप से शंका समाधान करता है, द्वितीय वर्ग कार्यालय सामग्री प्रदान करता है और तृतीय वर्ग वैधानिक एवं परिमेलन के कार्य देखता है।

(6) कार्यकारी संचालक 'सामान्य बीमा' (Executive Director 'General Insurance')—इसके अन्तर्गत गैर-जीवन बीमा व्यापार का प्रबन्ध रहता है।

(7) मुख्य आन्तरिक अंकेक्षक (Chief Internal Auditor)—निगम के सभी लेन-देन का लगातार अंकेक्षण करने की जिम्मेदारी मुख्य आन्तरिक अंकेक्षण की होती है।

(8) मुख्य कानून अधिकारी (Chief Law Officer)—वैधानिक विभाग के कार्यों की जिम्मेदारी इसी अधिकारी की होती है।

(9) मुख्य अभियन्ता (Chief Engineer)—इस अधिकारी की जिम्मेदारी निगम के लिए भवन बनाने की योजना और कार्यविधि तैयार करना है। निगम की भवन सम्पत्ति की देखभाल इसी की जिम्मेदारी है।

(10) मुख्य जीवनांकिक (Chief Actuary)—अभिगोपन तरीके और कार्यालयों के स्तरों को निश्चित करने की जिम्मेदारी इसी अधिकारी की है।

(11) मुख्य लेखपाल (Chief Accountant)—इस अधिकारी के अन्तर्गत केन्द्रीय कार्यालयों के बहीखाता रहते हैं और अन्य कार्यालयों के खातों और हिसाब-किताब का परिमेलन और समामेलन इसी अधिकारी के दायित्व हैं।

(ब) क्षेत्रीय कार्यालय (Zonal Office)—प्रत्येक क्षेत्रीय कार्यालय अपने कार्यक्षेत्र के अन्तर्गत विभागीय कार्यालयों के कार्यों का परिमेलन और निगम के निर्णयों को कार्यान्वित करने का उत्तरदायी है। इस कार्यालय का प्राथमिक उत्तरदायित्व कार्यों की एकरूपता और कार्यक्षमता को उच्चतम स्तर पर बनाये रखना है। इस कार्यालय के कार्य निम्नलिखित हैं—

1. जीवनांकिकी विभाग (Acturial Department)—(i) विभागीय कार्यालयों को अभिगोपन और नवीनीकरण कार्यों पर निर्देशन।

(ii) चिकित्सा परीक्षक की नियुक्ति और निर्देशन तथा चिकित्सा परीक्षण के नियमों का पर्यवेक्षण और नियन्त्रण ।

(iii) स्वास्थ्य प्रचार और चिकित्सा सेवा योजनाओं का व्यवहारीकरण।

(iv) सभी मृत्यु अध्यर्थनों (Death Claims) का सांख्यिकीय विश्लेषण।

(v) प्रव्याजि, समर्पित मूल्य आदि के मूल्य-उद्धरण (Quotation) विभागीय कार्यालयों को बताना।

(vi) बीमापत्रधारियों की सेवा-पद्धति और समस्याओं पर विभागीय कार्यालय को प्रवैधिक सलाह।

(vii) मूल्यांकन (Valuation)

2. बहीखाता विभाग (Account Department)—(i) सम्पूर्ण क्षेत्र का समामेलित खाता तैयार करना और उनका अंकेक्षण करवाना।

(ii) क्षेत्रीय कार्यालय के बहीखाते की कार्यविधियाँ।

(iii) क्षेत्रीय कार्यालय की रोकड़ बही (Cash Book) रखना और बैंक खातों का संचालन।

(iv) विभागीथ कार्यालयों के बहीखाता सम्बन्धी समस्याओं पर प्रावैधिक सलाह।

(v) विभागीय और शाखा कार्यालयों के वित्तीय प्राधिकारों का नामकरण।

(vi) विभागीय एवं शाखा कार्यालयों का आय-व्ययक नियन्त्रण (Budgetary Control)।

(vii) बहीखाते की मशीनीकरण क्रियाओं का पर्यवेक्षण।

(viii) विभागीय कार्यालय के बहीखातों की मशीनीकरण की योजना;

(ix) सम्पूर्ण क्षेत्र के लिए भविष्य निधि बहीखाता (Provident Fund Accounts) रखना।

3. विकास विभाग (Development Department)—(a) विकास—(i) क्षेत्रीय कार्यालय के लिए विकास योजनाएँ और उनका कार्यान्वयन;

(ii) व्यापारिक प्रगति का सामयिक पुनर्निरीक्षण (Periodical Review);

(iii) शाखा कार्यालय और विकास अधिकारियों का संस्थागत लागत नियन्त्रण (Organisational Cost Control)।

(iv) क्षेत्र के सभी वेतन भोगी कर्मचारियों का सेवा-लेखन (Service Records)।

(v) ग्रामीण बीमा विकास के लिए योजनाएँ बनाना।

(b) विकास कर्मचारी वर्ग (Personal) का प्रशिक्षण—(i) प्रशिक्षण स्कूलों का पर्यवेक्षण।

(ii) क्षेत्र में सभी प्रकार के प्रचार की व्यवस्थाएँ।

(iii) घरेलू पत्रिकाओं का बहिर्कार्यालय कार्यकर्ताओं (Field Workers) के लिए प्रकाशन।

4. सचिवालय और कर्मचारी वर्ग विभाग (Secretarial and Personnel Department)—(a) कर्मचारी वर्ग—(i) क्षेत्र के सभी कर्मचारियों (Employee) (बहिर्कार्यालय कर्मचारी वृन्द को छोड़कर) का सेवा-लेख रखना।

(स) मण्डलीय कार्यालय (Divisional offices)—(1) नया व्यापार विभाग (New Business Department)—(i) (a) प्रस्ताव का अभिगोपन; (b) विचाराधीन प्रस्ताव का अनुसरण; (c) सभी प्रस्तावों के पत्र-व्यवहार।

(ii) (a) चिकित्सा परीक्षक की नियुक्ति; (b) चिकित्सा परीक्षक के लेख को रखना; (c) चिकित्सा परीक्षकों में परीक्षण का समान वितरण।

(iii) प्रस्ताव के समय उम्र स्वीकृति।

(iv) बीमापत्र की छपाई और निर्गमन।

(v) (a) प्रस्तावना सूचिका पत्र (Proposal Index Cards), (b) अस्वीकृति सूचिका पत्र (Declined Index Cards), (c) चिकित्सा परीक्षक सूचिका पत्र (Medical Examiner's Index Cards)।

(2) बीमापत्रधारियों का सेवा विभाग (Policyholder's Servicing Department)—सभी बीमापत्रों पर बीमापत्र के निर्गमन से अध्यर्थन के भुगतान तक की सेवा इस विभाग से की जाती है; जैसे—(i) प्रव्याजि सूचना जारी करना, (ii) बीमा-पत्र रजिस्टर का रखना, (iii) बीमा-पत्र की न्यस्ति (File) और सूचिका (Index) रखना, (iv) नामांकन और अभिहस्तांकन का निबन्धन, (v) बीमाखण्डन और (vi) पुनर्निर्गमन (Revivals) परिवर्तन (Alterations), (vii) ऋण और समर्पित मूल्य, (viii) स्वतः अजब्ती (Automatic Non-Forfeiture) सूचनायें और लेख, (ix) उम्र स्वीकृति (बीमापत्र निर्गमन के बाद), (x) अध्यर्थन (Claims)।

(3) नकद एवं बहीखाता विभाग (Cash and Accounts Department)—(i) शाखा रोकड़ आय और पेशगी (Imprest) वितरण का सूक्ष्म निरीक्षण (Scrutiny)।

(ii) सभी खाताबही (Ledger Accounts) का रखना और तलपट का तैयार करना।

(iii) नवीकरण (Renewal) और बोनस कमीशन को तय करना और अभिकर्तृत्व खाते रखना।

(iv) उचन्त (Suspense) खातों पर नियन्त्रण।

(v) बैंक खातों का समाधान (Reconcilliation)।

(vi) विभागीय कार्यालय रोकड़ बही को रखना और विभागीय कार्यालय बैंक खाते का संचालन।

(vii) प्रथम एवं नवीकरण प्रव्याजि की रसीद के निर्गमन और वापसी पर नियन्त्रण।

(4) विकास विभाग (Development Department)—(i) सम्पूर्ण विभागीय कार्यालय के लिए विकास कार्यक्रम को कार्यान्वित करना।

(ii) बहिर्कार्यालय (Field) संगठन का पर्यवेक्षण और नियन्त्रण।

(iii) अभिकर्ता विकास अधिकारी और शाखा कार्यालय के व्यापारिक लेख रखना।

(iv) विकास अधिकारियों की नियुक्ति, उनके कार्यों का पुनर्निरीक्षण और शाखा प्रबन्धक की व्यापारिक यात्रा।

(v) संगठनीय लागत नियन्त्रण।

(vi) शाखा कार्यालय के संगठनीय विषयों पर निर्णय और आदेश।

(vii) शाखा संगठन खर्चे पर आय व्यापक नियन्त्रण।

(viii) जनता द्वारा शिकायतों का समाधान।

(5) प्रतिस्थापन विभाग (Establishment Department)—(i) विभागीय कार्यालय के सभी कर्मचारियों की सेवा-लेख रखना।

(ii) क्षेत्रीय और केन्द्रीय कार्यालयों के निर्देशन पर कर्मचारी वर्ग की समस्याओं का समाधान।

(iii) विभागीय कार्यालय और शाखा कार्यालय के विभिन्न कार्यालयों को लेखन सामग्री और साहित्य देना।

(iv) विभाग के सभी कार्यालयों के लिए फर्नीचर और कार्यालय सामग्री रखना।

(v) आगामी और बहिर्गामी पत्रों को तय करना और अन्य सेवायें करना।

(vi) किराया की वसूली, करों का भुगतान और सम्पत्ति रखना।

(vii) क्षेत्रीय, विभागीय और शाखा कार्यालयों के लिए प्रपत्र और साहित्य की छपाई और उनकी पूर्ति का लेखा।

(viii) क्षेत्रीय कार्यालय में सभी कार्यालयों से सम्बन्धित फर्नीचर का पूरा स्टाक (Inventory) रखना, नये फर्नीचर खरीदना और पुराने फर्नीचर की मरम्मत करना।

(ix) सभी कार्यालय वस्तुएँ जैसे टाइप मशीन, गणना मशीनें, पता लिखने की मशीनें, प्रतिलिपिकारक, तालिका मशीनें आदि का क्षेत्रीय कार्यालय में सम्पूर्ण स्टाक रखना; क्षेत्रीय कार्यालय में इन मशीनों की देखभाल करना।

(x) स्कन्ध संहिता (Stores Code) का इस कार्यालय के अंतर्गत प्रशासन।

(xi) आगामी और बहिर्गामी पत्रों और अन्य इसी प्रकार की सेवाएँ क्षेत्रीय कार्यालय के लिए करना।

5. साकल्यता (Integration)—(i) सभी साकल्य कार्यों की परियोजना और एकीकरण;

(ii) व्यापारिक लेख के हस्तान्तरण और प्राप्ति (Transfer and Receipt) की कार्यविधि और अनुसूचिका (Schedules) की परियोजना (Planning) जो विभागीय और क्षेत्रीय कार्यालयों के अन्तर्गत हों।

(iii) वर्तमान बीमापत्रधारियों के सेवा-लेख (Records for Servicing) का पर्यवेक्षण जो विभागीय कार्यालयों के विकेन्द्रीकरण के लिए है।

(iv) साकल्य प्रधान और शाखा कार्यालयों (I. H. O. & I. B. O.) के द्वारा पुराने व्यापार को सम्भालना और सेवा करना।

(v) व्यापारिक इकाइयों (Existing Units) के लिए बहीखाता पद्धति बनाना।

(vi) व्यापारिक खाते तैयार करना जब तक विकेन्द्रीकरण पूरा नहीं होता।

(vii) क्षेत्र के सभी कार्यालयों में सेवा नियमों का प्रयोग।

(viii) क्षेत्रीय कार्यालय के कर्मचारी वर्ग की सभी समस्याओं का समाधान।

(ix) विभागीय कार्यालय के कर्मचारी वर्ग को सभी विषयों पर सलाह और निदेशन।

(x) सम्पूर्ण क्षेत्र के लिए प्रशासकीय कर्मचारी-वृन्द की नियुक्ति।

(ix) लिपिक वृन्द (Clerical staff) को प्रशासकीय प्रशिक्षण और उच्चपदोन्नति के लिए विभागीय परीक्षण।

वैधानिक एवं बन्धक (Legal and Mortgages)—(i) सभी वर्तमान बन्धक का पर्यवेक्षण और बन्धक खाते को रखना।

(ii) बन्धक के लिए प्रस्ताव की जाँच (Scrutiny) और उन्हें केन्द्रीय कार्यालय को स्वीकृति के लिए पेश (Submit) करना।

(iii) विभागीय कार्यालय को सभी संदेहयुक्त अध्यर्थन (Doubtful claims) पर सलाह देना।

(iv) अध्यर्थन के परित्याग सम्बन्धी निर्णय।

(v) क्षेत्र के अन्तर्गत सभी वैधानिक कार्यवाही के लिए वैधानिक सलाह और स्वीकृति।

(8) प्रतिष्ठान एवं भवन (Establishment and Building)—(i) वर्तमान विनियोग को यथार्थ सम्पत्ति (Real Estate) में रखना।

(ii) किराये की वसूली, कर का भुगतान और इनके बहीखाता रखना।

(iii) निगम के अपने क्षेत्र में स्थित नये भवनों का पर्यवेक्षण।

(iv) यथार्थ सम्पत्ति में विनियोग सम्बन्धी वैधानिक क्रिया।

(v) क्षेत्र में सभी कार्यालयों को लेखन सामग्री (Stationary) भेजना और लेखन सामग्री खरीदने सम्बन्धी विभागीय और शाखा कार्यालय को नियम बताना।

(द) शाखा कार्यालय (Branch Offices)—शाखा कार्यालयों के कार्य विभाग के अनुसार निम्नलिखित हैं—

(1) नया व्यापार विभाग—(i) प्रस्ताव का सूक्ष्म परीक्षण और अनुबन्धन तथा इन प्रस्तावों को निर्णय हेतु विभागीय कार्यालय को भेजना, अपूर्ण प्रस्तावों का अनुसरण (Follow-up)।

(ii) प्रथम प्रव्याजि रसीद का निर्गमन;

(iii) चिकित्सा परीक्षक के अभिलेख रखना और चिकित्सा शुल्क तय करना।

(iv) चिकित्सा परीक्षक के कार्यों के समान वितरण के लिए कार्य करना।

(2) बीमापत्रधारी सेवा विभाग (Policyholder's Servicing Department)—(i) बीमापत्र रजिस्टर और सूचिका रखना।

(ii) प्रव्याजि का एकत्रीकरण, नवीकरण प्रव्याजि रसीद और बाकी सूचनाओं (Default Notices) का निर्गमन।

(iii) जमा में रखी गई रकम का अनुसरण।

(iv) प्रव्याजि आदि पर बीमापत्रधारियों द्वारा पूछे गये प्रश्नों का उत्तर।

(v) भुगतान जो विभागीय कार्यालय से अधिकृत हो।

(vi) उम्र की स्वीकृति, नामांकन और अभिहस्तांकन कार्य, खंडित बीमापत्रों का पुनर्निर्गमन।

(3) बहीखाता विभाग (Accounts Department)—(i) रोकड़ आय बही और रोकड़ का भुगतान बही बनाना।

(ii) पेशगी रोकड़ खाताबही का समाधान (Reconciliation)।

(iii) प्राप्ति बैंक बहीखाता रखना और उसका समाधान।

(iv) अभिकर्ता के कमीशन को प्रथम प्रव्याजि पर तय करना।

(4) विकास विभाग (Development Department)—(i) अभिकर्ता और विकास अधिकारियों के व्यापारिक अभिलेख रखना।

(ii) व्यापारिक विवरण की सामयिक तैयारी और उसे विभागीय कार्यालय को देना।

(iii) अभिकर्ता की नियुक्ति, उसके लिए अनुज्ञापन (Licence) प्राप्त करना, विकास अधिकारी और अभिकर्ता के अभिलेख रखना।

(iv) विकास अधिकारियों की व्यापारिक प्रगति का पुनर्निरीक्षण।

(5) प्रतिष्ठान विभाग (Establishment Department)—(i) शाखा कार्यालय के प्रशासकीय कर्मचारीवृन्द के सेवा अभिलेख को रखना।

(ii) आगामी और बहिर्गामी पत्र तथा अन्य सेवाएँ।

(iii) लेखन सामग्री और साहित्य की पूर्ति।

(iv) फर्नीचर और कार्यालय सामग्री का स्टाक रखना।

(v) कर्मचारीवृन्द को छुट्टी की स्वीकृति और छुट्टी के खाते रखना।

(इ) उपकार्यालय (Sub-offices)—उप कार्यालय वहीं खोले जाते हैं जहाँ पर शाखा कार्यालय के लिए पर्याप्त व्यापार नहीं है परन्तु 75 लाख रुपये से अधिक व्यापार एक वर्ष में है। इन कार्यालयों का मुख्य कार्य व्यापार की प्राप्ति है और ये प्रशासकीय कार्य नहीं करते। सहायक शाखा प्रबन्धक और विकास अधिकारियों के मुख्य कार्यस्थल हैं। कुछ विभागीय कार्यालयों के अन्तर्गत ये शाखा कार्यालय के रूप में कार्य करते हैं।

(फ) विकास केन्द्र (Development centeres)—कुछ अविकसित क्षेत्रों में विकास केन्द्र खोले गये हैं जो बीमा व्यापार बढ़ाने के कार्य करते हैं। इन क्षेत्रों में बीमा व्यापार के विकास होने की पर्याप्त संभावना है। इन केन्द्रों से लगभग 50 लाख रुपये प्रतिवर्ष व्यापार मिलने की आशा रहती है।

(8) वित्त एवं लेखा अंकेक्षण (Finance, Account and Audit)—(धारा 24 से 29 तक)—(i) कोष—निगम अपना कोष रखेगा जिसमें से निगम के सभी भुगतान किये जायेंगे और सभी आय इसी कोष में जमा की जायेगी।

(ii) अंकेक्षण (Audit)—अंकेक्षक जो भारतीय प्रमण्डल अधिनियम (Indian Companies Act) के अन्तर्गत अंकेक्षण करने के योग्य हैं निगम के बहीखातों का अंकेक्षण करेंगे। ये अंकेक्षण निगम द्वारा केन्द्रीय सरकार की पूर्व अनुमति से नियुक्त किये जायेंगे और वही वेतन प्राप्त करेंगे जो केन्द्रीय सरकार द्वारा निर्धारित किया जायेगा।

प्रत्येक अंकेक्षक अपने कर्तव्यों का पालन करते समय निगम की किताबों, लेखा और अन्य प्रलेख (Documents) को उचित समय में देख सकते हैं। अंकेक्षक अपनी रिपोर्ट निगम को प्रस्तुत करेंगे और उसकी एक प्रतिलिपि केन्द्रीय सरकार को भेजेंगे।

(iii) जीवनांकिकी मूल्यांकन (Acturial Valuations)—निगम को दो वर्षों में कम से कम एक बार अपने व्यापार की वित्तीय स्थिति की परीक्षा जीवनांकिकी से कराना अनिवार्य है। इसमें कुल दायित्वों का मूल्यन भी सम्मिलित है। इस मूल्यांकन की

सूचना केन्द्रीय सरकार को देनी पड़ती है।

(iv) वार्षिक रिपोर्ट (Annual Report)—प्रत्येक वित्तीय वर्ष के अन्त में निगम गत वर्ष के कार्यकलाप (Activities) का विवरण तैयार करके जैसा केन्द्रीय सरकार निर्धारित फार्म में माँगे, उसे देना अनिवार्य है। रिपोर्ट में अगले वर्ष में किये जाने वाले संभाव्य कार्यों का विवरण भी शामिल होना चाहिए।

धारा 29 के अनुसार केन्द्रीय सरकार को अंकेक्षक की रिपोर्ट, जीवनांकिकी मूल्यांकन की सूचना और वार्षिक रिपोर्ट जैसे ही प्राप्त हो वह लोक सभा के दोनों सदनों के सम्मुख प्रस्तुत करना चाहिए।

(v) अतिरेक का विवरण (Distribution of Surplus)—धारा 29 के अनुसार यदि जीवनांकिकी मूल्यांकन से कोई अतिरेक विदित होता है तो उस अतिरेक का कम से कम 95% बीमापत्रधारियों के लिए संचारित या वितरित किया जायेगा और बाकी 5% अतिरेक केन्द्रीय सरकार द्वारा बताये गये उद्देश्यों के लिए बताये तरीकों के अनुसार प्रयोग किया जायेगा।

(9) बीमा अधिनियम 1938 का लागू होना—बीमा अधिनियम की निम्नलिखित धारायें जीवन बीमा निगम पर भी लागू होंगी—

धारा 2, 2-बी, 3, 18, 26, 33, 38, 39, 41, 45, 46, 47-ए, 50, 51, 52, 110-ए, 110-बी, 110-सी, 119।

उपर्युक्त धाराओं के अतिरिक्त केन्द्रीय सरकार बीमा अधिनियम को किसी भी धारा को लागू करने के लिए, सरकारी गजट में प्रकाशित करके, निगम को आदेश दे सकती है। इन धाराओं के आधार पर विभिन्न विषयों पर बने प्रावधान निम्नलिखित हैं—

(अ) बीमा नियन्त्रक का नियन्त्रण।

(ब) विनियोग के प्रावधान।

(स) अभिकर्ता के प्रावधान।

(द) विशेष प्रावधान।

(अ) बीमा नियन्त्रक के अधिकार एवं नियन्त्रण—बीमा अधिनियम की धारा 2 बी के अनुसार केन्द्रीय सरकार सरकारी प्रकाशन में सूचना देकर नियंत्रक की नियुक्ति कर सकती है। उसे उद्योग, व्यापार, बीमा विषय और जीवनांकिकी का विशेष ज्ञान होना चाहिए। यह बीमा व्यवसाय को नियंत्रित करने वाला सर्वोच्च अधिकारी है। भारतीय जीवन बीमा निगम बीमा नियन्त्रक के अधिकार में आता है। धारा 3 के अनुसार निगम को जीवन बीमा व्यवसाय करने के लिए नियंत्रक से रजिस्ट्री का प्रमाण-पत्र लेना होता है। संक्षेप में निगम के निम्नलिखित कार्यों पर नियंत्रक का अधिकार रहता है—

(i) निगम को रजिस्ट्री का प्रमाण-पत्र देना, इसका नवीकरण और इसे रद्द करना। प्रमाण-पत्र और इसके नवीकरण के लिए निगम की सम्पत्ति का एक विवरण, जीवन बीमा कोष में जमा की रकम, अंकेक्षित खाते, प्रविवरण (Prospectus) और अधिकारियों के नाम, पते और अन्य सूचनायें नियन्त्रक को देना आवश्यक है।

(ii) प्रत्येक वित्तीय वर्ष के अन्त में उस वर्ष से सम्बन्धित एक चिट्ठा और एक लाभ-हानि खाता क्रमशः प्रथम और द्वितीय सूची के अनुसार बनाना पड़ता है। इन पर निगम के सभापति, एक प्रबन्ध संचालक और अन्य दो सदस्यों के हस्ताक्षर होने चाहिए।

(iii) निगम के कार्यों की प्रत्येक रिपोर्ट जो बीमापत्रधारियों को दी गयी है, प्रमाणित कराके बीमा नियंत्रक को सौंपना आवश्यक है। (धारा 18)

(iv) अंकेक्षित चिट्ठा और लाभ-हानि खातों का प्रकाशन आवश्यक है तथा इसकी चार प्रतिलिपियाँ 6 माह की अवधि के अन्तर्गत बीमा नियंत्रक को भेजना अनिवार्य है। जीवनांकिक सूचना का संक्षिप्त विवरण 9 महीने के अन्दर भेजना पड़ता है। इन पर सम्बन्धित अंकेक्षक और जीवनांकिक के हस्ताक्षर होना आवश्यक है।

अधिनियम के अन्तर्गत प्रत्येक दो वर्षों में कम से कम एक बार निगम को अपने व्यवसाय की वित्तीय स्थिति की परीक्षा, देनदारी का मूल्यांकन अधिनियम की चतुर्थ सूची के अनुसार जीवनांकिक द्वारा कराना पड़ता है जिसकी रिपोर्ट उपर्युक्त नियम के अन्तर्गत नियन्त्रक के पास भेजना आवश्यक है।

(v) बीमापत्र रजिस्टर और अध्यर्थन से सम्बन्धित सूचनाओं को नियन्त्रक प्राप्त कर सकता है। इन रजिस्टरों में बीमापत्रधारियों के हस्तांतरण, सेवायें और अध्यर्थन को दिखाया जाता है।

(vi) निगम को बीमा अभिकर्ताओं का रजिस्टर रखना आवश्यक है जिसमें अभिकर्ताओं के नाम व पता, नियुक्ति तिथि तथा प्रसंविदा समाप्त होने की तिथि लिखी जाती है।

(vii) नियन्त्रक को यदि प्रतीत होता है कि कोई विवरण दोषपूर्ण अथवा गलत है तो वह निगम से अधिक सूचना माँग सकता है और किसी अधिकारी की शपथ लेकर परीक्षा ले सकता है, अशुद्ध विवरण को स्वीकार करने से इन्कार कर सकता है। इन परिवर्तनों की पूर्ण सूचना नियन्त्रक को देना आवश्यक है। इन सूचनाओं को नियन्त्रक से निश्चित शुल्क देकर प्राप्त किया जा सकता है।

निरीक्षण सम्बन्धी अधिकार—धारा 33 के अनुसार केन्द्रीय सरकार किसी भी समय लिखित आदेश देकर नियन्त्रक को या उसके पक्ष में किसी व्यक्ति को निगम के कार्यों का निरीक्षण करने के लिए आदेश दे सकती है। नियन्त्रक अपनी सहायता के लिए अंकेक्षक और जीवनांकिक को नियुक्त कर सकता है।

प्रत्येक प्रबंधक या प्रबंध संचालक और निगम के अधिकारी का यह कर्तव्य है कि बीमा निगम के खाते, रजिस्टर और अन्य प्रलेख जो उनके प्रतिरक्षण (Custody) में हो, निश्चित समय में निरीक्षण के लिए प्रेषित करे। निरीक्षणकर्ता इन अधिकारियों की शपथ सहित परीक्षा ले सकता है। इस अधिनियम के अन्तर्गत सूचनाओं के प्राप्त होने के निगम के अधिकारियों को वाद प्रस्तुत करने का अवसर प्रदान करती है और उसके बाद निम्नलिखित आदेश लिखित रूप से दे सकती है।

(अ) निगम को निर्देशित कार्यवाही करने के लिए आदेश दे सकती है।

(ब) नियन्त्रक को रजिस्ट्री का प्रमाण-पत्र रद्द करने का आदेश दे सकती है।

(स) निगम के अवसायन के लिए नियन्त्रक को आदेश दिया जा सकता है कि वह न्यायालय में अवसायन हेतु प्रार्थना दे।

नियन्त्रक के अधिकार और कर्तव्यों को अभिकर्तृत्व करना—धारा 110 अ के अनुसार नियन्त्रक अपने अधिकार और कर्तव्यों को अपने अधीनस्थ व्यक्तियों को सौंप सकता है। ये हस्तान्तरण प्रतिबन्धित और सीमित हो सकते हैं।

धारा 110 स के अन्तर्गत नियन्त्रक लिखित सूचना देकर निगम से बीमा व्यापार सम्बन्धी सूचना माँग सकता है। ये सूचनायें प्रधान अधिकारी या अंकेक्षक से प्रमाणित होनी चाहिए।

(ब) विशेष प्रावधान—(i) अवहार का निषेध—धारा 41 के अनुसार कोई व्यक्ति प्रत्यक्ष या अप्रत्यक्ष रूप से किसी व्यक्ति को जीवन की जोखिम के सम्बन्ध में बीमा कराने या नवीकरण या जारी रखने के लिए अपने कमीशन का पूर्ण या आंशिक अवहार या प्रव्याजि की छूट नहीं दे सकता और न कोई व्यक्ति इस प्रकार की छूट स्वीकार कर सकता है। इस धारा के अनुसार उन छूटों को नहीं लिया जाता जो बीमा संस्था के प्रविवरण अथवा प्रव्याजि तालिका के नियमों के अनुसार बीमादार को दी जा सकती है। लेकिन इस धारा के अन्तर्गत बीमा अभिकर्ता को अपने जीवन में निर्गमित बीमापत्र पर कमीशन प्राप्त करने से मना नहीं किया गया। इस धारा के अन्तर्गत अवहार का लेना व देना दोनों अपराध है और इस अपराध का दण्ड 500 रुपये तक जुर्माना हो सकता है।

(ii) बीमापत्र का निर्विवाद होना—बीमापत्र के निर्गमन के दो वर्ष बाद निगम इस बात पर विवाद नहीं उठा सकता है कि प्रस्ताव या चिकित्सा अधिकारी की सूचना या निर्देशित व्यक्ति (Referces) या पत्र की सूचना या अन्य प्रपत्र में अशुद्ध और गलत थे जब तक निगम यह सिद्ध न कर दे कि इस प्रकार का विवरण महत्वपूर्ण था या बताने के लिए आवश्यक होने पर भी नहीं बताया गया या कपटपूर्ण था और बीमापत्रधारी इसको विवरण देने के समय जानता था।

इस धारा के अन्तर्गत निगम को उम्र के प्रमाण-पत्र प्राप्त करने के लिए मना नहीं किया जा सकता है और कोई भी बीमापत्र बाद में उम्र के प्रमाण-पत्र पर समन्वित होने पर विवाद के अन्तर्गत नहीं माना जायेगा।

(iii) भारतीय बीमापत्र पर भारतीय नियम—उन बीमापत्रधारियों को जिनको भारत में बीमापत्र निर्गमित किये गये हैं भारत में भुगतान प्राप्त करने का अधिकार है। वे भारत के किसी न्यायालय में भुगतान प्राप्त करने के लिए दावा कर सकते हैं। इसी तरह धारा 47 अ के अन्तर्गत छोटी रकमों का भुगतान यानी उन बीमापत्रों का भुगतान जिनकी रकम दो हजार रुपये से अधिक नहीं है निगम और बीमापत्रधारियों के बीच वाद उत्पन्न होने पर बीमा नियन्त्रक द्वारा निर्णय किया जा सकता है। बीमा नियन्त्रक का निर्णय अन्तिम होगा।

(iv) विकल्प की सूचना—निगम उन बीमापत्रों के सम्बन्ध में जिन पर प्रव्याजि का भुगतान करता था, भुगतान नहीं किया गया है, तीन महीने पहले बीमापत्रधारी को विकल्प जो उसे उपलब्ध हों, की सूचना दे सकता है। यदि विकल्प बीमापत्र लिखे गये हैं तो उनकी सूचना देने की आवश्यकता नहीं है। (धारा 50)

(v) प्रस्ताव पत्र की प्रतिलिपियों का मिलना—निगम बीमापत्रधारी द्वारा आवेदन करने पर और एक रुपया शुल्क देने पर, उसे बीमा के प्रस्ताव पत्र तथा डाक्टरी सूचना के प्रतिलिपियाँ उसमें दिये गये प्रश्नों और उत्तरों के साथ देगा। (धारा 51)

(vi) विभाजन आधार पर व्यापार का निषेध—धारा 52 के आधार पर निगम विभाजन सिद्धान्त पर व्यापार नहीं कर सकता यानी बीमित रकम स्थायी नहीं है किन्तु अध्यर्थन के वितरण के परिणाम पर पूर्णत: या आंशिक रूप से आधारित है और प्रव्याजि की रकम परिणामत: पूर्णरूपेण या आंशिकरूपेण बदलती रहती है। संक्षेप में इस धारा के अन्तर्गत बीमा और प्रव्याजि रकम स्थिर और निश्चित होना चाहिए।

(vii) समर्पण मूल्य—जीवन बीमा-पत्र जिस पर लगातार तीन वर्ष तक प्रव्याजि का भुगतान किया गया है, समर्पण मूल्य कर लेता है और यह बीमापत्र भविष्य में प्रव्याजि के भुगतान न करने पर खंडित नहीं होगा बल्कि प्रदत्त रकम (Paid-up-value) तक जीवित रहेगा। (धारा 113)। प्रदत्त बीमापत्र पर भविष्य के अधिलाभांश (Bonus) नहीं दिये जायेंगे।

अभिहस्तांकन (Assignment)—धारा 38 के अनुसार जीवन बीमा का अभिहस्तांकन या हस्तान्तरण बीमापत्र या अतिरिक्त कागज पर पृष्ठांकन (Endorsement) करके किया जा सकता है, जो अभिहस्तांकनकर्ता या हस्तांतरणकर्ता या उसके अधिकृत अभिकर्ता द्वारा हस्ताक्षरित होना चाहिए और कम से कम एक साक्षी (Witness) द्वारा प्रमाणित होना चाहिए।

हस्तांतरण या अभिहस्तांकन पृष्ठांकित और प्रमाणित होने पर तब तक पूर्ण और प्रभावित नहीं होगा, जब तक बीमाकर्ता के प्रति लागू नहीं होगा या अभिहस्तांकिकी या हस्तांतरिती को या उसके प्रतिनिधि को बीमापत्र की रकम प्राप्त करने का अधिकार नहीं देगा जब तक इस हस्तांतरण और अभिहस्तांकन की सूचना तथा इस पृष्ठांकन और प्रलेख या उसकी हस्तांतरणकर्ता और हस्तांतरिती द्वारा प्रमाणित प्रतिलिपि बीमाकर्ता को न दी जाये। लेकिन जब बीमाकर्ता ही हस्तांतरिती हो तो इस सूचना की आवश्यकता नहीं है।

जिस तारीख को सूचना दी गयी उसके अनुसार अभिहस्तांकन और हस्तांतरण की प्राथमिकता निर्धारित की जायेगी। जहाँ पर एक से अधिक अभिहस्तांकन और हस्तांतरण है वहाँ प्राथमिकता उनके भेजने की तिथि के अनुसार संचालित की जायेगी।

हस्तांतरण और अभिहस्तांकन की सूचना प्राप्त होने पर बीमाकर्ता सूचना की तारीख के साथ हस्तांतरिती और अभिहस्तांकिकी के नाम तथा अन्य सूचनाओं को अपने यहाँ लिखेगा और अधिक से अधिक एक रुपया वसूल करके सूचना प्राप्ति होने की लिखित स्वीकृति देगा। यह स्वीकृति बीमाकर्ता के लिए निर्णायक प्रमाण होगा।

हस्तांतरण और अभिहस्तांकन की शर्तों और दशाओं के अनुकूल बीमाकर्ता सूचना प्राप्ति होने की तिथि से हस्तांतरिती और अभिहस्तांकिकी को ही बीमापत्र के लाभों को प्राप्त करने का अधिकार समझेगा। ये व्यक्ति बीमापत्र के दायित्व और प्राप्ति को बिना हस्तांतरणकर्ता और अभिहस्तांकिकी की सम्मति के प्राप्त कर लेंगे।

यदि कोई अभिहस्तांकन इस शर्त पर किये गये हैं कि किसी बीमित व्यक्ति की विशेष जीवन पद्धति में घटना घटित होने पर यह अप्रभावशाली होगा या बीमापत्र का हित किसी अन्य व्यक्ति को हस्तांतरित होगा तो यह मान्य होगा।

नामांकन—धारा 39 के अनुसार बीमापत्रधारी जिनके नाम से जीवन बीमा है, बीमापत्र के निर्गमन के समय या भुगतान के लिए बीमापत्र के परिपक्व होने के पहले किसी भी समय किसी व्यक्ति को नामांकित कर सकता है जिसको उसकी मृत्यु के समय उस बीमापत्र से सम्बन्धित बीमाराशि मिल जायेगी। लेकिन जहाँ पर नामांकिकी अवयस्क है, यह बीमापत्रधारी के लिए कानूनन युक्त होगा कि वह किसी व्यक्ति को उसकी मृत्यु पर बीमापत्र से सम्बन्धित राशि को प्राप्त करने के लिए निर्धारित ढंग से नियुक्त करे।

कोई भी इस प्रकार का नामांकन जब तक बीमा-पत्र में लिखा न गया हो बीमापत्र पर पृष्ठांकन करके बीमाकर्ता को बताकर उसके द्वारा इसको इससे सम्बन्धित लेख में निबन्धित करके किया जायेगा। इस प्रकार के नामांकन बीमापत्र पर भुगतान के लिए परिपक्व होने के

पहले किसी भी समय निरसित या परिवर्तित किया जा सकता है। लेकिन यदि इस परिवर्तन की सूचना लिखित रूप से बीमाकर्ता को नहीं दी गयी है तो बीमाकर्ता वास्तविक रूप से बीमापत्र में या अभिलेख में वर्णित नामांकिकी के लिए जिम्मेदार नहीं होगा।

बीमाकर्ता नामांकन या परिवर्तन या निरसन के निबन्धन की लिखित स्वीकृति बीमा-पत्रधारी को देगा और इस परिवर्तन और निरसन के निबन्धन के लिए अधिक से अधिक एक रुपया फीस ले सकता है।

धारा 38 के अनुसार हस्तांतरण और अभिहस्तांकन नामांकन को अपने आप रद्द करेगा। लेकिन जब बीमापत्र बीमाकर्ता जो अभिहस्तांकन के समय इस पर जोखिम रखता है, को ऋण देने के प्रतिफल में समर्पित मूल्य तक जमानत के लिए अभिहस्तांकित की गयी है या इस ऋण के भुगतान पर पुनः नामांकिकी के अधिकार को बीमाकर्ता के हित तक प्रभावित करेगा।

जब बीमापत्र बीमित व्यक्ति के जीवन काल में भुगतान के परिपक्व होता है या जब किसी नामांकिकी की मृत्यु बीमा-पत्र के परिपक्व होने के पहले हो जाती है तो बीमा-पत्रधारी या उसके उत्तराधिकारी या वैधानिक प्रतिनिधि या उत्तराधिकार प्रमाण-पत्र रखने वाले को जैसा भी हो, बीमा की राशि भुगतान की जायेगी।

जहाँ नामांकिकी, एक से अधिक हो तो एक या एक से अधिक नामांकिकी उस व्यक्ति, जिसके जीवन पर बीमा लिया गया,की मृत्यु पर जीवित रहते तब बीमापत्र द्वारा सुरक्षित राशि इन जीवित व्यक्ति या व्यक्तियों का भुगतान किया जा सकता है।

इस धारा के प्रावधान उस बीमापत्र पर लागू नहीं होंगे जिस पर विवाहित स्त्री सम्पत्ति अधिनियम, 1874 (Married Women's Property Act, 1874) की धारा 6 लागू होती है।

अध्याय 45

सामुद्रिक बीमा अधिनियम, 1963

सामुद्रिक बीमा अधिनियम, 1963 के द्वारा सामुद्रिक बीमा व्यवसाय को संचालित एवं प्रबन्धित करने का कार्य किया जाता है।

परिभाषा

धारा 3 के अनुसार सामुद्रिक बीमा को परिभाषित किया गया है। सामुद्रिक बीमा प्रसंविदा एक ऐसा समझौता है जिसके अन्तर्गत बीमाकर्ता बीमित व्यक्ति को सामुद्रिक हानियों से निर्धारित ढंग और निश्चित सीमा तक भुगतान करने का वादा करता है। सामुद्रिक बीमा के अन्तर्गत सामुद्रिक जोखिम से होने वाली हानियों का भुगतान किया जाता है।

धारा 2 (स) के अनुसार सामुद्रिक जोखिम (Marine Adventure) के अन्तर्गत बीमित सम्पत्ति से सम्बन्धित सामुद्रिक जोखिम, भाड़ा, कमीशन, लाभ, जमानत, दायित्व आते हैं। सामुद्रिक जोखिम के अन्तर्गत समुद्र सम्बन्धी जोखिम, अग्नि, युद्ध, डाकू, चोरी पकड़ना जाना, जेटीसन बैरेटरी आते हैं।

बीमायोग्य हित
(Insurable Interest)

धारा 6 से धारा 17 तक बीमायोग्य हित के सम्बन्ध में नियम बनाये गये हैं। धारा 6 में यह स्पष्ट रूप से बताया गया है कि बिना बीमायोग्य हित के सामुद्रिक बीमा प्रसंविदा जुए का प्रसंविदा होगा। धारा 7 के अनुसार प्रत्येक व्यक्ति जो सामुद्रिक जोखिम (Marine Adventure) में हित रखे बीमा योग्य हित रखता है। एक व्यक्ति सामुद्रिक जोखिम में तभी हित रखता है जब वह जोखिम या बीमित सम्पत्ति से कानूनी और न्यायपूर्ण ऐसा सम्बन्ध रखता है कि बीमित सम्पत्ति के सुरक्षित रहने या पहुँचने पर उसे आर्थिक लाभ और उसके नष्ट होने या क्षति होने या रोकने पर उसे आर्थिक हानि या दायित्व उत्पन्न हो। धारा 8 के अनुसार सामुद्रिक बीमा में बीमा योग्य हित हानि के समय होना आवश्यक है। बीमा प्रसंविदा के समय बीमा योग्य हित होना जरूरी नहीं है। 'नष्ट या नष्ट नहीं' वाक्यांश के अंतर्गत बीमायोग्य हित की आवश्यकता नहीं होती है। जब हानि के समय हित नहीं है तो उसके बाद वह किसी भी प्रकार से हानि के समय हित नहीं रख सकता है।

धारा 11 से 16 तक—एक बीमाकर्ता बीमा प्रसंविदा के अन्तर्गत बीमायोग्य हित रखता है और बीमित वस्तु का बीमा करा सकता है। वटोमरी या रेसपोन्डेन्सिया के सम्बन्ध में ऋण देने वाले ऋण दाता का ऋण के सम्बन्ध में बीमायोग्य हित होता है। जहाज के नाविक और मास्टर अपने वेतन तक बीमा योग्य हित रखते हैं। अग्रिम भाड़ा भुगतान करने वाला भी भाड़े के सम्बन्ध में बीमायोग्य हित रखता है। बीमित व्यक्ति बीमा से सम्बन्धित खर्चे में बीमायोग्य हित रखता है। बन्धक पर रखी गयी वस्तु के सम्बन्ध में बन्धककर्ता वस्तु के मूल्य तक और बन्धकी बन्धक से सम्बन्धित ऋण तक बीमायोग्य हित रखता है। बीमित सम्पत्ति के सम्बन्ध में बीमित व्यक्ति उसके पूर्ण मूल्य तक बीमायोग्य हित रखता है।

धारा 17—हित का हस्तांतरण—जहाँ पर बीमित व्यक्ति अपने बीमित वस्तु के हित का पूर्ण या आंशिक हित हस्तांतरित करता है, वह अपने अधिकार को तब तक हस्तांतरित नहीं करेगा जब तक इसके लिए स्पष्ट या उपलक्षित समझौता न हो।

बीमायोग्य मूल्य
(Insurable Value)

धारा 18 के अनुसार बीमायोग्य मूल्य का निर्धारण निम्न प्रकार किया जाता है—

(1) जहाज—जहाज के सम्बन्ध में बीमायोग्य हित का मूल्य, जोखिम प्रारंभ होने के समय जहाज का मूल्य तथा उसके फिटिंग, अधिकारी एवं नाविक के लिए प्रावधान, नाविकों के लिए उधार दी गई रकम, जहाज को यात्रा योग्य बनाने के खर्चे एवं बीमा खरीदने के खर्चे के पूर्ण योग्य तक होता है।

वाष्प जहाजों के सम्बन्ध में बीमायोग्य मूल्य में मशीन, बाइलर, कोयला, इन्जन का मूल्य जो बीमित व्यक्ति के स्वामित्व में हो? कोयला के अलावा अन्य शक्ति से संचालित जहाजों के सम्बन्ध में मशीन, ईंधन और इंजन के सामान के मूल्य और यदि जहाज विशेष व्यापार से सम्बन्धित है तो उसके लिए आवश्यक यन्त्रों और उपकरणों को भी बीमित मूल्य के अन्तर्गत शामिल किया जाता है।

(2) भाड़ा—भाड़े के सम्बन्ध में चाहे भाड़ा अग्रिम दिया हो या नहीं, बीमायोग्य मूल्य में जोखिम के समय भाड़े का कुल मूल्य और बीमा के खर्चे शामिल होते हैं।

(3) माल—माल या सामान के सम्बन्ध में बीमायोग्य मूल्य बीमित वस्तु की मौलिक लागत जहाजी खर्चे और बीमा खर्चे तक सीमित होता है।

(4) अन्य—अन्य बीमित वस्तुओं के सम्बन्ध में बीमायोग्य मूल्य जोखिम की रकम और बीमा खर्चे के योग्य तक सीमित होता है।

प्रकटीकरण और प्रत्यावेदन
(Disclosure and Representations)

धारा 19—बीमा प्रसंविदा परम सद्विकास पर आधारित प्रसंविदा है। यदि परम सद्विश्वास का पालन किसी पक्ष द्वारा नहीं किया गया तो दूसरा पक्ष इसे निरस्त कर सकता है।

धारा 20—बीमित व्यक्ति द्वारा प्रकटीकरण—प्रसंविदा पूरा होने के पहले बीमित व्यक्ति सभी महत्वपूर्ण बातें जो उसे मालूम हों और जो उसे उस परस्थिति में मालूम होनी चाहिए बीमाकर्ता को अवश्य प्रकट करे। यदि बीमित व्यक्ति उन बातों का स्पष्टीकरण न करे, तो बीमाकर्ता प्रसंविदा को निरस्त कर सकता है।

(2) प्रत्येक बातें महत्वपूर्ण होंगी यदि वे सामान्य बीमाकर्ता के बीमा संबंधी या प्रव्याजि निर्धारण सम्बन्धी निर्णय को प्रभावित करें।

(3) निरीक्षण के अभाव में निम्नलिखित बातों को स्पष्ट करने की आवश्यकता नहीं हैं—

(अ) ऐसी बातें जो जोखिम को कम करती हैं,

(ब) ऐसी बातें जो बीमाकर्ता जानता हो या उसे जाननी चाहिए, बीमाकर्ता को अपने व्यवसाय के सम्बन्ध में कुछ बातें जानना आवश्यक है या जो सामान्य ज्ञान के अन्तर्गत आती हैं।

(स) ऐसी बातें जो बीमाकर्ता नहीं चाहता है।

(द) ऐसी बातें जो किसी लिखित या उपलक्षित समाश्वासन के अन्तर्गत स्पष्ट करना आवश्यक नहीं है।

धारा 21 के अनुसार बीमा एजेन्ट को उन महत्वपूर्ण तथ्यों को बताना आवश्यक है जिन्हें प्रधान को बताना आवश्यक है। उन महत्त्वपूर्ण बातों को बताना आवश्यक है जिन्हें एजेन्ट को जानना जरूरी है।

धारा 22 के अनुसार प्रत्येक महत्वपूर्ण वर्णन को सही-सही होना आवश्यक है। यदि ये वर्णन असत्य हैं तो बीमाकर्ता प्रसंविदा को निरस्त कर सकता है। ये वर्णन प्रत्यावेदन कहलाते हैं। वे प्रत्यावेदन महत्वपूर्ण होते हैं जो बीमाकर्ता के निर्णय या प्रव्याजि को प्रभावित करते हैं। प्रत्यावेदन तथ्य सम्बन्धी या विश्वास सम्बन्धी हो सकते हैं। प्रत्यावेदन सत्य तभी होंगे जबकि ये महत्वपूर्ण रूप से सत्य हों। प्रत्यावेदन विश्वास एवं आशा सम्बन्धी तभी सत्य होंगे जब वे परम सद्विश्वास पूर्ण हों। प्रसंविदा पूर्ण होने के पहले प्रत्यावेदन वापस किया जा सकता है तथ्य एवं प्रसंविदा के अनुसार ही यह तय होता है कि कोई प्रत्यावेदन महत्त्वपूर्ण है या नहीं है।

धारा 23—प्रसंविदा का पूरा होना—प्रसंविदा तभी पूरा हुआ माना जायेगा जबकि प्रस्ताव को बीमाकर्ता द्वारा स्वीकार किया जाय चाहे बीमापत्र निर्गमित किया गया हो या नहीं। स्वीकृति का वर्णन स्लिप या कवरिंग नोट (Covering Note) या अन्य किसी प्रकार के किया जाता है।

बीमा-पत्र
(The Policy)

धारा 24 के अनुसार बीमापत्र में प्रसंविदा सम्बन्धी सभी तथ्य शामिल होते हैं। बीमापत्र में बीमित व्यक्ति का नाम, या जो भी व्यक्ति बीमा लेता है उसका नाम, बीमित विषय वस्तु, बीमित जोखिम, यात्रा, बीमा-अवधि, बीमित रकम और बीमाकर्ता के नाम लिखा जाता है। बीमाकर्ता का बीमापत्र पर हस्ताक्षर होना आवश्यक है।

धारा 27—यात्रा और समय बीमापत्र—जब बीमापत्र किसी एक यात्रा अर्थात् एक स्थान से दूसरे स्थान तक का लिया जाता है तो उसे यात्रा बीमापत्र कहते हैं। यदि बीमित वस्तु किसी एक निश्चित समय के लिए बीमित हो तो समय बीमापत्र कहते हैं। समय बीमापत्र 12 महीने से अधिक के लिये नहीं होगा। बीमापत्र मूल्यांकित या अमूल्यांकित हो सकते हैं। चल बीमापत्र निर्गमित करके भी बीमा पूरा किया जा सकता है।

दोहरा बीमा
(Double Insurance)

धारा 34—दोहरा बीमा—(1) जब बीमित व्यक्ति को एक ही जोखिम और हित या उसके अंश के लिए दो या अधिक बीमापत्र लिये जाते हैं और बीमित रकम क्षति पूर्ति जो अधिनियम के अन्तर्गत देय है से अधिक होती है तो उसे दोहरा बीमा के नाम से पुकारते हैं (2) जहाँ पर दोहरा बीमा के कारण अधि बीमा (Over Insurance) होता है वहाँ पर बीमित व्यक्ति एक तय हुई शर्त के अनुसार क्षतिपूर्ति प्राप्त कर सकता है परन्तु

क्षतिपूर्ति अधिनियम में वर्णित क्षति से अधिक नहीं हो सकती है। यदि वह अधिक रकम प्राप्त करता है तो वह बीमाकर्ता के प्रन्यासी के रूप में रहेगा वह अतिरिक्त रकम बीमाकर्ता को देय होगी।

समाश्वासन
(Warranties)

धारा 35—समाश्वासन एक प्रतिज्ञायुक्त समाश्वासन है जिसके अनुसार बीमित व्यक्ति किसी विशेष कार्य के करने या न करने या कुल शर्तों को पूरा करने या किसी विशेष वस्तु स्थिति के होने या न होने का वचन देता है। समाश्वासन लिखित या उपलक्षित हो सकता है। समाश्वासन प्रसंविदा की आवश्यक शर्तें हैं जिनका पालन होना अत्यन्त आवश्यक है चाहे विषय वस्तु के सम्बन्ध में महत्वपूर्ण हों या न हों।

समाश्वासन में परिवर्तन होने या परिस्थितियों में परिवर्तन होने के कारण समाश्वासन का लागू होना आवश्यक न हो या समाश्वासन का पूरा करना अवैधानिक हो गया हो तो उसको पूरा न करना क्षम्य है। समाश्वासन के टूटने पर बीमित व्यक्ति समाश्वासन की अनावश्यकता को आधार बनाकर प्रसंविदा का लाभ नहीं ले सकता है। बीमाकर्ता समाश्वासन के पालन न करने पर उसे क्षम्य कर सकता है। लिखित समाश्वासन और उपलक्षित समाश्वासन का वर्णन धारा 37 से लेकर धारा 51 तक किया गया है जिसका विस्तृत वर्णन सामुद्रिक बीमा के अध्याय 21 में किया गया है। धारा 41 में सागर योग्यता, धारा 43 में वैधानिक उपक्रम, धारा 44 में जोखिम का प्रारम्भ, धारा 47 में मात्रा में परिवर्तन, धारा 48 में पथ परिवर्तन, धारा 50 में यात्रा में विलम्ब का वर्णन किया गया है।

बीमापत्र का अभिहस्तांकन
(Assignment of Policy)

धारा 52 के अनुसार सामुद्रिक बीमापत्र यदि इसके विपरीत कुछ स्पष्ट वर्णन न हो को अभिहस्तांकित किया जा सकता है। इसे हानि के पहले या बाद में अभिहस्तांकित किया जा सकता है।

हानि और परित्यजन
(Loss and Abandonment)

धारा 55—बीमाकर्ता केवल उन्हीं हानियों के लिए जिम्मेदार है जिनके लिए बीमा है लेकिन उन हानियों के लिए जिम्मेदार नहीं होगा जो बीमित जोखिम के कारण उत्पन्न न हुई हो।

(1) बीमाकर्ता उन हानियों के लिए जिम्मेदार नहीं होगा जो बीमित व्यक्ति के द्वारा जानबूझ कर दुर्व्यवहार के कारण हो लेकिन मास्टर या नाविक की लापरवाही और दुर्व्यवहार के कारण उत्पन्न हानियों का बीमा कराया जा सकता है।

विलम्ब के कारण उत्पन्न हानियों के प्रति बीमाकर्ता जिम्मेदार नहीं होगा यद्यपि कि हानि बीमित जोखिम के कारण हुई हो।

बीमाकर्ता साधारण टूट-फूट और आन्तरिक कमी या बीमित वस्तु के स्वभाव या चूहों या दीमकों या अन्य जोखिम जो बीमित न हो के कारण उत्पन्न हानि के प्रति जिम्मेदार नहीं होता है। धारा 56 में आंशिक और कुल हानि का वर्णन है। धारा 57 वास्तविक कुल हानि का वर्णन करता है। धारा 60 में रचनात्मक कुल हानि का वर्णन किया गया है जिसमें

कुल हानि को बचाने के लिए किये जाने वाला खर्च बचायी गयी सम्पत्ति के मूल्य से अधिक हो तो सम्पत्ति को जानबूझ कर छोड़ देते हैं जहाँ पर बीमित व्यक्ति जहाज या माल के अधिकार से वंचित रह जाता है और वह जहाज या माल को पुनः प्राप्त नहीं कर सकता है। या जहाज या माल को पुनः प्राप्त करने के लिये उनके मूल्य से अधिक खर्च होता है। जहाँ पर जहाज इतना नष्ट हो गया कि उसकी मरम्मत का खर्च जहाज के मूल्य से अधिक हो जाता है। धारा 61 में रचनात्मक हानि का प्रभाव और धारा 62 में परित्यजन की सूचना का वर्णन है। रचनात्मक हानि घोषित करने के लिए धारा 62 के अनुसार परित्यजन की उपयुक्त सूचना देनी चाहिए। धारा 63 में परित्यजन के प्रभाव का वर्णन किया गया है।

आंशिक हानियाँ, औसत और विशेष खर्चे
(Partial Losses, Average and Particular Charges)

धारा 64 के अनुसार विशेष औसत हानि बीमित वस्तु की आंशिक हानि है जो बीमित जोखिम के कारण होती है। बीमित वस्तु की सुरक्षा या संधारण के लिए जो खर्चे बीमित व्यक्ति द्वारा या उसके लिये किये जाते हैं और जो सामान्य औसत और सालवेज खर्चे नहीं हैं विशेष व्यय (Particular Charges) के अन्तर्गत आते हैं। विशेष व्यय को विशेष औसत के अन्तर्गत शामिल नहीं किया जाता है। धारा 65 में सालवेज व्यय, धारा 66 में सामान्य औसत हानि, धारा 67 में बीमाकर्ता के दायित्व की सीमा, धारा 68 में कुल हानि, धारा 69 से 61 तक आंशिक हानि, धारा 72 से 75 तक सामान्य औसत का वर्णन किया गया है। धारा 76 से धारा 78 तक विशेष औसत के विशेष में बताया गया था।

बीमाकर्ता द्वारा भुगतान पर अधिकार
(Rights of Insurer on Payment)

धारा 79 से लेकर धारा 81 तक बीमाकर्ता द्वारा भुगतान पर अधिकार का वर्णन किया गया है।

प्रव्याजि की वापसी
(Return of Premium)

धारा 82 से लेकर धारा 84 तक प्रव्याजि की वापसी का वर्णन किया गया है।

अध्याय 46

सामान्य बीमा व्यवसाय (राष्ट्रीयकरण) अधिनियम, 1972

धारा 9 के अनुसार केन्द्रीय सरकार कम्पनी अधिनियम के प्रावधानों के अनुसार सरकारी कम्पनी की स्थापना की, जिसे भारतीय सामान्य बीमा निगम कहते हैं जो सामान्य बीमा व्यवसाय के पर्यवेक्षण, नियन्त्रण और संचालन का कार्य करता है। इस निगम की अधिकृत पूँजी 7.50 करोड़ रुपये है जो 7.50 लाख पूर्ण प्रदत्त अंशों में विभाजित है जिसमें 5 करोड़ रुपया प्रारम्भिक प्राथित पूँजी है। यह निगम एक सीमित कम्पनी है जो कम्पनी अधिनियम 1956 के अन्तर्गत स्थापित सरकारी कम्पनी है। चूँकि इसके अन्त में 'निगम' लिखा है इसलिए 'सीमित' लिखना आवश्यक नहीं है।

धारा 10—समस्त भारतीय बीमा कम्पनी जिनके अंश केन्द्रीय सरकार के अधीन हो गये थे, इस निगम द्वारा ले लिया जायेगा। निगम उन कम्पनियों का अंशधारी होगा जो चार सहायक कम्पनियाँ सामान्य बीमा व्यवसाय करने के लिये स्थापित की गयी हैं।

सामान्य बीमा निगम के कार्य
(Functions of General Insurance Corporation of India)

धारा 18 के अनुसार सामान्य बीमा निगम के कार्य निम्न हैं—

(1) सामान्य बीमा व्यवसाय को पूर्ण या आंशिक रूप से कार्य करना।

(2) प्राप्य कम्पनी (सहायक कम्पनी) की सहायता करना या सुझाव देना और बीमा-पत्रधारियों की कुशल सेवा करना।

(3) कमीशन और अतिरिक्त खर्चे को नियन्त्रित करने की सलाह देना।

(4) सहायक कम्पनियों को विनियोग सम्बन्धी सुझाव देना।

(5) सामान्य बीमा व्यवसाय सम्बन्धी निर्देशन देना, और

(6) सहायक बीमा कम्पनियों को प्रतिस्पर्धापूर्ण व्यापार करने के लिये निर्देशन देना।

धारा 19—अधिकृत कंपनियों (सहायक कंपनियों) के कार्य—(1) केन्द्रीय सरकार के नियमों के अनुकूल प्रत्येक अधिकृत कम्पनियों को सामान्य बीमा व्यवसाय करने की जिम्मेदारी है।

(2) प्रत्येक अधिकृत कम्पनियों को सामान्य बीमा व्यवसाय को जन-हित में वृद्धि करने का कार्य करना।

(3) अपने हितों की रक्षा के लिए निगम और अधिकृत कम्पनियाँ पुनर्बीमा का कार्य कर सकती हैं।

धारा 20—लाभ का विभाजन—खर्चे घटाने, ह्रास और अशोध्य ऋण का प्रावधान करने के बाद लाभ को लाभांश के रूप में वितरित किया जायेगा। निगम द्वारा अर्जित लाभ

और निगम को दिये गये लाभांश का प्रयोग एक निर्धारित ढंग से किया जायेगा।

धारा 23—केन्द्रीय सरकार के निगम के कार्यों के लिए जनहित के लिए संचालित करने के लिये समय-समय पर निर्देशन दे सकता है जिसका पालन करना निगम के लिए जरूरी है।

धारा 24—सामान्य बीमा व्यवसाय को चलाने का एकमात्र अधिकार सामान्य बीमा निगम और अधिकृत कंपनियों को है। जीवन बीमा निगम को जीवन बीमा व्यवसाय, पूँजी-शोधन और वृत्ति निश्चित व्यवसाय करने का अधिकार है और इस पर इस धारा से कोई प्रभाव नहीं पड़ेगा।

धारा 25—कोई भी बीमाकर्ता जिसका प्रधान कार्यक्षेत्र भारत के बाहर है भारत में सामान्य बीमा व्यवसाय नहीं कर सकता है।

धारा 33—केन्द्रीय सरकार के आदेश के अलावा अन्य किसी नियम के अंतर्गत निगम का समापन नहीं हो सकता है।

धारा 35—बताये गए अपवादों के अलावा, बीमा अधिनियम के सभी प्रावधान इस निगम पर लागू होते हैं।

अध्याय 47

बीमा विनियामक और विकास प्राधिकरण अधिनियम, 1999

एक ऐसी प्राधिकरण की स्थापना, जो पॉलिसी धारक के हितों की रक्षा करना, बीमा उद्योग का क्रमबद्ध विनियमन, संवर्धन तथा संबधित व अकस्मिक मामलों पर कार्य करे तथा बीमा अधिनियम1938 जीवन बीमा अधिनियम 1956 तथा साधारण बीमा व्यवसाय (राष्ट्रीयकरण) अधिनियम 1972 में संशोधन।

भारत की संसद द्वारा गणतन्त्र के पचासवें वर्ष में बनाया गया अधिनियम इस प्रकार हैः

अध्याय-I
परिभाषा

1. संक्षिप्त नाम, विस्तार तथा प्रारंभ—(1) इस अधिनियम को बीमा विनियामक और विकास प्राधिकरण अधिनियम 1999 कहा जायेगा।

(2) यह अधिनियम सम्पूर्ण भारत पर लागू होगा।

(3) यह अधिनियम सम्पूर्ण भारत में लागू होगा तथा केन्द्रीय सरकार द्वारा सरकारी गजट में अधिसूचित तिथि से लागू होगा। इस प्रतिज्ञा से कि अधिनियम के विभिन्न प्रावधानों के विभिन्न प्रावधानों के लिए अलग अलग दिनांक से यह लागू किये जायेगें।

2. परिभाषाएँ—(1) इस अधिनियम में जबकि संदर्भ की अन्यथा आवश्यकता न होः

(ए) निर्धारित दिन का अर्थ है वह तिथि जिस दिन इस अधिनियम के अन्तर्गत प्राधिकरण की स्थापना धारा 3 की उपधारा (1) के अन्तर्गत की गई।

(बी) 'प्राधिकरण' बीमा विनियामक विकास प्राधिकरण जिसकी स्थापना धारा 3 की उपधारा (1) के अन्तर्गत की गई।

(सी) 'अध्यक्ष' से आशय प्राधिकरण के अध्यक्ष से है।

(डी) 'निधि' धारा 16 की उपधारा (1) के अन्तर्गत बीमा विनियामक विकास प्राधिकरण की निधियाँ।

(ई) 'अन्तरिम बीमा प्राधिकरण' से अभिप्रायः केन्द्र सरकार द्वारा ज्ञापन संख्या 17(2)/94 आई.एन.एस. V दिनांक 23, जनवरी 1996 द्वारा स्थापित बीमा विनियामक प्राधिकरण।

(एफ) 'मध्यवर्ति अथवा बीमा मध्यवर्ती' जिसमें शामिल हैं बीमा दलाल, पुनर्बीमा दलाल, बीमा सलाहकार, सर्वेयर तथा हानि निर्धारक।

(जी) 'सदस्य' में शामिल है प्राधिकरण के पूर्णकालिक सदस्य तथा अंशकालिक सदस्य तथा अध्यक्ष।

(एच) 'अधिसूचना' से अभिप्राय है कि एक अधिसूचना जो अधिकारिक गजट में प्रकाशित की गई।

(आई) 'विहित' से अभिप्रायः इस अधिनियम के अन्तर्गत बनाये गये नियम से है।

(जे) 'विनियमन' से अभिप्रायः प्राधिकरण द्वारा बनाये गये अधिनियम से है।

(2) शब्द तथा उक्ति जिसका प्रयोग किया गया है तथा उनकी परिभाषा इस अधिनियम में नहीं की गई है लेकिन बीमा अधिनियम (4 का 1938) 1938 में परिभाषित है अथवा जीवन बीमा निगम अधिनियम 1956 (1956 की 31) अथवा साधारण बीमा व्यवसाय (अधिसूचना) अधिनियम 1972 (1972 का 57) में परिभाषित अर्थ को लिया जायेगा।

अध्याय-II

बीमा विनियामक और विकास प्राधिकरण

3. प्राधिकरण की संरचना तथा निगमन—(1) उस दिनांक से जैसा की केन्द्रीय सरकार, अधिसूचना नियुक्त करेगी यह स्थापित हो जायेगा इस अधिनियम के प्रयोजन के लिए प्राधिकरण जिसे 'बीमा विनियामक और विकास प्राधिकरण' कहा जायेगा।

(2) यह प्राधिकरण एक निगमित संस्था होगी जो चिर उत्तराधिकार तथा सार्वमुद्रा की शक्ति रखेगी। जिसको इस अधिनियम के प्रावधानों के अनुसार परिसंपत्ति खरीदने रखने एवं बेचने तथा कोई अनुबंध करने का अधिकार होगा। वह अपने नाम से किसी अन्य पर अभियोग चला सकेगी या इस पर अभियोग चलाया जा सकेगा।

(3) प्राधिकरण का प्रधान कार्यालय ऐसे स्थान पर होगा जहाँ समय-समय पर केन्द्र सरकार निर्धारित करेगी।

(4) प्राधिकरण अपने कार्यालय भारत में अन्य स्थानों में स्थापित कर सकेगी।

4. प्राधिकरण की संरचना—प्राधिकरण के निम्न सदस्य होगें अर्थात :

(क) अध्यक्ष

(ख) पांच की संख्या तक पूर्ण कालिक सदस्य

(ग) चार की संख्या तक अंश कालिक सदस्य

इनकी नियुक्ति केन्द्र सरकार द्वारा उन लोगों में से चयन कर होगी जो योग्य है, ईमानदार है तथा सम्मानित हैं। जिनको जीवन बीमा, साधारण बीमा, वित्त अर्थशास्त्र, विधि लेखा कार्य प्रशासन अथवा अन्य कोई विद्या, जो केन्द्रीय सरकार के विचार से प्राधिकरण के लिए उपयोगी सिद्ध होगी, का ज्ञान अथवा अनुभव है।

अध्यक्ष तथा पूर्णकालिक सदस्य की नियुक्ति के समय केन्द्रीय सरकार को यह सुनिश्चत करना अनिवार्य है कम से कम एक व्यक्ति जीवन बीमा, साधारण बीमा तथा बीमांकन विज्ञान का अनुभव रखता हो।

5. अध्यक्ष एवं अन्य सदस्यों के कार्यालय की अविधि—(1) अध्यक्ष तथा प्रत्येक पूर्ण कालिक सदस्य का कार्यकाल उसके अपने पद ग्रहण करने के पांच वर्ष तक का होगा लेकिन यह पुन प्रतिनियुक्ति के योग्य होगा। कोई भी व्यक्ति 65वर्ष की आयु प्राप्त करने पर अध्यक्ष पद पर नहीं बना रह सकता तथा कोई व्यक्ति 62 वर्ष की आयु प्राप्त करने पर पूर्ण कालिक सदस्य नहीं रह सकता।

(2) अंश कालिन सदस्य पद ग्रहण करने के बाद अधिकत्तम पांच वर्ष से अधिक के लिए पद पर नहीं रह सकता है उस दिनांक से जिस दिन से उसने कार्यालय में सदस्य के रूप में प्रवेश किया हो।

(3) तथापि उपधारा

(1) अथवा उपधारा

(2) के अनुसार एक सदस्य

(क) कोई भी सदस्य केन्द्र सरकार को कम से कम तीन महीने का लिखित नोटिस देकर अपना पद छोड़ सकता है।

(ख) निम्न प्रावधानों के अनुसार उसे पद्द से हटाया जा सकता है।

6. पद से मुक्त करना—(1) केन्द्रीय सरकार किसी भी व्यक्ति को उसके पद से मुक्त कर सकती है जो किः

(क) दिवालिया है या घोषित किया गया हो।

(ख) शारिरक अथवा मानसिक रूप से सदस्य बने रहने के अयोग्य हो।

(ग) किसी अपराध के लिए दोषी करार दिया जा चुका जिसमें केन्द्रीय सरकार की दृष्टि में अनैतिक आचरण हो।

(घ) ऐसे वित्तिय अथवा अन्य हित प्राप्त कर लिए है जिनके कारण वह अपने सदस्य में रूप में कार्यों में पक्षपात करता है।

(ङ) जिसने अपने पद का इतना दुरुपयोग कर लिया है कि उसका पद पर बने रहना सार्वजनिक हितों के विरुद्ध होगा।

(2) किसी भी सदस्य को उपवाक्य (घ) अथवा (ङ) के अन्तर्गत उसको सफाई देने के उचित अवसर दिये बिना हटाया नहीं जायेगा।

7. अध्यक्ष तथा सदस्यों कर वेतन तथा भत्ते—(1) अंश कालिक सदस्यों को छोड़कर अन्य सदस्यों का वेतन तथा भत्ते एवं अन्य सेवाशर्तें वही होगी जिनकी निर्धारित किया जायेगा अंश कालिक सदस्यों को निर्धारित भत्ता मिलेगा। किसी भी सदस्य के वेतन, भत्ते एवं अन्य सेवाशर्तों में ऐसा फेरबदल नहीं किया जायेगा जिससे नियुक्ति पश्चात् उसे कोई हानि रहे।

8. सदस्यों की भविष्य की नियुक्ति पर रोक—अध्यक्ष तथा पूर्ण कालिक सदस्य अपने पद से मुक्त होने की तिथि से दो वर्ष तक बिना केन्द्रीय सरकार की पूर्व अनुमति के स्वीकार नहीं करेंगे।

(क) केन्द्रीय सरकार अथवा किसी भी राज्य सरकार के अधीन किसी भी प्रकार का रोजगार अथवा

(ख) बीमा क्षेत्र कह किसी भी कंपनी में कोई नियुक्ति

9. अध्यक्ष के प्रशासनिक अधिकार—अध्यक्ष को प्राधिकरण के प्रशासनिक मामलों के सामान्य अधिक्षण एवं निदेशक के अधिकार होंगे।

10. प्राधिकरण की बैठकें—(1) प्राधिकरण की बैठकें पूर्व निर्धारित नियमों के अनुसार निर्धारित समय एवं स्थान पर होगी तथा सभा में कार्यवाही (कोरम सहित) के सम्बन्ध में निर्धारित नियमों एवं प्रक्रिया का पालन करेगी।

(2) अध्यक्ष किसी कारण वश उपस्थित नहीं है तो उपस्थित सदस्य अपनों में से ही किसी एक को चुन लेंगें जो कि मीटिंग की अध्यक्षता करेगा।

(3) प्राधिकरण की किसी भी मीटिंग में जो भी प्रशन उठेंगे निर्णय उपस्थित सदस्यों के द्वारा मत डालकर निर्णय बहुमत से किया जायेगा। मतों के बराबर होने पर अध्यक्ष अथवा अध्यक्षता कर रहे व्यक्ति का दूसरा अथवा निर्णायक मत होगा।

(4) प्राधिकरण अपनी बैठकों की कार्यवाही के लिए नियमों को भी तय कर सकती है।

11. रिक्त पद इत्यादि प्राधिकरण की कार्यवाही की वैधता को समाप्त नहीं कर सकते—प्राधिकरण को कोई कार्य अथवा कार्यवाही केवलः

(क) प्राधिकरण की कार्यवाही में अनियमितताएँ लेकिन जो मामले की गुणवत्ता को प्रभावित न करती हो।

(ख) प्राधिकरण के सदस्य की दोष पूर्ण नियुक्ति अथवा

(ग) प्राधिकरण की कार्यवाही में अनिमितताएँ लेकिन जो मामलें की गुण्वत्ता को प्रभावित न करती हो के कारण अवैध नहीं होगी।

12. प्राधिकरण के अधिकारीगण एवं कर्मचारी—(1) प्राधिकरण ऐसे अधिकारी एवं कर्मचारियों की नियुक्ति कर सरती है जिन्हें वह इस अधिनियम के अन्तर्गत अपने कार्यों को कुशलता से इस अधिनियम के अन्तर्गत चलाने के लिये आवश्यक समझती है।

(2) प्राधिकरण के अधिकारियों तथा कर्मचारियों की सेवा शर्तें इस अधिनियम के अन्तर्गत बनाये गये विनियमों के द्वारा शासित होगी।

अध्याय-III

आन्तरिक बीमा विनियामक प्राधिकरण की परिसंपत्तियों देवताओं आदि को प्राधिकरण को हस्तान्तरित करना

13. आन्तरिक बीमा विनियामक प्राधिकरण की परिसंपत्तियों देवताओं आदि को प्राधिकरण को हस्तान्तरित करना निर्धारित दिन—(क) आन्तरिक बीमा विनियामक प्राधिकरण की सभी परिसंपत्तियों देवतायें प्राधिकरण को स्थानांतरित है अथवा प्राधिकरण में व्याप्त है।

स्पष्टीकरण—आन्तरिक बीमा विनियामक प्राधिकरण की सभी परिसंपत्तियों देयताएं प्राधिकरण को स्थानांतरित है। और चल तथा अचल सम्पति जिसमें शामिल है नकद शेष, जमा तथ अन्य हित तथा अधिकार अथवा सभी लेखा पुस्तकें तथा दस्तावेज जिनका इससे

सम्बन्ध है। ऐसी सम्पत्तियाँ जो आन्तरिक बीमा विनियामक प्राधिकरण के अधिकार क्षेत्र में हैं तथा अन्य सभी लेखा बहियाँ तथा अन्य सम्बन्धित दस्तावेज तथा दायित्व में शामिल माना जायेगा सभी ऋण नथा किसी भी प्रकार के दायित्वः

(ख) धारा (क) के बिना किसी पूर्वाग्रह के सभी ऋण, देयता, तथा दायित्व जो व्यय किया गया सभी समझौते जिनमें शामिल हुए हो तथा सभी मामले जो किये जाने का समझौता आन्तरिक बीमा विनियामक प्राधिकरण हुआ है उस दिनांक से पहले जो विनियामक प्राधिकरण के उद्देश्य के लिया था, ऐसा माना जायेग की यह हुआ है अथवा जिसको प्रयुक्त होना है प्राधिकरण के साथ अथवा उसके लिए।

(ग) आन्तरिक बीमा विनियामक प्राधिकरण को देय सभी राशि उस दिनांक से पूर्व प्राधिकरण को देय मानी जायेगी। तथा

(घ) सभी दावे तथा अन्य वैधानिक प्रक्रियाएँ जिनको प्रारंभ किया गया अथवा जो कि प्रारंभ की जा सकती थी आन्तरिक बीमा विनियामक प्राधिकरण के द्वारा अथवा इसके विरुद्ध उस दिनांक के तुरन्त पहले, वह जारी रहेंगी।

अध्याय-IV

प्राधिकरण के दायित्व, अधिकार व कार्य

14. इस अधिनियम एवं वर्तमान में लागू अन्य किसी कानून के प्रावधानों के अनुसार प्राधिकरण का बीमा व्यवसाय एवं पुनर्बीमा व्यवसाय के नियमन, प्रवर्तन एवं नियमित विकास को सुनिश्चित करने का दायित्व है। प्राधिकरण के अधिकार एवं कार्यो में सम्मिलित है;

(1) इस अधिनियम के प्रावधानों के विषय में तथा किसी अन्य विधान जो अभी लागू हो, प्राधिकरण का यह कर्तव्य है कि वह विनियमन करें,प्रोत्साहन करें तथा बीमा तथा पुनर्बीमा के क्रमबद्ध विकास को सुनिश्चित करें।

(2) साधारणतः उप धारा (1) के प्रावधानों से बिना पूर्वग्रह के, प्राधिकरण की शक्तियों तथा कार्यों में शामिल होगा।

- (ए) आवेदक को पंजीकरण प्रमाणपत्र जारी करना, उसे नवीकृत करना, सुधारना, सुधारना, आहरित करना, मुअत्तल करना, रद करना।
- (बी) पालसीधारक के हितों की रक्षा उन मामलों में जहाँ पालसी का समनुदेश किया जाता है, बीमा हित बीमा दावों की विवरणिका, पालसी की अभ्यर्पण मूल्य, तथा बीमा समझौते की अन्य निबंधन और शर्तें
- (सी) बीमा मध्यवर्ति, मध्यवर्ति तथा ऐजेन्टों के लिए आर्हता, आचरण संहिता विनिर्दिष्ट करना।
- (डी) सर्वेयर तथा हानिनिर्धारकों के लिए आचरण संहिता विनिर्दिष्ट करना।
- (ई) बीमा व्यवसाय में कुशलता को प्रोत्साहन देना।
- (एफ) बीमा तथा पुनर्बीमा से सम्बन्धित व्यवसायिक संघटनों का विनियमन तथा प्रोत्साहन देना।

(जी) अधिनियम के प्रयोजनों के लिए शूल्क तथा अन्य प्रभार लगाना।

(एच) उपक्रमों के निरीक्षण, पूछताछ तथा जॉच पड़ताल जिसमें लेखा परीक्षा शामिल है, मध्यवर्तियों, बीमा मध्यवर्तियों तथा अन्य संस्थाओं जिनका सम्बन्ध बीमा व्यवसाय से है की सूचना प्राप्त करना।

(आई) दरों निवृत्ति लाभ, निबंधन शर्तो, तथा प्राशुल्क सलाहकार समिति द्वारा बीमा अधिनियम 1938 (1938 के 4) के अन्तर्गत धारा 64 यू के अनुसार शर्ते जो साधारण बीमा व्यवसाय के अन्तर्गत नियंत्रित नहीं की जाती पर उन पर नियंत्रण तथा उनका विनियमन,

(जे) वह फार्म तथा प्रकार विशिष्ट करना जिसके अन्तर्गत लेखा पुस्तकों को रखा जाना है तथा लेखा की विवरणी की बीमाकर्ता तथा अन्य बीमा मध्यवर्तियों द्वारा सुपुर्दगी किया जाना है।

(के) बीमा कंपनियों की निवेश निधि को विनियमित करना।

(एल) शोधन-क्षमता को बनाये रखने को विनियमित करना।

(एम) बीमा कंपनियों तथा मध्यवर्तियों अथवा बीमा मध्यवर्तियों के मध्य विवादों पर अधिनिर्णय प्रदान करना।

(एन) प्राशुल्क सलाहकार समिति के कार्यो का पर्यवेक्षण करना।

(ओ) खण्ड ''एफ'' में उल्लेख किये गये व्यवसायिक संस्थाओं को विनियमित तथा प्रोत्साहित करते हुए प्रिमियम आय के प्रतिशत को बीमाकर्ता की वित्तीय योजनाओं के लिए विनिर्दिष्ट करना।

(पी) बीमाकर्ता द्वारा सामाजिक तथा ग्रामीण व्यवसाय के लिए जीवन बीमा व्यवसाय तथा साधारण बीमा व्यवसाय के लिए प्रतिशत विनिर्दिष्ट करना। तथा

(क्यू) ऐसी शक्तियों का प्रयोग जिनको निर्धारित किया गया है।

अध्याय-V

वित्त, लेखे तथा अंकेक्षण

15. केन्द्रीय सरकार का अनुदान—इस सम्बन्ध में संसद द्वारा अधिनियम विनियोजन द्वारा केन्द्रीय सरकार प्रधिकरण को अनुदान धनराशि, जैसे सरकार ठीक समझे इस अधिनियम के प्रयोजन के लिए होगा।

16. निधि का गठन—(1) एक निधि का गठन ''बीमा विनियामक और निकास प्राधिकरण निधि '' के नाम से किया जायेगा। तथा उसके लिए जमा ऋण होगें:

(ए) प्राधिकरण द्वारा अनुदान, फीस, तथा शुल्क की प्राप्ति।

(बी) उन सभी स्त्रोत से को प्राप्त की गई सभी धनराशि जिसका निर्णय केन्द्रीय सरकार द्वारा किया जायेगा।

(सी) बीमाकर्ता से प्राप्त प्रिमियम आय का प्रतिशत।

(2) निधि का उपयोग उपादानों के लिए होगाः

(ए) प्राधिकरण के अधिकारी/ कर्मचारी, सदस्यों का वेतन, भत्ते तथा अन्य पारिश्रामिक

(बी) प्राधिकरण के कार्य को करने के तथा इस अधिनियम को अनुपालित करने के लिए अन्य खर्च।

17. प्राधिकरण उचित खाते एवं अन्य आवश्यक अभिलेख तैयार करेगा तथा केन्द्रीय सरकार द्वारा भारतीय महा लेखा नियंन्त्रक एवं अंकेक्षक से परामर्श कर निर्धारित स्वरूप में खातों का वार्षिक वितरण तैयार करेगा। प्राधिकरण के खातों का अंकेक्षण भारत का महालेखाकार के द्वारा निश्चिय समय अंतराल पर किया जायेगा तथा इस संम्बन्ध में हुए खर्चों का भुगतान प्राधिकरण करेगा। भारतीय महालेख नियंत्रक एवं अंकेक्षक के खातों के अंकेक्षण के सम्बन्ध में नियुक्त अन्य व्यक्ति के अंकेक्षण के सम्बन्ध में वही अधिकार एवं विशेषाधिकार होंगे जो महालेखा नियन्त्रक एवं अंकेक्षक के सामान्य सरकारी खातों के अंकेक्षण के सम्बन्ध में होते हैं। विशेष रूप से उसे लेखा पुस्तकों, सम्बन्धों एवं अन्य दस्तावेजों तथा प्रलेखों को माँगने तथा प्राधिकरण के किसी भी अधिकारी की जांच करने का अधिकार है। भारतीय महालेखा नियन्त्रक एवं अंकेक्षक अथवा उसके नियुक्त व्यक्ति के द्वारा प्राधिकरण के खातों को अंकेक्षण रिपोर्ट के साथ प्रति वर्ष केन्द्रीय सरकार को भेजा जायेगा जिसे सरकार संसद के दोनों के पटल पर रखेगा।

अध्याय-VI

विविध

18. केन्द्रीय सरकार को मार्गदर्शन जारी करने के अधिकार—(1) प्राधिकरण इस अधिनियम के अन्तर्गत अपने अधिकारों के उपयोग एवं कार्यों के निष्पादन में तकनीकी एवं प्रशासनिक मामलों को छोड़कर समय-समय पर केन्द्रीय सरकार द्वारा दिये नितिगत निर्देशों का पालन करेगी।

लेकिन जहाँ तक संभव हो इस प्रकार के निर्देशों को देने से पहले प्राधिकरण के विचार भी जान लेने चाहिये।

(2) मामला चाहे निति संबन्ध है अथवा नहीं केन्द्रीय सरकार का निर्णय अन्तिम होगा।

19. केन्द्रीय सरकार का प्राधिकरण के अधिक्रमण का अधिकार–(1) किसी भी समय यदि केन्द्रीय सरकार का यह अनुमान है किः

(क) परिस्थितियों के प्राधिकरण के नियन्त्रण के बाहर होने के कारण यह अधिनियम द्वारा अथवा उसके प्रावधानों के अन्तर्गत सौंपे कार्यों अथवा कर्तव्यों का पालन करने में असमर्थ है, अथवा

(ख) इस अधिनियम के अन्तर्गत प्राधिकरण सतत् रूप से किसी निदेश को जो की केन्द्रीय सरकार ने अधिनियम के अन्तर्गत प्रदान की है को लागू करने में चूक करती है अथवा अपने कार्य का निष्पादन करने में अथवा कर्तव्यों के कार्य संपादन के लिए जो कि इस अधिनियमों के प्रावधानों से मिला है तथा ऐसी

वित्तीय स्थिति तथा ऐसी कठिनाईयों के परिणामस्वरूप अभाव में प्राप्त की गई वित्तीय स्थिति अथवा प्राधिकरण के प्रशासन पीडित होता है अथवाः

(ग) ऐसी परिस्थितियाँ पूर्ववर्ती होती है जो इस आवश्यक बनाती है कि सार्वजनिक हित में ऐसा किया जाए, केन्द्रीय सरकार अधिसूचना तथा कारण जिन्हें अधिसूचना में स्पष्ट किया गया हो तथा एक व्यक्ति की नियुक्ति बीमा नियन्त्रक की धारा 2-बी बीमा अधिनियम 1938 का 4 कर सकती है।

परन्तु ऐसी किसी अधिसूचना को जारी करने से पहले केन्द्रीय सरकार एक युक्ति संगत अवसर प्राधिकरण को प्रतिवेदन देने के लिए देगी, यदि कोई हो, प्राधिकरण के द्वारा।

(2) प्राधिकरण द्वारा सह-धारा (1) के अन्तर्गत अधिसूचना जारी करने पर अधिक्रमण करने से पहले

(ए) अध्यक्ष तथा अन्य सदस्य अधिक्रमण की दिनांक से अपने कार्यालय को खाली करेंगे।

(बी) सभी शक्तियों कार्य, तथा कर्तव्य जो हो अथवा अधिनियम के प्रावधान के अनुसार प्रयोग की जायेगी अथवा प्राधिकार द्वारा या उसके नाम पर जब तक की प्राधिकरण का पुनर्गठन सहधारा (3) के अनुसार नहीं होता का प्रयोग बीमा नियन्त्रक द्वारा वहन किया जायेगा।

(सी) प्राधिकरण द्वारा सभी संपित्तियाँ स्वामित्व तथा नियंत्रण में, जब तक की प्राधिकरण का पुनर्गठन सह-धारा (3) के अनुसार नहीं होता। केन्द्रीय सरकार के पास रहेगी।

(3) प्राधिकरण अधिक्रमण की अवधि को अथवा उससे पहले जिसे अधिसूचना में जिसे सह-धारा (3) में विनिदिष्ट किया गया है, केन्द्रीय सरकार प्राधिकरण के नये अध्यक्ष तथा अन्य सदस्यों की नियुक्ति द्वारा प्राधिकार का पुनर्गठन करेगी और ऐसे मामले में जिस व्यक्ति ने धारा (ए) के अन्तर्गत सह धारा (2) द्वारा कार्यालय रिक्त किया हो वह पुर्ननियुक्ति के लिए योग्य नहीं होगा।

(4) सह-धारा (1) के अन्तर्गत प्राप्त अधिसूचना की एक प्रति केन्द्रीय सरकार तथा किसी कार्यवाही की पूर्ण रिपोर्ट जल्द संसद के पटल पर रखेगी।

20. केन्द्रीय सरकार को विवरणी इत्यादि देना—(1) प्राधिकरण केन्द्रीय सरकार को ऐसे समय में तथा इस प्रकार से जैसा की बताया गया है अथवा केन्द्रीय सरकार निर्देशित करती है ऐसे आँकड़े और विवरण प्रस्तुत करने के लिए तथा अन्य विवरण जिसका सम्बन्ध किसी प्रस्तावित से है अथवा पूर्ववर्ती कार्यक्रम जिसका सम्बन्ध बीमा उद्योग के प्रोत्साहन तथा विकास से है जिसकी आवश्यकता समय समय पर केन्द्रीय सरकार को होगी।

(2) सह-धारा (1) से बिना पूर्वाग्रह प्राधिकरण वित्तिय वर्ष समाप्त होने के 1 माह के भीतर केन्द्रीय सरकार को एक रिपोर्ट सत्य तथा पूर्ण लेखा अपनी गतिविधियों का जिसमें बीमा व्यवसाय का विकास तथा प्रोत्साहन पिछले वर्ष के लिए शामिल है का विवरण दिया जाए।

(3) सह-धारा (2) के अन्तर्गत प्राप्त की गई रिपोर्ट की प्रतिलिपि जैसा ही वह प्राप्त होगी संसद के प्रत्येक सदन के पटल पर प्रस्तुत की जायेगी।

21. अध्यक्ष, सदस्य अधिकारी तथा प्राधिकरण के अन्य अधिकारी सार्वजनिक सेवक-अध्यक्ष सदस्य अधिकारी तथा प्राधिकरण के अन्य कर्मचारी सम माने जायेंगे जब वह अधिनियम के प्रयोजन के लिए कार्य करेंगे, जोकि भारतीय दंड संहिता (1860 का 45) धारा 21 के अन्तर्गत माना जायेगा।

22. परम् सद्‌भाव में की गई कारवाई को संरक्षण-कोई मुकदमा, कार्यवाही अथवा वैधानिक कार्यवाही किसी केन्द्रीय सरकार अथवा केन्द्रीय सरकार के कर्मचारी अथवा कोई सदस्य सरकार के कर्मचारी अथवा कोई सदस्य प्राधिकरण के अधिकारी अथवा कर्मचारी पर नहीं होगी यदि पुरम् सद्‌भाव में की गई कारवाई अथवा ऐसा करने की नियत इस अधिनियम के अनुसार अथवा इसके अन्तर्गत बनाये गये नियमों तथा विनियमों के अनुसार होः

परंतु इस अधिनियम में कुछ भी छूट नहीं देता किसी व्यक्ति को किसी मुकदमें अथवा अन्य क्रियाविधि जो अधिनियम के अतिरिक्त उसके विरुद्ध किया जाए।

23. शक्तियों का प्रत्यायोजित—(1) प्राधिकरण लिखित रूप में साधारण अथवा विशेष आदेश द्वारा अध्यक्ष को प्रत्यायोजित कर सकती है अथवा अन्य कोई सदस्य अथवा प्राधिकरण का कार्यालय उन शर्तों के साथ यदि कोई हो जो कि आदेश में विनिर्दिष्ट की जाए ऐसी शक्तियाँ तथा कार्य जो इस अधिनियम के हैं जोकि आवश्यक समझे जाए।

(2) प्राधिकरण लिखित रूप में साधारण अथवा विशेष आदेश सदस्यों की समिति का गठन करेगी और उनको प्राधिकरण के शक्तियाँ तथा कार्य प्रत्यायोजित करेगी जैसा की प्राधिकरण के विनियमों में विर्निदिष्ट किया गया है।

24. नियम बनाने की शक्तियाँ—(1) केन्द्रीय सरकार एक अधिसूचना द्वारा नियम बना सकती है जिससे इस अधिनियम के प्रावधानों को लागू किया जा सके।

(2) विशिष्ट रूप से तथा साधारण रूप से शक्तियों को छोड़ते हुए बिना पूर्वग्रह उत्पन्न किये ऐसे नियम सभी के लिए तथा अधोलिखित मामलों में लागू होंगे मुख्यतः

(ए) सह-धारा (1) धारा (7) के अन्तर्गत वेतन तथा भत्ते देय होगे, तथा अन्य सेवा शर्ते, सदस्यों के लिए अंश कालिक सदस्यों को छोड़कर।

(बी) सह-धारा (2) धारा 7 के अन्तर्गत अंश कालिक सदस्यों को दिये जाने वाले भत्ते।

(सी) भाग 14 धारा 7 सह-धारा (2) वाक्यांश (क्यू) के अन्तर्गत प्राधिकरण द्वारा प्रयोग की गई शक्तियाँ।

(डी) धारा 17 की उपधारा (1) के अन्तर्गत प्राधिकरण द्वारा वार्षिक लेखा के लिए बनाए रखने वाले फार्म।

(ई) धारा 20 की उपधारा (1) के अन्तर्गत फार्म तथा किस समय में जिसके अन्तर्गत विवणिया तथा केन्द्रीय सरकार को भेजे जाने हैं।

(एफ) धारा 25 की उपधारा (5) के अन्तर्गत मामले जिसमें बीमा सलाहकार समिति प्राधिकरण को सलाह प्रदान करती है।

(जी) अन्य कोई मामला जिसके लिए आवश्यकता है अथवा हो सकती है वर्णित हो, अथवा उसके सम्बन्ध में प्रावधान नियमों के अन्तर्गत बनाये गये।

25.बीमा सलाहकार समिति की स्थापना—(1) प्राधिकरण अधिसूचना के द्वारा एक समिति का गठन करेगी जिसे बीमा सलाहकार समिति के नाम से जाना जायेगा जो उसके अनुसार ही प्रभावी होगा।

(2) बीमा सलाहकार समिति 25 सदस्यों से अधिक नहीं होगी जिसमें पदेन सदस्य शामिल नहीं हैं। जो व्यापार, उद्योग परिवहन कृषि उपभोक्ता मामले, सर्वेयर, ऐजेंट, मध्यवर्ति, संगठन जो सुरक्षा तथा हानि नियन्त्रण में लगे है, अनुसंधान संस्थाएँ तथा बीमा उद्योग के कर्मचारी संगठन का प्रतिनिधित्व करते हो।

(3) बीमा सलाहकार समिति के लिए प्राधिकरण के अध्यक्ष तथा सदस्य क्रमशः पदेन अध्यक्ष तथा पदेन सदस्य होंगे।

(4) बीमा सलाहकार समिति का उद्देश्य धारा 26 के अन्तर्गत विनियमन बनाने में प्राधिकरण को परामर्श देना है।

(5) सह-धरा (4) के प्रावधानों के बिना पूर्वाग्रह के बीमा सलाहकार समिति, प्राधिकरण को परामर्श दे सकती है ऐसी सभी मामलों में जो नीयत किये जाए।

26 विनियमन बनाने कि शक्तियाँ—(1) प्राधिकरण बीमा सलाहकार समिति से परामर्श लेते हुए अधिनियम के समनुरूप तथा उसके नियमों के अन्तर्गत जो कि इस अधिनियम के प्रायोजन के लिए जरूरी हो की अधिसूचना जारी कर सकती है तथा विनियमन बना सकती है।

(2) विशेष रूप से, तथा बिना पूर्वाग्रह तथा साधारणतः पूर्ववर्ती शक्तियों के ऐसे विनियमन निम्नलिखित सभी के लिए अथवा किसी के लिए उपलब्ध करवायेंगे मुख्यतः—

(ए) प्राधिकरण की बैठक के समय तथा स्थान तथा उसमें अपनाये जाने वाली प्रक्रिया जिसमें शामिल है कोरम प्रक्रिया जिसमें शामिल है कोरम, व्यवसयाय को धारा 10 की सह-धारा (1) के अन्तर्गत संव्यवहार करने के लिए।

(बी) धारा 10 की सह-धारा (4) के अन्तर्गत बैठकों का संव्यवहार करने के लिए।

(सी) धारा 12 की सह-धारा (2) के अन्तर्गत प्राधिकरण के अधिकारियों तथा अन्य कर्मचारियों तथा अधिकारियों की सेवा की तथा अन्य शर्ते।

(डी) धारा 23 की सह धारा (2) के अन्तर्गत समिति के सदस्यों को निहित की गई शक्तियाँ।

(ई) कोई अन्य मामला जिसकी आवश्यकता हो, अन्यथा विनियमन में विर्निदिष्ट हो अथवा इस सम्बन्ध में बनाये जाने वाले विनियमों के प्रावधन प्राप्त हैं।

27. नियम तथा विनियम जिन्हें संसद के समक्ष रखा जाना है—इस अधिनियम के अन्तर्गत बनाया गया कोई भी नियम अथवा विनियमन जैसे ही उसे बनाया जाता है संसद के दोनों साधनों के पटल पर प्रस्तुत किया जायेगा, जबकि संसद के सत्र जारी हो, 30 दिनों के अवधि के लिए जोकि समाविष्ट होगा एक अधिवेशन अथवा अनुक्रमिक अधिवेशन में तथा यदि अधिवेशन समाप्ति के बाद तुरन्त अधिवेशन समाप्ति के बाद तुरन्त अधिवेशन समाप्त होने पर सदन इस पर सहमत होता है कि नियम विनियमन न बनायें जाये तो उसके बाद इन नियमों विनियमों का परिवर्तित रूप से या बिना प्रभाव के होगा जैसा भी मामला

हो, इसलिए कोई भी ऐसा परिवर्तन अथवा बिना पूर्वग्रह के बाधित होगा जो कुछ भी पहले किया गया हो नियमों तथा विनियमों के अन्तर्गत।

28. उन अधिनियमों को लागू किया जाना जो कालातीत नहीं हुए है—इन अधिनियमों के प्रावधान उन अन्य अधिनियमों के अतिरिक्त तथा असंगत नहीं होगे जो उस समय लागू होंगे।

29. कठिनाइयों को दूर करने की शक्तियाँ—(1) यदि इस अधिनियम के प्रावधानों को प्रभावशाली बनाने में कोई कठिनाई आती है, केन्द्रीय सरकार आदेश द्वारा एक राजपत्र प्रकाशित कर सकती है, वह प्रावधान बना सकती है जो इस अधिनियम के असंगत नहीं होंगे जो उन कठिनाईयों को दूर करने के लिए आवश्यक समझे जाये।

(2) इस अनुच्छेद के अन्तर्गत बनाये गये सभी आदेश को बनाने के बाद संसद के दोनों सदनों के पटल पर रखना होगा।

30 अधिनियम 1938 के 4 में संशोधन जीवन बीमा अधिनियम 1938 में संशोधन पहली अनुसूची में विनिर्दिष्ट के अनुसार होगा।

31. अधिनियम 1956 के 31 में संशोधन भारतीय जीवन बीमा निगम अधिनियम 1956 में संशोधन दूसरी अनुसूची में विर्निदिष्ट के अनुसार होगा।

32. अधिनियम 1972 के 57 में संशोधन साधारण बीमा व्यवसाय (राष्ट्रीयकरण) अधिनियम 1972 में संशोधन तीसरी अनुसूची में विनिर्दिष्ट के अनुसार होगा।

अध्याय 48

बीमा विनियामक और विकास प्राधिकरण, 2000

बीमा विनियामक और विकास प्राधिकरण (बीमा अभिकर्ता अनुज्ञापन) विनियमन, 2000

फा० सं० बी०वि०वि०प्रा/वि/7/2000,—प्राधिकरण, बीमा अधिनियम, 1938 (1938 का 4) की धारा 42 की उपधारा (6) और धारा 114-क की उपधारा (2) के खंड (ट), खंड (ठ), खंड (ड), खंड (ढ), खंड (ण) और खंड (त) द्वारा प्रदत्त शक्तियों का प्रयोग करते हुए बीमा सलाहकार समिति के परामर्श से निम्नलिखित विनियम बनाता है, अर्थात्—

1. संक्षिप्त नाम और प्रारंभ—(1) इन विनियमों का संक्षिप्त नाम बीमा विनियामक और विकास प्राधिकरण (बीमा अभिकर्ता अनुज्ञापन) विनियम, 2000 है।

2. परिभाषाएँ—इन विनियमों में, जब तक कि संदर्भ से अन्यथा अपेक्षित न हो,—

(क) ''अधिनियम'' से बीमा अधिनियम, 1938 (1938 का 4) अभिप्रेत है।

(ख) ''अनुमोदित संस्था'' से प्राधिकरण द्वारा अनुमोदित और अधिसूचित विशिष्टतः बीमा विक्रय सेवा और विपणन के क्षेत्र में शिक्षा और/या प्रशिक्षण में लगी हुई कोई संस्था अभिप्रेत है;

(ग) ''प्राधिकरण'' से बीमा विनियामक और विकास प्राधिकरण अधिनियम, 1999 (1999 का 41) की धारा 3 के उपबंधों के अधीन स्थापित बीमा विनियामक और विकास प्राधिकरण अभिप्रेत है;

(घ) ''त्रिविध बीमा अभिकर्ता'' से कोई ऐसा बीमा अभिकर्ता अभिप्रेत है जिसके पास जीवन बीमाकर्ता और साधारण बीमाकर्ता के लिए बीमा अभिकर्ता के रूप में कार्य करने के लिए अनुज्ञाप्ति है;

(ङ) ''निगमित अभिकर्ता'' से ऐसा व्यक्ति अभिप्रेत है जो खंड (झ) में विनिर्दिष्ट व्यक्ति से भिन्न है;

(च) ''अभिहित व्यक्ति'' से कोई ऐसा अधिकारी अभिप्रेत है जो सामान्यतः किसी बीमाकर्ता द्वारा यथाविधि विपणन के कार्यकलापों का भारसाधक है और जिसे इन विनियमों के अधीन प्राधिकरण द्वारा अनुज्ञप्तियाँ जारी या नवीकृत करने के लिए प्राधिकृत किया गया है;

(छ) ''परीक्षा निकाय'' से ऐसी संस्था अभिप्रेत है, जो बीमा अभिकर्ताओं की भर्ती-पूर्व परीक्षाएँ संचालित करती हैं और जिसे प्राधिकरण से सम्यकतः मान्यता प्राप्त है;

(ज) ''अनुज्ञप्ति'' से इन विनियमों के अधीन जारी किया गया बीमा अभिकर्ता के रूप में कार्य करने से अनुज्ञप्ति का प्रमाणपत्र अभिप्रेत हैं;

(झ) ''व्यक्ति'' से—

(i) कोई व्यक्ति अभिप्रेत है;

(ii) कोई फर्म अभिप्रेत है;

(iii) कोई ऐसी कंपनी अभिप्रेत है, जो कंपनी अधिनियम, 1956 (1956 का 1) के अधीन बना है और इसके अंतर्गत अधिनियम की धारा 2 के खंड (4 क) में यथापरिभाषित बैंककारी कंपनी हो;

(ञ) "व्यावहारिक प्रशिक्षण" के अन्तर्गत प्राधिकरण द्वारा अनुमोदित प्रशिक्षण मोड्यूल के माध्यम से अभिलिखित है, जो विशेष रूप से बीमा विक्रय, सेवा और विपणन के क्षेत्र में है;

(ट) "प्रस्थापना प्ररूप" से किसी बीमा उत्पाद के क्रय के लिए कोई ऐसा आवेदन अभिप्रेत है, जो संविदा का आधार होगा;

(ठ) "संभावक" से किसी बीमा उत्पाद का संभावी क्रेता अभिप्रेत है;

(ड) मान्यता प्राप्त बोर्ड या संस्था से कोई ऐसा बोर्ड या संस्था अभिप्रेत है जो किसी राज्य सरकार या सरकार द्वारा मान्यता प्राप्त हो।

(2) इसमें प्रयुक्त सभी शब्दों और पदों का वही अर्थ है जो उनका क्रमशः बीमा अधिनियम, 1938 (1938 का 4) या बीमा विनियामक और विकास प्राधिकरण अधिनियम, 1999 (1999 का 41) में परिभाषित है और उनके अधिनियमों में है।

3. अनुज्ञप्ति का जारी किया जाना या नवीकरण—(1) कोई व्यक्ति जो बीमा अभिकर्ता या विविध बीमा विनियामक रूप में कार्य करने के लिए अनुज्ञप्ति प्राप्त करने या नवीकृत कराने की वांछा करता है (जिसे इसमें इसके पश्चात अयोग्य कहा गया है), निम्नलिखित रूप में कार्रवाई करेगा, अर्थात्—

(क) आवेदक अभिहित व्यक्ति को आवेदन करेगा—

(i) यदि आवेदक कोई व्यक्ति है तो प्ररूप बी वि वि प्रा-अभिकर्ता V क में;

(ii) यदि आवेदक कोई फर्म या कंपनी है, तो प्ररूप बी वि वि प्रा-अभिकर्ता Vग में; परन्तु ऐसा आवेदक जो विविध अभिकर्ता बनना चाहता है वह दो पृथक आवेदन करेगा।

(ख) आवेदक द्वारा प्राधिकरण को संदाय फीस विनियम 7 में विनिर्दिष्ट के अनुसार होगी।

(2) अभिहित व्यक्ति, प्राधिकरण को फीस के संदाय के साक्ष्य के साथ आवेदन की प्राप्ति पर और यह समाधान हो जाने पर कि आवेदक के पास निम्नलिखित है;

(i) विनियम 4 में विनिर्दिष्ट अर्हताएँ रखता है;

(ii) विनियम 4 में विनिर्दिष्ट व्यावसायिक प्रशिक्षण रखता है;

(iii) विनियम 6-क अधीन विनिर्दिष्ट परीक्षा पास की है;

(iv) सभी प्रकार से पूर्ण आवेदन प्रस्तुत किया है;

(v) बीमा कारबार के लिए आग्रह करने और उसे प्राप्त करने का अपेक्षित ज्ञान है; और

(vi) पालिसीधारियों को आवश्यक सेवा देने के लिए समर्थ है;

प्ररूप बी वि वि प्रा-अभिकर्ता-Vय में पहचान-पत्र सहित किसी अनुज्ञपित को प्ररूप बी वि वि प्रा-अभिकर्ता Vख में,—यथास्थिति, प्रदान या नवीकृत कर सकेगा;

परन्तु किसी निगमित अभिकर्ता की दशा में पहचान-पत्र प्ररूप बी वि वि प्रा-अभिकर्ता V में होगा;

परन्तु यह और कि विविध बीमा अभिकर्ता के रूप में अनुज्ञप्ति चाहने वाले आवेदक को ऐसा पहचान पत्र एक जीवन बीमाकर्ता और एक साधारण बीमाकर्ता के रूप में दिया जाएगा;

परन्तु यह और भी कि किसी फर्म या कंपनी की दशा में, उसके, यथास्थिति, सभी भागीदार या निदेशक उपखंड (i) से (iii) की अपेक्षाओं को पूरा करेंगे;

परन्तु यह और कि इस विनियम के अनुसार जारी की गई अनुज्ञप्ति आवेदक को, यथास्थिति, एक जीवन बीमाकर्ता या एक साधारण बीमाकर्ता या दोनों के लिए बीमा अभिकर्ता के रूप में कार्य करने के लिए हकदार बनाएगी।

(3) यदि अभिहित व्यक्ति इस विनियमों के अधीन कोई अनुज्ञप्ति प्रदान करने या उसे नवीकृत करने से इन्कार करता है तो वह आवेदक को उसके लिए कारण बताएगा।

4. आवेदक की अर्हताएँ—आवेदक के पास ऐसे स्थान से, जहाँ आवेदक निवास करता है, और उस स्थान की पिछली जनगणना के अनुसार जनसंख्या पाँच हजार या उससे अधिक है, किसी मान्यताप्राप्त बोर्ड/संस्था द्वारा संचालित परीक्षा के 12वीं स्तर या उसके समतुल्य परीक्षा की कम से कम अर्हता, और यदि आवेदक किसी अन्य स्थान में निवास करता है तो किसी मान्यताप्राप्त बोर्ड/संस्था से 10वीं या उसके समतुल्य परीक्षा में उत्तीर्ण अर्हता होगी।

5. व्यावहारिक प्रशिक्षण—(1) आवेदक को, यथास्थिति, जीवन बीमा या साधारण बीमा कारबार में कम से कम एक सौ घंटे का किसी अनुमोदित संस्था से व्यावहारिक प्रशिक्षण पूरा करना होगा, जो तीन से चार सप्ताह तक विस्तृत हो सकेगा, यदि ऐसा आवेदक बीमा अभिकर्ता के रूप में कार्य करने के लिए पहली बार अनुज्ञप्ति की माँग कर रहा है।

परन्तु यह कि आवेदक को जीवन बीमा और साधारण बीमा कारबार में कम से कम एक सौ पचास घंटे का किसी अनुमोदित संस्था से व्यावहारिक प्रशिक्षण पूरा करना होगा, जो छह से आठ सप्ताह तक विस्तृत हो सकेगा, यदि ऐसा आवेदक विविध बीमा अभिकर्ता के रूप में कार्य करने के लिए पहली बार अनुज्ञप्ति की माँग कर रहा है।

(2) यदि आवेदक, उपविनियम (1) में निर्दिष्ट—

(क) भारतीय बीमा संस्थान, मुंबई का सहयुक्त/फेलो है;

(ख) भारतीय चार्टर्ड अकाउंटेंट्स संस्थान, नई दिल्ली का सहयुक्त/फेलो है;

(ग) भारतीय लागत संकर्म अकाउंटेंट्स संस्थान, कलकत्ता का सहयुक्त/फेलो है;

(घ) भारतीय कंपनी सचिव संस्थान, नई दिल्ली का सहयुक्त/फेलो है;

(ङ) भारतीय बीमांकिक सोसायटी, मुंबई का सहयुक्त/फेलो है;

(च) किसी राज्य सरकार या केन्द्रीय सरकार द्वारा मान्यताप्राप्त किसी संस्था/विश्वविद्यालय से कारबार प्रशासन का मास्टर है; या

(छ) किसी राज्य सरकार या केन्द्रीय सरकार द्वारा या मान्यताप्राप्त किसी संस्था/विश्वविद्यालय से विपणन में कोई हो तो उसे किसी अनुमोदित संस्था से कम से कम पचास घंटे का व्यावहारिक प्रशिक्षण पूरा करना होगा।

परन्तु यह कि आवेदक को जीवन और साधारण बीमा कारबार में कम से कम सत्तर घंटे का किसी अनुमोदित सेवा से व्यावहारिक प्रशिक्षण पूरा करना होगा, यदि ऐसा आवेदक विविध बीमा अभिकर्ता के रूप में कार्य करने के लिए पहले से अनुज्ञप्ति की माँग कर रहा है।

(3) ऐसे आवेदक को जिसे इन विनियमों के प्रारंभ के पश्चात् अनुज्ञप्ति प्रदान की गई है, बीमा अभिकर्ता के रूप में कार्य करने के लिए अनुज्ञप्ति के नवीकरण की माँग करने से पूर्व, किसी अनुमोदित संस्था से, यथास्थिति, जीवन या साधारण बीमा कारबार में कम से कम पच्चीस घंटे का व्यावहारिक प्रशिक्षण पूरा करना होगा।

परन्तु यह कि ऐसे आवेदक को, विविध बीमा कारबार अभिकर्ता के रूप में कार्य करने के लिए अनुज्ञप्ति का नवीकरण माँगने से पूर्व किसी अनुमोदित संस्था से जीवन और साधारण बीमा कारबार में कम से कम पचास घंटे का व्यावहारिक प्रशिक्षण पूरा करना होगा।

6. परीक्षा—आवेदक को भारतीय बीमा संस्था, मुंबई या किसी अन्य परीक्षा निकाय द्वारा संचालित, यथास्थिति, को या साधारण बीमा कारबार, या दोनों में भर्ती-पूर्व परीक्षा उत्तीर्ण करनी होगी।

7. संदेय फीस—(1) बीमा अभिकर्ता या विविध बीमा अभिकर्ता के रूप में कार्य करने के लिए अनुज्ञप्ति जो जारी या उसके नवीकरण के लिए प्राधिकरण को संदेय फीस दो सौ पचास रुपये होगी।

(2) अधिनियम की धारा 42 की उपधारा (3) में उल्लिखित परिस्थितियों के अधीन प्राधिकरण को संदेय अतिरिक्त फीस एक सौ रुपये होगी।

8. आचार संहिता—(1) अनुज्ञप्ति रखने वाला प्रत्येक व्यक्ति नीचे विनिर्दिष्ट आचार संहिता का पालन करेगा—

(i) प्रत्येक बीमा अभिकर्ता;

(क) स्वयं की और उस बीमा कंपनी की, जिसका वह बीमा अभिकर्ता है, पहचान रखेगा;

(ख) माँग करने पर संभावक को अपनी अनुज्ञप्ति दिखाएगा;

(ग) अपने बीमाकर्ता द्वारा विक्रय के लिए प्रस्थापित बीमा उत्पादों के बारे में अपेक्षित जानकारी देगा। कोई विनिर्दिष्ट बीमा योजना की सिफारिश करते समय, संभावक की आवश्यकताओं को ध्यान में रखेगा;

(घ) यदि संभावक द्वारा पूछा जाए तो विक्रय के लिए प्रस्थापित बीमा उत्पाद के बारे में कमिशन के संबंध में बताएगा;

(ङ) विक्रय के लिए प्रस्थापित बीमा उत्पाद के लिए बीमाकर्ता द्वारा प्रभारित की जाने वाली प्रीमियम उपदर्शित करेगा;

(च) प्रस्थापना प्ररूप में बीमाकर्ता द्वारा अपेक्षित जानकारी की प्रकृति संभावक को और बीमा संविदा में सारवान जानकारी के प्रकट करने के महत्व को भी स्पष्ट करेगा;

(छ) बीमाकर्ता को प्रस्तुत प्रत्येक प्रस्ताव के साथ रिपोर्ट के प्ररूप में (जिसे "बीमा अभिकर्ता की गोपनीय रिपोर्ट" कहा गया है), संभावक की किन्हीं प्रतिकूल आदतों या आय की असंगता को और कोई ऐसे समय तथ्य को, जो प्रस्ताव की स्वीकृति के संबंध में बीमाकर्ता के हामीदारी विनिश्चय को प्रतिकूलता प्रभावित कर देती है, संभावक के बारे में सभी समुचित पूछताछ करके बीमाकर्ता के ध्यान में लाएगा;

(ज) बीमाकर्ता द्वारा प्रस्ताव के स्वीकार करने या उसके नामंजूर करने के बारे में संभावक को तत्काल सूचित करेगा;

(झ) बीमाकर्ता के पास प्रस्ताव प्ररूप फाइल करते समय अपेक्षित दस्तावेज और प्रस्ताव को पूरा करने के लिए बीमाकर्ता द्वारा बाद में माँगे गए अन्य दस्तावेजों को अभिप्राप्त करेगा का अनुपालन करने में आवश्यक सहायता देगा;

(ट) प्रत्येक व्यक्ति पालिसीधारी को यथास्थिति, नाम निर्दिष्ट करने या समनुदिष्ट करने या पते में परिवर्तन करने या विकल्प का प्रयोग करने में सलाह देगा और जहाँ आवश्यक हो, इस निमित्त आवश्यक सहायता की प्रस्थापना करेगा;

(ii) कोई भी बीमा अभिकर्ता—

(क) विधिमान्य अनुज्ञप्ति धारण के बिना बीमा कारबार के लिए आग्रह या उसे उपाप्त नहीं करेगा;

(ख) प्रस्थापना प्ररूप में किसी सारवान जानकारी के लोप के लिए संभावक को उत्प्रेरित नहीं करेगा;

(ग) प्रस्थापना प्ररूप में या प्रस्थापना को स्वीकृति के लिए बीमाकर्ता को प्रस्तुत दस्तावेजों में गलत जानकारी प्रस्तुत करने के लिए संभावक को उत्प्रेरित नहीं करेगा;

(घ) संभावक के साथ अशालीन रीति से व्यवहार नहीं करेगा;

(ङ) किसी अन्य बीमा अभिकर्ता द्वारा पुर:स्थापित प्रस्थापना में हस्तक्षेप नहीं करेगा;

(च) अपने बीमाकर्ता द्वारा प्रस्थापित से भिन्न दरों, फायदों, निबंधनों और शर्तों की पेशकश नहीं करेगा;

(छ) बीमा संविदा के अधीन हिताधिकारी से आगमों के हिस्से की न माँग करेगा न उसे प्राप्त करेगा;

(ज) पालिसीधारी को विद्यमान पालिसी को समाप्त करने और ऐसी समाप्ति की तारीख से तीन वर्ष के भीतर उसको नई प्रस्थापना प्रभावी करने के लिए मजबूर नहीं करेगा;

(झ) निगमित अभिकर्ता की दशा में बीमा कारबार का कोई ऐसा समग्र नहीं रखेगा, जिसके अधीन प्रीमियम किसी वर्ष में एक व्यक्ति (जो व्यष्टि नहीं है) या एक संगठन या संगठनों के समूह से उपाप्त कुल प्रीमियम के पचास प्रतिशत के आधिक्य में है;

(ञ) बीमा अभिकर्ता के रूप में कार्य करने के लिए नई अनुज्ञप्ति के लिए आवेदन नहीं करेगा, यदि उसकी अनुज्ञप्ति अभिहित व्यक्ति द्वारा पूर्व में रद्द की गई थी और ऐसे रद्द करने की तारीख से पाँच वर्ष की अवधि समाप्त नहीं हुई है;

(ट) किसी बीमा कंपनी का निदेशक नहीं बनेगा या बना नहीं रहेगा;

(iii) प्रत्येक बीमा अभिकर्ता, उसके माध्यम से पहले से उपाप्त बीमा कारबार को संरक्षित करने की दृष्टि से पालिसीधारी को मौखिक और लिखित में सूचना देते हुए, नियत समय के भीतर पालिसीधारियों द्वारा प्रीमियमों के प्रेषण को सुनिश्चित करने का प्रत्येक प्रयास करेगा।

9. अनुज्ञप्ति का रद्द करना—अभिहित व्यक्ति किसी बीमा अभिकर्ता की अनुज्ञप्ति को रद्द कर सकेगा, यदि बीमा अभिकर्ता अनुज्ञप्ति के चालू रहने के दौरान किसी भी समय अधिनियम की धारा 42 की उपधारा (4) में उल्लिखित किन्हीं निरर्हताओं से ग्रस्त हो जाता है, और पहले जारी की गई अनुज्ञप्ति और पहचान-पत्र को उससे वापस ले सकेगा।

10. अनुज्ञप्ति की दूसरी प्रति का जारी करना—प्राधिकरण अनुज्ञप्ति की दूसरी प्रति जारी कर सकेगा, खोए हुए, नष्ट हुए, या विस्तृत अनुज्ञप्ति को पचास रुपये की फीस का संदाय करने पर बदल सकेगा।

11. वर्तमान बीमा अभिकर्ताओं को लागू न होना—इस विनियम के विनियम 4 से विनियम 6 की कोई भी बात इन विनियमों के प्रबंध के पूर्व वर्तमान अभिकर्ताओं को लागू नहीं होगी।
